U0514965

剛毅堅卓

鄭天挺西南聯大日記

上册

郑天挺 著

中华书局

图书在版编目(CIP)数据

郑天挺西南联大日记/郑天挺著;俞国林点校. —北京:中华书局,2018.1 (2025.7重印)
ISBN 978-7-101-12836-9

Ⅰ.郑… Ⅱ.①郑…②俞… Ⅲ.①郑天挺(1899~1981)-日记②西南联合大学-校史-史料 Ⅳ.①K825.81②G649.287.41

中国版本图书馆 CIP 数据核字(2017)第 231203 号

书　　名	郑天挺西南联大日记(全二册)
著　　者	郑天挺
点 校 者	俞国林
责任编辑	刘　明　白爱虎
责任印制	管　斌
出版发行	中华书局
	(北京市丰台区太平桥西里 38 号　100073)
	http://www.zhbc.com.cn
	E-mail:zhbc@zhbc.com.cn
印　　刷	三河市中晟雅豪印务有限公司
版　　次	2018 年 1 月第 1 版
	2025 年 7 月第 8 次印刷
规　　格	开本/920×1250 毫米　1/32
	印张 43　插页 19　字数 860 千字
印　　数	29501-30500册
国际书号	ISBN 978-7-101-12836-9
定　　价	156.00 元

郑天挺先生
（一九三八年八月九日）

一九三七年十一月天津下船时合影
（左起：沈兼士、张庭济、郑天挺、魏建功、罗常培、罗庸、陈雪屏）

一九三八年与北京大学中文系毕业生合影
（前排左起：罗常培、魏建功、罗庸、郑天挺）

国立西南联合大学历史系一九四三级毕业纪念合影
（前排左起：孙毓棠、郑天挺、葛邦福、雷海宗、吴晗、王信忠、邵循正）

郑天挺夫人与孩子们合影

晨晴有霧黃昏微雲 吾以十二月十四日抵長沙晴暄和暖不似嚴冬越三日而陰雨綿延十餘日迄昨日始放晴 上抵長沙人云晴則暖雨則寒其間相差若一月 然寒時雖凜冽不似北方之勁風刺骨也

上午黃孝岐來函 羅膺中庸來 馬巽伯巽來 偕馬巽伯之章矛塵

一九三八年一月一日日记

中華民國二十八年一月一日 舊曆戊寅年十一月十二日 星期日 晴

年四十一歲時任國立西南聯合大學文學院歷史社會學系教授授明清史兼任國立北京大學教授兼秘書長寓居昆明市城內柿花巷四號國立北京大學公舍兒輩居北平市西城小拐坊胡同二十三號前院由二弟照看海澂在王勤園表妹丈

今日日麗風和薄綿不寒大似北方初春

二十八年一月日記　一

一九三九年一月一日日记

中華民國二十九年庚辰 西歷一千九百四十年

年四十二歲 以陰歷计 任國立西南聯合大學文學院教授授歷史社會學系史學組明清史及清史研究 兼任國立北京大學教授兼秘書長文科研究所導師 住昆明市北门内青雲街靛花巷三號國立北京大學文科研究所内 與研究生十人暨導師陳寅恪湯錫予羅莘田姚從吾助教郁泰然鄧恭三同居

聯大常務委員蔣夢麟師梅月涵張伯苓梅兼主席文學院長馮芝生歷史社會系主任劉壽民

北大校長蔣夢麟師文學院長胡適之師請假楊今甫代史學系主任姚從吾

北大文科研究所主任胡適之師假傅孟真代之推余為副主任辭不就但仍理所事

二十九年一月日記

一九四〇年一月一日日记

“斯人不出，如苍生何？”

（一九四〇年一月十七日）

後者亦不必深辯，所謂得失寸心知也。當二十六年敵佔北平，全校負責人均逃，余一人維持校長、教務長、文理法三學院院長、注冊主任、會計主任、儀器委員長之，即臨離北平，解雇全校職員，兼任教員及工友，不知所謂有魄力者亦能如此否。今日他校職員之紛紛而來，多所請求，而北大獨無之者，豈非當時個人蹈萬險換得者，於今日以此相責，非所心服也。窗外雨甚大，讀覺明自巴黎所抄敦

一百六十九

一九四〇年八月三十一日日记

中華民國三十年辛巳西曆一九四一年日记

年四十三歲 任國立西南聯合大學文學院史學系教授授明清史兼大學總務長 本職國立北京大學教授兼秘書長文科研究所副主任 住昆明北门内青雲街靛花巷三號北京大學文科研究所二樓 兒輩随之平 住北平城内西四牌樓北前毛家灣一號

三十年一月日记

一月一日 陰曆庚辰年十二月初四日 星期三 晴

一九四一年一月一日日记

庫瓦盡穿學生均無恙爲之大慰乃入城穿昆
中北院至南院循府甬道至西倉坡過黄子堅
西倉坡東口北轉湖濱落彈一枚甚大旁樹均
倒餘無所見北歸知雪大亦無恙所中亦無損
壞之處惟電燈未明耳聞正義路福照街被炸
未暇往觀　用菜油燈燈草三根讀明史至十二
時目倦神昏始寢蓋明日須講述不得不詳讀詳
考之也

一九四一年一月二十九日日记

中華民國三十一年一月一日 陰曆辛巳年十一月十五日星期四 陰 雨

年四十四歲 依陽曆 任國立西南聯合大學教授兼總務長 本任國立北京大學教授兼秘書長文科研究所副主任 兼任國立雲南大學文法學院講師 在聯大開隋唐五代史明清史兩課 在雲大開隋唐史一課 住昆明青雲街靛花巷三號北大文科研究所 兒輩住北平西四牌樓前毛家灣一號

七時半客去 合衣睡至十一時 午飯後復睡兩小時 三時至西倉坡五號聯大三常務委員招待全校教職員新年茶會 到者僅五二一五時散歸 晚錢國幹在厚德福盛饌相約 國幹為袁家驊夫人之弟 聯大畢業學生 以九時半散歸 與同寓羅莘田許寶騄潘

三十一年一月日記

一九四二年一月一日日记

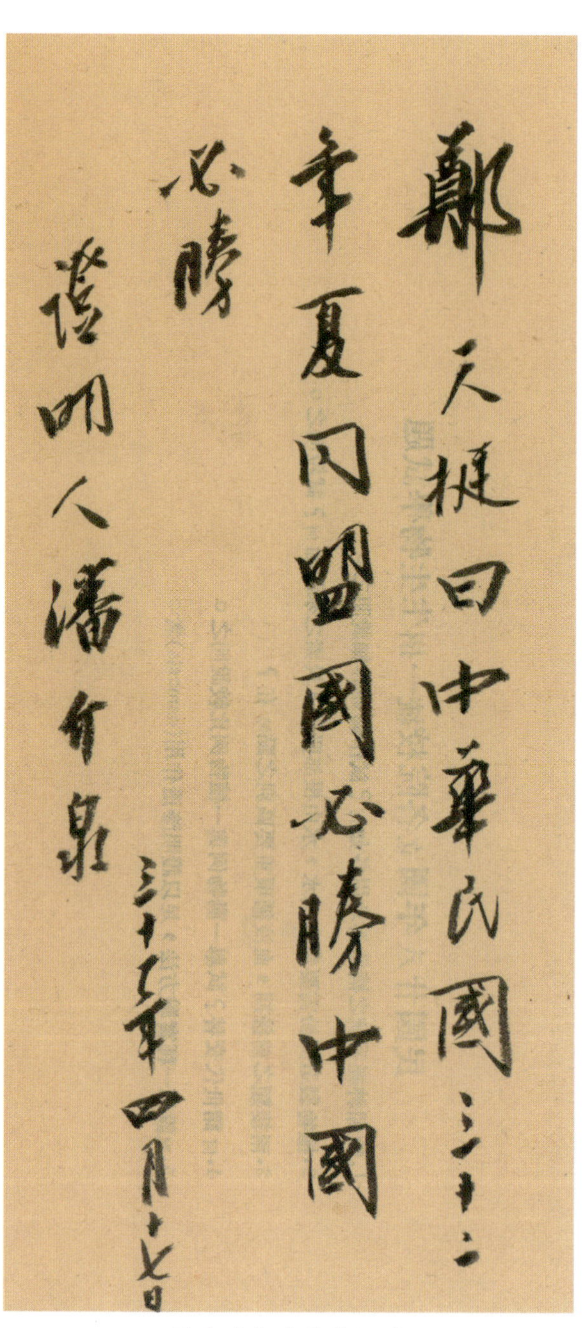
鄭天挺曰中華民國三十一年夏同盟國必勝中國必勝

證明人潘介泉

三十一年四月十七日

潘介泉先生为作证明
（一九四二年四月十七日）

中華民國三十二年一月一日 陰曆壬午年十一月二十五日星期五 陰晴

余四十五歲任國立西南聯合大學教授兼總務長兼常事務組主任事務校衛隊大隊長事務授文學院歷史學系明清史一課兼任國立北京大學教授兼秘書長文科研究所副主任住昆明城內青雲街靛花巷三號西南聯大教職員寄宿舍 原北大文科研究所所址

眷隨三兒留居北平西四牌樓前毛家灣一號

今日為晏兒十歲生日

五時半醒 八時起 燒退已六日矣 朱士送紅白梅各一枝談甚久 包尹輔來 章顯來 續去乳四顆 十一時復卧

查勉仲來 宗道心來 朱物華來 三時半後起 陳雪屏來

孫毓棠來 諸友有詩條以慶新年 余甚疲 返室休息 十時半

一九四三年一月一日日记

中華民國三十三年一月一日 陰曆癸未十二月初六日星期六 晴

四十六歲 任職昆明國立西南聯合大學國立北京大學住青雲街靛花巷三號聯大宿舍 長女雯在國立西南聯合大學肄業住文林街女生宿舍 次女晏三子在北平西城前毛家灣一號

八時起 路祖彘來 寫講演稿 前允史學系晚會於十一月三十日講清代包衣制以病未踐稿亦未備屢改本月四日因草寫綱目 雯兒來攜之往才盛巷謁毛講師不值在泰世許午飯 在今甫許飲茶 二時攜雯兒至中國航空公司接亞權表姪女 三時復送之至西倉坡梅月涵太太處暫住 亞權與梅太太令妹交善也 聯大三常委本日亦約全體教職員茶

入十二月薪 五六九
十二月生活補助費 六〇〇
十二月俸薪儲 八七〇
十二月學術研究費 三六八
十二月車貲 二〇〇
十二月米貼 一七〇〇
十二月房貼 六〇〇
付捐税 四〇五
房租 一一〇〇
早點 四〇
雜費十十 二〇
橘子一元 四四
清音十 六〇〇
宿舍雜費 一三〇

三十三年一月日記

一

一九四四年一月一日日记

中華民國三十四年一月一日 陰曆甲申十一月十八日星期一 晴

年四十七歲 依陽曆新年 任國立北京大學教授秘書長文科研究所副主任 兼國立西南聯合大學文學院歷史學系教授總務長 校務會議書記 講授明清史中國史部目錄學 住昆明青雲路靛花巷三號國立西南聯合大學教職員宿舍 長女雯肄業國立西南聯合大學文學院外國語文學系 二女仍住錢局街女生宿舍 次子及三子隨三弟居北平西四牌樓前毛家灣一號

起已十一時 醒前似有敲門聲數次 問之不應 不知誰何 十二時至師範學院與雪屏共招坤儀姊弟午飯 飯後還舍欲睡未

三十四年一月日記

一

一九四五年一月一日日记

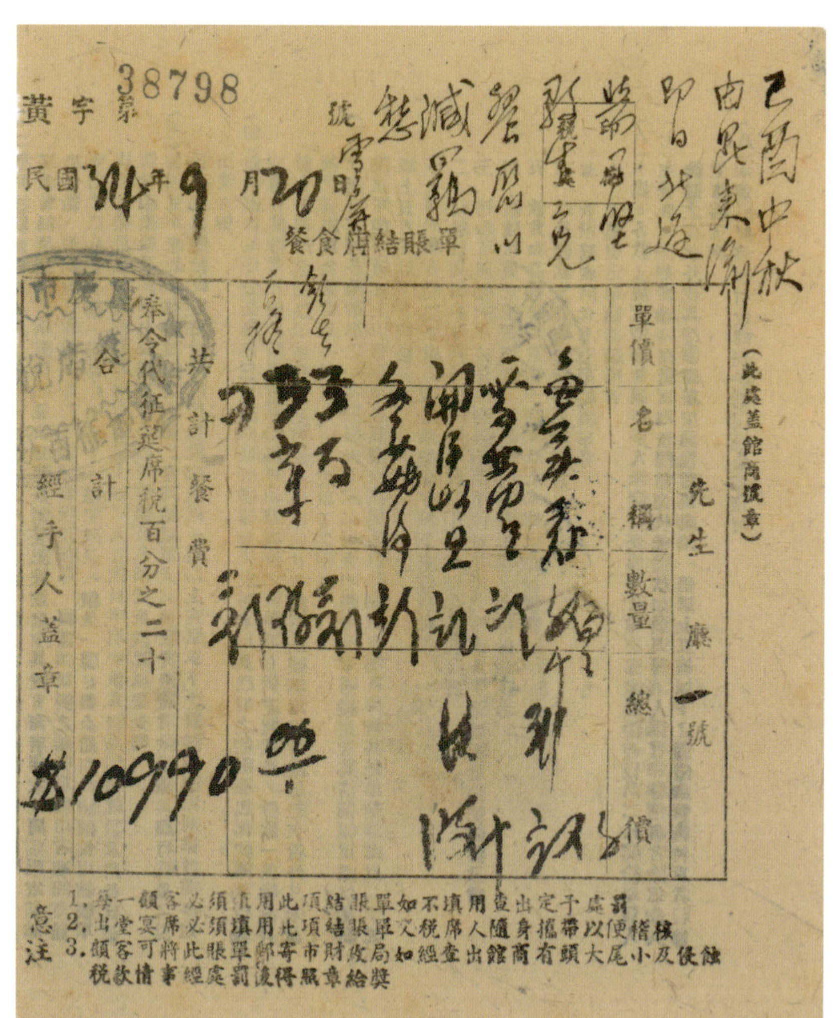
黃字第38798號

民國34年9月20日

餐食店結賬單

（此處蓋館商號章）

先生 廳 一 號

名稱	單價	數量	總價

共計餐費

奉令代征筵席稅百分之二十

合計 $10990

經手人蓋章

意注

1. 每一顧客必須填用此項結賬單如不填用查出定予處罰
2. 出堂宴席必須填用此項結賬單交稅席人隨身攜帶以便稽核
3. 顧客可將此賬單郵寄市財政局如經查出館商有頭大尾小及侵蝕稅款情事經處罰後得照章給獎

一九四五年九月二十日菜单

隔之殊彌增悔痛余前實不應接收其回北平後置其共一人留滇
盡其以五月四日來平余竟早以回平飛機事詢明竟之絕不
設法使其搭車赴滬詎以六月十日到滬余竟早日寫信安其
心絕不設法急搭中央機北來天乎命乎至於六十六年老
余詎料北大同人南下一一扣門送錢者以天津接頭地址
而此次空見在昆無人照料余固不敢以恐以上五時余
環之衛士命來相慰　上午六時齊來下午張俊古諸來久
談均不知此事　十二時大風雷雨燈滅就寢

一九四六年七月十四日日記

《发羌之地望与对音》手稿

《水龙吟》词为胡蒙子先生祝寿
（一九四〇年八月十九日）

魏建功先生为刻竹杖
（一九三八年四月八日）

毅生吾兄：

華田先生大稿已讀過，茲送上

請轉交爲感

聯大總務實非先生莫屬，昨

日十函稿已送達，蕭新勿更推

卻。昨與布先生約於明日十時到

校，由弟陪至教叢與諸同人會晤。

足下於茲能於明日上午來校，則

同人之振奮更當何如。拜懇拜懇。

順候

晚安

弟 貽琦 十六晚

梅贻琦先生来函

（一九四〇年一月十六日）

毅生兄大鉴：七月八日手示敬悉。兄有心英文，弟甚为赞成。兄年富力强，如能通一欧文，则学问必大有长进。盖此时虑今日真所谓"天子失官，学在四裔"之候也。弟二十五年来，每次讲演，必劝同学读通一欧文。惜因此而力习英文者虽有之，而大多数知其要而惰于习。兄之志为此，必锲而不舍，持以五年十年之恒心，方能通其精。为学无捷径也。弟因帮朋友之忙，自甘为书籍之胥吏，而不为学者所齿，固无悔。他日为国家、为学校，能尽其绵力，则亦足自赎也。教部请款廿五万万元为各校设备，因为部迟延，搁置三个月而未决。弟为胥吏之故，则全数通过，并以紧急命令付之。骝兄叹曰："吾今日得吐一口气也。"（此事不必告人）此胥吏之帮忙，于教育不无裨益。他日复员北大，囊括农工医各院，并吞景山，其功亦将成于胥吏之手乎。太史之叹：，不如胥吏一支笔耳。弟辞职之事已决，进则可悔，退则不可自食其言。若设尽力帮忙，则与自为林翰时无异，诸同仁可不必过虑。接兄函后辞事暂予保留，俟回昆与诸位面谈后再行提出，亦无不可。兄定继续为学，自是堂堂大道，弟岂敢阻之。矛尘兄肯来帮忙，甚为感激。惟薪给确甚小（秘书长五万元，内有八折可费一万五千之左右。秘书之薪可推而知）一人在渝，可勉强维持。在昆之家无薪传。若搬家来渝，一不能维持，二房子不易得，三川资不小，四弟在职久暂不可知。弟自身尚抓头无法，不敢为矛尘设法也。余俟面谈即请

教安。

弟蒋梦麟拜启 七月十四日

蒋梦麟先生来函

（一九四五年七月十四日）

國立北京大學

昆明辦事處：才盛巷二號
重慶辦事處：國府路三百三十七號中央研究院轉

傅斯年先生来函
（一九四六年三月二十六日）

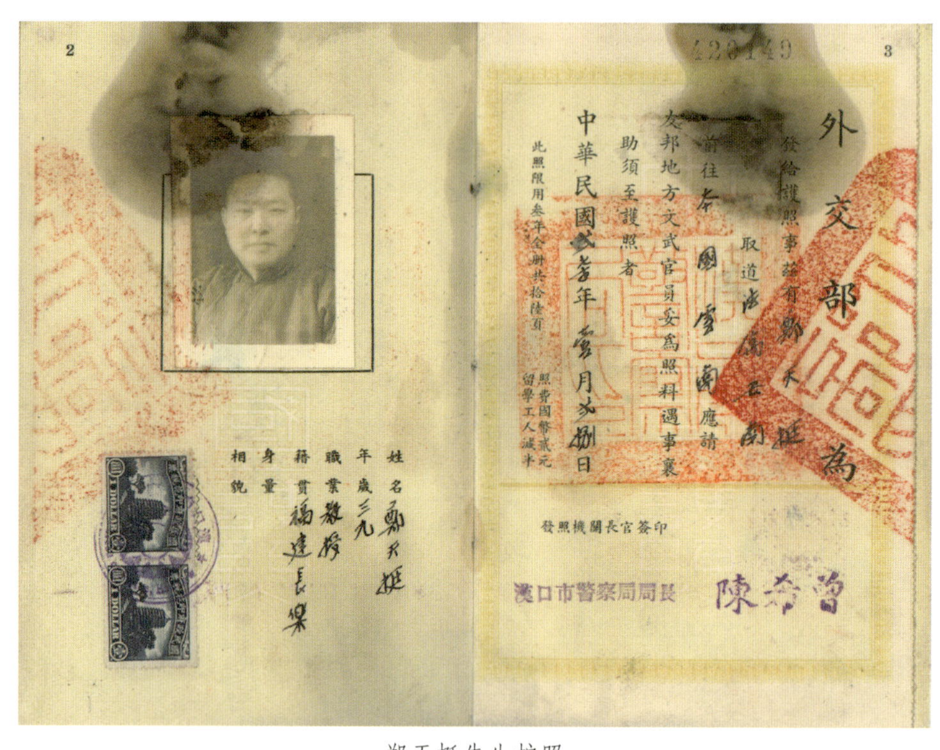

2

姓名 鄭天挺
年歲 三九
職業 教授
籍貫 福建長樂
身量
相貌

3

420149

外交部為
發給護照事茲有鄭天挺
取道法屬安南
前往本國雲南應請
友邦地方文武官員妥為照料遇事襄
助須至護照者
中華民國貳拾柒年壹月貳拾捌日

此照限用叁年全册共拾陸頁

照費國幣貳元
留學工人減半

發照機關長官簽印

漢口市警察局局長 陳希曾

郑天挺先生护照
（一九三八年）

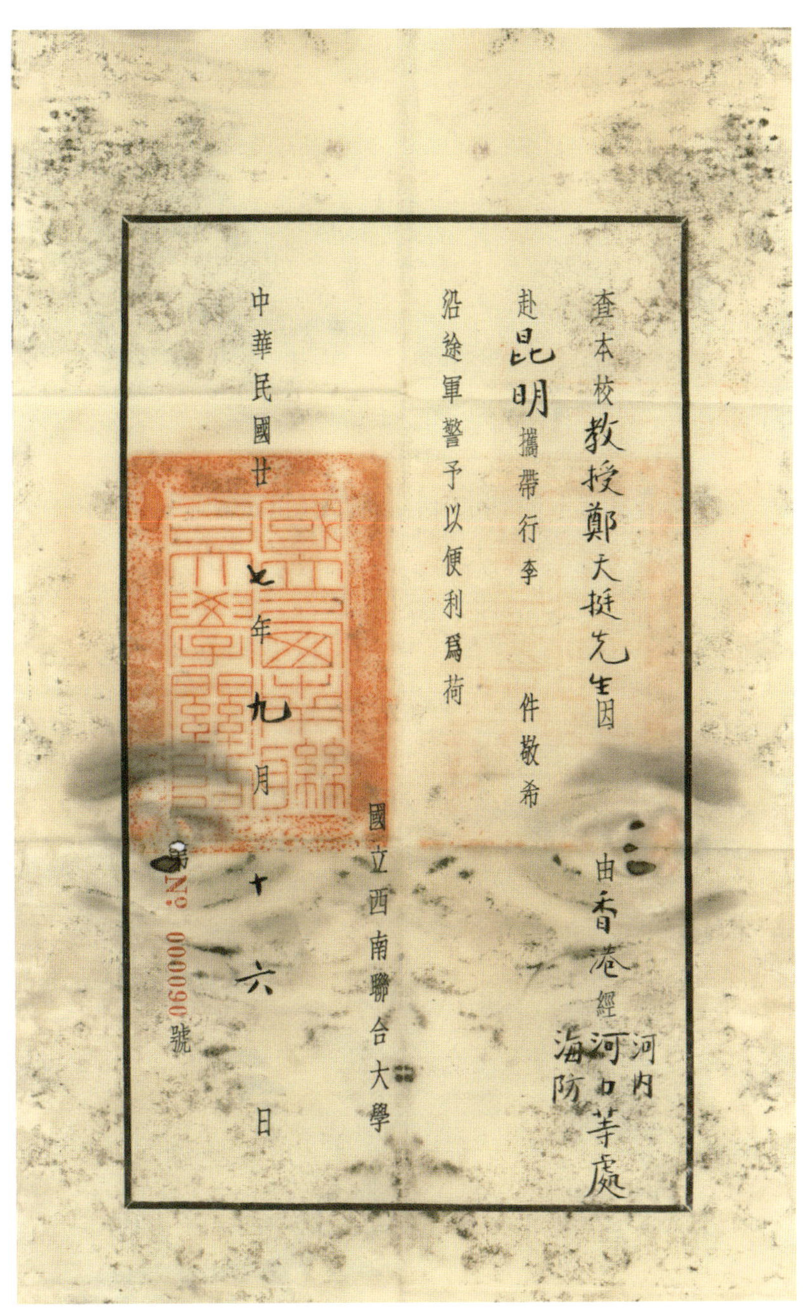

查本校教授鄭天挺先生因
赴昆明攜帶行李　件敬希
沿途軍警予以便利爲荷
由香港經河内海防河口等處

國立西南聯合大學

中華民國廿七年九月十六日

第№ 060090號

西南联合大学关防
（一九三八年）

中華民國三十年二月二十六日下午二時十五分敵機轟炸昆明市東南角所投傳單李耀祥兄將以見贈

和平反共建國

中日兩國之基本條約簽字
根據近衛三原則互相協力提携
切實邁進東亞新秩序之建設

中日滿三國
善隣友好
共同防共盟約成立
經濟提携

中日滿三國完成共同宣言
形成東亞永久和平軸心
日軍邁進撲滅抗日勢力

日寇飞机轰炸所发之传单
（一九四一年二月二十六日）

序

郑天挺先生晚年在《梅贻琦先生和西南联大》一文中曾这样描述西南联大,他说:

> 三校都是著名专家学者荟萃的地方。……经过长沙临大五个月共赴国难的考验和三千五百里步行入滇的艰苦卓绝锻炼,树立了联大的新气象,人人怀有牺牲个人、维持合作的思想。联大每一个,都是互相尊重,互相关怀,谁也不干涉谁,谁也不打谁的主意,……校内始终是团结的。(《文化史料》第四辑,一九八三年)

的确,联大当时在人事安排上,确实是互相尊重、维持合作的。以联大历史系为例,当时傅斯年即对北大教授姚从吾及郑先生说:"你们都不要作联大系主任,让别人作。"八年中也确实如此,历史系教授间始终团结一致,努力教学。

又如一九四〇年初,梅贻琦让郑先生做总务长。郑先生不愿意,他的北大友人亦不赞成。后考虑到北大、清华、南开三校的合作局面,这些人又反过来敦劝郑先生就任总务长,以利团结。冯友兰、黄钰生、查良钊、杨振声、施嘉炀还专程上门,留"斯人不出,如苍生何"条而去;后又在周炳琳、傅斯年、蒋梦麟之劝说下,郑先生才正式就任联大总务长一职。且原约仅任半年,不意竟做到一九四六年三校复员。这就是郑先生上文所说的“牺牲个人、维持合作”的思想。

郑先生联大日记手稿基本齐全。他到昆明前两年，主要是承担教学、研究生培养及北大行政工作，日记记录了他在战时的教学、科研情况，也反映了他当时的办学思想及学术见解。一九四〇年后，他除教学外又任联大行政职务，工作和会议繁多，记录内容涉及联大教学、规划、人事、行政、三校及对外关系等各个方面；又因他一直住集体宿舍，每日来访者甚多，故也记录不少当时教授们对学校、对政府及对时局的看法。因之对于研究及关心西南联大的人与事，多少有些参考价值。

日记本为自用备忘，并未考虑发表。早在十年前中华书局即建议将此部分日记出版，家属出于多种考虑，未作同意。近年研究西南联大历史与办学经验的学者日多，急于获得相关的第一手资料。而当年联大教师又多已作古，中华书局又再次催促，家属方同意，并将日记手稿交付中华书局编辑部。但这些记录出自七十年前，牵涉到的人和事及关系又多且复杂，故仍不乏顾虑。由于时代不同，环境不同，每人所处的位置不同，所以对事物的理解亦不可能是相同的。因此，希望读者能以历史的眼光看待日记中所记录的人物，以及发生在他们身上的一些往事。我们相信，读者亦必会以“同情之理解，理解之同情”的态度来看待这部日记的。

本日记经中华书局俞国林先生，北大校史馆马建钧、郭建荣先生，学友封越健和孙卫国等先生的多方鼓励与热忱帮助，得以出版，万分感谢！尤其是俞先生所在的中华书局编辑部的团队敬业精神，更令人感动！

郑嗣仁

二〇一七年九月八日

点校凡例

一、本书据郑天挺先生日记手稿点校。原稿今存一九三八年六册、一九三九年四册、一九四〇年四册、一九四一年二册、一九四二年四册、一九四三年二册、一九四四年四册、一九四五年四册、一九四六年一册,总计三十一册。

一、日记起一九三八年一月一日,讫一九四六年七月十四日,中阙一九四一年五月至十二月、一九四二年七月五日、一九四三年三月二十二日至四月十日、一九四五年十一月四日至十二月三十一日。其起讫时间,几与西南联合大学相始终,故定名为《郑天挺西南联大日记》。

一、日记稿纸除一九三八年一月一日至二月八日、一九四六年一月一日至七月十四日之外,皆郑先生据大纸手裁散页,写好后再装订成册者,故中间偶有错乱,已据时间顺序调整。

一、日记所阙一九四一年五月至十二月部分,为郑先生曾借与罗常培先生撰写《蜀道难》参考,一直存罗先生处。"文革"期间,罗先生日记并郑先生此部分日记,不幸同时被付之一炬,因此不存。而罗先生《蜀道难》亦按时日铺写,故将该文系于是年之下,作为必要之补充。

一、原稿自一九三八年至一九四一年部分,凡遇月则署"中华民国某年某月一日"或"某年某月一日",次即仅作"某日";并于日下隔日(亦有隔二日者)注阴历或星期,及天气情况。自一九四二年起,每日皆署“中华民国某年某月某日”,日下并注阴历与星期,及天气情况。为便于翻检,今于年下只系月,月下只系日;后所注阴历、星期等,不作统一。

一、日记内附有若干学术文章之底稿。凡正式刊发者,今仅存目,文末之跋语则予以保留,并出注说明刊载情况。

一、日记内附有若干剪报,或粘贴,或散置。凡郑先生未作批点或内容为重大事件而较易检索者,一般仅存其目而略其文。

一、日记内附有若干来信,或粘贴,或散置,皆附录于相关日期之末。凡未入日记册内之其他重要来信,选择数页置卷首,作插页,以供参考。

一、日记原为繁体字直写,今改作简体字横排。凡不关涉语义辨析及特殊用法者,皆改用通行简化字,一般不作类推简化。至于日记内所用当时之语词若加非、丘引、很毒、火食、雅片等暨音译之国名、地名、人名等,均未作改动。他若按案、两辆、然燃、假借、叶页、瘥差、作做、傍晚旁晚、彷徨旁徨、版本板本、加仑加伦等当时并用者,亦同此例。

一、日记原无断句标点,今施以新式标点。盖每日所记之人来我往、开会授课、去赴归还、吃饭睡寝等,所用语词不一,文字长短各异,今之断句标点,亦仅就便于阅读而已。

一、原稿内小字夹注,或双行,或单行,今统一作单行。

一、日记内人名字号,用字不一,多同音互作者。遵循“名从主人”原则,凡名、字、号本人有互作者,如立厂立庵、今甫金甫、枚荪梅荪等,俱从原稿;如无互作者,如慰堂(有作渭堂)、序经(有作序金)、觉明(有作觉民)等,则为改正,并出校说明。

一、日记天眉文字,或是对正文之补充、解释,或是详列当日之收支情况。凡属前者,以〔 〕括注,插入正文相应位置;凡属后者,亦以〔 〕括注,移入当日之末。

一、日记一九三八年十二月内,每日文末偶附当日开支,其不足一元者记作"笔.二八"、"车.三〇",为便于阅读,于小数点之前补一"〇",作"笔〇.二八"、"车〇.三〇"。

一、天眉所列收支,其物品如鸡蛋、馒首、梨、胰子等后缀之量词"个"或"块",以及收支数额后之"元"字(一般仅第一项有,后大皆从略),或有或阙,为清眉目,俱为补足。

一、稿内阙文,或原有"□",或空阙。凡能校补者补之,未能校补者据空阙字数补"□",并出校说明。

一、原稿文字凡遇脱讹衍倒者,尽力改正,并出校说明。凡疑有讹误处,亦为揭橥。

一、日记称人多以字、号及别称,无字者以名,亦多名、字混用者。他若名同而姓异、名异而误同、此人之字适为他人之名、未详姓名字号用字而以同音字代替等诸多情况,颇滋淆乱,因附《人名索引》并《人名字号别称对照表》,以便读者使用云。

点校者

丁酉白露

目　录

一九四二年

一九三八年

年四十岁。任国立长沙临时大学教授,授隋唐五代史;本职国立北京大学教授兼秘书长。寓长沙小吴门外韭菜园一号,湖南圣经学院第三宿舍第八号房;家人居北平西城小将坊胡同二十三号前院。

日记中辍又一年有半。此一年半中可记者:一曰去年二月十七日阴历丁丑年正月初七日下午四时二十分钟,吾妻周稚眉夫人逝世;一曰去年七月变作,吾与学校同人困守四阅月,始于十一月十七日离北平,经天津,至香港,入梧州,取道贵县、柳州、桂林、衡阳而达长沙。①

一月

一日　阴历丁丑年十一月三十日　星期六　晴　晨雾　晚微云

晨晴,有雾。黄昏微云。吾以十二月十四日抵长沙,晴暄和暖,不似严冬,越三日而阴云绵延十馀日,迄昨日始放晴。大抵长沙天气,晴则暖,雨则寒,其间相差若一月,然寒时虽凛冽,不似北方之劲风刺骨也。

①以上两节文字,原隶于一日之下,因属当时之总体概述,叙年龄、任职与住所等,兹据一九四〇年、一九四一年、一九四六年例,移出前置。其他数年同此。

上午黄孝岐来函。罗膺中庸来。马巽伯巽来。偕马巽伯、章矛尘廷谦至蒋孟邻师家。午偕蒋孟邻师夫妇、章矛尘、王文伯徵至挹爽楼午饭。下午偕矛尘、文伯，度江游岳麓山。乘肩舆登山，崖径幽曲，林木丛翳。经爱晚亭、麓山寺、张墓、古佛崖，至白鹤泉小憩，饮泉水。更登云麓宫，道经印心石屋，仅一楹，门扃不得入，不知即陶文毅读书处否。云麓宫为羽流所居，伺应均道者。有望湘亭，为南峰最高处，眺望久之。又有五岳宫，祀五岳，塑像均以木障之，岂道家规矩欤？时天色已晏，乃下山，乘肩舆至湖南大学门首，步行至渡口，归校已六时矣。归校，知三弟自湘潭来，饭后往旅馆视之。三弟乱后自南京避居芜湖，又自芜湖避居湘潭，已三月矣。前闻余来，乃就商行止，劝其先归家小住，今日偕海平六哥及六哥如夫人、二小儿来长沙，拟明日同归也。谈至夜十时，归校。

二日　阴历十二月初一日　阴　夜雨

上午包尹辅、乾元父子来。沈肃文来。肃文月前丧偶，今日以挽内联相示，并询伤恸何时始可稍杀，告以应善自排解，少思求，若伤恸固无时可杀也，言竟不禁泫然。十一时往视三弟、六哥，同出午饭。饭后同三弟来校，晤矛尘、膺中、肃文，谈至六时。三弟与矛尘同往晚饭，余应王文伯挹爽楼饮馔之召。晚饭后再至梅村旅社，视三弟、六哥，决以明晨六时乘粤汉车至广州。十一时归。

三日　星期一　阴　雨

上午读《隋书》《唐书》《通鉴纪事本末》诸书，备授课之需。午巽伯来，同出食面。下午二时半至三时半授课，讲述隋唐五代史参考书。下午仍读《隋书》。

四日　阴

上午读《隋书》《唐书》。下午一时半，闻飞机来袭警报，入地下室暂避。此为余来长沙后第三次警报。下午二时半解除，未见机至。晚诣樊逵羽际昌同饭，夜闻今日飞机在武汉投弹。

五日　阴

晨晤朱骝先家骅、罗志希家伦。上午读隋唐史书。下午二时半至三时半授课杨隋世系及姓氏，《隋书·高祖纪》谓汉太尉震八代孙铉仕燕，为北平太守，而《新唐书·宰相世系表》谓震五子，牧、里、秉、让、奉。牧二子，统、馥，十世孙孕，孕六世孙渠，渠生铉，是震至铉，凡二十世也。两书相差十二世，此一事也。近人王峄山桐龄谓史称杨氏之先，家于武川，以宇文泰、贺拔胜、独孤信诸人之旧为鲜卑大人而家于武川例之，杨氏或亦鲜卑之后也。又杨氏尝赐姓普六茹，其来必有所本，似即复姓非赐姓也。〔陈寅恪曰："或疑所谓赐姓者，实即复姓之意。寅恪请举一事以明其不然。《隋书》卷五十五《周摇传》云：'其先与魏同源[1]，初为普乃氏，及居洛阳，改为周氏……周闵帝受禅，赐姓车非氏。'据此，若赐姓果即复姓，则周摇应赐姓普乃氏，而非车非氏矣。"见《李唐氏族之推测》。〕柯燕舲昌泗驳之，以为汉人徙居塞上，《魏书·世祖纪》《高允传》皆有明文，武川所居不必尽为鲜卑，《唐书·宰相世系表》载杨铉之父名渠，又观王房杨氏本出渠孙，与后周时尝赐姓屋吕引氏同出一支，而赐姓不同，其非复姓可知，此又一事也。两者皆待详考。下课后诣膺中，遇伍叔傥俶，谈至六时归。

六日　阴历十二月初五日　阴　寒

今日小寒节。读《唐书》及陈寅恪考订唐室姓氏种族谱文。下午偕赵廉澄乃抟、周濯生作仁同出散步，过柳德兴，食汤团，长沙第一家也。

---

①按陈氏文原刊一九三一年《历史语言研究所集刊》三本一分，据中华书局点校本《隋书》，"魏"前脱"后"字，上海古籍出版社一九八〇年版《金明馆丛稿二编》已补。

七日　星期五　晴

晨七时，余尚未起床，闻叩门声。起视，知为罗莘田常培、魏建功、陈雪屏铸，不禁狂喜。三君与余，同自北平南来，以授课留南岳分校，今日来长沙小住。下午二时半至三时授课，讲述杨氏代周。五时半偕莘田、建功、雪屏诣逵羽，小坐，同至挹爽楼便饭。饭后归校。

八日　阴　风

晨四时馀，为弹药声惊觉，连续不绝若机关枪，又若爆竹。以为生变，急披衣起，见东南向火光烛天，爆声维巨而疏缓，不类有子弹飞掠，时同住泰半起视，均莫详其故。或以为弹药库失慎，或以为商店失慎，延至五时馀始熄，乃与矛尘、莘田、雪屏起以待旦。八时半偕矛尘至灵官渡，送巽伯乘水上飞机赴汉。观飞机自湘江疾驶，凌空而起，厥状绝佳。十时归校。下午二时偕建功至车站取行囊。三时半至健身浴室洗澡。先后来者有孙伏园、赵水澄及建功、莘田、雪屏、矛尘诸人，浴后偕莘田至书肆，见石印书数种，论价均不合。晚蒋夫人召在家饮馔，孟邻师以昨晨往汉口，今日由夫人设馔，为莘田、雪屏、建功诸人洗尘。座中有杨今甫振声、秦缜略瓒、王霖之烈及矛尘、濯生、廉澄。九时与霖之步行归校。姚从吾士鳌、建功、雪屏、矛尘来谈，夜一时，始各散去。

九日　阴历十二月初八日　晴

上午莘田、雪屏、建功来谈，同诣膺中，小坐，归。作书告诸儿。作书致黄书勋，为家中汇款事。作书致徐轼游诵明，为汇还北平大学借款事。十二时至蒋家便饭，饭后归校。三时邱大年椿自南岳来，亦自平同出者。七时送蒋慰堂复璁①、陈雪屏乘火车至汉口，未

---

①慰堂复璁　原作“渭堂复聪”，据《蒋复璁口述回忆录》改。

及候车开,归校。

十日 星期一 阴

上午读隋唐史参考书,午顾一樵毓琇来。一樵新内定为教育次长,今晨方自汉飞归,据云临时大学决迁昆明,请孟邻师先往筹备。此孟邻师昨日下午谒奉化所决定也。午饭后张怡荪煦来,新自香港到长沙。二时半授课一小时,讲述隋平江南。下课后偕建功、莘田、怡荪、膺中小谈,同出购物。晚今甫约便饭。

十一日 阴历十二月初十日 阴 寒

上午读陈寅恪考证李唐氏族诸文。十一时十五分闻警报,入地下室暂避。下午仍读陈文。晚饭后偕子水同出购物,知上午警报系飞机在武汉投弹。作书告诸儿。傅孟真斯年来谈临时大学迁昆明后,将请孟邻师为校长,此事孟真闻之陈之迈,之迈闻之顾一樵。孟真意,事果实现,可请周枚荪炳琳回校,以调停于清华、南开、北大三校之间,余甚然之。

读熊子真先生十力致汤锡予用彤、罗膺中书,有"毅生、莘田在北平持守得力,天禀实好,亦吾所念"之语,为之感奋。

十二日 星期三 阴 风

上午准备教材。下午授课一小时,续述隋平江南。课毕,诣膺中,遇叔傥,谈甚久,同出食牛肉,莘田、建功、矛尘偕行。饭后步行,归道经刘松柏笔庄,看旧墨。购天府元香一笏,高永有监制,背镌双龙纹,其间有卍字,顶有"慎馀堂"三字,侧有"杜文元鉴定"五字,不详其年代,色殊旧,归试之,似松烟也。

十三日 阴历十二月十二日 阴

上下午均读陈寅恪考订李唐氏族文。陈氏以为,李唐先世本为汉族,或为赵郡李氏徙居柏仁者,以非华盛宗门,渐染胡俗,故有李初古拔之命名,并无移镇及家于武川之事,其后始改赵郡之姓望而为陇西。因李抗父子事迹与其先世相似，遂进而伪称西凉嫡裔，其说甚辩。晚饭后至缦云室购纸，詹彦文购墨，得学古斋墨五笏，滴露含珠五笏，价二圆，殊廉。今日日记所用是也。购物后步行归校，道经浏正街，有面食店方作法事，铙钹杂作，一人时装，载步载诵，手乌纸扇，翻舞以佐节奏。询之路人，称曰“冲锣”，巫觋之遗也。古称楚人好鬼，信然。〔劳榦云，冲锣有一调为以《楚辞·大招》谱之，字字相合。劳君，湘人，现在中央研究院历史语言研究所。〕

十四日　阴历十二月十三日　微晴

上午孟邻师自汉口归，临时大学决迁昆明。下午授课一小时。晚饭后偕莘田、建功、矛尘、廉澄、缜略往观湘剧，腔调有若高腔，句末有含声帮腔，歌时无丝弦佐奏。九时步行归。

十五日　星期六　微阴

晨八时未盥漱，闻警报，避入地下室。迄九时，仍无来袭信息，乃出而盥漱，并早餐。九时五十分解除，十一时五分再传警报，十一时半解除。上午入地下室两次，以故一书未读。下午读《唐书》。闻孟邻师染疴，往省视。往三合酒家贺陈之迈结婚。晚饭后洗澡。

十六日　阴历十二月十五日　阴　雨　寒

上午作书告诸儿。作书致王劲闻表姐夫。作书致张镕西表兄。作书致三弟。下午三时偕大年访陈勋仲复光，畅谈至五时，同登天心阁，故城楼也，今为公园。六时李麋寿祖荫约在家食祁阳馔。九时归校。

十七日　星期一　阴　微雨

上午读隋唐史书。下午授课一小时，述隋末群盗之起，大体据《隋书·食货志序》以立论。晚与矛尘约逵羽往奇珍阁食面。明日为逵羽四十生日，逵羽自北归，颇不利于众口，聚宴鲜在座，吾侪深同情之。今日逵羽饮大醉，余送之归寝，呕吐狼藉。

十八日　阴历十二月十七日　阴　雨

上午偕莘田诣怡荪，方躬缮藏文对语书。怡荪近年专心蒙藏语文，造诣甚深。今在患难中犹孜孜不已，可佩也。自怡荪处出，谒蒋孟邻师及孙伏园、赵水澄，均不值。午莘田、雪屏约逵羽在长沙酒家饮馔，余及矛尘、廉澄、建功陪坐。壁间悬有李梅盦瑞清联、陈散原三立诗扇。李联书于宣统元年，严整有逸趣，与晚年所作若丘引状者迥殊。陈扇作于光绪七年，其少年作也，极佳。散原老人于今秋（以阳历记则在二十六年）忧国绝食，以致不起，对之肃然。饭后偕雪屏、建功、莘田游玉泉街书肆，余得聚珍巾箱本《水经注》一部，价一圆二角；建功得《海陵文钞》一部，价三圆三角；莘田得曾文正六尺联一，描金红蜡笺行书，文曰："世事多从忙里错，好人半是苦中来。"上款为"云仙仁弟亲家性近急遽，纂联奉赠"，下题"同治元年八月"，盖书贻郭云仙嵩焘者也。众皆定为真迹，而价仅三圆馀，尤廉。四时归校。读《隋书·炀帝纪》，摘炀帝游幸征狩所至及群盗姓名寇掠之数，成《炀帝游幸表》，《隋末群雄表》未竟。晚饭后子水来谈，因及莘田所得曾联，子水云其语盖出于陆桴亭"天下事何尝不是忙里错了"，又云曾文正尚有"天下无难事，天下无易事；终身有乐处，终身有忧处"一联，尤为名言。子水尝自号"诗礼堂"，并撰联曰："利民人序后嗣，哀窈窕思贤才"，又尝集《文选》"飘飖放心意，窈窕究天人"，韩文公句"陋室有文史，冥观洞古今"为联，亦足以见其胸臆也。子水肄业北京大学，专攻算学，游学德国则究地理。然其国学根柢之深，读书之多，非吾所及之。晚翻阅《八贤手札》，胡文忠称左文襄为老亮、郭意诚为新亮、郭云仙为南岳长老。吾自少心仪诸葛公，侪辈尝以丞相相戏。夏间留平守校，膺中、莘田、雪屏又戏呼为文毅。及决意南来，欲留衡山讲述，遂自号南岳僧。偶读诸札，不禁哑然。然诸贤宏济之略，又岂小子之所及哉！勉之！勉之！

十九日　星期三　雨

上午续录《隋炀帝游幸》及《隋末群雄表》。《炀帝纪》所述已竟，尚须从《唐书》及《通鉴》补之。下午授课一小时，讲述李唐姓氏问题。四时偕矛尘照像，备领经安南入滇护照之用。五时谒孟邻师，谈临时大学迁昆明后，将以周梅荪为总务长、潘光旦为教务长、黄子坚为建设长、胡适之师为文学院长、吴正之为理学院长、方显庭为法商学院长、施嘉炀为工学院长，谈至九时归校。

二十日　阴历十二月十九日　雨　寒

九时往谒孟邻师，十时归校。晚沈肃文约在长沙酒家便饭，九时归校。下午周梅荪来，谈甚久。

二十一日　星期五　雪　寒　大寒节

上午读《旧唐书》高祖、太宗本纪，录《隋末群雄》竟。下午授课一小时，讲述李唐氏族竟。四时偕雪屏、濯生、廉澄出街购物。六时张怡荪约在民众菜馆便饭。座凡莘田、建功、矛尘、膺中宾主六人，以吾侪将往昆明，劝余留意南诏史料，余方治隋唐史，闻之欣然。座中默拟一目，世系第一，疆域第二，礼俗第三，语文第四，典制第五，传记第六，名曰“南诏书”，更定后再与怡荪诸人商之。九时归校。

二十二日　阴历十二月二十一日　阴　夜有星

上午读《新唐书·南蛮传》。诣膺中，小谈。下午一时半诣勋仲，小谈，归。四时偕雪屏游犁头街、玉泉街诸古玩肆及书肆，见方于鲁墨二丸①，的系明代物，惟皮泽较差，索值七十元。又见《新旧

①于　原作“以”，据李维桢《墨谱序》（《方氏墨谱》卷首）及《方外史墓志铭》（《大泌山房集》卷八十七）改。

唐书合钞》一部,索值三十元,均议价未洽。晚饭后往健身浴室澡身,遇王陆一。

二十三日　星期日　晴

竟日未出门,亦未读书。得晏女十二月十七日书,知家中安好。作书告诸儿。得杨壮飞重庆家书,复之告以将入滇。作书致周伯翔一鹤,告以二月初入滇。作书致李晓宇续祖、俞益之崇智,告以学校迁滇。作书致张三表姐,询问三弟行踪。下午四时开全体教职员茶话会,由梅月涵贻琦报告迁滇办法。晚孟邻师来谈,嘱早入滇。九时许与矛尘、建功、雪屏至龅香居食馄饨,长沙最负盛誉者也。

二十四日　阴历十二月二十三日　阴

上午往东车站接洽车辆。访周荚生复、伍叔傥俶,同往健乐园午饭,亦为接洽车辆事。荚生为绍介李永芳段长。健乐园为长沙名酒家,以谭组庵延闿庖厨相号召,所制名肴皆以畏公为名,如畏公鱼翅、畏公豆腐之类。组老逊清以会元入词林,才名藉甚。入民国后总师干,主中枢,厥功尤伟。今独以饮馔传,非所以敬元老也,心实伤之。组公自号无畏,而世人称之曰畏公,亦趣。下午往北车站晤李永芳段长,请其代定二十六日车票六张,并为同仁定包车一辆。余原定二月三四日偕同仁同行,昨承孟邻师嘱,乃改定二十六日与矛尘、建功、莘田、雪屏诸人先行。以同仁曾以接洽车辆事相委,遂将探询所得详为开列,凡十六则。自湘入滇,各路路程票价、钞券、护照诸事,均备焉。或可以赎吾先行之愆乎?六时陈克生瑾昆约饮曲园。八时北大开临时校务会议报告迁滇并设驻滇办事处,以余司总务。此次南来,决意读书,以事务相强,殊非所望。今晨九时得飞机警报,避入地下室,半小时解除。晚闻系在宜昌投弹。

二十五日 星期二 阴

上午作函致龚仲钧自知,告以日内随孟邻师入滇。作函致赵建卿,请其在昆明代觅房舍。作函致沈仲章,告以日内到滇。下午检行装。四时闻校中得汉口来函,教育部当局于迁滇一事尚有异议,孟邻师决缓行,吾辈行期亦改。四时半偕莘田、建功、雪屏登天心阁。六时归校。

二十六日 阴历十二月二十五日 阴

上午检《通鉴》。下午偕雪屏同出洗澡,往玉泉街看旧书,无所获。远东加非馆食点心。晚在清溪阁食面。归校。与矛尘、莘田商订文稿至夜深。

二十七日 星期四 阴 雨

上午读《通鉴》。孟真闻余将购《新旧唐书合钞》,举其所藏初印本以赠。下午偕膺中、雪屏至玉泉街、犁头街各古玩旧书店巡视。余得旧印一方,似青田石,朱文"定有知音"四字,边款曰"嘉庆壬申十月雪中小池为鹤丹先生作时年七十三"。雪屏甚喜之,即以为赠。又得藏修书屋刊《述古丛钞三集》本《南唐书合刻》一种,知不足斋本《默记》一种,有校语。据编末所记,盖叶郎园德辉之侄某所过录者也。其记曰"顷从伯父郎园先生处假得旧抄本,上有硃绿紫黄四色笔评校简端,'默记'下标例云:朱、鲍校具用硃笔,兔床校先用紫笔继用绿笔,唯黄色笔校则未标何人。据后陈仲鱼跋更有一二改正处,则用黄笔。然则黄笔当出陈校矣。戊午岁偶于书肆又得彭芸楣校抄本,其中改正之处多有驾乎吴本之上者。家居多暇,因取此本为主而以家藏二抄本校改于上方"云云。下题"己未孟夏叶□□记于拾经廔","叶"下二字阙,盖书贾所挖。吾闻郎园有侄名启勋,颇好书,郎园所藏北宋小字本《说文》即在其家。岂其人乎?己未为民国八年。六时往坡子街购墨。六时半归校。

今日偶思及规划筹谋，不患不精明而患不周密，不难于忠尽而难于无私。凡事不可有我，而不可无人。

二十八日　阴历十二月二十七日　雨

昨日由莘田处假得《积古斋钟鼎款识》稿本一部。今日披读一遍，凡四卷，附录一卷朱为弼手稿，〔卷二多阮氏手迹。〕其子善旂装褾，从孙之榛编次，前有善旂题记，末有之榛题记，附录叶志铣道光丙午、张廷济道光二十七年、徐同柏道光二十七年、路慎庄道光二十八年、汤金钊咸丰癸丑、陈庆镛咸丰三年、莫友芝无年月、俞樾光绪七年、吴云光绪壬午、黄彭年光绪十六年十家跋尾，盖平湖朱氏新安先泽第十、十一、十二、十三各册分出单行者也。卷一二原题"鉏经堂金石跋上下卷"，三四原题"伯右甫吉金古文释上下"，今改题"积古斋钟鼎款识稿本"者，明此书为阮氏《钟鼎款识》所从出也。世亦以此为文达盛德之累，然两书实互有异同。俞曲园、黄陶楼两跋条举綦多，而黄氏括为十五例，尤称详尽。有先生摹器可补阮者，有器形虽佚款字可补阮者，有阮稿可补今刻器者，有先生说可补今阙者，有今刻不别白可证阮所本者，有此释文视阮为详者，有释文视阮为略者，有摹文视阮为略者，有与阮刻异而是者，有与阮刻异而非者，有与阮刻异而可并存者，有经阮笔改而与今本同者，有经阮笔改而与今本异者，有阮稿按语可补今遗者，有阮稿与今本不同者。文达萃十二家吉金拓本以续薛尚功之书，于吴侃叔东发、钱献之坫、庄述祖葆琛[①]、程瑶田易畴诸家说皆明标姓字，朱氏为十二家之一，何必强据其书？反覆读之，始知其不然。卷一朱善旂题记曰："侍郎公鉏经堂金石跋上册二十九页，此即《积古斋钟鼎款识》稿本也。观此标目题识及册内，先严讳有改作，阮太傅名处亦有署名处空出而太夫子自填者，则此书先成而积古斋之名转为后起矣。"案此册册面题"鉏经堂金石跋"，而册内首页第一行仍题

①葆琛　二字原阙，据宋翔凤《庄珍艺先生行状》（《朴学斋文录》卷四）补。

“积古斋钟鼎彝器款识”。卷一“扬州阮氏编录”均为朱氏手迹，而表里不一，明系权用已题签之空册钞录其文，故阮氏于册面别书“积古斋续钟鼎款识”八字，所以便检寻，非改书名也。此一事也。善旂题记又曰“周师旦鼎释文后，太傅加注数十字于上方，内有及观此册”云云，益见是书本非为积古斋刻款识而始著，太傅特更名而借用耳。案周师旦鼎见卷四《伯右甫吉金古文释》下册，阮氏题曰：“元购得秦桧家庙铜豆一器，其铭词自称师臣桧。奸妄不臣，即此可见。及观此册，知所本在此，正如魏晋上拟禅受耳。”阮氏之意，盖谓秦桧妄效周公师旦之称，自号师臣也。朱氏释文于周公立文王庙考证较详，于师旦无他证。且师臣所本，仅在师旦鼎，何与此全册？可知阮氏题识，盖误鼎字为册字耳。此二事也。卷三《伯右甫吉金古文释》前有朱氏题记四十六字，卷中每条下均有“弼曰”云云。此朱氏所自著无疑，其中经阮氏润饰删订者八条，八条之中改“弼曰”为“案”者二条，仍存“弼曰”者二条，去“弼曰”者四条。从无改“弼曰”为阮氏之名者。且阮氏改定处均较原作为长，可知善旂所谓太傅特更名借用之说，实无稽也。此三事也。卷四善旂为《伯右甫吉金古文释》下册，凡二十叶，皆不称“弼曰”，与上册体例迥殊，疑非一书，且朱氏自记明曰“吉金文卅六种，扬州江秋史侍御德量摹本，积古斋藏之。弼假得手摹成册，略附诠释。时嘉庆癸亥仲秋十八日”云云，上册所收已足三十六种，必不能更有下册，此善旂之误也。此四事也。卷四商举己卣二原稿作“□谓举饮酒也”云云，阮氏抹去“□谓”，改为“平湖朱右甫为弼”云云，云此可证阮氏不惟无攘善之心，且有归善之美。此五事也。卷四“周季娟鼎”原稿有“□谓周王无徙居楚麓事，朱右甫云王疑是王子朝”云云，“周弡仲簠”原稿有“□谓欧阳氏《集古录》云，张仲器铭四其文皆同。而转注偏旁左右或异，阮氏抹去转注二字。今以薛氏摹本及此拓本校之，又互有不同。吴侃叔、朱右甫并云弡字当释作张”云云，可证此册决非朱氏自著而先成者，否则何必自称姓字耶？〔卷四“汉元嘉刀”一条，亦有朱右甫云云云。卷四“宋平功钟”一条，原稿亦有朱右甫云云云。阮氏将全文均抹去。〕此六事也。卷二“商儿癸句兵”有“此器已纂入《山左金石志》，足迹形误摹作孙字”云云，此可证书实为阮氏作也。此七事也。卷二“商亚爵”有阮氏手稿，其后又有朱氏清稿，稍加润饰，卷四末页有阮氏《释商亚父丁爵》，亚字手书长稿，而卷一“商父辛鼎”朱氏稿本即袭用其说，而文字略有更易，可知世传阮氏书全出朱手，亦不尽然也。此八事也。附录张叔未跋文有“比戌秋南还嘉庆壬戌之秋，适相国阮夫子纂辑《积古斋钟鼎彝器款识》[1]，廷济因尽奉箧中所有之文，并备标藏者某某，略附鄙说一二”云云，可证阮氏汇集众说以成其书，非求之于一家也。此九事也。善旂《伯右甫吉金古文释题记》曰：“先大夫就浙抚阮公聘，课小云、世文常生等三人于积古斋，在嘉庆己未四年二月至五月，始至武林节署。此题癸亥八年，又在后五年已登贤之后。是年三十三岁，《积古斋款识》成于嘉庆九年甲子，此在其先一年所著”云云。案张叔未跋文，阮书壬戌七年已在纂辑，实在朱稿之前。又叶东卿志铣跋文有“茱堂老友乙丑计偕北上，持阮相国书来订交。因时以金石文字相商榷”，乙丑为嘉庆十年，则《积古斋钟鼎彝器款识》告成后始北上也[2]。此十事也。据此可证阮氏之书实萃诸家之说之长，非出于一人一时之手，尤非掠人之美。其纂辑之任委之朱右甫，而阮氏亦尝自撰述其定本，更经诸家参订，故稿本与刻本颇有异同。非全出之朱氏，尤非朱氏先有成书而阮氏借名刻之也。善旂意在显扬其亲，可谓孝思不匮，惜其未能细读

①②识　原作“释”，二十九日同，据上下文改。

父书也。此书莘田得之于孟真，孟真题记有云："阮公自居编录而已，何曾攘善？"又云："今更以此稿校阮书，增易至多。阮君犹独标其编定审释焉，是则阮未尝攘朱之善，朱子乃欲攘阮之善矣。"可谓先获我心矣。惟孟真谓"签题鉏经堂，未必非朱君自喜其力。芸台改之，以从实也。要之，题积古斋之稿必在先，签必在后，此无疑也"，与余见不同，日内更详读之。下午偕建功、莘田同往澄观阁看古玩，莘、建各得一砚，余无所获。六时逵羽约在曲园便饭，饭后归校。玩物丧志，而贪嫉之念随之。今后拟不再寻求，且不复为友好寻求矣。念之念之。

二十九日　星期六　大雨

上午读《积古斋钟鼎款识》稿本，并续写昨日日记。下午至北车站接洽二月三日赴粤车辆。清华史学会开茶话会，余稍坐，出。偕孟邻师购物。

三十日　阴历十二月二十九日　阴

上午读《积古斋钟鼎款识》稿本，完成前日日记。午作书告诸儿，家书第十六号。下午偕矛尘、建功往健身浴室洗澡理发。校门有售灯者，各书吉祥文字及官衔名。有小儿年七八岁，围观，有羡慕意。余购一军长灯赠之，并为之祝曰"愿汝长成为军长"，小儿大乐。晚校中同仁聚餐，到二十四人，除孟邻师夫妇、江泽涵夫妇、李麋寿外，家属均留北平。非乱离之际，除夕不能有此盛会也。余自有生以来，未尝在客中度岁，亦从无除夕元旦不祭祖者，思之惶恍。晚饭后膺中约往度岁，十时半归校。余与矛尘、雪屏、莘田作西洋叶子戏，至五时始散。默祝，然后就寝。

三十一日　阴历戊寅年正月初一日　雨

十时起。与孟邻师、杨今甫、叶公超、张佛泉、秦缜略、樊逵羽诸人闲谈。十二时念诸儿必在祭祖上供，小子千里远客，不能礼拜，乃遥望默祝。午饭后与莘田谈治史，遇商锡永承祚。四时检阅《新旧唐书合钞》。姚从吾来谈。六时膺中约食饺子。元旦食饺子，北平旧俗也。膺中、雪屏各出诗谜互猜之，不觉至夜午，辞出，而校门已闭。不得已与莘田、雪屏、建功、逵羽、矛尘复归膺中处，坐候天明，始归。

从吾示以去年十一月一日至十日湖南《力报》，有《沦陷后之平津》一文。其述各校情形，有北大之郑某“支柱艰危，如孤臣孽子，忍辱负重”云云。

二月

一日　戊寅年正月初二日　微阴

上午卧寝半日。下午周荚生复、伍叔傥俶来小谈。诣膺中小座。晚公宴膺中、枚荪、叔傥暨孟邻师于三合酒家。十时归。孟邻师谈及得一月十八日天津友人函，称孟心史先生森病逝北平，不胜悼恸。去夏先生以忧国，食不甘味，日益瘦损。初请四川萧龙友方骏诊视，继就诊协和医院。协和断为胃癌，主割治。先生初非之，尝以相告。余以先生春秋高，亦劝之慎重。萧虽中医，而主割治甚力。先生乃入协和，余力不能阻，乃阴请于协和姜体仁、张庆松及德医郑何先诸大夫，能不割治则稍缓。诸大夫均以为然，而主治医亦谓可不割。先生住院两周，精神日健，胃纳亦佳，甚喜。余离平前两视先生于协和，先生以病榻日记相示。虽在病中，不忘吟咏，而无时不以国事为念。有祭祖诗、讽郑苏戡诗，极悲愤伤悯之怀。余南来，闻先生已出院，以为宿疾已疗，作书以贺，久未得复。今日始知已作古人。伤哉！伤哉！先生体素强，年已七十，访友入校均步行。夏间病初起，往协和检查，余劝之乘车，不允，余乃送之往，步履迅健尚过余远甚。私告诸友，谓先生必能速痊。不意余之言不验也。先生治明清史为当代第一，所著《明元清系通纪》《清史汇编》①，皆未观成，尤为可惜。余不学，往日所作，颇得先生奖饰。必努力设法续其书，以报知己也。

作书致三弟，询三弟消息。三弟九日自香港乘轮赴沪，迄今廿馀日，尚无信来。

二日　星期三　雨

上午孟邻师乘飞机赴港，转道入滇。学校迁滇事连日经师函电商洽，部中已完全同意。作书致李晓宇，询孟心史先生丧葬诸事。诣周荚生，不值。得三弟自沪来书，于十四日平安到沪，往张表兄所，三月回平。作书致三弟。下午湘潭转来养富上六哥书，封用墨栏，大惊，急启视，果系四婶母梁太夫人于一月六日仙逝。吾家长辈惟四婶母最亲，今后先君同胞行辈中，在吾家更无人矣。哀哉！作书告诸儿。整书箱。

三日　阴历正月初四日　雨

上午整行装。得孟邻师自香港来电，赴安南须注射霍乱预防针及种豆。下午诣陈勋仲，不值。检书籍行装，决定今晚搭粤汉车赴广州。九时半偕雪屏、建功、矛尘及蒋孟邻夫人至东站，从吾往送。三次询之售票处及站长，均云今日无票。不得已于十一时归。

四日　阴历正月初五日　雨　雹　雷　立春

晨起，闻昨日南下车于今晨四时开行。乘客甚多，并无无票之说。不知昨夜车站何相欺之甚也！大年来长谈，述苏俄现状甚详。午莘田约在青年会便饭。去年今日阴历下午三时，送吾妻周稚眉夫人入德国医院，逾日竟逝世。思之黯然，热泪欲出。晚风雨大

①系　原脱，据原书名补。

作,十时半辇行李往东车站,冰雹纷落,并有雷。在站部署略定,而蒋夫人至,持示孟邻师自港来急电,仅"港粤航断"四字,似有馀蕴,遂复辇行李归校。已十二时许矣。

五日　星期六　阴　晨雪

今日闻有飞机八十五架轰炸广州附近,幸未行。下午携莘田、建功、雪屏、大年往健身浴室洗澡,澡后在天津馆食薄饼。饭后归校,与诸人长谈。得李晓宇自平来片。

闻孟心史先生以一月十四日逝世,身后均常州同乡为之料理。

六日　阴历正月初七日　雨

今日为先室周稚眉女士周年忌。此一年中,春间则晟、昜两儿病猩红热;夏秋则危城孤守,苦撑残局;及冬,复离家远征。忧难相寻,无可告语。每当谈笑极欢,或危患卒至,恍若君犹在室,及一凝思,始觉隔世。此情此景,最为神伤。竟日未出,扃户独坐。莘田、膺中、雪屏、建功数来叩门,膺中约往食面。往反三数次,莘田约往校外便饭,均辞之。诸友见爱之深,使人感念。晚饭后膺中再来约谈,九时与莘田、雪屏、建功偕往,膺中以近作相示。录后:

戊寅人日前一日和落照韵时将有滇越之行

寂历蛮荒道,间关犯雾行。偷生馀半壁,忍泪望中兴。
亲舍空云海,家书匿姓名。戈声惊独夜,万马正东征。
〔"兴"在蒸韵,"行""名""征"在庚韵。此原作。〕

落照为闻宥别字,膺中老友也。余最喜其"家书匿姓名"一句。

七日　星期一　微阴　晚晴

昨夜反侧不寐,泪沾衾茵。上午读《通鉴》,下午逵羽、雪屏、子水、莘田、建功来谈。晚至膺中许食面。昨日订小册以录《通鉴》辞句,今日题之曰:"温公萃诸史以成《通鉴》。执笔皆一时之选,虽取材不自一家,不出一手,而摛藻遣辞,首尾自成条贯。南来多暇,乃摭意之尤喜者，不次先后，不求故实，录为一编，名之曰《通鉴属辞》，以为馈贫之粮云尔。"〔正史外，凡参订杂史三百三十二家。〕

八日　阴历正月初九日　晴

今日天气绝佳。午周荚生来，同出便饭。饭后至玉泉街书肆，得同文版《隋书》《旧五代史》各一部。晚送雪屏至车站赴粤，余决由公路自桂出镇南关，转道入滇。作书告诸儿。作书致龚仲钧。电邱毅吾请代雇汽车。作书致王霖之。余自到长沙，以校中庭院广大，日环步五周，约二千五百步，虽雨中亦张盖缓行。今日天无片云，尤留连不忍舍，凡缓步十馀周。

九日　星期三　微阴　下午雨

八时送蒋夫人登车赴飞机场，吾等既决定由公路入滇，蒋夫人亦决乘飞机赴港，与孟邻师偕行。十时半蒋夫人自飞机场归，谓飞机不停，无由登，皆莫测其故。十一时十分闻飞机来袭警报，避入地下室，在地下室内闻巨响一，窗户为震荡，群疑为炸弹，随闻枪声三，群谓高射炮，既而闻飞机航行声。有人窥视，凡九架，或曰十二架，自北而南，越吾辈上空而过。此为余第一次所闻之飞机投弹声也。十二时四十分解除警报。下午闻在飞机场投弹十馀枚，伤一兵。疑上午航行机之不肯着陆，盖早得有警报也。晚与矛尘、建功、莘田至清溪阁食面。得孟邻师香港书。自国难日急，学者好读遗民诗文，余则主读中兴名臣集，以为遗民诗文固可以激励正气，而中兴名臣之所作，于激励正气外，兼可以振发信心。当千钧一发之际，不有匡济之术，乌可以复兴哉？检《七修类稿》。

十日　阴历正月十一日　阴

上午阅报，知昨日北郊机九架落炸弹二十馀枚，死伤三十馀人。作片告诸儿旅居平安。作书致沈仲章。得孟邻师香港电，嘱同仁欲转港者宜早行。得晏女一月二十四日书，知家中安好。下午与莘田至大街购物。晚十时半送蒋夫人及莘田至东车站赴粤，转港入滇。余以托邱毅吾雇汽车已妥，不能偕行，甚歉。夜十二时车到，上车布置定，始归校。

十一日　阴历正月十二日　晴

上午筹备入桂诸事。电邱毅吾请定汽车二两，于十六日在衡阳相候。下午往玉泉街，得《新五代史》《东南纪事》各一。晚饭后往浴室，以无水归。

十二日　星期六　微阴　夜雨

上午检点行装，旅途无用者，或邮寄昆明，或邮寄北平，以沿途汽车、火车均限制携带行李，火车以三十启罗，汽车以二十公斤为限。得周作人先生一月二十日北平书。得陈援庵先生一月二十九日北平书。得张稷臣一月三十日北平书。下午购物，洗澡。

十三日　阴历正月十四日　晴

上午白宝瑾来，不值。枚荪来。诣膺中，小坐。下午作书告诸儿。作书致周启明先生。得雯女一月十九日书，晟儿一月十九日书。得晓宇一月二十七日、三十日北平来片。北大已于二十八日别派保管委员十四人。虽人选自旧，而主体已非，其教育部主要职员为部长汤尔和，次长黎世衡，局长张心沛，科长陈菊孙、赵少侯、陈雅慕。得卢逮曾一月三十日北平片，孟心史先生于一月十四日午逝世，临终遗言宛如放翁嘱儿诗，惜未抄来。得莘田十一日郴州来片。晚月色绝佳，与廉澄、从吾、濯生、建功、矛尘踏月，登天心阁。忆及民国十一年元宵，与稚眉夫人登新世界，不禁怃然。得俞益之一月二十三日北平书。

十四日　阴历正月十五日　晴　有云

上午整理行装，下午四时购旅途杂物。南来过青岛，晤梁凯铭表兄，知适邹大表姊在长沙，住吉祥庵巷，今日往探，始知移居南岳月馀矣，不胜怅惘。晤其丈夫梁君大。六时半归校。作书致三弟。十时同仁共进元宵，从吾所购也。惜无月色。明晨七时决行，不知天气如何。膺中来话别。

十五日　星期二　长衡道中　雨　阴　桂林补记

五时起床。天雨，令工友扎被褥，所谓打铺盖。并促同行诸人起床。七时至汽车东站，雨止。梅荪夫妇及子女、廉澄、濯生、云浦、劳幹、魏璠、建功坐包车，余与矛尘、从吾、佛泉坐公共车往衡阳，公共车价每人四元三角五分。八时三十五分车开，经豹子岭、易家湾、湘潭，十时半至下摄司，汽车用船载渡河，余等下车登船。既渡，而余等车座为兵士所占，交涉再四始让还，然已饱受揶揄矣。一时十五分至衡山，下车缓步，去长沙百二十四公里矣。合今市里二百四十八里。长沙至湘潭凡五十公里，湘潭至衡山七十四公里。自衡山行十四公里至南岳，又行四十五公里，达衡阳时，三时三十五分，计七小时，行百八十三公里。余等至衡阳而包车未至，乃假车站旁之裕顺旅馆候之，并进餐。六时包车至，七时入衡阳城，先至广州酒家，房屋不足，乃分住于乐园及广州酒家。至中国旅行社探询车辆。至樊太太家，今晨已往长沙。夜与矛尘、建功同榻于乐园，复雨。作函告诸儿。函包尹辅。

十六日　阴历正月十七日　本日在衡阳　阴　桂林补记

七时起床。至广州酒家与同人会合，久候汽车不至，乃与枚荪、廉澄至中国旅行社及广西银行探询。据广西银行云，确得有省政府电，派两车来接，惟尚未至，如十时半至，尚可行至全州寄宿，否则须明日行矣。归广州酒家，候至十一时而车来，已不及行，决今日仍留衡阳。午在锦华添食饺面，颇佳。此为旧城市之茶馆，人客品类较杂，盖苞苴请托之所也。见有送水烟袋者，以大铜烟袋挨客进烟，客以口承烟袋嘴，送者旁立，装烟燃火，客饮食谈笑自若，而喷吸已毕。余向所未见，建功、从吾言其乡中均有之，业之最贱者也。饭后出衡阳东门，环城有市街，街外即湘江，市肆多背江面城。沿街南行数百步，有横巷，循阶而下有门，题望曦门。出门见樯桅万树，素练千寻，盖渡口也，眺望久之。入门西行至南外正街，折而南，又折而东，经古铜鎝祠，入观，中祀金面像，殿宇壮巍，有“荫浓榆社”中、“汉国镇湘”右两匾，不知何神，询之土人，云为大王菩萨。出铜鎝祠，更东行，为大渡口，较望曦门尤壮伟，然不如望曦门之江波突现，使人惊奇也。四时许，由南门入城，归广州酒家。五时先将行李移置车上①，以便明日早行。理发。晚在乐园聚餐。夜与矛尘、建功仍住乐园。左右两室喧闹不堪，楼下有兵士四五人，起而干涉，其言和而刻，于是左室始静，而右室高歌如故。余亦于弦索声中入梦矣。

十七日　星期四　晴　桂林补记

今日在衡桂道中。晨五时起床，盥漱毕，至广州酒店，与同人会。七时半车开，余等十二人二小儿共一车。出衡阳南门，经四塘、泉湖、白鹤堡，而达洪桥，凡五十五公里。下车小憩，买鸡蛋食之。停十馀分钟复开，行经紫冲、官山坪、祁阳、孟公山、接履桥、零陵、栗山铺而达黄沙河，入广西境矣，时下午一时四十五分。黄沙河以上凡以舟载渡三次，至黄沙河又载渡一次，时同行皆饿，思食。余等欲车至全州稍停，车中司机者谓时已晏，恐不得达，必欲吾辈到桂林，然后食。争执久之，始商定在兴安停车。司机者开急车，二十分钟行三十公里，机件忽坏，修理二小时许复行，不及一小时复坏，勉强缓行至兴安县，不能更进矣。余等下车晚饭，兼作留宿计。食时与司机者谈久之，慨允即时修理，如能行，必赶至桂林，余等大快慰。

①车　原脱。

八时车修竣，余等复登车，张灯前进，不辨东西。凡经载渡二而达桂林，于北门入城，投止于乐群社，幸有馀屋，部署毕已桂时十一时矣。桂时较他地时刻约迟一小时，桂时十一时即他地十二时也。

十八日　阴历正月十九日　微阴　在桂林

昨晚倦甚，今日八时始起床。十时偕枚荪、廉澄往省政府晤邱毅吾，谈少顷，归乐群社。省政府为明桂王府故址，其殿陛遗制仿佛北京故宫，但较小，其后为独秀峰，今改公园，前有正阳、东华、西华三门，亦若故宫之有天安等门。清代改贡院，于三门之上，置鼎甲题名石坊，正阳门为“三元及第”，两广总督阮元所书，为嘉庆十八年解元、二十五年会元、状元陈继昌立也。东华门为“状元及第”，题名者道光二十一年龙启瑞，光绪十五年张建勋，光绪十八年刘福姚。西华门为“榜眼及第”，题名者同治四年于建中。广西无探花，刻石阙焉。民国建，改贡院为高级中学。清末已否改设学堂待考。前年始改省政府，移高级中学于良丰西林公园焉。午董彦堂来，同在乐群用饭。二时同行及彦堂偕出游，先至中山公园，入西华门，左行入园西门，行数十武右转，达独秀峰麓，明王府之北苑也。旧称紫金山，峰顶有亭三，旁有读书岩，宋颜延年读书处也，今皆不可登。峰后为月牙池，有九曲桥，池畔为仰止亭，步至池东回望，峰岚耸然独起，无愧独秀之称。峰崖有康熙五十一年黄国材题“南天一柱”四字，行书径约丈馀。道光二十五年张祥河题“紫袍金带”四字，行书约七八尺。道光二十六年耆英题“介然独立”四字，草书约七八尺。吾乡梁章钜题“峨峨郛郭间”五字，隶书约二尺。其馀石刻尚多，不及备录。出园东门西行经省政府前，折而南出正阳门，东行经东大街以出。东江门桂林东门也，门外有浮桥，名永济，联木船五十馀艘，横亘江中。有铁缆二，各长百馀丈，贯船之首尾，两岸植铁柱以缚之，船上架木，以通往来。过浮桥为市街，街尽为天柱桥，桥九孔，旧名嘉熙，俗称花桥。所谓花桥烟雨，是其地也。桥有阁，行者可避雨雪。两侧多碑石，皆修建碑记。桥尽，复为市街。左侧有门，题“峰回路转”，入之则异峰突现，山光树色，蔚然大观。至普陀山矣，入山门为挹秀轩、丛翠堂，下石阶十数级，为碧虚楼。小坐，进茶，楼左为延霞台。台循岩筑，其后有洞，是为四仙岩，洞广十数丈。出四仙岩，右折为七星岩，岩外有宋淳熙元年十二月范成大题名刻石，嘉定甲戌方信孺题名刻石[①]，方氏题名称洞为静江府栖霞洞，知宋时不名七星岩也。入岩拾级而下，洞绝大，有淳祐辛丑谢逵等题名，天启甲子何士俊平黔酋记功刻石，庆历四年季永德等题名，此外石刻甚多，不及备录。同行雇导者，燃火把而入，余以去年十二月十二日，尝遍历大小洞，凡绕行五十五分钟。不复入，乃与彦堂至月牙山相候。出普陀山，还至市街，左行二十馀武[②]，街右有门，题“月牙山”。入门前行，又有门题“入胜”，前行十馀武[③]，有石阶二十级，登之有门题“南州胜境”。寺门有嘉庆二十二年、道光六年捐修石栏碑记，捐钱均以银两大钱计，无用洋钱者。入门右折登石阶十一级，至清晖堂，堂北向。后为丛桂楼，右侧有石洞，题“云栖”二字。由洞北折登襟江阁，其上为影波楼，楼对南州胜境门，由襟江阁东折入倚虹楼，其下即清晖阁也。襟江阁西有门，门外皆岩崖，凭崖西望，万峰隐约，烟苍中竞奇争长。沿崖有石级，下三十八阶，入小洞，穿洞更下三十二级，是为龙隐岩。岩口北向，多沙，其前有潭，清可见底，不甚深。岩洞不若七星岩之广，两侧石刻相接，有崇宁五年王祖道题名[④]，治平元年孔延之题名，元丰二年曾布等题名，淳熙十三年詹仪之题名。又有《宋颂》，广南西路转运使兼劝农使、

①孺　原作“儒”，据《宋史》本传及本日后文改。

②③武　原作“伍”，据本日前文改。

④崇　原作“淳”，据《桂林石刻总集辑校》改。

尚书度支员外郎臣李师中撰，其文曰："《神武》，颂太祖也，以天下授太宗，永有休功，其古之聪明睿智神武而不杀者夫。於赫神武，不显其功。天命在躬，图惟厥终。不卜不谋，付命太宗。惟帝之心，天地之公。原注：有天下不与子，推大公，永天命，遂定四方，其功冠万世独出①，史臣不究其极②，未足以昭盛德大业，故作颂焉。《文明》，颂太宗也，焕乎其有典常，始作乐，告其成功焉。於昭文明，继序其皇。既有典常，底定四方。清庙用章，德音不忘。原注：本朝承五代之敝，稽古典之事，至是备焉，故颂以美之。《仁功》，颂真宗也，能申上帝之祐，以和戎狄，以安万民。於穆仁功，己任天覆，万民靡不寿。怀尔戎狄，以及鸟兽。於嗟仁功，草木溃茂，如文王之囿。原注：专用德化，致百馀年大定，自成康已来，未有如此者也。仁恩厚矣，生息极矣。继之以礼乐，则万物其终乎，王道其成乎！颂之作也，盖有待焉。嘉祐七年六月一日勒于桂州之龙隐岩，前知廉州合浦县事臣陈惇书。"又有政和辛卯陈仲宜题名，元符庚辰许端卿题名，正德十六年张祐题名，熙宁甲寅张觐题名。自前洞西折出岩，岩外有皇祐五年平蛮三将题名碑，真书，字径二寸。额篆"平蛮三将题名"，六字结体奇异，不知所本。碑文不及录，末有小字一行，文曰："僧宝珍篆额，区华、区诚镌。"其旁有嘉定甲戌赵善洪题名，嘉定七年方信孺题名，又有"诗境"二字，陆放翁书。嘉定庚午经略殿撰侍郎李公所书"平亭"二字。南行十许步，有尚书度支员外郎李师中刻诗，其序曰："师中嘉祐三年九月，受命来岭外，七年十一月得请知济州，感恩顾己，喜不自胜，留诗四章，以志岁月"云云，其因作《宋颂》而升迁者乎？由龙隐岩南行数十步，有龙隐寺，比丘尼所居，殿后有洞，元祐党籍碑存焉。其下有康有为题记石刻，戊戌之变挝毁，仅存李膺、

①功　原脱，据《桂林石刻总集辑校》补。

②其　原作"真"，据同上书改。

司马公、朱子、高、顾二先生。一行向寺尼购得党籍碑拓本数份而出。复归月牙山,同人已至,遂相偕入城,已六时矣。与彦堂在大中南饭店食面,饭后归乐群社,道经同乐园,见有桂剧,与从吾、矛尘入观之,与湘剧相近。十时归。补写日记。邱毅吾来,不值。作书告诸儿。

十九日　星期六　阴　在桂林

七时起。补写日记。九时白经天鹏飞来。十时偕廉澄至省政府,留刺谒黄旭初。至广西大学,访白经天。至环湖旅馆,访冯芝生、陈岱孙、朱佩弦、钱宾四、汤锡予,均不值。十一时至月牙山,食豆腐,相传天下第一。独至龙隐岩录李师中诗,以昨日仅录其序也。诗曰:"镇抚四夷吾道在,可怜壮志日因循。四年尽瘁今归去,不负斯民只负身。""侵地还来开境远,贡琛上去革音初。但无俘馘充归献,辜负君恩死有馀。""乞得衰身出瘴烟,一麾仍许视于藩。家园在望松楸近,自问如何报上恩。""出岫白云犹缭绕,离群飞鸟尚鸣悲。四年人去宁无恨,况是梅花满树时。"二时半归乐群社。省政府备汽车,导游良丰西林公园。园为邑人唐子实所建,后归岑云阶春萱,岑氏捐之省,改公园名曰"西林公园",所以纪念岑氏。今设桂林高级中学于其中。园有澄砚阁、涵通楼,旧为岑氏燕居之所。又有山洞,甚钜。俗传园景取范于北平颐和园,殊不类,惟有红豆树一株。又一日之间,一园之内,桃、桂、梅、月季诸花齐发,为他地所不及耳。四时半归。晚偕从吾诸人,同观桂剧。十时半归。

二十日　阴历正月二十一日　雨　晴　在桂林　昆明补记

八时至省政府,访黄旭初主席。谈少顷,辞出。至日日轩进早餐,遇雨。未几晴,步行归,经古玩肆。主人张姓,河北人,从李石曾久,藏有平蛮三将题名碑,购之,惟无碑额,并将僧宝珍篆额一行割去。肆中藏红豆甚多,承其相赠三枚。九时半归乐群社。补日记。十一时黄旭初招待宴，致欢迎词，枚荪答词。一时半散。偕矛尘、濯生、廉澄、建功、从吾、枚荪至伏波山，在城东北，孤峰耸挺，与独秀峰东西相峙。今为防空队驻所，不得上。闻其上有马伏波祠，其下为还珠洞。由山麓沿城垣北行至一城门，折而西，更折而北至风洞山，一名桂山，三峰层列，岩石若叠锦彩，故又名叠彩山。循磴道而上，有亭，题“叠彩山”三字。其旁有石，刻“江山会景处，万历乙巳羽卿题”数字。更上则为佛寺，今为防空司令部，亦不得上。乃山右跨崖岩而达山后，有磴道，拾级而登，为寺后门，交涉再三，仍不得入。立阶四望，其东漓水三折，及山而南，不知其所自来。渔桦数十，往来其中。渔人用木桦为舟，携鸬鸟二三以捕鱼。连岸阡陌纵横，绿色如油，瓦屋三数，散缀东西，远山含黛，疏木浮烟，大似江南春色。其北二峰横障，其西孤岑高耸，两者之间露远峰十数，其下寒林一遍，画图无此景界也。桂林山水甲天下，其谓此乎！下山出城门，沿城南行至木龙洞，买舟至东江门，水清如镜，疾流有声。入东江门，至桂山中学，购县志不得，归乐群社。五时白经天在社中召饮。晚补日记。整行装，明日决行。桂林为先妣陆太夫人故里，先外祖澹吾先生讳仁恬，避清德宗讳改仁恺庐墓所在，惜舅家中表均在北平，不能导引一往瞻拜，恨何如之！今日闻桂林城南北七里三，东西三里七。

二十一日　星期一　晴　桂柳道中　昆明补记

五时起。整行装，分载于汽车前后。邱毅吾来送别。八时半车开①，同行惟劳榦留桂林，馀皆同车。经良丰，达阳朔。车行山道中，万峰环拱，若展画屏，岑峦重叠，竞怪炫奇，使人目不暇接。语云“桂林山水甲天下，惟有阳朔峰最奇”，不吾欺也。九时四十分，抵阳朔市。下车，入街略观。自桂林至此，凡六十四公里。车再开，经青厄

①八　疑当作“六”。

渡,以舟载船而渡,至荔浦午饭,去桂林百零四公里,去阳朔四十公里,去全州二百三十一公里。饭后复登车,经载渡二。下午五时抵柳州,今曰马平县,去桂林二百四十二公里①。至乐群社,无馀屋,乃投止于民生旅馆。过江至县城,访柳侯公园。园甚大,县人以纪念柳子厚者也。楼阁棋布,刻意经营,余意在瞻柳侯祠,不及一一登临。得祠所在日已暮,石刻满壁,张灯细辨,亦不得昌黎所作碑记。中殿祀柳州坐像,像后嵌石刻一方,意或是之。出祠,守者以石刻拓本求售,皆今人作。选近来摹刻柳州遗迹一张,价桂币七角。出园至经济食堂晚饭。过江归对河圩旅馆,对河圩今为新市区,汽车站在焉。闻汪一彪卧病乐群社,往视之。过立鱼峰,于夜色中望其冥影。一彪需款,归旅馆,与同行商筹得二百五十元送之。作书告诸儿。

二十二日　阴历正月二十三日　晴　柳邕道中　昆明补记

五时起。装行李入车。七时开,行经大塘,去柳州五十九公里。又经载渡二,而至宾阳,去柳州一百六十九公里,午饭。宾阳以上为余十二月自粤入桂时所经,此下则向所未历矣。十一时半车再开,经卢圩、丁桥、思陇至九塘墟,原野平阔,大道迂回,重山皴赭,远树被青,酷肖北平之西山。更经八塘、五塘、二塘而达。四时二十分。南宁今名邕宁,去柳州二百六十公里,去宾阳九十一公里。投止于乐群社。南宁,民国以来为省会,前年省会始迁桂林。市肆殷实,街道广阔,乐群社亦整洁。洗澡后往市肆巡览,就餐于羡雅酒楼,较桂林为精适。七时归乐群社。有和团附者,滇人,将出师赴武汉,送眷属旋里,闻吾侪亦至昆明,以照料相托,允之。作书致三弟。作书告诸儿。

二十三日　星期三　晴　邕龙道中　昆明补记

六时半起。闻和团附来,以吾侪未起,其眷属已先行。八时汽

---

①公　原脱,据前后文补。

车出发，十时十分抵苏墟，去南宁四十六公里。下车进膳半小时，车复开，经山墟去邕宁六十三公里、绥渌去邕八十四公里、西长去邕九十五公里、板利去邕百二十公里至北江[①]，去南宁百四十七公里[②]。车坏，修一小时馀。遇和团附眷属之车。自北江经明江去邕百七十九公里龙界牌，达宁明去邕八十六公里[③]，数十里间，盘山而行，倚崖凭江，一坡数曲。其上则竹木参天，葱郁苍翠；其下则细流激石，澄澈疾清。阳朔山峰无此峻美也。更经下石去邕二百五公里[④]、那堪去邕二百十九公里[⑤]，于下午四时五十分抵龙州，今名龙津县，去南宁二百四十九公里。投止于镇南旅馆。五时半往公路局，商赴越南车辆。六时半过铁桥，就餐于和心酒楼，粤人所设也。饭后游市街，九时归寝。

二十四日　阴历正月二十五日　阴　在龙州　昆明补记

四时起。与廉澄、从吾送行李至汽车站。自龙州入越南，汽车较小，故先以行李十七件送车站运往谅山。九时至镇南酒店，进早餐。归旅馆小睡。午作书告诸儿。作书致伯翔。二时往公路局车站及对汛督办署，商出镇南关诸事。四时偕同行游中山公园。园绝大，亭阁疏落，似北平万牲园。俗称三贝子花园，今名天然博物院。有孤峰峙立园中，岩石玲珑，类各地花园之太湖石也。有石洞、石佛，洞口镌韦云淞《中山公园序》，谓园广千馀亩，旧为营垒，继改桂越铁路基地，民国十七年始改公园。从韦氏序中知，郑孝胥于光绪三十一年，庄蕴宽于光绪三十三年，均尝为龙州督办。出园，过铁桥往钱肆，购越南币。凡国币百十一元四角五分，兑越南币百元。晚在和心酒楼便饭。九时寝。

自龙州至谅山汽车，每人票价桂币六元六角四分。自桂林来

---

①②③④⑤公　原脱，据前后文补。

龙州汽车，每人票价桂币四十八元八角二分。

二十五日　星期五　晴　龙谅道中　昆明补记

四时半起。与廉澄亲自打铺盖。六时汽车来，和团附眷属亦至。七时半车开。九时五十分抵镇南关。关南向题“镇南关”三字，关北题“拱极门”三字。关外旧有子城，民国九年陆荣廷题“南疆重镇”四字于上。近因车运甚繁，子城折隳，陆题改置关下。出关二百米有桥，过桥即入越南界，今属法国矣。我国于关内设对汛分处，一委员司之，出关者须有外交部护照，由委员查验后，始准出关。现委员为陈文奇。昨托对汛督办署通知，甚承照拂，并陪同出关，至越属同登，由法人查验护照，本应检视行李，以陈委员同来，得免。十一时半汽车抵谅山，甲申中法战场，不禁感慨系之。十二时移行李至华利旅馆。下午游街市，值神诞，有庙会，游人如织[①]。男子多黑衫白袴，衫长及膝。女子多盘发，衣袴与男子相类，衫较短。男女莫不紫唇黑齿，口含槟榔。多赌博。男女盛装席地作叶子戏，观者如堵，不以为怪。五时半进晚餐，七时半就寝。自来，无如此早眠也。

二十六日　阴历正月二十七日　晴　谅山河内道中　昆明补记

四时起。五时进早饭。六时至车站。七时乘火车往河内，四等车，每人票价越币八角一分。凡一百五十六公里，自龙州至镇南关五十六公里，镇南关至同登二公里，同登至谅山十四公里。昨日共行七十二公里[②]，今日倍之矣。十二时三十分抵河内，投止于天然旅店。天气甚热，五时进晚饭。饭后至大街散步，购安南文《三字经》一册、风景片数张，欲求地图，未得。安南人不解华语与英语，知法语者亦少，今日购物大半以手作势，或用笔述汉字，颇有识

①如织　原作“如炽”，一九三九年三月五日、一九四〇年十月八日、一九四三年二月五日、一九四四年七月二十二日同。

②公　原脱，据前后文补。

者。河内为越南首府,有博物馆,惜不及往观。

二十七日　星期日　晴　河内老街道中　昆明补记

六时起。七时进早饭,八时至车站,九时二十分火车开行。自河内至云南昆明,四等车价九元六角一分。下午七时半抵老街,亦称"牢该"或曰"劳开"。下车后至验照处点验护照,由法国司之,验毕,至天然旅店。往福和安晚饭,华侨所设肆也。与主人谈久之,知今年为安南保大十二年,主人有子,在河口中国学校读书,亦不忘本者也。

二十八日　阴历正月二十九日　阴　晴　老街阿迷道中　昆明补记

五时起。携行装过铁桥,入中国界,于晓色弥濛中望山峰,别饶清趣。至河口对汛督办处验护照,税关并验行李,以滇省政府有电,得免。火车须八时开行,乘间作书告诸儿。车开,穿行群山中,依山势以盘桓,深涧疾滩当其下,丰林茂草临其上,峰岭雄奇,峦谷峻邃。车行蜿蜒,乍左乍右,时高时低,而景色随之变异,真大观也。湾塘有瀑布尤美,至倮姑为车行最高处,山洞尤多。至芷村,凡穿行八十四洞,换双车头,更穿九洞。至黑龙潭,下临涸湖,半成水田,江南风景仿佛在目。下午七时四十五分抵阿迷,旧为州,今称开远县。下车住大东旅店,今日凡穿行一百十洞。八时半往合珍楼晚饭,十五人共食九十二元滇币也。滇币一元当国币一角。九时半就寝。

三月

一日　阴历戊寅正月三十日　晴　开昆道中

四时起床。早膳毕,至火车站,方五时。见淡月一弯[①],斜曳东

①弯　原作"湾"。

山之曲,与山外晨曦相辉映。民国十四年七月,过大同,闻之土人谓大同初二日能见月,与他地初三日始见月者不同,故朱竹垞有“初二月”之句。十馀年来,每欲验其然否,迄未一试,不意今日以月晦而得见之,且景色尤奇绝。开远车站有安南丽人售香蕉,明眸皓齿,不类日来之所见,同人多向之购求,其人遂利市三倍。六时四十分车开,经盘溪,多水田,大似江南。甘蔗甚多,车站贩者不下四五十人。车站壁间题“盘溪”“婆兮”二名,不知孰为旧称。车沿南盘江而行,或左或右,江水狭浅而疾,色青,乱石横阻,流湍激作白色,状若络丝,两岸岩壁千仞,直落水中,杂树冒石罅而出,错落相倚,景色最美。十二时四十五分抵滴水。二时至宜良,四周皆田亩,不类山中。四时半至呈贡,多杏林。宜良、呈贡间有大湖,名阳宗海①,水色青碧,无舟楫。五时半抵昆明,孟邻师及夫人、陈雪屏、罗莘田、秦缜略、赵凤喈到站相接。验护照后出站,至拓东路全蜀会馆暂住。今日火车凡穿行四十四山洞,连昨日计之,共穿一百五十四山洞,或有谓共一百七十馀及一百五十六者,验之于各洞所识数目,知其非也。在第一百三十九洞有小瀑布,水极清。自第一百四十洞至第一百五十三洞,凡十四洞,其相去甚迩,以故车中空气殊恶。七时半孟邻师等约在共和春便饭,饭后诣莘田处小坐,归。统计此次旅行食宿车费及购物,共用国币一百三十八元三角五分。〔自长沙至桂林用路费二十二元六角九分,自桂林至龙州用路费五十一元七角一分,自龙州至昆明用路费越币二十四元四角五分,国币二元二角,馀购物。〕

二日　阴历二月初一日　晴　在昆明

六时起。八时往万胜楼早餐,楼在金碧路,绍兴人所设也。十

①阳　原作“杨”,据袁嘉穀修、许实纂《宜良县志》卷二“山川”改。

时往美生浴室洗澡，在城内文庙西，经金马、碧鸡二坊，坊东西向，制甚巨，东曰金马，西曰碧鸡，对峙大街东西。由坊北行至近日楼，昆明之正阳门门楼也，俗称大南门。昔有城垣，今已隳。楼北为城内，南为城外，过近日楼北行至天开云瑞坊，折而西，是为文庙街。三坊均岑毓英重修，唐继尧、龙云再修。十一时半访赵建卿、龚仲钧，均不值。经殷春楼，俗称小东门；璧光楼，俗称大东门，均旧城楼，城垣犹在。〔戴絅孙《昆明县志》曰："城周九里三分，高二丈九尺二寸，设门六，上皆有楼。东门曰咸和，楼曰殷春；东北门曰敷泽，楼曰璧光；南门曰丽正，楼曰近日；西门曰宝成，楼曰拓边；西南门曰威远，楼曰康阜；北门曰拱辰，楼曰望京。"〕二时至万胜楼午餐，饭后诣秦缜略，同至教育厅小坐，归。道旁有冷摊悬字画碑拓，见秦宥衡先生条，缜略先人也，询之为真，乃购归。售者所知多，问其有无《南诏碑》，据云省中惟三棵树李姓有之，今不知何如。晚同行诸人回宴孟邻师等于海棠春酒楼。饭后经夜市，细观之，以翠玉之属为多，余购琥珀图章一，价国币一元。

三日　星期四　晴　在昆明

九时偕建功、从吾、矛尘同出早餐，餐毕，往观聚奎楼。楼在全蜀会馆东，俗称状元楼，清末滇人为袁嘉穀所立也。云南无状元，惟光绪癸卯经济特科袁氏一等第一①，乡里荣之，为立此楼。有"聚奎楼"立匾，张建勋题。张为光绪己丑状元，尝督滇学者也。〔或典试滇中，待查。〕有"大魁天下"横额，题"云贵总督魏光焘等奏保，湖广总督张之洞等进呈，钦点一等第一名袁嘉穀"云云。经济特科为辛丑回銮后振兴图强之举，仿清初博学鸿词制，使各省督抚学政各保深通时务之士三人以备甄拔，但考试所录不限于新学

①癸卯　原作"甲辰"，据袁丁《袁嘉穀年谱》改。

之士也,故老相传特科本以三水梁士诒为第一,朝臣守旧者谓即新会梁启超改名应征,一时哗然,乃改置袁氏第一,而新学之士亦多被屏。时先公提督奉天学政,所保为浙江施世杰[①],即著《元秘史山川地名考》者[②];湖南李洄,其后在两江办洋务;广西梁贞端公济,时号知兵,先妣中表也。自聚奎楼归,经真庆观,今改工厂,无碑记,惟观额尚存,前题"洪熙元年岁次己巳仲春月明真显道弘妙法师本观提点蒋日和立",后题"冲虚至道玄妙无为光范演教庄静普济长春真人领天下道教事刘渊然[③]"。午在万胜楼便饭,饭后偕莘田、雪屏、矛尘、从吾、建功、廉澄、濯生、枚荪游圆通公园。园在城东北角,借城垣为台,可以眺远。登台北望,阡陌无垠,畦圃交错,菜花黄白相间,豆荚深浅竞映,北方无此景象也。其南有衲霞屏[④],状甚奇伟,清泉点滴而下,有若微雨。下岩为潮音洞[⑤],洞侧为咒蛟台,台前为佛殿,是为圆通寺。殿前无庭院,小池潴水,围廊环之,绝似北平北海状元府。出园偕枚荪访龚仲钧,不值;访赵建卿,亦不值。道经三棵树,访李姓,年已六十六,号荣斋,清季在广东为佐杂,近年设肆售书画,无店名,无伙友,寝室与店相连,所藏甚富,多滇人及滇中名宦所作。谈久之,〔李云钱南园书,四十以后乃精。〕以国币三元购《南诏碑》《南诏野史》各一。六时往青年会理发,诣莘田、雪屏,同出便饭。晚诣缜略,长谈。十一时归。

四日　阴历二月初三日　晴　风

昨日约莘田、雪屏、矛尘同游温泉,八时偕矛尘诣莘田、雪屏同

---

①世　原作"士",据张一麐《经济特科同征录》改。

②元秘史山川地名考　原作"元史山川地理考",据光绪二十三年鄦郑学庐刊本改。

③"演"、"普"、"然"三字,原作"道"、"等"、"□",据葛寅亮《金陵玄观志》卷一《敕真人刘渊然》改。

④衲霞屏　原作"帔霞岩",据罗养儒《纪我所知集》卷八改。

⑤潮　原作"观",据同上书改。

至汽车站购车票,价国币一元五角。车定十时开行,余等假护国饭店小憩并进朝食。候至十时半,车始开,车已疲旧,颠播不堪[①]。由环城东路北行折而西,经昆明池、碧鸡关,关在进耳山、罗汉顶之间,与金马山东西相望,以在碧鸡山之北,故名碧鸡关。十二时达温泉,途中山光掩映,禾色如油,江南风景又于此见之。余等下榻于温泉旅馆,进膳后散步至官汤,最古之泉也。门题"天下第一汤",明杨升庵旧句,清宣统傅恩荣补题。入门,中为神殿,右为客室,左即俗所谓官汤者也。凡屋两楹,其内为池,题"碧玉泉"。泉自崖穴而上,澄莹蒸腾,无硫磺气。崖上有大龙寺,有碑谓泉辟于汉光武帝建武丙辰年马援部将苏文达,不知其何所据也。出官汤,有卢氏别墅当其左,工尚未竣。入观之,登其最高楼,远峰入画。出卢氏别墅,归旅馆洗澡。其池亦引温泉所成,或曰不如官汤。浴罢小息。六时偕矛尘、雪屏、莘田循螳螂川散步,川流湍急,其旁岩巉峭奇,有石洞,土人云深里许,可通。以日暮未入。归旅馆。晚饭后乱谈,至九时半就寝。在旅馆遇王梅五,八年不见矣。

五日　星期六　晴

六时起。洗澡。九时渡螳螂川,访曹溪寺。盘行山道曲径间,约一时许,不见寺之所在。遇土人,询之,盖误入歧途,循其示,始得寺。门已剥旧,旁有小门,入之。佛殿多倾圮,惟大雄宝殿及山门尚完整。一僧待茶,谓大雄宝殿有洞孔,每中秋,月色可入映佛首。往观之,见殿门楣上有圆孔,径约尺许,其上椽檐覆之,疑其言非信。殿前置铜炉,甚巨,镌款识曰:"康熙四十一年岁次壬午春王

---

①颠　原作"巅"。

月无正字吉旦炉左，总督云贵部院满洲巴锡[1]一行，男关鹤寿仝敬铸一行，男字与锡字齐。炉右。”岂清初满人亦有冠姓者乎？莘田云，冠姓为关，当为瓜尔佳氏也。阶陛之前，有康熙三十年巡抚王继文重修碑，谓寺在凤城山山腰，癸酉康熙三十二年[2]佟世雍创议重修者也。碑旁有优昙花树，对面有梅树，均数百年物。出寺，循寺僧指告之径而归，顷刻达螳螂川。午饭后有便车，私家小汽车送客至此者。即乘之归，凡五十分钟而至昆明城内，亦不若昨日之苦。温泉属安宁县，去昆明四十二公里。下午三时半龚仲钧来，五时半至火车站接同校诸公，今日无到者。晚徐元堃召饮农民银行，小坐，改赴龚仲钧教育厅之约。九时归。

六日　二月初五日　晴　风　惊蛰

七时起。写日记。九时有李君来约往看房，在崇仁街，凡三楼三十二间，赁金国币二百元，押金二千元，虽平津无此高价也。十时偕枚荪、濯生乘人力车出小西门，循大观路至大观楼，沿河而行，翠杨夹道，远山如黛，帆影三四行，十馀里而达大观楼。门有呈贡孙铁州铸题额，入门有蓬莱别境、涌月亭、揽胜阁、催耕馆、观稼堂、聚渔村[3]、楼外楼、大观楼诸胜。揽胜阁前为大观楼，凡三层，封锁不可登，悬光绪十四年岑毓英书昆明孙髯翁长联。自大观楼沿堤至对岸，为楼外楼，与大观楼间河相望，河中置石塔三所，以仿西湖三潭印月也。陈大谊约在楼外楼饮馔，饭后乘船归。大观楼在昆明最负盛誉，然其刻意摹仿西湖，似不若圆通公园之有佳趣，如无沿河长道，直无可观矣。昔日大观楼登临远眺，太华、滇池悉来眼

---

①锡　原作“纳”，下一句同，据《满汉名臣传·巴锡传》、巴锡《修曹溪寺后殿碑记》（《安宁温泉摩崖石刻古碑集》）改。

②三十二　原作“二十九”。

③聚　原作“集”，据袁嘉穀《滇绎》卷四“大观楼”条改。

底，今惟想像得之耳。五时孟邻师来，六时诣莘田、雪屏，同出便饭。饭后游夜市。诣缜略，小坐，归。

七日　星期一　晴

上午补日记。十时莘田、雪屏来，同往翠湖公园。昆华图书馆值休假，不得入。园居城西北隅，就翠湖修建。翠湖亦称菜海子，旧称九龙池，沐氏别业故址也，有阮堤阮元建、唐堤民国建，唐谓唐继尧、海心亭等，略观。出至云南大学，访熊迪之校长，不遇。至新雅午饭。饭后诣赵建卿，小坐，归。晚毛子水、吴雨生、王霖之新由香港来滇，同往共和春晚饭。

八日　阴历二月初七日　阴　大风　雨

六时起。至小西门，雇舟游西山。九时舟至大观楼，小息，并进早餐。十时复登舟。大风，逆风前进，浪花四溅，舟子请止者数，乃折归。大观楼环一周，复登舟，归小西门。见有水叉①，停舟进食。据舟而食，别饶逸趣。食毕，舟复进。抵小西门，舍舟，步行归。晚雨，天骤寒。俗谚谓“四季无寒暑，一雨便成冬”，信然。匡球召饮新雅酒楼，饭后归。

九日　阴历二月初八日　阴　雨

七时起。补写日记。莘田来，雪屏来，午至万胜楼进膳。下午补日记毕。自离长沙每日以所见记之手册，稍闲笔入此册，今日始补写竣事，得暇当参之志乘，加以润色，成《入滇记》。七时霖之约在海棠春晚饭，饭后闻莘田病，往视之。十时归。

十日　星期四　阴

六时半起。至火车站，送孟邻师往蒙自视察校舍。七时五分车开，归全蜀会馆。余等居会馆最后层之锦春楼上，楼前茶花一

---

①水叉　原稿如此。

株,花池三四。楼后有水环之,水外豆畦菜圃,一望无垠。远山遥拱,向日处则金光掩映,背日处则黛色苍翠。余近日设案于后厦,日对美景以读,平生无此乐也。民国十一年冬,余归福州下榻第一中学,旧风池书院也,所居曰揽晖阁,阁前有白茶一株,与此仿佛相似,阁悬“不筑高墙碍远山”联,此楼可当之无愧。因于案旁榜揽晖楼三字。九时出,进早餐。张伯苓先生来。读《昆明县志》,戴絅孙修,〔絅孙,嘉庆己卯举人,道光己丑进士,掌贵州道御史,志属辞于道光丁酉,脱稿于辛丑。〕絅孙字筠帆,昆明人,官至御史。书凡十卷,为目十八,成于道光辛丑,迄光绪辛丑始付梓。余择其有关南诏者别录于册。午出,进膳即归。会馆无厨房,每日三餐均须步行里许始得餐,往返非一时半不可。五时至时代洗澡,并进晚膳。饭后诣雪屏、莘田。九时归。

十一日　阴历二月初十日　阴　雨　冷

六时起。读《昆明县志》。《县志》卷二《物产志》引赵朴庵言,谓燕窝与海参见重于中国甫百馀年,前此无所著闻也。赵朴庵不知何许人,似与戴筠帆同时。如是则燕窝入中国,当在清康雍之间,此亦可资谈助也。〔十二日细绎志文,盖戴氏之言,其上文引赵氏说耳。〕十二时偕矛尘、廉澄往再春园午饭,遇莘田、雪屏,遂同游筇竹寺。在丽正门雇人力车,出小西门,北行折而西,约十馀里至山麓,车不能登,见公路指路牌,距寺六公里,约华里十二里馀。询之樵子,有小道,循之以登,虽近捷,而跋陟颇劳。寺门有“西来胜迹”额,有“玉案山”额。进门右折为弥勒殿,塑金刚像,更进为大雄宝殿,有元碑,镌“龙儿年四月二十三日”,又有成吉思皇帝太祖、月阔台皇帝太宗、完泽笃皇帝成宗、曲律皇帝武宗之文,当为仁宗以后所立也。殿内及弥勒殿后,左右配殿均塑罗汉像,约五百馀尊,面貌、姿态、衣履,各不相同,逼肖活人,尤以拔众苦、那罗德、师子臆、善修行、识自生诸尊者为最生动。有精进山尊者像，侧视之，酷肖梁漱溟表兄。〔有蠲椤意尊者，僧云为康熙帝；不动尊者，僧谓建文帝。〕大雄宝殿后为华严阁，佛像便装白髯。询之主持修圆，谓为文殊菩萨出山像，并告以筇竹寺建立原委。谈有顷，往旁殿，进茶面。寺庭广阔，值花木盛开尤丽，静无声喧，真如隔世网。弥勒殿有明碑数，其一为宣德九年甲寅三月，主持道诠所立之《重建玉案山筇竹寺记》，昆明郭文撰，海昌居广书，略云：筇竹寺，唐贞观中鄯阐人高光之所创。光与其弟智游于野，为灵犀所逐，既而灵犀不见，若有数僧，即之亦无，惟见筇竹，人莫能取，乃建寺于其地。初，滇中所行惟密宗，元雄辩大师始倡讲宗于兹寺，于是显法大行。永乐己亥罹郁攸之灾，乡耆重修，经始于永乐壬寅，迄工于宣德戊申云云。碑文不能悉记也。出庙，循原径下山，步至山麓，登车归。据县志，寺去城凡二十五里。六时入城，至青年会小憩。更出，至共和春晚饭。饭后归全蜀会馆。得雯女书。

十二日　阴历二月十一日　晴　有云

七时起。读《昆明县志》。九时诣莘田，本欲同往昆华图书馆，谓今日放假。乃同访秦缜略，于其案上，见《云南乡贤事略》一册，有异牟寻、高昇泰、段实、兰茂、慈善诸人传，具征引诸书有《滇南诗略》《滇南耆旧传》《滇南碑传集》《通番事绩碑记》等，均向所未知。自缜略处出，归馆。午复出进膳。下午读《昆明县志》[①]。六时往火车站接孟邻师，未值。往新雅晚饭。饭后至夜市。作书告诸儿。

十三日　星期日　晴　阴　风　寒甚

七时起。读《昆明县志》。大观楼"五百里滇池奔来眼底"长联，传为孙髯翁撰。今读《昆明县志》卷六《黎献志》中之中《文

①县　原脱，据前后文补。

苑》[①],孙髯,字髯翁,博学多识,诗古文词,皆豪宕有奇气,尝作小印曰“万树梅花一布衣”[②]。晚年寓螺峰之咒蛟台,更号蛟台老人,卜易为活。又《黎献志》上之下《忠义·林启俊传》有“乾隆间县人孙髯作《伍义士诗》纪其事”之语,则乾隆时人也。卷八《艺文志》有《永言堂文集》一卷《诗集》一卷,孙髯撰。髯,字髯翁,布衣。盐城徐铎为之序。《金沙诗草》一卷,孙髯撰,自序称“乾隆庚辰开江,今年工竣,将有事于修志。同里吕先生,嘉兴徐先生,谬征拙作,因赋此诗,以篇什寥寥,附之旧作,用成一编”。《国朝诗采》,孙髯辑。午偕矛尘往再春园便饭。饭后至文庙街、民生街翠肆、象牙肆观出品。三时归。五时半往火车站接孟邻师,同往共和春晚饭,谈文法学院拟设蒙自。九时归。今日绝寒,类北方严冬。

十四日　阴历二月十三日　雪　阴　寒甚

七时半起。天雪。昨日读于后厦,置水盂,晨视之,已结坚冰。九时读《昆明县志》。《志》卷九天开云瑞坊,在丽正门内,康熙二十七年修,原题曰“怀柔六诏,平定百蛮”,道光八年布政使王楚堂重修,改题曰“天开云瑞,地靖坤维”。忠爱坊在丽正门外,毁于兵。康熙二十四年……重建,后倾,复建于三十四年……嘉庆十八年灾,再建于十九年。案今忠爱坊已不存,不知毁于何年也。十一时半读《昆明县志》,竟之。其引用书凡七十二种,辑录于次:《汉书·地理志》《郊祀志》、《后汉书》、《唐书·地理志》、《晋书·地理志》、《元史》、《明史·地理志》、明《通志》、旧《通志》、《重修云南通志》、旧《云南府志》、《云南府志》、《旧志》县志、师范《滇系》、《滇略》、冯时可《滇行纪略》、《滇南诗略》、杨慎《滇载记》、杨慎

---

①县　原脱,据前后文补。

②万　原作“高”,据光绪《昆明县志》卷六改。

《云南山川志》、张道宗《纪古滇说》、檀萃《滇海虞衡志》、《滇南本草》、《元和郡县志》、《广舆记》、《明一统志》、《一统志》、《山海经》、阮元声《南诏野史》、樊绰《蛮书》、郭义恭《广志》、常璩《华阳国志·南中志》、宋祁《益部方物略》、《徐霞客游记》、阮元《黑水考》、洪亮吉《东晋疆域志》[1]、《古今图书集成》、《通志》、《续文献通考·选举志》、《会典事例》、《赋役全书》、学官、典册、案册、《胜朝殉节诸臣录》、《说文》、《通雅》、杨慎《异鱼图》、张揖《广雅》、陶注《本草》、陈藏器《本草》、唐慎微《本草注》、李时珍《本草纲目》、谷泰《博物要览》、陶宏景《名医别录》、蔡氏《毛诗名物解》、张九钺《鸡擸诗注》、杨慎《丹铅总录》、彭大翼《山堂肆考》、桂馥《札朴》、刘健《庭闻录》、法式善《清秘述闻》、王佐《格古论》、段公路《北户录》、《秋山偶笔》、钮琇《觚剩》、《莼乡赘笔》、《秋坪新语》、《禁扁》、赵朴庵言、王嘉《拾遗记》、《儒学题名榜》。十二时半至同春园午饭，遇孟邻师，命先往蒙自，拟后日行。饭后偕廉澄、矛尘、濯生、霖之游金殿，出大东门，车行十五华里，抵山麓，有碑题“迎仙桥”，桥已不存，更进有石牌坊，字亦泐灭。进为山道，颇广，每二尺馀有阶一层，登三数十层，至第一山门。门侧有神像金面，额题“威镇武当”。进一山门，登石级三十馀，又登山道十数丈，为二山门。又进数丈，为三山门。道旁时见神像，不能详记。三山门外为太和门，门内为太和宫，祀无量寿佛。宫皆範铜为之，其外以大理石为栏。宫后有殿，祀老子。宫旁有明万历壬寅陈用宾碑，完好无缺，其前有大刀，道士谓即陈公遗物也。其侧又有光绪十三年碑，谓宫创于万历壬寅，陈用宾与沐氏仿武当山而建者也。咸丰九年毁于兵，同光间重铸，迄十三年乃成云云。宫在鸣凤山，旧名鹦鹉山。羽

①志　原作“记”，据嘉庆元年刻本改。

流所司，故祀神多不能识。太和门石制，其下凿作象形以承柱，他居所少见，青松遍山，虽不巨而茂密，余最喜之。五时半归。七时出晚饭。九时归。

十五日　星期二　阴　寒

七时起。九时诣吴正之。访尹泽新，闻居玉龙堆，询久之不得。至昆华图书馆，意在购《云南丛书》。入门，无人门焉，随往翠湖公园散步。候至十一时，再往，有工役告以购书须十二时。乃坐阅报室，阅所陈本省十二日以前、外埠二月二十六日以前报纸，同阅者仅二人，其他阅览室无阅者，亦无守者。噫！十二时售书者至，乃选《滇海虞衡志》《云南备征录》《南诏野史》，三种均无装整者，约明日往取。十二时半至四川旅行社。往再春园午饭。下午三时在四川旅行社开谈话会，到孟邻师、张伯苓、周枚荪、施嘉炀[1]、吴正之、秦缜略及余，决定文法学院设蒙自、理工学院设昆明。昆明校舍暂借省立学校，择地另建校舍，新建校舍以土木能蔽风雨为原则，不求美观。五时半散，往国货公司购物。晚枚荪约在共和春便饭。

十六日　阴历二月十五日　微晴

七时半起。整行装，明晨往蒙自。九时往四川旅行社。十一时诣雪屏、莘田，留饭。饭后往昆华图书馆取书，往商务印书馆购《唐会要》及文具。归会馆。五时至火车站接同人之来者，仅邱大年到。往美生洗澡。矛尘、建功、从吾、佛泉、濯生、廉澄、云浦、克生、霖之为余饯行于海棠春。饭后归。与大年长谈。

十七日　星期四　晴　昆蒙道中　在蒙自记

五时起。霖之、大年相助打铺盖。六时半至大车站，廉澄、霖之、矛尘相送，沈肃文已先到，同登车。七时五分车开。十二时五

[1]炀　原作“旸”。日记内此二字混用，今统一作“炀”。

十分抵开远，下车进膳，一时五十分车再进，二时四十分抵碧色寨。下车，薛德成、周宝珖来接，移行李至个碧石铁路车站[1]，改乘其车至蒙自。五时车开，五时三十五分抵蒙自，下车入承恩门，县之北门也。至早街，馆于周氏宅，晤王明之、杨石先，知校舍大体筹备就绪。今日所乘滇越路车为快车，故往时车行一日半者，今半日馀已达。车行过速，颠摇不堪[2]，乘客多呕吐者，余幸未晕，但倦甚耳。八时半就寝。

十八日　阴历二月十七日　晴　风　在蒙自

七时半起。作书告诸儿。作书上孟邻师。余所居为周氏惜阴书屋，楼上有同文局念四史及石印《图书集成》可取阅，殊慰。下午往新校舍视察一周。五时诣县长，不值，乃游市街。自南门出，西门入。九时就寝。

十九日　星期六　雨　晴　在蒙自

六时起。取架上《新唐书》读之，竟百七十二《于王二杜范传》、百七十三《裴度传》、百七十四《二李元牛杨传》、百七十五《窦刘二张杨熊柏传》。上午有云，忽大雨，有雷，既而晴。少顷，又大雨，迄午晴。杨石先得昆明电报，乘午车旋省城。下午偕肃文、德成视校舍工程，诣商会李会长，不值。晚王明之谈其先人节孝事，暇当为文以纪之。十时就寝。此间天气寒暖无常，前日来时极燠热，不能着袷，今日已胜棉矣。作书致省中诸友，谢饯馔。

二十日　阴历二月十九日　晴

六时起。读《新唐书·韩愈传》《刘蕡传》。偕肃文出觅教员眷属住房，仅得两处。作书上孟邻师。下午视校舍工程。今日为观音诞，城东有庙会，年仅一次，举城若狂，士女如云，顺道往观之。

---

①个碧石　原作“碧个石”，本年八月十二日同，据本月二十七日日记改。
②颠　原作“巅”。

寺凡二进，祀观音，无碑志。焚香者、诵经卷者皆妇女，数颇多。货商甚少，大都买食物，远不如北方村镇庙会之盛，亦不如前在安南谅山所见也。归。作书致朱蔚之。作书致矛尘诸君。十时就寝。

二十一日　星期一　晴　春分

昨宵不能入寐。平生以天下自任，当此多难之会，进不能运筹帷幄，效命疆场；退不能抚绥百姓，储备军实，而乃烟瘴万里，犯雾晓征，外蒙却懦，内负胸臆，果何为哉？虽曰聚天下英才而教育之，以为悠远之图，此宿师大儒之事，又岂区区所可僭越者乎？六时起，殊倦。读《新唐书·南蛮传》。十时县政府晤李县长，商校舍治安事，约十馀分钟归。读《新唐书》，向以为同文书局景印书籍最可信，连日读《新唐书》，见讹误不少，《新书》二百二十三下《奸臣传》有柳璨，史称其强记，多所通涉，讥诃刘子玄《史通》，著《析微》，时或称之，惜其书不传。晚九时半就寝。作书致三弟。

二十二日　阴历二月二十一日　晴

七时起。作书致尹泽新。作书致赵建卿。作书上孟邻师。作书致劲闻。读《唐书》。十时半周宝珧召饮馔。下午四时至校舍视工程。五时归。晚包饭商人、理发商人来议价。教职员包饭，早：粥，鸡蛋一；午、晚：米饭，二硬荤，此间土语谓全盘皆鱼肉也。一岔荤，谓鱼肉与蔬菜合之也。二素，谓蔬菜豆腐之属。二汤，月价国币十二元。学生包饭，早：粥；午、晚：米饭，一硬荤，二岔荤，二素，二汤，价九元，如去硬荤价七元。学生在长沙时，包饭价五元五角，且午、晚三荤二素，相较未免过昂。议未协。此间县政府各局三等办事员月薪国币十二元，滇币百二十元。教职员包饭一月，竟与其月薪等，亦无以对此间人士也。岂商人欺我辈乎？理发每人国币角二。

二十三日　星期三　阴　风

六时起。读《唐书·南蛮传》。作书上孟邻师。十一时周宝珧令侄约食家乡饭，甚美。得孟邻师书。下午孟邻师来电，促明之归昆明。五时许至西门购马镫一，亦曰风镫。用三、五、七号者，价国币二元，较昆明贵二角。晚与明之谈甚久。十时寝。

二十四日　阴历二月二十三日　晴　风

六时起。读《新书·南蛮传》，谱其世系。虎魄、琥珀一物也，同传异辞，不知何故。异牟寻子名字，前曰“使其子阁劝及清平官与（崔）佐时盟点苍山”卷上，后曰“异牟寻死，子寻阁劝立”卷中。阁劝与寻阁劝，一人乎？二人乎？亦待考。下午二时明之往昆明，送之至碧色寨。大车经某地，两侧皆水田，田尽为湖，一望无际，恍若行舟。前次来时，未及细观。又自安南往昆明时，道中所半涸之湖夷为水田者，亦此地也。至碧色寨，往市街巡视，多木料、煤块，商务似不若蒙自也。五时半回蒙自。九时就寝。

〔又清溪关或作青溪，前后不一。〕

二十五日　星期五　晴　大风

七时半起。自来此，以昨夜睡独多。读《新书·南蛮传》。九时往校舍视工程。十时诣县政府商保安事，告李县长本校暂不自设校警，请其派保安队十名，商定，李并云：“有保安队四十名驻三元宫，距校甚近。治安决无虞。”后复诣驻蒙陆军第十六团魏团长，谓邻邑虽有匪，数甚微，治安可负全责。下午读《新唐书》，竟《南蛮传》上、中，又卷百三《苏韦孙张传》、百四《于高张传》、百五《长孙无忌传》。作书上孟邻师陈近况，并请汇款，觅医院校医。作书致雪屏、莘田。作书致矛尘。得尹泽新书，告以昆明住址。

二十六日　阴历二月二十五日　晴夜大风

六时起。翻检《新唐书》。王信忠来。下午二时移居东门外东方汇理银行旧址之新校舍。五时入城，至周宅进膳，以厨司尚未徙来也。至西门购物，七时归。与信忠畅谈。作书上孟邻师。九时就寝。得孟邻师电。

二十七日　星期日　阴　大风

六时起。昨夜初就寝，郁热不能入寐。夜忽大风，今晨骤寒，着棉犹不暖。九时往火车站，见工人有着皮半臂者，此间天气之变幻如此。诣个碧石铁路，宋兰萼，浙江人，来此三年。据谈此间风猛而寒，最宜避生水。果实不宜食甘蔗，雨后尤宜忌，以其根吸污秽，雨后恐遇毒也。痧症极多，不限夏令，如头痛胸闷宜用药。在车站候刘钧、买树槐两君，十时半始到，携来莘田一函，并《苗族调查报告》《八股文小史》《云南省》各一册。莘田云，苗人自称为Mung或Hmung，或即蒙氏族姓。所有来滇中，地名有蒙或孟之音者，似与此有关。以民族而论，苗、瑶、僰子、民家及蒲蛮，皆属mon-khmer族，然则南诏蒙氏殆亦隶于此欤？惟近人或有以南诏氏族出于藏缅系者Tibeto-Burman，惜其说未发表。下午三时诣歌胪士洋行，晤其主人歌胪士，送第一期房租。九时半就寝。作书上孟邻师。作书致朱佩弦。

二十八日　星期一　有云　风

昨夜梦晚归家，家人饭已毕，似有人召饮而中改，家人不及知者。稚眉夫人重为料理。俄而觉，凄然不寐。枕上成一律，晨视，失黏不存。作书致矛尘。作书致廉澄。作书致大年。王信忠归昆明。得孟邻师二十六日书。作书上孟邻师。再作书致矛尘。五时至歌胪士洋行。晚读《苗族调查报告》。九时就寝。

二十九日　阴历二月二十八日　晴　风

七时起。步行校舍一周，兼视工程。蒙自海关与东方汇理银行占地数十亩，园庭多且广，高树夹道，竹林为屏，屏内奇花异卉，满圃盈畦，屏外不能见也。且地处郊坰，远山周拱，四无人声，无惭世外桃源也。作书上孟邻师。作书致赵觐侯。读《历代名人家书》，去年六月四愿斋主辑，不知何如人也。自汉孔臧迄近人张謇，共八十三家百七十八首。有聂继模《诫子书》，父子皆不知其字号、爵里，盖子为陕西镇安县知县时①，自家中作书诫之者也，有曰“山僻知县，事简责轻，最足钝人志气，须时时将此心提醒激发”云云。余自去冬南来，可谓事简责轻者矣，志气恐日就痿痹矣，日就偷安矣。可不戒哉！可不戒哉！又有左宗棠十月二十三夜龙游城外行营与子孝威书，〔当系同治壬戌年所作②，待考。〕叙其致用原委甚详。骆、曾、胡奏保之前，中外早已交章论荐矣。书中谆谆于咸丰六年宗稷辰之荐举，及咸丰十年潘祖荫之纠劾官文，盖深感之也。此亦治清史所宜知者。下午四时至西门购宣纸及毛边纸不得，惟棉纸与洋纸耳。晚读《苗族调查报告》。九时就寝。得雯女书。

三十日　星期三　微阴

六时半起。步庭院一周。外院树巅有鸬鹚巢，白羽旋翔，厥状殊美。出校门，山色如赭，涧间丛树，苍然深黛，山巅浮岚，若有若无，白云冉冉，上接青天，山径崎岖以达平陆，了了可辨，诸色毕陈，画图所难也。自移居校中，终日栖栖遑遑，未读一书，未办一事。翻检射猎，不足称读书也。工匠市侩之周旋，起居饮食之筹计，不足称办事也。常此以往，真成志气销沉之人矣。今略师求阙斋日课之意，每日读：

史书，五叶至十叶；

杂书，五叶至十叶；

习字，一百；

史书，先读两《唐书》《通鉴》；

①陕西　原作“湖南”。按聂继模，湖南衡山县人，子聂焘，曾宰陕西镇安县，并纂修《镇安县志》，卷十录《诫子书》。据改。

②同治　原作“咸丰”，据《左宗棠全集·家书》改。

杂书,先读《云南备征志》《水经注》《苗族调查报告》。此课程可谓少之又少矣,望能持之有恒。史书尚未到,先以《云南备征志》代之。习字俟有纸,写寸楷。十时与同人商学生到后应备诸事。作书上孟邻师。作书致徐锡良、雷树滋。下午二时读《云南备征志》十一叶。四时步于庭,遇肃文,约往西门购物,从之。购《唐诗三百首》及新出时局书二,备床头讽咏破闷。余自去年稚眉夫人殁,立志不打牌、少买书,以二者夫人尝相讽戒也。一年来牌已绝,而无用之书尚未能不购也,更记之以自警。六时归校,县长李百陶来谈。晚读《苗族调查报告》十四叶。九时就寝。得周启明师书,谓孟心史先生归道山,并不因经济窘乏之故,乃由其家庭间小有纠纷,是以讣闻亦不正式发送,无家中人署名云云。异哉!心史先生长子心如恕,余识之杭州,殊豪放,现执教中央大学,又何至为此耶?人真不易知也。

三十一日　阴历二月三十日　阴　风

六时起。散步庭中。拟新到学生应知事项,宣布之。作书上孟邻师。下午二时接收银行房屋及木器陈设,五时竣事。抽暇读《云南备征志》八叶。晚读《苗族调查报告》六叶。作书告诸儿。得膺中昆明书。

四月

一日　阴历三月初一日　晴　风

六时起。散步庭中。九时接收蒙自海关房屋,十时竣事。读《云南备征志》十三叶,竟《后汉书·西南夷传》。《备征志》校勘殊疏,连日见误字不少,惜无原书一一雠对之。连日公款已罄,而支应孔繁。二十九、三十两日两电请即拨款,迄未得复书。今日再电催回电，仍无确期。拟明晨入省一行。下午四时后读《苗族调查报告》十八叶，起三十九叶，迄五十六叶。书中引《贵州通志》知狆家有黄、莫、罗、班、柳、文、龙诸姓，花苗有张、陆、姚、李、朱、潘、杨、吴诸姓，红苗有吴、龙、石、麻、白诸姓，西苗有谢、马、何、罗、卢、雷诸姓，水犵狫老户有汤、杨、龙，木老有王、黎、金、文诸姓，佯獚有杨、龙、张、石、欧诸姓。又《志》称花苗以六月为岁首，黑苗以十月为岁首，夭苗以十一月为岁首，此最可疑。苗族历法是否与中华同？历法果同，何以必以六月、十月、十一月为岁首？岂亦有建子、建未、建亥之说乎？疑其岁首适当此月，遂笔之于书尔。整行装。八时许得河口函，知日内有图书二百七十馀箱到蒙，乃改请买树槐入省。作书上孟邻师。十时半就寝。

二日　星期六　晴　风

晨六时半未起床。得孟邻师电报，知廉澄后日可到，乃嘱买树槐缓行。十时半有教员四人、眷属二人来，事前未及知。得孟邻师书并千元。作书上孟邻师。致书矛尘、膺中、莘田、雪屏各一。四时读《云南备征志》十叶。〔五时半视察法国医院房屋。〕晚读《苗族调查报告》，起五十七叶迄二百十一叶，均《体格测定表》及《语言表》，故较速。安顺花苗，自称曰 Mún，称汉人曰 Sā。龙甸花苗自称曰 Mún，称汉人曰 Ka schwa。武定花苗自称曰 Amón。青岩白苗自称曰 Mōn，称汉人曰 Tsuo[①]。朗岱黑苗称苗曰 Háw，称汉人曰 Chión[②]，自称曰 Kan to sai[③]。青岩青苗自称曰 Mon，称汉人曰 Tsuo。施平黑苗自称曰 Kan do'，称汉人曰 Two。定番打铁苗自称曰"Hun，

①Tsuo　原作"T uo"，《苗族调查报告》同，据"青岩青苗"条改。

②Chión　原作"Chin"，据同上书改。

③Kan　原作"Kn"，据同上书改。

称汉人曰 Jiu wu。贵州毛口驿狆家自称曰 Pú yiu①,称汉人曰 Puā。云南弥勒狆家自称曰 Pē yi,称汉人曰 Pu hā。十时就寝。

三日　阴历三月初三日　晴

六时起。九时视工程并入城视女生宿舍,顺便至西门购物,十二时归。下午二时得海防电,知明日有学生九十馀人来。上书孟邻师。得孟邻师书、莘田书、杨石先书,复之。得李晓宇书。四时读《云南备征志》十三叶,竟《华阳国志·南中志》。晚读《苗族调查报告》,起二百十二叶迄二百五十叶。明晨往碧色寨,作书上孟邻师,备携往发之,可早到一日也。十时半寝。

四日　星期一　晴

六时起。七时至车站,赴碧色寨,八时半车到。廉澄、建功、濯生、佛泉、克生、枢衡偕来。九时半归蒙自。下午二时半,再往碧色寨接学生。四时半车到,共来九十五人,行李仍未至。五时半归蒙自,到校近七时矣。电昆明孟邻师报告。九时就寝。竟日一字未读。奈何!奈何!

五日　阴历三月初五日　晴　清明

七时起。九时半至车站。逵羽、佩弦、化成、元胎来。下午二时偕书琴等入城,四时归。读《云南备征志》十叶,竟《海内东经》,《水经注》未竟。七时与佩弦、逵羽、廉澄、肃文商谈,迄十时乃毕。惟及教员、宿舍事。

今日清明,北平不知情形何若。想儿辈又不能出城上坟,思之怆然。

六日　星期三　晴　风

七时起。偕佩弦、廉澄、逵羽视校舍。九时半至车站,皮名举

①口　原作"公",《苗族调查报告》同,据咸丰《安顺府志》卷二十七《经制志》改。

等来。十一时视校舍。下午读《云南备征志》十二叶,竟《水经注》《太康地记》《晋志》《隋志》。《苗族调查报告》起二五一叶[1],迄二六二叶。晚请建功为刻杖铭。

七日 阴历三月初七日 晴 大风

六时起。得孟邻师电,欲改用植物油灯,与逵羽、佩弦、廉澄商之,决仍用煤油灯,即电复。十时读《云南备征志》十三叶,竟《蛮书》一、二、三章。下午读《苗族报告》,起二六三叶,迄三八七叶。苗族之意匠花纹多类似汉族,所谓连续花纹也,尤多雷纹。苗族之体质属于蒙古人,且具有亚细亚蒙古人种之特征,此较类似于安南附近之氏族。固非 Caucasique,亦非 Tibetains,宁可归之于 populations L'Indo-Chine,其语言亦属于 Mono-Syllabique。廉澄呕泻,医云非虎列拉。十时就寝。

八日 星期五[2] 晴微云

七时起。九时偕建功入城。蒙自每三日一小街,六日一大街。街者,集市也。及期,苗人悉至,以物交易,土人及苗人不知历日,故以十二支别之。蒙自逢子午为大街,卯酉为小街,与北方之以逢三逢五为集者不同。今日为庚午日,值大街。西门内外,夷人如蚁,"夷人"者,此间对苗族之称也。见三夷妇跣足着白色百褶裙,〔一举步则短裙左右摇曳,厥状甚美。〕不知其属何族也。以白麻布三匹向布商易蓝布,未协。余等奇之,向其探语,亦略知汉语,乃以国币三元三角购之。十二时归。询之周宝珖,云或系猓猡。建功检《滇小记》,蒙自多白猓猡,或即其族。余检《苗族调查报告》所引《贵州通志》,狆家"衣尚青,以帕束首。妇人多纤好,以青布蒙髻,长裾细褶,多至二十馀幅,拖腰以彩布一幅,若绶,仍以青布袭

---

①二五一 原作"一五一",据本月三日日记改。

②五 原作"四"。

之。性勤于织”云云，又颇相近。然今之所见，其裙仅及膝，复不类也。〔工友李学清云，其人为苗子，其布名曰麻葛叶。《滇小记》云：“苗子凡九种，黔省为多，在滇则宣威、镇雄有之，都是花苗，形状类黑乾夷，蒙布为冠，饰以彩绒，短衣无襟，腰连细褶，短裙至膝，跣足”云云。宣威、镇雄在迤东，距此甚远，又今之所见亦无冠饰，记之待考。〕读鸟居龙藏《苗族调查报告》，起三八八叶，迄五〇七叶，终。作书上孟邻师。得雪屏书。五时偕建功至南湖散步。晚饭后读《云南备征志》十叶，竟《蛮书》四章。九时半就寝。携来之纸已罄，以素纸代之，仍依旧阑。

九日　阴历三月初九日　微阴

七时起。得孟邻师书，上书孟邻师。理发。下午二时读《云南备征志》二十叶，竟《蛮书》五、六、七、八、九章。《蛮书》所录南诏世次与《新唐书》不同，又所录蛮语与《苗族调查报告》所录诸苗单语无一相类，蒙氏或非苗族也。别录于册，容考之。晚得雷树滋书，明日有学生九十馀经碧色寨往昆明，后日有学生来蒙自。十时就寝。近日书尚未至，日课先专读《云南备征志》，自今日始。

十日　星期日　阴

六时半起。得徐锡良海防电：男生六十六人、女生五十人明日来蒙自。读《云南备征志》二十一叶，竟《蛮书》及《新唐书·地理志》。三时偕建功至民众教育馆，藏有《古今图书集成》，已残缺，及《万有文库》《正谊堂丛书》等。至西门，由南门经南湖公园归。作书上孟邻师。作书告诸儿。

十一日　阴历三月十一日　阴转晴

昨夜四时腹大痛，如厕大泻。七时起，复泻。以为且大病，幸即止。上午筹备学生来校诸事。午微觉头痛，小寝。二时读《云南备征志》七叶。五时至车站，六时车到，诸人率学生先归。余及建功与学生组长十数人搬运行李。到校已八时馀。作书致矛尘。九时就寝。

十二日　星期二　晴

七时半始起。头痛已止。上孟邻师一电。十时读《云南备征志》二十四叶，竟《新唐书·南蛮传》上、中，其下未竟，上、中日前曾读一过，今日再读之。前五日读《蛮书一》，有“大部落则有鬼主百家二百牛马”之语，注云“案此句未详”。今日读《南蛮传下》，于两爨蛮云：“夷人尚鬼，谓主祭者为鬼主，每岁户出一牛或一羊，就其家祭之。送鬼迎鬼必有兵。因以复仇”云。疑《蛮书》二百牛马即二百士卒之意。《传》又云：“乌蛮多牛马，无布帛。男子髽髻，女人被发，皆衣牛羊皮，俗尚巫鬼，无跪拜之节，其语四译，乃与中国通。大部落有大鬼主，百家则置小鬼主”云云。其文似全据《蛮书》。然则《蛮书》“百家二百牛马”之语又似有脱讹矣。下午三时视工程。有同学来谈。晚饭后与建功出，散步。八时商学生床位事。作书致矛尘。

十三日　阴历三月十三日　晴　大风

七时起。九时学生会代表李汝霖来谈。十时视察学生宿舍。下午二时作书致莘田、雪屏两君，初意赁屋城中，继决居学校，余嘉其议，复书引曾文正不以“家塾不能读书”之说为然数语，事后颇悔之。八日得雪屏书相谢，今日再致书以明吾欲求俭素不能至，遂欲得之友朋以自勉之意，兼谢前书信笔放言之过。十数年来，余念世人无衣无食者之日多，力求节俭，时时言之友朋，去夏以来，此意尤切，今日之失亦以此也。晚饭后偕崔书琴、魏建功散步，遂入城。八时读《云南备征志》二十一叶，竟《新唐书·南蛮传下》、《五代史记·四夷附录》、《通鉴》东汉明帝。十时半就寝。肃文以今日入省。

十四日　星期四　微阴　风

七时起。读《云南备征志》三叶。九时至西门，今日大街也。十一时归。读《备征志》五叶。下午三时读《备征志》十三叶，竟《通鉴》唐睿宗。谈商教授宿舍事至夜十时。得河口雷树滋书。明日有学生来蒙。

十五日　阴历三月十五日　晴

七时起。商定教员宿舍，筹备下午接学生诸事，定学生抽定床位办法。下午一时教员宿舍抽签，余弃权，俟与后来者到齐同抽。此事纷纭三日矣，惟一己私利是视，吾深耻之。二时至歌胪士洋行与徐文、薛德成布置学生床位。五时至车站，学生到者男六十、女七。七时半读《云南备征志》二十二叶，竟《通鉴》唐懿宗咸通六年。十时寝。电孟邻师，告学生到蒙人数。闻蒙自驻军将移防，以英文电孟邻师。

十六日　星期六　晴

七时起。上书孟邻师。九时有学生代表二十馀人来见，陈宿舍事。读《云南备征志》，迄晚饭前共读三十五叶，竟《通鉴》及《太平寰宇记·剑南西道》。晚饭后上书孟邻师。书告诸儿。致书汪受益①。致书秦缜略。为容希白女琬书手册，用《淮南子》“谓学不暇者，虽暇亦不能学”语，此世人之通病。余欲常以此自勉，且以勉人。琬肄业北京大学外国文学系三年级。

十七日　阴历三月十七日　阴雨

七时半始起。九时读《云南备征志》迄下午四时，随读随辍，共读二十一叶，竟《太平寰宇记》《梦溪笔谈》《桂海虞衡志》。十一时肃文自昆明归，此间正式职员尚须待三数日始能定。余不愿再任

---

①受　原作“守”，据一九三九年五月十日日记改。

事务，孟邻师已谅解。师初意使余总此间事，以肃文相佐。下午二时视查歌胪士洋行。晚饭后至校外散步。上书孟邻师，请以沈茀斋任蒙自总务长、逵羽任教务长。此事未与任何人商，以两人本负清华、北大两校重责，今无所任而又素以职任为重者也。茀斋本任事务主任，力辞。十时就寝。

十八日 星期一 晴 风

五时半起。肃文往海防接其子，请其代校购无线电机。九时读《云南备征志》，迄下午三时，凡读二十一叶，竟《文献通考·南诏略》《西原蛮略》、《纪古滇说》①，四时录《纪古滇说》所列南诏世次于册。晚饭后与建功入城购纸。道闻有本校女生一人被匪劫于城内。上书孟邻师。十时半就寝。

十九日 阴历三月十九日 晴

七时起。派人查询女生被劫事，路人曰有之，女生云无之。文庙街某姓老媪云，确见两男逐一女生，女生呼救，老媪为之伴，送至宿舍，女生姓王云云，意或无赖蹑踪，女生讳言之，至劫掠当无之也。读《云南备征志》二十叶，竟《宋史·大理传》《蛮夷传》、《云南志略》。下午三时偕建功入城取邮寄书籍。晚饭后录元李京《云南志略》所列南诏蒙氏、大理段氏世次于册。得莘田书，谓晤方国瑜近治南诏史，尝取昆华图书馆所藏抄本《南诏野史》及《南诏蒙段记》校勘刻本《南诏野史》，并著有《南诏大事年表》，又云云南大学教授吴晗闻余将完成孟心史先生遗著，概然欲以其所抄《清实录》相赠。莘田又录英人 H.R.Davies 所著《云南》一书关于南诏者一条相示，文中称南诏为 Shan dynasties 及 Shan empire，不知以 Shan 字何字之译也。

①说 原作“谈”，下一句同，据钱大昕《补元史艺文志》卷二改。

二十日　星期三　晴　风

七时起。九时读《云南备征志》二十八叶，竟《元史》本纪。女生有书面报告，前日七时五分行经民众教育馆，有青年男子五六人，一持手枪，一持电筒，截阻前进，强胁同行，幸见道旁老媪，求救得免。午饭后有男生来，谓女为其友，甚受戏侮，不便明言，请学校严为交涉。下午闻潘光旦明日可来，余拟后日往昆明电陈孟邻师。得莘田、雪屏书，促余入省城。上书孟邻师。

二十一日　阴历三月二十一日　晴　谷雨

七时起。读《云南备征志》二十六叶，竟《元史·地理志》。拟学生宿舍抽签办法，较前有更定。下午五时至车站接潘光旦，闻学校将在昆明建筑新校舍。八时与光旦等商谈校务。十时寝。明日决入省。得河口函，知有学生百馀人明日过碧色寨往昆明[①]。得孟邻师电，驻军可不移。

二十二日　星期五　晴　蒙开道中　昆明补记

七时起。整理经手诸事，移交于逵羽。十一时入城购物即归。一时偕建功至车站，德成、树槐、伯衡、宝珖相送。三时车开，三时半至碧色寨，余先往开远，树槐、宝珖在碧色寨候学生，四时半在碧色寨开车经山洞十七。下午六时半抵开远，投止于班加罗旅社。盥漱毕，闻车到，急往。接到男生百七十六人，与树槐为之布置宿处食处。八时粗定，归旅社进膳。膳毕，至市街购杂果酒及酱小菜，此间名产也。十一时就寝，屋热不能入寐。

二十三日　阴历三月二十三日　阴雨　开昆道中　昆明补记

五时半起。六时登车，六时半开行。遇谢季骅，谈久之。学生吕君来谈。过海防，华侨招待殊殷勤。有三数同学偶不检，颇有訾

①色　原脱，据前后文补。

议。下午五时余抵昆明，包尹辅、于宝榘[①]、杨作平、陈雪屏、罗莘田、章矛尘来接，投止于崇仁街本校办公处，孟邻师先在相候，谈至七时，同至共和春便饭。饭后归。十一时就寝。

二十四日　星期日　阴　在昆明

八时起。偕建功、矛尘至樊宅、周宅、蒋宅，并至邱大年处。午在再春园便饭。下午至赵建卿处。三时半毛子水约在圆通公园茶会。五时诣龚仲钧，不值。晚膺中约在共和春饮馔，饭后诣莘田、雪屏，长谈。十一时归。

二十五日　阴历三月二十五日　晴　在昆明

八时起。偕金甫、月涵、矛尘至万胜楼早餐。诣膺中。诣莘田、雪屏。诣徐绍穀，同出午餐。饭后至美生洗澡。在五华书局购《卿氏家谱》一，不全。诣莘田、雪屏，同往孟邻师家晚餐。十时归。十二时寝。作书告诸儿。

二十六日　星期二　晴　在昆明

八时起。偕矛尘、建功同出早餐。诣董彦堂、刘云浦。至金城银行。午刘云浦约便饭。下午三时开常务委员会，余列席报告蒙自筹备情形。偕建功诣莘田。晚包尹辅约便饭。饭后莘田约观滇戏。十时半归。

二十七日　阴历三月二十七日　晴　在昆明

八时起。偕月涵、金甫、光旦、矛尘、建功同往万胜楼进早餐。十时诣饶树人小谈，归遇雪屏、大年、莘田于途，同至商务印书馆，余购《十六国春秋补辑》《王临川集》数种。午姚从吾约便饭于东月楼，饭后偕矛尘、莘田、雪屏、建功等观京戏。四时至莘田处，长谈。晚周枚荪夫人约在其家食面，饭后金甫、莘田、雪屏、建功、矛

---

①榘　原作“渠”，据一九三九年九月四日日记改。

尘及孟邻师再往观京戏。十一时归。一时寝。

二十八日　星期四　晴　雨　在昆明

八时起。补写日记。作书致内兄周冠一。午后莘田来,同出洗澡。至某茶楼饮茶,大似北平青云阁。六时至青年会。七时樊逵羽约往其家食馅饼。十时归。与金甫、建功、矛尘谈。十一时就寝。步行来滇学生今日抵昆明,曾叔伟偕来。

二十九日　阴历三月二十九日　阴　在昆明

八时起。诣莘田、雪屏。偕莘田,访吴春晗。春晗任教于云南大学,旧治明清史,钞《朝鲜实录》八十册存北平。近闻余将续成孟心史先生之作,欲举以为赠,谈甚快。诣尹泽新,不值。诣王霖之。诣谢季骅,不值。午徐绍穀约在其银行饮馔。饭后诣莘田、雪屏。往时代浴室洗澡。晚偕矛尘至西域楼食牛肉。观剧。

三十日　阴历四月初一日　晴　阴　在昆明　蒙自补记

八时起。十时孟邻师来谈联合大学及北京大学未来计画,甚久。至纸肆购纸,有贵州三漂棉纸,较云南鹤庆所产细润而白,又广州毛边,较闽产稍厚而粗,皆向所未见也。午莘田、雪屏约在劝业场某滇菜馆便饭,饭后同观剧。到此八日,凡观剧五次矣,《曲礼》曰"欲不可极",此来可谓极欲矣。可不戒哉! 四时归崇仁街。七时杨金甫约在东月楼便饭。饭后归检行装,明晨归蒙自。十一时就寝。作书询周冠一内兄近状。

五月

一日　阴历戊寅年四月初二日　晴　昆开道中　蒙自补记

五时起。六时偕建功驱车至车站,金甫送至大门,孟邻师伉俪、矛尘、尹辅[①]、作平、觐侯送至站。七时五十分车开，同行者建功、莘田、雪屏、大年、邵循正、王信忠。天气蒸郁，乘车殊苦。迄午，进炒饭半盂。下午六时半车抵开远，投止于大东旅社，同至合珍楼晚饭。饭后进加非半盂，归旅社洗澡。十时就寝。

二日　星期一　晴　午略有雨　开蒙道中

五时起。昨夜为蚊蚤所扰，不能熟睡。六时至车站，六时半车开，八时半抵碧色寨，改乘个碧石路车至蒙自。十时车达，逵羽、廉澄、佩弦、岱孙、从吾、膺中、书琴、秉璧、锡予、濯生、震寰诸兄来接，同至校。莘田、雪屏抽签得法国银行三一四号余所居之房，余得歌胪士洋行五号房，大年得四号房。午饭后有苗人来校表演，持芦笙且吹且舞，音低缓而步伐速，亦可异也。下午四时逵羽、廉澄、佛泉、书琴、濯生、莘田、雪屏、从吾、建功、宾四谈校务委员选举事，以孟邻师意在逵羽、廉澄、岱孙、佩弦，转告之，同人皆以为可。下午七时开教授会，推四人为校务委员，复投票选教授会主席，汤锡予得票最多，陈岱孙次之，余又次之。后投票选书记，朱佩弦得票最多。十时就寝。

三日　阴历四月初四日　晴　有雨　在蒙自

七时半起。移居歌胪士洋行前楼楼上第五号房，左为陈岱孙、樊逵羽，右为邱大年。迄午布置完，回银行用饭。洋行无厨房，三餐均须往银行，往返步行约十六分钟，稍不便。其馀若房屋之整齐高爽，较银行为胜。下午校中送来课程表，余仍授隋唐五代史，每星期三小时，在星期一、三、五下午二时半至三时半。晚饭后偕莘田诣膺中，小坐，至西门购物。八时归。余自往昆明，十二日未读一字。所谓日课，荒嬉未理，可愧之至。自明日始，参酌前定日课，

---

①辅　原作“甫”，一九四〇年八月十三日、一九四一年四月八日同，据本年一月二日日记改。

改如下表：

晨：小字一百、钞古人文字，不临帖。大字五十；临汉碑。

上午：读史；隋唐五代，备讲授。

下午：读传记；《汉书》《三国志》，备纂辑史传纂例。

晚：读杂书。《云南备征志》，备纂辑《南诏书》。

以上多则三小时，少则一小时，最少须各读五页。九时与大年畅谈中国教育思想史。十时寝。

四日　阴历四月初五日　晴　阴

七时起。去岁自平携出之书箱，今日始运来蒙。盖留天津、留青岛、留香港、留昆明，经七月而始达，乱世迁徙之难如此。上午检书箱，幸无损伤。下午三时北大同学开五四纪念会于蒙自中学礼堂，余往参加，佩弦、佛泉、莘田、宾四均有演说，五时会毕。诣锡予、自昭、雨僧茶会。晚肃文来。作书上孟邻师。作书致矛尘。十时寝。

五日　星期四　晴

七时起。今日起歌胪士洋行另设厨房，三餐可不远就矣。上午莘田来，偕入城购纸笔，午归。下午整理北大文件，孟邻师意北大办事处设于蒙自，以余及逵羽均在蒙也。一日自昆明携来文件一包，今日清理之。自莘田处借得《欧亚纪元合表》一册，清末张璜字渔珊，南汇人纂，前有光绪三十年仲秋《自序》，谓"课读馀暇，博采中外书籍，阅三冬月始成《欧亚纪元合表》一书。起自唐尧甲辰年①，西历前二千三百五十七年，至今年光绪三十年甲辰，共计四千二百六十一年，逐年细表。旁列甲子及西历纪元，先正统，次列国，次僭窃，次外国，如汉匈奴单于统系，又南北朝、唐宋之突厥、回鹘等可汗统系，一并录入"。其引用书凡列百九十三种，无西文者大

①年　原脱，据《欧亚纪元合表》补。

抵依据《御定历代纪事年表》《通鉴前编》《纪元韵编》而加以西历纪年。然其于汉，旁及匈奴、百济、高句丽、新罗、日本；于三国，旁及交趾；于东晋，复及柔然蠕蠕；于南北朝，复及突厥、吐谷浑；于唐，复及南诏、薛延陀[①]、渤海、突骑斯、回鹘、庞特勒[②]；于五代，复及弓裔、契丹；于宋，复及大瞿越、西夏；于明，复及鞑靼后元；于日本，复及幕府。考订容有未尽，而其眼光固非当时史家所及也。其所列南诏世系，本之《滇载记》及《滇云历年传》，于改元时代及年数亦未能详。晚饭后诣莘田，小坐。十时寝。学校以今日上课。

六日　阴历四月初七日　晴　立夏

上午读《隋书》《唐书》《通鉴》。下午二时半至三时半，授课一小时，讲述隋末群雄蜂起之原因及其分据情。四时读《云南备征志》九叶，《滇载记》未尽。晚饭后散步。读《三国志》一卷。得三弟四月十二日书，已于四月九日安抵北平。儿辈留居北平，原托陆家表侄女小禾同居照料，顷闻小禾即将遣嫁，虽托莘田及雪屏两夫人随时照看，并托陆家老姨太同住，仍恐不能时时督责。今弟归，可无思念矣。作书告诸儿。作书致三弟。十时寝。

七日　星期六　晴热　阴

七时起。上午读《唐书》《通鉴》，录有关隋末群雄事。下午四时梅月涵约全体教职员茶会。晚饭后读《云南备征志》七叶，竟《滇载记》。录史传纂例数则。今日郁燠，迄晚阴有雨意。

八日　阴历四月初九日　雨

昨夜大雷雨，迄今晨未止。七时起。为建功书扇。读《唐书》李密、王世充、窦建德诸传。午饭后建功来，同入城。晚饭后读《云南备征志》十三叶，竟《鸿猷录》及《图书编》“沿革”、“入滇之路”

---

①陀　原作“佗”，据《新唐书·太宗本纪》改。

②庞特勒　当作“庞特勤”。按“勤”字，史书多有误作“勒”者。

两则。读《通鉴》。十时寝。今日理发。

九日　星期一　雨

七时起。上午读《唐书》《通鉴》。下午授课一时,讲述隋末群雄。五时梅月涵召饮,多地方人士,饮酒逾量。向不能饮,今日饮白酒五杯,宜深戒也。饭后与陈序经偕归①,即寝。

十日　阴历四月十一日　雨

七时起。上午自五号室移四号室,与大年同住。读《唐书》。午周宝琮约饮于其家,鉴于昨日之失,一滴未饮。饭后至车站送梅月涵归昆明,三时归。从吾来。读《唐书》《通鉴》。晚读《隋书》。读《云南备征志》七叶,竟《图书编》。十一时寝。

十一日　星期三　雨

上午翻检《隋》《唐书》《唐会要》《通志》及《通鉴》诸书,而未暇细读。下午授课一小时,述唐高祖之受禅,无甚精意。温大雅《大唐创业起居注》以为高祖早有觊觎神器之心,《旧唐书·高祖纪》亦称史世良善相人,谓高祖必为人主,高祖颇以自负。两说相近。疑义兵之起,高祖非不知之。太宗既有天下,史官尽以归美,遂有裴寂选晋阳宫人私侍高祖,高祖过寂饮酒,酒酣,从容以大事告之高祖。诸说其视高祖几若童稚,《旧书》不载,较为得体。四时偕雪屏、建功、莘田入城,诣膺中,同至西门购物,六时归。读《云南备征志》十一页,竟《縠山笔麈》《曲洧新闻》,《缅略》未竟。十一时寝。

十二日　阴历四月十三日　雨

八时起。雨已四日矣,今日仍不已,殊闷。上午读《唐书》高祖诸子传、《通鉴纪事本末》等。午饭后昼寝,二时馀既觉,意犹倦,天气使之乎?雪屏来小谈,送之归,藉以散步,精神为之稍振。晚饭

---

①经　原作“金”,本月十七日同,据本年六月十六日日记改。

后仍读《通鉴》。读《云南备征志》十页,竟《缅略》《滇史略》。得肃文昆明书。十时寝。

十三日　阴历四月十四日　阴

今日为先妣陆太夫人冥寿,昨晚枕上计之,正七十岁矣。月前函告诸儿至期上供,但未告以七十冥寿,不知家中备理如何,客中惟北望默祷耳。上午读隋唐诸史。下午授课一小时。下课往莘田室小谈,归。晚读《云南备征志·南诏野史》七叶,本欲用武陵胡氏增订本互校,不惟文字不同,编次亦异,竟无从着手。袁树五《胡本书后》云,《南诏野史》凡五本:一曰倪本;二曰杨本;三曰阮本;四曰胡本,武陵胡蔚据杨本而订正之,分上下卷;五曰王本,浪穹王崧得阮本之传钞者,数本而参互考订,勒为一编。是两本所据不同,而又参以各人考订,宜其不相蒙也。窃疑此书本好事之徒取《唐书·南诏传》及宋明以来记载杂糅而成,后人屡有增益,故或题倪辂撰,或题阮元声撰,或题杨慎撰,实则均为增润之人也。每经一手,编次文字即为之一变,并传至今,几不能辨其是一是二矣。今日读《唐书》《通鉴》,其于玄武门太宗骨肉之变,所举建成、元吉欲害太宗之谋独详,且太琐细。疑太宗即位,恐天下之议己,乃捃拾旧事,一一归罪于兄弟,犹之清世宗即位后历数诸兄弟之罪。史官毕录,盖为失之。十一时寝。

十四日　星期六　雨

昨日阴而未雨,迄夜半,檐溜大作,为之惊觉。直至今午雨始停,下午日出矣。上午读隋唐史。下午整理北大文件。读《汉书》。六时刘寿民自北平归,得闻北平消息甚多。八时半读《云南备征志》十五叶,别录《滇载记》所列南诏世次于册。十一时寝。

十五日　阴历四月十六日　晴　偶雨

七时起。上午莘田来,偕访膺中,商下年国文系课程。午归。下午诣建功,小坐。晚饭后偕建功入城购纸,即归。在西门内,见有设香案持卷讲说者,均劝孝之语。香案供朱漆牌,有金字“圣谕”二字,岂讲《圣谕广训》者欤?询之路人,谓为讲格言者。又询之路旁店中人,谓丧家遇祭祀,雇之解说,以寄孝思也,惜不得其所执书一读之。读《云南备征志·南诏野史》十叶。十时寝。

十六日　星期一　晴

七时半起。上午读《唐书》《通鉴》,摘贞观中政事之要,以备讲述。下午授课一小时,讲述唐之平定群雄,分隋唐之际为三期:初期自大业九年迄武德元年,为群雄竞起时期,李密为之盟主;中期自武德元年迄五年,为唐平群雄时期,李唐与王、郑相角逐;末期为群雄之馀烬,武德五年以后是也,李唐独尊矣。四时偕莘田入城。晚读《云南备征志·南诏野史》九叶。余拟草《南诏疆域试探》一文,以为北大四十周年纪念。自今日始,先录诸书地名以为长编。有北大学生二人来,谈甚久。十时寝。

十七日　星期二　晴

七时起。上午读隋唐史。至校银行为学生取津贴。下午读《汉书》陈涉、项籍、张耳、陈馀诸传。晚饭后散步,同游丁佶、李卓敏、邵循正、张德昌、陈序经、柳无忌。晚读《云南备征志》十六页,竟《南诏野史》。十时寝。

十八日　阴历四月十九日　晴　雨

昨夜大雨有雷,今晨晴。上午读隋唐史,下午授课一小时。归。读《唐书》。五时大雨,时许止。晚读《云南备征志》十四叶,竟《明史》本纪、《地理志四》。作书告诸儿、致三弟。十时寝。

十九日　星期四　雨

昨夜大雨,迄午始晴。上午读唐史。下午入校,四时归。晚饭散步复入校。与从吾谈氏族问题，从吾以为契丹系东胡、匈奴合种。九时归。读《云南备征志》十二叶，竟《明史·地理志》。十一时就寝。

二十日　阴历四月二十一日　晴

昨夜复大雨，晨晴。楼前南湖本已涸，近日复半面有水矣。上午读《观堂集林》，昨晚假之从吾者，读《西胡考》三篇[①]。十时莘田、雪屏来，同入城，今日大街也。午归。下午授课一小时，述太宗之立。在图书馆借译籍五册。晚读《云南备征志》十四叶，竟《明史·诸王传五》《梁王把匝剌瓦尔密传》《沐英传》。学生来谈。严绍诚来。十时寝。

二十一日　阴历四月二十二日　微阴

七时起。读《西域研究》，日本藤田丰八著，杨炼译，凡论文十一篇，多引伯希和（Pelliot）、斯坦因（Aurel Stein）、赫尔门（Herrmann）、格伦那尔（Grenard）、沙畹（Chavannes）、克银汉（Cunningham）、戴孚礼（Devéria）、劳菲耳（Laufer）、洛克喜尔（Rockhill）关于西藏、多玛（Thomas）、古诺（Sten Konow）、斯太因格斯（Steingass）、瓦特尔（Watters）、马贵特（Marquart）、华台尔（Waddell）、斯匹许特（Specht）、斯特伦格（Le Strange）、霍尔恩拉（Rudolf Hoernle）、烈维（S.Lévi）、罗林孙（Rawlinson）波斯、贝尔（Beal）、拉格（Legge）、沙乔（Sachau）关于印度、缪纳（Müller）波斯、戈比奴（Gobineau）波斯佛教、赖鲁（Reinaud）关于波斯、羽溪了谛、三宅米吉、内藤湖南、桑原、白鸟、羽田、箭内、井上诸家学说而加以辨证，其中有论吐谷浑一则，别录于册。九时偕寅恪、一多、元胎、大年至蒙自中学图书馆，观其藏书，半小时归。阅冯承钧译《西域南海史地考证译丛》及《续编》

---

①西　原作“东”，据《观堂集林》卷十三改。

《三编》，凡 P. Pelliot 伯希和、Gabriel Ferrand 费琅、Godard、Hackin、Georges Máspero 马斯帛洛[①]、G. Coedès 戈岱司、Aurousseau 鄂卢梭诸家论文三十篇。《正》十二、《续》十三、《三》五。下午三时北大国文学会开茶话会于菘岛，莘田、建功来约，同往，五时散。与莘、建入城，遇雪屏，同至加非室进加非，即就其间食面包、鸡蛋、云腿，谈至八时归。读《云南备征志》十五叶，竟《明史·四川土司传》。作书致矛尘、肃文。十一时寝。

二十二日　星期日　雨　小满

昨夜雨独大，迄今午未停。七时起。阅译籍。九时冒大雨至菘岛，张伞沿堤缓行，四顾无人，别饶野趣，自以为画图中人也。近岛，见从吾张伞、宾四戴笠在前，择路而趣，余又为看画图者矣。今日北大史学系同学开茶话会，余以孟心史先生卧病情形告之，十一时归。下午莘田、雪屏来。晚读《云南备征志》十叶，《明史·云南土司传》未竟。十时就寝。

二十三日　阴历四月二十四日　雨

昨夜又雨，迄上午十时始住，楼前湖水满矣。上午读《唐书·吐谷浑传》。下午授课一小时，述唐太宗之政策。晚饭后散步一小时。读《云南备征志》十三叶，竟《明史·云南土司传一》。十时就寝。得昌儿五月一日禀，三弟四月三十日片。

二十四日　星期二　晴

七时起。上午读译籍。十时偕大年入城洗澡。下午三时半入校，国文系开教授会议，讨论下年课程，余任传记研究。六时归。晚饭后建功、雪屏、莘田来，同出散步。归。读《云南备征志》十七叶。十一时就寝。

---

①此下原有“Gabriel Ferrand 重见删”数字，谓与前文重见，故删。

二十五日　阴历四月二十六日　晴

六时半起。读《唐书》。下午授唐史一小时，述太宗之用人。下课后偕寅恪、莘田、雪屏、大年至军山散步，较菘岛尤幽静[1]，青岭四合，花柳绕堤，不意边陲有此曼妙山川也。五时半归。余前倩建功刻杖铭二：其一曰“指挥若定”，其一曰“用之则行舍则藏”。今日莘田见之，以“危而不持，颠而不扶”相讥，盖谓余之坚辞不任行政事务也。虽然，近日之事，又岂余之所及料哉？晚饭后诣从吾，与宾四共商史学系课程，九时归。读《云南备征志》十六叶，竟《明史·土司传二》。连雨逾半月，昨、今大晴，天无片云，宇宙若洗，北方未尝见此竟日蔚蓝天色也。十一时就寝。

二十六日　星期四　晴　雨

七时起。读《唐书》。九时至图书馆。理发。下午读《唐书》。晚饭后雪屏、莘田来，同出散步，偕至加非室饮加非。雪屏意欲同学法文，余亦心动。八时半归。读《云南备征志》二十叶。十一时寝。今日上午晴，下午有雨，旋止。昨夜大雨，余竟未觉。

二十七日　星期五　晴

七时起。上午读《唐书》。下午授课一小时，述唐代备御外族之策。晚饭后散步。八时诣莘田小谈。刘寿民请余下年任清史课。读《云南备征志》十四叶，竟《明史·云南土司传三》。十一时寝。

二十八日　阴历四月二十九日　晴

七时起。读译籍。十时入城洗澡，此浴室于二十日始业，余已两往矣。下午读《汉书》魏豹、田儋、韩王信、韩信诸传。晚莘田、雪屏来，同出散步。建功来，谓得家书，其太夫人已迁避乡间。读《云

---

[1]尤　原作“犹”。

南备征志》十四叶。十一时寝。作书致王霖之。

二十九日　阴历五月初一日　晴　偶雨

七时起。上午读《唐书》本纪，参以《外夷传》，列为唐代用兵外族先后表，以备讲述。午膺中来约往食薄饼，绝佳。饭后至西门，三时归。取《唐书·高宗纪》《武后纪》《张易之传》，戏拟一《则天系年》。则天崩于神龙元年，《武后纪》以为年八十三，《新书·后妃传》以为年八十一。据《新书》则应生于武德八年，据《旧书》则生于武德六年，姑就《新书》计之。以其年较轻也，非别有可据。则天年十四入宫，则在贞观十二年，太宗年四十一矣。太宗崩，为尼，则天年二十五。侍太宗凡十二年，复侍高宗。以年龄计，则天长高宗三岁。龙朔二年生睿宗，则天年三十八。弘道元年临朝称制，年五十九。天授元年称帝，年六十六。万岁通天二年，太平公主荐张昌宗入禁中，则天年已七十三。而其子中宗已四十二，睿宗已三十六矣，岂不异哉！晚饭后散步，数十武而归，以昨晚有学生被劫也。读《云南备征志》十二叶。十一时寝。

三十日　阴历五月初二日　晴

七时起。读《隋》《唐书·突厥传》及诸译籍。下午授课一小时，述突厥民族与元魏、周、齐、隋、唐之关系。下课诣莘田、雪屏。晚饭后莘田、雪屏来，同出散步。读《云南备征志》十七叶，十一时寝。今日自长沙转来王翼如致三弟书，知其在汉口，大快，即作一书与之。

三十一日　星期二　微阴

七时起。读《隋书·礼仪志》《唐书·礼志》。十一时至银行，即归。下午仍读《隋》《唐书》。雪屏来。晚饭后诣膺中，小坐，归。读《云南备征志》十四叶。得三弟五月十四日书，知陆芃秋表兄逝世，耘史七舅第三子也。舅四子，蓂阶表兄十九年故于南京，芷沅表兄去年故于南京,今惟蔚霞表弟矣。诸舅中以七舅最为蹇困,少承外祖数万遗资,数年而尽,三膺民社,一无蓄积。暮年依蔚霞表弟,居青岛,郁郁以终,亦可哀矣。然当其盛也,豪华炫赫,亦极一时之观听。先妣垂危,舍同怀兄弟而以余小子托之于梁巨川表舅者,其有先见之明耶?芷沅表兄于兄弟中最干达,其为众议院秘书长,年仅三十耳。政局改动,屈居末僚,未尽其才。然其豪华尤过吾舅,以故负债最巨,遗孤亦最困。蓂阶表兄三子均成立,芃秋无子女。

六月

一日　阴历戊寅年五月初四日　阴　雨

七时起。读《隋》《唐书》。下午授课一小时,述隋唐与吐谷浑、奚、契丹之关系。五时半诣膺中。明日端阳,今晚莘田、雪屏、从吾、建功、大年与余假其居设馔,宴膺中伉俪,暨逵羽、廉澄、锡予。饭后莘田、膺中作京调大鼓、单弦诸音,不禁有故都之思。九时归。读《云南备征志》十一叶。十时寝。

二日　阴历五月初五日　晴　有雨

七时起。厨人设角黍,虽不如北平远甚,北平名曰"粽子"。亦可以点缀佳节矣。略读《唐书》及《通典》。一时至车站,乘车至碧色寨,以孟邻师今日来也。二时半至碧色寨,未五分钟而北来车亦至,偕来者有蒋夫人、杨金甫、黄子坚、陈石珍。复同登个碧车,天忽大雨,为之骤爽。三时五十分车开,四时半抵蒙自,同学来接者甚多。晚读《云南备征志》十六叶。去年今日祭祖毕,诸儿为余贺节,余念稚眉夫人,泣不能自止,忽忽又一年矣。只身万里,令节谁共,不觉凄然。十时寝。作片告诸儿。

三日　星期五　晴

七时起。孟邻师来。读《唐书》。下午授课一小时,述唐与回纥、吐蕃之关系。六时校务委员招待孟邻师等,与焉。饭后归。读《云南备征志》十八叶。孟邻师倩建功刻杖铭,余为拟"扶危正倾"四字。前得卢吉忱书[①],有欲南下之意,余商之某,力赞之。及自昆明归,谓孟邻师,深不谓然。今日莘田谒孟邻师,师命其即来。

四日　阴历五月初七日　雨

七时起。往车站送陈石珍行,未值,归。九时孟邻师来,同入城。午归。下午莘田来,同往南湖散步,坐船至南门,步行归。读《唐书·四裔传》,成唐代外族势力消长表。晚读《云南备征志》十二叶。十一时寝。

五日　星期日　阴

昨夜大雨。七时起。八时半孟邻师来。十一时偕金甫、莘田、从吾至南湖散步。午北大同人公宴孟邻师。下午三时四年级同学设茶话会于菘岛,赴之。五时半散,至校。晚读《云南备征志》十叶,竟《滇考》《春明梦馀录》。十时寝。天又雨。连日莘田、雪屏屡以余续娶为言,郑重谢之。

六日　阴历五月初九日　阴

上午孟邻师来。读《唐书》。午肃文自昆明商北大会计事。二时半授课,课毕,仍与肃文谈。晚饭毕,至校。膺中讲演《中国诗的前途》,九时归。十时寝。

七日　星期二　雨

七时起。上午偕金甫至街,便道访梦家、膺中、佩弦。下午读《唐书》。三时北大法律学会开会,赴会。晚读《云南备征志》九

---

①忱　原作"宸",馀俱同,据罗常培《蜀道难》八月二十五日日记改。

叶,竟《明史稿》。

八日 阴历五月十一日 阴 雨

七时起。上午读《唐书》。至图书馆。下午授课一小时,述唐代对外族用兵之先后及唐代外族势力之消长。晚北大同学会开会欢迎孟邻师,赴之。读《云南备征志》十叶。

九日 星期四 晴

上午读隋唐史及译籍。下午孟邻师伉俪约茶会。晚读《通典》及隋唐史《四裔传》。余前读《新唐书·吐蕃传》,疑发羌即西藏土名 Bod 之对音,近日思之,觉其理颇长,因拟参考群书,作为论文。十二时寝。

十日 阴历五月十三日 雨 晴

七时起。读《唐书》。下午授课一小时,述隋唐之礼乐制度及对后世之影响。读诸史《四裔传》。十二时寝。

十一日 星期六 晴

七时起。往图书馆检阅书籍。下午读诸史《四裔传》。晚偕莘田、雪屏、廉澄设茶会,款待同人。九时归。草文稿。十二时寝。

十二日 星期日 晴

上午草文稿。十时赴孟邻师茶会。下午三时史学系毕业生约在菘岛茶叙,五时半归。往孟邻师处晚饭。归。草文稿。十二时寝。

十三日 阴历五月十六日 晴

七时起。草文稿,初稿成,大抵以地理证发羌之地望与西藏相当,以古音证"发"字与 Bod 可相对。《隋书》之附国,其风俗与今西藏相同,疑即"发羌"一音之讹。以古音证地理,此法西人若伯希和、沙畹之流用之已三十馀年,日本若白鸟、藤田之流亦用之二十馀年。而中国反无其人,此文岂其嚆矢乎?下午授课一小时,述唐代学校制度与官制。四时入城购物。晚北大开校务会议谈话会,商教员发聘事。十时归。作书介绍吴相湘于中英庚款会。十一时半寝。战事大坏，物价蜚腾。

十四日　星期二　晴

七时起。上午至图书馆读史。午蔡枢衡约午饭。下午李卓敏约茶会。晚饭后在领事馆与孟邻师、逵羽、廉澄、雪屏、膺中、建功、莘田、书琴、佛泉，谈至十时。十一时寝。

十五日　阴历五月十八日　晴

六时起。至车站送孟邻师夫妇归昆明，七时半车开。偕莘田、雪屏至西门进粥，殊佳。业者雷姓，俗称之为雷稀饭，业此三十年矣。归。读《唐书》。下午授课一小时，述唐代刑制。至图书馆。晚读史。十一时寝。

十六日　星期四　雨

晨起大雨，迄午稍息。偕序经、卓敏、循正至加非店进早餐。读《通典》、隋唐史。下午诣雪屏、建功、莘田。晚读前后《汉书》。十一时寝。

十七日　阴历五月二十日　晴

七时起。读《唐史》。下午授课一小时，述唐代诗文书画与后世之关系。晚得孟邻师电，命即日赴昆明，为预算事也。即复一电，述所见，拟暂不往。十一时寝。

十八日　星期六　晴

昨晚详思预算事，觉前电有未尽。今晨五时半起，再作一函、一电、一呈文寄昆明。录《发羌释》稿并修正。下午建功来。晚饭后莘田、雪屏、从吾、建功来。偕从吾、建功入城。归。与逵羽谈至十二时，始寝。

十九日　阴历五月二十二日　晴

上午录文稿并修正。九时半入校，至图书馆查阅古籍，即归。

午饭后昼寝。三时半复得孟邻师电，仍命往昆明，决明日行。六时文稿录竟，诣莘田、雪屏、建功、廉澄，十时归。十一时寝。

二十日　星期一　晴

六时起。整行装。九时邵循正来，以文稿视之，为改正一点，可感也。雪屏来。建功来。濯生来。以文稿送莘田审阅。廉澄来。下午一时至车站登车，赴碧色寨。二时半到达，候至四时半，河内车来，再登车，六时半抵开远。下榻班家禄旅馆，羁旅岑寂，百感丛生。至街市购信纸，作书告诸儿。枕上读《云南备征志》十五叶，竟《求野录》《也是录》及《滇系》所采杂说。

二十一日　阴历五月二十四日　晴　开远昆明道中

夜三时为馆役惊觉。盥漱毕，合衣隐几以候。日出，不敢入寐也。五时半进早餐。六时登车，六时半开行。下午六时抵昆明，肃文来接。有自北平来滇者，无人相接，为之照料。偕肃文至办公处。七时半孟邻师约在东月楼便饭，饭后至孟邻师家商定预算。十时归。与矛尘谈至一时。

二十二日　星期三　晴　夏至　在昆明

八时始起。与肃文定预算数字。十时诣赵元任，不值。诣徐绍穀小谈。至孟邻师家午饭，饭后归办公处。三时至时代浴室洗澡。至商务印书馆购书，初意求一二种楷帖及《百梅集》，竟不获。七时至樊家，七时半至孟邻师家晚饭。晚金甫约往观剧。十一时散，归。与矛尘谈至二时。预算已定并电部，明日决乘快车归蒙自矣。

二十三日　阴历五月二十六日　晴　昆明蒙自道中

五时起。检行装。与金甫同进早餐，金甫送至车站。今日同行往蒙自者，有潘光旦、陈福田。七时车开。途中车轮破，修理半小时馀。下午一时抵开远，进午餐。餐毕，复登车，三时抵碧色寨，候小火车,六时始抵蒙自。同人皆讶余归之速。晚饭后诣莘田、雪屏、廉澄,小谈。莘田送还文稿,于古音有所补益。十一时寝。

二十四日　星期五　晴

今日天气郁热,颇似江南。上午诣莘田、雪屏。至图书馆阅佛经对音。下午本有课,以校中为请假一星期,改正不及,故未上。读《唐书》武后、高宗、睿宗纪,后妃、公主传。晚王信忠约在家便饭,饭后归。读《唐书》,备授课。十一时寝。

二十五日　阴历五月二十八日　阴　雨

七时起。九时雪屏约往美南加非店进早膳。读《唐书》有关武后、韦后、太平公主事迹诸传。晚饭后偕寅恪、叔雅、一多、大年散步。仍读《唐书》。十一时寝。

二十六日　星期日　阴　雨

七时起。偕从吾、建功、大年,同往美南进早膳。建功、从吾来谈。读《唐书》,备讲授。雪屏来。下午及晚均读蓄备讲授之书。十一时寝。

二十七日　阴历五月三十日　晴　阴

七时起。读《唐书》。下午授课一小时,述高宗与武后之立及其政治设施。得王崇武书,抄示丁谦关于附国之考证,及允吾、榆中故城所在。余在昆明时,函托其往昆华图书馆代查者也。四时改正文稿,于对音及地望均有增益。今日有人得昆明信,学校须迁离蒙自,校舍让之航空学校,当局已往宜良觅校舍。同人闻之,又为之扰攘不安。此事余在昆明尚未闻及。果信然耶?十一时寝。

二十八日　阴历六月初一日　晴

六时起。竟日整理文稿,迄下午五时始毕。上午十时往图书馆借书,即归。五时半诣莘田。今日所闻所谈皆迁校事。十一时寝。

二十九日　阴历六月初二日　阴

今日为昌儿生日。五时起腹微泻。上午读《唐书·食货志》及《唐会要》等。下午授课一小时,述韦后及太平公主事。诣雪屏、莘田,晚饭后偕莘田、雪屏入城,诣膺中,七时半归。与逵羽谈,作电上孟邻师。十一时寝。

三十日　星期四　晴

七时起。读《唐书》《唐会要》《通典》,备讲述资料。晚饭后莘田来谈,偕出散步,一多同行,路遇锡予、宾四、自昭、元胎,谈中国文化史问题。七时半归。邵循正来谈。十一时寝。

发羌之地望与对音①

（文略）

二十七年六月,余草此文毕,就正于陈寅恪、罗莘田、陈雪屏、魏建功、姚从吾、邵心恒、邱大年诸公。此文原题曰《发羌释》,继改今名,遵莘田、雪屏之教也。余初以“失范延”与“帆延”为古今地名之异,心恒据伊兰语为正之;译文以 d 对 t,从吾举佛陀为证;稿中硃笔皆莘田所改;其反切及声类所属,皆傅君懋勣所查。此文缮正后,寅恪又为订正梵文对音及佛经名称《大集经·月藏菩萨分》文中误作《月藏经》多处,此稿不能觅也。寅恪对此说深赞许,尤增余兴趣与努力,并识之。

七月十六日晨,天挺在蒙自。

①此为底稿,后经修改誊抄,刊《历史语言研究所集刊》八集一分,一九三九年。后收入《探微集》,中华书局一九八〇年版。

七月

一日　阴历戊寅年六月初四日　阴　雨

六时半起。读《通鉴纪事本末》,备讲述之蓄。下午授课一小时,讲述唐代田赋制度及田制与前代之异同,并论其利弊。下课后即归。未半小时,大雨倾盆而落。校对文稿。读《唐书》。十一时寝。

二日　星期六　阴　雨

七时起。上午往图书馆阅书。诣从吾。去春余之《多尔衮称皇父之臆测》一文印行,曾以寄朱谦之。谦之复书,谓吴宗慈有文驳孟心史先生《太后下嫁考实》即将印行[①],近日闻已载于《史学专刊》,从吾处有之。余以为必有涉及余文之处,特诣从吾询之。值寅恪在座,告以吴氏见余文,颇悔其旧作,亟向从吾假,归读之。果于文后有按:“此文草成后,得读郑天挺君著《多尔衮称皇父之臆测》一文,对多尔衮之所以称皇父,乃由于满洲旧制其下撮举余说,但余实谓满洲旧俗,非旧制也云云。由是言之,多尔衮之称皇父已不必有伦理上之嫌猜矣。……吾人今日殊不必于其事之有无多为辩证,但视为一种传说可耳。读郑君文既毕,续赘数语于本文后”之语,不胜惭愧。张怡荪往亦盛称此文,谓能以最习见、最平正之材料钩稽出最确实、最严整之结论。下午读《唐书》姚崇、宋璟、刘幽求、钟绍京、郭元振、张说、魏知古、源乾曜、杜暹、韩休、裴耀卿、崔日用、张嘉贞、张九龄诸传。姚崇不信佛道,不信灾异,不信果报,在当时识见最为特异,岂受景教之影响耶? 容考之。晚十一时寝。

---

①实　原作“释”,据孟森《清初三大疑案考实》改。

三日　阴历六月初六日　雨

七时起。偕莘田、廉澄同进朝餐。校文稿。诣膺中。佩弦约午饭。大雨。读《唐书》。晚十时寝。学校决迁昆明。孟邻师旬内来蒙。

四日　星期一　阴　雨

七时起。读《唐书》。下午大雨。授课一小时,述唐初之国用及民生。下课至图书馆。晚读《唐书》。十一时寝。

五日　阴历六月初八日　阴　雨

今日为雯女、晏女生日,作书与之。上午至图书馆校对所作文稿,略增三数事。下午诣莘田。读《唐书》。以文稿请邵心恒循正审阅。晚以文稿请陈寅恪审阅。读《唐书》宇文融、韦坚、杨慎矜、王鉷、李林甫、杨国忠诸传。十二时寝。

六日　星期三　雨

竟日雨。七时起。上午读《唐书》及《通鉴》。下午授课一小时,述永徽以后之民生状况。下课即归。读《唐书》。陈寅恪送还文稿,为正对音一二事,并云敦煌写本字书以特番对 Bod。特番疑为唐旄、发羌二族之合称,特谓唐旄,番(波)为发羌,其说甚是。晚与大年谈当代文学作品久之。十时半寝。明晨将早起。

七日　阴历六月初十日　阴　雨

昨夜大雨。五时起,雨稍止。六时入校参加抗战建国周年纪念会。师生均至。芝生有演说,勉大家自省。七时散,归。读《唐书》安禄山等传及《通鉴》,备讲述。《通鉴》胡三省注于“吐蕃”之“吐”,注曰:吐从暾,入声。二一二开元七年,二一三开元十六年,二二五大历九年,凡数十见。按胡氏音注例有五:曰直音,如“胜音升”二〇一龙朔三年、“乐音洛”二〇四垂拱四年是也;曰反切,如“朝,直遥翻”二〇四垂拱四年、“翙,呼外翻”二〇一龙朔三年是也;〔曰读同,如“贯读与惯同”二三一贞元元年是也；〕曰读曰，如“帅读曰率”二一二开元八年、“陈读曰阵”二一七至德元载是也；曰从声，如可汗之可作“可，从刊，入声”二〇一龙朔二年是也。从声之字大多翻译而来，然则吐蕃之吐，胡氏所注必有夷语可据。余疑其与特番之特有关，均译(t)之音。晚饭后莘田、雪屏来，同出散步。十一时寝。今日蔬食。

八日　星期五　阴　雨

七时起。读《唐书》。下午授课一小时，述开元时宇文融诸人之聚敛。下课诣从吾、建功、莘田、雪屏，小坐，归。读《唐书》及《通鉴》等。倦甚，十时寝。

九日　阴历六月十二日　阴

七时起。读安禄山、史思明、郭子仪、李光弼、房琯诸传。昨夜受风背痛，伏案甚苦。晚饭后散步即归。十时寝。

十日　星期日　晴

七时起。九时往菘岛，史学系同学开会，至十一时归。下午读《唐书》及《通鉴》。晚莘田、雪屏来，同出散步。月色极佳。十一时寝。

十一日　阴历六月十四日　晴

六时起。读《唐书》第五琦、刘晏、杨炎诸传。下午授课一小时，述安史之乱原因及当时河北、河南、河东情势，以为无平原常山之讨贼、睢阳南阳之拒守、太原之歼敌，则两京之收复未必如是之易也。下课后诣雪屏、莘田，谈至五时归。晚饭后莘田来，同出散步，与廉澄、从吾、佛泉遇于堤上，同坐石桥，久之归。读《唐书》。月色甚丽，数倚栏而望，不忍即睡也。

十二日　星期二　晴

七时起。八时偕大年环南湖步行一周。九时归。读《唐书》《通鉴》，备上课之储。晚莘田、雪屏来，同入城，遇雨，立汤姓门下避。久之,雨止,始归。十一时寝。

十三日　阴历六月十六日　晴

七时起。读《通考》《通典》。读《唐书》《通鉴》。至西门即归。下午授课一小时。下课后诣建功、从吾,小坐。逵羽约往东门食面。晚饭后再至西门。晚十一时寝。

十四日　星期四　晴

七时起。十时偕大年入城洗澡。下午读《唐书》等。五时至西门。昨今均日至西门,盖为北大印聘书也。下午始竣事。聘书由建功书,用云南棉纸石印。晚写聘书数张。读《唐书》。晚十一时觉腹不舒,即寝。

十五日　阴历六月十八日　阴

晨五时,腹痛。登厕大泻,泻后复睡。八时始起,再泻。十时复泻,以为将大病矣。大年予以妙灵丹,食之后竟未泻,药力之效欤?仍读《唐书》,精神不惫也。下午授课一小时,述肃、代以后之财政。余去年南来过晚,仅上课四星期而放假。来滇上课复迟,通计前后不足十六星期,是两学期之课仅上一学期也。故今仅授至肃、代,而腾越疾驰,已非学子所堪。余之竟日备讲授之储,不暇读他书,亦以此也。下周后即将考试,此课拟即以杨炎两税法为止,其馀俟补授矣。下课诣莘田。四时半史学系开教授会,余下年决授清史、清史研究、史传研究,其南诏史从缓。晚陈序经约在领事署饮馔。九时半归。十二时寝。

十六日　星期六　晴

七时起。读《唐书·方镇表》。以文稿并入日记,加小识。下午诣建功、从吾。晚饭后从吾来,谈宋史问题。十一时就寝。

十七日　阴历六月二十日　阴

八时始起。九时往菘岛,北大国文系欢送毕业同学。余以持志、求友两事勉之。往时欢送会多以努力学问相劝勉，今日膺中、莘田、建功均以道义相砥砺。他人见之或将以为腐，余则以为诸生闻此，较之称颂之语受用多多矣。午归。下午读《新旧唐书合钞·方镇表》。晚莘田来。诣廉澄。九时归。校英人戴维斯所著《云南》一书中“民族”一章，十一时半始毕，即寝。

十八日　星期一　晴

七时半起。九时从吾约廉澄、建功及余在美南进早膳，十时半归。诸生毕业后职业尚未定，为作函张志韩、邱毅吾。读《纪事本末》。下午授课一小时，述两税法之利弊。诣莘田、雪屏、宾四，小坐，归。晚饭后环南湖散步一周。阅《通考》。十时寝。

十九日　阴历六月二十二日　晴

七时半，校中举行献金，余献十元。诣从吾谈，从吾建议置昭忠馆以为战事史料总汇。归。读《通考》。此以备教材之时较多，未暇读他籍。校中定本周停课，教材无须更蓄积。拟自本日起改订读书日程如次：

字：百。

《唐书》《汉书》：一卷或二卷。

《通鉴》：一卷或二卷。

杂书：十叶至二十叶。

写作：五百字至千字，专题或读书札记。

月课：月初定之，月终检结。

下午读《汉书》卷三十四《韩彭英卢吴传》、《通鉴》卷一百八十五、《通考》十叶。晚饭后莘田、雪屏来，谈献金追加者甚多，劝余增之。乃与莘田入校，增献五十元。非有争强求胜之意，聊以自恕远居后方之罪而已。致书孟真、枚荪，为毕业同学求工作。十一时就寝。查高本汉《字典》。

二十日　星期三　晴

上午读《通考》及《唐书》。下午授课一小时,述两税制实行后之经济及后世对两税之批评。读《汉书》卷三十五《荆燕吴传》及《通鉴》卷一百八十六。晚签发北大聘书。十时寝。

二十一日　阴历六月二十四日　晴

七时起。诣莘田、雪屏,归。读《汉书》卷三十六《楚元王传》,读《通鉴》一百八十七。晚莘田、雪屏来,同入城。今日为云南之星回节,俗谓之火把节。居人然火把游行,其俗久矣,但入城一周,并无所见。十一时寝。

二十二日　星期五　阴　晴

六时半起。七时半至校,史学系照像。与从吾小谈,归。读《汉书》三十七《季布栾布田叔传》、三十八《高五王传》。三时半偕寅恪、大年至军山饮茶闲谈,六时归。晚饭后莘田来,同出散步。遇膺中夫妇,谓今日为正节,家家以荷花荷叶装烛,杂以火把游行田间或市街,候久之,见有持火把者,其他未之见。归。检《南诏野史》,星回节为六月二十四日,但注云"当为二十五日",则今日是也,其谓二十四日者沿书之误。十时寝。

二十三日　阴历六月二十六日①　晴　雨

六时半起。八时偕寅恪、岱孙②、逖生、鸣岐、舞咸、先庚、大年步行往黑龙潭。据土人云凡十五里,行两小时乃达。沿途皆水田,无可观,惟登高而望,青碧无垠,不觉叹此邦之富也。潭为人工所筑,所以灌溉也,深五丈许,狭而有阶,与所想像深险峻峭者迥殊。水黄色,上有龙王庙三楹,庙左数武有乾隆二十七年勘界碑,知其

①二十六日　原作"二十八日"。

②孙　原作"荪",一九四一年一月二十二日、一九四二年九月九日、一九四四年十一月十七日、一九四五年五月七日、一九四六年五月七日、六月十九日同,据本年二月十九日日记改。

地名“龙潭”,属布衣透。布衣透,其村庄名也。就潭侧进餐毕,天雨,避庙上,久之雨止,乃行。行三五里,有玉皇阁,〔阁无额,壁间有民国二年隐道士题诗,称玉皇古阁。〕道观也,大殿三层,甚壮,有螺旋梯,殊精巧,不知何时建,阒无一人,不可得询。门前有布衣透小学匾,亦不知废自何时。出玉皇阁,行三数里,天大雨,衣履尽湿。急入村,就一家大门避之,雨过复行。下午二时始抵校,狼狈不堪矣。蒙被而卧。六时与逵羽招待北大在蒙自同人并摄影。九时归。读《汉书》三十九《萧何曹参传》。十一时寝。

二十四日　星期日　晴　雨

七时起。八时建功约在南美早餐。读《汉书》四十《张陈王周传》。下午读《通鉴》。四时序经、卓敏、丁佶招待茶会。晚雨,入夜未休。十一时寝。

二十五日　阴历六月二十八日　晴

七时起。九时诣从吾、雪屏、莘田,十一时半归。昨晚与寅恪谈石榴入中国之始,今检张平子《南都赋》有“楟枣若留”之语,则东汉已有之,陆士衡以为传自张骞或可信也。〔若榴,石榴也,见《广雅》。〕下午读《汉书》四十一《樊郦滕灌傅靳周传》。晚莘田、雪屏、濯生约饮馔,九时归。与逵羽、大年、心恒谈至十一时,寝。

二十六日　星期二　晴

七时起。近日读书较少,亦未作文,姑负此清闲永昼矣。今日拟将前数日心中所想作之论文,于旬日内作毕,以为四十自寿。一《附国与发羌》,二《唐代之律令格式》,三《读史札记》三五条。读《汉书》四十二《张周赵任申屠传》。九时莘田来,同至图书馆,假得曾问吾《中国经营西域史》一册。下午出题,明日将考试隋唐五代史。晚饭后诣廉澄,九时半归。十一时寝。

二十七日　阴历七月初一日　晴

七时起。读《汉书》四十三《郦陆朱刘叔孙传》。下午考试。考毕,逵羽约谈久之。晚逵羽约饮馔。得昆明函,八月三日开预算会议,余不及往,上书孟邻师陈之[1]。十一时寝。

二十八日　星期四　晴

六时起。至车站送赵廉澄北归。八时归。读《汉书》四十四《淮南衡山济北王传》。草文稿。午入城。下午草文稿。晚蔡枢衡约饮馔,八时归。读《唐律疏议》数叶[2]。以饮酒较多,即就寝。

二十九日　阴历七月初三日　晴

六时起。至车站送李卓敏归粤。八时归。草文稿。三时半得矛尘昆明书,孟邻师命即往昆明,决定明早行。诣莘田、雪屏,愿同往昆明。晚偕大年、莘田、雪屏约心恒便饭,雪屏拟稍缓行。十时就寝。

三十日　阴历七月初四日　晴　蒙昆道中

今日为余四十岁生日。六时起。携行装至车站,同行者莘田、鸣岐、舞咸、无忌,今日有快车至昆,诸人皆已定票,惟余及莘田未定。抵碧色寨,站长云须电前站询问始售票。在西人旅社候至十时四十分始得回电,有馀座可乘,为之大喜。十一时十九分车到,登车启行,过开远下车,适午膳,膳后复行。下午六时四十五分抵昆明,投止于崇仁街。阅报,镕西表兄于二十六日因伤寒不起,乍读不敢置信,继读不觉泪下。表兄为张砺吾姨丈长子,留学日本东京帝国大学,民国初元为议员,其学识为全院冠,继任司法总长三次。民国十二年至十六年任法权讨论委员会委员长,尝取吾国法

---

①孟　原脱。

②议　原作"义",本年八月一日、八月八日、九月十六日、九月十八日、九月二十二日同,据原书名改。

律条文译为英法文，凡十馀册，最为国际所称，其功亦最伟。余所著《列国在华领事裁判权志要》即受命而作，全稿均经详细校正，其不苟如此，并命作《中国司法小史》，初稿已成，余南下而公亦去官矣。近年在上海执律师业，政府欲起为驻日本大使，北大欲请为教授，均不就。余三月来滇，尚有信来，何意竟长逝耶？公无子，凡四女，甚孝。余近草《唐代之律令格式》一文，拟即以之为公纪念。偕莘田至再春园晚饭，饭后谒孟邻师。闻何海秋来滇，明日将行，十一时往晤之，谈至十二时，归崇仁街。复与矛尘、莘田谈至夜三时，始寝。致电张表嫂唁。

三十一日　星期日　晴

八时起。孟邻师约至万胜楼进早膳，诣戴君亮。午偕矛尘至新雅进午饭。饭后新滇戏院[①]，四时半归崇仁街。晚孟邻师约在家便饭，九时归。与莘田、矛尘、泮芹闲谈。矛尘得家书，谓三弟患咯血，为之大惊，家书中从未言及，不知何故，岂讳之耶？作航空信往询。十一时寝。

八月

一日　阴历戊寅七月初六日　晴

五时半起。往车站送赵元任往檀香山，七时半归寓。毛子水来，饶树人来，王霖之来，严绍诚来[②]，闻在宥来[③]。闻孟真、枚荪今日乘飞机来昆明。下午读《汉书》数叶。忽思洗澡，乃携《唐律疏议》一册至爱群浴室，候至六时无空位，遂归。在其客室凡阅《唐律

①滇　原作“京”，本年十二月二日同，据一九三九年一月一日日记改。

②诚　原作“程”，据本年五月二十日日记改。

③在　原作“再”，本年十一月二十六日同，据罗常培《蜀道难》七月二十六日日记改。

疏议》五十馀叶，亦趣事也。六时半赵凤喈约在家便饭。饭后归崇仁街，与矛尘谈至夜深。二时始寝。

二日　星期二　阴　雨

八时始起。严绍诚来[①]，同出早餐。诣徐绍穀稍谈。诣孟真畅谈，遇梁思成夫妇，午饭后偕出。下午二时半与莘田同至爱群浴室洗澡，四时归崇仁街，大雨。七时半往樊家晚饭，九时归崇仁街。十一时寝。

三日　阴历七月初八日　晴　雨

八时起。与肃文定北大预算。偕孟邻师夫妇、矛尘、莘田至文星巷、才盛巷看房子。诣枚荪。午与矛尘在庸道街便饭。庸道街旧称甬道上，本云贵总督衙门前之甬道也，两侧多饮食摊，今已改为店铺，价甚廉，味亦隽。饭后归崇仁街。下午三时开预算会议，六时始毕。天大雨，骤寒。晚肃文约在东月楼便饭，饭后归崇仁街。连日倦甚，思欲早睡，偶取架上《清代轶闻》读之，不觉竟一册，夜已午矣。

四日　星期四　晴

午孟邻师同往再春园便饭。下午偕莘田至商务印书馆、中华书局看新书。至美生浴室洗澡，至华丰茶楼饮茶，六时归。稍息，复与矛尘至新雅食面，至新滇京戏院观剧，十一时归。与矛尘谈至一时寝。

五日　阴历七月初十日　晴

八时徐绍穀来，余尚未起。同往万胜楼进豆浆、汤包。诣朱汇臣，不值。谒孟邻师。至本校图书馆。至昆华图书馆读《太平寰宇记》。一时至再春园午饭，饭后归崇仁街。汇臣来畅谈。晚孟邻师

---

①诚　原作“程”，据本年五月二十日日记改。

召饮于家，十时归。与矛尘谈至二时。自本校图书馆借得关于西藏译籍五种。

六日 星期六 晴 雨

九时偕莘田诣枚荪，枚荪欲为中央政治学校物色国文历史教授，莘田以彭啸咸、陶元珍荐之。枚荪劝余暂往任教一年，谢之。自枚荪处出，至昆华图书馆读《太平寰宇记·四夷志》，其附国吐蕃诸志大抵与《隋》《唐书》同，惟不载吐蕃出于发羌之说。午至樊家食炸酱面，观剧。回崇仁街晚饭，晚复往观剧，有《萧何赶韩信》一出，与《史》《汉·淮阴侯传》均不合。史传所记何追信与高帝问答语及信拜将与高帝论项羽事，洵为千古名文，余最喜之，今日所观乃大失望。剧未终，天大雨，候久之乃归。一时寝。

七日 阴历七月十二日 晴 阴 雨

上午毛子水来，周枚荪来，丁声树来。午刘季年约在再春园便饭，饭后归崇仁街。昼寝。罗廷光来。晚至再春园食薄饼。逵羽自蒙自来，谈至夜一时。

八日 星期一 晴

上午读《汉书》卷五十一《贾邹枚路传》，下午翻阅《唐律疏议》数叶，所读不多，然为近日所无，深自快慰。晚请孟邻师伉俪、矛尘、汇臣、肃文在共和春便饭，饭后偕矛尘、汇臣至温泉浴室洗澡。十时归。

九日 阴历七月十四日 晴 阴

九时至青年会理发室理发。十一时随孟邻师至柿花巷看房，至艳芳照像馆照像一张。午肃文约在新云南饭店便饭。余生于己亥年七月初四日，其日阳历为八月九日，故以今日为余寿也。下午诣毛子水，不值，晤程毓淮、郑华炽。与莘田在咒蛟台上饮茶。六时归崇仁街。十二时寝。

十日　阴历七月十五日　雨

今日为皇考七十六岁冥寿,客中不能祀供,北望默祝而已。孟邻师今日飞河内转香港,上午来谈甚久,嘱回蒙自后即日徙昆明。午大雨毕,正宣约在共和春便饭。二时至飞机场送孟邻师伉俪南下。晚逵羽约在其家便饭,饭后观剧。夜二时就寝,明早回蒙自。

十一日　星期四　晴　昆明开远道中

五时起。检行装。七时偕矛尘、莘田至车站。矛尘至河内接眷,莘田与余归蒙自。同车有江泽涵、郑桐荪诸人①。七时四十分车开。十二时许抵徐家渡,遇北上车,膺中夫妇适在其中,晤谈数语。下午六时抵开远,投止于大东旅社。偕矛尘、莘田往合珍楼晚饭。饭毕,至车站散步,月色绝佳。九时归旅社就寝。半月来,以今日为最早。蒙自补记。

十二日　阴历七月十七日　雨

四时半为茶房呼起。检行李。六时与莘田登车,矛尘待八时车,然后行。九时抵碧色寨,改乘个碧石铁路至蒙自。十时半抵站。天大雨,就站旁茶居暂避。雨止,归校。晤邵心恒,知同人均将入省。得张表嫂电,盼余即往沪。心恒亦欲北归省亲,相约同行。莘田劝余先回昆明,将校舍布置妥当再往。遂与心恒约十五日往昆明。得三弟书。得褚德勤书,告镕西表兄凶问。下午理书籍装箱。十一时就寝。

十三日　星期六　雨

六时起。至车站,送邱大年、陈寅恪、刘寿民往昆明。归校。装书籍。午大雨。至车站送陈岱孙、陈福田、浦逖生往昆明。装书

①荪　原作"孙",本年十一月十一日、十一月十五日、一九四〇年三月三十日、六月十七日同,据一九三八年十一月二十二日日记改。

籍衣服。十一时寝。

十四日　阴历七月十九日　雨

八时起。致电枚荪[①]，告以明日入省。枚荪原约十五日来，敦劝宾四往中政校任教。昨前两日与宾四、从吾谈，均不以为然，故电阻之。整理杂物，大体就绪。下午得枚荪电，明晨到蒙，不得不候。遂与心恒商，改后日行。晚诣莘田、雪屏、从吾、建功谈。十时归。

十五日　星期一　雨　在蒙自

上午学生来，谈甚久。十时至车站迎枚荪，随至法国领事馆畅谈。午约同人便饭。下午得宁珠侄女来信，告镕兄病状，知垂危一语，为“汉口无恙否”[②]，读来泫然。呜呼！此德此才，竟赍志以没。岂非天哉！岂非天哉！晚同人宴枚荪于法领事馆。十二时寝。

十六日　阴历七月二十一日　晴　蒙自开远道中

六时起。检行李。随心恒至银行。午饭后至车站，同行者心恒、枚荪、雪屏、莘田。二时半抵碧色寨。同人行李甚多，四时过磅始毕。车开于六时，达开远，投止于大东旅社。往合珍楼晚饭。九时馀就寝。余自三月到滇，往还于滇越路者凡九次，而投止于大东者亦四宿矣。栖栖遑遑，何补于国，何利于民，更何益于心身学问？思之怅惘。

十七日　星期三　晴　开远昆明道中

五时起。检行李。进朝餐，登车。六时三十六分车开。下午五时半，车抵昆明。校中派人来接，投止于崇仁街四十六号大学办公处。七时偕心恒、莘田、雪屏至再春园晚饭，饭后至温泉浴室洗

---

①荪　原作“孙”，本日及本月十五日、十六日、十八日、十九日同，据本年一月十一日日记改。

②知垂危一语为汉口无恙否　原作“知垂危犹询汉口无恙否”，圈去“犹询”二字，旁改作“一语为”三字。

澡。九时半归,即寝。

十八日　阴历七月二十三日　晴　微雨　在昆明

八时起。枚荪来。包乾元来,同往看房子。归。上书孟邻师。函三弟。函建功。函从吾。函宁珠表侄女。至再春园午饭。下午学生多人来谈。晚心恒约在新雅便饭,饭后观剧。十二时归寝。

十九日　星期五　晴　在昆明

上午学生多人来谈。下午申又枨、郑秉璧、周枚荪、陈岱孙来谈。五时至商务印书馆购《百梅集》。明日为亡室周稚眉夫人生日,取为纪念。晚枚荪约在其家晚饭。

二十日　阴历七月二十五日　晴　在昆明

今日为亡室周稚眉夫人四十二岁冥寿,缅怀往昔,不胜凄恻。上午诣傅孟真,不值。独往昆华图书馆读《太平寰宇记》。午在再春园便饭,饭毕归崇仁街。晚与莘田长谈。

二十一日　星期日　微阴　雨　在昆明

上午偕莘田至昆华图书馆。下午孟真来,作长谈。

二十二日　阴历七月二十七日　阴　微雨　在昆明

上午至滇越路局交涉半价车票。午雪屏约在香滨便饭。下午检行装。晚逵羽约在广州酒家便饭,饭后观剧。中夜作书达肃文、宝琮、乾元诸人,为学校房屋及学生职业事。明晨决偕心恒行。

二十三日　星期二　晴　昆明开远道中

七时偕心恒至车站,莘田、雪屏、肃文、德成相送。七时半车开,行至徐家渡,山石为雨水冲落,覆没车轨,不得进。步行数十武换车。更进至糯粗,又阻。复下车沿车轨行,道狭渊深,不禁懔惴。凡数十武更换车。天忽大雨,幸已登车,不然行装尽濡矣。八时馀抵开远,大东旅社已无馀榻,改住双安旅社。与心恒至合珍楼进面食。

二十四日　阴历七月二十九日　阴　晴　开远老街道中

六时起。进鸡粥。七时半登车。八时开行。十时半抵碧色寨,有联合大学女生吴维先自蒙自来偕行,欲与心恒同至北平。车开至湾塘,车轨又阻,下车步行,较昨日所经尤险仄难行。八时许抵河口。下车检验行李,查视护照毕,过桥入安南境。法人复验行李,查护照。诸事毕,驱车至天然旅社投止,已九时馀矣。进晚饭。至街市散步,购日用品少许。洗澡后就寝。

二十五日　阴历闰七月初一日　晴　老街河内道中

七时至车站,开车后至某地,复有关吏来验行李。下午五时抵河内,验护照。投止于同利饭店,至广东酒家晚饭。饭后至街市散步。

二十六日　星期五　晴　河内海防道中

八时起。至广东酒家进早餐。十时至车站。十时半车开。下午二时半抵海防,投止于巴黎酒店。晚在德斯东进西餐。天气郁热殊苦。

二十七日　阴历闰七月初三日　晴　在海防

上午至西人旅行社询船期,知三十日始有货船"太原"往沪,若稍大之船尚在九月初间。为之闷闷。午在叙雅园便饭,侨胞湖北人所设。晤马克强,夷初先生哲嗣,现任职华侨银行。下午访克强,不值。晚在叙雅园便饭。马克强来。

二十八日　阴历闰七月初四日　晴　雨　在海防

天气蒸郁,旅邸岑寂。箧中仅携《旅藏二十年》一册,凡读百五六十页。下午大雷雨,稍觉凉爽。晚间复汗出如浆矣。勉至欧洲加非馆进冰水,小坐,归。

二十九日　星期一　晴　在海防

上午未出旅社。午至叙雅园便饭。下午至广利源购船票,统舱安南币二十五元七角五分。至阮医生处购天花霍乱注射证明书。晚在德斯东便饭。

三十日　阴历闰七月初六日　晴　在海防

上午出,购船中应用诸物及食品。午在叙雅园便饭。下午六时上船,船名"太原",属英商太古公司,当往来于上海、香港、海防间,以运货为主。余等所购为统舱票,居最下,窒热不堪。另以越币五元向茶房购帆坐床,位于船尾甲板上,空气流通,但遇雨须移避。其旁均鸡笼、鱼罟,商人自海防运香港者也,时有恶臭。旅客余等三人外仅一老者,郭姓,浙江人,其子女均在昆明昆华医院。人甚和蔼,基督徒也。夜十二时船开。

三十一日　星期三　晴　雨　海防北海航海中

上午浪微大,未起食。下午三时抵北海,地属广东合浦,光绪二年以《烟台条约》辟为商埠。钦、廉、高、雷货物皆由此出口,商务不盛。本欲登岸一视,以船泊海中,小船难行,不果。夜忽雨,坐以待晴。

九月

一日　阴历闰七月八日　晴　热　北海海口海行中

上午在船读《旅藏二十年》,竟之。下午五时船自北海开行,风浪平静。

二日　星期二　晴　雨　热　船泊海口

上午五时船抵海口,停泊海中,亦未登岸。海口属琼州,光绪二年辟为商埠。南为琼山城,闻有东坡遗迹,归时当往观也。

三日　阴历闰七月初十日　晴　海口香港海行中

晨醒,船已开。开时约在三四时也。风浪平静,饮食如常。

四日　星期日　晴　在香港

晨四时，船抵香港，验病，以阮医所为证明书视之，即放行。十时下船，投止于六国饭店。李卓敏来，莫泮芹来，同出午饭。下午偕莫泮芹、邵心恒同至中华酒家晚饭。饭后归旅馆。沈仲章来。

五日　阴历闰七月十二日　晴　在香港

九时泮芹来，同谒孟邻师于龙潜台，谈至十二时。卓敏约在中华酒家午饭。饭后至卓敏居处，为拟结婚礼帖等，卓敏十七日与卢女士结婚。晚饭后同观电影。余前在碧色寨称体重，凡六十五公斤，合一百四十三磅；在海防称，凡六十四公斤，合一百四十磅；今在某药房称，凡一百三十七磅。昨日初遇卓敏，即谓余瘦多矣。航行之苦如此，异哉！

六日　星期二　晴　在香港

上午卓敏、泮芹、孟邻师来，同进午餐。沈仲章来。下午三时乘小汽船至"太原"船。鸡笼、鱼罟已尽去。船尾甲板上旅客增至百馀人，一无隙地，行走为难。幸吾辈自海防上船，原有三榻尚为保留，否则将坐卧无所矣。旅客多江浙人，大多逃难由皖、赣、鄂、湘转道粤东以归，携幼扶老，艰苦备尝者一年矣，尤以妇孺为多。闻其谈说，不禁黯然。六时船开，卧榻上悄然以听，恻然以思，作《挈家行》诗未成。痔疾发。

七日　阴历闰七月十四日　晴　香港汕头海行中　泊汕头

晨六时，船抵汕头，泊太古码头。小贩群至，噪杂不堪。有少女操吴音登舟求乞，自谓与母逃难至此而资斧绝，困居旅舍，不得已而出此。言讫，泪含于眶。余察其衣履敝旧而周整，不似下流，亟周济之。呜呼，安得其道使惸独贫苦皆得其所哉？虽然，此吾之志也。竟日在船，未登岸。下午六时船开。

八日　阴历闰七月十五日　晴　汕头上海海行中

晨五时醒，风浪甚静，然不敢进餐。食水果、饼干少许。

九日　星期五　晴　雨　海行中

海晏无风，仍进饼干少许，两日馀仅食十片。下午六时许大雨，甲板大扰，多起立以竢，妇孺尤可悯。八时雨止。

十日　阴历闰七月十七日　晴　在上海

晨三时，船抵吴淞口外，暂泊。九时入口。十一时半抵上海外滩太古码头，有扬子饭店店员登船接客，以行李授之。下船，在码头候税关查验。烈日下伫立三时馀始得出。趋车至扬子饭店，电告张家，六时派车来接。及门，诸侄素服相迎，睹之心碎，涕泣不能自已。大嫂、三姊告以大哥病状，似为医生所误。伤哉！伤哉！瞻拜遗象后，谈身后诸事。十时归旅舍。在船四日，未得大便，服泻药。

十一日　星期日　晴　在上海

午至沧洲旅馆访蒋太太，告以孟邻师意，请其缓赴平。诣应溥泉，不值。下午移居张宅，至中国殡仪馆大哥灵前瞻拜。

十二日　阴历闰七月十九日　晴　在上海

未出门，为大哥拟行述。适柴张五表姊归家，晤谈久之。

十三日　星期二　晴　在上海

为大哥拟行述，竟日未出。得三弟书。

十四日　阴历闰七月二十一日　晴　在上海

上午十时诣沧洲饭店访邵心恒，同出午饭，饭后归。拟镕西表兄行述，未竟。

十五日　星期四　雨　在上海

拟镕西表兄行述成。晚应溥泉约在大东酒家饮馔，在座均律师界、法学界，谈甚畅，多关欧洲局势暨昆明现状。九时自循电车及公共汽车归，一无舛误，殊自慰。十一时寝。

十六日　阴历闰七月二十三日　雨　晴　在上海

上午读《唐律疏议》。午访邵心恒,不值。独往绿杨春进膳[1],一菜一汤索价至一元八角,上海生活抑何贵也！理发。归。读《唐律》。十时半寝。

十七日　星期六　微雨　在上海

六时半起。上午赵厚生正平来谈,镕西大哥至友也。商行述,增一二事,润饰数事。竟日未出门。十时半寝。

十八日　闰七月二十五日　微雨　在上海

上午往沧洲饭店晤邵心恒,同至荣康午饭,两馔一汤,取价三元三角,皆非珍贵之品,一糟溜鱼片,一糖醋排骨,一蘑菇豆腐汤而已。归。读《唐律疏议》。十一时寝。

十九日　星期一　晴　在上海

七时起。读《唐律》。午宋渊源夫人约在大来西餐酒店午饭,其公子联合大学法学院学生,余尝照顾之。饭后诣心恒,谈至三时,同往四马路看旧书,无所得,便道至荣宝斋购纸笔。七时在致美楼便饭,饭后归。十时半寝。

二十日　阴历闰七月二十七日　微雨　在上海

上午为镕西大哥拟象赞。下午至虹桥工部局公墓,为大哥相看墓地。

二十一日　星期三　微雨　在上海

七时起。往沧州旅馆[2],邵心恒以今日乘顺天轮船赴天津,蒋夫人、吴女士偕行,八时至太古码头。头等舱票价百一十五元。十时归,未及候船开也。下午至木料行,为大哥看棺材。大哥殓时用西式铜棺,拟加木椁,免将来迁葬时有撞损。凡看木料两种。一曰婺源,

①杨　原作“阳”,一九三九年十月二十四日同,据一九三九年六月二十六日日记改。

②州　原作“洲”,据本年十月二十一日日记改。

宽约十五六寸，长约九十寸，厚六寸皆英寸，索价八十元。据云需十二方，始敷一椁之用，则九百六十元也。后减至六十元一方，与以四十元，不协。一曰杉木，每株长丈馀，宽厚半径四寸馀，皆圆株，宽厚不易计。索价十元，亦不协。归。作象赞。十一时寝。

二十二日　阴历闰七月二十九日　晴　在上海

上午为镕西大哥写象赞。下午读《唐律疏议》竟。前数日阴雨连绵，昨日凉甚，重袷不足。今日天晴，微见回暖矣。

二十三日　星期五　晴　在上海

上午上书孟邻师。致书矛尘。下午偕赵衍庆兄之令嗣斌祥，至义品公司看木料。有婺源八方，长厚与前日所见相类，宽稍逊，坚实似过之，索价三百二十元，以二百九十元购定。每方皆黏有“福”字，“真正婺源圆心血板”字条，似其本名也。此木北方未见，以产自婺源，故以地名名之。厂内有棺木数口，均明标价目，细诘之，均按半价出售，此类事亦北方商店所无。又前日见有上上楠木棺，实价七千元。又闻某殡仪馆有阴沉木女棺，索价万元，闻之惊诧殊甚，生有何功何德而允以此为殓耶？此类事亦惟上海有之。

二十四日　阴历八月初一日　晴　在上海

下午至卡德路卡德池洗澡，七时归。作书致肃文。今日上午补写自海防以来日记，船中但写于小册，中不能详，事距多日，亦不复尽忆，记其大略而已。

二十五日　星期日　晴　在上海

上午补写日记，已足之。下午草论文，考订《隋书》之附国，此本今年生日前欲成以自寿者，行旅兼月，竟未执笔，今日稍暇，自行箧中取出续作。晚十时半就寝。

二十六日　阴历八月初三日　晴　在上海

七时起草论文。十时至万国殡仪馆看制椁及墓碑式样，十一时半归。得肃文十二日、十七日两书,附晏女片,知孙钧甫亚兄之夫人于去年逝世,亡室之长姊也,作函唁之。作书致周冠一。下午至四马路看旧书,以四元八角得石印《十一朝东华录》一部,凡百册。以一元得《清代七百名人传》一部,世界书局出版,蔡冠洛纂。自叙云:“来者无征,斯文将丧,意戚戚以寡欢,目悁悁而不寐,辄披实录,稽之野乘,而成斯编,聊以遣忧,敢云载笔”云云,终未举所据书。凡六编,分政事、财务等十五目,共七百十三人。入关名将及鼎移遗老皆具,惟编次详略多失检校,如范文程、孙承泽次于李光地、明珠之后,奕劻传但叙其官阶及被劾不得实事,于柄政误国诸大端均未及,寥寥五六百言而已。疑其书盖删节《清史列传》《碑传集》而参之诸家笔记以成,故于移鼎后诸人传多简略。十时半就寝。

二十七日　星期二　晴　在上海

上午读《清代七百名人传》,剪裁多失当,文词亦未善,兼有重复。下午作书致三弟。致莘田。致雪屏。致膺中。告诸儿。得雯女书。仍读《名人传》。十一时寝。

二十八日　阴历八月初五日　阴　微雨　在上海

上午读《清代名人传》,摘其有关《明史》纂修及康乾党争者录之。五时诣柴家五表姊,晚饭后归。十二时寝。连日回暖,今日尤甚,旁晚微雨,或可稍凉乎?

二十九日　星期四　晴　在上海

上午读《清名人传》。下午至卡德池洗澡。学生柳存仁来,谓见《宇宙风》杂志,有记北大去年维持情形一文,颇称道余。

三十日　阴历八月初七日　阴　在上海

未出门。得《宇宙风》半月刊第七十四期,读之。回忆当时,不禁欲泣。晚间与三表姊谈及去年居乱蹈危之事,三表姊云亡室若在，必不任余为之。理或然也，然亦未必然。大抵君子立身，禀之天性者半，得之于圣哲遗训者亦半。尤要者，在师友之砥砺。余之乾惕寅畏，不敢堕家声、玷祖德、违清议者，师友之力为不少也。

镕西表兄象赞

於皇苍洱，笃生哲人。聪睿孝友，懿度孔纯。温恭其德，廉肃其性。识鉴迈爽，操履坚正。早岁腾芳，隽声清卲。味道研幾，钩深通要。爰居议席，谠言謇愕。高睨远虑，卓峙殊略。出总司法，视民如伤。庶狱明慎，刑辟端详。三登政府，未尽厥志。厥志伊何，郅隆是致。时运艰屯，万方多难。令谟圮绝，孰与拨乱。廿载追随，兼师与长。山颓木坏，微言莫仰。载瞻遗象，涕泣沾襟。千秋万祀，式此德音。

镕西表兄挽联

廿载追随，亲同骨肉，义兼师长，诲迪提携无遗力；
万方多难，国丧桢梁，民失喉舌，扶持匡济更何人。

〔原用“万方多难”，拟改“四方烽鼓”。又代拟一联：一代勋名昭简册，万方多难痛斯人。〕

十月

一日　阴历八月初八日　阴　在上海

昼未出。傍晚至邮局，局在静安寺路爱文义路口。其对面为佛学书局，入内略观，购《明高僧传》一部，价八角，归。

二日　星期日　晴　在上海

上午读《明高僧传》。共六卷，明释如惺撰，凡三科，高僧百十九人。《译经篇》第一,正传元僧一人,附见二人。《解义篇》第二之一,正传南宋僧五人,元僧八人,附见八人。以上卷一。《解义篇》第二之二,正传元僧十三人,明僧七人,附见二十人。以上卷二。《解义篇》第二之三,明僧十一人,附见九人。以上卷三。《习禅篇》第三之一,正传南宋僧二十二人,附见十二人。以上卷四。《习禅篇》第三之二,正传南宋僧二十七人,附见七人。以上卷五。《习禅篇》第三之三,正传南宋僧二十五人,附见十一人。以上卷六。卷首有万历丁巳四十五年西一六一七如惺自序。卷三《解义篇》二之三有《明广西横州寿佛寺沙门释应能传》,谓即建文帝。建文出家事,明代传说最盛,若《七修类稿》《释氏稽古略续篇》等均有之,容当详考。下午至卡德池洗澡。六时归。柴东生表姊丈来。

三日　阴历八月初十日　阴　晴　在上海

竟日未出门。读《明高僧传·习禅篇》,所叙高僧禅机,都不省悟。哀哉!去年春夏之交,与熊子真先生、林宰平先生及莘田、膺中、石君会什刹海会贤堂,子真先生历举高僧禅对,忘形之顷,力掴余臂。当时略似有省,既而茫然。今读此书,竟无所入,余真钝根哉!

四日　星期二　阴　在上海

竟日未出门。读《明高僧传》。日来送镕西大哥挽诗者颇多,录其尤。张菊生元济诗:"洱海苍山外,斯人不世才。名言金玉在,多难栋梁摧。绕室忧无策,原注:闻君殁前数日,尝绕室旁皇,默默无语。衔杯恨未陪。原注:君约旧雨数人,每周茗谈,近两月来,余因事未到。良医良相尽,此事最堪哀。"张仲仁一麐诗:"弱冠抠衣宣武街,原注:丙戌,余以年家子礼,谒见先德于宣武大街。保阳群从岁时偕。原注:君从兄怀初时寓保定。通家两世钦劬学[1],小别何图泪眼揩。""转因避地得

---

①劬　原作"敏"。

传餐，论政空望汉上坛。原注：春间，君创为茶会，每星期集一次。忽报少微星竟陨，缇萦珍重抱丛残。”沈兼巢卫诗：“冉季申韩有抑扬，使君材气并无双。若教举世瞻风度，不是江陵是曲江。”“阿买追随在旧京，每从患难见交情。却怜恶耗惊传日，哭倒天涯范巨卿。”黄任之炎培诗：“惨别成年隔里闻，梦边兵火尚淞云。一齐伐我何愁九，三户亡秦要善群[①]。游子无家犹有国，丁年不栉亦能军。月村他日寻颜色，铙吹声中哭告君[②]。”月村为镕兄旧居，故云。忧乱以来，士夫诗文多哀靡不振，任之此作颇有兴王气，余甚赏之。

五日　阴历八月十二日　晴　在上海

九时偕稼先、衍庆至苏州路邮局，寄滇川讣闻，惟小包邮件可通，每件费一元六角，可装讣闻四五分。以无布包，十二时归。下午三时再往，又以时晏，不收。一日间往邮局两次，每次探寻六七处，始得东西支吾，人言言殊而佯若不闻，说而不详之态度，尤为可恶。呜呼！我国之公务员！邮局距所居绝远，汽车须行半小时。五时半归。

六日　星期四　晴　在上海

八时至中国殡仪馆，监视大哥棺椁上漆，携《高僧传》读之，十二时归。下午二时再往，五时归。柳存仁来。

七日　阴历八月十四日　阴　在上海

昨晚不能入寐，枕上吟咏未成。七时起。八时至殡仪馆视上漆，读《高僧传》，十二时归。下午再往。今日上午张家汽车夫与厨子口角斗殴，车夫不敌，下午竟约从党四五人寻至，声势汹汹，约下午四时在茶楼讲话。褚稼先云：此上海风气也。名曰吃讲茶，各约从众，公评曲直，曲者出资，不服则群斗。此风最恶，大嫂与三姐将

---

①要　《黄炎培日记》作“仗”。

②告　《黄炎培日记》作“此”。

两人并逐去。

八日　阴历八月十五日　阴　在上海

八时至殡仪馆视漆工，十一时归。下午未出门。学生柳存仁前日以辑柳斋本《淮南子》为赠，第一册有校语，今日略检一过，似是乾嘉以后人笔墨，文中已避宣宗讳寧作寍，并引孙渊如、卢抱经说，惜不知其人。十二时寝。存仁今日来书，云家有《元遗山集》，光绪七年读书山房本，末附翁、施、凌三年谱，翁谱有"平定张穆廉友订"一行，廉友之字，向所未知。

九日　星期日　晴　在上海

上午阅报，知林庶希之夫人逝世，今日大殓，往唁之。理发。午宴柴东生、张大嫂、三姊及诸侄于大来饭店。下午三时与东生至国泰电影院看电影。五时半归。

十日　阴历八月十七日　阴

八时至殡仪馆视漆工，十时归。闻陈仲瑜政来，不值。读《清代名人传》。下午为诸表侄讲亲友所赠诗赞。五时诣仲瑜，并晤苏演存甲荣，七时归。

十一日　星期二　阴　在上海

上午读《清代名人传》。十一时至永安公司购眼镜即归[1]。下午至卡德池洗澡。六时归。吴昆吾、赵厚生来。得三弟书。得冠一内兄书，知内侄海沧死，支石琴四舅亦死。

十二日　阴历八月十八日　晴　在上海

七时起。拟镕西大哥纪念基金计划。十一时偕三姊暨宁珠表侄女至金城银行晤吴蕴斋经理，谈大哥治丧费及纪念基金事。周作民自重庆携来张岳军代领大哥之国防参议会薪俸五千元，国民

---

①镜　原脱。

参政会公费七百元,大嫂、三姊及诸侄均不欲受,全部移作大哥纪念基金。至大陆大楼访赵厚生,不值。下午作书致三弟,致廉澄,致莘田,致肃文,致受益,致从吾,致建功,致毅吾,告诸兄。

十三日　星期四　晴　在上海

十时偕三姊至金城银行。至大新公司购手表一,价二十七元五角。三时归。作书致邵德厚、邵心恒。读《清代名人传》。

十四日　阴历八月二十一日　大风　在上海

上午至中国殡仪馆视漆工,即归。读《清代名人传》。下午未出门。十时半就寝。得建功书。

十五日　星期六　大风　在上海

两日大风,天气骤凉,市间有着棉者矣。上午读《清代名人传》。仲瑜来。晚偕褚稼先德勤、赵衍庆至大马路王宝和酒店饮酒,谈久之。稼先,浙江馀杭人,先德为庚辰翰林,先考同馆前辈也。熟于清末掌故,近年为镕西表兄秘书,文笔亦优。九时许归。

十六日　阴历八月二十三日　大风　在上海

上午与张大嫂、三姊谈家事,大哥所遗,除北平房产外,仅馀三万元。四侄女均未成立,每月车费学费须百元;家中用度,近虽竭力缩减,尚须四百馀元,势非再事缩减,或迁回北平不可。但上海房价昂贵,北平交通不便,皆难如愿,瞻念前途,相对嘘唏。下午偕东生同访昆吾①、觉因,不值,遂往观电影,晚饭后归。

十七日　星期一　晴　风　在上海

上午致书三弟北平,致书漱溟表兄重庆,上书孟邻师昆明。下午至卡德池洗澡。六时归。十二时就寝。

---

①偕　原作"谐"。

上孟邻师书录后

此间盛传昆华师范校舍全毁，文法两院校舍亦未觅得，有迁移外县之议，未审确否。联合大学半岁三迁，一迁昆明，再迁蒙自，三复归昆。精神物质损失殊钜，如非万不得已，自以不再他徙为宜。华南日军登陆，局势陡变，都市固有空袭之危，而乡镇更有经济断绝之虞，不可不虑，想久在洞鉴矣。适之师出任大使，闻须两三年后始归，北大文学院长如何办理？尝窃念欲求北大复兴，必兼四者：一曰加强干部，二曰汲引新近，三曰提倡研究风气，四曰派遣学生留学。所谓干部，不必限于在校之人，而本校求才亦不必限于干部之内。无事则散居各地，自求发展；有事则聚议一庭，共策万全。适师离校，一方面为北大之大损失，一方面亦可谓北大之新发展。但使离开学校，不使离开干部，其有利于北大仍如旧也。枚荪亦然。凡与北大关系较深而又关心北大者，如孟真、金甫、书贻诸人，虽不在北大，亦可使参加干部，俾益学校，当非浅鲜，孟真、金甫均文学院长之选也。（倘有机会，得适师、枚荪、孟真、金甫、书贻同在北大，虽谓之无敌于国内，亦无不可。）①

十八日　阴历八月二十五日　晴　在上海

一日未出门。读《清代名人传》。得雯女信、晏女信。作书告诸儿。

十九日　星期三　阴　在上海

上午草论文，以无书不能续。作书致石君，致肃文。下午至荣宝斋买纸。六时归。蒋太太来，初自平归，据谈沿途平安，不如传者之甚。此次在平，将房屋租出，汽车卖去，什物带来并招待茶会一次，吾辈须眉能无愧死。请蒋太太至味雅便饭，即归。

---

①此处括号原有。“亦无”“不可”间原有“愧色”二字，圈去。该信似未录全。

二十日　阴历八月二十七日　晴　在上海

七时起。敬写镕西大哥木主，勉强成形而已，一无力趣。吾幼失怙恃[①]，未亲庭训，少入学堂，于习字不暇传授。表舅梁巨川先生偶告以用笔之法，并召看写字，余鲁钝，竟不领会。舅书法酷似林文忠公则徐，出于柳诚悬，嘉道间馆阁风气也。舅执笔以拇指一指在后，馀四指在前，极费力，余苦学不能胜。稍长，妄志希古，专临汉碑，晋唐以后，屏绝不观，未尝一日作小楷。弱冠以后，喜《化度寺碑》及黄山谷书，不时把玩，亦未尝临摹，往往以欧法运黄书，去其长脚长腿。侪辈以为学翁覃溪，或谓学陈弢庵，实则翁书圆润，陈书清妩，与吾字之劲峭不同也。其后改学李北海瘦本《云麾碑》，力求柔活以救枯涩，遂成今日之字体，丑恶不堪寓目。余最喜书画，竟不能书画，可愧之至。午仲瑜来，同至晋隆进西餐。饭毕，至北丰花园，坐谈久之，于时局意见大体相同，四时归。晚郭午峤约饮于其家。

二十一日　星期五　阴　在上海

晨梦镕哥。挽联尤劣，归滇当加意学之。午熊秉三夫人毛彦文女士约在其家便饭，有慈幼院教员二人，欲往桂林，询道中情形，有同行之意。余行期较远，恐不及待。二时半归。作书致华田，作书致冠一内兄，作书致石友儒。十时寝。

二十二日　阴历八月二十九日　晴　在上海

上午拟镕西大哥点主礼节。下午至卡德池洗澡。六时归。八时至贵州路湖社，布置大哥设奠及追悼会礼堂，追悼会与家属开吊同时，礼堂布置，两式皆备。十二时归。读报，广州于昨晨陷落，自谓铜墙铁壁，实则脆叶枯枝，平时之设置安在？近日之准备安在？

---

①怙恃　原作“岵峙”。

思之发指。

二十三日　阴历九月初一日　晴　在上海

七时半至湖社，镕西表兄今日开吊。上海律师公会、国际问题讨论会、云南同乡会、新中国建设学会、慈幼院协会、量才基金董事会、上海贫儿院、上海法学院等八团体同时举行追悼会。下午三时请沈兼巢年伯卫点主，先考庚寅会试同年也。今日初见，通姓名后，谈及年谊，即举先考名讳以询，并谓是科郑氏有二：一为先考；一为郑锡光年伯，亦闽人。庚寅去今且五十年，而先考弃养亦三十四年矣，犹复历历不爽，老辈之精力与友谊如此，真堪钦敬！晚八时开吊，事竣归。

二十四日　星期一　晴　在上海

八时得心恒电话，知已到沪，住沧州饭店，往晤之。于公共汽车遇邵裴子先生，畅谈甚久，七年不见矣。午与心恒同至晋隆进膳，饭后归。下午五时林庶希来谈。七时朱庭祺夫人约熊夫人及大嫂、三姊便饭，约余作陪。九时归。

二十五日　阴历九月三日　晴　晚雨　在上海

晨至码头，欲送熊夫人，而船已开。诣潘光旦，诣钱思亮，诣卢晋侯。午吴昆吾约在来喜饭店饮馔，饭后归。午时诣胡适之师母、江泽涵，少谈即归，泽涵约同行。闻汉口今日失陷。

二十六日　星期三　阴雨　在上海

上午未出。读《清代七百名人传》数页。下午二时卢晋侯来。四时至中国殡仪馆，看工匠以镕兄铜棺入木椁，五时半工毕，归。

二十七日　阴历九月初五日　晴　在上海

八时至中国殡仪馆，视漆工。午诣邵心恒。至中国旅行社。林庶希约在沙利文午饭，饭后归。读《清代名人传》。作书致沈仲章。

二十八日　星期五　雨　在上海

八时至中国殡仪馆，视漆工。午归。下午六时诣邵心恒。胡适之师母约在家晚饭，与泽涵谈至九时归。泽涵示以适之师寄周启明师诗及答诗。录于次：

寄苦雨庵

藏晖先生昨夜作一梦，
梦见苦雨庵中吃茶的老僧。
忽然放下茶钟出门去，
飘萧一杖天南行。
天南万里岂不在辛苦，
只为智者识得重与轻。——
梦醒我自披衣开窗坐，
谁人知我此时一点相思情。

一九三八，八，四。

苦住庵吟　奉答藏晖居士

老僧假装吃苦茶，
实在的情形还是苦雨。
近来屋漏地上又浸水，
结果只能改苦住。
夜间拚起蒲团想睡觉，
忽然接到一封远方的信。
海天万里八行诗，
多谢藏晖居士的问讯。
我谢谢你很厚的情意，
只可惜我行脚不能作到。
并不是出了家的特地忙，

因为庵里住的好些老小。
我还只能关门敲木鱼念经,
出门托钵募化些米面。
老僧始终只是个老僧,
希望将来见得居士的面。

二十七年九月二十一日。

据闻两师均以诗代简,此外不着一字。启明师久居北平,颇不为时人所谅,故适之师自国外投诗讽其南下。启明师家累较重,师母又为日人,自有其困难,故答诗有“希望将来见得居士的面”以自矢无他。两诗并可传。

二十九日　阴历九月初七日　阴　在上海

九时送邵心恒登船。十一时至中国殡仪馆,视漆工。下午三时诣陈仲瑜。理发。晚柴东生表姊丈约在家饮馔。张大嫂、三姊以余将归,以自来水笔一、自沪至海防官轮船票一、安南币二十元为赠,受笔,辞其馀,互让久之,不决,拟受而偿其值,交七姊。

三十日　星期日　阴　雨　在上海

九时诣邵裴子先生,仲瑜继至,昨日所约也。十二时偕仲瑜在荣康午饭,饭后归。读近人杨铎所作《张江陵年谱》,余久编撰者也[①]。此作未善,尚宜改纂。此杨铎未详其里第,定非杨警吾也。

三十一日　阴历九月初九日[②]　晴　在上海

上午致书三弟,致书叶公超。至殡仪馆,视漆工。下午至卡德池洗澡。五时归。读《清代名人传》。

---

①“久”下疑脱“拟”、“欲”字。
②初九　原作“初八”。

十一月

一日　阴历九月初十日　晴　在上海

上午读《元史纪事本末》。诣殡仪馆，视漆工。下午柳存仁来。宋子靖渊源夫人约在寓食蟹，托带书、衣交其子廷琛。余最喜食蟹与鲥鱼，每春秋佳日自学校归，稚眉夫人常制以相候。去年稚眉夫人逝世，遭时多故，今年投荒万里，不啖此味者且两年，今日盘簋初陈，不禁怀想惆怅。

二日　阴历九月十一日　晴　雨　在上海

今日为先妣陆太夫人弃养三十二周年忌辰，客中不能祭祀。上午读《元史纪事本末》。午至殡仪馆，镕西大哥百日祭也。遇吴昆吾，知其太夫人于昨日仙逝，亦在中国殡仪馆大殓，行礼而归。东生来谈，劝余续娶并为绍介杭州孙氏，三姊亦为绍介杭州陈氏，余以尚无续娶意，并谢之，非关人选也。下午雨。听经。

三日　星期四　晴　在上海

上午至中国殡仪馆，视漆工。至中国旅行社询船期。下午诣东生。

四日　阴历九月十三日　晴　在上海

今日为先考弃养三十三周年忌辰。先考弃养于光绪乙巳，遗集尚未付梓，思之悚惧，小子真不孝也。上午十时至中国旅行社定船，余决九日乘德生轮赴海防。下午谒马夷初师，不值。诣陈仲瑜、苏演存。六时柳存仁衔严命，设宴于绿杨春，同座有吕诚之思勉、龙榆生沐勋，均神交已久者，谈甚快。榆生云黄季刚师侃遗稿，去年南京之陷，其世兄存之采石矶乡间，恐已荡然无存。闻之怅惘。古时印刷难，故名贤手稿多由友好整理后付梓。今日影印法兴,尽可以原稿照像影印,使文章手迹并传于后。以托人整理而因循,徒偾事耳。沈子培先生遗著,十数年未出,亦托人整理之故,但幸未散失耳。

五日　星期六　晴　在上海

上午读《元史纪事本末》。下午三时至中国殡仪馆,吴昆吾太夫人大殓,行礼后归。陈仲瑜、苏演存来谈。五时至大光明看电影。晚在雪园食牛肉锅。今日颜骏人娶妇,未及往贺。

六日　阴历九月十五日　晴　在上海

八时龙榆生来,以所刻黄季刚师《日知录校记》为赠。九时马夷初来谈,并赠以手书近作,用乾隆高丽纸,笔墨极精,诗亦言中有物。录其二:“朱碧纷纷不解愁,斜阳怊怅向巴州。江水不曾移故道,浔阳以下更无舟。”“燕南越北不堪行,到处笳声与哭声。今日正军淝水上,晋朝社稷谢家兵。”午郭午峤表甥婿与王志权表甥女约在乐乡饭店进膳,为余祖饯。饭后至其家,晚饭后归。

七日　星期一　晴　微风　在上海

九时至中国旅行社询船期,知九日上午十一时开船。午柴东生表姊丈来谈。下午至宋子靖夫人处食春饼,家乡风味,久未沾唇。今夜月色极佳。

八日　阴历九月十七日　晴　在上海

上午作书致朱仲夔老伯,去年内人之丧曾来函致唁,并为作媒,余以无意,久未置答。今日以时运艰屯,室家之念非复所及复之。十时至中国旅行社取船票,至永安公司购物。午东生约在新雅饮馔,以时间较早,至四马路书铺闲阅。某店有《四部丛刊》零种甚多,购《李文饶文集》一部,闻他处有此者尤多,惜不及阅矣。至新雅饭后,至卡德池洗澡。晚大嫂、三姊在家为余祖饯。收拾行李。

九日　星期三　晴　上海香港航行中　香港船上补记

余今日乘怡和公司德生轮南下，自九月十日来沪，恰足两月，非始料所及也。八时肃文亲戚路小姐来，九时同至法租界罗斯福码头，旧金利源码头也。三姊、五姊、东生表姊丈、宁珠侄、馨珠侄、郭午峤、赵衍庆、褚稼先、陈仲瑜、苏演存、柳存仁、林伯遵来送。十一时船开。风静波平，饮食如常。上船时着绒衣，船开着袷。今晨未上船时，为宁、馨两侄书纪念册，匆遽多败笔，字亦有误，何不能定心乃尔。

十日　阴历九月十九日　阴　上海香港海行中　香港船上补记

八时起。盥漱毕，觉风浪较大，复卧。竟日未起，亦未食。幸系顺风，否则将益狼狈。

十一日　星期五　晴　在汕头　香港船上补记

七时起。沿岸小岛在望，知已近汕头。作信片致三姊、三弟，告行程。十时船达汕头，泊海中，未登岸，闻有警报。着单衣。下午五时船开出口，浪极大，较昨为甚，急归房卧，未进晚餐。此次同行者有黄国聪、钱思亮、江泽涵、潘光旦、郑桐荪、杨业治诸人，余与思亮、国聪同房，房位清洁，食用西餐，与通常所谓官舱者不同，船亦较太古公司诸船为大，无意中遇之，殊快。补记于今日日记。

十二日　阴历九月二十一日　阴　在香港　补记

晨六时半船抵香港，八时医生上船检查，九时偕黄少榆国聪上岸。访王文伯小谈。访郑华基，不值。投止于六国饭店二百十六号。十一时偕少榆至英京酒家进膳。下午三时访沈仲章，知邵循正尚在港，六时往访之，不值。晚独在六国饭店进膳，港币一元菜四味：一水鸭、一油鱼、一石班鱼、一蔬菜。十时循正来，余已寝，明日彼偕李卓敏行。今日以港币九元二角五分换安南币十元，以国币计，港币一元合一元八角五分五，安南币合一元七角一分六。安南币，港曰西贡纸。

十三日　星期日　晴　风　冷　在香港　船上补记

七时起。与少榆共进虾粥。八时半与少榆至街，闲散步，沿大街而行，不辨东西，经一菜市、一旧货市，与北平无别也。十时半归旅店。十一时马巽伯来，巽伯居港已半年馀，前次经此未及往访，今日以电话告之，来谈，极快。十二时巽伯约往厚德福午饭，食家常饼、瓦块鱼，北方风味，快慰，非独口腹之嗜也。店伙皆北方人，盖自北平移来者也。饭后归旅店小坐，同至先施公司购物。回船安置后，复归六国饭店。洗澡。马季明来。七时回船晚饭，昨日船泊海中，上下不便，故与少榆至六国饭店投止。今日应办之事均已办妥，船亦傍码头，仍回船安息，所省匪鲜也。晚饭后偕少榆下船，至大街散步，九时回船。作函致三弟，致三姊，致马克强。

十四日　阴历九月二十三日　晴　阴　在香港

八时起。补写离沪以来日记。船上有餐室，窗几明洁，读书甚便。十时半沈仲章来船。午偕少榆下船，乘公共汽车至浅水湾饭店，访马巽伯，同进午餐。餐后在海滩散步。四时半回船，与同行假得《明人笔记选》一册、《李义山集》一部①，读之。明徐树丕《识小录》，有武则天年数一条，亦考订则天年龄，殊简略，但先我数百年而为之矣。晚下船散步，八时归船。作函致沈肃文。

十五日　星期二　晴　阴　在香港

七时起。读《李义山集》及《明人笔记》。船定明午开行，平时船经香港，多则停三日，少仅二日，此次竟达五日。异哉！作书致柴东生。下午与光旦、桐荪谈。六时偕桐荪、省身、思亮乘七路公共汽车至香港仔，于镇南酒家食海鲜：一香螺、一蚝、一方利鱼、一

---

①义山　原作“清溪”，据本月十五日、十七日日记改。

海蟹、一龙虾、一汤，凡价七元二毛，味诚美矣，价亦钜哉！饭后仍乘公共汽车回船。

十六日　阴历九月廿五日　晴　在香港

上午沈仲章到船晤谈。十一时巽伯来船，坚约往蜀珍午饭，饭后归船。下午四时半船开，移藤椅坐船舷，浪颇大，七时晚饭后渐平。与思亮、少榆谈至十一时就寝。

十七日　星期四　晴　香港广州湾道中

风浪甚平。上午十时十五分船抵广州湾，停泊海中。读笔记及义山诗。〔去年予以今日离平。〕

十八日　阴历九月二十七日　晴　广州湾海防道中　昆明补记

晨四时半船开。八时风浪大作，卧榻上，不敢起，强自镇遏，迄十时竟呕，幸未食，仅吐水两次，然已困苦不堪。下午一时后风涛转静，起盥漱。移椅坐船舷，读《笔记》。天气极热，十二时始寝。

十九日　星期六　晴　在海防　昆明补记

上午六时船抵海防，同行携行李较多，乃请思亮往晤我国领事，请其到码头照料，税关乃选数件检查。检查毕，投宿于天然旅店。十二时往华侨银行晤马克强。至叙雅园便饭。至华人街。下午五时至车站，接洽车辆，并辇行李，装车事毕，已九时。至华人街购物，在中国酒家食粥。十一时归旅店。

二十日　阴历九月二十九日　阴　海防老街道中　昆明补记

晨四时起。趋车至火车站，五时四十五分开车。下午八时抵老街，至移民局验护照，遇姜次烈今日从昆明来。投止于天然旅店新店。十时寝。

去年余将北大事务结束，于十一月十七日离平赴津，住六国饭店。十一月二十日偕莘田、雪屏、建功、大年、膺中、廉澄、濯生、霖之同乘湖北轮南下，今日恰为一年。去年别北平，尝有诗，今日车中思欲续作,未成。

二十一日　阴历九月三十日　晴　老街开远道中　昆明补记

五时起。过桥至对汛督办署验护照,海关以余辈有证书,未验行李。七时四十五分车开。下午七时抵开远,投止于大东旅店。

二十二日　阴历十月初一日　晴　开远昆明道中

五时起。偕桐荪、省身、思亮、业治、少榆进早餐。六时登车,六时三十六分车开。下午六时车抵昆明,莘田、雪屏、矛尘、介泉、尹辅、物华、膺中、从吾、锡予、建功、子水、光甫、逵羽、子安、德成[①]、蒋太太来接。下榻于柿花巷四号。晚八时谒孟邻师,不值。至温泉浴室洗澡。十二时归。莘田告知学校事甚详。

二十三日　星期三　晴　在昆明

九时至才盛巷二号大学办公处谒孟邻师,谈及余前函,谓众议咸同,文学院长决聘孟真。如孟真不就,聘金甫,枚荪亦可回校。如是,校中或可无惭于当世矣。端升已来,召亭即至。于办公处晤金甫,谈国文系事甚详。以为北大国文系已往偏重于语言文字,今后宜兼注意于中学教学及创作。一时至香滨菜馆进午膳。至金城银行。诣桐荪、省身,不值,归。宋梵仙函令其女来谒。晚建功约在欧美同学会晚饭。饭后偕少榆诣逵羽,不值,归。

二十四日　阴历十月初三日　晴　在昆明

上午八时尹辅、乾元、光甫诸人来。十时至办公处。十二时诣膺中,小坐。诣雪屏、介泉,留饭。二时归柿花巷,收拾行李。四时偕建功至商务印书馆购《明史纪事本末》《明文在》诸书。诣徐森

---

①"德成"后,原有"物华"二字,前已见,故删。

玉，视其疾。在再春园晚饭。理发。八时归。雪屏、矛尘来。读屠寄《蒙兀儿史记》数页。十二时寝。

二十五日　星期五　晴　在昆明

七时起。学生孔宪杰、刘熊祥、马学良先后来。九时至办公处。十二时归。与从吾、锡予、建功、大年同出午饭，以宿舍尚无厨房也。下午补写日记。读屠敬山《蒙兀儿史记》。晚矛尘约在家饮馔，极精美。并赠以乌铜墨盒，寿余四十生日也。肃文以其乡先达《祁忠敏公日记》为赠。十二时就寝。

二十六日　阴历十月初五日　微阴　在昆明

七时半起。八时半有学生来谈。十时至办公处。十二时与少榆同至小有天食饼。下午读《蒙兀儿史记》。余欲寻求顺帝北狩以后之事迹及明代人民追念元朝之原因，故详读之。闻在宥来。偕莘田访周枚荪夫人。诣戴君亮。在商务印书馆购书一册[①]冯承钧译《入华耶稣会士列传》。晚金甫约在蒋先生家便饭，十时归。从吾明日往宜良，嘱余照看北大史学系学生选课事。莘田夜归，复与之谈至一时许。

二十七日　星期日　晴　在昆明

八时起。读《蒙兀儿史记》。十时陈寅恪来，同诣李济之，留饭于其办公处。归途遇王化成，寓所小坐。下午诣膺中。晚薛德成、胡子安约饮于海棠春。饭后归。

二十八日　阴历十月初七日　晴　在昆明

七时半起。读《蒙兀儿史记》。昨与从吾谈，余谓明初人民之怀念元代不已，必有其原因，必有深入人心之德惠。而民间讹传元顺帝为宋瀛国公子，或亦其一故。从吾谓宋代优于士大夫而苛于

---

①印　原脱。

庶民,元代优于庶民而苛于士大夫。凡恩惠及民者,必久远不忘。其说甚是。从吾今晨往宜良,托余照顾系事。十时至办公处。十二时与莘田合宴寅恪、锡予、大年、矛尘。下午邵心恒来。三时至惠滇医院视张佛泉疾。陪大年、建功至东方汇理银行。归。读《蒙兀儿史记》。七时蔡枢衡约在共和春饮馔。九时归。与柿花巷同住诸人商寓中事,柿花巷房屋为北大所设公舍,赁备教职员住宿。今日商谈房费数目及包饭事。十二时寝。

二十九日　星期二　晴

八时起。读《蒙兀儿史记》。十时偕莘田诣徐旭生,遇顾颉刚,小谈,出。诣朱佩弦,不值。至办公处。一时汇臣约往会仙酒楼午饭。饭后至商务印书馆,无所得而归。读《蒙兀儿史记》,毕《妥懽帖睦尔可汗本纪》两卷。六时许,同住诸公外出晚饭,约余同往,以方读,欲乘人静竟之,辞不往。未几,莘田归,约出饮馔,并至金碧公园观剧,从之。十一时归。时事如此,非吾辈宴乐之时,归而悔愧。十二时寝。

三十日　阴历十月初九日　晴

八时起。徐旭生来。十时至校办公。午独至小有天进膳,牛肉一簋,饭一盂,价一角五分。此近来最廉之一餐也。下午开北大四十周年纪念筹备会,六时毕会。决议是日发行专刊及论文集,并招待全校茶会。晚雪屏约在昆明旅社进膳,膳后归。雪屏、矛尘来谈。十二时就寝。

十二月

一日　阴历十月初十日　晴

八时起。九时至办公处。十一时偕矛尘诣徐绍穀。十二时出,忽见市民东西奔驰,惊慌变色。询之车夫,谓有警报,乃复诣绍縠许。下午一时警报解除，遂往金城银行取款。至再春园午饭，饭后复至办公处。五时归寓，以天气暖甚，减去绒衣一件。脱衣太骤，微觉胃寒。七时介泉约在家晚饭。九时归。天气大变，觉寒甚。雪屏来谈，十一时去。

二日 星期五 阴

七时起。天气甚冷，鼻塞流涕。钱思亮来。姜次烈来深谈，十一时半始去。午饭后小睡未盖被，觉寒而醒。三时半至办公处，五时半归。建功、雪屏及矛尘夫人日前生日，今日与莘田共宴之于昆明旅社，饭后至新滇戏院观剧。余既伤风，又不愿观，颇思先归，以系主人，不得脱。十一时归。

三日 阴历十月十二日 晴

八时始起。鼻加塞，涕加多，伤风转剧。读余嘉锡《四库提要辨证》。十时至办公处，十二时归寓所午饭。今日有厨子来试工，尚可。邱大年以妙灵丹见馈，午饭后食一丸。小睡。三时半至办公处，五时归。王崇武来谈，谓近日专研明史，颇有所得，拟作《明史系年辨证》及《鞑靼后纪》，并谓吴三桂刊有《开疆疏草》一书[①]，吴败禁毁，世间罕睹，近惟省政府某秘书有之矣。晚周枚荪夫人约在家便饭，以伤风不往。在寓饭后出散步，月色极佳，欲往商务印书馆购书[②]，已闭门，即归。读《蒙古源流》。十时半寝，复服妙灵丹一丸。

四日 星期日 晴

六时起。伤风差可。建功以今日往海防接眷，送之至大门。九时至农林学校，校在西门外，西南联合大学文法理三学院均设其间。访钱端升、陈岱孙、陈福田，不值，晤曾昭抡、钱思亮、刘寿民、申

---

①草 原作“钞”，据刘健《庭闻录》卷六、姚觐元《清代禁毁书目》改。

②印 原脱。

又㧅,十时半归。陈雪屏、姜次烈、章矛尘来。下午三时至温泉浴室洗澡。六时至共和春应张泰之约,饭后至中华书局购《道因法师碑》一册归。读《蒙古源流》。浴后伤风大差,及晚,鼻复塞。传记之文宜真实,宜含蓄,今知之者少。拟日内草为《传记卮言》一文。

五日　阴历十月十四日　晴

七时姜次烈、毛子水来,同出小西门。至篆塘,矛尘继至。雇小船一,泛滇池,经大观楼达罗汉山麓,俗所谓西山也。舟行凡两小时乃达。自山麓沿石级而登,经半山亭、千步岩至三清阁,元梁王避暑处也,今为道观,然石刻俗称均仍曰罗汉岩。登阁小坐,云光湖色,灿烂绚目。在阁进茶点毕,观孝牛泉,泉在阁后侧,全山饮食所资也,未审得名所自。由孝牛泉右行登玉皇阁,左行为览海处,更上有云华洞,全出人工。旁有刻石,谓经始于道光庚子二十年,凡九年乃成。更上为龙门山峰最高处也,惜西面未凿,不能将全湖齐收眼底。独立龙门,眺望久之,慨然有澄清山河之念。循阶而下,复至三清阁小憩,改沿公路步行,经太华寺、华亭寺,均未入,立山门一瞻而去。自华亭寺门至湖涯,苍翠夹道,不辨其为何树。泉滴潺潺,若鸣琴韵,不觉又有山林之思。行至水涯,舟子已先候于此。复登舟而还。抵篆塘,且六时矣。步行归柿花巷,洗脸后至孟邻师寓晚饭。九时复步行归寓。今日步行甚久,时有大汗,伤风或可愈矣。十时寝。

六日　星期二　晴

八时起。足微酸。伤风大差。上午在寓读书数叶。诣膺中,谈及联合大学校中执事好敷衍,于是同人多请求,请而得允,复自鸣得意于众,虽学生入学亦然。此殊非佳事。因盛赞昔日北大之严整。余此次自沪归,亦有此感。请者以此得意,受者以此示惠,虽贤者不免。余戏谓膺中,孔子四十而不惑,余今年四十,于世人世事仍多不解者，今后当自号大惑。午归饭。下午至办公处。至金城银行取钱。五时归寓。毛子水来。晚至海棠春，姜次烈约饮馔。九时归。矛尘、雪屏先后来。次烈将于明晨往贵阳。

七日　阴历十月十六日　晴

上午检阅《四库提要》。邵心恒、莫泮芹来。下午至办公处。五时归寓。孟邻师伉俪来。矛尘来。校中本定明日上课，以校舍修缮未竣，改十二日。今日为三弟生日。

八日　星期四　晴

七时起。读《明史》本纪。余私见以为明史宜以嘉靖先后分为两期，嘉靖前后国势、物力、朝政、文风显有不同也。嘉靖以前又可分为两段，自洪武至宣德为一段，此时国势最强；自正统至正德为一段，此时国势渐弱，尚可守成。嘉靖以后亦可分两段，自嘉靖至隆庆为一段，此时国势已替；自万历至崇祯为一段，此时乱亡之象已成矣。上午至办公处一次。下午在寓读《明史》。五时叶公超来，谈及广州之陷，由于师长莫希德叛变[①]，引敌深入。十月十三日余汉谋巡视各地，尚谓防线巩固，十四日全市举行火把游行，而十五日省政府即迁出广州，十六日晨警察挨户通知，限三小时迁避，至十八日日兵三百馀人始达广州郊外。呜呼痛哉！晚饶树人、吴大猷来。十二时就寝。

九日　阴历十月十八日　晴

八时起。读《明史》。十时半至办公处，十二时半归。下午诣燕召亭。至正义路购笔，净鸡狼毫，一只价二角八。今日日记所用者是也。又购洋纸四张。至艳芳照相馆，加印八月时照相一张。七时往矛尘家晚饭，谈至十时归。十二时就寝。

---

①莫希德　原作“莫德希”，据《中华民国史·大事记》一九三八年十月十五日条改。

笔〇.二八元，纸〇.六〇元，像片一.〇〇元。

十日　星期六　晴

八时起。读《明史》。十时至办公处，十二时归寓午饭。下午读《明史》。至大街购物。晚十二时就寝。

洗衣〇.二一元，尺〇.二〇元，茶叶一.八〇元，书〇.八五元，火柴〇.〇二元。

十一日　阴历十月二十日　晴

上午读《明史》。章矛尘来。下午四时胡子安约茶会，五时半归。读《明史》。至大街购纸。十时就寝。

纸一.〇二元，橘〇.三〇元，茈油〇.四〇元。

十二日　星期一　晴

七时起。读《明史》。十时至办公室，十二时归寓午饭。下午备上课讲稿。十时寝。

十三日　阴历十月二十二日　晴

七时起。读《明史》。十时至办公室。十二时偕矛尘、肃文宴孟邻师伉俪。下午二时至小西门外农科职业学校上课。西南联合大学文理法诸学院借其地为校舍，二时半至三时半授清史一小时，四时半至五时半授明清史一小时。清史一课，盖为已修明史者设也。六时归。今日建功伉俪与廉澄到昆明，余上课不及往接，七时与雪屏、膺中、从吾公宴之于昆明旅社，饭后归。十一时寝。

车〇.六五元，请建功二.五〇元。

十四日　星期三　晴

七时起。读《明史》。十时至办公处，十二时归午饭。下午诣雪屏、建功。归。读《明史》。诣森玉、春晗。

十五日　阴历十月二十四日　晴

八时起。十时至办公处，十二时归午饭。二时至农校上课，二时半至三时半清史，四时半至五时半明清史，其间一小时至图书馆借《罪惟录》及《明史钞略》。六时归。

车〇.五〇元，洗衣〇.三〇元。

十六日　星期五　晴

上午十时至办公处，十二时归。三时再至办公处。四时偕缜略、光甫至云南大学查勘明日北大四十周年纪念会场。五点半复至办公处。晚端升约在办公处商谈筹办杂志事，并便饭。公议杂志名曰《今日评论》。十时谈毕。诣雪屏，小谈归。

车〇.四五元。

十七日　阴历十月二十六日　晴

今日为北京大学四十周年纪念日，余上午八时至九时本有课一小时，以须往会场布置，请假。八时半至邱家巷蒋先生家视聚餐布置。九时至才盛巷大学办公处。十时至云南大学布置会场。十二时归寓午饭。饭毕，复至云南大学。一时开云南北大同学会。二时开北京四十周年纪念会①。行礼毕，孟邻师致开会辞，继由党部代表及梅月涵演说，皆颂祝之言。继莘田演说，以“不学则老而衰”为题，主全体师生努力于学问，免趋衰老，与余之提倡学术意见相同。继陶希圣演说，主维护北大之科学精神。希圣演说前有云南同学张君献旗，张君年逾六十，精神甚健。据云云南第一次保送大学堂学生，在光绪三十年，凡五名，一为袁树五嘉穀，入都取经济特科第一，其三未入学。入学者，惟席上珍聘莘，原名聘臣。张君盖光绪三十一年第二次保送者也。四时会毕，摄影并进茶点，四时三刻散。随至邱家巷，同人聚餐，并宴校友外宾，共十二桌，饮甚欢。九时始散，逵羽大醉。十二时寝。

①北京　“京”字当作“大”字，或“京”后脱“大学”二字。

车〇.三〇元，会费五.〇〇元。

十八日　星期日　晴

八时起。自寓所楼上前厅移住北屋。余到昆明，下车即至柿花巷公舍，住于楼上。前厅光线较佳，但为雪屏所预定。雪屏日内将移入，故于今日迁至楼上北屋。北屋较大，但光线太暗耳。午间至肃文家便饭，饭毕归。竟日收拾什物。十时寝。

十九日　阴历十月二十八日　晴

十时至办公处。十二时归寓午饭。饭后小憩。三时偕莘田至昆华医院，视董彦堂疾。彦堂患副性伤寒，今已十四日。四时至爱群浴室洗澡。六时归。读《罪惟录》。十一时寝。

洗澡一.〇〇元，药〇.八〇元，车〇.二〇元。

二十日　星期二　晴

八时起。十时至办公处，十二时归饭。一时半步行至小西门，费时二十分，雇车至农校上课。五时半下课，复步行归，费时四十五分。余前两次上课皆乘车往，每次车价二角五分，一日须五角。今日试作步行，尚不觉倦。晚读《七修类稿》。十一时寝。

人当病痛，每多感触，而忧悔随之。佛家之修最后一念，理学家之日求无过，皆为此也。昨与莘田深论之，吾人立身行事，不可不慎也。

车〇.一〇元，洗衣〇.一〇元，木板三.〇〇元。

二十一日　阴历十月三十日　晴

七时起。读《七修类稿》，摘录明初史料。南来图籍缺乏，余授明清史，竟不能得《明史稿》《清史稿》，仅于孟真处借来《明史》一部，余自沪带来《东华录》一部而已。幸明清人笔记，坊间视为小说，尚有售者，否则真不知如何讲法矣。十时至办公处。校中今日发薪，余薪三百六十元。除五十元基本生活费外，按七折发给。应支二百六十七元，扣所得税四元七角，飞机捐八元零一分，印花税六分，实领二百五十四元二角三分。十二时归。午睡。读《七修类稿》。七时余与肃文、矛尘假蒋先生家，宴廉澄、建功，饮酒逾量。九时归，即寝。

二十二日　星期四　晴

七时起。莘田示以李光涛《清人入关前求款之始末——兼论袁崇焕、陈新甲之死》及《顺治元年正月致西据明地诸帅》书稿各一。篇中据旧档甚多，可资参证。读《明史钞略》。十时至办公处。下午乘车至农校，授课二小时。五时半步行归。学生李希泌，印泉先生之子，同行，谈甚久。晚饭后理发。十一时寝。

饭五.〇〇元，公宴费二.五五元，车〇.二〇元，洗衣〇.一〇元。

二十三日　阴历十一月初二日　沉阴

八时起。读《明史钞略》。十时至办公处，十二时归。下午仍读《明史钞略》。五时再至办公处。晚请章矛尘夫妇、胡子安夫妇观剧，余偕莘田送之至戏院门首而归。

戏三.二〇元，车〇.四〇元，糖〇.二〇元。

二十四日　星期六　晴

六时半起。七时至农校。八时至九时授课一小时。课毕，偕雪屏步行至小西门，于牛肉铺进蹄筋、牛肉及清汤，味甚隽，价仅三角。入西门，诣邵循正，小坐。十一时至办公处。下午小睡。读《明史钞略》，取以与《罪惟录》《明书》《明史》对照。五时至中华书局、商务印书馆，仅购一《吾学录》而归。晚对《明史》。十二时寝。

二十五日　阴历十一月初四日　晴

八时始起。读《明史》《明史钞略》《罪惟录》《明书》，四者之中以《明史钞略》为最详。庄书出于朱国祯。国祯事，《明史》附《朱国祚传》卷二百四十，但言其天启三年拜礼部尚书、东阁大学士，四年罢归，不言其尝修国史，或其引疾后所作。国祯卒于崇祯五年，里居凡十年也。十时诣孟邻师，小坐，归。下午校读明代四史，惜无王鸿绪《明史稿》同读也。学生李希泌来，谈甚久，希泌字季邺。朱谦之来。

二十六日　星期一　晴

八时起。十时至办公处。下午读《明史》，备讲授之需。晚朱谦之约在新雅饭店便饭，同座有顾颉刚、张荫麟[①]、吴辰伯、汤锡予、容元胎、罗莘田。辰伯云新见《痛史》一部，价甚廉，可购。饭后归。备讲授资料。

二十七日　阴历十一月初六日　阴

十时至办公处。下午至农校授课二小时。五时半步行归。七时与莘田、雪屏、建功、佩弦、廉澄公宴陈序经、邵心恒、李卓敏、孙承谔、程毓淮、徐绍穀、莫泮芹夫妇于孟邻师家。十时归。即寝。

二十八日　星期三　沉阴

天气阴寒，甚似冬日矣。八时起。十时至办公处。午饭归。读《明书》《明史》备授课[②]。六时半，金甫、佩弦、莘田约在办公处便饭，赴之。值开会未散，独坐金甫室，取架上《古文绪论》读之。幼时受古文于桐城马先生，谓古文不应杂小说语、尺牍语、语录语、词曲语，今日始知出于吕氏《绪论》。十时席散。备讲授资料，至夜深二时始寝。

二十九日　阴历十一月初八日　阴　微雨

九时起。微雨随住。十时至办公处。午饭后复雨。至农校授课二小时。六时归。晚吴文藻约在家晚饭，其夫人谢冰心女士于余儿辈深注念，欲为代请理家保姆一人，甚可感。十时归。

---

①荫　原作“应”，据顾颉刚先生同日日记改。

②明书明史　原作“明书史”，第二“明”字据前文补。

三十日　星期五　上午阴　下午晴

八时起。十时至办公处。午归饭。下午四时偕雪屏至温泉浴室洗澡。七时肃文约在新云南饭庄饮馔。九时半归。预备讲授资料。十二时寝。

洗澡二.八〇元。

三十一日　阴历十一月初十日　晴

六时半起。至农校上课。下课与雪屏步行,入大西门,诣孟真、寅恪、介泉,俱不值。十一时至办公处。此间书少,史书尤鲜,余有《隋书》、两《唐》、两《五代》,并借孟真之《明史》。从吾有"前四史"及《宋》《辽》《金》《元史》,在友好中已少见。今日与从吾谈,欲两人合成念四史。从吾购《北周》《北齐》《北魏》《北史》,余购《晋》《宋》《齐》《梁》《陈》《南史》。倩毛子水商之中华书局,允照九折价购《四部备要》本零种,惜南、北两《齐书》均无书。晚间,从吾将书取来,此可谓年终一大快事。七时孟邻师约同人无眷属者在家便饭。十时归。闻汪精卫有通电,主和议。或谓得奉化同意,或谓与奉化携贰,或谓西南将应之。国事至此,中枢不堪再分裂也。读《心史丛刊》一卷。寝。

一九三九年

年四十一岁。时任国立西南联合大学文学院历史社会学系教授,授明清史;本任国立北京大学教授兼秘书长。寓居昆明市城内柿花巷四号国立北京大学公舍;儿辈居北平市西城小将坊胡同二十三号前院,由三弟照看,后院为王劲闻表姊丈。

一月

一日　阴历戊寅年十一月十一日　星期日　晴

今日日丽风和,薄绵不寒,大似北方初春。

八时始起。与同舍诸友互贺新岁。九时许戴君亮、钱端升、吴文藻先后来。十时半谒蒋孟邻师,得见汪精卫上年十二月十九日在河内致蒋总裁及全体执监委员"艳电",原文前述上年中央全体大会决议之对日政策及卢沟桥事起不得已而用;其次述十二月二十二日近卫宣言两点:一对华无领土野心,二经济提携,共同防共,非不可磋商接受之条件;末述其个人意见,谓一日本撤兵应于迅速期间实现,二防共驻军应以蒙古边境为限,三日本应取消其侮华教育政策。电尾有"谨此提议"之语①,盖提议于

①提　原作"建",据《申报》一九三八年十二月三十一日所登"艳电"原文改。

党中者,尚未致绝裂也。电中所述大会决议,有"满洲国觅合理解决"之语,窥汪氏之意,欲承认"满洲国"并长城驻军,第二意见所谓蒙古边境太含混,当指长城内蒙而言。以为媾和条件。于孟邻师处晤罗钧任,谓陈公博等已赴香港,以川中或将有所表示。在孟邻师处午饭后归。下午诣梅月涵,不值,归。章矛尘、杨今甫、叶公超先后来。晚饭后赵廉澄约往新滇戏院,观滇剧,有王树萱《江油关》①、栗成之《盗宗卷》②、刘海清《十美图》③、刘少卿《斩黄袍》,动由规矩,一丝不苟,胜于京戏远矣。此间京戏。《江油关》前曾一观,谱季汉江油守将马邈妻阻降事,似《三国志》之所无,《资治通鉴》卷七十八景元四年十月"邓艾进至阴平……先登至江油,蜀守将马邈降,诸葛瞻督诸军拒艾,至涪停住不进",亦不言阻降事,此剧当另有所本。十一时归寝。

二日　星期一　晴　有云

九时起。昨夜枕上读《心史丛刊》一册,息灯已一时又半矣。孟心史先生著作,以晚年《明元清系通纪》为最精湛,可谓前无古人,后难继者也。《丛刊》三集凡十五则,尚是心史先生中年之作,大抵钩稽旧闻,推阐遗事,而脉络分明,年次不爽,此其苦心处也。毛子水来,谈及往时尝劝心史先生排比明清史事,以续毕氏《续通鉴》,心史先生未及应。今日子水再三促余为之,不觉心动。读《明史·太祖本纪》,摘记其战争、施政大端,各为一表。午与莘田约肃文子女、莘田侄女暨其女友张,在再春园便饭,为肃文子寿春与张作媒也。饭后至肃文家,小坐,归。读《明史·太祖纪》。七时至新

①树　原作"寿",本年二月二日同,据本年二月十一日日记改。　油　原作"由",本日后文同,据《滇剧简史稿》改。

②栗　原作"厉",据本年三月二十五日日记改。

③清　原作"卿",据本年二月二日日记改。

云南饭庄,宴银行及会计庶务诸人。肃文以北大汇款事得银行协助之处甚多,宴以谢之,此是真所谓应酬也。九时归。读《明史》。

报载汪兆铭违反纪律,危害党国,永远开除党籍。

三日　阴历十一月十三日　晴

上午读《明史》。十一时诣矛尘,小坐。至庸道街书摊购《痛史》一部,价四元五角。此书已绝版,日前为吴辰伯晗所见以告余,故往购之。十二时雪屏、莘田约在金碧西餐馆午饭。饭后诣建功、泮芹。五时归寓。读《明史》。十二时寝。

四日　星期三　晴

上午读《明史》。十时至办公处。下午三时开学生生活指导委员会,决议十项。五时归。读《明史·太祖本纪》,摘录征伐与大政成两表毕,业十二时,寝。

五日　阴历十一月十五日　晴

九时始起。十时至办公处。下午一时半至校授课两小时。五时半步行归。晚读《明史》。十二时寝。

六日　星期五　晴　小寒

九时起。十时至校。下午检明清诸史,备讲授之需。六时诣介泉家晚饭,食馅饼绝美。九时归。读《明史》。十二时寝。

七日　阴历十一月十七日　晴

六时半起。七时至农校授课一小时。九时步行归。十时至办公处。下午建功来。六时半矛尘约往食饺子,尤佳。十时归。检《明史》。十二时寝。

八日　星期日　晴

九时起。读检明清史书,储备讲授之用。晚建功约在家食面,馔肴极精,皆魏夫人亲作。万里作客,对此已不免惆怅,而篮中多扬州风味,念及亡室,尤觉黯然。借酒浇愁,不自知其逾量否也。

十时归。

九日　阴历十一月十九日　晴

八时起。读摘讲授札记。十时至办公处。下午读摘讲授札记。五时孟邻师来,同往师家饮加非。六时半归。十一时寝。

十日　星期二　晴

七时起。读摘讲授札记。十一时至办公处。下午步行至小西门,乘车至农林学校,授课两小时。五时半步行归。晚饭后矛尘、子安约往观剧。归来已十二时矣,殊倦。

十一日　阴历十一月二十一日　晴

八时起。读摘讲授札记。十时至办公处。下午小睡。读摘讲授札记。四时至爱群浴室洗澡。六时半归。读摘讲授札记。十二时寝。

十二日　星期四　阴　雨

九时起。十时至办公处。下午至农校授课,五时半归。晚孟邻师召饮于家。同坐有罗钧任、罗努生、傅孟真、周枚荪、杨今甫、张奚若、陶孟和、钱端升诸人,谈时局极详。至十二时始散,归。

十三日　阴历十一月二十三日　阴　晚晴

九时始起。至办公处,十二时归。周枚荪来。高亚伟来,以旧文三篇求正。小睡醒。读摘讲授札记。五时偕廉澄谒孟邻师,不值。六时赴方师铎、杨佩铭、吴晓铃海棠春之约。八时归。读摘讲授札记。十二时寝。

十四日　阴历十一月二十四日①　阴　雨

六时半起。七时步行至小西门,乘车赴校。天阴时早,街车甚少,以国币二角予之。八时上课一小时。九时步行至小西门,在

①二　原脱。

牛肉馆进红烧大筋一碗、饵吷一张。吷，滇中俗字，读如快，米面所作。乘车归。十一时至办公处。孟邻师谓吴达铨来昆明，嘱下午四时半往茶会。午饭后小寝。董家铭表侄来。读摘讲授札记。四时半至孟邻师寓，到者有李润章、梅月涵、张奚若、陈岱孙、萧叔玉、潘光旦、钱端升及莘田、廉澄等廿馀人。吴达铨谈汪精卫初与日本接洽，系由义大利大使居间。秋间，英国大使往长沙晤奉化，谓义国大使交其和议条款六项：一、承认伪满；二、华北特殊；三、共同反共；四、赔款；五、承认蒋氏为交涉对象[①]；其六未详。奉化当即否认此六项，似汪所承诺者而奉化初未之知也。又谓中央讨论汪事时，以林、吴诸老最激昂。"永远开除党籍"，"永远"二字即林所加，奉化之意尚不愿过甚也。开会时到者六十八人，表决时不举手者四：孔庸之、张岳军、陈布雷、姚大海。孔与汪政见久不同，张、陈向代奉化与汪氏接洽，而姚则汪之亲近也。汪所任诸职咸暂停，惟参政院议长将于大学校长中求之云。六时半归。读摘讲述札记。

今日似是五儿生日，记不甚清，非今日即明日也。十二时寝。

十五日　阴历十一月二十五日　晴　间雨

上午读摘讲述札记。十一时半孟邻师约往谈，午饭后归。罗努生来。四时诣矛尘、枚荪。六时归。孟真来。读摘讲述札记。十二时寝。

十六日　星期一　晴

八时起。读摘札记，备讲述之用。十时至办公处。午归饭。下午午睡。建功来。诣朱谦之，小坐，谦之示以新作《中国思想对于欧洲之影响》稿本，凡十馀万言。六时归。矛尘来，偕大年、少榆同往金碧路大华春茶楼听清唱。每人茶资六分，听滇剧二折。十

---

①象　原作"相"。

时归。读摘札记。

十七日　阴历十一月二十七日　晴

七时半起。读摘札记。十时至办公处，十二时归。下午步行至小西门，乘车至校授课二小时。五时半步行归。七时至孟邻师处与莘田、雪屏、廉澄公宴枚荪、孟真、金甫、端升，谈至十一时归。自校中借来《清史稿》一百三十一册。十二时半寝。

十八日　星期三　晴

七时半起。腹微泻。读摘札记。十时至办公处，十二时归。午后小睡。读摘札记，翻阅《清史稿》。十二时寝。

十九日　阴历十一月二十九日　晴

八时起。读摘讲述札记。十时至办公处，十二时归寓午饭。一时半至农校上课，五时半步行归。七时至蒋先生家，明日为孟邻师生日，与逵羽、矛尘、端升、肃文共祝之。十二时归，即寝。

二十日　阴历十二月初一日　晴

九时起。十时至办公处，道经孟邻师寓，入祝寿。同行雪屏、廉澄、莘田，小坐，出。十二时归饭。下午读摘讲述札记。六时端升来，坚嘱为《今日评论》作文，推让再三不得请。至孟邻师家晚饭，客甚多。九时半归。读《明史》，备讲述。十二时寝。

二十一日　星期六　晴　大寒

六时半起。七时偕廉澄至校，步行至小西门，始遇一车，索价甚昂，遂同步至校。以为且误矣，到校仍憩十分钟始摇铃。九时授课毕，独步行入大西门，横穿翠湖大堤，至华山西路而归。足微倦，意殊快。十时半至办公处。十一时学生生活指导委员会开会，十二时会毕，归。下午写文稿，批评高级中学课程标准。晚十二时寝。

二十二日　阴历十二月初三日　晴

八时起。草文稿，竟日未出。晚饭后至中华书局、世界书局闲步,购希特勒、墨索里尼传各一册,《圣武记》一册,归。晚十时文稿成,题曰《高中课程标准问题》,请大年、雪屏斟酌之。十二时寝。

二十三日　星期一　晴

八时半起。端升来取文稿,与之。十时至办公处,十二时归。读摘讲述札记。晚十二时寝。

二十四日　阴历十二月初五日　晴

八时半起。读摘讲述札记。十时至办公处。孟邻师定二月一日至成都、重庆。十二时归。一时半步行至小西门,乘车至校,讲述两小时。五时半缓步归。今日出校较晏,行亦缓。西山染黛,落照飞红,顾焉乐之,口占一绝云:"掩黛西山别有情,含晖如饮复如倾。胜因村外归来晚,闲踏清畦看绮明。"胜因村在小西门外,校址所在也。归寓后,七时至矛尘许晚饭。十时归。读摘札记。

二十五日　星期三　晴

九时起。十时至办公处,十二时归。下午读摘讲述札记。五时偕雪屏至华山西路古玩店,无所得,亦无所见。六时归。读摘札记。十二时寝。

二十六日　阴历十二月初七日　晴

九时起。十时至办公处,十二时归。下午至校,五时半步行归。七时君亮约在共和春晚饭,饭后至逵羽处。

二十七日　星期五　晴

九时起。十时至办公处,十二时归。下午三时至校史学系开教授会。五时半散会,偕子水步行入北门,门曰拱辰[①],楼曰望京,多住宅,颇幽静。余来滇且一年,今日始经之。归。摘讲述札记。八时廉澄、从吾、少榆约观剧。十二时半归。一时寝。

---

①拱辰　二字原阙,据一九三八年三月二日日记补。

二十八日　阴历十二月初九日　晴

六时半起。七时至校授课一小时。九时偕雪屏、少榆、锡予、雨秋出学校后门散步,有小溪,据闻通滇池。松树夹堤,可以入画。少顷,步行至小西门,乘车归。十时半至办公处,十二时归。下午五时再至办公处。六时归饭,饭后偕廉澄、少榆、大年至夜市散步。九时归。读摘讲述札记。十二时寝。

二十九日　星期日　晴

八时起。读摘讲授札记。下午至商务印书馆购《星槎胜览校注》一册[①]。七时胡子安约在海棠春晚饭,饭后至夜市,得李苾园对联一付、张香涛条一张、大爨碑一张。读摘札记。十二时寝。

三十日　阴历十二月十一日　晴

九时起。十时至办公处,午归饭。下午读摘讲述札记。晚本校师范学院二部学生四人来。二部学生皆大学毕业生,此四人其三在公民训育系,皆修法律者,其一在史地系。校中嘱余为之指导近代史研究。余察诸生于此课似无大兴趣,乃指定蒋廷黻《中国近代史》为必读书,以其精而简也。别以陈恭禄《中国近代史》、李剑农《中国近三十年政治史》为辅,蒋廷黻《外交史料》、左舜生《近百年史料》为参考。十二时寝。

三十一日　星期二　晴

八时起。读摘讲述札记。十时至办公处,十二时归。一时半步行至农校上课,五时半步行至大西门,乘车归。晚饭后诣孟邻师及枚荪,均不值。明晨六时半,师与枚荪将乘飞机往重庆,故往话别。

---

①印　原脱。

二月

一日　阴历十二月十三日　晴

晨五时起。诣孟邻师。街中静无一声，数星闪耀，若极闲适。至师寓，方盥漱，同进早餐。六时师乘车至飞机场，余归寓，复寝。师前得教育部电，嘱到重庆一行，迟之又久，始以今日成行。师离滇期中，命余代表出席常务委员会及校务会议。重睡至九时再起床。十时至办公处，十二时归饭。下午读摘讲述札记。晚矛尘、汇臣先后来。十一时寝。

二日　星期四　晴

九时起。十时至办公处①，十二时归。下午一时乘车至校，授课两小时。五时半步行至小西门，乘车归。六时半赴矛尘晚饭之约。饭后观滇剧，有《玉泉山》一出，演活捉吕蒙事，甚佳。有刘海清者，以饰关公著名，惜今日非其人。余于滇剧脚色，最赏识王树萱。其人饰丑角而不以科诨见长，其动作表情处处不苟，惜垂老矣。今日演《活捉三郎》，亦不差。十一时归。即寝。

近日盛传孟邻师将重长教育部，盖至重庆之传讹也。

三日　阴历十二月十五日　晴

八时起床。读摘讲述札记。十时至办公处，午归饭。下午读摘札记。三时至爱群浴室洗澡，五时半归。晚饭后偕廉澄、雪屏、大年、少榆、莘田至翠湖，步月环湖一匝，自黄公东街转劝业场武成路而归，已九时半矣。月色绝佳，树影尤丽。读摘札记。夜十一时许，立庭中，皓月当头，清光四溢，伫对久之。十二时寝。

---

①处　原作"事"，据前后文改。

四日　星期六　阴　晴

六时半起。七时至校讲述。九时步行至小西门，进牛肉一簋，乘车归。十时半至办公处，十二时归寓。午后小睡。二时半莘田约往理发，同至美生理发所，候久之，不得座位。幸携《明史纪事本末》一册，且候且读。五时许仍无座，乃出。独往翠湖海心亭上莲笑楼啜茗，看夕红。六时半归。七时至邱家巷同矛尘、肃文公宴逵羽于孟邻师寓所。今日在商务印书馆购蒋廷黻《中国近代史》一册。一时寝。

五日　阴历十二月十七日　阴　晴　立春

八时起床。读摘讲述札记。近日颇思以平时讲述所蓄编为明清史，即以札记为长编。现每日约钞二千字，一月可得五万字，暑假后或可着手纂辑矣。下午五时与少榆诣逵羽，贺其生日，小坐，即归。晚读摘札记。十二时寝。

六日　星期一　晴　有云

八时起。昨前两日贵阳宜山轰炸甚烈，此间同人不无惊恐。早餐时同人议往乡间觅屋作万一之备。九时与廉澄乘车往海源寺，十时半抵寺，穿行于松林中，别有幽趣。寺不知创自何年，近重修未久，殊清洁，惜尽为赁居矣。庭中有铜炉，镌嘉庆年号。寺旁有龙源茶社，露天设座，就之饮，并进途中所购牛肉饵饫，小坐。往八村理安村觅屋，见人必询，遇佳屋则扣镮而入，凡七处，均以无馀屋为对。有龙王庙，空旁殿三楹，住持不在，无可接洽。遇长洲费君设馆其旁，重托之，允日内相答。二时乘车归。道经黑林堡、黄土坡，均下车询问，并无所遇。三时入城，颇倦。晚饭后札记数页。九时就寝。

七日　阴历十二月十九日　晴

八时起。十时至办公处。下午三时开校务会议，余代表孟邻师出席，无重要议案而斟文酌字。至六时始散会。晚读摘讲述札记。十二时寝。

八日　星期三　晴

八时起。读摘讲述札记。十时至办公处，十二时归饭。下午读摘札记。四时蒋太太约茶会，六时归。七时半至办公处，开学生生活指导委员会，九时归。读书至十二时寝。

九日　阴历十二月二十一日　阴　晴　夜雨

八时起。读摘讲述札记。十时至办公处，十二时归。下午至校上课，五时半步行归。读摘札记。十二时寝。

十日　星期五　晴

八时起。读摘讲述札记。十时至办公处，十二时归。读摘札记。五时再至办公处，与逵羽商北大职员加薪事，六时归。肃文送菜两篮，寓中肴馔平常，得此，同人大快。七时莘田、雪屏约看电影，九时归。余来昆明此为第一次。读摘札记。十二时寝。

十一日　阴历十二月二十三日　晴　夜雨

六时半起。七时半至校，九时下课。偕锡予、少榆、雪屏往校舍后村中看房子，定一处土屋，三间月租十二元，以为同人避飞机之行站。偕锡予、雪屏步行至北门云大后门，穿云大而归。道经谦之寓，入坐小谈。随至办公处。十二时归。下午读摘讲述笔记。邵心恒来，久谈甚快。时同舍十六人，惟余一人在寓。晚膺中约往食羊肉馒首。饭后看滇戏：王树萱《扫秦》、栗成之《弦高救国》[1]。十一时归。阅书至一时半寝。

〔今日阴历二十三日，俗称祭灶日。闻滇中亦有此俗，祀品用糯米团。〕

---

①成　原作“承”，本月二十七日同，据本年一月一日日记改。

十二日　晴　有云

六时半起。七时半偕从吾出小西门至篆塘,与北大史学系诸生会,买舟至华亭寺,逆风行三小时始达高峣村。登岸步行,陟岗越岭而至华亭寺。寺中大殿有罗汉塑像,远不如筇竹寺。殿后有茶花甚盛。在寺进素面两盂,复步行至太华寺。寺较华亭为大,惜多圮颓。诸生往游三清阁,余与从吾、名举在太华品茶候之。四时下山,五时登舟,七时归。与从吾、名举至顺城街食壮鸡,饭后归。十时寝。闻城内大雨杂冰雹。

十三日　阴历十二月二十五日　阴　间雨

八时起。读摘讲述札记。十时至办公室。下午读摘札记。五时偕廉澄、少榆步行至翠湖海心亭品茶,日入归。晚摘札记。十二时寝。

十四日　星期二　晴

八时起。读摘讲述札记。十时至办公处,十二时归。下午三时校中开常务委员会。余代表孟邻师出席,无重要议案,大都有关事务方面之事。诸人于总务处责难甚多,此实组织问题,非必主之者无才也。七时散会,归。读摘讲述札记。十二时寝。孟邻师本定今日归成都,有雾,飞机未开。

十五日　阴历十二月二十七日　雨　雷　雹

八时起。大雷雨杂冰雹。立春甫过,竟闻雷,此北方所未见也。十时雨霁日出,至办公处。十二时归寓午饭。饭后陈勋仲来谈。勋仲新自俄国归,于国际形势知之甚悉,畅谈至四时始去。下午忽晴忽雨,迄晚始大晴。饭后至大街购物,顺道至蒋家,知孟邻师今日已归,外出饮馔。遂还寓。读摘讲述札记。十二时寝。

十六日　星期四　晴

九时起。谒孟邻师,不值。至办公处。午归。下午步行至小西门,乘车至校。五时半下课,仍步行至小西门,乘车归。六时半谒孟邻师,留饭。谈至八时,辞出,往新生剧院观剧。余与莘田、雪屏公请逵羽、膺中、矛尘夫妇。今日封箱,得见其封箱仪:首跳加官;次一人叩拜,着红衣纱帽;更次一丑张“封箱大吉”四字于案而毕。少顷,客散,诸伶焚香展拜于后台,复张“封箱大吉”四字于台梁乃散①。余等出园较迟,遂得见之。十二时寝。

十七日　阴历十二月二十九日　晴　阴

八时起。十时至办公处,十二时归。得大年留字,知与勋仲往昆明大旅社。午饭赴之,又见留字,改在金碧加非馆。至其地已一时矣,同座另有陈秋山。二时半归。读摘札记。晚饭后至夜市,巡视半街无所得。忽闻警报声,连日皆传将行防空演习,心知其故,缓步归。抵寓未久,电灯全熄。远闻飞机声向城而进,探照灯三道亦自南、东、西至上下左右闪耀觅寻。飞机自上投红绿光弹,往复腾避,卒为探照灯所得。三线交射,机身徽识可见,回旋疾逝,欲以自隐,终莫能逃。演习约一小时而毕,灯火复明,亦奇观也。闻演习时街中禁止通行。读摘至十一时半就寝。阳历今日为先室周稚眉夫人二周忌。

十八日　阴历十二月三十日　星期六　晴　有云　晚雨

六时半起。昨夜辗转反侧不能入寐。七时乘车至校,讲述一小时。偕少榆、雪屏步行至小西门,在兴和园进牛肉一盂,复步行归。十一时至办公处,十二时归饭。下午读摘讲述札记。皮名举来。七时柿花巷同寓诸人偕至孟邻师寓,食年夜饭,饭后掷升官图。图不知出之何人,北方所未见。偶于宏文印刷局得之,于清代官职制度甚详晰。连掷数周,余均由正途出身,且官编修、中允、侍

①箱　原作“锁”,据上文改。

读、府丞，均先君之所历。尤喜一次并得状元，忆《越缦堂日记》，莼客未登第时，新年必掷状元筹以夺彩为喜。今日大似之，但所喜之故不同耳。五时归。天且明矣。

十九日　阴历己卯年正月初一日　晴

晨六时始寝，十时起。余在外过年此为第二次。客中不能设位祭祖，思之悚然。皮名举来。午饭后小睡。四时起。同寓诸人偕至孟邻师寓拜年。复掷升官图。七时至罗膺中寓晚饭。膺中、雪屏各作诗谜数十则同猜之。余颇有所获。十二时归。

二十日　星期一　雨

八时起。略检《明史》及《续文献通考》，初欲写一有关明代学校制度之文，继恐非一二日可毕，乃止。十一时诣矛尘，值天雨，饭后乃归。小睡，亡室周夫人入梦，悽然而觉。四时偕同人往逵羽、枚荪、矛尘诸家拜年。七时往吴文藻家晚饭，饭后归。十二时寝。

二十一日　阴历正月初三日　晴

八时起。昨日下午偕同人诣枚荪，道经文庙，前有冷摊，张字画数幅，皆破旧不堪，余以国币五角购桂未谷横额隶书“天下无容易事”一，其下已烂损，幸未伤字。今日视之，确非赝鼎，再付装裱。十时至办公处，十二时归。一时半至校，授课二小时。五时半归。至孟邻师寓。今日师招待校中重要教职员茶会，报告到重庆接洽经费情形。会散，余与月涵等三数人留饭。饭后复约莘田、雪屏、矛尘诸人来掷升官图。十一时归。即寝。

二十二日　星期三　晴

八时起。读摘讲述札记。十时至办公处，十二时归。饭后小睡半小时。读摘札记。清华史学系四年级学生刘文雅，从余作毕业论文，研究湘军编制及训练。下午为之开参考书目，并检曾集有关系之书札奏稿，迄夜半始毕。今年从余作论文者，尚有北大何鹏毓研究张居正之政治主张及政绩，清华孙文庆研究唐代田赋制度。十二时寝。

二十三日　阴历正月初五日　晴

八时起。十时至办公处。下午上课二小时。步行归。晚八时半谒孟邻师。大年得渝函，约其为国防最高会议参事，嘱余谒师，代陈请假半年，并以雪屏为主任。师允之，并告以暑假后联大文学院长拟改潘光旦，法学院长拟改钱端升，理工师三院仍旧。其意盖专为法学院，文学院盖陪衬耳。月涵意文学院不动，而以杨石先长理学院。自师寓出，诣矛尘掷色子。十二时归。

二十四日　星期五　晴　大风

八时起。读摘札记。十时至办公处，十二时归。读摘札记。下午三时再至办公处。四时开学生生活指导委员会，讨论学生自治会章程修正草案原则。仍请光旦、逵羽整理条文。六时归。明日为亡室周夫人二周忌，怆郁不能作业。九时半登床卧。

二十五日　阴历正月初七日　晴

六时半起。赴校授课一小时。乘车归寓掩户，为稚眉夫人诵经一卷。十一时至办公处，十二时归。下午读摘札记。吴文藻约茶会，辞未往。矛尘约晚饭，亦辞未往。孟邻师知今日为稚眉夫人二周忌，托莘田、雪屏约往谈。七时诣陈勋仲，同往农校。校中约勋仲讲演已布告。至校则教室为考试所据，不得已改期下周。遂偕勋仲步行入城，至孟邻师家掷升官图两转，辞归。盛意可感，然又乌知余之伤心哉！一时寝。南门外大火。

二十六日　星期日　晴

上午谒建功，知昨夜之火在其左近。十二时归。下午读摘讲述札记。晚蔡枢衡约往观京剧。十二时归，即寝。

二十七日　阴历正月初九日　晴

八时起。读摘讲述札记。十时至办公处。下午小睡。读摘札记。大年定三月二日入重庆,同人约之观滇剧:王树萱《杨广逼宫》、栗成之《盘刀门》。十二时归。

二十八日　星期二　晴

八时起。读摘札记。十时至办公处,十二时归。下午一时入校,讲述清史一小时。四时半,勋仲来校讲演,命诸生往听,余乃归。步行入大西门,穿翠湖,在海心亭啜茗。读《明史》,摘其要。六时半归。同人公饯大年。十二时寝。

三月

一日　阴历正月十一日　晴

八时起。读摘讲述札记。十时至办公处,十二时归寓。下午读摘札记。七时至邱家巷,雪屏、逵羽、炳之暨孟邻师公饯大年。大年以伤风进粥一盂,先归。余等饭后掷升官图一转,十时归寓。读摘札记。十二时寝。

二日　星期四　晴　有云　下午风

九时起。闻今晨六时许地震,余梦中不觉。十时至办公处。十一时偕逵羽、肃文至邱家巷。孟邻师今日十二时半乘飞机往重庆开教育会议,送登汽车,以下午有课不赴机场。下午一时至农校,授课二时。五时半偕霖之步行入大西门,环翠湖而归。七时膺中来,示以石君、季谷、苏甘、子祥诸公书。皆承垂问,惜无暇一一奉答也,谈至九时去。建功昨来未晤,留永历十年《重修凌云寺记》拓本。今晚张之壁间,假中拟写跋尾一通。十二时寝。

三日　阴历正月十三日　晴

八时起。十时至办公处,十二时归。读摘讲述笔记。本学期课程将毕,拟每日摘八叶,有馀暑则以作文。十二时寝。大年本定今日飞渝,以伤风展至十日。

四日　星期六　晴

六时半起。与少榆步行至校,授课一小时。归。至办公处,十二时归。下午四时蒋太太请茶会,六时归。晚饭后与少榆、廉澄往观滇剧:刘海清《玉泉山》,如画图神像,叹观止矣。十二时寝。

五日　阴历正月十五日　晴

八时起。九时偕廉澄、雪屏、莘田搭蒋太太汽车往海源寺。余与廉澄意在租借房屋,无意中遇寺中庙会期,游人如织。灵源别墅亦开放,乘机入览。金碧辉煌,栋宇巍然,有联数悬,均佳,惜未录。自别墅出,莘田、雪屏与蒋太太憩寺侧,余与廉澄步至院村访惠云岑,乡绅也,请其设法借小学一区为北大研究所之用,允为商之县府及诸绅。谈毕,归寺。往返约一小时半。同乘汽车入城,欲往簇云楼午饭,以无座复至蒋太太处,饭后归寓。下午读摘笔记。晚与廉澄至翠湖步月,十时归。十一时寝。

六日　星期一　晴

八时起。读摘讲述札记。十时至办公处,十二时归。午后小睡。读摘札记。晚检《明季稗史》。十二时寝。莘田约看戏,未往。

七日　阴历正月十七日　晴

八时起。读摘讲述札记。十时至办公处,十二时归饭。下午至校,授课一小时。步入大西门,穿翠湖归。校课结束,检永明诸书,草《四川乐山重修凌云寺碑记拓本跋》。十二时寝。

八日　星期三　晴

八时起。草文稿。十一时至校办公。下午仍检诸书,草文稿,碑末所列衔名已得其三,即狄三品、祁三昇、杨威。晚莘田、矛尘约观剧[①],已至戏园入座矣,思念及文稿,复归。十二时寝。

九日　阴历正月十九日　晴

六时起。至校考试,十时归。至办公处,十二时归。草文稿。陈复光来。十二时寝。

十日　星期五　晴

大年今晨五时往渝,未及起送。九时起。草文稿。下午至办公处。孟邻师今日自渝归,与逵羽约晚间往谒。晚饭诣逵羽,谈至十时,竟不及往。十一时寝。

十一日　阴历正月二十一日　晴

六时起。七时至校。今日考试清史,命题三:一、清以外族入主中夏,论者多咎吴三桂之请兵,清人亦自谓得天下于闯贼。试就史实论其当否。二、清太祖始创八旗,后世或谓为兵制,或谓为政制,或谓为户籍之制。三者以何说为长,试撮述其要。三、《清史稿》以蒙哥帖木儿为建州别系,而莫详其所出,孟心史先生以为即清肇祖孟特穆。能举其歧异之由,并推阐其世系否。此昨夜归来及今晨车上仓卒拟定者,第三题竟无能对者。余授课时尝举其大要矣,岂世系记忆不清乎?十时试毕,乘车归。至办公处。下午草文稿。戴君亮来。学生李希泌来。六时逵羽、矛尘、少榆约往先春园食滇菜。饭后谒孟邻师,不值,归。膺中来,谈久之。草文稿,约明日可成。十二时寝。

十二日　星期日　晴

八时起。九时谒孟邻师,谈至十时。至美生社洗澡理发,归来且十二时矣。下午小睡。草文稿,仍未毕。十二时就寝。

---

①矛　原作"茅",一九四四年一月十三日、五月二十五日(两处)同,据一九三八年一月一日日记改。

十三日　阴历正月二十三日　晴

八时起。草文稿毕。十一时至办公处，十二时归饭。午间，偶检李印泉先生《云南金石目略初稿》，卷二五十二叶有《圆通寺观音阁碑记》，题崇祯二十年，大奇之。下午三时偕少榆往圆通公园，意在访碑，竟不得其处。除摩崖外，仅见嘉靖丙申《圆通寺祖师殿记》一碑，嵌之殿外壁间。寺门有一碑，仆地上，视之无字，此外无所见。现园之西部辟为警备区，游人不得至，岂即藏其处欤？与少榆在山上藤架旁饮茶听道情，四时半归。改正文稿。汪缉斋来，谈至九时。莘田约观滇剧，未往。十一时寝。

十四日　星期二　晴

八时起。审正文稿毕。十一时至办公处，十二时归。下午小睡。三时学生李埏来。五时诣孙洪芬，不值。诣汪缉斋，谈至六时归。中央研究院将聘曾叔伟为化学研究所所长，又闻中研院丁文江奖金今日议决[①]，授予吴大猷。晚胡子安、樊逵羽来。八时半与少榆、佛泉往观滇剧：王树萱《蒋幹盗书》。十一时归。食宵夜于东月楼。一时始寝。

十五日　阴历正月二十五日　晴　大风

八时起。读庾子山文。十时至办公处，十二时归。下午仍读庾文，摘录关于北朝赐姓之记载。晚胡子安约在家便饭。归。与雪屏、莘田谈至深夜，始寝。

十六日　星期四　晴

昨夜不能入寐，四时半犹在展转反侧中。今日十时始起床。随至办事处，十二时归。下午小睡。学生王玉哲、何鹏毓、赵俊、孔

---

①奖金　原作“讲学金”，据《丁氏纪念基金消息》（一九三六年《地质评论》第一卷第六期）、《国立中央研究院杨铨丁文江奖金章程》（一九三七年四月《国立中央研究院首届评议会第一次报告》）改。

宪杰来。汪缉斋来。作书告雯女,示以脱孝日期。晚接雯女禀,尊六哥命已于两周年满脱孝,昌儿等俟二十七月满脱孝,不知所本,岂吾闽土俗耶?逵羽来。子安来。十二时寝。

十七日　阴历正月二十七日　阴

八时起。草《隋书附国考》。余意附国即发羌,与吐蕃为一地,薄缘即不丹。此本去年在蒙自所推想,证据略备而未草成文,今乘假期欲草成,以实北大四十周年纪念刊。竟日未出门。十二时就寝。

十八日　星期六　晴

八时起。草文稿。检阅《通典》、两唐《地理志》。未出门。十二时就寝。

十九日　阴历正月二十九日　晴

上午草文稿。下午往昆华图书馆阅《元和郡县图志》。五时归。草文稿。十二时就寝。

二十日　星期一　晴

八时起。草文稿,连日考地理,往往检阅数小时不能写一行。未出。十二时就寝。

二十一日　阴历二月初一日　晴

八时起。草文稿。午饭后小睡。下午草文稿。晚十二时就寝。

二十二日　星期三　晴

八时起。草文稿。午后小睡。下午草文稿,未出门。膺中送藤萝花饼来。晚十二时就寝。

二十三日　阴历二月初三日　晴

八时起。草文稿未竟。上课在即,暂中辍。下午小睡。闻膺中病,往视之,热度甚高,有谵语,不得好睡,喉肿,似为传染病。归。检上课用书。十二时就寝。

二十四日　星期五　晴

八时起。十时谒孟邻师。十一时归。联合大学办公处今日移至大西门外凤翥街工业学校，北大办事处亦同迁。午饭后小睡。下午读摘讲述札记。视膺中疾。六时徐绍穀约在翠湖东路农民银行招待所饮馔，食裙边甚美。有王某妄谈博物，于旧既无征，于新尤剌缪。谓鳗与鲤鳍相触乃孕，其身有径半人者，满座腾笑而自不觉。饭后与莘田、雪屏、矛尘步行归。十二时就寝。

二十五日　阴历二月初五日　晴

八时起。读摘讲述札记。午后小睡。下午读摘讲述札记。晚饭后偕莘田、佛泉、矛尘、少榆往观滇剧：栗成之、王树萱演《马棚失火》，李文明演《五台会兄》。十二时归。就寝。

二十六日　星期日　晴

九时起。吴文藻来。往视膺中疾，已差痊，扁桃腺炎也。午建功约在家食饺子。下午在建功家作升官图戏。六时归。读摘札记。十二时就寝。

二十七日　阴历二月初七日　晴

八时起。至孟邻师寓，同往工校、农校。十二时归。饭后小睡。下午读摘讲述札记。晚十二时就寝。

二十八日　星期二　晴

八时起。至工校办公处。十二时归。饭后小睡。读摘讲述札记。十二时就寝。

二十九日　阴历二月初九日　阴

八时起。读摘讲述札记。午饭后小睡。读摘札记。七时陈序经约在南开经济研究所便饭，与张伯苓先生谈甚久，明日飞往重庆，月馀更来。十时归。十二时就寝。

三十日　星期四　阴

校中今日起上课。假期内仅作一文,殊自愧。上午读摘讲述札记。下午至校,上课二小时。至办公处。六时归。十二时寝。

三十一日　阴历二月十一日　晴

八时起。读摘讲述札记。下午至办公处,开学生生活指导委员会。六时散会。孟邻师约在家晚饭。十时归。十二时寝。

四月

一日　阴历己卯二月十二日　晴

六时起。至农校,授课一小时。至工校办公处。草《陈先生汉章传》略成。为学人作传,当撮述其造诣所在与其渊源所自,此钱竹汀先生与刘申叔师作诸先生传之成例。伯弢先生著作均不在行箧,余但就其行述,略事编排点窜,殊不敢示人。从吾怂恿再三,遂写以付《史学双周刊》。钱竹汀曰:"碑志之文近于史者也,而其家持行状乞文者,未必通知旧章,秉笔者承其讹而书之,遂为文章之玷。"《潜研堂文集》三十一《跋道园类稿》。今日之事颇近之,但子良兄弟所作行述,当无讹耳。他日当另作之。十二时半归。午饭后小睡。读摘讲述札记。十二时就寝。

二日　星期日　晴

八时起。读摘讲述札记。吴文藻来。十一时偕少榆往视膺中疾。读摘札记。晚饭后偕少榆至夜市,无所得而归。十二时就寝。

三日　阴历二月十四日　晴

九时起。竟日读摘讲述札记,未出门。晚十二时就寝。

四日　星期二　阴　雨

三数日来,天气极暖,今日忽阴雨骤寒,下午雨始止。九时起。

读摘札记。下午至办公处,随至农校,授课二小时。复至办公处。六时偕矛尘、汇臣步行归。读摘札记。连日米价大涨,每石至三十元。晚十二时就寝。

五日　阴历二月十六日　阴　雨

天气大寒似严冬。上午八时起。读摘讲述札记。午后小睡。四时半,中日战事史料征辑会招待茶会于柿花巷二十二号北平图书馆办事处。六时归。读摘札记。钱端升来。十二时半就寝。

六日　星期四　阴　雨

九时起。读摘讲述札记。午饭后至办公处,随至农校,授课二小时。课毕,复至办公处。六时半至矛尘家。明日为莘田夫人四十生日,与矛尘、雪屏、少榆、汇臣公祝之。十二时归。

马相伯先生良今年百岁。此间《益世报》于今日增刊马相伯先生百龄大庆特刊,中有方豪所作《马相伯先生百岁小传》初稿。案相伯先生年龄颇为世人所疑,或谓先生以闰月别计,积为数年;或谓先生七十后记忆力差,误增数岁,后遂沿误;又或竟谓先生以其兄之年龄为年龄者。兹摘传中要事于次,以备考证。

> 先生名良,学名斯臧,字相伯,晚号华封老人,江苏丹阳马家村人,寄籍丹徒。父松岩公以布衣授徒,兼通医学,尝设药肆施医,旋改营米布业。娶同邑沈太夫人,亦世崇天主。道光二十年(一八四〇)庚子四月十七日(阴历三月十八日)先生生。兄建勋,见知于曾国荃,曾任淮军粮台①,姊适朱,长先生四五岁。二十四年甲辰(一八四四),弟眉叔生,名乾,亦字建忠,学名斯才②。三十年庚戌(一八五〇)徐汇公学成立。咸丰元年辛亥(一八五一),年十二,至上海,入徐汇公学。二年

①原稿于“淮”字旁着一“?”。

②才　原作“盛”,据张若谷《马相伯先生年谱》咸丰二年条改。

壬子(一八五二),往南京应乡试。比出榜,城中已因洪杨事大乱。三年癸丑(一八五三),洪秀全入金陵。先生与弟眉叔仍留徐汇公学。九年己未(一八五九),入修道院。十一年辛酉(一八六一),在苏州太仓救灾。同治元年壬戌(一八六二)五月二十九日,先生入耶稣会。八年己巳(一八六九),晋司铎。九年宣教于安徽宁国,旅调徐州。十一年壬申(一八七二),松岩公卒,享寿七十五。是岁,先生撰《度数大全》凡一百二十卷呈教会,付梓未果。旋改任徐汇公学校长①,兼任教务。既而复调南京。光绪二年丙子(一八七六),李文忠为南洋通商大臣,驻节沪上。先生伯兄绍良先生尝佐办粮糈。其后,眉叔先生亦见招。至是,文忠命入山东藩司余紫垣幕,后接任机械局差使,在鲁凡三年。七年辛巳(一八八一),随黎庶昌赴日本任参赞,旋议任神户领事。十年甲申(一八八四),奉命往朝鲜,襄改革新政事。十二年往美借款②,国论大哗。十三年赴法③。二十一年(一八九五)乙未,太夫人卒,年九十一。二十四年戊戌(一八九八),眉叔先生《马氏文通》前六卷成。明年后四卷成。二十六年庚子(一九〇〇),眉叔先生卒。二十九年,创震旦学院。三十一年,创复旦公学。三十二年丙午(一九〇六)赴日。宣统元年,复任复旦校长。民国以后事绩不具录。

七日　阴历二月十八日　阴　雨

九时起。竟日在家,读摘讲述札记,未出门。晚十二时就寝。

八日　星期六　晴　阴　晨晴　十时阴　十二时晴

七时起。往农校上课,授明清史一小时,讲述复套之议与严夏

①原稿于"校长"二字旁着一"?"。

②十二　原作"□",据《马相伯先生年谱》补。

③十三　原作"□",据同上书补。

之隙。下课至图书馆检阅《后汉书》。十时至办公处。十一时因取款复往农校,即刻归办公处。孟邻师相告,校中将组行政效率改进委员会,使余任委员。此本非治本之策,未必能有所作为,但贡所见备参考而已。少顷,梅月涵忽来谈,谓已决定使余任主席,为之大惊,急辞。并以陈孟邻师,师亦以余不任主席之意为然。余再向月涵力辞[①],月涵未允,余言甚坚决。自月涵室出,亟告矛尘,请其将手谕送还月涵改派。十二时半归寓。饭后方欲小睡,忽闻警报声,时一时三十分。余起,凭栏远望,惟我机三架升空,别无所见。立久之,仍无朕兆,以为必不来矣,登榻复睡。将入梦,紧急警报作。莘田大呼,余乃与之同入防空壕,时二时三十五分。坐至三时十五分,机声与枪声并作,又似有轰炸声,知其果来矣。机声渐远,方幸其去速,未几,枪声、机声、轰炸声再作,时三时二十七分。坐壕内不知来机多寡,亦不知投弹方向。迄四时三十五分,解除警报乃出。与少榆、莘田往孟邻师寓慰问,小坐,归。闻邬家坝飞机场被毁。来机数目或曰八架,或曰十一架,或曰十五架,或曰二十三架,或曰二十五架。去年九月二十八日昆明被炸后,此尚系第一次,居人又为浮动矣。晚饭后倦甚,八时半就寝。

九日　阴历二月二十日　阴　小雨　晴

八时半起,夜睡十二时。包乾元来。本与汤锡予约同往海源寺,临时意懒不果往。上午未读书,未作事,仅为雪屏拟贺邮政储金汇业局联语一副。十二时警报作,短促似紧急警报。同人以寓中防空壕不如才盛巷之坚,咸往才盛巷,余同往。一时十分,警报解除,日机未至,乃归饭。饭后小睡。昨日共来飞机二十三架,为我击落两架,一在罗平,一在萧家山。四时学生刘文雅来。章矛尘

---

①余　原作“于”。

来。作函致三弟、三姊。十二时就寝。

十日　星期一　晴　有云

六时起。偕肃文步行至火车站。孟邻师以今日赴海防转香港。余等到站,车已开行,复步行归。八时半偕廉澄乘车至海源寺,在寺侧茶桌读《明史》二小时。十二时进蛋糕少许。同至龙院村访惠云岑我春,询租房屋事,不成。闻城中有警报,初不敢信,而人人云然。三时归。四时抵城,果警报甫解也。读摘讲述札记。十一时就寝。

十一日　阴历二月二十二日　阴

八时起。读摘讲述札记。午饭后至农校,上课二小时。课毕,代表蒋先生出席常务委员会。七时散会,归。十时偕雪屏、莘田至东月楼食宵夜。十二时就寝。

十二日　星期三

昨日自学校借得日本《史学杂志》两册,中有中村久四郎《明末之日本乞师与乞资》一文。昨夜摘译未竟,今日补译之,迄下午九时始毕。未出门。十二时就寝。

十三日　阴历二月二十四日　晴　阴　飞雨

八时起。读摘讲述札记。一时偕容元胎步行至办公处。二时半至农校,授课一小时。下课至办公处,方与矛尘谈话,忽闻警报,时正四时。遂与矛尘同出,西行至麦田中,坐畦畎。候至六时,而飞机不至,警报解,归。七时赴张佛泉晚饭之约,闻今日蒙自被轰炸,西门内外及桂林街均毁。十二时归寝。

十四日　星期五　阴

八时起。读摘讲述札记。午饭后小睡。四时至蒋家。随赴办公处,开学生生活指导委员会。六时散会,归。读摘札记。公舍将迁于才盛巷二号,莘田、雪屏、元胎先移。晚间,舍中仅余与少榆二人。十一时就寝。

十五日　阴历二月二十六日　晴　阴

五时半起。六时偕少榆步出大西门至农校，七时至八时授课一小时。校中于昨日改上课时间，上午提前一小时，下午移后一小时，避空袭也。八时至工校办公处，十一时归。下午读摘讲述札记。晚至蒋家便饭，饭后归。十二时就寝。

十六日　星期日　晴

八时起。读摘讲述札记，竟日未出门。晚十二时就寝。

十七日　阴历二月二十八日　晴

八时起。读摘讲述札记。午后小睡。下午仍摘札记。夜十二时就寝。

十八日　星期二　晴

八时起。今日寓中改在才盛巷开饭，十二时往食。毕，步行至农校，授课二小时。至工校办公处。偕莘田步行归寓。往才盛巷晚饭，饭后归寓。为《治史杂志》草记念孟心史先生文字，拟专介绍其晚年著述，题曰《孟心史先生晚年著述述要》，未成。十二时就寝。

十九日　阴历二月三十日　晴

八时起。草文稿。十时建功来，谈至十二时，往才盛巷午饭。下午草文稿。六时半至才盛巷晚饭。归。草文稿未成。十二时就寝。

二十日　阴历三月初一日　晴

八时起。草文稿。午至才盛巷进膳。三时至工校。四时开行政机构调整委员会，六时散会①，归。在才盛巷晚饭后，草文稿未竟。十二时归寝。

二十一日　星期五　晴　谷雨

八时起。柿花巷公舍决移才盛巷二号。余以同人尚未尽迁，

①原于“会”下衍一“会”字。

又才盛巷电灯未齐，故近日仍居柿花巷四号。现惟从吾以眷属且至仍留柿花巷，馀已全部移至才盛巷。余亦定今日移居，上午理书籍行李，下午四时半移至才盛巷。余住里院西院，南屋楼下东间。就全舍言，以此室与西间肃文住室为最劣。幸尚南北两面有窗，可以读书为差慰。布置房屋，晚饭后至蒋家食加非。十时归。读摘札记。十二时就寝。

二十二日　阴历三月初三日　晴

五时起。六时偕少榆步行至农校，授课一小时。至工校办公室，十一时归。布置房屋，排理书籍，迄晚，粗就绪。七时至蒋家。余与雪屏、少榆回请蒋、樊、章三家，莘田亦加入作主人，惟因事未到。在蒋家饭后，至樊家进加非。十一时归，就寝。

二十三日　星期日　晴

八时起。十时至商务印书馆购文具书籍①。十一时至樊家，午饭后归。读摘讲述札记。晚饭后偕少榆至夜市，即归。十一时寝。

二十四日　阴历三月初五日　晴

七时起。读摘讲述札记。午饭后小睡。读摘札记。晚至蒋宅便饭，十时归。读书至一时半始就寝。

二十五日　星期二　晴

七时起。读摘讲述札记。下午一时至农校，授课二时。下课后往工校，代表蒋先生出席常务委员会。七时散会，归。矛尘、子安、逵羽来，十一时同往东月楼食宵夜，十二时归寝。

近日校中连出开除学生误书姓名、误甲为乙及毕业学生记过其人服务中央研究院三事。全校哗然，以为笑谈。而讥讪北大之腐败，以主持者、主稿者、核稿者皆北大之人也。余在联大，虽不任职

①印　原脱。

务,实深忿之,深耻之。北大昔日虽腐败,岂至此乎！岂至此乎！

二十六日　阴历三月初七日　阴

七时起。补写日记。午饭后小睡。读摘讲述札记。夜一时半就寝。

二十七日　星期四　晴

七时起。读摘讲述札记。十一时汤锡予介绍朱师辙先生来谈。先生为朱骏声之孙,朱孔彰之子,清史馆开馆,分纂《艺文志》。今日扣以修《艺文志》时,是否均以目见者为断。据谈《艺文志》原稿有二:一出吴士鉴手,一出章钰手。朱先生续纂初,以目见之书为限,期以五年,规模未具,而馆中以国民军北伐日亟,决提前付印。于是仓卒取吴、章两稿,剔复正类,遂成今日《史稿》之《艺文志》。惟付印时,金梁复妄有增易,已不尽如原稿矣。至朱先生目见之本,别撰《三馆目录》一书记其略。三馆者,清方略馆、清国史馆及清史馆也。又谈及清史馆档案皆移之故宫博物院,其中多有可参证者。饭后至农校,上课二小时。七时逵羽约在南丰晚饭,九时归。读摘讲述札记。十二时就寝。

二十八日　阴历三月初九日　晴

七时起。读摘讲述札记。下午小睡。三时至办公处开学生生活指导委员会,六时散会,归。偕少榆、莘田至南丰饭馆进西餐,饭后归。读摘札记。十二时就寝。

二十九日　星期六　晴

五时半起。六时偕少榆步行至农校,上课一小时。至办公处。十时偕雪屏步行至华山南路,往云南服务社理发。毕,归午饭。饭后小睡。三时至蒋家,晚饭后归。一时就寝。

三十日　阴历三月十一日　晴

八时起。学生黄德全来。学生刘鹤年来。读摘讲述札记。午饭后小睡。三时偕少榆、莘田至蒋家，晚饭后归。十二时就寝。

五月

一日　阴历己卯年三月十二日　晴

八时起。读摘讲述札记。午后小睡。下午读摘札记。晚十二时就寝。

二日　星期二　晴

八时起。读摘讲述札记。午饭后至农校，授课二小时。下课至办公处。六时归。饭后偕雪屏、矛尘诣膺中，明日为其四十生日也。九时归。十二时就寝。

三日　阴历三月十四日　晴

八时起。作书致枚荪重庆，致吉忱重庆，书告昌儿。午饭后小睡。读摘讲述札记。五时偕雪屏诣膺中，祝其四十生日，余告膺中，欲以“黑头大师”四字为额以祝之。晚饭后建功、雪屏、膺中及膺中女弟子石素真各出诗谜十数条为戏①。余中颇多。十一时归。十二时就寝。日有食之。

四日　星期四　晴

六时起。七时偕容元胎步行至农校，参加校中公约宣誓。八时集会，九时毕。至办公处。与建功步行归。午汤锡予约朱师辙午饭，余陪之往。午后小睡。晚蒋家请食饺子，九时归。读摘讲述札记。十一时就寝。

五日　阴历三月十六日　晴

上午读摘札记。下午四时至火车站接钱端升。车迟，往金碧加

①素真　原作“淑珍”，据一九四二年八月九日日记改。

非店进加非以候。遇罗钧任、张奚若。五时再往车站,六时车至。七时偕少榆往南唐饭店晚饭,八时半归。读摘札记。十二时就寝。

六日　星期六　晴

五时半起。与少榆步行至农校,七时授课一小时。八时至办公处,十时步行归。午饭后小睡。四时至汇业局汇款。随至车站,以时尚早,与少榆、思亮至金碧饮加非。候至七时,再往车站。八时车至,孟邻师归,同至蒋家晚饭。十时归。十二时就寝。

七日　阴历三月十九日　晴

七时半起。补写日记。午后小睡。五时孟邻师招待茶会。六时归。读摘讲述札记。十二时就寝。

自三日重庆轰炸,四日五日续炸,损失甚钜。余四日电枚荪询问,尚未得复。此间人心尤惴惴。

八日　星期一　阴　风

七时起。读摘讲述札记。午饭后小睡。下午读摘札记。建功来。晚饭后偕少榆至金碧路购鞋一双,价国币二元二角。归。读摘札记。读冯承钧译《入华耶稣会士列传》,冯氏二十五年四月自序谓汤若望记世祖致死之原因,治两朝史者颇鲜征引及之。去年十二月,陈援庵撰《汤若望与木陈忞》,多引汤若望传,不知是否受冯氏之影响也。晚十二时半就寝。

九日　阴历三月二十日　阴

连阴两日,天气觉为初秋,又着衬绒衣矣。上午读摘讲述札记。午饭后至农校,授课二时。下课至办公处。五时步行归寓。晚饭后与少榆、莘田至夜市,购斑铜炉一,价国币五元。八时归。矛尘来。得儿辈来禀。读摘讲述札记。十二时就寝。

十日　星期三　阴

八时半起。近来以昨夜睡较多,往日仅睡六时半耳。余就寝往往读书一二小时,此最恶习。知而不能改。昨夜上床即睡,未读一字,今后当日日如此。得三弟书。得汪受益书。读摘讲述札记。午饭后小睡。董家铭表侄来,值余未起,留条去,知董姑丈于三月初二日晨弃养。姑丈讳元亮,字季友,清举人,光绪壬寅从先君视学奉天,遂以知县留奉天候补,历保至道员;宣统增韫为浙江巡抚,署劝业道;入民国,任奉天财政厅长。民国二十二年,以余故,经孟邻师函介于朱骝先,骝先记室许炳堃,姑丈旧属也,从中进言,遂任为张家口电报局长,未几以政变去职。姑丈以入仕之始,悉出先君力,以故视余兄弟独厚。清季每入京,必以玩具见赐。在财政厅任内,尝馈遗百圆,伶仃孤儿得此,其乐为何如耶?其后留京,不时过视,亲长中表舅梁贞端公而外,惟姑丈最为关切。自前年冬,四婶母梁太夫人弃养,先君同辈仅馀姑丈一人。噩耗忽来,不禁为之泣下。姑母早世,遗维枞表兄及表姊一人,表姊归力舒东。姑丈继娶邵氏,亦早世,无出。民国初纳妾某氏,生表弟毅、刚二人,表妹一人。家铭,维枞表兄仲子也。读摘讲述札记。晚十一时就寝。

十一日 阴历三月二十二日 晴

八时起。读摘讲述札记。午饭后至农校,授课二小时。课毕至办公处,六时归。晚饭后诣矛尘饮加非。十一时归,即寝。

十二日 星期五 晴

八时起。读摘讲述札记[①]。午饭后小睡。三时至办公处,开学生生活指导委员会。七时散会,归。同人晚饭已毕。八时偕少榆至先春园食羊肉。读摘札记。得从吾电,明日来。十二时就寝。

十三日 阴历三月二十四日 阴

五时半起。偕少榆步行至校,授课一小时。至办公处。十时

---

①读 原作“讲”。

偕雪屏步行归。午后昼寝。四时半至火车站,五时半火车到。从吾夫妇偕李晓宇同来,送之至柿花巷。余偕少榆及矛尘夫妇至金碧饮加非。六时半归寓。饭后至柿花巷视从吾、晓宇,谈至九时,皆关北平事。自柿花巷出诣矛尘,作番叶子戏。一时归。

十四日　星期日　阴　雨

八时起。诣晓宇,偕至孟邻师寓。出至商务印书馆购《诚意伯集》《东晋南北朝舆地表》各一部。复至逵羽寓。午归饭。饭后复与晓宇详谈。五时偕少榆、晓宇诣矛尘。六时归饭。饭后传闻枚荪归,偕晓宇、少榆、佛泉往访之,始知传言之误,即归。晓宇为余携来《明史考证攟逸》一部、《国史馆现办画一列传凡例》一册。十一时就寝。

十五日　阴历三月二十六日　晴

八时起。草《孟心史先生晚年撰述述略》文稿。自上月草此文,搁置又一月。学生辈催稿急,今日补作之。未出门。晚十二时就寝。

十六日　星期二　阴　雨

八时起。读摘讲述札记。午饭后至农校上课,课毕至办事处。五时半归。邵光明来。光明为王劲闻表姊丈之女夫。今日自重庆飞来,原在洛阳,谈战事甚详。七时同往共和春晚饭,并至中国旅行社为之订车票。往其所住昆明大旅社,谈久之,十时归。草文稿。十二时寝。

十七日　阴历三月二十八日　阴

八时起。草文稿。光明来谈。午后小睡。下午草文稿。七时光明来,谈甚久。十时去。十二时就寝。

十八日　星期四　晴　阴

六时起。往车站送光明往海防,开车后归。摘札记。下午至农校，上课二小时，课毕至办事处。五时归。草文稿。七时同人公宴从吾夫妇、端升夫妇及晓宇于南丰酒店。饭后至逵羽家。十一时归。

十九日　阴历四月初一日　阴

八时起。竟日未出门。草《孟心史晚年撰述述略》文稿毕。晚十二时就寝。

二十日　星期六　晴

五时半起。偕少榆步行入校，授明清史一小时。九时至办事处，十一时归。午饭后小睡。下午读摘讲述札记。五时偕雪屏、少榆、莘田诣逵羽打牌，竟至通宵。自稚眉夫人之殁，余不作麻将之戏，通宵更莫论矣。今日荒唐至此，不惟无以自解，且无以对亡者也。

二十一日　阴历四月初三日　晴

七时归。肃文、泰然有公事接洽，竟不得睡。读书又无此馀力，乃誊录文稿，竟讹夺百出。十一时倚枕小眠，即兴。午饭后始卧眠三小时。夜十一时就寝。

二十二日　星期一　晴

九时起。精神不振，未能读书。誊文稿竟。晚十二时就寝。午间并作昼寝，或足以偿前夜之所失矣。

二十三日　阴历四月初五日　晴

八时起。读摘讲述札记。午饭后至农校，授课二小时。四时至办公处，六时归。读摘札记。莘田病泻。十二时就寝。

二十四日　星期三　晴

八时起。读摘讲述札记。下午小睡。读摘札记。锡予病。今日倦甚，较前三日尤甚，虽竟日未出门而所读所作殊鲜。甚矣，中年以往之不可以过于荒嬉也。况举国糜烂，生民荼痛，余苟全边陲已属此生之玷，复嬉戏无节，更何心哉！勉之！勉之！不应更有第二次也。十二时就寝。

二十五日 阴历四月初七日 晴

亡室周稚眉夫人殁二十七月矣，儿辈以今日除服，边徼客旅，弥增惆怅。上午读摘讲述札记。午孟邻师约饭未往。下午至校，授课二小时。课毕至办公处，五时归。读摘札记。少榆、雪屏复病泻，舍中十人病四人矣。水不洁欤？饭不洁欤？十二时就寝。

二十六日 星期五 晴 阴

七时起。读摘讲述札记。午饭后小睡。三时至办公处，开学生生活指导委员会。五时散会，归。读摘札记。十二时就寝。

二十七日 阴历四月初九日① 晴 阴

五时半起。六时至校。七时至八时授课一堂，课毕至办公处。十一时归寓。十二时半饭毕，作昼寝。四时始兴，可谓大睡矣。读摘讲述札记。八时孟邻师约往谈，九时归。孟真来北京大学，文科研究所决恢复，由孟真任主任。孟真意增置副主任一人，由余承乏，谢之。以学以德，以齿以才，皆非余所敢僭窃也。十二时就寝。

二十八日 星期日 晴

七时起床。读摘讲述札记。九时孟邻师约往谈，十时归。读摘札记。午饭后小睡。五时偕廉澄至孟邻师寓，饭后掷升官图两周归。读摘札记。十二时就寝。

二十九日 阴历四月十一日 晴

八时起。读摘讲述札记。午饭后小睡。读摘札记。五时偕少榆、佛泉步行出大东门，勘验可以避警报处所及所需之时间，以作

---

①九 原作“八”。

准备。咸以出东门向东北行为宜。六时半归。读摘札记。十二时半寝。

三十日　星期二　晴

昨夜大雨，今晨微凉。上午读摘札记。午饭后至农校，授课二小时，下课至办公处。四时步行归。晚饭后偕雪屏谒孟邻师。随诣矛尘，十时归。读摘讲述札记。十二时就寝。

三十一日　阴历四月十三日　阴　雨

七时半起。读摘讲述札记。午饭后小睡。有清华学生季平君来谈唐代兵制官制，四时半去。五时至孟邻师寓，商谈北京大学文科研究所恢复事，到孟真、今甫、锡予、公超、莘田、从吾，仍议以余任副主任，力辞之，愿以秘书负事务责，尚未决。今后研究生之生活拟采取书院精神，于学术外，注意人格训练，余拟与学生同住。会散，大雨，冒雨而归，衣履均湿。洗足后读摘札记。十二时寝。

孟心史先生晚年撰述述略[①]

（文略）

余初意为心史先生作传，继欲改作遗事状。后与钱宾四先生商，专述晚年著作，遂成此篇。原有短序，录存于此：“孟心史教授卒经年，北京大学史学系师生将集文纪念，索传于余。余求先生行述，久而未获，因用龚定盦《杭大宗逸事状》例，条举所知于次。载笔之士，或有取焉。”

天挺志于昆明才盛巷寓庐。

①此为底稿，后经修改誊抄（题内“撰述”亦改“著述”），刊北京大学史学系《治史杂志》第二期，一九三九年。后收入《探微集》，中华书局一九八〇年版。

六月

一日　阴历四月十四日　阴　雨

今日为先妣陆太夫人七十一岁冥寿。客中不能设祭,惟默祝而已。太夫人生于清同治八年己巳,光绪三十二年丙午九月十一日卒。享年三十有八,迄今三十三年矣。遗集尚未付梓,小子之不孝也。上午读摘讲述札记。下午至校,授课两小时。课毕至办公处,五时归寓。谒孟邻师,毕正宣约晚饭未践,在寓晚饭后诣矛尘。一时半就寝。

二日　星期五　阴　雨

八时起。读摘讲述札记。午饭后小睡。读摘札记。一日未出门。十二时寝。

三日　阴历四月十六日　阴　雨

五时半起。偕少榆步行至校,七时授课一小时。八时至办事处,十时归寓。午饭后小睡。四时至孟邻师寓,晚饭后归。矛尘生日,同人公祝之。十一时归。

晨间在校,与孟邻师谈,师意战争停后,北平不应更有四大学,如北大,归则当移至城外,就清华旧址开学,如战事一时不能结束,西南联大仍存在,则推适之先生为校长。

四日　星期日　雨

八时起。读摘讲述札记。午饭后小睡。下午读摘札记。晚饭后冒雨至大街购物即归。十二时就寝。

五日　阴历四月十八日　阴　雨

七时起。读摘讲述札记。竟日阴雨不完,盖雨季矣。未出门。十二时就寝。

六日　星期二　晴　阴　雨

七时起。读摘讲述札记。午饭后至农校,授课二小时,课毕至办事处。五时诣傅孟真,不值,归。晚饭后偕莘田、晓宇往观滇戏。十二时归。今晨沉阴,午放晴,天气骤暖。至校授课一小时。忽又雨,天气亦随凉矣。入校时值大晴,西山作深青色,极美。

七日　阴历四月二十日　晴　雨

八时半起。补写日记。读摘讲述札记。午后小睡。天忽大雨,四时许放晴,本欲出洗澡,以雨后微凉未往。读摘讲述札记。晚饭后莘田、雪屏、晓宇、少榆畅谈久之。晚十二时就寝。

八日　星期四　阴　雨

八时起。天气甚凉,绒袷之内益以毛内衣矣。读摘讲述札记。午孟真来,余将入校授课,匆匆未暇细谈。三时半课毕。天骤雨,余既未携雨具,亦无皮鞋。冒雨至办事处,勾当毕,复冒雨入城。于前局街始遇车,衣履且透矣。归寓更易后,至新雅酒店,北大史学系同学欢送毕业同学聚餐。七时半散,归。高亚伟、孙云畴来。孟真来,与宾四、从吾、锡予谈至夜深始去,大抵关系于史籍之谈,殊畅。一时半就寝。

九日　阴历四月二十二日　阴　雨　芒种

八时起。读摘讲述札记。午后小睡。下午读摘札记。十二时就寝。

十日　星期六　阴　雨

五时半起。偕少榆步行至农校。七时至八时授课一小时,课毕至办事处。天大雨,晓宇约在厚德福食面。此店开已半年馀,素以价昂著,余从未一往。今日与矛尘三人共食,国币八元,可谓名不虚传。归寓。自一时睡至五时。月来就寝后,每阅书一二小时,入睡往往在一时半以后,深知其害而莫能自已。幸赖午睡足之,而午睡又不能日日成也。六时半孟邻师约往食烤牛肉，饭后掷升官图数匝。十一时归。十二时就寝。闻法币大跌。

十一日　阴历四月二十四日　阴

九时起。读摘讲述札记。午后小睡。下午四时逵羽来谈，约晚间往食烤牛肉。七时往，烤法与昨日蒋家不同，并佳。十时归。读摘札记。十二时就寝。

十二日　星期一　阴

八时起。读摘讲述札记。午后小睡。四时开北大教务会议，余出席，报告研究所恢复事宜及本年毕业生职业介绍情形。北大定章秘书长不出席教务会议也。七时孟真、金甫、公超、叔伟来寓便饭，饭后开文科研究所会议。决议所中设工作室，余主明清史工作室事，从吾主宋史工作室。中国断代史工作暂以宋明清为始。十时散会。读摘讲述札记。十二时就寝。

十三日　阴历四月二十六日　阴　雨

八时起。读摘讲述札记。午饭后入校，授课二小时。课毕至办事处。五时归。读摘札记。十二时就寝。

十四日　星期三　阴

八时起。读摘讲述札记。午后小睡。读摘札记。晚教育系师生聚餐，约余参加，得聆田伯苍所谈德国中学师资训练问题①。十时散会。读摘札记。十二时就寝。

十五日　阴历四月二十八日　阴　晴

八时起。读摘讲述札记。午饭后至农校，授课二小时。课毕至工校办事处，四时归。孟邻师约茶会。七时莘田、从吾约晚饭。十时归。读摘札记。十二时就寝。

---

①伯苍　原作“北沧”，本年七月八日同，据一九四〇年八月十一日日记改。

十六日　星期五　阴

八时起。读摘讲述札记。孟邻师来。午后小睡。读摘札记。十二时就寝。五时往美生洗澡。七时半往云南服务社理发。

十七日　阴历五月初一日　晴

五时半起。六时至校。七时至八时授课一小时,课毕至办公处。九时复至农校,往图书馆读《戴南山集·致余生书》,不知其违碍所在,何为而获罪也。十时归。午后睡至四时。谒孟邻师,晚饭后掷升官图两匝归。读书至深夜二时,迟矣。

十八日　星期日　晴

昨今两日均晴,日色甚丽,雨季得此殊不易。九时起。读摘讲述札记。孟邻师约往龙头村未去。午饭后小睡。下午读摘札记。七时逵羽约往其家食牛肉,九时归。读摘札记。十二时就寝。

十九日　阴历五月初三日　晴　雨

八时起。读摘讲述札记。闻锡予先生公子前日割盲肠后情形不佳,十时偕莘田往惠滇医院视之,已昏迷,对之惨然,急出。前年亡室周夫人以割治子宫,麻药逾时不复苏,痛念迄今;今日汤公子亦以麻药逾量,肝脏中毒,此医学之未精欤?技艺之未练欤?抑治事之未敬欤?抚今追昔,曷胜悲愤!归经近日楼购石莲两盆,绿叶形似莲,绝厚,热带产也。下午小睡。读摘讲述札记,《明史·庄烈帝本纪》崇祯十七年三月作庚寅朔,丁未殉国为十八日,与《流贼李自成传》"十九日丁未,天未明,皇城不守"之说不合,案《清史稿·世祖本纪》顺治元年四月作戊午朔,《东华录》同。戊午去庚寅凡二十八日,不应两见月朔(应作己丑朔则不误矣),盖《明史》本纪误也,史可法《答摄政王书》曰:"我大行皇帝敬天法祖,勤政爱民,真尧舜之主也,以庸臣误国,致有三月十九日之事。"是崇祯之殉确在十九日丁未,既为十九日,则月朔当为己丑,不得为庚寅也。《明史》最称精审,不意竟有此失。孟真来。十二时就寝。

二十日　星期二　晴　雨

八时起。读摘讲述札记。孟真来。午饭后至农校,授课两小时。课毕至办公处,五时归。晚与孟真谈。孟真欲纂辑《明编年》及《明通典》,约余合作。余于此本亦有意,子水劝余作《续续资治通鉴》久矣,慨允之。余拟别纂《明会要》,孟真亦赞成。从吾谈系事甚久。十二时就寝。

二十一日　阴历五月初五日　晴

八时起。谒孟邻师。闻锡予之长公子今晨夭折,年二十二,不敢使之知。余嘱校中同人为经纪其棺殓。下午办理北大教授聘书、薪俸诸事。七时孟邻师约公舍同人食节饭,饭后掷升官图数匝。锡予已知其子之丧,乃坐垂泣,而不失其常。此老宁静真不可及,不愧修养素蕴。十二时就寝。

二十二日　星期四　晴　雨　夏至

八时起。读摘札记。午饭后至农校,上课二小时。四时半史学教授会开会,谈下年度课程。五时半步行归。七时至南丰餐馆,元胎为陈寅恪饯行也。九时半归。读摘札记。十二时就寝。

史学系阅览室将装箱,颇思借其善本备暑中展阅。又恐保存难周,时时有轰炸之虞。今日踌躇再四而不能决。

二十三日　阴历五月初七日　晴　阴

八时起。校课且结束,可以馀暇读课外书。上午改作《乐山凌云寺碑记跋》,记中衔名原有"□王驾前"之文,前定为秦王。近详察石刻,"王"字甚似"主"字,当为"国主"也,补订之。午后小睡。三时至校开学生生活委员会。六时归。诣钱端升新居。七时至邱家巷,余与莘田、从吾公饯陈寅恪,十时归。读《明史》等。十二时就寝。

二十四日　星期六　晴　有云

五时醒,即起。六时偕少榆步行入校。七时授课一小时。八时至办事处,十一时归。饭后大睡,四时起。邵心恒来,毛子水来。晚饭后傅孟真来,谓前谈之《明通典》,拟改为《明志》。遂共拟篇目如次:一、历法;二、地理,附边塞;三河渠;四、礼俗;五、氏族;六、选举;七、职官;八、兵卫;九、刑法;十、食货;十一、经籍;十二、文学;十三、理学;十四、释老;十五、书画;十六、土司;十七、朝鲜;十八、鞑靼;十九、乌斯藏,附安南;二十、西域;二十一、倭寇;二十二、建州;二十三、南洋;二十四、西洋。九时孟真去。读《明史》。十一时就寝。

二十五日　星期日　阴

八时起。读《明史》。余欲考明季流贼十三家之名,因取《明史》有关流贼诸传尽读之。晚饭后偕莘田谒孟邻师,未值,归。十二时就寝。

二十六日　阴历五月初十日　阴　雨

五时起。偕同寓诸人步行至车站。今日乘火车往越南者,蒋夫人、陈寅恪、陈福田、胡适之师公子祖望。到站后,知朱庭祺夫人亦同车南去。张大嫂之表妹也昨日自重庆来。七时车开,与少榆、雪屏、子水至绿杨春进早点。归。读《明史》。下午午睡。读《明史》。晚饭后谒孟邻师,不值,归。十二时寝。

二十七日　星期二　阴

八时起。读《明史》。十二时半入校,授课二小时。三时半至办公处,五时归。八时谒孟邻师,谈至十时归。读《明史》。十二时寝。

二十八日　阴历五月十二日　阴

八时起。读《明史》。午后小睡。晚饭后偕莘田、晓宇谒孟邻师。十时归。十二时寝。

校中得教育部令，令即迁移郊外，以免轰炸。

二十九日　星期四　阴

八时半起。读《明史》。十二时半入校，授课二小时，清史先结束。三时半至办公处，五时步行归。八时偕少榆、锡予谒孟邻师，听东京无线电广播，颠倒黑白，令人发指。十时归。读《明史》。十二时就寝。

三十日　阴历五月十四日　阴　雨

八时半起。读《明史》。十一时诣袁守和。饭后小睡。读《明史》。晚饭后偕少榆、晓宇诣枚荪，九时归。十二时就寝。

七月

一日　阴历五月十五日　阴　晴

五时半起。六时偕少榆步行至小西门，乘车入校。七时授课，本学期功课结束于此。明清史仅讲至清之诱杀永明王。前日清史讲至道光士大夫风气之改变。八时至办公处，十时归。孟真来。十二时膺中约往食肉馒首。孟真谈建安朝士之愿望悉在尊汉，孟德之得众心其始以此，其失众心亦以此。二时归。小睡。四时至邱家巷北大、清华、南开三校负责人商谈经费及迁移事。于经费咸主请求增加，于迁移则有主不动者。余去年本不以迁移为然，但现在情势大异，亦甚不以今日诸公之毫不准备为然也。八时散会。至西南大旅社贺沈待春、路嘉祉婚礼。随偕莘田、雪屏、勉仲、逵羽往柏庐便饭。饭后至逵羽家。十二时归。二时方寝，月色极佳。

二日　星期日　晴　有云

八时半起。欲草文稿未成，仍检《明史》及《明稗》。君亮来，长谈。午饭后小睡。草《明末流贼十三家考》。晚饭后偕晓宇至大街买物。谒孟邻师。十时归。

三日　阴历五月十七日　阴

八时起。读《明史》及《明稗》。下午草文稿。晚枚荪约在云南服务社食新生活菜，甚佳。饭后归。十二时就寝。

四日　星期二　阴　大雨

八时半起。检阅《明史》。下午入校清史课考试，出题五则：一、清初己未丙辰两词科，其用意成效有无异同，试述其要；二、嘉庆苗疆两役得力于傅鼐、刘清者若何，试略述之；三、试述雍正平定青海之善后策；四、火耗养廉始于何时，其制度若何；五、谈清史者多以太后下嫁、顺治出家为言，稽之简册，有足征欤？四时半试毕，至办公处，五时半归。七时肃文约在邱家巷晚饭，饭后掷升官图一匝归。此亦微贤于博塞耳。十二时就寝。

五日　阴历五月十九日　阴　雨

八时起。检阅《明史》。十二时赴曲园餐史陈友松、罗炳之午饭之约①。二时归。小睡。六时至邱家巷二号，枚荪、孟真、今甫约北大全体教授便饭。饭后客散，孟邻师、泽涵、树人、景钺、端升、逵羽、三主人及余谈北大学风及发展事，甚久。十时诣矛尘。十二时归。

六日　星期四　阴　雨

六时起。至车站送廉澄北归。读《明史》《罪惟录》诸书。饭后小睡。六时诣逵羽食饺子。十二时归。

七日　阴历五月二十一日　阴　雨

六时起。至火车站送少榆、思亮、锡予、宾四、物华南下，转安南至沪。由车站乘人力车经郊外鸡鸣桥至农校。九时至十一时考试明清史，出题五则：一、晚明党论起自何时，所争何事，其所以促

①史　疑当作“应”。

成之者又何故,试申其要;二、明末御倭诸将帅其政策若何,试略述之;三、试述明中叶后赋役制度之改革;四、清初八旗或谓为兵制、或谓为户籍制[①]、或谓为政制,究之史实以何说为长,试申论之;五、清入关前对明之政策,太祖、太宗、多尔衮互不相侔,能撮述其要否。试毕,归寓。饭后小睡。四时入校,出席学生生活指导委员会,到会者仅二人,流会,归。七时至邱家巷,孟邻师、逵羽、矛尘及余为肃文祝生日,请今甫、树人陪。饭后谈至十一时,多关北大、清华学风之论。余谓北大精神全在一"大"字。十二时寝。

八日　星期六　阴　雨　小暑

八时起。校中考试已毕,暑假即将开始。余拟以三日间完成文稿,三日间阅完试卷。然后每日上午编讲义,下午作字学画、草文稿。上午草文稿,孟真来。午后小睡。诣建功,不值。诣田伯苍,谈德国。自国社党柄政后,其中等教育最大改革,为外国语课程时数减少,历史课程时数加多。德国中等学校本以重外国语称,古代语须习希腊拉丁八年,自一年至八年级。近代语必修法文,选修西班牙或义大利文一种。自国社党柄政,改为拉丁必修四年,五年级至八年级。希腊选修;近代语改为英文必修。其理由:一、商业关系;二、英德血统相同。其他各国文选修,至历史则改为后期中学,五年至八年级。注重古代日耳曼民族之历史。前期中学,一年至四年级。注重近代史,尤重国社党柄政以后历史。德国后期小学与前期中学相同,均为十岁至十四岁之儿童,故注重之点相同。其前期小学,六岁至十岁儿童。则注重传记如毕斯麦、希特勒及民族发展之神话。总之,其历史教学之目的为英雄崇拜与民族发扬云。五时归。草文稿。六时偕莘田至河北饭馆食饼。饭毕诣膺中,九时归。十二

①制　原作"志"。

时就寝。

九日　阴历五月二十三日　雨　阴

八时起。十时至教育厅讨论暑期讲习会事。十二时归。昼寝一小时。矛尘来。晚饭后出散步并理发。九时逵羽来。镇日未读书。十二时寝。

十日　星期一　阴　雨

八时起。步行入校，十一时步行归。道经冠生园，与晓宇各进粥一盂。午后小睡。草文稿。晚矛尘约在其家食饼。十二时归。孟真来，不值，留字云："前所谈《明书》三十志，兹更拟其目，便中拟与兄商榷其进行之序。果此书成，益以编年，《明史》可不必重修矣。弟有心无力，公其勉之。"读之惶愧，诸友相期，远逾所胜，可不黾勉以赴之耶！

十一日　阴历五月二十五日　阴

九时起。孟真来，谈《明书》三十志事。孟真新拟目如次：

一、历法志。此中有二纲，一明人如何承用元人历法（尤其是回回历）；二崇祯新历。此志孟真拟自任，余初推子水。

二、皇统志。此中论历世之继承而以宗室系表附之。孟真任之。

三、祖训志。此载太祖宝训而申述其义。（此实关系有明一代开国之规模。）孟真任之。

四、地理志。孟真任之。

五、京邑志。南京、旧北京、中京、京师宫阙、衙市。

六、土司边塞志。

七、氏族志。仿宰相世表。余意此志较难作，因明代不尚门第也。

八、礼乐民风志。孟真意由余任之，尚未决。

九、学校选举志。余任之。

十、职官志。尤注重其实质之变迁，《明史》原式不可用。余任之。

十一、刑法志。余拟任之，须借阅董绶金藏书。

十二、兵卫志。孟真任之，余初推吴春晗。

十三、财赋志。余拟任之。

十五、商工志。难作。且无人，拟阙。

十四、河渠志。

十六、儒学志。

十七、文苑志。

十八、典籍志。不易作，且难。其人选拟阙。

十九、书画志。仝上。

二十、器用志。仝上。

二十一、宦官志。

二十二、党社志。余拟任之，此于晚明南明加详。

二十三、释道志。拟由锡予任之。

二十四、朝鲜安南志。琉球附。

二十五、韃靼西域志。

二十六、乌斯藏志。剌麻教附。拟阙。

二十七、倭寇志。附入足利氏之受封及平秀吉之战[①]。

二十八、南洋西洋志。拟由受颐任之。

二十九、远西志。仝上。

三十、建州志。直叙其大事至台湾之亡。

---

①足　原作“知”，据赖山阳《日本外史》卷七改。

此书期以五年完成。余初意用《明志》之名以别于傅维鳞《明书》。孟真以为不相碍也。午饭后小睡。草文稿。晚孟邻师送来义务戏票四张，偕莘田、晓宇、佛泉同往。艺甚劣而赞者鼓掌高呼，不胜其噪，大都其友好僚属也。此末俗浇漓之众，心实伤之。十一时归。同往东月楼各进酸辣面一盂。一时就寝。

十二日　星期三　晴

八时起。九时步行入校，十一时步行归。饭后小睡。严绍诚来。六时至邱家巷，余偕莘田、雪屏、晓宇公宴孟邻师暨枚荪、逵羽、矛尘伉俪。九时散。至逵羽家，饮加非並作番叶子戏。十二时归。

十三日　阴历五月二十七日　晴　夜大雨

八时起。近日学校放假，友好交往较频，文稿竟不能如期完成。此文初意考订四点：一、十三家非固定之十三股；二、十三家以外另有摇黄十三家，高李十三家，荥阳十三家[①]；三、《明史》记流贼事多自相乖戾；四、《明史》记录与他书不尽合，但手头仅有《明史》《明史纪事本末》《稗史》《痛史》诸书[②]，殊不足用。拟日内向孟真借得《绥寇纪略》《平寇志》后再作。午饭后小睡。晚晓宇约在金碧西餐馆进膳。绍穀来。夜大雨。十二时就寝。

十四日　星期五　晴　夜雨

八时起。准备暑期讲习会讲稿。午后小睡。四时至校开学生生活指导委员会，六时归。与从吾谈暑期讲习会事甚久。十二时寝。大雨。

十五日　阴历五月二十九日　晴　夜大雨

八时起。介泉来。毛玉昆来。何鹏毓来。刘熊祥来。饭后小睡。孟真来。雷伯伦来。五时至景虹街吊陈勋仲太夫人之丧，遇

---

①荥　原作“郧”，据《明通鉴》卷八十四改。

②“明史纪事本末”之“史”字原脱。

龚仲钧，即归。八时诣矛尘。

十六日　星期日　晴　夜大雨

今日北大学生开欢送毕业同学会于云南大学。上午即有人来洽购物诸事。下午二时半开会，与莘田、雪屏同往。孟邻师、孟真、公超、枚荪、景钺、莘田各有演说。五时半散会。诣孟真寓，小谈。六时归。九时即寝。

十七日　阴历六月初一日　阴　夜雨

八时起，睡足矣。九时偕文藻、雪屏、莘田谒孟邻师。十时归。孟真来，同整研究生报名论文。共报名二十七人，论文已审查退还者九人，今日分配审查者十八人。十一时半孟邻师来。午饭后小睡。晚饭后枚荪来。子水来。十时后始得展书，预备明日讲述材料。夜二时就寝。

十八日　阴历六月初二日　阴　夜雨

今日为昌儿十四岁生日，作书勉之。上午预备讲稿。午至孟真寓便饭，饭后至农业学校。暑期中学校各科教员讲习讨论会，假其地讲授，余任史地组讲师。今日下午一时至三时为余讲演期。余以国史教学为题，凡分四段：一、历史与国史，二、史学立场之历史与教育立场之历史，三、最近各国国史教学之趋势，四、国史教学之目的与方法。今日仅讲一二两段，余本无完全讲稿，会中定章，尚须补作缴去也。三时至办公处，四时归。步行热甚，脱衣拭身。少顷，大雨，天气骤凉，遂冒寒鼻塞。雷海宗来。晚与莘田久谈。十二时寝。

十九日　星期三　雨　阴

九时起。昨晚睡不安，感冒加甚，意懒不喜读。借立厂《书道全集》，翻阅解闷。又取学生试卷评阅数本，亦不能多看也。窗外雨声不止，尤觉无聊。十二时就寝。

二十日　阴历六月初四日　阴　雨

九时起。杂翻碑帖。午饭后小睡。四时偕晓宇至街中散步，六时归。七时文科研究所委员会开会。研究生报考初审及格者十人：桑恒康、杨志玖、陈三苏、马学良、王丰年、逯钦立、詹锳、傅懋勣、周法高、汪篯。定八月五日笔试。十时散会。大雨。十二时就寝。

二十一日　星期五　阴　雨

九时起。预备讲稿。十二时步行至小西门，乘车至农校。一时至三时讲演国史教学之三四两段。讲演毕，至办公处。五时归。十二时就寝。

二十二日　阴历六月初六日　阴　雨

八时半起。阅试卷数本。六时谒孟邻师。六时半刘云浦约晚饭于家。十一时归。翻阅杂书久之，寝已三时矣。

二十三日　星期日　阴　雨

九时起。学生多人来。由立庵案头假来日本出版之《书道全集》，第四卷有东京中村不折氏所藏甘露元年写《譬喻经》残卷三十八行别刷之三，中有题记曰："甘露元年三月十七日，于酒泉城内斋丛中写讫。此月上旬，汉人及杂类被诛向二百人，愿蒙解脱。生生信敬三宝，无有退转"云云。案我国纪元以甘露称者，有汉宣帝凡四年，西历纪元前五三至五〇、魏高贵乡公凡五年，西二五六至二六〇、吴孙皓凡二年，西二六五至二六六、秦苻坚凡六年，西三五九至三六四。此卷日人定为魏甘露元年，意谓书体不类汉，而吴未尝领有酒泉。苻秦时酒泉为前凉张氏所占，不当更用秦朔。故惟魏甘露为无可疑。但高贵乡公以正元三年六月改元甘露，则甘露元年不应有三月十七日，复为之解曰："写经之始在是年三月，全部终之在六月改元之后。故用甘露元年而不用正元三年。"此说稍嫌牵强，但亦不无理由。余犹疑“此月上旬，汉人及杂类被诛向二百人”一语，暇当考之。下午四时孟邻师召集茶会，商谈学校设直属党部事。七时归。饭后偕晓宇、雪屏至大街购物，复便道谒孟邻师，谈至十时归。十二时寝。

二十四日　阴历六月初八日　阴　雨　大暑

今日为长次两女生日，作书论勉之。上午九时起。阅试卷未毕。晚饭后偕雪屏、莘田谒孟邻师，师谈书法用笔甚详，博淹诸家，深多创获。十时归，即寝。

二十五日　星期二　阴　雨

九时起。诣袁守和。随至工校北大办事处。十一时半自校出，恐归寓已逾饭时，遂偕晓宇、矛尘同至会仙楼便饭。饭后归寓小睡。学生数人来。

日前滕若渠固自江小鹣处携来《咸同以来中俄交涉记》二册相示。今日始检读之。书为元和江标所译，凡三卷。上卷计记伊犁，论《利罢其约条约》，记东部土尔其斯坦及喀什噶尔，记伊犁之乱，记塔尔巴哈台之乱，论俄人占据伊犁缘由，天山山中通路，记伊犁城堡，八节共十二叶；叶二十行，行二十二字。中卷计记黑龙江上中俄人民，一节凡七叶[①]；下卷计记敖汗，一节凡十五叶；附《利罢其约条约》一叶[②]。全书仅万五千言耳。有光绪十八年壬辰自序，谓“己丑秋过上海，见有英人杂志《中俄交涉之事》刊一小册，于咸同两朝记著颇备。辛卯供职京师，词馆多闲，时为译录。壬辰之夏始经写定”云云，则原文盖报纸记录，宜其寥寥也。灵鹣为己丑进士，此文当系馆选后所得。此书旧为吴天翁伟所藏，以赠小鹣。有题记两则录于次：“建霞太史，清季朝士之先觉者也。甲午庚子之后，知时

①七叶　原作“八叶”，据光绪二十一年味经刊书处刻本改。

②一叶　当作“二叶”，参见第175页按语。

势之要求，竞讲新学。奈帝室昏庸，犹是闭关，时头脑一味排外自大。读我乡许文肃公景澄、钱塘袁爽秋所译著之书，斯时斯世，实为先知先觉者。太史之《灵鹣阁丛书》于国故则极力宣扬，于新学史地、政治、外交，无不亟事鼓吹，所友如谭嗣同、陈宝箴、梁任公，其徒如谭组庵、易寅村辈，当时风气竟为之一变。太史少年科甲，著作甚盛。去岁，叶誉虎君辈征集太史遗著，余出所藏书，皆《灵鹣丛书》之外者。得七种，馀二种，且为小鹣所不知者。客冬复得此记，更为外间所罕见。余因其有关史料，以重值得之。小鹣见之不知如何宝爱也。乙亥春（民国二十四年）天翁识。""戊戌之役，实我中国政治上一大转机。主其事者陈宝箴中丞父子，及熊希龄、张元济诸先生，而实事胚育者乃建艰世伯太史也。其识拔之士[①]，如谭组庵、蔡松坡诸先烈，其有造于我民族前途为何如乎！此记专述咸同后中俄交涉事，其识见与蹒跚庙堂重履耄臣相较，何啻天壤。此记余得之于沪上，陈子乃乾谓为不可多见。今者太史哲嗣小鹣知已将去滇南，举此赠。小鹣曾远游欧洲，志大愿宏，睹此当追念其先德宏猷于无已矣。建国二十六年丁丑九秋，秀水弟吴伟天翁识。"天翁不知何如人，凡此云云，皆属皮相之论。第一记尤谬，江氏以戊戌政变，自湖南学政任罢归后不复出，与庚子之变不相及。其《灵鹣阁丛书》，即刻于湖南任所，落职后遂中辍。所收凡五十七种，以金石书为最多，共十九种。次则各家诗文、经义、小学、书画、目录版本，盖受其乡先辈潘伯寅、翁叔平之影响，亦当时之风气也。江氏生平，叶昌炽《缘督庐日记》所记甚多。天翁记中所列诸人，盖皆民国以来所谓名人者也，亦殊未尽。其称颂江氏作书识见诸语，盖忘此书之为译本也。余谓此书之佳处，更在书眉所引《西域释

①拔　原作"跋"。

地》《新疆识略》《北江集》及沈子培之考证。至译文之是否信达，殊非敢知。尤妙者，天翁自云以重值得之，而书末尚有二酉书店标签未去，盖定价四元耳。文人之文，大都如此。书中附录《利罢其约条约》十二款①，即崇厚与俄人所定而中废者。更录于次：

利罢其约条约

第 一 款　俄人许返还伊犁。

第 二 款　清国许赦免伊犁之犯民。

第 三 款　移住俄境之伊犁人，付以俄人同等之待遇权理。

第 四 款　在伊犁之俄人财产，永属俄人。

第 五 款　伊犁交收之商议，自清廷特派左宗棠等，自俄廷特派壳甫门生等。

第 六 款　为伊犁归还，自本条约交换之日起，一年之间，清国以五百万掳部鲁司掳部鲁司者，俄罗斯钱币之名付俄人。

第 七 款　为伊犁归回清人，以壳库西乌河西，犁山之

①按《咸同以来中俄交涉记》有光绪二十一年味经刊书处与成都志古堂两刻本，据前所言每卷页数，当为味经刊书处本，书末皆附《利罢其约条约》。味经刊书处本自卷下第十六页始，第十七页第一行为条约“第十三款”；成都志古堂本自卷下第十七页始，第十八页第一行为条约“第十三款”。郑天挺先生所见本必阙最末一纸，故谓条约十二款云。兹钞录后六款于次：

第十三款　俄商租屋得设立于其有领收馆地方及张家口。

第十四款　俄商货物得经通州、西安、汉中出入张家口、嘉峪关、天津、汉口，又得以此，土产由此道运送俄国。

第十五款　批准后五年以内，此条约不得改订。

第十六款　俄商关涉茶课税之件，愿望清国总理衙门决定。

第十七款　清俄两国之地方官，照旧约追究越疆之牲畜，惟其损失不代偿。

第十八款　此条约本书决定批准后，期以一年于俄国京城交换。

此条约为出使俄国钦差大臣崇厚于光绪五年八月十七日在沙俄胁迫下，于克里米亚半岛的里瓦几亚，擅自与沙俄代理外交大臣吉尔斯签订者，故名《里瓦几亚条约》，又名《交收伊犁条约》，此条约清政府未予承认。利罢其约者，里瓦几亚之中译异称也。

南，特吉斯以两岸土让于俄国。

第 八 款　改定塔尔巴哈台国疆之条约。

第 九 款　特派委员改定国疆之后，建立界碑。

第 十 款　新设俄国领事馆于嘉峪关、乌科、哈密、吐鲁番、乌鲁木齐、库车。

第十一款　俄国之领事当与清国地方官商议，公事用信函，地方官以客礼待领事。

第十二款　在蒙古大山南北路之俄商免纳税。

晚矛尘来。天大雨。十二时就寝。

二十六日　阴历六月初十日　大雨　阴　晴

八时起。预备演讲稿。天大雨。午放晴。十二时至农校。一时至三时与暑期讲习会诸人讨论国史教学。步行归。小息。矛尘来。晚读碑。阅试卷数本。十一时就寝。

二十七日　星期四　阴　雨

八时起。读王崇武文稿。下午四时诣矛尘。十二时归。天大雨。

二十八日　阴历六月十二日　晴

八时起。至办公处。十二时归。饭后小睡。毛子水来。六时至共和春，贺郑桐荪女公子于归陈省身典礼。七时至湖滨东路三号，徐绍穀约晚饭。饭后至绍穀家。十二时归。

二十九日　星期六　阴

八时起。作挽联三付，挽黄子坚夫人。下午小睡。诸友多人来。晚饭后矛尘来，约至逵羽家作番叶子戏。十二时归。

三十日　阴历六月十四日　阴　夜大雷雨

八时起。赴黄子坚夫人梅美德女士追悼会。十一时散会，归。午饭后小睡。孟邻师来。七时赴逵羽邱家巷晚饭之约，迎送新旧女生指导员。九时归。与从吾长谈。一时就寝。大雷雨。

三十一日　星期一　雨　晴

九时半始起。大雨。入校办公。十二时步行归。下午小睡。读《明史》。晚饭时李济之来①,同至平津小食堂食面。饭后诣矛尘。十二时归。

八月

一日　阴历六月十六日　阴　雨

八时起。诣甘美医院视孟真夫人疾。归。读《续通典》,翻阅元代典制。午饭后自从吾处假来《元史》读之。晚孟真来。预备明日讲稿。十二时就寝。

二日　星期三　阴

八时起。九时诣膺中,不值,步行入校。十二时偕矛尘、汇臣至西南食堂午饭。饭后至暑期讲习会讲"年代之记忆与年代比较之重要"。三时步行归。孟邻师来,谈书法及用笔。晚饭后诣逵羽。

三日　阴历六月十八日　晴　夜雨

上午预备明日讲稿,昨有人请述旧史之义例也。午后大睡。晚膺中来。十一时就寝。

四日　星期五　阴　夜雨

八时起。膺中来,谓昨晚归后,得石君来书,知其于上月丁外艰。石君素有孝子之称,其悲怆可知。余意不如请其西来也。偕膺中至商务印书馆,书价已增至照定价加五再加一。原定价一元

①济　原作"继",本年八月二十九日同,据一九三八年十一月二十七日日记改。

者，现售一元六角五分，清寒子弟将何以读书哉？自商务出，至五华书局购《明鉴纲目》一，价九角五分，甚劣。步行至办公处。十二时在友谊食堂食炒饭一盂。至暑期讲习会讲两题：一中学历史教材之补充，一中国旧史之义例，皆极简。三时步行归。师茂材来。何鹏毓来。晚饭后与雪屏谈家事甚久。读《元史》。十时就寝。方欲寝而逵羽来，谈至十二时去。

五日　阴历六月二十日　阴　雨

五时半起。今日考试研究生，不敢多睡也。既起，读《元史》。至七时，步行至昆华中学北院监试。八时至十一时笔试，就各研究生呈缴之论文各别出题。与试者九人，考史学者三人，文学者二人，语言者四人。十二时至友谊午饭。饭后试英文，一作文，一汉文译英文。五时半试毕，归。孟真来。今日监试时，读《元史·顺帝纪》。十一时就寝。

六日　星期日　晴　雨

六时起。七时偕从吾、莘田至昆中北院，今日举行研究生口试也。路遇金甫。及至，枚荪、膺中已先在。少顷，孟真亦至。口试情形较严重，均各别举行，一人毕，更试一人。文学及语言部分由孟真、莘田、金甫、膺中发问。历史部分由孟真、从吾、枚荪及余发问。所问大都专门较深之说，能悉答者无一人。此不过觇其造诣，及平时注意力、治学方法，不必全能答也。十一时半试毕，归。孟邻师来。午间矛尘约往食牛肉，一时往。坐甫定(时一时半)，忽闻警报声，乃与佛泉及矛尘夫妇子女出南城，岔口向南行，不知何处，但纵横于田间陇畔，泥滑不堪，小孩跌入水田者数回。未几，我方飞机四起，且有枪声，乃蹲伏于地。初时，赤日当空，汗流不止。忽而阴云四合，雨零若洒。饥困交加，妇孺尤苦之。少顷，形势稍缓和，遂循来途。归未及半，警察以未解除警报，阻不许行。天又大雨,乃避于路旁茅屋。雨止,出,徐步归。警报亦解除,时四时三刻也。归至矛尘许,六时进晚饭,饭后归寓。天大雨,闻敌机并未至。倦甚。十时就寝。

七日　阴历六月二十二日　晴

六时起。至云南大学监试本年招考一年级学生,巡视三十馀试场。在云大午饭。下午三时归。四时北大研究所开会,讨论研究生考试录取诸事。十一时就寝。

八日　星期二　晴　阴　雨　立秋

八时起。下午一时步行至云南大学监试。四时归寓。研究所续开会,议录取史学部分杨志玖、汪篯、桑恒康三名,语学部分傅懋勣、陈三苏、马学良三名,文学部分逯钦立一名。六时余与莘田宴矛尘、膺中、建功三家于东方酒楼,并约汇臣作陪,惜雪屏往澄江也。饭后至矛尘家饮加非。十二时归。

九日　阴历六月二十四日　晴　雨

八时起。步行至云南大学监考。十时往孟真处,与金甫、莘田、孟真商谈北大研究所所址诸事。十二时归寓,午饭已不及,遂约莘田至五华西餐馆进膳。余与莘田同生于己亥七月初四日,西历为一八九九年八月九日。以西历纪,今日适为吾二人之四十整寿也。途遇莘田女弟子张君,莘田约之同往。饭后归寓酣睡。五时诣逵羽寓,逵羽、矛尘、汇臣为余及莘田祝寿也。寿实不敢当,但藉此一欢聚耳。十一时半归。

十日　星期四　晴　夜大雨

八时起。矛尘来,约晚间食牛肉。十时谒孟邻师,谈文科研究所事。少顷,孟真亦至,决定聘金甫代理文学院长。十二时归。拟研究所广告,宣布第一次考取名单及第二次招考日期。饭后小睡。检阅《元史》《明史》,近人谓明太祖之起兵为民族革命是矣,尚未尽也。太祖谓夷狄不应为中夏主,是复兴民族之义也。然又谓元之称帝为得天授,则又承认其帝统矣。太祖痛恨元末官吏之削剥,而于元帝少微词,是不惟承认其帝统且尊之矣。窃疑太祖盖有深意存焉。驱逐夷狄,所以复兴民族也;承认元帝,不必复宋统也;归咎于吏胥,尊君也,尊君即所以自尊也。五时半偕泽涵诣矛尘,食牛肉,并进加非。十二时归。大雷雨。

十一日　阴历六月二十六日　晴　夜雨

八时起。九时步行入校。十一时半步行归。午饭后小睡。读《元史·顺帝纪》及诸志。赴邮局汇款。孟邻师来,六时去。读《元史》至十二时。连日少读书,今日读较多,颇觉心安理得。

十二日　星期六　晴　雷雨

七时起。上午约各研究生谈话,读《元史》以候之。元代钞法习称锭,而《元史·食货志》不言一锭值若干,且宝钞亦无以锭计者。蓄疑已久,今细绎志文,每锭盖五十两也。《食货志二》"岁课"所列,天历元年岁课之数,锭以下为两,而两数无逾五十者,惟其下酒醋课,天下每岁总入之数有"酒课:腹里五万六千二百四十三锭六十七两一钱"一语,六十七两之六字疑误。证一也。额外课"大历二百二十万二千二百三本,每本钞一两,计四万四千四十四锭三两",二数相约则每锭适为五十两,证二也。〔二百二十万二千二百三两除以五十得四万四千四十四锭馀三两。〕"河泊课总计钞五万七千六百四十三锭二十三两四钱,内腹里四百六锭四十六两二钱,行省五万七千二百三十六锭二十七两一钱",二数相加共五万七千六百四十二锭七十三两三钱,此云五万七千六百四十三锭二十三两三钱,盖以五十两为一锭,进入锭数之内,故锭增一而两馀二十三,证三也。午后睡至四时。读《元史》。学生多人来。晚饭后大雨,孟真、孟和、钧任、枚荪来。十二时就寝。

十三日　阴历六月二十八日　晴　阴　雨

八时起。步行至云南大学，阅统一招生本国史地试卷，二时归。四时访沈季让，未得其地，怅然归。大雨。读《元史》。孟真来。十二时就寝。

十四日　星期一　阴　雨

八时起。偕莘田步行入校。十时半诣金甫，小谈归。午后小睡。读《元史》。五时诣矛尘、汇臣，假其地请食烤牛肉，打牌。十二时归。

十五日　阴历七月初一日　晴　大雷雨

八时起。读《元史》。杨壮飞来，昨自重庆新到，谈至十一时去。午饭后小睡。读《元史》。孟邻师来。晚饭后偕雪屏至大街散步，至商务印书馆，谒孟邻师，不值，归。读《元史》元末诸人列传，读毕，初意寻求元末群雄起兵之原因，当时人对于起兵者之态度及批评，明初人对于刘福通①、陈友谅、张士诚之意见，竟一无所得。《元史》称刘福通为“妖贼”②、“妖寇”，盖元末习用语。见于《顺帝诏书》，偶于二百五卷中得之。

雪屏前室子与继母不和，又甚不喜读书，雪屏急焦灼，夜谈久之，拟暂送其子于其兄。雪屏续娶吾乡林贻书世伯孙女，笠士兄长女，人干练而慈惠，待前室子女如己出，向日极融乐。雪屏之子方十五，此必有仆妇蛊惑之也。余之所以不谈续娶，此亦其一因。

十六日　星期三　阴　夜雨

八时起。入校办公，十二时归。饭后小睡。四时孟邻师召饮加非。六时归。壮飞来。矛尘来。与从吾长谈。读《王临川集》。

---

①②福　原作“法”，据《元史》卷四十二改。

一时就寝。

十七日　星期四　晴　有云

八时起。步行入校办公。十一时半步行归。下午二时壮飞来。三时半诣矛尘,今日余假其家请汇臣、云浦、莘田、雪屏食烤牛肉,打牌。至十二时归。

十八日　阴历七月初四日　雨

今日为余四十一岁生日。八时半起。诵经一卷。读《明史》开国诸臣传、元末群雄传。午饭后小睡。杨壮飞来祝寿,并约晚饭。三十年前总角交,相别且二十年,犹承忆及,感慰无限。以莘田有前约,改明日同进晚饭。何鹏毓来。师茂材来。莘田导其弟子张女士来祝寿,以前次相遇请其便饭也。赠一扇,书稼轩《水龙吟·渡江天马》一阕,余最喜此词"算平戎万里,功名本是,真儒事、君知否?况有文章山斗"数语,但张君独书此阕者,恐其意在词末"为先生寿"一语耳。矛尘来祝。六时半,莘田约在柏庐晚饭。诣壮飞,不值。诣逵羽。十一时半归。今日自晨而雨,迄夜不休,惟晚饭出外时稍停。

十九日　星期六　阴

七时半起。读《明史》《明书》。九时至中国航空公司、欧亚航空公司为邵光明探询往西安飞机期价。便道诣农民银行访徐绍穀。十时半归。读《明书》。午饭后小睡。邵循正来。五时诣壮飞西南旅社,同出至共和春便饭。饭后在大街散步。八时归。建功来。浦江清、向觉明来。张荫麟来。与建功谈篆刻甚久。十二时就寝。

二十日　阴历七月初六日　晴　雨

八时起。杨壮飞、陶君浩来。读《王临川集》。午饭后小睡。孟邻师来,方卧;继以条来约往食加非,偕雪屏、佛泉往。余与雪屏并留饭,佛泉以有前约他往。余等谈至九时归。读《临川集》。十二时就寝。

二十一日　阴历七月初七日　雨

八时起。读《明书》开国诸臣传①。开国诸臣，太祖与之结姻娅者得十四人：

徐　达中山王，凤阳人，开国血战　一女归太宗，一女归代王桂。

常遇春开平王，濠人，开国血战　女归懿文太子。

邓　愈宁汉王，虹人，开国血战　一女归秦王樉，一女归齐王榑。

傅友德颖国公，宿州人，开国血战　女归太祖孙晋王济熿，子尚寿春公主。

冯　胜宋国公，凤阳人，开国血战　女归周王橚。

王　弼定远侯，定远人，开国屡战　女归楚王桢。

吴　复黔国公②，合肥人，开国征西　女归齐王榑。

汤　和东瓯王③，濠州人，开国血战　女归鲁王檀。

蓝　玉凉国公，定远人，开国血战　女归蜀王椿。

吴　桢海国公④，定远人，开国战守　女归湘王柏。

郭　英营国公，开国南北血战　女归辽王植，子尚永嘉公主。

李善长韩国公，定远人，开国帷幄转饷　子尚临安公主。

陆仲亨吉安侯，濠人，开国血战　子尚汝宁公主。

耿炳文长兴侯，濠人，开国血战　子尚太祖孙女江都公主。

午饭后小睡。杨壮飞来。章矛尘来。晚壮飞约往会仙楼便饭。九

①明书　本月十八日日记作“明史”。

②原作“安陆侯”，圈去，眉批“黔国公”，据改。

③原作“信国公”，圈去，眉批“东瓯王”，据改。

④原作“靖海侯”，圈去，眉批“海国公”，据改。

时归。十二时就寝。

二十二日 星期二 晴

八时起。九时步行入校。十二时归。午后刘云浦来。孟邻师来。晚至孟邻师寓食牛肉。饭后偕莘田观电影,片名《列宁》,演十月革命事。饰列宁者酷似本人,可谓妙选者矣。十一时半归。孟真来,十二时半去。余随就寝。

二十三日 阴历七月初九日 晴

八时起。壮飞来。女生李婉容来询毕业论文事[①]。读《明书》。午后小睡。五时诣今甫,谈甚久,请其就任北大文学院长,并缓辞联大秘书主任。今甫以辞秘书主任为就任之条件,允转达孟邻师。自今甫寓出访孟真,不值。七时至翠湖东路三号,公宴徐绍穀、小韩叔侄。十时散。与莘田再访孟真,不值。环湖步行归。十二时就寝。

二十四日 星期四 晴

八时起。偕雪屏步行入校。先至图书馆,继至办事处。十一时步行归。午饭后小睡。四时诣花椒巷六号梅月涵寓所。孟邻师与月涵招待三校负责人谈入党事。余于民国十一年自北京旋闽参加革命,时革命军帅师入闽者,为许崇智、黄大伟。福建省长即今国府主席林公,教育厅长为黄某,国民党尚称中华革命党。余虽日与党中同志相处而未入党。民国十六年,任职浙江民政厅,厅长马夷初师以政变去职,新长未任命,由余代,日周旋于党政诸要人间,亦未入党。十九年,奉孟邻师命入教育部任秘书主任,亦未入党。余于党义或较一般列党籍者所知为多,所信为坚。所以未入党者,不愿以入党猎官固位也。今中央既有使各大学组党、重要人员入

---

①婉 原作"宛",据《清华大学史料选稿》第三卷(下)一九四〇年毕业生名录改。

党之议，为保护学校及孟邻师，已决入党①。同人并建议中央推钱端升、周炳琳、吴有训为筹备员。七时诣矛尘，十一时归，雪屏约食牛肉也。今日午饭后忽传有空袭警报，街市大乱，余等以未鸣警号，仍置不理，果无其事也。

二十五日　阴历七月十一日　晴

八时起。预备明日讲演稿。午后小睡。晚饭后谒孟邻师。诣矛尘。十时归。十二时就寝。

二十六日　星期六　晴

八时起。步行入校。十时至农校暑期讲习会讲最近新史料之发现与其利用实例。十二时归。小睡。孟邻师来。壮飞来。晚饭后诣李方桂，不值。诣枚荪，遇陶玄。十时归。逵羽来，一时去。随寝。

二十七日　阴历七月十三日　晴

八时起。矛尘来。读《明书》。午后小睡。三时半至云南大学。本意往阅香港试卷，行至翠湖遇建功，知同人已散，遂归。七时与莘田、矛尘公宴陶玄于东月楼，九时归。与莘田谈久之。吴文藻来。十二时就寝。

二十八日　星期一　晴　阵雨

八时起。九时步行入校。十时至书库借书，未得。至云南大学阅试卷，下午二时归。小睡。四时孟邻师来，约往岗头村勘查北

---

①按一九三八年一月，陈立夫出任教育部长，后要求蒋梦麟在西南联大建立国民党直属区党部。一九三九年七月十五日蒋梦麟复陈立夫、张厉生函曰："第一步先介绍联大之各长之未入党者入党，第二步介绍北大、清华、南开各校原来之各长入党，第三步联大各系主任及三校原来之各系主任。如是则三校之健全主要分子，大部分为党员，则以后推行党务，如顺水推舟矣。"七月二十三日，蒋梦麟召集北大、清华、南开三校院处以上教授举行茶会，会间宣布"凡在联大及三校负责人，其未加入国民党者，均先行加入"。详参王奇生《战时大学校园中的国民党：以西南联大为中心》一文（刊《历史研究》二〇〇六年第四期）。郑先生亦曾多次与人说起，当时传言 CC 欲插手西南联大，故联大领导层认为，校中各级负责人皆宜加入国民党，以为抵制。

大建筑房地[①]。学校为疏散计，拟在龙泉镇岗头村各建瓦屋茅屋数间，为同人避空袭之准备。岗头村在昆明城北十馀里，公路之旁，汽车可直达，沿途极平坦，风景亦佳。校中拟建屋十五间，步行入校约需时一小时。六时归。往孟邻师家便饭。九时诣矛尘，不值，归，遇之途。归。与佛泉、雪屏谈时局。十二时半就寝。

二十九日　阴历七月十五日　晴　间雨

今日为先君七十七岁冥寿。八时起。九时偕莘田乘人力车至龙泉镇俗称龙头村，中央研究院历史语言研究所迁至其地。地在昆明城北二十里许，人力车行二时十分始达。沿途无新筑路，远不如昨日所行也。历史语言所占借响应寺乾隆时修、普陀寺及观音殿三处。图籍均已陈列，不胜羡慕，有久居之想。北大在其地建屋四间，专备同人往读书之用。地在小山之顶，风景绝佳。午在孟真家便饭。晤李济之、李方桂、董彦堂、梁思永、王崇武、丁声树、全汉昇、李光涛、劳幹诸公。二时归。莘田暂留。归途四望，碧茵万顷，全属稻田，此间可称天府，而人民衣履不完，何哉？四时归城。师茂材来。建功来。倦甚，十时半就寝。

三十日　星期三　雨

八时起。九时入校。十二时归。饭后小睡。阅学生论文。晚饭后谒孟邻师，谈笔法，师谓笔墨落纸前每画均应盘空旋舞以作势，则笔笔有力（但非悬肘不可），否则貌虽似而神已离，不能工也。此师于古人论笔法之言及王羲之书法中悟出者，可谓独发前人之秘。诣膺中。十时归。十二时就寝。

三十一日　阴历七月十七日　晴

八时起。九时至邮政储金汇业局汇款回家。至云南服务社理

---

①岗　原作“钢”，本日内后两字同；自一九四〇年一月六日起俱作“岗”，据改。

发。十二时归。半日如此空过,可惜之至。下午读阅《左传》《文选》,为学生论文中有可疑,为之探源寻证也。九时谒孟邻师。携燕华师妹看电影五彩武侠戏片,极热闹。十一时归。

九月

一日　阴历七月十八日　晴

七时起。读《左传》。九时孟邻师来。十时入校,行至武成路,见行人纷纷向城外奔逃,而未闻警报,心怪之。行至大西门,始见警察派出所有预行警报旂。入校办公毕。十一时半出,欲归,恐有警报,不归,无可投止,徘徊久之。乃北行至丛冢旁席地而坐,遇许骏斋①、马学良、吴晓铃,借得《治史杂志》一本,读之。候至十二时半,无警报,我飞机亦降,乃步行归寓。知同寓诸公亦出东门,始归,尚未进膳也。二时饭毕,大睡。晚饭后至美生洗澡。诣顾颉刚,不值。归,颉刚来。下午陶玄来。夜读《明史钞略·李成梁传》。十二时就寝。闻德国三路攻波兰,并以飞机轰炸华沙,欧战起矣。

二日　星期六　晴

七时起。整理暑期讲稿,摘列简表,送之会中。九时步行入校,十二时归。下午复近日友人来书。读《明史钞略》,十二时就寝。

三日　阴历七月二十日　晴

七时起。昨晚暑讲习会送来论文六册,评阅之。余之所论多采入文。膺中来约,往食薄饼,十二时往,二时归。三时偕莘田诣师茂材,不值。路遇矛尘,同往海心亭饮茶。五时半至新雅食面。归寓,评阅论文讫。夜读《清一统志》。今晨膺中来约食饼,值莘田

①骏　原作"俊",据《国立西南联合大学史料·教职员卷》改。

有客在，余以便条书“於陵陟弓於略居乙必郢”〔膺中约吃饼〕十字投之，莘田以“五可背故怯句七梗的盖些夜”〔我不去请代谢〕十二字相答，遂谓此为密码电信。往时，余见徐志摩日记尝用反切，但此非若其不可示人耳。十二时就寝。

四日　星期一　晴

八时起。九时入校办公，十一时半归。午后小睡。下午赵俊来。杨志玖来。孟邻师来，谈久之。晚余文豪来。李迈先来。读《明史钞略》。今日托于宝榘自图书馆借来《嘉庆重修一统志》，明日将草论文矣。十二时就寝。

五日　阴历七月二十二日　晴　阴

八时起。草《隋书西域附国传考》。午后小睡。下午四时在才盛巷寓所开文科研究所报考论文审查会，到孟真、莘田、膺中、公超、立厂、元胎，决议准考者王明、王叔岷[①]、任继愈、翁同文、刘念和、阎文儒、阴法鲁七名。晚草论文。十二时就寝。

六日　星期三　阴

七时起。九时诣余文豪，劝其往昭通任教。入校办公，十一时归。午饭后小睡。草论文，莘田意改文题为“隋书西域传之附国与薄缘夷”，甚善，从之。孟真来。勉仲来。余文豪来。草文稿。十二时就寝。昨晚得宾四书，欲请假一年，急作书，劝其即来。今日孟真亦有信往。

七日　阴历七月二十四日　阴　雨

七时半起。草论文。师茂材来。余文豪来。午饭后小睡。草论文。赵箟来。晚饭后至大街购纸，道经逵羽宅，诣之。逵羽留作牌戏，矛尘、雪屏留，余先归。草论文。明日为亡室周稚眉夫人生日，往

---

①岷　原作“珉”，据罗常培《蜀道难》七月十七日日记改。

时例于今日家宴,其乐融融。今夫人亡三年矣,万里客舍,追思惘然。

八日　阴历七月二十五日　雨

今日为亡室周稚眉夫人四十三岁冥寿。往时此日祭祖后与家人亲串欢叙,诸友好则于阳历举行。自前年夫人误于医,惆怅斯辰,且三年矣。草论文。午得三弟书,昌儿禀,并诸儿照像一张,殊慰。午后昼寝。草论文。竟日未出门。十二时就寝。

九日　星期六　雨

昨夜雨声不绝,晨微寒。八时半起。与建功谈久之。草论文。午后小睡。沈茀斋、樊逵羽来。草论文。十二时就寝。

十日　阴历七月二十七日　阴

八时起。草论文。膺中来约往食面。十二时与建功偕往。二时归寓小睡。晚沈从文、赵恩源、张佛泉代《国闻周报》宴联大喜作文字诸人于金碧西餐馆,求赐稿也。九时归。草论文。十二时就寝。

十一日　星期一　晴

八时起。九时诣冯芝生,不值。诣雷伯伦,遇诸途,告以宾四下年请假事。午后小睡。草论文,随作随查书,又牵于杂事,往往一日不能写数行。逵羽来。十二时就寝。

十二日　阴历七月二十九日　晴

八时起。步行入校。先至图书馆阅书,十二时归。逵羽来。至邮局汇款回家。谒孟邻师。七时归。晚逵羽复来。十二时就寝。今日摊书铺纸,未成一字也。

十三日　阴历八月初一日　晴

八时起。八时半偕从吾、雪屏、矛尘至大都会食包子。步行入校,十二时步行归。小睡。草论文。七时孟邻师来,逵羽同来,小坐,去。论文初稿成。二时就寝。

十四日　星期四　晴

八时半起。明日研究生考试,筹备一切。傅乐焕来。傅懋勣来。午饭后大睡。五时始起。孟邻师来。逵羽来。晚饭后至大街购手灯用干电两截,价九角。此在去年夏季两角足矣。归。与莘田作长谈。莘田七日至宜良,今始归也。十二时寝。

十五日　阴历八月初三日　晴

今日为晟儿生日,年九岁矣。日前寄来像片,甚胖。昨晚饮浓茶多,反侧不能成寐。思及三十年来百无一成,徒赖师友奖掖,致僭清位。枕上得一绝:"读书学剑两无成,浪得浮生才士名。四十已来应不惑,好从中道觅中行。"入梦且五时矣。七时急起。睡仅二时馀。步行至靛花巷。八时第二次研究生笔试共到四人。十时至办事处。十一时复至靛花巷。午归饭。下午考试英文,余未往,闻试生翁同文未到,以上午答卷不佳也。晚往逵羽家便饭。十一时归。

十六日　星期六　晴

六时半起。步行至靛花巷,研究生口试也。以膺中发问为多,立厂次之,莘田又。余仅问王明以《论语·为政》"子曰:书云'孝乎惟孝,友于兄弟,施于有政'"之经读,及《白虎通议》《后汉书》《三国志》之以"友于"为词、《熹平石经》包咸注"孝乎"之作"孝于"数事,盖王君论文谓"孝友"一词先于"孝弟",而引此句为证,似其有所未知也。问之,果皆不能答。十时试毕,开会共定任继愈优,阴法鲁[①]、王明及格。随入校,与沈茀斋、黄子坚商低薪同人补助事。十二时归。饭后小睡。傅懋勣来。晚饭后谒孟邻师。十时半归。师言古人所谓笔势向背,盖就下笔时空际盘旋之势而言,所

①阴　原作"殷",据本月五日日记改。

谓向者其旋势为[illegible]为[illegible],所谓背者其旋势为[illegible]为[illegible],向者宜于圆体,背者宜于方体,向易而背难。十二时就寝。

十七日　阴历八月初五日　雨

昨夜倾盆大雨,今晨尤甚。天气大凉,绒衣有不胜之感。改论文。下午小睡。李卓敏来,约往其家茶会,其结婚一年纪念日也。四时赴之。遇孟邻师、杨石先、叶公超,知日本与苏俄又有协定,如是吾将何堪?六时至西南大旅社,贺沈肃文女公子晓春于归。八时归。与建功、立厂闲谈。十二时就寝。

十八日　星期一　晴

八时起。步行入校。十一时归。今日学生举行义卖并捐款。余以五角购《益世报》一分,捐一元。午后小睡。潘介泉来。晚饭后谒孟邻师,遇于途中,同归。师以此小毫笔两枝为赠,此间赣商所作也,尚佳。凡谈二小时,归去。十二时就寝。

十九日　阴历八月初七日　晴

八时起。偕雪屏、矛尘往大都会食包子。随至图书馆读冯承钧翻译诸书。十一时归。午饭后小睡。改论文。往汇业局汇款至平。七时赴毕正宣海关俱乐部晚饭之约。十时归。改论文至一时。

〔今晨仿佛梦与镕西表兄谈。兄云五十日内或有不利,宜注意云云。谈罢而觉,已八时矣。此梦甚怪。昨日作书致三姊,此或为梦见镕兄之故。然所谈云云向未萦脑际,何由而入梦哉?特记于此。〕

二十日　星期三　阴　晴

八时半起。偕矛尘、立厂步行入校。十一时归。得邓广铭来片,谓护照未接到,有一切一切几同儿戏之语。护照寄已一月,此必沪上发生故障。余问世二十年,从未得此指摘语,少年气盛,不足深责也。作电复之。饭后小睡。陶君浩来。记者二人来。作函致孟真。晚云浦约往东方酒楼食饼,饭后归。董雁堂来。与立厂、建功、元胎谈至夜半。十二时就寝。

二十一日　阴历八月初九日　微雨

八时半起。读《明史》四裔诸传。午后小睡。三时至上海银行为少榆汇款。本意至靛花巷,以雨不果。归。读《明史》。孟邻师来,谈至晚饭。饭后复偕雪屏、矛尘同往师寓饮加非,十时半归。雁堂来,谈久之,以所作《周公测影台调查报告》为赠。一时就寝。前日记梦镕西表兄事,余疑五十日内或有飞机轰炸,此心理上之悬揣,无根据也。今日矛尘云就其心灵上推测,明年四月六日至十日战事必中止。乱世心理大都趋向于企望,此其一例也。

二十二日　星期五　阴　雨

上午八时起。偕矛尘步行入校。十一时归。下午昼寝。五时雨。再往银行为少榆汇款,即归。读《明史》。八时半孟邻师来,示以《论笔法歌诀》,录于此。

使　吴郡曰:"使谓纵横牵掣之类是也。"

甲、势与力

东坡有语传笔法,字外出力中藏棱。字外出力如击剑,凌空盘纡循弧势。或作竖旋如车轮,或作横旋如转盘。又有颇势竖横间,但看笔路凭拣选。自左转右曰右旋,左旋却是向左转。又因笔顺曰便旋,势如新月半边圆。更有回旋去复来,好似抛球碰壁回。以上皆是凌空势,导入点划成笔势。悬管掉之令锋开(右军语),犹如农人打稻穗。飞鸟抓地锋着纸,大令譬此状笔势。丞相善譬鹰鹯挚,也如引镖学投的。落纸锋开行划中,中郎法与锥沙同。万毫齐铸平行线,安吴语向几何参。唐人向拓《奉橘帖》,笔划剥处平线见。香光有语悟此道,画中须直不偏软。逆水行舟人扯纤,欲止且行行且止。前进乘势且用力，划中行笔复如是。画曰勒兮直曰努，八法皆譬力与势。欲进先退退先进，进退相背实相成。凌空导势入点划，又势随毫笔势行。毫随势如影随形，形影相随不可分。空中来势画中笔，协调齐弹伯牙琴。

乙、提按迟速遣留

空势既入画，力行如扯纤。不可径前往，提按速与迟。提则锋竖行，按则毫平铺。提速取秀劲，按速取雄强。提迟近幽闲，按迟近雍容。竖锋势中敛，铺毫势外拓。中敛如含英，外拓如吐芳。提乖就雕疏，按乖成墨猪。笔与势调和，金丹起沉疴。既知提与按，又有遣与留。直行则遣笔，转锋则暂留。遣则不常速，留亦不常迟。心手能相应，迟速各尽宜。

转　吴郡曰："转谓钩镮盘纡之类是也。"

笔在画中循势行，万毫齐力听指挥。犹如千军向前进，阵容须仗步伐齐。忽奉命令转阵势，不习阵法众凌乱。步伐即是使转方，千军齐转如一人。空中转势凭君意，划中转势须毫从。古人传法折钗股，也如叠带成直角。笔画形如股与带，折钗叠带状使转。万毫平行带中径，折毫自与折带同。转折又分圆与方，翻转成方绞成圆。绞转如轴作半旋，翻转好似翻筋斗。须使转毫毫不裹，又使转势势不断。请君试笔察毫旋，曰方曰圆此中参。

用　吴郡曰："用谓点划向背之类是也。"

向背方圆

古人论字有九宫，中宫即是字之中。〔田〕点划分布向与背，中宫乃为向背准。点划起势发中心，收势仍向中心回。逆水撑船成妙喻，千篙万桨位不移。〔 〕无垂不缩往必收，金科玉律人须知。一切笔势循弧势，向势而行自成圆。〔 〕方形反此行背势，背势犹如拗弓背。〔 〕弓背本湾欲使直，划似直兮势仍湾。

弓背向心取方势，欲成方形折势转。直画中折成直角，直角乃是方之本。弓腹向心取圆势，欲成圆形曲势转。孤画中曲成弧角，弧角乃是圆之本。圆势盘纡循螺旋，〔◎〕方势乃成爱司形。〔S〕天生造物形皆圆，惟有人间巧作方。李篆圆形本天籁，纵横造方蔡中郎。右军用笔法中郎，直采分势自成方。更参圆势方圆兼，神妙变化龙虎势。大令变法接丞相，秦篆入真自成圆。方圆偏工分欧褚，欧法中绝褚绵延。颜柳李徐〔李邕、徐浩〕皆褚法，苏黄赵董势亦圆。汇帖障目重北碑，圆势遂向方势参。北碑滥拓亦障目，幸有西来珂罗版。万金孤本人皆有，寠人赫然项子京。江左风流馀韵在，科学来催文艺兴（谓心理、几何、物理诸学，不特印刷术而已）。

二十三日　阴历八月十一日　雨

八时起。补昨日日记。十时至汇业局汇款寄家中，候一时许。近日限制汇款，每次以五十元为度，邮局益忙，而汇者候益久。下午小睡。读《明史》。晚饭后云浦约至逵羽处，八时往，十二时归寝。下午雷海宗来。

二十四日　星期日　雨

一日雨未止，势甚壮。八时起。读《明史》。午后小睡。潘介泉来。沈季让公子来。廖宗武表甥来。董家铭表侄来。梁光甫来。晚饭后读碑。八时孟邻师来，谈至十一时一刻。先谈笔法运肘运腕运指之不可偏废，次及今后北大之计画与时局之变化。十二时就寝。

二十五日　阴历八月十三日　雨

昨夜雨密而壮，今晨未歇。八时起。偶见《曲石诗录》，李印泉先生近著也。取读之，多见性情之语。十时雪屏、矛尘至校，偕出，以雨大又无事，乃不入校。在中华书局购信封而归。读王荆公诗。午后小睡。陶君浩来。傅孟真来。孟邻师来。六时偕孟邻师至车站接蒋师母,邓广铭同车来,遂导其寓才盛巷。布置毕,至邱家巷蒋宅。九时归。一日雨未歇,傍晚尤大,街水没踝,欲访逵羽,以水不得入巷,遂归。十时许,逵羽来,谈至十二时去。

余以辛酉民国十年八月十三日与稚眉夫人结婚,今日适为十八周年。然而夫人之殁垂三年矣,缅怀往事,不胜歔欷。作诗未成。

二十六日　星期二　雨

竟日大雨,晨午偶歇,沉阴如故。未几,大雨又作。深苦之。八时起。九时诣孟真,开文科研究所招考阅卷委员会。仅到孟真、公超及余,改谈话会,决议取录阎文儒、任继愈、刘念和[①]、周法高、王明、阴法鲁六人。十二时会毕。入校,在校门前食炒饭一盂。二时归寓。陶君浩来。王信忠来。晚饭后偕雪屏诣逵羽。十二时归。雨尚未止。

二十七日　阴历八月十五日　阴

今日雨歇,为之大慰。上午谒孟邻师,少谈即归。午饭后邵心恒来。二时至校开训导会议。五时毕会。各携月饼三枚而归。七时至孟邻寓。余与矛尘、雪屏设馔其处,意在过节也。九时归。十时半就寝,近所未有也。

二十八日　星期四　阴

雨止而天未晴,两日矣。八时起。九时入校。十二时偕雪屏步行归,以逾寓中午饭时刻,同在五华西餐馆进便餐,价一元。饭后归寓。莘田自呈贡归,小谈。五时出外理发。六时归。八时偕佛泉诣枚荪,在渝,尚未还。佛泉欲听戏,至新生戏院,无座,归。今日自校借得宋濂、高启诸人集,读之。与雪屏、莘田、佛泉谈至深夜。雨又作。

---

①念　原作“法”,据本月五日日记改。

二十九日　阴历八月十七日　阴

八时起。读宋濂《銮坡前后集》。午饭后欲小睡，而郭莲峰至，新自川起旱来滇。谈旧日教育部同事情形，甚详。三时去。续读《銮坡集》。晚逵羽来，谈至十一时许，去。一时就寝。

三十日　星期六　阴

八时半起。九时半入校。燕召亭来商法律系研究生在文科研究所研究事。十二时归。读《銮坡集》。八时查勉仲来，同诣逵羽，偕谒孟邻师，商校中学生持刀威吓误伤同学事。其人前已记过二次，势必开除不可。但为免其失学计，由校介绍其至中山大学。在孟邻师寓晤钱端升，偕归。谈至十一时。复与雪屏谈至一时始寝。月光朦胧见。

十月

一日　阴历八月十九日　微晴

八时半起。何鹏毓来。逯钦立来。读宋濂《銮坡集》终，摘其有关明初史事者录之。午后小睡。三时至靛花巷视研究所，四时归。便道至昆华图书馆访郭莲峰，不值，归。读宋濂《翰苑续集》。晚饭后偕矛尘至大街购物，并游夜市。诣周枚荪。十时归。读宋集。一时就寝。

二日　星期一　晴　下午微阴

八时起。九时偕莘田、矛尘步行入校，十二时乘孟邻师车归。饭后大睡。读宋集。晚饭后谒孟邻师，以《艺舟双楫》为赠。十时归。读宋集。十二时就寝。

三日　阴历八月二十一日　晴

八时起。九时莘田约在大都会食包子，到雪屏、矛尘暨孟邻师伉俪[①]。雪屏以时宴,未食而去。余偕矛尘食毕,入校。十一时至靛花巷文科研究所。十二时归。小睡。读宋濂《翰苑续集》终。晚莘田又请在南丰食西餐。饭后与矛尘行正义路而归。读《翰苑别集》。与从吾、莘田、介泉先后谈久之[②]。十二时就寝。

四日　星期三　阴　微雨

今日学校开学,并举行月会。八时自寓偕立庵、建功、雪屏、矛尘诸人步行,穿云南大学至城外新校舍图书馆前空场集合。月涵主席、孟邻师及逵羽、蒋斋、勉仲并有演说。孟邻师言最警切,勉仲言最和挚。十时半散会。初时,日光直射,热甚。董明道为之晕倒。十一时半归。天色忽阴,飞雨星矣。校中本定今日上课,以教室工程未竣,改九日。午后小睡。读宋濂《翰苑别集》终。其要别为札记,不复书。晚与莘田、矛尘至易调隆食馅饼。毕,在大街购物,归。读宋濂《芝园前集》终。十二时就寝。

五日　阴历八月二十三日　阴　晴

八时起。偕矛尘、介泉同入校。十二时归。读宋濂《芝园后集》终。晚孟邻师约在家便饭。十时归。今日雪屏得九月九日家信,谓余平寓限七日移居。此事尚未得三弟及儿辈来书,不知真象若何,必日人之所为也,不胜忧念。今日寄归百元。托雪屏、廉澄夫人转。

六日　星期五　晴

八时起。九时半诣徐绍穀,不值。闻其将调往重庆。归。读《宋学士集》毕,《芝园续集》及《朝京稿》全集终。午后小睡。四时与佛泉同往易调隆食馅饼四个。归。读高启《大全集》《凫藻集》。《明史・文苑传》称"启尝赋诗,有所讽刺,帝嗛之未发也。及归,

①邻　原脱。
②谈　原作"详"。

居青丘，授书自给。知府魏观为移其家郡中，旦夕延见，甚欢。观以改修府治，获谴，帝见启所作上梁文，因发怒，腰斩于市，年三十有九”，而不言其死年。〔明陆釴《病逸漫记》云：“高季迪撰《苏州府上梁文》为御史张度所奏劾。度，广东人，与知府魏观俱罹极典。”（《五朝小说大观》石印本明百二十九页）又杨循吉《吴中故语》有“魏守改郡治”一条，亦记此事。见《五朝小说大观》石印本明二〇一页。二十八年十一月十三日补记。〕李志光《高太史传》作于洪武八年乙卯谓启生元丙子，丙子为顺帝至元二年，则应卒于洪武七年甲寅也。《大全集》卷十八有己亥初度七绝一首，自注云：时年三十四。己亥为顺帝至正十九年，其后成祖永乐十七年复值己亥。下距洪武建元九年。启既与修《元史》，又年三十九获罪，则在己亥时必不得年三十四（己亥当年二十四）。以年历计之，己亥当为己酉之讹。己酉为洪武二年，正诏修《元史》之时。故诗中有“风雨空斋诵《蓼莪》，今年初度客中过”之语。启以洪武三年庚戌放归，见其《凫藻集》卷五《志梦》。获罪在数年以后。日人著书谓其死于三年，大误。今集中尚有其洪武四年十二月自序可证也。《明史》所称讽刺之诗，未知所指。若《大全集》卷八《练圻老人农隐》诗，虽指摘时政，然似为入明以前所作诗有“旅游三十不称意”之语。卷十四《吴城感旧》“赵陀空有称尊计，刘表初无弭乱心”一联，盖讥张士诚，与太祖无涉。卷十四六言律诗《读道旁旧家碣》，以下今缺十行，岂已删汰之耶？改修府治上梁文，今不见于集。惟《大全集》十五有《郡治上梁》七律一首，“南山久养干云器，东海初生贯日虹。大材今作黄堂用，民庶都归广庇中”之语颂扬太过，其遭英主之嫌，宜矣。《大全集》景泰初徐用理所编，依体为别，不系年次。读者不能得其先后之序，行事思想因之莫考。惜哉！十二时就寝。

七日　阴历八月二十五日　晴　雨

八时起。九时至靛花巷文科研究所。天色本晴,忽云来雨落。十一时放晴。至图书馆还书。图书馆本岑襄勤祠①,今暂假用,不日将迁入新建校舍矣。自图书馆出,欲入校。行至大西门,雨又作,乃雇车归。天又晴。午饭后阴云四合,风雨大作,杂以雷暴激,非夏间所及也。六时雨止,至车站接晓宇,知车误三小时,乃归饭。八时再往,候至九时半,车始至,而晓宇未来,归。孟真来,谈至十二时去。约明日下午三时开会。日本所印《朝鲜李氏实录》书,国内惟北平图书馆有之。余知其存之沪上,托守和寄滇。今日借来,派人送龙泉镇庋藏。车发未久而雨作,深惧沦毁。孟真来,知未遇雨。为之大慰。

八日　星期日　阴

八时起。十时孟邻师来。十一时至商务印书馆购书②,得冯自由《革命逸史》一册。午饭后方读之,而警报作,乃与邵心恒、陈雪屏、张佛泉、唐立厂、魏建功夫妇及小孩出大东门,时一时三十分也。沿公路东行三四里,有河汊,与心恒、雪屏坐其边。见我方飞机起二十二架,盘旋空际。敌机迄未至。四时半,若可无事,乃缓步归,到家已五时半矣。六时半至冠生园,孟邻师约便饭。知敌机今日自北来,至昭通而去。饭后八时半,至车站,晓宇仍未到。归。读《革命逸史》。十一时就寝。今日研究所本定三时开会,以警报未成。

九日　阴历八月二十七日　晴　寒露

七时起。督工友拾掇客室。今日文科研究所于寓中举行始业

---

①襄勤　原作“忠襄”。按《清史稿·岑毓英传》:“卒,赠太子太傅,入祀贤良祠,云南、贵州建专祠,谥襄勤。”据改。

②印　原脱。

式也。九时孟邻师、孟真、今甫、逵羽先后至寓中，莘田、从吾、建功、元胎、立庵、雪屏均出席，研究生到八人。孟邻师、孟真、今甫、莘田、从吾均有演说。十一时半散会。共摄一影[①]。下午小睡。读《革命逸史》。八时至车站接晓宇，晚与莘田、从吾、晓宇谈久之。十二时就寝。

十日　星期二　晴

八时起。八时半至靛花巷开文科研究所委员会，十二时散会。偕从吾、莘田步行归。饭后小睡。读《革命逸史》终。校中明日上课，预备功课。晚访成舍我于大中旅社。文藻来。十二时就寝。

十一日　阴历八月二十九日　晴

八时起。十时入校上课。今年余仍开明清史及清史研究两课。每星期一、三、五上午十一时至十二时授明清史。星期二、四上午十一时至十二时授清史研究。今日明清史第一课，略述大意。下课归饭。小睡后复入校办公，五时归寓。六时至冠生园与莘田、雪屏公宴文藻、冰心夫妇及今甫。饭后至张荫麟笔庄买笔[②]。十时逵羽来，谈至十二时去。随即就寝。

十二日　星期四　晴

八时起。十时至昆华中学东北院上课。清史研究第一课，略示大凡。至靛花巷文科研究所与孟真略谈，归。小睡。矛尘自昆阳归，同出晚饭。归。与华炽、泽涵谈久之。十二时就寝。今日得家书，甚慰。

十三日　阴历九月初一日　晴

八时起。至靛花巷略布置所务。后至昆华中学东北院上课。

---

①摄　原作“撮”。

②荫　疑为“鹤”字之误。按当时昆明笔庄除郑先生所记刘松伯、张学文外，尚有张学成、张学义、张学明、张学庆、张鹤麟等二十馀家。

两地相距极近，仅费时七分钟，日内移居后殊便利也。下课，步行归。二时再至新校舍图书馆开教授会，选举校务会议代表，余当选。六时散会，归。晓宇约往食馅饼。馅饼在北平为食品中最贱者，此间每件索价国币一角，贵哉！归与同寓诸公谈至夜深而寝。数日前闻家中有移居之说，又久无信，极念之。昨得大宝八月二十一日信，为之大慰。今日再读之，中有中秋节快到之语。八月二十一日为阴历七月初七日，距秋节尚远，何以有此语。疑其为九月二十一日所写。九月二十一日，阴历八月初九日也。果尔，则移居说不可信。然小孩写信未必精确，于是又为之悬念不已。

十四日　星期六　阴　晴

八时起。九时入校办公。十二时归。绕道靛花巷，入内一视而出。以时晏，恐寓中已开饭，遂在新亚食点心。与矛尘、晓宇三人共食三元，此在今日昆明市盖最便宜者也。归。遇孟真，略谈研究所事。五时孟邻师约往食饺子。九时归。与矛尘、莘田、雪屏谈甚久。十二时就寝。今日自校中借来《苏平仲文集》《清江贝先生集》《逊志斋集》各一部。

十五日　阴历九月初三日　晴

八时半起。建功夫人及子女今日下乡，午间约建功全家、晓宇、矛尘在东方酒楼食饼，皆粗肴而价十元五角。膺中来，谈久之，借《新旧唐书合钞》去。二时半至四时半昼寝，酣畅之至。读《苏平仲文集》。毛子水来。六时半，莘田约《读书周刊》社诸人在南丰聚餐。余自《读书》在昆明复刊未尝作一文，今日列席，不觉恧赧。《读书周刊》今改附重庆《中央日报》出版。八时半归。得廉澄九月二十四日北平来书，谓送明信片四十张至家中交儿辈收用。与前日大宝来信相符，则大宝之信仍为九月二十一日所写也。廉澄信中又云，余平寓经绶老设法，已无问题。是移居之事，果出之日人也。此事家信迄未言及，想三弟等恐余之悬念耳，连日愁念为之驱散。读《苏平仲集》。十二时就寝。

十六日　星期一　晴

八时起。九时入校治事。十一时至昆中东北院，讲述明清史一小时。归。小睡。五时谒孟邻师，晚饭后归。与同寓诸公谈至夜深，未能读书。十二时就寝。

十七日　阴历九月初五日　晴

八时起。十一时至十二时往昆中东北院，授清史一小时。下课候肃文来。偕赴中国银行午饭之约，肴馔甚精。二时归。作函致三弟，询家中近况。孙伏园来，新自贵阳到昆明，与矛尘、介泉、建功、莘田公宴之于冠生园。九时归。与同寓诸君子又谈至夜深。连日未读书，惟快谈消永夜，此南来所未有也。奈何！奈何！十二时寝。

十八日　星期三　晴

八时起。九时至靛花巷研究所。十一时至昆中东北院，授明清史一小时。归饭。饭后小睡。略预备功课。七时至孟邻师寓晚饭，十时归。与从吾略谈。孟真来函，约往龙头村，余拟后日往。十二时就寝。孟邻师更示《论笔势歌诀》，录后。

执　梁巘执笔歌

学者欲知学书法，执笔功能十居八。未闻执笔之真传，锺王学尽徒茫然。一管分为上下中，真书小楷靠下拢。大字行书从中执，草书执上始能工。大指中指死力捏，圆如龙睛中虚发。食指名指上下推，又须用力相穿插。小指无用任其闲(包慎伯以小指上节之骨贴名指之端，助名指揭笔①)，手背内坎半朝天。笔管上向怀中

①指　原作“纸”，据包世臣《艺舟双楫》述书中篇改。

入,下截笔锋向外出。腕力挺住不须摇,运转全仗笔力熟。悬腕悬肘力方全,用力如抱婴儿圆。弗令偏窄贴身边,总之执笔功期远。古人之言良不诬,凿破纸兮抉破管。

又“使”诀有修正处,录其改定诸句于次。

“字外出力如击剑,笔循弧势空飞腾。”“又有颇旋竖横间,犹如地轴向日偏。”“势如新月半边弯。”“唐人向拓《奉橘帖》,划剥蚀处平线见。画中笔似逆水舟,纤引前进水为留。纵横取势如扯纤,纤水背驰牵且掣。牵掣相持生笔力,牵力须仗掣力撑。八法有努同此意,手扳弦掣直势成。扳掣之间力自具,两势背驰力中生。笔能乘势又着力,作成点画中藏棱。”

十九日　阴历九月初七日　晴　有云

八时起。入校治事。十一时至昆中授课,十二时归。小睡。收拾衣箱,欲明日携往龙头村,亦疏散之意也。晚饭后偕立庵、晓宇至夜市购黄杨木章一,文曰“披云山馆主人启事”。余向号厅事曰“梯云馆”,盖幼时游香山,民国四年随张镕西表兄住西山卧佛寺,是地清凉殿,旬日。见山巅有梯云山馆也。又曰梯云楼,取“上楼僧踏一梯云”之句,意在高绝尘寰。当时作《梯云馆》诗,有“馆高人莫见,空望雰与雯”全诗不复忆,幼时笔墨不足存也。之句,与青云直上不相涉。今日得此,其意相近,为之慰甚。九时归。与雪屏、矛尘谈。十二时就寝。

二十日　星期五　晴

八时起。偕晓宇、矛尘步行入校。十一时至昆华中学北院,上课一小时。下课后至靛花巷看视。诣雷海宗,不值,归。下午二时乘车往龙泉镇,三时三刻始达。晤梁思永①、董雁堂、傅孟真于响应

①永　原作“成”,据本年八月二十九日、十二月三十日日记改。按刘敦桢《川、康古建调查日记》,是日梁思成在四川雅安调查高颐阙。

寺。余意欲上山读书，孟真坚留少谈，遂与三公共进加非。谈至六时许，在孟真家留饭。从吾以昨日下乡，晓间亦至孟真许，又谈久之。余与从吾下榻响应寺，客堂即中央研究院历史语言研究所所长办公室也。九时半就寝。窗外一无声响，但闻远犬吠声而已。乡间之静如此，可爱可羡。

二十一日　阴历九月初九日　晴

七时起。诣孟真家早饭。九时上山，先至弥陀殿，更至观音殿。读《明太祖实录》，仅尽二册，并录其要。已至十一时半，闭馆时矣。馆中藏《明实录》两部，一为广方言馆旧藏明钞本，一为嘉业堂旧藏明钞本，嘉业堂本即抱经楼本也。又有晒蓝本一部，北平图书馆所藏内阁大库本也。真可谓美不胜收者矣。安得日日在此读之耶？下山先至响应寺收拾行李毕，更至孟真家午饭，食包子、烫面饺，绝美。子水、元胎、辰伯亦自城内来，济济一堂。饭后摄影数帧。二时半偕从吾、元胎、辰伯步行至落索坡辰伯寓小憩，更步行至沧浪乡大桥下松林中席石而憩，更行至�庄乡茶馆中小坐，进茶三盂，更行至城，已六时许矣。凡步行二十馀里，费时三小时半。抵寓洗足后，偕晓宇至易调隆进馅饼。归，与同寓，谈至十二时就寝，尚不觉倦。今日在响应寺后见有龙头书坞大门。今已并入寺中。匾题康熙庚寅，迄今二百三十年矣[①]。

二十二日　星期日　晴　有云

八时起。检拾什物，拟明日移居靛花巷。午请矛尘父女在易调隆食饺子、馅饼。午后作昼寝未熟。闻陈寅恪前日归，事前两接来书，嘱余派人往接。而前日余适下乡，竟无人至车站，为之怅然。今日下午欲往视，又以客多不果。六时至孟邻师寓晚饭。与师谈至九时归。书籍均已入箱，案头惟馀《清江贝先生集》一册，读数叶

---

①年　原脱。

而寝,亦已十一时矣。

二十三日　阴历九月十一日　雨　阴

先妣陆太夫人逝世三十三周年忌辰,客中不能祭祀,默祷而已。晨雨。八时起,已放晴。九时偕矛尘步行入校。十一时至昆中上课。十二时归。今日本与莘田约,伊上午移居,余下午移居,以便工友工作得以分开。上午莘田未移,改下午。余亦改明日移居矣。晚孟邻师约在家晚饭。饭后归。十二时就寝。

二十四日　星期二　阴

八时起。佛泉约往绿杨春食包饺,矛尘、建功、雪屏、濯生同往。偕矛尘诣伯苍,小谈,出。至昆中上课,遇金甫、佩弦、家驷、龙荪[①]。下午步行归。道经五华餐馆,进午餐,经济菜一汤一菜价一元二角,尚不恶。归寓小憩。四时移行李箱栊至靛花巷三号北京大学文科研究所二楼西屋中间。孟真居吾之北,学生读书室居吾之南,莘田居吾对面,锡予、从吾、寅恪则居楼上。但锡予、从吾尚未至。布置室中木器书籍,多赖郁泰然之力,可感也。室中面西有窗一,临空院,院中有修竹一丛,正当窗际,举头可见。日对清节,益吾心神当不少也。晚饭后同寓多出门,独坐读书,惟远处蟪蟀微鸣,别无音响,静极。十二时就寝。

二十五日　阴历九月十三日　晴　阴

皇考府君逝世三十四周年忌辰。八时起。九时入校。十一时至昆中北院上课。十二时归饭。雪屏来。小睡。至昆中北院。归。读《明史》。六时至才盛巷与雪屏、膺中、汇臣、矛尘、介泉、莘田、晓宇会齐,公宴林觉辰于东月楼。觉辰昨日自西安乘飞机来,别两年半矣。饭毕,归。陈伯君托觉辰携来二百元,归前欠。附函有"尊

---

①荪　原作"孙",本年十二月三十一日、一九四〇年一月一日、一九四三年三月八日、一九四四年九月十四日同,据一九四〇年七月十二日日记改。

款一欠十年，心常耿耿”之语。伯君，真君子人也。然余虽穷，此款从未提过，亦从未向外人谈过，良以伯君之穷更甚于我也。读《明史考证攟逸》。与孟真、莘田谈至夜二时乃寝。余自去春来滇，始居全蜀会馆锦春楼，继往蒙自居早街周宅，迁城外汇理银行，再迁歌胪士洋行，复归昆明居崇仁街办事处，迁柿花巷公舍，再迁才盛巷公舍，及今盖八迁其居矣。

二十六日　星期四　晴

八时起。与莘田深谈。莘田有女弟子曰张敬，贵州人，年已二十八九，去秋来昆明，余时尚在上海。张初与毛子水相稔，子水倾倒之甚，张之来，子水实招之。既至昆明，莘田为觅居处，并介之于袁守和。于是过从渐密，而蜚语四起。余自上海归，始闻之。尝微言以讽，一年以来，每独晤，必以张事为言。或婉劝，或直规，深知莘田天性甚厚，笃于父子夫妇之情，向上之心甚富，必不致有非分之举，但人较慈弱，遇事不免徇人，遂为流言口实。前日朱佩弦请常务委员会聘张敬为国文系助教，其事实出佩弦意，佩弦向余亲言之，而友好大哗，以为出之莘田。矛尘、膺中、雪屏均有违言，孟真言之尤切，余亦期期以为不可。今日与莘田再言之，莘田以不得诸友谅解，为之失声落泪。余劝其言之守和，希望能如余之所期也。十一时至十二时授课一小时。午饭后小睡。四时半谒孟邻师，师以开皇本《兰亭》为赠，留晚饭，谈至九时归。十二时就寝。

二十七日　阴历九月十五日　晴

八时起。九时至办公处。十一时至昆中上课。十二时归。饭后至火车站与梅月涵、杨今甫、吴文藻、陈雪屏会，同往呈贡。二时半车开，四等来回票价一元三角，车行四十分钟抵呈贡。车站距城尚有八里，骑马行一小时抵县东门，颜曰“就日门”。吴太太、郑颖孙来接，入城登山至华氏墓庐，文藻所居也。进加非毕，绕山头一周，远望滇池，彩叠数色，不辨为云、为岚、为光、为水、为山、为田也。晚饭后，月色绝清，万顷溶溟，似昼而淡，似灯而静，平时不易见也。再与颖孙、月涵、今甫、雪屏围山步月，不幸月涵蹩足。余与雪屏下榻吴庐，月涵、今甫下榻龙街颖孙寓。月涵、今甫去，更与文藻夫妇谈久之，乃寝。

二十八日　星期六　晴　有云　在呈贡

六时半起。至山头大便，以天地为厕，亦别一境界。九时许，今甫来，同进早餐。至文庙清华研究所访月涵，以足疾不能登山，憩于此也。晤赵鸣岐。月涵足仍蹩，不便骑，乃与雪屏、今甫及文藻夫妇小孩等出南门，门名文明。乘马至乌龙浦，经大古城村、可乐村而达，凡十八里。登山而望，前临昆池，西山屏列，风景大似南京燕子矶，望久之，共进野餐。后乘骑还，已三时矣。莘田本约今日来，候之不至。晚至龙街颖孙处饮馔，饭后听颖孙抚琴，张充和女士昆曲①。十一时归城，城门已闭，叩门而入。此在外县为异事，非上宾不能也。十二时就寝。

二十九日　阴历九月十七日　晴　自呈贡还昆明

七时起。今日呈贡县长李君约作泛舟之游，以明日有课须还昆明，辞之。十时吴太太导游龙井，出北门，门名朝京。越公路东北行，有亭旁泉侧，泉水清冽，全城饮料所资。小坐，归。沿城南行经西门，门名观海。西至南门入城。访赵鸣岐，不值。更访周濯生，略谈。至文庙，复登山至文藻寓。午饭食饺子。读《呈贡县志》毕之，志修于清雍正三年知县朱若功，续补于光绪十一年知县李明鋆，前有雍正三年布政使李卫、按察使江芑、粮道张允随、知府韩钟及朱、李两知县序文。据志，元宪宗时立呈贡千户所，至元世祖中改晟贡

①充　原作“冲”。按郑先生次日有录李白《暖酒》诗书赠，署款曰：“二十八年十月二十九日云龙庵听琴，录呈充和先生教。长乐郑天挺。”据改。

县，明复为呈贡县。初治伽宗城，后晋天福二年段思平遣土官所筑，在今治之西，即今之大古城村也，明洪武十六年始移今治。志中志清中叶回乱甚详，不及录。三时偕雪屏出东门，乘马至车站，四时五十分车开，五时五十分抵昆明。下车至才盛巷，闻孟邻师约往便饭，赴之。十二时归靛花巷寓所，与莘田略谈而寝。

三十日　星期一　晴　有云

八时起。九时至办公处。十一时至昆中上课，课毕归靛花巷午饭。饭后小睡。晚逵羽约在家食徽州锅。十时归。十二时就寝。

三十一日　阴历九月十九日　晴

八时起。预备功课。十一时至十二时授课一小时。午后大睡。读摘讲述札记。十二时就寝。

十一月

一日　阴历九月二十日　晴

八时起。今日上午校中举行精神月会，十至十二时停课。九时偕莘田诣绍榖，不值，晤其夫人，知已定十一日飞往重庆。小坐，出。至大明光理发，再春园午饭。闻文藻夫妇来城，访之不值。诣膺中，晤许季茀，昨自成都来，将往中山大学任教。归寓经儿童书局，入购儿童读物十数本，欲以赠文藻之子宗生。适遇吴夫人携小孩来购物，即交之。归寓。元胎来，公超来。孟真函寅恪、莘田，此次中央研究院改选评议员，孟真拟推胡适之师、陈垣、陈寅恪、朱希祖、金毓黻、汤用彤、蒋廷黻、顾颉刚为史学候补人，赵元任、罗常培、李方桂、曾运乾为语学候补人。建功来，六时同至东月楼，与逵羽、膺中、矛尘、肃文、德成、介泉、晓宇、莘田、雪屏诸人公宴许季弟、李季谷。饭后至才盛巷公舍,谈至十时归。预备功课。十二时就寝。

二日　星期四　晴　有云

八时起。读《清史稿》等,备授课之需。十一时至昆中上清史一课。十二时归饭。小睡未熟。至护国路邮局汇款,他处汇北平五十元,汇费一元二角,惟此处仅二角,不详其故,岂此处为汇业总局乃减价耶?至才盛巷,闻少榆以今日归,偕华炽往接,至车站方知车误两小时。孟邻师约食牛肉,不及待矣。在文盛公购毛边纸,每张二角八分,可裁日记纸八方,两月前尚价二角,今又加四成矣。闻今日米价已至五十三元一石,三月前仅二十二元五角耳。在孟邻师寓食牛肉后归。十二时就寝。孟邻师示以《笔法歌诀注》,别录之。

三日　阴历九月二十二日　晴　有云

八时起。预备功课。十一时至十二时往昆明授课一小时。归寓。矛尘、少榆来,同出午饭,饭后归。午睡。雁堂来。诣今甫,同至孟邻师寓,与师暨雪屏、莘田、肃文、逵羽、膺中、佩弦、矛尘公饯徐绍榖。十二时归。

四日　星期六　阴　晴　风

八时起。九时入办事处。十二时归。昼寝。矛尘来,同出购鞋,不得。归所晚饭。晓宇来。光甫来。偕晓宇至才盛巷,遇矛尘、少榆、思亮、物华。九时归。建功、立厂来。与雁堂谈历法,至夜深而寝。

五日　阴历九月二十四日　晴　风

九时始起。君亮来,谈久之。读明人笔记。午后小睡。四时谒孟邻师,进加非。至正义路张学文笔庄,购云南砚石一,价十二元,此在去年三元耳。至才盛巷公舍。七时复归邱家巷孟邻师寓,梅月涵假地为东道主，食牛肉。九时偕金甫步行归。与从吾、锡予谈久之。十二时就寝。

六日 星期一 晴

八时起。读《元史》《明史》，摘讲述札记。十一时至十二时授明清史一小时，课毕归饭。下午至办公处。六时归。孟邻师宴孟寿椿，命陪坐，赴之。九时半归。读摘札记。十二时寝。

七日 阴历九月二十六日 晴

八时起。读备讲述之书。十一时至昆中东北院上课一小时，课毕归饭。下午至办公事处。四时在会议室开校务会议，六时半会毕。至才盛巷公舍，舍中同人公宴吾侪离舍诸人，有鸡有猪肫，余与雪屏因开会到迟，鸡已无，仅馀鸡骨而已，饱餐而归。读摘札记。十二时就寝。

今日日记试雪屏所赠兰烟墨，昆明得之旧墨也。

八日 星期三 晴 有云 立冬

八时起。预备功课。读元明史籍。十一时授课一小时，十二时归。饭后昼寝。下午读摘札记。晚研究生王明来谈。读书。十二时寝。

今日日记试孟真所赠细密文章墨，亦得之昆明者也。

九日 阴历九月二十八日 晴 有云

八时起。读授课用书。十一时至十二时上课一小时，课毕归。饭后小睡。杨壮飞来。雪屏来，同至孟邻师寓，饭后十时归。读摘札记。十二时就寝。

十日 星期五 晴 飞雨

八时起。预备功课。十一时至昆中上课，十二时归。钱思亮来。昼寝。膺中来。至邮局。晚饭后偕寅恪、锡予、莘田至翠湖散步。读摘明人笔记，摘录其有关明代掌故而真实者。十二时就寝。

今昨日记均试余藏受福鸳鸯墨，夜间并以兰烟墨录孟邻师《笔诀注》。

十一日　阴历十月初一日

居家时例以阴历今日上供并焚纸束，不知儿辈为之否。

八时起。读明人笔记，录其重要者。午饭后小睡。三时至办公处。六时自办公处出，视查勉仲疾。晚饭黄少榆、潘介泉来。饭后偕莘田至翠湖散步。诣田伯苍，不值。再诣周枚荪，略谈归。唐立厂来。何鹏毓来。十二时就寝。

十二日　星期日　晴

八时起。学生李希泌来，印泉先生少子也。前得张三表姊函，嘱请印泉先生为镕西表兄志墓，而余于印泉先生无一面之雅，乃告希泌为先容，希泌约今日同往。印泉先生谦和下士，先述因病乡居，不能相访意；继述与镕西至交，志墓之文，万不能辞。谈半小时，余辞归。顺便访壮飞、君浩，同诣罗君。午归饭。饭后小睡。子水来。与寅恪谈。读明人笔记。六时谒孟邻师，值临麓山寺碑，求得一纸。留食牛肉，月涵、今甫、枚荪夫妇、雪屏、矛尘均到。十时归。与今甫偕行。读明人笔记，今日决意以《实录》、明人笔记及《明书》《明事本末》《罪惟录》校证《明史》，作为读《明史》札记。十二时就寝。

十三日　阴历十月初三日　阴　飞雨丝

八时起。预备教授材料。十一时至昆中东北院上课，十二时归。饭后小睡。三时至办公处，六时归。向觉明来。觉明昨得孟真书，嘱其开具本年度研究计划，不无误会，以为指导学生外，更须刻期程工一己之研究，则不如辞指导之为愈。锡予闻之，深悲其离去，急以告予。予为剖解再四，并亲致三月薪俸，或可不辞矣。觉明诚笃质直，君子人也，不妄受妄取，予之所以亲致者，盖微觇其意向耳。晚饭后矛尘、少榆、思亮、晋年来,同至正义路购物,往才盛巷公舍,小坐,归。读明人笔记。十二时就寝。

十四日　星期二　雨

竟日沉阴密雨。八时起。预备功课。十一时至十二时讲述清史,清代之祖居,课毕归饭。午后小睡。读明人笔记,摘录并考订之,以备讲述之需,兼作《明史》札记初稿,此时但作卡片,尚未登之簿册也。晚刘晋年来。仍读笔记。十二时就寝。

十五日　阴历十月初五日　雨　寒甚

夜雨达旦,为鼠子惊觉者再,晨起已九时矣。读摘讲述札记。十一时至校讲述明太祖渡江下金陵。十二时归午饭。小睡未熟。作书致三弟。冒雨至邮局发之,并汇五十元,以大雨邮局必清静也,果无一人。归。读明人笔记。作书致张三姊,告晤李印老求为镕西表兄志墓事。十二时就寝。

十六日　星期四　晴

昨夜就寝,雨未止,今晨已放晴,不知何时住也。八时起。预备功课。少榆来。十一时至校授课,十二时归。饭后欲睡未入梦,起读明人笔记。五时半逵羽、雪屏来,同至邱家巷孟邻师寓聚餐。师今日下午自学校归,为汽车所撞,几昏,幸未大伤。十一时归。日间有笔记数则录未竟,补之。与莘田谈至一时始寝。

十七日　阴历十月初七日　晴

七时起。夜眠不足六小时,不知今日何早也。预备功课。十一时至校上课,述明太祖之平定群雄。十二时归饭。一时作昼寝,三时乃觉。五时枚荪来。子水来。八时谒孟邻师,值宴客,乃归。读明人笔记,前假扫叶山房石印《五朝小说大观》《明人百家》百八帙,今日读毕。稍觉头痛,十一时就寝。

前年余以阳历今日离北平,不觉二年矣。

十八日　星期六　晴　晚阴

八时起。十时至办公处。十一时半至昆中东北院访少榆、泽涵等，遇雪屏，同归午饭。小睡。读方孝孺《逊志斋集》。七时龚仲钧约晚饭，席设教育厅内，凡八桌，皆教育界人。九时与莘田环翠湖步归。读《逊志斋集》，方氏《释统》三篇及《后正统论》，谓有天下而不能跻于正统者三：篡臣、奸后与夷狄是也。其意盖为《元史》而发，然《元史》之成在洪武二年，方氏仅十三岁，方生于至正十七年。似尚不足以语此意者。当时杨铁崖正统辨之说方张，元臣仕明者甚众，故方氏辟之耳。拟作一《明初之正统论》，一述中国传统之正统论，二述杨维桢之正统辨[①]，三述明太祖对元之态度，四述明初诸人对元帝统之意见，五方孝孺之正统论，六述方氏意见之影响。夜一时就寝。

十九日　阴历十月初九日　晴

八时起。八时半谒陈勋仲，遇潘怀素，谈佛学，甚深邃。又晤北平大学法商学院某教授，谈今日教书之不易，余以为国难中，图书不足于用也，而其意乃谓学生思想之复杂。余教书二十年矣，曾不解此。呜呼！十时偕勋仲诣壮飞，不值。同至庸道街午饭，从滇俗也。饭后归寓，仅十一时耳。读《逊志斋集》，竟八卷。晚饭后至翠湖散步。读《元史》，欲察其初修、续修之迹，疑续修者惟宋景濂《元史目录后记》所列诸卷，其馀未尝增减也。十二时就寝。

二十日　星期一　晴

七时起。预备功课。十一时至昆中上课，授明史太祖之建国与南征闽粤。午归饭。小睡。三时至办公处，肃文相告孟邻师以

①维　原作“惟”，据《明史》卷二八五改。

西南联合大学诸院长及负行政责者，均有车费，清华亦然，北大亦拟效之，余颇不愿受此。晚饭后谒孟邻师，陈其私见，盖就工作言之，今日北大诸长固远不如联大之繁也。师谓此不过为物价高涨中补助意耳，余以事涉多人，未便坚自鸣高。十时归。读《宋学士集》。十二时就寝。

二十一日 阴历十月十一日 晴 有云

七时起。预备功课。读《明史·太祖纪》《清史稿·阿哈出传》。九时半偕寅恪、锡予、方桂、莘田至家庭食社进点心。归。读《明史·李成梁传》。十一时至昆中上课，述满洲先世与朝鲜及明代之关系，课毕归。饭后小睡。四时往邮局汇款至平家。读明代笔记。十二时就寝。

二十二日 星期三 晴 阴

七时起。读《逊志斋集》。十一时至校上课，十二时归。作书致孟真。二时至三时昼寝。今甫来。矛尘来。晓宇来。晚公宴郁泰然于大都会。饭后购纸及白布八十磅，道林纸每张五角，三月前仅二角，布每尺五角。归。读明人笔记。十二时就寝。

二十三日 阴历十月十三日 晴 小雪

今日于阴历节候为小雪，尚着绒衣，觉暖如仲春清明前后也。七时起。读《东华录》《清史稿·兵志》。十一时至校授课一小时，述八旗制未竟，十二时归。三时至办事处。六时偕今甫、矛尘步行至邱家巷聚餐也，轮流为东道，临时签定今日主人为矛尘、逵羽。十时归。读《酌中志》。十二时就寝。

李印老送来镕西表兄墓志一篇。孟邻师又作《书诀》一章①，并录于后。

---

①师 原脱。

二十四日　星期五　晴

六时起。读《明史纪事本末》等。十一时至校授明清史,述明太祖之经略西南及元顺帝所出之传言,十二时归。小睡。觉明来。壮飞来。闻廉澄今日归,至车站迎之,未至。孟邻师约食火腿,十时归所。读明人笔记及《宋学士集》。十二时就寝。

二十五日　阴历十月十五日　晴

八时起。九时至办事处,十二时归所。孟真自乡间来。二时半至昆中东北院联大史学会开会,五时半散会,归。晚饭后偕寅恪、莘田环步翠湖半匝。孟真与莘田因中央研究院事,意偶不谐,为来谈甚久,两解之。两君大学同班也,相交垂二十五年矣。读明人笔记及《宋学士集》。十二时就寝。

二十六日　星期日　阴　雨丝

六时半起。天阴未明也。以二十四日与孟邻师约请诸公子食点心,特早起,七时半步行至才盛巷候诸人。八时半步至金碧路冠生园进广东点心,粤人所谓饮茶是也。九时半食毕,更至才盛巷,以雪屏病,先时未起,再视之已痊。至云南服务社理发。归所小睡。四时半至世界、中华各书局,无所得。更至新滇书局,得开皇本《兰亭》一册,奉之孟邻师,中有王梦楼跋,谓开皇《兰亭》,所见有数本,一有董思翁跋者,已归内府,二培风阁张氏本,三松下清斋陆氏本,四溧阳史氏本,五试砚斋汪氏本[①]。今日所购即影印试砚斋本也。至孟邻师晚饭。十一时归,即寝。

今日于阴历为三弟生日,作书祝之。

二十七日　阴历十月十七日　阴

八时半起。请孟真、寅恪、锡予、莘田、从吾、觉明、政烺往家庭

---

①汪　原阙,据王文治《快雨堂题跋》卷一、汪穀《试砚斋帖》补。

食社食包子。归。读摘笔记。十一时至校授课一小时,述明初政治,十二时归。小睡。学生赵俊、耿韵泉来,谈论文事,谈约一小时。晚饭后谒赵廉澄,昨日方自北平归昆明,叙沿途情形及家中状况甚详。十时归。读《逊志斋集》卷九、卷十。十二时就寝。

二十八日　星期二　阴　晴

八时起。孟真约往家庭食社食点心①,食毕归。读摘讲述札记。十一时至十二时至校授清史,述八旗制度。下课偕今甫归,遇孟真、莘田于途,同至同义楼午饭,食饼。至商务印书馆,无所得,步行归。暖甚,绒衣不胜其热。三时至办事处,六时归。随至冠生园,与雪屏、莘田、矛尘公宴廉澄。天骤阴,有风,寒甚。归。读《酌中志》。十二时就寝。

二十九日　阴历十月十九日　阴　寒

九时始起。读摘讲述札记。十一时至昆中东北院上课,述明太祖之分封诸王。十二时归。饭后小睡。六时研究委员会开会,先往家庭食社会餐,然后回所讨论,十时散会。读《酌中志》。十二时就寝。

三十日　星期四　阴　寒

八时起。读摘讲述笔记。十一时入校授课,再述八旗制度。下课归。方熟睡,公超来,谓孟邻师得家电丁外艰,嘱余代表出席预算会议,遂入校开会两小时半。所议无多,以准备之材料不足,一有质询皆不知所对。旁询一再,亦无确切之数字。回思往时北大预算会议,其准备之密,数字之详,不啻天渊之隔。会散偕月涵、今甫、逵羽、矛尘至孟邻师寓吊唁,饭后归。与孟真谈久之。十二时寝。

①家庭食社　原作"食庭时社",据前后文改。

蒋孟邻先生书诀注

〔其一曰执,用梁巘执笔歌。〕

二使　吴郡曰:“使,谓纵横牵掣之类是也。”

甲　势与力

东坡有语传笔法,字外出力中藏棱。字外出力如击剑,笔循弧势空飞腾。

注:力之动者曰势,“字外出力”者,字外取势之谓也。张旭观公孙大娘舞剑而得笔法,言作书须空中盘纡以取字外之势,故曰如击剑。

或作竖旋如车轮,或作横旋如转盘。又有颇旋竖横间,犹如地轴向日偏。

注:车轮旋盘转,但状其旋转之势,非真如轮盘之旋转不已也。

自左转右曰右旋,左旋却是向左转。又因笔顺曰便旋,势如新月半边弯。更有回旋去复来,好似抛球碰壁回。以上皆取凌空势,导入点画成笔势。

注:以上言空中事,以下言画中事。

悬管掉之令锋开,犹如农人打稻穗。飞鸟抓地锋着纸,大令譬此状笔势。丞相善譬鹰鹯挚,也如引镖学投的。

注:言点画开始事也。右军云:“每作一点画,皆悬管掉之令锋开,自然遒丽。”农人打稻,用力以稻把击稻斗,使力达稻把中各稻梗,震荡排挤,把开而谷粒飞散。故欲锋开须悬管掉之,笔犹把也,毫犹穗也,纸犹斗也。

子敬云:“飞鸟以爪抓地,飞鸟抓地必先在空中盘纡取势,然后向的猝然下降。”

丞相李斯云:“下笔如鹰鹯搏挚”,其势与上同。投镖亦须以肘盘纡作势,然后尽腕力向的投之。

落纸锋开行画中,中郎法与锥沙同。

注:以下诸条言画中事。

蔡中郎邕云:“常使笔在画中行”,古语云:“如锥划沙”,皆言墨到处必须笔到也。

万毫齐铸平行线,安吴语向几何参。

注:安吴包慎伯云:“万毫齐力”,余以几何学术语引申之曰:万毫齐铸平行线。

唐人向拓《奉橘帖》,画剥蚀处平线见。

注:唐人摹拓右军《奉橘帖》,先在画中以笔锋描成平行线,然后以墨盖之。帖藏故宫博物院,较善之珂罗版亦能察之。

画中笔如逆水舟,桨桡前进水为留。纵横取势如桡桨,桨水背驰牵且掣。

注:笔既得势,如循势径往,则画中贫乏无物,故以逆水撑舟而喻牵掣之道。

牵掣相持生笔力,牵力须仗掣力撑。

注:言力之所由生也。桡之使进曰牵,扼之使上或退曰掣。掣力弱则笔便顺势径往,牵力亦弱矣,掣力愈大则牵力亦愈大。行笔时,一面尽力掣,始能同时尽力牵。人力车夫不愿拉空车,以其无处着力也。

八法有努同此意,手扳弦掣直势成。

注:努与逆水撑船其牵掣之理同,勒亦同此一理。其馀各法不过努勒二法之变化耳。总之,八法之基本原则为力与势。

点画起势发中心,收势仍向中心回。逆水撑船诚妙喻,千篙万桨原位归。

注:东坡云:“用笔如逆水撑船,千篙万桨不离原位”,喻作点画

之法也。

无垂不缩往必收，牵掣自成垂缩势。牵则垂兮掣则缩，往与收兮亦如此。

注：无垂不缩谓凡垂即是缩，非谓垂终而始缩之也。

往收之间自具力，两势背驰力中生。笔能取势又着力，作成点画中藏棱。

二十八年十一月十日夜，试旧墨。

蒋孟邻先生书诀

假大令飞鸟以爪抓地之喻，以明肘腕指三者之运用。

肘运如飞鸟，盘绌凌空势。指运如鸟爪，抓地笔着纸。笔锋犹爪甲，划纸如划地。腕运指肘间，助肘亦助指。势从腕肘生，力由牵掣成。巧出五指尖，神妙步轮扁。

十二月

一日　阴历十月二十一日　阴

八时起。读《清江贝先生集》，录铁崖先生传中《正统辩》①。九时锡予约出食点心，食毕即归。仍读贝集。十一时至十二时本有课一堂，以今日举行精神月会停课。余在寓读书，竟未往。午今甫、矛尘来午饭。饭后小睡。至办公处。六时晓宇约在尹辅家食面，尹辅自调肴菜，晓宇炸酱，光甫作面，纯北平味道，他处不易得者也，不觉过量。饭后偕矛尘、泰然、晓宇至昆中东北院访廉澄、少榆，更与矛尘、泰然在翠湖散步。九时半归。读《逊志斋集》，竟十

①辩　本年十一月十八日作“辨”。

一至十六卷。十二时就寝。

二日 星期六 微晴

六时以腹涨起,微泻一次。七时独步翠湖一周。归。读《逊志斋集》。十时至办事处。十二时同矛尘在校门前食饺子。食毕,归寓小睡。四时谒孟邻师。六时至才盛巷北大同人聚餐,原定假孟邻师寓,以太先生弃世改才盛巷。到四十馀人,八时半散,归。读《逊志斋集》,竟十七至二十卷。十二时就寝。

三日 阴历十月二十三日 微晴

八时起。读《逊志斋集》终。十一时至庆丰礼堂吊曾叔伟太夫人丧,便道购纸。归寓午饭,饭后大睡。四时半始起读《宋学士集》,摘其书元末纪元者录之。晚饭后偕寅恪、锡予、莘田至翠湖散步。归。读宋集竟之。十二时就寝。

四日 星期一 晴

昨日午睡梦归,夜复梦归,果何故耶? 心实念念。八时半起。预备功课。十一时至校授明史,述建文之撤藩,下课归饭。小睡。四时至办公处,六时归。晚饭后偕雪屏谒孟邻师,遇月涵[①],谈至九时。偕步归。读《清江贝先生集》。十二时就寝。

五日 阴历十月二十五日 阴

八时起。预备功课。十一时入校授课,述清太祖告天伐明之七大恨。十二时归。小睡。董申宝来。孙铁仙来。四时入校,代表孟邻师出席常务委员会,商讨下年预算,六时散会。谒孟邻师报告,遂留饭,九时归。读《明史》姚广孝诸传。十二时就寝。

六日 星期三 晴

八时起。预备功课。十一时至校授明清史,述靖难兵事。十

①原于“月”下衍一“月”字。

二时归。饭后小睡。自雁堂处借来《史学杂志》一册,中有孟心史《清太祖告天七大恨之真本研究》一文,引有王在晋《三朝辽事实录》及天聪中木刻揭榜,向未寓目,录之。学生莫家鼎来。梁光甫来。至办公室。六时陶君浩、杨壮飞约在松鹤楼晚饭,饭后至才盛巷公舍,晤佛泉、濯生、物华、自昭,小谈归。摘录孟文。十二时半就寝。

七日　阴历十月二十七日　晴

九时始起。预备功课。十一时至校授课,述杨镐征辽。十二时归。饭后与从吾谈久之。小睡。张佛泉来。四时至办公处。六时至孟邻师许,谈太夫子设奠诸事。九时归。读《苏平仲文集》。十二时就寝。

八日　星期五　晴　大雪

八时起。预备功课。十一时至昆中东北院授明清史课,述建文传说。十二时归午饭。饭后小睡。读《苏平仲文集》。四时至办事处,六时归。饭后谒孟邻师。值勉仲、雪屏在食饺子,更进若干,师定十五日为太夫子设奠。九时归。读《苏平仲集》,毕其有关明初史料者,并摘录于卡片中。莘田明日下乡至龙头村,谈久之。十二时就寝。

九日　阴历十月二十九日　晴

八时起。读《清江贝先生集》。十时至办公处。十二时归。吴大猷来。梁光甫来。小睡。读贝集。晚饭后诣晓宇、少榆,偕往才盛巷,晤华炽、介泉、物华、佛泉、濯生、自昭、枢衡诸公。归经劝业场某甜食店,进八宝饭一盂。归。读贝集。十二时就寝。

十日　星期日　阴　寒

今日沉阴,觉寒甚,但仍仅着驼绒袍而已,不过如北方初冬天气。八时起。张政烺、王崇武自龙头村来。黄少榆、陈雪屏来,代雪屏挽吴俊升封翁一联。下午睡至四时。读贝琼《清江贝先生文集》。八时谒孟邻师，九时归。读贝集终，贝氏《明史·文苑》无传，据清道光初贝墉节录诸书小传曰："贝琼字廷臣，又名阙，一字廷琚，嘉兴崇德人。祖谦，宋太学上舍，运革不仕。琼少颖悟，元末隐殳山。博通经史，善诗、古文。年四十八始领元乡荐，张士诚据姑苏，累征不就。洪武初举明经，三年，诏修《元史》；五年，校士浙省；六年，召入为国子助教；八年，迁中都国子学助教，教功臣子弟；十年，致仕。朱竹垞撰传，云十一年九月致仕。明年卒于家。所著有《清江诗集》十卷《文集》三十卷。"案《文集》卷四有《三贤赞》，自称至正二十四年为华亭分教，则未尝不仕于张士诚也。松江时在士诚手。十二时就寝。

十一日　阴历十一月初一日　晴

八时起。预备功课。膺中来。十一时至昆中东北院授课，述明代兵制，未竟。午后小睡。四时至办事处，六时归。八时谒孟邻师，九时归。读《胡仲子集》。十二时就寝。

十二日　星期二　晴　阴

八时起。预备功课。十一时至校授清史，叙明末之辽帅。十二时归。莘田自龙头村归。三时半至校开校务会议讨论预算，六时一刻散会。随至孟邻师寓报告，留晚饭。九时至才盛巷公舍，晤元胎、建功。十时归。读《明史·兵志》及《明书·兵戎志》。一时就寝。

十三日　阴历十一月初三日　阴　晴

八时起。草《公祭蒋履斋先生公启》。预备功课。十一时至校授课一小时，叙述明代兵制，未竟。十二时归。小睡。三时半元胎来。学生段文新来谈毕业论文。四时至办事处，六时归。八时谒孟邻师，蒋夫人欲于设奠日献花圈，不知称谓，师以相询，竟不能对。《尔雅·释亲》:“姑舅在则曰君舅君姑,没则曰先舅先姑。”此如何称耶?如曰先舅,似非所宜。惜不得《称谓录》一查之。九时与矛尘至先春园食羊肚。归。读《东华录》。十二时就寝。

十四日　星期四　阴　雨　晴

八时起。天阴,十时雨。入校办公。十一时至昆中上课,述清初与明朝之和议。午后小睡。晴。研究生王栻[①]清华、四年级生刘熊祥北大、黄德全联大先后来谈作论文事,王研究清代一二品大员之籍贯家世,刘研究戊戌政变前之学会,黄研究台湾与中日之关系,五时半去。偕锡予、莘田步翠湖半匝归。晚饭后偕莘田谒孟邻师,遇矛尘。九时同出,至劝业场某店进米酒一盂而归。读《明史·兵志》。十二时就寝。

十五日　阴历十一月初五日　晴

八时起。至华丰礼堂。孟邻师今日假其地为太夫子履斋先生设奠。上午布置礼堂,尹辅、光甫、泰然、肃文、宜兴、恒孚诸人先到。十时半矛尘随孟邻师来。余往昆中上课,述明代兵制。十二时下课归饭,饭后更至华丰礼堂。来吊者甚多,三时举行公祭,列名者北大、联大、清华、南开、中研、平研、北图并学生团体四。六时散。孟邻师约执事诸人在家便饭酬谢,九时半归。与莘田谈久之。未读书。十二时半就寝。

十六日　星期六　晴

八时起。至办公处,十一时归。饭后大睡,为莘田唤醒,已五时矣。学生莫家鼎来。偕寅恪、锡予、莘田步翠湖半匝。归饭。饭后学生王玉哲、刘熊祥来。偕莘田谒晓宇、廉澄,同至劝业场进米酒一盂。道遇建功和其夫人,来住湖滨旅馆,偕往视之,小坐,归

---

①栻　原作“拭”,据一九四〇年五月九日日记改。

所。读《胡仲子集》。十二时就寝。

十七日　阴历十一月初七日　晴　有云

八时起。九时至新校舍。今日为北京大学成立四十一周年纪念日,假新校舍第一食堂举行纪念会。先为视之,尹辅、光甫已先在布置,大致就绪,乃归。读《胡仲子集》,竟之。午饭后步至新校舍。二时开会,孟邻师主席,到二百许人,枚荪、今甫均有演说。三时半摄影后散会,进茶点并馀兴。孟邻师先归。到会校友诸人议聚餐,并请孟邻师,遂同往师寓邀请,进加非后往同义楼聚餐,饮馔甚丰。到者民八:杨振声、罗常培、陈贯谷;民九:周炳琳、罗庸及余;民十一:赵廼抟、章廷谦;民十二:赵淞;民十五:陈雪屏;民廿三:邵德厚。胡适之师今日生日,联名祝之,年四十八矣。九时归。读陈樵《鹿皮子集》、金涓《青村遗稿》竟之。十二时就寝。

十八日　星期一　雨　晴

八时半起。天阴,既而雨,未几止。预备功课。十一时至昆中上课,述明代武备。十二时归。饭后小睡。读王袆《忠文公集》[①]。四时至办事处。矛尘怂恿请客,乃约晓宇、光甫、尹辅、泰然至聚丰园便饭,矛尘作陪。八时饭毕,至才盛巷,小坐,归。读王集。十二时就寝。

十九日　阴历十一月初九日　阴

八时起。预备功课。十一时至校授清史,述清太宗之五次扰明。十二时归研究所午饭。饭后小睡。三时偕寅恪、莘田入校领薪,原额三百八十元,实发二百八十一元,扣所得税五元,印花税六分。自七月不扣飞机捐,移入研究所,得不扣房租,所入多于前矣。

---

①袆　原作“祎”,据方孝儒《王氏兄弟字说》(《逊志斋集》卷七)、《常山教谕王府君行状》(卷二十一)改。

三时半代表孟邻师出席常务委员会，六时散会。归所晚饭。饭后谒孟邻师，报告开会情形。遇沈茀斋，茀斋应四川大学教务长之聘，请辞联大总务长，谓继任之选无逾于余，力辞之。茀斋去，再向孟邻师陈其不可。呜呼！吾日夜继晷，读犹不足，安有馀暇事此哉？十一时归。读《王忠文公集》[1]。十二时就寝。

二十日 星期三 阴 飞雨丝

八时起。预备功课。十一时至昆中上课，授明清史，述明代边防。十二时归。饭后小睡。三时孟真自乡间来，入校开学生生活指导委员会，五时半散会，讨论者为学生贷费饭食及卫生之事。散会后约枚荪来晚饭，饭后与从吾商谈党部事。与孟真谈至深夜。孟真归寝。更读《东华录》。一时半始寝。

二十一日 阴历十一月十一日 阴

八时半起。偕莘田、孟真往家庭食社进早点。至邮局汇款。归。读《东华录》《清史稿》，备讲述之用。忽传外间揭预行警报白旗，全所皇皇。余十一时须入校授课，或劝余勿往，婉谢之。入校，遇霖之于途，亦邀同出北门，复谢之。至校诸生均在，述松山战后之明清和议，迄下课而警报未鸣。归所途中白旗已撤，幸未他避，否则何以对诸生哉？饭后大睡，四时始起。摘录《东华录》《明史·陈新甲传》。至办事处，六时归。文藻、雪屏来。晚饭后偕雪屏同出理发，九时归。与孟真、锡予[2]、莘田夜话。读《东华录》。十二时就寝。

二十二日 星期五 阴 寒 微雨

八时起。预备功课。十一时入校授明清史，述明初对外军威之宣耀。十二时归饭。饭后昼寝，甚泰。起而觉明自乡间来，始知

---

①公 原脱，据本月二十二日日记补。

②予 原作“余”，据一九三八年一月十一日日记改。

今日亦有预行警报，吾辈未之闻见也。预行警报由警察揭白旗于通衢。读《王忠文公集》。十二时就寝。

二十三日　阴历十一月十三日　雨　寒　冬至

竟日雨，寒甚。上午未出。读《王忠文公集》竟。午饭后小睡。三时入校，至办公处。六时归。矛尘、晓宇来。读《诚意伯文集》。与孟真长谈。十二时就寝。

二十四日　星期日　阴　寒甚　晨飞雪花

昨夜孟真新购《戊戌六君子集》《明诗纪事》诸书，枕上读之，不觉二时以后乃睡。今晨九时半为孟真唤醒，亦太晚矣。十二时至新校舍，昆明市十八学术团体招待工程师学会年会也。用太和酒店西餐，一汤三菜，闻价国币四元，共三百二十座，约须千五百元，际此长期抗战，殊非所宜，主之者过也。席间任叔永、龚仲钧、熊迪之、杨今甫、萨福均、陈立夫均有演说。立夫言大学教育在养成有志青年，此语甚然，惜乎识此意者少耳。四时半散会，凡坐于冷风环袭之大屋中有四小时，余幸外出时加羊毛内衣一袭，否则必病。散会，偕芝生步入北门，芝生归家，余经唐继尧墓，值开放，入观之。墓甚巍峻，树碑八，二为墓表，周钟岳撰文，字小不能卒读，一为民国五年军务院公推为抚军长状，一为黎元洪时授勋一位状，一为非常国会推为元帅状，一为非常国会推为政务总裁状，一为大元帅孙文通知被选为副元帅电。馀一偶忘。凡此实皆不足以为唐荣，民五时抚军长实由岑春煊代行，唐仅居其名，元帅总裁亦当时遥为推戴，而副元帅更未就职。及孙公逝世，忽通电宣布就职，以致广州胡汉民宣布代行大元帅职权，阴示诋諆，贻笑中外。窃以为讨袁之役为唐氏不朽之功，不若以讨袁初檄镌之墓侧，远胜于此无谓之荣典，徒增口实也。唐氏晚年拥兵一隅，授官予谥，久为国人诟病。然平心而论，袁氏称帝之际，反袁诸人，无尺寸土,如无唐氏发难,大局演变,必不能若是之速。梁启超全归其功于蔡锷,抑亦过矣。归所。晚饭后谒孟邻师于寓。九时诣孙洪芬,十时归。与孟真、莘田杂谈。十二时就寝。闻今晨飞雪,郊外四山均白。

二十五日　阴历十一月十五日　阴

八时起。孟真今日下乡,谈久之。孟邻师昨约往松鹤楼早餐,十时赶至,诸君已食毕。独进面一盂,包十枚。偕矛尘诣月涵、雪屏。归所午饭。饭后小睡。谒孟邻师,途中见《中央日报》号外,知南宁克复。抵师寓,遇勉仲,相与大快。旁晚民众游行,或因云南起义纪念。爆竹之声大作。同往聚丰园便饭。饭后遇逵羽,再往邱家巷师寓。爆竹之声不绝。十时归。询之市肆,谓庆祝南宁也。询以往年纪念起义有爆竹声否?曰:“无之。”更过《朝报》馆,入询详情,则谓克复之事尚未证实,不禁发沮。十二时半就寝。爆竹之声犹未绝。

二十六日　星期二　雨　雪

九时起。读《朝报》,谓昨日克复南宁未确。晨起雨,十一时忽雪,寒甚。午饭后小睡。三时半偕寅恪、锡予、元胎至大街,余往商务印书馆购书数种归。读《诚意伯文集》。今日盛传龙州已失,盖昨日南宁空喜之反响,遂谣传大败矣。昨日南宁之讯传来,种种幻想一时涌浮。虽闻《朝报》之言,犹冀其成,不信今日知其果妄为之,怅怅终日。十二时就寝。

二十七日　阴历十月十七日　晴

八时起。预备功课。十一时至校授明史一课,述明代之征服安南。十二时归。饭后小睡。三时入校治事,六时归。闻孟邻师约晚饭,与莘田同往,十时归。读《诚意伯文集》终、《东维子文集》。十二时就寝。

二十八日　星期四　晴

八时起。预备功课。十一时入校授清史，述多尔衮入关。十二时归。小睡。四时入校，六时归。诣矛尘，同访吴俊升于愉园，不值。至壮鸡馆食壮鸡。闻镇南关亦失。归。读《东维子文集》终。十二时就寝。

二十九日　阴历十一月十九日　阴　晴

八时起。预备功课。十一时入校授明史，述中官使外域。十二时归。校中、所中共请李方桂讲演，三时偕之往昆中南院并听其讲演，四时半讲毕。诣雪屏，小坐，归。六时文科研究所宴方桂诸人于华山西餐馆。饭后谒孟邻师，陈将于明日下乡至历史语言研究所读书二日。入城，十时归。检应用物件。十二时就寝。

三十日　星期六　微阴　住龙泉镇

八时半起。检拾杂物，与汤锡予乘人力车于十时动身往龙头村。行至圆通街，见警察骑自行车插预行警报白旗，时小东门菜市货者极夥，殊镇静。出城，过穿心古楼，闻警报，时十时四十分。更进至十一时许，而紧急警报作时，车已行至大堤之上。长松夹峙，知无危险，仍前进而心念城中不已。十一时五十分，抵龙头村，至响应寺，已下班，乃至孟真家。孟真留住其家，遂置行李，遣车去。饭后与孟真、锡予偕往响应寺阅西文书，余查西方对西藏布丹诸记载，五时出阅览室。至考古组访董雁堂、梁思永，出寺访李济之，不值。与李老太爷少谈。归傅家晚饭后，与孟真谈久之。十时就寝。闻今日飞机炸蒙自。

三十一日　阴历十一月二十一日　晴　微阴

八时始起。畅睡十时，城居所无也。早餐后上山，山名宝台，不高而多树，小阜无数，满布青苔，锡予甚喜之。至弥陀殿阅中文书，阅读《解文毅公集》。十二时孟真上山来接，同归午饭。饭后余复上山,至观音殿读《明实录》。五时下山,与孟、锡两公至响应寺看玉兰。出寺,环村外林中散步,遇金龙荪、林徽音,偕回傅宅。六时半济之约食盒子,甚美,不觉逾量。谈至九时归。十时就寝。今日为阳历岁除,乡间若不知者,习俗之难移如此。

一九四〇年

年四十二岁以阴历计。任国立西南联合大学文学院教授,授历史社会学系史学组明清史及清史研究;本任国立北京大学教授兼秘书长、文科研究所导师。住昆明市北门内青云街靛花巷三号国立北京大学文科研究所内,与研究生十人暨导师陈寅恪、汤锡予、罗莘田、姚从吾、助教郁泰然、邓恭三同居;儿辈随三弟居北平西城小将坊胡同二十三院前院,后院为王三权表甥宅。

〔联大常务委员:蒋孟邻师、梅月涵、张伯苓。梅兼主席。文学院长冯芝生,历史社会系主任刘寿民。

北大校长蒋孟邻师,文学院长胡适之师请假,杨今甫代;史学系主任姚从吾。

北大文科研究所主任胡适之师假,傅孟真代;并推余为副主任,辞未就,但仍理所事。〕

一月

一月一日　阴历十一月二十二日　星期一　晴　住龙泉镇

八时起。偕锡予登宝台山,至观音殿别存书库。方张书欲读,而丁梧梓至,谓傅孟真候余等早餐,乃复下山。余与锡予以前日下乡住孟真家[1],以主人太殷勤,又拟多读数卷,故盥漱毕,不别而出,不意更多一番上下也。早餐毕,再登山已十时。读《明太祖实录》至十一时半。后闻飞机声甚烈,又闻试枪声三响,余谓锡予其有警报乎,而不能决。语毕,而那廉君至,谓飞机四起,城内必有警报。未几,警钟响,未数分钟警钟又响,知确有警矣。乡间以庙中大钟为警报,初响为警报,再响为紧急警报,三响则解除。乡间得讯迟,故钟声在飞机起飞之后也。十二时一刻下山至孟真许,金龙荪、林徽音来,孟真以炸酱面款客,美甚。饭后登山至观音殿,门扃不得入,与锡予散步田畎中。三时复至观音殿,遇傅乐焕,为启户,复读《太祖实录》。五时下山,散步归。曾叔伟昭抡自城中扶柩来,明日为其太夫人安厝。闻今日飞机炸滇越路桥梁,车已断。龙泉镇虽乡间,而往来人多,消息甚速,较吾辈城居者所闻知尤敏。晚与孟真、叔伟、锡予谈。十时就寝。

二日　星期二　晴　入城

六时半醒,七时始起。早餐后至响应寺查阅西文书籍。九时登山,至弥陀殿,更至观音殿,张政烺、王崇武导阅善本书籍。有关明代者不少,惜不暇详读。十二时下山,李方桂约午饭,谈久之。同往观棕皮营张姓茶花,传百四十馀年前所植也,甚大,但似尚不及西山茶花之伟也。二时半辞别孟真夫妇。与王崇武及莘田侄女步行入城,锡予乘人力车别道行。三时五十五分至�庄营,俗称金刀营。就茶馆小憩二十分钟,饮茶二盂。更进,五时十分抵小东门,五时半抵所,凡历三小时而达,闻仅十公里耳,尚不觉倦。晚饭后章矛尘来,知唐立庵上月三十日自安南归,更迟二日则铁路断矣。矛尘明日往昆阳。与莘田谈至十二时。在乡住三夜,均十时

[1]住　原作"主",据一九三九年十二月三十日日记改。

就寝，昼寝亦废。入城，故态复萌矣。

三日　阴历十一月二十四日　晴

八时起。检阅案头未了诸事。十时半唐立庵来谈沿途失物事，同人往来越南者多矣，未尝如立庵也。然其书籍自香港运来，一无损滞，亦幸也。立庵此行，凡遗失：金表一；伞一；新帽一；皮包一，内储越币八十馀，系友人物；什物无数。午饭后二时至三时午睡。读祁彪佳《忠敏公日记》。四时半偕寅恪、锡予外出。余意在谒蒋孟邻师，先往才盛巷公舍，不觉与张佛泉谈过久，佛泉劝余作一《明末之内政与外交》以提示世人。五时半，复偕寅恪归。晚饭后李晓宇来谈。九时许，与晓宇、锡予同出，意仍在谒孟邻师，而行至夜市，一一巡视，遂逾十时矣，步行归。预备功课，一时就寝。

四日　星期四　晴

少子昜儿似是昨日或今日生日，不复记忆。前令旻女来信，久未到。昨日就榻后复读《祁忠敏公日记》至二时始寝。今晨八时起。梁思永来。十一时至校授清史，述入关之议，辨清之入关不因吴三桂请兵。十二时下课，归闻预行警报白旗。已出，遂检重要文件，未毕而警报鸣，时十二时十五分。急用饭，饭毕偕锡予、莘田出北门，遇逵羽，同至田间席地而坐，距城凡半小时路，不知其何地也。飞机久不至，我机亦未升。锡予携有《魏晋之清谈》，假读之，未竟而解除警报。时一时半，乃步归。昨晚睡少，倦甚，拥被而卧，四时半醒，读《祁忠敏日记》。晚饭后谒孟邻师，不值，与蒋夫人谈家常甚久。九时半归。阅街间壁报，知今日飞机三十九架分三批来袭，于蒙自投弹。读《祁忠敏日记》。十二时就寝。

五日　阴历十一月二十六日　晴

八时起。预备功课。十时半至昆中东北院晤少榆、廉澄、思亮。十一时上课，授明史土木之败。十二时下课，归所。午饭后小憩，一时作午睡，一时半忽醒。未两分钟空袭警报作，急披衣起，提布袋偕锡予、莘田出北门，仍就昨日所避处席地而坐。其地为小溪水闸，水已涸而闸毁，惟馀石槽，正可掩蔽流弹。一时五十分，紧急警报作，余等尚未达，急飞步而前。二时半，闻飞机声甚高，有巨响，轰然似炸弹，但无机枪声。少顷渐远。二时四十分、二时五十分两次机声复近，并有巨响，仍无机枪声，不知其轰炸何处、我方有无迎击也。锡予携有《剑侠传》，读之。三时三刻解除警报，徐步归。渴甚，倦甚，饮水后已五时，欲入校治事，已不及矣。晚饭后携锡予至才盛巷公舍，晤立庵、华炽、介泉、正之、佛泉、濯生，或谓今日炸呈贡，或谓巫家坝①，或开远北铁桥，均无确讯。但以声响度之，似不能甚远，恐非呈贡，尤非开远。各报号外均无消息，大都以开远北为言。九时谒孟邻师，不值，归。书致漱溟表兄。书致三弟。书致魏幼安。十二时就寝。

六日　星期六　晴

九时始起。入办公处治事。十二时归。午饭后小睡，近以屡有空袭警报，深恐万一来炸昆明，下午将不常用之书收检，共装两柳条箱，欲明日送之岗头村。守和来，子水来，正装书，谈数语而去。晚八时装好，以绳索系之。欲谒孟邻师，恐不值，乃取《祁忠敏日记》，录可资考订者数条。自龙泉镇归已四日，仅翻阅书卷，未尝摘记，岂心不宁静欤？今日得三弟一信，雯女一信，昌儿一信，滇越路似未断也。十二时就寝。

七日　阴历十一月二十八日　晴

七时半起。八时梁光甫来，前日约今日导余至岗头村也。雇人力车一两，载书箱，余与光甫步行随之。八时三刻自靛花巷动身，十时抵岗头村学校新舍。校中以预避空袭，计于龙头村建屋六间，岗头村建屋二十三间。余前将衣服、被褥、稿本存之龙头村，今

①巫　原作“乌”，本年十月七日、十一月十五日、十二月十一日、一九四一年一月二日、一月三日同，据一九四四年十二月二十五日日记改。

日复将书籍存之岗头村。以龙头村书籍甚富而岗头村距校较近，如此则任居何许均无书荒之害矣。十时半，孟邻师亦至，知城中又有预行警报，复知前日警报盖轰炸小龙潭铁桥，桥已毁。法人云两周内可修复，且已提出抗议矣。午饭后至舍外散步，其北有庙有坟，其西有山涧，水极清。归舍。读刘仕义《新知录摘钞》一卷。沈肃文亦来。三时同缓步入城，四时一刻抵靛花巷。李迈先来谈。孟真自龙头村来。读《东华录》。晚闻今日敌机百驾轰炸河口开远间铁路。路苟停驶，则物价更昂矣。近日米价五十四元一石，炭价十九元百斤，猪肉一元二角一斤，煤油七十元一箱。上月所中火食已增至三十八元九角。如价涨不已，则更不得了。上海美金日落，"闻近已落至美金一元折国币八元馀"，孟邻师云。而昆明物价日增，何哉？倦甚。十一时就寝。

八日　星期一　晴

八时起。与孟真略谈。至办公处。十一时至昆中北院授课，述明史英宗复辟。十二时归。下午小睡。读《祁忠敏公日记》。章矛尘来。晚饭后同谒孟邻师，乡居未返。至才盛巷公舍，晤佛泉、濯生、物华，谈时局消息甚多，九时半归。与锡予谈。近日校中仍欲以余继任总务长，余虽示辞意，其事未止，且未经提出会议发表，余亦不能固辞。今日锡予以余之态度相询，具告之。锡予徐曰："吾亦不以就斯职为然。今日校中学术首长皆属之他人，而行政首长北大均任之，外人将以北大不足以谈学术也。且行政首长招怨而学术首长归誉，若怨归北大而誉归他人，将来学校地位不堪设想矣。"此语确有远见，佩服之至。此老，余向钦其德其学，今日始识其才。十二时就寝。

九日　阴历十二月初一日　晴

八时起。预备功课。十时至办公处。十一时上课，授清史流寇之剿灭。十二时下课,归。今日校中总务处同人三十馀为沈茀斋饯行,邀余作陪。余以不愿继任,辞谢未往。三时再至校,以闻今日开常务委员会,将以余继总务长事提出会议也。作一函致主席梅月涵,请勿以余提出。大意谓闻沈总务长辞职,荐余自代,余绝不就。先以函稿陈孟邻师,然后投之。至昆中北院晤黄少榆、钱思亮。归。读《祁忠敏日记》[①]。十二时就寝。

十日　星期三　晴

八时起。晓宇来书劝余就总务长,并谓郑华炽愿助余管事务,意甚可感。然余之不就之故不在此也。莘田谓余曰:“君欲为事务专家乎?为明清史专家乎?”余曰:“此语最诱人。”沈茀斋来,谓常务委员会一致通过余继总务长,特来劝驾,并谓今后经费人事均无问题,劝余稍牺牲,稍鼓勇气,为之婉谢之。十一时至校上课,授明清史,述明代之府州县学。十二时归。昼寝。读《祁忠敏公日记》[②]。六时半,偕锡予至聚丰园,公饯沈茀斋,主人十五人,请月涵、正之、光旦、企孙作陪。企孙未到。九时席散。至孟邻师寓,小坐。人多,未细谈。十时半归。读祁日记。十二时就寝。

十一日　阴历十二月初三日　晴

八时起。预备功课。十一时至校,上课授清史,述南明之恢复运动。十二时归。小睡。昨日席间月涵述同人盛意,并约日内来详谈。余虽婉谢,恐其果至。二时出,彷徨无所之。由云南大学穿出城,徘徊田野中。遇少榆、介泉,同至新校舍图书馆,无所得。出遇邵心恒。再至期刊室,亦无得。偕心恒至办公处,再至教授宿舍,晤朱佩弦。诣叶公超,小谈。诣雪屏,不值。更诣少榆,亦不值。晤思亮、泽涵、秉璧、晋年谈,久之,晓宇归。同赴逵羽晚饭之

---

①②敏　原作“宣”,据前后文改。

约。十时半归。读《太平清话》以消遣。晓宇劝余就总务长之意甚切，言之再三。今甫初亦不以余不就为然，详谈之后，甚同余意。公超亦劝余就。十二时归寝。

十二日 星期五 晴

七时起。莆斋约今日九时同往校中交代，出避之。谒孟邻师，陈余不就总务长之意，并陈北大不宜再长总务之意，兼述今甫欲推陈序经，以便让出法学院长，及雪屏诸人欲逵羽改总务让出教务之意。师深谅余意，亦不以总务教务全由北大担任为然，并谓逵羽改总务亦曾提过，月涵未置可否。序经改总务，恐非其所愿。此事姑缓缓，待其演变。十一时至校授课，述明之国子监。十二时归。饭后方作小睡，而梅月涵来，挽劝甚殷。余谓余之不就并未谦让，亦非规避，尤非鸣高，不过欲乘此多士云集[①]，稍读书耳，并微露逵羽改总务意。谈半小时馀。虽无结果，而余如释重负，心甚安帖矣。拟俟正式通知到，作函坚辞以作结束，不复更谈此事矣。读《祁忠敏公日记》，摘录其甲申后南都诸事。晚与锡予、从吾谈文科研究所及北大前途诸事，约两小时，甚畅。十二时就寝。

十三日 阴历十二月初五日 晴

九时始起。连日觉火盛，购菊花、金银花、连翘作茶。饮之，未煎。读《祁忠敏日记》。下午小睡。至办公处。六时晓宇约往食馅饼，已允之。归寓置物，遇雪屏，谓吴大猷约余晚饭。大猷约余两次，均以事不得往，不能再却。于是谢晓宇，偕莘田、雪屏诣大猷，馔肴甚美。十时归。读《祁忠敏日记》，摘录卡片六叶。今日得西南联合大学总务长聘书。十二时就寝。

十四日 星期日 晴

九时未起而矛尘来，扣房门。少顷，少榆、晓宇继至。昨约今

①集 原作“际”。

日同往岗头村也。十时动身，缓步而行。十一时二十分抵村。孟邻师适亦自城乘车来，逵羽偕。一时同进午餐。餐后余偕晓宇登山，倚崖曝暄，不觉睡去。二时半下山，至孟邻师寓。余今日忘未携书，仅《祁忠敏日记》一册，读数叶。四时半偕逵羽、晓宇、矛尘，步行归。六时抵寓，小憩。同至聚丰园，北大职员聚餐也。到十五人，共饮黄酒十六斤、白酒二瓶半。极欢畅，然而皆醉矣。当席呕者郁泰然，席后呕者赵覲侯[①]。余本不能饮，今日倦甚，更不敢饮，仅进黄酒两三杯，坐观诸人醉态，甚有趣。席将终，诸人醉喧尚未已，余先退。至才盛巷公舍，仅晤贺自昭。少顷，矛尘归。余亦归寓。读《祁忠敏日记》，摘录卡片五叶。十二时就寝。

十五日　阴历十二月初七日　晴

八时起。预备功课。十一时至校上课，授明史，述明代考试制度。晤张熙若、陈福田，询余就职事，皆劝余勿辞谢之。十二时归饭。饭后小睡。作书致梅月涵及常务委员会辞总务长如次：

> 前以本校总务长沈茀斋先生荐〇〇自代[②]，经奉书请辞。顷承月涵先生枉顾，知方寸之诚，未邀曲谅，不胜惶愧。区区不就之意，并非谦让，亦非规避，更非鸣高。诚以学殖日荒，思自补益。是以南来之初，即请之孟邻先生，许以专事学问。本校素以扶持学术为任，想必亦昭其悃愊，惠予同情也。谨璧上总务长聘书，诸维鉴照。

三时入校投之。六时偕矛尘、晓宇至易调隆食馅饼，以前日晓宇约余往而未果，今日余补请之也。饭后偕晓宇至云南服务社理发。归。读《祁忠敏公日记》，录卡片八纸。十二时就寝。

十六日　星期二　晴

八时起。预备功课。十一时至昆中北院上课，授清史，述明之

---

①覲　原作“覲”，据一九三八年三月二十九日日记改。

②按“〇〇”即“天挺”二字录附时之略写。

复兴运动。十二时归饭。饭后小睡。读《祁忠敏日记》。晚今甫来谈今日开常务委员会提出余辞总务长事,众主挽留并定明日下午四时来寓敦劝,闻之惭怅。读《祁忠敏日记》,录卡片八叶。十二时就寝。

十七日　阴历十二月初九日　晴

八时起。至校。以昨闻同人欲来相劝,先入校以辞之。候至十一时,月涵未至,晤光旦,请其转达余下午来晤,不烦枉驾之意。入昆中北院上课一小时,述明之任官制度。十二时归饭。二时复入校,候诸人,久未至,读《祁忠敏日记》。五时后,查勉仲、沈茀斋来,谓诸人在寓相候已一时馀。推二人各处相寻,茀斋坚邀交代,婉谢之,并告两公余在校任课五小时,明清史一课选者一百十八人,在联大所负之责不下于人,而更有北大办事处文科研究所之事,实无馀晷再任此职。茀斋强劝再三,告以俟见月涵后再说。偕晓宇、汇臣、矛尘、雪屏至聚丰园晚饭。饭后归。见黄子坚、查勉仲、杨今甫、施嘉炀、冯芝生留条,有“斯人不出,如苍生何”之句。读《祁忠敏日记》毕,今日凡录片七。作书告诸儿。作书致三弟。十二时就寝。

十八日　星期四　晴

八时起。吴正之来,亦为劝驾也,谈久之。黄少榆来。至邮局汇款发信。诣梅月涵,不值,遇潘光旦,作深久之谈。请其转达余事实上不能兼顾之状,并愿为校中奔走解决此事:第一,更觅总务长如清华之王明之、李辑祥、刘仙洲、叶企孙、李继侗、冯芝生,南开之黄子坚、杨石先皆属其选;第二,以逵羽改总务长,另觅教务长。十二时归。午饭。小睡。逵羽来,亦劝余就总务长,告以北大同任总、教两长,必有訾议者,吾辈不应不慎之于始。刘云浦来。周枚荪来,不以余就总务长为然,谓无可作为也,亦不主逵羽转任。孟真自乡间来，反对余任总务长尤力。雪屏来，述树人、泽涵、大猷及理院诸人意，均不愿余为此无代价之牺牲，其意盖谓事务组不改组决不可任也。雪屏又云清华大学同人莫不深厌痛恶于事务组，谓其弊窦甚多。余得此为之辞意益坚。由孟真借得《纪录汇编》，《平汉录》题宋濂撰，而书中称太祖，伪托者也。得晏女书，寄来画松一纸，尚佳，作书勉之。先祖妣甘太夫人号绣佛老人，以画名当时，晏女其能继武乎？十二时就寝。

十九日　阴历十二月十一日　晴

八时起。读《纪录汇编》。午后小睡。至办事处，偕矛尘诣逵羽。更至孟邻师寓。师以明日值生辰，以丁艰不称觞。矛尘、逵羽意约同出便饭，肃文、廉澄加入。主人以不愿人知，故未多约。七时至聚丰园便饭，饭后归师寓。雪屏、少榆、晓宇继至。九时半又同至陶陶居，各进米酒一碗，步月而归。与莘田、孟真谈。十二时就寝。

二十日　星期六　晴

今日上午七时至九时考试明清史。惟恐有误，夜眠为之不安，警醒者屡。六时起。工友尚未升火，以水瓶温水揩拭而入校。校中钟果较快十分钟，幸未致误。以下列诸题试诸生：

甲、在下列两题中选作一题：

一、明初边防最称完固，然建国八十年而有土木之变，其故何欤？

二、靖难之师，谈者多咎明初分封太侈，试检史实以定其说。

乙、解释下列名词：

一、八法，二、三千营，三、三途并用，四、三边，五、同进士出身，六、庚申君，七、革除，八、恩生，九、曹石，

十、夺门，十一、拨历，十二、蕲黄妖贼。选作六个。

丙、试述个人对明清史之兴趣所在。

九时一刻考毕，归寓。偕孟真至家庭食社进点心。谒孟邻师，遇莘田。午间同至聚丰园便饭。莘、孟两君同为孟邻师祝寿也。饭后归。四时再入校考试清史。命题如下：

一、满洲名称之来源，其说有几，以何说为较长？试略述之。

二、近人或以八旗为政制，其说当否？

三、试述明末与建州之款议。

四、满洲入关，说者多咎吴三桂之请兵，征之史籍，亦有足议者否？

六时考毕，归。晨起过早，殊倦。十时半就寝。孟真以今日三时下乡。行前谓与今甫谈，恐余若不就总务长伤及清华、北大两校情感，颇劝余不妨先就。

二十一日　阴历十二月十三日　晴

八时起。八时半诣梅月涵，再与详谈总务长事，九时半归。晓宇、少榆、汇臣来，同步出北门至岗头村。晓宇诸人自携肴馔，假孟邻师寓居公宴也。主人李晓宇、包尹辅、郁泰然、梁光甫、张宜兴五君，皆善调味者也。客孟邻师伉俪、逵羽夫妇、杨今甫、周枚荪、查勉仲、罗莘田、赵廉澄、章矛尘、陈雪屏、黄少榆、沈肃文、朱汇臣。肴十簋，食饺子，皆市肆间不易得之家常风味也。午饭后与勉仲、今甫、枚荪、逵羽、晓宇、莘田、廉澄、雪屏登山，藉草而卧。四时下山，共为升官图之戏。六时进点心后诸公归，余与逵羽、矛尘、雪屏、少榆留宿乡间，廉澄则作久居计矣。枚荪、勉仲、今甫皆劝余就总务长，以免引起校际间之磨擦，影响合作局面。枚荪言尤切，以为处今日而言，大有为必不能；在合作局面下而求大改革，亦必不能;止好牺牲个人,维持合作。诸公之意甚可感,但余已向月涵提议改逵羽为总务,另觅教务矣。步月。

二十二日　星期一　晴

八时许,为舍外人声所觉。昨眠殊佳,乡居固胜于城市也。坐台上读《许鲁斋集》,竟之。阳光空气均佳。午饭后偕少榆、雪屏步归。入城,始得报读之,知高宗武、陶希圣有宣布《中日密约草案》之事,另存之。晚与寅恪、锡予、莘田至翠湖步月,并各进米酒一盂。月色清朗,树影在地,悄步其间,深得静趣。然吾辈外,堤上行人或未足以语此也。十二时就寝。

二十三日　阴历十二月十五日　阴

七时半起。天阴觉寒。读《续后汉书》郝氏。立庵来。午放晴。饭后小睡。至办公处。五时归。晚饭后偕莘田至翠湖步月,余便道至商务印书馆及夜市,无所得。至才盛巷公舍,晤佛泉、矛尘、元胎、自昭、华炽,谈久之。锡予亦来,九时偕归研究所。读郝氏《续后汉书》。得三弟书,知北平电灯公司改官办,股本加半退还。如是,家中可有六千元之入款,际兹困窘,可谓大补。然先人之遗产日少矣。年已四十馀,不惟不能自立,且先考之业亦不能守。奈何!奈何!十二时半就寝。

二十四日　星期三　晴

八时半起。至办公处,孟邻师谈及总务长事,已与梅月涵商妥,俟钱端升自美归,以逵羽为总务长,以端升为教务长,此时可暂悬也。随往晤月涵,谢其允余不就总务长之盛意,并愿随时供奔走。月涵劝余先就,俟端升归再离去,恳谢之。十二时归饭。一时至四时作昼寝。至汇局汇款至家。诣逵羽,晚饭。十一时归。读《爱日斋丛钞》,守山阁本从武英殿本出,盖辑自《永乐大典》者也,不题撰人姓氏,据陶宗仪《说郛》谓宋叶某撰,而不著其名。

《四库提要》据书中"论先儒从祀"一条有咸淳年号,定为宋末人所作。案温公从祀在咸淳三年正月《宋史》四十六,书中及其事,则书成必在三年以后,时去宋之亡仅十三年耳。书中"香兽"一条有"宋朝殿上大宴"字卷一,六页,"陈文惠书"一条有"宋法帖"字卷一,二十一页,"六言诗"一条有"后村刘氏选唐宋以来绝句"字卷三,一一四页","骆驼"一条有"宋建隆初"字卷五,一九六页,皆明标宋字,不曰国朝、本朝,疑其书成之时已入元矣。又"梅花百咏"一条有"林子真子常兄弟"卷三,九八页,其人为宋亡殉难者亦可证也。又,书中多闽人事:林子真同林子常合卷三,九八页福清人或莆田人,真德秀《钞》中数称真希元即西山先生也。卷四,一七四页一六八页蒲城人,刘克庄潜夫莆田人,黄景说卷二,八十五页,岩老闽人三山人,黄裳卷二,八十二页,冕仲延平人,陈俊卿[1]卷二,七七页,福公莆田人。疑著者亦闽人也。于此两事求之,或可得其姓名。灯下检此,不觉夜二时矣。

二十五日　阴历十二月十七日　晴

八时半起。十时至办事处。十二时归。小睡。二时丁梧梓、李光涛自龙头村来,偕之至昆中东北院视试场,明日将考书记也。复检《爱日斋丛钞》。六时许方将晚饭,而雪屏、矛尘来,知孟邻师约往家中食牛肉,偕往。十时归。十二时就寝。

二十六日　星期五　晴

八时起。至昆中东北院视招考书记。九时归。偕李方桂、陶云奎、罗莘田至家庭食社进点心。至邮局汇款。至办事处。午膺中约食葱油饼。二时归。小睡。矛尘来,偕至昆中东北院访少榆、晓宇。诣逵羽,不值。偕晓宇、少榆在先春园食羊肚,在福兴居食

①俊卿　二字原阙,据刘尚文《莆阳金石初编》卷一补。

米酒。归。读《爱日斋丛钞》①。十二时就寝。

二十七日　阴历十二月十九日　晴

八时起。九时诣枚荪,谈至十时。诣孟邻师,留饭。晚孟邻师宴同人于松鹤楼。十一时归。十二时就寝。

二十八日　星期日　晴

九时起。梁光甫来。郑华炽来。章矛尘来。午刘云浦约便饭。下午学生吴乾就来。刘熊祥来。今甫来,值在三楼与寅恪、锡予谈,不晤,去。今日与莘田、今甫、矛尘、晓宇、雪屏、汇臣公宴逵羽于邱家巷,祝其生日也。十时归。读笔记数种。十二时就寝。

二十九日　阴历十二月二十一日　晴

八时起。十时至办事处。十二时归寓午饭。小睡。读笔记。未出。夜十二时半,方欲就睡以录札记,馀数行未竟,而才盛巷公舍工友至,谓有要事,请余即往,而不能道其详。余意必同人有大病者,否则不当深夜来。随之至公舍,晤矛尘、华炽、建功、佛泉,始知孟邻师移居乡间后,所留之守门人今日下午四时因事往工学院,与职员孟某言语不恰,为孟某拘禁于空室中。晚十时馀,梁光甫往保,不准,并施殴打。诸人无策,故请余往设法。但工友来请余后,适蔡枢衡归,大为义愤,乃以妨害自由向地方法院代诉。余既至,以枢衡已往,惟静候其归。候至夜二时半,枢衡归,代诉已成,偕法警二人至,传孟某去,并以传票释守门人出。余乃归,已三时馀矣。闻殴责工友事,校中已屡见,拘禁尤多。似此情形,总务长将何以作哉!

三十日　星期二　晴

九时起。同人为昨日职员殴禁工友联名函常务委员会,请查

---

①丛　原作“杂”,据前一日日记改。

禁。余虽签名,而不主即发。草论文,前作《隋书附国考》尚有未尽,修正补益之。晚饭后偕雪屏、晓宇、莘田至才盛巷公舍,商联函事。余等四人咸主明日不提出常会[1]。同人又有起草《人权保障宣言》者,亦主缓发,以事涉孟邻师家人,由我辈发起,稍不便也。归。草论文。十二时就寝。

三十一日　阴历十二月二十三日　晴

八时起。草论文。至办公处。十二时归。小睡。草论文。晚谒孟邻师。归。草论文。十二时就寝。

【剪报】二十九年一月二十二日昆明《中央日报》

▲中央社香港廿一日电(文略)

▲中央社香港廿一日路透电(文略)

▲中央社香港廿二日电(文略)

"日支新关系调整要纲"全文(文略)

日支新关系调整要纲附件(文略)

二月

一日　阴历十二月二十四日　晴　风

八时起。草《附国考》,修正增补文稿。上午未出门。午饭后小睡。二时五十分空袭报警,以风大不出避,欲俟紧急报作,入防空壕。坐检《一统志》及《西藏考》《西藏记》诸书。三时五十分解除警报。至孟邻师寓,师招待北大同人作茶会也。以警报故,到者仅五十馀人,不足其半。食甚饱,不复进晚餐。闻栗成之今晚有戏,与王树萱合演《胭脂褶》,偕孟邻师、今甫、莘田、廉澄往观之。

---

①人　原脱。

十二时归。即寝。

二日　星期五　晴

八时起。入办公处。十一时归寓。午饭后小睡。四时至孟邻师寓,师与月涵为学校成立党部事招待重要职员茶会,到芝生、今甫、枚荪、逵羽、从吾、正之、嘉炀、石先、勉仲、子坚,颇能各尽所欲言,亦难得也。六时散会,偕从吾至商务印书馆购书,得字典两种,书价已增至照定价加一倍半,定价一元者实售二元五角。不惟寒士不能得书,即我辈月有所入者亦不敢购书矣。奈何!自商务出,至易调隆食馅饼。至才盛巷公舍,晤佛泉、华炽、立庵。十时归。检行装,明日将与锡予同往岗头村小住。草论文。十二时寝。

三日　阴历十二月二十六日　晴　大风　住岗头村

八时半起。九时锡予乘车随行李先往岗头村,余以论文中尚有待查之书暂留,拟俟下午再往。方午饭,工友以预行警报告。甫毕,而警号作,乃携囊步向岗头村。行途遇崔书琴夫妇,且谈且行。一时五十分顷警报又作,以为解除矣。至岗头村,布置床位,与锡予同住一室。室西向,光线极佳。四时许警报又作,始知前次所闻乃紧急警报,非解除也。头痛,九时即寝。

四日　阴历十二月二十七日　风　晴　住岗头村

八时起。昨夜酣眠,头痛为愈。读《雍正东华录》,以《西藏记》诸书均谓布鲁克巴于雍正十一年后入贡,并由中国赐给敕印,而《清史稿》不载,故详查之,亦不得。布鲁克巴,即今日所谓不丹也。午饭后小睡。草论文。何鹏毓来。十时就寝。此间有电灯,晚间读书甚便,龙泉镇不如也。龙泉镇书多,亦非此处可及。

五日　星期一　晴　大风　住城内

七时半起。草论文。下午三时入城。至办公处。诣陈雪屏。购物。至才盛巷公舍,晤佛泉、立庵、华炽。归。查应考诸事书籍。

十二时就寝。雪屏、莘田明日下乡。

六日　星期二　晴　住岗头村

八时起。查书。购物。诣许季茀于欧美同学会,不值,归。下午二时偕莘田乘车至岗头村,雪屏已先至。查佛经及西域地名,欲求一以合口字对开口字者,迄夜十时始得"悉居半"一条。十二时就寝。

七日　阴历乙卯年除夕　晴　大风　住岗头村

七时半起。草论文。查对音。午饭后方欲小睡,而警报作,时十二时四十五分。以乡间较安全,仍就枕卧。读卷馀,而警报解除,时一时四十分。小睡。三时起。就舍后涧泉洗砚。晚饭后掷升官图。蒋太太招待极优,平时在家过年无此周到也。一时半就寝。

八日　阴历庚辰元旦　晴　住岗头村

八时起。进莲枣粥,又进年糕面,主妇云无锡俗也。草论文,并缮正连日所作。作牌戏。掷升官图。包尹辅来贺岁,作一书告儿辈,托其入城发之。晚一时就寝。

九日　星期五　晴　住岗头村

八时起。九时半附乘孟邻师车入城,先至靛花巷察视并检书。诣梅月涵小谈,月涵近日屡向孟邻师言,并托人致意促余就总务长职,今甫、枚荪、孟真亦劝余暂就。余三日来乡间,孟邻师即命余任至本年暑假,以免发生误会。余当时心虽不愿,但师命又不便违,故踌躇未对,今日月涵又面言之。余以三点为答:一、候端升;二、万一端升不就,余只能担任至暑假;三、余在职时如有适当人选如张子高诸人,余决让之,不俟期满。月涵皆许之。归寓,学生吴乾就来谈作论文事。郁泰然自作饺子,畀余食之。至办公处。孟邻师云,今晨今甫晤月涵,仍促余速就职,并疑余之不就或为孟邻师守门人被殴,此真不知从何说起也。此职绝不可作,绝不能作,绝不宜作,余审之熟矣。然为免除校中纠纷、两校误会,不能不作一牺牲。实则万一将来不欢而散,其误会、其纠纷,不将更深且密耶?十二时附孟邻师车之岗头村。小睡。草论文。博塞。晚与锡予谈,锡予谓余就职之先应先定政策,或全不管,或则雷厉风行,万不可依违两可,但仍以不就为上。可谓洞明之至。此事发生,始终以余不就为然者,惟锡予耳。其他诸友初主余不就,其后牵于他故,亦有以余之坚辞为不然者,然亦惟锡予谓余为明也。夜二时就寝。

十日　阴历正月初三日　晴

七时半起。八时何鹏毓来,日前约今日同往龙泉镇也。光甫、晓宇、宜兴继至。九时一刻动身,出门时凡十四人。光甫等四人循大路,余等循小路,近白龙潭;晓宇、宜兴、廉澄等循别道往黑龙潭。至白龙潭者七人,潭甚浅,满布白沙,水清可数,浮苔数丛,色鲜碧可爱。自白龙潭出,偕莘田、鹏毓循田埂小道往龙泉镇。十一时半抵响应寺,晤思永、彦堂、济之。至孟真家,复至各家候谒并贺年,复归孟真家午饭。月涵、今甫、枚荪自城来。饭后至响应寺查书,更上山至弥陀殿查书。晤学生三人。四时下山至济之家饮茶。四时半偕步归。六时抵岗头村。十二时寝。

十一日　星期日　晴　大风　住岗头村

八时起。与锡予同读窗下。锡予拟魏晋玄学计划以相示,甚佩。草论文。月涵、今甫下乡。下午小睡。草论文。掷升官图。草论文。十二时半就寝。

十二日　阴历正月初五日　晴　住岗头村

七时起。草论文。锡予、莘田移入城。晚饭后掷升官图三匝。十二时就寝。今日论文进步较多。

十三日　星期二　晴　住岗头村

七时起。九时附孟邻师车入城至靛花巷,知林冠一以今日回四川,意欲留之而不可,为之怅然。十二时附孟邻师车归岗头[①]。一时馀警报,又闻紧急警报,独登山欲观空战,未见,下山昼寝。草论文。晚掷升官图两匝。草论文至夜一时。明日为亡室周稚眉夫人三周年忌辰,怃然不欢。欲住城不归,未果。十二时就寝。

十四日　阴历正月初七日　晴　入城

今日为亡室周稚眉夫人三周年忌,万里客居无从营奠,惟默祝早登极乐,稍赎疚愆。然余之悲悔庸有极耶!七时起。草论文完成。此文本以祝北大四十周年纪念,适于今日成,兼以纪念吾稚眉也。午饭后小睡。二时半附车入城,至靛花巷理所务。偕莘田往美生理发。至办事处理北大事务。六时归。至才盛巷公舍,晤佛泉。少榆、晓宇来。包尹辅、梁光甫[②]、张宜兴来请加薪,告以校中早有此意,以恐牵及联大,未办,当再与校长商之。检《唐书》,补论文。一时半就寝。

十五日　星期四　晴　风　自城返村居

七时起。八时沈肃文来商职员加薪事。检书。十时少榆来。十一时偕少榆、莘田下乡至岗头村,与孟邻师商职员加薪事。以恐牵动他校,决定借予。检《唐书》。一时半就寝。

十六日　阴历正月初九日　晴　村居

七时起。九时随孟邻师登山,至虚凝庵移竹。庵在村北山巅,道观也。观后有亭,可望昆明,梅花甚盛,绿萼尤艳,不禁有亡室之思。亡室字稚眉,一字尓梅,又善艺梅也。移竹四十五竿以归,时闻警报,正一时半也,未几解除。饭后小睡。晚饭后掷升官图。一时就寝。天较寒。

---

①邻　原脱。

②甫　原作"辅",本年三月二十六日同,据一九三八年十一月二十二日日记改。

十七日　星期六　晴　村居

七时起。补论文。梁光甫自城来商同仁购米请学校垫款事,允之。午孟邻师入城,莘田附车往。一时许,方午饭而警报作。少顷,孟邻师亦归。二时馀解除警报,孟邻师复入城①。草论文。十二时就寝。

十八日　阴历正月十一日　晴　村居

七时起。补论文。午饭后小睡。补论文。闻今日城内有豫行警报,以飞机未入境,未鸣警号。十二时就寝。

十九日　星期一　晴　入城

七时起。今日决入城收检应用物件。午饭后小睡。四时偕少榆、雪屏步入城。晚饭后同往洗澡。十二时就寝。

二十日　阴历正月十三日　晴　城居

八时起。补草论文。午后小睡。三时至办公处。六时归。雪屏来,偕往月涵处晚饭。十一时归。一时就寝。

二十一日　星期三　晴

八时起。补草论文。十时至才盛巷公舍,晤建功。知其夫人于昨日下乡取物,仓卒间生一女,未足月。建功未在旁,乡间又无新式助产士及设备,为之焦念,急促之归乡。余亦归所午饭。小睡。刘熊祥来送论文纲要。立庵来。矛尘来。孟邻师来。晚饭后诣膺中,畅谈,知石君及罗老太太居诸暨,甚安。十时归。缮论文。十二时就寝。

二十二日　阴历正月十五日　晴　有云

八时起。至校。诣枚荪。午归饭。饭后小睡。五时至邱家巷,余偕莘田、今甫、树人、廉澄、雪屏、锡予、少榆请孟邻师伉俪、逵羽夫

---

①邻　原脱。

妇、月涵夫妇、矛尘夫妇、膺中夫妇、枚荪夫妇暨晓宇、尹辅、汇臣、宜兴、泰然、光甫庆元宵。掷升官图,膺中并有诗谜。十二时归。

二十三日　星期五　晴

八时起。至办公处。自余乡居,孟邻师劝余就联大总务长,心虽知其不能作、不可作而不便坚辞,遂允月涵假期满后就职。月涵乃扬言余于今日就职,实则余尚未与月涵商定也。今日至校,今甫劝余即到处办公,余意晤月涵后再定,而月涵以招待美国大使詹森未至校,又得浮生半日闲也。缮论文。午归饭。小睡。入校。五时归。晚饭后谒孟邻师。与晓宇购物。十二时就寝。

二十四日　阴历正月十七日　晴

八时起。九时入校。与月涵约定后日就职。十二时归饭。小睡。缮论文。学生来谈论文。晚高亚伟来谈,谈至伤心处,涕泣随之。为之黯然,好言鼓励之。十二时就寝。

二十五日　星期日　晴

八时起。缮论文。九时四十五分步往岗头村取授课札记,凡行六十五分钟而达。留饭。饭后附孟邻师车归。小睡。缮论文。与莘田谈,余谓就职后拟先作两事:一、调整低薪薪额;二、设法代学生及教职员购办食米,近日市中米价已涨至每石百零五元矣。诣今甫。诣芝生。晚饭后偕莘田往新滇戏院观剧。莘田谓今后恐无此馀暇也。十二时归。

二十六日　阴历正月十九日　晴

八时起。十时至校。月涵校务主席约总务处各主任略谈,以为介绍。余随至总务处办公,约事务主任毕正宣商购米事。十二时归。饭后小睡。三时入校治事。建功来谈,欲往重庆就教育部特约编辑。六时偕归饭。饭后至华山南路购物。归。缮论文毕,忽思再从《全唐文》中剌取材料,以为修改之助。十二时就寝。

二十七日 星期二 阴 晴 雨

八时起。入校。十时偕毕正宣至工学院晤李辑祥，导观全院工厂，前途未可量也。午至辑祥家便饭，辑祥夫人傅氏，其祖母吾家祖姑也。至才盛巷公舍，晤佛泉、物华、立庵。入校，四时开常务委员会，余出席，芝生、子坚、勉仲、今甫鼓掌相迎，殊惭愧也。七时散会。孟邻师约往聚丰园便饭。九时归。十二时就寝。

二十八日 阴历正月二十一日 阴 雨

八时半起。入校治事。十一时上课一小时，归饭。三时复入校。五时半归。闻膺中之太夫人仙去。民国十八年正月，膺中因家事托余奉太夫人往浙，遂留于杭州者十年。前年战争起，移居诸暨，依石君以避。近日浙东警急，尚闻移避唐厦山中[①]，不意遽尔仙逝。与建功、矛尘在先春园晚饭毕，往唁之。膺中幼孤，母氏抚育长成，哀毁异常，意欲奔丧。余与莘田颇劝其审慎将事，道路修阻，又有战争，膺中身体复弱，恐有意外。且膺中长子，倚侧又有石君主持，必能尽礼也。商谈久之，决由膺中先去一电。归。倦甚，不能读书。十二时就寝。

二十九日 星期四 晴 大风

八时起。诣端升，不值。闻其昨日乘飞机归，欲一询国外情势。值其方出，不禁怅惘。入校，严文郁来谈图书馆职员加薪事。十一时至昆中东北院上课。十二时归。知端升上午来访。孟真自乡间来。小睡。三时入校。月涵告以出纳主任王君辞职，明后日需发学生贷金及教职员薪津，出纳万不能停顿，遂招出纳组同人，剀切劝慰，务必先贷金薪俸发放。舌敝唇焦，温颜厚礼。诸人幸而感奋，明日照常办公矣。虽然，此事固何与于我哉？徒自误自扰

①唐厦 疑作“崧厦”。

耳。偕汇臣、矛尘食馅饼。归家。检《全唐文》两册，不能细读也。十二时就寝。

隋书西域附国传考①

（文略）

此稿起草于二十七年六月，时居蒙自东门外歌胪士洋行楼上；二十八年二月改作于昆明柿花巷；二十八年八月又改作于才盛巷；今年一月三十日又改作于靛花巷。携之来乡，于今日始成。今日为亡室三周年忌日，不禁悽然。此文本以祝北京大学四十周年纪念日，兹更以纪念吾稚眉也。

庚辰人日，天挺识于昆明北郊岗头村之狮子山房。

三月

一日　阴历正月二十三日　雨

七时半起。八时半入校。与黄子坚商谈出纳主任及出纳组人员事，与毕正宣商谈事务组人员加薪事。十一时举行精神月会，由月涵主席报告，孟真讲演汪精卫之罪行，全体决议通电致讨。十二时半归。小睡。入校与孟邻师商谈出纳组事，与月涵、逵羽、勉仲、正宣商谈裁汰校警事，商谈同人米贴事。余力主在政府未拨款以前，由各校垫发，凡二百元以下者，各给二十元，以维生活。六时往逵羽处晚饭。十一时归。检《全唐文》，阅《酉阳杂俎》。十二时就寝。

二日　星期六　阴　晴

八时起。九时入校。出纳主任王某决意明日起不到校，一时

①此为底稿，后经修改誊抄，题作《隋书西域传附国之地望与对音》，刊北京大学《国学季刊》第六卷第四号。后收入《探微集》，中华书局一九八〇年版。

觅替人不得。初意令光甫与出纳组同人共同接手，而诸人苦其责任过重，意殊踌躇。不得已，商之月涵，暂令包尹辅权代。复商由校代垫米贴事。归家已十二时半，午饭将撤矣[①]。约光甫来，嘱其转告尹辅接出纳组事。二时诣膺中，叩奠罗伯母[②]。三时入校。尹辅来谈，甚畏其难，再三慰勉之，始允往接。商谈久之，已将五时，办理不及矣，乃改后日移交。总务处书记余某，自开学以来，十六日间请假十一日，决意停其职，已请之月涵矣。下午来，恳谓新有丧明之痛，请宽宥查看，允之。学生穆广文来，谈论文事。穆，回族也，意欲作云南回乱事，而此题吴乾就亦从余研究。两人同时同地作一题，恐多重复。余劝其另议题目，意殊不愿。命其先觅材料，然后定其取舍。六时归。建功来。与杨志玖谈研究题目，杨欲作《元史补》。余意作《元史补》，必以《元史》纪传表志为纲，非博征群籍不能着手，短期间不易成也。如必欲作此题，当先作长编[③]，以书为纲，先就一书录其《元史》未收史实，以备采择。一书毕，然后更读一书。两年中若能读十部，亦足矣。翻阅《全唐文》以当休息。十二时就寝。

三日　阴历正月二十五日　晴　阴　雨

八时起。九时至海心亭参加北大史学系茶话会，十一时散会，归。饭后小睡。三时往膺中处祭奠罗太夫人，首七也。四时诣逵羽。六时在松鹤楼晚饭，遇雨，再往逵羽家。十时归。十二时就寝。

四日　星期一　阴

八时起。入校治事。十一时至昆中北院上课，授明史。饭后

---

①撤　原作“撤”。
②叩　原作“扣”。
③编　原作“篇”。

小睡。入校治事。六时归。吴肖园召饮松鹤楼。饭后至才盛巷公舍,晤建功。十时归。前晚闻信差云,工友将于今日罢工,而今日到校一无朕兆。晚间在松鹤楼始知散值后张贴罢工标语矣,意在增加工资而未明言,但云向事务组要饭吃。归后翻阅《全唐文》。十二时就寝。

五日　阴历正月二十七日　阴　晴

八时起。预备功课。十一时至昆中北院上课,授清史。全校校工果于今日罢工。下午入校治事,知校工并未向学校请求加工资,亦未派人接洽,不知其意向所在。四时开校务会议。六时会散,至孟邻师家食面。饭毕,方闲谈而端升荒遽至,谓适听无线电广播,谓蔡先生逝世,晴天霹雳,惊震几不敢信。先生与先考庚寅进士同年似亦己丑举人,惟朝考在后,故壬辰始选庶吉士。余入北京大学以迄毕业,皆先生为校长。十三年任教北大预科,亦先生所聘。余以年家子,得厕门墙,受恩深重,于先生之丧,尤为伤恸。九时归。建功、子水、从吾、锡予、莘田来谈吊唁追悼之事。以年谊言,宜称年伯;以学校言,宜称师;今称先生者,从公称也。当代称姓而即知其人者,惟蔡、蒋二人耳。十二时就寝。

六日　星期三　晴

八时起。入校治事。十一时至昆中北院上课,授清史。饭后复入校商谈工友罢工事,工友代表与学生均至四时复工矣。六时归。孟真、济之、方桂自乡间来,约之至翠湖食堂便饭。蔡先生逝世,中央研究院院长人选遂成问题,或拟孟邻师,余则恐师去而北大校长亦成问题,甚且影响于学校之存废,孟真亦以余意为然。除师外则胡适之师最相宜,次则翁咏霓、朱骝先、王雪艇。但诸人均任中央要职,能否兼任亦一疑问。若中央以闲曹视之,畀其任于三数元老,则学术前途不堪问矣。十二时半就寝。

七日 阴历正月二十九日 阴

八时半起。入校治事。十一时授课。下午再入校。四时偕今甫至孟邻师寓,参与招待端升茶话会。端升云赴美之始,政府希望四事:一、请美国以全力压迫日本;二、请美国阻英法妥协;三、阻挠汪政权成立;四、借款。今三四已作成,二英法亦无与日本妥协意,一则美人并不能若吾人所希望之大也。七时与矛尘宴孟邻师伉俪、月涵、端升、今甫、逵羽夫妇、雪屏、莘田于翠湖食堂。九时归。翻阅《全唐文》。十二时就寝。

八日 星期五 晴

八时起。十一时至昆中北院上课。饭后小睡。二时入校治事。四时开教授会讨论食米问题,六时散会,归。翻阅《全唐文》。十二时就寝。

九日 阴历二月初一日 晴

八时起。入校治事。与勉仲、逵羽、正宣、绍诚诸人商新校舍电灯管理诸事。批阅文件。十二时归。午饭后小睡。三时至孟邻师寓,今甫招待北大文学院教授茶会。遇建功,出立庵所作蔡先生祭文相商,六时散会。孟邻师留今甫、莘田、雪屏及余晚饭。十时归。检阅《全唐文》。一时就寝。

十日 星期日 晴

八时起。至新校舍。今日北大师生公祭蔡先生。孟邻师主祭,立庵读祭文,晓宇赞礼。孟邻师、月涵、迪之、枚荪并有演说。十一时散会。附孟邻师汽车下乡至岗头村,与廉澄望山色。廉澄曰:“君非山林中人矣。”为之惘然。晚饭后附车入城。读《全唐文》及《唐会要》,偶见《会要》“有可跋海,东南流入蛮”,疑《隋书》所谓“附国水”即此,遂欲详考以证吾文,不觉夜深。

十一日　阴历二月初三日　晴

八时起。入校治事。十一时至昆中北院上课,十二时归。小睡。济之自乡间来。君义自乡来。入校治事,六时归。孟真自乡间来。晚与孟真、济之谈甚久,颇以中央研究院院长选举为念,有树倒胡孙散之惧。呜呼！孟真、济之均当代第一流学者,而国家不能使之安心学术,亦可慨矣。十二时半就寝。

十二日　星期二　晴

六时起。送济之、君义至今甫家,同进加非,然后送其登车。三君均以今日乘汽车往重庆。闻枚荪亦偕行。阅《御览》《通志》《通典》。九时偕莘田、孟真至湖滨旅馆进早点。孟真今日乘飞机往重庆。归。检诸书。十一时乘人力车至岗头村。孟邻师坚属下乡休息,而今日殊倦,乃乘车往。午后大睡,真可谓休息矣。本欲今日归城,以乡景佳,留居一夜。十时半即就寝矣。

十三日　阴历二月初五日　晴

六时起。进早点。七时半偕树人、矛尘步入城。九时抵寓。豫备功课,忘未入校,已十一时矣。急往昆中北院上课。午饭后小睡。入校。杂事猬集。五时半归。遂不出。检阅群书,自就行政职务,读书甚少。此虽昔所料及而不意少至此也。家书友书亦久不作,谁之过欤？自讼无及矣。十二时就寝。

十四日　星期四　阴　雨　晴

八时起。九时步至拓东路工学院,校中重要职员例于每周至工学院一次。余以月涵、逵羽、勉仲均于星期四往,遂将清史研究改至星期一下午七时半至九时半授课。拓东路距靛花巷较远,疾步四十五分钟乃至。一无事务,读《全唐文》一册,作书告诸儿。晤施嘉炀。诣杨壮飞,小坐,归。遇雨。饭后小睡。三时入校治事。晚饭后理发。归。检《全唐文》。十二时就寝。

十五日　阴历二月初七日　晴　有云

八时起。九时入校治事。十一时至昆中东北院上课。十二时归。下午三时再入校治事。六时赴月涵、勉仲晚饭之约，九时散。往昆明戏院观剧，晓宇所约，观《战宛城》一剧而归，已十一时半矣。向在北平尝观此剧，杨小楼饰典韦，余叔岩饰张绣，郝寿臣饰曹操，小翠花饰邹氏，王长林饰胡车，皆一时上选，与今日所观不啻天壤，然今日诸脚色尚不失矩矱，亦难得也。惜不知其名。

十六日　星期六　晴

八时起。九时入校治事，十二时归。下午三时再入校。四时诣邵心恒，不值，归。晚饭后偕晓宇同访壮飞。再至才盛巷公舍①，晤介泉、物华、立庵。十时归。检《全唐文》。十二时就寝。

十七日　阴历二月初九日　晴

八时起。检《全唐文》等。十时步至岗头村，遇逵羽、泽涵。下午四时偕逵羽步归。晚未出。改正论文，颇有增益。十二时就寝。

十八日　星期一　晴

八时起。九时入校治事。十一时至昆中北院上课，十二时归。小睡。四时至省党部，开蔡先生追悼会筹会。五时半会毕。至才盛巷公舍，晤立庵、佛泉、元胎。至孟邻师寓晚饭，师于明晨飞往重庆，故请假二小时往谈，月涵、迪之、逵羽、勉仲、端升均来。并晤陈翰笙，多年不见矣。十时归。检《全唐文》。十二时就寝。

十九日　阴历二月十一日　晴

八时起。九时入校治事。事务主任毕正宣函请辞职，召之面谈，告以为公为私不应言去之意，述及日人入平与之共守两校之事，毕为清华保管主任。毕为泪下，余亦泫然。平心论之，事务组在

---

①舍　原作“巷”，据一九三九年十月二十五日日记改。

全校最不理于众口,弊窦有无固不敢定,然不能积极工作与同人和协,自是大病,但毕个人则一可用之人。如善用之。十二时归所午饭。下午三时复至校开常务委员会,谈及毕正宣辞职事,众口纷拏,词多指摘。余急引论他事。余非有爱于毕,想继任难选,反致偾事也。万一毕去,自以华炽为宜。六时会散,归。读《政学录》。十二时就寝。

二十日 星期三 晴

八时起。九时入校,途遇勉仲,谈事务组事甚久,亦以顾全三校,慎重处理为言。与月涵谈,请其与毕正宣一谈,述学校慰留之意。十一时至昆中东北院上课,十二时归饭。小睡。三时再入校,与尹辅商出纳组事甚久。六时归。晚饭后至邱家巷,遇月涵、逵羽、矛尘。更至才盛巷公舍,晤立庵、物华。十时归。读《政学录》。十二时就寝。

二十一日 阴历二月十三日 阴 雨 春分

八时起。九时步至工学院。表甥力伯法来见,舒东表姊丈子也。现在土木系读书。知工院女生于前晚失窃千三百馀元,学生膳费也。其事甚怪,偕勉仲先至男生宿舍,更至女生宿舍查视失窃处所,四围高墙,且在楼上。查其入处,在窗不在门,则非善于腾越者不易入。楼中住两人,他物未失,惟失储款一箱,其后于墙外别楼屋顶发见此箱,惟失现款及衣料两件。其人若专为此款而来,且于储款之地、置箱之处,知之甚审者,似内贼非外贼也,然殊不能得线索。与月涵、勉仲商。一面缉访,一面借予学生饭费,以免停火。十二时步归。饭后小睡。三时入校治事。六时归。晚少榆、晓宇来。与从吾、锡予谈至深夜。二时就寝。

二十二日 星期五 阴 雨

八时起。九时入校治事。十一时至昆中东北院上课,十二时归。饭后小睡，三时再入校。与勉仲、月涵商公米事、同人加薪事。富滇新银行经理缪云台主办越南米运销事，欲勉仲主持储销部分。此事最繁细、最困难，绝非他省人所能胜任。勉仲就商于余，余劝阻之，以为设计顾问之事可作，执行之事不可作也，且兼职亦非学校所许也。六时归。八时至邱家巷，得见孟邻师来信，已谒奉化，仍以学校种菜养猪为念。十时归。十二时就寝。

二十三日　阴历二月十五日　晴

八时起。九时入校治事，十二时归。立庵来，以各界祭蔡先生文相商。二时作昼寝。四时建功来，以北大学生祭蔡先生文相商。子水示以挽蔡先生联，有"历历二千年，如公自在丘轲列"之语，丘轲连文，余与锡予疑之，子水谓六朝碑志多有之，或是也。晚晓宇、雪屏来，谈久之。以月色佳，同至翠湖步月，并约锡予、莘田往。十一时归，随就寝。

二十四日　星期日　晴

八时起。今日各界追悼蔡先生于省党部，赴之。由月涵报告事略，仲钧演说，龙志舟主祭。十时半散会，归。检《全唐文》竟，殊无所得。下午至中华书局欲觅字帖，无佳者。至邱家巷公宴蒋仁宇。九时归。略检《全唐诗》送金城公主适蕃诗，大抵用和戎旧典者多，能道西蕃风土者少。颇思改检唐人笔记，苦于无书。十二时就寝。

二十五日　阴历二月十七日　晴　阴

八时起。九时入校治事。十一时至昆中东北院上课，十二时归。饭后小睡。预备功课。晚饭后再至昆中东北院，七时半至九时半授清史两小时，述南明之乞兵日本。下课与晓宇谈。十时半归。十二时就寝。

二十六日　星期二　阴

八时起。九时入校。途遇勉仲，且步且谈，关于校事意多相同。到校,尹辅、光甫来谈。尹辅接出纳之始,清华、南开各派一人帮忙,昨日均调回。事务骤停,不免有怨言,亦思辞,切慰之,多方喻解,始各欣然而去。午归饭。三时至校。开常务委员会,商谈职员薪俸调整事,佥主暑假时再定。会后与月涵谈少顷。晚饭后李晓宇、刘晋年来,偕至三牌坊才盛巷。十时归。十二时就寝。

二十七日　阴历二月十九日　雨

八时起。九时入校治事。十一时至昆中北院上课。十二时归。下午三时召集会计、出纳两部分职员及肃文,商谈会计帐目事。余提出四点:一、现金出纳必有日报;二、各项支出情况必有旬报分类报告;三、各系用款情况必有旬报分系报告;四、本年度以前各项专款从速清结。并属两处密切合作。六时散会,归。检读明人笔记。十二时就寝。

二十八日　星期四　晴

六时半为楼下电机声惊醒,以历史语言研究所第二组灌音也。八时勉仲来谈同人购公米事,订办法数条。九时步往工学院,女生以前次失窃,请另觅宿处,告以无屋,并不便,请求于男生相邻之楼上暂假,事大不妥,拒之。允其在防范上切实设法。学生饭团请学校津贴其失窃损失,告以不可及不能之原因。十二时偕壮飞、君浩同往美光食锅贴。偕壮飞至文古堂购小爨拓片一,价二元五角。归家小睡。入校与月涵、勉仲、逵羽商谈校务,并报告昨日开会情形。与月涵商由清华、北大各借四万元备发本月薪水。六时半至松鹤楼,晓宇于阴历二月十七日五十初度,同人祝之,故今日还席也。饭毕,至逵羽家。十二时归寝。

二十九日　阴历二月二十一日　晴

今日学校放假。八时起。检群书,改旧文。作书告诸儿。连日大忙,家书甚少,亦不自知何以忙至此。寅恪昨日自重庆归,午饭时谈政局、时势甚详。饭后小睡。五时诣佩弦,至邱家巷晚饭后归。改旧文。十二时就寝。

三十日　星期六　晴

八时起。九时入校治事。十二时归。饭后小睡。三时入校治事。五时昆华师范视察教员宿舍,晤福田、继侗、桐荪、雨秋、心恒、子卿诸人。于宿舍事,各有建议,不胜拜嘉。六时归。饭后与锡予小谈。八时至昆明戏院,君浩今日演《双狮图》,约余往观。到时已演过,仅观《悦来店》一出、《汾水湾》半出,怅然而归。今日为妇女会义务戏,均票友串演。十时半抵家。检杂书。十二时就寝。

三十一日　阴历二月二十三日　晴

七时起。检《说文》《玉篇》诸书,改旧文成。十时诣云浦。十二时至昆中东北院午饭。下午再至云浦家。六时复至昆中东北院晚饭。云浦约戏番人叶子也,有雪屏、少榆、思亮、承谔、晋年诸人。晚饭后偕晓宇诣逵羽。十一时归。

四月

一日　阴历二月二十四日　晴

六时半起。八时入校治事。十一时在新校舍图书馆前举行精神月会,请何淬廉演说。十二时月涵约淬廉诸人午饭。座中有新自天津来者,谈平津情形甚详,谓日人气焰日馁,大非前二年比,但国共问题较严重。饭后与淬廉商米粮消费合作事,淬廉主各校组消费合作社,调查每月需米数量以便与政府商洽,但米价不主与市价相差太远,其意甚善。三时入校治事。四时半再至月涵处,招待司徒雷登茶会。五时半归。饭后倦甚,九时半就寝。

二日　星期一　阴　风

近日稚眉夫人入梦者二，皆恸哭而觉。昨夜又梦雯、晏两女，果何故欤？七时而起。作函致思永，告以米粮合作事。九时诣月涵，尚未起，乃至校。十时半再诣月涵。月涵今午飞往河内，转香港，有数事须请其于行前解决也。十一时半返校，校中常务委员三人均不在昆明，秘书主任杨今甫亦往渝。月涵命余代行，力辞未获，乃告汇臣，不可公布，以免闲事纷来。十二时至云南大学招待医学会年会来滇会员，二时散会。归家小睡。四时入校治事。六时归。饭后欲至邱家巷，出门觉风大，寒甚，复归。昨日在月涵家着衬绒衣，汗出不已。今日天寒，若不胜，天气之变幻莫测如此。读明人笔记。十二时就寝。

三日　阴历二月二十六日　阴　晴

昨夜就枕读祝允明《野记》，至二时始入梦。《野记》所志，若仁孝徐后喜椎人，仁宗为郭妃所酖之类，多异闻，不知当时何以能刊行也。昨夜睡不佳，多乱梦。七时即醒，入睡仅五时。天气不适欤？身体不适欤？事繁而精神不振欤？所闻杂乱而有感欤？何近来之多梦也。昨梦殉国，尤异。起读《明史》，预备上课。九时入校治事。十一时至昆中东北院上课。午饭后小睡。再入校治事。六时归。晚饭后至汇通旅馆访季谷，不值。至邱家巷。至才盛巷。闻孟邻师在渝请救济昆明同人，奉化允拨百万元。十时归。读明人笔记。十二时就寝。

今日郁泰然于公园外见苏州柳，购以为赠，北平惟松公府北京大学研究所有一株，见之不胜今昔之感。此树不知本名云何，“苏州柳”俗称也，实非柳也。

四日　星期四　晴

八时起。至新校舍图书馆候华侨回国参观团，久不至。入书库读《张文襄奏稿》《电稿》，知陈弢盦、郑海藏经其保奏者数四。十一时半参观者始至，匆匆一观图书馆、学生饭厅、学生宿舍而去。同之乘车同济大学医院，亦匆匆一转而至云南大学招待会。主人为中央研究院、北平研究院、云南大学、西南联合大学、同济大学中正医学院、上海医学院。熊迪之有演说，华侨副团长某君答词甚妥。席散，归所。小睡。复入校。六时归。翻阅明人笔记。十二时就寝。

五日　阴历二月二十八日　晴

八时起。九时入校治事。十一时至十二时至东北院上课一小时。午饭后小睡。三时再入校治事。六时归。七时仁宇约在松鹤楼饮馔，席散至邱家巷。十时归。读明人笔记。十二时就寝。

六日　星期六　晴

六时半腹泻而起。九时入校治事。十二时归。下午三时复入校，四时半归。六时许腹泻一次，扶疾至正丰饭馆事务组公宴。余略有勉励语数分钟。席散，匆匆归，大泻两次。十时许泻一次，随就寝。

七日　阴历二月三十日　晴　阴

昨夜夜起五次，不得眠，今晨又泻两次，疲惫不堪，未进食，下午差止。陈勋仲来，谈甚久。胡子安来，未坐而去。晚进米汤、稀饭，身热，或有烧，未试体温。

八日　阴历三月初一日　晴

昨眠甚安，亦未泻，人仍倦。九时入校治事。十一时至十二时授课一小时。气结腰弱，倚扶而立，颇不能支，午仍进粥。下午小睡。预备功课。晚进饭。七时半至校授课，本意请假休息，然以清史改钟点后与学生约间周一授，今日请假则须俟两周后矣。乃勉强往，述清初之圈地与逃人。自觉较上午上课时强健多矣。下课后与晓宇略谈而归，随寝。

九日 星期二 晴

八时起。九时入校治事。十二时归。下午小睡。三时至地坛开史学系教授会,六时散会,归。十一时就寝。今日身体仍倦,反不如昨夜上课时。

十日 阴历三月初三日 晴 阴 晚雨

八时起。九时入校治事。十二时归。下午小睡。三时入校治事,六时归。晚假邱家巷蒋宅公宴胡子安、毛玉昆两家伉俪。天雨。十时归。十二时就寝。

十一日 星期四 晴

八时起。九时步至工学院。与王明之、毕正宣商谈工程处移交事务组事。此事经常委会议决已三月馀,迄未接收。校中工程事甚多,实不容再迁延。连日与两君分别谈话,商妥于今日移交,双方将移交清单看过,由余监交。下星期一,将全部案卷移至总办公处,此问题可告一结束矣。十二时诣壮飞、君浩,日前勋仲来,值余卧疾,乃约今日在壮飞处会齐,同出午饭。及余至,而勋仲以有事先行矣,乃与壮飞、君浩同往六华春午饭。饭后归所,随即入校。六时归。读《清史稿》《明史》等书。十二时就寝。

十二日 阴历三月初五日 晴 阴 大风 雨

八时起。九时入校治事。十一时至昆中东北院上课。十二时天极燠热。至金碧餐馆,约昆华工业职业学校校长毕近斗及逵羽、子坚、勉仲、正之、正宣午饭,并商谈校舍问题。联大校舍中之总办公处、女生宿舍、物理实验室、晋修班、高中补习班所用之房屋均借之工校。连日催腾让甚急,与之商请续借未成。今日约各关系方面再商,决定先将晋修班、高中补习班腾让,惟请保留五间至十间为晋修班宿舍之用,其馀各部俟暑假再议。余等原请其自暑假后续租一年,毕校长不允,只允至本年暑假止。故未确定,尚须续议也。席散已二时馀，偕勉仲至欧亚公司交涉飞机票位，勉仲与子坚于二十五日须往重庆开高级师范会议。入校已四时。五时暴风骤起，飞沙蔽天，继之以雨。五时半天复开朗。至师范学院开会。六时半归所晚饭。饭后本欲诣子安，天又阴雨乃止。今日一日间天气之变化如此。电线为风所断，燃烛而读，目疲心厌。与莘田、锡予作闲谈，至十一时而寝。

十三日　星期六　阴

八时起。至邱家巷，诣逵羽。十一时入校，知今甫归。十二时归。小睡。二时入校，四时半归。诣崔书琴。汤锡予今日往海防接眷，托其购皮鞋一双，备三年计画之用，战事非三年不能止，不能不计及也。晚饭偕莘田同出理发，并至南屏戏院看滑稽影片，票价每人三元五角，天乎！十二时归寝。

十四日　阴历三月初七日　阴

八时起。写日记。翻讲稿。十一时许欲往岗头村而枚荪至，谈久之。午饭后小睡。三时半欲下乡而学生刘熊祥来谈论文，又久之，遂不果往。五时至膺中寓，罗太夫人七七也。叩奠而归。晚读《耶稣会士传》。十二时就寝。

十五日　星期一　阴

八时起。九时入校治事。十一时至东北院上课。十二时归。下午三时再入校，六时归。八时偕莘田至翠湖，余往才盛巷，晤立庵、物华、介泉、端升、建功于端升许，见孟真、今甫、努生、钧任、端升五人。在参政会所提询问案，及孔祥熙答复书，均关财务人员失检辱国之事，凡四：一、财次徐堪夫人携贵重物品用外交护照赴美，与美关员兹生争执；二、盐务署总办朱庭祺在署设佛堂扶乩，并约美大使参观；三、税务署长某私往上海为人帮票，索赎乙百万元；四、孔长子令侃，在港以行为失检为英人驱逐，乃偕盛颐之妾往美国。孔祥熙答复或承或否,此类事亦太不堪也。归。读《东华录》。十二时就寝。

十六日　阴历三月初九日　晴

七时起。八时步往岗头村取讲稿,与廉澄谈学校事甚久。十时三刻仍步归,去时行六十五分钟,归时凡六十分钟差。以时计之,每一公里行十分钟,归来尚不甚倦。饭后小睡。三时入校治事,六时归。晚梁光甫来。今甫来。读《东华录》,查投充及逃人事,不觉至夜深一时半。

十七日　星期三　晴

八时起。九时入校治事。十一时往昆中东北院上课。十二时归。小睡。三时复入校,开常务委员会,讨论校舍事,因昆工、昆师均在索还校舍,本校不得不另行设法。正之主自造一部分,今甫主移校入川①,否则赁屋。今甫意将新校舍地产售之西南运输处,以其价为迁移费,正之亦赞之。序经谓西南运输处未必以重价易地产。余意恐政府未必允,而地方当局未必愿,且理工两院亦难移。但物价长此飞腾,不惟同人无以赡生,有星散之虞,即学校出过于入,亦无以维持也。六时归。读《东华录》。十二时就寝。

十八日　阴历三月十一日　晴

八时起。九时步至工学院。与明之、嘉炀接洽校务。学生请在工院发贷金,允之。读《东华录》。十一时半步归午饭。得总务处急信,谓昆华工校索校舍甚急,欲三时到校会商划分房屋诸事。三时入校,工校校长未至,而昆华师范校长偕学生代表三人先来,欲索还所借学生宿舍及教员宿舍。余告以不能即迁之,故谈一时馀始去。此时,虽可暂时无事,暑假后绝难续租矣。师校去而工校校长及教员三人已候多时。复经商定,以晋修班所用之新楼全部

①主　原脱,据前一句句例补。

拨还，工厂还两间，其馀借至暑假。五时始去。六时归。道遇勋仲，约后日同访壮飞。晚饭文藻来，雪屏、晓宇继至，遂约同莘田同往邱家巷，谈至十时半归。略检杂书而寝。

十九日 星期五 晴

八时起。九时入校治事。十一时至东北院上课。十二时归。午饭后小睡。三时复入校，为校舍大忙。五时偕矛尘、少榆诣逵羽。十时归。十二时就寝。

二十日 阴历三月十三日 晴 谷雨

八时起。九时入校治事。工校教员二人来催腾让房屋，以后日将上课也。允其今明两日必迁毕。吴正之来，以物理实验室退还工校两间，仅馀三间，不敷用，欲在新校舍另觅屋四所，其所属意者即晋修班所欲迁往者也。校舍不敷，今日已感困难，暑假后更可知矣。午勋仲约在光美便饭。归。小睡。改定文稿。五时至三牌坊购物。六时至逵羽家晚饭。十一时归寝。

二十一日 星期日 晴

八时起。陈隆来，询购公米事。十一时诣公超，请其设法租赁两粤会馆为本校校舍之用。在公超处晤胡步曾、吴雨僧、刘德荣、邵可侣。十二时归饭。小睡。改定文稿。晚饭后莘田约往看滇戏，栗成之、李文明演《捉放曹》，刘海清演《单刀会》，并妙。十一时归。略检明清人笔记而寝。

二十二日 阴历三月十五日 晴

八时起。九时入校治事。杨石先来谈，知何淬廉已归，公米可源源而来，同人及学生购用绝无问题。何意嘱余往晤缪云台，请其帮忙，盖欲归功于缪也。乃约今甫、逵羽、勉仲下午三时往。十一时至东北院上课，十二时归饭。饭后小睡。三时访勉仲。同至逵羽处，今甫已先至。同访缪云台，值其自外归来，谈少顷，极表协赞意。随访淬廉,据云自越南购来公米,成本须国币五十八元,教育界购用或可减至五十元,如是则食粮问题或可暂告解决矣。既而谈及其他物价,淬廉亦无善策,惟云服用品或可设法平价耳。五时归。七时半至九时半复至昆中东北院上课,授清史。下课后诣晓宇、少榆,谈久之。归。十二时就寝。

二十三日　星期二　晴

八时起。九时入校治事。十二时归。勉仲、子坚今日飞渝,入校前绕道师范学院往别之。应洽之事甚多,不能尽也。下午三时再入校,无要事,写信数封。六时归。雪屏、晓宇来,同往才盛巷公舍,晤端升、物华、立庵、建功、矛尘。矛尘病足。九时绕道劝业场,各进米酒一盂而归。读明人笔记。十二时就寝。

二十四日　阴历三月十七日　晴

八时起。预备功课。十一时至东北院上课。警署前树预行警报旗,十二时下课归,已撤矣。下午三时入校治事。六时归。得锡予电,今夜旋昆。晚饭后至昆中东北院访秉璧,请其准备一切。晤晓宇,留谈甚久。十一时归。十二时就寝。

二十五日　星期四　晴

八时起。九时步往工学院。先访锡予于湖滨旅馆。一晤而出,行至马市口,当街树有预行警报白旗,时九时二十分,乃缓步沿环城马路而行,十时抵工院。未五分钟警报作,遂往工学院后乡村胡节寓所暂避。十一时五分警报解除。诣李辑祥,探其病,热已退,但胃旁有癌,须开刀也。十二时诣壮飞、君浩,同往华北饭店午饭,食炸酱面。甫毕,而警察骑车插预行警报旗,时一时。又纷纷往来街市矣,乃缓步归。所不敢急行者,恐过乏不能及远,且在饭后也。二时抵家。三时复入校。六时归。往逵羽家晚饭。十时归。读明人笔记。十二时就寝。

二十六日　阴历三月十九日　晴

八时起。九时入校治事。又见预行警报旗。十一时至东北院上课。十二时归。小睡。三时入校,六时归。与孟真、子水谈。七时至邱家巷晚饭。十时归。检明人笔记。十二时就寝。

二十七日　星期六　晴　阴　雨

八时起。九时入校治事。十二时归。下午小睡。三时暖甚,方欲入校,得雪屏书,约往逵羽家食饺子。七时诣邱家巷。昨日闻孟邻师今日可归,遂往探,果于今晨乘飞机归,谈至九时。诣逵羽,天忽雨,寒甚。十二时归寝。今日详检《张文襄书翰墨宝》,见"燕斋"之名,其人即孟心史先生询之许溯伊,而许以为即瑞璋者。翻检再三,疑其误,其人当姓蒋,非旗下人,当详考之。

二十八日　阴历三月二十一日　阴

八时起。九时半诣月涵,未起,归。考"燕斋"之名,检光绪《东华录》,虽未得,然检得瑞璋于光绪十一年十月己丑,简放江西按察使(案十二年二月丙子张之洞奏内有"据署按察使瑞璋"之语。又丙戌张之洞奏内有"据广东按察使于荫霖"之语,则瑞璋曾署粤臬也),则不能在粤为盐运使可断言也。午饭后小睡。三时至云南大学参加清华大学二十九周年纪念会。四时归。仍读《东华录》。晚饭后晓宇、少榆来。九时偕孟真谒孟邻师,不值。至才盛巷公舍,晤建功、端升、佛泉。十二时归。

膺中于三月二十六日以《地藏菩萨本愿经》为赠,附书曰:"如能依经诵读,于先亡眷属有大利益。"余尚未及行,今日膺中告莘田,谓近发弘愿超度亡灵,其赠经之日即为亡室周稚眉夫人超度之始。而本月十四日,余往奠罗太夫人之前三小时即亡室往生之时。又云亡室必欲一见余面,膺中遂用密宗法摄余魂往会先室,所怀念在昌、晟两儿云云。鬼神之事本难言之,余则宁认其有,惟此事窃有疑者。余五子皆亡室所爱，而昜儿实为最，今何以遗之？既摄余魂往会，何以余一无所觉，且未形诸梦寐？近顷以来，余以儿辈久未来书，时时怀想，可谓最不放心之时，何以余有一切放心之言？膺中述余告亡室之言①。余每梦亡室，多一恸而觉。魂苟相值，何无深罄之语？幽明虽隔，鬼神洞鉴，家中之事，何劳更问？亡室没于正月初七日，诸友多来相伴。正月十五日诸友皆归，儿辈已寝，余睹物心伤，悲悼无主。偶取《金刚经》书之，忽然宁帖，百念俱寂。余之感宗教力之伟大以此，余之感人生不能不有精神寄托以此，故为亡室诵《金刚经》不下数百遍，而在北平陷落后尤多，此均无人知者。然欲余顶礼凡僧，膜拜受戒，绝不为也。

二十九日　星期一　晴

八时起。九时入校。十一时至十二时授明清史一堂，归。午饭后小睡。三时至南开经济研究所，石先约茶会，商谈英国购书问题。四时半至西仓坡润章、月涵及孟邻师招待翁咏霓茶会。七时所中同人约锡予夫妇便饭。八时研究所委员会开会，十时半散会。今日一日为会忙。十二时就寝。

三十日　阴历三月二十三日　晴

七时起。八时半入校。十二时归。三时再入校开常务委员会，商谈同人救济及校舍问题，无决定。七时至孟邻师寓，借地、借厨，为师及月涵接风也。十时半归。十二时就寝。

五月

一日　阴历三月廿四日　晴　雨

七时起。预备功课。徐森玉来。十时入校治事。十一时至昆

①中　原脱。

中东北院授课。十二时归。三时再入校治事。与尹辅商催款事，与晓宇商出版购纸事，与正宣商五四纪念事，工校职员来商操场事。匆匆一日去矣。六时始归。李迈先来，谈编《唐太宗武功及名将传略》小册子方法。检《东华录》。十二时就寝。

二日　星期四　晴

八时起。欲谒孟邻师，闻有预行警报，不果行。九时半闻解除，乃步至工学院，无要事。十一时半步行归。小睡。入校治事。六时归。晚饭后谒孟邻师，不值。至才盛巷公舍，晤建功、端升。九时归。十二时就寝。

三日　阴历三月二十六日　晴

七时起。九时入校治事。十一时至东北院上课。十二时归。午饭后小睡。三时入校治事。与孟邻师商谈校务久之。六时归。七时至西仓坡，孟邻师偕月涵约饮馔，晤岳霖、岱孙、公超诸人，商租赁两粤会馆为校舍事，约明日往观。九时半归。天气甚暖。十二时就寝。

四日　星期六　雨

今日为五四纪念日，校中放假一日，并举行精神月会。晨兴，闻雨声，疑不能举行矣。八时半雨止，急入校，孟邻师已先至，方督工役扫水渍。今甫与余先后至，序经、芝生、公超、月涵继至。九时雨又作，操场不能立①，乃商移第二食堂内开会。月涵报告，孟邻师讲演，十时半散会。与今甫偕归。经理化工作室门前，遂入参观，颇能利用废物自造简单仪器，甚有趣。诣雪屏小谈。归所午饭。小睡。三时诣公超。三时半同访月涵，再至孟邻师寓。偕往农工银行，晤广东同乡会主事人，商租赁两粤会馆为联大校舍。天大

①操　原作“草”，据本月一日日记改。

雨,冒雨往观房舍,先东寺街,次龙井街,凡为房百四十馀间,粗计之可容千三百馀人,但稍破旧,修理须费耳。视毕已六时半,归饭不及,同往穆士林清真饭馆食馅饼。七时半归。途遇学生游行,火炬甚盛,惜雨大不能驻观。归。读《明史》。十二时就寝。

五日　阴历三月二十八日　阴　雨

七时起。读《明史》。十时诣君亮,小坐,闻其有疾也。午饭后小睡。三时诣逵羽于新居,在小东城脚十六号,芝生寓楼下。五时归。读《明史》。七时谒孟邻师,不值。理发而归。十二时就寝。

六日　星期一　阴　立夏

七时起。九时入校治事。十一时至东北院上课。下午小睡。预备功课。七时半至九时半再至东北院上课,授清史,述世祖、圣祖两朝之政事。归。与莘田谈。十二时就寝。

七日　阴历四月初一日　晴　阴

七时起。八时谒孟邻师,谈校务。九时半闻有预行警报,乃步行入校治事。十二时归。饭后小睡。三时入校开校务会议,商谈同人救济及校舍问题,谈论虽多而无所决定,五时半散会。诣公超,询问两广会馆事,即归。孟真自乡间入城,明日将飞往重庆开学术审议会。谈至十二时乃寝。

八日　星期三　晴　阴

八时起。与孟真谈。十时入校治事。十一时至东北院上课。十二时归。小睡。入校治事。六时归。晚饭后谒孟邻师,不值。与蒋太太谈甚久,谈及物价日高,师家食指多,月入不敷。此诚今日一大问题,几于人人亏乏,长此以往,更不知如何得了。屡得家书,平寓非二百元不足用,房金尚不在内,益以房租须二百六十元,更益以汇水须二百八十五元矣,而余之所入不过三百十二元耳,今在此包饭非五十元不办，日常洗衣、剃头、零用又非二十元不办，酬应尚不与焉，月亏已四十元矣。幸先人所遗电灯公司股票退还本金五千元，得以济家用，否则不堪设想矣。归遇矛尘，约往孙承谔寓。十一时归。十二时就寝。

九日　阴历四月初三日　晴

七时起。九时步至工学院治事。十一时四十分复步行归。途间见天气清朗，窃思何以今日无预行警报。抵寓已十二时一刻。坐甫定，忽传预行警报旗出矣。食饭进，一盂未尽而警报作，时十二时三十五分。余以往返工学院倦甚，决不出避。至十二时五十五分，紧急警报又作，乃与寅恪、莘田、恭三诸人坐防空壕侧闲话，欲待其至而入壕。候至二时，敌机未至，以为必不来矣，上楼而寝。二时四十分醒。以四时与人约在办公室会晤，遂不再睡。三时下楼询泰然警报已否解除，泰然方怪久不解除，而机声远远而至，继闻枪声一响，急避入壕。寅恪、莘田均自睡梦中惊醒，苍皇下楼避。迄四时半警报解除，传言纷纷。晚饭后学生王栻来，谓航空场侧某村被炸，今日敌机来二十七架，经过市空未投弹，吾辈之昼寝亦太大意矣。与王栻谈清史，不觉至十一时。十二时就寝。

十日　星期五　晴

八时起。九时入校治事。十一时往东北院上课。十二时归。三时复入校，六时归。七时逵羽约晚饭，偕矛尘、汇臣、莘田同往。饭后作西洋叶子戏竟夜，可谓荒唐之至。

十一日　阴历四月初五日　晴

八时归。李迈先来，告前日敌机至，幸风势大，所投诸弹为风所引，误落邻村，否则机场二十一机必遭摧毁，我机初闻敌机将至，全数飞腾以待，既久之，油量乏，乃下落添油，油未添毕，敌机猝至，竟不及复升，盖有奸人为之通讯云。机场及周近凡落七十五弹，无大损。惟迈先居处为弹所震,玻璃及磁器均毁。迈先前年毕业史学系,现任空军军官学校政治教官。九时半入校。与月涵谈校务,至十二时半始归。饭后大睡,自二时迄六时半未醒。晚饭后与寅恪、锡予、恭三、子水谈至十一时而寝。

十二日　星期日　阴

七时半起。写日记。少榆、晓宇来。翻阅清人笔记。饭后欲昼寝,为人声所扰,竟不能入梦。五时访张伯苓先生于南开经济研究所,昨日自重庆飞来也,略谈而出。至商务印书馆,报载冯承钧《诸蕃志》出版,求之未得。遇汤锡予,同往中华书局,亦无所获。六时往聚丰园,公饯魏建功夫妇。席散,谒孟邻师,知今日往路南观石林,汽车覆,幸未伤人。归。访孙承谔。十时半归。十二时就寝。

十三日　阴历四月初七日　晴

八时起。九时入校治事。十一时至东北院上课。十二时归。下午小睡。三时再入校治事。六时归。晚饭后谒孟邻师。日前闻清华大学自八月起教职员各加薪二级,北大同人不无生望。今日与师商之,亦拟照之实行也。归遇矛尘,同诣承谔。十一时归即寝。

十四日　星期二　晴

昨夜得儿辈来信,谓家中诸花盛开,而余尤念念于庭前手植之苹果两株也。枕上思句未得。八时起。九时入校治事。十一时至十二时授明清史,毕,归饭。下午三时再入校开常务委员会,讨论星期日学生为演剧发生私息电灯扰乱秩序事,咸主严惩,而不得其主名,决于后日召集学生训话。散会已逾七时,归寓。晚饭已过,偕雪屏、矛尘往西域楼食饺子,并在翠湖散步而归。十二时就寝。

十五日　阴历四月初九日　晴

七时半起。九时入校治事。十一时至东北院上课。十二时归。饭后小睡。三时入校治事。五时半归。七时孟邻师暨月涵为租赁两粤会馆事公宴两粤同乡会理事,九时席散。与公超同往才盛巷,知欧战甚激,荷兰已降,比军亦败,于是知我国抗战三年真不易也,只此已足睥睨当世。与公超同步归,抵家已十一时。翻检《张文襄奏稿》《电稿》,今日自校中图书馆所借也。一时就寝。

十六日　星期四　晴

七时起。七时半至师范学院。八时召集学生训话,由月涵、伯苓两常委训话,月涵词短而严肃,伯苓词甚长,杂以诙谐,亦颇感人,凡一小时半而毕。十时偕月涵同往工学院治事。十二时步归。午饭后小睡。三时入校治事。六时归。孟真自重庆还,谓中央研究院院长,政府决以适之先生继任,盖政府中有人不愿其久居美大使任也。八时谒孟邻师。十时归。十二时就寝。

十七日　阴历四月十一日　晴

八时起。九时入校治事。十一时至十二时赴东北院上课,课毕归。午饭后小睡。三时入校。五时半归。至承谔家晚饭,十时半归。阅《张文襄奏稿》,证明所谓燕斋者,蒋泽春也,当别为文。十二时就寝。

十八日　星期六　晴

八时起。九时入校,与月涵商校舍、加薪诸问题。十二时归。饭后小睡。三时至农工银行与两广同乡商租赁两粤会馆事,大体决定,惟租金房主欲月二千五百元,而校中初意千二百元,继增至千五百元,尚未决,须待下星期三各回商后另议也。会毕,至商务印书馆购《诸蕃志校注》,归。晚饭后与寅恪、从吾谈欧局。赵俊来。八时偕锡予、从吾至才盛巷公舍,晤佛泉、建功、自昭。十一时归。翻阅《诸蕃志》而寝。

十九日　阴历四月十三日　雨

六时半起。八时北大学生会开欢送毕业同学会于新校舍，冒雨往参加，孟邻师、逵羽、枚荪、召亭、叔伟并有演说。十一时散会，归。午饭后小睡。检《东华录》。六时步至巡津街商务酒店，孟邻师招待当地要人也。九时半席散。便道至才盛巷公舍，与矛尘谈少顷。归途遇雨。复检《东华录》。十二时归。

二十日　阴历四月十四日　晴　雨

先妣陆太夫人七十二岁冥寿。客中不能设供者，今三年矣。七时起。八时半入校治事。十一时至十二时授明清史一小时。下午在寓预备功课。晚七时半至九时半授清史两小时。天大雨，衣履沾湿，想及学生之苦，甚悔改上课时间之非也。归。与莘田谈。十二时就寝。

二十一日　阴历四月十五日　晴　小满

八时起。九时入校治事。十二时归。三时复入校。三时半开常务委员会，六时散会。七时月涵约晚饭，九时散。月色极佳，步翠湖半匝。及归寓中，电灯损坏，然烛读《清史稿》数页，目涨神劳，不得已而就寝，尚未十一时也。

二十二日　星期三　晴　雨

七时起。九时入校治事。商订明年概算。十一时至十二时授课一小时。午归饭。饭后小睡。三时至农工银行商租赁两粤会馆事，以年租二万元成议。五时会散。天雨，往壮飞处避。六时至孟邻师寓报告。晚饭后归。读《东华录》。十二时就寝。

二十三日　阴历四月十七日　晴

今日以商预算事不至工学院。九时入校，大体决定全年经费二百七万元，每月十七万二千五百元，计较今年增百分之五十。十二时归。方就餐，而总务处干事胡兆焕来，告会计室全体职员下午请假，意在要挟调整薪俸也。四时入校，途遇勉仲商购公米事，又遇子坚谈校舍事。入校与月涵商薪俸事、预算事，对于会计室请假事，令主任沈展拔查复。六时归。晚饭后诣承谔。十一时归。十二时半就寝。

二十四日 星期五 晴 阴 雨

七时半起。九时入校治事。为预算事召会计室助理，面示应增改之数，其人均在，以为请假事可告一段落矣。十一时至东北院上课。十二时归。饭后小睡。三时入校。知会计室于明日起仍请假三日，召主任沈展拔询之，亦莫如何，据云盖欲示其主任以难堪，当仍令劝止不准假。六时归。教育系学生邓君送论文《同文馆沿革》来。清华研究生王栻来谈，以孟心史、陈援庵关于清史著述假之。与寅老谈。本欲往才盛巷公舍，以雨不果往。与锡予作深谈，对于北大之前途、同人之趋向、维系之中枢，此老均有深切明快之论，不胜佩慰，不胜忧虑。大意谓北大离北平前之数年间，赖胡适之师为之中心，校誉、校力为之增进。蒋孟邻师于学术方面关切较疏，三年来因抗战，故幸得无事，长此以往，恐人人引去，将有瓦解之虞矣。言间颇以公正相奖许，谓此或许尚是一点维系力。闻之不胜惶愧，同人以此而维系不去，实不敢望，且不愿也。但得常以公正以事学校，以事师长，以事同人，吾意足矣，然深盼其言之不验也。十二时就寝。

二十五日 阴历四月十九日 阴 雨

八时起。九时诣勉仲，商学校购办公米事。十时入校。与孟邻师谈久之，师谓上月在港时，闻日人欲借孔祥熙之儿为介以言和。孔儿必欲板垣亲笔函以为证，板垣书至，孔儿以寄其父，奉化不知也。港中作政治工作者多秘以闻，奉化大怒，命孔儿立即离港，此孔儿所以去港之故也。又云在港晤陶希圣，言日人求和休战之念甚切，板垣亲向希圣言之。与沈展拔谈会计室同人请假事，展拔劝阻反被辱[1]，此非报部不可也。十二时归。下午小睡。头闷、鼻塞，恐有伤风之势，饮水以杀之。肃文约晚饭，其孙满月也，即归。晚间预备讲稿，明晨有讲演也。十二时就寝。

二十六日　星期日　雨

六时半起。八时往新校舍为晋修班讲明史之教学与研究，凡二小时半而毕。便道访雪屏，小坐，归。十二时诣逵羽，假其地饯肃文，二时归。小睡。检《东华录》《张文襄奏稿》。十二时就寝。

二十七日　阴历四月二十一日　雨

八时起。一日雨未休。九时入校治事。途遇肃文，知其今日未能成行，或曰昨日重庆敌机肆虐，机场为毁也。十一时至十二时至东北院授课一小时。午饭后小睡。预备功课。晚七时半至九时半再至东北院上课，清史研究于本日结束。下课后诣晓宇，晤思亮、又枨、秉璧诸人。十时半归。倦，不复读。十二时就寝。

二十八日　星期二　雨

八时起。九时入校，与勉仲商公米事。十二时归所午饭。小睡。三时入校。三时半开常务委员会，六时散会。孟邻师约晚饭，为离昆诸同人祖饯，邀作陪。赴檀香山者陈福田，赴上海者钱思亮、朱物华、黄少榆，赴北平者张佛泉，赴重庆者魏建功，赴墨斯科者刘绍周。建功往国立编译馆任职，绍周往中国大使馆任职，馀均归家省视，暑后即归也。席散诣承谔、晓梦。十一时归。

二十九日　阴历四月二十三日　阴

七时起。九时入校治事。十一时至十二时至东北院授明清

---

[1]展拔　原作“拔展”，据前一句改。

史,课毕归。今午本与逵羽、矛尘、汇臣假逵羽寓为物华、佛泉、建功、少榆、思亮、光甫饯行,以下午有考试,未克往。在寓饭毕,欲稍想口试题目,倚枕不觉睡去。二时半醒。三时至清华大学办事处,举行研究生王栻初试。其研究题为《清代汉大臣之出身与家世》,故初试以清史为范围。委员到者,余及芝生、光旦、伯伦、葛邦福俄人、心恒、寿民、荫麟依发问先后为序八人,寅恪、孟真未到,除余及孟真而外,皆校内委员也。余所问以清代典制为多,尤注意于八旗制。考试成绩平均分数为八十二分半,余所拟为八十分。六时一刻会毕。归。饭后偕寅恪、锡予、从吾、莘田、恭三、泰然至昆明戏院,观京戏《一捧雪》,剧本甚佳,十二时归。为寅恪饯行,兼请泰然也。

三十日　星期四　晴

八时起。九时步往农工银行晤李晓生,商两粤会馆租约事,全部妥协,明日可签字矣。至工学院治事。十一时半步行归。午饭后小睡。三时入校治事。六时归所。八时诣晓梦。十一时归。与莘田谈至十二时半乃寝。

三十一日　阴历四月二十五日　雨　阴

昨夜复雨,今晨尤甚。八时起。九时冒雨入校。十一时至东北院上课,衣履尽湿。十二时归饭小睡。雨止。三时半至孟邻师寓开党部筹备会,定下月十四日成立。六时半会散。至太华饭店与两广同乡会签两粤会馆租约,凡四条,租金年二万。校中由蒋、梅两常委签字,会中由颜会长及何、陈等常委签字,中人为李晓生、叶公超。签字毕,会中设馔,甚精。九时偕子坚步归,谈学生论文甚详。归所,建功来谈,至十二时半乃去。近日闻北大同人谈话间颇有不谅解于当局之意,疑源于建功、介泉,今日以言试之建功,果有主北大单独移川之意。为之剖解万不可能之情形,万不宜分家之原因,及当局关心学校远胜于我辈之实情。建功去,就寝。

六月

一日　阴历四月二十六日　晴

八时起。九时入校治事。途遇雪屏，知二十九日逵羽寓中之会，矛尘与建功语言冲突。勉仲来谈购公米事，与月涵商调整薪俸事、职员惩戒事。十二时归。饭后小睡。三时复入校。六时归。晚饭后往才盛巷公舍，晤立厂、介泉、物华，立厂以铁观音相飨，不觉久坐。锡予继至，十一时同归。十二时就寝。与介泉谈补习英文，余颇欲乘此暑假用功英文，余于此太差，不得不努力也。

二日　星期日　晴

八时起。补写前数日日记。因念暑假将至，当乘时稍事学问。去年暑假匆匆过去，一无所成。今年万不可再蹈此失，拟以读英文为主，有暇则将年来搜集之材料草成论文：一、《明末流贼十三家考》；二、《明初之正统议》；三、《张文襄书牍跋》。此外拟读明清笔记。九时半至广学会购英文《新约》，值礼拜日未得。归。检杂书。孟邻师来。学生刘熊祥来。午饭后小睡。四时诣晓梦，晚饭后归。十二时就寝。守和致书孟真、莘田，以江建霞标《笘誃日记》二十册请，托人审阅，莘田以嘱余。

三日　阴历四月二十八日　晴

八时起。九时入校治事。十一时至东北院上课。十二时归。饭后略检《笘誃日记》，虽为二十册，但其中一册为名录，非日记也。细检之，盖缺第九册光绪十三年丁亥五月、六月日记一册，不知何以失之也。小睡。建功来辞行，明晨必行矣。三时入校。晓宇约往蓉园晚饭。六时往。雪屏、少榆、思亮已先至。雪屏、晓宇为少榆、思亮饯行也。饭后至南屏戏院看电影。九时半至才盛巷，别建功，未值。十时半归。遇诸途，珍重而别。随至劝业场前，进白酒一盂而归。十二时就寝。

四日　星期二　晴　风

八时起。九时入校治事。十一时半归。午饭后小睡。三时入校，开校务会议。七时散会。同往月涵处便饭，九时归。日间极热，着单衫。晚九时大风起，或谓明日将雨矣。十二时就寝。

五日　阴历四月三十日　阴　雨　晴

八时起。天阴。九时入校治事。十时半天大雨。往东北院上课，课毕而雨止天晴矣。午饭后小睡。四时半天阴毛雨。往劝业场理发，行至翠湖，天大雨。理发毕，雨未止，待其稍小，冒雨归。沿街水溜如湍，衣履全湿。六时雨止。电灯复熄，饭后不能读。端升来，同出步谈。诣承谔、晓梦。十时半归。仍无灯，就寝。未睡，电灯忽明，起而作日记。十二时就寝。窗外又微露星光矣。

六日　阴历五月初一日　阴　雨　芒种

八时起。忽雨忽止，间露日光。九时步至工学院治事。十二时诣壮飞、君浩，同至云南服务社午饭。饭毕归。小睡。四时至邱家巷，树人招待茶会。五时半会散，归食汤面饺。晓宇来。

晨间致书守和，询《笘誃日记》阙卷之故。晚守和嘱觉明来告，谓其家人云盖建霞所自毁，其详则不得闻矣。灯下读《笘誃日记》首册，屡见郎亭之名，不知谁氏。核其事，盖甲申时督学山东者。检《清史稿》亦未得，偶于日记十五册末见残稿，有“甲申春标游汪柳门先生山左学幕”之语，则郎亭为汪鸣銮也，为之大喜。十二时就寝。

七日　星期五　阴　雨

八时起。九时入校治事。十一时至十二时至东北院上课，明清史作一结束，实讲至清初三藩之平定而已。午饭后小睡。三时再入校。五时半归。电灯线毁,不燃,不得读。与莘田约至邱家巷,行至青云街,大雨,购花生米一斤而归价二元二角。与寅恪谈。十时就寝。

八日　阴历五月初三日　阴

八时起。九时入校治事。胡子安自澄江来,与汇臣、晓宇、矛尘、少榆公宴之于西南食堂。一时归。小睡。何鹏毓来谈。自龙泉镇假来《越缦日记》读之。晚饭后谒孟邻师,谈书法,师近于旧作又多改增矣。十时归。十二时就寝,尚无电灯。

九日　星期日　阴　雨

八时起。九时诣少榆、思亮,后日往海防转沪矣,光甫、物华偕行。诣公超,遇诸途,谈两粤会馆住户迁徙事。归。检《越缦堂日记》。午饭后小睡。四时诣晓梦、承谔,晚饭后归。天大雨。电灯已明。十二时就寝。

十日　阴历五月初五日　阴　雨

八时起。九时入校治事。同人以今日端阳,向例,下午同人有半日休息,陈于常委,允之。十二时归。小睡。孟邻师约往过节,四时往,谈书法及欧洲战,甚畅。十时分道归。同座为雪屏、莘田、端升、矛尘、子安及逵羽夫妇。检《越缦堂日记》。十二时就寝。

十一日　星期二　阴　雨

云积而雨,雨过而晴,此土人所谓雨季也欤?吾侪每以连雨为雨季,故以为今年早入雨季矣。而土人则以为未也,必见云而雨乃谓雨季,两三日来差有此象。六时而起。七时半入校。八时至十时考试明清史,以下列为问:一、满洲强大之由来及其对明之政策;二、“大礼议”所争者何礼,其影响若何;三、试述万历时之封贡议;四、满洲入关,论者多归咎吴三桂请兵,其真象若何;五、明末流贼亘十馀年不能灭,其故安在;六、史书系明亡年月共有几说,以何说为长。六题选四,试毕归。下午三时入校治事,并开常务委员会,六时散会。至月涵家便饭,谈甚久。十时归。检《越缦日记》。十二时就寝。

十二日　阴历五月初七日　阴　雨　晴

八时起。九时入校治事,与孟邻师谈甚久。十二时归。午饭后寅老坚邀观京戏,偕锡予、恭三、泰然同往昆明戏院。四时四十分戏散,往南屏加非室饮加非,遇树人、大猷诸人。候至六时往芝生许,天大雨,食薄饼甚美。谈至十时归。阅《越缦日记》。十二时就寝。

十三日　星期四　阴　晴

八时起。九时步至工学院。十二时搭月涵汽车归。饭后小睡。三时入校治事。五时偕矛尘、汇臣、雪屏诣逵羽家便饭。十时归。检《东华录》,不觉夜深,乃寝。

十四日　阴历五月初九日　晴　雨

八时起。九时偕锡予往广学会购中英文《新约全书》一册,备自修英文之用。随入校治事。十二时归。小睡。四时至西仓坡五号清华大学办事处,开国民党联合大学直属区分部成立大会。举周枚荪、黄子坚、冯芝生为执行委员,查勉仲为候补委员。自今日始,余列名党籍矣。六时归。端升偕来作长谈。端升以法律、经济、政治诸系各有困难,欲辞北大法学院长,嘱余以陈孟邻师。告以孟邻师决不能允之故,再三慰之。今日本晴,八时忽大雨。雨后晓宇来,同至才盛巷送佛泉行,明日将经海防、香港归北平也,未值而归。十二时就寝。

十五日　星期六　阴　晴有云

八时起。九时入校治事。十二时归。午饭后小睡。三时入校治事,开会商谈防空事宜。连日重庆飞机肆炸,安南又有不靖之讯,不能不预为之计也。六时归。孟真来。草《张文襄书翰墨宝跋》。十二时就寝。

十六日　阴历五月十一日　阴

七时起。草论文。午饭后小睡。明日研究生考试,汪篯本由寅恪为主任导师,余辅之,寅老明日往香港,以试事嘱余。下午拟四题:一、述李唐族姓之所自;二、沈东甫《唐书宰相世系表订讹》,其体例若何,其得失若何,试详论之;三、《新书·世系表》名位显著之人往往下无子姓,即有亦不过一二传,或谓五季散乱之后,人多假托华胄,欧公意在谨严,故存其父祖删其子孙,其说果足据乎?试举证以明之此李莼客说,见光绪十年九月十九日日记;四、有唐氏族长孙窦武裴萧崔卢诸家先后显晦之故,能略述之欤?头闷甚,偕莘田步翠湖半匝而归。晚饭后子水来。草论文。一时就寝。

十七日　星期一　阴

寅恪以今晨偕桐荪往海防,同寓皆往送。余七时始兴,不及到站矣,适研究生考试,遂留所督视。九时半入校治事。十时半至海心亭北大史学系欢送会。十二时归。饭后至巷口外近湖旅社洗澡,距寓不过十步,以其近往试之,尚佳。三时入校治事。五时半孟邻师约往谈,知法国有与德国停战之意,候无线电广播至十一时乃归。法以贝当组阁,与德进行停战,但前方仍在战争中,英国则继续作战,又日本有取安南意。归。与锡予、孟真长谈。十二时就寝。

十八日　阴历五月十三日　阴　晴

八时起。九时入校治事。十二时归。午饭后小睡。三时入校,开常务委员会,六时散会。孟邻师约往晚饭。饭后始知为师结婚纪念日,因定明日与逵羽、矛尘公宴以贺。十一时归。与孟真谈。十二时就寝。

十九日　星期三　阴　雨　晴

八时起。九时入校治事。十二时归。饭后小睡。修订职员薪俸调整表。六时至孟邻师寓,雪屏、莘田均至。十二时归。香港海防间航船已停。略检《越缦日记》而寝。

二十日　阴历五月十五日　阴　雨　晴

八时起。检《东华录》。下午三时入校治事。六时归。闻介泉家眷归昆,往视之。文藻来寓晚饭,谈甚久。晓宇来。廉澄来。九时许谒孟邻师,谈法学院教授事。随访端升,不值而归。一时就寝。闻连日地震,而余均不觉。

二十一日　星期五　晴　热　夏至

八时起。九时入校治事。十二时归。午饭后小睡。三时入校治事。六时归。晚饭后雪屏来。今日盛传日人在海防登陆,谣诼甚多。偕雪屏谒孟邻师探询真象,知虚构无据也。遇今甫,不觉谈至十二时始归。随即就寝。月色尚佳,但远不如昨夜。

二十二日　阴历五月十七日　晴　阴　雨

八时起。九时入校治事。十二时归。午饭后小睡。三时入校治事。五时归。晚饭后草《张文襄书翰墨宝跋》,迄夜半而成。此文在辨许同莘致孟心史书以"燕斋"为瑞璋之误,而定为蒋泽春。此事本无关宏旨,然其方法或可为初学考证者之一助也。去岁草《孟心史先生晚年著述述略》一文时并不知"燕斋"之非瑞璋,今春偶得《文襄书翰》,见"燕斋"之名,遂欲详考之。文襄自通籍,扬历中外,垂五十年,同治二年探花,至宣统元年卒于位,凡四十七年。年七十而卒。故首就《书翰》内容考订为督粤时所作;再就《书翰》所述之事与奏稿参证,知其为光绪十一、十二年所作;再就《书翰》内容与称谓,知"燕斋"之姓氏为蒋,曾署盐运使,于是就其时察其官、审其姓,遂得蒋泽春之名。一时就寝。

二十三日　星期日　晴　阴

八时起。缮正文稿。壮飞来。雪屏来。午饭后小睡。三时半诣承谔、晓梦。六时谒孟邻师，十一时归。缮正文稿，至一时始竣。略检明人笔记而寝。

二十四日　阴历五月十九日　晴　热

今日天色清明，晴无片云，热甚，似觉去年未至此。八时起。九时入校治事。十二时归饭。小睡。三时入校治事。五时偕雪屏、矛尘附孟邻师汽车至邱家巷，今晚假地以宴罗炳之也。炳之不日返赣，任中正大学教务长。十二时归即寝。

二十五日　星期二　晴

八时起。校中自今日始，星期二、四、六三日不办公[①]。在寓整理北大发聘、加薪册簿。十一时诣晓梦，午饭。饭后作番叶子戏。十一时归。十二时就寝。

二十六日　阴历五月二十一日　晴　热　雨

八时起。九时入校治事。十二时归饭。饭毕至师范学院会子坚等，偕至两粤会馆视房屋。天晴极热，余偕伞自随，或以为笑。视毕，至总办公处开常务委员会，五时半天忽大雨，七时散会。携伞者，十三人中仅三人，皆衣履淋漓，狼狈不堪。余与孟邻师共一伞，亦各濡一袖。七时半至松鹤楼公饯晓梦。归。读《前闻记》[②]。十二时就寝。

二十七日　星期四　阴　雨

八时起。天雨，欲往图书馆不果。近读《越缦堂日记》，觉余之日记大可废。时事不书，个人之胸臆感想不尽书，读书所得又别书，每日徒记起居行止，大无味也，况余之生活又无风趣逸韵足述

---

①公　原脱。

②记　原作“录”，据原书名改。

乎？然莼客以日记为学问，自不可及，亦不必及。苟能于起居外略有论述，以矫己弊，庶几可矣。检旧作，平质无文，虽略得简练之法，殊无跌荡藻绘之观，年逾四十，文行未著。奈何！奈何！午饭后小睡。五时谒孟邻师。饭后归。在师寓闻西人广播，谓法人之败其故有三：一为机械化部队数量太差，二为政治腐败，三为人民逃避塞途，致碍军队进行。十二时就寝。

二十八日　阴历五月二十三日　晴　热

八时起。九时至学校图书馆，始知本周清理书籍不开馆，怅然而出。天下事不主持者不知其困难，不深入者不周知其内容，此类是也。因一己之怅惘，进而责难之，攻击之，大不可也。入校治事。前日常委会嘱余与子坚、芝生审议同人加薪事，本定今日下午举行，昨得史学系通知，今日下午开教授会，因临时改期。午归饭。小睡。四时诣寿民，开史学系教授会，定下年度课程，余仍教明清史，如总务长能辞，则加授史部目录学或传记学。六时归。晓宇来，同出购物理发。九时归。检箱栊，明日将托泰然以一箱存之乡间。十二时就寝。

二十九日　星期六　晴　热

八时起。阅《越缦堂日记》。矛尘来。十时芝生来，子坚来商薪俸调整事，议定三原则：一、教授、副教授、专任讲师参照清华办法，由各校斟酌本校情形自行办理，但应互相通知以为参考；二、助教、教员照前定调整办法办理，但政府津贴之米贴仍照给；三、职员薪俸迭经调整，仍照上次决定办理。日前清华大学少壮教授以待遇不平为言，请学校加薪，遂各加四十或五十，全校皆然，而北大、南开亦继之，于是少壮教授复以各校皆加其不平仍在，于是又加于薪俸较低者三十或四十。国事至此，而仍以一己收入是争，可谓毫无心肝。余故力主他校不再加，以愧之且免其再争也，今日第一原则即是此意。午饭后小睡。锡予、从吾自宜良来。七时尹辅来报告经费事。改前作《隋书西域传》文稿。十二时就寝。

三十日　阴历五月二十五日　晴

八时起。十时诣介泉。诣勉仲,视其病。归。改《隋书西域附国传》文稿毕。前举对音诸例,如都赖之类,古音上开合尚有异议,昨与莘田谈,改正之,今日始毕。午饭后小睡。守和来。学生三数人来。晚饭后偕莘田翠湖闲步,约同谒孟邻师,途遇某君,莘田不果往。余与师谈至十时归。读《越缦堂日记》。十二时半就寝。

张文襄书翰墨宝跋[①]

（文略）

二十九年六月十六日始草,二十二日夜成,二十三日夜缮定于昆明青云街靛花巷三院北大文科研究所。此文惟辨燕斋之为蒋泽春,本无关宏旨,但可为初学考证方法者之楷模。天挺自识。

七月

一日　阴历五月二十六日　晴　阴　雨

八时起。九时入校治事。间日办公,遂觉事繁,来晤者塞满一室。十二时归。饭后小睡。三时复入校。五时归。晚饭后何鹏毓来。陈伯容来。偕莘田出门。余本欲谒孟邻师,以天有雨意,改诣晓梦送行,明晨飞往重庆矣。莘田往访张君。昨日莘田语余,与张过从加密加深始于去年七月,今将一年,意欲渐疏之,故数日未晤

①此为底稿,后经修改誊抄,刊《文史杂志》第一卷第六期,一九四一年。后收入《探微集》,中华书局一九八〇年版。

矣,不意昨晚偕出,竟遇诸途,遂随之往,今日又访之。莘田与其人往还,最为侪辈所讥诽,然未有面语之者,以莘田性刚故也。惟余深知莘田与其人友谊而外,无更深之关系,且能服善,每微言以感之,婉言以规之,危言以耸之。莘田亦喻余意,每曰君为吾画一善策,然余更有何善策哉?故与莘田约五十岁时为之作寿序,以述其三年来不迷不惑之勇。大雨。十一时归。十二时就寝。

二日　星期二　雨

昨夜枕上读《越缦堂日记》二册,不觉二时,始睡,今晨九时乃起。余夜读之习最坏,然数十年不能改,往时稚眉夫人深规之,近数月尤甚,往往十二时就寝,一二时乃睡。夜眠或不足六小时,而昼寝遂不可少,锡予尝曰此太不卫生,笃哉此说,愿勉改之。读《越缦堂日记》。午饭后小睡。雪屏来。孟邻师来片,约食鲫鱼,今日自成都飞机携来者也。偕雪屏、莘田同往,逵羽亦至,十一时归。读《越缦堂日记》。十二时就寝。

三日　阴历五月二十八日　晴　雨

昨夜在孟邻师寓进加非,归后又饮茶数盂,竟不能寐,三时犹展转反侧也。八时半起。学生来。肃文来,昨日始乘机自渝归,谈一时馀。其所述消息有至堪诧异者,谓主和者甚多,孔、何皆不免,惟奉化能坚持不变,李、白或可随之也。十时入校治事。十二时归。二时再入校。五时归。天极燠热,晚饭后欲外出,以天阴稍候,未几而大雨倾盆,深幸未出也。读《越缦堂日记》。十二时就寝。

四日　星期四　晴　阴

九时半始起。至才盛巷公舍,晤蔡枢衡。校中职员孟繁桂殴打校外工人刘长泰一案,孟已辞职,而诉讼未已,施嘉炀日前来函,嘱余调停,而月涵亦再三言之,并指明嘱向蔡一言。余谓蔡在法律立场及保障人权立场，主张此事由法律解决，似不便以私谊托其斡旋。余意盖以前此雪屏闻之辑祥，谓此案传北大某某主使，故不愿承认枢衡在后面也。昨日月涵又言之，谓如此下去必至学校被告、常委被传，必使余向蔡一谈，今日往晤之。据云在法律上可以调解，但调解事必先向矛尘言之，得其同意方好。于是又将责任加于矛尘。此语若为外人所闻，更可证由北大主使之言矣，为之闷损。十二时归。二时半吴定良来。三时北大文科研究所请定良讲演，往听之，五时半散会。归所。请定良便饭。九时偕锡予、恭三、莘田至南屏戏院看电影。十二时归。从吾以王永兴论文及参政会报告相示。即寝。

五日　阴历六月初一日　晴　阴　夜雨

八时半起。十时入校治事。十二时归。二时半再入校。三时开校舍委员会，商校舍重新分配事。五时赴月涵招待德人茶会，其人谓八月廿六日前英德战事必可结束，英人必败，可谓勇于自信也。六时归。文藻来，饭后谈久之，去。读《越缦堂日记》。三日未昼寝，殊倦。十二时就寝。

六日　星期六　雨　晴

昨夜雨，以迄今晨，下午放晴，既而复阴。晨八时起。评阅学生试卷，迄午未竟。午饭后小睡。今日为昌儿生日，不禁有归思。检旧箧得去岁未完诗稿，意尤惆怅，幸下午连得旻女、晏女、昌儿及三弟来书，为之稍快。晚饭后作书告诸儿，并致三弟。九时往投邮箱，顺道步翠湖东堤，天阴路湿，暗不辨物，四无人踪，惟馀蛙声阁阁，遂废然而归。读《绥寇纪略》。十二时就寝。

七日　阴历六月初三日　阴　雨　小暑

今日为七七抗战三周年纪念日。九时校中开会，赴之，十时半散。诣雪屏。诣勉仲。归。读《笞誃日记》。午饭后小睡。四时孟邻师招待茶会并晚饭，纪念“七七”。吾侪自北而南也，又以欧西诸国以不战而亡，或战而不坚其志致败，惟吾国抗战三年而志不懈，巍然独存，此足贺也。同坐有枚荪、莘田、雪屏诸人。十一时归。

八日　星期一　晴

八时起。勉仲来，同诣逵羽，少坐，往谒缪云台，为同人购米事也，不值，约明日再来。偕逵羽、勉仲同来文科研究所，共商全校薪俸事。十二时散。二时入校治事。四时至师范学院，有华侨献剑团者约今日来参观，久候之不至。与雪屏、勉仲、子坚、佩弦、莘田谈至五时归。六时雪屏来，留饭，同谒孟邻师。九时归。读《崇正集》，觉明自法国移录者也。十二时就寝。

九日　阴历六月初五日　晴　雷　雨

八时起。十一时往省党部会逵羽、勉仲，同访缪云台。谈一时许，商定教职员仍照优待办法购公米，但须先送户籍证备审核。归。饭毕，得月涵函，为会计室同人停职事，有急电须即发，遂入校。四时诣肃文。五时归。今日天晴无云，热甚。四时半忽有风，未几，云布，归。携雨具谒孟邻师，行至华山南路而云合，大雨倾盆矣。在师寓晚饭后归。十二时就寝。

十日　星期三　雨

八时起。密雨。莘田送来《发羌之地望与对音》校样。此前年所作，付印两年矣。今日始排好，尚未能印，亦可伤矣。原稿已失，托杨志玖取所引诸书一一校之，并自校一过。今日本应至工学院，竟不果往。邵心恒来。下午三时入校，开常委会。六时归。得孟真书。读《崇正集》。十二时就寝。痔发，余本无此疾，但每年必因便秘出血，患二三次不等，此次未便秘未出血而刺痛，尤甚于前，岂真有痔矣乎？上午心恒云得陈之迈书，谓学校须他迁，正在计划中。下午以语月涵，月涵云前日得顾一樵书，谓此间当局致电奉化，谓文化机关来此者多，值安南多故，宜预为之所，奉化得电遂命主管机关讨论云。果尔，则又须一度迁徙矣。

十一日　阴历六月初七日　阴　晴

九时始起。本欲往岗头村，以天阴迟迟。雪屏来谈。十一时晴光渐出，乘车下乡。十二时抵岗头村。廉澄、今甫方在午饭，乃同进二盂。饭后略谈。一时乘原车入城。自乡间箧衍携来《十三家考》未完稿数纸，尚是去年七月十三日在才盛巷所作，忽忽一年矣，未增一字，可慨也！去年暑假之始尚有此数纸之稿，今年暑假已过一月，竟一无所就，尤可慨愧。四时至才盛巷访矛尘，谈刘长泰诉讼事。六时归。阅学生报告。十二时就寝。

十二日　星期五　晴

晨四时大雨，似有屋漏声，为之惊醒。读陈卧子著作数叶。再入梦，醒来已九时矣。急起入校，诣金龙荪、陈岱孙。自岱孙处借得新刻陈弢老《沧趣楼诗集》。十二时归。饭后卧读《沧趣楼集》。三时方欲入校，饶毓泰、吴大猷来，谈北大四十周年纪念刊印行事，为印刷寄递颇多责难，此事晓宇究有错误，余愿负全责。然欲余费学校公款以买好教授，则绝不为也。四时入校治事。六时归。饭后诣陈铨、王信忠。诣晓宇，值毓泰、大猷先在，更谈印刷事，与下午所定办法又有不同。下午仅谈定以二百部予大猷为著作费，其馀八百部由校全权支配。此书学校原定只印六百五十部，大猷力请印一千部，自愿任三百五十部印费约千馀元。及书成，乃反讦学校既加任此三百五十部印费，乃决将其中五十部出售于美国，定价美金五元。今日下午商定学校自由出售，而晚间忽欲限制学校展缓再买矣。出尔反尔，此岂所谓西洋文明耶？与晓宇翠湖步月。十时归。与莘田谈。李济之老太爷来。十二时半就寝。

十三日　阴历六月初九日　晴

九时起。得晓宇书,对吴大猷书事大愤忿,请辞出版主任。有"当初误听人言,擅自允许作者加印三百五十本,及作事不谨,不能防患未然,未与作者订立契约,请开出版组职务,俾明责任而儆效尤"之语,并请再与作者交涉取消昨谈之事。此事将益趋纠纷,但余意则不愿将昨日已定之局由余反讦也。阅学生报告。午后小睡,不熟,意殊不快。读《熙朝崇正集》,向觉民抄本。子坚来。晚饭后诣晓宇,以余作事向不愿反讦之意告之。十时归。读《崇正集》。十二时就寝。

十四日　星期日　晴

八时起。读《崇正集》。自乡间借来《朝鲜仁祖实录》五册,读之。午饭后小睡。诣雪屏,小谈,同归。再约莘田,偕至邱家巷孟邻师茶话,并留饭。九时昆明戏院看义务戏。有啸天馆主者,吾乡林某之妇,不知何许人,饰《四郎探母》四郎,尚佳。归来已夜二时矣。

十五日　阴历六月十一日　晴

九时起。两日为印书事不得即入梦,昨寝且四时矣。入校治事。与孟邻师商印书事,余意晓宇辞职慰留,印书出售由秘书处另议,师允之。所谓另议者,以此事交之余,免双方之直接冲突耳。至于出售,由大猷自主之,校中售多售少不复计较。盖事实上一千部之印价学校已出,望其人能践诺,出三百五十部之印价绝不可能,其人既惟利是视,则学校只好稍示宽大,作此一句空话而已。孟邻师是之[①]。十二时归。小睡。三时再入校。六时归。七时半诣承谔。十一时归。与彦堂谈。一时就寝。

---

①邻　原脱。

十六日　星期二　晴

正在雨季，而连日晴燠，旱象成矣，奈何奈何。八时起。读《崇正集》。十时入校监试报考会计助理。胡兆焕谓昨日部来密电，仍嘱查明需用校舍及车辆数目，为迁徙之备。至图书馆检书。十二时归。小睡。肃文来，不晤。四时诣之，谈。五时至邱家巷。十一时归。

十七日　阴历六月十三日　晴

八时起。九时至工学院。十二时归。道经壮飞办公处，入访之，知君浩于明后日旋重庆，同至光美饭馆为之饯行。饭后归所。三时入校，开常务委员会，商迁移校址事。月涵、子坚主不迁，今甫主先疏散同人眷属，余意暂时或可不迁，然不能不备，孟邻师谓应定先后步骤。商谈甚久，决定非万不得已不迁。六时散会。偕勉仲归。留勉仲饭后，余至月涵寓，宴广东同乡。九时归。读《朝鲜实录》。十二时就寝。

十八日　星期四　晴　晚阴

八时起。读《朝鲜仁祖实录》。午饭后小睡。六时偕莘田步行至拓东路江底巷，莫泮芹招饮。九时归。至邱家巷，小坐而返。孟真来，长谈。

十九日　阴历六月十五日　雨

八时起。今日与子坚、芝生约，来所商三校薪俸事，以闻校中派往夏令营学生今晨请常委训话，遂先入校。至校知子坚已来寓相访，又急归，谈至十二时而散，大体决定矣。午饭毕，与孟真、莘田、从吾开会，决定研究生报名审查论文事，二时半散。入校治事。六时至孟邻师寓，蒋作宾自重庆来，奉奉化嘱，与各校负责人商谈迁移事，故师与月涵备宴招待各文化机关首长，与之一面。十时归。与孟真、从吾、锡予商史学系务①，至一时始散。从吾与孟真颇

①予　原作“余”，据一九三八年一月十一日日记改。

不欢。就寝已二时半矣。

二十日　星期六　雨

竟日未出。读《朝鲜仁祖实录》。晚饭后子水来,谓闻之郑华炽、吴大猷,学校已将其解聘矣,意甚不快,多牢骚语。此绝无之事也,不知何人妄传。与孟真谈。今日下午蔡枢衡来,谈及刘、孟讼事,谓和解事可告月涵,托矛尘或蒋太太办理。余意不以为可,果如是,则更证明此事为三数主使矣。枢衡又谓矛尘意再催法院以逼被告,余以月涵既以和解事嘱商,似不便背之,婉辞告之,枢衡亦悟此关系人格者也。

二十一日　阴历六月十七日　雨

竟日未出。读《朝鲜仁祖实录》。作书告诸儿。下午小睡。晚与孟真、莘田作长谈。十二时就寝。

二十二日　星期一　雨

八时起。九时入校治事。十二时归。午饭时莘田与从吾语不协,有割席之言,两解之而未得。中年以往,朋友难求,望能复归于好也。小睡。三时复入校。孟真下乡。晚饭后雪屏、汇臣来,同诣承谔。十一时归,随就寝。

二十三日　阴历六月十九日　雨　大暑

八时起。评阅学生试卷。午饭后小睡。四时谒孟邻师。六时归。阅试卷。十二时就寝。

二十四日　星期三　雨

八时起。九时至师范学院与勉仲商校务。十时至总办公处。十二时归。小睡。三时入校。偕子坚、勉仲、陈女士同视校舍,为迁居计也。前议以昆华中学南院为总办公处及女生宿舍,今日视之,宿舍有馀而办公处不足。六时归。诣雪屏小谈。归饭。饭后诣承谔。十一时归。阅试卷。十二时半就寝。

二十五日　阴历六月二十一日　雨

竟日未出。自八时起阅试卷,迄午而毕其半,尚馀其半,请恭三代阅。自兼总务,于授课遂不能多用心力,而班中人数增至一百五十人,督教尤难,深愧职守之未尽。从吾、莘田、今甫往日劝余求一助教,余愧谢不敢,近日莘田、晓宇又劝托人代阅试卷,亦踌躕未行。今因校中催成绩,急不得已,遂请恭三代阅其半,终觉不安也。晚饭后雪屏、晓宇来,偕锡予、莘田共谈甚久。十时半客去,又与锡予、莘田谈至十一时半。写日记。至十二时半乃寝。

二十六日　星期五　阴

八时起。九时入校治事。与勉仲商办公室迁移事,月涵、逵羽、正宣将于明日往澄江看校舍,备一年级学生之用。午饭小睡。三时复入校。六时归。晚饭后谒孟邻师谈校务。九时师约往观电影《绝代佳人》,演陈圆圆事,既乖史实,复昧情势,举措大似西人,言谈不类华胄。十二时归即寝。

二十七日　阴历六月二十三日　阴

八时起。竟日翻检杂书,未读一叶。十一时雷伯伦来,以联大史学系主任见推,婉谢之,并促其早日就职。寿民下年休假,其清华史学主任由伯伦任之。联大主任则推从吾,从吾不就。常委会决定请伯伦兼,伯伦谦让尚未就。旬馀前孟真自乡间来书,劝余及从吾万勿任此职,余复书绝未作此想,今日辞谢亦是此意。余不知西洋史何敢轻易试此哉?前此孟真推余任北大史学系主任,余尚不就,况联大乎?所贵乎自知之明,此类是也。午后小睡。五时谒孟邻师谈校务。晚间师约今甫、树人、廉澄、莘田及余便饭。十一时归。十二时就寝。

二十八日　星期日　晚雨

八时起。与今甫谈。十时诣景钺、伯伦。十二时归。午饭后小睡。得孟邻书，知雪屏被窃，往慰之，不值。遇从文，小谈。更诣晓宇，谈至六时归。壮飞来。矛尘来。晓宇来。出理发，即归。十二时就寝。

二十九日　阴历六月二十五日　大雨

八时起。九时入校治事。十二时归。饭后小睡。三时入校。五时诣雪屏。六时归。晚饭后雪屏来谈，谓闻之仁宇，孟邻师夫人与燕华颇有口舌，心焉忧之。尝谓继室视前室子女之优渥，盖无逾蒋师母者，今亦有此不幸事。此余之所以不敢谈续娶也。读《稼轩词》。今年肃文六十，胡兆焕亦六十，晓宇五十，皆思填词祝之。力有不逮，将钞稼轩之作矣。十二时就寝。

今日午间有预行警报。

三十日　星期二　雨

昨夜至三时尚未入寐，今晨九时始起。近顷以来，每多饮茶或进加非，入夜辄不能，与往时虽深夜饮浓茶而熟睡者不同矣，岂身体不如前耶？十时天大雨，冒雨至师范学院访子坚、勉仲。同诣月涵，询澄江校舍事。十二时归。小睡。三时谒孟邻师，偕莘田同往。月涵随至，谈澄江校舍事。如一年级各生在澄江上课，则课程大有问题，尚须详细讨论。余意或将文、法学院同迁澄江，以免教课之困难，但恐两院教授未必同意耳。十二时归。孟真、今甫各自乡间来，共谈至夜二时始寝。一日未进茶。

三十一日　阴历六月二十七日　晴

九时起。十时入校治事。昆华中学教导主任周杲来索还昆中北院校舍，其势汹汹，告以不能不续借之故。议未协，允下午再作书面答复。十二时归。饭后小睡。三时入校。会计主任、事务主任交相怼，勉以勿因私忿误公务。开常务委员会，商一年级迁澄江事，未能决，余意关于课程应由教务会议讨论之。七时散会，归。晓宇来。雪屏来。刘熊祥来。刘镇时会计主任来。与今甫、孟真、莘田谈甚迟，为史学系聘史语所人来任教事。孟真与从吾意见不一，余往返其间良苦。从吾与莘田已言归于好，此可喜也。一时就寝。

八月

一日　阴历六月二十八日　晴

九时半起。与孟真、今甫、莘田谈。十时半两君又下乡矣。上月火食费每人摊八十二元九角九分，此大可惊之数也。自去年十一月成立饭团，膳费日有增益。十一月计三十一元六角九分，十二月计三十八元九角，一月计四十三元一角四分，二月计四十五元四角六分，三月计五十一元二角三分，四月计四十八元五角九分，五月计五十九元一角二分，六月计六十四元八角五分。物价之涨于此可见。午饭后小睡。今日终日未出，而未读一叶，不自知所作何事也。晚饭后与莘田诣一多，不值，归遇诸途，立谈有顷。至华山南路买茶叶，遇矛尘。十时归。大雨。十二时就寝。

二日　星期五　晴　雨

八时起。今晚孟邻师约全体教授晚餐。雪屏前日云，理学院同人将提议与联大分离，心甚忧之。又以孟真与从吾为史学系事议不谐，辞研究所主任，欲面劝之，遂派车下乡接其入城。九时入校治事。昆华师范校长张君来索校舍，坚执五日必须移让，允还其一部。十二时归。饭后小睡。三时孟真来，以余之接其来而无重大之事也，以为骗之，意颇愠。入校治事。五时至邱家巷，孟邻师之宴，到四十馀人。天大雨。席散，与今甫、枚荪、廉澄、雪屏、莘田诸人留谈至十时归。孟真以雨大未往，有书辞研究所主任，并诋从吾。孟邻师命余持还之，明早亲来慰留。归所即寝。

三日　阴历六月三十日　雨

八时起。与孟真谈研究生考试事。九时诣勉仲。与事务组训导处诸商校舍事①，并至昆华师范，挨室告以明日必须迁至新校舍，大都遵照。有一室学生欲索迁移费，与勉仲争辩。余甚愤，十数年中未见此类无礼貌之学生也。十二时归。闻孟邻师来已去。午饭后小睡。读《稼轩词》。晚与孟真谈明清史，甚畅。十二时就寝。近日睡眠少，胃疾发，腹部左下偶隐痛，按之又不觉痛，不知何疾也。

四日　阴历七月初一日　雨

八时起。九时诣胡蒙子。闻其今年七月六十生日，坚不肯以实日告，故以今日初一往祝之，小谈。出往视逵羽，疾差痊矣。十二时归饭。小睡。四时半谒孟邻师，留饭。十时半归。

五日　星期一　雨

八时起。九时入校治事。十二时归。三时再入校。五时离办公室。连日所忙为移校，而事务组与会计室又有摩擦，益感烦厌。谒孟邻师，途中值大雨，虽依豪门暂避，衣履半湿。今日为蒋夫人生日，到有莘田、雪屏、矛尘、廉澄、肃文及逵羽夫人、今甫女公子，月涵饭后来。十二时归。

六日　星期二　阴　雨

八时起。九时方欲入校，有学生来谈研究所招考事，十时始去。入校，勉仲、子坚、正宣及训导处同人已久候矣，商校舍事。十二时诣雪屏，小谈归。饭后小睡。四时诣孙承谔，六时同至太华饭店便餐。凡晋年、雪屏等四人，三菜一汤共十二元八角。饭后再至承谔家，矛尘继至，作番叶之戏。十一时归。

---

①“诸”下疑脱“人”字，或“诸”字为衍文。

七日　阴历七月初四日　晴

今日为余四十二岁生日，不能上供祀祖，惟默祷而已。前数次告诸儿祀祖日期，想不能忘也。晨起，为研究生入学试题密封缄寄。十一时始入校治事。今日本约事务、出纳、会计各主任谈话，并为诸人调停。午间与胡蒙子谈，开会或嫌严重，乃改后日便饭矣。十二时半归。泰然为作面，以寿余及莘田。往日稚眉夫人在室，尝笑余重视生日。二十六年春夫人逝世，其年夏北平陷敌，缇骑密布①，亲友皆为余危，董季友姑丈于余生日来视，留笺云："敬祝遐龄，千祈弢晦。"是日余在欧美同学会与公超、企孙诸人会谈，散后遂与莘田共饭于福生餐室，两人同日生也。一时家变国仇，交萦心绪，凄然不能下咽。其冬南来，盖生日不祭祖已四年矣。前年、去年两年，生日均无人知，而今年矛尘泄之于汇臣，汇臣以告叔范，乃闻之泰然，遂有作寿面之举，甚愧于心。明日邱家巷蒋家尚有一餐，亦矛尘所泄也。稚眉若在，不将又笑我耶？午饭后小睡。四时偕莘田入校，开校务会议。六时归。孟邻师来。晓宇、汇臣、尹辅、今甫、雪屏来，十时客去。与觉明谈。十二时半记日记毕。天雨乃寝。今日下午育伦为余摄二影。五时壮飞来祝，不值。填词祝胡蒙子寿，未完。

八日　星期四　阴　立秋

八时起。十时至农工银行谈两粤会馆屋舍事，晤李晓生。诣壮飞，不值。至商务印书馆，见《袁忠节公手札》二册，景印，非精品也。其中有致张香涛、张野樵札数通，大都录示中枢密闻、密件，于此可知当时京外交通之状。此在今日为渎职，而当时比比皆是也。当日私人函札多托摺差代递，故不虞泄漏。十二时至太华饭店，候

①骑　原脱。

仁宇、雪屏不至，与莘田、今甫便饭而归。小睡。五时至邱家巷，孟邻师为余及莘田设馔，愧甚。十一时归，即寝。

九日　阴历七月初六日　阴

八时起。九时入校治事。昆华中学催北院校舍甚急，限今日腾交。同人住其间者尚有多人。午间往与磋商，允下午迁至北门街新租宿舍，同人之顾全，盛意可感，而余则滋愧矣。归饭。小睡。三时半入校。五时半归。七时至西仓坡，月涵与孟邻师宴昆师、昆工、昆中三校长，皆为校舍事。十时半始归。十二时就寝。

十日　星期六　晴　阴　雨

九时始起。至昆中南院与同人相看房屋，备办公室迁移，大体决定。随至月涵寓商手续[1]，至一时尚未毕，而余先已约会计、出纳、事务诸同人在太华饭店午饭，乃先辞往。同人已久候矣。今日之宴，在为会计、事务两处调停，谈至四时终为释然，当别作处理。中央新制，会计独立，不受他人指挥。主任新来，未谙旧时习惯，又自衒聪明，未商之他人，新定章则，强人办理。事务方面遂采不合作态度，而诸事棘手矣。饭毕，诣矛尘，值大雨。雨住，诣壮飞，不值，归。守和来，谓日人在安南登陆，何敬之已来昆明。昨日校中得部密电，谓奉委座密令，将货物即刻移至昆明以东，并急切实行。今守和所云或正相关合。饭后急谒孟邻师，询究竟，知何来属实，安南登陆则未也。师方欲往观剧，强同往，至东寺街剧院，无票，复归师寓，谈至十时半归。今日一日未停足，倦甚。即寝。

十一日　星期日　阴　晴

八时起。九时诣雪屏。至总务处。诣昆华工校毕校长，不值。诣昆师教授宿舍，晤陈省身、王宪钧、吴雨僧、邵心恒，告以校舍事。

①续　原作“绪”。

诣昆师张校长，不值，归。饭后小睡。五时谒孟邻师。六时至才盛巷公舍，应田伯苍、唐立厂之招，饭后大唱昆曲，十时归。检杂书数页而寝。近日可谓一字未读也。

十二日　阴历七月初九日　晴　阴

八时起。九时入校治事。十二时归。小睡。三时入校。五时半归。一日遑遑，席不暇暖，均为校舍事也。雪屏近日加入靛花巷饭团，晚饭后同诣承谔。十时归。即寝。

十三日　星期二　晴　雨

八时起。九时诣月涵，商校舍事，遇徐茂先①。十二时归。小寝。三时彦堂来。反扃房门，作书，记日记，出试题。数日来惟今日得此半日闲，然而研究考试又逼来矣。三青团来函，嘱编《中国兵役史》。晚今甫、尹辅、晓宇、雪屏、逵羽、汇臣六人为东道，托尹辅、泰然主调馔，携肴来所共饮，极精美欢融，饭后谈尤畅，均爱校之士也。余饮几醉。客去，偕莘田至翠湖步月，谈甚深切。余可无愧于友道，莘田亦必无愧于夫妇、父子之间也。此均将来为之作五十寿序之资料，日后必有踶余言者。十时半归。誊正试题。十二时就寝。今日心怳怳若有亡。

研究生邓衍林试题：原提出之论文为《清同文馆考》。

一、同文馆未成立前，明清两代有无类似同文馆之设置？其名称若何？组织若何？隶属若何？兴废若何？贡献若何？试详述之。

二、有清一代，外交事务、外商贸易统之何官？试述其沿革。

三、作者谓“郭嵩焘对西洋之认识远在李鸿章之上”，试就郭氏言论行实，证以当时情势，以明其说。

---

①茂　原作“懋”，据本月十九日日记改。

四、鸦片之役，后世史家论议不同，试检当时史实，以证先后在事诸人——林则徐、琦善之功罪。

十四日　阴历七月十一日　晴　晚阴雨

八时起。九时入校治事。工校催索女生宿舍甚急，限以今午。事务组交涉无效，亲往访其负责人。商谈久之，始允延至后日。十二时归。饭后小睡未成。三时入校。与月涵谈会计室、事务组事。开常务委员会，六时散会。潘介泉召往晚饭，由其夫人主馔。九时归。步翠湖一匝，无月。十二时就寝。

十五日　星期四　晴　阴

七时起。七时半往师范学院阅览室，监视研究生考试，十一时半毕。归饭。小睡。下午三时再往监试。至昆中南院视察。孟真来。晨闻孟邻师伤风，晚饭后往谒，已稍痊矣。归。诣介泉，送研究生英文试卷。十时归。与孟真、觉明谈至夜深乃寝。

十六日　阴历七月十三日　晴　夜雨

七时半起。八时研究生口试，全体九委员出席，围坐一桌，史学部投考生邓衍林由余主问，皆就其论文试卷中隙漏矛盾浮浅处询之，欲以觇其实力如何。所答均不切实，几于十问九不知也。十时余以必须入校，乃先退席。诣勉仲，同至昆中南院巡视，女生已迁入，而男教职尚未移出，挨户访之，发现多有本人已移出而让之学生或友人者。随至工校视察，再至总办公处。十二时半归，口试已毕。偕往家庭食社午餐，餐后回所小睡。三时至昆中北院开教授会，月涵、逵羽及余各有报告，余报告校舍事，继由孟邻师报告与军政当局接洽情形，随由芝生提议分院讨论迁移问题，文学院决议不迁澄江，乃散，归。北大文科研究所同人往家庭食社晚餐。餐后回所，开委员会导师阅卷委员联席会议，审查昨今两日研究生考试成绩，纯采合议制，试卷公开评阅。录取王永兴、李埏、陈三苏、董庶四人，备取施子愉、王玉哲二人。十时半散会。又与孟真、锡予、觉明谈至夜一时。今日一日开会三次，殊倦。

十七日　星期六　阴

九时始起。读日本《史学杂志》，录其有关明代者。不作札记者将一月矣，终日遑遑，不知所作何事。午饭后小睡。下午仍未出。晚饭后偕锡予至三牌坊购物。九时归。十一时就寝。

十八日　阴历七月十五日　阴

皇考七十八岁冥寿，北望默祷。竟日未出。上午补日记。午小睡。下午读日本《史学杂志》，有万历二十五年朝鲜僧松云致日本书，斥其借道伐明及求割四道事，毕录之。子水来，与锡予同谈甚久。晚月色佳绝，偕莘田谒孟邻师，不值。在翠湖步月。此间中元祭祖之俗甚盛，几于家家插香化箔，哭声震耳，为之怆怀。十二时就寝。

十九日　星期一　晴　阴　雨

昨夜大雷雨，为之惊觉，电闪又畏，雨声沉急，大有楼圮之势。晨八时起。九时至师范学院访勉仲，不遇。诣徐茂先，亦不值。视察昆中南院工校。而至办公处，诸事纷集，意殊烦厌。十二时归。饭后小睡。既兴，闷甚，雅不愿入校，亦不自知其故。案上适有膺中前赠《地藏菩萨本愿经》，取读之，竟第一卷。乃复入校。五时与子坚、勉仲视察昆南女生宿舍一周而归。晚饭后读词，改作祝胡蒙子词如次：

水龙吟　用稼轩甲辰寿南涧韵

六千桃李亲栽，卅年久试春风手。苍髯绿鬓，松姿竹骨，康强如旧。大觉皈依，妙音响应，净心稽首。喜年年此日，十方俦侣，殷勤问，公安否。　　堪羡文章山斗。对湖亭、漫吟晴昼。我惭诸葛，西来幸共，伟度奔走。满地干戈，劳形案牍，未遑歌酒。待他时扫荡,妖氛净后,祝千秋寿。

十二时就寝。十一时顷闻炮三声。

二十日 星期二 晴 雨

八时起。九时欲谒孟邻师,而徐茂先来,谈甚畅,为昆中校舍事,如无他方阻力,则可以解决矣。余谓如房间不减,房租不加,联大极愿续租,同时以双床二百(最多数)借之昆中,愿昆中以单床相假。茂先亦同意。茂先去,随往谒孟邻师商校务,并陈昆中校舍情形。师云此时昆中与云瑞、艺师方争产权,如与昆中订约,云瑞另索房租,将益纠纷,最好与之言明此点,如另有纠葛,则须取销原约。此意甚善。留师寓午饭而归。小睡。得月涵晨间书,嘱往一谈。四时往,已外出,留言在孟邻师寓晤谈。急步往,正之先在,雪屏、月涵继至,逵羽最后至,谈龙志舟、何敬之星期五来校参观,招待茶会诸事。复留饭,食饺子,九时归。莘田言晨间华炽来谈,欲于常委下设校务长,以促进校中行政效率。此事余雅不谓然。如以为各长不称职,可以更换三长,如以为常委不负责,则凡事皆合议行之,不应专责一二人。且纵设校务长,行政效率未必能增进,徒留倒梅之嫌,大不可也。华炽意推枚荪为校务长,人选甚佳,于事则尚应考量也。天大雷雨,院垣为颓。深夜始就寝。

二十一日 阴历七月十八日 阴 雨

昨夜雷雨竟夕,晨间始住。〔玉龙堆一带,水漫半尺许,不能行,翠湖亦满,有溢出之处,雨大可知矣。〕八时起。膺中托学生致一函来。读之泫然,作一书复膺中,谓此时必不致有他,余愿负全责,来此固佳,但其母不应无人侍奉也。余全责之语似太过,但余愿负此全责,必竭全力以卫护此美满之家庭也。九时入校,决定迁办公室至昆中南院。十二时归。饭后小睡。三时入校,开常务委员会。六时归。孟邻师、今甫来晚饭,饭后谈校事甚久。十一时就寝。

二十二日　星期四　阴　雨

八时起。九时入校治事,兼视迁移。十时诣月涵,谈校务甚久。月涵谓近日倦甚,欲小息一二星期,但休息后仍到校负责。余告以俟学校校舍问题解决后,余将辞去总务长,因就职之始,本约定以暑假为期,所以暑假未提出者,以校舍未解决耳,校舍解决,必不再留,但在其休息时暂不提出。再至校,有女助教三人,占住办公室不愿他迁,致会计室无处可移,往劝之,甚费口舌。平生不善交涉,尤畏与女子交谈,竟不知何以处之。闻翠湖南路有房出租,往观之,索价一千元。归饭。小睡。洗澡。读词。晚饭后谒孟邻师,不值,归。与莘田久谈。十二时就寝。

二十三日　阴历七月二十日　晴　处暑

八时起。谒孟邻师,不值。入校治事。今日总办公处全部移入昆华中学南院,北大办事处以房舍不敷,移入靛花巷三号文科研究所楼下客厅,即余所居屋下。十一时至新舍图书馆,视察下午茶会布置情形。十二时归所午饭。饭后小睡未成,读《小说创作》一卷。三时入校治事。少顷,至新舍图书馆茶会,校内外到者五十馀人,何敬之及省府诸人以事未至,五时半散。至邱家巷,逵羽、雪屏同往。十时归。读小说《前夜》毕。十二时就寝。

二十四日　阴历七月二十一日　晴　雨

八时起。森玉来,偕莘田下乡。十时诣北门街宿舍,晤申又枨①、赵廉澄,少谈。复同廉澄归所畅谈,雪屏继至。饭后小睡②。晓宇来,同至翠湖南路看房子,共五十二三间,尚合用。房主居正义路,复往访之。索价千元,予以八百,不租也。道遇容元胎,明晨往香港就岭南大学之聘矣。闻其向人云,此间同学多侮之,故愤而

①枨　原作“辰”,据一九三八年八月十九日日记改。

②饭　原作“晚”。

他去。云昨日曾来辞行,未值。与晓宇在太华便饭,二菜二汤,共价九元,昂哉！所谓二菜者,仅一炒牛肉、一炒猪肉而已。至夜市,见一蓝花磁香炉,予以二元,不售,且曰虽五六倍于二元,亦不售也。近日物价牵涉之大可知矣。在夜市见一捡烂纸者,衣污破不能蔽体,背一烂纸筐,状极可悯,以破锁等求售,仅得价三角。及付款,购者以五角钞券命补,忽自带中出钞券一卷,不下廿馀元,检二角予购者而去,深可诧异。余意其必日不得一饱者,而不知其囊富至此,亦他处所无也。至武成路理发。十时归。作书致孟真,致从吾,为苑峰事。十二时寝。

二十五日　星期日　晴　微阴

八时起。十时诣枚荪。未几,雪屏亦至,畅谈,不觉及午,遂留饭。一时半归。小睡。读《笘誃日记》。晚饭后偕雪屏诣晓宇。九时半归。闻教部又有密电来促迁校,云南大学已决定迁会泽。得陈寅恪函,将就香港大学之聘,闻之怅然。矛尘自昆阳来书,其夫人患伤寒,一时尚不能归。作书复之。十二时就寝。

二十六日　阴历七月二十三日　晴

晨起。雪屏来告文藻、冰心夫妇来昆明,约在太华饭店食点心,余与雪屏为东道,即分道往。十时餐毕。谒孟邻师。昨日盛传各校均得部电,催移校入川,而本校无之,因以时局询之师。师云何敬之得密电,顾少川报告政府,法国已与日本妥协,北圻自海防达老街允日本自由利用,形势益紧,但一时未必能入滇也。十二时师约文藻夫妇及余等至聚丰园畅谈饱饫。二时始归。三时入校,途遇吴正之,以为连日谣言甚炽,最好明日约三校负责人作一非正式谈话,以觇同人对于迁移学校之意向,余甚以为然。五时月涵到校,嘱即发通知,明日在月涵寓茶会。六时归。孟真自乡间来,亦不以联大不作远迁为得计,意主入川。晚树人、华炽、泽涵、雪屏诸人来，与孟真谈校事甚久。客去，复与孟真、锡予谈至深夜一时，乃寝。

二十七日　星期二　晴

八时将起床，而陈省身、邵心恒、吴雨僧、赵雨秋、王宪钧来谈，昆华师范催一字楼教员移居甚急，嘱为设法，允其九月一日移至玉龙堆二十五号。九时诣勉仲，不值。谒孟邻师，遇于门首，匆谈数语，陈下午开会事。诣唐立厂、叶企荪、田伯苍。十一时归。壮飞来，同至奎光饭店食烧鸭。一时半归。三时至西仓坡五号，企荪、逵羽、光旦、石先、序经先至，月涵及孟邻师赴何应钦茶会之约，留条嘱同人稍候，奚若、树人、今甫、正之、勉仲、子坚、葆楷、枚荪、芝生继至，未到者孟真、端升。四时半，主人归，进茶点后开始会谈。孟邻师报告与军政负责人谈话情形，及近日同人间之虑念情形，子坚、石先、企荪并有陈述，枚荪主入川，奚若继之，主立即停课迁川，于是渐多积极之言论。大抵以奚若、树人、序经最积极，石先、企荪、枚荪次之，子坚不甚主入川之议，芝生、正之亦较缓和。余仅报告近日调查之驮运情形，略计之，校中图书仪器等约四百吨，每吨运费约千八百元自昆明至叙府，总计需七十馀万也，随经一致主张请孟邻师至重庆请款。最后举行测验，以“在此局面下学校应否积极入川”为题，结果反对者一人，馀均赞成，但不作正式决议也。七时归。九时孟邻师伉俪来，余意师如至重庆，最好偕清华负责人如正之、企荪等一人同行，师以为然。与孟真、锡予、觉明谈至夜深而寝。

二十八日　阴历七月二十五日　晴

今日为亡室周稚眉夫人四十四岁生日，数日前即拟为之诵《本愿经》一卷，而今日自晨至暮竟无暇晷，俗务累人如此。晨起，孟真往重庆，与之商研究生招考事。云瑞中学校长来谈昆中校舍，谓产权已属之云瑞，催联大迁让。九时入校治事，昆中亦来催让东北院教育系办公室。十二时归饭。饭后思睡未成。吴雨僧、邵心恒来，谓昆师催房甚急，不能一日居，明日拟即迁入玉龙堆，允之。三时至清华办事处，开常务委员会，月涵谓昨日之会，诸人虽未明言，实有不满常委或个人之意，今日可将常委决议重作检讨，遂历述月来之经过，并诸人指摘之词且为解释。最奇者，其所述，表面以昨日之会为言，而其实皆非昨日诸人所谈，而为前数日华炽家中，石先、序经、树人、莘田诸人会中指摘之语，疑有人以其事告之月涵，故今日借题以发牢骚。最后表示辞常委会主席，并请加强行政机构，暗射校务长之事。孟邻师力慰之，于是会中空气较之昨日缓和多矣。遂决议推枚荪、企荪、石先至四川查勘校址，此间一切照旧进行。六时半散会，即在其地设宴招待郭任远等。九时始归。王信忠、陈大铨已坐候消息[①]。锡予、雪屏、觉明等共谈至十二时，始寝。

二十九日　星期四　晴

八时起。至玉龙堆二十五号视察教授宿舍。诣膺中，彭啸咸新自黔来，寓膺中许，十一年不见矣，快谈半日，留食素面。膺中自丁艰茹素讽经，迄今未一日辍，真孝子也。二时归。小睡。晚饭后谒孟邻师，不值，归。十二时就寝。

三十日　阴历七月二十七日　晴　雨

八时起。云瑞中学校长来，请其到校会谈。九时入校，诸事丛集，十二时未毕，匆匆归饭。二时复入校。四时孟邻师暨月涵来校，商复教育部电，约略计之，自昆明至叙府，图书、仪器运费需七十二万，教职员、学生行李运费需四十万，教职员、学生步行食宿费需七十五万，更益以杂费，非二百万不办也。五时半师偕来研究

---

①大　原作“达”，一九四〇年九月二十九日、一九四一年三月四日同，据《国立西南联合大学史料·教职员卷》改。

所,约往晚饭。饭后谈清代考试制甚详。八时偕访今甫,不值,各散,归。十二时半就寝。

三十一日　星期六　雨

八时起。九时入校,因逵羽将于明日往澄江筹备,预与勉仲、正宣、晓宇诸人商谈一切。十一时归。十二时至云南大学公宴中国哲学会年会同人[①]。一时半开席,三时始毕。归所小憩。月涵有信来,明日往呈贡,并谓已辞常委会主席。此事甚怪。前日之会,孟邻师极劝慰之,月涵亦无坚决之表示,今日忽言已辞,岂又有人拨弄其间耶?晚饭后诣月涵,欲一谈,未值。谒孟邻师,亦未值。遇雨,候稍止,乃归。莘田告我,或以两事指摘于余,一晨起迟,二无魄力。前者当切实深省,后者亦不必深辨,所谓得失寸心知也。当二十六年,敌陷北平,全校负责人均逃,余一人绾校长、教务长、文理法三学院院长、注册主任、会计主任、仪器委员长之印。临离北平,解雇全校职员、兼任教员及工友,不知所谓有魄力者,亦能如此否也?今日他校职员之纷纷而来,多所请求,而北大独无之者,岂非当时个人蹈万险换得者哉!今日以此相责,非所心服也。窗外雨甚大。读觉明自巴黎所抄《熙朝定案》。十二时就寝。

九月

一日　阴历七月二十九日　晴　阴

七时起。思及月涵果辞常委会主席职,则必由孟邻师继,如仍以余为总务长,逵羽为教务长,今甫为秘书主任,则等于以北大治三校,此事之万万不可者。拟建议于师,非清华、南开各任一长,切

①人　原脱。

无就职。先商之于锡予,深以为然。且主余明日往呈贡一行,或先作函表示同去就之意,如孟邻师能往尤佳。九时谒孟邻师,余以明日须到校治事,遂先以作函及请清华、南开分任两长之意陈之,与师意正相合。十二时归。饭后小睡。读《熙朝定案》及清初诸名人集,以《定案》中有杨光先事,故检诸集以证之。作一函致月涵,有“前辱盛谊,忝主总务,本以暑假为期,日前并以请辞之意面陈,尚祈先赐批准”之语,锡予不以为然。乃改为“先生若去,天挺亦当同退”,莘田、雪屏又不谓然。复改为“先生若去,则天挺当立即离去也”一语。锡予仍劝余亲往呈贡一行,余拟后日往,并约莘田、雪屏同行。晚至孟邻师寓食饺子,将致月涵函及后日往呈贡事并陈之,师嘱兼为代表。十时归。十二时就寝。

二日　阴历八月初一日　浓云未雨

昨夜方欲眠,而彦堂、晋年来谈,至一时始去。今晨六时半即起。八时至校。诸负责人或公出,或未至,惟余一人耳。十二时归。饭后小睡。复入校。五时归。今日公文财务,余虽未奉命,皆代行,恐其停顿也。下午校中得部密电三十一日急电,续拨迁移费卅万,仰速迁移,并将迁移地点电复查核,未审又何故也?晚饭后谒孟邻师。九时归。十一时就寝。

三日　星期二　阴　夜雨

晨五时三刻,为莘田唤起,盥洗毕,步至华山南路,乘车至大车站。七时十分之车已开,改乘七时五十分快车,坐客皆满,幸遇学生一人,与莘田藉其行囊为茵,坐车板上。八时二十分车抵呈贡。下车就小店进豆花一盂,炸鸡蛋二。豆花一盂三角,蛋二角五一个。乘马入城,凡行五十分钟抵东门,马老人胖,宜其慢也。入城步行,登三台山,至文藻寓,晤文藻夫妇、梅太太、杨小姐及李文初,知月涵、今甫昨夜住龙街。欲往访,文藻相阻,谓本欲往请其登山午饭,坚留余。候之十二时，月涵、今甫上山，余陈孟邻师挽劝意，在三校合作局面下，一人去留，关系甚大，请不再言辞。月涵谓近日倦甚，提不起精神，余谓或小憩数日即恢复矣。其意不甚坚决，可望不言辞，但亦不敢逼之。午饭文初设馔，有海参、鲍鱼、干贝、烧鸡，乱世穷乡，竟得此馔，可谓口福矣。诸人坚留明日回昆，余念校中无人，遂于四时半下山，文藻、莘田送至东门，余乘马至车站，五时五十分登车独归。六时二十分抵昆明，即谒孟邻师报告，谈至九时归。十时半就寝。

四日　阴历八月初三日　雨

今日为晟儿十岁生日，意甚念之，日前有信，命其照一像来，不知何时可到也。七时起。九时入校治事。孟邻师谓昨日由龙太太处得来消息，中央有急电来，法国已拒绝日本所请，将与中国合作共抗日本，日本已致最后通牒，限五日即明日答复，否则自龙州出兵，局势甚为紧张，省府有西迁议。师意前日部中催迁之电，或亦为此因。发一电致部，述将迁意。又作书致月涵，盼其即归。十二时归饭。小睡。三时入校治事。五时半归。读申随叔涵盼《忠裕堂集》、王昆绳源《居业堂文集》，王集多明亡诸忠传记，甚可采。十二时半就寝。

五日　星期四　雨

锡予今日葬其子一雄于金殿，意欲偕往慰之，而未向之言。闻其将以七时往，五时半而兴，既觉其早，复睡，醒已八时，又不详其处所，竟不果往，意殊惆怅。天一日数雨，雨必激。竟日扃户，读《熙朝定案》，毕之。晚饭后谒孟邻师，知日本对安南撤回最后通牒，情势稍缓。九时归。十时就寝。

六日　阴历八月初五日　晴

七时起。八时诣子坚。九时入校。偕子坚、雪屏、正宣至二我轩看房,已租之西南运输处。再与正宣谒孟邻师,正宣报告在澄江接洽校舍情形。月涵将于今日归昆明,嘱借车往接,向吴肖园借得。十一时再入校。十二时归。小睡。三时复入校。五时归。晚饭后谒孟邻师。九时至才盛巷公舍,矛尘自昆阳接眷归。十时归所。向觉明自乡间来,谈至十二时就寝。

七日　星期六　晴

六时半起。七时雪屏来,同谒孟邻师。昨晚约今晨请师全家至太华食点心,莘田后至,九时半归。十时开研究所委员会。前日闻锡予明日返宜良,遂定今日开会,用口头通知。三日来独未见锡予,今晨余出门早,归来锡予已外出,竟未出席。本为其开会,而适未到,殊以为歉。决定研究生在川应试者取二人。午饭后小睡。作书致孟真。四时月涵来,谈至六时去。与研究生李埏谈话。与莘田谈至夜深,莘田宅心忠厚,爱家深切,惟吾可以证之也。一时就寝。

八日　阴历八月初七日　晴　白露

八时起。九时枚荪来,谈至十一时。肃文来,以枚荪在座,未尽言而去。午饭后得月涵书,嘱下午四时往访徐茂先,商校舍事,并约晚饭。作复,四时可访徐,辞晚饭。小睡。雪屏来。四时访徐茂先,余坦率以三事为问:一、不请示教育厅两校能谈商否?二、昆中究能以若干房舍归联大用?三、昆中所需要者为房屋乎,为金钱乎?茂先答以不经教厅,昆中不能与联大商谈,无论如何昆中东北院必须自用,且不愿另觅校舍,如此则联大若向教厅进行,不过为昆中确定产权。联大所能利用者除事实上已利用者外别无一间,未免太不值得。余遂不作深谈而出,然亦费去一小时矣。五时谒孟邻师报告,留食饺子。十时归。十一时就寝。

九日　星期一　晴　雷雨

七时起。九时入校。诣师范学院,与勉仲、子坚谈校舍。复归总办公处。十二时归饭。小睡。三时诣月涵寓，开常务委员会，决议遵令迁移，地点在川西、川南一带。一年级新生改在四川上课，不必来滇。各院迁移以理、工、文、法、师为序。未迁者照常上课。今日所以又有此决定者，以昨日教育部派人来查看各校迁移情形，传语奉化视此事甚重，必欲各校速迁。其意不可得窥也，岂在萧墙乎？七时半散会。与今甫、矛尘同往孟邻师寓晚饭。十二时归。与觉明小谈而寝。

十日　阴历八月初九日　阴　雨　晴

八时起。肃文来，有入川之意，欲辞北大职务，劝之勿辞。日前读《熙朝定案》，见康熙时议政大臣之多，昨日遂思根据《东华录》作一补《清史稿》议政大臣年表，并注其兼职，今日遂取纸簿始为之。午饭后小睡。四时今甫来。刘镇时来。竟日未出。晚读顺治《东华录》，补旧稿。十二时就寝。

十一日　星期三　晴

八时起。九时入校治事。十二时归所午饭。饭后小睡。三时至西仓坡五号开常务委员会，前日本决定令法学院迁至澄江上课，今日萧蘧致书陈序经，谓不平、不智、不必需，同人遂主不迁。余颇不然之。前日出席表决者十二人，今日以一人反对而罢，未免近乎儿戏。主张命总务处在昆明另觅校舍，并设法保留澄江校舍，如成，则法学院可缓迁。今日推枚荪、逵羽至川看校址，推今甫、华炽筹备一年级，又拟推树人、安才筹备理学院。六人皆北大之人也，他校无参加者，此大不妥。余谓一年级筹备人可由今甫自行选择，理学院筹备人可由理院自推，意在阻止由北大包办迁移之嫌。散会，逵羽约往晚饭，其夫人生日也。余述迁校人选悉出北大之危，逵羽亦悟。少顷，廉澄至，亦大不谓然，并谓枚荪亦忧之。十一时归。与莘田谈之，亦韪余说。济之自乡间来，谈久之。十二时就寝。今日闻苐斋有返校之意，余提议请其回任总务长，未付表决，然余之脱离苦海或有期矣。

十二日　阴历八月十一日　晴

昨夜过兴奋，二时半钟声敲后犹未入睡。八时起。谒孟邻师，谈迁校事最好由三校共任之，今委员皆出自北大，大有包办之嫌，且留他时无穷之指摘纠纷。师意亦以为然。九时半诣枚荪，谈话相同。枚荪绝不入川筹备，且以分院独立制度为忧，恐渐分化，易为外力所侵，亦有见也。诣树人，未值。入校治事。十二时归饭。三时入校。偕勉仲视察宿舍，有生物系助教毛女士，挈得房间为男职员所据，寄居女生宿舍又被拒，连日求余设法，竟无以应，不胜自愧，与勉仲巡视一周，亦苦无善策。纲纪不立，何从改进？伤心之至。六时归。饭后烦闷甚，偕雪屏诣承谔，诣伯苍，诣今甫。在今甫处遇端升、枚荪，谈至十一时乃归。十二时就寝。日前以所作《附国之地望与对音》一文就商于张苑峰，今日得复，有"敬读三过，获益实多。辞义周密，不能更赞一词。附国吐蕃，隋唐异称，容有部族消长、种姓更代之事。要之附国之当为发羌，当在康藏，今后自可无疑义矣"之语。赞许逾实，甚以为愧，其所谓"部族消长、种姓更代"，甚有见。

毅生先生函丈：

承示大文，敬读三过，获益实多。辞义周密，不能更赞一词。附国吐蕃，隋唐异称，容有部族消长、种姓更代之事。要之附国之当为发羌，当在康藏，今后自可无疑义矣。兹谨将原稿奉还。日前曾托恭三兄转上新印方志目壹册，想已送呈。尚乞诲正！耑肃，敬请

道安！

学生张政烺敬上

十三日　星期五　晴

八时起。九时入校治事。十二时至南开研究所，开迁校委员会，决议分途接洽汽油及汽车。三时入校。今日孟邻师得陈立夫限即刻到之电报，嘱即入川商迁校事。师拟日内有飞机即行，不知有无另外之事。五时半归。心烦而倦，幸雪屏、子水、啸咸、维诚、恭三、济之先后来谈。十二时就寝。

十四日　阴历八月十三日　晴

八时起。九时入校治事。十二时半归。午饭后小睡。读《清太祖实录》。傅懋勣来谈大理之民族、宗教诸事，余疑所谓民家者，并非如僰夷、苗人之类，否则其文化必不能如是之高。五时谒孟邻师，师已定妥十八日之飞机入川，约往一谈，并留饭。座间晤邹秉文，偶谈及迁校用车事，慨允由中国运输公司借百两，但须自备汽油。十时归。月色极佳。余于民国十年八月十三日与稚眉夫人结婚，今日适二十周年，而人既云亡，居地复非，竟日为之不快。晚间得晤秉文，借车有着，心为一慰，核算用费，迄十二时乃寝。

十五日　星期日　晴

八时起。杨业治来，谓有汽油二千五百加仑，求售价三十三元一加仑，此较市价微高一元，告以须会议后定。晓宇来谓有急电到校。十时入校，译读之，部令师范学院留滇，馀院仍速迁。诣月涵，不值。午饭后小睡。三时至三牌坊，谒孟邻师，遇孟和先生，谈及近有英人宣布前王爱德华八世退位之故，盖为倾向独裁，违反宪法，非专为爱情也。历举多证，其说甚新奇，然逊王健在，必非捏造可知。诣郑华炽。六时归饭。饭后偕雪屏、莘田至翠湖步月，遇张君，余偕雪屏先归。立庵来。彦堂来。得大宝八月七日、九月五日两书，知平寓已移至西四牌楼北前毛家湾一号。作书告诸儿。作书致三姊。十二时就寝。

十六日　阴历八月十五日　晴　阴

八时起。九时入校治事。十时至西仓坡开常务委员会，决议改请枚荪、子坚、岱孙入川，午间会餐而归。下午不至校，以今日中秋，校中循俗，非正式放假半日。在楼下北大办事处治事。晚泰然作肴馔数盂，过节。饭后同所诸公及学生皆外出，全楼惟余一人。读王半山诗，不觉凄然泪下，二十年来无此孤寂之中秋也。十一时就寝。十时以前无月。自今日始试悬腕作字，今日日记是也。

十七日　星期二　晴

七时起。肃文来商校事。八时半入校治事。十一时半谒孟邻师。十二时至曲园，宴此间银行界。饭后诣壮飞，不值。入校治事。五时归。雷伯伦来。陈勋仲来。晚饭后偕雪屏至才盛巷，遇查勉仲与田伯苍，谈久之。九时半谒孟邻师，不值，少候，归。师明晨飞渝。得潄溟表兄书，知王平叔以戒烟不起，友好中才华、识见、词辨无出其右者，既不遇，复不寿。天乎！天乎！得孟真书，谓书贻骝先，颇主乘此迁移学校之际，谋北大之独立。十二时就寝。

十八日　阴历八月十七日　晴

七时半起。八时至校开“九一八”九周年纪念会。会毕，入校治事。十二时诣陈勋仲，杨壮飞已先至，同出午饭。饭后回所。三时复入校。五时半子坚、勉仲同来访，偕诣月涵，商校舍事。六时归。八时偕雪屏诣承谔送别，日内且入川矣。十一时归。与莘田谈至夜。一时半就寝。

十九日　星期四　晴

八时起。九时入校治事。十二时归。饭后小睡。连日睡眠甚少，殊困，今得小睡，快极。二时半入校。六时归。晚出理发。思永、方桂自乡间来,谈至十二时就寝。

二十日　阴历八月十九日　雨

八时起。八时半入校。事丛集。至一时始得出所,中午饭久过矣。值济之来,遂同往家庭食社午餐。饭毕入校。四时半诣序经,商购汽车事,原谈有新车二在昆明,实则非也。五时半至邱家巷,蒋师母补请节酒。十时归。与济之、方桂、思永作长谈。孟真以今日自重庆飞来,尚未晤面。十二时就寝。

二十一日　星期六　阴　雨

七时半起。得月涵昨夜书,约今晨八时半往谈,如期往。盖为介绍杨君售汽油付现事。杨君昨日由月涵介绍,代大众贸易行售汽油,共两千加仑,先交一千,昨经签发支票三万馀元一纸,据谈,银行不允立刻全部付现钞,以故亦不允交货。今与月涵商,由月涵函孔祥勉设法。诣子坚、勉仲。九时入校。十二时半归。饭后小睡。三时至登华街开迁校委员会,五时散会。诣光旦,商派人入川。归所午饭。八时半诣枚荪,劝其代表学校入川,勘察校址,允再考虑,今甫亦在座,同以为言。十一时归。孟真、济之、方桂、思成、思永谈正欢,同谈半小时乃归寝,不及待其散也。连日悬腕作字,笔画不能匀,字亦不成形。奈何!

二十二日　阴历八月二十一日　晴　有云

七时半起。蒋师母送来孟邻师致月涵书,嘱阅后转去。知移川之议,部中并不坚令必行,但能稍东移已足。师范学院,部意决留滇,工学院亦可留,视校意而定,四年级亦可不迁。又罗志希前在中央全会提议,以清华基金一百万拨助各校。检阅十年前所选国文,尚觉有一二处可改。午饭后小睡。三时至云南大学,参加梅月涵先生任教清华大学二十五周年纪念公祝会。五时半会毕,归。枚荪、树人来谈。七时至邱家巷晚饭。十时归。

十二时就寝。

二十三日　星期一　阴　秋分

七时半起。八时半入校治事。九时归。开研究所委员会，决议录取四川投考生四人。十二时会散。饭后小睡。三时入校。六时归。七时诣逵羽家，进西式餐，其夫人所烹，甚精美。十时归。近日所忙，惟在迁校、购车、购油，然余绝不经手，但使主管组主任主持之，余惟督察决定而已。前日月涵所介绍之汽油，以校中支票未能全部兑付现钞作罢。此今日最大之困难，亦最大之危机。市面钞票不足，每张支票仅能付千元现钞，馀给本票分期兑付，以故市上竟有贴水行情，每千元须贴水二百九十元，是则以七折付款也。闻钞票不足之故，由于来源不足，且富滇新银行月须提千馀万元为军政之费也。

二十四日　阴历八月二十三日　晴

八时起。九时入校治事。子坚、枚荪来谈。十时半同诣月涵。十一时半复入校。十二时归。饭后会计主任刘镇时来谈，有欲求去之意。客去，小睡。三时入校。六时今甫、矛尘同来食饺子。诣逵羽。十一时归，即寝。今闻雪屏云，云大闻部令联大师范学院留滇，遂有移花接木之计，有中央大学袁某者奔走甚力，并结部中主者为援。拟推雪屏长院，胡小石主国文，林文铮主英文，向觉明主史地云。

二十五日　星期三　晴

七时半起。八时半入校。十二时归饭。壮飞来。小睡。三时至西仓坡开常务委员会，见孟邻师二十二日来函，知于是日谒奉化，并无必令联大迁移之意，一切仍令孟邻师斟酌。今日会中谈迁移事，正之甚不以政策屡变为然，窥其意似主迁移。而归来与锡予谈，谓昨日晤正之，正之不以迁移为然，仍主不动，是又何故耶？又今日芝生主张师范学院交南开同人主持，不必他迁，仍留昆明，其事亦甚怪，闻之愕然，众议未有和者，遂未讨论。时至今日，似不应更生支节也。六时散会，大体仍照前议进行，俟孟邻师归，再定更张与否。晚闻孟真云，叔永得骝先电，亦谓奉化言不必必迁也。十二时就寝。

二十六日　阴历八月二十五日　晴

八时起。九时入校。传有预行警报。十时诣月涵。近日会计与事务又有摩擦，就商之。值今甫、逵羽、光旦、子坚来，别谈甚久。十一时半入校。十二时子坚再约诣月涵，商开学事。十二时半归饭。饭后小睡。三时入校。六时归。八时偕莘田、雪屏至邱家巷。十时半归。午间孟和先生来谈罗隆基事，主张北大应辞退之。此事须待孟邻师归来决定也。十二时就寝。

二十七日　星期五　晴

八时起。知有预警。九时入校治事。十二时归。张苑峰来书，谓鲜于枢《困学杂录》有记附国者，录以见示，其文略同《隋书》，因检《历代名画记》《图画见闻志》《宣和画谱》《图绘宝鉴》诸书，补作注文。三时入校。五时半归。六时至邱家巷晚饭。十时归。检《画录》及两《唐书》。十二时就寝。

二十八日　阴历八月二十七日　晴

七时半起。市间预警旗已张矣。检两《唐书》。九时入校，治事之馀，作《附国考》补注一条。十二时归饭。二时半至登华街，开迁校委员会。四时诣月涵。五时入校。闻孟邻师已归，今晨询之蒋师母，谓无飞机，忽传已归，心虽疑之，而冀其确，乃偕勉仲往，至则果误传也。月涵继至，亦空跑一次。六时归。七时月涵约晚饭。座有邹秉文、沈士华、孔祥勉、吴肖园。闻昨有敌机至宜良侦查，今日则至市空矣。九时归。与孟真谈。今日报载昨日德、意、日三国同盟签字,又美国贷我美金二千五百万元,国际局面显成两大壁垒,不知苏联将孰从也。十二时就寝。

二十九日　星期日　晴

八时起。逵羽公子来。晓宇来。西孟、大铨来。子安来。孟邻师以今晨归,以客至竟不果往。写寿胡蒙子词。午饭后小睡。四时至太和酒店,贺徐锡良结婚,新娘陈玉英,亦同事。四时半谒孟邻师,同谈者月涵、正之、芝生、枚荪、逵羽十馀人。知二十二日谒奉化后得布雷书,谓奉化仍命准备迁移,则入川之计不能更缓矣。二十四日谒孔庸之,于移费未允更加,故师意逐步迁移。客去,惟月涵、莘田、逵羽、雪屏留饭。饭后师复召余一人,告曰迁移费所以不能加者,以部院皆谓清华有钱也,立夫表示最好由清华基金中拨若干,但此事校外人均不便主张,而师之地位尤难也。十时归。与孟真谈。十二时寝。

三十日　阴历八月二十九日　晴

七时半起。八时半入校治事。十时四十分得孟邻师电话,谓有预警。语未竟而警报作,收拾文件,偕逵羽穿昆中北院出城。人极多,肩踵相比,北向而行,越小山。十一时紧急警报作,复北行,见有深坑,与逵羽、耘夫伏久之,忽有人来,告坑旁为高射炮阵地,乃起而北行下山,旁山脚而坐。十二时十分,闻敌机至,急伏地,一时机枪声与炸弹声齐作,枪声一阵而稀,弹声数起亦止,觉甚近,凡三分钟而去。候久之,无复声响。有工友相告,谓来机二十七架,在金碧路马市口及城北公路各投数弹,心斥其妄,以为想当然耳。一时五十分警报解除,归入城。复闻有预警,市民奔复出,余倦甚,不顾而归。抵寓,大门深闭,久叩无应者。乃至近湖食堂午饭,遇锡予、雪屏、晓宇,亦不得归而就食者也。闻东门确有炸弹,建设厅被毁。四时入校取文件,至西仓坡开会,以到会者少,改明晨十时。

闻武之家被炸,遂往师范学院约雪屏同往视之,经圆通街见红旗,盖落弹未炸者。至小东门,栅塞不通,知亦被炸。转小东城脚,遇月涵、芝生、枚荪亦在察看。芝生导观武之家,被炸地坑深丈许,墙瓦皆圮,惟馀木架、椽柱倾颓,伤心惨目。晤武之夫人,慰之,无语,但以未伤人为幸为言。随至双塔寺视矛尘夫人,至兴华街视膺中夫妇,其左右皆有落弹,幸未殃及①。复至才盛巷公舍,对宇一院已中弹颓圮。时已八时,乃至聚丰园晚饭,一菜一汤,共国币八元。饭后谒孟邻师,不值。闻金碧路被炸尤惨,南屏街亦落弹。倦甚,不复往观。归。与孟真、锡予久谈。十二时乃寝。

十月

一日　阴历九月初一日　晴

今日校中举行开学式。七时起。欲候八时入校。八时方欲出门,闻有预警,以为未必能如是之早,乃决入校。扃户未竟,警报作时八时十分,遂与莘田出北门,沿小路并公路至岗头村,凡五十分钟而达。从来无此速度,岂心理为之欤?抵岗头村,孟邻师汽车适至;未几,霖之至;未几,孟和夫人至;久之,孟和、孟真、荔生沈昌、乐焕、恭三至;廉澄、濯生至;雪屏、毓棠、今甫、蒋太太至;最后枢衡至。济济一堂,谈笑风生,似非有警报者然。午饭煮粥为食,佐以咸菜,围桌群立,大有逃乱景象矣。二时后始分别归。余与莘田、雪屏三时起程,四时半始抵寓。在乡间未闻紧急警报,亦未闻解除,十一时三刻有飞机声,重且密,以为敌机来矣,入城始知其不然,十一时放紧急警报,一时半解除②,敌机在开远轰炸云。六时食

①殃　原作“恙”。

②除　原作“放”。

面三盂。谒孟邻师，谈至十时而归。十二时就寝。

二日　星期三　雨　阴

七时半起。八时偕莘田食牛肉粥，余年来非偕友外出不进早餐，惟生食鸡蛋二枚。连日警报频传，餐馔无时，故与莘田预为饱腹之计。八时半入校治事。十二时归。饭后小睡。蔡枢衡来。四时入校。六时至西仓坡五号开常务委员会。十时散会。决议学校仍入川，但其次第改为一年级理、文、师、法、工，迁费百万，不敷甚钜，事实上不能同时迁移，拟俟文、理、师三院迁后，再请政府加拨，月涵亦云清华可拨联大二十馀万。办公时间改上午七时至十时，下午三时至六时，上课自下周起。归所。华炽、秉璧、觉明、子水来谈，十一时客去乃寝。

三日　阴历九月初三日　阴　晴

七时起。八时入校治事。十二时归。毕正宣近日托病，以与刘镇时不恰也。事务组事由余兼领，以故益忙，而胡蒙子佐余，为之尤苦，此老精神殊可佩。三时复至校。五时半诣月涵，进加非一盂而归。杨西孟来。陈伯容来。李埏来问作业。读《东华录》。十二时就寝。

四日　星期五　晴

七时起。急入校，校中以今日始改办公时间为晨七至十时，下午三至六时。至师范学院，询知子坚、逵羽今晨已成行，为之大慰。归办公室未久而逵羽来，始知已登车，复被迫而下。十时与之同诣月涵，不值，归。检杂书。午饭后小睡。三时复入校。六时诣逵羽。上午与雪屏、矛尘约定在逵羽寓会齐，同往鸿兴楼晚饭，候久之，不至，逵羽夫妇又不肯往鸿兴楼，乃往富春酒楼食面。九时许，诸人来，始知其径赴鸿兴楼也。在逵羽家谈至十一时，归即寝。

五日　阴历九月初五日　晴　有云

六时起。杨西孟来。七时入校治事。八时黄中孚来,告逵羽、子坚今晨已成行。晤杨石先,知丁佶昨日在大铺基泅水灭顶,尸身未获,闻之凄然。丁,福州人,前年在蒙自,与之比室而居,同桌而食者半年。其人勤和,尚未婚,亦吾乡后起之俊也。佶无字,前年尝问于余曰:“分名为二,字曰吉人,可乎?”余曰:“古人多有之,不惟可,抑甚佳也。”然未见其用。十一时归。午饭后小睡。三时孟邻师来。四时入校治事。五时至登华街开会,遇石先,知已散,乃归。晚饭后谒孟邻师,不值。同至南屏看电影,并视日前落弹之处,深广逾二三丈。十一时归寝。

六日　星期日　晴

七时半起。读《东华录》《清史稿》诸书。同住诸公皆外出,余独以休假,得半日闲读书,大快事也。顺治《东华录》二十六,十三年六月:“癸卯,谕礼部:奉圣母皇太后谕,定南武壮王女孔氏,忠勋嫡裔,淑顺端庄,堪翊壶范,宜立为东宫皇妃,尔部即照例备办仪物,候旨行册封礼。”册封事其后未见《清史稿·后妃传》,《孔有德传》亦失载。案东宫皇妃之称,康熙以后所无,明代亦无其制,惟顺治十年九月废后之议,诸臣有皇后正位中宫,选立东西两宫之请,亦未见诸实行,此既立为东宫皇妃,当即承十年诸臣之议而来,其位孔尊,何以史书不载?窃疑事经中变,遂尔缺如。史称桂林破,有德令其孥以火殉,遂自经,妻白氏、李氏皆死于火。十一年六月,有德女四贞以其丧还京师,有德子廷训为李定国所掠杀《清史稿》本传,不言复有子女。〔《东华录》顺治十一年六月癸亥(初六日):“遣礼部侍郎恩格德赍银万两赐孔有德女,令充日用之费,有德女跪受讫,随奏曰:‘臣父骸骨,原命归葬东京,但臣兄既陷贼营,臣又身居于此,若将父体送往东京,孝思莫展,请即于此地营葬[①],便于守视。'"是有德仅有四贞一女可知。〕然四贞归有德将孙龙子延龄,不应有立妃事,《清史稿·孙延龄传》传二百六十一附《吴三桂传》称"有德以女四贞字延龄,及有德死事,龙亦战死……四贞尚幼,还京师。孝庄皇后育之宫中,赐白金万,岁俸视郡主。长,命仍适延龄"。又《东华录》康熙十六年:"三月戊寅,传宏烈遗吏部侍郎觉罗舒恕书曰:孔王女孔四贞曾向宏烈言,无刻不以太皇太后孝庄后为念。"是四贞幼育宫中,为孝庄所宠爱,可知立妃谕称"淑顺端庄,堪翊壸范",如非久居宫禁,何由知之?窃疑立为东宫皇妃者,即四贞其人,继闻其许字孙氏,册封之礼遂不行,《史稿》所谓"长,命仍适延龄"者,必有所见,惜不得史料以证之。竟日未出。上午晓宇来,小谈。王永兴来,询作业。晚饭后与雪屏、莘田谈。倦甚,十时就寝。

七日　阴历九月初七日　晴

六时半起。七时半入校治事。十一时归。矛尘来,谈至十一时五十分忽闻空袭警报声,短而微,颇不似。余急换鞋,以近日左足生鸡眼,痛甚,非厚底鞋不易行也。既换鞋而警报声息,方以为异,哄传有预报矣。急进餐,未毕,警报作,时十二时五分。餐毕而出北门,行至铁道近旁,紧急警报作,时十二时二十五分。乃循田塍向岗头村而进,达小马村,登松堤而行。十二时五十五分闻机枪声,知敌机至,急下堤西濠内。下有积水,又近公路,复转而下堤之东,仰卧田埂。余首西向,莘田首东向,两首相接。恭三卧余之北,足南向,矛尘卧恭三之西,足东向。方卧毕仰视,而二十五架飞机经余身向东北进,行如雁列,白若鸽翔。忽一白圈自机身而下,若片云一朵,徐徐冉冉,若行若止。余谓炸弹下,恭三谓非也,乃云

①即　原作"改",据王先谦《东华录》改。

耳。未几,巨响数声,不知所至,疑为高射炮,而敌机已东北去甚远。晚间始知,果炸弹投北教场,未中者也。机既东北行,又转而东南。炸弹声大作,似在巫家坝飞机也。少顷,机声渐远。余等登堤北行,为一军人所阻。以为敌机未远,或更有来者,不宜起行,其言甚是。复择地而下,立堤旁,距公路益近矣。见城内火起,先为黄灰烟雾,继为浓黑烟,又继则白烟。或谓在城西南,不能确辨其方位。少顷,复登堤北行,至岗头村,将近二时矣。三时后归。五时许抵校。知城西南纺织厂被毁,城内无恙。七时归。今日行路不加于平时,而足疲甚,卧地避机时殊匆遽,而心境甚安泰,无丝毫畏惧意。十时就寝。

八日　星期二　晴　阴　雨

六时半起。七时入校治事。九时偕勉仲、晓宇至新校舍视察,为上课教室也。遇燕召亭,于校事多所讥讪,不觉与之争执。事后深悔之,其人本不明白,又何必与之争哉?十时半偕晓宇穿云大而归。遇其总务长,谓有预行警报,宜外出疏散。余等遂随其出城,北行至小山。山后行人如织,语声噪聒,或云已发警报,或云未发。复北行至山峡处,席地而卧。候至二时半,一无消息。既而天雨,乃入城至校,始知并无警报,而避者纷纷,乱世自扰,大都如此。今日出城时见避者尤过于昨日。三时半到校,欲饭不能,枵腹至六时归。晚饭后偕雪屏至才盛巷,并购物。十时归。十一时就寝。

九日　阴历九月初九日　阴　晴

昨日孟邻师入城,约今日下乡小息。七时起。少顷,枚荪、雪屏先后来。九时偕同缓步下乡。十时一刻至岗头村。检书箱,备上课之需。上山巅,与诸友杂谈,遂消磨一日。〔今日云南光复纪念日,校中放假一日。〕十二时半就寝。现住岗头村校舍中者,孟邻师外,有枚荪、今甫、树人、廉澄、大猷、铁仙、矛尘诸家。不日,君亮亦将移住,除树人、廉澄而外,并有眷属。

十日 星期四 阴 晴

国庆。余在北平,此日必携诸儿游宴,欲诸儿知爱国也。虽二十六年北平陷落,日人入城后犹然。七时起。登山。改文稿。午饭后小睡。四时缓步归。晚饭后诣逵羽夫人,不值,归。十时就寝。

十一日 阴历九月十一日 晴

今日为先妣弃养三十四周年忌辰,竟忘之,写日记时始忆及,真不孝之至矣。六时半起。七时入校治事。十时归。在北大办事处治事。十一时五分,闻有预行警报,乃上楼。警报随作,遂与恭三步出北门,经小马村至松堤上。倚松树而坐,藉其阴读《笘誃日记》,竟半册。袋中有面包四,与恭三分食之。一时四十分,闻军士言,得电话,警报已解除,乃缓步归。一时五十分解除号作,抵寓已二时半矣。饭后入校。五时诣月涵,商会计与事务磨擦事。六时归。七时半至昆中南食堂开教授会,月涵及孟邻师报告校务,并选举校务会议代表。九时散会。余与光旦、勉仲同至月涵寓所开票,并进加非,遇毕正宣,劝其销假。十一时事毕,归即寝。一日之间已无馀晷,而警报复废三时许。可恨!可恨!

十二日 星期六 晴

六时半起。七时入校治事。九时三刻方与蒙子、尹辅商付款事,而警报作。连日均晨阴有云,十时许放晴,警报随作,可疑也。偕矛尘北出城缺,循地坛石路北行。遇雪屏、毓棠,同至红山山峡,席地而坐。十二时警报解除,归。一时抵寓,无饭可食,饮茶数盂。同至昆华食堂进餐。餐毕,入校。三时归。数欲小睡不得。晚七时觉明在校讲演“敦煌学导论”,往听之。十时半归。闻十时许孟邻师来,不值。十二时就寝。

十三日　阴历九月十三日　晴

今日为先君弃养三十五周年忌辰,念及遗集未刻,惶恐无地自容。八时起。天阴密云。本意欲往龙头村,与孟真商文科研究所事,以阴,遂不往。十时放晴。以上晨间所记。作书致孟真,有“此时云散,静候警报”之戏语。十一时十五分警报果作,偕恭三出北门,向岗头村而进,皆循田塍以行,将近小马村遇泰然、育伦,谓警报后即继以紧急警报。泰然二人仍往岗头村。余与恭三遂投荒至河边树下,席地而坐。恭三携有《史通》,借读之。坐两时许,一无消息,复思至岗头村饮水,起而北行,近公路,见行人纷逃,复移至田塍而行。未数步,短声警报作,急觅一土堤旁而卧,时一时五十五分。约十分钟后,闻机枪声及飞机声。随见飞机数架后闻共八架,自东北方鱼贯向昆明而进,未列队形。〔事后闻未至东北角时已在西南方轰炸。〕未几,二十七架成一字形自东北来。由余顶上飞过,〔有一作哨声,必甚近。〕甫过,即闻炸弹声若雷鸣。其尤响者三。炸弹声既过,即见灰沙大起。少间,立而观之,在城北,或曰北教场也。余辈谓敌机已去,渴甚,复往岗头村。行未五步,机枪声又作,急伏于稻田中,幸已无水。见二机飞极低,掠余侧而过,状甚仓皇。枪声随之,意其被击受伤者也。机声既远,乃缓步至岗头村,道闻联大被炸。抵孟邻师寓,师谓自山头以远境望之,联大新舍无恙,似在其西南。在师寓进炒饭二盂,小憩。四时偕恭三、铁仙入城,行至公路,遇汽车,有军官挥手相阻,谓复发警报,乃相偕归岗头村。有汽车自城内来,谓南菁、云大皆被炸。询以联大,则不知。少顷,又有传敌机自北门入,大西门出,所经均被炸,是联大校舍、同人居庐及余之所寓皆在其间也,心甚悬悬。七时随孟邻师借汽车,一入城,先至新校舍,见同学方聚大门,募捐煮粥以赈被难贫民①。询知新舍无恙，师范学院被炸，月涵寓亦毁。遂入城，岔至师范学院，见雪屏所居之楼尚存，登之，已洞见星宿。遇啸咸，知其室未毁。转至前院，办公室全毁，惟馀椽柱。男生宿舍及勉仲所居，虽椽柱亦倾折不存，惟瓦砾一堆而已。由学生一人导余等，自瓦砾中而出，门户已不见。自师院至西仓坡遇枚荪，先余入城者也，告以月涵已外出。遂至西仓坡巷口一视，巷北之屋已毁，有深坑，宽广二丈馀，警察阻，不得进。忽闻钟声，见五华山灯作红色，或曰火警，或曰警报。乃出城，同归岗头村。入城后，恭三先归靛花巷，余竟未往。南菁在吾居之北，云大在吾之西，不知损失若何也。十时寄宿村中廉澄室内。

十四日　星期一　晴

五时半为廉澄唤起。六时入城。七时抵师范学院，断瓦圮垣，伤心惨目。晤雪屏，随至昆中南院总办公处。及门，遇严绍诚谓余之办公室亦毁，急入视室内，后檐、椽瓦洞穿，沙石满地。余之桌幸无恙。胡蒙子桌在余前，全毁。孟邻师桌，一木自面穿三屉而下，竖立不可微动。余桌前屋梁之上，一红面棉被被其上，不知何处飞来。巨石三数，逾尺，亦落室内。触目伤心，不觉泫然。学生多人悲戚相诉。余遂不待商之常委，立时宣布下午发贷金一月，并设法救济被难学生。将学生衣物设法移之郊外图书馆。书籍即刻装车，送之龙头村。作书致孟真，求其借屋。会计室移至城外地坛。八时勉仲、雪屏来，同诣月涵，见其房舍亦多洞露，幸无大碍，惟屋后中弹，防空壕毁，死工友二。在月涵处进早膳。复至办公处，除出纳组外，均以屋毁不能办公，到者甚少。乾坤正气殿中，惟余及蒙子设二桌于廊下。少顷矛尘来，始知靛花巷无恙，惟余卧室为鼠

①赈　原作“振”。

窃所破，不知损失如何，劝余先归。余谓家毁人伤者多矣，失窃又何足道哉！十时始散，值归道中，念及鼠窃何能乘警报破户而入，必炸弹所震开者也。于是又不无希冀之心。归所，晤泰然、恭三、觉明，知果失窃。余室门锁果破，所失则不详。共辅登楼视之，一无所失。又不觉惊异，不能知其故也。一时心理变化万状。室内已由泰然扫除清净，凡破玻璃二。卧床休息。端升来。下午三时入校治事。被灾学生各贷予二十元。六时归所，所中电灯已毁。十时就寝。今日时时作敌机来袭之想，不如昨日之宁静。

十五日　阴历九月十五日　晴　阴

六时半起。七时入校治事。月涵到校，其他诸人仍极零落。十时归。三时至新校舍第二教室，授明清史一课。四时至办公处。六时归。倦甚。九时就寝。

十六日　星期三　阴

六时半起。七时入校治事，办公者稍稍整齐矣。蒙子与毕正宣冲突，力慰之。十时归。午饭后偕矛尘至云南大学，会泽楼中弹未毁。至公堂正中中弹，惟馀四壁。农学院中弹，屋倒甚多。出云大，至文化巷，诸屋均毁，南端尤甚，一穴较西仓坡为大。更南行至钱局街造币厂一带，并毁。更转至翠湖南路，亦有弹裂处，在师范学院操场中有弹穴最大，或曰在千五百唠也。呜呼惨矣！闻裕滇纱厂尤烈，惜未往视。入校治事。六时归。晚饭后至西仓坡开本年度第一次校务会议，无要案，惟报告而已。九时散，归。十时就寝。

十七日　阴历九月十七日　阴　晴

昨夜以腹痛起，见天色沉阴。今晨六时半起，犹然。七时半偕恭三至龙头村，与孟真商北大文科研究所事，并为联大学生借存储衣物之处。先至家庭食社进早膳，八时二十分启行。出小东门，沿石板驿路北行一小时，达�庄乡，所谓金刀营者是也，藉茶馆小息二十分钟。复前进，未久，闻警报声，时九点五十分。天渐晴朗。又行一时半，抵龙头村，先至响应寺，再诣孟真，留午饭。饭后闻钟声甚急，知为紧急警报。二时有飞机声，炸弹声似在东北方，一巨响转而至西南方，响声纷起，有若挝鼓，知落弹匪鲜。西南方，昆明城也，不知被难者又属何处。未见机形，架数莫详。三时登山，视诸研究生。四时下山诣孟真，遇余建勋，约同乘人力车入城。至村口，见天主教汽车，为建勋所素识，登之。五时警钟缓鸣，知警报解除。开车归，至小东门穿心鼓楼，下车步归寓。知马街子工厂被炸，城内文庙街亦落弹，商务印书馆后被毁。九时就寝。

十八日　星期五　晴

五时半起。连日晨间浓云四布，至十时左右乃晴。今日独否，晨起已清朗，惟白云三五朵散布于蔚蓝天空，状极丽。七时入校治事。八时半闻有预行警报，同事纷纷离去，惟徐李晓宇、朱汇臣、章耘夫、陈玉英、包尹辅、鲍文杰诸人而已。九时四十分，空袭警报作，余与晓宇、耘夫、汇臣出城。岔向北山而行，逃避者若陈列。越山北行至前数次避处，已为兵士所据。遇勉仲，同北行登山，汇臣已落后不可见。余与晓宇、耘夫同卧一山洼中，至一时有机声，盘桓天空者十馀，并无枪声，亦无炸声。亘一小时半而止，飞绝高。余未见，惟耘夫曾见一次，为上三下二，一次仅一架，亦不辨为敌机为我机。烈日当空，饥渴甚，不能得饮食。耘夫有大饼，嚼其半，益渴，不复食。至三时一刻，闻警报解除，徐步下山。未半，忽见行人反，奔甚急，谓又有警报，将信将疑，乃坐于大坟之侧。待之四时一刻无消息，行人又多入城者，亦随之而行。四时四十分，始又闻解除声。入城至校。全校来办公者，惟余三人而已。少顷，勉仲至，于女生处得水两瓶，各进数盂，若琼浆甘露也。六时归。八时始得食。闻今日敌机轰炸滇缅路保山一带。三时解除警报，忽又见其回航，疑其复来，遂重鸣警报。继知出境，乃于四时再度解除。莘田、雪屏今日至岗头村，据谈盘旋天空者皆我机，盖新来之新式机也，为之一快。晨间在校，闻学生奚家瑜昨日以汉奸嫌疑为壮丁所羁，一兵开枪中腿，流血过多，死于昆明县政府。伤哉！冤哉！九时就寝。连日恐敌机夜袭，就寝甚早，同时亦以倦，且无电灯也。

十九日　阴历九月十九日　晴

六时半起。七时入校治事。十时归所，矛尘、晓宇偕来，闲谈兼候警报也，幸无事。三时同入校，余至新舍上课。四时至办公处，孟邻师到校，约晚间下乡休息。五时半归所携衣物。六时晚饭。七时至邱家巷，同登汽车至岗头村，与今甫、廉澄、枚荪诸人闲谈。十时半就寝。宿于南房客厅中，矛尘相伴。连日所中无电灯，见之若获至宝。

二十日　星期日　晴

晨五时半为工友唤醒，本欲藉此为连日之补偿，竟不可得，岂非天欤？昨夜闻远山似有钟声，月光尤朗，起而观之。见别室有电灯，知非警报，乃复寝于此，可觇近日之心境矣。晨在孟邻师家早膳。枚荪夫人来，谈甚久。廉澄亦来谈。其后蒋太太亦别有所述。大抵女眷聚居，易生口舌。竭力分解之，希望不生他事也。往时稚眉夫人最不喜与人同住，盖深有见也。整理讲稿，闻有警报，不详其时间。莘田、雪屏、月涵先后下乡，且闻有紧急警报。午在孟邻师处便饭，复在矛尘处食汤面饺。小睡。补日记。闻警报于下午三时许解除，诸人多归。余偕莘田、雪屏、矛尘仍留，下榻于客厅①。九时半就寝。

①榻　原作“塌”，本月二十六日、一九四二年四月十九日、一九四三年十一月十四日、一九四四年四月十六日同。

二十一日　阴历九月二十一日　晴

六时半起。本欲早间入城，到校治事，诸人皆以警报为虑，遂偷闲半日。整理讲述札记。早食于孟邻师处，午食于孟邻师、矛尘、枚荪三处。午饭后小睡。或云有预行警报，或云无之。下午入城，知其确无也。四时步行入城，直入校，先至西仓坡，久候迁校委员会，无至者，入校始知在晚间。六时归所。七时半再至西仓坡，候至九时，仅勉仲、绍诚、正宣及余四人，乃散会，归。所中仍无电灯，即寝。所中于昨日警报时，又为窃贼破三门而入，泰然、莘田各失棉被一床，余房门亦开，无所失，惟付洗之衣裤二件不见，亦幸矣。

二十二日　星期二　晴　有云

六时半起。七时半入校治事。十时归。二时半入校，至新校舍授课一小时，转至总办公处。六时归。至才盛巷公舍，晤端升。七时约莘田、矛尘、雪屏、泰然，便饭于鸿兴楼，慰诸公近日之损失也。九时归。就寝。

二十三日　阴历九月二十三日　雨　霜降

六时半起。七时半入校治事。十时归。十一时半午饭，闻有预行警报，饭毕偕锡予、矛尘缓步往岗头村，甫出北门而警报作，时十二时，天忽雨，抵岗头村。未闻紧急警报，或云有之，亦不知何时解除。四时缓步归，六时许抵所，知无紧急警报，敌机轰炸蒙自，或因天气恶劣之故。至西仓坡晚饭，并开常委会。九时散会。子坚、逵羽来电，无适宜之校舍，自建亦不易，迁移前途殊可悲。十一时就寝。

二十四日　星期四　雨

七时起。天气沉阴寒甚，着衬绒复加羊毛背心。八时入校治事。十时归。二时半复入校，授课一小时。四时至办公处。六时归。电灯已明,为之大喜。自十三日被炸且十二日矣。枚荪夫人明日往重庆,诣其宅,明日不能走送也。天雨。八时归。读书至十二时就寝。以天阴雨,明日当无警报,且有电灯也。

二十五日　阴历九月二十五日　晴

昨夜雨,今晨七时已晴,无片云,急起。八时入校治事。十时半归。行近靛花巷,忽见预行警报旗,入所欲告之同人。同人已知之,且开饭矣。即进食。食毕,偕锡予、矛尘、莘田、立庵缓步出城。十一时空袭警报发,余等已过铁道而北矣。十一时四十五分抵岗头村。四时缓步入城,知十二时十五分有紧急警报。四时解除,敌机未至,或在迤西也。五时半抵校,六时半归。饭后欲往探消息,以倦不果。十时就寝。

二十六日　星期六　晴

六时醒,闻飞机声杂且高,心异之,即起,见天色清朗无他异,复卧而读。七时乃起,洗面甫毕,忽闻警报,急呼恭三、锡予下楼,与李忠诚出后门。至北门未十分钟,而紧急警报作,余等尚未越铁路线。忠诚急奔,余随之,力实不胜,勉强越公路线,喘甚,乃缓步行。忽闻枪声,余谓试枪耳,既而续作,知敌机至,急仰卧于田中。稻已割而馀梗犹在,污且湿,不暇顾,见一机冒白烟向东遁,四五机自北来俯而逐之,一时枪声杂作,但无炸弹声。约五分钟而远而微。乃起,偻伛而行,复闻复卧,如是者四。知其声息远去,始沿田塍北行。自逃避警报以来,无如今日之狼狈者,亦无如今日之仓迫者。警报未十分钟而紧急警报发,又未五分钟而敌机已在顶上,此侦伺者之咎也。行至松堤北端,复与锡予、莘田遇,各相庆幸,各诉危险。八时三刻抵岗头村,闻路人言欧亚邮航机一架被击落,又闻敌机在北门、东门均有扫射。噫,危矣!下午与莘田、锡予同至山坡小坐。三时十五分闻解除警报号,遂下山。四时随孟邻师汽车入城,至校办公。六时归所一视。六时半复随汽车下乡,路中见疏散之人,有方归者,扶老携幼,不绝于途。伤哉!伤哉!九时半与锡予、莘田同下榻于南屋客厅。报载昨日敌机三十六架扰滍西。

二十七日　阴历九月二十七日　晴　有云　村居

六时半起。七时三刻闻有警报。读《明史纪事本末》及瞿宣颖辑《中国社会史料》。闻枪声三响。下午一时半闻解除。三时半偕枚荪步行入城。七时半晚饭。饭后至大街购面包不得。十时就寝。或曰今日有扫射,恭三云晨间闻紧急警报两次,又有学生云昨夜西门见棺材数具,盖扫射而死者云。

二十八日　星期一　晴

六时起。六时半出门,往青云街警察局,视有无预行警报旗帜。既见无之,乃购饼一,归。食之,未尽一口而警报作,六时五十分也。急与恭三出所中后门,至北门街北行,出北门东北行,穿小道,越铁道、公路后乃循田塍滇语曰"埂埂"而进,遇王霖之父子。七时十分紧急警报作,登松堤,循堤而行。以堤高,其旁有沟,深八尺许,可以下避也。七时五十分抵岗头村,幸未遇机来。昨日锡予、雪屏、莘田皆留住村中,余独归,诸人强留,以为今日必有警报,余以晨间须入校治事,乡居不便,未应,今晨果仓遽复来,甚为所笑。十二时闻有飞机声,偕雪屏、莘田出后门山脚观之,忽闻枪声,急伏地。飞机数架,自山后向东北进。每闻一轰炸巨响,则见一机来,渐升而高,知其俯冲投弹也。由东北复折而西北,越山而去,望之若在余辈头上而转者,余辈所卧,一无隐蔽,目标至显。飞机越山后,复有枪声,或曰扫射不知其所向。事后思之,今日之险不下于前日也。四时附孟邻师汽车入城,经小东门外,见菜园中有弹穴三,一甚大,有棺两具。入校后知在东北角外投弹八,死五十馀人。或云其地有火药库,或云专为逃避者而投。其很毒如此!六时归饭。饭后至西仓坡五号,开吴可读先生追悼会,英人,清华大学教授也,简单哀肃。十时归。闻今日西山亦投弹扫射。今日追悼会孟邻师有演词,以放翁“临危”诗为题,甚佳。十二时就寝。

二十九日　阴历九月二十九日　晴

六时起。七时二十五分闻空袭警报,偕恭三出北门,沿小路而行至小马村,尚无紧急警报。恭三往河边,余独循松堤往岗头村,急步而前,未闻声响。将及岗头村边闻飞机声,或云已有紧急警报,乃避于树下,既而远去。复进,不敢从大道入村,沿河堤进山峡,机声大作,乃对潺流而息。地极隐蔽,旁亦无人。久之声息,始入村。读《笘誃日记》。一时许复闻飞机声,至山峡避之良久,无事乃还。四时偕雪屏、矛尘入城。六时至易调隆食馅饼。至才盛巷公舍。孟真入城,九时开文科研究所委员会,决定加推李方桂、向达为委员,孟真不在所时,请锡予代其职务。十二时就寝。闻今日有紧急警报二次,敌机至昆明未投弹,亦未扫射。惟在沾益击毁中国航空公司客邮机一架,死八人,令人悲忿。

三十日　星期三　晴

六时起。与锡予谈,两人忽动疏散之念。乃于七时缓步至岗头村,小睡,并读《笘誃日记》,在菁社食面。迄下午一时半,并无警报,复缓步入城,可谓庸人自扰者矣。自有警报以来,余与锡予未尝预为逃避,归来不禁自笑。三时入校治事。五时半至西仓坡开常务委员会,决议理学院暂迁晋宁,文、法、师三学院暂迁澄江,以避空袭。由余及芝生、正之、序经、勉仲、雪屏、正宣、孟嘉并率办事人先往勘察,日内即往。十时归,即寝。

三十一日　阴历十月初一日　晴

六时起。预备功课。九时至新校舍授课。十时归。下午三时入校。六时归。孟真来,将以明日飞重庆。八时半得正宣函,知赴澄江汽车已雇妥,明晨六时半在近日楼开行。今晚在乐群社招待所暂憩,遂收检行李往。雪屏、勉仲已先到,同居一室。室仅二榻,勉仲竟卧于地板,馀人则住大中旅社。十一时半就寝。

十一月

一日 阴历十月初二日 晴

五时起。盥漱毕,自乐群社至大中旅社与其他同人会齐,至近日楼候车。正之、芝生、孟嘉已前至。时六时十分,车尚未至,立街头食饫蛋三枚。七时车至,同行凡十六人。余偕序经与司机同座,正之、芝生、雪屏、孟嘉坐司机后,馀人则居车后与行李俱,心甚不安。行一小时半而达晋宁,凡四十一公里。在城门小憩。复开车,登凡十馀华里,达山麓,下车步行,林树邃密,风景甚丽。回望滇池,有若玉盂满水,闲陈几案。山有万松、盘龙、玉皇阁诸寺,房屋颇新。盘龙寺外题"和衲山",或其名也。见元碑一,有至正二十九年之文,此惟云南可见耳。十时下山,十一时入城。午饭价昂,不下于昆明。今日值其街期逢二逢七,繁盛远不及蒙自,城亦小,无大厦。十二时送正之别车还昆明,留四人筹备。余等乘原车往澄江,道经归化,未下车。归化以下道路极劣,一段已半圮。余等下车,随车沿路旁小道以行。又一段,近姑娘桥,路较高,路面为雨所冲,窄不胜轨。乃全体运石,补宽尺许乃得过。又一段,坎坷不平,亦下车步行。一时五十分,车行至华石坎。右为岩石,左为数十丈深谷,路狭仅容两轮,复下车步行。前轮过后,后轮左侧忽陷,幸三轮着地,车轴复扼于土,得不覆,否则车成齑粉矣!然车不复能行,距澄江约二十馀里,同人缓步而进。余与雪屏、勉仲最迟,渴甚,有田种莱菔,以一角得其一,分食之,复进。至阜民村,请保长为雇夫携械往救汽车,并乞水饮毕。步入城已四时半矣,径往中大办事处。六时车亦来,幸无损。至某饭馆,晚饭尚可口,较晋宁差廉。饭后至农民银行,晤其主任周世澄,湖州人。九时归中大办事处下榻。与勉仲、雪屏共据三室而寝。

二日　星期六　晴

五时半起。昨闻中山大学允让联合大学之校舍,其中农学院、法商学院两地已为昆华中学所占。其理学院,育侨中学亦来商借。所馀者惟城内之文学院、师范学院及城外医学院而已。芝生主学生住城内,在城外上课,众皆赞同。七时诣吴敬轩,小谈。往坊间早餐毕,视察城内各地。原议芝生、序经、勉仲再视城外西南,余偕正宣、雪屏视城外东北。继以诸人皆尝来澄江,情形已悉,遂不往。随访新、旧县长及诸绅,皆未起,惟晤一段新吾,时已十时半矣。再往东门、南门一视。至坊间午饭。饭毕,检行李。下午一时登车归昆明。今晨已雇壮夫七人往华石坎修补道路,经保公所又雇十人偕往。至华石坎,大体已毕,凡十五分钟而车过。给先雇者以十七元,仍率后雇者随车。行至姑娘桥,运石补路,工较久,车过后复携而前,掘土加宽,遣之归,给以二十元。昨日汽车达澄江,居民惊叹聚观。盖自雨季路毁,未尝有卡车得达。今日率工修之,不惟自便,且以便来者。五时抵呈贡。入城访文藻、冰心夫妇。五时二十五分,复登车北行。车号忽毁,不敢疾驰。六时二十五分,抵火车站。挑行李归靛花巷,洗脸后随至西仓坡便饭,并开常务委员会。同人有不主迁晋宁、澄江者,讨论甚久。至十一时半,始决定仍维持星期三之决议而散。雪屏、勉仲下榻于靛花巷。十二时乃寝。今昨两日昆明均无警报,合计已四日矣,居民情绪稍弛。

三日　阴历十月初四日　晴

五时半起。城居无事。七时半,偕雪屏、莘田缓步至岗头村休息。连日睡眠不足，欲作较长之昼寝也。下午孟邻师得中国银行消息：宜昌大火，日兵已退。日来，敌人连弃要城，不知其意何居。或云集中兵力南进，或云北上防苏联，或云欲以攻滇。以私意度之，其欲集中兵力以应付国际变化，似无可疑。但于我利害若何，尚待事实之证明也。四时偕枚荪、雪屏、莘田缓步归。六时抵城，至西仓坡进点心，并开校务会议。今日不主迁晋宁、澄江者尤多。迄十一时半无结果，乃以国际局面莫测更观察一周再定为解，遂散。今日余未发一言，同人中词锋相对者甚多，非好现象也。勉仲、雪屏仍下榻靛花巷。一时乃寝。

四日　星期一　晴

六时起。校中自本月一日改办公时间为下午三时至五时半，晚间七时至九时半。上午在寓所读书，然心虑警报之来，不能甚宁静也。连日颇倦，欲睡亦未能。三时入校治事。六时归。七时再入校。九时半归。心恒、雪屏来，谈时局甚久，终不能窥其玄奥。闻武汉、广州、南昌敌军亦有撤退说。异哉！异哉！十二时就寝。

五日　阴历十月初六日　晴

六时半起。无事。检《明史》《明书》，考太祖初起二十四将之事迹，以不能作深湛之思，仅用机械工作以度此永昼而已。三时入校治事。五时半归。晚饭后访中山大学总务长柳金田，商澄江校舍，不值，步归。经武成路理发而回。与同寓诸公谈时局，至十二时乃寝。

六日　星期三　晴

六时半起。检《明史》。九时步往岗头村取讲稿，在孟邻师处午饭。饭后小睡。四时附师车入城，至校治事。五时至西仓坡开会。昨奉部令拨车五十辆备迁移之用，今日约各院校共商分配，依物资吨数为准。联大共分得十六辆。六时归。七时半入校治事，九时半归。十一时就寝。

七日　阴历十月初八日　晴

六时起。预备功课。九时至新校舍授课,十时归。午饭小睡。此为一月以来在城内午睡之第一次,仍未去大衣也。三时入校治事,五时半归。七时再入校,九时半归。连日谣言大炽:或曰日人宣称休息十日,十日后更来轰炸;或曰小鼓浪修密宗人士扶乩,宣示十月二十八日后必无轰炸;或曰五日内有不可思议之惊人时局消息宣布而不能略示其方向;或曰德义斡旋和议,日本将黄河以南军队全撤。种种不一,乱世人心,喜作不根之谈,大都如此,不可以理喻之也。十一时就寝。

八日　星期五　阴　雨

六时半起。九时入校上课。十时课毕,至总办公处与勉仲及青年会陆、吴两君商学生救济事,并至师范学院炸毁处视察。十一时半归。午饭后小睡。三时入校治事,五时半归。至昌生园贺戴君亮女公子于归湘中张氏,送喜敬十元。证婚孟邻师暨罗钧任,介绍人章矛尘、沈从文。喜筵散后,便道看樊逵羽夫人,不遇,归。与锡予、莘田、从吾、觉明商研究生入川事。所中原定随历史语言研究所迁川,锡予、觉明携学生往,近联大入川之议未决,锡予恐学生入川无人指导,遂有展缓之主张,故今日共商之。余不甚以展缓为然,然此中各个人皆有其困难,不敢以一己之见强人必从也。未决而散。就寝已十二时矣。

九日　阴历十月初十日　阴　雨

七时起。九时入校授课。十时诣雪屏,孟真昨来电嘱转雪屏任中央研究院秘书主任,往告之。孟真行时曾以此事相商,余推雪屏而疑其未必就,今日雪屏果辞。约雪屏来午饭。饭后小睡。三时入校治事。五时半偕矛尘来所晚饭,饭后同入校。九时半归。

十一时就寝。

十日　星期日　阴　雨

七时起。八时矛尘来。八时半同步往岗头村，十时乃达。读《笘誃日记》。午饭后大睡，四时乃兴。晚饭后与枚荪、景钺、大猷、树人、廉澄、君亮畅谈。八时孟邻师参加①，告以所闻国际消息：张伯伦、毕德门死，莫洛托夫至柏林。因共论时局，终莫能推其静动所向。至十时乃散。复与君亮、矛尘、铁仙、云浦作西人叶子戏，乃寝，已十二时馀矣。

十一日　阴历十月十二日　阴　雨

连日阴雨，天气骤寒，有着棉之势。七时起。读《笘誃日记》。至院后山峡视孟邻师所凿防空洞，已洞丈许，尚未穿也。二时附师车入城。虞福春来。入校治事。五时半归。七时再入校，九时归。十一时半就寝。

十二日　星期二　阴

天阴。八时始起。久无警报，遂尔偷惰。大丈夫乃为外力所移，可鄙也。雪屏来，九时同出北门，往岗头村。途遇矛尘，偕行。十时半始达。读《笘誃日记》。午后畅睡，三时半乃醒。仍读《笘誃日记》。晚就食于矛尘许，杂谈。十二时就寝。与雪屏、铁仙、云浦同居南屋，所谓统舱者也。今日国父诞辰，校中放假一日。寒，着棉衣。

十三日　阴历十月十四日　晴

六时半起。连日阴，忽晴，皆有戒心。八时许，有我机五架北飞，不成行列，后先相越。或疑其仓皇，或谓练习。群伫以望，谓如其不回飞则必有警报矣。久之，不还。八时二十三分，孟邻师首闻警报，既而汽车纷至，城内友好亦多来者，然讫未闻机声。读《笘誃

①师　原脱。

日记》。午饭后小睡。四时偕枚荪、雪屏步入城。归所饮茶一盂,复至西仓坡食牛肉锅。并开常务委员会,决议一年级设叙永,称分校,以今甫为分校主任。十时散,归。文藻来谈。与觉明谈至十二时半,乃就寝。闻今日九时十分发紧急警报,下午二时半解除,来侦察机一架、驱逐机六架。文藻云,十一时许在呈贡见其北飞,则来昆明市空当在十一时半前也。

十四日　星期四　晴

六时半起。天气清朗。以为必有警报,市民纷纷出城。九时穿云南大学至新校舍授课,学生一切如常,与经云大时所见不同。此真可爱,足以自慰,且应自勉者也。十时下课,归。十一时午饭。饭后小睡。三时入校治事,五时半归。晚饭后七时再至校,九时半归。与从吾谈,至十一时一刻乃寝。三青团请余编《中国兵役史》,已辞之。

十五日　阴历十月十六日　阴　雨

今日为三弟生日,年三十七矣,尚未婚,甚忧之。六时半起。候盥漱用水不至,乃记日记。七时三十五分方洗脸,而警报作,急与锡予同出。锡予欲往北山,余意往岗头村,锡予乃从余行。时阴云密布,众皆疑其不来。八时五分,行过大麻村,登松堤,闻有紧急警报,遂下堤,循田塍以行。约七八分钟,闻机关枪声,急卧于田中,枪声杂起,忽远忽近,机声亦闻之而不能见。卧处四无隐避,颇思改移,又不敢。八时二十五分,闻短音警报报机又至也,知其复有来者。而其时机声适息,遂与锡予起而前进,避于上月十三日与恭三所卧处,以其后有田界,高丈馀,可为屏障也。急遽而行,过桥时锡予几落水。桥狭,仅容一足也。卧甫定,机声已近头上,有炸弹声,但较远,云厚,不能见其踪迹,其方向似在东南。八时五十分,机声渐远,始起而复行。炸声初停之时,余见一机自北而南,一机自东南向西北，然询之他，或见三架，或见四架，或见五架，或见其俯冲投弹，余辈均未见。九时一刻达岗头村。天雨。读《笘誃日记》。四时附孟邻师车入城，至校治事。五时半归。七时再入校，大雨。九时归。方桂来，闻今日马街子、巫家坝被炸①。报载昨日敌机轰炸蒙自，并有侦察机一架至昆明市空，竟未发警报。异哉！异哉！十二时就寝。大雨仍未止。

十六日　星期六　阴　雨

六时半起。大雨未止。预备功课。九时入校，授课一小时归。方桂、子水来谈。午饭后昼寝。三时入校治事。孟邻师约下乡晚饭，藉作休息。五时半偕月涵、矛尘至西仓坡。蒋太太乘车来接，遂同行。车至丁字坡，泥滑不能上，遂回所嘱工友雇人往推。晤锡予、泰然，以莘田在呈贡未归，今夜觉明讲演须余主持，遂决意不下乡。至丁字坡，视诸人推车上坡后，附车至工业学校。推车者七人，每人予以五角，不可，各予一元，乃去。七时觉明讲“敦煌学导论”第二讲，十时半乃毕。归来已十一时，倦甚，即就寝。竟日阴雨。

十七日　阴历十月十八日　雨

八时乃起。竟日大雨，未出户。晨间全所仅余一人，读 *The Present State of China*，新向向觉明借得者，一七三七英文译本也。其书尚有十七世纪英译本，觉明亦有之。午后尝小睡。晚与觉明谈甚久。十时许，泰然以粥相飨。十二时乃寝。余于二十六年十一月十七日偕莘田、建功离平，迄今三周岁矣。

十八日　星期一　阴　雨

六时半起。雨止而天气沉阴，九时又大雨矣。读冯承钧译《来

---

①坝（垻）　原作“硍”，据一九四〇年一月五日日记改。

华耶稣会士列传》。与觉明谈。午饭后小睡。三时入校治事。莘田自呈贡归。五时半归所晚饭。七时再入校,九时半归。与莘田、雪屏谈。文藻来,复共谈。迄夜深,文藻去,雪屏留宿所中。就寝已一时矣。

十九日　阴历十月二十日　阴

沉阴未雨。七时起。与雪屏谈。雪屏言,闻之北大某君:孟邻师寓中一切均由北大公款开支。此真诬蔑之甚者也!师之廉洁,人所共知,岂能如此?余虽不肖,又岂肯为此阿悖之行哉?读《清史稿》。下午开檀香山贷金委员会。余误以为在一时,及至西仓坡,始知在二时,乃复归。地滑泥厚,竟尔扑踣,幸无伤损。二时再往,决议一切规则悉仍旧贯。三时入校治事。自坐定,来商谈者相继,迄五时半未停一瞬,而归来尚有坐候者二人。今日抑何多也。七时半再至校,九时半归。十一时就寝。

二十日　星期三　阴　晴　风

六时半起。沉阴如昨,九时半放晴。杂阅明代史籍,不能作精密之思。下午三时入校治事,五时半至西仓坡开常务委员会,六时而饭,七时而开会,八时而散。自有常务委员会以来,无若是之速者。诣工校。视勉仲疾。勉仲自十五日跑警报伤足,迄今已六日,尚未起床。九时归。十一时就寝。

二十一日　阴历十月二十二日　雨　晴　风

六时醒,天大雨,复睡,七时半乃起。日出,无片云矣。九时入校授课。道路极干,连日天雨,地滑,寸步难移。此前星期六,觉明自乡间入城所亲历,谓古人所称寸步难移,今日始得其解。心惴惴于警报之来,乃与莘田约:警报作,入防空壕,不外出。不意一日之晴,道路已干燥如此。十时归。莘田示以王般在路南所采山歌三百馀首,以情歌为多,读竟之。三时入校治事,五时半归。至曲园,与莘田、雪屏公宴吴文藻、谢冰心夫妇、孟邻师伉俪、今甫父女，以文藻伉俪后日飞渝也。十时归。诣王公弢，小坐。十一时就寝。

二十二日　星期五　晴　风

六时半起。预备功课。九时至新校舍授课，十时归。午饭后小睡。霖之来。三时入校治事，五时半归。至南屏，应李文初晚饭之约，亦为文藻夫妇祖饯，馔极精。九时半归。十一时半就寝。敌机不来已七日，今日天气清和，人人疑其必来，亦未来。然每日候其来，不能潜心读作，亦苦事也。

二十三日　阴历十月二十四日　晴　雨　风

天晴而有时飞雨，昼有风。六时半起。九时至新校舍授课，十时归。十一时半午饭。饭后小睡。三时入校治事。五时半至登华街开迁校委员会，并晚饭。八时归。与莘田谈，久之。莘田明晨欲往岗头村取讲义，余亦欲往取讲稿，约明晨七时往。倦甚，十时半就寝。

二十四日　星期日　雨

昨夜归，觉胃不适，服苏达片一，且倦甚，乃早睡。至四时，腹痛而起，大泻一次，复睡。六时半起，水泻一次。本与莘田约今晨下乡，莘田以欲过录《经典释文》，辞不往。少顷，他出矣。八时方拟独往而雨作。读《明史》及《纪事本末》。作书致孟真。致肃文。告诸儿。腹泻两次。午后读郑晓《今言》，往日仅翻阅，未暇细读也。晚饭后与方桂、莘田至南屏看电影。十一时半归，即寝。

二十五日　阴历十月二十六日　阴

天微阴。本欲下乡取讲稿，以六时半起，即水泻一次，八时又泻一次，遂扃户不出。昨日下午本已止泻，今晨又泻，不知何故。服苏达片一枚。读《今言》。下午三时入校，五时半归。七时再入校，九时半归。矛尘偕来，快谈甚久，乃去。十时半就寝。

二十六日　星期二　雨　阴

六时半起,又作水泻。三日均晨泻而午止,不知何故。水不熟乎?新米不易消化乎?食不洁乎?不可知矣。近日饮食甚检点,惟星期六在登华街晚饭较冷,然不应三日不愈也。食苏达片一。上午读《今言》,下午小睡。三时入校治事,五时半归。肠胃微涨,进饭一盂,进苏达片一。七时半入校,腹涨且闷,八时半即归,复食苏达片一,登厕未泻而腹仍不舒,放屁甚多。十时半即寝。今晚雪屏来谈,知昨日为其四十生日。

二十七日　阴历十月二十八日　阴

昨夜卧后,十一时起大泻一次,虽畅甚而腹胀未减。今晨六时起,又水泻一次。昨与子坚约今晨下乡谒孟邻师。八时子坚来,同进油条、稀粥。后步往岗头村,子坚向师报告在川勘察校舍情形甚详。留饭,饭后小睡。三时附汽车入城,至西仓坡开迁校委员会。四时举行茶会,招待赴川教职员。月涵、子坚、孟邻师、今甫各有演说。腹涨满异常,不敢进食。七时开常务委员会,九时散会。其间大泻两次。九时一刻归。开文科研究所委员会,讨论迁川问题,考虑甚久,不无辩难。至夜十二时三刻,始决定仍迁李庄。余泻者又两次。今日病且倦,下午开会四次,亘十小时未停,困惫极矣,饮焦山楂水而寝。下午晤徐行敏大夫,请其代开方剂,拟明日食之。

二十八日　星期四　晴　有云

七时起。小泻,不敢进食。九时入校授课,临下课时,闻汽车声不绝。下课见校舍后山上行人如织,晤正之、福田,知有预行警报,意欲归,又恐途遇警报,遂同至正之办公室。闲谈至十二时,无警报,意其不来,乃出至校门。饥甚,见青年合作社有牛乳,进两盂,复进蛋糕三,藉其地读《笘誃日记》。一时一刻,缓步归。见有飞机甚低，不知其为敌机否也。归寓小息。三时入校治事，五时半归。知今日有敌机一架入境，未达市空。七时半再入校，九时半归。读《今言类编》。十一时就寝。

二十九日　阴历十一月初一日　雨　阴　雪

晨大雨，一阵而止。六时半起。自昨日晨起小泻后，不复再泻，腹渐舒畅，仍饮焦山楂水，今晨已入正常状态。九时至校授课，十时归。天气加寒，窗外微飞雪屑。午饭后小睡。济之来。绍诚来。三时入校治事，学生多以入川车辆为询，殊费口舌。六时归。昨约今日为雪屏祝生日，值今甫入城，并为之祖饯。主人为矛尘、汇臣及莘田与余，至曲园，无座。改至厚德福，菜且罄，惟馀涮羊肉而已。虽不逮北平远甚，尚具规模。二十六年离平之前，几于日日偕雪屏在西来顺食此。当时危城坐困，忧心如焚，惟藉饮食以消愁。今日思之，尚馀凄苦。然而离家三年矣，天南对此，又不胜惆怅也。十时半归，即寝。今日食不敢饱，以腹疾初愈之故。

三十日　星期六　雨　阴　晴

晨雨甚大。六时半起，雨已止。九时入校授课，十时归。少息，方记日记。工友来告有预行警报，时十一时五十分。偕锡予同下楼，泰然谓饭已备齐，乃进膳。膳毕饮茶，仍无警报，遂于十二时半偕锡予缓步出城，至北山后茶桌坐饮。其地为吴氏墓，有树多株，颇大，置桌林木间，大似北平中央公园。坐谈久之，始知锡予清末亦在顺天高等学堂，固老同学也。但班次高于余。与漱溟表兄及郭小峰仁林、雷人百国能均甚熟。余当时与人百同寝室，小峰则与漱兄同寝室，然于锡予则不记忆矣。三时入校。路遇勉仲，不知何时解除预警，亦不知有无敌机来扰。五时半归。晚间未读书，亦未入校治事。十时半就寝。

十二月

一日　阴历十一月初三日　阴

昨日新置棉被一床，絮价十八元，尚未加表里。覆盖于上，暖甚，不觉酣睡，醒已八时矣，闻有预行警报。此近日新制，凡敌机一二架来侦察，与预行警报同悬一红灯，悬白旗，不鸣号，名曰单机警报。上月二十八日，其首次也。今日矛尘本约午饭，遂于九时二十五分偕汇臣、泰然缓步出北门，方过铁道，警报作，时九时四十六分。遇霖之，乃急步而进。十时四十分抵岗头村，尚无紧急警报。天沉阴有雨意，午后与矛尘诸人作西洋叶子戏。五时复偕泰然、汇臣急步归。晚饭后往登华街南开经济研究所，参加丁佶追悼会。月涵、同济、岱孙、序经有演说，凡五十分钟而毕。八时理发而归，价一元五角矣。本欲早睡，读《笘誃日记》，不觉逾十二时。

十四年旧历七月，余随张镕西表兄视察司法，过大同，闻朱竹垞在大同尝咏初二月，谓天下惟大同初二日能见月，馀地初三日始见之，此疑蓄之十五年未得其实。昨夜偶忆之，仰观果不见，今夜则灿然一湾高悬碧穹矣。朱氏之说果信矣，记之以待验，并质之天文家。

【剪报】二十九年十二月一日昆明《朝报》

国府悬赏格拾万元重申通缉汪逆令（文略）

汪逆丧心病狂与敌签卖国条约（文略）

卖国条约全文（文略）

王外长发表声明："伪约"非法无效，誓与全世界人士共弃之（文略）

二日　星期一　晴

六时半起。八时半闻有预行单机警报。今甫本约今午至乡，预其女公子回门之宴，遂携莘田缓步往岗头村检讲稿。闻十时十五分有空袭警报。午饭后偕莘田诣膺中。三时步行入城至新校舍，四时半开国民月会，五时半散会。归寓晚饭。七时入校治事，九时半归。闻今日十二时三刻警报解除，敌机八架复炸蒙自，一架跌毁。十一时就寝。

三日　阴历十一月初五日　晴

六时半起。早餐后闻有单机进袭警报，遂于八时二十五分出北门。时锡予、莘田均上课，泰然、宜兴拟不避，余乃独往岗头村。九时半抵村，先诣膺中。膺中每晨十时必为太夫人讽经，余意先期一谈而出，膺中夫妇坚留午饭，不觉长谈至十一时半。饭毕，传有紧急警报，与膺中出岗头村北口，西行入山峡，两峰不峻，而状颇严奇。与膺中席地坐谈，若有枪声，三数发而止，以为敌机来，久之不至。一时顷有飞机一架甚低，似是我机，意其解除，归孟邻师寓。二时半随师车入城，知今日十时十五分放空袭警报，一时五分解除，并无紧急警报。三时入校治事。四时至地坛开史学教授会。五时半散会。六时至西仓坡，蒋、梅两先生招饮，主客今甫父女与新婿也。九时乃归。与从吾、锡予谈。十一时半就寝。晚饭时，闻孟邻师云今日敌机六架炸芷村车站，新有军队往也。

四日　星期三　阴　晴

六时半起。读《笘誃日记》。端升来。下午三时入校治事。雪屏自岗头村来，谓昨晚今甫、枚荪于蒋太太又有指摘，并欲开会，今日雪屏以开会事言之孟邻师。星期六请各主任、各长茶会。五时半归。六时诣西仓坡开常务委员会，九时散，归。莘田来，长谈，吾二人意相同，以为不可因细碎家务而连及校长个人，更不可累及学校。吾曹出身于斯，服务于斯，望其蒸蒸日上，绝不下于他人，抑且过之。然因细碎累及学校前途，非所望也。日内当约诸人深谈之。

一时乃寝。

五日　阴历十一月初七日　晴

六时半起。九时至校授课，十时归。倦甚，卧而读报，不觉睡去。午饭后又小睡[①]。三时入校治事，五时半归。七时再入校，九时归。读《清史稿》以对《笘誃日记》。十一时就寝。

六日　星期五　晴　有云

七时起。昨夜读《清史稿》未竟，晨起续读之。忽传有预行警报，时莘田未起，急往促之。归室，洗脸巾方入盆而空袭警报作，七时四十分也。莘田衣履未齐，意不外出，余亦以为然。七时五十分，紧急警报作，果外出者未必能达铁道也。与莘田同入防空壕。泰然以不耐久坐，且事多，入而复出，少顷，以水饺一盂馈余辈于壕中。又顷，复以茶至。自避空袭以来大都远奔十数里，饥渴交加，未有如今日之舒适者也。〔出避空袭俗称跑警报，警报作俗称拉警报，又曰警报响，紧急警报俗称拉紧急，此滇中俗语也。〕候至九时二十分，敌机未至。泰然劝余辈出壕坐候，从之。余忽动念一觇街中景象，乃悄步出大门。至靛花巷口，见青云街上无一行人，岗位亦不见，静可闻针声。归。读《今言类编》。十二时五十分解除警报。凡鸣汽笛十分钟，往时所未知也。〔闻今日有敌机三架入境，至呈贡西窜，未至市空。〕今日虽免五小时之跋涉，终不足为训也。午饭后小睡。三时入校治事，五时半偕毕正宣往叙昆局接洽车辆，须十五日以后。归所，晚饭已过，食粥三盂。八时再入校，九时半归。读《清史稿》列传。十一时就寝。

七日　阴历十一月初九日　晴　大雪

六时半起。九时入校授课，穿云南大学而过，见五华山上水

---

①饭　原作“晚”。

塔并未悬红灯球。十时授课,循去道归,红球已高悬矣。归所,同人意不外出,乃就楼下北大办事处读郑晓《今言类编》。午饭后小睡。三时入校治事,四时半回文科研究所。孟邻师于此招待北大各院长、主任茶话,决议恢复校务会议。校务会议之制创于十八年,当时教育部鉴于以往大学评议会之胁持校长,故以校务会议救济之。以校长、总务长、教务长、图书馆长、各院长、各系主任为当然会员,另由教授代表若干人共组之。当然会员多于教授代表本不能谓之民意机关。人数过多,不易运用,且往往流于客气,不能有坚强之决议。二十年,孟邻师长北大,遂济之以行政会议,校务乃能切实进行。本年春,北大同人见清华评议会之热闹,亦思恢复校务会。余尝言之孟邻师,师以无会议之作用,意不谓然,余亦有另设一代替机关之意。前年,余在沪曾上书孟邻师,主加强干部不专以负行政责任者为限。去年,尽力使各院召集院务会议,并多开茶会、宴会,意亦即在此。近顷,同人有误会孟邻师不恢复校务会议为不愿有民意机关者,实不知师之意在有一能发挥实际功用之民意机关,而不在虚名也。本月三日,复有人言及,雪屏遂告之师,乃召集此会。师以恢复或另设为询,众议咸主恢复,乃决定,余未发言。六时至留德同学会,贺郑华炽结婚。十时半席散乃归。十一时就寝。

八日 星期日 阴 夜住村中

六时半起。昨晚廉澄宿所中,晨起谈久之。知日前岗头村中又有无味之争与孟邻师伉俪无涉,聚居制度最多口舌,况地丑德齐,别无维系者哉。余自始不愿为同人眷属设宿舍,盖即为此。七时半廉澄去,莘田亦外出。八时闻有预警,余决意不出。读《今言类编》。九时五十分,泰然、宜兴欲往大观楼,来嘱警报外出须锁大门、楼门,余苦之,乃往岗头村,道遇廉澄。在孟邻师家午饭,君亮家晚饭。读《笘誃日记》。十一时就寝,住南屋。

九日 阴历十一月十一日 晴

六时起。读《笘誃日记》,光绪十六年十一月十九日记云:“见芍农师久谭,云藏明代野史甚多,皆手抄本。”又十一月二十五日记云:“庚寅举人浙江蔡元培,文字学龚定庵,场作三艺,如先秦故书,出王芾卿前辈房,非王不能阅此卷也。”芍农为顺德李文田,不知所藏今归何许。芾卿为长洲王颂蔚字。孑师年伯为庚寅进士,与先考同年,非举人也。庚寅会试为恩科,其年无乡试,江氏或因孑师未朝考授官而误记也。会试补朝考者甚多,如庚寅之沈淇泉年伯卫及孑师年伯于壬辰补朝考[①],己丑之董绶金康于庚寅补朝考皆是也。下午三时偕铁仙、云浦、矛尘步行归城。余先至文科研究所,后入校治事[②]。五时半归。晚饭后诣铁仙。今日早餐于枚荪处,午餐于云浦处。往叙永之车,官车二十日有,商车十二日有,两者每车价差五千四百五十元。余意不如迟而省也五车几于三万元矣。读《笘誃日记》,至十二时半乃寝。

十日 星期二 晴

七时乃起。读《笘誃日记》。雪屏、友松来,友松夫人垂危,欲借千元,而联大实无此例,先由北大借其五百元,馀由联大设法。午饭后小睡。三时入校治事。五时偕勉仲至新校舍,相看总办公处地点,上周子坚意移事务注册各组至新舍,众意局部移不如全部移,故今日往视之。遇君亮,约来便饭。七时半入校治事。九时半归。由觉明处假得 *Lettres Édifiantes et Curieuses* 第九册,皆有关中国者,用字典翻读之,甚善,欲查康熙初年教士与亲贵之往还也。十一时半就寝。

---

①淇泉 二字原阙,据沈耆儒《记先伯父淇泉公在陕行述》(刊《渭南文史资料》第二辑)改。
②事 原脱,依前后文例补。

十一日　阴历十一月十三日　晴

七时起。天晴有云。读《清史稿》。《西北论衡》八卷十七、十八期合刊，有赵天骥《四川都江堰水利述要》，谓“传李冰筑都江堰，本其所得经验，定为‘深淘滩’‘低作堰’六字治水要诀，历来俱奉为圭臬。后人师其遗意，续十八句于后，所谓治水三字经是也。此外尚有‘逢正抽心’‘遇湾至此警报作，以下补写截角’八字诀，亦系治水名言[①]。”其治水三字经全文如次：“深淘滩，低作堰。六字旨，千秋鉴。挖河沙，堆堤岸。砌鱼嘴，安羊圈。立湃阙[②]，留漏罐[③]。笼编密，石装健。分四六，平潦暵[④]。水画符，铁桩见。岁勤修[⑤]，预防患[⑥]。遵旧制，勿擅变。”今日屡从窗际望五华山水塔，并无红球。十时四十五分，忽见红球，急下楼告同人。余意不出，上楼录都江堰水利治水三字经未竟，而空袭警报作。全所惟泰然、宜兴及余在，两君欲往闵家地，乃随之出门。行人皇遽，不复至西门，而由丁字坡出北门，西折循山麓至苏家村，道经英国花园，紧急警报作，时十一时二十分，仍前进，见一坟，其后尚有掩蔽，席地而坐。少顷未闻机声，又进，见陈省身坐一坟侧，其地三面皆有掩蔽，剧佳，遂止不行。十一时三十五分见敌机三架，二前一后，自南而北，复折而东，飞甚高，未投弹。十一时五十分又闻机声甚重，在东南方，炸弹声若倾筐而下，未见机形。十二时又有机声，见二架自东而西，未投弹。候久之，未再来。闻泰然云月涵在苏家村，遂往谈并饮

①亦系治水名言　“系”“水”二字原脱，据赵氏原文补。

②阙(阙)　原作“澜”，赵氏原文同，据清光绪三十二年知成都府事文焕所书刻石暨马叙伦《石屋馀渖·锦城行记》所作录文改。

③罐　原作“灌”，赵氏原文同，据同上改。

④暵　原作“旱”，赵氏原文同，据同上改。

⑤岁勤修　原作“勤岁修”，赵氏原文同，据同上改。

⑥患　原作“旱”，赵氏原文同，据同上改。

茶。二时五十分解除警报，入城至学校，无人而归。进炒饭一盂。四时半至西仓坡开校务会议，六时半归。晚饭后再至校，九时半归。据闻今日敌机二十七架，分四批来袭，巫家坝飞机场被炸。十一时就寝。

十二日　星期四　晴　有云

七时起。九时入校授课，望红灯未见。下课，归。望北门亦不见红灯。至巷口，见三分署有预行警报旗，急入告同人，启钥未毕而警报作，时十时二十分。偕莘田、泰然、宜兴复出，穿云大至昨日所避之墓地。读《笘誃日记》。三时警报解除，入城归寓，食面一盂，而后入校治事。六时半假西仓坡，请叙昆路局蒋文富科长饮馔。知卡车已有，定十六日晨动身，十五日装车。数日愁怀为之一解。席散。入校，办入川筹备诸事。闻今日敌机十八架，分二批轰炸滇缅路桥。十时归，随就寝。

十三日　阴历十一月十五日　晴

七时起。九时入校授课，知有预行警报。十时毕，以昨日甫归即遇警报，惫甚，不敢即归。少顷忽思至岗头村，遂东行。遇方国瑜，谓预报已两小时馀，必不来矣。别行数步而警报作，时十时二十分，乃折而西至北山。遇雪屏，同至东峡之中洞。北山有二道，东为山峡，有沟，深而狭，凡三层，同人遂以上、中、下洞呼之，下洞又曰一线天，状其狭也。其地叫卖食物者甚多，但无茶耳。或云北山山口之观音庙售物者尤多，不惟有茶，且有鸦片烟，亦奇闻也。与雪屏食茶鸡蛋各二枚。十二时五十分解除警报，入城至校。无人，复归所。三时入校，偕月涵视察女生宿舍及职员宿舍。六时归。晚饭后再入校，以校中同人遇事推诿，不觉盛怒，厉色严斥之，此为平生所未有也。事后深悔之。八时半诣铁仙，作番叶子戏。十二时归。月色极佳。“人生几见月当头”，所谓月当头[1]，盖十一月十五日也。时人误作形容语解，遂不可通。平常月色，时时可见，何得称几见耶？归所即寝。闻今日敌机十八架，分三批，炸个旧、开远。

十四日　星期六　晴

七时起。八时十分知有预行警报。至四十五分并无空袭警报，入校授课。授课十五分钟，学生告以警报作，时九时三十分。相偕自新舍后门出。余意往北山，遇赵鸣岐要往岗头村，从之。沿铁道线而行，将及莲花池而紧急警报作，时九时五十分。急步越公路之东，循田塍北进至松堤，行十数丈，闻飞机声已近，乃下堤西沟中，伏石桥下。有敌机四架，自东而西，投弹声较远，约在市西，时十时十分。机声渐远，起而沿堤复行。少顷机声又作，乃下堤东田间，卧于两埂之间。〔今日敌机二十二架，分四批来袭。余所闻见盖第二三两批也。第三批八架炸石龙坝，发电厂被毁。第四批九架炸滇缅路西段。〕炸弹声甚重而远，间有啸声。见三机自北而南。或云有八机，未之见也。时十时二十分，机去乃起。始知去余辈之北三十馀丈落一手榴弹[2]，未炸。既未见，复未闻，故绝不知之。否则不知若何惊慌也。至岗头村，饭于矛尘家。二时偕廉澄入城，行未半，知未解除，复归。抵村口闻解除号，时二时四十五分。廉澄不复入城，余独归。行至马村，遇一车，乘之入北门，价一元五角。四时入校。六时归所。约济之、莘田、矛尘在光美食锅贴。九时半，矛尘约往汇臣处作番叶子戏。天明始归，荒唐之至。

十五日　阴历十一月十七日　晴

六时归家小睡，七时即起。与石璋如商研究所家具移让联大事。请济之、子坚食点心。八时四十五分闻有预行警报，与莘田步

---

①头　原作“月”，据前文改。

②榴　原作“溜”。

往岗头村，诣膺中谈。十时半传有警报，遂同出村北口，入山峡，于向阳处小睡半小时。十一时回膺中寓，蔬食甚甘。余思素食迄未能，今后或从少肉食着手也。十二时半诣公舍，与诸君杂谈。二时偕云浦乘人力车入城，以今日三时为明晨入川同人称量行李，故不待解除警报而入。三时抵新校舍，既无人，复无车，大为焦急。乃至办公处，促办事人员速来。遇总务处王君，请其往寻。余复至新校舍，胡蒙子从至。三时二十分叙昆局长车来五辆，为之大慰。少顷勉仲、屏藩来，嘱蒙子、屏藩分头往催并准备一切，四时许始齐。而同人送行李者纷纷早至矣。联大事务组之腐败于此可见，余真愧死矣。然其中无北大之人也，联大行政效率之不增进，全由于各个人皆有其本校惩赏，与联大不相干之故。六时称量毕。约今甫、啸咸同往东兴楼食饼。八时归。九时半就寝。闻今日十时五分放空袭警报，十时十八分放紧急警报，二时十八分解除警报。敌机九架，分二批入境，在滇缅路西段投弹。

十六日　星期一　晴

五时半起。至新校舍送同人入川。原定六时半上车，七时开行。但六时半到者惟蒋女士一人而已，七时十分余点名，正宣始至，于大夫尚未至。十五分始齐，而司机未至，多方设法均不得其消息。八时半始到。八时五十分开车。心始放。与子坚、勉仲同食豆浆。询之学生，无预行警报，缓步归至云大后门，见北门有红灯，归所午饭。饭后小睡半小时。十二时十分空袭警报作，偕宜兴外出，仍至前数日所避之坟。读《笘誃日记》。遇郑秉璧。三时四十分解除警报。入校治事，五时半归。七时半复入校，九时半归。十一时就寝。闻今日有敌机十架，分二批，在保山滇缅路西段投弹。又闻昨夜曾悬红灯，敌人有夜袭企图，少顷即解除。

十七日　阴历十一月十九日　晴

七时起。读《笘誃日记》竟，全部已毕，须覆检作提要矣。晨间即闻有预行警报，迄下午二时许，望五华山尚有红球。二时半始闻解除。至巷口观之，警察分署门前果插绿旗矣。三时入校治事。五时归，提前用饭。六时至工校师范学院附设学校筹备北大纪念会场。今日为北大成立四十二周年纪念日，到者甚踊跃。余意百人之座，百份果点足矣，不意到者乃有百三十许人，遂先以果点分之同学。孟邻师、勉仲、钧任、昭抡、召亭、枚荪各有演说，张清常奏口琴，莘田唱昆曲。九时半乃散。同人以余之备果点不足也，强余请食元宵。同至嚼芬坞，凡十人各进一盂，费五元五角。食毕归。十一时就寝。

十八日　星期三　晴　有云　风

七时乃起。九时二十五分传有预行警报，九时三十分而空袭警报作，偕莘田、思永、张女士同出北门西北行，转山后，至苏家村北之某氏坟，日来所常往避者也。未达而紧急警报作，九时五十五分也。十时十五分有机声，云厚，未见其形，亦未投弹而去。候两时许，皆不耐，仍候之，行人归者甚多。一时十分忽又警报作，行人往奔。一时二十分闻机声、炸弹声，重而远，似在南方，亦未见机形。一时半始渐远去。二时半缓步前移，二时四十八分解除警报，乃归。孟邻师偕今甫来与锡予商至叙永事。四时半入校。五时至西仓坡与月涵商经费事。六时开常务委员会，九时半散会，归。十二时就寝。今日避警报时见一军士殴云大学生，往询之，军士已为路人劝走，与学生谈数语，并喻勉之。闻今日敌机在昆明南郊轰炸，其地未详。

十九日　阴历十一月二十一日　有云

八时始起。九时入校授课，课毕归。读《今言》。午饭后小睡。

三时入校治事。四时至新校舍视察工程,并与月涵、勉仲巡视新校舍,备办公室迁移。归昆中北院复查教职员宿舍。六时归所。八时入校治事。九时半诣月涵。十时至才盛巷,晤今甫,明晨乘飞机往重庆转叙永,谈至十一时半,偕莘田同回。一时乃寝。今日无警报,亦无预报。

二十日 星期五 晴

晨醒已八时。起后盥漱并早餐毕,即入校授课。十时课毕归。读《清史稿》列传。读《今言类编》。午饭后小睡。三时入校治事,五时半归。七时半复入校,九时半归。十二时乃寝。午间与锡予谈,锡予主以祝适之先生五十寿为名,请在美诸友向国外捐款五万至十万美金,为北大文科研究所基金,设专任导师,凡不愿任课之学者,如寅恪、宾四、觉明诸公,皆延主指导。此意甚善,日内当与孟邻师详商之。孟邻师对于全校发展之计画,凡有进言罔不采纳,而余亦莫不力赞之。近反有以此责师者,岂不可笑可怪?不自求进,反以责于人,以求自解,可伤也。

昨日孟真致书孟邻师,谓王雪艇欲以国民参政会秘书长让之师,其事繁琐而易开罪于人,孟真意亦不主之,师意尤坚决。今日复一书,谓抗战期内不离联大,抗战后不离北大。

二十一日 阴历十一月二十三日 晴

八时起。九时入校授课,课毕归。读《今言类编》,竟之。午饭后小睡。三时入校治事。五时半归。明日冬至,泰然兴致甚高,今日备鸡、鱼、腊鸭为晚饭,并设酒,此战时客中强自为乐也。饭后思永约在南屏看电影。五彩画片也,名《白雪公主》。十二时归,即寝。

二十二日 星期日 晴 风

八时起。读《吾学编馀》竟。九时许闻有预行警报,盖三日未见矣。读宾四所著之《王守仁》。十时三十五分空袭警报作,偕莘田、思永穿云南大学至北山某氏墓园。十一时三十二分紧急警报作，敌机未至市空，日光甚强，不能读书，席地小睡。二时半意敌机不能来，乃至苏家塘饮茶，遇锡予[①]，继遇月涵、福田，最后子坚至，始知警报已解除。穿新校舍而归。晚饭食饺子。饭后偕锡予至三牌坊，见壁报，知今日敌机三批入境，在个旧芷村投弹，并在保山盘旋，下午三时五分解除警报。归。读余继登《典故纪闻》。十时而寝。

二十三日　阴历十一月二十五日　雨

今日为昜儿生日，年八岁，余之幼子也。昨日与锡予、莘田约今晨同往龙头村视察研究生。五时半醒，闻窗外雨声潺潺，知不能往就扰，复入梦。起已八时矣。读《典故纪闻》。午饭后小睡。三时入校治事，五时半归。七时再入校，九时半归。日前卢吉忱来书，谓创刊《文史杂志》，索同人文稿，余辞之。今日来书复以为言，因拟以旧日未成之稿并成之，一为《汲冢周书谥法解》，即《古谥法说》，一为《南明之师日本辨》，但不识有此馀暇否。十一时就寝。

二十四日　星期二　晴

七时起。读《全三国文》，欲草文稿也。午饭后小睡。三时入校治事，五时半归。闻锡予以宜良家中失窃归视，昨记其为文科研究所草一计划，须俟来周矣。七时诣铁仙，小坐，归。十一时就寝。

二十五日　阴历十一月二十七日　晴

七时起。偕莘田往圆通街食豆浆，毕。出小东门雇车至小坝，价二元，仅二公里耳。由小坝沿松堤步行往龙头村，行至半，遇端升自后追迹至，乃同行。十时一刻抵村。余与莘田先登山至文科研究所，与诸生会谈，并至观音殿视察借用之屋。十二时下山，诣

①予　原作“余”，据一九三八年一月十一日日记改。

端升处午饭，值其女佣请辞，一切均其夫人自任，深感不安。抗战以来，最进步、最能适应环境者莫一般太太若，男子不如远甚。饭后诣全汉昇、冯芝生，小坐。二时四十分步行归，四时抵筠庄，俗所谓金刀营也。就茶座饮茶，小息十五分钟复行，五时半抵所。今日虽乘车至小坝，但为路仅二公里，且纡回，与未乘车经金刀营路程相若。今日来回步行，向时所未尝试也。九时就寝。

二十六日　星期四　晴

七时起。九时入校授课。十时课毕，出校，见行人纷纷登山，疑有预行警报。至云南大学，果见红球。归所，与思永、泰然相约警报不出，竟无之。十二时解除预警。进午饭。饭后至云南大学招待缅甸记者来华访问团。设宴二席，而馔肴甚迟，至二时仅登四簋，余以先食，且二时校中请其讲演，乃先往布置，学生已坐候矣。二时半开始。余偕序经归，道经玉龙三号序经新居，入视之。归。膺中来。四时入校，五时半归。矛尘来。八时入校，九时半归。十一时就寝。

二十七日　阴历十一月二十九日　晴

七时起。九时入校授课。十时归。读《逸周书》。午饭后小睡。三时入校治事，五时半归。全汉昇来告龙头村借用之屋又生周折，思永拟明日下乡交涉。一多来。晚饭后至三牌坊购物。至武成路理发，价七角。九时归。雪屏来。十一时就寝。

二十八日　星期六　晴　风

七时半起。九时入校，先视察指定之办公地点，继上课。课毕归。读《国语》。午饭后小睡。三时入校治事。教务、训导两处及注册组今日移至新校舍，事务、会计、出纳各组明日移，常务委员会总务处、文书组星期一移，自下周起总办公处改在新校舍办公。办公时间自明年始改为上午八时至十一时，下午三时至六时。五时半归。七时复入校。八时归。偕思永、莘田看电影。十一时归。十二时乃寝。

二十九日　阴历十二月初一日　阴

九时始起。阎文儒来。龙头村借用之屋，昨日思永下乡已说妥，先让四间。思永既入城，又中变。文儒来告，请思永再下乡。余意下乡徒失身分，不如写信与之。十时至岗头村与孟邻师谈。午在枚荪处便饭。下午三时校务会议代表选举开票，理学院郑华炽、吴大猷、朱物华、程毓淮当选，文学院贺麟、罗庸、毛准、潘家洵当选，法学院周炳琳、戴修瓒、罗文幹当选。五时附孟邻师车入城。思永明晨飞渝，移居旅馆，就近上机也。至佛教会吊徐绍榖太夫人之丧。至月涵处祝其阳历生日，留饭。九时归。读《明季稗史》。十时半就寝。

三十日　星期一　晴

昨夜睡而复醒，久之，始再入梦，此向所少有者也，岂饮酒之故欤？七时起。读《全文》，摘古谥法。十时五十分传有预行警报。十一时半进膳，坐以候之，而警报未发。端升来谈。一时闻预报解除，端升去，余亦昼寝。起，摘《典故纪闻》可资讲述者。四时至新校舍办公处，以今日迁入尚未就绪也。六时归。见新月一线现于半天，位西微南，仰若平盂，此初二日之月也，无意中竟见之，朱竹垞之言为不然矣。上月初二日，余觅之未见，或时间不合耳。晚阅《全文》。觉明自乡间来，小谈。十一时就寝。

三十一日　阴历十二月初三日　晴　风

七时起。读《全文》《国语》。十时一刻闻有预行警报，下午一时一刻解除预警，敌机未至。小睡。三时至新舍办公，六时归。岗头村同人本约今日下乡过年，余恐有博塞，辞之。晨间与莘田商请雪屏、介泉来食牛肉，而肉又不得。及晚，莘田外出，惟锡予与余在所晚饭。饭后欲与锡予同出大街一视,相谈甚欢,遂不复出。全所三楼惟余室与锡予室有灯光,而有人者仅余室耳。八时半各自读书,摘《典故纪闻》,检《十三经》。远处欢声沸鼎,盖送岁者也。今日虽岑寂,而以清静读书结束此二十九年,亦大快事。十一时就寝。

一九四一年

年四十三岁。任国立西南联合大学文学院史学系教授，授明清史，兼大学总务长；本职国立北京大学教授兼秘书长、文科研究所副主任。住昆明北门内青云街靛花巷三号北京大学文科研究所二楼；儿辈随三弟住北平城内西四牌楼北前毛家湾一号。

一月

一日　阴历庚辰年十二月初四日　星期三　晴

八时始起。包尹辅、金恒乎来贺年。九时至梅月涵贻琦处贺年，未值，归。遇陈序经于途。十时偕包尹辅、金恒乎、郁泰然、张叔范宜兴至岗头村为蒋孟邻师梦麟贺年，步行一小时又十分钟乃达。途遇王霖之烈，在岗头村晤周枚荪炳琳、饶树人毓泰、张岘侪景钺、赵廉澄廼抟、孙铁仙云铸、郑华炽、吴大猷、戴君亮修瓒、雷伯伦海宗、章矛尘廷谦，华炽而外，均住村中公舍者也。诸公方为骰子之戏，从其后大负。午饭于师处。三时半偕枚荪、华炽步行归。晚与罗莘田常培约潘介泉家洵、陈雪屏、张清常、郁泰然、张叔范、李忠诚、包尹辅、金恒乎、陈忠寰康食牛肉[①]。饭后听唱片，雪屏未至。

①忠寰　二字原阙，据一九四二年六月三十日日记补。

九时半客去。读《逸周书》。十一时半就寝。往时每当岁首，或阴历，或阳历，必向尊长贺岁，如梁巨川表舅济、陆耘史七舅嘉藻、董季友姑丈元亮、张镕西表兄耀曾、林朗溪年伯灏深、林贻书老伯开謩、姚茫父师华、何寿芬姊丈启椿诸公。今则朗溪年伯而外均归道山，老成凋谢，此可伤也。来贺者多，往贺者少，此可惧也。

二日　星期四　晴　风

七时半起。八时入校治事，今日始以上午办公。九时十五分至五十五分授课一堂。十一时治事毕，归。十二时午饭。饭后听刘宝全大鼓唱片一张，而后昼寝。一时五分，睡梦中为警报惊醒，急起并大呼告同人，相约至苏家村北，余偕莘田先行，泰然、叔范锁门后继之。穿云南大学，出缺口北行。一时二十分经英国花园，一时二十五分闻紧急警报仍前进，又十分钟至某氏墓地，向所常来者也，遂止不行。又五分钟闻飞机声，继而炸弹倾筐而下，似在城东南，一时黑烟大起，时一时四十分。飞机掠余辈之南而过，自东徂西，泰然见之，共十二架。〔另有十架，未达市空。〕凡五分钟而声始远去，但远处仍有轰炸声，已在西南矣。飞机甫过，有白点若朵云，冉冉而下，或云传单也，然余未见其散落。机声既远，余卧地睡去。三时尹辅来，约往苏家村小坐，遇月涵全家。警报久不解除。三时半偕莘田先归新校舍，入办公室治事。五时许胡蒙子兆焕来，谓警报早解除，但声小或不闻耳。六时归。街头电灯未明，或云电灯厂被炸，抵寓始见电至。晚饭。读《大戴礼记》，郑樵《通志·谥略》谓谥法之书见于世者有《大戴记》，检之不得。莘田自街间回，谓今日巫家坝飞机场近者是也、石龙坝电灯厂远者是也被炸，又有传单谓明后日将大炸市区，但传单究为何人所亲见则未之知也。十一时就寝。

三日　阴历十二月初六日　晴

八时起。随即入校治事。九时一刻至五十五分授课一堂。下课闻有预行警报。十一时空袭警报作,遂出新舍后门,越山坡,循石道至山后,复循土道至苏家村后,北行遇田伯苍培林[①]、王霖之,同登山,至一沟而息,同人所谓上洞是也,席地坐谈。十一时五十五分闻紧急警报,遂下沟避之。未五分钟,敌机一架至,自南而北,距吾侪避处稍东,未闻炸弹声。十二时十五分机声大作,自东南方来,轰炸声尤烈,但每声相离不连续,似是俯冲投弹。炸毕,在市空盘旋,并掠余辈上空而过,飞甚低。伯苍见之,凡四架,红徽可见。凡二十分钟,机声始远。自来无如是之久者。一时缓步移至山下,食煮豆腐二块,油饼二张,聊以充饥。豆腐一角一块,饼二角一张。遇邵心恒循正,同至苏家潭饮茶,其地在苏家村之西南。坐久之,忽传又有警报,行人狂奔。余等亦起避,继见远处人立如故,知其非也,乃复坐。三时至新校舍门前,与心恒各进面一盂,价八角。入校坐候解除。遇月涵,谈至四时一刻,闻解除警报汽笛,乃归。六时矛尘来。读《明史》,摘录有关复辟诸传。十二时乃寝。传闻今日复炸巫家坝,又投传单,又有拓东路被炸之说。

四日　星期六　晴

八时起。九时入校授课。课毕,至办公室,闻有工院学生昨日受伤,欲询勉仲,未见。十一时归。午饭后小睡。三时复入校。胡君达节来,知昨日工院助教学生等四人避于金马庙侧松堤沟中,一炸弹直下[②],遇树枝而炸,一人耳震出血,一人碎片穿肩,一人伤手,一人伤腿[③],均送之甘美医院。六时归。七时半往甘美医院视昨日受伤四君。住五十号者为震耳及穿肩,两君精神均好,谈数语而出。住五十一号者两君,伤手者已出院,伤腿者似方入睡,未敢交

---

①培林　原作“沛霖”,据《国立西南联合大学史料·教职员卷》改。

②弹　原脱,据前后文补。

③腿　原阙,据下文“伤腿者”补。

谈而出。九时归。读《典故纪闻》。十一时半就寝。

五日　阴历十二月初八日　晴

七时半起。读《典故纪闻》。九时半偕子坚、莘田、雪屏步行至岗头村，今日为月涵阴历生日，假村中祝之。十时半行至马村之北，席地小息，见汽车有北上者，其数渐多。询之自城骑自行车来者，知有预行警报，余等起而北进。十时四十分闻空袭警报号声，十时四十五分闻紧急警报号声，相距仅五分钟，疑其非是。十一时抵村。十一时三刻闻飞机声，继闻炸弹声、机枪声甚烈，在院中望之，似在城内市空，皆俯冲投弹，投毕，往北窜去。凡半小时，盘桓未断，其损失当匪细也。机去而后进膳，膳后检讲稿。四时许，传言圆通公园被炸，又传华山东路、西路皆炸。余欲进城视察，以无车而止。晚饭孟邻师请月涵夫妇及村中公舍同人，余陪之。饭后作叶子戏。一时与雪屏住于南屋。

六日　星期一　晴　小寒

七时半起。读《典故纪闻》。以恐遇警报，定下午入城。九时半以后，忽传有警报。少顷，岘侪、大猷自城中回，知昨日圆通街、平政街周近被炸，华炽家波及，幸无损失，华山西路无恙。午饭于孟邻师家。饭后诣罗膺中庸，小坐，复归公舍。三时半随师车入城，至校治事。六时偕师至才盛巷视察房舍，欲移靛花巷全部于其地也。事毕，偕田伯苍、钱端升、唐立庵兰至老半斋晚饭，二肴一羹，价十四元，饭毕归。徐绍穀元堃来。向觉明达自乡来，以抄本及照像本基督教书籍见假。十一时就寝。今日自老半斋归，经三牌坊见壁报，知敌机三批，共十九驾来袭，于迤西、迤南投弹上千。十时十四分发空袭警报，下午三时解除，未发紧急警报，亦未至市空。

七日　阴历十二月初十日　晴

七时半起。昨晚所中食小饺，泰然为留若干，今晨饱餐之。八时半入校治事。经云大,望五华山,未见红球。到校五分钟,胡蒙子兆焕来,告以预行警报旗已出。余方取昨日觉明所假照像读之,而空袭警报作,时九时也。乃出新校后门,北行至下洞,遇伯苍,约至中洞,候久之,未闻紧急警报,偶闻机声亦不清晰,席地假寐。十二时半锡予、莘田、心恒先后来,坐谈甚欢。二时解除警报,至新舍前食面一盂。入校治事。六时归。读像片本 INNOCENTIA VICTRIX①。十一时半就寝。闻今日敌机一架曾至市空。

八日　星期三　晴　风

七时半起。自今日始晨八时进饭,午饭改稀饭。八时半入校治事。十一时归。读照像本 INNOCENTIA VICTRIX。稀饭后小睡。三时入校治事。四时开常务委员会,六时散会,归。仍读照像本 I.V.,毕之,并录副。此书为拉丁与中文对照,一六七一年广州刻本,拉丁文未录。华炽来。十一时半就寝。

九日　阴历十二月十二日　晴　风

七时起。饭后闻有预行警报,与莘田、锡予同入校。九时一刻授课一堂。十二时以未放空袭,与莘田、矛尘同饮豆浆一盂而出。归所。欲睡未熟。二时解除。三时复入校,六时归。晚读《白虎通》《大戴记》诸书。十一时半就寝。闻今日敌机仅一架侦察。

十日　星期五　晴　风

七时半起。八时半入校。九时十五分至五十五分授课一堂,课毕治事。十一时归。十二时食粥后小睡。三时复入校,六时归。矛尘来,同至正义路购物,得广制牙刷每把一元,港制牙刷每把二元二角,滇制胰皂每块一元二角。九时归。读向觉明抄本天主教文件。十一时半就寝。连日谣言甚炽,谓敌机将于本月八日至十

①原仅单词字头大写,据下一日日记改。　VICTRIX　原作 VICTORIX,下一日同,衍字母“O”。此书中文译作“昭雪汤若望文件”。

八日来昆明滥炸，人心惶惶，此庸人自扰也。

十一日　阴历十二月十四日　晴　风

七时半起。饭后入校治事。九时一刻至五十五分授课一堂。十一时归。洗衣一件，近顷以来，所自作之事若浣衣缝袜，盖不胜记，今浣衣手破，不可不记也。尝谓自抗战后最进步者为时髦太太，其次则为单身先生，盖昔日所不愿作、不屑作、不能作者，今日莫不自作之也。十二时进粥。小睡一小时[①]。读觉明抄本天主教文件，大都录自巴黎图书馆及罗马教廷图书馆者，迄夜半读竟，并摘要录之。十二时就寝。

十二日　星期日　晴

六时为泰然唤醒。今日约游西山，而昨夜睡晚，起已七时矣。食后偕莘田出小西门至篆塘，吴晓铃、赵西陆[②]、石素真已先至[③]，张清徽、清常及莘田侄女静娴偕女友二人续至，泰然督工友携食物最后至。八时半开船，十时三刻抵太华寺山麓，泊船而炊，食毕登山，已十二时矣。至太华寺，遇江泽涵夫妇，就其居小坐。大雄宝殿有作佛事者，立观久之，恍若有亡，不自知其故也。寺中梅不甚多，寺外有数株尚盛，茶花仅殿前一朵而已。出太华，步至华亭寺，门前有梅二。寺内茶花、木笔[④]、玉兰甚繁，独无梅。转而西，有楼三楹，曰鬟镜轩[⑤]，庭无杂树，惟绿梅两株，老干枝枒，琼萼锦碎，甜香暗袭，万虑澄消。坐石鼓，久而忘去。出华亭，步至三清阁，登龙门。四时下山，五时一刻登船，七时三刻抵篆塘。月华映水，漱玉浮金。步归已八时半矣。九时半即寝。连日近午而风，今日独无

①时　原作"睡"。
②西　原作"希"，据一九四二年三月六日日记改。
③真　原作"珍"，据一九四二年八月九日日记改。
④笔　原作"比"。
⑤镜　原作"碧"，本月二十日同，据周光倬《滇缅边界调查日记》改。

之，亦一快心之事。稚眉夫人一字苏梅，最善艺梅，家中古红绿萼数盆尤其精心所注。丙子岁暮有送梅来者，时夫人病，下红已将月，犹起而观之。丁丑正月初三日，蒋夫人来贺年，夫人起陪，犹指案上一梅曰："此吾手培植者，亦繁茂乎？"初五日夫人入德国医院，初七日竟以割治麻醉不复苏。其年冬，余亦南来，不知夫人所培诸梅今若何已。余之探梅，盖亦在追念此喜梅艺梅之人耳。

十三日　阴历十二月十六日　晴

七时半起。饭后八时半入校治事，十一时归。十二时食粥。小睡。三时复入校。五时月涵召集全体职员训话，勉以勤俭廉及合作。六时归。晚饭后至正义路购纸，毛边纸一张三角五分，可裁日记纸八张，则此一张日记纸须国币四分三厘馀，贵哉！九时归。十二时就寝。昨日在西山无意中说一话颇有语病，当时不自觉，事后莘田相告，不觉赧然。甚矣，慎言之难也！

十四日　星期二　晴

七时半起。饭毕入校治事。十一时归。十二时进粥。小睡。朱物华来，谓航空界情报，海防、河内大雨，敌机升降不易，故连日无袭报，其言似有理。数日来月色极佳，夜袭谣诼甚盛，居民惴惴不安，闻此或稍定乎？三时入校治事，六时归。借得《全汉》及《全后汉文》，检有关谥法者录之。十时后莘田自外归，闻何应钦来昆明，日人有北图，云南局势复紧云。

十五日　阴历十二月十八日　晴

七时起。读《全文》。八时半进餐后入校治事。十一时归。读《全文》。十二时食粥后小睡。三时入校治事。五时至西仓坡开会，审查被灾同人救济费问题，到潘光旦、黄子坚钰生、冯芝生友兰，六时散。即在西仓坡进餐。餐后开常务委员会，九时散，归。孟邻师云何应钦昨晨确来，尚未晤见。子坚今日闻之龚仲钧自知，滇中精锐部队六十军、五十八军均经调回，但疲惫不堪，非大加休息整理不能得其效，中央军亦已有十万来滇。据中央及地方军事当局估计，日人必北进，我方有相当准备，必不至如桂南情状，但物价恐与日俱增耳。晚王恒昇、孙铁仙来谈。十二时就寝。

十六日　星期四　晴

七时半起。八时半早饭。九时入校授课一堂。至办公室治事。潘介泉来谈，其弟二子患病贵阳，明日将乘公路局汽车往视，在校请假四星期。十一时归所。十二时小睡。张芝眉清宇来。三时入校治事，六时归。晚约雪屏、介泉、张清常来食饺子。九时王以中庸来北大，拟请其任课，允与云大当局商后再定。读《大戴礼记》。十一时就寝。

十七日　阴历十二月二十日　晴

七时起。八时半入校治事。九时授课一堂。十一时归。遇蔡文侯，谓传闻麻栗坡已与敌人接触。十二时饭后小睡。逯钦立来。读《注疏》。三时半入校治事，六时归。雪屏来，谓马尼剌广播，明日敌人将大炸昆明。十八日来炸之说前数闻之，盖展转传讹以自扰者耳。自五日敌机来炸后已十二日未炸昆明，十日无警报，八日无预行警报，宜谣诼之复起也。八时半偕章矛尘至武成路购鞋，去年十月十五日国币六元五角所购之鞋，今日予以九元不售，非九元五角不可，是三月涨价三元也①。九时半归。十一时就寝。许宝騄自伦敦绕好望角归国，六日到昆明，今晚移入靛花巷，北大新聘为算学教授，昂若宝驹之弟也。

十八日　星期六　晴　风

七时起。八时入校治事。九时授课一堂。十一时归。饭后小

---

①涨　原作“长”。

睡。三时复入校治事,六时归。校中垫发上年度米贴,同人盼望甚切,今属尹辅加班赶办,明日例假不休息,后日或可发放矣。晚未出。读《注疏》。十一时半就寝。

十九日　阴历十二月二十二日　晴　大风

七时半起。九时雪屏来。食肉包后偕雪屏、莘田步至岗头村。一时许传有空袭警报,孟邻师访之缪云台嘉铭,谓敌机九架入境,候久之,未见侵入市空,或往轰炸滇缅路也。明日为孟邻师生日,岗头村同人及余等今晚设馔公祝,凡两桌。廉澄主之,樊太太、孙太太提调,食寿面,尽欢而散。每人公份六元五角。竟日未为一事,惟博塞而已。十一时与雪屏、尹辅、岘侪住于南屋。

二十日　星期一　晴　大风

七时起。尹辅已入城,余为避警报,拟下午往。午在孟邻师处食面。下午三时欲入校,师坚留。五时偕枚荪、廉澄、君亮、矛尘、雪屏至村北登山,入永丰寺看花。门内有梅四株,红白各二,枝干姿态甚美,胜于鬓镜轩所见也。更登至涌泉寺,无花乃归。月涵自城中来祝寿,晚孟邻师设馔宴同人,出陈酒,醇甚,不觉饮八九杯,面赤如涂朱矣。饭后作牌戏,竟至二时半,始就寝。

二十一日　阴历十二月二十四日　晴　大风

七时起。李晓宇续祖昨日入城相访,未值,晨来谈。十时与孟邻师、月涵欲入城,汽车忽坏,取日本报纸读之。昼寝半小时。与月涵谈校务颇久。午在孟邻师处食面。饭后复小睡。三时随孟邻师及月涵入校治事。此次校中垫发二十九年一月至十二月米贴,先期请诸人自填眷属人口表,并须请同事一人、系主任一人为之证明。北大二同事以为觅人证明有辱教授人格,深表不满。乃今日发现某教授之女公子新归某助教者仍填于女家,而未声明何时已嫁。又有某主任生子仅四月,亦照填一岁,而未声明何时出生。尤奇者有某教授夫人月内可分娩，而其子之名已赫然填之调查表矣，且曰依外国法律，婴儿在母胎已享有人之权利矣。呜呼！此他人辱之乎！抑自辱乎！何不幸而见之我北大乎！六时归。十一时就寝。连日西北风怒号，坐室内，其声恍如在北平，但不如北平之寒耳。

二十二日　星期三　晴　阴　雨　雹

七时半起。八时半入校治事。十一时归。行至城墙缺口，有工友告以预行警报旗已挂。余意欲归寓进膳，仍前进。将及云大后门，见出城者甚众，乃循原路归新校舍。遇潘光旦，同在校门味雅饭馆食面两碗，入校闲谈。十二时二十分，闻空袭警报作，相偕出校舍后门，往北山。光旦云，由西道行，北进，尹氏墓后有清华所掘坑尚佳。遂随之往，遇陈福田、陈岱孙总、李继侗。一时闻飞机声，余与继侗同避一坑。见敌机九架列队自西而东，未投弹。继又见敌机二架自东而西掠余顶而过，随闻投弹声，先后五巨响，似系俯冲。少停，又闻机声，若倾弹于地，声重而叠。机声渐远，黄烟陡起，弥漫山西。计敌机盘旋市空者三十五分钟。敌机既去，乌云四起，细雨霏霏，继又放晴。余等缓步归，将及新校舍后警报解除，时三时，乃入校治事。四时许，天复雨，杂以细雹，少顷复晴。偕月涵、光旦、勉仲视察男生宿舍。五时半，天复沉阴骤寒，急归加衣，雨雹大作。七时稍住。至西仓坡开常务委员会，九时散，归。十时就寝。闻今日敌机凡四批共二十二架来袭，在纺纱厂及火车站投弹，伤人颇多。今日十二时半有紧急警报，未闻之。

二十三日　阴历十二月二十六日　晴　风

七时半起。八时半入校治事。九时十五分授课，五十五分课甫毕，空袭警报作，与章耘夫同出校后门，仍往昨日避处。遇月涵全家，光旦、福田、继侗、岱孙、雪屏、心恒。十时四十五分，闻机声，余与雪屏、心恒同避一坑。机来同时，短音警报作，亦太迟矣。投弹较少,声亦微。矛尘见六架俯冲投弹,五六分钟而去。十二时许,腹饥甚,盖寓中已恢复午间食饭办法数日矣。偕雪屏、心恒至苏家潭,食鸡蛋二,油饼二。复归原地,席地而睡。二时相偕归校,中途闻解除警报。入校。读《明史纪事本末》。四时偕月涵、勉仲视察女生宿舍,其新洁固较男生为胜,而家境似亦较富也。以一事例之:男生四十人一屋,有数室无一暖水壶者;女生五人一屋,无一室无之者,且有一室列暖水壶六。于此可见大学女生大都家世较男生为富,而寒素之家大都命男儿入学,女儿家居也。六时归。雪屏来晚饭。饭毕,同出购物。市中物价所闻如下:火腿整只每斤国币四元,零切每斤五元无骨故也;橘子每斤二元;年糕每斤三元二至三元六;鱼干每公两一元四。九时半归。十一时就寝。闻今日敌机四批共十九架来袭,在滇缅路西段及昆明市投弹。昆明之弹盖炸黑林堡、西南运输处修理厂云。

二十四日　星期五　晴

七时起。八时入校治事。九时授课一堂。十一时或告有预行警报,劝勿归,未从。既归,果无事。午饭后小睡。三时入校治事。六时归。晚饭后至正义路购物。理发。九时半归。读《明史纪事本末》。十二时就寝。

二十五日　阴历十二月二十八日　晴　风

七时半起。八时半入校治事。九时一刻上课一堂。十一时蔡诱衷枢衡约在威远街菜市旁小馆午饭,饭后至才盛巷公舍,小坐而归。自去秋轰炸以来,余未尝日中入市。今日见熙熙攘攘,交易不殊平时,若不知轰炸之可畏者。中华民族诚伟大哉!三时入校治事。六时归。矛尘来,同至大街购物。十时归。十二时就寝。

二十六日　星期日　晴　大风

七时半起。读《明史》及《纪事本末》。自上午办公以来,忽得半日闲,若甚暇豫,不自知暑假中隔日工作时每日所作何事也。午饭后小睡。朱物华来。四时半至佛学书局,欲购香,未得,至三牌坊一视而归。行人甚少,店铺多休息,或除夕之故耳。晚雪屏、诱衷、叔范、泰然、莘田及张清徽、清常同过年。饭后掷色子。十时半各归。余年七岁先君见背,八岁先妣见背。其时过年情形不复忆,惟先君弃养之岁光绪乙巳,先妣供先君遗像于上房,移供先祖考妣遗像于客厅,其状宛然在目。九岁至十三岁与张宽熙表兄同住,十四岁以后独立门户,过年情形亦不复忆。惟民国七年冬,余年二十,尝约庄念桥绍祖来家过年。八年以后多在张镕西表兄家度岁。十七、十八、十九,余服务于南方,家居北平,每岁暮必归,其乐最融。二十年以后,必在家度岁,招亲友共欢。二十六年南征以来,多作客,惟今岁约友好来度岁,然亦惟今年为较寂寞也。客去写此,不禁长思远念,想儿辈在平,此时必未睡,犹欢呼酣戏也。十二时就寝。

二十七日　阴历辛巳年正月初一日　晴

八时始起。雪屏来,章耘夫来,同进年糕。九时半相偕缓步至岗头村,途中几无行人,想见献岁欢娱,家家团聚之乐。战时而有此太平景象,可喜可慰。十一时抵村,贺孟邻师及同人新岁,遂作博塞之戏。午晚均饭于师寓。夜十二时住于公舍南屋。

往时余最重过年过节,去岁读《笘誃日记》,见汪柳门辈往往新年案试不归,知前人不以此为意也。昨夜客去,初觉怳然,继忆及此,遂记日记数行以自排遣。记毕而寝,泰然入梦矣。今日意兴甚好,若无事焉。

二十八日　星期二　晴

八时起。在孟邻师处早餐。在矛尘处午餐。晚仍食于师处。竟日作牌戏。下午欲归,未果。雪屏先入城。夜一时半始就寝。

二十九日　阴历正月初三日　晴　风

八时半起。早午均食于矛尘许。上午与孟邻师谈久之。午饭时传有警报，出门望之，无车踪。询于路人，谓有预行警报。少顷，车来渐多，继闻有机声，乃至舍后所掘石洞，时一时十分。廉澄望见有日机数架自西而东，去远未闻炸声，既而复近始炸，盖先绕一周而后炸也。炸后久无声息，以为不复至，方欲归，复闻机声，时一时三十五分。乃复入洞避之。机声忽远忽近，弹声不绝，出洞视之，有三架盘旋俯冲，似在昆明市内。既而机声大作，复入洞。二时五分始远去，计盘旋轰炸者五十五分钟，前此昆明所未有也。有在山巅远望者，谓第一批九架，炸市中心，有两处起火，尚未息。第二批俯冲在云南大学及联合大学，未起火。心甚忧之，而不能入城。五时一刻，始见路中汽车移动。五时半，随孟邻师汽车入城。路中汽车络绎，且行且止。六时始抵新校舍，远望图书馆，巍然无恙。及校门，询之学生，本校未中弹，惟昆中北院南食堂因邻近民房被炸，屋瓦尽穿。学生均无恙，为之大慰。乃入城，穿昆中北院至南院，随转府甬道至西仓坡，遇黄子坚。西仓坡东口北转湖滨，落弹一坑甚大，旁树均倒，馀无所见。比归，知云大亦无恙，所中亦无损坏之处，惟电灯未明耳。闻正义路福照街被炸，未暇往观。用菜油灯灯草三根，读《明史》至十二时，目倦神昏，始寝。盖明日须讲述，不得不详读详考之也。

三十日　星期四　晴　风

八时起。九时入校，授课一堂。十一时归。十二时午饭。饭后询工友，尚无预行警报旗。上楼读报未终，工友来告预报旗出，时十二时三刻。乃入校，欲先往新舍候之也。行人纷纷，惶遽之状较之往日警报来时尤甚，盖怵于昨日轰炸之烈与死人之多也。在新舍读《明史》，以候警报之来，久之不至，岂军机来察昨日所炸耶？

六时归。读《明史》。十一时就寝。报载昨日被炸情形甚详,别存之。电灯今日已恢复,修理之速,甚可佩,滇中公共事业之进步,于此可见。

三十一日　阴历正月初五日　阴

七时起。八时入校治事。九时授课一堂。十一时归。午饭后卧读报纸,不觉睡去,至三时乃醒,随入校。六时与雪屏、矛尘偕归晚饭。后日为亡室周稚眉夫人忌日,雪屏、矛尘知之,坚约是日往岗头村,余谢之。二君多为劝慰之词,意甚可感,而触吾心伤亦甚也。客去早睡。

一月昆明被敌机轰炸六次:二日、三日、五日、二十二日、二十三日、二十九日,而二十九日为最烈。有警报而敌机未至者三次:六日、七日、十九日。有预报无警报者二次:九日、三十日。

【剪报】中华民国三十年一月三十日《昆明朝报》第三版

敌机二十七架　昨分四批袭昆明　狂炸市中心区

精华被毁死伤平民数十人　炸倒民房数百间(文略)

灾区一瞥　满目创痕(文略)

西北角　再度遭殃(文略)

中心区铺屋　数百家被毁(文略)

空袭救济处努力救护(文略)

各机关长官巡视灾区分头督率救护(文略)

龙主席传谕　嘉奖消防队　赏给国币一千元(文略)

市区饱受轰炸　灾情惨重

裴市长率社会局长孟立人、工务大队长姜弼武、抢修大队长宋凤恩亲往灾区调查受灾情形,抚慰受难同胞,抢修被炸电点,指示收容难民。至××路××街两处着火焚烧民房,亦经消防大队全体队员努力扑灭,各被炸街道交通业已于六时一一恢复,死伤平民亦经分别殓埋救护。其灾情较重区域,倒塌房屋较多,或因一时抢救不及,或因重压于瓦屋之下,暂时无法挖出,正继续工作中。兹将昨晚七时以前调查情形列报如次:

第一区　市属范围受灾情形:㈠××街五福巷口落炸弹二枚[①],毁房屋十馀间,死平民七人;庆云工业职业学校落炸弹一枚,房屋卅馀间全毁,无死伤。㈡××巷七号落弹三枚,房屋二十馀间全毁,死平民一人,重伤一人;二十号落一枚,毁屋十馀间,无死伤;二十四号落一枚,房屋二十馀间全毁,无死伤。

第二区　㈠××街五号落一枚,毁房屋十馀间。㈡该处某机关大门前落一枚,无死伤损坏。㈢××巷底落重磅炸弹一枚,毁房二十馀间,轻重伤各一人;同巷一号,落一枚,毁房十馀间;体德药房落一枚,毁房十馀间。㈣××街一一九号落重磅弹一枚[②],毁房三十馀间;一四五号落三枚,毁房卅馀间,重伤二人;该街健康溜冰场门首落一枚,毁房十馀间;×巷六号落二枚,毁民房二十馀间;二号落二枚,毁房二十馀间,死亡平民二人。㈤××街首落一枚,毁房二十馀间;九十一号落一枚,毁房十馀间;庙东落一枚,大华旅社被毁房屋十馀间。㈥文庙中弹四枚,大成殿全毁。㈦市中心区世界书局落一枚,毁房十馀间;奎光饭店落一枚,毁房五间;大光明钟表店前落一枚,未炸。㈧××路××巷落一枚,毁房十馀间,死亡平民一人,重伤二人,轻伤一人。㈨××南路某巷口落一枚[③],毁房十馀间;××巷落一枚,毁房十馀间。㈩省教育会中间楼房一库被毁。

---

①郑先生批注曰:"㈠福照街。"
②郑先生批注曰:"㈣民生街。"
③郑先生批注曰:"㈨华山南路。"

第三区　㊀翠湖旅店旁落一枚，北岸金汉鼎公馆落弹一枚，翠湖小学落一枚，毁教室一间，西北区翠湖内落二枚，翠湖旅店房屋被毁十馀间。㊁××街××坡首落一枚[①]，毁房屋二院，死八，坊四保副保长施宝斋，其家属七人，重伤一人。㊂××街一六二号落弹一枚[②]，毁房屋一院，轻伤六人。㊃××坡脚落炸弹一枚[③]，宋姓房屋全毁。㊄××落一枚，毁室二间，死亡住户二人。㊅××殿巷落一枚[④]，毁房一院，死亡平民一人，重伤一人，轻伤二人。

第四区　㊀××街九十六号旁边水池中落一枚，附近房屋被震毁。

第六区　㊀××街四十三号至四十七号落三枚，毁房屋四十馀间，死亡平民一人，重伤三人，轻伤四人。㊁××街落弹二枚，毁房屋卅馀间，死亡平民七人，重伤一人，轻伤二人。

总计投弹五十馀枚，死二十九人，轻重伤五十馀人，毁房屋六百馀间（被震不计）。

二月

一日　阴历正月初六日　阴　晴

八时起。九时入校授课，课毕至办公室。十一时归。午饭后小睡。三时入校治事，六时归。何鹏毓来。七时至曲园饭庄，〔道经正义路，见日前轰炸之处，远甚于学校附近也。〕北大职员聚餐，到朱汇臣洪、严绍诚文郁、包尹辅、赵觐侯增印、金人杰恒孚、杨友应

①郑先生批注曰："㊁文林街小吉坡。"

②㊂　原脱。

③㊃　原作"㊂"。

④郑先生批注曰："㊅天君殿。"

运、薛德成、张叔范、郁泰然、章矛尘及余,不如去年之盛也。凡饮黄酒二斤,白酒三斤。觐侯当席醉,尹辅、矛尘、泰然亦逾量,汇臣恰称其量。馀人多未饮,余亦未饮。餐毕,步行归,已十时半矣。读《明史》。十二时半乃寝。

二日　星期日　阴　雨　晴

今日阴历正月初七日,亡室周稚眉夫人逝世四周忌也。九时始起。十时十五分,与莘田步行至梨园村视月涵疾。月涵自阴历除夕发烧,元旦移居乡间,数日未到校,故往视之,兼以自为舒解,且避友好之强作博塞也。莘田必欲随之,意甚可感。十二时半乃达,月涵烧已退,尚未复元。在月涵家食馒首、猪头肉,甚美。遇吴正之有训。二时,自梨园村至海源寺,大风雨,避于朱氏宗祠门前。今晨天阴,既而晴暖甚,减内棉一件,至是而大风雨,少顷复晴。余不至海源寺且二年,周近别墅新成不少,有绝幽丽而富丘壑者,依山傍水,不禁有山林之想——虽然今非其时也。至海源寺,已成杂居住宅,污秽不堪。梅花盛开,灿若粉障,惜其旁居人不相称耳。二时半,循松堤步归,经黄土坡小憩饮茶。五时十五分抵所,稍倦,洗足小卧。晚饭后读《明史》。

今日取纸簿,题曰“示徽录”,欲以记亡室懿美,以示儿辈也。

三日　阴历正月初八日　晴

七时起。八时入校治事。十一时归。张清徽送来梅花多枝,香甚。莘田假以瓶,陈之座侧,盖知昨日为亡室忌日者也。李继侗来。午饭后小睡。三时入校治事,六时归。雪屏来。袁家骅来。家骅考取英国庚款,去年毕业,绕道美国归,今日始达昆明。联大已聘为副教授。读《明史》。十二时就寝。

四日　星期二　晴　风　立春

七时半起。八时半入校治事。十一时归。有夏君来谈,昨日抵昆明之英国留学生也，已应中央博物院之聘，而不知博物院之已移川，余留之住靛花巷，允为觅车北上。小睡。三时入校治事。六时偕雪屏、矛尘归，值陈勋仲复光来，同至鸿兴楼食春饼，莘田偕往，五人共食二十九元。归。与从吾、锡予谈校事。十二时乃寝。勋仲云，闻之军事当局，日本攻滇企图并未放弃，此间布置虽略有规模，但必待事急而后中央军始来，恐交接未毕，敌人卒至，甚可畏也。又云英国照会中央，谓日人若切断滇缅路，则英国将出兵。中央以告地方当局，地方初有反对此议者，继亦同意矣。又云某地方军事长官告勋仲，吾人亦有机械化部队，但饥丐非机械耳，闻之惊惧。

五日　阴历正月初十日　晴

八时起。九时入校治事。十一时归。饭后小睡。三时复入校治事。六时归。读《明史》争大礼诸人传。十一时就寝。

六日　星期四　晴

七时半起。八时半传有预行警报，乃入校。九时授课一堂。十一时治事毕，预报尚未解除，归。饭后合衣假寐，三时乃醒，沉酣忘有预报矣。杨今甫振声之公子、女公子来。三时半入校治事。六时归。晚饭后偕莘田、锡予至师范学院，锡予为北大文科研究所讲魏晋之思想。略谓：魏晋之新思想，中心在荆州，次则江东，若中原思想则甚保守。其思想源于经，入于子；由儒入于名家，更入道家；由易入于老，更入于庄。其理想之人格，则为圣人、为人君。人君之要，在能设官分职，在能知人善任。人君以自然为体，名教为用。人君为全，臣下为部；人君无为而无不为；人君为道，臣下为器；人君为道，臣下为德；人君为天，臣下为人；人君为自然，臣下为名教。

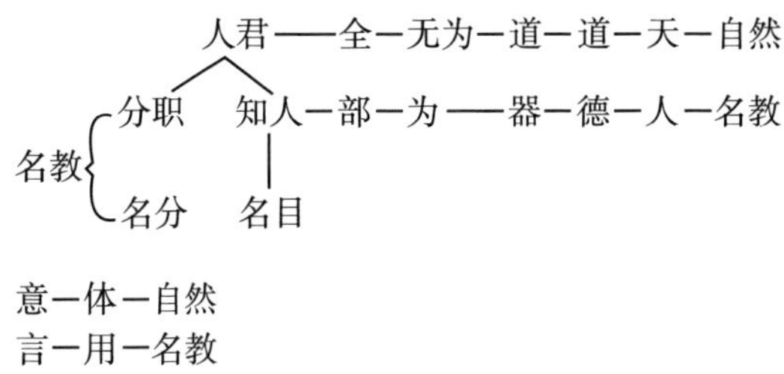

是故当时主张：圣人以自然为体，以名教为用；以老庄为体，以儒家为用。魏晋玄学由王弼奠其基，盖汉代易学偏于象数，而王氏独弃象数，穷名理，于是由易入于老；及其极也，由老入庄，弃名教，专体自然，阮籍、嵇康是也；及其极也，于是复返于名教，而主自然与名教合一，向秀、郭象是也。盖由王、何之温和，进而为阮、嵇之激烈，后退而为向、郭之温和也；若乐广、裴頠，亦温和派也。佛教思想之发达，盖由于激烈派表面行为与之相像而理论相通也，观于《首楞严经》主张人与万物一体，遂至七译九译可以知矣，《涅槃经》亦然。东晋时有主内圣不必外王者，即受此影响者也。其说甚繁，理甚密，不及详记。听讲毕，偕莘田、雪屏、清常翠湖步月，食元宵一盂于嚼芬坞而归。自雪屏处借得《维多利亚时代英国外史》一册，读之，即 André Maurois 所著 *Disraeli* 译本也。十一时半就寝。

七日　阴历正月十二日　晴

昨夜枕上读《英国外史》，不觉至二时始入睡。今日七时半起。八时半入校治事。九时授课一堂，将本学期功课结束。下课方与程少泉商验收汽车事，有人来告空袭警报作，余初不信，细聆之，果然，时十时十分。乃偕尹辅、矛尘至苏家村附近丛冢中暂避。十一时十五分，紧急警报作。十二时半，飞机未至，乃至苏家村尹辅家便饭。二时二十分，仍不至，乃入校。行至后山，闻警报解除声，时二时四十分。入校治事，五时十五分由北门归。朱汇臣来。孙铁仙、王恒昇来谈校事。读《英国外史》。十二时就寝。

八日　星期六　晴　风

八时起。食饺子后入校治事。十一时公毕，归。遇章矛尘夫人入城，遂与雪屏请其夫妇及其女公子在文林食堂午饭。饭后归。小睡。三时入校治事。与孟邻师谈久之。五时偕来靛花巷谈至七时半去。翻阅杂书。十时就寝。此近来最早者也。近日颇易发怒，下午在校为体育组房屋又盛怒，惟随即猛省，强自遏制。身体不舒欤？心境不泰欤？睡眠不足欤？必有一于此也，戒之慎之。体育组本由校给屋二间作储藏室，而组中私以其地借于学生作小组饭厅，此本学校所不许也。因冠以体育组之名，近日办公室移至新校舍，房屋重新分配，乃命其移至后面，而以其地界之金城银行。银行修整已毕，饭厅已迁，而今日体育组忽来阻止，谓如不另拨储藏室，银行不得移入，无理取闹，胡蒙子竟无法裁之。然其曲固在彼，余怒亦可不必也。

九日　阴历正月十四日　晴

八时半，尚未起。泰然见预行警报旗，来相唤。雪屏亦随至。食炸饺数枚。与雪屏步至岗头村，十时半乃达。午矛尘约食鱼，未半，闻飞机声自远而至，机枪轰炸之声杂作，既而盘旋于村上，往反数匝，声极低，或见之，甚似欲投弹状。有大骇者，有投桌下者。余等未见，仍进食不已。少顷而去，全院之人遂同入防空洞作事后之潜避。忽见村后山头草皮起火，势甚炽。或曰烧夷弹，或曰汉奸纵火为标帜。后有敌机一架，来侦察，未投弹，不知其究竟也。三时许归公舍，与树人、铁仙、矛尘、雪屏作牌戏至深夜。闻今日敌机四十一架分七批来袭，第五批凡二十四架于下午一时四十分在滇缅路西段投弹百数十枚，其到昆明市空者为第六批，凡十一架，在北校场及茨坝机器厂投弹，损失甚微。十时五十五分发空袭警报，十一时三十三分发紧急警报，三时三十分解除警报。据十日报纸。

十日　星期一　晴　风

八时起。铁仙以元宵相飨，以今日为元宵节也。〔晨传有预行警报，入城后知其果然。〕毕正宣前日自叙永回昆明，来谒孟邻师，谈分校情形甚详。午饭于矛尘处。一时半随师车入城，至校治事。三时归研究所，准备今晚开北大校务会议时财务报告材料。六时至才盛巷公舍北大同人聚餐，共四桌，到三十六人。饭后举行第一次校务会议，余报告甚多，不毕记。十二时散会，归。树人、雪屏来靛花巷借住。

十一日　阴历正月十六日　晴　风　云

八时起。腹微泻。十时始入校。十一时归。午饭后一时至三时酣睡二小时。江泽涵来。四时入校。李继侗来，商赴分校事。六时归。腹不舒，仅晨间一泻，竟日食粥。十时半就寝。读报，知昨日敌机来市空侦查。

十二日　星期三　晴　云

昨夜风绝大，杂以雨，今晨地尚湿也。八时起。九时继侗来。随入校。十时十分空袭警报作，偕雪屏、耘夫出新舍后门，越北山至尹氏墓后潜避。十一时紧急警报。十二时微闻轰炸声，惟甚远。少顷机声自西方至，见日机三架由北而南，未炸，去。席草枕阜而寐。二时半缓步归校，未半，解除警报，乃经新舍归寓，时二时四十分。半小时乃达。进食后复入校[1]。六时至西仓坡开常务委员会，无要案。七时散。饭后归。继侗待于明晨往叙永，余以考试时间与之相同，九时半往晤之，十时归。十一时就寝。

---

①原于“后”下衍一“后”字。

十三日　阴历正月十八日　晴　云

一夜未敢熟睡,以今晨须考试也。六时而起。六时半至昆中南食堂,门扃无人。更至新舍第二教室,已在考试,乃询之注册组,始知改在星期一。竟夜不安,徒自劳扰。归遇继侗于南区,方在查点行李,即送之。陈岱孙请在味雅食卤面一盂而归。从吾来,商系务。九时再入校。十一时矛尘来午饭,饭后谈校事甚久。三时入校治事。六时归。九时为校中印刷事诣王公弢,不值,归。遇皮名举,以日人不南进为忧。盖深恐日不南进,不与英美冲突,一旦德、义失败,单独议和,将置我国不顾也。报载昨日敌机四十二架分四批来袭,在滇缅路及海口投弹甚多,其到市空者为第三批,驱逐机五架。昨日避警报时闻儿童唱云:"预行警报,穿衣戴帽。又有唱作'快快吃饱'者。空袭警报,出门就跑。紧急警报,心惊肉跳。解除警报,哈哈大笑。"此数语甚足状一般人之逃避情绪。十一时就寝。

十四日　星期五　晴　云

七时半起。九时入校治事。十一时归。饭后小睡。三时复入校治事。六时归。雪屏、矛尘来晚饭快谈。九时理发,十时归。杨志玖来谈论文事。自研究生移至龙泉镇,导师不能随时督导,学风渐入暇惰嚣张。今日以语志玖,时莘田在座,斥责甚厉,不愧严师也。研究所设立之始,本欲在学识外予以人格陶冶,〔以故导师与学生同住共食,若家人父子。〕自前年至去年暑假,一年中确造成一种肃穆勤敬之学风。导师不严课于学生,而学生莫不孳孳不息。此种合家庭、学校、书院为一之学风,不可不保持于永久也。十二时就寝。

十五日　阴历正月二十日　晴　阴

八时起。九时入校治事。十一时归。饭后小睡。三时复入校。四时半归。七时至商务酒店,孟邻师于此宴客,嘱陪。到禄介卿、陆子安、李希尧、缪云台、赵公望、陇体要、陈秀山、袁蔼耕、黄子衡、张中立、王禹枚、徐敬直、梅月涵,及李子厚、龚仲钧、裴存藩、吴肖园、龚伯循、金龙章、沈立荪、范秉哲、马轶群、郭葆东十夫妇。余饮酒七杯,十时散,归。与锡予谈。十二时就寝。

十六日　星期日　晴　大风

昨酒多,就寝不能入梦者久之。今晨八时起。何鹏毓来。作书致孟真。作书致恭三。十二时半午饭甫毕,传有预行警报,莘田出视之,果然。卧床读报一时半。余复往街头视之,预警旗已撤,不知其何时发,何时解除也。小睡半小时。写致胡适之师适书,为北大文科研究所募款事,锡予起草者也。拟以祝适之先生五十生日为名,在美洲募金元数万,备所举办文化事业,如古籍校订辑佚、敦煌文物复查、南明史料收集、藏汉语调查之属。八时偕锡予至三牌坊,购茶叶并游书肆。十时归。以明晨考试,即寝。

十七日　阴历正月二十二日　阴

六时起。六时半至昆中北院,何鹏毓已先至,余请其相助监试也。七时开始考试明清史,凡为题四:一、元末群雄并起,其最著者共有几人,何以朱元璋独能混一天下,试述其概;二、试述明代之卫所制,及募兵之由来;三、试述土木之变之原因与影响;四、试述明代之学校制度与考试制度。九时半,尚有未完卷者十人,男生一,女生九。余不及久待,托之何鹏毓而归。与莘田谈国文系事,以为宜留意并培植能作之文学人才,而吾辈亦不宜自荒。午饭后小睡。三时雷伯伦海宗来,约晚间至其家食面食。入校治事。六时半,诣伯伦,食烫面饺,有肥酒,色作翠碧,极美,惜不能多饮。伯伦谓一月份家用凡六百元。其家仅三口,平时绝不敢浪费,已如此,物价之高,尚无止境,异日将如何,一般人又将如何,相与忧叹久之。八时半归。与锡予谈文科研究所事及哲学研究室事,月前贺自昭麟奉召至渝,谈两事:一译黑格尔哲学书,二研究中国哲学。自昭在川,晤熊子真先生十力。子真先生草中国哲学研究所大纲以贻自昭,其计画甚伟,余意不必用中国哲学研究所之名,以避免政府法令之约束、同行之批评,而选有西洋哲学基础同时有中国哲学素养之青年,使之从一二大师耆儒游,其法较便捷也。锡予以为然。读《典故纪闻》。十二时就寝。

十八日　星期二　晴　有云

八时起。九时入校治事。十一时归。午饭后小睡。朱物华来。三时入校治事。六时归。晚雪屏、汇臣、矛尘来,谈至八时半去。读《典故纪闻》。十二时就寝。

十九日　阴历正月二十四日　晴　雨水

八时起。九时入校治事。十一时归。作书致今甫。十二时午饭。饭后小睡。四时入校治事。与月涵谈校务。五时半归。赴鸿兴楼孟邻师晚饭之召,座有汪一彪,谈滇缅路桥复毁,现以轮渡。复委员长令限夜渡,故每晨九时至下午三时停渡。是以每日仅五十辆得过,临江拥塞不堪。又云日人南进果实现,英国将与我联和作战,以昆明为大本营。一彪复谈及重庆物价之高,谓一日在饭店食鱼头豆腐一味,索价国币三十元云。八时归。读《典故纪闻》。十时欲寝,已脱袜,忽思及锡予明晨往宜良,有从吾试卷托其携交,遂赤足登楼。锡予坚留作长谈,由个人以及文科研究所,由研究所以及文学院,以及学校,不觉至十二时。既下楼,复检书以上。十二时半乃寝。

二十日　星期四　晴

八时起。雪屏来。九时半偕雪屏缓步至岗头村,十一时十五分乃达。午饭于孟邻师处。黄子坚钰生自城中送信来,告以教育部视察王衍康莅昆。约明晨谈，即复明日下午入城。晚饭于矛尘处，食烤牛肉。十二时就寝。

二十一日　阴历正月二十六日　晴

八时起。早饭于孟邻师处。十时半，传有预行警报①。十一时半电灯熄，知有警报矣。十二时在孟邻师处食鱼头豆腐，此重庆三十元一品者也。以昆明市价计之，不过五元，是重庆物价远过昆明也。饭后至公舍后防空洞，携《云南通志·俗祀》一册读之。一时半，似有飞机声，远不可辨，以为不至矣。归公舍小憩，忽闻远地有轰炸声，复至洞。久之，无他异，归舍。四时步入城，时警报未解除，汽车拥塞于途。余登山，循小道以行，半小时闻解除号。下山越公路至松堤，五时二十分抵城。六时导夏鼐至昆中北院南食堂。诣子坚，不值，复归昆中。七时夏君讲演考古学方法论，八时十五分毕。公宴之于所内。与从吾谈学生事。余以北大办事处将迁才盛巷，势不能更住靛花巷。昨托泰然收检书籍，锡予留简于书案曰："学长一去，大家飘零。"莘田则书曰："子可谓忠臣，而非诤臣也。"锡予所虑必不能至，而莘田所责亦非也。研究所预算原定五百元，今每月实支逾千，学生既已全部下乡，城内实无更留机关之理。靛花巷房租二百，工友一百，柴炭一百，电灯四十，其他不计，已四百四十元矣。莘田怪余不争，然余又何能以三数人便利之故，而虚耗校款，况以三数人者余亦在内乎？办公处移至才盛巷，余本不赞成。余之初意，将才盛巷之宿舍移至靛花巷，但自孟邻师邱家巷住宅取消，全部移至靛花巷则房间不敷。权其轻重，自以移靛花巷邱家巷全部于才盛巷最相宜，故自学校立场言之，余不能力劝同人迁居，于校实为未忠，于友亦不能诤也。十一时就寝。

---

①原于"有"下衍一"有"字。

二十二日 星期六 晴 大风

七时半起。泰然告以昨晚子坚来约,今晨同访王衍康。八时十五分,子坚来。八时半同访王衍康于湖滨旅馆,谈至十一时归。见预行警报旗。阅报知昨日敌机五十一架分五批来袭,轰炸迤西及安宁县青哨湾。其第三批曾近市郊,昨日微闻其声者是也。炸青哨湾者九架,其一堕落焚毁,机师二人为我所俘。快哉!十一时一刻午饭。十二时空袭警报作,与泰然、叔范至苏家村后丛冢中。十二时四十分,紧急警报。读《典故纪闻》。迄三时半,无事,相偕缓步归。三时四十五分,警报解除。四时十分抵家。读《典故纪闻》。十二时就寝。昨日与雪屏等约,今日再偕朱汇臣下乡。上午汇臣不至,遂不往。在苏家村独坐。决定明晨往龙头村视研究生工作。

二十三日 阴历正月二十八日 晴 风

八时起。食面三盂。九时一刻出北门,往龙头村。往时多偕伴出小东门,今日独出北门,屡询耕夫,始得其径。渡盘龙江木桥,二里许道无一人,不若出东门者之往来如梭也。九时半,大风起。十时半,抵金刀营。坐金华庵侧茶居,小坐读报,知昨日敌机四十架,分五批轰炸个旧及滇缅路西段,公路被毁甚长。十一时起行,十二时一刻抵龙泉镇宝台山。先至所内,与阴法鲁、杨志玖、阎文儒、王永兴、逯钦立谈,钦立患疟,差痊矣。更至观音殿,与王玉哲、周法高谈,王明、董庶、汪篯在城,李埏还里未返。诸生情形尚佳。就图书室阅《隋书经籍志考证》及《郡斋读书志》。二时四十五分别诸生下山,三时四十七分抵金刀营。较之午前为速,盖有数处循小道以进也。仍就茶居小憩,四时十分复行,四时二十分抵家。足踝微瘈,洗足后稍差。晚饭后补缀旧袜一。读《典故纪闻》。十时半寝。

二十四日　星期一　晴　风

八时起。九时诣胡蒙子兆焕，不值。诣朱汇臣，诣杨石先，各小坐。诣毕正宣，不值。明日王仲和衍康将来校视察，往告之。十一时归。大风起，较昨日迟。读《典故纪闻》。午饭后小睡。四时偕莘田至文庙吊日前轰炸残迹。大成殿中一弹，门窗垣壁依然，而顶脊贯矣。孔子及四哲牌位尚在。出文庙至威远街老同兴购绍酒一瓶，以赠泰然。六时归。饭后雪屏来，谈至十时去。再与莘田至华山西路购鞋，未得，归。泰然有北归之意，以为离家两年矣，不能不回家一视。余既惜其去，又自念离家且四年矣，惆怅之至。十二时就寝。

二十五日　阴历正月三十日　晴

昨日失眠，二时犹未入梦。七时起。有学生来。八时诣王仲和，偕至校，与雪屏、沈刚如谈后，至学生饭厅、学生宿舍略视一周而去，约明日或再来。十一时归。雪屏偕来午饭。泰然购大鱼二尾，午食其较小者。饭后小睡。三时复入校治事。六时归。雪屏、汇臣、矛尘、心恒来食鱼。饭后偕至汇臣处，十时半归。读《典故纪闻》。十二时就寝。

二十六日　星期三　晴

七时半起。昨夜二时后始入睡，殊倦。九时入校治事。王仲和来谈。十一时半归所。十二时半午饭。方以敌机四日无来袭警报，与莘田、泰然共怪之。饭毕即传有预行警报。一时十分空袭警报作，偕莘田、宝騄贯云大校舍向北山而进，一时二十分紧急警报作，仍前进，一时三十分马街子之紧急警报作，一时秩序殊乱。军士以敌机至，不准更行。吾辈欲觅一妥善隐蔽之地不可得，复缓移而西，不敢疾步，恐遭干涉也。移至向所常避之某氏坟，席地而坐。一时五十分，闻远处有轰炸声。二时十五分，日重轰炸机二十七架自西南来，每九架成品字形为一队，三队又作大品字，缓缓向东北

而进。机声重浊，高射炮与轰炸声交作，黑烟陡起，似在城中心，敌机未作盘旋，直向东北而去。二时三十分，敌机复自东北折归，阵形如旧，将及城市大炸，黑烟尤甚，似在北门左近。三时十五分，缓步返至新校舍，遇矛尘，谓才盛巷、靛花巷二处必有一炸，余两地均有什物也。四时十五分，解除警报。少须，胡蒙子来，谓北门无恙。威远、庆云两街之间有炸弹，距才盛巷甚近矣。六时归。七时至西仓坡，孟邻师及月涵宴王仲和等，遇李小韩辑祥，知今日敌机在状元楼外松堤投弹甚多，工院师生受惊者众，学生力伯法腿部受伤。伯法，力舒东表姊丈之子也。〔辑祥拾得敌机所投传单一纸以贻予，附黏于后。〕又闻孟邻师言龙公馆落一弹。席散后，蒋太太来，知才盛巷公舍门窗毁倒甚多，玻璃几于全碎。邻龙公馆一屋，屋顶为穿，左右炸弹各一，其南落弹尤多，而损失仅此，不可谓非大幸也。余书籍十箱于二十日移至才盛巷公舍外院东厢楼上，幸亦无恙。九时半归。读《典故纪闻》。十二时就寝。

二十七日　阴历二月初二日　晴　风

八时起。九时入校治事，传有预行警报，街中实无旗也。十一时公毕，与莘田欲归，又传有预行警报，出校门避者果纷纷于道。乃至味雅，各进面一盂，入校候之，不复归靛花巷。十二时十分空袭警报作，与莘田、矛尘、福田、耘夫出后门，北行至尹姓墓园，久之无紧急警报，席地假寐一小时许。候至三时，尚无消息，遂归新校舍。五时十分始解除警报，既无轰炸，复无紧急，不知何如是之迟。六时归。饭后欲往视力伯法表甥，而邵心恒循正来，谈至十时乃去，不果往。十二时就寝。

二十八日　星期五　晴　风

七时半起。九时入校治事。十一时归。十二时午饭，饭后忽传有预行警报，莘田入校以避，余意鸣空袭警报然后行。未几，叔范来告已解除，遂作昼寝。四时至甘美医院，视伯法伤势，知已经过手术，取出碎片，无脓无热，经过良好。至才盛巷公舍，查视一过，见蔡诱衷。才盛巷左右皆中弹，其南尤多。正义路近日楼之北破坏甚烈，护国门内亦同。似此次所炸为有计划之举，其区域在南屏街之北，正义路之东，金牛街之西，绥靖路之南。六时归。子水、立庵、心恒来谈。报载昨日敌机三十二架分三批来袭。第一批侦察机一架，十一时五分由河口侵入，三时四十分自原路出境，凡在境内四时三十五分。第二批轰炸机二十五架，在滇缅路西段投弹。第三批轰炸机六架，十二时四十五分自河口侵入，在迤南投弹，一时五十分出境，在境内一小时又五分。

二月份日机来昆明市轰炸者二次：九日、二十六日。敌机掠市空过而未炸者一次：十二日。闻敌机炸声而未见者一次：二十一日。有紧急警报而未至市空者二次：七日、二十二日。有空袭警报者一次：二十七日。有预行警报者四次：六日、十日、十六日、二十八日。共十一次。十二时就寝。

传单一纸①

三月

一日　阴历二月初四日　晴

七时半起。九时入校。十一时归。泰然得鲜鱼二尾，余请其

①传单粘于册内，其上有郑先生批注曰："中华民国三十年二月二十六日下午二时十五分，敌机轰炸昆明市东南角所投传单，李辑祥兄得以见贻。"参见书前插页最末一幅。

相让，晚间以飨客。午饭后小睡。三时复入校。樊逵羽际昌自重庆归，谈久之。六时约其来晚饭，并约雪屏，谈至九时去。逵羽谈叙永分校事甚详，似同人与金甫未甚融洽，然必谓不能合作，或有其他问题，亦不然也。大抵学校教授知行政困难者少，其所批评不免过高过苛，时间稍久，自能相谅，惟忌有人从中扇惑耳。客去。读《史记正义》。十二时就寝。

二日　星期日　阴

七时半起。昨日矛尘约今日下乡，已谢之矣。今晨莘田复以至岗头村为言，从之。偕袁家骅同缓步往，十一时乃达。午饭于孟邻师许。与饶树人谈理科购仪器最好能得美金若干，否则以市价兑之，本校之五六万元仅得二千馀金耳。与张岘侪谈四十周年纪念刊最好设法寄滇，分赠各著者。学校同人莫不关心学校，此最可喜之事。吾辈负行政责任，亦当虚怀竭力以副同人之所望。晚饭于矛尘许[①]。夜宿于公舍南屋，与吾宗秉璧联床。秉璧以昨日来访吴大猷。

三日　阴历二月初六日　阴

八时半始起。天阴，且在乡间，胆为之壮也。与孟邻师谈校务，并述树人之言。师允向清华及中美、中英两庚款请求借兑美金。熊子真先生薪拟改二百元，师亦许之。退以语树人，树人大悦。余谓，或言北大近来太消沉、太散漫，是固然也，但亦不必过事宣耀，只吾辈留意人才，校长活动经费，他日复兴，非难事也。树人大是之。午饭于孟邻师许。饭后诣膺中村寓，小谈。二时半偕莘田步入校，三时三刻乃达。六时公毕，归。天阴风大，又寒若冬令矣。十时半就寝。

---

①许　原脱，据文例补。

四日　星期二　阴　雨

七时半起。九时入校治事。中央党部派康兆民泽来滇视察，并报告解散新四军之经过，校中请其来演讲。自十一时至一时，凡二小时，述自二十六年七月以来共产党与中央之关系，在陕北及山西河北之情形，阎锡山诸人与共产党合作之结果，新四军之企图，中央以六日一月九日至十四日解散新四军之经过，新四军今后之企图，中外之舆论，阐述甚详。讲毕，偕雪屏归靛花巷，食牛肉。三时半偕入校。五时再偕雪屏冒雨至南城二元巷江苏饭店，松鹤楼旧址也。姚从吾、贺自昭麟约康兆民饮馔，陪座：燕召亭、田伯苍、王赣愚、陈大铨、王迅中、雪屏及余。康言最高统帅部视察，本年敌人尚有一二次进攻，最可能之目标为昆明，次则四川。此与前日孟邻师所述俞飞鹏劝联大迁川之言相合。康又言此次豫南大捷，由于统帅判断正确，知敌人之企图，命我军节节退避，诱敌深入，围歼之。故虽陷十馀县，而卒获大胜。又言抗战以来，中央于诸将宽严得中，宋哲元、张自忠之复弃敌来归[①]，由于中央引平津沦陷之责自负，而盛称两人委曲求全之功，此宽大之效也。韩复榘与刘湘合谋作乱，韩欲移兵汉中，刘印钞券数千万，中央知其谋，乃约韩至开封商军事。韩盛兵以赴，而委员长只身先乘飞机往，韩遂不疑。既抵开封，伪鸣空袭警报，韩之卫队相偕远避，遂逮韩于防空壕。韩既捕，使何敬之以告刘，刘遂畏惧以死，此严厉之效也。九时散，归。与锡予、从吾商谈研究生阎文儒往长安、洛阳调查事，及王以中任课事，复泛及研究所之研究工作，不觉至十二时，乃寝。

五日　阴历二月初八日　阴

七时半起。评阅诸生笔记。九时欲入校，已出巷口，念及明晨

---

①自　原作“志”，据《中华民国史·人物传》改。

将上课,不如阅尽再入校。复归。迄十二时,所阅未及半也。本年选课者百四十馀人,不惟评阅为难,讲述亦为难也。莘田女弟子张清徽来,晤莘田,留之饭,不允,去。日前谢冰心约其往重庆,余与雪屏力赞之。连日数向莘田言,期其必往。此为张君前途计、事业计,亦以离昆明为宜也。张君才华甚茂,至重庆,其所成就必远胜于在图书馆也。饭后小睡。三时半入校治事。六时矛尘、汇臣、雪屏同来晚饭,饭后小坐,去。评阅诸生笔记,迄十一时毕。与从吾、锡予谈研究所事久之。十二时就寝。

六日　星期四　晴　惊蛰

七时半起。八时半入校。九时上课,发笔记,未讲授。十一时归。连日阴雨,今忽开朗,莫不惴惴于敌机来袭,竟无之。午饭后酣睡至三时半,乃入校治事。六时归。九时江泽涵来,谈算学系事,知许宝騄有至四川大学之意,请泽涵力挽之。人才不易得,既来复放之,大不可也。警报不作已六日,或传英大使云此间态度不明,此谰言也。得潘介泉一日贵阳来书,谓今日可到昆明,将下榻于靛花巷,候至十一时半,未至,乃就寝。

七日　阴历二月初十日　晴

七时半起。阅讲述札记。九时入校授课一堂,课毕治事。十一时归。午饭后小睡。三时半复入校。六时归。随至西仓坡开常务委员会。九时半散,归。今日无要案,暑后大计,待月底讨论。叙永分校组织章程交余召集审查会。介泉已旋昆明,其二公子肺病已达二期,可虑也。十一时就寝。

八日　星期六　晴

七时半起。阅札记。九时入校授课。昨日莘田相告,清常上余班听讲,今日果见之。拟警告其勿来,余自觉浅甚,不足听也。课毕治事。十一时归。午饭后一睡竟至三时半。四时入校治事。

六时归。晚饭后与莘田约看电影。既出门,喜月色之光辉,往翠湖,缓步环湖半匝。至三牌坊,购茶叶,并合购奖券一张而归。抄旧作《张文襄书翰墨宝跋》,因卢吉忱逮曾在渝,办《文史杂志》,索稿甚急,继以质责,欲抄以贻之。未竟一页,已及夜午,乃寝。矛尘约明日下乡,允其有警报则往。

九日　阴历二月十二日　晴　风

七时半起。抄录旧稿。十二时午饭。饭毕,传有预行警报,盥漱未毕而警报作,与莘田、闲若许宝騄字闲若同出至北山山后第二山之麓周氏墓侧①,未闻机声,但有轰炸五六巨响,在西北方,甚远。其后遂不复闻,警报解除乃归。今日十二时五十五分空袭警报,二时四十五分解除,盖相距时间最短者。紧急警报未闻,或曰去空袭报仅十五分钟耳。六时抄旧文毕。雪屏来晚饭。从吾办联大三民主义青年团,甚著美绩,为中央团部所嘉许,但三数友好如锡予、莘田、寅恪均不谓然。从吾决辞,日前康兆民泽来,从吾推代者四人:查勉仲、马约翰、陈雪屏、伍启元,请择一委任。康及有关诸人皆偏重雪屏。今晨,康兆民约雪屏、从吾、自昭、伯苍游大观楼会谈,雪屏意未决。今晚来谈,欲提两点:一有随时请辞之自由,一须有全权不受干涉,然后担任。余谓为团计,余赞成其担任;为个人计,则不赞成。如任其事,则须将生活全部改变也。余不以提条件为然,但尚未向其说明。闻今日敌机轰炸安宁,共十一架,其一架曾至市空云。十一时就寝。

十日　星期一　晴　风

七时半起。八时半入校治事。十时半传有预行警报,十时四

①闲若　原作"咸若",本月十二日、二十二日、四月四日、五日、六日、七日、二十四日同,据一九四九年五月十二日俞平伯与柳亚子函内所列"杭县许氏昆季名字"改(参《俞平伯致柳亚子书札十通考释》,刊《文献》二〇一四年第五期)。

十分警报作，偕雪屏出新舍后门，欲往尹家坟，将及苏家潭。十时五十分[①]，闻紧急警报。遂转西，登小山，山近西门外之公路，但人少，亦甚妥。十一时五分闻飞机声，避于坑内。既而渐远，然未见其形。余立观之，又闻机声，方在寻觅，忽闻轰炸巨响，灰土陡起于东南，机声随止，不知向何处遁去，时十一时十五分。〔晚间，锡予言今日炸乾海子，凡八架云。〕久之，不再来，席地睡去。二时警报解除，归所。在山上，复与雪屏谈青年团事。余谓此事须其个人详密考虑。如作，即将生活完全改变，终身以之，不必提条件；如不作，则早辞之。此事应就本人自察，求之于人无益也。雪屏拟先辞，而后再定。四时更至校治事。六时归所。泰然作饺子飨余辈，余见其手伤，苦慢，忽兴至助之。此事儿时偶为之，三十年未作矣，竟不能成形，勉强助成二十枚。晚饭后洗衣一件。读《国语》。十二时就寝。

十一日　阴历二月十四日　晴

七时半起。八时半入校治事。十一时归。十二时饭毕，假寐。初惴惴于敌机之或来，入睡亦遂安之。二时半始起。三时入校治事。四时偕王明之检查校舍，图书馆及饭厅大梁须加附木，否则恐有倾覆之虞也。六时在校中理发室理发，六时半归。作书致孟真，请其代约寅恪先生来北大任教，并商觉明延缓至史语所事。致书沈肃文，劝其回北大。致书杨壮飞，通候。致书朱豫卿，唁其丁承重内艰。读《国语》，欲作《谥法为礼记之一篇今存于周书》一文也。十二时就寝。

十二日　星期三　晴　阴　雨　大风

今日为国父孙先生逝世十六周年纪念，校中放假一日。昨与事务组约今日种树于校舍。七时起。八时到校，事务组尚无人至。

---

①十　原脱，据上下文补。

月涵来，与之谈辞总务长事，坚留维持至暑假，并约五月偕其至叙永分校一视，余意维持至月底，未决。九时与同人执锄掘土，三举而手震指麻，竟不能起，改以锹移土，聊以示同劳作之意云尔。十一时种棕两围而归。余体素强，能操作，不自知荷耜易耨如此之无力也，更何足以语执干戈效命疆场耶？愧甚。归饭小睡。三时欲至大街，天忽阴雨，少顷雨止，出巷口，雨又至。四时半，云散日现，复出至华山南路、正义路、光华街，意欲在书店闲阅，而各书局均停业。经民生街、民权街，在在有轰炸残迹。转武成路至小西门，仅见书店一，均新书，无所得。由洪化桥翠湖北路玉龙堆归靛花巷，已六时矣。在翠湖见双虹，七色均备，美甚。晚饭后，雪屏、汇臣先后来，谈至十时去。莘田前日得家书，其夫人病甚，血压至两百以上，经放血三百 CC 始降至一百六十。莘田甚忧之。日来余与雪屏力主张清徽入川，莘田昨日亦赞成。适有人为张介绍龚君者，其人服务于中国银行，欲张亦同至银行。余昨奉莘田嘱，言之孟邻师，为作推荐书。事果谐，则张君可得归宿，岂非一大快事哉！今日雪屏晤莘田，适张君在座，雪屏因言女子终事献身事业之不易，意促其有所归，莘田和之，似可有所悟也。年馀以来，余婉转以语莘田者，即此意也。危言以耸莘田者，亦此意也。余平生最大快心之事，即为膺中夫妇脱辐时，余之所婉转陈词于其母子间者，余告膺中上为孝子，下为慈父，中为义夫。二十五年，膺中大病几殆，余独主迎其夫人归。当时虽莘田、石君犹不以为然。未几，其夫人自归，膺中病随愈。数年来，膺中之孝、之慈、之义，一一如余之所言。余深望莘田之能如余之所信所言而为，余之又一快心之事也。十二时就寝。夜大风怒号，兼有雨。

十三日　阴历二月十六日　晴

七时半起。八时半入校治事。九时授课一堂。教育部视察王衍康来。十一时半归。午饭后小睡。三时复入校治事。今日特忙,又有学生来请指导论文,几于舌敝口焦矣,盖不得水而饮耳。叙永分校来函,询总校汇款确数,闻方在查考支出帐目,望其无事也。六时归。莘田下乡至龙泉镇,锡予、从吾往宜良,觉明、恒昇、陈康、泰然、叔范外出,未入城。所中惟余与闲若,而闲若客来,又同出。一人殊闷闷,草论文未成。今日月食,初食在下午六时许,余七时半始见之,已退馀二十度矣。十一时半就寝。下午膺中来,值余入校,未晤。有函谓急需五百元,晚托叔范送往。昨日月涵相告,清华教职员每家加宿贴二十至六十元,北大经费无多。奈何!奈何!

十四日 星期五 阴 雨 雷

八时起。九时入校授课治事。与月涵商校务,十二时始归。归寓,膺中候于门首,告以乡居失火。详询之,知今晨膺中有课,昨日未下乡。晨课毕,步归岗头村,行至油库,遇章矛尘夫人,告其村中赁屋于六时半失慎,其夫人及其子由楼窗越火而下,衣履未及全着,室中箱只书稿全付一炬。火既盛,乡邻向其夫人理论,人多口杂,膺中夫人避入北大公舍,群众包围公舍,势甚汹汹。章夫人劝膺中勿入村,先至靛花巷候消息,膺中遂来此。值包乾元来,倩其乘车下乡探视,尚未归。膺中态度甚镇静。余留其午饭,饭后相与对坐。二时半乾元偕膺中子式刚来[①],告以包围之群众已退,但由孟邻师保证,膺中夫人不能他往,起火原因未详。式刚闻楼下人声醒,全楼已漫浓烟,下楼察视,楼梯已火光上窜,急上楼,欲挪箱只,箱重不能下。时火已入屋,式刚自梯冲火下,其母自窗下。房主与乡邻疑火起由于罗家女仆,欲投之火中,女仆逃避,遂包围膺中夫人。膺中夫人避入北大公舍,复包围公舍,聚众数十人,孟邻师及

---

①式 原作"士",本日后两处同,据一九四二年十月二十六日日记改。

君亮制止无效,及保长来,始散去。乾元并携来廉澄书,慰膺中无焦急。三时膺中父子归兴华街寓所。少顷,孟邻师至,知今日情形甚险。如无乡绅曾君,恐将酿大祸。师来城,向警务处主者言之,请保护罗夫人,并保护公舍。师谈至六时,去。雪屏、矛尘来。饭后,汇臣来谈,九时偕去。天大雷雨,欲草文稿,未写数行。膺中之镇静由于素养,此大可佩服者也。十二时就寝。

十五日　阴历二月十八日　晴　阴

七时半起。八时半入校治事。九时授课一堂。十一时散,归。君亮托乾元携信来,约晚间至才盛巷商膺中事。午饭后小睡。三时复入校。五时君亮来,与汇臣共拟致县政府报告膺中夫人被包围情形及孟邻师担保经过公函,并告以膺中夫人因病须入城治疗。约君亮来晚饭。谈及昨日罗太太之往公舍,盖由蒋太太、章太太所邀请,既被围,同人中有深表不满者,有恐惧避入防空洞者,有藉故避入城中者,有口示关切而心意不然者。舍中惟馀君亮一人,其后乡长、警长先后至,势尤刁恶。闻之深慨人情之薄。又云昨日之火,乡人环视不救,幸南菁全体学生出动泼灌,否则全村有灰烬之虞。七时半至才盛巷,膺中已先至,共谈善后之策。八时廉澄来慰膺中,与诱衷往观剧。十时孟邻师来谈,众意相若:一、不教女仆供词,令其实述;二、希望由行政机关解决;三、刑事民事在法律上虽不负责任,但须予房主以抚恤。十时半步归。十二时就寝。

十六日　星期日　晴　阴

八时起。九时二十分独步至岗头村,十时四十分达公舍。知昨日县政府有命令,禁乡民无理取闹,并保护膺中夫人,此事已可入正常状态,静候官厅解决矣。欲往观火场,未果。〔今日十二时有预行警报。〕午饭于孟邻师许。下午装钉二十七年以来日记,本用散叶,虑其散失,用旧法以纸作钉缀之,仅成两年,每年分四册。

余读书所得,既不全入日记,而生活又无可存可传可惊可歌之事,存之无益,但日日之心血,不忍弃尔。整理讲述札记。五时二十分,偕逵羽步归。日暮趱行,一小时而达。晚饭后诣膺中,以今日下午与君亮所商之呈文交之,请改正后明日投之县政府。膺中乡居之楼下有汽油多箱,为扬子公司所藏,前日之火所以顷刻成灾者,悉由于此。闻其公司反噬索偿十八万,亦欺人太甚矣。今日呈文,盖详述其存储情形。灾后与膺中晤三次矣,谈笑自若,镇静可佩。十时半归。倦甚,即寝。莘田今日自龙头村入城。今日依清华办法计算北大同人房租津贴,月需三千二百元,年需三万八千四百元,此非北大财力所胜也。与孟邻师商,拟在联大经费中北大薪俸预算内支出。

十七日　阴历二月二十日　阴　雨

一夜美睡,醒已九时半矣。盥洗毕,逾十时。莘田共作长谈,遂不入校。张清徽女士已改入中国银行服务。余初以其与莘田过往甚密,两非所宜,值谢冰心邀之赴渝,力赞之,言于莘田者数矣,盖为其个人前途计,为其事业计,均以在渝为善。莘田于赴渝一事不愿有所主张,而其人于此亦似淡漠,有赴大夏大学教书及入中国银行之意,两者均非策之上者。然其弟清常与莘田并言于余,欲求孟邻师一札,介绍中国银行沈天梦,谊不便辞,而事竟成。事后始知龚某早为安排妥当,但假师函为对内之具耳。龚某既有所图,莘田知之不无郁郁。而张女士亦以事之至此,盖由于余与雪屏相逼太急。然吾辈之意,不仅为莘田个人、莘田家庭计,且为张之前途计也。莘田偶述及与张君之情言雅谑,其亲昵实远过于友辈,然各能守以清白,此求之古人亦不易多得者,甚可佩也。午饭后小睡。三时入校治事。六时归。大雨,有电雷。翻阅《汉书》。十二时乃寝。

十八日　星期二　阴　雨

七时起。八时入校。昨日为学生贷金事不能入梦。此事本无预总务处，然勉仲入渝，逵羽新归，雪屏代理，若不代筹善策，一旦溃决，恐难收拾。当拟两议：一、饭食费用标准数定为二十四元，食米照二斗一升计，米价每石超过五十元者，由政府津贴；二、饭食费用标准数与食米津贴合计作为三十二元。八时入校，以语雪屏，雪屏以为然，以语月涵，月涵亦韪之，乃电部请示。十一时归。午饭后小睡。三时复入校治事。六时归。夜未出。偶读《后汉书·和帝纪》章怀太子注曰："伏侯《古今注》曰：'肇之字曰始，肇音兆。'臣贤案许慎《说文》肇音大可反，上讳也。但伏侯、许慎并汉时人而帝讳不同，盖应别有所据。"案段氏《说文注》引此"大可反"作"大小反"，以为"伏侯作肁与许作肇不同，和帝命名之义取始。肁者，始开也，引申为凡始，故伏云讳肁而易之之字作始。实则汉人肁字不行，只用肇字，训始。如《诗·生民》传、《夏小正》传可证，外间所讳者肇也，故许云讳肇。此则伏、许不同之由，章怀之所疑，而今日《后汉书》正文作肈，讹也"。段氏删支部之肈，存戈部之肇，是也。然许氏本无反切，世传大徐遵孙愐《唐韵》补之，章怀太子在徐氏前而引《说文》，已有反切，且在"上讳"二字之上，段氏于此并无所疑，何也？又今本《后汉书》正文亦作肇不作肈，不知段氏所据何本。十二时就寝。闻勉仲今日下午归。

十九日　阴历二月二十二日　晴

七时半起。八时半入校。欲晤勉仲，值其已离办公室。与月涵商房租津贴事，告以北大实无自任此款之力，月涵亦谅解，允在联大支出，但三校须一致耳。关于发给办法，余意改为教职员本人每人二十元，直系亲属每加一人加五元。或教职员本人有家室者二十元，无家室者十元，每子女一人加十元，以四人为度。此两法均与清华原定办法不同。清华办法为每家二十元,加子女一人加十元,以四人为限,不结婚者不给。照第一办法,年富而人少者有利。第二法则年长子女多者有利。然就全校言,年富者大都薪低而堂上存,故第一法最公允。若原定之办法,将使青年新进益感压迫矣。月涵甚韪余议,命依两法各作预算,提下午会议。十一时归。作房屋津贴预算。照第一法月需万九千馀元,年需二十三万馀元。照第二法,月需万五千元,年需十八万。三时入校。四时开造报财产目录谈话会,到会计、事务、图书三主任,余主席,胡蒙子记录,决议照会计主任所拟办法,限四月十日前造齐。六时至西仓坡开常务委员会,决议学生贷金改为三十二元,教职员津贴照余之第一法办理,改名生活津贴。十一时散会,归。十二时半就寝。

二十日　星期四　晴

七时半起。八时半入校治事。九时授课一堂。十一时至地坛,晤从吾、子水,谈研究所训练问题。偕子水穿昆中归,见行人纷纷,知有预行警报,急归所中用饭。饭毕,卧床读报,不觉睡去,醒来已三时,不知预报何时解除也。四时半入校。六时至逵羽处晚饭。十时半归。十二时就寝。

二十一日　阴历二月二十四日　晴

七时半起。九时入校授课一堂,毕,治事。十一时半归。昨日敌机至边境侦查,群以为今日必来轰炸,竟无之。午饭后作昼寝片刻,此成例课矣。三时入校治事。晚与逵羽、正宣宴澄江绅士段、吴两姓。去岁校中定议迁澄,两家颇多为力,日来到昆,故设宴款之。原定七时,候至九时半始入座,段姓终不至。席散,逾十一时矣。外县恶习,如是如是!归所即寝。

二十二日　星期六　晴

七时起。八时入校治事。九时授课一堂。十一时归。午饭后小睡。三时入校，与逵羽、勉仲商学生贷金事。贷金初由教务处管理，继由训导处与教务处会管。星期三决议贷金办法后，教务处已着手办理矣。昨日月涵忽令三处共管，今晨勉仲复言之，并定下午开会，乃同会于总务处，决定发给办法及领款证格式。会毕，余语两君贷金事仍以一处专管为宜，盖学生通病，在喜无中生有，拨弄于两者之间，若有三门，将益增其施技之机矣。两君以为然，今后拟仍由教务独任之，而训导、总务助其成。六时归。饭后心恒来。八时偕心恒、莘田、闲若至南屏加非馆进加非，欲至南屏戏院看电影，以客满归。十二时就寝。

二十三日　阴历二月二十六日　微阴

七时半起。雪屏来。九时半偕雪屏、莘田步行至岗头村。午饭于矛尘许。晚饭于孟邻师许。打牌小胜。夜宿于公舍南屋。

二十四日　星期一　晴

八时起。整理讲演稿，备授课之用。午饭于孟邻师许。二时偕莘田步入城，回研究所。盥洗后至才盛巷公舍，孟邻师招待北大全体教授茶会，枚荪、自昭各有报告。自昭述奉化之人格思想甚详。七时散会。偕莘田至南屏看电影，以过早在加非室进加非，晤李文初小谈。出加非室，在街间散步。九时一刻，始入南屏。戏名《女人》，全剧无一男子。演一人有外遇，遂与其妻脱辐离婚，其妻既离去，与女友度枯寂之生活。其夫与外妇结俪，家庭亦无乐趣，其女尤苦。既而二人各有悔恨，遂复为夫妇如初。剧中于女子讽刺甚至，而于继母与前子不能睦，描写尤细，佳片也。剧散，与莘田在仁和园进米线二盂而归。路中以影片感想询莘田，颇与余殊。十二时就寝。

二十五日　阴历二月二十八日　晴

七时半起。八时半入校治事。十一时归。饭后小睡。三时复入。六时归。七时诣月涵晚饭之约,座有任叔永、樊逵羽夫妇,及李润章、查勉仲。十一时始散,归即寝。

二十六日　星期三　晴

七时半起。八时半入校治事。与逵羽、矛尘商改叙永分校组织简则。十二时归。饭后小睡。五时至西仓坡开校务会议,讨论重要问题有二:一、分校设立问题,一、联合招生问题。第一问题有两议:甲曰本校以不设分校为原则,张奚若所提而陈福田修正者也;乙曰本校为预防时局变化,吸收东南学生,应设分校,周枚荪所提而罗莘田修正者也。赞成者各七票。余主甲说,盖以联大实际情形而论,人力财力,均无此馀力也。若全校迁移,余并不反对,若专为一年级生而设分校,至二年级复还昆明,则每年消耗于旅费者须二十馀万,何若以此用之于设备乎?第二问题亦有两议:甲曰本校应单独招生,提议者樊逵羽;乙曰本校可与中央、浙江、武汉三大学联合招生,提议者钱端升。赞成者各八票。余主乙说,亦以单独招生用费多,且不易周遍也。第一问题讨论约三小时半,第二问题讨论约一小时半,势均力敌,竟无决议,此从来未有之趣事也。十一时散会,归。十二时就寝。

二十七日　阴历二月三十日　晴

七时半起。八时半入校治事。九时授课一堂。十一时归。饭后小睡。三时复入校。四时至师范学院附属学校开茶话会,月涵报告校务。六时散会,归。七时至逵羽家,余偕莘田、矛尘、汇臣、雪屏假其地以宴孟邻师、月涵及逵羽夫妇也。十二时归,随寝。顾一樵次长来电,教育部八十万美金设备费联大分得三万八千元,又部定教职员自一月起,加津贴三十元。

二十八日　阴历三月初一日　晴

孟邻师以今晨飞渝,太早,不及往送。七时起。八时入校。九时上课一堂。十一时归。三时半赴陈序经茶会，六时归。一周来日日有会，几于一字未读矣。晚邵心恒来，谈甚久。十二时就寝。莘田语余三事，皆外间传言也。一曰[①]。凡此皆余所不知。异哉！异哉！

二十九日　星期六　晴

今日放假。八时半起。补日记。午饭后昼寝至三时半。偕莘田至金碧路购皮鞋，一双价一百三十元，可畏哉！六时归。晚饭后再偕泰然、叔范至三牌坊，欲至太华洗澡，值炉毁不得热水，乃归。在夜市购袜一双，价四元。九时归。草论文。十二时就寝。

三十日　阴历三月初三日　晴

七时半起。草论文。九时许，包乾元来，告以昨日岗头村发生事故，树人责车夫老徐，老徐欲辞去，现已过去矣。十一时许，老徐来，谓昨日戴家女仆泼水于地，老徐不察，竟致滑跌，遂与女仆发生口角。树人闻之，责其不应大声呼喊，命其他去，故拟辞去车夫工作，其言较包乾元为详。余询以曾否与树人回嘴，据称无之，余告以不得再与院中同住寻事，校长方赴渝，不得即去，应俟校长返昆再谈，老徐乃去，以为无事矣。饭后而睡，三时醒。景钺来，携枚荪函，谓老徐不服树人制止，反报以恶声，激动公愤，咸主革退其人，嘱余即办。余询之景钺，知老徐且有动武之意，此亦太可恶矣！余告景钺必先令其不下乡，然后去之。并与景钺谈校事甚久而去。汽车司机固难得，而教授尤为学校之主干，教授与职员争，余向主右教授而抑职员，况教授之主去一车夫乎。然余雅不欲对此辈小人作操切之举，拟荐之他去，以免有轨外行动。晚饭后心恒来约莘

---

①"一曰"下文字为郑先生以墨涂去，约三十馀字。

田与余同出观剧，至东寺街西南戏院，无坐位。同至南屏观电影，并进加非。十一时归。十二时就寝。

三十一日　星期一　晴

七时半起。八时入校。召包乾元，告以令老徐不得至岗头村，蒋太太如用汽车，可雇替工代开，并嘱其先告枚荪、树人。十一时归。包乾元来告蒋太太三时入城来谈车夫事。饭后小睡。三时蒋太太来，谓村舍同人有意与之寻衅，非专为车夫也。往时老金在公舍叫嚣，远过老徐而无人止之。今于老徐，不惟责之，且斥革之，并不以语蒋太太，是意在辱其主也。余反覆解释，终不释然。且曰苟学校必斥革之者，私家当仍用之，不复支学校工资。余告以此可不必，余亦无用斥革方式去之之意也，且校长不在昆，不宜使外人作谈料也。蒋太太去，已五时，不复入校，意殊闷闷。若以数教授之力而不能去一车夫，则成何体统。若学校去之，而私人用之，将益生纷隙。史称房杜相业，在辅赞弥缝。近来北大多事极矣，余每事弥缝，终难全济，岂才之不逮古人，抑德之不足以服众耶？晚唐立庵来。陈雪屏来，留饭。十二时就寝。

三月敌机来轰炸昆明近郊者二：九日、十日。有预行警报而未至者二：十六日、二十日。

毅生兄：

昨晚九时左右，校车司机老徐与某家女仆发生口角，高声骂人，在院中来往叫嚣，历数分钟不停。树人兄不耐嘈杂，启门责诫，该司机不服制止，反报以恶声，竟谓“不吃你们的饭，你们管不着”。因此激动公愤，认为北大办事处应即革退该司机而另行雇用。此事发生于孟邻先生不在此之时，为曾穀夫人招致不便利，并在兄百忙之中为添麻烦，同人自然抱歉，然为事势所驱，不容已也。请兄代表办事处迅予处置，藉以挽回

风纪。至某家女仆,其主人已决定立予停用矣。耑此即候
日祺!

弟周炳琳上,三月卅日。

四月

一日　阴历三月初五日　晴

七时半起。八时半入校。昨日下午未入校,不知今日举行月会,逵羽、勉仲亦不知。月涵询及有何节目,遂急与两君商之,定为逵羽报告分校情形,勉仲报告贷金办法,并发给青年号献机募捐奖旗。最后又发觉未通知各教授停课,急补之,不免忙乱一时。十一时半归。饭后午睡。三时复入校。四时半举行月会,六时会毕归。晚饭后心恒来。八时至才盛巷公舍取书,学生欲借阅《清史稿》也。晤唐立庵、章矛尘。十时乃归。十二时就寝。

今晨月涵告以毕正宣欲请假北返,下午正宣又亲来请假。余告以三事:一、为学校计,不便允其请假;二、为其私人计,劝其不归,恐其归于自由有碍也;三、为其家庭计,自以归视为宜。近日毕为旅费报销及修缮新舍屋顶均为余所驳,不无怏怏。毕果请假,事务主任当先自兼,稍缓以畀沈肃文。

二日　星期三　晴

七时半起。八时半诣陈序经,商新聘教授起薪办法。前次常务委员会推余与逵羽、序经拟定而未定,召集人今晚须提会讨论。余乃拟定三条,与两君商之,幸均赞成。九时半入校治事。十一时归。饭后小睡。三时复入校治事。六时诣西仓坡开常务委员会,先聚餐,八时开会,十时散会,归。莘田来,久谈。十二时就寝。

三日　阴历三月初七日　晴　大风

七时起。八时入校治事。九时授课一堂。课毕,治事。十二时始归。午饭后与锡予谈岗头村事,惟叹息而已。上策其分公舍为二乎?昼寝。三时半复入校治事。六时偕汇臣诣雪屏,不值,遂至逵羽家。矛尘、雪屏、蒋太太继至。食炒面毕,蒋太太去,余等乃作番叶之戏。十一时归。蒋太太谈及岗头村事,意犹悻悻,有必欲一闹之势。余等力劝之,蒋太太坚持车夫不能去。归寓后即寝。

四日　星期五　晴　大风

七时起。八时半入校。九时授课一堂。十一时归。邵心恒来。包乾元来。十二时饭毕。吴乾就来。一时昼寝,三时乃兴。连日夜眠少而昼寝长,幸无警报,否则将不支矣。与莘田、闲若谈。四时入校治事。五时半归。矛尘来。七时研究所请袁家骅讲演语言研究方法。余未往听。九时家骅来。十一时半就寝。

五日　阴历三月初九日　晴　清明

七时起。八时入校治事。九时授课一堂。十一时与矛尘谈甚久,同来所中午饭。饭后,矛尘去。小睡。近日校中无事,初意不入校。下午作半日睡,睡不足一小时而醒。卧读日报、杂志。晚饭后至绥靖路理发。临近诸店并无馀位,不觉远行,非有所择也。事毕,归。读《国学季刊》第一卷,录清太宗以七大恨伐明榜木刻原件,未竟。与莘田、闲若谈。十二时就寝。

六日　星期日　阴　夜雨

七时醒,天阴复睡,起已九时矣。录木刻七大恨伐明榜全文。午饭后小睡一时。二时十分独往岗头村,三时十分而达。晤枚荪、树人、景钺,谈车夫老徐事。前日闻其归公舍数日,诸公忿然。余恐更酿事端,特往视之。值其已去,枚荪意可由校开除,余告以欲他荐之故,并谓此事全由余负责,倘有处置未善,请以责余,盖恐诸人归咎蒋太太,更生枝节,贻人话柄。四时半归,孤行疾步,五时二十五分抵寓。为此小事,半日之间往返二十里,自愧,亦复自伤。余少时虽尝有志事功而不愿一离简册,自稚眉夫人之逝,益思以学问自见。事与愿违,久羁俗绁,长此蹉跎,更何以传绝学、立修名哉!其速辞职,努力学问。晚饭后与莘田、闲若略谈。十二时就寝。

七日　阴历三月十一日　阴　雨　雷　晴

七时起。沉阴,有雨意。八时半携伞入校治事。十一时雨,张伞归,途中雷电杂作。午饭后小睡。三时入校,已放晴矣。六时归。晚饭后邵心恒、王宪钧来。八时相偕至翠湖步月,并约莘田、闲若环湖两匝,并游人鲜到之地,一处阻水,竟越石霤水而涉,可谓豪兴矣。随至劝业场东廊嚼芬坞食汤团而归。检《晋书》《世说》,备草文。十二时就寝。

八日　星期二　晴　大风

七时起。八时半入校,与勉仲、尹辅、耘夫、逵羽商贷金发给办法。未竟,传有预行警报,时约十时许。十时半闻飞机声,余以为我机上升备战也。语逵羽,今日必可予敌以重创。或来告飞机仅一架,似系敌侦察机,余未敢信。十一时归。时预报未解除。十一时半午饭。与莘田、泰然饭毕,坐候办公室内。十二时十分警报作,偕莘田先行,贯云大校舍,北行,越北山,经苏家村,登山麓,坐于某姓墓侧。十二时四十五分,紧急警报作。适陶云逵来,共觅一深坑,入坐于内。一时闻飞机声自南来,重浊可畏。伸首外望,列阵甚长,急伏于坑底。轰炸声久而密,若倾筐、若擂鼓、若远雷,更有飞哨声,知附近有弹下落。随见敌机掠余辈头上而北,余仅见其九,莘田则见二十七架也。敌机既过,起而南望,灰土弥漫,知在城内。北门巍然,知靛花巷无恙。稍坐更望,灰土为风散而东,有三处黑烟怒起,最南一处尤炽,盖火发也。最北一处甚似校中新舍,心忧之。已而风益烈,烟益浓,火亦益盛,红焰可望。云逵先行,余与莘田坐谈,久之乃归。至新舍,知无事。四时半解除警报,与莘田偕还所,遇老李于巷口,谓所中落炸弹碎片甚多,举一最大者相示,长逾六寸,宽八分,厚三分。及暮,全城无电灯。晚饭后与莘田、锡予踏月巡视灾区。自青云街西首至翠湖东路英国领事馆前,树倒墙蚀而无弹坑。转青莲街至华山西路永历帝殉国处之旁,瓦砾狼藉,似有炸弹至。华山南路转正义路,电灯已明。南行至五华坊口,有水龙横阻,不得南。汇康商店左近失火,尚未全熄,退至华山南路,西行至武成路,亦不得西。乃循民权街南行,至民生街西行,至福照街北行,随处均有轰毁惨迹。至福照街北口,又不得过。北望劝业场,火光熊熊,昨日食汤团之地已为灰烬矣。退而南行,经五福巷西行,经平安街三转湾小富春街而至大富春街逵羽家。传其地亦被炸,实则非也。落弹在小富春街偏东,余所未经。与逵羽夫妇略谈,归。循大富春街北行,经洪化桥转翠湖北路,沿湖堤归。靛花巷北路西仓坡口亦有落弹。今日敌机所经区域较历次为广。炸后起火,必有烧夷弹。各处被炸,未见落地遗迹,疑其有空中爆炸弹。敌之残虐蔑理于此见之,然其伎俩亦仅如此而已。状虽似可畏,实无足畏,更不足影响国人同仇之忿也。归后仍无灯,早睡。

九日　阴历三月十三日　微阴

七时半起。八时半入校治事。十一时归。饭后小睡。三时与从吾谈甚久。五时始入校,校中电灯已恢复。六时至西仓坡开常务委员会与校舍委员会联席会议。九时散会,决议在郊外觅校址。西仓坡电灯亦恢复。归后,所中仍无灯。与莘田、宝騄杂谈而寝。

十日　星期四　晴

七时起。包乾元来,携到孟邻师三日自渝来书,有倦勤之意。八时半入校治事。九时十五分上课一堂。下课,闻有预行警报。

十一时治事毕,欲归,矛尘止之。余恐同人之相候,仍归。午饭毕,不敢寝,倚坐读《续水浒》。一时二十分,闻锣声、钟声、人声杂作,传有警报,遂与高华年同出。至云大,警报作,以为紧急警报,疾步而行。遇游任逵,偕行翻山而进。崎岖甚,不若往时循山麓之坦平。至所谓一线天处,坐于山沟下闲谈。高华年,吾乡南平人,从莘田学语言;游任逵,浙之瑞安人,史学系学生,皆少年笃学之士,谈甚畅。候至三时,渺无声息,乃下山缓步回校。半途解除警报作,时三时半。入校治事至五时半,归寓。矛尘偕来晚饭。寓中仍无电灯,以菜油灯一、洋烛一合照,苦甚。从吾谈北大史学系事甚久。十一时就寝。今日敌机九架至个旧,未轰炸。

毅生兄:

此次司机与院中同仁冲突,闻之心甚不安。曾榖受刺激太深,如愿来重庆小住数月,亦是散心之法。弟思岗头村杂居局面,不可以久。请属工将两院隔开,另开前后两门。汽油库应隔过来。为前院另开一后门。走路太狭处,可用草皮填阔,好在沿岸有树,在树与岸之间,可以承草皮(即铺花园草地之方块草皮)。两院可完全隔绝,后院独门出入。车房可在后面租一块小地另建,以免汽车出入,扰动前院。此事望兄即办。工人可向马宅借用。司机暂避,工资等应照发,外面可说已走了。弟并非惜一司机,实在找人不易。一两月后再回来,同人气已消。况院子已隔开,不致再发生冲突。如彼时再相迫,则弟可挂冠以去。德薄能鲜,学校不能办矣。但现在不可不顾同人之面子,恐外间将以弟重车夫而薄同人也。此请即安。

弟梦麟上,四月三日。

十一日　阴历三月十五日　微阴　晴

七时起。预备功课。八时半传有预行警报,遂入校。九时一刻授课一堂，课毕治事。十一时归。邵心恒来，午饭后相与杂谈。一时半闻预报解除。〔本日敌机九架，在马关投弹。〕小睡。三时半入校治事。五时半归。雪屏来晚饭。八时偕雪屏、莘田往翠湖步月。九时归。所中仍无电灯，不能读书，略写日记。十一时即寝。

十二日　星期六　晴

昨夜不成寐，念二十七年在蒙自，煤油灯一盏，往往读至深夜。又龙泉镇诸人亦以菜油灯夜读，今谓无电灯不能读书，盖自弃之遁词耳。于是奋然而起，挑灯复读，及倦乃寝。今晨七时起。读讲稿。八时半入校。九时一刻授课一堂，课毕治事。与月涵商预算、工资诸事，十二时半乃归。今午王守竞函约往中央机器厂参观。昨与勉仲谈，颇欲一往，今日与月涵谈较久，饭毕已一时矣。又倦欲眠，竟不果往。一时半忽传预行警报，又不果睡。二时传已解除，值心恒来谈，不及作昼寝矣。写日记。六时勋仲来，畅谈留饭。饭后偕勋仲至护国门，经青云街、正义路、绥靖路，见八日所炸遗迹，殊惨。至护国路北口，一片瓦砾，盖二月间所炸。久未经其地，今始得见。自护国路至文明街，游夜市，与勋仲各得图章一方，转道福照街、劝业场、翠湖北路而归。劝业场两侧及城隍庙惟馀灰烬，惨目伤心。勋仲云："重庆处处如此也。"不禁忿然。十时归。电灯已明。作书上孟邻师，略谓近顷校中虽称多事，实余之失职所致。来日大难，尚非长者高蹈之时。上午雷伯伦约清华大学纪念日演讲，以无相当题目，未敢承。十二时就寝。

十三日　阴历三月十七日　阴　雨

晨起甚晏，已九时矣。作书致孟真。卢逮曾寄来稿费六十元，酬《张文襄书翰墨宝跋》一文也。午饭后小睡。四时半偕莘田诣膺中，六时归。晚饭后草文稿。十二时就寝。自昨夜大雨，竟日未晴。心念新舍茅屋，不知又漏多少。

十四日　星期一　阴　雨

七时半起。八时半入校治事。十一时归。午饭后小睡。三时复入校治事。六时归。晚饭后作书致邓恭三。今日时雨时止,校中茅屋漏者甚多,心甚不宁。古人之己饿、己溺,想像得之。锡予自宜良回,谈甚久。欲草论文,未果。十一时半就寝。

十五日　阴历三月十九日　阴

七时半起。十时许入校。出门至巷口,见预行警报旗,归。语同人,复入校。十二时事毕,归,预警尚未解。少顷,午饭,饭后传解除矣,乃小睡。三时半至拓东路工学院办公。自去年暑假后不往工学院半年馀矣。今定每星期二下午一往,即从今日始。六时归。至才盛巷取书,仅晤濯生一人。归饭。雪屏来,谈至九时半去。欲作书致寅恪,未成,难下笔也。北大亟思寅恪来任教,处此合作局面,不便言,又不忍不言,且言之不当,寅恪且将不复来也。十二时就寝。

十六日　星期三　晴　云

七时半起。九时入校治事。十一时开会讨论卫生事,一时始毕。偕勉仲归,已饭毕久矣,炒饭而食。二时半闻预报,随即解。五时入校治事。六时至西仓坡开常务委员会。今甫来信,谓分校委员会以总校同人有疏散津贴,认为不公,已自定单身津贴二百元,家眷津贴四百元,月涵大怒。昆明同人实无此津贴,而叙永自定,亦违法也。九时半散会,归。与锡予、从吾作长谈。十二时就寝。久不悬腕作字,今日日记悬腕写一行半,竟不成形,手酸且倦矣。

十七日　阴历三月二十一日　阴

七时起。预备功课。九时入校治事。授课一堂。十一时归。午饭后大睡,四时乃起。再入校治事,六时归。读《明史纪事本末》，备讲述之助。十一时就寝。再悬腕作字，仍不成形。

十八日　星期五　雷雨

七时起。读讲述札记。八时半入校。九时一刻授课一堂。下课甫入办公室写条子，未毕而警报作。余上课未知有预警，竟不敢信，细辨之，果然。时方十时，偕逵羽、勉仲、耘夫诸人至尹家坟后，遇岱孙、企孙、福田、泮芹诸公，坐而闲谈。少顷云起，有雷，或以为远道轰炸，实非也。又似有紧急警报声，亦非也。十一时五十分，紧急警报作，城内与马街子两地交鸣，其声惨厉。其时乌云四合，雷电交作，大雨如注。余未携伞，未着雨衣，福田以雨衣遮余头，达源复以伞张于上，幸免于湿。已而雨益大，地不可复坐，余急避入附近一洞，村民所掘者也。逼仄有泥，然可无渗漏之虞。村民以上座相让，意至可感。约一小时，雨始止，衣幸未湿而污秽不堪矣。随至地坛。二时警报解除，归。今日衣薄卒雨，又避居小洞，寒甚，恐染疴，归寓以热水洗足[①]，拥被而卧，未至校。晚饭后与莘田略谈。十时就寝。

十九日　阴历三月二十三日　晴　有云

七时起。读讲述札记。八时半入校治事。九时一刻授课一堂，下课闻有预报。十一时公毕，欲归，矛尘阻之。随遇莘田，亦以预报来校，劝余无归，允之。十一时半，同至京沪食堂午饭，菜未至，警报作，时十一时五十分，与莘田同至尹家坟后。福田、端升已先至，谈久之。未闻紧急警报，席地假寐，二时半解除乃归。昨日敌机三十七架，分六批炸开远、蒙自、建水，今日不知又轰炸何地也。路遇潘介泉，偕来，作竟日谈，晚饭后始去。读《吴窓斋尺牍》。十二时就寝。今晨稚眉夫人入梦。

---

①原于“归”下衍一“归”字。

二十日　星期日　阴　谷雨

六时半醒。读《清史稿》。八时起。九时半偕莘田步至岗头村,检札记并订日记。枚荪以司机事为言,主速去之,谓树人意在北大八九年,不如一司机之重。此非也。〔本欲与枚荪详谈,值其有事,未果。〕余盖最尊教授者,但恐真由学校开除而成私家仆人,则同人之受辱、余个人之受辱、学校之受辱更胜于目前之情状也。故先停其职,并停用汽车,使其移出岗头村。委曲求全,实为同人计,尤为学校计也。如此,如同人犹不见谅,亦惟听之而已。四时半复偕莘田步入城,六时抵所。倦甚,九时半就寝。

二十一日　阴历三月二十五日　晴　阴　雨

五时半起。七时入校,前日与月涵商,近来警报频繁,且在十时左右,拟将办公时间改为七时至十时,以免旷费。月涵以为然,定自今日始,到校始知月涵手谕自后日始也。得枚荪十九日书,复之,略曰:"十九日手书奉悉,甚感甚谢。此事弟非在拖延,盖求所以尊敬同人、爱护学校之道,不幸而措置不当,愿独负其咎。前日与兄谈,将此事交之学校,不使牵涉,亦此意也。"书毕,托大猷带之乡间。至地坛,检读日本新出书报。九时复入校。包乾元来,谓廉澄向之探询余对司机事件之意向,并有危词恫句。昨日与莘田步归,莘田亦云廉澄向之探询,然廉澄与余久谈,并无一语及此。此类危恫之言告之乾元,必达于蒋太太,徒增余处理之困难耳。不知其果何心意。十时半,光旦来谈,至十一时十分。欲同至校门前食面,行至院中而空袭警报作,遂同至校舍后山尹家坟,岱孙、福田、雪屏、霖之诸人均至。十二时许,天忽阴,乍晴乍雨。幸携伞,雨复,暂无前日之狼狈也。候至二时,若无影响,阴云渐合,相偕归。行至苏家潭,大雨,避于树下,稍停,乃往地坛。三时十分解除警报,归。晚朱物华来,谓今日敌机轰炸个旧。十一时半就寝。

毅生兄：

革退司机事，望速办。据弟观察，如俟至孟邻先生回来后，仍发见此人开北大校车，可因小事为吾校招致极不利之大事。请当机立断，勿谓尚可拖延。抑可即解决之事，而必延至孟邻先生回后始谋解决，亦非所以爱护孟邻先生之道。至曾榖夫人不明事理，同人等自存惋惜之心，然不能听其害事也。所见如是，率以奉陈，唯吾兄察之。嵩渺。

即颂

日祺。

弟周炳琳谨启，四月十九日。

二十二日　星期二　晴　微云

七时半起。八时半入校治事。十一时公毕，以有预警，未即归。耘夫约至京沪面馆午饭，从之，矛尘、恒昇偕往。饭后至德兴茶馆饮茶。二时归新校舍，遇枚荪，约三时作长谈，余以为昨函之故也。及来，始知今晨枚荪与蒋太太又有误会，昨日余告包乾元派工往岗头村估工价，欲将汽车间划为独立，与内院隔离。孟邻师前函移车房于院后并别开后门，以期减少纠纷，意甚佳，而实际上诸多困难。余意后门不另开，院中不隔墙，而将车房隔离，以免汽车出入扰及同人。隔离之法有二，或以土基，或以苇杆，并未定。议命乾元先为估计，以便决定。今日乾元率工往估，院中廉澄、大猷以为其议出之蒋太太，枚荪遂向蒋太太谈其不妥，并询此议出之于谁。蒋太太告以蒋先生来函，由余派往。枚荪以告余，余以经过具告之，并谓同人意见直述于学校，其道最善。余所最惧者，同人有所见，不以告之学校而窃议于后，阴黠者复造作莫须有之词以耸人听也。与枚荪且行且谈，至北门公路而别。归。晤锡予，以此事告之，并拟作函致岗头村，说明包乾元由余派往之意。锡予谓恐同人未之信,不如亲往。未决而蒋太太至,知今日之事颇严重。乾元始至公舍,令工计议。廉澄出而询问,遂以告之。大猷始而高声咆哮,继而痛诋余。枚荪复至上房,向蒋太太质问,状甚严肃,双方言语均甚愤激。蒋太太言时竟至泪下,意欲移出公舍。余力为排解,然殊难设词,但引咎以明事出误会而已。晚饭后,蒋太太去。与锡予谈,此事可大可小,可影响学校之前途,拟明日上午至村中一视。今日报载长乐、连江日昨陷落,今晚又闻福州陷落,急以询之心恒,并无所闻。长乐距省城百馀里,长乐陷,省城必不保,但冀其稍延一二日,俾居民能稍疏散而已。吾曾祖考妣以上,墓均在长乐。祖考茀九公、祖妣甘太夫人暨前妣吴太夫人墓,以及伯考、叔考之墓均在福州,今俱陷于敌矣。福州西门街祖居从兄嫂暨诸侄不知逃亡何所,闻之怆然。十二时就寝。

二十三日　阴历三月二十七日　晴

七时起。八时入校治事。遇景钺、大猷。景钺言蒋太太昨日疑同人有排校长意,此同人所从未想及者也。大猷言蒋太太疑同人与之故意作难,最好有人从旁一为解释,使知同人无是意也。两君之意似均能以学校为重。闻树人今日入城,遂不下乡,至物理系,三次均未遇。十时公毕,闻有预行警报,假《初学集》读之,不复归饭。十二时约耘夫、恒昇、矛尘、毓棠在京沪面馆午饭。饭毕,闻预警解除,归所小睡。三时半复入校治事。六时至西仓坡开常务委员会,讨论今年预算分配。余决与月涵、莘田入川,行期在下月五日、十日之间。十时会散,归。十二时就寝。

二十四日　星期四　晴　微阴

七时起。八时入校治事。九时一刻至五十分上课一堂。与月涵商校务。十一时归。午饭后小睡。三时半复入校,五时半归。莘田约家骅夫妇、闲若、心恒、雪屏晚饭。八时偕雪屏至逵羽处。

本意约蒋太太公劝之，以事未至。十一时归，随寝。

二十五日　阴历三月二十九日　晴　有云

七时起。八时入校治事。九时授课一堂。十时半归。午饭后小睡。三时半复入校治事。六时归。晚饭后至正义路购物，便道诣逵羽。十一时归，随寝。今日四时许，枚荪来，晤于办公室，谓清华大学因北大向教育部请款，部拟自清华基金拨五十万，甚感不平，以为北大用政治力量压迫清华。枚荪嘱余晤月涵时，善为解释此事。余未闻月涵谈及北大之请款，决无分润或剥夺清华基金之意，且孟邻师行时亦已向月涵明言之，何以今日又有此言哉？当请款之始，余谓请求补足经费，〔北大，年九十四万；清华，年一百二十万；南开，年二十四万；联大，年一百五十六万八千。〕现拨联大经费，实只三校原额之六成五，应各补足三成五。不若请求拨给美金设备费，以其既得实惠，且免他校误会，复可为将来复校时多求增加之地步。今请补尚未成，已来诽谤。作事抑何难也！

二十六日　星期六　晴

七时起。八时入校治事。九时十五分至五十五分上课一堂。八时二十分传有预警，课毕即归。欲提先进膳[①]，未及饭熟，而十一时空袭警报作，遂偕叔范、泰然至苏家村，止于尹辅家。校中同事避其地者甚多，对坐啜茗，若无事者。十一时四十分，顷传有紧急警报，余未闻。十二时二十五分，飞机声作，继有轰炸声，较远，数亦微。机声往北而去，亦未见。或云九架，或云四架，亦有谓二十七架者，大抵见者极少。其行偏西，有小山障之也。敌机去后，一时许又传有短音警报，奔者纷然，余亦未闻。二时半乃入校。四时半解除警报，归。晚饭后邵心恒来，偕出购物、理发。经三牌坊，见

---

①提先　本月二十九日日记作“提前”。

壁报,知敌机九架炸南郊,或云纺织厂也。十时半归。十二时就寝。

二十七日　阴历四月初二日　阴　雨　晴

七时起。写日记。读《清史稿》。洗衣。上午有预行警报,迄十二时半解除。小睡。下午四时至拓东路工学院参加国立清华大学三十周年纪念会,梅月涵校长报告,龙志舟、龚仲钧、黄子坚、冯芝生、吴泽霖各有演讲。六时半会散,进茶点毕,与莘田、立庵至冠生园便饭,共用十二元。饭毕归。读《初学集》。十二时就寝。

二十八日　星期一　晴

七时起。八时入校治事。十一时归。饭后小睡。三时至师范学院参加清华纪念会史学讨论会,从吾、觉明、名举、维藩四人讲演。七时半散会,至西仓坡晚饭。饭毕十时矣。与锡予谈。十二时就寝。

二十九日　阴历四月初四日　晴

七时起。八时入校治事。传有预行警报。与树人谈甚久,树人对北大颇有牢骚,以为教授无老幼,对学校现状均感觉无生气、无希望,不如清华。余谓北大之声誉,本由全体同人共同努力而蒸蒸日上,今日亦惟共同努力以维持之,不应责之于一二人,更不应责之于一二事也。十时偕莘田归所,提前进膳。有飞机飞绝高,盘桓市空,盖敌机来侦查者也。饭后,物华来。坐候警报,久之不至。洗衣两件。甫毕,于楼梯闻空袭警报作,时十二时五十分。急偕物华、莘田穿云南大学校舍,越北山。甫逾铁道,紧急警报作,时一时五分。本欲至北山后之山上,见军队成列,又烈日当空,遂至苏家村尹辅家。一时三十三分,机声渐近,而未闻炸声,不解其故。继而弹声大作,与往时一如倾筐者不同,若三数十人传鼓,人四五挝,先后相续,亘二三分钟乃息。投弹后,敌机北飞,自屋上而过,其势低,其声洪,杂以枪声。诸人本立而静听,不自觉蜷踞地上。机既北,声渐远,忽又折而南,群以为将更有所炸,乃徐徐去。引领而望,山以南,灰扬土起,昏沙漫天,以为全城毕毁,靛花巷新校舍亦必不保。灰沙渐散,辨其方位,知新舍可无恙。候至二时三刻,乃归新校舍。群说不一,或以为所炸在西城,或以为在北城。四时半警报解除,与莘田、雪屏至靛花巷,房舍无恙,惟东向之窗玻璃破者三,余窗西向纸亦破,院中拾得炸弹碎片五六片,不如八日一役之多且巨也。随偕雪屏、莘田巡视灾区,经青云街、华山西路、南路至马市口,退而西,由华山南路至武成路、福照街、甘公祠街口,转龙井街,沿城墙而西,至富春街,诣逵羽处,小坐。所经之街巷,无一不被炸,有破坏极广大者。七时半归。晚饭未毕,包乾元来,告才盛巷公舍后院落一弹,围墙厕所毁,北面诸屋门窗并损。急往视之,北面诸屋已不复能住矣,南面诸屋尚可。晤矛尘、诱衷、廉澄。十一时半归。随寝。所中无电灯。闻今日敌机凡二十七架,投弹七十馀枚,伤七十六人,死五十二人,毁屋四百二十馀间,震损屋宇七百八十馀间,自昆明轰炸以来,盖以此次灾区最广、死伤最重云。

三十日　星期三　晴

七时起。八时入校治事。闻孟邻师今日归,而不知飞机确来之时,既无车,复无住所,心急之至。十一时归。午饭后小睡。三时至才盛巷候蒋太太,不遇,晤枚荪、濯生。四时至中国航空公司,知今日为欧亚航空公司班期。至正义路欧亚公司,谓迎送旅客在太和街总公司。复转至太和街欧亚公司,谓飞机已到,旅客均散。又折回才盛巷公舍,孟邻师并未至,怅然而归。绕道翠湖,见外交部特派员公署、英国领事馆昨日弹痕犹在。归所,与莘田略谈。晚饭。饭后稍读而寝。

四月敌机轰炸昆明市者三次:八日、二十六日、二十九日。有紧急警报而敌机未至者一次:十八日。有空袭警报未至者三次:十日、十九日、二十一日。有预行警报者七次:十一、十二、十五、十六、二十二、二十三、二十七日。共十四次。凡预警,均未远避。

附:蜀道难[①] 罗常培

蜀道之难难于上青天,使人听此凋朱颜!
蜀道之难难于上青天,侧身西望常咨嗟!
其险也如此,嗟尔远道之人胡为乎来哉?
——节录李白句

一 缘起

我这次虽然没经过夔门、剑阁那样艰难的"蜀道",却在坦途中饱尝了现代蜀道的艰难!

这次的旅程经过了东川、西川和川中、川南的大部分,行期延长到三个多月。所用的交通工具一共有九种:最进步的是飞机,最原始的是鸡公车,介乎两者之间的还有小汽车、木炭汽车,酒精卡车,轮船、柏木船,黄包车,滑竿等等。行期的大部分都耗费在等车,候船,汽车抛锚,山洪冲断公路……许多想不到的事情上面,真正花费在想到的地方,想作的事,想看的朋友,乃至于想游览的山水等等上的时间,却并没有多少。

---

①此篇于一九四四年十一月由重庆独立出版社出版单行本,一九四六年四月上海再版,署名罗莘田。后收入《罗常培文集》第十卷,山东教育出版社二〇〇八年版。单行本原有冰心序、罗氏自序,因与日记内容不甚相关,故从略。兹据一九四六年再版本录入,并参校《文集》本。

我这次的旅伴有梅月涵、郑毅生两先生。旅行的目的，是为到重庆向教育部接洽西南联大的几件校务；到叙永视察分校；到李庄参观中央研究院的历史语言研究所和社会科学研究所，并且审查北大文科研究所三个毕业生的论文；到乐山、峨眉、成都各处参观武汉、四川、华西、齐鲁、金陵各大学，并且访问几位现在假期中的联大老教授，劝他们返校；顺便还看看北大、清华两校的毕业同学在各地服务的状况。自然，在公事方面他们两位是主角，我不过负着一小部分任务罢了。

二　从昆明到重庆

从五月初起就开始为定飞机票忙，连自己带朋友不知跑了多少趟中国航空公司，好容易才买到**五月十六日**的三张票。哪知道到了那一天下午，在飞机场等到四点半钟，可是"南京号"飞到后，因为载重过量，驾驶员只准上两个客人，结果只有梅先生和军事委员会一位姓施的空身走成，连一件行李都没准带；毅生和我，都被"刷"下来了！

五月二十二日下午五点，毅生和我又接到中航的通知，让我们当天夜里三点五十分以前到公司。我们匆匆忙忙的把行装收拾好，刚想睡一会儿觉，没想到晚上十点半，毅生又接到公司的通知，把他一个人推延到**二十八日**。挨到夜里三点钟，我独自叫工友挑着行李，步行到宝善街。等到公司的职员慢慢的起来，把邮件和行李过完磅，天已经快亮了。五点钟到了飞机场，又候了四十五分，"南京号"才从腊戌飞来。那天照公司所排的座位表，我列在第一；可是，这一班的邮件因为积压了两次，已经有七百多基罗。飞机还没来，公司里的一个职员就在那儿说："今天恐怕又只能走一两位，无论如何罗先生反正走成了。"我心里也在那么想。哪知道飞机到了以后，当真只许上两位客人，同行的里头有一位不大不小的官儿就站起来说："我们的票是拿卢比买的，难道不让我们走吗？"于是就同他的秘书带着从仰光买来的大大小小十几包舶来品，气宇轩昂的大踏步走上了飞机！公司的人既然不敢惹他，只好自己把自己所定的位次表根本推翻。当时我心里气愤非常，很想揪住他问一问："你所花的卢比难道不是耗费的国帑？你既然从腊戌买的通票，到昆明就不该下来，既然要下来，就得跟别的客人一律看待。"后来一想，他虽然是贵人多忘事，至少我在南京和北平也还跟他同过几次席，说起来总算是熟人；况且他采办了那么多来路货，万一奉有上命或阃令，得克期赶回重庆去交差，若是错过一班，岂不耽误了他的要公？这样一想，只好忍气吞声的仍以礼让为本。横竖秀才遇见官，有理也含冤，他们既然不尊重社会秩序，你可有什么法子？这样一扫兴，我真想根本打销到四川的意思了。

五月二十八日下午两点，我和毅生又到了中航公司，这一天有一架容二十七个座位的大型机"嘉定号"飞渝，昆明可以上十个客人。四点十五分，我们居然走成了，同机的熟人只有高韵琇女士和林君文奎给我们介绍的一位彭碧生师长——据说他是在昆仑关立过战功的。六点四十分，飞机在重庆南纪门外珊瑚坝降落，我们总算安安稳稳的到了陪都。

到重庆后住在黄家垭口中央饭店，当天晚上立刻给梅先生打电话，告诉我们的住址。他住在通远门里市民医院，离我们住的地方很近，第二天早晨他就来看我们。这两个礼拜里他要办的事已经办完，在这里等得很心焦，早就托付重庆清华中学傅任敢校长替我们定舱位，只要有船，立刻就到泸州转叙永。可是这一等又是一个礼拜。直到**六月四日**晚上十一点钟，才算在朝天门外磨儿石民生公司第七囤船上了民文轮。

民文轮是民生公司前年新造的船,官舱很干净。不过这一次正赶上有一支从前方调下来的队伍,要到乐山去休息,甲板上横躺竖卧的都是武装同志,简直挤得连走道都没有了。舱里非常闷热,外面又没有回旋的馀地,再加上"飞机"和"坦克"上下夹攻,这一宵压根儿没睡着。

三 从重庆到泸州

六月五日上午九点十五分,船开。太阳被乌云遮着,江上不时的吹来阵阵凉风,比在重庆那几天舒服多了。

下午四点半船到江津,稍停即开,八点半刚到白沙还没靠岸,在朦胧的月色下,忽然传来紧急警报的消息。事后推算,这正是重庆大隧道窒息案发生的时候。昨晚上船以前,舒舍予、孙伏园约我们看川戏;假如船期晚一天,同时还有这个约会,说不定我们已经作了窒息鬼了。

在抗战以前凡是坐过民生轮船的,都知道它设备完全,招待周到,注意卫生,伙食适口,并且处处为旅客的方便设想,连寄信,打电报,到码头的接送全都照顾到。可是我们这两天在船上所感受的却和从前大不相同。头等舱也还设备着洗澡间和冲水马桶,不过洗澡盆变成统舱客人洗衣裳的工具,冲水马桶壅塞的涓滴不通,臭气薰天。假如你有点感冒,只要到厕所方便一下,管保不吃阿司匹灵就可以蒸的发汗。至于在这米珠薪桂的时候,火食当然推板,那更用不着说。民文算是民生公司现在顶好的一只船,它尚且这样,其馀的更可想而知了。自然,在这抗战的时候,船只缺乏,旅客拥挤,不能照太平年月那样,也是势所必至的,可是假使员司得人,管理得法,在可能的范围里也未尝不可整顿一下,好维持民生公司已往的令誉。现在听说卢作孚先生要摆脱一切,仍旧整顿公司的业务，这一点很值得我们佩服。个人对于他手创的事业，无论到什么时候都得像爱惜自己子女那样的亲切。自然卢君现在的地位和声望已经超出这个初创的事业以外，不过对于这个头生爱子总得要始终爱护的。

六日晨四点半船从白沙开，下午三点半到合江。这个地方出产荔枝，每斤索价三元。听本省人说，现在还不大熟，味酸不好吃，所以没敢尝试，回想起增城的挂绿和广州的糯米糍来，真不禁馋涎欲滴。五点半到泸州，靠馆驿嘴码头，叙永分校同事黄中孚来接。上岸后他押着行李找旅馆，我们先到中平远路峨岷体育社去等他。这个地方是杨子惠作永宁道尹的时候建筑的，里面有茶社、酒家、宿舍、理发店、沐浴室、照相馆、体育场等，颇有小公园的规模。待一会儿中孚来了，一同到体育社对面的中央酒家吃晚饭。这家馆子的老板是绍兴人，堂倌是常州人，听着吴语的腔调，尝着下江的口味，真不禁有“忆江南”的感想。刚吃完饭，第七区张清源专员来看梅先生。张专员是河北定兴人，在北平的时候曾经和马伟青等合办平民中学，说起来也是同行，去年分校成立时，承他帮忙不少。九点二十分，街上忽传有预行警报，店铺纷纷闭门，我们到峨岷社后面的上海快活林去喝茶，预备有空袭警报再一同到专员公署去躲避。在月色朦胧、楠木高耸的露天茶座里品茗清谈，不由得想起古柏参天、朱甍碧瓦的北平中央公园来了。后来知道所传的警报是一场虚惊，我们便回到江边大来宾馆去休息。

六月七日上午九点，中孚领着我们登中山去答拜张专员。谈了半点多钟，就从三岩脑渡江，搬到蓝田坝中国旅行社。这里房间清洁，招待周到，定价低廉，比旁家旅馆好的多了。经理薛卓钧，南开出身，人很精明强干。十二点五十分有空袭警报，我们躲在房后山上一间茅屋旁边的楠木底下，没多大工夫就解除了。

六月八日中午纳溪泸州的清华同学会在旅行社公宴梅先生，约毅生和我作陪。饭后，梅先生报告西南联大的近况，并勉励清华同学努力作社会上的中级干部，不可想作大官。五点多才散会。承李忍涛先生答应借我们一辆小汽车，九日就可以到叙永了。

四 叙永的一周间

六月九日十点半从中国旅行社出发，顺着川滇公路南行，路旁遍种着桂圆树，绿莹莹地结实累累，颇有点儿南国的风味，这天正赶上个浓云蔽日的阴天，车开起来，风飕飕地吹动了衫衬[①]，身上登时爽快好多。过纳溪县后，沿着永宁河纡曲前进，水转澄碧，山渐奇峭，田禾盈畴，地无隙壤。连山坡河埂都密匝匝的种满了庄稼，真正可算是善用地利了。毅生说，诸葛武侯在北伐以前，恐怕拿一隅的蜀地去抵抗中原，资源或有不济，于是先休养生息三年，然后出兵，所以《蜀志·后主传》有“二年春，务农殖谷，闭关息民”的记载，地利的开发，或者从那时候起。途中经过渠坝驿、大洲驿、上马场、九鼎山等。九鼎山上有关于吴三桂的遗迹，因为要下车过河，颇费时间，我们就没能去凭吊。下午一点五十分到江门，午尖，两点半继续前进。路过马岭，是前北大教授张真如的故里；兴隆场，是黄季陆的故里，车子都匆匆开过，没能停留。四点半到叙永车站，有联大分校庶务员罗岐生来接，他已经在中国旅行社替我们定好房间了。旅行社是就着古万寿寺改造的，清洁幽静，胜于泸州。经理虞伟如比泸州的薛卓钧还透着干练。他在院子里给我们布置了一个露天客厅，席棚虽然没遮好，可是铺着地毡，摆着藤椅，亦堂皇，也雅致，简直不像是僻处川南的内地样儿。

---

①衫衬　《文集》本作“衬衫”。

当晚会到杨今甫先生,国文系的同人也找我来谈这一年来大一国文的授课情形。夜里下了很大的雨,盖着棉被还嫌冷,这是我入川以来第一次感觉到的一点儿秋意。

“万寿朝霞”算是叙永八景之一,可是第二天起来仍然落雨,因此我们虽然住在古万寿寺的遗址,也不能领略这个风景究竟有什么好看。我们因为急于想看一看分校的种种,九点钟就冒着雨进城。道路泥泞,非常难走。叙永有两个城:永宁河东是旧永宁县城;河西是旧叙永厅城。关于他们建置的沿革,吴辰伯在《星期评论》上有一篇很详细的考证,这里就不再复述了。联大分校所占的地方一共有六处:东城两处,总办公处在县文庙,女生宿舍在帝主宫;西城四处,先修班在府城隍庙,教室和工院宿舍在南华宫,教职员和大部分学生宿舍在春秋祠,图书馆和实验室在天上宫。春秋祠原来是陕西会馆,建筑得很宏丽,朱甍碧瓦,画栋雕梁,真有点儿像北平的几个大祠宇。其中有一座祀神的戏台,栏杆上刻着全部关羽事迹,雕工精致的很,拿它来作宿舍未免有点儿可惜。我们九点半到总办公处,由杨今甫、褚士荃领导着视察各部分,并到春秋祠拜访各位同人。下午四点钟梅先生在寓所召集分校校务委员会,报告常务委员会对于下年度分校问题考虑的经过;今甫因为突发高热没能出席。

六月十一日十点四十分,我在县文庙里的第二十教室讲演“中国人与中国文”,为是让一般学生知道大一国文的重要性,并略述西南联大文学院中国文学系和师范学院国文学系的近况。听众约五百人,一年级的学生大部分都到了。十二点二十分有空袭警报,下午三点紧急,三点四十分解除。这里的同人和学生对于警报看得并不十分严重,除去少数见“机”而作,不俟终日的朋友,大部分都不躲避。这种镇定是不足为训的。大凡住在一个没被轰炸过的城市里的人们,差不多都有这种态度。可是一旦遭遇空袭就会受很多无谓的牺牲,以往的嘉定、泸州便可以当作殷鉴。所以梅先生在第二天的国民月会里郑重的提出这个意思来请大家注意。四点,梅先生约分校全体同人和各家眷属在中国旅行社茶会。七点中国文学系同人在四川旅行社招待我晚餐,席间就便问起讲读的进度,作文的次数,分组的标准和各组学生的程度。我很高兴本系这几位同人都能在杨今甫、彭啸咸两先生领导之下,努力合作,各尽本分。

十二日上午十点冒雨进城,到南华宫参加国民月会。梅先生报告总校状况,并告诫学生对于选择院系应就个人才性学力和整个的学术前途着想,不可很短视的只注意到眼前的出路。午后三点清华同学会在南华宫招待梅先生,北大同学会在城东公园复兴亭招待毅生和我。毅生报告学校南迁以后的状况。我说学校是一个有机体,要求它的发展,得仗着每个细胞都能各尽本分。大家应当继续发扬北大的"大"处,贯彻蔡孑民先生遗留给我们的"博大和坚贞"的精神,还得要不流于散漫懈怠。此外译学馆的老同学谢孜端(式瑾)和吴之椿、程毓淮两位教授都有演说,程先生的话尤为诚恳动人。

十三日天已转晴。下午三点历史学会代表许受谔约毅生和我在二十教室演讲。毅生讲"研究历史应注意的几点",摭出叙永史地,就近举例,颇为动听。我的讲题是"读书八式",共分涵泳自得、采花酿蜜、剥茧抽丝、磁石引铁、披砂拣金、郢书燕说、过眼云烟、挦撦饾饤八目。第一式为爱好文艺,或性近玄思的来说;第二式为铢积寸累,日知其所无,月无忘其所能的来说;第三式为钻研一题,逐渐深入的来说;第四式为学有重心,左右逢源的来说;第五式为信手翻检,摭拾菁华的来说;第六式为穿凿附会,自欺欺人的来说;第七式为随眼滑过，不求甚解的来说；第八式为摽窃陈言，因袭堆砌的来说。这无非想指出几种念书的方法来，好教学生知道怎样抉择。听众约三百馀人。讲毕汗流浃背，辰伯在西南餐厅招待冷饮。晚六点访今甫，谈总校中国文学系近况，并询问分校大一国文的各种问题。

十四日决定返泸州。上午十一点从中国旅行社出发，黄中孚、陈耕陶同行。下午一点半抵大洲驿，茶尖。大洲驿的对岸就是护国镇，从前叫做叙蓬溪。民国五年护国之役蔡松坡的司令部曾经设在这个地方，因此才改成现在的名称。在大洲驿河边的"护国岩"上面还刻着蔡松坡的题字。两点多钟到花背溪，参观汪殿华主持的化验室。李忍涛、杨昌龄、姚筱端三位昨晚从古宋赶来，也在这里等候我们。这个地方楠木高耸，丛竹遍山，背岭临溪，非常幽静。六点半渡河登车，忍涛领导我们到双河场参观他所领导的一部分学生们住处，所有寝室、游艺室、讲堂、厨房等都作到纪律化、整洁化的地步。参观完了，和忍涛握别，送昌龄、筱端回纳溪。八点多才赶回蓝田坝。

五　十二天的沉闷生活

回到泸州以后，原定遇着便车先到成都，转峨眉，过嘉定；然后坐船顺岷江而下到叙府，再转李庄，返重庆。可是从**六月十五日**到**二十六日**不幸碰上八天阴雨，不单公路局的客车一律停开，连其他的运输车或商车也找不着一辆。中孚一向有"泸州通"的雅号，他走在街市上，过不了三步就得碰见一个熟人，大部分店铺对于他都有个点头的交情，而且张专员是他的老师，警察局长樊奎是他的亲戚，到了西南运输处和航空委员会，他还可以拿出客家式的广府话来叙一叙乡里。因此去年分校成立的时候，教职员学生在泸州找车，很得到他不少的帮助。——可是这一回他虽然费尽了“牛”劲，想尽了方法，结果还是急得一筹莫展。在这十二天里，我们天天作走的打算，可是天天走不成功，濡滞焦灼，无可如何，在我们这次旅程中算是最沉闷的一段。

六月十五日早八点，吴敬直派人约梅先生和我们三个到罗汉场去玩。梅先生坐滑竿先从小道走了。我和毅生、中孚渡江到泸州，再从馆驿嘴过渡到罗汉场。刚登岸就看见“敌机入川”的黄旗，十二点半接着发了空袭警报，我们赶紧步行五里多路才到了吴宅。这里门禁森严，遇到警报尤其紧张。中孚在门口给敬直打电话，打了好久，杨幼民和吴宅的佣人才把我们领进去。罗汉场是泸州最广敞的田坝[①]，敬直管领的一部分，占地一千八百多亩，面江环山，远离市廛，是一个可以安心工作的地方，在这里会到许多研究化学工程的朋友，大致都是由清华、北大和浙江高工三校出身的。下午淋浴一次，把几天来的黏汗和污垢都洗净了。晚间住在青冈寺新建筑的宿舍。天气闷极，电扇一直开到十二点钟，还是热的睡不着觉。

在罗汉场的第二天，由那里的几位朋友引导，看了许多地方，得了许多知识。像我这样和理工隔离很远的人，才知道蔗糖、食盐、棉花、硫磺有那么许多妙用。颇悔自己在故纸堆里翻了半生筋斗，对于自然界许多现象却完全忽略了。

到罗汉场后曾经打过几次电话接洽车子，但是毫无结果，心里着急非常。**十七日**一早起来就想回蓝田坝去亲自进行。八点半敬直和幼民冒着雨送我们到码头，大家的周身衣服都淋湿了。这时候大雨滂沱，江流汹涌，眼看着一只小船从小米滩打落到泰安场。

---

①广 《文集》本作“宽”。

梢公畏难，不肯开船，我们也面面相觑的略有戒心，于是敬直又挽劝我们折回他的家里。午饭后再返寓所休息。下午三点半幼民带着三架滑竿接我们到码头，敬直和许多朋友又都冒着雨送行。四点十分船开。船上共有九名船夫：掌舵的梢公是一个将近五十岁的小老头儿，留着两撇小黑胡髭，戴着斗笠，披着蓑衣，一边把舵，一边摇橹，态度非常安闲。其馀的八名都是年轻力壮的小伙子，体格健全，精神活泼，身上只穿着短裤和背心，周身的筋肉很壮美的暴露着，假使我是个画家或雕刻家，眼前便摆着几个现成的"模得儿"。这时候江水高涨，势颇险急，逆流而行，很感觉紧张吃力。沿江一共经过五个险滩，现在还叫得上名儿来的，有小米滩、黄滩、土地滩等。每到过滩的时候，梢公在后边定准舵的方向，控制着纤绳的长短，还得高声喊叫，指挥伙计。这时候他的脸部表情虽然没有平常那么安闲，可是急而不迫，忙而不乱，很够一个遇到艰难困苦时候的领袖样儿。另外一个人在船头执篙支撑着船身，不让它撞到石头上，遇到滩更险急的当儿他便跳下水去，用手来推挽。其馀的七个人都上岸去拉纤，有时候全身俯伏地上，手足并用，竭尽全身的力量和梢公呼应着，才能渡过难关。过了险滩后，梢公的态度照常安闲起来，那拉纤的七个人也一齐跳到船上摇桨唱歌，其声"邪许"，词意不甚可辨；每到兴至的时候，他们便"手之舞之，足之蹈之"的锐声急呼。这不过是精神发扬起来，好抵抗逆流的阻力罢了。合起这九个人的力量来，虽然尽力支撑着，可是船到了泸州的民生码头已经六点多了。梢公因为天晚流急，不肯再把我们送到蓝田坝。不得已冒雨登岸，乘车到三崖脑，匆匆忙忙的上了一个渡船。这个船上的船夫年老性贪，正赶上他渡客的"轮子"，一定不肯"单推"。在江流涨得这么大，天这么黑的时候，他还不怕载重过量，极力招揽客人；而且一个人独力支撑着，闹得前后不能相顾，走了没多远就搁浅了。幸而仗着一个同船的帮他在前边摇,他在后面撑,才勉勉强强的放到金鸡渡。在黑暗中冒雨上坡,几乎失足落水。金鸡渡离蓝田坝还有五里,我们登岸后,在大雨中,上头淋着,底下跴着,暗中摸索的走了这么远的陌生的泥途,这真是生平第一次经验。八点四十分到了蓝田坝,简直淋得像水鸡子一般,赶紧跑到一家北方馆子一品香去吃晚饭,喝了一点烧酒,回到中国旅行社又洗了一个热水澡,幸而算是没得了 Pneumonia。

十八、十九两天在旅行社闲待着,更觉得沉闷焦急。**二十日**上午四点多钟起来解手,忽然觉得右脚作疼,起床以后更加厉害,用热水烫洗也不见效。十点多钟社中纷传有空袭警报,我勉强拄着手杖①,一瘸一拐的走到后面的坟山里去躲避②。十一点果然敲了紧急警报的钟,刚过十分钟就听见机声隆隆在云层里飞向西南去。十二点二十分又有敌机四架从头上飞过去,过了二十分钟有三架又折回来,不知究竟是敌机还是我机。下午一点半回到社里吃午饭,没有多久警报就解除了。三点,中孚催我们过江,说是在那边等车比较方便。于是带着行李从蓝田坝过渡到澄溪口。我走路时右脚疼极了,上下船更感觉困难,过江后雇着一辆车才到了福来饭店。这家饭店里人声嘈杂,茶房傲慢,费了许多时候,也找不着合适房间。后来中孚托某侦缉队长向账房去谈,他们才答应在一点钟后给我们腾出三间房来。暂时先开了一间房让我们休息一下,这时候我的右脚还疼,于是跑到后面浴室去洗澡,让一个搓背的用虎骨酒揉了几下,居然松快许多。晚饭以后房间仍无着落,毅生索性搬到大来宾馆去了。中孚又向柜房交涉,算是给我让出一间房来。这间房潮湿湫隘,蚊帐离着床有三尺多远,此外只有一

①强 原脱,据《文集》本补。
②瘸 原作"瘤",据《文集》本改。

张打牌桌和四个小凳，我因为脚疼带累的非常疲倦，急不暇择的就住了。谁知睡下以后，店中附设海国春饭馆喧嚣狂喊，简直吵得不能成眠。夜里大约一点多钟忽然有人来敲我的房门，和茶房吵着要房，我只好充耳不闻，置之不理。这个饭店是当地师部某处长开的。我在民文轮上的时候，同舱一位彭参谋就介绍它是泸州第一家旅馆，我前一次过泸州还有些“心向往之”。现在才知道这原来是泸州的“租界”，对于我们这班过路的老实客人是不大欢迎的。

二十一日上午我和梅先生也搬到大来宾馆①，以避喧嚣。在这里一直等了五天，到内江的车子还是渺无消息。这几天真沉闷极了。每日三餐差不多都在本地小馆子“成都味”饱尝过江豆花、甜咸烧白、麻婆豆腐、豆瓣鲢鱼等等川味。**二十二日**上午冒着雨在中央银行躲了一次警报；**二十三**和**二十六**两天又在新村东华建筑公司躲了两次警报，把饶辅民和唐邻岳两位工程师搅扰的不轻，而且在土人所谓“蛮子洞”（实际就是最古代的崖墓）里躲避过三个钟头。**二十四日**冒雨登白塔寺废墟，俯瞰长江沱江会流的状况。起初一股黄流，一股碧流，各不相混的显然分开；乍会合的当儿，碧流还没完全汩没了它的本色，渐渐的因为黄流水大，原来的澄碧终于变成浑黄，再想分别哪是长江，哪是沱江，就很不容易了。**二十五日**好不容易碰到了晴天，我们便乘兴到三崖脑湖北茶社去临眺长江，看看不舍昼夜的滚滚江流，持续的在动，不停的在变。当它遇到滩石，碰着暗礁，也会激起些波旋，可是转瞬间还不是立即消逝吗？悟得此理，那么人生还有什么值得沾滞？

二十六日躲完警报以后，实在不愿意再这样不进不退的沉闷

①二十一日　原作“三十一日”，据上下文时间改。

下去了，我们三个人商量的结果，决定第二天跟辅民、邻岳结伴先赴李庄。于是这十二天的僵局才算打开了。

六 闷热的板栗坳

六月二十七日夜里三点半，从大来宾馆赶到合众码头，上长丰轮，中孚来送行。长丰是往来泸州、叙府之间的小船，每礼拜可以往返三次。船上客人挤极了，我们把行李下舱后，勉强在尾楼找到四个位子，坐下去立刻就转动不灵，无回旋的馀地。五点二十五分开船，太阳没出来以前，江风吹得颇有寒意。沿途经过纳溪、大渡口、二龙口，并没有客人上船。到了江安，突然上来不少香客[①]，大约有廿多人，船上越发挤得连站脚的地方都没有了。这时候船身有点儿载重过量，两边的客人站得稍欠平衡便常有倾侧的现象。一个秃顶的老旅客急得打着川腔大声唤起同船人们的注意，怕是出了意外的危险！幸而下午一点二十五分到南溪，又过了两个半钟头就拢了李庄。船到李庄并不靠码头，仍然“开慢车”走着，只有一个小摆渡用竹篙钩住船帮，旅客先匆匆忙忙的下到小船上，然后才能拢岸。这种下船法，船上人叫做“递漂儿”；乍一听起来颇有点儿耽心，及至身临其境，也就平平稳稳的登岸了。

国立中央研究院历史语言研究所的所址在板栗坳，离李庄镇还有八里多。我们下船后雇了两个挑夫担着行李，慢慢的跟着他们走。离开市镇，先穿行了一大段田埂，约有半点钟的光景，到了半山的一个地方叫木鱼石，已经汗流浃背，喘得上气不接下气。躲在一棵榕树荫下休息了一会儿，等汗干了，才继续登山。又拐了三

①不少 原作“二十几个”，据《文集》本改。

个弯儿，已经看不见长江了，汗也把衬衫浸透了，还看不见一所像样儿的大房子。再往前走，到了一个众峦环拱的山洼里，才算找到板栗坳的张家大院。

板栗坳的住户都姓张，他们的祖先是在张献忠乱后搬到此地的。它的区域里房子很多，史语所一共租了桂花坳、田边上、朝门口、牌坊头、戏楼院、新房子等六所。我和毅生住牌坊头的花厅院，梅先生住在朝门口的李方桂先生家里。牌坊头是清朝咸丰年间奋武校尉张繁先建造的。他的官虽然不大，房子却盖得很堂皇。只可惜当年对于通风透光的设计太不讲究，所以大部分房间差不多是既闷且暗。那天晚上温度表始终没降到九十度以下，热得我通宵没睡着。

二十八日上午董彦堂先生引导我们参观戏楼院第三组办公室。他的房里遍处都是天算材料，这位甲骨文专家的兴趣，至少暂时是从乌龟壳儿跳到天文台上去了。后来又到新房子参观别藏书库和第一组办公室。下午四点，方桂领我们到田边上参观西文书库、第二组办公室和北京大学文科研究所办事处，北京大学文科研究所的学生留在李庄的有任继愈、马学良、刘念和、李孝定四个人。马、刘两君受李方桂、丁梧梓两先生指导，李君受董彦堂先生指导，李、董、丁三位先生对于他们都很恳切热心。据马君告诉我说，李先生常常因为和他讨论撒尼语里面的问题竟致忘记了吃饭，这真当得起“诲人不倦”四个字。任君研究的题目是“理学探源”，他在这里虽然没有指定的导师，可是治学风气的薰陶，参考图书的方便，都使他受了很大的益处。这一天听说有空袭警报，但是史语所同人仍然照常工作并没受影响，专从这一点来说，就比住在都市里强的多。天还是照常闷热，汗不断的在淌，中午太阳晒在背上好像火烤一样。

二十九日上午九点，彦堂领着我们到石崖湾社会科学研究所。毒花花的太阳在头上晒着。走了四里坑坎崎岖的小路，一只手撑着伞，一只手拄着杖，在狭窄的田埂上走的时候，虽然不至于"如临深渊，如履薄冰"那样恐惧，可是两只眼睛老得看着道儿，时常有"人莫踬于山，而踬于垤"的戒惕。这时候即使有好的风景也顾不得欣赏了。十一点到社会所，会到陶孟和先生并参观汤象龙、梁方仲两君的工作室。孟和先生的住处和社会所的大部分本来在门官田，那里更偏僻难走，假定关在家里不出门，简直就可以和外界隔绝，所以社会所同人管这一个所长官舍叫做"闷官田"。我们走到石崖湾后又热又累，休息许久，还止不住出汗。幸亏这几位社会学家晓得民间疾苦，他们用凉水浸湿了手帕，换替着让我们揩汗。可是中午到镇上吃了一次饭，刚吹干了的汗衫又湿透了。十点多钟有空袭警报，十一点和下午一点半听见两次很厉害的轰炸声音。据住在李庄的人说，这是轰炸重庆的回响；第二天一对报纸所记的空袭时间，果然不错，可是我们在泸州为什么反倒听不见呢？下午到羊街去看李济之、梁思永先生。思永的胃病好多了，精神也颇好；济之还像从前那么胖，在这室内温度高到一百零六度的热天，他未免有点儿受罪。

三十日上午九点，方桂陪着我们到上坝参观中央博物院和营造学社。梁思成夫人林徽因女士搬到四川不久就患气管炎，缠绵病榻已经半年多了。我们看她去的时候，她正在院子里躺在帆布床上晒太阳，虽然脸色稍显憔悴，声音略带喑哑，可是还像好着时候一样的健谈，说起她的弟弟在成都殉国的情形来，又兴奋又伤感，在我们告辞以前简直没法儿止住她的谈锋。十一点十五分又听见轰炸重庆的声音，比前一次更显着清楚。当天留在济之家里，并没有回板栗坳。

七月一日上午十点，再到石崖湾访孟和先生，在极热的天气下[①]，听梁方仲谈陕北的情形，凌纯声谈滇缅勘界的故事，好象服了清凉散一样，给我们祛除了不少的暑气。下午七点，返牌坊头，和十位北大同学谈到十点多才睡。

二日上午，约刘君念和来，评订他所作的《〈史记〉〈汉书〉〈文选〉旧音辑证》。关于中国音韵史的研究，清代几位汉学家在周秦一部分已经有过很大的贡献，汉魏以下从前还没有人注重过。顾亭林作《唐韵正》，间或采取《经典释文》；洪亮吉作《汉魏音》，仅只收集一些读若、譬况的旧读，都不能算是系统的研究。我所从事的《经典释文音切考》和《汉魏六朝韵谱》，周君祖谟从《万象名义》里钩稽原本《玉篇》的音系，都是朝着这个方向走的。刘君这种工作，从前吴承仕的《经籍旧音》也收集了一部分，不过《经籍旧音》只印了《叙录》一卷，其馀的究竟作到什么程度，一直到吴君已经盖棺论定，我们还没看见。所以刘君不妨仍旧作他的独立研究。他这篇论文一共收了服虔、应劭、郑氏、李奇、苏林、如淳、孟康、韦昭、晋灼、郭璞、徐广、裴骃、邹诞生、萧该十四家，每家各分上下两卷，上卷为音录，汇列直音和反切；下卷为音证，比勘当人读音和《广韵》切语的异同。可惜各家的音切最多不过四百多条，少的才三十几条，要想把各家的音切系联成贯借以考见他的声韵系统，事实上是不可能的。就大体上看来，各家和《广韵》相同的十之六七，不同的只有十之三四。不同的原因，"一曰字有假借，注家以本字读之（例如《汉书·杜周传》"因势而抵陒"服虔注"陒音羲"。案抵陒义为击，《广韵》作㩘，与羲音同，注"击也"。《集韵》陒有虚宜一音，为㩘之重文，注"毁也，通作㩘"）；一曰义有难解，注家改字读之（例如《汉书·礼乐志》"吟青黄"，

---

①气　原作"澌"，据《文集》本改。

服虔注"吟音含"。案吟之音含,非拟其音,乃易其字,此与郑康成注《三礼》之读为例同。服盖读吟为函容之函,或含嗛之含也);一曰字具数义,注家分别其音(例如《汉书·高纪》"高祖尝告归之田"服虔注"告音如嗥呼之嗥"。案《集韵》告有乎刀一音,重文有勂,注"休谒也,《汉书》告归之田,或从刀作勂"。休谒之告音读为嗥,服氏当时盖有此语以别于告语之告,故据以释《汉书》,此即异义异音之例);一曰人名地名随其方俗之呼(例如《汉书·地理志》"乐浪郡黏蝉",服虔注"蝉音提"。案《集韵》蝉有田奚一音,注"黏提县名,在乐浪"。又《汉书·古今人表》"冷沦氏",服虔注"沦音鳏"。案《集韵》沦有姑顽一音,注"姓也,古有冷沦氏"):凡此四类其读音之异俱不足以为推究作者当时声韵之据。"刘君最初的目的,本来想"考镜汉魏六朝之音读",可是最后所得的结果只是"辑成专篇,易于省览,慎审比勘,正其讹文。世之治汉魏六朝音韵学者欲取三书旧音以为佐证,略省翻检之劳,稍减校雠之苦"罢了。本来整理史料的工作,只要能"如实的"把它胪列出来,在这门学问的本身上就是一种贡献;若是超出材料的范围牵强傅会的去臆断,即使有非常可喜的意见,也等于在沙漠上盖房子。因此我认为刘君的研究结果还是成功的,只批示十点意见让他依照修改。

下午看杨光先所作的《不得已》两本。去年冬天我整理《昭雪汤若望文件》里的罗马对音,急需参考这部书,一直到这时候才能看到,可见现在作学问的困难了。清初这场教案闹了许久,株连的很多。要判定它的是非曲直,第一牵涉历法问题。还诚如当时议政王大臣所说:"历法神微,难以遽定。"在他们争议不已的时候,康熙帝深感"已所未学,不能定其是非",于是"发愤研讨,卒能深造密微,穷极其阃奥"。可见这件事是不能凭空臆断的。关于这一点我很希望彦堂能够发表一点儿意见。第二还得明了当时的政治背景。在杨光先一方面斥天主教为妄言惑众,蓄意谋叛;在南怀仁一方面又说杨光先依附鳌拜，紊乱历法，诬陷无辜。他们的真相如何，我在这里且不多说外行话，留给研究清史的朋友去解决。我只根据何大化（R.P.Antonius de Gouvea[①]）所印 Innocentia Victrix 里面的对音材料作了一篇《耶稣会士在中国音韵学上的贡献补》，为是和我从前根据《程氏墨苑》里利玛窦的罗马字对音及金尼阁的《西儒耳目资》所作的那篇文章互相印证，好把清初的官话系统弄得更清楚一点儿。我所以能写成这篇文章，还得谢谢向觉明先生供给我那一批珍贵的材料。

晚上和史语所十几位老同事在牌坊头的堂前聚谈。上弦月穿过乔楠的枝叶，疏影洒在地上，大家有说，有笑，有唱；也庄，也谐，也雅。不由得想起广州东山的柏园，北平北海静心斋的叠翠楼和罨画轩，先蚕坛的"董西厢"[②]，东单牌楼的洋溢胡同，上海小万柳堂的帆影枞和南京的北极阁。一恍儿又过了快十年了。

三日上午约马君学良来，评订他所作的《撒尼倮语语法》。撒尼是倮倮族的一个支名，他们居住的区域以云南的路南、宜良、泸西、陆良等县和昆明近郊的几个村落较多。这篇文章的材料是从路南县城东南三十里的黑泥村得来的。前人关于撒尼语的研究当以法教士邓明德（Paul Vial）所著的 Dictionaire Francais Lolo Dialecte Gni 一书，所包含的材料最为丰富，并且还收有倮倮的文字，这是研究倮倮语言文字不可少的一部书。但是这部书里关于语音的记载并没有详细的说明，有些地方还有把不同的音类混而为一的嫌疑。而且据他自己说，他的字典不是根据一个地方的方言，有时采取甲一个地方的读音，有时又拿乙一个地方的方言作标准。他为各地实用方便起见，原没有大妨碍，但在音韵系统上就未免有些混乱

---

①R.P.Antonius de Gouvea　原作"R.P.Antoine de Gouveau"，据《文集》本改。

②先　原脱。

了。马君在二十九年春天曾经跟着李方桂先生自昆明到路南县的尾则村去调查撒尼语言,回昆明后,李先生就让他重订 Vial 氏的字典。后来他又找到一位黑泥村的发音人把这部字典重理了一过,并且增补了许多词汇,另外又记录了五十几则故事和风俗谜语等,这些材料足够他研究撒尼语言的音韵、词汇和语法之用。现在所提出的只是音韵和语法两部分,约占论文全部的二分之一。他根据李先生研究汉藏语语法的新见解(参看《北京大学文科研究所讲演集》第一辑《汉藏系语言的研究法》),把词类分为名词、数词、谓词、助词、感叹词五类,把句法分为主要成分、附加成分、疑问句、复句、重叠语五项;完全从这种语言本身的结构去归纳各词的形式和作用。单就这一点来看,就比因袭印欧语语法去照猫画虎的强多了。李先生对我说,他这篇论文在已经出版的关于倮倮语的著作里算是顶好的。这虽然含着奖掖后学的意思,但是我看过论文初稿后,也觉得李先生的话不算是十分阿好或过誉。我一方面佩服马君钻研的辛勤,一方面更感谢李先生指导的得法。自从几个文化团体流亡到西南后,大家对于研究藏汉系的语言颇感觉浓厚的兴趣。但是我们却不想一个人包揽好些种语言,我们只想训练几个年轻的朋友各走一条路,然后汇总去作比较的研究。这几年来,除马君外,还有陈三苏女士治苗语,傅懋勣君治倮倮语和麽些语,张琨君治摆夷语和民家语,那庆兰君治仲家和水户语,葛毅卿君治苗傜语,高华年君治纳苏语和窝尼语,都有相当的成绩。当这抗战期间,图书仪器俱感缺乏的时间,这也算是我们这一行的一点儿意外的收获。

下午四时毅生约集方桂、彦堂、梧梓开北京大学文科研究所导师会议,决定任、马、刘三生的口试办法。天还是照旧热,室内温度上午九十二,中午九十六。

四日上午,约任君继愈来评订他所作的《理学探源》。他在论文节要里自述宗旨说:“治哲学史首在辨其异同。同者何? 心也,理也。异者何? 象也,迹也。凡人同具此心,则同具此理。语其真际,东圣西圣,若合符节。万民虽众,即是一人之心;百世虽久,即是当下之理。万象森然,不碍其为一本,此即所谓同。理诚一矣,然其表诠之际,其语言文字之习惯,当前所受之尘境,问题之结症,则各民族社会不尽同,各人亦异,故西洋印度各有其精神面貌,则所谓象也,迹也,此其所以异也。”“既明理一分殊,则见千万变化而不离其宗。先秦诸子开后来各派之先河,虽多引而未发,不若后来哲学之精析详明,而其规模大体已具,所见者大,所涉者广,此肇造之基也。先秦诸子开其规模之大,两汉诸儒绎其条目之繁,先秦众派分流,两汉杂融并收,其开拓之功亦不可忽。魏晋玄学会通儒家《大易》,道家老庄,超出汉儒天人感应、阴阳五行、谶纬之说,由宇宙生成之研究进而究心性之要旨与宇宙之本真,旨弥远而义弥精;而佛家空宗东渐,正值此土玄风昌炽之时,不谋而合,相得益彰。无佛法之东来,玄学或将不如此之盛;无玄学之基础,佛法纵来亦不能行:此种演进,诚乃必然而自然。隋唐之际,佛教大行,东土固有学术反似暗然无光,习而不察,莫不知此为中国文化中绝时期,实则不然。隋唐时最大宗派有四:天台、华严、法相、禅宗是也。仅法相一宗极近印度宗风,故不久即消绝而不复振。其馀三宗皆为中国思想,谓之为佛学影响中国,勿宁谓之为中国改造佛学,为更近理也。宋兴百年,儒家复振于五代禅学鼎盛之后,袭魏晋之玄风,承孔孟之馀绪,于理气性命、心体善恶之问题,作一空前之总结束。从此内之如心性之源,外之如造化之妙,推之为修齐治平,存之为格致诚正,无不极其广大精微。此仍为一理一贯发展之迹,非自外来也。”他又说:“哲学思想发展之序莫不相反相成,迭为消长。后一时期之得,即前一时期之失,此前一时期之失,即是由于修正其以往之失误而来。先秦诸家引而未发，两汉诸儒推演其修理之极致，调和其门户之异同，自有其长；其失则流为繁芜，将哲学之理致说成科学之知解，即阴阳五行之天道观是也，强为调和门户之异同，则失之杂糅而不能融化，《吕览》《淮南》是也。魏晋玄学救叱流失，去其固执繁琐，廓清其牵强傅会，而济之以清通简易，由宇宙论进而为本体论，汉儒之蔽去矣；其失则在外世遗俗流为空谈，侈于虚胜，乃有本末夷夏之争，常现大小之辩，六家七宗各标悬解，南北两统竞立宗风。是以隋唐佛学代兴，虽不黜发义解，然其救玄学之流失，故尚章句之学，重禅戒之行，立判教之义，和诸家之争，此又一修正改进之迹也；其失也，则为滞守文句，养成经生，将失罥筌之旨；专注禅定，又易流于偏枯，判教之说与义理关涉甚少，矫此流失，禅学以兴。禅学初祖菩提达摩似不能与天台之智顗、华严之法藏、法相之玄奘相提并论，且为魏境文学之士所不齿，及五传之后守则蔚为大宗，风靡天下，盖其直指本源，明心见性，易简工夫正可对治前期支离之失也；然行之既久，不免走作，疑似之际则有浮光掠影之讥，一棒一喝，可作一时权教之药饵，疑不可为长久施教之法，为求解脱，反增系缚。是以宋代理学发轫，首排禅学，比之为贼仁害义之杨墨：此又为一改进发展之迹也。”最后总结道：“凡此数端，皆此本文所愿阐发之义，求其考订精详则有所未遑，求其史迹纂述则力所未尽，但就问题发展为中心，各家各派为纬，以明其逐步演进之迹，沿流而求源，不以貌似而信其同，不以迹乖而信其异，就哲学思想之本身以显示吾国文化之真精神，此为本文立言宗旨。”任君在汤锡予、贺自昭两位先生指导之下，两年的工夫居然深造自得，穷源竟委的作出这样一篇论文来，足见他很能沉潜努力。论文全稿虽然还没抄完，看过旨要和纲目也约略可以窥见一斑了。我和他谈完话觉得很满意，只对于全文结构上表示几点意见。

李君孝定今年春天才到李庄,他的研究范围是古文字学。彦堂教他先把甲骨文现有的材料编成一部字典,等完成后,再定论文题目。他能够跟着董先生看到外边罕见的材料,受到踏实谨严的训练,将来的成就应该很有可观的。一恍儿在板栗坳又住了八天。在这酷暑郁蒸的天气下,关在四面不透风的山洼里,也算把要作的事勉强办完了。要想换个地方风凉风凉,决定**七月五日**还搭长丰轮到叙府去。

七 叙府的三日乡居

七月五日早晨五点钟起来收束行李,七点半从牌坊头动身。史语所的同人有的送到半山茅亭,有的送到上坝,还有一直送到李庄的。下山后又看了看徽因和济之,下午一点半才到江边的轮江茶社去候船,最不敢当的,连那七十多岁的郢客老人也亲自来握手江干,表示惜别的感伤!三点长丰轮到,还用"递漂儿"的法子上船。船上并不太挤,可是好位子都被别人占完了。五点二十分到叙府合江门码头,并没看见熟人来接。刚要下船,忽然有一个老头儿嘴里念念叨叨的说:"那一位是梅校长?"原来是辅民派来接我们的。据他说:邻岳到威远包工去了;辅民和一位邓君廷法已经来接过好几次,全都扑了空。

上岸后,雇黄包车到西门外两路桥白庙子,在路上就看见"敌机入川"的黄旗,到唐家没多久,空袭警报就响了。这里的情报台就在唐家斜对面的翠屏山上,放警哨用手摇机,长短音的界限很不清楚,放哨以外还有四根挂短灯的高杆,遇到警报的时候,按照杆子的顺序,分别警报的缓急,各挂一个红灯:预行挂在第一根杆子上,空袭挂在第二根杆子上,紧急挂在第三根杆子上,解除挂在第四根杆子上。这天晚上空袭以后,并没有继发紧急,警报就解除了。可是在七点多钟，疏散的群众们都仰着头眼巴巴的看见第三根杆子上的红灯已经挂出来了。不过还都没露出撒腿就跑的慌张神态来，仍旧站在那儿期待着；我想他们这一刹那间的紧张情绪大概也和我差不多，不多一会儿第四根杆子上的红灯，往上一系，蓦然间就听见大家弛放的笑声了。关于这一点，我认为叙府的防空司令部还应该参照昆明或重庆的办法改良一下才好。否则既费杆子又费灯，晚上还得费蜡烛，尤其增加人民不少的紧张恐怖焦急的心情。不知在当地有什么困难没有？

警报解除后，我们和辅民、廷法、唐太太，在房子外头乘凉，微风习习的比李庄舒服多了。

六日上午八点半发空袭警报，不大会儿就解除了。天气忽然又闷热起来，早晨室内八十八度，中午升到九十三度。热得无可奈何，跑到江边去看游泳，也不觉得凉快。四点多钟到两路桥附近青年服务社附设精益饭店去喝茶。一进门就看见有劈劈拍拍打得正欢的七桌麻将！参加的人物有穿黑烤绸短衫裤的，有穿军服的，有赤着膊只穿一件汗背心的。尤其引我们注意的，其中一桌有四个青年，三男一女，都穿着蓝布长衫，年纪大约在二十上下，看样子很像学生，他们的钞票虽然没有另外那些人的充裕，却也聚精会神的努力从事"上肢部运动"，似乎比预备考试勤恳多了。我颇佩服这个饭店对于"青年服务"无微不至。麻将散场之后，那些穿短衣的摆了三桌酒席大吃大喝起来。酒过三巡，菜过五味，一个面带烟容的瘦汉子站起来报告新旧会员的人数和捐款的多少，报告完了，并没听见什么讨论，他们抹抹嘴儿散了，我们也就回去了。这一群人是不是所谓"袍哥儿"呢[1]？

---

①袍　原作"胞"，后文同，据《文集》本改。

提到“袍哥儿”，我们几乎还得借重他们弟兄们呢。**五日**晚上听说，民生公司到嘉定的船还照常开行；可是**六日**上午又听说公司里因为好几天没下雨，岷江的水落下六尺多，上行船已经停驶了，假如还继续不下雨，复航的希望简直很少。这个消息传来，让我们非常焦灼。要想急着动身，只有坐滑竿走陆路的一个法子。这样不单费钱，吃苦，而且为求路上平安还得“找舵把子”写保险信。“舵把子”是四川哥老会首领的称呼，在会的弟兄叫做“袍哥儿”，据说叙府的袍哥儿有仁义礼信四派，下面又分三十六帮，以“叙荣乐”帮人数最多，它的舵把子在叙府是很站得起来的人物。每帮里有大哥、三哥、五哥，没有二哥、四哥，三哥是担任交际的，五哥是管理事务的。像我们在精益饭店看见那个瘦汉子，大约就是五哥之流。

没想到我们在叙府会碰着抗战四周年纪念日。这个日子料想不会没警报，果然，七点五十分空袭的哨子就响了。八点多听见两次轰炸的声音，据说这还是从重庆传来的回响，和我们在李庄所听到的一样。这是很奇怪的现象。我们在泸州以北从来没听见过这种回响，何以往南到了李庄叙府反倒听得清楚了呢？这得请研究地理学、地质学、气象学、物理学的专家们给我们解释一下。

警报解除后，辅民从城里回来说，民生公司**八日**有民教轮上行，不过是差船，不卖客票。我们听见这个消息又喜欢，又耽心，姑且拿出泸州中国旅行社经理薛卓钧的介绍信来托人去试试看。下午两点居然买到三张票，并且还饶上中央博物院夏君作民的一张。不过因为上游水浅，只到竹根滩为止，而且还没有舱位。可是，无论如何总比在毒花花的太阳底下，坐着滑竿去拜访“袍哥儿”毕竟强的多了。

下午八点钟，晚饭还没吃完，翠屏山上已经挂起一个红灯来了。九点续发空袭警报，我们一直等十一点解除后，才叫唐家一个工人挑着行李，打算到洋码头附近的一家旅馆住下，为是第二天清早上船方便一些。谁想刚走过西门里的大观楼，紧急警报突然又响了。吓得我们仓皇失措的急忙花很贵的价钱雇上三辆黄包车又折回白庙子；等了好久，作民和挑夫才走回来。到夜里一点二十分警报才解除，可是时间太晚了，到城里也找不到旅馆，只好还在唐家休息到三点钟。

八　民教轮上

七月八日夜里三点起来，从白庙子步行赶到洋码头，天还没有亮。叙府是川南没经敌人破坏的一个大都市，我们虽然在这儿住了三天，可惜黄昏到来，黎明离去，走马观花，简直没能瞻仰它的真面貌。到码头后船还没来，听说是昨晚开到别处避警报去了。四点半船才拢岸，上面拥挤不堪，连站脚儿的地方都没有。我们请梅先生在码头上看着行李，毅生、作民一件一件的往船上运，我拿着几张凉席和油布去占位子。结果，好不容易挤上船，却没有方寸地被我占到。跑到船顶，看见烟突旁边有很宽敞的一片舱面①，并且放着好些竹机，却阒无一人；于是自作聪明的把凉席和油布摊开，占了很大的一片领土②，又搬了几张竹机把它围起来，当作“防御工事”。谁想到五点二十五分开船后，还没过两分钟，煤灰已经布满了舱面，我的头发上、脸上和刚搬来的行李上，都洒满了黑渣子；可惜我辛辛苦苦布置的“防线”，就这样轻轻易易的被突破了。幸亏曾经骑着骆驼，走过撒哈拉大沙漠的田野考古家夏作民比较机警，他和机器匠交涉，给我们匀出四张铺位来，每人得要另出三十五元，比票价只少十元。铺位租定，总算稍微可以喘息一下儿了，可是床窄舱矮一共挤下十二个人，流品不齐，人声嘈杂，闷在里头

---

①②片　原作“遍”，据《文集》本改。

也不大舒服。走出来,在甲板上,背着风向,眺望了许久才觉着爽快一点儿。岷江夹岸虽然没有“崇山峻岭”,可是随处都可以看见“茂林修竹”,满眼绿莹莹的,苍翠可爱。可惜江水仍然浑黄,对于“蜀江水碧蜀山青”那句诗只可以证实一半儿罢了。沿途经过泥溪、月波、麻柳场、么姑沱,并未遇见什么险滩①。下午六点五十分拢河口,这个地方离叙府二百六十华里,再过二十里就可到犍为县了。

船停后,登岸到河口街上想找点东西吃,结果只有“豆浆稀饭”可以充饥,这是岷江沿岸很普罗的食品,我颇欣赏它的物美价廉。饭后坐在江边的沙滩上望月谈天,非常凉爽,不大会儿乌云遮住月光,闪电不住的在远方晃,九点回到船上,十二点就下起大雨来了。这时候,卖出铺位躲在舱顶上睡觉的机器匠,都跑进舱里来,地面上的走道全铺满了行李。舱尾的一位女客因为她铺位上的舱顶漏雨,把行李淋湿,便向一个机器匠理论,想找还票价;惹得那个机器匠用轻蔑的口吻讥笑着,好像对于她的职业有相当了解似的。

九日早晨五点从河口开船,六点半便到了犍为。由这儿到竹根滩只剩下六十里,可是沿江却有好几个著名的险滩。七点过乌角墨,江面下潜伏着不少的暗礁,波浪很大,船身有点儿颠播,水手禁止旅客站在甲板上,一共走了十五分钟才算渡过这重难关。十点二十分过道士观。这个庙建在江心里的一个山崖上头,水从上游来,冲到山崖下,激起很大的波漩,所以江流非常险急。从前上水的柏木船到这儿往往出事,幸而我们的轮船却平平稳稳的渡过去了。走了一会儿又经过岷江中一个有名的险滩叫岔鱼子,不过水势并不像传闻的那样湍急。十一点半就拢了竹根滩。

---

①未 原作“有”,据《文集》本改。

九 从竹根滩到嘉定

到竹根滩登岸后，因为检察行李耽搁了半点钟。十二点从船码头走到“车码头”，雇黄包车到乐山，每辆价十八元。竹根滩是岷江沿岸的一个大码头，市面繁荣，街道整齐，比起小县城来还显着富庶。对岸就是五通桥，可惜我们赶路太匆忙，也没能过去看看；事后听说，那里有好些人在期待着我们。沿路看见对岸有好多盐井，老远望起来，又像吸水塔，又像警钟台，恨不能叫车子停下来，过河去看看这个流传已久的制盐土法子。离开竹根滩大约二里多，车子过了一个小渡口，就一直顺着公路走。下午一点五十分到牛华溪，这里比竹根滩还要繁荣。车夫领我们到“盐码头”一家叫“味腴”的小馆子去吃午饭，我们四个人随便叫了三个菜，每人要摊到六块多钱；他们几个人尽量吃“帽儿头”的大碗饭，另外还有菜有汤，每人只出两块钱；两下里的收入和消费恰成反比例，难怪有人要叹息“十年寒窗不如一辆胶皮”了。两点五十分离牛华溪，三点四十分过瓦场坝，茶歇；又翻两个坡就到了乐山县。

乐山是旧嘉定府的首县，城在岷江西岸，南有大渡河，北有青衣江，把它三面包围起来，颇占形胜，我们从大佛寺底下的凌云义渡坐船到对岸。因为四川旅行社没有房间，于是就住在县街的嘉林公寓。晚上武汉大学高公翰、方芦浪、吴子馨来谈。

七月十日上午九点，到文庙武汉大学去看王抚五、朱孟实、陈通伯三先生。抚五穿着一件灰色罗衫，头发全白了，脸下还有好些黑痣；回想二十年前，我在北平汉花园的红楼里听他讲科学方法论的时候，他正在革履西装，精神饱满，那是何等少壮英俊！几年没见就变成这样，可见在学校里管行政事务也会让人老的快。孟实虽然两鬓斑白，精神却还焕发。那位好说“闲话”的西滢，虽然唇有黑髭，鬓杂白发，背部也稍微有些拱起，可是一穿起亮纱的蓝衫来，还依稀有点儿当年住在北平东吉祥胡同时候的风度。梅先生向抚五表示联大盼望孟实返校的意思很恳切，抚五正颜厉色的说，“武大对于朱先生比联大更需要，请你们就暂时借给我们几年罢”。于是这一场交涉就这样谈判中止。

下午一点半有空袭警报，等到两点半解除后，武大的陆凤书和桂质廷两位领着我们先到李公祠参观理学院，后来又到观斗山参观工厂，到三育中学参观工学院的实验室。这几部分的仪器和设备都是从珞珈山直接搬运来的[①]，睹物念旧，不禁想起当年武汉大学那样宏丽的建筑，希望不久的将来这些仪器还能装设在他们原来的实验室里。工学院内附设有公路研究室，是武大和乐西公路局合办的，现在对于路面的配合已经得有相当的结果。生物系在北斗山上，他们所采集的标本，有许多是别的地方所罕见的。主任张镜澄在武大的资格最老；教授钟心煊，民国十五年曾经和我在厦门大学同过事，当年是很英挺的，现在也显出老态来了。这天所遇见的几位老朋友都是我自己的镜子，我只看见别人年纪大了，若一反省自己，岂不也是华发生颠，年逾不惑了吗？其实，这是不足顾虑的，最可怕的是“不学便老而衰”，只要我们发愤努力，现在正是终身事业的发轫，有几根白发又有什么关系？哪里值得感伤？胡适之先生在美国有一首自题照像的诗说：“略有几茎白发，心情微近中年，作了过河卒子，只有努力向前！”这我们一班中年人应该矜式的。

从北斗山下来，俯瞰大渡河的湍急水势，远远的还看见巍然坐镇在河口的大佛和绿油油一片苍翠欲滴的乌尤山。记得张船山的

---

①珞珈山　原作“落伽山”，据《文集》本改。按珞珈山原名逻伽山，又名落驾山，一九二八年时任武汉大学文学院长闻一多先生取谐音法，改为珞珈山，沿用至今。

诗说:“凌云西岸古嘉州,江水潺潺绕郭流,绿影一堆漂不去,推窗三面看乌尤。”到此实地领略,更觉亲切有味。这时虽然汗湿重衫,反倒感觉不出炎暑来了。晚七点,抚五、孟实在公园路中西餐馆设宴招待。

早晨七点半,到嘉乐门外,去看孟实,并会到陈通伯、朱东润、徐天闵、杨人楩几位[1],和北大中国文学系二十四年度毕业生丁贤书。东润对于传叙文学很有兴趣,他近来所发表的几篇文章都有相当的价值。武大的中国文学系除东润、天闵以外,还有刘博平、刘弘度、苏雪林、徐哲东、黄耀先、李稚甫几位,因为行色匆匆,并没能一一访谈。十点多,吴子馨、谢文炳、普施泽几位到公寓里来,领着我们从安澜门外的萧公嘴渡江到乌尤寺。船到了岷江和大渡河会流的地方,只能看见大佛的下半身,不免有仰之弥高的缺憾。不久,“绿影一堆漂不去”的乌尤山也呈现在眼前了。走到近处一看,原来在苍松翠柏的中间还夹杂一些使君子的红花,红绿相映,替那岁寒后凋的孤高品格增加了不少的鲜艳。可是在我看起来,却还赶不上凌霄的可敬。关于这一点,我和李笠翁的感想相同,他在《闲情偶寄》里说:“藤花之可敬者莫若凌霄。然望之如天际真人,卒急不能招致,是可敬亦可恨也。欲得此花,必先蓄奇石古木以待,否则无所依附而不生,生亦不大。予年有几,能为奇石古木之先辈而蓄之乎?欲有此花,非入深山不可,行当即之,以舒此恨!”这里既然有很像样儿的“奇石古木”,倘再有可敬的凌霄攀绕着翠柏苍松岂不相得益彰,更为乌尤生色?相形之下,使君子就平凡的多了。偶涉遐思,不觉在船头上痴立了许久!弃舟登岸后,一进山就看见迎面一个石碣上刻着赵熙所写的“离堆”两个大字。常听见

①人 原作“仁”,据《文集》本改。

四川的朋友说:“峨眉天下秀,剑阁天下险,离堆天下奇”,可是在四川省,连这儿一共有三个“离堆”,究竟什么地方真,什么地方假,至今还是四川史地上一个聚讼的问题。不过就“奇”字来说,乌尤孤峙中流,周身都被苍翠掩盖着,天上的云影映衬着江面的波光,乔楠蔽日,修竹成林,时闻松涛,时见竹韵,虽然不是真的“离堆”,我却觉得这是入川以来第一个值得流连的地方。进了乌尤寺,便到复性书院去拜访马一浮先生,正赶上马先生在山下的乌尤坝休养,没能会到。承张君立民引导我们参观图书馆、藏经阁、尔雅台和马先生讲学所在的旷怡亭,并且在客堂招待茶点,又送给我一全份讲录。寺里的方丈遍能,是北平柏林寺台圆和尚的徒弟,谈起来还不俗气。我自从民国二十三年在杭州见到马先生后,一恍儿已经七年,想起他的修髯道貌来,不禁心向往之;可惜我们中午必须赶到大佛寺,时间已经不允许我独自到乌尤坝去拜访他了。

十二点下乌尤山,过渡后再登凌云山到大佛顶,从顶上俯瞰,只能看见大佛的上半身,他的右颊稍微有点儿浮肿,据说这是民国二十四年叔侄阋墙的内战的时候,佛爷被机关枪把嘴巴扫掉,事后又用水门汀重修的。天王殿前有明永历十年重修凌云寺碑记。案明永历十年相当于清顺治十三年(一六五六),就这个碑记来看,足征清朝入关十几年后,嘉定一带还在南明统治之下,人民并没奉清朝的正朔。再过五年,清兵入缅甸,永历帝被执,明朝才算完全灭亡了。下午一点嘉定清华同学会在凌云寺客堂公宴梅先生,约毅生和我作陪,主客共二十八人。四点才渡江返寓。

从嘉定到成都,本来天天有汽车往返,可是两天设尽方法都买不到票,我们打算先到峨眉绕一下,然后再从夹江搭车到成都。

十 峨眉四日游

七月十二日上午九点[1]，从嘉林公寓坐黄包车出嘉乐门，顺着乐西公路向峨眉进发。十一点十五分到青衣江（土名雅河）徐灏渡口，天忽然下起雨来。这里水势很大，公路局用铁筋洋灰修的桩子已经冲坏了好几次。过渡后，等雨稍微小一点儿又往前走。到了峨眉河（一称符文水）边[2]，因为公路的桥梁还没修好，改走小道，经过怀苏镇，渡十七墩桥，到苏稽，十二点十分午尖。怀苏镇和苏稽是因为唐朝苏颋曾经贬居在这里得的名，土人相传和东坡有关系，未免先后倒置。这一带是青衣江和峨眉河冲积的平原，沿路桑园相接，绿荫密翳，土人从事纺织的很多，所产棉绸，拿来做夏天的汗衣颇为舒适。在苏稽吃过午饭，因为车夫"打兑"（就是北平的"倒车"），延迟到下午一点二十分才冒雨动身。两点半到高山铺，峨眉山的面目渐渐在烟雨迷濛里，像米家山水那样，隐隐约约的露出来了。四点四十分到峨眉县城南门喝了一会儿茶，就往山里走，这时虽然斜阳欲坠，彤云半天，可是雄奇秀拔的峨眉山直立在眼前[3]，立刻换了一番境界，不觉得胸襟开朗起来。在普贤寺前面邂逅着徐中舒和张洪沅两位，据说茀斋已经到成都招考去了。六点半"拢"报国寺，由沈太太和饶馀威招待我们住在庙里的带月山房。这一天大约走了三十五公里。

从**七月十四日**到**十七日**，我们乘便逛了四天峨眉山，这是我们全部旅程中惟一的闲情逸致。因为滑竿伕子每一名一天要十八元，各庙里两餐一宿也言不二价的标明二十元，结果把各人荷包里

①七 原作"六"，据《文集》本改。

②符文水 原作"文符水"，据《文集》本改。

③眉 原脱，据《文集》本补。

所带的一点“私”钱都消耗完了。可是当年王羲之认为“登岷岭峨岭而旋，实不朽之盛事”，那么我们既然来到这儿，何妨附庸风雅的“不朽”一下子？好在这年头儿钱本来不值钱，花上两三百块还不够阔老们一餐盛筵，司机们几筒香烟，既然是自己血汗挣来的，并没耗费公帑，就是到峨眉绝顶站在舍身岩往下望的时候，也觉得心宁神帖，不怕亏心失足，葬身幽壑。

现在逛峨眉山有大小两条道：自从马路开辟后，山下在保宁院分歧，山中交叉的地方是清音阁，山上会合的地方是莲花石，全路的形状好像一个阿刺伯数码的“8”字。大路从伏虎寺入山，经雷音寺、纯阳殿、大峨寺、中峰寺、清音阁以至万年寺、华严顶、莲花石，再登钻天坡，经洗象池、白云寺、雷洞坪、接引殿，就可以直登金顶；小路从龙门洞，至清音阁，涉黑龙江，经洪椿坪、九老洞、遇仙寺，到九岭冈和大路会合，再由莲花石以登金顶，上下一周大约有三百里。逛山的人如果从洪椿坪、九老洞的小道上去，先欣赏深幽的风景，然后直登绝顶，纵目满瞩，凭高俯瞰，再领略雄奇的形势，那是最理想的途径。我们原来本打算这样走，可惜连下几天大雨，黑龙江水涨不容易过去，只好还从大路上山，从小路下山。

十四日上午九点。冒着小雨从报国寺动身，同游的还有方欣安夫人张近芬女士。当晚住在拔海一〇四三公尺的万年寺毗卢殿。第二天上午因雨未能登山，只看了看附近的砖殿和新殿。下午一点十五分雨止，从毗卢殿出发，晚间宿在拔海二一一〇公尺的洗象池。第三天早晨七点二十分从洗象池出发，十二点半就到了拔海三〇〇〇公尺的卧云庵，当天下午到金顶转了一下，盼望半天，佛光终于没能看见。晚上住在卧云庵里的睹光楼。这三天，我们每天升高一千公尺，算起来比昆明的马市口，已经高出一千公尺了。第四天早晨六点从卧云庵出发，到九岭冈后转入小路，下午六点十五分一口气赶回报国寺;这虽然把两天的道儿并作一天走,可惜太匆促一点儿,对于后山清幽的景致没能够流连的尽兴。

关于峨眉风景的描写,掌故的考证,在前人山志或今人的导游里已经有详细的记载,用不着我来说,专就游记而论,古今人也不知作过多少篇了。在这里,只拣出几项来写一写我个人的印象:

(甲)峨眉的山　大家都知道"峨眉天下秀",其实它在秀拔以外还兼着雄奇。专从奇峰怪石一点来看,它不单赶不上黄山,并且还比不得阳朔;可是一提到它的雄壮伟大,我们试想一想,要是站在黄山的天都峰上看金顶那得欠着多高的脚?假如再从华严顶上俯瞰阳朔的诸峰,那不和一堆堆的小盆景差不多吗?况且在遇仙寺以上,遍山都被奇花异卉掩覆着,满眼只看见苍翠欲滴,几乎很难找到一两块没涂上青绿的岩石;假如这就可以叫做"秀",那还不算是秀到极点?明释梦觀有几句诗说:"峨眉高,高插天,百二十里烟云连,盘空鸟道千万折,奇峰朵朵开青莲",颇能写出一点它的"雄秀"样儿来。赶到晴天的时候,站在峨眉县的郊外来远望,可以看见群峰起伏有序,层次井然:劈面当前的,右边是凤凰坪,左边是伏虎山,其次是新开寺诸山;再看进去,右边是观心坡,左边是大峨诸山;更进一层,右边是华严顶,左边是九老洞诸山;倘若再望过大乘寺、洗象池的几个峰头,便可以看见悬岩一列,三峰鼎峙,那就是峨眉的主峰:金顶、千佛顶和万佛顶。进山以后,若是在马鞍山过去一点的慧灯寺去凭眺,对于金顶以下的许多山也可以看得很清楚。

游山的人总喜欢住金顶,在我看还是卧云庵比较清幽。几间客室,建在悬岩的边上,小小的厅房三面都是玻璃窗,一片平台周围圈着栏杆。凭栏临眺,左边有盘陀石、印心石、睹光台;右边有象鼻石、金刚岩、舍身岩;抬头远望,还有罗汉峰、观音峰、天池峰、兔儿峰等,都直立在你的面前:有的翘首云中,矫健不群;有的两峰对峙,嵯峨争秀;看着像城垣上的雉堞,又像绣成的九叠屏风。由玄武岩结成的山石,因氧化变质,微微呈现出一点赭色,在一片浓绿当中借着日光映出这一点对称的颜色来,格外显着美丽:这是我们在半山所看不到的。往下一看,陡壁悬岩夹着一眼望不见底的万仞深壑,在蔚然深秀的浓绿中间,不知什么时候几缕白云偷偷的从岩岫里溜出来,一会儿塞满了深壑,一会儿遮住了群峰,一会儿布满了平台,一会儿侵入了卧室:直闹得伸手不见掌,对面不见人,这时候才体会到古人所说"风云变幻"和"啸傲烟霞"的味道。正在云雾迷濛的当儿,天上忽然晃出太阳来,几个峰头慢慢地钻出云端,好像虚无缥渺的海上仙岛,骋目四望,只觉得白浪滔天,波涛汹涌,一会儿风吹云动,忽像滚雪,忽像翻棉,变化万千,诡谲莫测,闹得人不知道究竟是在天上?在人间?在海中?在岩际?渐渐团团的白雪又变成缕缕的流霞,五色鲜妍,光映岩谷,芒彩闪烁,好像置身琉璃世界!等到雨过天晴,抽冷子了无一物,依然现出蔚蓝的天,苍翠的峰,幽深的谷,旷远的平畴,铜河、雅河、峨眉河蜿蜒着像三条小白蛇,嘉定、峨眉两个城廓渺茫的像几个黑棋子!这时候我才觉得自己站在卧云庵的平台上,才知道,身旁还有月涵、毅生、近芬三位游侣!

晴明的早晨,站在金顶的岩头去远望,天上蓝莹莹的净无纤云,几个高峰拥现在眼前,好像刚出浴的美人披着绿绸浴衣在那里争妍斗艳一样!朝两边看,晒经山像座屏风,瓦屋山像块覆瓦,中间还有海拔七千五百公尺,比峨眉高着一倍的大雪山,雪山现得最明的时候,莹澈像水晶,灿烂像琉璃,粉装玉琢,比棉堆雪球还要洁白,真可以算是峨眉绝顶的一个奇观。寺僧又指点我哪是大凉山,哪是大小蛙山,哪是火焰山,哪是大峨和二峨,说的人虽然口若悬河，如数家珍，可是在我看起来，却不免有些依稀仿佛，若隐若现。

此外使我印象很深的，还有雷洞坪和华严顶。雷洞坪建在阎王煸高头的平台上，北边是白云寺，南边是接引殿，海拔约二四〇〇公尺，离金顶还有七里。前临绝壑，悬崖万丈，沉黯不见底，左边是弓背山，右边是金顶，中间还有一列峻岭，把它三面环抱起来。每逢岩下打雷的时候，因为回响作用常常使雷声格外砰訇，于是就造出许多神话来。明万历年间还立过一个“禁声”铁碑，以警行人。其实，说破了是不值一笑的。这一带云雾很多，终年阴霾，怪木槎枒，顽石狞恶，还有鬖鬖像乱发的苔丝，长约一丈，缠挂树石间，土人叫做“普贤线”，游离飘逸，倒也有点风致。

从大路上山，过了磴道凌空的上天梯，迎面有孤峰突起，高约一九〇〇公尺，那就是华严顶。在金顶没有开辟以前，它就算是峨眉山的最高峰。到了这里显然有云封岩谷，树插层霄的感觉。低头往山下瞻眺，南边有铜河，中间有峨眉[①]，以北还有雅河，像三条白练纡曲迤逦的向下游走。由他们冲积成的平原，布满了稻田，到处都像铺着绿绒毡似的。仰天长啸，不觉心旷神怡，胸襟开朗，沉闷郁抑的情绪早就躲在一边去了。

上下山所经过的道儿，有些地方很难走，过伏虎寺刚一里多，就要爬上一个石磴险仄，高约百尺的解脱坡；到上头往下一看，真会有尘念顿消，解脱一切的思想。离毗卢殿大约十里，有一观心坡，这个坡长约二三里，既斜且陡，因为石磴太高，每登山一步磕膝盖就得顶到胸口，所以又叫做顶心坡或点心坡。过了这里再往上走，一路上怪石嶙峋，排列的像牙齿，逼窄的小道，两边都是往下溜的悬岩，形状好像鱼背一样，这就是所谓“鬼门关”。在它上头走的

①眉　原作“嵋”，后“（乙）峨眉的水”同，据《文集》本改。

时候,两旁有树木翳蔽着,并不觉得怎样危险;走过去往回一看,真不禁有点后怕。闯过鬼门关,越过息心所,还有一个很陡的放光坡。拐过初殿,又得爬上天梯,每一级石磴差不多有一尺高,简直累得喘不过气来。快到洗象池,有一个耸立的危坡,那就是所谓“鹁鸽钻天”,一般人也叫做钻天坡,这个坡长约五里,高约二百公尺,途中有两个供人休息的亭子,本来磴道危仄,很不好走,后来有一个上海人叫顾嘉棠的,捐款二千元修筑,现在稍微宽舒一点儿。由大乘寺往左走,还得经过一个很危险的陡坡,叫做阎王煸,这个煸高约一百五十公尺,往上爬的时候,往往得拄着拐棍,攀着藤条。相传从前有一个胡僧,缚木架石,以引行人,所以又叫胡僧梯或凌云梯。到接引殿以前,先要经过八十四盘,这个地方虽然纡曲,却不很难走。过了接引殿还有一个七里坡,高约三百公尺,坡顶高出海面二千八百公尺。假如坐着滑竿上山,遇到这些地方,伕子们总要求你“让坡”。照我看还是下来走好,否则不单看着他们喘息流汗有些难过,坐在上面也委实不大舒服,多少有点儿耽心。由小路下山的时候,过九老洞大约八里,便到了九十九倒拐。这里本叫寿星坡,又叫冲天槽,沿着山峪往下走大约有一千八百步,五十三转。朝下走比向上爬省力的多,可是步行的时候往往蹬得两腿生痛,若是坐在滑竿上,有时候一个伕子踩着一拐,另一个踩着那一拐,人就像悬在半空中一样,往下一看那万丈深壑,谁都得有点儿头眩眼晕!除去上面所说的这几个地方外,虽然不能说全是坦途,大体上却没有什么险径了。

(乙)峨眉的水　从前孔子说:“智者乐水,仁者乐山”,我虽然算不得“智者”,可是总觉得水比山更可爱。峨眉的水源有两条:左边是白水,发源于莲花石,经过遇仙寺前,下流为石笋沟;右边是黑水,从九老洞绕洪椿坪而来,下流为黑龙江。这两条水到清音阁会流为符文水,流到河口,再和发源于弓背山的黑水河会合,到龙门洞以下,叫种玉溪;从此曲屈北流,过马口,绕流峨眉城北而下,所以一般人又管它叫做峨眉河。

从小路下山,过遇仙寺,经长寿桥,才开始听见潺潺水声,由这儿到九老洞,山色得到水声的衬合,格外显着幽美。走到这里,只见流泉漱石,岩壑衔烟,雾锁丛林,云封窄径,仰头但露一隙青天,俯视便是万仞深峪,路转峰回,风景也随着变幻,两脚觉得有点儿累的时候,站下来回头一望,锅圈岩峭壁挺秀,龙桥沟瀑布三折,因境移情,立刻忘了疲乏。照我的眼光,这一段算得是峨眉山里顶秀出的。

出洪椿坪往下走,经过三道桥、二道桥和万义桥,就到黑龙江。江两旁的夹峪是栖霞灰岩构成的,峭壁对立,相距不过一丈多,却有一百多尺高。上面遮着浓荫蔽日的苍藤,下面流着莹澈见底的碧水,连一块小石头儿一条小鱼儿都藏不了,乱石横七竖八,大大小小的堆在江心,急湍冲着它便激成了险滩。因为水大滩多,岩峭路绝,有时候非涉水不可。据滑竿伕子说,到这里得要过二十四道黑龙江;照我算起来,一共只涉过十一次水。在过第三个滩的时候,急流的力量很大,站在水里简直稳不住脚;合起四个伕子来,从满布着青苔的岩石上,一步三滑,连推带拉,才能抬过一个人来。这一刹那,心里虽然紧张,可是看着奔马似的急湍,听着澎湃震耳的滩声,在艰险中也得到说不出来的奇趣。再往前走水更大,岩更峭,峪更窄,连像上面所说的那危险道儿都找不出来;正在没法可想的当儿,幸亏前人依壁架木,修了十几丈长的七段栈道,许多游人才不至于到这儿水尽山穷,败兴而返。过栈道不远,急流冲击一块大岩石,雪白的浪花溅出多高,样子像汤沸,声音像河决,这便是黑龙江的尾流激荡成的奇观。再转一个弯,流到清音阁就和白水会合起来了。我生平没游览过多少名山大川，不过就曾经看到的滩涧来说，西湖的九溪十八涧比不上它的险急，劳山的北九水比不上它的幽深，在我看过来，它和清音阁是峨眉山里顶值得流连的地方。

清音阁的前面有两个桥，白水从左边的桥流进来，黑水从右边的桥流进来。两条水环抱着阁的周围，日积月累，各自冲成巉岩，把急湍约束在很窄的深壑里，水势越发显着充沛有力，及至冲出岩壑，二流会合，两股力量并在一起，其势好像强弩齐发，机枪乱射，又好像几千健儿冲锋杀敌，万匹烈马驰骋奔腾，一往直前，沛然莫御。适当其冲，恰好有一块砥柱中流的牛心石，急湍冲到它的上头，激得浪花四溅，声音像滂沱大雨里夹着急风迅雷一样，这就是所谓“黑白二水洗牛心”，比起在桥底岩间所发的琤琮清音，显然有雅静和雄壮的不同。过了这里以后，碧流曲折，水势渐渐舒缓，河底有许多像白棋子的小石头儿，日光反射，闪烁生辉，溪水在他们上面流过，又恢复了环佩玎珰地玲玲清音，依然是雅静、幽美！再望周围一看，绿油油的苍松，翠生生的丛篁，密叶含雨，浓荫生烟，点缀着鸣泉逸韵，意味更加隽永！

从前范成大说：“闻峨眉双溪不减庐山三峡，及至龙门，则双溪又在下风。”所以游过清音阁的不可不到龙门洞。离清音后，从广福寺下坡，顺着符文水走，过清风、明月两个桥，武显、凉风两个冈，远远的看见溪水中有一条狭长横卧的黑石，好像小船一样，那就是所谓“普贤船”。再往下走，经过峪里，有几道泉水从峪壁的小孔流出，像匹练，像飞絮，像游丝，远望着又像辉煌的珠帘，这是没到龙门以前的一个奇景。过铁索桥，再走五里就到了龙门洞。上游的溪水向东流，到这儿把灰岩横穿成一个峡峪，杂树生在岩上，浓荫照得溪水绿莹莹的。岩半有一个圆龛，突出水面好几丈，当面有富春孙某钩摹苏东坡写的“龙门”两个大字。这里道路很险峻,要想细细的游览,总得坐船进峪登着梯子上去,才能欣赏峡泉的幽秀。龙门洞以东,河面渐宽,水势益缓,浅山绵亘,地势低平,慢慢地就走上出山的坦途。

山中喝的水要算洗象池、洪椿坪和神水阁三个地方最洁净。所谓“神水”就是古玉液泉,从石头缝渗出,好像经过砂滤一样,清冽适口,不愧“峨眉第一泉”。相传隋智者大师住在中峰寺的时候,常喝这个水,后来到荆州去,病中还想喝它,于是龙女就从这里取水去供养,因此现在阁下的池子里还有“神泉通楚”的石碣。这个故事虽然不可信,可是现在到峨山避暑的外国人也往往为喝“神水”的缘故,住在它附近的中峰寺或大峨寺。

(丙)早晚的两种奇观　在峨眉我遇到两种奇观,就是清晨的日出和夜晚的佛灯。我看日出不止一次,在劳山,在黄山,在南岳的祝融峰,都曾经享受过这种眼福。这次在洗象池和卧云庵又碰巧看见两回。在天刚亮的时候,站在高处远望,起初只见乌灰一片,弥漫天空,慢慢地显出鱼肚白的和淡赭两色来;待不大会儿,深赭夹着金色的光芒,从浅蓝的天边,辐射成半圆形,馀辉映照出去颇远;转瞬间一轮朝暾忽然涌现出来,光芒四射,赭色顿消,这时候大地上才从黑暗转到光明。我这次所得的印象和黄山南岳差不多,但比起在渤海边上的劳山所见却大不相同。几时才让我再到劳顶或泰山的日观峰去温习一下?

说到佛灯,那可是峨眉特有的奇观。在晴明没有云彩,没有月亮的夜晚,站在适当高度的地方,常常可以看见它。初起的时候,点点如豆,渐渐灿烂像繁星,闪烁像流萤,乍明乍灭,忽隐忽现,起先不过几点,渐渐增到万千,飘忽流动,冉冉上升,山中僧众管这种现象叫“万盏明灯朝普贤”。我十五晚在洗象池,十六晚在卧云庵,连着看见两次。所谓“佛灯”究竟是什么？到现在还没有正确的解答。有人说是山下住户所点的灯光反映上来的；有人说是由磷质发光而起的。因为这个小问题颇引起川大和武大许多朋友的争论。

（丁）佛教的掌故和法物　峨眉是佛教三大道场之一，和山西的五台、浙江的普陀齐名。据明万历三十一年癸卯（一六〇三）傅光宅所撰《峨眉普贤金殿碑》上说：“余读《杂花经》佛授记，震旦国中有大道场者三[①]：一代州之五台，一明州之补怛，一即嘉州峨眉也。五台则文殊师利[②]，补怛则观世音，峨眉则普贤愿王。是三大士各与其眷属千亿菩萨常住道场，度生弘法。”因此峨眉山上关于普贤愿王的遗迹最多，各庙里的正殿几乎都供着他的像。其中比较特别一点儿的，如全山普贤像都向东，金顶的普贤像独向西。这尊像是清咸丰十一年西藏人奉达赖喇嘛命到这里铸献的[③]，现在西藏人来朝山，单单参礼这个殿，这和峨眉县城东门外大佛寺里的带须普贤像都表现西域的特殊风格。万年寺毗卢殿的正殿有明嘉靖间所铸释迦、文殊、普贤三尊铜像，都是丈六金身，法相庄严。砖殿中间所供普贤骑象铜像，单是象就有六七尺宽，高长各一丈二尺，脚底下踏着三尺莲花，牙长五尺多，必须两个人才能合抱过来；普贤像也高丈六，像背所盖木龛，雕刻的非常精致。拿这尊像比起伏虎寺和圣积寺的普贤骑象像来，那就伟大的多了。此外，相传大乘寺是普贤和三千弟子说法处，洗象池是普贤浴象处，放光坡是蒲公见普贤现瑞处，雷洞坪一带有普贤线，龙门洞附近有普贤船，锡瓦

---

①中　原脱，据碑文原拓本补。

②利　原作“祖”，据碑文原拓本改。

③咸丰十一年　原作“咸丰四十一年”。按刘上熹《峨眉导游详记》第九章有“其铜普贤像，为咸丰四十一年藏人铸献”语（商务印书馆一九三六年七月版）。兹据峨眉山志编纂委员会《峨眉山志》宗教篇、《文集》本改。

殿和太子坪有明万历间御赐普贤愿王印，从天门石上去还有建文帝口封的"肉身普贤"，……这虽不免有些依托附会，故神其说，却也可见峨眉山里关于佛教的故事是拿普贤作中心的。

关于其他方面的传说，如初殿的得名是因为汉朝的蒲公在这里采药，看见鹿的脚印儿现出莲花来，才创建的；离初殿二里还有蒲公结茅处的蒲公庵和蒲公村；砖殿也是蒲氏事佛旧址。中峰寺是北魏林淡然剃度处，现在大雄殿的左侧还供着他的遗像；宋朝的黄山谷也曾在这里作过静功。在它后面的呼应峰，相传智者大师、茂真尊者和孙思邈在此常相呼应。牛心寺即古延福院，唐孙思邈曾经在此栖隐，寺后的丹砂洞，相传是他炼丹的地方。宋朝的继业三藏从西域回来，以后也曾经在这里住过。大乘寺的木皮殿，相传是从前西域阿罗婆多尊者到峨眉来礼佛，看见山水环合和西域的化城寺相似，于是就在这里建立道场，拿木皮盖成的。此外，如华严寺是唐朝福昌达道禅师的道场；大峨寺是唐僖宗为慧通盖的；毗卢殿里的客寮是唐李白听僧广濬弹琴的地方；天门石上面的祖师殿有通天和尚的肉身；仙峰寺中供有泰庵和尚肉身；白龙洞前有别传手植的楠木。虽然真假参半，却给游山的人增加不少"思古之幽情"。

山上的碑记没有很古的；山顶的祖殿有明成化五年己丑（一四六九）铜碑，上铸"御制峨眉山普光殿记"。大乘寺有明嘉靖二年癸未（一五二三）铁碑，上铸"木皮殿记"是嘉定州知州康浩作的，判官北徽州汪伦用篆书写的。金顶有万历三十一年癸卯（一六〇三）的铜碑，一面铸着"峨眉普贤金殿碑"，是聊城傅光宅作的，吴郡吴士端集褚遂良书；一面铸着"大峨山永明华藏寺新建铜殿记"，是王毓宗作的，吴士端集王羲之书。此外就不足道了。

各庙里的佛像和法物，倒有不少值得留意的：四会亭有接引佛铜像一尊,高两丈一尺,是别传所铸,比接引殿供奉的那一尊还要庄严伟大。金顶的前殿有玉佛四尊,计普贤骑象像二,一高六尺,一高五尺;文殊骑犼像一,高六尺;送子观音像一,高约五尺。正殿有玉制如来像和普贤像各一尊,高一尺多。这都是民国二十六年果迦和尚从缅甸请来的。祖殿中间供着玉佛一尊,高二尺许,毗卢殿正殿也有玉佛一尊,是清光绪间平光和尚从缅甸请来的。仙峰寺后殿的铜舍利塔,中间有小玉佛三尊,雕刻的不很精致。山下的万行庄也有玉制普贤骑象像一尊,高约五尺多,和金顶所供奉的不相上下。

在许多和尚庙里往往参杂道教的偶像,如洪椿坪后殿的楼上供着玉皇、真武、火神、灵官。极乐寺的门前有灵官楼。伏虎寺也有玉皇殿,又在祖师殿里供着"通微显化天尊三丰祖师",在两旁配享的有"圆通祖师"和"万三祖师"……殿门口并且还挂着张三丰乩笔所书对联:"我无相,树无根,我树无根,冰心一片禅初悟;山有云,人有伴,山人有兴,道义千秋果正圆。"这还不算希奇,最可怪的是在"观音殿"里却供着"大慈大悲金光圣母"和"无惭""无恶"两尊者。纯阳殿总应该是道教的庙了,可是除去山门的灵官,和睡"佛"殿里的吕纯阳卧像以外,其馀的都是佛像。各庙里供奉川主李二郎的很多,这还可以,是本地人崇德报功的意思。此外,有许多偶像却有些莫名其妙,如白云寺供着白云祖师张良,砖殿供着红教喇嘛莲花大师,仙峰寺的阿弥陀佛作老僧装,十八罗汉里参加一位康熙皇帝……像这样释道杂糅,显密不分,古今混淆的现象,简直的太乱了。我颇疑心峨眉最初也是释道对峙的,后来佛教的势力一天比一天大,许多道观便消灭了。相传中峰寺本来是晋朝的乾明观,后来明果禅师除毒蟒,道士感激他,才改观为寺。这段故事很可看出释道消长的一点儿痕迹来。九老洞所以变为仙峰寺,多少也给我们一些同样的暗示。在道观式微以后,从前所供奉的偶像一时没清除干净,便成了释道杂糅的第一个原因。再者,在一般人的心里,对于“神”和“佛”的分界本来弄不大清楚,又因为设坛扶乩的风气盛极一时,有一点儿钱的人,为祈福起见,不问原来是佛寺还是道观,只要他一高兴,就可以化两钱儿盖一两间殿,塑几位他心目中所谓“神佛”。听说伏虎寺的祖师殿修了才五六年,是一位军官布施的,谁管张三丰邋遢不邋遢,先塑个白面长须的像,看着顺眼就得了。这就是释道杂糅的第二个原因。至于老僧装的阿弥陀佛,康熙帝变成罗汉,那完全是和尚迎合权势所致,说不定过几年后,某主席或某院长之流,在峨眉山也许取得菩萨或罗汉的地位呢。

关于法物一方面:锡瓦殿、洗象池、仙峰寺、洪椿坪、灵岩寺都有“御赐龙藏”。万年寺新殿有贝叶华严经二百五十六张,是清光绪二十七年辉林和尚从印度请回来的。仙峰寺也有贝叶经和菩提叶经各一部,贝叶长一尺四寸馀,宽二寸馀,菩提叶长约二尺,宽二寸馀,上面写着梵经五部。金顶正殿后面的舍身岩上有万历二十年壬辰(一五九二)所铸的铜舍利塔,高九尺馀,凡七层,另外有一个小的,高五尺馀,凡十四层。仙峰寺后殿也有一个铜舍利塔,高约丈馀,凡七层,外面用玻璃箱罩着,里面藏有舍利子两粒,色白略有光泽,好像珍珠似的,另外还供着三尊玉佛,好些尊小铜佛。万年寺新殿也藏有舍利子四粒,三红一白;这和砖殿所藏的伽叶佛牙一样有名。佛牙长一尺二寸,宽八寸,厚三寸,重十三斤半,形状好像半只靴子,牙床作橙黄色,上面还间杂着红白两色;有人说就是象齿的化石,有空儿还得向古生物学家请教请教。毗卢殿的正殿前面有一个铜香炉,铸工精巧,是明嘉靖元年造的,民国初年川督尹昌衡想把它毁了铸铜元,庙里的老和尚伏在炉上,誓以身殉,幸而才保存住。洪椿坪的藏经楼中间悬着一个千佛灯，灯柱上面都盘着云龙，刻工非常精致；据说这是民国十年在重庆做的，二十一年才运上山，所费约五千馀元，时代虽然很近，论品质倒是很可珍贵的。自从金顶屡次遭火灾，山上各庙收藏的丰富，要算洪椿坪第一，它有明破山和尚所写“悬佛日于中天光含大地，灿明珠于性海彩彻十方”长联；有清康熙帝御书金刚经和“忘尘虑”“锡飞常近鹤，杯渡不惊鸥”；有雍正十三年乙卯（一七三五）果亲王所题“发弘四愿”横匾；有乾隆所写“性海总涵功德水，福林长涌吉祥云”对联；另外还有竹禅和尚画的读馀图，张鳌的左书，奕劻的对联，海刚峰、张船山、何绍基等人的字画，这些东西在别的庙里都是很少见的。仙峰寺正殿的佛案上供着一大块水晶，长二尺馀，直径约有一尺，作六棱尖柱状，庙里和尚说是从铜河买来的，这和莲花寺的莲花石可以上下媲美。莲花石有红白各一，长约一尺，宽五寸，高约六七寸，石质很润泽，颜色很莹澈，结晶的形状好像是许多莲花瓣儿拼凑成的，这个庙就因为石头得的名。

（戊）关于“陈娘娘”的传说　万年寺新殿的前楼上塑有“陈娘娘”的像，砖殿里还保存着她曾经用过的铜镜，在七里坡上面一点儿，有两棵松树遮荫着一块岩石，据说就是当年陈娘娘的梳妆台。此外，在天门石上边的沉香塔她又颁赐过珍珠繖。这件法物现在虽然遭了火灾，可是大佛寺里二丈六尺高的千手大悲观音铜像还保留着她的功德。陈娘娘究竟是谁？是什么时代的？和峨眉山有什么关系？据毗卢殿的知客果慧对我说，“她是明朝隆庆帝的皇后，万历帝的母亲，是四川内江人。她发心以后，和隆庆皇帝都拜峨眉临济宗的开山通天和尚明彻作老师，并且发内帑兴修万年寺、万行庵、草庵堂、报国寺、海会禅林、接引殿等处。万年寺就是因她作寿得的名。万历帝的两个弟弟都出了家，法名叫定禅、定乐。现在的太子坪就是古万行庵，这个名称是隆庆帝改的。民国二十八年林主席又改名万历寺。里面供着皮制的太子像高一尺馀，拜山求子的人们往往离开一丈多远，用铜元来打他，打中的就可以生儿子”。这是从和尚嘴里所得到的关于陈娘娘的传说。案《明史·后妃传》：穆宗作裕王的时候，原配昌平李氏，生宪怀太子翊釴，嘉靖三十七年四月卒，穆宗即位后，追谥为孝懿皇后。孝安皇后陈氏，通州人，嘉靖三十七年九月选为裕王继妃，隆庆元年册为皇后，多病无子，居别宫。神宗即位，上尊号曰仁圣皇太后，居慈庆宫。当神宗作太子的时候，每天早晨先到奉先殿给穆宗和他的生母请安，然后再到陈后那里定省，她听见脚步声就很欢喜。万历二十四年七月崩，谥曰孝安贞懿恭纯温惠佐天弘圣皇后。神宗的生母是孝定李太后，漷县人，侍穆宗于裕邸，隆庆元年封贵妃，生神宗，神宗即位上尊号曰慈圣皇太后，居慈宁宫。万历四十二年二月崩，谥曰孝定贞纯钦仁端肃弼天祚圣皇太后（参看《明史》卷一一四）。由此看来，我们可以知道陈娘娘并不是内江人，也没生过儿子，在她的列传和穆宗本纪里都没有提到峨眉礼佛的事。可是在孝定李太后传里倒说：“顾好佛，京师内外多置梵刹，动费巨万，帝亦助施无算。张居正在日尝以为言，未能用也。”据《张江陵全集》里《敕建涿州二桥碑文》：“圣母慈圣皇太后在先帝时，梦若有神告言，宜作功德事，以福国祐民，太后意念之不忘。今上建元之首年，会（涿）州民有奏乞建桥济众者，太后忆与梦符，遂语上以欲建桥意。上曰：‘兴作大事也，请得与辅臣计之。’出，以太后意谕臣居正。臣因言时诎举赢，古人所戒，上始即大位，一切宜与民休息，兹役太劳民，且费巨，恐有司亦未能办，奈何？上曰：‘圣母自以宫中供奉金募工为之，一夫不役于民，一钱不取于官也。’臣顿首曰：‘幸甚。’乃发帑金五万两，诏工部以农隙鸠材，发春蒇事。”又敕建承恩寺碑文:"皇上替僧名志喜,向居龙泉寺。慈圣皇太后、今上皇帝追念先帝,及其替僧以寺居圮坏,欲一新之,而其地湫隘,且滨于河,势难充拓。乃出帑储千金,潞王公主及诸宫眷所施数千金,命司礼监太监冯保买地于都城巽隅居贤坊故太监王成住宅,特建梵宇。"又《重修海会寺碑文》:"寺在都城之南,创于嘉靖乙未,穆宗皇帝尝受釐于此。历祀既久,栋宇弗葺,榱桷将毁。皇帝即位之二年,函夏乂安,四民乐业。圣母慈圣皇太后思所以保艾圣躬,舄奕允祚者,惟佛宝是依。乃出内帑银若干,俾即其地更建焉。既集议,慈圣皇太后暨潞王贤妃贵人以下咸出资助之。"又《敕修东岳庙碑文》:"今天下郡国皆有东岳庙,而京师则庙在朝阳门之东,相传唐宋时已有,国朝正统中益恢崇之。……百馀年来,庙寝倾圮,神将弗妥。士女兴嗟,圣母慈圣皇太后闻之曰,吾甚重祠而敬祀,其一新之,然勿以烦有司。乃捐膏沐资若干缗,皇上祇顺慈意,亦出帑储若干缗,命司礼监太监冯保择内臣廉干者董其役。"又《敕建慈寿寺碑文》:"寺在都门阜成关外八里许,先是,我圣母慈圣宣文皇太后欲择宇内名山灵胜,特建梵宇,为穆考荐冥祉。皇上祈允遣使旁求,皆以地远不便瞻礼,乃命司礼监太监冯保卜关外地营之。出宫中供奉金若干两,潞王公主暨诸宫眷助佐若干金,委太监杨辉等董其役。"又《敕建万寿寺碑文》:"今上践祚之五年,圣母慈圣宣文皇太后谕上若曰:创一寺以藏经焚修,成先帝遗意。上若曰:朕时佩节用之训,事非益民者弗举。惟是皇考祈祐之地,又重之以圣母追念荐福慈意,然不可以烦有司。乃出帑储若干缗,潞王公主暨宫御中贵亦佐若干缗,命司礼监太监冯保等卜地于西直门外七里许广源闸之西[①],特建梵刹,为尊藏汉经香火院。"又《敕建五台山大宝塔

①直　原作"道",据《文集》本改。

寺记》:"昔阿育王获佛舍利三十馀颗,各建塔藏之,散布华夷,今五台灵鹫山塔是其一也。我圣母慈圣宣文皇太后前欲创寺于此,为穆考荐福,今上所储。以道远中止,遂于都城建慈寿寺以当之,臣居正业已奉敕为之记。顾我圣母至性精虔,不忘始愿。复遣尚衣监太监范某、李友辈,捐供奉馀资,往事庄严。"(以上均见《张文忠公全集》文集四)由上面所引的这些材料看起来,第一可见慈圣李太后信佛的虔诚和万历一朝兴建梵宇的众多;第二可见张居正对于这种大兴土木的举动不大以为然,但也不得不将顺意旨的替皇上掩饰。——然而在这么许多记载里却没有一个字提到仁圣陈太后。金顶的铜碑上所刻王毓宗的《大峨山永明华藏寺新建铜殿记》里边虽然有"遣沙门福登赍圣母所颁《龙藏》至鸡足山"和"已中中使衔命奉宣慈旨赐尚方金钱置葺焚修常住若干"几句话,可是他所谓"圣母"和"慈旨"究竟指着仁圣陈太后还是慈圣李太后,却没有明文可考。那么,果慧所说和山上传说的遗迹,倒底儿有没有根据呢?这得要向熟于明代史乘或佛教掌故的朋友们请教一下。

其次要问,万历皇帝的弟弟曾否在峨眉山出家呢?据《明史》诸王列传五,穆宗共生四个儿子,孝懿李皇后生宪怀太子翊釴,生五岁殇。靖悼王翊铃生下来没满一年就死了①,他的母亲不可考。孝定李太后生神宗翊钧和潞王翊镠,孝安陈皇后无所出。(参看《明史》卷一百二十)那么山上传说的定禅、定乐那哥儿俩又是从那儿来的呢?照我想这不过是替僧罢了。据张居正《敕建承恩寺碑文》上说:"皇朝凡皇太子诸王生,率剃度幼童一人为僧,名'替度'。虽非雅制,而宫中率沿以为常。"(《文集》四)穆宗的长子和次子既然都没立住,到他二十六岁才生的神宗,三十二岁才生的潞王,那么孝定李太后对于这两个亲生的宝贝儿子,要想"保艾圣躬,

①翊　原作"翔",据《文集》本改。

舄奕允祚”，在他想，只有“佛宝是依”是顶好的法子。他所以虔诚信佛，大兴梵刹或许都由这一点动机来的。所以我猜果慧所说的定禅、定乐就是神宗和潞王的替僧，至于太子坪的皮像也许就是她替神宗还的替身，和现在北平迷信的老太婆到妙峰山娘娘庙去“还童儿”用意一样。俗僧展转传讹，于是就造出许多神话来了。

（己）峨眉的和尚　说到峨眉的和尚，阿弥陀佛！洒家在二十年前也曾经有一度是受过三皈五戒的“优婆塞”，现在虽不信佛，怎敢违犯“绮语”“两舌”的戒律，存心毁谤三宝弟子？可是，就我这次所得到的印象，纵然没有像某先生所说：“峨眉山有峰皆秀，无僧不俗”的地步，却没有碰见几位教理宏达[①]，戒行谨严的高僧！让我最起敬的是在毗卢殿主持护国仁王法会的能观法师。他俗名程昌祺，号子轩，是上川东人，曾在华西大学作过十一年中国文学系主任，民国二十五年才出的家。长子绍伊，曾在日本学医，次子绍迥是清华出身，再到美国学兽医的。这位老和尚童颜鹤发，道貌岸然，本来是同行，所以颇谈得来。此外，听说祖殿的传钵，禅定功夫颇深；锡瓦殿的性安，戒行很好，可惜都没会到。至于神水阁普智的和蔼，卧云庵常意的殷勤，毗卢殿妙伦的黠慧，也还不让人讨厌。另外的怎样呢？我所遇见的，有附庸风雅，借势招摇的“诗僧”；有不甘寂寞，妨害别人家庭的淫僧；有“坐，请坐，请上坐；茶，泡茶，泡好茶”，满嘴主席长，委员长短的势僧；有在游客付香资时斜睨着钞票上数码，因为下雨便留你打牌的俗僧；有把山峰的名儿背得滚瓜烂熟，比说相声的张寿臣、小蘑菇还要嘴快的贫僧；有借着经营名胜为名，实际推销茶叶的商僧：要想尽相穷形，恐怕更仆难数。冯焕章先生游峨眉归来，曾在《大公报》发表一首“救救和尚”长诗，

①没有　原作“有没”，据《文集》本乙。

可以替我作个佐证。我且引几句最精彩的在下面：

峨眉山，多云雾，十个和尚九糊涂；
峨眉山，和尚住，穷的穷来富的富；
峨眉山，真有趣，和尚彼此生闲气；
峨眉山，真好看，许多和尚抽大烟；
峨眉山，真好瞧，和尚去把女人找；
峨眉山，真堂皇，个个和尚脸发黄；
峨眉山，高百里，和尚占了佃户妻；
峨眉山，似座城，和尚有妻好品行；
峨眉山，有七层，和尚不妨娶女人；
峨眉山，李花白，和尚娶妻有着落；
峨眉山，桃花红，娶妻省得胡闹腾；
峨眉山，茶叶绿，有妻才好有约束；
峨眉山，水不死，释迦牟尼有妻子；
峨眉山，石头青，和尚有妻才正经。
……

由这几句诗看起来，我们不难窥见峨眉山和尚的一斑了。他很希望有人作佛教的马丁路德，拿寺庙改学校，让和尚能够努力生产，自食其力。与其听他们掩耳盗铃的胡闹，宁可解放一点，倒省得妨害别人的家庭。我们刚到山下的那一晚，有一位很有名的和尚，听说我们从重庆来，还以为我们已经看见这首长诗了呢，他就说："和尚也是人，要想推行佛法，非改善现在的僧伽制度，调整和尚的生活不可。告诉几位檀越说，照我自己的经验，五十岁以前出家，实在苦极了。"这位和尚交际很广，不过我听完这一段话，颇怀疑他曾否读过佛经，是否懂得佛法。承他很殷勤的磨了两三盘墨，让我们题字，我很想送给他一副对联，联语是："果否通佛法，玲珑善交游"，匆匆忙忙的，终于没好意思写出来。后来我在金顶上盼佛光不见,和梅先生闹着玩儿说:“假使我们能够看见佛光,我发心在五十岁以后出家。”结果急得跌了一交,佛光也没为我现出来。梅先生颇笑我不虔诚!

论起峨眉山和尚的宗派来,自从通天法师开山后,还是临济宗最发达;其次便是曹洞宗。临济宗的排行是:“智慧清净[①],道德圆明,真如性海,寂照普通,心源广续,本觉昌隆,能仁圣果,常演宽宏[②]”;曹洞宗的排行是:“广崇妙普,洪胜禧昌[③]”。现在“果”字辈在山里很占势力;曹洞宗的庙宇并没有几个。

(庚)几桩遗憾　我们上下山虽然有四天,实际上在毗卢殿和卧云庵合起来就耽搁了一整天,因此有许多地方不能久流连,有好些风景也只好割爱。其中最让我遗憾的就是没看见佛光。在峨眉绝顶,每逢山上有太阳,山下有雨,岩下编布着“兜罗云”,正当上午九点或下午三点,站在岩前和太阳成适当角度的地方,往往看见云上现出一个圆光,五色斑斓,虚明如镜,看的人的影子就收摄在圆光里头,你点头他也点头,你举手他也举手,那就是“摄身光”。此外因为云霞变幻,光度强弱,还有所谓“清现”“金桥”“水光”“辟支光”“童子光”等等名堂,据说五光十色,非常好看。**十六日**下午我们在金顶的观光台等了许久,因为日光不足,毫无所见。刚从金顶下山到祖殿和锡瓦殿转了一下,太阳忽然出来了;赶紧跑回卧云庵的平台上去眺望,照样没有看见什么。据一个小沙弥说:“佛光刚才现了一会儿。转眼就消灭了。”究竟是真是假,没有第二个人可以对证!反正在这儿一直等到太阳快要衔山,我们始终没有和佛光结下缘。可是这半天因为我们尽在期待佛光,带累的也没有登

①智慧清净　原作“清净智慧”,据《缁门世谱》乙。

②演　原作“衍”,据《缁门世谱》改。

③洪胜禧昌　原作“宏胜永昌”,据《缁门世谱》改。

成万佛顶和千佛顶。

洗象池前的猴群，在峨眉也是很出名的。据说在池前的石栏边或冷杉上，常常被一二百个猴子盘据着。游人如果拿包谷或其它的杂粮去喂它，就可以成天的不去。若是看不见，还可以给小和尚几个钱，让他在山门前大喊几声“猴居士”，他们就可以来了。猴群颇有组织，年老的领队，少壮的放哨。老的有三尺高，并不怕人；小猴儿只有五寸多高，毛色牙黄而润泽，常常紧附在母猴肚子上的毛里头，仅仅露出一点儿鼻子和眼睛，细看才能辨认出来。有时母猴从交错的树枝中，提溜着小猴儿扔着玩，小猴儿凌空而下，用手扶着树枝，好像打秋千一样，娇小玲珑，非常活泼生动！从游客手里取东西的时候，长幼有序，前后不紊，比重庆市民抢上汽车的秩序好得多。放哨的总得换着班儿来吃东西，遇到应该警戒的时候，他便啾啾高叫；倘若有人伤着一个猴儿，大家立刻现出一种狞恶的样儿来群起报复，很可以当得起“精神团结，共御外侮”两句口号。我们逛的时候正赶上包谷季，他们有东西可吃，就不容易喊得来，因此也未免有点儿遗憾。

我们这一回没从小路上山，我总觉得领略不够后山清幽的风景。到了九老洞，正赶上雾迷岩壑，又没能到三皇台去凭眺，尤其使我失望。据说在晴天的时候，站在三皇台上俯瞰，华严顶下石笋千峰，青葱笏立，抵得一幅极美丽的画图。直到现在，我的脑子里还时常涌现这幽邃隽秀的想像。

此外，像九老洞的栱桐、白云寺以上的桫罗，因为来的时令不对，没看见它们开花，也不免有一些美中不足的情绪。

最末了儿但是不最小，还有一桩让我很失望的事，就是山里虽然有数不过来的老松，却没看见一根凌霄拿娇艳的红花点缀着它的苍翠！本来在这“高处不胜寒”的地带，具有后凋性质的松柏还勉强可以挨受,像那娇嫩的凌霄怎能禁得住一阵阵的不断吹来冷风? 它早就找暖和的地方攀附在别的树上欣欣向荣去了! 难怪我从乌尤寺找到峨眉山还是没有看见她!

十一　观光川大

四川大学自从疏散到峨眉后校址分散在好几个地方。**七月十八日**上午九点承程天放校长和刘觉民、孙心磐、柯德发三位领我们到文法学院的各部分去参观。图书馆现有中文书十万册,西文书二万册,还有一部分在成都没运来。因为地方潮湿,管理人对于书籍的保存上颇费心思。川大当局对于训育很认真,现在已经印出《训导须知》和《学生训知》两本小册子,我们参观男女学生宿舍时,柯君很仔细的把每间房的门都打开给我们看,并且告诉我们每间房住几个人,床怎样摆,下学年还要怎样重新隔断等等,足见他平时对于这一点非常注意,在他的办公室里还有画得很好看的许多图表。

十七日晚上,在程校长家里,会到文学院院长向先乔先生(楚)。据他告诉我,川大中国文学系有向宗鲁、龚相农、陈李皋、李炳英、徐中舒、殷石曜、胡茬蕃、穆济波、萧涤非、曾尔康几位。其中只有中舒和涤非本来是熟人,其馀都没会过,假期中大半离开学校,所以也没有拜访的机会。先乔年近六十,容貌态度酷似顺德黄晦闻先师。宗鲁治校雠目录学,著述颇多,北大文科研究所近两年来所收的刘念和、王叔岷、王利器诸生都是由他指导出来的。在川大图书馆里所保存的中国文学系学生毕业论文有《吕氏春秋校注》《鹖冠子校注》《说文段注校正》《文选赋类异文考》《诗经释词》《左传引经考》《左传地理今释》等,又藏有《四川大学国文选》二册,所收有《礼记》、诸子、《史记》《汉书》、韩柳文、太炎文等,由此两部分，颇可以窥见他所提倡的风气的一斑。听说他对于教育部委托我所拟的中国文学系语言文字组课程草案，颇有批评。我这次很想会一会这个畏友，当面讨论一下。可惜不单我到峨眉没能见着他，最近中舒来信说，"他已经在善觉寺病故，现尚停柩报国寺中"，从此竟自终古没有面商的机会了。

十八日中午，峨眉清华同学会在陈福记菜馆招待我们，约程校长夫妇作陪，主人共十五位。涤非酒量很豪，我对他耿介寡合的性格非常同情，举杯对饮了两次，没想到我竟自醉了。

十九日上午九点，张洪沅、郑含青、方端典三位领我们参观生物系实验室、物理化学实验室、理学院办公室。十一点三刻冒雨移居山下峨眉旅行社。这里房间清洁，招待周到，饮食方便，比山上各庙强的多了。中午中舒在家里招待便饭。下午四点一同出北门，本来想到飞来殿，看一看思成所称赞的元代建筑，因为天晚路滑没能去成，只到绥山公园绕了一会儿，后来又转到东门外护国寺去看大佛。这个庙是明万历己巳建的，又叫做宝藏禅院或大佛寺。正殿供有千手大悲观音铜像，高三丈六尺，是明朝无穷大师别传募铸的。据说最初他本想把这尊大佛搬到顶上去，后来因为分量太重，难运入山，他才在万历辛卯年到北平，奏请慈宁陈太后（案如果是陈太后尊号应该作"仁圣"，李太后曾经住过慈宁宫，但也没有"慈宁"的尊号）发帑金开建这个庙，并赐香灯田五百亩。这尊大佛的帽子就有九尺高，相传起初帽子有点儿不正，后来把一个九尺高的小铜佛放在里头才正过来，现在帽缘低的地方还可以看见佛顶。佛前的木龛旁边有一口钟是明慈圣李太后所献，尚膳监苏炳监造的。后殿供文殊、普贤三像都留着胡髭，相传是照西域的样子塑的，和普通的像不同。

下午六点含青、洪沅约到圣积寺。在一进门的老宝古楼前有两株大黄葛树,直径一丈多,大可十围,浓荫满地,碧色参天,在四川很少看见,旧传楼额有宋魏了翁所写的“峨山真境”四个字,现在已然看不见,楼外面还有一块石碑,刻着“古慈福院”四个篆字,是万历壬午四月分守川南道参议高任重题的。楼中间挂着一个八卦铜钟高九尺,径八尺,据说也是明朝别传和尚募铸的,每逢初一、十五的夜里敲它,声音可以直达金顶。寺里面的正殿供有铜铸普贤骑象像,象鼻子都被游人摸亮了。门外有一个铜炉,也是明朝的东西。后殿有永川万华轩施制的华严铜塔,高二十尺,凡十四层,铸佛四千七百尊,镌华严经全部,绿色斑斓,刻工精美,是很值得宝贵的。

这几天因为夹江水涨,从成都来的公共汽车不能开到峨眉,我们本打算**二十日**从峨眉坐黄包车到夹江,然后再转成都。承程校长和许多朋友的好意,都怕到夹江后等不着汽车,就得坐三天黄包车,沿途还要住“海陆空并进”(“海”是外面下雨屋里立刻漏成河,“陆”是比坦克车还利害的臭虫,“空”是赛过飞机的蚊子)的幺店子,那就未免太苦了。所以他们主张打电报给武汉大学王校长,请他替我们买成嘉公路的汽车票,先回到嘉定,再转成都。我们因为情不可却,就这样接受了他们的好意。谁想到事实演变的结果,比我们由峨眉直接坐黄包车所受的罪,竟至加了好几倍!

十二　走上了艰难的蜀道

七月二十日上午九点二十分,由峨眉旅行社坐黄包车,仍取道苏稽回嘉定。到了苏稽,方太太转草鞋渡搭船回家;我们一直坐车到乐山郊外的徐家堎汽车站后,又押着行李步行了七里。城里的嘉林公寓和息尘旅馆都住满了客人,好容易才在铁牛门白水街的嘉定饭店,找着三个房间。当天晚上武汉大学王校长派人来通知,

二十一日早晨有公共汽车开成都，每张票五十元，因为预先没有登记，得要送给司机三十元小费，才能立刻买得票。我们想，只要少耽延几天，多花几个钱倒没什么，于是就决定托他买票。

第二天早晨四点半起来，六点赶到车站，居然买到第七、第八、第九三张票。七点多，车也开来了。我们当时觉得很高兴，心里已经在盘算当天到成都后住在什么地方，先看哪几个朋友，若是像这样顺利，不出十天我们就可以回到昆明了。

车票虽然有号码，客人仍然争先恐后的自己挤上车去占座位；等到快开车了，售票员才又一个一个的喊下来叫着号码派定座位。可是最初占住后一排的几个客人，一死儿的盘据着不动，不知道预先有没有谅解，公路局的人对他们也就置之不问了。把号码叫完后，陆续还有没拿着票的客人上车，只要有一丁点缝儿他们就硬挤下去坐，也不管旁边的客人能否喘得过气来。除此之外，顶棚上还坐着四条“黄鱼”。

耗到八点二十分，燃着木炭后，车总算开了。没想到刚走出二十公里，到一个叫滩渡地方，就抛了锚。这个地方有一条小河，在干季本来没多深，平常只是三成水，这几天因为连下了几场大雨，立刻涨到七成水。河的对岸泊着公路局的一条大渡船，司机喊那个船上的梢公叫他把车渡过去；他借口水大流急，怕有危险，无论如何不肯解缆。司机的叫了两声没人理，他也坐在一旁，不闻不问了。据几位常走蜀道的客人说：“这是两边正在要价还价的表示，大家要肯出几个钱，也许马上就可以过渡。”当时有两位热心的本地人就坐着另外的小划子到对岸去磋商，终于白费唇舌，毫无结果。就这样僵着，从十点二十分一直耗到十二点，司机的既然不闻不问，另外也找不着公路局的人去理论。头上烈日炎炎，腹中饥肠辘辘，嘴里渴得冒烟，连一棵树荫，一块糍粑，一口开水都找不着。

正在无可如何的当儿,后面忽然又开来一辆卡车,上面的客人,远望着黑乌乌的比钉在一块臭肉上的苍蝇还多。其中有兵役署的公务员,有军人,有男女学生,还有其他各色人等。最引起我注意的,有一个五十岁上下的老头儿,身材不很高,瘦瘦的,脸上略带烟容,穿着咖啡色的绸衫,戴着白草帽。紧跟在他身后还有两个身材高大的年轻人,他们在白纺绸的褂裤上罩着一件荔枝绸的长背心,脚上穿着绿丝袜黑缎鞋,毫不爱惜的就往水里踩,裆底下鼓鼓囊囊的有一个兜子。我起初还以为两个人同时害疝气呢,细一看原来每人各带着一架盒子枪。他们站在岸上喊了两声梢公,就坐划子到对岸去了。有认识他们的人说,那个老头儿是这条路上的"舵把子",跟着他的两个人是他手下的"袍哥儿",他们一过去也许过渡有希望了。果然待不大会儿我们车上的司机也从对岸回到这边来了,他和跟车的助手啾咕了两句,那个助手就运用"集中力量"的新名词,和每个客人勒索两元过渡费。钱收的差不多,对岸的梢公也招呼伙计,解缆执篙,立刻把船撑过来了。

过渡的办法是把船头接上两条木板,宽窄和车轮相当,距离和轮轴相等;因为水大流急,车不能直着开上去。斜着一点儿好减轻冲击的力量。费了半天事,船夫算是把木板接好了,用绳子也把船扎稳了,车上的客人都先跑到对岸眼巴巴的期待着。一会儿,司机开动引擎,汽车呜呜作响,前头两个车轮已然开到木板上,大家正在高兴的当儿,没想到车后面的一个轮子已经悬了空,尽管转得怎样快,再不能把车身推进一寸。而且车身倾侧,系在顶棚上的行李晃晃荡荡的,眼看着我的箱子里那些未完成的文稿立刻就要付诸东流,怎能不急得出了一身透汗?这时候,船夫们手忙脚乱,客人们垂头丧气,司机的却袖手旁观,蹲在一边儿吸香烟。忽然从离这儿八里以外的甘江铺跑来一个公路局的人员,他自告奋勇的跳下河去，指挥船夫们把那块离开车轮的木板用石头垫起一边儿来，为是让它的斜度恰好可以衔接那个落空的轮子的底下。可惜他们辛辛苦苦，“邪许”震天的工作了两三点钟，只因为力学常识不够，没把支重力三点安排妥当，板子搭好以后，车刚往上一开猛然间磕碴一声，船身动摇，石头滚落，板子滑开，车轮照旧出轨，车身倾侧的程度比前一回更厉害。

这一回大家简直的绝望了。那个自告奋勇的人也跳上岸来，拧干了衣服，躲在一边儿一筹莫展。梅先生急得皱着眉，噘着嘴，一枝接着一枝的吸纸烟，一句话也没有；毅生平常虽然指挥若定，不慌不忙，这时候却也满脸涨得通红，不住的拿手绢擦汗，我始终惦记着箱子里那些稿子，恐怕多少年的心血没像罗膺中先生那样惨遭回禄，却在路上无意中被了水灾。于是不顾一切的再渡到河那边，穿着皮鞋爬到已然向河心倾侧的车顶上去解行李，鞋底子简直滑得站不住脚。幸而在车上临时认识一位西南联大叙永分校的同学汤元森，和一位乐山国立技术专门学校的同学金问瀛，仗着他们两位帮助，我和四件行李算是没有一同滚到河里去。把行李运到对岸后，嘴里渴的要命；毅生花了两块钱，托路旁一家乡下人给我烧了五大碗开水，我顾不得烫嘴不烫嘴，一口气儿喝了个干净，当时的感觉，比坐在重庆冠生园喝冰镇的鲜橘汁，或在酷暑的天气咀嚼着飞机运来的鲜哈密瓜，都似乎有味道的多。这一刹那才充分了解“渴者易为饮”的真正意义。

一直耗到下午四点半，一半陷在河里的车始终没有救起来的希望。对岸虽然从夹江开来了一辆车，可是两方面的司机没讲好交换“黄鱼”的条件，宁可对耗着也不肯“打兑”。我们恐怕这样待下去到晚上连蹲一夜的地方都没有，只得雇了两个挑夫挑着行李步行到甘江铺，找着一家么店子就歇下了。这家么店子前面是茶馆,后面有几间客房,我们住的一间有三张木床,每张上面各铺着一领草荐,地下湿的往外浸水,隔壁厕所和后院猪圈的气味,一阵阵的从那仅有的一个小窗口里吹进来,大有"薰"风恼人眠不得的味儿。我们为防御"陆""空"的侵袭,把油布铺在草荐上,又燃着好几条土制的蚊香,一切工事都布置好了,才到街上找点饮食,甘江铺地方虽小,街道倒还干净,浓绿成荫的梧桐树夹植在砖甬路的两旁,别有一种幽静的风致;我们在桐荫底下的一个街摊仅仅找到两碗豆浆稀饭,聊解这一天的饥渴。当天晚上起初睡得不大好,后来忽然又下起大雨来。我想假如这一晚停到滩渡的旷野郊,上不着村,下不着店,渴了喝不到水,饿了找不到东西吃,下雨没有地方躲避,那岂不更要狼狈万分?这样退一步想,渐渐也就睡稳神安了。

二十二日早晨六点半花八元雇黄包车到夹江。本来想到那里的汽车站去办交涉,好换车往前走。谁晓得到夹江以后,车站早把"洪水暴涨上下无车行驶"的牌子挂出来了。这样一来,夹江当真把我们"夹"在那儿了。万分无奈,只好在王家祠旅社后面匀出一张铺位来,同屋还有一个病人在那里呻吟不绝。挨到十点二十分,同行的忽然有人提议从这里雇黄包车当天"拢"眉山,每辆价五十五元,我们赶路心急,也赞成和他们一起走。于是一行六辆车,向车站办了退票的手续后(手续虽然办了,可是票价至今还没有退还,结果我们每人花了八十元只坐了二十公里的汽车),十点四十分就冒雨动身,路上还遇到一阵大雨,衣服和行李全淋湿了。十一点四十五分过螺丝圈,坡陡难爬,车夫临时雇人"拉坡"才曳过去。十二点半到土门铺,车夫吃饭后,拉我的那一个忽然要补皮带,这样一耽误,同行的那三个人不耐烦多等,于是就把我们三个老搭档落在后头了,下午两点四十分到张爷庙大桥,花去廿分钟才过了渡。三点十分过两路坡,比螺丝圈更难爬。过坡以后,我坐的车皮带又坏了，这样一误再误，直到四点十五分才过了娴婆镇，五点钟才到了思濛河。车夫借口天色已晚，前面到线滩还要过渡，当天无论如何不能拢眉山，极力劝我们住在这里；我们也恐怕黑天走生路，诸多不便，只好就听了他们的话了。

思濛河离乐山六一.四六一公里，到成都还有九九.七四五公里，我们耗费了两整天，结果才勉勉强强走了五分之二的路。思濛虽然不是什么大镇，可是听老于蜀道的人说："成嘉公路的司机到这里总要设法抛锚，就像成渝公路的司机喜欢在来凤驿抛锚一样。他们为什么要这样呢？据说他们的'贵相知'都拿这两个地方作大本营，他们仆仆风尘，不得不找个地方消遣消遣；至于客人是否要露宿在荒郊，他们满没放在心里。"这一段话还没听完，忽然一辆汽车风驰电掣的开过思濛镇，同车的金问瀛还向我们招招手儿，说了两句话。原来他们向夹江站长交涉的结果，下午三点钟就换了这个车出发了。我当时一方面颇悔我们"欲速不达"的急性子，一方面也觉得刚才所听到的话不可尽信。

谁知道第二天早晨刚走到离开思濛不够二里的镇南桥，果然看见昨晚开过去的车抛锚在路边，车上的客人，一个个面色灰白，两眼枯涩，有的在河边洗脸，有的在车上打盹儿，显见得是一宿失眠的样儿。到这时候才把那位老江湖的话证实了。我们走出去没多远，雨越下越大。车夫简直淋得上气不接下气，勉强拉到盐水井的一个茶亭，只好暂时避一避，这个地方虽然有一家小铺儿，可是没有什么东西卖，我们尽它所有的沽了四两包谷酒，就着落满了尘土的炸麻花儿，姑且赶赶寒气，充充饥；又央告老板娘泡了一壶浑水茶，虽然苦涩不大好咽，究竟比渴着好受得多。挨到十点半，雨稍微小一点儿，又冒着雨往前走。十一点四十五分到了线滩，没想到公路局在这里所备的渡船，从这一天早晨起，因为水涨竟自封渡了。连我们一共十几辆黄包车都堆在那儿不能过去,任凭你怎样大声喊叫,对岸管渡船的公路局人员一概置若罔闻。耗到十二点多钟,大家的肚子都饿得咕噜咕噜的叫,也没地方买东西吃。幸亏毅生机警,花九块钱,让一个乡下小孩买了一升米,就托他的家里给我们煮一煮。这一家似乎很穷,几间茅屋脏得不堪,满院子黑泥和猪屎,弄得一塌糊涂,简直没有下脚的地方,我们把乐山北大同学杜高厚所送的罐头薰肉和榨菜拿出来,当珍馐美味吃,一边喝着米汤,一边嚼着半生不熟的饭。这时候有四个小孩儿,四个女人,十六只眼睛都在目不转睛的注视着我们,假如我是个写生家,眼前简直是很好的一幅油画。我心里在想,四川米价这样高,绝不会"谷贱伤农"。何以这一班农人对于米饭如此希罕?后来一打听,才知道这一班佃户把所得一点谷子早已卖光,有的甚至于连包谷都吃不上。至于罐头食品在他们更是希罕物儿了。

吃完饭后,一直在河边耗到下午三点钟,幸而有一位军官的护兵向对岸放了四响盒子枪。那个渡船才算撑过来,可是那个管渡船的公路局人员公然向大家说:"现在生活高涨,连包谷都卖五十元一斗,我们专靠路局一点薪水,真是连烧炭喝水都不够,所以不得不请诸位帮衬一下,黄包车过渡每辆请付五元,有钱的便过,没钱的免过。"后来开了两次船,渡过十一辆车来,其中虽然也有几辆少给一两块钱,可是有五六位取巧的坐车人先空身渡过河来,打算要偷关漏税。那个管船的当真就把他们的几辆车落在河那边儿,置之不理。

四点三刻渡过线滩,车夫放足了脚力往前赶,五点三刻,才拢了眉山。预定一天的道儿,竟自走了两天,还受了这么多的罪,只好自怨命运坎坷。恐怕从夹江同行的那三位早就到成都了。当晚宿在北道旅馆,"陆""空"交袭,彻夜未能阖眼。

二十四日早晨四点半[①]，困眼朦胧的起来，五点坐黄包车从眉山出发，讲明了当天拢成都，每辆价六十五元。八点进彭山县丽明门，刚走了二十多公里，车夫在我们吃早饭的当儿，就起意"漂车"（他们管换车叫"漂车"）。少走路，多赚钱，为取巧自私，不惜剥削同行，充分表现了他们的劣性，同这种人真是没道理可讲的。"漂车"以后，九点二十五分继续前进，在北门外的公路旁边看见"汉张纲故里"和"晋李密故里"的石碑。十一点四十五分过兴隆场，十二点半入新津县境，下午一点四十分拢邓公塘。新津是灌县下游三条河水汇归的地方，每到洪水泛滥的时候，过渡非常困难，所以俗谚有"走遍天下路，难过新津渡"的说法。我们没到这儿以前，很怕到这儿又要出什么"拐"，幸而仰仗上帝的保佑，从两点二十分到三点，居然风平浪静的把我们渡过来了。当船夫把黄包车抬到船上的时候，我们虽然站着挤在人堆里没有回旋的馀地，身子随着激荡的江流不住的摇晃，可是一回想起前两天在滩渡和线滩的滋味来，无论如何是轻松快活的；这一刹那回头望见邓公塘山上的修觉寺、华严寺、二郎庙、玉皇殿等许多寺观，参差错落的掩映在一片浓绿中间，居然也有闲情逸致来欣赏它的美丽了。

过渡后，在旧县稍微休息一会儿，有一辆小汽车的司机向我们兜揽生意，我们心急似箭，恨不得马上到了成都，也有意无意的和他磋商磋商，没想到因为买不到汽油没坐成汽车，结果倒被黄包车夫敲了一笔小竹杠。四点半过兴隆场，再经黄水镇，到双流县，天已经六点多了。从旧县雇来的黄包车夫又在"漂"车。我换到的一个，笨而无力，走两步歇三步，还不住的气喘如牛，在离成都南门还有四公里的地方，他简直拉不动了，我只得下车跟在他后面，细雨濛濛，

①二十四日　原作"二十六日"，据上下文时间改。

漆墨乌黑的陌生路上，踽踽独行了八华里。九点半到南门后，毅生已经等了我半点多钟了。赶紧再换车到城里骡马市大川饭店新改的中国旅行社，匆匆忙忙间，很万幸的算是只丢了我一顶呢帽。

我们就在这深更半夜里到了成都。

十三　尝尝成都跑警报的滋味

到四川后所经过的城市，我最喜欢的是成都，因为它除去城圈子不很见方，街道稍嫌纡曲以外，有好些地方都像我的故乡北平。比如春熙路的繁华像王府井，玉龙街的风雅像琉璃厂，打金街像廊房头条，少城像后门里头，薛涛井和陶然亭的风格相近，草堂寺和松筠庵的规模仿佛，华西坝一带简直是具体而微的成府或清华园，只有武侯祠的地方色彩特别浓厚，在北平一时还找不出适当的对照来。美中不足的是，我们在成都只停了六天，却有四天遇见警报，“七二七”的空前大轰炸我们碰巧会躬逢其盛。

七月二十五日上午，因为前两天路上太辛苦了，在旅行社休息了半天，下午一点半到四圣祠医院去看寄谦。她自从二十八年统考取录后，教育部没能照她的第一志愿分派在西南联大，勉强在川大待了半年，肺病就发作了。一个年轻轻的孩子，独自在举目无亲的异乡害病，这是十分值得同情的，所以我到成都后第一个就去看她。她看见我，惊喜交集的喊了一声“二叔”，两行热泪立刻就淌在脸上！尽我可能的安慰了她几句，并且谈了一些昆明熟人的消息，才把她逗笑了。四点返寓，郭子杰和沈茀斋来访，晚七点邓锡侯先生约我们在南打金街王宅聚谈，借机会晤到朱佩弦、陈斠玄、李幼春、李伯申、刘式传、王孟甫几位和许多不大熟识的成都“文化人”。

成都在许多好处之外，值得提一下的还有小吃和市招，比如像“姑姑筵”“哥哥传”之类，声名已经洋溢四川以外，自然用不着特别介绍了；就是像"不醉无归小酒家""忙休来""徐来"之类，先不用问他们的口味是否适口，单凭这几个招牌就够"吃饱饭，没事干"的骚人墨客流连半天的。甚至于一个卖豆浆的小铺也用"万里桥东豆乳家"七个字作招牌，未免雅得有点儿让人肉麻了。可惜我们来的时候，正赶上米珠薪桂的年头儿，"姑姑筵"一餐酒席就得四五百元，朋友们既然不敢轻易请客，我们更不敢贸然到这些地方去问津。倒是**二十六日**中午，佩弦约我们和新从兰州回来的徐绍穀全家到名不雅而物甚美的"吴抄手"去领略本地风光，我们却非常得到实惠。不过一碗山大菰面索价三元二角，物虽美，价未免欠廉了。此外，还有很著名的"黄胖鸭"和"赖汤圆"，可惜没抽出工夫去领略一下。

二十六日下午三点到华西坝去参观华西齐鲁金陵大学，会到张凌高、刘式传、陈裕光、吴贻芳四位校长。高巍巍的楼房，绿莹莹的草地，看惯了我们那茅茨不翦，蒿莱不除的校舍，来到此俨然有天上人间之感。这四大学现在联而不合，校舍全借用华西的，一切开支按学生多寡的比例分配，有一位西籍的总会计专司其事。各大学中国文学系的状况，据我约略向各校当局询问所及的，华西方面，主任为庞石帚[①]，教授有林山腴、钟正楙、李培甫、杜奉符、闻在宥、吕叔湘；齐鲁方面，主任为钱宾四，教授有林昇平、邓子琴、胡福林、孙次舟、张维思；金陵男大方面，自佘贤勋病故后[②]，主任由文学院长刘国钧兼任，教授有高文、罗倬汉、张守义、陈延杰；金陵女大方面，主任为陈斠玄，教授有邵祖平和曾小姐等。至于三大学的中国文化研究所：齐鲁由顾颉刚主持，另外还有钱宾四、张维华、张维思、胡福林、孙次舟几位；金陵由李小缘主持，另外还有徐益棠、商

①帚　原作"带"，据《文集》本改。

②佘　原作"余"，据《珍庐诗集》卷下署名、沈祖棻《涉江词乙稿·扫花游》程千帆笺注改。

锡永、刘叔遂几位;华西由闻在宥主持,另外还有吕叔湘、韩儒林两位。听说我的学生傅懋勣上学年也被在宥从华中罗致到华西作副教授兼副研究员,薪尽火传,颇为欣慰。这三个研究所的风格,大致齐鲁偏重历史,金陵偏重考古,华西偏重语言,不过中间也没有严格的分野;经费的来源都是由哈佛燕京社供给的。在这许多位中间,颉刚、斠玄、宾四、在宥、叔湘、锡永、小缘、子琴、福林,本来是熟人,其馀几位还都没有会过。林山腴的诗名很高,记得李审言有一首赠古公愚的诗道:“雅才今日推梅县,诗派华阳起正声,文字论交半天下,平章要识此时情。”梅县指着公愚,华阳便是推崇他,他家里的肴馔也很精美,在成都,“林山公菜”和“姑姑筵”是伯仲之间的。

从华西大学出来,到后坝三大学肺病疗养院去看杨君庆惠,他是我的亲戚,曾在空军军官学校第九期毕业。当这一期毕业的时候,林徽因女士的弟弟林恒在驱逐组考第三,他在轰炸组考第三,都是那一班优秀分子,可惜一个毕业不久就壮烈的殉国,一个刚毕业就发现肺病:我真为国家养士可惜。庆惠本来是个很“棒”的小伙子,人品、志气、技术、学识,都值得佩服,不幸得了这样延缠的病,看见他真让我难过,幸好他的脸色和精神都很好,大约不久就可以康复了,我相信他一定还能替国家、替民族建立一番功业。这个疗养院统共不到二十个人,可是有七个是空军出身的,关于这一点,我希望航空委员会和航校的负责当局对于在校或出校员生的营养卫生都得特别注意才好!

晚七点,子杰在广益学舍请我们吃饭,同座有沈茀斋、蒙文通、吴毓明、刘式传等,八点同毓明访在宥和叔湘,华西中国文化研究所的季刊已经印出两期,可惜在内地很难看得见,这一晚在在宥那里才看见了航空寄来的样本。纸张的考究,印刷的精美,绝不是在昆明或重庆所能找到的。

在成都刚过了两天消停的日子,忽然又疲于奔命的跑起警报来了。**二十七日**早晨八点,子杰约我们和茀斋、佩弦去游武侯祠,出南门外一里多地,老远就望见古柏参天,气象森严的一所祠宇,那便是杜工部所谓"锦官城外柏森森"的蜀相祠堂了,这个祠堂本来叫做"汉昭烈祠",可是诸葛亮的声名和功业在一般民众心里比刘备普遍得多,结果反倒君以臣掩一变而为"武侯祠",祠的前殿供着昭烈帝像,旁边有北地王配享,左右配殿分祀关张,两庑还塑着蜀汉二十八功臣,后殿的武侯像本来塑着丞相衣冠,可是不知道那个受了《三国演义》的影响的俗人擅自给他披上一件八卦衣,送给他一把鹅毛扇。这和美国芝加哥博物馆根据梅兰芳贵妃醉酒的戏装去追摹杨玉环的遗容,可谓无独有偶的滑稽可笑。在这一层殿里,左边供着诸葛瞻,右边供着诸葛尚,壁上刻的题咏虽多,但没有超过清代以前的,其中有季刚先师的尊人黄云鹄先生的一首诗①,倒引起我不少念旧之感。从武侯祠出来,又驱车到新西门外余家桥去凭吊"浣花溪水水西头"的草堂寺,这个地方门禁得很森严,子杰掏出一张教育厅长的官衔片子来,守门的才把我们放进去,草堂三楹,中间供着杜工部,左右分祀黄山谷和陆放翁;堂后有杜像刻石三,黄、陆像刻石各一,我对着这千古诗圣的故宅虽然有无限的"思古之幽情",可是,要追慕当年"桤林碍日吟风叶,笼竹和烟滴露梢"的遗风馀韵,简直一点儿都领略不到了。

当我们还没有到草堂寺以前,在路上已经看见了预行警报的黄旗,成都人因为最近几个月敌机并没有当真来过,所以大家的心里,简直不拿情报当一回事,没想到这一次敌机可当真来了,——

①云鹄 原作"鹄大",据《文集》本改。

而且还来了一百零八架！九点四十分发过空袭警报后，我们还在城西四家村李幼春的家里谈天；十点四十五分续发紧急警报，还没有过十分钟敌机就飞到头上了。紧跟着高射炮声隆隆，投弹声轰轰，几间房子动摇的像地震，屋顶上的瓦和窗子上的玻璃被激荡的上下交响着；这一刹那的紧张情绪事后很难把它追述出来。在下午一点四十分解除警报后，我们本打算到昭忠祠街赴梅东华的约会，谁知道在城里坐着车东冲西撞的盘旋了总够半点多钟，压根儿没找到一条可以通过的路。举目所见，不是栋折榱崩，瓦砾遍地，就是胆断肱飞，血肉模糊！这一次灾区之广，伤人之多，打破了成都历来遭遇空袭的纪录，一直到四点我们才从城外绕到梅家吃成了午饭，这时虽然饿了半天未尝不饥肠辘辘，虽然感谢东华给我们预备下在昆明三年看不见的鲜虾和西瓜，可是一想起刚才亲眼目睹的惨状，无论有什么珍馐美味也觉得不是滋味！回到旅行社以后，看见离开我住的房子不到两丈远就中了一个大炸弹，我的房里虽然顶棚震落，尘土满地，幸而还没有直接命中，还不致于把我在滩渡辛辛苦苦从汽车顶上冒险抢救下来的那个箱子化成灰烬。

晚七点到焦家巷赴张怡荪的约会，怡荪从离开山东大学中国文学系以后就专心去办西陲文化院的事业，当晚因为惊魂甫定，没能详细询问他院务进展的情形，可是就他已经印好的《藏汉字典》《汉译耶士基藏语文法》和《西康详图》来看，足徵他在这抗战期间确乎闭户埋头的作出了一些成绩。

二十八日早晨七点四十分就有了敌机入川的情报，黄旗刚一挂出，全市立刻骚动，黄包车价钱飞涨，街道上挤不动的人群，各各扶老携幼，提包挑担，荒荒张张，抢抢攘攘，直着眼睛往前奔，成都市民再没有昨天以前那样镇静了。我们随着北大老同事雍克昌到西门外九里桥去躲避，好容易跑出西门，到了郊外，只见疏散的群众夹在稻田中间的小道上成两条直线的样子向前蠕动着，绝不能作面的展开，一旦敌机临头这是最危险不过的。所以在成都遇到空袭，不单没有重庆那样安全的防空设备，连昆明那种跑警报的味儿都赶不上。因为第一，城市太大，从城里跑到郊外已经得费去很长的时间，走出很远的道路；第二，东、南、北三门外各有轰炸的目标，比较上只有西路安全一点儿，因此一遇到警报，这条路上往往拥挤不堪；第三，成都郊外到处都是水田，不像昆明郊外那样空旷，要想跑出去不远就找到一个像昆明北郊的陲山，西郊的福海村，东郊的昙花寺，南郊的船房，那样既有掩蔽又非常宽敞的地方，那是绝对办不到的。我们这一天，除去城里的一段路不算，来回一共走了十八里，把我的皮鞋都跑绽了，结果却是一场“惩羹吹齑”的虚惊。然而因此却领略了克昌家里的田园风味。他的田庄在九里桥的道旁，周围共三十亩，丛竹密翳，曲溪萦回，从外面简直不容易发现它，中午一餐便饭，承主人“自锄稀菜甲，小摘为情亲”，吃着格外香甜有味。成都坝子上的田，天干不旱，淫雨不涝，向来是很出名的，近来经“山东一人，山西一人”在那儿大量的收买，每亩已飞涨到一千四五百元。他这三十亩田都交给田户种着，每年“大春”，每亩交谷一石九斗，按四川现在谷价说，这笔收入总算很可观了。克昌是研究生物学的，现在西北师范学院任教，假如我要是他，我一定摆脱一切，帮着弟弟在家经营田庄，一方面常和自然界接触也还可以不废所学，又何必仆仆风尘，一年往返两次乃至于四次城固呢。

晚七点张岳军先生在励志社招待我们，同座有茀斋、佩弦、毓明、邓品纯、张凌高，陪席的是郭子杰、胡次威两位厅长，席间谈起白天在警报声中共有敌机一百五十架分五批袭川，第一批炸重庆，第二批炸泸州、自流井，第三批炸内江、自流井，第四、五两批均炸自流井，损失情况还没得到详细报告。

二十九日早晨八点十五分，预行警报的黄旗又挂出来了。本来约定这一天到宋公桥去看佩弦，被警报催逼着，索性就手儿逛了一趟东门外的望江楼。望江楼因为薛涛出的名，现在在薛涛井旁还有一块碑，刻着她暮年着女冠服的画像，和清乾隆乙卯周厚辕所写的唐胡曾诗“万里桥边女校书，枇杷巷里闭门居，扫眉才子知多少，管领春风总不如”，匆匆的游览一周，便坐在吟诗楼上俯瞰锦江的碧流，从从容容的等警报，果然，九点二十分烟轰响了[①]。我们随着茀斋到川大农学院院长王尧臣家里去躲避，十二点十五分忽然有机声隆隆在空中盘旋了约摸半点多钟，我们躲在防空壕里既没听见紧急警报，也没听见高射炮的声音，究竟是敌机，是我机，始终没弄明白。下午两点五十分解除警报后，从农学院的后门坐鸡公车到新南门，这也是生平的第一次经验，鸡公车比北方的独轮小车子矮而小，人在上面脊背靠着一块板，两脚伸在轮子前边几乎可以擦着地，走起来，这声音吱吱吼吼的，令人发生一种不调和的、刺耳的、吵噪的感觉，我想它得名的原由，除去象形而外，这种声音也或许是可能的。

四点，在宥、叔湘约我和毅生在广益学舍里华西大学中国文学系茶叙，凌纯声、芮逸夫、马昌寿三位前一天刚到成都，颉刚从崇义桥赶进城，在这里全会着了，另外还见着三大学里许多位旧交新识的朋友。最让我高兴的是碰见了冯汉骥先生，近年来听见弄人类学的朋友提起 H.K.Feng 的名字来，又在 *Havard Journal of Asiatic Studies* 里面看见他两篇文章[②]，这天一见面，原来十五年前我们在厦门大学就同过事了。散会后到鲁斋去看宾四，他今天才从青木关回来，我们因为还要参加清华同学会的宴会，匆匆忙忙没能多

①烟　《文集》本作“笛声”。

②Asiatic　原作“Asiatio”，据《文集》本改。

谈，约定第二天一早再去看他。

晚七点成都清华同学会在总府街涨秋餐馆欢迎梅先生，约子杰、东华、苐斋、佩弦、毅生和我作陪，饭后由主席宋涟波致词，梅先生和子杰都有演说。我一路上跟着梅先生参加好几次清华同学会，想等着机会在这里说几句答谢的话[①]，现在约略还记得那一晚说话的大概是：

> 每逢我参加清华同学会的盛宴的时候，梅先生总向大家给我介绍说："罗先生是我们清华的校友"，真的，在西南联大里头，假如我要巴结的话，我不单可以算是清华的校友，而且还可以算是南开的校友。可是，撇开这一层资格不提，我另外还可以找得出跟吃跟喝的好理由来。今年清华开三十周年纪念会的时候，张伯苓先生打一个电报给黄子坚先生说——"清华和南开是通家之好，我们得从丰的庆祝"。当时子坚在会场上大作"通家"的解释，最精彩的几句是："清华现在的校长是南开第一班的高材生，南开的教授又有好多是清华出身的，并且两校的同人还有许多叙得上姻娅的关系。"后来冯芝生先生又代表北大说："要是叙起通家之好来，北大也并不后人。比如说，北大文学院院长胡适之先生是清华人；兄弟是北大人，现在却担任着清华文学院院长；再者子坚先生说，清华同学向来穿衣服讲究'倍儿亮'，北大同学总是大布之衣、大帛之冠的不修边幅，可是今天清华校友代表吴泽霖先生的衣服却充分的表现着北大的风格。"这两段颇有风趣的演说在当时非常动听，要是给他们补充几句，我还可以说：现在北大的同事有许多是清华、南开出身的，而在座的北大同学朱佩弦先生却在清

①里　原作"样"，据《文集》本改。

华有很悠久的历史,此外像杨今甫[①]、周枚荪几位先生,乃至于兄弟个人,都在清华服务过一个时期,拿这些关系难道还叙不上“通家”吗?既然是通家至好,诓两顿饭吃还有什么拉不下脸来的?

……

我说完这段话,王士倬先生和一位现在叫不上名儿来的清华同学各自敬了我一杯酒,宾主才尽欢而散。

三十日早晨七点四十五分,已经有预行警报,梅先生一起来就到茶店子拜客去了,我和毅生赶紧雇车到华西坝去找宾四。八点二十分刚到广益学舍门口儿,空袭警报就响了。约上宾四,随着叔湘全家,到附近一个碉堡底下去躲避,在那里碰见在宥、颉刚、斠玄、纯声、逸夫、昌寿许多熟人。后来又到小缘家里去谈天。这一天敌机虽然没来,可是听说一共有七批分别轰炸重庆等处,直耗到下午三点警报才解除。我和毅生利用这个空儿很恳切的劝宾四返校。我想像宾四这样富感情重然诺的朋友,不久一定会回到北大来的。四点,承颉刚、宾四、斠玄、在宥、王栻五位招待我们在中西餐馆吃午饭;晚八点,又累茀斋和协和中学吴先忧校长破费,让我们在离开成都以前领略一点儿“哥哥传”的滋味。

十四　可靠的邮车居然出了“拐”!

在成都本来想多流连几天,最初还有登青城山,游都江堰的雅兴,可是住过六天,反倒兴趣索然,急于想走。一则因为连续跑了几天警报,颇感力尽筋疲;二则接到蒋孟邻先生从重庆打来的电报,我们急欲会他;三则在路上出乎意外的耽误了这么多日子,自

---

①今　原作“令”,据《文集》本改。

备的资斧早已告竭。所以在**七月三十日**托东华代向邮政局定好车票后,决定第二天一早就动身。只是一件事有点儿遗憾,我们刚到成都那一天,就接到充和寄来一封信,指点游青城的途径说:“由灌县去青城山约三十五华里,有两路可走:一摆渡,一经索桥,来回可走不同的路,到青城即住天师洞,万不可住上清宫,因为那里的道士俗气逼人,竟有一道士满口二百五的英文,除结交要人外,又爱结识教授,琐琐麻人!天师洞主持为彭椿仙,年高德茂;另有易道士心滢者读书最多,貌甚癯雅,如有兴,可与一谈;还有一个伍知客,古风道貌潇洒出尘,可入画,不可以谈话;有一弹七弦琴道士盖与彭祉卿同派,粗慢无礼,亦无其他修养,以不听为是。天师洞正殿有一对石狮,一狮足踏一法螺,有孔可吹,音甚洪亮。青城茶有名,天师洞不如上清宫,因其居卑处下,不见阳光,上清宫则反之。山上有奇鸟,黄昏即鸣,姑名之曰知更鸟。”可惜我们匆匆忙忙的没能照她所说的去览胜寻幽,姑且记下这段话作为梦游的指南,保持着有馀不尽的兴致。

在离开成都的前一天,我们已经托蓉市警察局秘书主任郭喆卿替梅先生定了**三十一日**的飞机票;可是梅先生觉得邮车只比飞机晚到一天,既可以节省去两百多块钱,三个人还可以不致于分散,所以他毅然决然的退掉了飞机票,仍然和我们一块儿坐邮车,——的确,除去飞机以外,这是成渝公路上最可靠的交通工具。

七月三十一日早晨五点,我们冒着大雨赶到西川邮政管理局,承东华和运输股吴华农股长的帮忙,把行李和座位都给我们安置“规一”,同行的除去我们三个以外,还有中央大学师范学院英语系杨宪益教授和他的夫人 Gladys Tayler 女士[①],另外还有一位到自流

①Gladys Tayler　原作“Cladys Tavler”,据《文集》本改。

井供职的邮务佐林君。梅先生和杨太太坐在司机台，我们四个坐在后面。上面遮好帆布棚，下雨也不至于渗进来。司机名张培芝，北平人，看样子很老实，梅、吴两股长也替我们关照过了。七点二十五分开车，十点十五分拢简阳，早餐。外面的雨虽然淅淅沥沥的下个不住，可是这七十五公里畅行无阻，一点儿问题都没发生。

没想到十一点十分离开简阳，刚过了三十分钟，走出去不到五公里，在一个叫七里碑的地方，忽然因为山洪暴发，河水漫过了公路，车便不能前进了。我困眼朦胧的闷坐在帆布棚里，有时候幻想这是童子军的露营，有时候幻想我被困在戈壁沙漠的蒙古包中，恍恍惚惚的又焦急又难过。一会儿后面又抛锚了一辆四川公路局的木炭车，全体旅客总动员，下车来和临时雇的民夫共同推搡[①]，费了九牛二虎的力量才把这辆车掉转头去开回了成都。经这件事一提醒，前几天我们在滩渡所遭的困厄不由得又涌现在眼前了，一直耗到三点五十分，水稍微落了一点儿。司机试着把车涉水而过，慢慢的往前开，刚开到中流，水的力量把车身冲的往左歪，司机手忙心乱，一时控制不住，便把车子的一边开到公路外头的田地里，车身倾侧的很厉害，黄泥汤儿立刻流进车厢来，这时假如我们稍一张皇，起身乱动，让车子失去平衡，马上就会有翻车灭顶的危险。幸亏大家还沉得住气，从容不迫的等司机用一条粗绳子把车子系在远远的一棵树上，然后才一个一个的慢慢爬下车来。我当时只穿着衬衫和短裤，让一个乡下人领着在河里走，河水一直漫过大腿根，急流激荡得上身乱晃，这时才后悔在青岛住过一夏天却没学会泅水。等到人完全出了险，再慢慢的抢救行李，我的一个 fibre 箱

---

①下　原作“上”，据《文集》本改。

子已经被水浸透,箱子毁了,衣服和稿子也全湿了。

过河后,在一个叫新市铺的小镇,找到一家么店子来安栈,我们三个住在一间七尺见方,挤下三个床铺,潮湿黑暗,空气不大流通的小房子;那位带着洋太太的杨先生也不得不暂时降低他们的"文化水准",找到一间小屋,向毅生借了一床被单,也就勉强随遇而安。我顾不得休息睡觉,开开箱子对着一叠叠的湿稿子一件件的湿衣服,紧皱双眉,一筹莫展。

八月一日上午,张司机赔了一百二十四元钱,雇了许多民夫,才把汽车救过河来,不过电瓶着水,非得修理好了不能再开,我趁着这个空儿就在来安栈前面的茶馆用炭盆来烘稿子。十二点五分继续开车,这时跟车的邮差因为两位股长没在眼前,便不大耐烦替我们遮罩棚腾位子了,四个人挤在邮包堆里,上面太阳晒着,既没有草帽又不能撑伞,纵然昨天稍微受了一些潮湿,可是对于这么强烈的日光也着实有点儿吃不消。车开到一〇二公里的地方,桥又被水冲坏了,幸而水已退净,路面还看得出来,司机十二分谨慎的把车子开过这重险关,大家想起昨天的情形来都不禁捏着一把汗。没想到刚渡过一重险关又碰着一块绝地①。下午一点十分到了一〇五公里的长寿桥,路面被水冲坏了三丈多长,桥梁倾圮,据说非得两礼拜不能修复,无论如何车子也开不过去了。这时司机除去盼望对面来车设法"打兑"以外,急得一点儿主意都没有。我们等到下午三点丝毫没有好消息,只得雇人挑着行李步行渡河,承资阳邮局李旭初局长招待晚餐,并且给我们找到一家紫东客栈,局面和设备比新市铺的来安栈强多了,可是我因为烘烤衣物,一直耗到夜里三点钟还没能睡觉。

---

①一块 原作"块一",据《文集》本乙。

八月二日早晨李局长来说,内江没有车到,恐怕前面的路也坏了,他已经替我们包了一条民船,价洋二百元,走的快一点,当天就可以拢内江。我们在这路费拮据的时候虽然不愿意平白多花这笔钱,可是再要等起来更觉得沉闷,只好就采纳了他的建议。十点半上船,不大会儿就开了,船上除去我们同车的六个难友,两个邮务人员,船夫又偷搭了两三个客人。沱江的水势很平稳,沿岸的山水远不及岷山的秀丽,在船上闲着没事洗了九件湿衣服。快到六点的时候,天上黑云浓得像锅底,忽然又下起大雨来,舱里到处都漏湿了,撑船的除去老梢公和他的侄子,还有一个长工,一个短工。雨下大了,那个短工怕把衣服打湿,躲在舱里不肯出去,任凭船身在江心漂摆,梢公急得把嗓子嚷哑,他始终好像没那么一宗事。这阵雨一直下了一点半钟,就在这惊涛骇浪,急风暴雨的里头,七点半才算脱离险境,拢了资中西门外的江岸。可是,摸着黑儿冒雨上坎,两只脚陷到泥塘里,几乎没过磕膝盖。进城后,上头淋着,底下趿着,手上提着,走了半点多钟,碰出好几个客栈,结果才在中街找到一家清川旅馆,还算好,这家旅馆开张不久,床帐被褥都是新的,在紧张疲乏以后总算睡了一宿安顿觉。

资中的街道很整齐,路中间铺着大块方砖,碧绿的梧桐高耸在两旁,在雨过天晴的早晨格外显着幽静清洁①。可惜我们头天晚上赶到,第二天九点钟又得回船,对于这个川西的大城市只有匆匆一瞥的缘分罢了。临上船的当儿,又赶上一阵大雨,把到码头送行的资中邮局朱局长和李女士淋得衣服全湿了。等到十点二十分雨稍稍小一点儿才开船,可是走了不到一点钟,雨又大得怕人,烟雾漫江,简直让在水上生活了四五十年的老梢公都定不准舵向。为安

①天晴　原作“晴天”,据《文集》本乙。

全起见,只得泊在一个小湾子里,直到十二点二十分才继续开行,以后虽然浓云密布,沉黯无光,可是直到下午四点二十分拢了内江,却没再下雨。

在离开资中的时候,合起我们三个人所有的钱来已经不够开发船价的了,最初我还想和宪益暂时挪借几文,没想到他在成都买完车票以后只馀下刚够两天食宿的钱,拮据的情形比我们还厉害。万一下船的时候,当真凑不出钱来,我只好"为质于舟中",请梅、郑两公上岸借钱来赎我。幸亏快到内江,那位林君把他应摊的一份拿出来,我们才算对付着下了船。这时合起我们三个和杨氏夫妇所有的全部财产,只剩下六元法币,到蜀天行墅开发完拉行李的黄包车钱,五个人便都"妙手空空"了。当我们路过川陕联运处的门口儿,我们有意无意的问了一声周金台处长是否在内江,并且告诉我们住在什么地方,待一会儿金台和韩德璋都到旅馆来看我们,这样一来我们一行五个人的晚饭才有了着落。

八月四日我们困在旅馆里还没唱"当锏卖马",梅先生已经拜访内江中国银行孙祖瑞经理,通融了五百元,除去转借给杨氏夫妇一百元以外,假如不再遇到特别故障,我们对付着可以回到重庆了。

内江是川东川西交通的枢纽,商业很繁盛,出产以糖和酒精为大宗,当地商人以糖业起家发财到百万以上的很多,酒精厂大小共有好几十家,酒精拿"漏水"(就是糖稀)作原料,也算是糖业的一种副产物。因为有钱的人多,所以生活程度特别高,随便吃一餐饭便得花到七八元,据说内江和自流井是四川全省生活最贵的地方。我们在这里一等车就过了三天,这期间除去上面所提到的几位朋友以外,我们还会到刘大钧先生和刘太太。大钧人更瘦了,耳朵也更重听了;刘太太是昆明明社的曲友,她的巾生和武旦都很有功夫[①]。**四日**晚在她家吃饭,因为刘先生有病,德璋临时跌了一跤,内江的两只笛子都缺了席,终于没能过成曲瘾。此外还会到清华一九三二级毕业同学李国幹。

为接洽汽车的事,毅生跑了好几趟邮局,五时听说资阳那边冲坏了的长寿桥已经搭起浮桥,那天下午成都的车才能开过来。**六日**下午杨氏夫妇在邮局等了半天,结果只是杨太太一个人先走了。第二天一清早我们四个人赶到邮局,因为位子不够,又把宪益一个人落下。这样一来,我们从成都一同出发的五个人竟自分成了三班儿。

八月七日早晨五点半,从内江邮局出发,梅先生和一个邮局人员坐在司机台,我和毅生坐在后面邮包上,没出城的时候,我们虽然躺下,还要擦着树枝和电线过去,手里若是抓不住绳子便有滚下车去的危险,每逢遇到坑坎的地方,一颠就颠起两三尺高;假如不是亲身经验一次,我真不能想像出花钱买票坐车会受这么大的罪。五点五十分到椑木镇,等了四十五分钟渡船才开过来,我们的车列在第四,七点二十分车开到渡船上,又过了一个钟头拖船的汽划子才到,过完渡已经九点十五分,司机又加了二十分钟油,然后才开足了马力往前赶。可是车的速率越快,颠簸的也越厉害,一会儿太阳又露出来了,把周身皮肤晒得通红,直到十一点半拢荣昌,吃了一顿午饭才稍微喘过一口气来。十二点十分车再开到永川,休息不到十分钟,以后就一口气儿开到青木关,看时候才不过三点四十分,这一段虽然颠得骨头酸疼,晒得皮肤灼热,可是比起滩渡抛锚,新市铺翻车的情绪来,毕竟痛快得多了。

从内江开来的邮车照例在青木关换车后才继续开到重庆,这

---

①武　原作“五”,据《文集》本改。

一天颠簸情形，我们都有点吃不消了，想在这里休息一晚，顺便到教育部看几个朋友，第二天再走。于是我们到邮局交涉妥当，把行李卸在第一宾馆，稍微休息一下，便上山到教育部去看吴俊升、蒋养春两位老友。恰好赶上俊升回沙坪坝，养春害病，都没见着；幸而邂逅着韩裕文、马芳若两位同学，承他们告诉了许多熟人的住址，又招待了我们晚餐，晚间到益庐访充和，同到民教馆茶叙赏月，俨然又回味到当年呈贡旅居时的清兴。

十五　赶上了“疲劳的轰炸”！

我们六月初第一次经过重庆的时候，曾经遇到两次轰炸，**六月一日**是在玉川别业的防空洞躲避的；**六月二日**躲在市民医院的洞里就亲自碰见直接命中，封闭两个洞口的危机，那一次所躲的洞，假如没有四丈厚的石头，假如不是有五个洞口，结果就不堪设想了。可是，无论如何，总没有我们在青木关所遇到的警报那样频繁①！

从**八月八日**到**十七日**，据敌人宣称，一共轰炸了一百五十小时，飞来一千架飞机，投过一万个炸弹，简直把陪都附近的民众搅得夜不安枕，日不得食，它们管这种恶行为叫做“疲劳的轰炸”！

在这九天里头我们几乎没有一会儿不急着要走，不过事实上不单公共汽车完全停开，就是打电报，写快信，专人面托重庆的朋友，去打听飞机的班期，也简直得不到一点回音。**十五日**听见西南联大被炸的消息，越发急得坐立不安，虽然马上发急电去慰问同人和同学，仍然放心不下，尤其是负着行政责任的梅先生和毅生格外焦灼万分。这样度日如年的挨过了一天，**十七日**趁着警报稍微轻

①繁　原作“数”，据《文集》本改。

松一点儿,我们立刻搭着部里运米的卡车赶回了重庆。

在这疲于奔命的期间,我还抽着空儿,好整以暇的作了两件事:

第一、**八月十一日**上午,在警报声中,承音乐师资训练班班主任杨仲子和教务主任李抱忱的委托,让我到彭家院子去讲演一次,那天我讲的题目是“声韵和声乐的关系”,大意想说明国字的四声阴阳对于谱曲的重要性,四声阴阳虽然随地异其调值,但是谱曲子的时候总得依照一个标准,时下的抗战歌曲把“九一八”唱成“揪尾巴”,那就是念倒了字音的实例,末了儿又附带着说了一点儿戏曲音韵的源流,当我正在高谈阔论的时候,有一阵敌机隆隆恰好从头上飞过,因为听众仍然很镇静的坐着不动,我也就不好意思“见机而作,入土为安”了。

第二、**八月十六日**晚上,音乐师资训练班邀请教育部音乐教育委员会全体举行演奏会,我也被约参加,那一晚的精彩节目有金律声的男高音独唱;张洪岛的提琴独奏;曹安和女士用琵琶独奏“十面埋伏”,以后又唱了一段昆曲“昭君”,她还和陈振铎、杨荫浏用琵琶、二胡、笙合奏了一段节改梵音古曲的“后满庭芳”;大轴子是张充和女士唱昆曲“刺虎”里的“俺切着齿点绛唇”“银台上煌煌的风烛墩”“恁道谎阳台雨云”三支。“十面”的指法纯熟,“刺虎”的珠圆玉润,是那一晚听众的公评,用不着我多恭维的。我推辞不过,勉强唱了“弹词”里的第五转“当日个那娘娘在荷亭把宫商细按”和第六转“恰正好喜孜孜霓裳歌舞”两支,大概总不免有荒腔走板不搭调的地方,辜负了擫笛的名手杨荫浏!

八月八日上午我们到教育部里拜候余次长井塘和陈泮藻两位老友。养春病后还不能到部,约我们中午到他家吃便饭。他的夫人蔡淑慎女士画法更老到了,想起民国十六年许多同学在杭州聚首的情形来，而今好些人风流云散，天各一方，连消息差不多都隔绝，未免不胜今昔之感！一樵是**九日**下午回来的，他约梅先生搬到他的新居，让我和毅生搬到部里的督学室。连续叨扰他好几次，并且听他叙述视察浙闽赣桂归来的奇闻轶事，参观他从江西景德镇、福建德化所搜罗来的精致的瓷器，旅中颇得朋友之乐。俊升**八月十三日**才回到青木关，在警报连续不断的当儿还承他招待我们一次。此外，我们在这几天里头又承部里和部外许多位朋友恳挚招待，并且领导我们到部里各部分参观，都让我们十分感谢。尤其是张充和、韩裕文、马芳若、何寿昌几位同学，从始至终的殷勤照护我们，连下防空洞的点心都替我们预备到，真是怪难为他们的。

十六 歌乐山的几天喘息

在青木关所遇到的十天空袭真让我们累得够疲劳的了。所以**八月十七日**晚上回到重庆后，把行李安置在中央图书馆托金少英照应着，第二天忙了一天把飞机票定妥当，——梅、郑两位是**二十三日**的班，我和老舍是**二十六日**的班——马上就想抽空儿到歌乐山去看孟真和冰心，顺便休息几天，恢复恢复疲劳。

十九日清早，一樵开车来接我们，八点三十分有预行警报，我们把车停在两路口等候文藻，眼看着对面的坡上高高挂起一个红球，眼看着道旁的防空地图随时移动敌机的所在：一会儿退到恩施，一会儿又进了川境，可是文藻却杳无消息！九点四十分红球变成两个，空袭的哨子也响了，司机的抱怨，恐怕车子开不出市区，我们也焦急的望眼欲穿。正在这千钧一发的紧急关头，文藻算是蹦蹦的赶到了。于是我们才叫司机开足马力往前奔，一樵的这部车年纪已经很大，早就比不上有钱机关所用的一九四一式了，而且前几天刚被敌机轰炸过，车棚已经炸烂，上面用油布遮着，车门用绳子系着，除去引擎没坏，几乎到处都是百孔千疮，我们飞快的往前开着，连沿路的警察都懒得拦住了盘问。刚过小龙坎，前面盖着汽缸的百叶忽然哗哗啦啦掉下一扇来，跟车的站在车头用手按住它仍旧继续往前奔；还没到新桥，车上被炸断了的电灯线又因为摩擦而燃着，假如不是发现的早一点，车上也许着了火！过山洞后，紧急警报响了，司机的越发拚命往前开着，幸而路上并没发生更大的危险，我们居然在敌机没有临头以前安安全全的到了歌乐山。静下来一回想，这部车虽然破了，可是它的老福特的引擎"硬是要得"。

我们上次过重庆的时候，曾经在**五月三十一日**匆匆忙忙的到了一趟歌乐山，那时孟真正住在中央医院割扁桃腺，我们遵着医生的嘱咐并没敢和他多谈话，因为回城要赶山洞的末班车，所以在文藻和冰心的家里也只坐了不大的工夫。这次利用等飞机的空当儿，我们打算在山上和这几个老朋友多盘桓几天。

吴、谢家的潜庐在林家庙三号，和孟真所住的兔儿山中央研究院望衡对宇的只隔了一道山谷，有时两家站在廊子上就可以谈话，可是要彼此相访，假如不能飞渡的话，至少得走二十分钟。我们因为孟真病后不便骚扰，我和毅生便住在潜庐，梅先生住在工业合作社梅贻宝先生那里。**十九日**下午文藻、贻宝陪着我们三个一同去看孟真。**二十日**一上午我和毅生去看他。梅、郑两位走后，**二十四日**上午我一个人又去看他。他的血压已经降到一百四十度，眼睛也渐渐恢复了，医生嘱咐他少见客人，少谈话，可是他在没有朋友谈天的时候反倒寂寞得起急。他爱护母校的感情还是很热烈的，有一个饮水忘源只想发展自己的同学忽然在他面前发出打倒北大的妄论，立刻气得他的血压升高了二三十度。

冰心虽然作了参政，招待朋友还是照常的殷勤，她的身体比在呈贡时稍微清减了一些，可是精神老是那么兴奋着，尤其在剪烛清谈的时候，她总是娓娓不休的越说越高兴。潜庐小而精雅，面对着嘉陵江，老远的望见星罗棋布的几堆房子，那便是沙坪坝和磁器口；兔儿山和云顶在它左右屏蔽着，一片浓绿的中间常常映衬着一块块的灰白色，那便是阔人们预备消夏或疏散的别墅；房后面还可以看得见高店子的市集，一条通磁器口的石板路，常常有坐滑竿或步行的人们像黑点般蠕动着；夜深人静的时候，除去松涛竹韵之外，往往还从隔壁的林家庙飘送过一两声发人深省的梵呗，越发显出山中清幽的趣味来。拿潜庐比呈贡三台山上的默庐，自然各有长处，不能强分好坏，不过，再要凭着默庐的窗口去眺望呈贡八景之一的"凤岭松峦"，那却时过境迁，比较不大容易了。不知为什么，我总觉得那四个字配合的恰到好处！

合起潜庐男女主人的参事和参政的薪俸来，已经超过一千元了——可是实际上还不够山上一处开支的，每月都得亏空。他们所过的完全不是当年的"高等华人的布尔乔亚生活"了，虽然还不至于"日中一食"，可是晚上往往吃稀饭，孩子们每顿饭都抱怨没有肉吃。但是他们从丰招待朋友的老毛病却始终没改，残馀的半罐S.W.咖啡，总等着朋友来的时候搬出那具特制的咖啡壶来，像作物理实验似的煮给你吃；快要生锈的烤箱，遇到客人来，也可借机会闻一闻鸡和猪肉的香味儿。冰心常嘲文藻是"朋友第一，书第二，女儿第三，儿子第四，太太第五"，其实她自己又何尝把朋友放在第二位呢？

今年春天，今甫从叙永给我来信，想聘老舍作北大教授，专任大一国文，赶到我把这个意思转达老舍，他的回信很简单干脆的说："不教书！三年没念书拿什么教人家？谢谢杨大哥的好意。"六月初我们在重庆碰见他，梅先生虽然和他初次见面，却颇喜欢他那豪爽直率的性情，守正安贫不作左右袒的品格。于是我们三人商量想约他到昆明作一次短期的讲演，他感谢梅先生知己的盛谊，就毅然答应了。这次来到歌乐山，忽然接到他从陈家桥寄来的两封信，大意说：彼此离开三个月，消息不大灵通，现在暑期已过，他已经答应朋友在陈家桥住一个时期，昆明之行拟即中止，飞机票如不能退，他愿意自己照价赔出，我们当时觉得很突兀，假如没有什么特别故障，颇不愿变更初议。于是我和梅先生各写一篇信，毅生和冰心也各附加两句，托一樵顺便带给他。信是**八月十九日**发的，**二十一日**黄昏他才从陈家桥步行四十里赶到歌乐山，最初他还表示中止赴滇的意思，后来大家一致挽劝，他在酒酣情挚的当儿也就不再坚辞。第二天他回去收拾行装后，**二十四日**晚上又同郭沫若先生一同上山来。沫若很想见我，我自从《卜辞通纂》和《金文丛考》出版后，也颇想同他当面谈一谈；可惜那一晚我正在静石湾鉴斋看沈尹默先生写字，并当面请教提顿转折的方法，沫若因为有要紧事不能久等，竟因此错过机会，使我没能看见这位仰望了很久的古文字学家！

在歌乐山一共住了六天，**二十二日**和**二十三日**还遇两次空袭，那两天沙坪坝和磁器口被炸情形，在山上看得清清楚楚。在这几天里，我还曾到沈士远、许季茀、萧钟美、金石珊、汪旭初、吕筑青、蒋仁宇、萧克真几位。钟美是二十多年的老同学，金先生是我在中学时的英文教员，我和这两位都好多年没见面了，异地相逢，格外觉着亲热。下山的前一晚，何容也赶到山上来，竟夕长谈，想到北平的许多往事！

十七　在天空过了生日

八月二十五日清早，同老舍冒雨离开了歌乐山，搭中央国库局车到重庆道门口，在新蜀报社休息半天，和周钦岳、姚蓬子谈了很久，就在那里给中国航空公司电话确定了起飞的时间和地点。午后两点到卫生局取回寄存的书籍和稿子。晚间和李季谷、卢吉忱、金少英、徐苏甘几位朋友在聚丰园话别。我上次过重庆的时候，吉忱正在兴高采烈的办《文史杂志》，很恳切的向各方面拉文章；这次会面才知道他已经交卸了。平心而论，他所编的八期颇博得学术界的好评，假如创办这个杂志的旨趣是在提倡学术，不羼杂别的作用，那么就这样办下去岂不很好？为什么要顾名而不顾实，交给一个事实上不能兼顾的人去办，却牺牲了一个理想的编辑？我颇对卢君同情，并且替《文史杂志》可惜。

二十六日上午三时到南纪门外燕居内珊瑚坝飞机场，登记后，验完行李，天已经亮了，耗到六点半飞机才来，七点半起飞，九点四十分就到了昆明。

我是一八九九年八月九日生的，照阴历算是清光绪二十五年己亥七月初四日，和毅生同年、同月、同日。今年**八月九日**在青木关，早晚两顿饭无意中都有人请我吃面；**八月二十六日**恰好和阴历七月初四相当，于是我的四十三岁初度就在云端里度过了。人生本来是飘忽的、渺茫的，如果能够"纵浪大化中，不喜亦不惧，应尽终须尽，何复独多虑"的活着，那么整个的一生还不就像浮沉在云海里一样？

我们这次绵延整三个月的长途旅行直到这一天才算结束。在昆明三年没出过的汗都还给四川了；辛辛苦苦吃粉笔灰馀下的一点积蓄也全赔干了。而且流年不利的我，刚回到昆明不到一个星期，在路上趸来的恶性疟疾就发作了：两次反复，几天医院，八针Quinine，两针Quinoplasmoquine，十五粒Atebrin，半打补血针，一磅奶粉，十几斤猪肝，几百个鸡蛋，我的天！我的两月薪俸又贴进去了。然而我却一点儿也不后悔，这种希奇的经验不是拿钱可以买得来的。

我将拿这篇信笔乱写、冗长芜杂的文章，永远纪念着这一珍贵的回忆！并且，我从四川回来就在病榻上缠绵了两个月，各方面的谢信都没有写，谨在这里对于这次旅行中一切帮助我们，招待我们的友好一总致谢！

三十年十月十六日写起，十二月二十三日写完。

一九四二年

年四十四岁依阳历。任国立西南联合大学教授兼总务长。本任国立北京大学教授兼秘书长、文科研究所副主任，兼任国立云南大学文法学院讲师。在联大开隋唐五代史、明清史两课，在云大开隋唐史一课。住昆明青云街靛花巷三号北大文科研究所；儿辈住北平西四牌楼前毛家湾一号。

一月

一日　阴历辛巳年十一月十五日　星期四　阴　雨

七时半客去，合衣睡至十一时。午饭后复睡两小时。三时至西仓坡五号，联大三常务委员招待全校教职员新年茶会，到者仅五之一。五时散，归。晚钱国幹在厚德福盛馔相约。国幹为袁家骅夫人之弟，联大毕业学生也。九时半散，归。与同寓罗莘田、许宝騄、潘介泉、袁家骅杂谈而寝，已十一时矣。

二日　阴历十一月十六日　星期五　阴　细雨

九时乃起。天气沉阴，知必无警报，与同寓诸公杂谈极畅，邵心恒亦至。章矛尘约城内诸友至岗头村过年，诸人以天阴不往，余与心恒于十一时缓步赴之。及至，已将一时矣。谒蒋孟邻师，并晤周枚荪、饶树人、杨今甫、赵廉澄、吴大猷、戴君亮、孙铁仙诸公，均住于公舍中者也。饭后与矛尘诸人作牌戏。与枚荪、廉澄谈。枚荪主请钱端升为联大教务长,余恐其亦未必就也。十二时在公舍南屋设二榻,与心恒假居一宿。今日晚饭,矛尘备馅饼。再飨诸人,余请以让之余,矛尘允之。余遂请舍中诸公,惟铁仙未参加。

三日　阴历十一月十七日　星期六　晴

九时起。孟邻师谈国际消息甚久,极乐观。检什物。午孟邻师招饮。端升至村,谈及胡适之师,恐不久亦将调回。三时偕矛尘步入城,四时一刻抵寓。稍息,复步至巡津街商务酒店,贺沈寿春与陆家珍结婚。设宴甚精美,每客三十元,而贺礼余仅送二十元,甚歉于怀。宴后诣张慰慈先生房,小坐。随孟邻师至才盛巷,随即步归。今日仆仆于道路者三小时,归寓杂谈乃寝,亦十二时矣。闻敌人已达长沙东门,马尼拉亦陷,我与英美俄荷等二十六国签约,决不单独议和。

四日　阴历十一月十八日　星期日　晴

九时始起。雪屏来谈青年团学生为孔祥熙夫人自香港携犬及女仆飞渝以致在港要人反不得出之事大愤,群起谋作倒孔运动。雪屏欲制止,无效。就商于余。此事势难抑制,惟望其不由昆明首动,不由联大首动,不由青年团首动而已。未动以前,须先使中央团部知之。雪屏去,十二时再来,作书一通,复去。午饭后小睡。三时至西仓坡参加清华大学校友会茶会。五时散,归。在茶会得遇张发奎将军,并晤张西曼,十年不见矣,头童童然老态露矣。六时偕家骅夫妇、宝騄、莘田、介泉至全聚德食羊肉。九时归。读讲述笔记而寝,已十一时矣。

五日　阴历十一月十九日　星期一　晴

七时起。八时入校治事。授课两堂。十二时归。饭后小睡半小时。三时复入校治事。五时归。今日校中发现倒孔之壁报甚多，或劝勉仲撕之，实则愈撕愈多也。报载长沙大捷，可喜之至。十二时就寝。

六日　阴历十一月二十日　星期二　晴　小寒

七时三刻始起。急入校治事。并上课二堂。十一时半自新校舍出，见一年级学生结队来，张大旗，画孔祥熙像、书“打倒”字，齐集图书馆前。余归。饭后闻呼口号声，乃出街头观之。联大学生自西来，其口号曰：“拥护蒋委员长”、“拥护龙主席”、“拥护修明政治”、“打倒孔祥熙”、“打倒贪行”等，约有千人。三时入校，孟邻师、月涵先生随至。知地方当局初有武力解散之意，师等向龙志舟言之，始未阻止，但明日报纸不载其事，并禁函电发出。学生游行后复回新舍开会，有主罢课者，未通过。校中布告学生，劝阻游行，词甚和婉，仅谓无故罢课，深乖培植青年之本意，又此类行动究非军事时期所当有，深望谨守纪律云云。五时半归。六时至七时在云大授课。晚饭后，方国瑜来，以永历十二年十月晋宁州鼎建棂星门碑记为赠。永历十二年，顺治十五年也，其年十二月，清兵入云南矣，此盖记年永历之最晚者也。碑记无重要史料，但结衔称行在经筵讲官，可知当时以播迁自况。读笔记。十一时半就寝。

七日　阴历十一月二十一日　星期三　阴

七时起。入校治事。上课两堂。十一时半归。午饭后小睡半小时。二时半入校治事。五时归。六时至七时至云大上课。课毕，至才盛巷开常务委员会，十时散。天寒人静。月涵先生欲进热食，于街头小店进饵饫米线一盂①，又经酒店，月涵、勉仲共借茶杯一，买酒立饮之，亦韵事也。抵家已十二时，即寝。

八日　阴历十一月二十二日　星期四　晴　有云

八时起。九时入校治事。十一时半归。学生气忿未平，又有

①饫（缺）　原作“块”，据一九三九年一月十四日日记改。

好事者激之，传有打报馆之说，条告中提及新四军、马寅初之事，恐趋枝节，定明日十一时半召集学生训话。饭后陈雪屏来。三时入校，与孟邻师谈。五时归。读《通鉴》。十二时就寝。悬肘作字，不能成形，又笔不能着纸。

九日 阴历十一月二十三日 星期五 晴 风

八时起。九时半入校治事。十时半校中请宋希濂讲演。十一时半常务委员训话，月涵先生劝学生适可而止，不得更有其他行动，所有条告均撕去。孟邻师尤坚绝，如更有行动，学校当自行停办，以免影响战争、影响全局。学生亦知其严重性矣。十二时半归。饭后小睡。三时入校。与勉仲同出布告，劝学生自动撕去条告，否则明晨命工友全部撕去。五时半偕矛尘至西仓坡送教部密电，为学生事也。电文中有“在港同志均无恙”之语，此类语最滋疑惑，增加反动力，不如表示中央之坚决立场之为愈也。七时在厚德福请枚荪、雪屏食涮羊肉。日来雪屏为学生事大忙，今日学生告雪屏，从未见孟邻师如此之生气也。九时归。读《隋书》。十二时就寝。昨日日记悬肘写之，不成形，今日改悬腕矣。儿时即已好书，年逾四十不能悬肘，不其可耻。

十日 阴历十一月二十四日 星期六 晴

八时起。九时入校治事。学生条告未撕，命工友洗去之，已净。十二时归①。饭后小睡。三时杨西孟来，谈及外传蒋委员长电话致孟邻师阻止学生动作，此不知何所从来也。读《隋书》诸志。十时后与介泉、宝騄、家骅、莘田长谈至夜二时，始寝。西孟谈经济统制极易，而政府不之顾，反致力于思想统制。若实行经济统制，物价自平，而国家收入亦多，士兵之给养亦丰矣。

①原于“时”下衍一“时”字。

十一日　阴历十一月二十五日　星期日　晴

七时起。读《隋书》诸志。午饭后睡至三时半,始起。晚莘田约在五湖春便饭,八人共食百元。九时归。预备上课笔记。十一时就寝。易儿九岁生日,余之少子也。其生日非二十四即二十五。前年曾以询之旻儿,今复忘矣。

十二日　阴历十一月二十六日　星期一　晴

七时起。八时入校治事。上课两堂。十二时归。午饭后小睡。雪屏来。三时入校治事。孟邻师告以昨日布雷自重庆来电话,奉委员长命询问学生事件经过。五时半归。晚建功来,久谈。余七月在峨眉得藤杖,形状颇奇,题曰"天挺虬杖",浼建功书刻之。建功于元旦奏刀,今日送来。十二时就寝。

十三日　阴历十一月二十七日　星期二　晴

七时起。八时入校治事。并授隋唐史、明清史各一堂。十二时归。行至玉龙堆,行人遑遽而奔,谓预行警报。归所以语同人,乃先开饭。饭毕入校,恐有警报也,过云南大学,遇雷伯伦夫人,导观防空壕,觉亦甚佳。出云南大学,将至公路。行人纷纷入城,始知解除矣。余亦归作午睡。三时复入校。五时随孟邻师车至才盛巷。今日师宴岗头村驻军首长及士绅,嘱陪客。九时半客散,归。传今日之预行警报误也。雪屏告知中央派康泽来调查学生游行事。归寓,略检讲稿而寝。今日云大考试,托何鹏毓代。

十四日　阴历十一月二十八日　星期三　晴

七时起。八时入校治事。八时半上隋唐史一堂。九时一刻上明清史一堂。孟邻师原定明日飞渝开中美庚款会。昨日康泽来,衔委座命暂在昆明坐镇,因缓行。十二时归。饭后小睡。三时入校。五时至文化巷南开办事处开常务委员会,六时散会。饭后偕矛尘来靛花巷小谈。十时偕访建功,十时半归。读《唐书》。十二时就寝。

十五日　阴历十一月二十九日　星期四　晴

八时起。九时半入校治事。十二时归。午饭后小睡。二时清华研究生某君来谈。三时入校。五时归。矛尘偕来，谈至九时半，偕宝騄、家骅夫妇与矛尘同至鼎兴食羊肉，已涨价两元一碗。十一时归，随寝。

十六日　阴历十一月三十日　星期五　晴

八时起。孙承谔来，告明晨偕曾叔伟入川。九时半入校。偕勉仲视察学生宿舍，年假曾命工读学生协同整理，今日往观仍未进步，心殊歉然。吾辈空言整顿于上，执事者不能奉行，惟以书表文字唐塞，而学生又不知自重，屡诫屡犯，真有愧职守也。十二时方偕矛尘至校门，传有预行警报。在合作社食馒首、牛肉。回办公室。读《唐书》，以候警报。未几，又传解除矣，终不知其何时。五时归。食油饼二枚。六时半晚饭。与觉明、家骅、介泉谈。九时诣建功送三七粉，上星期方吐红，此药或有效。小坐，归。未读书，以英国宣传品为消遣。写日记毕，已十一时一刻，乃寝。建功见壁报，敌机二架入境，一架至个旧。月来今甫屡来索稿，苦无以应。枕上不寐，思汇旧作为一集，更益以《明初之正统议》《南明乞兵日本辨》《多尔衮之入关》《多尔衮与顺治》《杨光先之死》诸文，此均材料已齐而未作者也。十七日补记。

十七日　阴历十二月初一日　星期六　晴　风

八时起。九时入校治事。传有预行警报。十时五十五分空袭警报作。偕矛尘、耘夫同出学校后门至苏家村包尹辅家①，闲谈久之。传开远南有空战，未之信。一时半解除警报，归。饭后小睡。

①耘　原作“云”，据一九四〇年九月三十日日记改。

三时诣序经,谈合作社饭厅事。至武成路配眼镜框、理发。归。读《隋书》、新旧《唐书》。十二时就寝。泰然见街头壁报,果击毁敌机三架。

十八日　阴历十二月初二日　星期日　晴

七时起。黄德全来,谈作论文事。徐绍縠自重庆到昆明来谈,住巡津街四十三号。读《唐书》。午后小睡。傍晚陈雪屏来。竟日未出门。十一时就寝。今日六时,见新月如钩,金星临其上,作*☽形[①]。

十九日　阴历十二月初三日　星期一　晴

七时起。八时入校治事。上课两堂。十二时归。饭后小睡。三时入校。五时归。泰然作鱼相飨。田伯苍来。十一时半就寝。

二十日　阴历十二月初四日　星期二　晴

七时起。八时入校治事。八时半至九时五十五分上课两堂。十二时归。下午未入校。四时至才盛巷。今日为孟邻师生日,同人有一聚会,共到月涵、逵羽、矛尘三伉俪,光旦、苐斋、今甫、枚荪、树人、莘田、雪屏、廉澄、君亮、铁仙、濯生、云浦、诱衷、尹辅、泰然、恒孚、慰慈、汇臣、正宣及余。至十时乃散。当客未齐,余抽闲往中华书局、商务印书馆一观,无可购之书。其价已涨至十倍半矣。凡原价一元者售十元五角,今后读书人将何以得书耶?自改设学校,惟中产之家始得读书。今书价陡增,恐能读书者唯中上以上之家矣。此非社会之福也。十一时就寝。

二十一日　阴历十二月初五日　星期三　晴　大寒

七时起。八时入校治事。上隋唐史、明清史各一堂。十二时归所。午饭。小睡。二时半入校治事。五时偕雪屏、勉仲归所,再

---

① *☽ 原作☾*。

至才盛巷。孟邻师明日飞渝往谈校务,八时偕至五湖春便饭,并约矛尘伉俪、雪屏。因康兆民派人来约,暂去。饭后复至才盛巷。适重庆来电话,布雷劝孟邻师暂迟赴渝。同时得蒋委员长电报,亦言十六日浙江大学学生游行,十七日敌人广播谓昆明学生四万人游行反战,嘱孟邻师切实注意,师意此间绝不致更生事端,如不亲向中央报告,恐纷歧致惑听闻,决定明日仍往,余亦力赞之。十时半归。十二时就寝。

二十二日　阴历十二月初六日　星期四　晴　有云

八时起。入校治事。十二时归寓。饭后小睡。三时复入校。知孟邻师以今日二时半飞渝。五时归寓。读《唐书》。十二时就寝。

二十三日　阴历十二月初七日　星期五　阴　雨　晴

七时半起。检《北齐书》及《燕乐考原》。九时半入校治事。天忽飞雨,势甚暴,少顷而晴。十二时归。饭后小睡。二时复入校。校中经费未至,而月底应发之薪俸、米贴、救济费、研究费及学生贷金等约四十九万,昨嘱尹辅向金城银行、镇时向中央银行商借,金城允三十万,中央允二十万,下午先立金城借约,以两月为期,月息一分四厘。三时半归寓,参加阴法鲁毕业考试,余未及发问而客至。商房租,谈毕,匆匆至西仓坡,已四时半。今日月涵先生约行政部分各负责人茶会。方开会,值顾一樵先生自渝来,遂命余主席。凡谈三事,一考勤,二工作,三用人。六时散会。与一樵谈,并至翠湖散步,遇莘田,偕至玉龙堆,访岱孙、福田、雨僧、继侗。八时复至西仓坡,月涵先生召饮。坐有今甫、逵羽、矛尘、茀斋,饮宴甚欢。十时半散,至正宣宿舍饮加非一盂而归。十二时就寝。我机昨炸安南敌。

二十四日　阴历十二月初八日　星期六　晴

七时起。八时入校治事。十二时归。饭后小睡。三时一樵来谈。五时雪屏来,同至太华饭店访一樵,不值。至才盛巷,与今甫、树人、枚荪、矛尘、逵羽、莘田、雪屏、勉仲公宴一樵、月涵两公。十一时归。闻今日我机复炸安南敌。十二时就寝。

二十五日　阴历十二月初九日　星期日　晴

八时起。整理去夏旅行帐目。邵心恒来。作书致余又荪,致卢吉忱。午后小睡半小时。读《唐书》。晚邵心恒再来。十时许偕出食粥一盂。所中饭食不得饱,余咀嚼尤缓,一盂而后,菜已罄矣。既托泰然为炖肉,复常外出以补偿,所费不赀矣。十二时就寝。

二十六日　阴历十二月初十日　星期一　晴

七时已起,觉其早,从容饮茶进鸡蛋,并检书。既入校,已上堂甚久,初不自知,有学生遇于庭中,询以更上课否,告之曰上。上课未久已振铃,意殊歉然,劳诸人空候恐在二十分钟以上。九时一刻更上明清史一堂。治事。十二时归。饭后小睡。二时半入校。五时五分已下班矣。余以事未毕,仍留办公室,忽有人来告空袭警报作,听之果然,乃与勉仲出校后门至苏家村后丛冢间,或传有紧急警报,秩序颇乱,更有机声,其后乃知盖我机也。天晚,有风颇寒。乃至苏家村尹辅家,甫坐定而解除警报作,时六时十分,缓步归寓。晚饭后读讲述札记。十时出门,进白果一盂。十二时就寝。今日实无紧急警报,我机起飞警备者凡九架,敌机亦九架,自桂边窜入,随逃出境。

二十七日　阴历十二月十一日　星期二　晴

七时起。入校。八时半至九时五十五分上课两堂。治事。十二时归。饭后小睡甚酣。三时许,枕上闻楼下担水人相语,有预行警报,急起以告同人。饮茶未二盂,空袭警报作,乃与莘田相偕出,时三时十二分。经云大至后山,遇矛尘,乃同坐旷野沟上闲谈。既而觉渴,复往尹辅家坐谈。有顷,解除,时四时半。乃入校,已届下班时矣。同人无至者，乃归。晚饭后至才盛巷公舍，晤蔡枢衡，谈半小时而回。过三牌坊，见壁报，敌驱逐机七架在蒙自碧色寨盘旋，用机枪扫射。十时归。十二时就寝。

二十八日　阴历十二月十二日　星期三　晴

七时半起。八时半入校。昨日已将隋唐史结束，今日惟于九时一刻上明清史一堂，亦结束，候下周考试。十一时传有预行警报，校中纷纷向北山避。余意候空袭作乃往。久之寂然，盖误传也。十二时一刻，莘田来告寓中厨工病，遂与莘田、宝騄、家骅、介泉在京沪面馆午餐，各任五元二角，仅得饱耳。物价之高涨，于斯窥之。饭后归校。五时半至西仓坡开会，自去年以来，每常委会开会，皆备饭在西仓坡，时由西南食堂承应。六时许，毕正宣来告学生结众向西南食堂寻殴，晚饭恐成问题。七时许，工友来告食堂已捣毁。九时半会散，偕同人至大红楼便饭。近日学生风纪败坏，我辈负教育责者应深切自省也。饭后与矛尘至三牌坊，购物而归。十一时半就寝。

二十九日　阴历十二月十三日　星期四　晴

七时半起。八时半入校治事。十时有学生来告勉仲，谓地质系同学捆殴一同学，勉仲往解之。昨日捣毁市铺，今日复捆殴同学，虽各有其原因，然似此直接行动之风，若不予以严惩，将来必更有甚于此者。余与月涵、勉仲两公谈，必查明首从，分别开除、记过。余盖为校纪着想，无指摘他人意，但勉仲人甚慈和，余今日词色过于坚厉，不免有批评指摘之嫌，事后颇愧，悔不应对人如此之严也。十一时预行警报，十二时解除，在校未出。十二时半，与矛尘、耘夫至京沪面馆午饭。饭后回校。三时归寓。四时至西仓坡茶话会，月涵先生招待一樵也。六时归。七时雪屏、心恒、继侗来。十二时就寝。今日敌机一架在滇越边境及八寨侦察。

三十日　阴历十二月十四日　星期五　晴

八时起。入校治事。十二时归。饭后小睡半小时。二时半入校。四时雪屏来，五时偕至才盛巷。今日以孟邻师名义招待一樵、君武、绍穀、月涵诸公，由雪屏、从吾、枚荪、今甫、矛尘、树人、逵羽作陪。从吾未至，莘田来。九时散。更与君武、枚荪、今甫、矛尘话二十年前旧事，学生生活恍若目前。甚快！十一时归，随寝。

三十一日　阴历十二月十五日　星期六　晴

八时起。九时入校治事。十二时归。午饭后小睡。三时入校治事。五时归。晚饭后与介泉、从吾至华山西路茶馆听书，有川人说《七侠五义》，殊无精彩，听一回半而出。环三牌坊两侧闲步，无所得，归。检《唐书》。十二时半就寝。

本月昆明空袭警报三次：十七、二十六、二十七日。预行警报三次：十二、十六、二十九日。敌机未至市空。

二月

一日　阴历辛巳十二月十六日　星期日　晴　风

九时乃起。昨晤向觉明，知陈寅恪在港无恙。午睡甚久，三时莘田自乡入城，相唤始起。莘田拟边疆语言研究所计划相示，余贡两议：一、范围宜及马来、台湾、朝鲜、波斯、印度；二、宜以学习语言之训练班附属于所，不宜以所附属于语言学校。莘田亦以为然。余文豪、杨志玖来谈。读《唐书》。勉仲于六时来谈，至八时而去，约九时半至西仓坡。届时往，值月涵先生未归。少顷，勉仲至，同往翠湖步月。十一时再往西仓坡，月涵先生明日与一樵、光旦、莘田诸公往大理，一周可归。十二时归寓，即寝。

二日　阴历十二月十七日　星期一　晴　风

七时起。八时至西仓坡送行。至九时未启程，乃入校治事。十一时半归寓。午饭后再入校。二时至四时考试隋唐史。四时至文化巷南开办事处开校舍委员会，审查修缮帐目，到明之与余，刘镇时续至，子坚未到。六时散，归。雪屏来。啸咸来。家骅借以《维多利亚女王传》，卞之琳所译也，读至夜半乃寝。

三日　阴历十二月十八日　星期二　晴

六时起。七时至九时考明清史。考毕入校治事。十二时归。饭后小睡。三时入校治事。五时归。六时至海棠春，黄培兴招饮，凡二桌。每桌席价四百八十元，心甚惜之。然默计今日宴客于此者达二十四桌，是一夜一地之费逾万元矣。座中有徐述先，谓此外尚有二局，推此计之，昆明一日酒食征逐之费在数十万以上。此岂战时景象耶？席散，至才盛巷，晤蒋太太，随归。读《维多利亚女王传》。一时就寝。校中军事教官金君前奉调至滇越边界筑工事，日昨归来。上午来谈，谓工事已停，现决改守为攻，一俟新加坡陷，即入越南突击敌后云。

四日　阴历十二月十九日　星期三　晴　立春

七时半起。九时入校治事。十一时归。饭后大睡三时乃兴。入校治事。作书上孟邻师重庆。五时半归。经昆中北院，有步队移入空屋，不知何来。访毕正宣询之，不值，归。晚饭后偕家骅、宝騄至三牌坊购物，无一不涨价矣，细白糖一斤十四元、盐一斤四元五、红枣一斤二十五元、蜂蜜一瓶十五元、无敌牌牙膏一盒七元五、牙刷一把六元。昨今两日米价尤飞涨，前日尚二百六十元一石，昨已涨至三百二十元，今日已四百元矣，不知何人又在操纵。归。读《维多利亚女王传》。一时就寝。

五日　阴历十二月二十日　星期四　晴　风

八时起。九时入校治事。与中央信托局订借款二十万契约,以四个月为期,月息九厘五,此十日前所商,今日乃定约,以其电重庆始得复也。十一时半归。饭后小睡。三时入校。五时至玉龙堆访福田。以今日得部令,仍命调外语系三四年级学生任翻译工作,往商之,不知其今晨已往重庆,乃与名举、心恒、韫珍[1]、德昌、宪均作长谈,并留饭,饭后偕心恒归靛花巷。子水、晋年继至,谈至九时去。子水得百衲本廿四史零本四百本,惜无全者,不知谁家散出或窃出者也。余欲检留数册备剪裁。读《维多利亚女王传》终,计二百七十一页。十二时就寝。

六日　阴历十二月二十一日　星期五　晴

八时起。九时入校治事。十一时归。午饭后小睡。三时复入校。狄君武来谈。五时偕矛尘至靛花巷。晚饭后至三牌坊购物,十时归。读两《唐书》。十二时就寝。作书致孟真,致福田。

七日　阴历十二月二十二日　星期六　晴

九时乃起。王永兴来谈。十时入校治事。十一时归。饭后小睡。三时入校。五时归。读两《唐书》则天事迹,录成两表备检查。既毕,将案头书籍悉收之。欲假期内不更读书,以稍休息。有馀晷则作字、写信、访友、闲步。八时诣建功。九时至三牌坊购物,归来在华山西路茶馆听说书一回,觉明、介泉先到,同归。更与宝騄、家骅、介泉谈,放声高论,竟忘他人之寝,甚悔之。十二时就寝。

八日　阴历十二月二十三日　星期日　晴　风

八时起。上午在家编诗谜,欲以为除夕之欢也。午饭后作昼寝,三时兴。赴吴之椿茶会之约,凡十馀位,皆联大同事,有学生

---

①韫　原作"蕴",据本月十八日日记改。

二,食面一盂。五时归。孟邻师原定昨日乘中航机归,家人往接未遇,今日报载已归,晚往才盛巷探询,果归来矣。外出不值,乃归。十时即睡。今日盖真休息一日。

九日　阴历十二月二十四日　星期一　晴

七时半起。九时入校治事。十二时归。午后昼寝。三时入校。孟邻师到校,谈甚久。在渝未与奉化晤谈,以事忙也。北大求加经费事未成,为之焦灼。五时归靛花巷,闷甚,取《通鉴》读之,其叙则天事概称太后,此固书法不欲以正统归之,然失实矣。检读不觉至夜半,乃寝。本意至西仓坡、才盛巷,均未果。

十日　阴历十二月二十五日　星期二　晴

八时起。十时偕宝騄、家骅夫妇、毓楠至英国花园看花,梅就谢矣。十二时入城,至西仓坡,知月涵先生已归,外出未晤,归饭。饭毕小睡,未熟,来客多也。三时诣建功,同至三牌坊光华街,于旧摊得朝考大卷纸二。六时归寓。倦甚,十时就寝。今日来晤者子水、华炽、晋年、寿春、尹辅、鹏毓、清常。

十一日　阴历十二月二十六日　星期三　阴　晴

七时起。闻一樵昨日未能成行,今日十时半到校讲演,乃于十时入校听其讲演,毕,十二时乃归。泰然约午饭,饭后小睡。四时至福照街理发,前次仅二元,今已四元半矣。六时文奎夫妇约食饺子,八时食毕,至西仓坡开常委会,已散矣。遂与芝生、嘉炀略谈而归。向子水分得《明史》两《唐书》《隋书》,《明史》缺二十一册,《隋书》缺二册,《旧唐》缺十八册,《新唐》缺十九册,书极精而令人一见即生不快之感。十一时就寝。今日得卢吉忱书,属撰稿,一时无以应,拟写《南明乞师日本辨》旧稿予之。

十二日　阴历十二月二十七日　星期四　晴　风

七时起。九时入校治事。十一时归寓,矛尘偕来。饭后小睡半时。二时入校。五时归。晚饭后谒孟邻师,谈经费事,余献两议:一、再函教育部请拨;一、召集校务会议商减政。在会议前先以汽车费用商由联大支付,良以北大年费六万四千五百元,月合五千三百七十五元,照一月支出:计校长公费三百元,汽车司机工资四百元,汽油六百二十元,汽车修理费一百五十元,电话一百元,以上校长用一千五百七十元。才盛巷房租一千元,工资二百元,电灯一百五十元,炭伍百元,以上才盛巷用一千八百五十元。岗头村电灯一百十元,薪俸、车费九百元,陈仲甫三百元,马幼渔、杨今甫、樊逵羽、饶树人、周枚荪、章矛尘各一百元,余尚不支。法律、政治研究室各二百元,文科、理科研究所及行政费尚不在内,已需四千八百三十元,若以才盛巷费用三之一归之校长,公舍外院二十三间为宿舍,内院十三间为校长住宅。则校长所用占全经费百分之四十三矣,此数虽无多,然占百分比太大,恐同人必有藉为口实者,故余主商由联大支付汽车费一千一百七十元,俾北大支出稍减而校长所用百分比不致太大,师亦韪之,然已舌敝唇焦矣。九时归。天气骤寒,一时乃寝。

十三日　阴历十二月二十八日　星期五　晴　风

八时起。九时半入校治事。十一时至女生宿舍。闻今晨六时发生火警,虽未成灾,不能不究其故并预防之,因往巡视一周。午饭后小睡。三时复入校。昨日校中得昆明行营密函,谓侦获汉奸黄惠,供出本校会计严肇龙同党,属令解送归案。月涵先生以授余,因约刘镇时主任及汇臣商之,刘主任谓其人为昆明土著,家甚寒,现为书记,前以工作不力曾减薪,为人则不详,连日放假未到校,乃以其住址复行营。黄惠亦联大会计室旧职员,刘、朱及胡蒙子皆谓其有神经病,勉仲谓曾送入感化院,不知何时放出被捕也。四时离校,归寓。五时至三牌坊。六时归。晚何鹏毓来。十一时半就寝。

十四日　阴历辛巳年除夕星期六　阴　寒

八时起。九时入校治事。十一时归。午饭后昼寝一小时。雪屏、毓棠三时来，余星期六下午例不到校，今日又值旧历除夕，初意在寓，候诸友来过年。四时许，念学生今夜作游艺，或有事故，心颇不安，乃复入校，办公室无一人在，游艺室亦未布置。遇负责同学张保福，谓游艺项目中变者甚多，天又骤寒，恐难满足同学之意，旁皇失措，状极可悯，慰勉之而归。建功、心恒、毓楠、伯苍、清常先后来，六时同进餐，以二鸡一肘斤火腿为品锅饱餐①，客中有此，甚足乐也。饭后作诗谜之戏，余所作凡十八条，如次：

○○逢除夕　京国、敕下、奉使、送喜、见女（《斗野稿》）　此条无一中者，猜"送喜"者多。

十里○○春富贵　绮罗、锦灯、天街、珠帘、翠軿（《断肠集》）　无中者，猜"天街"者多。

○朝都属太平年　五、圣、入、来、七（赵信《南宋杂事诗》）　无中者，猜"入"者多。

○○堂上赏春风　漪澜、谁家、至尊、一从、翠寒（陈芝光《南宋杂事诗》）　无中者，猜"谁家"者多。

犹有当时○株树　数、几、半、雨、四（《犁眉公集》）　无中者，猜"几"者多。

十分打扮是○○　今朝、苏州、钱唐、杭州、明朝（赵信）　无中者，猜"苏州"者多。

酴醾飞雪○杯中　酒、泛、寿、满、到（陈芝光）　无中者，猜"到"者多。

西湖日日可寻○　石、诗、僧、芳、蝶（《方壶存稿》）　无中者，猜"僧"者多。

---

①二鸡一肘斤火腿　原稿如此。按疑"斤"前脱一数字。

〇〇淡淡夕阳边　炊烟、浓浓、远山、散霞、归桡(《广阳杂记》)　雪屏集众注于“归桡”,心恒移之于“散霞”。

新样〇〇高髻子　姑苏、贴花、杏花、牙鱼、汴州(赵信)　心恒集众注于“牙鱼”。

衫紫纷纷〇御爱　讴、裁、夸、无、谁　此是第七条(赵信)　雪屏集众注中之。

石上苔花〇几层　绿、晕、铺、叠、绣(崔兔床)　雪屏集“铺”字。

神龙〇蛰居　莫、肯、久、此、若(《抱拙小稿》)　雪屏集众注中之。

黄阁归来〇满囊　符、钱、药、笏、云(赵信)　心恒集“笏”字。

满〇梅花泛雪渠　眼、壁、低、壑、罨(《西湖竹枝续集》)　无中者,猜“眼”者多。

〇〇仍作画屏看　绿阴、月波、夕红、山光、翠蛾(赵信)　无中者,雪屏集“夕红”,心恒集“山光”。

〇门仍牓状元郎　松、横、宫、柴、朝(赵信)　心恒集“宫门”,雪屏移之“松门”全中。

元朔朝正〇〇来　今又、海国、贡使、驰驿、日本(陈芝光)　心恒猜“日本”,雪屏猜“贡使”,毓棠、建功猜“海国”。

余得意外之胜,非始料也。“神龙”、“松门”、“衫紫”三条全中,配字较差。元朔一条余刻意为之,竟被毓棠猜得,一注十元,所赔不少。全计之共胜六十馀元,雪屏亦出二十条,建功十条,心恒三十条,余惟于雪屏诸条中中数条。午夜一时,诗谜猜毕,改作二十一点之戏,竟达旦。

十五日　阴历壬午年元旦星期日　晴

七时半客去而寝,时天色沉阴,有雨意,睡至十时。耘夫来贺年,乃起。建功亦至,天已大晴。十一时与耘夫、建功、雪屏、介泉步出北门,往岗头村。路遇马架板车,乘以代步,各予二元。甫登车,风沙大起,有若北平。抵村至北大公舍,与孟邻师、树人、今甫、枚荪、君亮、铁仙、大猷、矛尘诸人贺年，并晤晋年、省身、枢衡、物华、仕俊，下午宝騄、心恒继至。午饭于矛尘许，晚饭于孟邻师许①。作牌戏，夜二时宿于南屋。余与雪屏、宝騄、心恒留，馀子皆入城。

十六日 阴历正月初二日 星期一 晴 风

十时乃起。午饭于孟邻师许，晚饭于矛尘许。上午掷色子，下午作牌九戏，晚作麻将戏。二时仍宿于南屋。雪屏归城，馀留村。

十七日 阴历正月初三日 星期二 晴 风

八时起。师约谈罗努生解聘事。此次师在渝与诸人谈，皆谓委员长不满于罗努生，且疑上月学生之事由其主动。学生事起，重庆疑出光旦、奚若、努生三人，而光旦、奚若皆有为之辩解者，独努生无之，其嫌愈重，然其人实无此力也。师在渝虽为之剖白，终无济。布雷、立夫告师，委员长之不满于其人，不专为学生事，且其向卢汉言中央种种，卢悉以陈委座，委座以其挑拨中央与地方感情，深恶之。往尝向立夫责问联大请其为教授，教育部不干涉之故。继以此次学生之事，恐更无以轻其责，因力劝师解其聘，师以生活为言，布雷意参政员月薪五百元亦差是矣。师举以相告，并商之，余意可送满聘约薪俸，婉函以告之，盖不解聘，恐亦难安于职也。前年聘努生为教授，本出端升、孟真之意，盖望以此移其政治活动之心，减少中央之麻烦也。既发表，全校大哗，以为其学其品均不胜此，因之端升、孟真并致互责。去年余自川归，与树人、廉澄谈，忽及努生续聘事，两君大詈，主联署致函校长请解其聘，余以使校长为难，婉劝之，今以此解去固未尽美，然于校内可减一纠纷也。在努生，或以此反成其名。九时半随师车入城。十时入校治事。十一时矛尘乘孟邻师车来校接月涵先生往西山，并以约余，因随

①句中两“许”字，据文例补。十六日两“许”字亦同此补。

之。师别乘车在前,余往西山者数次,均以舟,所见者湖边远山;今以车,所见者山麓广湖,其美尤胜。湖光映日分为五色,曰淡黄,曰灰,曰淡绿,曰绿,曰蓝。孟邻师、月涵先生在高峣暂停,余与矛尘至华亭寺访逵羽、泽涵,并在逵羽处午饭。二时半师来,随同下山至高峣黄子衡家,谈及民国二三年时旧滇币一角在昆明可购鸡蛋二十六枚,今则鸡蛋一枚需国币五角,相差一千三百倍云。六时自高峣入城,在小西门下车。与矛尘至才盛巷,晚请其夫妇便饭于金龙饭店。饭后在金碧路、正义路巡视一周而归。十一时就寝。

十八日　阴历正月初四日　星期三　晴　风

八时起。九时入校治事。十一时归。午饭后小睡。三时复入校。四时半诣月涵先生贺年,不值。随至玉龙堆,晤继侗、韫珍、宪钧、省身、心恒,心恒发寒热。六时归。月涵先生派人来约晚饭,以朱汝华约来谈,辞之。八时朱汝华来。向觉明来。九时孟邻师偕今甫来谈,至十一时去。十二时就寝。

十九日　阴历正月初五日　星期四　晴　风　雨水

七时起。八时半入校治事。十一时归。午饭后小睡。四时刘大白先生之女缘子来,余前在介泉处见点名册,见其名,疑系大白之女,属介泉询之,果然。复托属其来见。大白故已十二年矣,今见其女如见亡友也,谈知其两姊已嫁,一妹在绍兴,其姑嫁汤子枚者亦故,现肄业外语系二年级。觉明来,见其新购《中国基督教史纲》,假读之。书为王治心著,二十九年三月青年协会书局出版。查阜西来。陈勋仲来。六时诣刘康甫,诣黄子坚。归寓晚饭。王洁秋①、孙铁仙来长谈。九时觉明再送来《天主教传行中国考》《中国天主教传教史概论》两书,甚可感。九时半诣建功,晤旭生先生。

①洁　原作“介”,据本年四月三十日日记改。

十时半归。一时就寝。

二十日　阴历正月初六日　星期五　晴　风

十时乃起。表停于八时不自知，以为仍八时也。九时入校，诸人已散矣。始知已十一时。随归。路遇觉明，约饭后来。不敢作昼寝，读严范孙先生《蟫香馆使黔日记》以候之，昨晚假自建功者也。三时觉明来。四时端升来。五时诣伯伦、景钺、自昭、西孟，并至北门街宿舍，晤晋年、秉璧、雨秋，六时归寓。泰然约晚饭，有建功、尹辅、宜兴、汇臣诸君，矛尘未至。雪屏饭后来。席散，与雪屏、建功谈久之，十时分去[①]。十二时就寝。

二十一日　阴历正月初七日　星期六　晴　风

今日为亡室周稚眉夫人五周年忌日。自夫人之逝未五月而卢沟桥变作，又一月而北平陷。余处危城者四月有半，轻装南来，无日不以夫人为念。去秋偶读魏徵对太宗望献陵之语，甚憬愧然，不能自禁。日前在华亭寺逵羽许见具年菜，遂念及吾家年时所备与夫人之忙，不觉泫然。其中十香菜一味，殊似夫人所作。昨夜偶忆五年前夫人入医院情形，其悔痛又不止泫然也。今晨起甚迟。十时乃入校。十二时赴康甫午饭之约，二时归。小睡。三时雪屏、毓棠来。诣建功。晚泰然约雪屏、矛尘、逵羽晚饭，饭后共作诗条之戏，建功、毓棠各有数十条，至夜半乃散。余于二时就寝。

二十二日　阴历正月初八日　星期日　晴　风　雨

九时起。诣胡蒙子贺岁，谈甚久。蒙子以为中印之精神思想战后必大兴于世，佛法必大昌，其尤盛者则密宗也；又主师范学院宜设读经学程。归寓，隐几而卧。午饭后至才盛巷，本定今日在岗头村开行政会议，余故往，附车至，则改在城内矣。与逵羽、矛尘

---

①"分"前疑有脱漏，或"分"为"方"字之误，或为衍文。

谈，知蒋太太前夫子高陶近患病，陶今年十八岁，四岁而父就义，八岁母改适，从祖父母居。年十四祖父死，复从母。孟邻师及燕华姐弟待之甚好，然社会上眼光不同，而同学间尤多讪笑。陶之郁结深矣。阴历年前大病，母在城失于照顾，不免又有伤痛，新年遂失常，喜言语。余初三日在岗头村尚与之久谈，未之察，翌日遂大闹，至前日益甚。昨晚竟至持杖欲殴母，彻夜不寐，高声咆哮。蒋太太忧惧无计，惟饮泣耳。或谓小银柜巷张多记出售马宝，专医疯狂，遂与逵羽往访之。据其人云愈者多矣，姑购两包试之，携归才盛巷。四时今甫、树人、枚荪入城开会，孟邻师主席，商北大经费事，佥主再函教育部请拨，一面设法紧缩，并将靛花巷公舍移交联大负担。六时会散。同至昌生园聚餐，九时归。道经中法大学，入与建功小谈。十时半归寓而寝。下午开会之顷，王亮畴、周志柔、张道藩来访孟邻师，盖昨日随委员长自印度归来者也。委员长住海源寺，诸人住太和酒店。

二十三日　阴历正月初九日　星期一　晴　风　雨

七时半起。八时半入校治事。十二时归。下午小睡。检《通鉴》、两《唐书》。未入校。晚至才盛巷，偕逵羽至全家福便饭，饭后再至才盛巷。高陶之病仍未少减。十时归。十二时就寝。

二十四日　阴历正月初十日　星期二　晴　风

七时起。八时入校治事。午归饭。小睡。三时再入校治事，五时归。晚饭后诣膺中，日前莘田来信，欲在大理多留月时，以便调查语言，功课欲倩建功代，系务则交膺中。建功既拒于前，膺中复拒于后，计惟以系务劳今甫耳。膺中意北大事交今甫，联大事交一多。至才盛巷公舍，晤逵羽、矛尘及蒋太太。高陶昨夜及今日稍好，有时发怒，但不常耳。十时归。十二时就寝。

二十五日　阴历正月十一日　星期三　晴　风

七时半起。八时半入校治事。十二时归寓。饭后小睡。三时复入校。五时至西仓坡开常务委员会，九时散会，归。心恒来谈，闻君亮患盲肠炎，今日入云南大学医院。十二时就寝。勉仲自石林归昆明，往才盛巷伴高陶，仁山之好友在昆明者惟勉仲与逵羽耳。

二十六日　阴历正月十二日　星期四　晴　风

八时起。入校治事。十二时归。饭后小睡。三时入校。五时归。正宣来，同至厚德福招待金城银行，为借款事也。九时半席散。至才盛巷，晤端升、勉仲、枚荪，知两日来勉仲伴高陶，成绩甚好，有就痊之象，盖其神怡气爽也。十二时归，即寝。

二十七日　阴历正月十三日　星期五　晴　风

七时起。八时入校治事。十二时半始归。有学生竞口，男生竟投女生于水潦，学风至此，不胜浩叹。余意惟开除之耳，或云中有隐情，然则并驱除之耳。午饭后小睡。三时入校。六时偕汇臣、矛尘至天香楼晚饭。饭后散步归。十二时就寝。午在办公室构异遇，睹奇观，平生之所未遭。

二十八日　阴历正月十四日　星期六　晴　风

八时起。九时入校治事。十二时归。三时复入校。五时偕矛尘、枚荪、汇臣步至岗头村，在矛尘处晚饭。饭后与树人作牌戏。二时住于南屋。

二月全月昆明无警报，自去年十二月十八日轰炸已来，已历七十二日，无敌机至。自一月二十九日已来，已三十日无预行警报，年馀所未有也。

三月

一日　阴历壬午正月十五日　星期日　晴　风

八时半起。至村后散步。与公舍诸公杂谈。检讲述笔记。午饭于矛尘许。打牌。五时入城,遇马驾板车,搭之归。六时抵靛花巷,雪屏、心恒、毓棠诸公均在。晚饭后共为诗谜之戏,并约建功至。雪屏、心恒、毓棠各出数十条,余中者三数条耳。岂连日疲劳之故耶?抑何思之钝也。一时就寝。

二日　阴历正月十六日　星期一　晴　风

七时半起。八时入校。九时校中举行开学式并三月精神月会,月涵先生略有报告。请黄仁霖讲演,其人魁伟,音声甚弘。十时毕。治事。十二时归饭。小睡。三时半入校。五时归。预备功课。从吾、雪屏、锡予、霖之先后来谈。一时就寝。雪屏昨告以上午谒见奉化情形,于学生甚关心。今日孟邻师亦以昨日谒见情形相告。晚间锡予相告,闻之某少将,委员长自印度还,尝召集将官以上训话,谓今年在北,则日本必可与德国会师;在南,日本必占领印度、澳洲,但其结果于我有利,并谓此种局面数年前在庐山训话皆已料及。于是命商震宣读旧时讲稿,果与今日状况相同云。余与锡予共推所谓于我有利之故,岂谓轴心国与英美俄均精疲力竭耶?不可得知也。奉化语师,谓非五四之比,不可使更有学生游行之事。

三日　阴历正月十七日　星期二　晴　风

七时半起。八时入校治事。九时至十时授隋唐史一堂,十时至十一时授明清史一堂,此第二学期第一次上课也。下课与月涵先生谈校务,约下午同往工学院。十二时归。饭后不及昼寝,复入校。三时半至西仓坡。四时车出西仓坡遇蒋太太、梅太太,告以蒋委员长夫人宋美龄女士今日六时在云南大学泽清堂为女生讲演。余遂返校出布告,并至云大看视会场。五时半归寓,五十五分再往,则已开始矣。男生绕窗而立,层匝不复可进,乃归。矛尘来晚饭,同诣建功,偕往夜市。午间闻卞之琳言市中有旧纸,访之果然,购四条玉版宣，价十元。便道至才盛巷公舍，晤蔡枢衡、周濯生。连日公舍工友与蒋宅女佣暗斗，女佣毁之于蒋太太而责之，工友潜出不归，公舍遂至无水饮。同人怒，于枢衡前有微词，枢衡亦不悦[①]。有家眷不可合居，此事最要。自才盛巷出，与建功同食羊肉，归。十二时就寝。

四日　阴历正月十八日　星期三　晴　风

七时半起。八时入校治事。九至十一时授课。十一时至十二时半治事。往子坚家午饭，并商教职员救济事，佥主请政府发柴米油盐布实物，或在昆明办理平价日用品。二时归靛花巷。四时至西仓坡茶会。蒋、梅两常委招待蒋委员长幕僚，仅张道藩一人来，谈赴印度情形甚详。此次蒋委员长赴印本由英国干请，事前即告英国，谓到印须晤甘地及尼赫鲁，英国诺之。既到印，则柔辞以挠其事，谓委座为贵宾，如愿见，可召之来，不必往访，以存体面。实则委座居总督招待处，甘地必不能至也。委座告英人，依中国礼行客应拜坐客，且甘地年高于己，于理亦应先往拜以表崇敬，英人仍百计阻之。委座怒，谓如不往访，亦不必召之来，此次可不晤也。尼赫鲁闻委座到，遂至新德里相晤。委座先使夫人往候之，然后尼赫鲁答拜，此亦从权之客礼也。委员长在印与尼赫鲁晤谈最频，且亦最脱略俗节。英人既挠与甘地会晤，委员长乃密遣使晤甘地，而自至加尔加达。甘地同日亦至，英人未之知也。委员长亲拜晤甘地于其所居，谈时许，委员长辞。甘地请留饭，许焉。凡谈六小时，自午达晚，未尝息。初由董显光口译，甘地请由蒋夫人口译，各述个人革命经验及主张，甚详。双方见解不同，主张亦异，但情感极洽。甘地约往其家小住三五日，以便作更长之谈，委员长允以下次

---

①衡　原脱，据上文补。

更来。此次英人请委员长入印,意在请予印人以保证,表明战后可予以自治领地。然委员长与甘地、尼赫鲁谈话后知其欲完全独立,自治领非能满意也,完全独立后则内部团结如回教问题、国防备御,我以为必成问题,而在印人则谓必有可妥协设置之道,其信念甚坚,其希望甚切,然此绝非英人所能许也。此次委员长之入印,于我国利益甚大,于英国则甚微。道藩与王亮畴诸人推测英国或再请美国出面调停。委员长告印度民众书由委员长口述大意,王亮畴先草国文稿,审核后再译英文,亦出亮畴手。广播前先制留声机片,由委员长读国文一段,然后由蒋夫人读英文全稿,广播时用机片。当印人倾听之顷,即蒋委员长飞机回国之时,其时缅甸情势较紧,英人派驱逐机一队保护至国境乃退。此次在印,英人盖以盟国元首礼相款云。道藩又云委员长以一日下午飞腊戌,今日回昆,本定四时飞重庆,以蒋夫人游石林未还,改晚间起飞。六时会散。至云南大学上课一小时。下课后至文化巷开常务委员会,十时散会,归。与锡予、从吾谈。今日上课三小时,开会三次,倦甚。十二时就寝。闻昨日蒋夫人讲演时,有人询以孔祥熙夫人自港运狗至重庆事。蒋夫人否认之,谓其姊自幼畏狗,何能带狗?米价一石已涨至六百二十元。

五日　阴历正月十九日　星期四　晴　风　云

八时始起。九时入校治事。十一时半归。午饭后小睡半小时。二时入校。今日为蔡先生逝世二周年纪念日,北大举行纪念会,四时举行。孟邻师主席,月涵先生讲演,林文铮答词,仪式简而肃。五时半归寓。晚饭后诣徐旭生先生,谈战局甚久。九时归。十一时就寝。

六日　阴历正月二十日　星期五　晴　风　云　惊蛰

七时起。八时入校治事。十一时半归。饭后小睡。三时复入校。五时归。六时至七时在云南大学上课。课毕至冠生园招待中国中央银行经理,酬其借款也,九时半散,归。十二时就寝。得莘田来信,谓拟在喜洲留两周,对民家语可有大量之收获,未及归期。晨间月涵先生亦得一函,谓将请假一月,并请校中补助。月涵批"款另筹",函送冯芝生、杨今甫阅。矛尘相告,谓月涵先生拟向教育部为之请款,以非校中所派,由校补助必难通过,徒增口实也。孟邻师亦言北大亦难补助。此次莘田往大理,开学未及赶回,其课程余商之清常代理,系务商之今甫代理,以莘田函属托建功、膺中分代,余往商,均未允也。选课事今甫太忙,又莘田行时托之西陆,遂仍请西陆照顾。西陆处仅有莘田木刻名戳,余未之知。事后,闻月涵先生于此颇不快,盖以木戳非郑重之道,乃与今甫商由余代莘田正式请假,请常委派代,前日提出常委会决议请今甫代理。一以弥缝此事,俾后来选课者可由今甫签字,二以稍息外间烦言,表示与上次入川不同,三以示尊重职责。此次陈岱孙、杨石先、陈序经、施嘉炀、陈福田入川均正式请假,由常委会派代。

七日　阴历正月二十一日　星期六　晴　风　有云

七时起。八时入校治事。学生邹尚芳请代申请贷金。午与矛尘访雪屏,同出午饭。一时归。睡至四时乃起。觉明来,谓得济之电,四月赴敦煌考察,允为之筹川资。晚饭后与介泉、宝騄谈一时馀。读《蟫香馆日记》。十一时半就寝。

八日　阴历正月二十二日　星期日　风　雨　雹　雷

八时起。读两《唐书》,摘录讲稿。午饭后睡至三时。偕家骅夫妇、宝騄、介泉、毓楠至省立英语专科学校参观,家骅夫人新任教职也。五时参观昆明广播电台,时天已沉阴有雨,意以相距匪遥,赴之。既至,大雷雨杂以雹,风尤烈,候至五时三刻稍止,乃归。待及城垣,复雨,健步归,衣履全湿矣。晚饭后雨雹不休,有大如蚕豆者。疾雷闪电,电灯为灭。自去岁入冬不雨,人人以暍旱为忧,今日幸雨而杂冰雹,恐田禾益伤矣。连日米价飞涨,省政府虽定米石四百七十元之官价,得之极难。闻黑市米价石且逾七百元矣,今后不知更当若何。十二时就寝。

九日　阴历正月二十三日　星期一　阴　雨

七时起。八时入校治事。九时至十一时授课二时。十二时归饭。小睡。三时复入校。大雨。五时半归。闭户预备讲稿。十二时就寝。或言香港沦陷时陈策往见总督杨格,劝其勿降。杨格反劝之,陈曰:"吾降则无以见国人,无以对祖宗,甚者不能保首领,必不能降也。"更劝之杨格,杨格曰:"各行其是,可也。"此英国之高官也。又或言我军入缅甸,有商人招待之,并招英军为陪客。英军至,见而反奔。或追之还,并询其故,英军曰:"吾以为日本军也。"此英国之军士也。呜呼!大英帝国!

十日　阴历正月二十四日　星期二　晴

六时半起。八时入校治事。九时至十一时授课。十二时归饭。小睡。三时半至西仓坡,偕月涵、勉仲两公至工学院办公。五时步归,凡四十分钟而达,自幸迅速不已。六时至七时在云大上课。归寓已饭,乃就泰然食菜饭。八时开文科研究生委员会及导师会议。立庵以莘田到大理筹设工作站为询,谓外间传说甚盛,且来源甚可信,余力为辨之。又云有筹备边疆学校之说者,余亦辨之。觉明为我证之曰:"筹备之人已来矣。"谓文藻也。闻福田自渝归,谓部中已派张廷休筹备边疆学校,外间颇有举此以讪笑莘田并讥北大者。冤哉!冤哉!莘田简直自喜,往往为人所中,皆类此。十一时散会。十二时就寝。开会时文藻来,不晤;雪屏亦来,一语而去。

十一日　阴历正月二十五日　星期三　晴

七时起。八时入校治事。上课两小时。十二时归。饭后小睡。三时再入校。五时归。六时至云大上课。七时归。觉明来，敦煌之行以筹备不及，拟不往矣。孙铁仙来。读《唐书》。十二时就寝。

十二日　阴历正月二十六日　星期四　晴

今日放假，总理逝世纪念日也。起已九时半。偕宝騄、家骅往翠湖散步。十二时许归寓午饭。饭后大睡。下午读《通鉴》。晚至大街购物。十二时就寝。

十三日　阴历正月二十七日　星期五　晴

七时半起。九时入校治事。十二时归。饭后小睡。三时入校治事。五时半归。六时至云南大学补课一小时。七时月涵先生伉俪招待张君劢夫人，召余作陪。张夫人，吾乡王彦和先生之女，世圻之姊也，二十年前曾见过。十时归。十一时就寝。

十四日　阴历正月二十八日　星期六　晴　雨

七时半起。九时入校治事。十二时归。三时再入校。午间小阴，五时大雨，五时半放晴。与矛尘、廉澄步行下乡，抵岗头村已七时矣。子水先在，同饭于大猷家。夜与树人、子水、矛尘作牌戏。二时就寝。

十五日　阴历正月二十九日　星期日　阴

九时起。与孟邻师谈。午饭后与树人、矛尘、子水、铁仙作牌戏。五时半归，遇板车，六时半始达小东门，苍茫不复辨物矣。在登丰园便饭而归。值雪屏、毓棠、心恒在捉诗谜，往之戏。就寝已十一时矣。

十六日　阴历正月三十日　星期一　晴　云

七时起。八时入校治事。九至十一时授课二小时。十二时归饭。小睡。三时再入校。五时归。晚饭后本欲至才盛巷公舍，以介泉来谈家务，未果。介泉以为他人皆饶裕而己独穷，不知友辈之穷更胜于彼，若莘田、若雪屏、若膺中、若余，不知几倍之，但大家不肯说耳。十二时就寝。

十七日　阴历二月初一日　星期二　晴　云

七时起。八时入校。九时至十一时授课二小时。甫下课，有图书馆职员来告，谓因友人债务关系，市府派人来捕，并无公文，请余下令扣留其人。余略询经过，告以扣留不妥，乃条致毕正宣请其交涉，去后以为无事矣。十一时半，忽闻人声嗓杂，急出视，见学生群殴二人，状极俗恶，不类上等人，急制止。询之，或谓其污辱学校，或谓其偷窃，或谓私擅逮捕，始知即前事，而同学激于愤怒，亦不尽知其详。人声稍静，忽又有多人自事务组拖一人出，衣冠齐楚，且甚魁梧，被一击而扑。余急以身蔽之，幸诸生未加手足，否则恐有生命之虞。余高声呼止，并责其不守秩序。有一二人在围外呼打，余怒詈之。稍静，余见其不更用武，乃回办公室召学生干事会主席张保福、校警队长尹某并矛尘、刚如、耘夫谈，以为同学群殴，无论原因若何，究属违法，为法律上占地步起，必须先将此事报告市政当局以免反噬，乃决定劝同学解散，以三人交校警室，由校速备公文，并禁闲人任意出入校门。余遂离校，至文林街宿舍杨西昆处午饭。座中有刚如、正宣，始得知此事究竟。本校地质系四年级学生李广源，山东人，与山东人傅某、昆明人孙某共开圆通旅舍。日前李广源至曲靖实习，托本校职员孙昌熙照料，上午请余命令扣留者即其人也。近日旅舍发生债务纠纷，已在社会局起诉。今日杨某遂率军衣者二人、便衣者二人来校，直入宿舍觅李广源。李外出，遂至办公室寻孙昌熙，声言奉市政府令来捕人。孙不敢随之往，二军衣者遂在办公室监视之。孙惧，告之毕正宣，毕劝之再三，杨极蛮横，同来者尤甚，坚欲逮捕出校。毕无法，偕之至总务处，值余上课，胡蒙子以为无公文，来校捕人，必不可。杨某在总务处大咆哮，余下课后孙来请，盖已再度矣。余既以条致毕正宣，毕复劝之，告以必须公文，其人仍咆哮不已。毕遂离室，时围听之同学甚众，莫不愤激，噪聒乱起。毕既离去而群殴之事生，二军衣者先逸去，二便衣者即先被打之人，杨某即后被打扑地之人。其始来也称第五分校职员，其继也称市府职员，并以证章三零五或七院出示。然无论是何机关，均不应私擅逮捕。或云此昆明之所谓架票，上海之所谓打降，北平之所谓虎事也。在西昆处饭毕，偕正宣至汇臣处请其办公文，又同汇臣、正宣谒月涵先生报告，不值，乃归。作午睡。三时半入校。遇勉仲于云大后门，告以有市政府职员尹某来校代杨某道歉。杨某等三人已由尹某带走，并未留文字上之证据。余之主函告市政府者，为占法律上之地步耳，岂欲有所惩处？今由尹某带走而我校未办公文，又无文字上之叙述证明，固可化小事为无事，然与占地步之初意左矣。苟其人向法院提起群殴或教唆之诉，本校且为被告，一切佐证皆难取信矣。入校治事。后与矛尘偕归。六时至七时往云大授课。下课与矛尘食蒸肉。同往才盛巷，以今日之事就教于蔡枢衡。蔡言其人有数罪——冒充公务员、妨碍公务、私擅逮捕，但本校同学殴之，大误。今所虑有二：一、其人向法院起诉，二、其人私行报复。为本校同学安全计，可致函市府，并以律师名义向其人警告。但蔡度其人未必敢有所动作，彼无动作则我不如从缓也。从之。今日尹某告勉仲云，杨某之证章即向其所借，尹某嫌疑甚重，故蔡度其不敢也。十时归。十二时就寝。

十八日　阴历二月初二日　星期三　阴　雨

七时起。八时入校治事。九至十一时授课。十二时偕耘夫、矛尘至京沪饭馆食包子。饭后归家小睡。三时再入校。五时归。六时至云大授课。七时至文化巷南开办事处开常务委员会。十时归。十二时就寝。文藻来两次，不值。

十九日　阴历二月初三日　星期四　阴　雨

七时半起。八时半入校。道经云大,遇瞿绳祖,知文藻在校长室楼下,诣之,小谈,然后至联大治事。教育部派范锜来校视察上年八月十四日本校被炸情形,事逾半年矣,真不知何所谓也。余导之巡视一周,并指点修复之处。至校门遇召亭,语之曰:“破坏情形不可见矣,今可见者,建设情形也。”此语可谓妙绝。彼亦似无所觉。自新舍至师院,见后山人甚多,始知有预行警报,盖已四十九日未见红球,宜市民之纷纷也。在师院视察毕,范去,而余归新校舍。雪屏来谈,昨日莘田分函余与雪屏,谓部请其筹备东方语言学校,并令其在大理候张廷休。莘田意甚游豫,就询于余二人,余与雪屏均主其速归,不必久留。余意无论愿筹备与否,均以先回来一次为宜。否则,在联大支薪不任课,而在大理筹备复支夫马费,何以求谅于人？故联电促其归。十二时同至京沪面馆午饭,知预警解除。饭后归寓小睡。三时复入校。五时归。六时至才盛公舍,北大同人在东月楼聚餐。散后至西南旅社访范锜,予以所要之详细数字。十时归。十二时就寝。下午暴雨。

二十日　阴历二月初四日　星期五　阴　雨

七时半起。九时入校治事。十一时偕勉仲、矛尘、耘夫至东郊昙花寺侧之何家院,耘夫所居。明日为勉仲生日,耘夫设馔以祝之,极精,又有龙虾,今日所难见者也,盖得之于仰光逃难者。诸味皆耘夫夫人一人所烹,尤难能可贵之至。饭后至昙花寺,寺驻兵,外人不易入,幸耘夫知其长官,乃可。昆明花事向推昙花寺,今僧无雅气,群花摧残殆尽。今日所见有苹果、木香、月季诸品,均甚小,类新植者。别院有昙花,有玉兰,惜非其时。寺门有康熙丙子王继文匾,甚精。出寺乘板车入城,在才盛巷小憩。归寓。文藻、雪屏早相候,同至全家福晚饭,南屏加非室进加非。九时至才盛巷,与枚荪小谈而归。十一时半就寝。闻昨敌机至蒙自,凡七架。

二十一日　阴历二月初五日　星期六　晴　有云　风　春分

八时始起。九时入校治事。十二时归。小睡。雪屏、毓棠、心恒、省身诸公四时半至,出诗谜相射。五时半在泰然处晚饭。饭后至新舍南区第十教室,膺中为文科研究所讲《九歌》解题及其读法,余主席,自六时半至十时半,历四小时而毕,精甚。十一时归。一时就寝。

二十二日　阴历二月初六日　星期日　晴　阴

八时起。竟日未出户。上午补日记。午小睡。下午及晚预备功课。十二时就寝。

二十三日　阴历二月初七日　星期一　阴

七时起。八时入校治事。九至十一时授课。十二时归。午饭后小睡。三时复入校治事。五时半归寓。饭后本欲至才盛巷,以介泉来谈导演曹禺新剧《北京人》事,兴趣甚好,遂不往。预备功课。十二时半就寝。

二十四日　阴历二月初八日　星期二　阴

六时半已起,爨中无火,为然之。八时入校。九至十一时授隋唐史、明清史各一时。十二时与雪屏、矛尘为勉仲祝寿,同至天津馆食面,约子坚夫妇及耘夫作陪。饭后入校治事。二时半归。道遇建功,偕来谈,四时乃去。急步至工学院办公,凡行四十分而达。五时三刻附月涵先生汽车归。六时至七时在云大上课。归来倦甚,食鸡蛋四枚,八时半即寝。近来夜眠不足,惟以午睡济之,午不得睡,不免困顿,应设法革之也。

二十五日　阴历二月初九日　星期三　阴　雨

七时起。八时入校治事。九时授隋唐史,十时授明清史,各一时。十二时归饭。小睡半小时。今甫来。三时入校治事。五时归。六时至云大授课。下课至南开办事处开会。余在云大课于星期二、三,与赴工院及常委会开会均不便,今与学生商定,改在星期五晚六时至八时,自下周实行。今日常委会讨论学生记过扣贷金问题,争辩甚烈。旧例:记小过一次,扣贷金三个月;大过一次,扣一年。行之已久,今忽欲不扣,于情固得,于理未当也。无结果而散。十时半归。读两《唐书》。十二时半就寝。

二十六日　阴历二月初十日　星期四　阴

八时起。九时半入校治事。十二时归饭。建功来。三时入校。五时归。晚托泰然、尹辅代为周章酒馔,请孟邻师夫妇、月涵先生夫妇、文藻、尹辅、泰然在靛花巷口便饭,主人余与今甫、雪屏、矛尘、逵羽五人。月涵夫人未到,月涵先生携酒四瓶。十时始散。十二时就寝。

二十七日　阴历二月十一日　星期五　晴　有云

七时起。然火肩水。九时入校前,觉明来谈。十二时半与逵羽、云浦、耘夫、矛尘至雅洁食堂午饭,董明道夫人之所设也。自生活日艰,诸家太太莫不纷纷自谋生财之道,此其一端耳。饭后归睡。三时复入校。五时归。十时至西仓坡,蒋、梅两先生招待吴文藻、张梓铭、任叔永,余作陪。九时归。读《通鉴》。十二时就寝。

二十八日　阴历二月十二日　星期六　晴　有云

七时起。八时半入校治事。十二时归饭。饭后小睡。三时复入校。五时半归。六时至厚德福,文藻召饮,九时散,归。今夜文藻将飞渝矣。归寓,值雪屏诸公方猜诗谜,随之小戏,十时半各归去。一时兴至,抽毫为之,案上惟《南宋杂事诗》一册,反覆寻觅,竟至夜二时始寝。

二十九日　阴历二月十三日　星期日　阴　雨数滴

八时起。反扃屋门,读《通鉴》、两《唐书》以备讲授。午饭后自一时睡至四时。复扃户读。今年授课多而鲜暇,惟赖星期日稍读书耳。七时半厨工未至,余与从吾、忠寰、裕文、继愈、明经尚在静候,既知无食,相与大笑,乃同至登鸿园便饭,六人共费二十七元,此在今日为最廉矣,每人四元五角。九时至才盛巷公舍,谒孟邻师,谈家常,至十时半乃归。十二时半就寝。

三十日　阴历二月十四日　星期一　雨　冷

七时起。八时半入校。授课二小时。与月涵先生商校务,不觉逾午。抵寓已十二时半,饭毕矣。幸宜兴有火腿蚕豆饭,就之食两盂。小睡。三时入校。大雨,五时雨止归。归后再大雷雨,杂以雹。读《明史》。十二时就寝。

三十一日　阴历二月十五日　星期二　晴　雨

七时起。八时入校治事。授课二小时。十二时偕雪屏、矛尘、耘夫在京沪面馆食盒子,食毕入校。二时半归。小睡。四时步至拓东路工学院视察工程,并看房子,备赁作教职员家眷宿舍之用。七时偕月涵、正宣两公步归,在鸿兴楼食薄饼。九时抵寓。矛尘、心恒、毓棠、宝騄、雪屏出诗谜,相与为戏。至二时,余先就寝,诸公未散也。领得联大教授三月薪四百四十元,联大津贴六十五元,部拨三月生活补助费七十元,部拨二月食米津贴四百十四元,六口每口六十九元。联大学术研究费一百五十四元,依原薪百分之三十五。联大总务长三月车费一百元,云大讲师三月薪一百二十元,共一千三百六十三元。国家战时养士之优之厚,可谓至且尽矣,然不于经济物价加以统制,公务员与教职员之生活终无所济也。

三月昆明市仅于十九日有预行警报一次,敌机亦未至,盖自去年十二月十八日轰炸后,宁静百又三日矣。

四月

一日　阴历壬午二月十六日　星期三　晴

七时起。八时入校治事。授课。十二时归。倦甚,而午睡未酣。三时复入校。五时众人散。读钱牧斋《初学集》,高读其七言近体。六时至立化巷南开办事处开常委会,九时散,归。觉明来,拟月内先往李庄,家眷留平。莘田自大理还,谈至十二时始寝。

二日　阴历二月十七日　星期四　晴

八时起。九时入校。行至云大校舍后,田间有弃尸。其地虽在城外,然行人往来甚繁,此尸何来,竟无人问。异哉! 十一时半归。一时作午睡,醒已四时。连日所阙,今日偿之矣。起后即至西仓坡开贷金审查委员会,五时半散会。矛尘来约,偕至才盛巷。孟邻师相告,曾养甫聘其为滇缅局顾问,月薪一千元,生活问题差可解决。师每月所入不足三子读书,月有亏空。近来全校人人不得了,然其尤甚者,莫师与月涵先生若。日前月涵先生女公子得西人家馆,月入可千元,今师亦得此,可稍免张罗之劳矣。七时云浦约在东月楼便饭,省政府新定饮馔限制规程:一、不得饮酒;二、一人至二人限二菜一汤,三人至五人限三菜一汤,六人以上限六菜一汤;三、每菜不得逾三十元。今日吾辈凡五人,例仅三菜一汤,斟酌再三,定宫保鸡丁、红烧肘子半、鸡丝菀豆、什锦汤各一,此在往日不能过五十元也,今日鸡丁、肘子均三十元,菀豆二十元,汤六元,甚至花卷一枚价一元,名为提倡节俭,实为商人开一加价之门。饭后至才盛巷,蒋太太以加非相飨。九时至大街购物。十日以来,日用品价大落,购得力士肥皂二方,每方八元,十日以前须十二元,然检视旧帐，余去年九月十六日买时，每方仅三元五角耳[①]。又先施牙膏去年九月三日买价二元二角，十月二十八日买价一元八角，十二月三十日买价三元五角[②]，二月七日买价七元九角，今日市价八元，十日前十元。久大精盐牙膏十月十七日二元七角，十二月九日三元五角，三月十七日七元五角，半年来物价之涨，可于此推其比例。十二时半就寝。

三日　阴历二月十八日　星期五　晴

七时起。八时入校治事。十二时归。饭后小睡。三时复入校。与孟邻师谈校务。罗努生赴渝未返，上课已逾三分之一，于校章不应更允其请假，且离昆又有政治关系，归期更莫定。长此悬而不决，亦无以对他校、对学生。往时师在渝已允解其聘，若更延稽，亦无以对中央。故师命由校备函送四、五、六、七四个月薪津作为解聘。五时半举行四月月会，请自马来亚归来华侨三位讲演，六时半散会。至西仓坡公宴，凡二桌，均归国侨胞，闽籍为多，饮酒逾量。十时归即寝。

四日　阴历二月十九日　星期六　阴

八时起。九时入校治事。十二时归饭。小睡。三时复入校。与汇臣、矛尘商致罗努生函稿，余删至极简，俾免枝节，但太简失之质直矣。五时归。晚饭后持函稿谒孟邻师，师可之。十时归寓。读《通典》。十二时就寝。

五日　阴历二月二十日　星期日　雨　清明

八时起。竟日扃户读书。午后小睡。晚觉明来，小谈。十二时就寝。

---

①②角　原脱，据上下文补。

六日　阴历二月二十一日　星期一　阴　寒甚

七时起。八时入校治事。九时授隋唐史，十时授明清史，各一时。十二时归所午饭。饭后小睡。三时复入校治事。五时回所。六时半偕泰然、叔范、尹辅至才盛巷，孟邻师约晚饭，座中有端升、矛尘、濯生、诱衷、缜略、勉仲，谈甚久。客散，复与端升、孟邻师久谈，端升不以函辞努生为然，谓如此反授之以柄，不若迟之不至，自然解聘，毫无痕迹也。其言甚当，然师明后日即将入渝，设当局询及，何以自解耶？十一时归。稍读讲授札记而寝。

七日　阴历二月二十二日　星期二　晴

七时起。八时半入校治事，并上课二小时。十二时约月涵先生、家骅夫妇、莘田、矛尘、宝騄至天津馆食炸酱面，雪屏未至，今日为家骅夫人生日。饭毕入校。二时半归所小睡，竟至四时。至西仓坡，月涵先生已先往工学院，乃归。雪屏来。晚饭后至才盛巷，孟邻师本定夜间飞渝，以飞机在印度未开，展期，闻奉化往缅之故。十时半归。十二时就寝。

八日　阴历二月二十三日　星期三　晴

七时起。八时入校授课并治事。十一时下课，传有预行警报，十二时又传解除，终不知其有无。午饭后小睡。三时入校。五时归。矛尘来，毓棠、心恒来，晚为诗谜之戏，十时散。十二时就寝。

九日　阴历二月二十四日　星期四　晴

七时起。九时入校治事。十一时半归。饭后小睡。三时入校。五时归。读《通典》、两《唐书·食货志》。十二时就寝。报载昨有敌日机二十架至滇西，为我美志愿队击落十架。孟邻师以今日飞渝。

十日　阴历二月二十五日　星期五　晴

七时起。九时入校治事。会计室代理佐理李参如来见，谓此次会计室印刷帐簿、传票等三万馀元中，有多种系旧存冒充新印者，经手者刘绳武有与主任刘镇时勾结舞弊嫌疑。彼已于本月二日开单报告，常委尚无下文，请余再为催询。此事闻之月涵先生，于上星期五已由月涵先生委刚如密查矣。未便以详告之，但允为转达。十二时归寓。午睡未熟，有叩门声起，启则李与胡蒙老偕至，谓此事刘主任已知之，正在弥缝中，请学校速封存此次所印诸件，以免抵换，允其即告常委。余始闻此事，虽矛尘、蒙老亦未尝向之言及，此事何由泄露耶？四时至西仓坡开贷金委员会，六时尚未毕，乃至云大上课，八时课毕。泰然以鱼相飨，座有莘田、尹辅，尹辅谈及会计室印刷舞弊事，余究其来源，则闻诸其女坤铎，其女闻之会计室女同事，女同事则闻之李参如本人，此人太不机警矣。十二时就寝。

十一日 阴历二月二十六日 星期六 晴

八时起。九时入校治事。十二时归。饭后小睡。三时矛尘、心恒来，六时毓棠来，九时雪屏来，各出诗谜为戏。余亦得数条如次：

小院题诗〇绿苔 掩、祖、阏、肃、锁（钱牧斋） 无中者。阏字太显，故配以肃字、饯字，继改饯为祖，尤夺目，竟无一中。

多应〇得归 早、晚、不、买、借（《秋江烟草》） 无中者。

芦叶低飞山雨〇 蹶、寂、急、湿、斜 无中者。猜寂字、斜字为多。

老木云烟望里〇 生、衰、空、寒、平（陈芝光） 无中者。以生字猜者多，初意不用生字，用收字，如配秋字尤胜。

散佚重窥〇馆处 蓬、宾、旅、祕、甥（陈） 无中者。

人间可惜重〇头 白、龙、笏、鱼、黑（陈） 无中者。

休〇归牛缓下坡 迟、学、放、写、道（陈） 无中者。

小妹风生恰〇〇 二七、三七、十五、二八、二九（牧斋） 无中者。

以五数中此为最大，与小字不衬也。

辇路轻舆响〇〇 翠𫐐、珮环、玉璜、嘒鸾、碧尘（《断肠集》） 多猜嘒鸾。

春愁碧〇中 树、意、笑、袖、潋（《西麓稿》） 多猜笑字，此条如配怨字较胜。

春来乳〇多 鹿、燕、云、雉、兔（《缶鸣集》） 无中者。

梦里红〇有歌句 楼、颜、衣、妆、娘（陈） 全中。此条如配衫字、莲字、衣字较妥。

〇与梅花作主人 自、输、山、且、谁（牧斋） 全中。

金〇弯桥白玉装 钉、鹊、薤、凤、锁 全中。

舍中无电灯，十一时就寝。

十二日 阴历二月二十七日 星期日 阴 晴 风

八时始起。读两《唐书》《通典》。午饭后小睡。作书上孟邻师重庆。六时诣膺中，食打卤面，谈至九时半乃归。膺中近为各助教讲治学处事作人之要，凡十六讲，以今日始，每周一次。余来迟，未及听。下周讲种族，拟往听，此事萦怀数年于兹矣。舍中仍无灯。十一时就寝。

十三日 阴历二月二十八日 星期一 晴

七时起。腹泻，昨夜未能节食之故。八时半入校，泻未止，不能上课，迄午始愈。归饭。小睡。三时欲入校，以体倦未果。晚舍中仍无灯。九时月涵先生来函约往谈，赴之。知会计室印刷事已由刚如托所得税局派员至承印之联艺公司查帐，查得三月份印件尚未登帐，其发单存根为联大所印之件，与联大会计室报印之件数目价格相同。但印刷公司云印价中尚有七千馀元联大未付，此未付之数与李参如报告以旧充新之价值正相符。税局以本月十一日往查，距交货之时已久，何以仍迟未付，此中必有疑窦也。与月涵先生商明日到校查本校付给支票时日及具领情形。又今日李参如复报告会计室之计算机已由刘主任派张曦白送往中央银行求售，由副理出具收条，据云索价一万元。计算机本校系由文仪行购得，原价二百五十美金，本校欲照官价付给，商家请按黑市付价国币一万元，本校不允。近日商人求付八折，问题尚未解决也。本校已向部申请外汇，先付官洋伍千元，商人又有催促，刘主任曾来商再付二千五百元，余尚未正式向常委签呈，何以忽向外间求售，真不可解。十一时半归，随寝。

十四日　阴历二月二十九日　星期二　晴

七时起。八时入校治事。请胡蒙老查校中发给联艺公司支票号码及领取人，并请尹辅派人往银行核对提款日期。九至十一时授课两小时。十二时归所午饭。小睡。三时至西仓坡，月涵先生已往白龙潭。乃步至工学院，并至李小韩寓。小坐。复还办公室，与小韩、君达商校舍校工事至六时，乃至才盛巷公舍，与蒋太太谈司机事，与矛尘、濯生、缜略谈公舍秩序事。与矛尘同出晚饭，并至正义路、宝善街等处看杂货市价，十时归。舍中仍无灯。十一时半就寝。

十五日　阴历三月初一日　星期三　晴

七时起。八时入校治事，并授课两小时。查得前开联艺公司支票为一月十三日农民银行三一八七九号支票二万元，二月五日农民银行三一六〇二支票一万三千元，四月四日农民银行支票一一三四八九号七百五十五元，均写明联艺公司由刘绳武领取转交，但出纳组派段某往银行探询，则前二张均未领走，不知何故。尹辅云前次开支票时曾加红笔杠条，非保不付，刘绳武曾到出纳组请求涂去，则不能不往取也。仍嘱其向银行查取详帐，以便核对。午与矛尘在京沪面馆进膳，膳后归。小睡。三时复入校。刘镇时来谈，述及计算机再付二千五百元事,告其再具签呈,以便转呈,他未言。李参如又有报告。六时至文化巷开会,梅先生将会计室舞弊案向会报,并谓明晨将与刘主任面谈。十时归。与莘田略谈。十二时就寝。

十六日　阴历三月初二日　星期四　阴

七时起。八时入校治事。十二时归。饭后小睡。三时入校。四时一刻李参如来告刘镇时主任到附属学校查帐,遇已停职之周仁发,大怒。现命李携函来,事务组请派校警驱逐,李甚惧,恐生事端,余告以事务组必不致鲁莽行事也。语毕,余与介泉出校,至文林街参观同事所经营之文林商店,购笔四支而归。矛尘来。九时月涵先生来,告以六时许刘镇时往谒,述及今日在附属学校,李参如不服从命令,已将其调回总校。又有女职员张曦白往谒,述及刘主任命其随同往附属学校,见刘主任发脾气及骗取李参如印章、锁鍉情形,此事真愈演愈缪,愈下流矣。十一时半月涵先生去。随就寝。今日电灯明。

十七日　阴历三月初三日　星期五　晴

七时起。九时入校治事。李参如来,谈昨日刘主任差其送信后即将屉内锁鍉、官章取出,藏于衣带。向其质询,即大声责骂。其后至其宿舍索取,又以私情软化之,谓与李四年旧交,既有所闻,不应不向之报告,反先告之部校,一家数口将何以为生。涕泣随之,其情可悯。李报之曰:此事思之再四,只能以公忘私,亦所以爱护之也云云。并有书面报告一纸。李去,子坚来,谓昨日会计室咆哮不已,学生围观者太多,甚为不雅。少顷,刘镇时来,谈昨日在附属学校及晚间在宿舍与李谈话事,谓李亦悔其举动太孟浪,自责不已。又以处置办法相询。余告以此事会计室有全权,但此时李既为告发人,不便有所更动,并告以应将详情报告常委。复询李平日办事如何,据云时好时坏,类有神经病者。此谰语也。往时只闻述其好，未闻有此评，若果有神经病，何以用之四年耶？刘去，毕正宣来，谓昨日附校大闹，学生观感甚劣。李并开门告学生曰："这就是贪污的会计主任刘镇时，你们来看。"学生大哄云。今日上午几全为此事谈话占去。十二时归。与月涵先生途中亦谈此。抵研究所，饭已开过矣。午后小睡。未入校。六时至云大上课。七时电灯忽灭，归舍中，亦无灯。与介泉谈家常及时事，介泉以余不娶之故相问，且疑其不能久与不可久，具告之，亦以为然。语及时事，余谓明年夏，同盟军必胜，中国必胜。介泉不复信之矣。余谓余确有此信念，其理由则说不出也。乃写一条，烦为证之。文曰："郑天挺曰中华民国三十二年夏同盟国必胜，中国必胜。证明人：潘介泉。"余并言曰："此条可悬之国门，愿千金易一字。"十一时就寝。下午曾在莘田架上借来熊子真先生《中国历史讲话》，其论魏晋以来之外族边患，为边塞人民与中原之内争，颇妙。

十八日　阴历三月初四日　星期六　晴

七时起。九时入校治事。张曦白来见，谓昨日下午在办公室，刘主任出草稿令抄，中述前日在附属学校事并指摘李参如，抄毕，令张具名，张不允，刘遂大诟骂，相持至五时散值始罢。限以环境困难，请假一星期并呈书面报告一纸，告以请假同时应函刘主任，请求随以陈之月涵先生。月涵先生谈昨晚刘主任往谒，报告印刷事，查明帐款，均经付清。月涵先生仍属其作书面报告，并命余属尹辅再往银行查支票已否取去，另属胡蒙老到会计室调取印刷样纸。十二时归。午后小睡。三时复入校。廉澄来谈。五时归。夜张友铭来。江泽涵来，谓前日附校之事，小学生大愤，以足踢刘镇时者甚多云。十一时半就寝。

十九日　阴历三月初五日　星期日　晴

七时起。宝騄隔墙在榻上相告，谓苦思数年一数学问题已豁然贯通,甚可喜也。尹辅来谓银行须明日往,以昨日太晚也。九时宝騄约外出食包子。闻同盟军飞机昨日中午炸东京、横滨、神户、名古屋,为之大快。诣向觉明,借得《顾氏文房小说》。诣刘康甫探病。归寓。邵心恒来相庆轰炸东京。心恒云:“如此则君昨日之预言或可验矣。”昨以余前日与介泉所谈告之心恒,心恒颇疑之,以为最少尚须三年始见胜利也。饭后睡半小时。一时半偕介泉、莘田诣膺中,听讲。膺中有《习坎庸言》内外篇,各八讲,今日讲外篇一《种族》。凡三点,一点折衷于孔子车同轨、书同文、性同伦;二点谓中国民族已老;三点谓人应各就其地方性求发展,背道而驰,徒见其丑。讲后并有讨论,余先归。胡蒙老移居蔡家巷,访之,不得其门而返。读两《唐书·食货志》。晚饭后雪屏、毓棠来。舍中无电灯。十一时就寝。

二十日　阴历三月初六　星期一　阴　飞雨滴

七时起。八时入校治事。九时至十一时授隋唐史、明清史各一时。十二时归。一时诣建功,请其代写北大贺云大二十周年纪念额。谈至三时归。入校治事。四时偕勉仲至云南大学,道贺而返,未及参加演讲会。徐行敏来函,以总务处严核其签到簿,词甚悻悻。北大同学张保福等四人来谈欢送毕业同学事。包尹辅来告赴农民银行调查联艺公司支票情形:前二次三万三千元盖有公司图记,末一次七百馀元无之,三款均已取走。尹辅并告月涵先生约往一谈。余以客来未及用膳,与介泉至华山南路,以面包合大虾粥食之。八时诣月涵先生,告余亲将取来之会计室新旧印件一一对照,已发现三种其一为明细表丝毫不差,显系以旧冒新,已命刘绳武今晚或明晨来见,当面问询。嘱校警暗中监视,免其匿避,必要时亦可扣留其人。少顷,毕正宣亦至,具告之,毕云已有准备矣。今晚与介泉食粥时,在青莲坡遇刘镇时与一女子、一颀长着灰色长衣之男子自东而西,刘未见我。余向毕言之,毕云刘之夫人今日自西山入城,其颀长者甚似刘绳武,以余见之时七时一刻前后与方向,似是回宿舍,刘镇时住文林街宿舍。然候至九时后仍未至,余与正宣各归。自十八日起电灯公司修理电路,住户隔日供电。靛花巷一带逢双日有电,今日乃大放光明。前数日之无灯,初因电表开关被窃,继因折修马路损及电线与此无关,惟昨日无电乃此故耳。与莘田、宝騄谈甚久。十二时就寝。

二十一日　阴历三月初七日　星期二　阴　飞雨　谷雨

七时起。九时入校。以月涵先生约同问刘绳武,遂不上课。九时半在常委办公室问刘绳武以印刷会计簿记情形,据称印刷事初由李参如接洽,继由本人负送稿校对责任,其后因公司嫌领款手续复杂,曾记在校代领,领后随即送往公司并令加盖图记,出具收条,一切均系奉命而行,自谓甚为坦白。询以公司款未收足事,据云系因公司欲隐税,故收二万元,入帐一万三千元,以致账面短少七千元,实则均收入矣。月涵先生告以调查所得并不如此,彼亦无言。复询以用旧新之事,据答各件均经薛汉生、胡蒙老验收,复告以此事已查有确据,则云本人不负保管之责,须询保管之人。月涵先生乃命其写一书面报告,即在孟邻师办公室书之。其人老练而狡,状貌似食雅片烟者。余归总务处,刘镇时来探询情形,略述一二。刘镇时云昨与包尹辅谈,尹辅戏言若刘绳武反噬,将奈何。其意盖在试探,乃正色告之曰:“无证据,不能反噬也。”余再至常委室,刘绳武书面报告已写得,谓关于有无新旧相参,须问保管者陈增培[①]。月涵先生乃下条,约陈面谈,继与余察刘绳武似不致逃逸者,乃令其归,询明其住所,与昨日事务组所查相符也。据报会计

①增　原作“曾”,本月二十二日、二十三日、二十四日同,据《国立西南联合大学史料·教职员卷》改。

室地坛办公室有雇夫移物外出之事,写一条致刘主任查问,请胡蒙子面交。十二时半归。小睡。三时勉仲来,偕访缪云台于富滇银行,商借款事,承慨允借三十万元。至工学院治事。六时偕勉仲至才盛巷,晤蒋太太、矛尘、濯生、枢衡诸君,枢衡请至南丰西菜馆晚饭。八时半步归。十一时就寝。

二十二日　阴历三月初八日　星期三　晴

七时起。八时入校治事。九时至十一时授课两小时。下课,沈刚如来告刘镇时今日请其转呈月涵先生,谓可否令刘绳武赔出学校损失七千元以结束此案。刚如令其下午候回信,乃就商于余,请同陈于月涵先生,月涵先生可之。余意可告之尚须考虑,俟晚间开常委会决定后告之,月涵先生以为然。令刚如告之下午可来晤余,余方至总务处,镇时已至。余告以此事闻之刚如,并已同陈于常委。常委尚在考虑,惟七千元必立即交出,其人须承其罪,而镇时亦不能不负责任若无事者。此事必报部,候部裁定,但学校可将其在校整理旧账之劳绩一陈。刘乃垂涕泣而道,若不胜其冤抑者。十二时半归。小睡。三时复入校。五时刘镇时来,谓刘绳武甚狡,不肯承亦不能出此七千元,有不能以七千元买罪之语。但镇时本人愿代其出此七千元,冀此事早结,免长此麻烦。余告以此事常委尚在考虑,可俟明日陈之。镇时强余同往西仓坡一行,不得已偕之往。刘告月涵先生,刘绳武经其再三开导、详述利害并告以帮个人之忙,已愿吐出七千元完结此案。月涵先生告刘,谓此案学校已调查清楚并有确据,其解决办法可有二:一、将所有证据报部,请部中示下,或交法院,或别作解决;一、由经手人缴还损失七千元,并将其人撤职,然后报部。今既据刘亲求,自可通融用第二法,惟刘本人亦不能辞其咎,但校中可代为说项耳。刘又述其感激而退,约明晨与刘绳武来校见余。月涵先生询刘以陈增培未来见之故,刘云有病，询其住址，谓在小银柜巷，但门牌记不清，或系四院也。六时随月涵先生至文化巷开常委会，月涵先生报告会计室印刷案一星期来之详情并解决之法，与今日允许刘缴还七千元之事。众议咸以为可，并谓此事报部后若有别样处分，自当遵行，与校中亦不抵触也。十一时散，归。十二时就寝。今日上午九时三刻有预行警报，或云一架，或云八架到个旧，十二时许解除。

二十三日　阴历三月初九日　星期四　晴

七时起。九时入校治事。十时许刘镇时、刘绳武来见余，询刘绳武关于印刷帐事尚有其他陈述否。刘答云："无之。"余云："此事学校已调查清楚。"答云："自信甚清白。"余云："虽自云清白，但校中得有证据，此事你不能不负全责，学校不能受损失。刘主任报告你愿缴出学校损失确否。"答云："本人无钱。"余云："印刷公司言有七千元未付。"复答云："本人无钱。"且反诘云："各种证据须交本人阅看，不能不清不楚承认罪状。"余云："学校证据当交之法院，无给你看之义务也。"遂令之先出。当未谈之初，月涵先生送一信来，述两点：一、所侵校款须全数交出；二、陈增培、刘绳武须各具一函说明自悔错误，并谓此从宽办法若不能办到，应即呈部，且附一电稿。余即以示刘镇时，刘甚慌。刘绳武既出，余告刘再往一问刘绳武，如不照办，则当呈部。刘云："钱无问题，刘绳武不出我出，但具函认错甚难。"余谓此函重要，常委此意亦为你也。刘去，携一信来，并刘绳武一信。余视其词虽甚轻松，尚有"致罪戾"之语，告似尚可用，但仍须常委决定。刘云款已筹得三千五百元，馀数可否写一担保条或借条，令其面见常委而去。余见其携来刘绳武信太快，心疑之，请胡蒙老探其真象。其后蒙老来告，谓得之李参如：稿出刘镇时手，而刘绳武抄之也。十二时归。饭后小睡。三时半复入校。刘镇时来，余告以梅常委意款须即日全交，盖在早日结束此事。此时部中或已派人来查,未便久延也。刘意请余偕往见常委,仍嘱自往。五时偕矛尘归,路遇刘来相寻,谓未得见常委,坚请同往,允其六时往。六时至西仓坡,刘已先在。余上楼,刘候于下。月涵先生视诸函亦可用,但校款须全交,否则诸函亦不收也。余乃以函退之,嘱其明日速借款,刘复丧其面,哀其声,言其不能立致。余约其明日至校再谈,乃归。余与月涵先生深知其日在试探,日在延挨,而亦日在惶恐,故严逼之,否则恐亦难全数收回也。晚饭后心恒来,同至大街,遇莘田、家骅,在民生茶社食包子数个。十时半归。十一时就寝。

二十四日　阴历三月初十日　星期五　晴

七时起。九时入校治事。十时刘镇时来请向常委再进言,准其出二千五百元借条,俾将校款七千元补足。昨云已筹三千五,今云已筹四千五矣。余引之偕至月涵先生办公室,余入,刘候于外。月涵先生仍嘱全数缴清,余出告之。刘初哀苦,言必难致,继作色曰:"如此则听政府处分耳。"余均不答。其后乃曰:"可否允同事二三人借支薪水以足其数?"余入请示月涵先生,允之。刘出,随即取借薪呈文二至,一严肇龙,一□□□[①],各一千元。月涵先生批准。刘即交之出纳组,以收到七千元收据呈月涵先生。适间请书二千五百元借条,此时借二千元已足,凡此皆可见其故意作态,欲盖弥彰,若允其展缓,不知更出何等花样也。款既缴清,刘并将其报告与陈、刘认罪函同呈,月涵先生乃深诫之,余先归。饭后小睡。三时半复入校。见月涵先生手谕,刘绳武撤职,陈增培停职。询之矛尘关于报部事,手谕尚未下。此事月涵先生所以欲保全之者,盖念其才尚可用,欲持此以鞭策之勉进于善也,不知其人能经此改心

①原于此处空阙三字。

革面否。五时归。罗梦赉来，借钱二十元，有店伙随之，为之恻然。六时至八时在云大授课。下课，雪屏、心恒来谈。正欢笑间，传有预行警报，时九时四十分。楼外人声杂沓，雪屏、心恒归去，余在舍与介泉、家骅杂谈，至十一时解除。十一时半莘田归，谓在云台家晚饭，知有敌机多架入境，乃与光旦避至篆塘城外，人极多，盖夜间预警，此其初次也。十二时就寝。

二十五日　阴历三月十一日　星期六　阴

六时半起。九时入校治事。李参如来见，谓刘主任告之曰："此后不得再有不利于刘之举动，此案不得再过问，若再问，则将不利"云云。余慰之，谓只须努力工作，不必多疑惧。李出而刘入，余以李之所云及余之所答具告之，意在戒之也。其后，刘告胡蒙老曰，若李参如更来多口，可令其先往见之，不必多理也。胡谢之。十一时半归。午饭后小睡。三时复入校。五时诣月涵先生，询呈部文稿事，嘱令请汇臣办之。余并将今朝李参如事具陈一过，复请令刘主任询明刘绳武住址，以免将来再有问询，无处可寻，月涵先生以为然。归寓晚饭。无灯。觉明来，谈至九时去。十一时就寝。

二十六日　阴历三月十二日　星期日　阴　雨

七时起。上午未出。下午小睡，二时半始醒，闻有预行警报。三时至北门街唐家花园，清华大学三十一周年纪念会。登坡而望，见城中心五华山水塔上有长旗，知已解除矣。在园遇黄中孚，知今日有邮船机自重庆来。四时归。六时雪屏来。八时偕雪屏谒孟邻师，果于下午飞来也。谈至十时归。天大雨。十二时就寝。今日惟读《旧唐书·玄宗本纪》二卷。

二十七日　阴历三月十三日　星期一　雨

七时起。八时入校治事。九时至十一时授课二时。十二时归饭。小睡。三时复入校。李参如来告教育部派云南大学会计主任查本校会计室印刷案,明日来校。五时归。汇臣感冒请假,呈部文稿未拟,晚托叔范约其明早来。与莘田、心恒、宝騄谈。十一时就寝。昨日适之师发表谈话,亦谓明年战事可胜。其说必有依据,与余之悬想者自不同。

二十八日　阴历三月十四日　星期二　阴　晴

六时半起。候汇臣至九时未来,入校授课。十一时下课,约汇臣来舍,起草呈部文稿。余定原则二:其一,行政方面为刘镇时开脱,法律方面不着一语;其二,就本校会计事务繁赜之立场上为刘镇时请求留校查看。其他方面均不谈,至事件经过,均一一报告。汇臣亦以为然。拟电稿呈部,一件文稿致吴会计长,另一件于三时送至月涵先生处,不知有无改动。四时至金城银行访吴肖园①,商借款事,允再借八万元,但远不如云台之痛快也。此与书卷气有关。至工学院参加月会并治事。六时归。心恒来。九时闻觉明将于明晨行,偕访之,不值,归。略检讲稿。十二时就寝。

二十九日　阴历三月十五日　星期三　阴　晴　雨

七时起。八时入校治事。九时至十一时授课。云南大学会计主任路君来,谓奉部令调查会计室印刷案。余略告以经过,约明日以全卷送之。十二时归。小睡。三时半至西仓坡,未值月涵先生,乃入校。六时至文化巷南开办事处开常务委员会,十时散,归。会中同意解决会计室办法。归。与莘田谈少顷,乃寝。

三十日　阴历三月十六日　星期四　阴　晴

七时起。九时至云大访路主任,以案卷亲交之,然后入校。十二时归饭。小睡。三时入校。五时半归。莘田约晚饭,有徐悲鸿、冯柳漪、向觉明、杨今甫、陈雪屏。悲鸿谈在香港时于许地山许见

---

①肖　原作“晓”,一九四三年四月二十七日、二十八日、九月二十三日、二十八日同,据一九四〇年三月四日日记改。

德国人所藏我国古画四箱,中有白描《八十七仙人图》一卷极精,笔墨工细,无败笔,可贵一也;古画中画佛教故事者多,画道教者少,可贵二也;日本人购得之《朝元仙仗图》,为宣和内府故物,细审之,盖出于此,可贵三也;传世古画人物之多,姿态之变化无逾此卷者,可贵四也。此卷系绢本,约明早往观。十时毕正宣来,携警察局密函,称奉密令转奉委员长手谕,命逮昆明德籍居民七人解渝,以恐其为敌作牒也,其中有本校教授米士在内。余嘱其先以电话告知孟邻师,以在才盛巷同住也。并告警察局不必今夜往。余并以语王洁秋。十二时就寝。

四月昆明预行警报四次:八日、二十二日、二十四日、二十六日,均未达市空。二十四日系在夜间。

五月

一日 阴历三月十七日 星期五 晴

七时起。九时偕莘田、宝騄、家骅夫妇至云南大学映秋院楼上访徐悲鸿,润章先生已先在,另有三五人,未及一一请姓名。所谓《八十七仙人图》者已陈案上,笔墨颇细,但与我昨夜所想像之溥雪斋《孔子问礼图》及先祖妣甘太夫人旧藏《普贤大士乘象图》相去尚远,而韵味淡雅则过之。所作图象多长身修立,粗度之,其身长皆得七头又半。面貌丰艳,发髻奇诡,其尤工者为龟兹乐工数人,必非清人手笔也。日本人所得之《朝元仙仗图》影印本亦陈案上,其笔墨极生动,笔道虽甚重,较《八十七仙人图》为粗。望之不觉其重。图象不甚长,粗度之,得五头又半,然亦不嫌其短,衣褶雍容,状貌肃穆。悲鸿谓《朝元仙仗》出于《八十七仙人图》,余甚疑之。两图人物相同,但笔意微异耳。大抵笔意尤工者,其时代稍后。余疑

《八十七仙人图》盖出于《朝元仙仗图》，就其笔墨观之，或明朝人所作也。赏观既毕，余先入校。十二时归。遇今甫、莘田、雪屏于途，约往雅洁便饭，并往约月涵先生，随取酒一瓶携至。近日菜馆不得饮酒，诡云凉茶，色相近也，以茶盏饮之。座间谈及晨间之画，均谓不逮《朝元仙仗》，又述冯柳漪、孙毓棠之言亦然。敦煌所出唐画亦近《朝元仙仗》，不似《八十七仙人图》也。饭毕，归。小睡。三时入校。五时半归。九时谒孟邻师。十二时归，随寝。今日下午德籍教授米士被逮。

二日　阴历三月十八日　星期六　晴

七时起。八时入校治事。云大路会计主任来，送还案卷，谈已将调查所得报部。午偕矛尘、耘夫至京沪面馆便饭。近顷午间甚忙，归寓往往不得食。自本月始，不复在寓包饭矣。饭后归寓小睡。四时再入校。五时偕矛尘步行下乡，抵岗头村，已六时半。在矛尘许晚饭，饭后与树人、矛尘、云浦作牌戏，竟至夜深。三时始寝。

三日　阴历三月十九日　星期日　晴

九时半始起。李晓宇来村舍相会，日前函约之者也。十时半上山，至云浦所居早饭。毕正宣来。十二时下山至村舍。午食馅饼，于矛尘许小睡。与寓中诸友杂谈。六时又作牌戏，有铁仙加入。晚食烤生肉于矛尘许。十一时半就寝。

四日　阴历三月二十日　星期一　晴

八时起。今日学校放假，上午举行月会，请假未往。九时半独往龙头村，沿松堤而行，至落索坡，过新石桥，十一时抵村。上山至文科研究所，晤诸同学，与诸同学同进食，共立厨房中食之。同学劝余坐室中，移菜至，谢之。饭后至图书室阅视。至麦地村视锡予，疾已就痊，而夫人又病矣。华年导余往，法鲁继至。一时欲搭公共汽车归城，已登车坐，少顷，二君复来，告有小汽车可附。乃登山麓之财政训练所汽车，遇端升，亦附车入城。开车行过金殿，遇兴文银行汽车疾驰而来。或曰有警报矣，停车候继来之车，询之果有预行警报。折回，停于金殿。与端升就茶馆小坐。未几，司机相召，谓有空袭警报，不若且还村。于是登车，驶回龙头村，访芝生，闲谈。三时打钟解除警报，复开车入城。四时抵家，小息。六时至文化巷公宴向觉明，主人锡予、金甫、从吾、莘田、子水、膺中、立庵及余，陪客冯柳漪、邵心恒。九时散，归。闻今日敌机五十四架炸保山，损失死伤甚多，击落敌机一架，又传畹町失，不知确否。十二时就寝。今日起电灯恢复。

五日　阴历三月二十一日　星期二　晴

七时起。八时入校治事并授课。十二时十分归。道经云大，遇张友铭，谓有预行警报。余颇疑之，以城外无人迹也。方犹豫间，而空袭警报作，乃退至后山。未逾铁道，忽行人狂奔，谓有紧急警报。余未闻，亦未之信。至苏家村尹辅家坐候，食鸡蛋四枚。二时半解除。入城食面一盂。归寓洗脸更衣，复至西仓坡，已四时矣。附月涵先生汽车至工学院治事。六时归。倦，至一事未作。十一时就寝。闻今日敌机复炸保山，前后四五批，凡百馀架，为我击落八架。

六日　阴历三月二十二日　星期三　阴　晴　立夏

连日大热，仅着单衫，似为往年所未有，昨日尤甚。深夜忽大雨，今晨复着袷。七时起。八时入校治事。授课两小时。十二时半在昆华食堂午饭。饭后归。小睡。三时复入校。六时至西仓坡开常务委员会。会毕，芝生宴同人。十时归。十二时就寝。连日入缅我军失利，谣诼纷起，同人惶惶，若不可一日留者。余力慰解，然而不之信也。奈何！奈何！今年非往年之比，学校无钱，市间无车，国家无油，虽欲走避，又何途耶？况时局未至此乎。

七日　阴月二十三日　星期四　晴　阴

七时起。八时入校治事。十二时归。就食于泰然。三时入校。四时至西仓坡开校务会议，七时散会。偶及时局问题，未有所决，但谓更看些时再说。会散，至才盛巷公宴孟邻师伉俪，请月涵先生伉俪作陪，值陈次公自缅甸归，并邀之。次公谈我军在缅失利原因：一、由于军略之误，大军集中于一点，后路空虚，竟为敌人所乘；二、由于号令不统一，英军司令亚历山大、同盟军参谋长史迪威美籍[①]，我军司令长官一杜聿明[②]，一罗卓英，罗主行军以师为单位，于是军长不悦；三、由于兵士新旧不一，旧兵骄，往往轻敌，新兵怯，往往望敌而奔，互相牵动，难期协调；四、由于客地行军，诸多缺乏，欲炸桥，而无炸药，欲毁道路，而无丁工，且军食运递维艰，缅人往往为敌侦谍云[③]。余意我军抗战五年，不免师老，但经此顿折，必可振奋。余终坚信我军必胜，敌人不能涉怒江而深入滇中也。

一日雅洁之会，以酒当茶，今甫甚乐之，有诗曰："到处为家不是家，陌头开遍刺桐花。天涯无奈相思渴，细雨疏帘酒当茶。"今日月涵和之，曰："寄迹天涯那是家，春来闲看雨中花。筵前有酒共君醉，月下无人自煮茶。"更以一韵调之，曰："三载羊城亦是家，前缘艳说一枝花。风流谁似杨今甫，好酒当前不饮茶[④]。"今甫促同座莘田、逵羽、勉仲、矛尘、雪屏和之。十一时半散，归。十二时就寝。

八日　阴历三月二十四日　星期五　晴　夜雨

八时起。九时入校治事。十二时半云浦约在昆联合作社午

①史迪威　原作"司徒华"，据《中华民国史·大事记》一九四二年三月六日条改。

②杜聿明　三字原阙，据戴孝庆、罗洪彰主编《中国远征军入缅抗战纪实》补。

③谍　原作"牒"。

④茶　原作"酒"，据上文改。

饭,饭后饮加非。三时归。今甫来谈。预备功课。六时至八时在云大授课。课毕,在泰然许晚饭。向觉明、姜立夫来谈。十二时就寝。

九日　阴历三月二十五日　星期六　晴　阴

八时起。九时入校治事。十一时半偕马仕俊回寓午饭,行至云大,忽闻警报声。时城外无一人,城内亦安谧,无预报,突然而作,秩序大乱,余仍至苏家村尹辅处。饥甚,薛德成飨以馒首一,冷嚼之。三时偕矛尘缓步回校。又见我机升起,乃坐田上,候其究竟。久之,解除号作,归新校舍。自十一时四十五分发警报,三时四十五分解除,凡四小时。此去年川归以来,第一次也。五时半归寓。六时半在泰然处晚饭。七时至新校舍南区,听邵心恒讲演语言与历史,大意谓历史之重要工具为文字,而文字则代表语言。读史遇国外文字,须求其语言来源,不可牵强附会,如《马可·孛罗游记》中之狮子,实虎也。盖马不通华语,皆赖西域人口译,语源不同,遂以虎为狮也。九时散,归。十时雪屏携诗条来,十二时乃散。一时就寝。闻今日仅侦察机三架入境,未达市空。

十日　阴历三月二十六日　星期日　阴

七时半起。八时半偕莘田、宝騄、茹香至雅洁进点心。午至文林食堂便饭,与莘田、宝騄共请茹香。回寓小睡。三时王平叔之子持艮庸书来见,年十九矣,甚俊爽。故人有子,不胜欣慰。然睹面,不禁又泫尔。读两《唐书》。十二时就寝。夜雨。

十一日　阴历三月二十七日　星期一　晴

六时半起。八时入校治事。九时至十一时授隋唐史、明清史各一时。下课,闻有预行警报。十一时半偕耘夫至校前进面一盂、包子三个,以备警报之来。午炮始鸣而警报声作,与耘夫同至后山,遇序经、物华,席地小睡。二时半解除警报,归新校舍。三时半归寓。读《唐书》。无电灯,十时就寝。

十二日　阴历三月二十八日　星期二　晴

七时起。八时入校治事。授课两小时。午与矛尘在昆华食堂便饭,饭后归。小睡。四时乘车至德胜桥,然后步至工学院。六时复步归。晚读两《唐书》,备上课。十二时就寝。报载昨有侦察机入境,或云我机迎击,误以为大队来袭,遂放警报。又闻缅境侨胞回国者多卖日用品以为生,闻之恻然。

十三日　阴历三月二十九日　星期三　阴　雨

七时起。八时入校授课并治事。午在京沪面馆食炒面,食毕归。十时许传有预行警报,初不置信。饭后入城,始见撤红灯于城门,见归侨数人,皆操福州语。归寓小睡。三时复入校。五时偕矛尘来靛花巷,小坐而去。晚饭后偕心恒上街,至华山西路遇雨,坐民生茶社候雨止乃归,已九时半矣。与同舍杂谈。十二时就寝。自九日始,逢单日,舍中七时至十时半仍无电灯。

十四日　阴历三月三十日　星期四　阴　晴

七时起。八时半入校。连日会计室刘主任屡陈会计室职员工作不力,其意盖在李参如、张曦白也。值月涵先生三日未到校,签呈未批,时来探询。今日月涵先生嘱告其详加甄别。午偕逵羽、矛尘、耘夫在京沪面馆食炸酱面。饭后归。小睡。三时入校。五时偕矛尘来寓,饭后始去,谈笑甚久。读两《唐书》。十二时就寝。

十五日　阴历四月初一日　星期五　晴　风

八时起。九时入校。月涵先生以病未至,介绍西南运输处人来借屋,导观师院及昆中北院。十二时勉仲约在小西门食牛肉,食毕入城,于翠湖西路见归侨陈货道旁而估,均旧衣日用之属。想见其远道流离,去衣就食之苦,衷心伤之,而不得援济之术。然此间黠者,更欲于此哀黎求非分之利,可恶之至!归寓小睡。三时入校。月涵先生嘱代阅文件。刘会计主任复来喋喋。五时归。六时至云大授课，七时灯熄乃归。石素真来[①]，以吴晓铃请辞事嘱向莘田解释，允之。以函约晓铃来谈，即托石转致。雪屏来，久谈。刘镇时来，托明晨向月涵先生一言会计室事。十二时就寝。闻腾冲已与敌战，河口方面亦有入侵说。前方局势甚紧，现由白健生指挥，军心甚懈。盼能转危为安也。地方感情似有微隔，尤盼能弥缝。

十六日　阴历四月初二日　星期六　微阴

七时起。九时诣月涵先生，烧已退，尚未起床，就榻前久谈。十一时入校。十二时半在小店午饭。饭后归舍。中午饭时间，于余不宜终日游食于校旁小馆，亦非久计也。小睡。四时复入校。五时归。晚饭后景钺来，谈校中请教授及印刷论文事。八时半谒孟邻师，询时局消息，师谓保山一带似稍稳定。十时半归。无电灯，杂谈而寝。

十七日　阴历四月初三日　星期日　晴

七时起。八时半马仕俊来，谓外间盛传保山已失。与昨日所闻恰相反，心疑之。九时半偕家骅夫妇、仕俊步至岗头村，十一时乃达。与同舍诸人谈甚畅。涉及时事，各人心境虽不同，但均甚镇定。尤以景钺与余意最近，以为昆明必无问题。十二时半宝騄请吴家女仆设馔相飨，环立而食，别饶兴致。食后或谈或戏，五时相偕坐马车入城。探保山消息，尚无确知者，又传已到保山境北之某山头矣。预备功课。十二时就寝。

十八日　阴历四月初四日　星期一　阴　夜雨

七时起。九时入校授课，课毕治事。十二时校旁午饭。饭后

①真　原作“贞”，据一九四二年八月九日日记改。

归。小睡。三时复入校。五时归。夜读两《唐书》。雨绝大。近日谣诼甚多,或云有土司导日人由便道以进,故我军甫抵一地,而敌必先之,以致狼狈溃败,不复可止;或云我军深入缅南,腊戍、畹町一带空无一卒,敌人百数乘汽车捣虚以入,架机关枪且发且进,遂连据数城,后方闻警,相与溃退,遂直引敌人过惠通桥而保山危,幸飞机前往轰炸,始得歼灭;或云敌中有刘桂堂伪军乔装难民,杂枪械于败絮中,既过惠通桥,出械反射我军,以为敌已下保山,遂至大扰云。凡此皆莫可究诘者也。十二时就寝。

十九日　阴历四月初五日　星期二　微晴

七时起。八时入校治事。九至十一时授课两小时。及下课而陈万里来,相别十三年矣。此次自西康视察卫生,转而来此。午间与矛尘、莘田、介泉公宴之于昆联合作社。饭后偕至靛花巷小谈。客去,作昼寝半小时。三时步行至工学院。出大东门,身倦脚软,若不能举步,平生所未尝有。心欲强步,而力不胜,乃买车而往。五时离院,偕勉仲步行南屏戏院,则又健履如常,不自知其故。今日中苏文化学会招待各界看苏联抗战影片。先有某君报告,掌声甚多。惜其不能演词相应,应有反无,不解其故。影片虽长,不能见两方之战斗之真。所益吾者,盖与画报无殊,虚此一行也。七时半在云鹤春便饭。饭后谒孟邻师于才盛巷,知滇西局面稳定矣。十时半归。十二时就寝。

二十日　阴历四月初六日　星期三　雨　阴

七时起。八时入校治事。九时授课,十一时课毕,治事。十二时归。小睡。三时复入校。六时至文化巷开常务委员会,十时散,归。闻日敌有五路攻我之议:一自金华,一自宜昌,一自洛阳,一自缅甸,一自安南。又闻缅甸有飞机五百架,汉口亦有数百架,或即为攻势之准备欤?然敌人不于太平洋战起以前全力以谋我,而发于四面烽火之今日，又岂能有所成就耶？余意德国攻势已动，日敌盖以谋我为唐塞德国之计耳。昨闻之王祖祥，悲鸿之《仙人图》被窃，不审确否。偶检李方叔廌《德隅斋画品》，有蜀石恪《玉皇朝会图》、梁张图《紫微朝会图》，皆道家故事也。悲鸿言古画无道家故事，亦不尽然。十二时就寝。

二十一日　阴历四月初七日　星期四　晴

七时起。九时入校治事。刘会计屡上签呈常委，主会计室全部停职甄别，或将李参如、张曦白、严肇龙、何德贤停职。今日常委下条：李调常委室办公，严准辞职，张、何停职。此条于十二时始下，由刘交之朱汇臣，尚未公布。而下午二时，刘到室即勒令交代，诸人以未奉常委令为言，遂又发生小小风波，此所谓小得意已忘形者也。余午归。小睡。后入校。张、何来诉，语之良久，始去。四时至师院，开教授会。上星期三夜，枚荪诣月涵先生，主开教授会。翌日，月涵先生商之孟邻师，始定在今日。前日通知始发遍，而昨晚教育部密电，余今晨始见及。谓委员长交下密报，西南联大教授张奚若、燕召亭反对教员资格审查事，并主开教授会，一致反对云云，抑何速也？岂教授中有作特务工作者耶？电中并云自学生游行事后，委座终未释然，盼能设法劝导云云。此与往日之所闻相同也，此电若于开会宣布，恐引发反响，故与常委商，暂秘之。今日开会，首由月涵先生报告，次枚荪发言，主教授资格审查一事，校中不办，其自愿送审者，可自行呈部。继今甫发言，主学校将教授名单送部，中列资格一项，而不采送请审查形式。继崔书琴发言，主成立议案，愿送审与否，各从其志。继莘田报告其个人填报情形，谓以游戏人间嬉笑怒骂态度出之，并背述其辞，全体大笑。继袁希渊发言，谓教授资格审查，未必由于部欲统制，学术界言之已久，并举汪缉斋之文为例。继由奚若发言，首痛诋教育部，其辞甚峻，继主不必有决议,校中收得若干,即呈送若干。于是月涵先生起言,最好不作决议,询于众,亦无言。枚荪复发言,谓初意须有一决议,并口述一决议文,继言今不采决议方式亦好。继君亮发言,主以枚荪口述之文付表决。月涵询之枚荪,枚荪撤回。遂告结束。今日发言者,袁、张而外,皆北大之人。而首先四人相继而起,均北大也。此事传于外,必又以为北大反对之,而清华赞成之也。最可疑者,为奚若前次校务会议,最激烈最坚决,今日忽有此论,岂会前闻电报乎?抑有别故耶?其言中有"我张奚若不填送,我张奚若个人负责"之语,亦似有所讽刺也。此事余始终主张从个人之志,其不愿填者固不能相强,其愿填者亦不应相阻,且尤应顾及后进前途。我辈资历深者,此事无足重轻,而后进有赖于此则甚多。其后讨论时局,发言者仅枚荪、雪屏二人,亦无决议。六时散会。与雪屏偕来靛花巷,谈及部电,雪屏以为未必有委员长手谕,或陈立夫所托造。然报告者又何人耶?猜度久之,不得。连日舍中无灯,或曰线断之故。十一时就寝。

二十二日　阴历四月初八日　星期五　晴　小满

七时起。九时入校治事。会计室职员来谈,会计室不隶属总务处,而有事必相扰。援之不能,阻之不忍。午在昆华食堂便饭,饭后回舍。三时再入校。五时归。六时至云大授课。八时归。在泰然处饭。今日舍中始有灯。读两《唐书》。十二时就寝。

二十三日　阴历四月初九日　星期六　晴

七时起。八时入校治事。十二时在京沪面馆午饭,饭后归舍小睡。三时心恒、毓棠、雪屏先后来,作诗谜戏。四时入校。五时归。诸公戏未辍,更有陶重华①、许宝騄,九时半散去。与莘田、宝

---

①华　原作"光",据汪曾祺《晚翠园曲会》(刊《当代人》一九九六年第五期)改。按手稿作"陶重光",且"光"前原有一字,划去。陶光字重华,俞平伯学生;许宝騄字闲若,俞平伯内弟,皆谷音社成员。

騄杂谈。读唐人笔记。一时就寝。今日十时后有预行警报，十二时后解除。闻敌机炸保山。

二十四日　阴历四月初十日　星期日　晴

七时半起。写日记。读两《唐书》。十时半传有预行警报，墙外人声噪杂。十一时半进膳。小睡一时馀。三时偕介泉上街。自青云街华山西路西折，入武成路，南折入福照街，更东折入民生街、文庙街，在文庙前茶馆食太师饼。经文明街东折入景星街，南折入正义路，抵近日楼，购花。折而北，经正义路，西折入华山南路，遇莘田、万里，小谈而别。北折入华山西路，于书摊见王伯举先生集。伯举名元翰，明万历进士，吏科给事中，进工科右给事中，以敢言名，《明史》卷二百三十六有传。伯举云南宁州人，卒于金陵。宁州今黎县，在开远北，滇越铁路所经之婆兮，即其所属也。书为嘉庆庚申家刻本，题曰《凝翠集》。应有五册，疏草、尺牍、文集、诗集、墓志各一卷，今阙墓志。索价五十元，以三十元得之。又见《镜影箫声》一册①，光绪十三年海上群芳谱也；又《居易斋珊珊馆诗合刻》一册，清善化何毓祥、昆明倪琼龄伉俪之所作也，光绪壬辰刻本，共以十元得之。又未剪本《爨龙颜碑》一轴，拓颇精，仅有阮、邱两跋，盖光绪以前墨本也。索价六十元，以四十元得之。前年子水在文古堂得旧拓本，无阮跋，仅用五元耳②，两年而物价相去如此。晚饭后，张碑壁间，屋高竟不能舒之。读王集。读《通鉴》。十二时就寝。

二十五日　阴历四月十一日　星期一　晴

昨夜枕上读王伯举集，不觉至一时半。今晨六时为水夫惊醒，夜眠不及五小时也，颇困顿。八时入校。九时上课二小时。十二时治事毕。归舍午饭。饭后昼寝至三时，急入校。校中原定四时

---

①镜影箫声　原作“镜梦萧声”，据光绪十三年印本改。

②五元　原作“五十元”。

半在昆中北院教室举行纪念周,上星期临时改在新校舍图书馆前,今日主之者不知,以为仍改在图书馆,竟分别通知,余到校始正之,稍晚则无及矣。四时半至昆中北院参加纪念周,五时半散会归。舍中七时至十一时无电灯,早睡。

二十六日　阴历四月十二日　星期二　晴

七时起。八时入校治事。九时授课,十一时课毕。十二时归公舍。午饭后小睡。三时半步至工学院。六时至才盛巷公舍[①],谒孟邻师。六时半莫泮芹夫妇请在冠生园便饭,饭后归。读讲稿。十二时就寝。

二十七日　阴历四月十三日　星期三　晴

六时半起。八时入校治事。九时至十一时授课。十一时至十二时治事。归舍。午饭后小睡。三时入校治事。五时至西仓坡,更至文化巷开常委会,十时散会,归。十一时始有电灯。读《唐语林》。十二时半就寝。

昨今两日,保山均有敌机轰炸,而本市无预行警报,甚怪。近日滇西战争日趋稳定,我军并已越怒江而西,反攻腾冲矣。前日有人自重庆来,谓委员长甚乐观,惟云六七八三个月较苦耳。又外间盛传,七月美空军可以胜日空军,九月可以海军胜日海军。空军破,则海军势孤;海军破,则陆军无所归矣。又张宜兴云,上月胡蒙子告之,谓得之预言家:本月中旬,日敌渐入衰败状,至九月必大败矣。凡此虽不免出之夸张,出之愿望,然亦足以振我士气也。今日惟上下不慌张,不气馁,然后可以操全胜。

二十八日　阴历四月十四日　星期四　晴　热

先妣陆太夫人七十四岁冥寿,客中不能上供。上午七时起。

①舍　原作"巷",据一九三九年十月二十六日日记改。

八时入校治事。十二时半在京沪面馆午饭,归舍小睡。三时复入校。五时至文庙欲参观华侨售物未果,归。读两《唐书》。十二时就寝。前日以千五百元托邮,心恒托人兑之北平,在平付五百元,今日报成。盖刘叔雅夫人有疑,欲移滇也。去年今日与莘田飞渝。

二十九日　阴历四月十五日　星期五　晴　热

七时起。八时入校治事。午与逵羽、矛尘、耘夫、云浦同在昆联便饭,饭后回寓小睡。三时复入校。五时归。六时至云大授课。八时归。饭后读两《唐书》。十二时就寝。今日电灯如常,间日供电已取销。今年较往年为热,尤以昨今两日为甚。或云春收甚旺,以旱故也。近日则需雨矣,否则将无以插秧。

三十日　阴历四月十六日　星期六　晴　热

七时起。八时入校治事。十二时归。午后小睡。读两《唐书》。下午未入校。晚谒孟邻师,谈至十时许。适月涵先生至,遂附车归。读两《唐书》。十二时就寝。

三十一日　阴历四月十七日　星期日　晴

昨夜枕上读老舍著《骆驼祥子》小说,不觉至今晨三时,尚馀五之二也。书以北平洋车夫为主脑,写当时之社会背景。文笔甚佳,结构亦美。今日八时始起。后有预行警报。与介泉谈甚久。读两《唐书》。午饭后大睡,不知何时解除警报也。四时以《骆驼祥子》假介泉①,五时后送回。介泉亦谓甚佳,但谓尚未细思其事实结果是偶然的,抑必然的。若系必然的,则此作为不朽矣。七时月涵先生约饮馔。九时归。读《骆驼祥子》竟之。读讲述笔记。十二时半就寝。

五月昆市有紧急警报一次:五日;空袭警报三次:四日、九日、十

①子　原脱,据上文补。

一日；预行警报三次：十三日、二十五日、三十一日。均未达市空。

六月

一日　阴历壬午四月十八日　星期一　晴

六时起。即入校。今日七时举行国民月会并学生总点名，八时会毕。九时至十一时授课。十二时归。饭后昼寝。下午未入校。七时冯柳漪约晚饭，坐有徐悲鸿，知其《神仙卷》果被窃。饭后诣建功，谈至十时归。归后检讲述笔记而寝。

二日　阴历四月十九日　星期二　雨

六时半起。盥漱未毕，知有预行警报，乃上楼唤潘、袁、许、陈、王诸公起。八时闻解除，遂入校。九时至十一时授课，下课又有预行警报。与吴春晗、邵心恒谈，未数语而空袭警报作，急同出校后门，未下坡而紧急警报作，相距不足五分钟也。天本阴，思欲雨，行人皇急。遇端升、矛尘，行数十步，有机声，避于田塍，一环而去，始知我机也。天忽雨，张盖而立，不胜其苦，乃至尹辅居。人甚多，语声杂乱。一时见有归者，乃与莘田、矛尘、霖之、晋年入城，至地坛。后见城内水塔无旗无球，晋年以为不入为妥，遂至地坛，静无一人。遇从吾，引入书库。至二时，有来办公者，询知久解除矣。入城便饭，归寓已三时。泰然相告，解除在十二时半，不知何故未闻之。三时半至工学院，买车而往，价十元，虽知其昂，体倦不得不然。四时半工院举行月会，并点名。五时半散。六时步至才盛巷谒孟邻师，知明日可行，搭美参谋长军用机，不乘中航机矣。七时归。雪屏在靛花巷请客。矛尘以今甫、枚荪、树人三人致孟邻师函相示，主张北大不将教授名单送联大聘任委员会，以其无此权也。函中有“该会既有通过三校所聘教师之权，其于三校前途关系綦重，乃其组织如何，是否曾经三校慎重之协商与适当之参予，未有所闻，同人公意，认为权责所在，事应审慎”之语。联大聘任委员会成立已数月，余以总务长资格参加会中，实仅审查资格而无决定去取之权。上月三十日今甫曾函余，将国文系新聘教授提出聘任委员会，今忽有此函，不知何故。余语矛尘，请孟邻师批交余接洽，以免更生枝节。十时读《唐书》。十二时就寝。今日敌机至云南驿及峨山。〔峨山旧曰嶍峨，在昆明南。〕竟日忽雨忽止，夜有星。

三日　阴历四月二十日　星期三　雨　雷

七时起。八时入校治事。九时至十一时授课。课毕，与今甫谈聘任委员会事，今甫言无他意，惟见其有通过各系新旧教师名单之说，权似太大。余以实际情形告之，且其决定权在常委会，不在聘委会。余意吾辈若欲积极去作，不如提议改组聘委会，加入新分子，今甫言彼绝不参加。午莘田约月涵、今甫及余在昆联食饺子，食毕，至西仓坡小坐，归。四时至文化巷开聘任委员会。六时开常务委员会，九时半归。树人来谈聘任委员会事，主张应明定其权限，不应使之逾越，于改组参加事未表示意见。树人去后，与锡予、莘田谈。余谓若有怀疑则不如积极参加，若不参加，徒以消极态度抵制，适中其计。不送名单只是消极办法，我虽不送，未尝不可求之联大文书组、注册组，终无多大效力也。又与锡予深谈而寝。

四日　阴历四月二十一日　星期四　雨

七时起。九时入校治事。枚荪来谈聘委会事，余告知与今甫、树人所谈，并提办法二：一、改聘任委员会之名为资格审查委员会，盖此会本为行政技术上之一委员会而已；二、改组聘任委员会，三校及联大各派代表二人，使之成为学术上之一组织。并谓如欲使此会有作用，则必须采第二办法。枚荪言不必使之有作用也，只须正名已足矣,态度甚和平。连日与三君谈此事,惟树人似甚坚决,以为有人欲利用此会伸张一校之势力与一己之权威,吾人必不可放松,否则彼辈将得寸进尺。然以余所见,未必至于此也,余终主张若怀疑则不如参加,徒在本校呶呶,亦惟加增本校之内部纠纷而已,无补大局也。十二时归饭。小睡。三时复入校。五时诣正宣,即归。晚与宝騄谈。与莘田谈。十二时就寝。

五日　阴历四月二十二日　星期五　雨　阴

七时起。八时半入校治事。十二时归。饭后小睡。三时复入校。五时归。六时至云大授课。此最后一课,实则仅讲至安史之乱耳。乃以二小时之时间,为安史乱后唐代盛衰成败作一结束。八时归。建功来久谈,莘田加入,夜十一时半乃散。十二时就寝。连日昼阴而夜雨,入雨季矣。

六日　阴历四月二十三日　星期六　阴　雨　芒种

七时起。九时入校治事。作书上孟邻师重庆。致书养春。十二时归。下午小睡。未入校。读《通鉴》,备讲述之资。十二时就寝。

七日　阴历四月二十四日　星期日　阴　雨

七时起。九时闻生物系教授吴韫珍以十二指肠溃疡割治不效[①],今晨五时故于云大医院,往视之,诸事均已有人分头购办,乃归。十时半步至岗头村,十二时乃达,知城中悬球报预警矣。与树人、今甫、枚荪谈研究所招生事,分别推定参加联大会议人员,文锡予、理景钺、法枚荪。对于聘委会事,诸公不再有言,不审其初果何故也。五时坐马车归,颠甚且慢,强于步行者无几。至云大,吴韫珍遗体已殓[②],送往红十字停柩所矣。归。读两《唐书》。十二时就寝。今日敌机自河口入,盖南边久无警矣,岂有异谋耶?或传敌

---

①②韫　原作"蕴",据本月十一日日记改。

有蒙化会师意，自河口溯红河而上，与西来之师合攻大理，岂果然耶？余未之敢信。

八日　阴历四月二十五日　星期一　阴　雨

七时起。八时入校治事。九时至十一时授课。十二时归。饭后小睡。三时入校。四时半纪念周。五时诣月涵先生，小座，饮绍酒一杯。六时归。读书。未出。十二时就寝。

九日　阴历四月二十六日　星期二　阴　雨

七时起。八时入校治事。九时至十一时授课二小时。十二时归。饭后小睡。三时半至工学院。六时归。云大今日考试，托杨志玖往。与锡予谈。读两《唐书》。十二时就寝。

十日　阴历四月二十七日　星期三　阴　微晴

七时起。八时入校治事。九时至十时授隋唐史一堂。下课，至办公室与蒙子先生谈公事，未毕而空袭警报作，初无预行警报也。与耘夫至校后，越山麓，息于草地，见我机八架起飞盘旋不已，其后并作侧翔表演，知必无事矣，十二时果解除。入校一视而归。三时再入校。四时至文化巷开聘任委员会。六时开常务委员会，讨论招考新生事宜。九时半散会，归。与莘田谈，建功来，十二时去。随寝。

十一日　阴历四月二十八日　星期四　阴　微晴

七时起。八时半入校治事。继侗、茀斋来，商韫珍追悼会事。枚荪来。雪屏来。十二时偕矛尘至伊甸园便饭，饭毕归寓小睡。三时复入校。五时归。理发。晚为建功、佩弦祖饯，倩泰然为馔五簋，谈至十时散去。十二时就寝。市间盛传保山有沦陷说。

十二日　阴历四月二十九日　星期五　阴　微阳

七时起。八时诣建功送行，今午飞渝矣，值其外出，未晤而归。入校治事。十二时归饭。小睡。四时月涵先生招待英人修中诚茶会,修为牛津讲师,近年为英国赠中国书籍甚热心。然其学识殊陋,此次来滇,盖欲从冯芝生研究中国哲学也。六时归。读两《唐书》。十二时就寝。莘田有友某副师长来投,新自缅甸败归,全师尽没矣,谈及敌军,不胜惶惧,此真败军之将不足以言勇也。我军在长沙之大捷,敌岂无飞机,岂无坦克,岂无大炮耶?盖气足以胜敌,忠烈足以自振耳。今商贾自视贸易自肥,人人以家计财富自虑,乌能望其不败耶?其所言敌之可畏,盖自饰之词,不足信也。

十三日　阴历四月三十日　星期六　晴　有云

七时起。八时半入校。十时与康甫、镇时、尹辅商谈会计、出纳手续事。十一时半视事务组布置下午茶会会场,十二时归。二时入校。三时招待毕业同学茶会,在图书馆举行,月涵、芝生、枚荪有讲演。表演校歌,四部合唱尚佳,惟校歌中杂以他词,甚不当。五时散,归。雪屏来。七时袁希渊、毕正宣召饮,坐有朱西亭,自滇西归未久,据云其去腊戍、畹町,距敌人之入仅四小时,而中央机关与宪兵维持秩序、指挥交通之人前三日已撤退,以故无辜而死之军民不计其数,华侨之被敌押回者万馀,汽车之被敌开用者五千馀,物资之损失更不堪问。且统制商运之结果,于是军车运商货,商车半运兵,半运官物,交通愈滞,官物损失愈多矣。十时归。北大史学系毕业生四人来谈,十一时去。与莘田、宝騄小谈而寝。

十四日　阴历五月初一日　星期日　晴

九时乃起。读《通鉴》及《旧唐书》,摘当时战争及行旅经行之途,此前人颇鲜注意者也,非欲有所成就,聊为消遣耳。午饭后小睡。预备功课。近报载同盟国以今日联合国日①,各地悬旗结彩,

①合　原作“盟”,据翁文灏先生同日日记改。

英美要人均有讲演。竟日未出门,不知昆明市中景象如何也。十二时就寝。

十五日　阴历五月初二日　星期一　晴　有云

七时起。八时入校治事。九时至十一时授课明清史,以今日结束,仅讲至康熙时疆土之拓展。十二时归。小睡。三时复入校。四时半纪念周,请修中诚讲演,初疑其以英文讲,竟以中文,而工具不足,往往词不达意,大为失望。五时半归。景钺来。读两《唐书》,十二时就寝。

十六日　阴历五月初三日　星期二　阴

七时起。八时入校治事。九时至十时上课结束隋唐史,讲至唐末宦官。十二时归。午饭后小睡。三时入校。与康甫、镇时、尹辅、蒙子商会计帐目事。五时半归。读《通鉴》。晚九时欲至才盛巷,行至巷口,念为时太晏,复还。孟邻师去渝已两周,计期应返矣,深欲一谈。归寓。无俚,作诗谜十数条。十二时乃寝。

十七日　阴历五月初四日　星期三　阴　雨　雷　风　晴

八时起。九时半入校。十二时归。饭后小睡。四时赴序经茶会。六时赴文化巷常委会,十时半散,归。王永兴来谈。与锡老谈研究所招生事,不觉至夜半,一时乃寝。今日一日间天气变化甚杂,而终于晴无片云,可虑也。

十八日　阴历五月初五日　星期四　晴

七时起。八时入校治事。十二时归。当午炮时,余正在城外田边,步归。念时届而雨不至,农稻恐成旱象,心焉忧之。连岁幸西南均大熟,民食得以不亏。万一灾旱,物价将益高涨,而抗敌前途将不堪设想矣。思作长句以申其意,而归于节聚。饭后小睡。二时半入校。三时至西仓坡参加校务会议,向例总务长不列席,今日以讨论招生事参加。七时散,归。晚同舍诸公设肴馔过节,并有舍外心恒、雪屏、逵羽、毓棠。饭后有诗条。十时半散。十二时就寝。

十九日　阴历五月初六日　星期五　晴

七时起。八时入校治事。十二时归。饭后小睡。三时诣膺中长谈，托其为景钺代作挽吴韫珍联。膺中谈垒允中国飞机制造厂之腐败情形，及员工之奢靡，有非意料所及者。膺中闻之吕烈卿，烈卿厂中庶务，漱溟兄之弟子也[①]。膺中夫人云，此地插秧必在夏至前，夏至后虽有密雨，谷不能实。今去夏至尚有四日，而晴干如此。奈何！至才盛巷，晤蒋太太、今甫、矛尘，七时归。九时至《朝报》馆访王公弢，不值，请其明日为吴韫珍追悼会登一条新闻也。十二时就寝。

二十日　阴历五月初七日　星期六　晴　有云

八时起。十时入校治事。月涵先生以行营代电相示，为刘镇时案也。余意以呈部文转去，月涵意先与行营一谈，并为余绍介刘师尚参谋长。十二时归。饭后小睡。三时入校。三时半至师范学院吴韫珍教授追悼会，下泪者甚多。景钺演说，谓其为专家，为谦谦君子，为循循善诱之学者。散会。至雪屏处。六时归。晚与同舍杂谈。仅一读寅恪载于《史语所集刊》八本一分诸文而已。十二时就寝。

二十一日　阴历五月初八日　星期日　雨

六时半起。沉阴欲雨。九时而雨作。写日记。并出考试试题。下午雨尤大，拥被而眠，自一时迄四时，竟未尝醒。读《初学集》及《南部新书》。一日未出门，未着袜，偷得浮生一日闲矣。十一时就寝。

---

①溟　原作“冥”，据一九三八年三月十一日日记改。

二十二日　阴历五月初九日　星期一　雨　夏至

五时半起。六时半入校。至昆北食堂，既到，遇学生，始知明清史考试在第二时，九至十一时也。乃至新校舍办公室，门尚未开。至图书馆阅《南部新书》。八时至办公室。九时至昆北食堂考试，十时半归。托何鹏毓、宋泽生监试。午后大雨。三时诣由宗龙，不值，归。读两《唐书》及《樊川集》。十一时就寝。

二十三日　阴历五月初十日　星期二　雨

五时半起。七时至新校舍考试隋唐史。余本以监试事及试题委之何鹏毓，及时不至，越半时飞奔而来，体既丰重，加以急奔入室，倚墙委顿。余急掖之，幸未扑地，坐息半小时始渐瘥，能起立。余劝归息，不肯，盖晨为侍者所误，焦急愧怍，遂尔晕厥，然余则既愧且悔矣。九时治事。十二时归饭。小睡。三时勉仲来，偕至绥靖公署晤刘师尚参谋长①、袁蔼耕秘书长，并访军法处长某，不值。更至市政府晤徐茂先、孟立人，商联大教职员、学生身份证明书事，决定由本校自发，但仍用市政府所制书纸，余等乃携五十张归。至才盛巷，晤蒋太太、矛尘、濯生、枚荪。偕矛尘、勉仲至功德林素食。食毕，与勉仲至工学院晤嘉炀。至新绥公司采入川车子，为介泉询问，不得。复至才盛巷，再至西仓坡，向月涵报告接洽各事，得知企孙以今晨至，孟邻师于星期六归昆明。十时半归寓。十二时就寝。道遇徐绍穀，新自渝来。

二十四日　阴历五月十一日　星期三　雨

七时起。八时入校治事。定发给市民身份证明书办法。十二时归。饭后小睡。二时入校，召集重要职员开会，讨论发身份证手续。三时半至文化巷开聘任委员会。六时半开常务委员会。晚饭

①师尚　二字原阙，据云南省地方志编纂委员会纂《云南省志》卷八十《人物志》补。

后八时半开附属学校整理委员会，十时散，归。半日四会，事多不记。十二时就寝。闻委员长有手谕，令在滇中央机关于十月底以前迁移，孟邻师以此缓归，欲在渝探询究竟也。既又知学术机关不在内，然闻中央在滇各工厂，机器约重五万吨，以两吨半卡车计之，需二万辆，更以汽油市价计之，每大筒九千元，五十三加伦。每加仑行十里，则非四万万元不办也。奈何！

二十五日　阴历五月十二日　星期四　雨

七时半起。九时入校治事。十二时归。饭后昼寝。三时复入校。五时偕矛尘至南菁学校视其女，并来舍晚饭。八时开文科研究所会议，商讨本年招生事宜，决与清华、南开同时招生，并分定出题人，余出魏晋史及明清史题，十时半散会。又与锡予、从吾、觉明谈至十一时半，其后复与锡予谈至深夜一时后，就寝且二时矣。上下古今，不觉忘倦。

二十六日　阴历五月十三日　星期五　阴　微晴

七时半起。九时入校治事。汇臣拟复行营文稿，大抵根据月前呈部报告会计室印刷帐簿舞弊一案原稿而略简，月涵先生为易数字，不知去后有无问题也。十二时归。饭后大睡。整理昨日文科委员会记录。读牧斋《初学集》，集中两及万历时立代藩之议，为余向所未留意者，牧斋以之与梃击并举，谓为“国之大疑”。心甚愧之，乃通检《明史》。六时半诣雷伯伦晚饭，伯伦数相约，均值他事。前日复以今晚为约，今晨相遇，复谆言之。既至，始知今日其生日也。未携一物，惟以其酒相祝耳。饭后谈时局，伯伦颇以非洲为忧，谓埃及不保，同盟国将无胜利机会，但谓同盟国胜败，明年此时可以决定。九时半归。读《初学集》。十二时就寝。

二十七日　阴历五月十四日　星期六　阴　微晴

八时起。九时半入校治事。十二时归。二时徐绍穀来谈，将就云南实业银行之任,嘱与之交往。三时半绍穀去,乃入校。五时归。今晚与勉仲、莘田共约孟邻师之女燕华、少子仁浩,月涵先生之女祖杉[①],矛尘之女淹,仁山之子陶,莘田侄女静娴,来靛花巷食饺子,燕华、淹、陶、祖杉暑假后入大学矣[②]。星期二与勉仲谈应将仁山之生平及家事告之其子,勉仲韪之,故有今日之会。饭后杂谈甚欢,余并与高陶独谈甚久,至十时半乃散。与锡予、莘田谈甚久,十二时就寝。连日报纸无滇西消息,而谣言颇多,或传因雨停顿,或传南路河口吃紧,或传敌人目的不在昆明而在西康,而传在滇西非敌日而系伪军刘桂堂部者尤多。大抵滇西已告稳定,盖为事实,他皆不足信也。河口一带由关麟徵布防甚坚,敌不易来,来亦不易深入也。日来物价又涨,今价尤昂,盖胆小者易赤金以入黔入川,而囤积者见局面稍稳,复抬价居奇也。

二十八日　阴历五月十五日　星期日　阴　晴　雨　微晴

九时始起。十时半诣才盛巷谒孟邻师,不值,归。午饭后小睡。三时心恒来。四时再谒孟邻师,师谈重庆之西洋通均谓敌人必向西伯利亚出兵,而日本通则谓必不出兵。苟敌不向北出兵则必集兵于我,如是则昆明危,以故颇多主张联大应即迁移者,然在川在黔皆无足容联大之地。或主三校分迁,或主分院,时至今日,若三校分迁,必无以得国人谅解,或更为嫉者所快,忌者所中。即就三校言之,学生图书亦不易分,则不若以文法移叙永,理工移贵州安顺,师范留之云南。此议部中皆以为然,仔细思之,事缓而急迁,则人心思舒适,用钱必多,不若事急而后动,人不苛求,用钱较省也。且时局动静究不可知,万一校迁而昆明无恙,岂不多事?故最后决定仍拟先疏散眷属。至于经费,部中无力,孔允特别设法,蒋廷黻允在美金救济费中拨若

①②杉　原作“三”,本年十一月五日同,据梅贻琦先生一九四一年一月二十七日日记改。

干,大约可敷用,不劳更筹矣。师更拟七月一日开茶话会,与北大同人一谈,会后更开联大常委会及联大校务会议决定其事。关于三校分迁之论,北大同人必有赞之者,然未易言也。谈两小时,以师有他约遂归。读《明史》。十二时就寝。

二十九日 阴历五月十六日 星期一 雨 雷

七时起。八时入校治事。月涵先生谈,闻之孟邻师,校中经费可增加三分之一,又同人津贴可加八十元,如是则较为松动矣。月涵意将校中津贴稍加归并,庶免分歧,嘱计画之。校中定七月一日起放暑假两月,办公时间定为上午八时至十一时,十二时归。读《栾城集》。三时半入校,出门而雨。五时视汇臣胃疾。六时偕锡予至登鸿园晚饭,以为近在门前,不消携雨具,食半大雨,久候不止,狼狈而归,衣履全湿。读王伯举集。读《明史》。夜雨尤大,杂以雷电。十二时乃寝。

三十日 阴历五月十七日 星期二 雨

八时起。九时半入校。甫至巷口,天雨,急入云大避之。雨益大,不可行。锡予、膺中先后至,假教室坐谈。十一时稍止,乃归。未入校。饭后小睡。三时勉仲来,同冒雨至工学院。五时半至新绥公司询运输情形,据其经理谈,自昆运货一吨至贵阳,价一万五千元;至泸县,一万八千元;客票每公里一元。近日商车往泸州者,多以西南路断改走西北也。且贵州统制汽油严,非携来往或直达渝桂汽油者,不得通过,否则滞留不准复驶。而云南之统制又与贵州不同,凡汽车携带汽油者,必须以同量之汽油照五千元一筒之官价售之政府。故往贵州,非携来回汽油不能归,又非以同量汽油售之政府不能往开,一次须备四次之汽油。市价每筒约九千馀元,携一筒而必以一筒售五千元与政府,则损失四千馀元矣。此损失车主必以求偿于雇主,则用一筒之油者,车主必取于雇主一万四千元,而运价不能不高。运价高则物价必涨,物价涨而生民益困矣。呜呼!六时半谒孟邻师,小谈。偕勉仲在先春园食蒸肉。七时半诣贺自昭,自昭暑假后欲往重庆中央政治学校,余劝稍缓,允再考虑。陈忠寰暑假后亦欲往中央大学,余请自昭阻之,自昭允为进言,并言若其必往,亦可保证其一年必归。复谈及锡予休假事,自昭主暂不休假,而不必排功课,其意甚善。归。与锡予言之,颇不赞成。十一时半就寝。

六月昆明市紧急警报一次:二日;空袭警报一次:十日;预行警报二次:七日、十九日。

七月

一日　阴历壬午五月十八日　星期三　阴　微晴

七时起。八时入校治事。十一时半归。今日起复加入靛花巷公舍饭团。饭后小睡。二时至才盛巷公舍,孟邻师招待北大全体教授茶会,报告在渝接洽情形,并学校迁移及眷属疏散各方面之意见。众无讨论,闲谈久之而散,此事本难决定也。六时至文化巷开常委会,道经玉龙堆,至汇臣寓所小坐。常委会于迁校事谈商甚久,大都就敌人进兵路线之可能性推断,以为入黔不如入川,于是又有主恢复叙永分校者,又有主迁工学院、理学院于泸县者,终无决定。余献一议,以为昆明若不守,则全局震动,中央之意向最应注意,且不应与中央地点相去太远。最好以一部迁至重庆,就南开中学馀屋上课。如是,则可时时禀承中央意旨,而经费亦不致断绝。众以为然。十一时半归,即寝。

二日　阴历五月十九日　星期四　阴

七时起。八时入校治事。十二时归。二时复入校,阅考试试卷。六时乃归。晚出王永兴年考试题。永兴导师为寅恪、觉明，寅恪不在，觉明将去，乃以嘱余。本年其所留意者为姚崇与张说交恶问题、都兵问题、募兵问题，乃就以问之。其一，姚崇与张说年事相差若何，二人之家世、起家及历阶若何，史称说素与崇不平，其事若何，亦有所考求否；其二，唐代府数诸书所记不同，后世考订之者有几家，其书若何，试分述之；其三，都兵之义若何，唐代官名以都称者此外更有几，与此有无不同；其四，试就平日考求所得说明开元时兵费。凡此盖均就其注意点以外启迪之，欲其更注意及此也。旬后尚有初试，故较易。出题毕，复阅试卷。一时乃寝。

三日　阴历五月二十日　星期五　阴　微晴　夜雨

八时起。九时入校治事。送考试分数入校，限止今日也。十二时归。饭后小睡。三时枚荪来。三时半同至西仓坡开联大校务会议，商迁校问题。序经主先迁师范学院于昭通，并派人收回叙永校舍以备万一。众咸赞同。散会，归已六时。晚出北大文科研究所招考试题，至深夜乃寝。闻我军复向腊戍、景栋进，此大佳讯。

四日　阴历五月二十一日　星期六　阴　微晴

七时起。整理试题，九时送入校。暑假应结束之工作，惟馀评阅学生论文矣。十二时治事毕，乃归。饭后畅睡至三时半。校中自一日起下午不办公，今日始得其效。下午四时靛花同人约月涵夫妇、赣愚夫妇①、序经茶会，不期而至者尚有崔书琴、刘振东，六时乃散。晚饭后与莘田、介泉、家骅杂谈，觉明后至。夜读《明史》。一时半就寝。旬前蒋委员长命在滇军事、学术机关于两月内迁移，航空军官学校已定迁蓉，闻昨日又得命令从缓矣。下午子水来，谓

①赣　原作“戇”，本年八月二十一日同，据一九四一年三月四日日记改。　愚　原脱，据同上补。

长沙不守,疑其不实。文科研究所入学考试魏晋南北朝试题:一、通常所称六朝、八代、南北朝,其分列若何,试述其次第,并其建都所在,国祚久暂;二、均田制始自何时,其法若何,影响若何。

六日[①] **阴历五月二十三日 星期一 晴 有云**

七时起。八时入校治事。十一时半归。午饭后小睡。自上午胃不舒,作嗝不已。午睡起,头复作痛,惟饮食如常。晚饭后食苏打片二。偕莘田、家骅至翠湖散步。至才盛巷谒孟邻师,不值。晤企孙、逵羽。十时归。略检《初学集》而寝。临就寝,复进苏打片二。

七日 阴历五月二十四日 星期二 晴

七时起。胃已舒适。八时入校治事。心恒、涤非来,雪屏来,盖均为借款事。雪屏筹备夏令营忙极,而款未至,由北大商借五千,允之。十一时半归。饭后小睡。高陶来,以自制温水电器相赠,均拾废物成之,此子真聪敏,富制造才也。四时雪屏来,携杨见山七言隶书联朱笺、吴让之五言篆书联、陈句山七言行书联相示,陈联最佳。陈名兆仑,钱塘人,举乾隆大科,于书最自负。又有冷纮玉临董香光书、匡文昌临十七帖手卷,亦佳,惜不知何如人也。冷书题乾隆年号,旧为沈阳韩锐字其锐所藏,其人亦不详。雪屏欲以吴联相贻,辞未敢承,但借张之壁间。读王伯举文集、《初学集》。晚饭后至翠湖散步。理发。至才盛巷,与诱衷谈甚久。谒孟邻师。十一时归。十二时就寝。昨闻企孙言敌人五日前曾渡怒江而东,今已退,又云敌有入印度意,今日均未证实。又或云敌军时疫、疟疾交作,已退,惟留伪军刘桂堂部在迤西云。今日为抗战五周年纪念日,各地举行献金,校中学生亦继起。二十七年此日在蒙自,余

①五日日记阙,原稿于四日、六日间留空半页。

以献金称首,此时无馀力矣,仅献五元。

八日　阴历五月二十五日　星期三　晴

七时起。八时入校治事。十二时归。饭后小睡。三时至文化巷南开办事处开国联同志会,稍坐,入校。作书致陈寅恪桂林。作书致吴俊升。五时归。读王伯举集。近日颇拟收集明末诸贤言论、行事及其学问致力处,归纳之以说明明末朝士之风气及党争之由来,成《明末之士风与党争》一文。但此事极繁复,非短期可成,谈明史者于此多不愿致力,人云亦云。往年与孟真谈,劝余致力于此,忽忽数年矣。六时半再至南开办事处开常务委员会,十时散归。读《明史》。十二时就寝。

九日　阴历五月二十六日　星期四　晴

七时起。八时入校治事。子坚来谈校事甚久。联大经费中,三校所占成数本无明确规定,此事影响于三校聘请教授及分校后经费问题,所关甚钜。余提议作一决定,以清华五、北大四、南开一为律,盖根据战前清华月十万、北大月七万八千三、南开二万之数也。余言之孟邻师,以为然。言之北大同人,以为然。而月涵先生语孟邻师难之,日前南开亦表示反对,故今日复向子坚详谈之。子坚言,南开所争不在今日,而在将来,只须不明定此比例,无论给钱多寡均无关,如经费一百万,给予南开十万零一元,亦无不可。盖如此则较一成多一元,其比例已打破也。余意将来事将来再谈,此时之一、四、五比例只对内不对外也。十二时归。小睡。四时心恒来、毓棠来。五时雪屏来。共猜诗迷。晚饭后赵俊来问作旧诗法,遂取《樊川集》指示之,九时乃去。余亦出诗迷多条,不备录。十二时就寝。

十日　阴历五月二十七日　星期五　晴

七时起。八时入校治事。与月涵先生及子坚谈校事,至一时乃出舍,中饭已逾时。与耘夫至伊甸园同进午饭,饭后到舍已二时矣。昼寝一时半。五时诣徐小韩,不值。觉明来。晚饭后补去年川游日记。去年六月二十六日在泸州写当日日记未毕,遂收拾行李作上船计,其后至李庄、叙府、乐山、峨眉、成都、内江、青木关,虽各有数日勾留,故无从容作日记之机会,惟以铅笔登大略于手册而已。既归昆明,亦无暇移录,忽已一年馀矣。今日检出,拟逐日补之,除手册而外,更就记忆所及补登一二,但绝不杂以事后之情绪,以存当时之真。王洁秋告以北大同学朱子元森故世之原因,为之凄愤久之。朱现为中央大学地质系主任。检杂书。十一时半就寝。

十一日　阴历五月二十八日　星期六　晴

七时起。八时入校治事。预行警报。十二时归。饭后小睡。三时半雪屏、心恒来。七时至西仓坡,蒋、梅两公招待黄培我军长维,现以五十四军军长兼昆明城防司令者也。据黄谈,本月五日中缅路局警务处得密报,有卡车两辆报称载运绵纱,实系鸦片烟土。局中遂于安宁县将之扣留,带至昆明。押运者二人,一为廖品卓之子,一为其弟,亦扣留。廖为绥靖公署前任总参谋长,今为军训处长。中缅局警务处长李某人甚精明,恐生他故,乃眼同地方军宪开箱检验,果为烟土,共二千六百馀两,并于当晚用小汽车将烟土秘送财政厅,盖以财政厅兼禁烟事务故也。其事外人无知者,而声言九日上午将人车送绥靖公署,于是运者乃有劫车之谋。先期以实弹打靶为名,将教练大队兵士及军分校学生,调百馀名至黄土坡,排列于道,各发子弹五粒。及见卡车至,先使人止之,继一拥而上。而局中早有备,出机关枪十二架,互相射击,各死二人,伤数人,而平民死伤无数。吴正之言亲遇子弹掠顶而过,并见一军分校学生受伤,扶掖而回,时方经小屯、大屯,归龙院村。时龙主席养病海源寺,曾闻枪声,龙夫人入城更亲遇之,于是大怒,将廖撤职查办矣。事初起,黄以电话询绥署,刘参谋长答云或似土匪,黄云如为土匪当派兵剿之,急答云再调查之。是日下午又有调大批士兵之说,幸黄派人,双方抑止,乃得无事云云。闻中缅局警务处之李处长为中央特务工作人员,与中央宪兵十三团龙团长同住,否则生命甚危也。闻今日敌机九架窥蒙自以南。又闻缅甸敌军移往安南。十时归。十一时就寝。

十二日　阴历五月二十九日　星期日　晴　云

八时半始起。十时许张景初四哥来晤,到昆已三日,盖为其大理家务,族人召之来也。去年余在蓉曾两面,今年精神似较去年为胜,询之已五十二矣。谈顷,计及亲戚年龄,张大嫂已六十,或五十九,三姊已五十三,五姊已五十一,式如、实君、少民诸表兄均近六十。此均在北京朝夕往还之人,莫不垂垂老矣。余不自知亦有老意否?虽然,余志绝不老也。十二时与景初偕至伊甸园便饭,饭毕送之回顺城街新华堆栈,小坐,归。昼寝。雪屏、毓棠来。十二时就寝。

十三日　阴历壬午年六月初一日　星期一　晴

七时起。八时入校治事。与孟邻师谈下午北大校务会议诸事。今甫来谈。十二时归。小睡。三时半赴才盛巷开校务会议,无议案,仅由孟邻师报告联大迁移计画,余报告校中收支状况,然后随意谈话。树人、今甫、逵羽、召亭、雪屏、泽涵、莘田、泮芹、子水、毓淮、自昭、昭抡、景钺均发言,大都以团结常开会为言。其间间有误会处,余略为解释之。自昭之言最善,以为北大向来最大,不必效法他校,斤斤较量小事。最后孟邻师谈联大之联合不易,必有一二方面退让容忍始能不破裂。于是进而说明其个人之态度,所以对联大事只管外不管内之原因,及教育部数度使之为校长不就之理由。并言在教育史上联合大学确属成功，而成功原因由于北大之容忍退让，世人皆已知之，胜利为期不远，联合之局面亦不能久，惟有继续容忍。最后述及今后北大之使命、努力之方向，为词甚长甚动人，在场莫不满意，乃散会，已七时半矣。随至冠生园聚餐毕，复至才盛巷与今甫、逵羽、雪屏小谈而归。十二时就寝。

十四日　阴历六月初二日　星期二　晴　夜大雨

昌儿十七岁生日。七时起。八时入校治事。十二时归。遇刘镇时，诉精神苦痛，欲求去，泪下沾襟，盖今日受月涵先生申饬也。会计室自出事以来，初望其有所改悔振奋，结果适得其反，甚失望，乃乘机勉励之。归寓，饭已过，购面包食之，无汤无菜，聊以充饥。小睡。补旧日记。晚饭后见天气甚好，与介泉往才盛巷，半途闪电，有雨意，至才盛巷，雨大至。两人均无伞，候至十时稍止，各借伞而归。道路泥泞，鞋袜均湿。既就寝，雨尤大。在才盛巷，晤云浦、端升、企荪及蒋太太。

十五日　阴历六月初三日　星期三　雨

七时起。昨晚归，莘田告以毕业审查会开会时北大学生全部未送审，今晨遂急入校与薛德成商，尽半日将各生成绩分送各主任审核，薛下乡请树人、铁仙、廉澄审查，余在城内请莘田、雪屏、昭抡、景钺审查，从吾由余代，泽涵、端升暂保留。此本教务处事而逵羽不在城内，下午又须开教授会，不得不代其奔走也。审查会将三校学生同付审查，余向不知。今日访杨石先三次，均不值。将近十二时晤月涵先生，始知下午三校学生不报告，乃归。饭后小睡。二时毓棠来。二时半至新校舍。三时诣雪屏。三时半开教授会，雪屏以疾未出席，余代为书记。月涵先生主席报告后即审查毕业生成绩，由杨石先报告审查委员会意见，同人先后发言，均为体育成绩问题，往复辩难，至六时乃决定一原则，六时二十分乃散会，孟邻师戏称之为体育会议。会散,莘田语余今日清华青年教授欲提出调整薪水问题,月涵知之,故有意使此体育问题将时间占去,以免横生枝节,不知确否。六时三刻在文化巷开常务委员会,七时二十分散。晚饭后开聘任委员会。九时归。与锡予谈,至一时乃寝。

十六日　阴历六月初四日　星期四　雨

八时起。九时入校治事。十二时归。小睡。四时诣雪屏,昨日自疑为痢疾,今日请医诊之,非也。昨亲见有红有白,今日忽水泻,不知其故。余笑语雪屏,他人由水泻转痢疾,而君由痢疾转水泻,岂亦心理作用耶?相与大笑。六时归。饭后本欲至才盛巷,以雨乃止。与莘田、宝騄杂谈。整理教授会纪录。十一时就寝。上午矛尘语余,谓廉澄言汤锡老休假事为月涵先生所驳,此种谰言不知何处而来,不胜焦急,致函询之。锡予休假意由余劝之,其后自昭、莘田不以为然,以为不如不用休假之名,由助教代上课,而在乡间修养,采休假之实。此意自较休假为善,余亦变更前意。然锡予则在谦让慎虑中,恐被人指摘故也,昨晚与莘田尚在劝之。休假既未决定,何来准驳?况北大教授休假何与清华校长?此种谣言真不可解。

十七日　阴历六月初五日　星期五　晴

七时起。八时入校治事。十二时归。饭后小睡。三时半诣自昭,商锡予休假事,知廉澄昨日所云盖得之自昭。自昭深悔之,并谓此本谣言,吾人应旧进行。归补日记。晚饭后至才盛巷,值孟邻师有客,乃归。清常来。十一时半就寝。

十八日　阴历六月初六日　星期六　晴

七时半起。八时半入校治事。十二时归。午后小睡。作书致孟真。作书致廉致侄。至大新街发信。晚饭后勉仲来,告以两事:

一、明日学生移居一部分，须住教室，应装电灯；二、后日校中请英大使讲演，须明日出布告。心恒来。八时访毕正宣，不值。晤金熙庚[1]，嘱其明日到校督匠装电灯，随归。读《东华录》。十一时就寝。

十九日　阴历六月初七日　星期日　晨雨　晴

昨夜枕上读书竟达二时许，天大雷雨，熄灯不复入寐，思及明日为旻、晏两儿二十生日。儿既失母，余又远在天南。往稚眉夫人在日尝言女子惟二十生日最可纪念，十岁时无知无识，三十岁时已在夫家，惟二十岁时在家侍父母，与兄弟同处，为最乐亦最可贵，父母亦应念其惟此生日为最可贵，更优待之。余惟此孪生两女，每思于其二十生日时为之备一长久纪念品，今远在千里外，只得俟之异日矣。思念及此，不禁泫然，更不得寐。八时半起。十时诣汇臣，嘱其出布告，通知英大使薛穆讲演时间。午饭后诣雪屏，问其疾，并将王志毅所刻图章两方交之。至新校舍视学生移居情形及装安电灯情形，并至军训队与丁教官谈。至文林街宿舍访杨西昆，请其嘱昆联社代办明日招待英大使茶点，用中国式。归。读《东华录》。欲早睡，不果，十一时始就寝。

二十日　阴历六月初八日　星期一　晴

七时起。八时入校治事。九时英国大使薛穆来讲演战后世界问题，提出三点：一、如何设立合理之国际组合；二、如何使此组合有力量；三、世界资源如何使之得合理的分配。讲后至西仓坡茶会，靛花巷同人无一往者。十一时散，归。十二时半至黄子坚家食炸饺子盒子，并与子坚、茀斋商三校校务，二时半归。读《东华录》。晚心恒、毓棠来，作二十一点之戏，继以夜深，毓棠不得归，竟作通

---

①熙　原作“希”，据《国立西南联合大学史料・教职员卷》改。

宵达旦之计。今日为旻、晏两女生日，初意入饭馆食面以为之祝，上午既有茶会，午又有子坚临时之约，晚复客来，一日忽忽而过。

二十一日　阴历六月初九日　星期二　晴　晚雨

六时心恒、毓棠去，乃小睡，醒已十时半，不得入校治事。少顷，胡蒙老来告月涵先生约往一谈，十一时半往。勉仲先至，谈至一时乃归。小睡。三时半燕华、高陶来。游泽承来[①]，昨自大理抵昆，将来北大任教。晚饭后欲访逵羽，下楼而雨，遂不复往。冯柳漪来。竟日未读书，披卷惟翻检，未能用心，游戏之劳神废业如此，当有以自警也。十时就寝。

二十二日　阴历六月初十日　星期三　晴

七时起。八时半入校治事。十一时半归。午饭后小睡。六时杨西昆约在昆联便饭。饭后至文化巷开会，十时散，归。暑假中，常务委员事较少也。十一时半就寝。

二十三日　阴历六月十一日　星期四　晴　云　飞雨数点　大暑

七时起。八时半入校治事。十一时半偕矛尘、耘夫步至岗头村，一时乃达。云浦以今日为其四十生日，晚间约吾辈往其山居便饭，余与矛尘乃定午间为之祝，约正宣、刚如、耘夫相陪，正宣月内将返天津，并以饯之。三时午饭乃毕，诸君作牌戏，余与今甫长谈：北大国文系自适之师以文学史研究为倡，若石君、膺中、莘田及余皆以史的研究相随，遂成风气。比年后进较少，莘田主持系务，仍循此以进。今甫颇以为疑，以为由文学以入文学史，其势顺，其功易，由史以入文学史，终属隔膜。故必于文学有认识、有素养始能研究文学史，否则难成功。今甫主张国文系仍就语言文字发展，文学史研究可让之清华，因一多、佩弦于文学素养甚深也。其言深有

---

①承　原作“成”，据本年八月二十一日日记改。

识见,可令人深省并加以勉励,然不足为外人道也。今甫亦云此语惟可吾二人言之。九时上山食云浦寿面,刚如、耘夫已归去。十一时下山至公舍,诸公兴致甚浓,复陪作牌戏,本意相陪八圈,一续再续,竟天明矣。小睡半小时。

二十四日　阴历六月十二日　星期五　夜雨

六时半欲睡,不能成寐。检《云南通志稿》。八时与树人谈。九时入城,遇马车,乘之以代步。抵靛花巷,相候之人之事颇多,幸未在村久留。处理毕,入校治事。十二时归。饭后拥被而眠,四时乃起。六时至翠湖防守司令部,应黄维军长、傅正模副军长晚饭之约,肴馔甚精,出意料外。九时半归。席间闻日敌近调往东北者甚多,或将候时机以攻俄。又闻敌军中夹有伪军,与我交绥,有所顾忌,甚者往往预泄军机。若与俄人战,恐不复如此,以我国东北、河北之众以资敌,此敌之大利,可虑之至。又闻月初鸦片事件尚未结束,牵涉甚多,傅副军长言双方报告可作现代史料读,其言甚趣。十时半就寝。

二十五日　阴历六月十三日　星期六　晨雨　下午雨

八时起。九时入校治事。十一时半归。午饭后昼寝,四时乃起。检阮氏《云南通志》。七时诣逵羽,不值。诣谢文通,不值。晨文通来辞行,谓明晨动身往遵义。至才盛巷谒孟邻师,九时归。师谈晤美国某军官,谓美国必削灭日本武力,且必与中国合作以制日,此盖无可疑者。师又言英国伊顿近有论文,谓战后之和平,较之战争着力尤苦。师又言四十年前虽穷乡僻壤,而耆年老农侈谈修身齐家,水利农田,其人非皆读书识字,盖中国文化积聚深厚,其经验足以知之而有馀。自西学东渐,经急遽之变化,其来速,其变剧,新知未能全部接受而旧知渐就淘汰,一般人民之知识降低,虽通都大邑,谈时事、谈大局、谈学问能中窍要者,亦惟学术界中人耳。四十年来，社会上有三种人，一曰士大夫阶级，自农村来者亦属之；二曰教会阶级；三曰买办阶级。今日政权财权仍在三种势力延续中，若蔡先生、谭延闿，皆所谓士大夫也；宋子文、孔祥熙，所谓教会也；刘鸿生、虞洽卿，所谓买办也。归寓，与莘田、宝騄略谈。十二时就寝。

二十六日　阴历六月十四日　星期日　雨

八时起。午汪钱来。竟日未出门，读《云南通志》，剌取讲演材料，以云南省地方行政干部训练团请讲"明清两代滇黔之开拓"也，此约本在两周前，题由团中拟定，日期原在十五日，余辞之，乃改二十九日，不得不允。"开拓"二字易起误会，余意改"发展"，商之锡予，改"发达"。十一时就寝。

二十七日　阴历六月十五日　星期一　雨

六时起。七时至新校舍南区第七试场监考，研究生应考者六十馀人，报考北大文科者四人。十时至办公室治事。十一时以后大雨，竟不得归。一时子坚约往其家午饭，饭毕已二时半。复至校监试。六时归。其间曾往新舍北区一次，师范学院一次。读《云南省志》。十二时就寝。

二十八日　阴历六月十六日　星期二　雨

八时起。竟日未出门，起草讲稿"明清两代滇黔之发达"纲要，凡千五百馀字。六时钞毕，托杨志玖送往。上午逵羽来。下午本有师范学院子坚之约，亦不及往。十二时就寝。

二十九日　阴历六月十七日①　星期三　雨

八时起。九时半诣周凤岐，随入校治事。十一时半归。饭后杨翼骧来。方作昼寝，有女职员来告天君殿女职员宿舍有军队强

①十七　原作"十六"。

欲入内,允即为之设法。小睡一时。初以为演讲在三至五时,故与月涵先生约五时与之商加薪事,及阅来函,则在四时至六时。值胡蒙老来,乃托其转告并请其交涉天君殿宿舍。四时到华山小学讲演,招待甚殷,但时间较余表迟十馀分钟。听者约三百馀人,长幼男女均有之。所讲之纲目如下:

一、叙论:1.专就历史眼光来看;2.明清以前滇黔之发达;3.道光以后其发达与前不属从略。

二、区域之分合:1.滇黔之名称;2.省区分合之变更:a.播州,b.东川,c.安顺,d.乌撒。

三、人口。

四、土田:1.垦田之增加;2.提倡辟田之人:a.沐春,b.陈用宾,c.高其倬,d.清世宗,e.清高宗。

五、交通:1.古代入滇之路:a.庄蹻,b.南越,c.司马相如、诸葛亮;2.唐代之南北二路;3.明清之官道:a.明初入滇之道,b.驿道;4.万历时欲开之粤路川路:a.闵洪学,b.王元翰;5.运铜之四路。

六、矿产:1.诸矿;2.铜:a.铜之产地,b.铜之产量,c.鼓铸与铜;3.雍乾时滇铜与洋铜之竞争。

七、盐:1.滇盐之行销地;2.嘉庆时滇盐之改革。

八、科举:1.乡试:a.名额,b.应考额,c.黔试之并滇;2.会试:a.明清会试取录之统计,b.钱沣之改革建议。

九、改土归流:1.流土之解释;2.原因;3.理论。

十、结论:1.滇黔之发达在明清较前代为胜;2.明清滇黔之发达较之他省有过之。

六时讲毕,并有茶点,稍坐而归。七时至文化巷开常务委员会。十时归。十二时就寝。寝前与锡予、莘田谈甚欢。一日数谈:晨与周,下午讲演,晚开会,归又谈。喉为干,声为之嘶。

三十日　阴历六月十八日　星期四　晴

八时起。入校检财务材料。九时至师范学院开教授会,余报告财务状况。今日之会本在求同人生活之安定与薪津之增加,谈至十二时仍无结果而散。饭后小睡。三时开文科研究所会议,五时半散。勉仲来。十一时就寝。

三十一日　阴历六月十九日　星期五　晴　雨

七时起。八时到师范学院评阅历史试卷。十时半至办公室治事。十二时归。饭后小睡。二时再至师范学院阅卷,五时阅毕。计史地卷四百四十五本,公民史地卷三百二十三本。上午阅者伯伦、毓棠、子水、心恒、志玖、濯生、景洛,下午子水、濯生、志玖、景洛。四时许,他部分有散者,余见尚馀百二十三本,劝同人更阅之,乃一日而毕。地理亦仅馀百馀本,阅者更多于历史,乃竟委之明日,心窃非之。学校每日每人致送车费三十元,于此可觇品格也。归家料理北大办公处事。林文奎来辞行,明日将往成都任航空委员会宣传工作。六时谒孟邻师,值写字,以二纸相贻,并谈书法甚久。七时偕至冠生园,应仲钧、子坚之招。饭后偕月涵、今甫、勉仲、佩弦、莘田至云南实业银行访绍穀并贺其开幕,不值,参观一过而出。至才盛巷,谈至十时归。十一时就寝。

中华民国三十一年七月昆明市仅十一日有预行警报一次。

八月

一日　阴历壬午六月二十日　星期六　雨

七时起。九时入校治事。十二时归。下午久睡,四时乃起,抑何倦也,不自知矣。晚饭后理发。从吾自宜良来,久谈。十一时就寝。

二日　阴历六月二十一日　星期日　雨

七时起。检《通典》等籍。欲复诸友来信，仅成杨向奎一书。下午久睡。三时李晓宇、张墉皋来，乃起。同出，至各书局看新到书籍，未能买也。七时偕在鸿兴楼食面，三菜而止，凡九十元，或曰此最廉处也。八时归。十一时就寝。枕上读英人韩德森《使德辱命记》。

复杨向奎城固

承示西晋以前凡称品皆谓人品而非官品，并正《通典》《唐六典》之失，卓识笃论。甚佩！甚慰！延康始建九品官人法，并无官秩差次明文。山公启事有"今散二千石有才能尚少者可用不"之语。则晋初尚以禄秩为称，仍沿汉魏之旧，未尝有官品也。《通典》于汉魏南北朝秩品本未深考，所谓"但约其本史，聊存一代之制"，《职官典》十八汉官秩差次注。盖亦不能自信。且前后歧出，益见出于想像。《职官》八"太和中，始置著作郎官，隶中书省，专掌国史。晋元康诏曰：'著作旧属中书令，秘书既典文籍，宜改中书著作为秘书著作。'"而《职官》十八魏官第八品有尚书中书秘书著作，《职官》十二"中舍人，晋咸宁初置"，而魏官第六品有太子中舍人，此类甚多。今兄考而正之，不惟嘉惠来学，抑亦杜氏之功臣也。

三日　阴历六月二十二日　星期一　雨

七时起。八时半入校治事。十二时归。饭后小睡。三时诣月涵先生商定教职员薪俸，六时乃毕。晚饭后本意谒孟邻师，而心恒、柳漪、晓铃、张敬、清常先后来。十一时后客去，与从吾、莘田谈甚久。十二时后就寝。

四日　阴历六月二十三日　星期二　晴　雷

七时起。八时半谒孟邻师，师得陈立夫电，请罗隆基为特约编审，师谓此委员长之意，盖以参政员落选之故。十时入校治事[①]。十一时半归。下午小睡。核算教职员薪水。六时诣月涵先生，不值。晚饭后偕宝騄等至大街，物价较数十日前又二倍馀矣。余至才盛巷，道遇矛尘，复与之偕逛夜市。十时半归。十二时就寝。

五日　阴历六月二十四日　星期三　晴

七时起。九时入校治事。十二时归。随至才盛巷，孟邻师约食面，蒋太太生日也。二时归。昼寝。绍穀来，同诣晓寒，谈至久。晓寒住竹安巷，与靛花巷巷口相对，近在咫尺，晤面至稀，晓寒病而余忙也。归而雪屏来。七时再至才盛巷，余与逵羽、矛尘、莘田、勉仲同作主人，请矛尘家人作馔，以宴孟邻师、月涵先生夫妇。十一时半归。稍坐而寝。与师谈行政，师言：巨细必躬亲，每易勤细务，而忘大节，此危道也；不习西文，与西方思想隔膜，不习古先圣哲之书，昧于国情，此危道也；罕与青年接近，不知青年心理，此危道也。斯言也，可谓经验有得之名言。

六日　阴历六月二十五日　星期四　晴

七时起。九时半入校治事。十一时半归。饭后小睡。五时至文化巷开会，路遇林同济，前日自重庆来参加夏令营者，据谈重庆一般人均谓日将攻苏俄。六时半始到齐，先开聘委会，继开常委会。七时半散，归。晋年作馅饼相飨。饭后畅谈至十一时，随就寝。今日校中放榜，共取一年级新生一百四十五人，友好子女惟章淹考取，矛尘长女也。

七日　阴历六月二十六日　星期五　雨

七时起。九时半入校治事。十二时归。泰然、宜兴、尹辅自炊自馔，相约有莘田、从吾、矛尘、汇臣，惟雪屏未至，二时乃毕。小

①事　原脱。

睡。大雨。从吾约在文化巷便饭,有康兆民、贺自昭、冯芝生、邵心恒、罗莘田、陈忠寰、陈雪屏、冯柳漪[①]。饭后兆民提出问题甚多:一、战后之朝鲜、台湾、安南、暹罗、缅甸应如何统制;一、蒙古、西藏应否改省;一、新疆应否改为数省。如此甚多,答者颇稀,余亦未言。兆民又言:共产党现有军队五十万,枪枝约半数,弹药五发十发数十发不等,现在河北、江苏、山东、山西均其势力所在。十时散,归。与同舍稍谈,就寝。

八日 阴历六月二十七日 星期六 雨 立秋

七时起。九时入校治事。十一时归。饭后昼寝。四时至西仓坡,蒋、梅两先生招待康兆民、何浩若、陶百川茶会。何谈统制物资情形甚详,结论为昆明尚难供给,言外暗示军队较教育界尤苦。军士之苦,吾侪深知之,然官长是否较吾侪为苦则疑问也。就何所谈,知物资局所管为棉花、布匹、煤纸、石油四类,属之经济部;糖、火柴、香烟诸专卖者归专卖局,属之财政部;汽油归液体燃料委员会,属之军事委员会;锡、锑、桐油、猪鬃诸易外汇者,属之贸易委员会,抑何纷歧也!六时半散。舍中晚饭已过,与心恒、子水至昆联便饭,子水将以后日飞渝,即以饯别。八时归。暑期讲习会约往讲四次,八小时,上午清常来预送讲演费二百四十元。自近三数年物价高涨,校中同人多有营商以资弥补者,余均未加入。近日心恒、宝騄、祥瑞集资万元,欲余加入,言之再四,乃入千五百元。莘田加入千元,于前日付之。本月领薪后所馀尚不足,向校中借之。今获此讲演费,可以偿还一半矣。今日将去年九月以来收支核算一过。迄七月止,凡亏四百八十五元。大抵如不汇款,可馀五六百元,汇

---

①原于“康”字旁小字注“一”,“贺”字旁注“四”,“冯”(芝生)字旁注“二”,“邵”字旁注“五”,“罗”字旁注“六”,“陈”(忠寰)字旁注“七”,“陈”(雪屏)字旁注“八”,“冯”(柳漪)字旁注“九”,阙“三”。按“三”即郑先生也。

款则必亏矣。十二时就寝。

〔三十年九月亏一六七六.四二元,本月寄家一〇〇〇,购公债六五三.三三;三十年十月亏六五四.八八,本月购公债六五三.三三;三十年十一月馀一二三.一二;十二月馀二八九.四〇;三十一年一月馀四一一.六八;二月亏四一.八〇,本月寄家一〇〇〇;三月馀三一三.八〇;四月馀五〇九.八四;五月亏九七五.八八,本月寄家一五〇〇;六月馀六一五.二四;七月馀六〇〇.〇二。〕

九日　阴历六月二十八日　星期日　雨

七时起。检讲稿。十一时往岗头村,行至城北郊,遇雨乃归。饭后小睡,忽传预行警报,起着衣履,复睡。三时始起,或云未久而预报解除,未之知也。五时至才盛巷,晤蔡枢衡,并谒孟邻师。六时吴晓铃、石素真假才盛巷结婚,设席七桌,不设礼堂。全体入座后,由证婚人宣读证书毕,宣告礼成。忽又宣请证婚人致训,又交换饰物。盖有意骛新而又惜此仪节,欲求郑重而又恐蹈陈腐,以致反类作戏,而婚书于事前请人分别盖印,尤欠郑重。〔最后宣布谢介绍人、主婚人、证婚人。鞠躬礼容后行之,迹近取笑。〕余意欲郑重不若再加仪式,欲简单不若免此繁文。十时散,归。检讲稿。云南省三十一年暑期中等学校各科教员讲习讨论会,请下星期一、二、三往讲隋唐史二小时、明清史二小时,隋唐史、明清史讨论二小时,时间过少,内容殊难分配。今日下乡,欲取讲稿,路中忽思以二时讲隋唐大势,二时讲明清之大势,二时讲明清与隋唐制度之比较。大纲既定,而讲稿亦无参看之必要矣。余杂事太多,几于无暇构思,惟独步孤行,长有所得。前以干训团演讲内容之分配,亦于单独散步时得之。十二时就寝。

十日　阴历六月二十九日　星期一　上午晴　下午雨

七时起。八时入校治事。九时至十一时在附属中学为暑期讲习会讲隋唐大势。讲毕,至师范学院阅研究生入学试卷,选考明清史者一本,阅毕而归。饭后小睡。天本大晴,梦中忽闻霹雳一声,为之惊觉,而雨声亦随之而作。晚间宝騄谈其时方在正义路,南方甚清朗,一声雷震,乌云自北南侵,势极迅猛,再震而半天为遮,三震满天乌云矣,惜未见之。下午未出。晚与同舍杂谈而寝。右目微红,灯下阅读为苦。

十一日　阴历六月三十日　星期二　雨

六时半起。八时入校治事。九时赴附中暑讲会讲演。十一时复至办公处。矛尘来,以余演讲多有额外之收入,责余相请。值大雨,不得归饭。雨止,乃与汇臣、耘夫、矛尘同至伊甸园便饭。饭毕,提议往汇臣寓作麻将之戏。余送书籍归寓,复往。晚复饭于伊甸园,饭毕仍归汇臣许。十一时乃散。十二时就寝。

十二日　阴历七月初一日　星期三　晴

六时半起。八时入校治事。九时往暑讲会讲演,十一时毕。往新校舍,见行人纷纷北走,谓有预行警报。十二时偕勉仲诣月涵先生,谈至一时,归舍中。午饭早过,买面两碗,凡价十二元。小睡。晚饭后偕宝騄、心恒、晋年,至正义路购物。十时归。十一时就寝。本日城中实无预行警报。

十三日　阴历七月初二日　星期四　阴　晴

六时半起。七时入校。今日与毕正宣约定检阅校卫队,至校,正宣未至,乃至办公室。七时半至校舍最后进土山上,先点名,继训话,最后打靶。打者十二人,中三枪三环者六人,各给毛巾一条。正宣试二枪,亦在三环最末。诸人请余一试,固辞不得,乃发一枪,竟在一环以外。所谓环者,以木板方尺半为靶,白粉画四环,自外而内各距二寸许,四环之内直径约寸许,三环内径五寸许,相距五十码,校警得此亦难得也。阅毕,办公。十一时与正宣向事务组同人训话。正宣将于月内请假北归,组中事暂由余照顾,但正宣未离昆明以前仍照旧负责。训话毕,在校警队午饭。烈日之下,与校警分三桌而食。队长欲移余之一桌至屋内,拒之,聊示与士卒同甘苦也。盘中诸肴皆警士自炊,而菜蔬皆自种者,别饶风味。食毕,略谈而归。小睡。六时至西仓坡清华办事处开常委会,十时散,归。与莘田、宝騄、家骅杂谈而寝。

十四日　阴历七月初三日　星期五　晴

八时起。九时入校治事。十一时偕校中同人十馀人乘马车至城东归化寺与呼马山之间,观五十四军军火演习,盖为夏令营而设。总指挥为五十四军之参谋长,其项目有攻击演习、保卫演习、高射炮演习、降落伞演习、战车演习。余等于十二时半到达,会于山脚。全体既齐,至炮兵阵地参观,由总指挥演说。及毕,至高射炮阵地参观,由其指挥某团长演说。听后更至呼马山席地而坐,于是演习开始。首大炮射击,声震耳鼓,而余等适在阵地与目标之间,子弹嘶嘶尤为可畏,然心知无恙,故极泰适。继之机关枪掩护步队前进;继之敌机侦查,由飞机投照明弹,以为敌机而高射炮向之射击;继之我机投弹,凡三架,用俯冲法投弹,但仅一架实弹,馀二架作势而已,凡环四匝,投弹二次。继之战车进攻,凡三架;继之占领敌军阵地。当步兵前进,余等亦随之,及至敌阵,见散列木靶甚多,盖假设之敌岗也。细视之,每靶各有弹痕一二十至三十不等,知其非漫无目标而射。所惜者,余等仅闻其声、见其靶,而未知其所以射击。就声而言,机关枪尖,高射炮大,大炮重。就射击言命中之比例,以飞机投弹为第一,大炮次之,高射炮又次之,机枪步枪又次之。攻击演习既毕,更至步兵阵地,渴甚,适有军士携水来,饮之若琼浆。及抵步兵阵地,黄维军长以水果点心相款。随由步兵指挥某参谋演说毕,飞机二架至,围环数匝,各下伞兵一,其一下甚疾而左右摆，其一缓而稳。既着地，飞机又环数匝乃去。于是继之以机枪步枪保卫射击演习，以木靶分列远近，由兵士掘壕，隐身，手持之，忽伏忽起，作敌人来袭状，其所命中更胜于前。伞兵既下，黄维军长恐有不测，使车探之，乃知先着地者为教官，以伞制不佳，故左右摆动，头晕落地不能起。后着地者为学生，落下精神如常，此或年龄关系也。学生先乘车来，教官以单架畀至，不能起，乃由学生演说。时已五时，余与刘崇乐先归，不及听。当余等始至步兵阵地，另有战车表演于他处，亦未及观。诸阵地相距三五里七八里不一，往返奔走，疲倦之态时露，而烈日之下，皮晾为红，身体如此，良用自愧。自呼马山步至昙花寺，改乘马车，至大东门，雇人力车而归，已七时。晚饭早过，家骅夫人为作面一碗。闲谈至十一时就寝。

十五日　阴历壬午年七月初四日　星期六　晴

今日为余四十四岁生日。八时起。九时入校治事。十一时半归。昨日张清常、清徽送面来，以祝莘田与余生日。午间家骅夫妇、宝騄设鸡、牛肉、海参数事，共食之。食后午睡。下午静娴来。清常来。六时半至南丰餐室，陶百川、贺自昭、杨家麟招饮。百川主编《中央周刊》，兹宴为索稿件也。饭后谈新疆问题甚详，谓盛世才与苏联关系已断，表示尊从中央，于是延安局势亦为之丕变矣。十时归。十二时就寝。上午入校前往访杨西孟，谈物价指数。下午三时许刘康甫来，谈会计室事。晚饭后过才盛巷，小坐。

十六日　阴历七月初五日　星期日　阴

七时起。九时诣吴之椿，小坐，归。汇臣来，十时同至岗头村，乘马车，十一时到达。与树人、今甫、廉澄、大猷、君亮诸公闲谈，后在矛尘处午饭。饭后与树人、铁仙、矛尘、汇臣作麻将牌戏，迄夜三时乃罢。宿于蒋师饭厅。

十七日　阴历七月初六日　星期一　晴

八时半起。急入城。汇臣、矛尘尚在梦中，不及相呼，以前日与勉仲相约到校勘查工读生工作也。出村，坐马车入城，车夫年仅十七八，行至马村，有卡车自北至，车身触马车，后栏立折，车顶覆。余坐当栏侧，见汽车之过，急俯身得以无恙。而车顶覆，首不可伸，马经巨震逸而奔，御者不能控。余自车尾跳而下，车行疾，余及地而仆。幸先坐而身首后俯，仅右肘微去其皮，立起无他苦，步归靛花巷。置携来书籍于室，复入校。泰然告以身后皆灰土，乃易去之，略涂红药水，了无痛楚。治事毕，偕勉仲、刚如勘验工读学生筑地工作，十二时归。饭后微痛，始知右肘稍肿。昼寝，项微酸，背微硬。四时起，一切无所加，心知无大碍。莘田劝往诊视，免意外变化，从之。先诣月涵先生，五时谈毕。恐晚饭之或误，遂不寻医而归。后日昆明广播电台嘱余讲演，久允之，恐不能往，倩莘田转约李广田。十时就寝。

十八日　阴历七月初七日　星期二　晴　雨

八时起。一夜熟睡，酸痛全消，或谓仆跌者往往经夜后加重，今已无所苦，知甚轻也。余初惧脑受伤，今亦无之。九时入校。十二时归。饭后矛尘来，同诣汇臣，即归。小睡。六时赴绍穀之招，设馔于云南实业银行，同座二十馀人。今日天本大晴，多未携雨具。饭毕大雷雨，均不得归，相与杂谈。十一时雨止，而到处深溜，辗转避之，然两鞋毕浸矣。座中有中央银行潘君，谓委员长到墨斯科，又日本已与苏联开火，不知其何所据。又梁和钧谈新疆事甚详，谓盛世才年仅三十八，发全白，盖用心太过，身佩钥匙无数，凡属下之房屋桌屉均得自由启视，以恐或有不利其人之谋也。当李印泉离新疆，盛率全城文武到机场送行，既起飞，忽下令凡在场者皆下狱，虽其秘书长不免，随将政府改组，其深沉多此类。十二时就寝。

十九日　阴历七月初八日　星期三　晴　雨

七时起。八时入校治事。十二时归。校警送来自种茄子、扁豆与饭团,同人自炊,食之甘甚,似从来无此味之美也。饭后小睡。预备明日讲演纲要。暑讲会明日尚有专题演讲一次,余拟以"史地教材之补充与当前课本缺乏之救济"为题。六时至才盛巷开常委会,通过新聘教员名单,费时甚久。十时散会,归。复写讲演纲要。一时半就寝。

二十日　阴历七月初九日　星期四　晴　雨

七时起。八时入校治事。九时至师院附校为暑讲会讲演,大体以此次招生历史试卷答案之凌乱错误,证明中学生之常识丰富而观念不正确,于时间观念地理观念尤甚。此其故盖在教本教材之不能接受或不愿接受,因而主张下列三点:一、增进兴趣与了解:甲加图表模型,乙加乡土教材,丙以人物为中心;二、养成正确观念:甲注意年代于中国纪元外加西元,乙注意地理,丙注意标题,切忌比附;三、改善教材:甲减少内容,乙减少枝节问题,丙注意编次。而归结于将现行教本大加删节,此亦老生常谈也。十一时毕,复入校。十二时归。饭后大睡。四时诣月涵先生,共商职员薪俸事,讫九时始毕,留晚饭。归。与宝騄久谈。十二时就寝。干训团送来讲费四百元。

二十一日　阴历七月初十日　星期五　晴　微雨

七时起。八时入校治事。十时乘马车至大观楼,康兆民约茶话会,到孟邻师、月涵先生、今甫、芝生、光旦、逵羽、勉仲、子坚、岱孙、茀斋、端升、之椿、莘田、心恒、赣愚、来秋、同济、雪屏及鲁冀参。兆民提出问题三:一、青年烦闷问题,二、联大青年团问题,三、青年服兵役问题。孟邻师、月涵先生、之椿、子坚均发言,尤以芝生、今甫为多。一时许至陈秀山宅午饭,凡鱼五味,为类四,益以鸡枞菌、干白菌、汽锅鸡之属,大快馋吻矣。饭后复谈时许而散。附孟邻师汽车至新校舍[①],与胡蒙老商公务,四时半归。晚游泽承来。彭啸咸来。吴晓铃夫妇来辞行,明日将飞往印度矣。十二时就寝。

二十二日　阴历七月十一日　星期六　阴

七时半起。九时入校治事。十二时归。小睡。读阮修《云南通志稿》。晚邵心恒、徐毓枬[②]、陈省身、王宪钧约在玉龙堆宿舍晚饭,盛设之下,所费不赀矣。十时归。十二时就寝。

二十三日　阴历七月十二日　星期日　阴　雨

八时起。读《云南通志稿》。午饭后小睡。锡予自乡间来,长谈。六时诣李小韩,本约晚饭,以另有事,亲往辞,小谈而出。至冠生园,自昭、忠寰日内往渝[③],今乘锡予入城之便设馔祖饯。饭后同至才盛巷谒孟邻师,两君辞行也,小坐而归。读《云南通志稿》。十二时就寝。

二十四日　阴历七月十三日　星期一　雨　处暑

七时起。八时入校治事。十二时归。饭后小睡。四时诣逵羽,得教育部个二十一日电,命余与逵羽、勉仲为教育部留英公费研究生考试昆明区监试委员。勉仲离昆视察工读生工作,故与逵羽商之,明晨六时一刻同往监视,试场在工学院。六时半诣西仓坡,蒋、梅两公宴康兆民、陶百川、林同济、鲁冀参、陈雪屏。康、陶下午已飞渝,林未到,除鲁而外皆联大同人,几于聚餐矣。饮酒甚多,冀

---

①孟　原脱。

②枬　本年二月十日、二月十四日、三月八日、一九四三年十一月十四日作“楠”,馀皆作“枬”。按徐氏签名作“枬”;商务印书馆一九四九年出版徐氏《当代中国理论》,署名作“枏”;三联书店一九五七年、商务印书馆一九六三年出版徐氏所译英国凯恩斯《就业利息和货币通论》,署名作“枬”。《说文解字・木部》:“枏,梅也,从林冄声。汝阎切。”《康熙字典・木部》:“枏……或作柟,俗作楠。”

③寰　原作“環”,据一九四二年三月二十九日日记改。

参不胜，偕雪屏先去。月涵先生复出威斯忌酒，和水饮半杯。十时归。十二时就寝。洋酒惟昆明有之，威斯忌一瓶市价一千八百元，白兰地一瓶一千五百元。月涵有学生自印度来，以威斯忌两瓶为赠，今日以飨客，余阻之，月涵先生云若他客或常饮之，可不以出，今我辈或数年未见之矣，今日不出，更何待耶？雪屏云兆民今日登机，携白兰地十瓶，又洋酒二瓶。

二十五日　阴历七月十四日　星期二　雨

五时半起。六时诣逵羽，步至工学院，路经大东门，各食千张油条等为点心[①]，其价九元。抵工院已七时半，考试第一场过半矣。九时半至十二时半第二场，发卷后余欲入校治事，闻有预行警报，恐万一有警报试场秩序堪虞，乃止。在试场念及明日为先君八十冥寿，客中不能设祭，又念及若双亲在堂，吾兄弟率诸孙莱衣上寿，其欢乐不知若何也，不禁怆然欲泣。一时在望苍楼宿舍午饭。饭后与企荪、石先、蔚之诸君闲谈[②]。三时至六时考第三场。天大雨，四时归。未出院遇嘉炀，谈半小时馀，步归。晚饭后与宝騄、家骅夫人上街购物，后日舍中同人请客也。十一时归。疲甚，即寝。

二十六日　阴历七月十五日　星期三　雨

皇考府君八十冥寿。皇考生于同治二年癸亥，弃养于光绪三十一年乙巳九月十三日。七时起。八时入校治事。午思食面，藉以申庆，乃同矛尘、耘夫至昆联社各进面一盂，佐以包子。饭后两君往汇臣许打牌，余归小睡。三时往工学院监试。上午以入校未能至，以为逵羽必到，及至，则逵羽有信，亦因公不能到场也。五时全体终场，考试亦完满结束。企荪将试卷分场航空寄渝，余之工作亦毕矣。企荪约往厚德福晚饭，谢之。归舍，晚饭已过。至汇臣

①张　原作“章”。

②之　原作“芝”，据《国立西南联合大学史料·教职员卷》改。

处,同往伊甸园食面毕。归汇臣处,遂亦入局,迄十一时半。诸人不得归,竟通宵达旦。

二十七日 阴历七月十六日 星期四 雨

六时自汇臣处归,大门未启。久之,始得入,此所谓自寻苦恼也。入室即睡。九时起。十时半复睡。十二时起。午饭。再睡。四时起。一日几全在梦中,而精神初未复。四时后客来。自孟邻师主教育部以阳历八月二十七日易阴历定为孔子诞,去岁又定此日为教师节,全国放假一日以示尊崇。今日昆明市有尊师敬礼大典,余亦言之常委,由校垫发生活补助费二百元,以资点缀。舍中同人复约玉龙堆宿舍诸公及雪屏、毓棠为欢聚,所谓穷中作乐也。十时客散,余亦就寝。

二十八日 阴历七月十七日 星期五 晴 阴

七时起。八时半入校治事。与子坚等商校舍事,忘时刻,归已无饭。幸宝騄有馒头五个,佐大头菜食之。食毕大睡,四时半乃起,然起后较昨日尤为倦也。草致教育部报告监试代电,并自缮之。诣逵羽,请其盖章后发之。归饭。饭后王洁秋、孙铁仙来久谈,谈及请政府发实物事,余甚疑之。夫政府不能样样全备,必择其重要者若米、布、柴、盐数种发实而已。吾人于需用外若有馀,不能以易他物,更不能以售,纵售亦不能善价,则吾人拥此实物三五种又何以得活耶?且今日食米贷金办法,实无可议,抑且在政府视之,更属仁至义尽。本人及眷属每口按二斗一升计量,实食不完。每石以五十元计价,超出者由政府津贴,且可依市价,实有馀剩。若更求他法,亦无他利。吾人今日所求者,实为米以外之一切用品耳,但此一切用品非能样样发实者也,故必另想他法。十二时半就寝。

二十九日　阴历七月十八日　星期六　阴　晴

七时起。八时杨西孟来,谈及发实事,余以昨日之意就正之,亦以为然。今日缺米者我辈耳,米价高至九百一千,亦非买不可。若我辈有米求售,恐三百四百亦无人买,今日主张求政府每人发米三四石者或未虑及此。九时入校治事。十二时归。饭后小睡。四时诣郑秉璧,视疾痢,已痊。归。读《云南通志稿》。刘晋年、郭平凡来。膺中来。晚谒孟邻师,不值,与燕华谈久之,九时归。检《通典》。十二时就寝。

三十日　阴历七月十九日　星期日　阴

八时起。检两《唐书·地理志》《吐蕃传》及《通典》,索求有关附国材料。九时半燕华来,谓孟邻师约下乡小息,停车外[①],从之去。与舍中同人欢谈甚久。午就大猷许饭。下午与树人诸公作牌戏四圈。五时仍随车入城。携《附国地望对音》文稿来,以备油印。归舍。晚饭后,上街购物。十时归。十二时就寝。

三十一日　阴历七月二十日　星期一　晴

七时起。八时入校治事。十一时归。下午小睡。检《通典》。晚约孟邻师、燕华、月涵先生夫妇、今甫来舍便饭,皆家骅夫人所作。饭后谈至十时半乃散。十二时就寝。

八月昆明预行警报二次:九日、二十五日;一次侦察机至市空。

九月

一日　阴历壬午七月二十一日　星期二　晴

七时起。八时入校治事。校中暑假终了,以今日改上午八时

①“外”前疑脱一“于”字。

至十二时,下午二时至六时办公。十二时归舍。中午饭已过,取冷饭食之。小睡。下午本应至工学院,未往。检两《唐书·吐蕃传》。雪屏来久谈,谓中央因春间倒孔事对之误会甚深,此次参政会改组,骝先先生力保,已列入江苏省名单,后为总裁钩去。或劝之至渝表白,雪屏不顾也。六时半龚祥瑞约往晚饭,肴馔极盛,众客垂饱矣,又上鱼四尾、鸡一只、肘一个、别肴二,主人所费不赀。十时归。旧稿《附国地望与对音》前日自乡间携来,欲先付油印,初思更加改定,晚间细审一过,惟加李方叔《德隅斋画品》论《职贡图》一条,然余疑之,其详另见。十二时就寝。

二日　阴历七月二十三日　星期三　阴

七时起。八时半入校治事。十二时后归。又未及舍中饭时,购油饼二张充饥。小睡。三时入校治事,六时归。两月来下午不入校,不觉暇豫,今日乃觉劳苦,天下事大都如此。往年假期每预作课程,终无一成。今年不作预计,所得更鲜。时乎!时乎!晚在文化巷开常委会,十时散。随孟邻师诣金龙荪,上星期六自李庄返昆明者,谈甚久而还。十二时就寝。传闻重庆要人年在六十上者有五人有外遇,其少壮者更不胜数。呜呼!

三日　阴历七月二十三日　星期四　阴　雨

七时起。八时半入校治事。十二时归饭,饭后小睡。英文广播,据华盛顿消息,适之师将返国,魏道明继美大使任,其事甚怪。抗战以来,武人而外,功最大者莫逾于师,而师最忠且最宜于现职,今忽召还,而易以不学无术声名狼藉之魏道明,岂不将贻笑天下后世?四时入校,六时归。晚饭后谒孟邻师,以适之师回国事为问,始而疑,继而信,终以魏继为疑,谓或属之施肇基。且谓胡师名声太盛,遂为人忌耳。今之主事者不愿他人过之,故甲起则拔乙以敌之,乙起复拔甲、丙以敌之,终不使一人独擅盛名也。继又谈战后之思想问题，以为中国思想必将抬头，然吾侪应前瞻远瞩，为承先启后之人，不可徒返观回顾以自囿也。十时归。天忽大雨，抵靛花巷，衣屦尽湿。十二时就寝。

四日　阴历七月二十四日　星期五　阴

七时起。八时半杨西孟来。九时入校治事。十二时归。端升来，谈及适之师事，以为师在美不敷衍人，故为人所中，如颜骏人、李石曾、宋子文、顾少川诸要人往来美国者，师均未尝待以上宾之礼，故诸人亦有后言。一年来与宋尤隔膜，宋与李近，故魏继之说颇可信。端升意胡师卸职不如留美讲学，归国无事可做，在中央未必能舒展，回北大则更遭人忌，以为负气。其说甚是。钱去，小睡。四时复入校。六时归。检《元和郡县志》《通典》、两《唐书·地理志》，思更有益于吾文也。包乾元来。宋泽生来。得小禾表侄女信[1]，已有三女矣，住重庆小龙坎，作书复之。一时就寝。

五日　阴历七月二十五日　星期六　阴　雨

今日为亡室周稚眉夫人四十六岁生日。起甚晏，已九时矣。王恩治、李松筠来。心恒来。二十六年心恒在长沙购《渊鉴类函》一部，湘板纸劣，价十元，邮寄来滇所费二元馀，在蒙自以赠余[2]。余屡移居，移费且过之。书既无用，今与心恒商，托五华社售之。社为李某人所开，李前充北大研究所号房，人甚好，年近七十矣。书凡百六十本，余以询之，以为可定千六百元，亦奇闻矣，然莘田尚谓可两千馀元也。偶于书社架上见残本蒋氏《东华录》五册，索价七元。而其账上登记凡七册，询之无有。余为之清检架上，果于他架又得两册，狂喜携归。细检凡缺者：首册卷一至卷四，第七册卷

①原稿于“小禾”二字旁着一“?”。

②赠　原作“购”。

二十二至二十五，存有第二、三、四、五、六、八、九各册，至卷三十二而止。案蒋氏《东华录》共三十二卷，通行本凡八卷，余求之数年未得，北大图书馆亦无其书。北平图书馆收藏两部：一为抄本，余尝借读之，惜不忆其卷数；其馀一部不知其抄本抑刻本矣。今此书凡三十二卷，盖完本也，然何以钉为九册？若其后仍有别册，但三十二卷已及世宗之崩，其后更记何事耶？此不可解也。此书校刻尚不甚劣，书皮内有棉纸衬叶，似是西南装钉之本。虽缺两册，抄配匪难。今日无意中得此寤寐以求之书，此必吾稚眉夫人默佑之也。十时入校与月涵先生商谈，竟至一时。乃与矛尘、耘夫至京沪面馆午饭。诣汇臣，视疾。六时归。姚成玉来，询论文事。晚在伊甸园便饭。夜大雨。十二时就寝。

六日　阴历七月二十六日　星期日　雨

十时始起。未盥漱，汇臣、利彬来，约至天水塘徐大夫家。徐昨有信，余已辞之。汇臣来云人多不去，如余亦不往，徐当益难堪。徐，余之部属也，其言良然。偕之出小西门乘马车往，一小时乃达。徐已出迎半里外道侧，其情殷可知。午馔极丰腆。饭后作牌戏八圈，四时归。值大雨，幸马车有蓬障之，未淋漓满衣袖。晚饭后检蒋氏《东华录》，校雠甚差，如"靳辅"作"勒辅"、"胆"作"坦"、"议"作"仪"、"汝"作"女"之类，不一而足。又行款或倚左倚右，似是活字本也。夜与洁秋、宝騄、家骅谈甚久。十二时就寝。

七日　阴历七月二十七日　星期一　雨

七时起。检诸书。十时入校治事。雪屏来，同至昆华食堂食鱼。食毕已二时，归舍小睡。膺中、今甫、立庵来。下午未入校。检《书目答问补注》，蒋氏《东华录》有道光大字本、小字本、群玉山房活字本，余所得当为群玉山房本也。晚饭后至才盛巷，晤今甫、逵羽、君亮。十时归。十二时就寝。

八日　阴历七月二十八日　星期二　阴　白露

七时起。宝騄约食早点，面一盂，其生日也。随入校治事。十二时归饭。小睡。改论文。晚与莘田、雪屏、心恒、省身、毓枬、宪钧、晋年及家骅、祥瑞两家夫妇为宝騄祝寿于太平洋餐室，相偕而往。道经南屏街，祥瑞夫人忽见一女身着其所失大衣，乃追踪侦查，祥瑞与心恒随之。余等既至太平洋候久之，心恒来相寻，谓已召警察相诘，嘱余往保。乃随之至岗位、至派出所，均不能决，遂至五分局，余以名刺为之保证，乃归饭。其后祥瑞、心恒复自五分局至三分局，终未决也。饭后偕雪屏访绍穀，不值。至才盛巷谒孟邻师，谈至十一时。又与矛尘、逵羽小谈而归。一时乃寝。孟邻师今日电适之师，请其返校。孟邻师剖析各方面情形甚详①。

九日　阴历七月二十九日　星期三　晴

七时起。九时入校治事。一时耘夫约便饭于昆联社，饭后归。三时复校。三时半至西仓坡开校务会议，决议自十月起教职员每人发房贴一百元，以后各宿舍用费由住宿同人自理。此事为近半月以来所焦虑者，其原因：一、校中除工学院而外有宿舍十处，凡住二百六十四人，每月开支两万七千零六十二元，现在物价、房价高涨，无法维持；二、各宿舍靡费太大，无人管理，学校用费多而同人享用少；三、住宿舍者多挂名，如北门街宿舍名义上住十八人，实则常同住者止五人，每月开支一千九百八十二元，房主要求加租每间一百五十元未计入，仅依旧日租每月二百五十元计。以十八人计，每人约百元馀，若以五人计，则且合四百元矣，太不经济；四、不住校者无津贴，住校者太浪费，未免不妥；日前在岗头村景钺夫妇大骂此事。五、校中欲用昆北宿舍为一年级校舍，正一改革机会。此议前与总务处

---

①邻　原脱。

胡蒙子、事务组郭平凡及景钺、大猷诸人谈，均以为然，孟邻师、月涵先生尤力支持。雪屏以为总务处必大挨骂；岱孙以为凡识大体者必同情，挨骂可不顾；召亭谓数字如此之惊人，值得考虑。上星期常委会原则上已通过，今日更在校务会议讨论。三日来此事已遍传学校，住宿舍诸同人多表反对。然余自谓出之大公，余亦住宿舍者也，其便利身受之，固不敢以此自私，以此损及学校而不顾。昨日曾以陈孟邻师，师曰水到渠成。今日获大众之赞成，岂渠已成乎？余将谨正以待之。会散聚餐，续开常委会。会毕再开聘任委员会，无要案。会散后孟邻师得王雪艇转来适之师四日自华盛顿来电，文曰："弟出国五年，今得卸使事。四五日内离京赴乡间小住，俟检查身体能胜高飞，即回北大教书。请告同人"云云。读之大快。归。与锡予、莘田、家骅、宝騄久谈。十二时半就寝。

十日　阴历壬午八月初一日　星期四　阴　雨　晴

七时起。八时西孟来谈，谓银行界消息，十月间昆明将有重大变化，相与推测久之，莫窥其奥。军事乎？经济乎？抑政治乎？敌人乎？抑非敌人乎？九时入校治事。十二时学生姚成玉来，谈论文事，不觉至一时乃去，归已无饭。值胃不适，未食而寝。三时徐小韩率其子来。晚饭后至正义路购物。九时半归。十二时就寝。

十一日　阴历八月初二日　星期五　阴　雨　晴

七时起。八时半西孟来借米，适亦罄，约以明日。九时入校治事。十二时归。饭后小睡。三时复入校。五时半归。晚饭后谒孟邻师于才盛巷，谈甚久。自国际局势、北大前途、胡师出处以及书法、打字、英文。师出英文笔记五册，细字全满，皆近八月间所录英文名句名著也。师年五十八矣，而孜孜不息如此，不惟老辈少见，青年亦少见。前次北大校务会议时，有人提议北大教授最高薪应与清华一致,改为四百五十元。但北大支四百四十元最高薪者凡三十馀人,如全改则等于变象加薪,如局部改则难抉择。因有案年资之议,盖此事只有全加或全不加两法,若局部加必多纠纷,亦仅有年资可少争论。此事上月曾以语廉澄,当时拟定者为理院树人、霖之,文院今甫、锡予,法院枚荪、君亮、召亭,实未确定也。廉澄未表示意见。日前景钺告余,廉澄与之言甚不满,景钺亦不谓然,以为今甫来不久,霖之无成绩,不如铁仙。其后逵羽又告余,廉澄自云已函枚荪,请其来函反对。此均自私之见也。今日以陈于师,师命一律缓之。月前讨论人选时余所拟较此为多,师以馀人年资相若,一得一失,必多后言,故仅得七人,均年齿最高者也。今甫十三年回国即到北大教书,但为时不久耳。后人不知,反以资浅诋之。冤哉!若以在北大年资论,霖之第一,子水第二,召亭第三,雨秋、介泉、逵羽、今甫及余次之,膺中、铁仙、君亮尚在余之后,铁仙先为助教不计。其馀皆在二十年改革以后也。濯生、缜略稍早。十一时归。十二时就寝。

十二日　阴历八月初三日　星期六　阴

晟儿十二岁生日。七时半起。九时入校治事。十二时半偕矛尘、耘夫午饭。饭后诣汇臣。三时归。四时偕莘田至云南招待所,贺徐晓寒为子授室。八时宴毕,与雪屏、伯伦、莘田、雨僧步归。伯伦谈此次罗斯福炉边谈话未及中国一字,且四大战区亦无中国,不知何故,岂两国间有芥蒂耶?归与同舍闲谈而寝。

十三日　阴历八月初四日　星期日　阴　雨

八时始起。整理《附国地望与对音》文稿,以其中"薄缘"一段,别成《隋书西域传薄缘夷之地望与对音》一文,以纪念先君八十生日。两稿同付油印,为文科研究所油印论文之六与十九。晚至才盛巷谒孟邻师。昨日师在徐晓寒许相告将于星期三飞渝,以薛葆康来[1]，传顾一樵口信，谓部中有款一千八百万，嘱往一商分配之法也。余请师将昆明物价高涨情形附带一陈，师以为然。十时半归。十二时就寝。

十四日　阴历八月初五日　星期一　阴

七时起。九时入校治事。十二时召亭来，谓君亮因其婿入渝，有辞职入复旦大学之意，闻之甚讶。前日君亮曾至总务处，上星期一余与之同自才盛巷步归，曾无一语相告，何竟如此秘密耶？饭后小睡。三时复入校。六时归。晚饭后谒孟邻师，不值。晤逵羽、召亭，谈至十时乃归。十二时就寝。

十五日　阴历八月初六日　星期二　晴

八时起。九时至北门街九十八号访君亮[2]，不值。晤晋年、秉璧，秉璧谈君亮辞职原因甚怪：一、与召亭不融洽，前曾向召亭表示，无切实挽留意；一、岗头村公舍内同住者多闲话；一、学校取消宿舍，使之入城无归宿；一、前次蔡枢衡被法院惩戒，矛尘曾云学校应将其解聘。如此之事皆莫须有，君亮何竟以为真耶？余留一纸，欲明日更访之，以二十年之交谊切劝之。午饭后小睡。三时复入校。六时归。七时半谒孟邻师于才盛巷，久谈乃归。十二时就寝。

十六日　阴历八月初七日　星期三　晴

七时起。八时入校治事。公米储销处通知本校公米以今晨停止供给，于是本校全体师生五千馀人之食米成问题矣。急嘱李明斋往洽，无论如何必须将本月未购足之一百石购来，再议下月办法。此事本属训导处，而勉仲三日未入校，与子坚访求附属学校校舍，不得已越而代命。十二时半归。小睡。六时至才盛巷开常委

---

①葆　原作“保”，据《徐汇区志》薛氏传略改。

②亮　原脱，据下一句补。

会，孟邻师已飞渝。十时散会，归。孟邻师昨日下乡挽君亮不辞，今日逵羽亦下乡往晤之，余拟星期晨更往。十二时就寝。校中今日奉部令，委座令设奖助金以救济大学教授，联大奉到二万元，此数能救济几人哉？

十七日　阴历八月初八日　星期四　阴

七时起。八时半入校治事。十二时归。小睡。四时复入校。七时偕矛尘、耘夫饭于德禄餐室。诣汇臣。十二时归，随寝。

十八日　阴历八月初九日　星期五　晴　微云

七时起。九时入校治事。十二时出校，遇黄子坚，复挽入，与月涵先生商议校舍事。一年级新生既无教室，又无宿舍，连日为筹画移昆北教职员宿舍为学生宿舍，闻召亭言教职员方在怠迁，然已稍有眉目。附属学校本欲移至太华寺，尚未议安而附校诸人得意忘形，扬言于外，竟由龙志舟主席来函拒绝。不惟其地不可复借，且外间有种种流言，谓龙因子女未得入校，对联大深为不满，以致各地有房舍者亦不敢租与联大。子坚连日碰壁，有自建校舍之议。今日市价，丈二丈四瓦顶土墙木窗木门之屋，一间需国币二万元，单顶者亦需九千至一万元，谈何容易耶？商谈久之，毫无善策。一时半始出，午饭于京沪饭馆。二时半归舍小睡。四时膺中、心恒偕来。五时入校与勉仲查阅宿舍，学生以今日抽签移居也。校警报告有后方勤务部兵士一连欲强住昆中北院教室，余方嘱其切实劝阻，避免冲突。乃出校，过昆北，则军队已站满操场，并破南食堂之门而入矣。余召其连长刘某及□长邓某慰劳之[①]，约以两事：一、校具不得破损移出；二、星期一需腾出以便上课。两君愿负全责。两君皆湖南人，甚有礼貌，其言尤可悯，有求发慈悲之语。出诣月涵

①原于此处空阙一字。

先生报告。八时归饭。雪屏来。柳漪来。九时雪屏约往翠湖招待所饮加非,谈甚久。今日为沈阳事变十一周年,雪屏谈当日情形,不胜感慨系之。归。读《癸巳存稿》。一时半乃寝。

十九日　阴历八月初十日　星期六　晴　有云

八时起。九时入校治事。南菁中学欲以校舍相假,子坚言之月涵先生,嘱余往商,而事前无一语相告,事后亦无一语相商,不知如何交涉也。余明日本将至岗头村访君亮,乃托勉仲告子坚明日同往,否则星期一二须上课,无暇远征也。十二时归饭。诣汇臣。六时归饭。读《朱子语类》。十二时就寝。事愈乱而意愈定,人愈忙而心愈闲,今日颇思如此,差亦如此矣。

二十日　阴历八月十一日　星期日　阴

七时半起。九时半偕晋年至岗头村,子坚、勉仲先到,同访南菁学校曾主任。据言须十月二十日始满租期,现租于中法大学也,满租后当以转租于联大。午饭后于矛尘许与君亮谈,已将渝行展缓矣。与廉澄谈。检讲稿,携入城。六时归。连日军队强拉商车运树,自村出,见马车三,悉为军队所拉。不得已步行至马村,始遇一车,乘之。与车夫谈,谓拉车者多运之老营盘或大东门,皆滇军也。昆明四周圜隄古柏夹之,往时乘滇越来昆,未至十馀里,望之郁郁蓬蓬,气象甚伟。近则满隄古柏不存一株矣,皆为军士强伐以去而假祸于中央军。终日丁丁,夜载以去,或云以制棺,或云以劈柴,而竟无人干涉之、制裁之,亦可怪矣。余等既登车,见肩树兵士十馀人,携斧兵士数人,以马车满载者一,以汽车满载者一。伤哉!六时抵家。饭后读《癸巳存稿》。十二时就寝。

二十一日　阴历八月十二日　星期一　阴　微雨

七时起。七时半入校。八时举行始业式,月涵先生演说。治事。子坚偕雪屏来,致意前日未将南菁租校址事先商洽之故,大可不必也。十二时归。饭后小睡。三时复入校治事。六时谒月涵先生。归。与锡予立谈少顷。至师范学院应清常之约食面,甚饱。毓棠出示《东洋美术大展览会图录》上册,第五十五图为入道莲行所绘《东征绘传》,奈良唐招提寺所藏,盖其开山祖鉴真和尚之画传也。图中诸人席地而坐,独鉴真据椅子,其形式与今传旧式方背椅相似,非胡床也。说明谓在永仁六年,盖当元成宗大德二年。九时归。读《癸巳存稿》。十二时就寝。

二十二日　阴历八月十三日　星期二　阴

七时起。入校。十至十一时授课。今年课少,仅星期一二三第四时明清史而已,此伯伦之盛意也。课毕再至办公室,十二时归。饭后小睡。四时至工学院治事。六时至才盛巷,晤今甫、枢衡,约共出晚饭。少顷,矛尘归,主往五湖酒家,有蟹粉,有红糟鱼片,有鱼丸,尚有白菜、米粉、肉丝,一共价一百八十元。味则美矣,价实太昂。今甫强作主人,大气滂渤,不可与争,然甚不安也。饭后归,与莘田诸公谈久之。十二时就寝。日前今甫、雪屏各出旧藏书画,请绍穀为之脱手。今甫售出两条,得价万元,今日缴款。莘田晚间言之,尤愧怍。

二十三日　阴历八月十四日　星期三　阴

七时起。九时入校治事。十时至十一时授课。课毕,偕子坚至南菁学校看校舍,现时空者仅两大讲堂,馀均租之中法大学,十月末满期,余疑其不能让也。看毕,归家午饭。小睡。得从吾书,谓朱骝先、康兆民约其偕雪屏入渝,从吾不愿往而欲雪屏往,嘱余劝驾。至西仓坡访雪屏告知,雪屏亦不愿往。遇伯伦,谓志玖课无人选,嘱余慰之。入校治事。六时诣杨志玖,不值。至文化巷开常务委员会及聘任委员会,子坚提某女士为专任讲师未通过,归咎于北大聘钟开莱之未提会,余据前次议决情形请其注意。会散，与石先、筱韩又据今日外间对附校教员薪俸问题之批评促其注意，其神色甚愠。十一时归。十二时就寝。今日筱韩言日前其房东病，延女巫禳解，筱韩亲见其且祷且拜久之，忽以生鸡卵直立玻璃镜上而不倒，祷毕取之乃落，如是者两次，其理殊不可解。石先云在浙江曾见有咒筷子者，念咒后筷子能自起直立，亦不可解。月涵先生云中医以井水与河水相和，曰阴阳水，当以井水含矿质也，以雨水曰无根水，以其为蒸馏也。两者和药自相宜，其说良然。

二十四日　阴历八月十五日　星期四　阴　秋分

八时起。九时入校治事。十二时归饭。小睡。出王永兴初试试题，其论文为《中晚唐募兵制度》，凡出三题另附。晚约今甫、清常诸公来过节，设品锅一。饭后听今甫清谈，令人怀念北平不已。十时半散。检诸书。十二时而寝。今宵沉阴无月，此在团圆者或有未满，而客居者或可免思归情绪也。

二十五日　阴历八月十六日　星期五　阴　晴

七时起。九时入校治事。十二时归。饭后小睡。三时复入校。六时归。雪屏来，约往翠湖招待所晚饭，谈甚久。既出，见月色佳，复在翠湖闲步，坐石凳，谈至十一时乃归。十二时就寝。

二十六日　阴历八月十七日　星期六　晴

九时乃起。十时入校治事。十二时联大招待中国物理学会年会，月涵先生在西山未还，嘱余与石先、勉仲作主人。晤润章先生，新自渝归，谈新疆问题尚未完全解决。自盛世才四弟遇害掌兵权者，查系苏联所为，遂与苏联隔膜，以文质问，苏联复之，谓素无领土野心，并发盛之阴谋，而以全文抄送重庆。委员长见之，谓中苏邦交日笃，盛则大怒，与苏联绝，并电朱绍良通款曲，委员长乃命朱绍良、翁文灏先后往迪化。一日朱、盛决定同飞机入渝，临时盛不到场而托以病，且请委员长飞迪化。委员长未往，蒋夫人独往。其后委员长在兰州、西安、西宁居多日，盛亦未来，不审真意若何也。新疆所用国旗远望之与青天白日满地红相同，但白日仅六角，代表六大政策，非十二角也。翁在新疆问之，始改用，但亦于大会时会场上改之，余仍未改也。又朱、毛被扣之说不可信。饭后归。小睡。读《朱子语类》《癸巳存稿》。晚饭后雪屏来，同至翠湖招待所饮加非，晋年偕谈甚久，步月归。一时乃寝。

二十七日　阴历八月十八日　星期日　晴　风

昨夜不得寐，入梦甚迟，醒已十时矣。铁仙来。饭后小睡。又枨来。诣陈序经，前日自渝来昆。据云宜昌敌增兵，有窥川意。又传中央出兵新疆，苏联亦出兵，甚紧张。归。饭后至正义路理发。归。读《牧斋集》，预备讲稿。十二时就寝。

二十八日　阴历八月十九日　星期一　阴　小雨

七时起。八时半入校治事。十至十一时授课，课毕仍治事。二时乃归。食面二盂。小睡。景钺来谈。晚饭顷，饱不思食，十时至华山西路食牛肉。饮食失序，就寝甚迟，约二时矣。

二十九日　阴历八月二十日　星期二　微阴　微风

八时半始起。寒甚。十时入校授课。十一时至一时半治事。归。食面一碗，饼二张。小睡。四时步至工院，治事。六时至昆明诊所，视铁仙夫人及男孩疾。至才盛巷，晤今甫、君亮、枢衡、云浦、矛尘，同出食米线，每人各摊二十五元，可谓骇人。十一时归。与莘田诸人议舍规，靛花巷三号房舍自下月起改为联大教职员宿舍，北大办事处及北大文科研究所移才盛巷。十二时就寝。

三十日　阴历八月二十一日　星期三　晴　风

七时起。八时入校治事。十时授课，课毕仍治事。十二时归。与舍中同人开会，商今后舍中诸办法，大体决定。惟居住者少，尚有馀屋六间,其租金仍须已住者分任耳。二时小睡。四时入校治事。六时至文化巷开会,正之语众,谓自重庆来者均言各大学总务长莫不为众矢之的,正之言联大独为例外,以余以德称也。余逊愧不敢当。余待罪此职忽将三年,幸赖全校之优容,得免陨越,乌足以言以德胜哉! 且余厌此久矣,俟新生课室、宿舍,教职员宿舍一切安当,亦将辞矣。九时半归。十二时就寝。上午马学良来谈,谓禄劝镌字崖有碑,述土司历史甚详。

九月昆明无警报。

王永兴君初试试题

论文部分

论文为《中晚唐募兵制度》。

一、杜牧《原十六卫》谓:"至于开元末,愚儒奏章曰:天下文胜矣,请罢府兵。诏曰:可。武夫奏章曰:天下兵强矣,请搏四夷。诏曰:可。于是府兵内铲,边兵外作。"唐府兵之废,边兵之盛,信如是乎?

二、《旧唐书·吐蕃传》言,仪凤三年召募关内河东及诸地骁勇备御吐蕃,其时府兵未废也。白居易《折臂翁》诗言开元征戍事,段成式《酉阳杂俎》言韦皋在蜀时有左营伍伯夜为番骑缚去,伍伯念《金刚经》得脱,迟明已至家,到家五六日,行营方申其逃。其时募兵已盛矣,然则何者为经制,何者为权宜,其制度若何,演变若何,能申述之欤?

三、李德裕《公卿集议未尽处分析闻事奏》(会昌二年九月二十日):"一(公卿集议议状)又云各敕边将遣自招收,其远征戍卒,请渐令抽罢[①]。此事朝廷非不素知,只缘去年将江淮六道衣粮,召

①渐令　原脱,据李氏文集补。

募天德官健，仅经一年，更无一人应募。李忠顺请自招召，经半年只得六百人。塞上守备处召得一二千人，都未济事。戍卒如何抽罢，亦须更别陈方略。”当时招募之实如此，果何故耶？

唐史部分

一、自开元中及于天宝，钱谷之司唯务割剥，回残剩利，名目万端，《通典》六。能撮述其概否？

二、士族之衰，其故安在？

三、唐自穆宗以来八世，而为宦官所立者七君，《新书》九僖宗赞。果何由以致此耶？

十月

一日　阴历壬午八月二十二日　星期四　晴

七时起。八时入校治事。九时举行十月月会，并总点名。芝生讲演。十一时散会。一时治事毕，请矛尘父女、燕华至京沪面馆午饭。饭毕归。小睡。三时复入校。五时归。六时与莘田宴宜兴泰庄，法鲁、佩铭将往大理，共饯之。饭后往才盛巷二号公舍，晤今甫、君亮、枢衡，谈久之。十时归。十二时就寝。

二日　阴历八月二十三日　星期五　阴

七时起。八时入校治事。二时出食面而归。小睡。下午未入校。晚饭后欲写《历史上入滇通道》一文，以贻《旅行杂志》，未数行而止。与同舍杂谈。十二时就寝。

三日　阴历八月二十四日　星期六　阴　晴

七时起。八时入校治事。九时召集新生训话。十二时半归。饭后小睡。下午写文稿，迄夜，初稿成，尚待细商量也。十二时就寝。

四日　阴历八月二十五日　星期日　晴

八时起。欲改文稿，客来，不果。十二时莘田与孙福熙设馔于南开办事处，宴联大伯伦、膺中、云逵、柳漪、君培、印堂、家骅及余，雪屏、今甫以事未至，盖为《旅行杂志》索稿。谈顷，福熙忽欲组一文艺坐谈会，每周一次。吾辈非文艺家也，无人敢应。二时散。诣子坚，今日为其女作满月请茶，余以更来为苦，过其门先入贺之。归而小睡。五时雪屏来，谈至七时，偕莘田至上海粥店食薰鱼面一碗，锅贴七八个。雪屏、莘田各食馄饨一碗，锅贴共二十相若，共价七十一元，可与上星期二米线同占奇昂至誉。至五湖酒家定菜，今甫、雪屏请绍穀，酬其介绍售画至劳，一桌九百元。十时归。十二时就寝。北大办事处以今日移才盛巷。

五日　阴历八月二十六日　星期一　阴　晴

昨夜起泻一次，晨起泻一次，皆水泻，不知昨日所食何物为祟，幸仅此而止。八时入校。十至十一时授课。一时归。食面包三片。倦困，大睡。下午未入校。晚食欲甚好，知无大病。检讲稿，略改文稿。

六日　阴历八月二十七日　星期二

七时起。八时半入校治事。十至十一时授课一小时。课毕，复治事。三时离校。午饭。归寓小息。三时至西仓坡，与莆斋、培松谈北平汇款事。吴乾就论文口试，今日举行，伯伦以病未到，心恒主席，委员到从吾、芝生、德昌、辰伯、葛邦福及余。从吾与葛问较多，余仅提一二点。六时散会。自西仓坡步至才盛巷，应今甫、雪屏之召，到月涵先生夫妇、绍穀夫妇、华炽夫妇、莘田、树人、慰慈及余，馔极精腆，非前日定菜时所料也。九百之费，固甚称也。久谈，至十时乃归。十二时就寝。前数日，雪屏谈外间盛传正宣与其校中巨头作生意，移用校中巨款，初未置信，今日白龙滩看车人来告，二三两日毕派黎、金两人前往取车并易换新车胎等。此事事前一无所知，诚大奇诧之事。乃以陈之月涵先生，据告清华旧贝克车一辆，售之毕正宣，故其往取，惟更换之事则必须彻查云。又据胡蒙老云，外传其运货至西北求售，亦太不堪矣。正宣自八月一日请假三个月北旋，迄今已两月馀，既不走又不到校，尤可怪。

七日　阴历八月二十八日　星期三　阴　晴

八时起。十时入校授课。十一时下课。至西仓坡，与茀斋、培松再商北平汇款事，收付双方在平均有危险，苦无良策。惟求助于银行或稍便，托茀斋往商，后日更谈。归饭。小睡。三时入校治事。研究生代表来见，不欲移动，未允之。事务组职员与注册组职员冲突，两方来诉，解之未成。六时至文化巷开常委会，七时散。饭后坐谈，至九时乃散。矛尘自上星期六病，本星期未到校，由余兼理其事。胡蒙老今日病，请假三日，亦由余自理之。十二时就寝。

八日　阴历八月二十九日　星期四　晴

七时起。八时入校治事。雪屏来，以伯苍信相示，谓立夫有更动讯，众谈多推孟邻师。十二时半与勉仲及军训教官看昆中北院房子。一时半至伊甸园午饭。归舍小睡。三时半入校。五时归。心觉其早，意甚快，以为可作些事，结果一无所作。晚饭后史四学生石钟偕一同学来，请指导论文。石欲作南诏编年，另一人欲作明大学士制沿革，并辞之，而略举注意事项及参考书以告之。余日无读书馀晷，何敢更以自误者误人。两君怏怏而去，望其能喻吾意也。泽涵来。子水来。与同舍诸人谈。十二时就寝。

九日　阴历八月三十日　星期五　阴　雨　晴　寒露

七时起。八时半入校治事。十一时往西仓坡，遇毕正宣来谒，谓前数日汽车之事，并非掉换车胎，乃系暂时借用，而将旧胎修理。修理后即将新胎还回也，并约余往看。余嘱其还回后相告，然后往看。至清华办事处,茀斋已与金城银行商妥,可以代办划款事,但须先函沪,由沪转平,不免稍稽时日耳。此款系培松所有,欲以移之南方,凡同人在平者可以一比五划拨。十二时归饭。小睡。三时复入校。五时归。从吾云,子水告之,在重庆闻之戴雨农,立夫以任矿业银行董事一事为众指摘,有去职说。孟邻师有继任可能。昨日伯苍之信,余以为其个人想像之谈,今又闻之于另一方面,岂真有此说耶?然余意北大更重于部,若适之师不归,交之何人?枚荪、今甫固佳,但若外力太强,则不能抗矣。且孟邻师十馀年来均在外,与中央党部、国民政府诸人均无甚深之关系。值此多难,似尚非其时也。吾思师亦必不就。从吾又言,史学系毕业同学多人欲举行一座谈会,谈国史问题。从吾拟下星期请晚饭一次,共谈之,而以西南、西北文物为范围。其意甚善。晚略检《唐史》而寝,已十一时矣。

十日　阴历九月初一日　星期六　晴

今日国庆,校中放假一日,意欲休息。昨晚将案头书籍一一检束。八时起。九时半诣伯伦,视其疾已痊矣。约在其家午饭,允之。诣西孟,小坐而归。十二时再诣伯伦,饭后归。小睡。三时雪屏来,余欲至正义路闲步,一睹庆祝景象。先偕至北门街七十一号宿舍,谈甚久。雪屏留,余乃归,以时将至五时半,入市太晚也。晚饭后请宝騄及家骅夫妇至翠湖招待所食加非,谈至十时乃归,亦所以祝国寿无疆也。归而闲谈,十二时就寝。一日未尝开卷,杂思纷至,有句云"万里孤征心许国,频年多梦意怜儿",未能成篇。今日市中搜索丁壮。

十一日　阴历九月初二日　星期日　阴

八时起。九时半下乡,至小东门,乘马车至岗头村,视矛尘疾,已痊。晤君亮,明日登机赴渝矣。与树人、廉澄略谈。在矛尘家午饭。饭后乘车入城。归寓小睡。三时雪屏、心恒偕来,约访周荚生,值其四十生日,贺客满堂,且有联幛、寿糕之属。闻晚间且有歌唱,大奇。小坐即出,实不可耐也。〔自荚生处出行,金碧公道上西望见新月低弦南向,不甚明。此余第二次见初二月也。西 南 ❩ 北 东〕至冠生园晚饭,翠湖招待所饮加非而归。前次广播电台约播未往,又定于十四日,忘之矣。今日莘田相告,又得电台通知。不能再辞。原来定题为"如何写传记",余改为"谈中国之传记文学",略定大要。十二时就寝。

十二日 阴历九月初三日 星期一 阴 晴

七时起。九时入校治事。十至十一时上课。下课仍治事。二时乃归。小睡。三时复入校治事。五时归。写讲稿。十二时乃寝。仍拉壮丁。

十三日 阴历九月初四日 星期二 晴

七时起。预备功课。十时入校授课。十一时治事。一时半离校。归。写讲演稿。四时至工学院治事。六时至才盛巷北大办事处,泰然留食饺子。遇莫泮芹夫妇。十时归。写演讲稿数行而寝,已十二时。有学生二人被拉,昨日来告,以公文索回。

十四日 阴历九月初五日 星期三 晴

七时半起。十时入校授课。课毕治事。一时归。写讲稿,迄四时始毕,托马芳若送至电台,烦人代念,以晚间开会也。〔讲稿附三十二年一月日记后。〕入校治事。六时至文化巷开常委会,十时散会,归。与莘田诸公谈。十一时半就寝。强拉丁壮仍未止。保甲长有藉以取重利者,传一丁四万。

十五日 阴历九月初六日 星期四 阴 晴

八时起。九时入校治事。十二时半归。小睡。三时至南开办事处，史学系毕业同学多人座谈，从吾所召集也。到旭生、芝生、伯伦、莘田、心恒、柳漪、子水、毓棠、辰伯、丁则良、汪篯、王永兴、王玉哲、邵景洛、何鹏毓、吴乾就、季镇淮、翁同文、宋泽生、游任逵、杨志玖诸人。汪述彭篯、王永兴、丁则良、季镇淮、翁同文均发言，旭生、伯伦作答。季镇淮今日初见，语有条理，学有特见。六时半聚餐。饭后归。本欲往才盛巷，心恒来谈，不果。十二时就寝。

十六日　阴历九月初七日　星期五　阴　晴

七时半起。九时入校治事。十二时许余在月涵先生处，召亭汹汹而至，谓军训教官私启其宿舍门，将什物携出，改学生宿舍，要求学校为之恢复原状，月涵先生以嘱余。余召毛教官，询知其室已空，无床无衣被，惟馀书箱四，上书刘钧、樊养正，皆离校之人也。召亭于三日移出，而此屋空锁十日至十四日，教官乃令学生移入。余属其恢复原状，教官无言。既而勉仲来，谓教官甚有困难，约余与之偕向召亭一言。此事本与余无关，允之。而召亭言及，仍甚愤慨，必欲恢复原状始可，自云并非儿戏，不暇与之多谈。偕矛尘、秾夫至京沪面馆午饭。饭后归。小睡。四时入校。毛教官来言，二时许偕勉仲、召亭同至宿舍，并将书箱携至房门，召亭不受，必欲将学生迁出，且言锁已毁，电线已短，必须照原旧形状始可，勉仲含怒而去。教官云明日必将学生迁出，请余再为一言，并向余再三致歉。力慰之，待明晨解决而去。何必逼人太甚耶？此岂非儿戏耶？闭书箱空屋十日不开，岂公正之士所应为耶？其人余早看透矣。晚为省身祝生日，在靛花巷煮加非食之。检《云南省志》，欲完《云南通道》一文，未成。十二时就寝。

十七日　阴历九月初八日　星期六　阴　晴　雨

连日晨阴，旁午晴。今日八时起。阴尤甚，未几放晴。九时入校，仍有云。迄午忽雨，未几又晴。不似深秋天气也。上午勉仲与耘夫语言未洽，余入解之。耘夫忠于所事，对于处务甚恐不安。勉仲连日受刺激，心绪焦急。勉仲随谈昨日召亭事，一人书箱四只不迁，误学生十人十日寄宿而反振振有词。又昨日师院学生因饭费互殴，不胜痛心，有倦意。慰解再四，始复高兴，并约下午同往民、教两厅。午归遇召亭，仍以昨日不能恢复为言。至伊甸园午饭，一人十六元，如是，月且千元矣。奈何！奈何！归寓小睡。三时勉仲来，同至民政厅，访李子厚、杨体仁、万□□[①]，为学生食米事，甚圆满，允帮忙。又至教育厅访龚仲钧，不值，晤其秘书，关于昆中校舍事，亦允帮忙，乃归。读《云南省志》。十二时就寝。

十八日　阴历九月初九日　小雨

七时半起。汇臣来。八时半偕同至小东门，乘马车往岗头村。早午饭均在矛尘处，并作牌戏。午小雨，乍作乍止。五时许稍停，乃乘马车入城，入城而雨大作。九时就寝，以困思睡也。今日虽下乡而未登高。

十九日　阴历九月初十日　星期一　晴

七时起。检讲稿。九时入校治事。十至十一时上课。下课治事，至一时归。二时至西仓坡，与茀斋、正宣、世昌及物料股二人乘卡车至工院，约同机械系董教授及同学李智谟往白龙潭检查校中卡车。五时半乃毕，入城。在鸿兴楼晚饭。饭后至才盛巷，与诱衷、濯生谈，并在办公处治事。九时归。草《云南通道》文稿。十二时就寝。

二十日　阴历九月十一日　星期二　晴

显妣陆太夫人逝世三十六周年忌辰。先人遗稿悉未付梓，期以战终，虽负债必先作此。七时起。八时半入校治事。十时至十

①原于此处空阙二字。

一时上课。下课仍治事。一时半偕耘夫在伊甸园午饭。饭后归而小睡,已二时十分矣。睡中忽醒,卧听楼下人语,忽有警报之言,急起,始知预行。检什物竣而警报作,时二时五十分。偕同舍疾步至山后,倚土阜而坐。四时解除,归寓。自六月十日昆明空袭警报以后,盖已四个月又十一天未跑警报矣。草《历史上云南通道》文稿,迄夜竟之,即以纪念我慈母。一时就寝。敌机炸蒙自。

二十一日　阴历九月十二日　星期三　雨

七时半起。八时半入校治事。十时至十一时授课。下课仍治事。十时半在京沪面馆午饭。饭后归舍小睡。四时入校。五时诣严绍诚[①]。六时在南开开常委会,十时散,归。天雨骤寒,上午衣夹袍单裤,下午改衬绒袍,仍着单裤。十二时就寝。

二十二日　阴历九月十三日　星期四　雨

显考府君逝世三十七周年忌辰。七时半起。九时入校治事。一时事毕,至京沪面馆午饭。饭后归舍。昼寝过久,头微痛,下午不再入校。检《云南通志》,欲写《关于夷民译名问题》一文。近人喜以从"犬"之字改为从"人",以易通行之字,此矫枉过正之举。余以为不如译音用本字之为愈。十二时就寝。

二十三日　阴历九月十四日　星期五　阴

两日淫雨,今日复阴,寒甚。七时半起。九时入校治事。一时在京沪面馆午饭,饭后归寓小睡。泽涵来。五时诣汇臣处,晋年作炸酱面以飨大众。十一时归即寝,以无灯也。

二十四日　阴历九月十五日　星期六　阴　晴　霜降

晨阴,有雨意,寒甚,加羊毛背心,并改着夹裤。九时入校治事。十一时五十分空袭警报,至山后席地坐。太阳稍出,幸不冷。

---

①诚　原作"程",据一九三八年五月二十日日记改。

此所谓山后者,新校舍后之北有二山,此前山之北麓也。往时多至后山之南麓,其间相距约十五分钟之程。近顷以我方空防固,故不远行也。久之无消息,乃至地坛史学系,复归新校舍,诸室均锁,惟汇臣室门开。见其案头有《袁屏山先生纪念集》,读之既尽,解除号亦作矣,时二时。余物尚在办公室内,候久之,无人来。乃诣薛德成,借钥匙取出。至伊甸园午饭,饭后至汇臣处作牌戏。晚在大西门食羊肉。十一时归。十二时就寝。

二十五日　阴历九月十六日　星期日　晴

八时起。子坚来,谈请本校在中法兼课教授晚饭事,欲余于席散后进一言,于公于私皆不可却,然知未必有效也。作书上孟邻师重庆,谈校事,并微陈早旋之宜,盖为外传任教育部长故也。午饭后小睡。三时有预行警报,未出。四时解除。作书致肃文成都,劝其返昆。读《梅村家藏稿》,剌其有关清初史诗,备演讲之用。莘田、心恒主持文史专题十四讲,欲余参加。余欲讲清初汉化问题,而不愿现之于题,莘田为拟“清初文化之调融”,尚未定。十二时就寝。竟日未出门。今日敌机复炸蒙自。

二十六日　阴历九月十七日　星期一　阴

七时半起。舍中工人不辞而去,一切自为之。汲井盥漱,亦饶逸兴。十时入校授课,十一时下课,治事。一时归。小睡。三时至西仓坡开贷金委员会,晤吴辰伯于门首,知张荫麟于前日病逝遵义。年少笃敏之士,竟尔奄化,不胜悲怆。六时贷金会毕。至文化巷南开办事处公宴,主人余与勉仲、子坚,客人到心恒、秉璧、祥瑞、又之、清常,未到者膺中、承植及某君。谈中法与联大争租南菁校舍事,仅心恒、秉璧、清常发言。大体谓与中法主持人不相熟,无从晋言。秉璧微露中法若迁黄土坡,彼即不复兼课意。竟无结果也。九时半散。与秉璧、心恒同行。秉璧嫌请客之晚,谓中法已上课,何能更迁，除用武力逐中法而外，惟有更觅他处耳。心恒亦谓难迁，则此事恐难于同人中觅妥协之法也。子坚平日于不知不觉间得罪人，心恒、秉璧皆言，如请帖未列余名必不到，余愧谢之。前年秉璧穷甚，托锡予介绍其夫人于附属学校，子坚以夫妇不能同校教书拒之，秉璧夫人乃往同济大学任教。其后子坚请泽涵之夫人、家骅之夫人、胡毅之夫人、田意之夫人，均同校也，故秉璧甚咸之[①]。又前年式刚欲入附校，膺中托之子坚，子坚属其在静候考期[②]，届时子坚忘之，式刚竟至无校可入，膺中对之亦极不满也。十一时就寝。缀裤。

二十七日　阴历九月十八日　星期二　晴　风

七时半起。八时半入校治事。十至十一授课。十二时半治事毕，归。小睡。二时起，有预行警报。读《宋元学案》。四时解除预警。至工学院，途遇膺中，谓昨因伤风未到。与施嘉炀谈甚久，谓孟邻师在渝赁室，以蒋太太将在银行任事也。甚可怪。蒋太太在渝任事，对孟邻师物质方面所益甚少，而精神方面所失实多也。前些时在昆欲觅工作，余力阻之。今莫能为力。奈何！六时至才盛巷，泰然约食饺子，与矛尘、濯生谈。九时归。《朝报》消息，今日敌机分炸保山、蒙自。勉仲来，谈购米事。读《明史》及《东华录》。十二时就寝。

二十八日　阴历九月十九日　星期三　晴

七时半起。十时入校授课。十一时治事。一时一刻归。经云大，似见五华山水塔悬红球，目力素差，不敢自信。出云大校门，安静如常。归而午饭，并与子水、伯蕃谈[③]。二时半昼寝。两

---

①咸　疑当作“衔”。

②“在”字疑衍，或“在”下脱一“家”字。

③蕃　原作“藩”，本年十一月二日、十四日、十五日、十二月十六日、十七日、十八日、三十一日、一九四四年二月十日、六月三日、十七日同，据一九四四年一月六日日记改。

日来鼻微塞，似将伤风，又倦甚，睡至五时乃起。胡蒙子来。六时至文化巷开常委会，始知确有预行警报，四时始解除。不惟余未知，靛花巷全舍均未知也。常委会无要案，听嘉炀谈重庆事甚多。八时半归舍中，无一人，乃出理发。归。读《梅村集》。十二时就寝。

二十九日　阴历九月二十日　星期四　晴

八时起。九时入校治事。一时偕耘夫请矛尘父女及燕华在京沪面馆食饼。食毕归。小睡。晚景钺约食面，盛设，疑其生日也。谈久之，乃归。读《广阳杂记》。十二时就寝。

三十日　阴历九月二十一日　星期五　晴

八时起。九时入校治事。一时归。连日晴，天气复暖。午间夹袍夹裤，且汗出矣。临出校，与月涵先生查验汽油。归而小睡。三时复入校，再查汽油。校中自安宁购米二百石，今日到，派校警往守。晚在德禄食面。诣汇臣。十一时归。十二时就寝。

三十一日　阴历九月二十二日　星期六　晴

七时起。王迅中来，谈重庆事甚久，孔、陈皆有下台讯。十时半入校。一时归。以皮蛋二枚佐面包食之，此价之最廉者，亦七元五角也。舍中修理门，不能午睡。读《东华录》，迄十二时乃寝。下午子水来，泽涵来，承谔来。

十月份昆明空袭警报二次：二十日、二十四日；预行警报三次：二十五日、二十七日、二十八日。均未至市空。

十一月

一日　阴历九月二十三日　星期日　雨　冷

昨夜沉睡，八时一刻尚未醒。绍穀来，惊觉，急入校，以九时开成立五年纪念并举行月会也。月涵先生主席,报告校史甚详。报告毕,请茅以昇讲演。十一时散会,归。晨出急遽,未加厚衣,觉寒甚,乃易衬绒袍。出北门,乘马车至岗头村。午间矛尘请客,有绍穀夫妇及胡某夫妇,矛尘之姻娅也。谈及孟邻师作运输生意,所获巨万,此谰言也。余从师二十年,深知其洁廉守法,必不为此也。与树人诸人作牌戏。晚仍食于矛尘。寒甚,诸人皆衣裘矣。

二日　阴历九月二十四日　星期一　雨

今日校中补放假一日。七时入城,宿舍修缮门户,尘土飞扬。昼寝。严绍诚来谈。晚约家骅夫妇、宝騄、伯蕃兄妹在经济食堂晚饭。饭后至才盛巷。十时归。十一时就寝。

三日　阴历九月二十五日　星期二　阴

七时半起。预备功课。十时入校授课。十一时治事。一时半在京沪面馆食饼。食毕,归舍小睡。五时诣蒙子,视其疾。至才盛巷,十时归。十二时就寝。

四日　阴历九月二十六日　星期三　雨

七时起。九时入校治事。十时上课。十一时下课。一时半在京沪面馆午饭。饭后归。收拾书籍及屋子。三时入校。五时至南开办事处,与正之、石先、芝生诸君谈战局,均以为明年必胜矣,快甚。九时始开常务委员会,允武之辞算学系主任,以泽涵代,余争之甚力,终无效。算学系事难办,暑假时问题尤多。泽涵绝不愿作,向余求援,竟未能报命,殊愧。十时归。十二时就寝。

五日　阴历九月二十七日　星期四　雨

八时起。九时入校治事。一时在京沪面馆食面,有汇臣、耘夫、莘田、矛尘父女、蒋燕华、梅祖杉,余作东道。饭后归。收拾屋子。三时入校。得孟邻师三日手书,谓十一日可归。回部之说虽盛,实无其事,即有之,亦必谢绝。并谓“此后将馀年尽用之于求学与办北大两事”。又言日前与委员长作长谈,以联大同人困苦,拨奖助金二十万,已交到矣。五时视尹辅疾。归。理书。治校事。十二时就寝。

六日　阴历九月二十八日　星期五　雨

七时半起。九时入校治事。十二时半在京沪面馆午饭,莘田作东道。归家小睡。三时复入校治事。五时偕勉仲至省政府访刘参谋长,不值,又访军法处长,不值,为刘镇时案覆文事也。校中送全卷,并请对刘主任随传随到。至才盛巷办公。知今甫归,未遇。十时归。读《金史》。十二时就寝。连日雨,青云街泥泞不堪,晚归,仅免于滑倒。

七日　阴历九月二十九日　星期六　阴

七时起。八时入校治事。十时得月涵先生条,嘱招待程其保、萧弘毅参观。少顷来,并偕有安女士,不知何许人。与勉仲导之看学生饭厅、宿舍、校医室。十二时在西仓坡公宴之,安女士亦到,尤可怪。东道主为中央研究院工程、化学、天文三所及云大、联大五机关首长,余与蒂斋、勉仲陪。二时半席散,归。小睡。读《金史》。晚在登鸿园饭。诣汇臣。十二时就寝。

八日　阴历壬午年十月初一　星期日　阴　晴　阴　立冬

八时起。读《金史》,刺女真旧俗。午在德禄便饭。小睡。读《金史》。晚至才盛巷,晤枚荪。今午始自渝飞来,谈甚久。十时归。十二时就寝。

九日　阴历十月初二日　星期一　雨

七时起。九时入校治事,忙甚,竟未闻上课铃,又无表,心觉其异,询之已十时半矣。致旷课一堂,殊怏怏。十二时云浦、铁仙同饭于京沪。云浦欲往四川大学,来告原委,并欲余为之解释。饭毕,至南开办事处询下午请客时间。归欲睡,未入梦。三时复入校。六时至南开办事处,宴昆中及工校负责人,为校舍事也。席间徐述先谈日前程其保参观昆中,于学生上课,停止教员讲述,而训诫学生,指摘教员,几激起群众义愤,怏怏而去之事。当学生面指摘教员,本不合教育原理,此公学教育者,何致如此？闻当时教员周某呼噪甚高,程欲与之一谈,遭拒绝。十时散,归。读《东华录》。十二时就寝。今日乍晴乍雨,雨阵而止。

十日　阴历十月初三日　星期二　雨

七时半起。九时入校治事。十至十一时上课。十二时半归。小睡。三时至工学院治事。六时至才盛巷治事。九时归。读《东华录》。十二时就寝。

十一日　阴历十月初四日　星期三　阴　晴

七时半起。九时入校治事。十时至十一时上课。查学校清洁并修路工作。一时在京沪面馆午饭。二时诣汇臣。四时归。检书籍。七时在米线店食米线。再诣汇臣。

十二日　阴历十月初五日　星期四　阴　晴

九时开纪念会,八时半始起,急入校,至昆中北食堂开会。月涵先生主席,枚荪讲演废除不平等条约之时代意义,十时半散会。至昆中一年级宿舍查视。归宿舍小憩。十二时至南开办事处,联大党部请客,到枚荪、今甫、伯伦、莘田、柳漪、石先、雪屏、月涵诸公,主人则从吾、信忠也。谈至三时始散。枚荪、今甫述重庆事甚详,参政会时颉刚质问增设大学,陈立夫遂疑骝先一派将倒之[①]。枚荪谈及朱森一案,立夫又以为欲倒之,疑北大有计画之行动也,甚可笑。归舍小睡。四时至才盛巷谒孟邻师,今午始下飞机,谈至九时始归。与同舍杂谈,至十二时就寝。

---

①骝　原作"骅"。按朱家骅字骝先。

十三日　阴历十月初六日　星期五　阴

七时起。九时入校治事。午莘田约在京沪面馆便饭，饭后归。小睡。三时再入校。五时归。晚开常委会。至才盛巷谒孟邻师。十时归，就寝。

十四日　阴历十月初七日　星期六　晴

七时起。九时入校治事。十二时半约张清常、严倚云食饺子，与莘田共作主人。饭后归。小睡。读《东华录》，备演讲稿。晚饭后偕伯蕃诣汇臣。十二时归寝。

十五日　阴历十月初八日　星期日　晴

七时起。读《东华录》。十时偕伯蕃、承谔、重衡乘马车至岗头村①，先至大猷家，再至公舍取讲稿，复返大猷家午饭。饭后又约多人茶会，谈甚欢。五时入城。六时抵寓。七时至南京经济食堂便饭，有莘田、宝騄、省身及家骅夫妇。饭后至才盛巷谒孟邻师，谈甚久。十一时归。十二时半就寝。

十六日　阴历十月初九日　星期一　晴

七时起。九时入校治事。十至十一时上课，课毕仍治事②。十二时半在京沪食堂食面，毕，归。小睡。读《东华录》。景初自大理归，见过，谈甚久，同往南京经济食堂进餐毕。至才盛巷，九时半归。读《东华录》。十二时就寝。

十七日　阴历十月初十日　星期二　晴

七时起。九时入校治事。十时授课一堂。午在京沪食面。归舍小睡。三时复入校。五时至才盛巷，偕诱衷、矛尘在光美晚饭。饭后再至才盛巷，复诣汇臣。十二时就寝。离平迄今五周年矣。

---

①重　原作"仲"，本年十二月三日、一九四四年十一月三日、一九四五年二月十二日、七月二十一日同，据《国立西南联合大学史料·教职员卷》改。

②毕　原脱。

十八日　阴历十月十一日　星期三　晴

七时起。八时入校治事。十至十一时上课。十二时至文化巷南开办事处开会,讨论合作社事。三时半散。四时续开校内兼职应否兼薪小组会议,此上周常委会所提出,命余召集枚荪、芝生、嘉炀、石先讨论之,咸不以兼薪为然。六时续开常委会,以两会情形报告,十时散会。一日三会,他事皆废。十二时就寝。

十九日　阴历十月十二日　星期四　晴

八时起。九时入校治事。一时在京沪饭馆午饭[①]。归舍小睡。三时入校,五时归。晚在红叶社饭。归。读《东华录》《大清会典》诸书,摘清初风俗材料备讲演之用。十二时就寝。

二十日　阴历十月十三日　星期五　晴

七时起。九时入校治事。一时归。小睡。三时复入校。五时归。七时从吾为文科研究所讲"匈奴父死妻其后母之演变"。九时散,归。读《东华录》。十二时就寝。

二十一日　阴历十月十四日　星期六　晴

七时起。九时入校治事。朱道丰来,仲夔先生之仲子也。仲夔为先岳父周向丹先生之旧交,往时在平与亡室过从甚频,十二年未见矣。暑假中工学院学生遇之,谈及余,故今日来访。现为滇缅铁路工程师,来滇四年,已娶,有子。仲夔犹健在,居泰州,长子侍之。自稚眉夫人之亡,未尝一晤其家人亲眷。今日见道丰,以稚眉逝世告之,不禁泫然。午约其在红叶社便饭。归舍小睡。读《东华录》。六时复在红叶社晚饭,饭后诣汇臣。十二时就寝。

二十二日　阴历十月十五日　星期日　晴

竟日未出门。读《东华录》《大清会典》等。晚任凤台约在建

---

①饭　原作"馆"。

南公司晚饭，有学生臧君新自北平来，谈甚久。九时至才盛巷，一人未遇而归。十二时就寝。

二十三日　阴历十月十六日　星期一　晴

今日三弟生日。八时起。十时入校授课，课毕治事。二时半偕耘夫午饭。归舍小睡。三时复入校。五时归。读《东华录》。十二时就寝。

二十四日　阴历十月十七日　星期二　晴

七时起。九时入校治事。十时授明清史一堂。一时在京沪面馆午饭。归舍小睡。四时欲至工学院，见巷口新设杂文斋，有《藏修书屋丛书》零种，选《昭代名人尺牍小传》一种，《张氏四种》一种，又活字本《贰臣传》一种。《小传》三十元，《四种》十五元，《贰臣传》八十元。此在北平书肆，合之不须二元也。选书较久，不复至工院。至才盛巷办公，并与孟邻师作长密谈，辞参政会秘书长之经过，不赴美之原因，太平洋国际学会代表之产生，某秘书之派遣，委曲宛转，固非易也。师言适之师之去职，原动力尚不明，惟魏伯聪之继任则出之委座，盖老年人之用人，必求素知者，魏熟而施生，故用魏而舍施。此次太平洋代表之用施，则宋子文先言之于委座，而孔庸之赞成之。或先言之于孔，而孔言之于委座，亦未可知。而孔之赞施，则以不愿蒋廷黼之作代表而离政务处耳。十时半归。读《东华录》。十二时半就寝。

二十五日　阴历十月十八日　星期三　晴　风

七时起。九时入校治事。十至十一时授课。十二时至南开办事处开合作社筹备会，二时半归。小睡。三时半入校。六时复至南开开常委会，十时归。读《东华录》。十二时就寝。

二十六日　阴历十月十九日　星期四　晴　风

八时起。九时入校治事。一时午饭，饭毕归。小睡。四时至昆北北食堂开教授会，由孟邻师报告接洽同人生活救济办法经过，并选举校务会议代表。召亭提议再呈教育部请求补助，无人附议而罢。散会，复开各长各主任会议，讨论同人公费事，推岱孙主席。余报告奉部令各长自七月起各给特别办公费六百元，系主任三百元，召亭主接受，以补助主任因公赔垫，莘田驳之。雪屏言他校皆受，本校独否，有无问题；奚若力持不可；树人以为此事无需讨论，只有拒绝一条路而已。遂推莘田、芝生、奚若起草上常委书，表示不受而散。归舍晚饭。诣汇臣。读《东华录》。十二时半就寝。

二十七日　阴历十月二十日　星期五　晴　风

八时起。九时入校治事。十二时半归。小睡。三时复入校。五时归。七时至昆北食堂，心恒讲“元曲中之社会状况”，盖驳贺昌群说，甚精。九时归。读《东华录》。一时就寝。

二十八日　阴历十月二十一日　星期六　晴　风

八时起。九时入校治事。茀斋来，以后日必须发薪，向联大求拨二十万。联大本月发薪尚差六十四万，幸昨日下午汇到六十五万，更何力以援？清华初允之五万，请其向银行自筹十五万，呶呶不已，加至十五万始去。同属无钱，同属向外借贷，而急急相逼，果何意耶？若谓应领之款，则联大收到而未拨北大者不仅二十万也。十二时偕勉仲视察校内卫生。一时归舍，食面包。诣泽涵，视疾。理发。读《东华录》，摘讲材。景初来。六时与宝騄、莘田至南京食堂晚饭。饭后至才盛巷，孟邻师伤风早睡，未晤。与泰然、叔范谈少顷，归。读《东华录》，至一时乃寝。

二十九日　阴历十月二十二日　星期日　晴　风

八时起。读《东华录》。得廉致侄书，知大女入伪北大西洋文学系，二女入光华女中高三，昌儿在盛新中学高一，惟未言晟儿、昜儿学校，且未提及晟儿，不知何故。年馀无儿辈书矣，得此念过于慰也[①]。午在京沪饭。小睡。读《东华录》。四时半谒孟邻师，谈甚久，并留饭。八时归。仍读《东华录》，摘讲稿材料差备，明日可编缀成章矣。一时半就寝。闻敌有全面进攻之讯，湘北、滇西、川东、豫北均紧。此或其抽调军队以援南澳，故作攻势，或欲在华小胜以振挽海军大败之心理。否则志在米谷物资而已，料其终无大志，难有功也。苟敌果有进兵之意，亦不过以德国军事失败，欲多占我国土地[②]，为求和地步而已。

三十日　阴历十月二十三日　星期一　晴　风

八时起。十时入校授课。十一时治事。一时归。小睡。三时入校。五时归。与锡予、莘田谈。诣汇臣，不值，晤高崇熙。读《金史》。一时半就寝。

十一月昆明无警报。

十二月

一日　阴历壬午十月二十四日　星期二　晴　风

七时起。九时开国民月会，入校参加，十时半散会。课停未上。十二时半归。小睡。三时步至工学院。四时半举行月会，五时半散。六时至才盛巷，孟邻师备便饭，约公舍同人商用水及煤炭电灯事。九时归。检《金史》。十二时就寝。端升谈明年四月欧战可胜矣，但不知德国有无其他企图耳。

①得此念过于慰也　原稿如此。

②占　原作"沾"。

二日　阴历十月二十五日　星期三　晴　风

连日上午九时半以后必风,及暮而止,又至风季矣。晨七时起。八时半入校治事。九时半有多人来。十至十一时授课。十二时半归。饭后小睡。三时复入校。五时半至文化巷开常务委员会。九时归。读《会典》《明史》。十二时半就寝。

三日　阴历十月二十六日　星期四　晴

八时起。九时半入校。与景钺谈。霍重衡来。十二时归。泰然来。三时至文化巷开合作社会。四时至北门街七十一号开檀香山奖金委员会。五时半归。六时至文化巷公宴雪屏,祝其生日,食牛肉,饭后莘田唱数支。九时归。重衡来,同至翠湖北路二十号宿舍访高伯衡,不值,归。读《清太祖实录》。十二时半就寝。

四日　阴历十月二十七日　星期五　晴

七时半起。九时半入校治事。十二时半在京沪面馆午饭。饭后还宿舍小睡。整理八日讲稿。四时勉仲来,约往民政厅交涉公案,以张素痴追悼会先往参加,散会过迟,不及更往民政厅矣。归舍,诸公欲往美的食堂食饼,从之。食毕至才盛巷。九时半归。检《金史》。夜微雨,有细风。一时就寝。

五日　阴历十月二十八日　星期六　阴　寒

八时起。九时入校治事。英议会来华访问团本定今日到昆明,校中后日请讲演,因故展缓一日,一切均须更张矣。十二时半在京沪午饭。归而小睡。经利彬来,约诣汇臣。晚在德禄便饭。十一时归。检《金史》。一时就寝。

六日　阴历十月二十九日　星期日　阴　晴

八时起。排列讲演内容次序。铁仙来。勉仲偕学生来。泽涵来。午饭后小睡。六时至南开办事处。前两周请工院同学将学校汽车自白龙潭移至校内,今日设馔以劳之。八时归。检《东华录》。

十二时就寝。

七日　阴历十月三十日　星期一　雨

七时起。八时入校治事。十时授课。一时半归。小睡。三时再入校。五时归。英议会访华团昨日到昆明,明日来校讲演,招待诸事一一须亲自照顾,全校清洁复须督促,以故忙甚。晚至才盛巷。十时归。检明日讲稿。十二时就寝。

八日　阴历壬午十一月初一日　星期二　雨　大雪节

六时半起。即入校。访华团本定九时半来校讲演,即于露天行之。今晨雨大,乃督员工于图书馆内布置。讲演前尚须参观,而图书馆在必看之列,不能不酌留桌椅,于是大费周章。正忙碌中,得月涵先生通知,改十一时一刻,而雨亦渐止。十一时半访华团员二人来,尚有二人未至,由顾少川导之,讲演四十五分钟而毕。学生复强少川讲,少川匆忙中说三数分钟。十五六年未见,少川老矣,然风采犹昔也。十二时半散。仅环步校中通道而出,未及参观也。一时至京沪进午膳。归而小睡。下午检讲稿。六时半心恒来,偕至昆中北食堂讲演,心恒主席。讲题本定"清初文化之调融",余初拟分六节:一、满洲未称帝前所保留之女真文化成分,二、满洲入关前所沾染之汉文化,三、满洲入关前后所提倡之汉化,四、清初诸帝与汉文汉化,五、入关后所行之汉化,六、入关后对于满化之恢复。其后以内容太繁,改讲"清初几种礼俗之演变",分六节:一、渔猎,二、祭天堂子附,三、丧葬殉葬及丹旐附,四、婚聘清初无服尊卑通婚附,五、剃发剃发祸附,六、冠服冠服之祸附。今日所讲者是也。未立稿,有学生笔记。九时散,归。天寒甚。十一时就寝。

九日　阴历十一月初二日　星期三　雨　寒

七时起。九时入校治事。十至十一时授课。十二时半归。小睡。三时复入校开会。五时归。七时偕莘田至南区第□教室参加国文系讨论会①。今日王志毅讲侯方域，其于明代世局、士习、文风均有谈述，惜其未能深入，乃为叙明代结社风气之三变、讲学、会文、炫豪。党社分野之错综及清初有明遗老之生活与环境，不觉言之过长。及散，且十一时矣。归舍小息而寝。

十日　阴历十一月初三日　雹　雪　雨　晴　寒

七时起。雪甚大，片片而下，似在北地，入滇以来所未见也。惜落地化水不凝耳。或云夜雨，继以雹，其后乃落雪。九时雪止而雨。入校，见陲山有雪，颇似北方残雪而西山无之，或因距昆明较远耳。午后放晴。归舍小睡。三时入校。五时至南开办事处，由序经、石先、正之、芝生、勉仲、子坚、嘉炀及余具名请同人便饭，商生活问题②。到奚若、端升、枚荪、召亭、莘田、小韩、广喆、华炽、雪屏、西孟、省身、景钺、伯伦、岱孙、继侗、昭抡，大体皆主不必多发宏论而求实际，只向当局申诉，不必宣传。惟召亭主在报纸发表，争辩甚烈。其后仍决定不宣传，不登报，惟将昆明物价情形陈之当局。十时散，归，即寝。

十一日　阴历十一月初四日　星期五　阴　寒

八时始起，连朝倦矣。九时半入校治事。十二时半归。小睡。下午未入校。莘田嘱为其《恬厂语文论著甲集》作序，略定腹稿，未暇写。晚家骅夫妇约在厚德福食涮羊肉，食毕，本欲至才盛巷，以天寒不果。九时半归。稍谈即就寝。

十二日　阴历十一月初五日　星期六　阴　寒

七时起。八时半入校治事。闻滇西、滇南敌蠢动，然度其无大力也。十二时半归。午睡甚久。欲为《恬厂集》作序，未果。晚饭后诣为申。十二时就寝。

---

①原于此处空阙一字。

②题　原作“活”。

十三日　阴历十一月初六日　星期日　阴　晴

起甚迟，且九时矣。泰然来。读《桃花扇》。下午大睡。三时半为雪屏唤醒，畅谈，从吾亦自宜良归。姚成玉来谈论文。午睡。风吹窗开，直贯卧处，欲关窗，又懒于起。亘二时馀，大受风侵。晚食鸡，遂觉头痛微嗽，一嗽而头震愈痛。余素不畏疾，今乃畏之。向宝騄索 Aspirin 一丸，向莘田借大衣一件，服后加覆而寝，仅十时半耳。

十四日　阴历十一月初七日　星期一　晴

昨日眠甚好。八时起。十时入校，欲上课。至课室，觉周身酸楚乃停。至办公室，告同人今日不办公而归。遇锡老，嘱求校医给 Aspirin 若干。乃同诣徐大夫，未诊视，略询数语，给药六包，嘱分两日食之。归舍翻书。午食面包三片。食后觉胃满涨，打嗝，不知是食药后反应否。午睡不佳，头仍微痛，觉倦，似有烧。午间胃好而多嗝，晚遂不进食，加被而寝，燥甚。

十五日　阴历十一月初八日　星期二　晴

昨眠尚好，惟今日仍觉倦。八时起。十时入校治事，上课如常。一时归。下午未入校。四时至才盛巷。晚在孟邻师处饭。午未食，晚食甚多，步归，亦无所苦。寝后燥甚，恐发烧矣。打嗝不已①。

十六日　阴历十一月初九日　星期三　晴

八时起。昨眠不佳，中醒者约一二时。十时勉仲来。至校授课，甚吃力。下课，觉酸楚，乃就刚如诊之。谓尚无大热，开一疏表剂：淡豆豉四钱，川柏花钱五，苏梗二钱，桑叶三钱，荆芥穗二钱，薄荷二钱，葱白三枚，生姜三片。三十年来仅食汤药两次：一次在十

①嗝　原作“膈”，后多有同者，俱改之，不另出校。

五年于北平，因中煤发高烧；一次在十八年于杭州，因咳嗽恐转冬瘟。此次似尚无必要，但畏有他变耳。诊后即归。子水大不谓然，以中医不可信耳。余以所开数药尚平稳，重违子水意，托又之往购之。下午睡太酣。食藕粉一碗，仍不时作嗝，头间作痛，脸色红似作烧。六时许借伯藩体温表试之，三十七度二。饮刚如药后即寝。未晚饭。

十七日　阴历十一月初十日①　星期四　晴　风

昨日八时睡，今日五时醒。睡尚适，随又睡。睡醒试体温，仍如昨，但自觉轻快多矣，但未发汗耳。既而又睡，睡醒约九时半。试体温，三十六度九，稍降矣。仍作嗝，头间痛。午食稀粥二碗。复睡。四时始起。虽睡而未熟，觉不适。饮水后作嗝不已，头痛较甚。五时半以后稍好。试体温，又降为三十六度七。七时进汤面两碗。胃口甚好，不敢多食。食后精神益振。乃提笔写十三日午睡以后日记，尚不觉苦。头痛已不甚觉，惟作嗝仍多。体温既复常，知非伤寒等病，明日可服胃病药矣。今日北大纪念日，设宴才盛巷，以疾未赴。午胡蒙老来视疾，未见，以睡故也。五时志玖、矛尘、耘夫来视。晚雪屏来视。同舍莘田、家骅、宝騄、伯蕃尤殷殷。今午稀粥、晚汤面均袁太太作，甚可感。十一时就寝，体温三十七度一。下午稍有大便。

十八日　阴历十一月十一日　星期五　晴

昨日饮茶多，不能入寐。口燥又不得水，觉有高烧，作嗝不已，屁多，苦甚。又似畏寒，但不剧。心疑破伤风，又恐伤寒。神经极乱。被中食橘子三枚。烦躁中得句云："人事有疾徐，情谊无亲疏。桃李街东西，同沾雨与露。田禾连阡陌，霆雹远近殊。□□□□□，

①十七日阴历十一月初十日　原作"十八日阴历十一月十一日"。

□□□□□。两句不复忆。大哉夫子道，忠恕有坦途。”得句甚速。亦不自知命意之所在。又有句云：“漏尽鼠无迹，天寒鸟忘晨。张灯药铛见，不敢忆家人。”本为五律，今仅忆四句矣，首句似为“四远静无声”。六时醒。七时起。托刘伯蕃请徐校医来诊并验血。枚荪来。八时试体温，大增，急复卧。泰然来。徐大夫来诊，谓脾脏未肿，非伤寒，似斑疹伤寒。〔斑疹伤寒所谓 typhus 也，在外省为大病，在昆明则较轻，伤寒所谓 typhoid 也。〕嘱静养，未予药。在左耳取血而去。少顷，又派看护来，于左手中指取血。包尹辅来视疾，馈牛乳两罐。胡蒙老来，梅月涵先生来，蒋孟邻师来，均视疾。晚九时，泰然复来，谓与孟邻师商，命余移住才盛巷二号，较便也，明早十时派汽车来接。随即入睡。屁多嗝多[①]。今日温度如下：上午六时三八.四°，八时三八.九°，下午二时三九.五°，下午六时三八.三°，九时三八.三°。今日无大便。旁晚，徐大夫送来加斯加拉三粒。晚服其一。一月四日补记。

十九日　阴历十一月十二日　星期六　晴

晨五时泻一次。余决暂不移动。托任又之送信告泰然，未达，而十时半已派老周随汽车来接，矛尘偕来。余谢之，匆匆而去。十时又泻一次。十二时郑校医来诊，未予药。下午尹辅来。沈刚如来，为诊脉，并开一方。尹辅为购来，未食。蒙子来。竟日未起。大便亦在床上。晚徐大夫来，谓验血白血球七千八百馀，非伤寒，非疟疾，必斑疹伤寒也。仍未予药。晚服加斯加拉一粒。屁仍多，嗝不绝。本日温度如下：上午五时三七.四°，十时三七.九°，下午一时三七.九°，三时三八.二°，八时三八.五°，汗，病后始汗。下午十一时三七.八°。一月四日补记。饮水甚多，意欲减烧也。

---

①“屁多嗝多”原写于“今日温度如下”之下，依十九日例移前。

毅生先生 二诊　　三十一年十二月十九日

前予疏表未汗，酸痛已愈，热仍起伏，三日来宵分为甚。苔白腻，有红刺。肠鸣嗳气，湿温之候，治予甘淡：

广藿梗二钱，大腹皮二钱，泽泻二钱，炒苡仁三钱，白茯苓三钱，瓜蒌衣三钱，淡黄芩二钱，陈皮一钱，六一散七钱。

式剂(蓝衡)

二十日　阴历十一月十三日　星期日　晴

竟日未起床。下午沈刚如、李模炽来，谈较久。刚如去。余忽欲食其药，以告莘田。莘田与家骅、宝騄谈，亦以为可。后告之从吾。从吾来谈，谓不知药性。余言非请为我审定药也，因余必欲食之，不知诸公笑我否耳。然其时余欲食中药之意已过，诸公已为准备齐全，将煎矣，余又止之。此盖高烧神经不定之故也。夜睡昏沉，似有乱梦，不自觉。昨日徐大夫云，五日后必昏迷不省，又头痛耳聪，余甚畏之。今日之昏沉岂其兆欤？来视疾者多，不复确记时日，兹但记当日之感想与夫确记时日之人而止，馀汇登于后。本日体温如下：上午四时三七.九°，大便微泻。九时三七.三°，大便微泻。十二时三七.三°，下午二时三八.四°，六时三八.四°，九时三八.八°。汗。以上时间除午及晚九时外，不甚确，以无表故也。晚服加斯加拉一粒。一月四日补记。

二十一日　阴历十一月十四日　星期一　晴

连日食极少，惟进牛乳藕粉，皆袁太太照料，心甚不安。上午韩裕文、任又之来谈，谓可委之舍中用人陈立民，多予之赏金，其法甚善。从此饮食可以安心矣。两君并为定食单如下，日日行之：早六时半鸡蛋花，九时半豆浆，十二时半牛乳，下午三时半菜汤，六时半鸡蛋花，九时半牛乳。徐大夫来，谓余眼红、面色红，必斑疹伤寒也，日内当出斑疹。又于左臂静脉取血五 CC 去，谓再详验之。晚睡则昏沉,醒则清楚。本日体温如下:上午五时三七.八°,大便微泻。九时三八.四°,下午三时三八.七°,四时三八.七°,大便微泻。五时三八.七°。大便。竟日未起床。一月五日补记。饮水甚多,屁仍多。

二十二日　阴历十一月十五日　星期二　晴　冬至

八时胡蒙老父女偕来,皆笃信佛法者也,以番咒使余饮之,谓饮后明日烧退矣。即用余床前之开水,余知无伤,谢而饮之。今日无大便,食依单,饮水甚多。温度如下:上午七时三七.八°,九时三七.四°,十一时三八.三°,中午十二时三八.七°,下午四时三八.九°,六时三八.五°,九时三八.九°。夜睡仍昏沉乱梦。一月五日补记。

二十三日　阴历十一月十六日　星期三　晴

烧已六日,头未痛,身无斑疹,人未昏迷,其他亦一无所苦。八时胡蒙老来,送小米粒药一粒,谓食之宁神,谢而饮之。知其为佛法中之心理作用以安人者,必无伤也。中午徐大夫、郑大夫偕来,仍谓斑疹伤寒,只宜静养。余以连日情形告之,答云盖身体素强之故。昨日送来退烧药六小包,未食。下午温度忽高,食之。迄夜,凡三小包。四时梦师来深谈,一小时乃去,谓一月十六日将至渝开会。竟日未起,无大便。嗝屁偶一有之。食依单,饮水多,食橘多,夜眠佳。温度如下:上午六时三八.四°,九时三八.〇°,十一时三七.三°,下午一时三九.四°,二时三八.七°,四时三七.九°,六时三八.三°,九时三八.六°。一月五日补记。

二十四日　阴历十一月十七日　星期四　晴

午李晓宇来。前日闻余病,今特自茨坝入城相视①,甚可感,并为量体温,情谊甚殷。三日无大便。下午六时有便意,下床就便桶,势甚急,肛门微血。自十八日卧床,此日初次下地。食依单,多

①茨　原作“磁”,一九四三年一月五日、八月九日同,据一九四一年二月九日日记改。

饮水,食橘,仍无斑疹头痛等状,夜眠佳。温度如下:上午八时三七.三°,十二时三八.一°,下午四时三八.七°,下午六时三八.三°。大便。一月五日记。

二十五日　阴历十一月十八日　星期五　晴

下午三时四十五分空袭警报,余不能起避,莘田遂亦不走,相伴而谈。〔伯伦来,并馈鸡汤。〕米士见吾辈不走避,亦留舍中。此真舍生命以维交情者也,古人生死交情不过是也。五时解除警报。汽笛忽中变大,似紧急警报。余乃披衣起,米士至街中探询,知确解除,归以相告。然余已起,遂小坐。此为病中第一次下地小坐。温度渐低,斑疹未见,头不痛,夜眠佳。温度如下:上午七时三八.五°,九时三七.三°,中午十二时三七.九°,下午三时三八.一°,五时三八.〇°,大便好。下午七时三八.一°。晚莘田卧室失窃,工友陈立民有嫌疑。一月五日记。

二十六日　阴历十一月十九日　星期六　晴

下午三时十分空袭警报,莘田仍相陪。雪屏适来,亦不走。心中感激与不安,非可言宣也。四时半解除。病情与昨同。温度最高不逾三七.五°。全日升降如下:上午七时三七.四°,十二时三七.五°,大便。下午五时三七.四°,下午七时三七.三°,九时三七.二°。一月五日记。

二十七日　阴历十一月二十日　星期日　晴

上午章淹来。雪屏托莘田转告,警报甚多,不如至岗头村小住。今晨略有温度,八时以后烧退,终始未见斑疹,头未痛,人未昏迷,未发燥怒。睡眠甚佳,大便通畅,小便色淡。计自十八日至昨日凡烧九日。今日温度如下:上午六时三七.五°,八时三七.〇°,上午九时三七.〇°,十二时三六.九°,大便。下午三时三六.八°,下午六时三七.〇°,九时三七.〇°。工友陈立民以嫌疑昨晚交校警查询,昨晚及今日提水作饮食均任又之代劳,心甚不安。

一月五日记。

二十八日　阴历十一月二十一日　星期一　晴

今日仍无烧。校卫队派校警唐荣华来侍候，人甚诚笃，余又可安心矣。近日最大之问题即为大便后之倾倒，亦可解决矣。五时半章矛尘来，谓岗头村除警报外无一事较靛花巷方便，余遂决不往岗头村。仅矛尘、今甫两处有用人，矛尘之子亦有病。余初意虽在居今甫处，但亦恐有麻烦与不便也。今日饮食不全依单，曾食牛肉汤面、藕粉等。温度如下：上午五时三六.九°，七时三六.四°，大便。十时三六.四°，中午十二时三六.四°，下午七时三六.六°，大便微泻。九时三六.五°。下午又有大便且微泻，不知是食面之故否。中午徐、郑两大夫来。一月六日记。

二十九日　阴历十一月二十二日　星期二　晴

下午二时空袭警报，莘田复相伴，宝騄亦伴甚久。三时四十分解除。今日无烧，饮食亦健，惟未食面，饮水亦较少矣。温度如下：上午五时三六.二°，七时三六.三°，大便。十二时三六.三°，下午三时三六.九°，六时三六.七°，九时三六.三°。大便。下午雪屏为送表来，时刻始确。余托许溃阳修表，月馀不至。病中托清常催之，亦未至。今日已不甚急迫矣。一月六日记。

三十日　阴历十一月二十三日　星期三　晴

九时起。在家骅室内坐，日光直射，神怡身旷。此病后初出卧室也。十一时复卧休息。今日无烧。食面及麦片，未多饮水，精神较昨有进步。体温如下：上午六时半三六.八°，大便。上午十时三六.五°，十二时三六.五°，下午三时三六.八°，大便。下午六时三六.八°，九时三六.一°。大便微泻。一月六日记。

三十一日　阴历十一月二十四日　星期四　晴

九时起。在室内及家骅室小坐。十一时复卧。下午三时复起。五时复卧。饮食精神如昨,似较胜。仍无烧,退烧已五日。本日温度:上午七时三六.三°,大便。十时三六.四°,十二时三六.九°,下午三时三六.四°,六时三六.二°,十二时三六.〇°。大便。

余自民国二年出天花后,惟十五年冬曾病卧两三日,三十年无大病矣。平素自负身体强壮,且亦自知谨慎,不意在此竟有此大病。余自省月馀以来饮食失节,每日午间一时后始出办公室,既不及按时归食,或就小店零食,或归以馒首佐冷菜冷肉食之,多寡冷暖无常无序,此积食也。联大总务处事本杂,更益以事务组,月馀来又为讲演事,多翻简册。余就寝,枕上必读,往往至一时半以后,每夜睡眠不足六小时,而午睡或能补足或不能补足。自北大办事处移才盛巷,每周必二三往,往返必三四小时,此积劳也。余之衣被寄藏乡间,在城仅薄被一床、衬绒袍一件、破棉袍一件,已不能穿,月初天气骤寒,日夜仍惟此而已。日间勉可支持,夜眠多不能酣。此积寒也。十三日始取来驼毛袍一件,病中泰然借薄被一床,家骅借毛毡一条。十三日余午睡冒风头痛,晚间又食鸡甚多。十四日自知伤风,而十五日孟邻师召饮,又多食油腻。十六日食汤药,而十七日又食火腿面两碗,于是肠胃大不受用。余始病之多嗝多屁,当亦此故。余晨起必登厕,数十年矣。近顷以来,颇不如序,或以忙,或以便秘,每延至晚间。此实已受病而余漫不加察,亦病之近因也。医生谓斑疹伤寒由于虱蚤之传染,然余深疑余之此病未必由于传染,实由肠胃之不良所致。盖斑疹伤寒之症象余均无之,除发烧九日相似。而余之多屁多嗝,屁且酸臭,诸症象又与患斑疹伤寒者不同。但余数言之于人,人皆不信或且不顾。余言之医生,医生亦云无关,验血结果,迄未送报告来,此疑终莫解也。病中来探视者甚多,前仅略记一二,以不能确记时日也,兹再汇记于次,以志感谢。有平素过从较疏而来视者,尤觉不安。其过从素密而来视较少者,则以事忙故耳。蒋孟邻师二次并馈乳粉，梅月涵先生，冯芝生，黄子坚，查勉仲四次，陈序经二次，杨石先，王赣愚，李模炽三次，冯柳漪，朱佩弦，雷伯伦三次并馈鸡汤，陈岱孙，陈福田，陈汝铨，陈省身二次，徐毓枬，邵心恒，鲍觉民夫妇二次，滕茂桐，张清常，王宪钧。以上联大教员同事。沈刚如二次，刘康甫，刘镇时，章耘夫三次，张友铭。以上联大职员同事。胡蒙子几于每日必来，胡亚龙，周达樵二次并馈橘子。以上联大总务处同事。章实秋，郭平凡，尹廷喜二次，王德兴，赵德恒。以上联大事务组同事。周枚荪，杨今甫，曾昭抡，张景钺，朱物华二次并馈藕粉，马仕俊，冯承植，严文郁二次，唐立厂，罗膺中二次并邀住其庐以便照应，游泽承，陈雪屏多次，孙承谔，毛子水，蔡诱衷，彭啸咸，申又枨，程毓淮，郑华炽。以上北大教员同事。郁泰然多次并馈粥、豚肝汤等多次，包尹辅多次并馈炼乳、香稻米，章矛尘三次，薛德成馈饼干、橘子，杨友应，金恒孚。以上职员同事。樊逵羽来视一次，而写信托人屡嘱移住其西山华亭寺寓中安心调养。余以其家无用人，恐麻烦樊太太，再三谢之。应列北大教员同事中，罗莘田每日数次，袁家骅夫妇每日数次并为炊食，许宝騄每日，刘伯蕃每日，米士三次并馈饼干、橘子，王恒昇多次，姚从吾每日，赵雨秋，卞之琳，王霖之，郑秉璧多次，汤锡予二次。以上同住。任又之每日并为购饮食，韩裕文多次，何鹏毓二次并馈饼干，魏明经二次并馈藕粉、糖、鸡蛋，王达津，李鲸石并馈炼乳，殷焕先，宋泽生二次，马学良，王志毅，张盛祥，张保福，陈□□①。以上新旧学生。似尚有遗漏，容想起补列。

十二月份昆明空袭警报三次：二十五日、二十六日、二十九日。敌机未至市空。余均卧未起。一月七日记。

①原于此处空阙二字。

鄭天挺西南聯大日記

下册

郑天挺 著

中华书局

一九四三年

年四十五岁。任国立西南联合大学教授兼总务长,兼管事务组主任事务、校卫队大队长事务,授文学院历史学系明清史一课;本任国立北京大学教授兼秘书长、文科研究所副主任。住昆明城内青云街靛花巷三号西南联大教职员寄宿舍;原北大文科研究所所址。儿辈随三弟留居北平西四牌楼前毛家湾一号。

一月

一日　阴历壬午年十一月二十五日　星期五　阴　晴

今日为易儿十岁生日。五时半醒。八时起。烧退第六日矣。米士送红白梅各一枝,谈甚久。包尹辅来。章灏来,馈牛乳四罐。十一时复卧。查勉仲来。宋道心来。朱物华来。三时半复起。陈雪屏来。孙毓棠来。诸公有诗条以庆新年,余略观,返室休息。十时半就寝。本日温度如下:上午七时三六.六°,大便。十一时三五.九°,下午三时三六.三°,下午七时三六.五°,九时三六.三°。食汤面、麦片、乳粉。本日日记为一月三日补记,病后第一次执笔也。

二日　阴历十一月二十六日　星期六　晴

六时半醒。八时起。胡蒙子来。刘康甫来。郁泰然来。十一时半复卧。九时四十五分有预行警报,至此解除也。三时半起。何鹏毓来。五时体温忽高极。卧息。今上午食鸡汤蛋花一碗,粥二碗,午食面一碗,疑太多之故,晚遂不敢进食,仅饮菠菜汤一碗,体温亦随降。七时已入睡矣。本日体温如下:上午七时三六.二°,大便。十二时三六.四°,下午三时三六.七°,下午四时三六.一°,五时三七.三°,大便。六时三六.六°,九时三六.一°。

三日　阴历十一月二十七日　星期日　晴

六时半醒。八时起。邵心恒来。周达樵来。孟邻师夫妇偕燕华来,谈甚久,馈乳粉。薛德成来,馈麦片。吴之椿来。上午饮乳粉两碗,蛋花一碗。午进汤面二小半碗。猪肝汤。一时复卧。泰然来,馈粥。三时半起。毛子水来。赵雨秋来。刘镇时来。下午饮牛乳一碗。晚食麦片。汤锡予、姚从吾来,谈颇久。八时半就寝。本日温度如下:上午七时三六.二°,大便。十时三六.九°,十二时三六.九°,下午二时三七.一°,二时半三六.六°,四时半三六.五°,六时三六.三°,八时三六.二°。

昨今两日下午均微有温度,半小时即退,劳顿欤?饮食不良欤?今日始执笔作字。晚九时后雪屏来,余已睡,未见,留橘子十枚。

四日　阴历十一月二十八日　星期一　阴　下午晴

八时半始醒,即起。胡蒙子来。钱端升来。方国瑜来。上午食牛乳一碗,粥半碗,麦片一碗。一时卧,四时起。进牛乳一碗,菠菜汤一碗。晚食鸡蛋麦片一碗。张保福来。与锡予、从吾各略谈。本日温度如下:上午九时三六.三°,大便。十一时三六.五°,十二时三六.三°,下午三时三六.七°,六时三六.五°。体温大体如此,明日拟不复量矣。八时半就寝。

五日　阴历十一月二十九日　星期二　有云

昨八时半睡,今晨七时半醒,中间为邻舍高歌及鼠闹扰醒者多次。九时起。饮牛乳一碗。周达樵来,申诉甚久。其人住居校医室,而托言住校外,照领学校房贴,外间啧啧。余昨嘱胡蒙老告其退还,今日力言其住校外,并有房东证明书。惟因午睡及风雨关系,在校医室有一铺耳。余告其迁出后再说,病中不暇理事也。泰然来送粥,余病渐好,请其停止。上午食菠菜汤一碗,并食菠菜,往时仅饮汤而已。上午食粥,袁太太作鱼汤,并食小鱼一尾,亦病后初食也。二时卧,四时起,未睡。雪屏来。毓棠来。胡蒙老来。晓宇自茨坝来。心恒来。晚食鸡肉馄饨袁太太作,亦病后初食耐嚼之物。晚从同人掷升官图①。十时半就寝。人觉有精神,未量体温,大小便如常。马学良馈黄果。

六日　阴历十二月初一日　星期三　小寒

八时起。上午任又之来。胡蒙老来。张景初来。二时半卧,三时起,微入睡。下午王恒昇来。金恒乎来。九时就寝。上午食乳粉一碗,蛋花一碗,菠菜汤一碗,面一碗。晚食麦片一碗,饼干三片。此病后初食也。精神好,大便二次。晚上楼向从吾借书二次。此亦第一次登楼,腿微觉软。病中不敢看书,仅读《三国·蜀志》数卷。起床后,或劝少用心,今日始读陈寅老文两篇馀,略写日记,看碑帖而已。闲甚,乃觉苦,清福真不易享也。

七日　阴历十二月初二日　星期四　阴　晴　下午风

八时起。陈汝铨来。杨西孟来。张自存来。王寿仁来。一时半卧。三时起。章矛尘来。晚与家骅、莘田谈,至十时就寝。早进乳粉一碗,菠菜汤一碗,饼干数片。午食鱼汤、馒首。下午食饼干、汤面。今日闻矛尘言枚荪亦病,与余相类,并未卧养,惟下午略睡,今日已到校上课矣,不禁自愧,若余者,无乃太贵族乎! 未读书,读帖。王

①官　原脱。

寿仁借《圣教序》一本。午始大便。下午下楼一次。西孟云宜乘病后加餐养息,若病后不能恢复,将来恢复益难。又云余瘦损甚多。其他诸友亦谓瘦甚多,且有病容,非切实调养不可。日内拟大吃矣。

八日　阴历十二月初三日　星期五　晴　下午大风

八时半起。始登厕,然两次均未降。泰然来送牛肉。与家骅、莘田谈。十二时卧。大便微泻,不知是否食牛肉之故。二时起。吴大猷来。申又枨来。雷伯伦来,并馈肉松。下楼试步,觉尚可。乃出门,至云大门前理发。傅乐淑来,欲向从吾借钱。余知从吾无钱,由余借之。何鹏毓来,未晤,馈鸡一只。晚食较多。八时半就寝。晚雪屏来,一坐而去。

九日　阴历十二月初四日　星期六　晴　下午风

八时起。上午未读书,看《圣教序》。张景钺来,力劝再缓数日再治事,意甚可感。其看法较为严重,谓此病病时似轻,而病后全部消化器官发炎,如不休息恐致长留他病。余本定下星期一入校治事,拟再请三日。章耘夫来。胡蒙子来。二时卧,三时起。雪屏来。毓棠来。晚作升官图之戏。十一时就寝。下午读《三国志》。今日始自由下楼。

十日　阴历十二月初五日　星期日　晴　夜阴

八时半始起。校警唐荣华回校,一切操作均自理矣。上午坐家骅室晒太阳,晤福田。午自作麦片食之。张联润来,请作保,现往电工厂作事矣。二时卧,四时起。包尹辅来。作升官图戏。十一时就寝。晚八时半勉仲来,谈甚久,托其明日代为请假。

十一日　阴历十二月初六日　星期一　阴

八时半起。高华年来,馈鸡一只。检审旧稿。蒋名兴来[①]。

---

①名　原作"明",据一九四四年九月二十一日日记改。

胡蒙子来,谈公事甚久。一时半卧,三时起。泰然来。尹辅来。啸咸来。欲为莘田集作序。查阜西来。晚与莘田谈康熙时熊、李之假理学,以莘田方作《王兰生年谱》也。十一时就寝。自病后凡来视者,皆一一请教其对此病之经验,大约分两派:一派主照常饮食且加食,以期从速恢复,并不反对劳动,此派多英美学生;一派主小心饮食,务食宜消化者,坚绝反对行动,最好安卧不动,更不可用心,此派多德法学生。余大都择最谨慎之途从之。故至今烧退十六日,尚未入校治事,尚未读书作文,尚未照常饮食,仍食汤面、麦片、乳粉之属,仅一食馄饨。尚未出门,仅一出理发。仔细想来仍是承平时贵族行径也。今日泰然云孟邻师仍定十五日飞渝。

十二日　阴历十二月初七日　星期二　阴　下午晴

八时半起。上午坐案前而未为一事。一时半卧,三时起。由杨志玖处借来《元史》,欲以参证文稿也,略检数处。四时出门,行至青云街南头,雇车至华山南路,欲在照相馆摄一病后之像。值其晚饭,乃复雇车至才盛巷,在北大办事处办公,与孟邻师小谈,并晤枚荪、端升。六时半同人在五湖酒家公祝刘伯蕃晋年四十生日。余往而未食,进面一盂,鱼少许。席散复乘车归。晚掷升官图两匝。十一时就寝。

十三日　阴历十二月初八日　星期三　晴　下午风大

八时半起。读《元史》。十时杨志玖来,与之纵谈治史途径与现时风气,并可作之研究。复劝其留意东西学者对于史地译名之意,作一对照表,十一时去。胡蒙子来。徐行敏大夫来。二时卧,三时起。加"历史上入滇通道"文稿材料。四时半至翠湖散步,便道至西仓坡。初闻月涵先生今日归,欲一知重庆消息,并祝其生日也。既至,始知其未归。晤苇斋,略谈而还。此病后第一次步行也。昨日乘车往返,步行甚少。晚进米饭,亦初次。今日徐大夫劝余多散步,多食饭,以期早恢复,且于身体有益,从之。晚掷升官图。十一时就寝。

十四日　阴历十二月初九日　星期四　晴

八时半起。昨晚忽思以所著《发羌》《附国》《薄缘对音》诸文送学术审议会。晨以商之莘田,亦以为然。莘田乃至才盛巷,以商孟邻师[1]。孟邻师以为可,并自推荐。读《云南通志》及《蛮书》。一时有豫行警报,乃读以候之。二时半解除。小睡。三时半起。检《唐书》《通典》等。六时雪屏来,谈至八时乃去。芝生来送字一条。为莘田集作序。十时就寝。晨以近日所得句录于册,以便删改。近中英、中美缔定新约,取消在华特权,此海通以来第一盛事,百年奇辱雪于一旦。然非抗战无以致之,非领导有人无以成之,此奉化所以历史上之人物也。镕西大哥于收回法权最为致力,惜其未及见也。

十五日　阴历十二月初十日　星期五　晴

八时半起。为莘田集作序。泰然来,知孟邻师以今午飞渝。十一时步往才盛巷,值师外出,留饭以候之。一时归,匆匆数语而别,命速以论文送重庆。随缓步归,居然未倦也。小睡。景钺来,馈面包、果酱。李模炽来。杂阅清人文集。掷升官图。十二时就寝。晨胡蒙子来,未晤。今日市商各标拥护蒋委员长限价主张,遵从龙主席劝告招帖,市政府亦公表限价货单,惟闻多数商人复有收藏不售者矣。

十六日　阴历十二月十一日　星期六　晴

九时起。备送学术审议会请奖文件。胡蒙子来。张景初来。

---

①邻　原脱,下一句同。

一时半至三时小卧。为莘田集作序毕。景钺夫妇来,又馈鱼。五时至才盛巷办公。六时与雪屏、伯蕃、宝騄、省身公宴大猷夫妇于乐乡,共用五百五十元。饭毕,往才盛巷小谈。九时归。掷升官图。十二时就寝。今日市商复标自行减价招贴,不识其意。上午有预行警报,敌机炸云南驿。

十七日　阴历十二月十二日　星期日　雨　雹　晴

九时始起。尹辅来,未见。天朗日辉,十时顷忽阴云四合,急雨,杂以雹,十五分钟而晴。复饰《恬厂集序》。沈茀斋来,嘱为清华借款。尹队长来。一时半卧,三时起。泰然来。改"谈中国传记文"讲稿,《国文月刊》欲之也。锡予来,示以觉明敦煌来书,随与之长谈文科研究所发展事。余意语言调查可在云南,然所关涉不广,影响未宏。若历史考证,此后惟敦煌一路,其未广布、未研究者甚多。且其地为国际学术界所注意,关涉甚多,影响甚大。此后北大文研之发展,舍此莫由。今觉明开拓于前,吾辈正宜追踪迈进。观其来书,似不愿与西北考察团合作,则惟北大单独进行。然北大既困于经费,又与骝先、孟真、济之诸公关系甚密,挈然舍之,亦难有成也。前日孟邻师赴渝,携有向中华文化基金董事会请款书两通:一请文研考察费五万元,一请文研印刷费五万元,不审能得若干。觉明书中谓适之师在美为文研捐基金二万美金,捐印刷费一万,并为西北考察团捐二万,如是则或能稍有所展布也。一时半始就寝,自知不宜也。

十八日　阴历十二月十三日　星期一　晴　有云

八时为水夫惊醒,睡未足也。检诸史及诸家集。一时半睡,三时起。汇臣来,谈甚久。徐、郑两大夫来。泰然来。尹辅来,嘱其为清华借二十万。金恒孚来。刘镇时来,告其案行营已电复,请免究。十一时就寝。下午忽大风一阵。

十九日　阴历十二月十四日　星期二　晴

九时起。改传记文讲稿。一时卧，三时起，未睡。矛尘来。端升来，馈肉肚。蒙老来。雪屏来。毓棠来。泮芹来。晚掷升官图。十一时就寝。

二十日　阴历十二月十五日　星期三　晴

九时起。抄中国传记文稿，随抄随改，并加材料。一时半卧，三时起。尹辅来。秦缜略来，为才盛巷公舍公约事，呶呶不休。闻之舍中，此公违约最甚也。十一时半就寝。端升所馈肉食中有淡菜，此平生所最嗜，五年馀未之尝矣，食之颇动思家之念。

二十一日　阴历十二月十六日　星期四　晴　大寒

九时起。六时曾起，微泻。仍抄讲稿。今日成绩殊少。今甫来。蒙老来。一时半卧，三时起。茀斋来。芝生来。梦家来[①]。在门前书贾处检书。十一时半就寝。得熊先生问病书，有"虽穷，病后滋养不可缺也。人生过四十，不可任其衰下去"，又"意兴不当销沉，时时激发志气，尤保身之本也。志气一衰，便不复振，吾老而顽强如故也"诸语，谨当永志之。

二十二日　阴历十二月十七日　星期五　阴　晴

九时起。仍抄讲稿。胡蒙老来。一时卧，二时起。泰然来。端升来。经利彬来，谈永历时曾托天主教士 Boym 求兵于教皇，其人在安龙携吴茱萸西去[②]，其树近遂盛于欧西。又云冬虫夏草为蝴蝶之蛹，食麦角而长大者，麦角止血催生，故冬虫夏草亦有其效。又云云南之白药其重要成分为乌头与三七，乌头有麻醉力，三七则止血药也，凡此皆雪山所产者为佳。又云国药百分之七十产于雪

---

①梦家　原作"孟佳"，本月二十六日同。按二十六日日记有"谓《孔丛子》非伪书"，"又与《汉书》《世说》对勘"云，说见陈梦家《尚书通论》内《古文尚书作者考》、《孔传本出现的时代》所论述。据改。

②吴茱萸　原作"吴株榆"，据《本草纲目》改。

山。六时抄讲稿毕。至才盛巷遇李晓宇。明早与莘田约同往龙头村。十一时就寝。

二十三日　阴历十二月十八日　星期六　雨　阴　村居

七时五十分，为莘田唤醒，收拾什物，欲步至近日楼，乘九时之公共汽车赴龙头村。余以拟在乡小住，携物较多，知难赶上，乃嘱莘田先行。余于八时半至小东门，欲候汽车经过，中途而上，觉较省时间与行程也。比至，不知停车地点，又以天阴恐山上冷，乃乘马车至岗头村取毛毡。过小马村而汽车自后至，甚悔未在东门久候。至岗头村，与廉澄略谈。与今甫略谈。今甫留饮加非，火既不旺，余与今甫口吹之，今甫谓大似儿时在书房情形。饮加非毕，已十一时十分。今甫送余至村口，就茶馆候之。至十二时而车不至，天大雨，今甫劝余休止于岗头村。余意在岗头村，不若径回城也。乃登马车，方欲开行，今甫见汽车来以相告，复下马车登汽车，改往龙头村。车上遇锡予。十二时四十分抵龙头村。下车，雨甚大，偕锡予至泽承家午饭，前日所约也。莘田先至，并有阜西、啸咸夫妇。二时半至阜西家饮加非。三时上山至研究所，在石峻榻上小睡。莘田入城，余住其室，假《大正藏·史传部》读之。晚在山与学生同食。食后印藏书图章。检《历代三宝记》十五卷，隋费长房、《佛祖统纪》五十四卷，宋志磐、《佛祖历代通载》二十二卷，元念常、《释氏稽古略》四卷，明觉、《释氏稽古略续集》三卷，明幻轮、《三国遗事》五卷，高丽一然，记新罗、高丽、百济事，其中有关史料颇多，迻录之，前有经论八种未读。校昨抄讲稿。十时半就寝。山上静极，夜中几不闻声响，诸同学之潜心专学，真可佩。余惜为才名所误，日牵俗务，否则上山与诸公共读，所进所得必不限于此也。

二十四日　阴历十二月十九日　星期日　晴

八时起。锡予上山相视。晓宇来。阜西夫妇来。与晓宇视图书馆藏书,同诣芝生。晤徐旭老。再诣端升。午在阜西家午饭。饭毕偕晓宇步至黑龙潭上观,看唐梅、宋柏、明茶,妄言耳。但梅花实盛,环屋遍植,幽香暗袭,令人不忍即离。有二老根盘势尤美,他处不易见也。安得机缘在此赁庑小住耶?晤润章、旭生、云五,并瞻上观房屋。下坡至开云阁饮茶,瞻薛公祠。四时回龙头村,在公共汽车上遇枚荪,亦往龙头村赴端升之召者。下车同至端升许。五时至啸咸家,以盛馔相飨。七时半阜西、泽承送余上山,读《大藏经》。十一时半就寝。今日在上观见美景二:其一粉梅一株,中有翠竹二竿直贯其间;其二自高下望碧绿丛中,繁缀红茶而粉梅倚其傍,惜不能诗以咏之。枚荪来住。

二十五日　阴历十二月二十日　星期一　晴

昨入梦迟。八时枚荪已起,余尚未也。进点心后诣芝生。与锡予、枚荪谈。诣彭啸咸、游泽承。午在端升家饭,有崔书琴夫妇、张奚若及周培源夫人。三时散。上山读《大正藏·史传部二》,录其目:《释迦谱》梁僧祐,五卷,其三十四种、《释迦氏谱》一卷,唐道宣[①]、《阿育王传》七卷,西晋安法钦,共十一种、《阿育王经》十卷,梁僧伽婆罗、《阿育王譬喻经》一卷、《息坏目因缘经》一卷、《马鸣菩萨传》一卷、《龙树菩萨传》一卷、《提婆菩萨传》一卷、《婆薮盘豆法师传》一卷,以上六种译、《智者大师别传》一卷,隋灌顶、《法琳别传》三卷,唐彦悰、《玄奘法师行状》一卷,唐冥详、《三藏法师传》十卷,慧立本,彦悰笺[②]、《法藏和尚传》一卷,新罗崔致远、《善无畏和尚传》一卷,唐李华、《不空三藏行状》一卷,唐赵迁、《惠果和尚行状》一卷,原题《大唐青龙寺三朝供奉大德行状》,无撰人、《付法藏因缘传》六卷,元魏吉迦夜共昙曜、《高僧传》十四卷,梁慧皎、《续高僧传》三十卷,唐道宣[③]、《宋高僧传》三十

①③宣　原作"玄",据《大正藏》改。

②"彦悰笺"三字原写作大字,郑先生注曰:"此大字,应作小字。"

卷，宋赞宁等、《明高僧传》八卷，明如惺、《比丘尼传》四卷，梁宝唱、《神僧传》九卷、《海东高僧传》二卷，高丽觉训。《神僧传》前有永乐十五年正月初六日御制序，盖奉敕撰集者也。《史传部三》目次：《大唐西域求法高僧传》唐义净，二卷、《弘赞法华传》唐惠祥，十卷、《法华传记》十卷，唐僧详、《天台九祖传》一卷，宋士衡、《往生西方净土瑞应传》一卷、《净土往生传》三卷，宋戒珠、《往生集》三卷，明袾宏、《华严经传记》五卷，唐法藏、《华严经感应传》一卷，唐惠英、《历代法宝记》一卷、《景德传灯录》三十卷，宋道原、《续传灯录》三十六卷，迄元末、《传法正宗记》九卷，宋契嵩、《传法正宗定祖图》一卷，宋契嵩、《传法正宗论》二卷，宋契嵩、《两部大法相承师资付法记》二卷，唐海云、《冥报记》三卷，唐唐临、《释门自镜录》二卷，唐怀信、《三宝感应要略录》三卷，宋非浊、《法显传》一卷，自记游天竺事、《北魏僧惠生使西域记》一卷，与宋云同行、《大唐西域记》十二卷，唐玄奘、辩机、《释迦方志》二卷，唐道宣、《游方记抄》凡九种、一《往五天竺国传》，新罗慧超记；二《悟空入竺记》，唐圆照；三《继业西域行程》，宋范成大撰；四《梵僧指空禅师传考》；五《西域僧锁喃嚷结传》；六《南天竺波罗门僧正碑》，日本修荣撰；七《唐大和上东征传》，日本元开撰；八《唐王玄策中天竺行记》并唐百官撰《西域志》逸文；九《唐常愍游天竺记》逸文。文多不全。《释迦牟尼如来像法灭尽记》一卷，唐法成、《敦煌录》一卷、《洛阳伽蓝记》五卷，魏杨衒之、《寺塔记》一卷，唐段成式、《梁京寺记》一卷、《庐山记》五卷，宋陈舜俞、《天台山记》一卷，唐徐灵府①、《南岳总胜集》三卷，宋陈田夫、《古清凉传》二卷，唐慧祥记五台山、《广清凉传》三卷，宋延一、《续清凉传》二卷，宋张商英、《补陀洛迦山传》一卷，元盛熙明补。陀洛迦，华言小白华，在四明。《史传部四》为佛教理论部分，《宏明集》《续宏集》等不复录目。中有元祥

①徐灵府　三字原阙，据《大正藏》补。

迈《辨伪录》五卷，辨道家之伪造《化胡经》也。晚在山上晚饭。饭毕，与王玉哲谈古代民族。余以肃慎为询，则甲骨文中无之。既毕，玉哲以见于古书者开单相示，可慰之至。仍读《大藏》。十一时就寝。枚荪上山住。

二十六日 阴历十二月二十一日 星期二 晴 大风 乡居

六时半起，泻一次。八时半乃起。枚荪已下山矣。检《道藏》，无从下手，乃止。读《诗话类编》。十一时诣梦家，谈近校《孔丛》，于孔家世系深有所获，并谓《孔丛子》非伪书，本名《孔丛》，《隋》《唐志》犹然，附《论语》后，不知何时加"子"字，遂列入子书矣。又以《后汉》《世说》对勘，知《孔丛》不后于范宁，胜于范晔也。十二时往端升家食鱿鱼，珍品也。二时上山小睡，检国文系藏书。五时往锡予家晚饭。有赵村长者来谈，欲联大租用响应寺及山上弥陀殿，以免军队占用毁房，允俟入城商议。七时半上山。王玉哲来，谈民族意见。检读文稿。读《诗话类编》。十时半就寝。

二十七日 阴历十二月二十二日 星期三 晴

醒已八时，急起，在全院仍第一人也。厨夫未起，竟无热水，以冷水沃面，未食。下山，锡予已在相候，本意相偕步行，余携物多，仍乘公共汽车至岗头村价十元改换马车价五元入城。归室稍事整理，已觉困倦。异哉！景钺、毓淮、泰然先后来。十二时至文化巷三十号公饯芝生夫妇。二时归。小睡。周达樵、杨今甫、李振邦、胡蒙子先后来。晚与孙铁仙杂谈甚久。十一时就寝。

二十八日 阴历十二月二十三日 星期四 晴

八时半起。王玉哲来。十一时诣月涵先生，尚未起。检书籍，以不常用者装箱，下学期决教清史，运《史稿》等书入城，案上已无馀地也。小睡。诣伯伦。诣芝生，不值，归。检唐诗，欲以唐人句集排律贺绍穀迁居，迄六时未成。至文化巷开常务委员会，十时散,归。夜作律诗未成,以集句更难也。十二时就寝。

二十九日 阴历十二月二十四日 星期五 雨

九时始起。周达樵来,对胡蒙子大不满,最后直发恫吓之语,谓将置之死地,太无赖矣。前年余自渝还,辞总务长以让沈茀斋,茀斋亦辞,在青黄不接中,蒙子竟延之来处,而未计其人之贤否,今日竟遭其反噬。十一时诣月涵先生,商会计主任事,嘱余商之刘康甫。十二时归。小睡。刘镇时来。作贺绍穀诗成,已夜深二时矣。全篇堆砌,毫无意境。日前在山上检阅诗话,受其影响不少,姑存于次。

绍穀学长川陇归来总理云南实业银行癸未元辰迁居新构诗以贺之

东海涵源盛,南天衡宇连。文雄颜谢健,才迈卜桑贤。富国饶馀策,匡时积素编。崇堂敷百雉,鸿业润三滇。淑气萦芳馆,晴岚耀彩椽。风帘罨锦雾,组幕翳春烟。绕座薰红蕊,当筵簇紫璇。引卮梅露满,献颂爆声先。珠玉欣相赏,杯觞喜共传。履端初启节,万亿兆斯年。

三十日 阴历十二月二十五日 星期六 雨雷电风

九时始起。写贺绍穀诗三遍,无一当意,姑择一差强者投之。十一时诣康甫,劝其任会计主任,以有两难辞:一无人相佐,一全校不遵守会计法令,恐益致伤感。告以两者均易解决,仍未定。午饭后睡至三时。雪屏来。掷升官图。夜大风雨并有雷闪。十二时就寝。

三十一日 阴历十二月二十六日 星期日 雨

九时起。检《清一统志》,改《入滇通道》文稿毕,惟仍须一查《云南通志》也。午小睡。晚雪屏来,同出晚饭,在松鹤楼,两人共用一百四十元而仍不佳,可畏哉!饭毕至才盛巷,值蒋太太请勉仲、子坚、柳漪、开源、锡永,复加入饮酒,醺然欲醉。蒋太太云孟邻师暂不返昆,因中央欲以红十字会会长相畀,行政院已通过,尚待最高国防会议通过发表。此事宋子文之力为多,宋言之委员长也。会中名誉会长为蒋委员长,副会长为蒋夫人,原任会属谁,未详。十时半归。十二时半就寝。

一月昆明有预行警报三次:二日、十四日、十六日。

恬厂语文论著甲集序[①]

莘田集其所作序跋文字为一编,署曰《恬厂语文论著甲集》,余首受而读之。

窃惟序跋文字,体式无碍,包罗万有。古人精蕴,往往而在。就有清诸老言之:王怀祖《淮南子杂志后序》条六十四例,古人校雠科律盖莫能外;谈允厚《资治通鉴补后序》举《通鉴》七病,涑水之用心与其得失灿然具见;戴东原《水经注序》谓经例云过,注例云迳,又谓《水经》上不逮汉,下不及晋初,此杜君卿、王伯厚、顾景范、胡朏明所不及知,千载之秘于焉以启;钱晓徵《跋经典释文》,凡正陆氏经文用字不当六事;《跋说文解字》凡正大徐妄以意说二十二字;卢绍弓《新唐书纠谬跋》凡正吴氏不细审前后三事;皆因其书以订正乖违。全绍衣《斯庵沈公诗集序》辨《明史》郑延平沉鲁王之诬,假其诗而旁疏时事。钱晓徵《春星草堂诗集序》谓诗有四长,才学识情。张皋文《词选序》谓词之至者,罔不恻隐盱愉,不徒雕琢曼饰,虽一家论文指归,足以昭示千古。钱晓徵《黄昆圃先生集序》、卢绍弓《周礼订义书后》登一时师友过从,朱锡鬯《北窗炙輠》跋、全绍衣《姜贞文先生集序》备作者颠末行事,卢绍弓《古文孝经孔

①此为底稿,后经誊钞,刊于《图书月刊》第二卷第一期,一九四三年。后收入《探微集》,中华书局一九八〇年版。此处文字、标点与排印本偶有不同。

氏传序》论次今古文升降显晦之迹，黄太冲《明文案序》偻陈有明文章胜衰振废之由。凡此之属，其所涉不徒一书一事已也，而论者或侪之空率酬应之列，不将失之！

莘田此集，凡收文十二篇，各有精虑，并皆赅洽。其《序续方言稿》则比勘杭、戴两氏之书，兼纂诸家续作本末。《跋韵史》则抉其改定字母、拘守五声、误解等呼、臆易反切四失。《跋段校释文》则索王、陈诸家迻录先后，考核《释文》版本源流。《跋宋大字本尚书释音》则参摭徐、卢、段、王诸家校本是非。《跋法校释文》则举其创通音例、辨章音类、精研等韵、据音正字四长。《跋唐写本释文残卷》则证明唐宋两代改窜《释文》系于文字者众，牵涉音韵者寡。《跋韵学源流》论莫氏所疑于《广韵》者，类多精辟。《跋声韵同然集》则究求作者生平，更寻诸家改择反切无功之故。《跋韵学残卷》则考守温生卒里居，考守温字母为三十，考守温三十字母无正齿音二等及轻唇音，考等韵创自唐时，门法繁于宋代，并辨增删字母得失。《序七音略》则推阐宋元等韵流派，韵图肇始，《七音略》与《韵镜》异同，至治本与殿本、浙本疏密。《序十韵汇编》则编序新出韵书大凡，及遮罗补缀，以研覃求新之要。《跋蒙古字韵》则订《提要》之误，辟近人之疑。学者于此，分之可以明学问之流变，窥音义之精微，穷旧籍之渊奥，衡作者之纯驳；合之可以为文字、音韵、训诂之通说，悟治学之轨则。其所涉亦不徒一书一事已也。

余与莘田生同日，长同师，壮岁各以所学游四方，又多与共。知其穷年兀兀殚竭之所极，每深夜纵论上下古今，亦颇得其甘苦。用敢逞其愚陋，弁言卷首，为读者告。

此集清钞既竟，莘田思以十二月十七日付之剞劂[①]，以申敬于

①剞劂　原作“手民”，旁标“剞劂”，据排印本改。

国立北京大学。会余病失期，病中三逢警报，余固莫能走避，而莘田亦留以相伴，古人交情复见今日。序成归之，有馀愧焉。

中华民国三十二年一月十六日，愚弟及时学人郑天挺谨序于昆明。

案谈允厚《资治通鉴补后序》实作于崇祯十二年孟夏自称门人，但严氏崇祯十七年九月自序有“今谈子久困于病”之语，则两人入清均健在也。其书虽自称曰明某人补正参订，今列仍于清代；梨洲黄氏亦准此例。

二月

一日　阴历十二月二十七日　星期一　雨　风

八时起。十时入校治事。自十二月十五日办公后，十六日到校上课而未办公，迄今一月又半矣。十二时归。诣张为申。六时今甫来，为康甫解释，请学校暂不提其为会计主任。晚作书上孟邻师，致文藻，致俊升，致寅恪，致廉致侄。十二时就寝。

二日　阴历十二月二十八日　星期二　晴　风

九时起。作书上朱骝先师，二月前曾来函，谢余与莘田主持讲演事。值余病，未复。此次讲演会，事前从吾屡以相商，其后则推莘田主持，余仅从旁略参意见，不知何人报告由余主持也。书中陈主持者为从吾、雪屏、心恒及莘田，并略述余之讲演内容。余在龙头村一日与端升谈，知英美人尚有主东北应独立，或交苏联管理者。当时甚思作文，说明满洲入关后久已与汉人同化，现在东北之人悉为汉人迁往者。今日函中亦略申此意。至伯伦许送酒，未晤。午心恒来，长谈。小睡，未入梦。四时至才盛巷办公，晤今甫、物华、诱衷、端升于公舍。在泰然处晚饭后归。检《清史稿》。十一时就寝。

三日　阴历十二月二十九日　星期三　晴　风

八时半起。十时诣月涵先生。十一时偕入校。一时归。小睡甚酣,病后午睡无逾今日之美。晚理发,涨价至二十五元矣,闻市中心尤昂。改讲演稿。十二时就寝。

四日　阴历壬午十二月三十日　星期四　晴

八时起。改"清初礼俗变迁"讲演稿。午睡未熟。至新校舍,约马仕俊来过年①,未值。雪屏来,约各作诗条守岁。余得十馀条,未以出示人。晚与袁氏夫妇、宝騄、宪钧、雪屏、毓棠同过年,并作诗条之戏。掷升官图四局。散后又作诗谜数条。就寝已二时。

五日　阴历癸未正月初一日　星期五　晴　立春

九时起。写昨日日记。周达樵来。包尹辅、郁泰然同来。陈雪屏、孙毓棠先后来。掷升官图。六时至才盛巷贺年,在蒋太太处晚饭。十时归。市间舞龙灯,游人如织。归。检《清史稿》。十二时就寝。今日子时二刻二分立春,或曰甚难逢也。

六日　阴历正月初二日　星期六　晴

九时起。徐绍穀来。金恒孚来。诣梅月涵先生处贺年。午后小睡。三时至南开办事处合作社开会,余本不在委员中,以今日讨论出售校中汽车,余不谓然,故往阻之,幸诸公纳其愚见。会中序经与秉权颇有争论,序经以为不应浪费校帑以造个人名誉,其说是也。归舍。雪屏来,同掷升官图,不觉夜深,就寝且五时矣。闻昨日下午三时彩云现。

〔支掷升官图二八元。〕

---

①仕　原作"士",本年五月二十八日、三十一日、一九四四年一月十七日、十一月三日同,据一九四二年二月十五日日记改。

七日　阴历正月初三日　星期日　阴

十时始起。沉阴有雪意。十一时下乡，在小东门搭马车。十二时抵岗头村，午饭于矛尘许。下午打牌。七时至大猷处晚饭。打扑克。一时半归公舍检《云南通志》。二时半乃寝，寒甚。

〔支车钱五元。入赌彩六二元。〕

八日　阴历正月初四日　星期一　微晴

十时半始起。在矛尘处早膳后入城。小睡片刻。三时至西仓坡，参加徐毓枬、姚谷音婚礼。毓枬嘱余代表其家长，礼成归。六时诣子坚、觉民、茂桐处。七时至南开办事处，公宴毓枬夫妇。饭后至毓枬家，小坐而归。掷升官图二局①。读《潜研堂》《抱经堂集》。二时就寝。

〔支送徐毓枬礼五〇元，支请徐氏夫妇公份二〇〇元，支车钱一六元，又章宅仆赏八〇元。〕

九日　阴历正月初五日　星期二　阴

九时起。雷伯伦来，谈颇久，送还王玉哲论文。检钱、戴集。午胡蒙子来。刘镇时来，知会计主任已调云南大学。路主任来。小睡。张为申来②。晚雪屏来。十一时就寝。上书孟邻师③。

十日　阴历正月初六日　星期三　阴

昨今两日微感伤风，天寒之故欤？抑余病后体弱耶？八时半起。十时入校治事，与月涵先生谈。十二时归饭。小睡甚酣。三时入校。五时至文化巷开常务委员会，推余任聘任委员会主席。九时散，归。读英文。十二时就寝。教育部令凡任教十年以上者，给奖一千五百元，余与焉。午物华欲用钱，借以一千元。

①官　原脱。

②为　原作“维”，据一九四二年十二月十二日日记改。

③孟　原脱。

〔入久任奖金一〇〇〇元。支鸡蛋四枚十二元。〕

十一日　阴历正月初七日　星期四　阴

稚眉夫人逝世六周年忌日。昨睡不能入寐,晨起已九时半矣。十时入校治事。十二时归饭。午睡一时许。四时诣膺中贺年。至才盛巷北大办事处治事。晤蒋太太,交孟邻师书一纸,归来在三月底也。红十字会会长已发表,工作由秘书长主持,不甚忙。师将往来昆渝间,但蒋太太有移渝意。晚泰然约同进面,始知其生日也。九时归。读英文。自儿童时即有意于此而志不坚,迄今无成,此平生最愧怍处,望此次能持之以恒也。十二时就寝。购美金储蓄券三十元,合国币六百元。

十二日　阴历正月初八日　星期五　阴

九时起。十时入校治事。一时半始离办公室,在校门午膳,毕已二时。诣汇臣。晚伯伦约食合子,馅饼之属也,谈甚畅。伯伦以为德国今年有败北可能,以其汽油缺乏之故。九时归。读英文。十二时写日记。新月仰挂西方,适当窗际,望而深思,不忍即寝。

十三日　阴历正月九日　星期六　微阴

九时起。十时入校治事。一时与耘夫同在校前进膳。归寓小睡。改谥法文稿。晚掷升官图至夜深,睡已二时。

〔支午饭兼请耘夫二七元,鸡蛋二枚六元。〕

十四日　阴历正月初十日　星期日　晴

九时起。读英文。十时汇臣来,同至小东门,乘马车至岗头村。有人与御者谈,知车属第二旅某主任所有。昨日为金殿庙会,凡得车资二千元,每坐一次取价三十元。平常每日往还小东门岗头村间,每坐六元,每次七八九人不等。每日多则十往返,少亦五往返,计每日可得五百至千元。又云第二旅旅部有车三驾,十一团、十二团、军分校亦各有三驾。各地马车几于全属军人所有也。车中乘客有湖南兵士二,北方兵士一。闻其语,盖第五军司辎重、汽油之兵士。北方音者曰,阴历初四日怀七百二十元入城,比归仅馀一元。又云旧年凡得二千元,如非发怒与人冲突,可得万馀元也。真不知是何语,是何世界,是何时代也!在矛尘处午饭。三时半入城。莘田六时自大理还,以石屏一方相遗。读英文。十二时就寝。

〔支车钱一二元。〕

十五日　阴历正月十一日　星期一　晴

九时起。食乳扇后觉伤风,鼻塞加重。入校略治事。诣徐大夫,索药六包而还。饭后铺被而眠,有汗意。余自病后衣着未减,一羊毛坎肩、一驼毛袍、一衬绒袍,似太多,伤风或亦以此。晨去羊毛坎肩,午睡后又去衬绒袍,并不觉冷。下午雪屏来,同请莘田、袁氏夫妇在德禄便饭,共二百元。掷升官图①。十二时就寝。

〔支请莘田一〇〇元。〕

十六日　阴历正月十二日　星期二　晴

九时起。十时入校治事。十二时诣徐毓枬,祝其三十生日,留食寿面。二时归。小睡。下午未读书,亦未入校,伤风就痊,鼻涕渐无矣。六时至包尹辅家,公祝郁泰然五十寿。八时归。查阜西来,告大后日入渝。十一时半就寝。

十七日　阴历正月十三日　星期三　晴

九时起。十时入校治事。十二时归。小睡。晚月涵先生来。改讲稿。十二时就寝。

十八日　阴历正月十四日　星期四　晴　雨

九时起。十时入校治事。十二时归。二时半耘夫来,同至才盛巷治事。后四时偕矛尘、耘夫出大东门,乘马车至昙花寺耘夫处

①官　原脱。

晚饭。饭后作牌戏。假榻一宵。微雨旋晴。

〔支送耘夫礼六五元。〕

十九日　阴历正月十五日　星期五　晴

八时起。进元宵后入城。穿田塍而行,朝露未消,殊有意趣,与跑警报之穿田而驰大不同也。九时半抵才盛巷。十一时归宿舍。晓宇来。午后小睡。晚雪屏、毓棠来,同掷升官图。雪屏言得伯苍书,谓孟邻师入中央训练团受训。此大可怪,师年已五十九,逾龄矣。二时就寝。

二十日　阴历正月十六日　星期六　晴

九时起。十时入校治事。十二时归。饭后小睡。三时半至锡安圣堂贺伍启元、黄顺美结婚。礼毕,偕雪屏、毓棠、晋年至四如春便饭,食面四碗八十元,包子二十个六十元,葱鱼一盘四十,粥一碗一元,茶四杯八元,共价一百八十九元,此昆明限价后之物价也。归。掷升官图。十二时就寝。

〔支鸡蛋二十个五〇元,支晚饭五〇元,支茶叶半斤五六元。〕

二十一日　阴历正月十七日　星期日　阴　夜雨雷

八时起。九时半至才盛巷,晤蒋太太,知孟邻师下周可归。归寓午饭。饭后小睡。磨墨,改讲稿。读《清史稿》。十二时就寝。

二十二日　阴历正月十八日　星期一　雨　雪

八时半起。十时入校授课,下课治事。十二时归。雨后甚寒。小睡。三时往南开办事处开合作委员会。大雪成片,半小时乃止。五时归。检讲稿。读《清史稿》。十二时就寝。

二十三日　阴历正月十九日　星期二　阴

九时起。入校授课一小时,治事。午为会计室不发还各处临时收据或借条,与出纳组争辨一事大发怒,严斥佐理员钟某,此病后未复元之一证也。勉之!戒之!与耘夫在校前便饭。归寓小睡。四时诣月涵先生，商定同人薪水。此事迁延半年始以改定，后有较实支为少者，久不决。本月加房贴一百元，同时发表，不甚显，或可不生问题。自前年各给生活津贴六十元，去年取消，改定加薪三十元，另给学术研究费五成，薪水在一百二十元以下者无好处。七时至才盛巷，参加北大同人聚餐，饮馔均由泰然准备，以市间价昂也。日前注册组同人请月涵先生，闻用去三千元，此非我侪所胜。席散已十一时。归。与莘田谈，至十二时半乃寝。闻滇西确吃紧。

〔支午饭二四元，支车钱一〇元。〕

二十四日　阴历正月二十日　星期三　阴

九时起。十时入校治事。十一时半得茀斋电话，属与勉仲、子坚同往西仓坡。及至，乃知一樵、文藻、俊升往印度访问，飞机抵昆，探知汀江有警报。机停不进，遂入城小坐也。一樵谈委员长兼中央大学校长经过甚详，当十三日委员长与某君谈，欲兼全国各大学校长而另设教育长主校务事，为立夫部长所知，进见，请兼教育部长，不兼校长，未许。十五日发表自兼中大校长手谕，又请考虑，亦未许。十六日行政院会议决议兼任，事后诸人仍觉未妥，复请考虑，允考虑一日。一日后仍命照案公布，院中复请孔庸之院长进言，又允考虑一日。次日委员长亲至孔宅，仍嘱即日公布消息。二十日由侍从室函国府发布命令，故较速且省铨叙手续也。一樵并言兼全国大学校长一事或取消矣。又言中大学生闻兼任之讯，欲宣言欢迎，委座闻之大怒，盖深不以此类行动为然也。一樵急至中大止之，否则或将有解散之虞。十二时半一樵诸人往飞机场，余亦归。小睡。入校。五时至师院视清常疾，随归。十二时就寝。

〔支洗衣六元。〕

二十五日　阴历正月二十一日　星期四　微晴

九时起。上午未入校。下午三时入校治事①。五时至文化巷开常委会。十时归。读《清史稿》。十二时就寝。

二十六日　阴历正月二十二日　星期五　晴

八时起。九时入校治事。十时偕勉仲至粮政局,商拨发校中食米事。连日校中三奉部电,谓员生食米一律改发实物,不发代金,故往商洽。晤其沐副局长,谓尚未得中央命令,事实上不易作到,详细情形嘱与其配销股万主任一谈,时已散值,乃归。下午三时半再偕勉仲往粮政局晤万,据谈滇省原定由附省十一县将米粮运省,以数量计之,足敷省城食用。但交通工具缺乏,能运来者不及十一,故不能不请各机关自运。以后如运输情形改善,或可在省供给一部分为救急之用,全数由省拨发不易也。归。检《清史稿》。十二时就寝。

〔支奶粉九五元,支奶粉送清常九五元。〕

二十七日　阴历正月二十三日　星期六　晴

八时起。十时入校治事。十二时归。昨买奶粉二磅,其一以赠清常,往送之。小睡。四时雪屏来,同入市,在东月楼便饭。归。掷升官图。一时就寝。下午蔡枢衡来,托致函绍榖借款,为作一书。

〔支玻璃杯送袁太太七〇元②,晚饭五五元。〕

二十八日　阴历正月二十四日　星期日　晴

八时起。九时诣福田,以前日外语系推荐专任讲师一人资格不合,聘委会未予通过也。归。改讲稿。掷升官图。十二时半就寝。

二月份无警报。

---

①事　原脱。

②支　原脱。

二月份经常收入二〇五一元，临时收入一五〇〇元，补发前欠九三〇元，计共四四八一元。支出饭食费用八五九元，酬应费用八三七元，杂用七四四元二八，计共二四四〇元二八。馀二〇四〇元七二。购美金储蓄券三〇元，合法币六〇〇元，实馀一四四〇元七二。

三月

一日　阴历正月二十五日　星期一　晴

八时起。九时入校。十时校中举行总动员月会，并请英国教授讲演。十一时半散。十二时半归。宿舍午饭已过，食烫饭一大碗。小睡。五时至才盛巷，饭后归。昨今觉腰酸，食煮三七水。同人多谓余未康复，此不能节劳早睡之故，宜痛戒。然今晚与莘田谈，又至十二时始就寝。

〔入二月薪四七〇元，二月生活补助费二五〇元，二月生活加成费二六〇元，二月学术研究费三七六元，二月车费二〇〇元，一月米贴八〇〇元，一月房贴一〇〇元，一月生活加成费二六〇元。支所得税一三元八〇，党员会费一元，印花税〇.三六元，房租二〇五元，宿舍杂费八四元，饭费六〇〇元。〕

二日　阴历正月二十六日　星期二　阴

九时起。入校授课一小时，并治事。十二时半归，饭已毕。以大头菜佐油烫饭食之，油太重，睡起作嗝不已，并泻一次。四时入校治事[1]。五时归。疲倦之至。小卧片刻。晚饭不敢多进。饭后食苏打片三。迄十时半又大泻一次。十一时就寝，觉稍差。

---

①事　原脱。

三日　阴历正月二十七日　星期三　阴　微雨

八时起。九时入校治事。十至十一时授明清史一堂。十二时归舍中。午饭时间为余延后一刻钟，甚不安。一时半偕从吾至才盛巷，研究生王玉哲举行毕业口试，到委员唐立庵、闻一多、雷伯伦、罗膺中、毛子水。五时半试毕，成绩甚佳。在公舍与逵羽、矛尘谈。晤蒋太太，知孟邻师明日尚不能归[①]。七时至南京经济食堂，应莘田之约。饭后归。十一时半就寝。

〔支糖一〇元。〕

四日　阴历正月二十八日　星期四　晴

八时半起。与从吾谈史料会事，谈研究事。十时入校治事。十二时至文化巷南开办事处合作委员会聚餐，饯霍秉权赴渝，并开会，三时会毕。入校。四时诣汇臣，小坐。五时至西仓坡清华办事处开常务委员会、聘任委员会、文池奖学金委员会，均无要案。九时散，归。月涵先生丁内艰，太夫人在北平。十二时就寝。

五日　阴历正月二十九日　星期五　有云

七时半起。九时至才盛巷，知孟邻师尚未归昆。入校治事。一时在校前午饭，饭后归宿舍小睡。四时诣月涵，不值。六时至才盛巷，余以端升日内赴渝，枚荪、雪屏旬内赴渝，宴之于蓉园。值矛尘亦在舍，同邀之。连日矛尘约打牌，均拒之，甚觉歉然。九时散，归靛花巷，无灯。与莘田杂谈，而寝已十二时[②]。

〔支面包二小个一〇元，支请客三〇〇元，支烛一支六元，支鸡蛋二十个四〇元，支糖一〇元。〕

六日　阴历二月初一日　星期六　晴　惊蛰

八时起。改讲稿。午饭后小睡。四时雪屏来，同诣蔡枢衡事

---

①孟　原脱。

②原于“时”下衍一“寝”字。

务所小谈。至才盛巷，孟邻师今晨返，其时又外出矣。物华约食自作之元宵。六时又偕枚荪至四如春食面一碗，再至才盛巷，晤泰然，始知孟邻师往安宁温泉[①]，乃偕雪屏步归。十二时就寝。得三民主义青年团中央团部特约编审聘函，嘱编《明代平倭诸将传》。今晚自才盛巷归，见有人误收罗士苇飞机通知，以不识其人，竟置而不顾。其时间为明晨五时，不可更迟，乃至云大访之，不得；又至景钺家探询，派人送往，已十时半矣。得其亲笔收条，心始稍安。

〔支茶叶半斤五六元。〕

七日　阴历二月初二日　星期日　晴　阴　雨

八时起。读《清会典》与《清史稿》。十一时往云大医院，视秉璧疾，亦斑疹伤寒也。十二时至翠湖招待所，应孙福熙之约。饭后归舍小睡。四时至才盛巷，孟邻师外出，晤燕华，天忽冷，乃归。雪屏来，闻自昭今日返昆。十二时就寝。

〔支烛四元[②]。〕

八日　阴历二月初三日　星期一　阴　雨

七时起。八时入校治事。九时至才盛巷谒孟邻师，谈至一时乃归。并晤端升，端升今日二时飞重庆。师谈去冬拉铁摩言之委员长，以为罗斯福左右谈外交政治者皆大学教授，中国似应仿之，派教授若干人往国外宣传。于是命各部开单，计得三十八人。委座并以询之师，金龙荪、李卓敏、钱端升均在其内，闻最后定十二人，此次召端升往，即为此。初宋子文尚以适之师与端升关系为疑，孟邻师为解[③]，乃得派，宋似仍不无介介于适师也。又谈中央大学教育长确曾提出吴南轩，以舆论不佳而止。吴曾晤孟邻师[④]，以

①③④孟　原脱。

②支　原脱。

调任英士大学校长大发牢骚，且谓大学校长不是人做的。抑何甚也！自才盛巷归，小睡。三时入校治事。四时半偕勉仲诣月涵先生，商军训队改组事。五时半归。晚宴毓枬夫妇、家骅夫妇、宝騄、莘田、雪屏、毓棠、伯蕃、米士于舍，请袁太太督厨。掷升官图①。十二时就寝。

〔支请客三八〇元。〕

九日　阴历二月初四日　星期二　阴　晴

七时起。读讲授札记。十时入校上课，课毕治事。十二时半归。饭后小睡。贺自昭来。四时半至北大办事处治事。在泰然处晚饭后归。读《清史稿》《会典》。十一时就寝。

十日　阴历二月初五日　星期三　晴

六时半起。读讲授札记及《清史稿》。十时至十一时上课，课毕治事。一时始出，徐绍穀在蜀芗请孟邻师，嘱往陪。急雇车而往，诸公已不及待矣。饭后至天生药房，贺徐行敏大夫开业，小坐。归舍略睡。四时至西仓坡开史地讲演会筹备会，定讲演日期及题目，此奉部令办理者也，余在本月三十日讲西藏历史。会未毕，余欲入校，伯伦告以得重庆电，二十四日开史学会，嘱余出席，谢之。入校治事毕，归。晚饭。饭后从吾来②，谈余离去后共商史学会事，群推从吾、心恒、毓棠及余前往。从吾劝余必往，谓如余不往，则亦必不往。余以前次大病，旷职一个半月，若更请假，实无以对同人。且蒋、梅两公均将赴渝参加中央训练团，离校期在一月以上，若余亦同时入京，校中惟馀勉仲一人，此则不能不深虑而后行。余甚劝从吾往，盖不仅为史学会事，青年团、区党部均有应往商洽之必要。朱骝先、康兆民电促屡矣，而从吾亦未决，必待余而后定。理发。

①官　原脱。

②来　原脱。

十二时就寝。七日得清华大学公函，请余为本年留学生考试历史部明清史命题委员，不胜荣幸，向例命题均由校外著名学者任之，余以末学忝与其选，实深自愧，欲辞又未便，此科自以孟真为最相宜。

〔支洗衣十一元，车十二元，理发十九元。〕

十一日　阴历二月初六日　星期四　阴

八时起。九时入校治事。十一时半偕勉仲、矛尘及子坚夫人步至大东门，乘马车至王大桥，再步至昙花寺右章耘夫寓午饭。昨日勉仲生日，耘夫补祝之。饭后步归，以马车颠，有害于过饱之后也。抵大东门已四时二十分，劳渴交并，至茶馆小憩。一餐之饱，凡费五小时，心甚愧之。饮茶至五碗。至西仓坡开常委会，会毕聚餐而归。与从吾谈至重庆事。十二时就寝。

〔支送徐行敏公份十八元，《览胜图》一张二五元。〕

十二日　阴历二月初七日　星期五　阴

七时起。九时入校治事。十二时半偕矛尘、汇臣、耘夫在如意馆食包子。归而小睡。晚饭前至文化巷南开办事处参加联大区党部会，自昭有报告，甚好且公允。饭后至才盛巷，与孟邻师谈至十时乃归①。十二时就寝。新入党者华罗庚、雷伯伦、陈省身、孙毓棠。

〔支午饭十三元，面包五元。〕

十三日　阴历二月初八日　星期六　阴　晴

七时起。九时入校治事。十二时半归。小睡。晓宇来，不知何人传余又病，故来视。实则靛花巷公舍最近病者为郑秉璧，非余也。三时至大街照像，一寸像一打，明日取件，价一百四十三元，若当日取须二百四元，此较战前几过二百倍。至才盛巷，视今晚招待

①孟　原脱。

尼德汉布置情形。诣膺中,小坐。复归才盛巷,席散已十一时矣,宾主尽欢。尼为生物化学教授,久在剑桥,今日陪者为全体理学院教授。归。掷升官图数局而寝。

〔支照像一四三元。〕

十四日　阴历二月初九日　星期日　晴　阴　雨

八时起。邵心恒来。下午小睡。李其泰来。陈雪屏来。晚与汤锡老谈研究所事及北大前途事甚久。锡老以外间忌北大者多,既胜之后,未必令复校。余则以为此不足畏,可畏者在敌人海军消灭后,据华北不退,我既不能更求援外兵,而又不能驱之出境,则归北平之期难定矣。十二时就寝。

十五日　阴历二月初十日　星期一　晴

八时起。九时孟邻师来,谈至十时。入校授课。十一时下课治事。十二时至子坚家午饭,原约王明之共商建筑学生宿舍事,明之未至,乃与子坚计之,约需大小五十间,费在五百万左右也。归小睡。三时半勉仲来,同至粮政局商员生食米事,无结果而还。晚饭后心恒来,同之上街,宝騄偕行,两君请宵夜。十时归。十二时就寝。

〔支面包三个十五元,花生五元。〕

十六日　阴历二月十一日　星期二　晴

八时起。十时入校授课。十一时至十二时治事。偕孟邻师、树人、矛尘至才盛巷,公宴孟邻师。由泰然、尹辅任烹调,绝精。饭后小谈而散。与雪屏同购物,归而小睡。晚检讲稿。十二时就寝。

〔支换皮鞋前底一三〇元。〕

十七日　阴历二月十二日　星期三　晴

八时起。九时膺中来谈,以棉袍一件,托其夫人修理。五年未制新衣,领袖皆破,日日在校,人人皆穷,固无伤。若入渝则太不整齐,故托为补缀之。十时入校授课。十一时治事。新任路会计来谈,欲四月一日就职,劝其提早。十二时归。小睡。三时复入校。五时诣雪屏。六时至尹辅家晚饭。同座有路会计、李参如。八时归。检文稿。十二时就寝。

十八日　阴历二月十三日　星期四　晴

八时起。十时入校治事。十二时半矛尘、耘夫以余将赴渝,在校门前食馅饼为饯。食毕,至合作社开会,讨论汽车事。前购木炭车,仅用一次已不能开行,七万元等之白费矣。群意设法出售,此时惟利用校车,用酒精开驶,以免社务停顿。又炭油前次定价过低,均不足本金,此后须加价,炭前次定价二百元,今须三百元矣。群议甚不满于前经理之邀誉急退,使他人之莫可为继也。三时路会计主任来,候刘前任,久不至,乃去。五时至文化巷开常务委员会,九时散,归。会中命余于参加史学会后与部商建筑宿舍及食米代金诸事。晚与从吾谈。十二时就寝。

十九日　阴历二月十四日　星期五　晴

八时起。九时欲至岗头村取物。出北门,遇李润章,谈少顷。候公共汽车,人多不能上,马车则恐迟,不得午前入城,乃折还,已十时半矣。入校治事。十二时子坚、石先、序经公宴蒋、梅两氏夫妇,以苐斋夫妇及余作陪。一时席散,归而小睡。四时至才盛巷,校中招待陈诚、黄琪翔①、关麟徵诸将领茶会。七时散。福田、岱孙、奚若、雪屏、枚荪、莘田、正之及余复请端升报告重庆闻见,至十时半乃散,归。中间陈辞修诚复派人来询今日请客名单,为录一纸。甫抵舍,查勉仲、冯柳漪来商胡永奎痫发事,事涉郑秉璧及其妻妹,颇严重。十二时就寝。

①琪　原作“祺”,本月二十一日、一九四四年三月八日同,据《中华民国史·人物传》改。

二十日　阴历二月十五日　星期六　晴

七时起。八时半下乡。出北门，乘马车，九时半抵岗头村，收检携渝衣物。十一时复乘马车归。饭后小睡。四时洗澡。至才盛巷，饭后归。下之琳自渝还，谈少顷。与从吾谈，十二时就寝。下午三时有欧亚公司陈训炤来，二十年前北平旧识也。谓公司得教育部电，嘱为余辈留机位九，但同时出发必不可能，余乃分函心恒、迅中、文侯，请其与陈训炤接洽。晚归，得文侯信，谓分头接洽不是办法，必欲九人同行，且嘱余办理。余不惟无此权力，抑亦无此义务，此公真不识趣，无怪莘田去大理时日日骂之也。

〔支车十二元，支洗澡二〇元，支短裤一条五〇元。〕

二十一日　阴历二月十六日　星期日　晴　风　春分

七时半起。八时半偕自昭、锡予、从吾、莘田、铁仙至昆华中学军政部办事处，候车往温泉，应陈辞修、黄琪翔午饭之约，原定九时开车，迄十时未开。从吾、锡予乃辞不往。十时二十分车开，十一时五十分抵安宁温泉宾馆，与主人周旋后洗澡。一时席开，凡百馀人，均教育文化界之人。用西餐，一汤二菜一鸡一肉。席间主人略致词，孟邻师有答辞。

四月

十一日　阴历三月初七日　星期日　雨

四时信忠来唤，原备之花杆尚未至，乃决步行，挑夫挑行李以赴机场。伯伦候于大门，遂同行。路黑而潮，下石阶将百级，苦甚。抵机场四时四十分。公司尚无人至，五时半行李过磅，并检察。黎东方、朱声度、王纪元来送行，同进点心。七时飞机起飞，甚平稳，殊无所苦。九时四十分抵昆明，飞机降落大摇，余不禁呕吐矣。下机登记，察行李，乘公司车至太和街。更觅挑夫担行李步至北门街伯伦处，又至信忠处，随至靛花巷，已十一时一刻矣。晤同寓诸公。天雨。午在巷口食饭。下午大睡，五时乃起。雨大不复出门。知雨秋病。十时就寝，喉不舒，似感冒。

〔付飞机票价一七〇〇元[①]，挑夫三分之一一〇元，早点三分之一三五元，挑夫三分之一一〇元。〕

十二日　阴历三月初八日　星期一　阴

六时起。八时入校治事。十二时归。饭后小睡，醒后益不舒适。至才盛巷，晤蒋太太、泰然、濯生、物华。泰然为作素面一盂，食后而归，微有恶寒之意，不知有烧否也。九时即寝。

〔入三月薪四七〇元，三月生活补助费二五〇元，三月生活加成二六〇元，三月学术研究费三七六元，二月房贴二〇〇元，二月米贴八〇〇元，三月车费二〇〇元。支印花三角，所得税一三.八元，党捐一元，房租二〇五元，宿舍杂费六四元，饭费四〇〇元。〕

十三日　阴历三月初九日　星期二　晴

六时起。十时入校治事。十二时归。饭后小睡。四时半至北门街七十一号开会，讨论檀香山奖金，并与端升、石先、福田谈。六时归。泽涵来。九时半就寝。夜嗽。

十四日　阴历三月初十日　星期三　晴

六时起。八时半入校治事。仍嗽。十一时上课一堂。十二时汇臣、矛尘请在校前午饭。归舍小睡。三时复入校。五时至南开办事处开常务委员会，会毕晚饭。饭后大嗽不止。归。十时就寝。晋年予以药一片。

〔付鸡蛋二二元，蛋糕二〇元，洗被一五元。〕

---

①付　原脱。

十五日　阴历三月十一日　星期四　晴　风

七时起。嗽甚。晋年又予药二片。九时入校。嗽不止,咯痰见红,不知是否喉管破。十二时归。一时刘镇时来。三时莘田自重庆还。仍嗽。幸未见咯红。四时六时鼻衄两次。罗小姐予药四小包。晚生日会,为毓棠祝寿于榕园①。归。进罗药,似镇止,夜大嗽一次而已。十二时就寝。

〔付橘子二〇元,付请客公份一〇九元。〕

十六日　阴历三月十二日　星期五　晴

七时起。九时入校治事。十二时在校前午饭。归舍小睡。嗽少差,仍未止。食罗药。检《清史稿》。十时就寝。

〔付午饭三二元。〕

十七日　阴历三月十三日　星期六　晴

七时起。九时入校治事。十二时散。在校前与矛尘、汇臣、耘夫共进午饭。饭毕至汇臣许。五时归舍。知心恒自渝还,为余购暖水壶一,价二百四十元。晚心恒来谈,舍中无电灯。九时半就寝。小嗽。

〔付午饭三三元,付暖水壶二四〇元,付重庆赏一〇元。〕

十八日　阴历三月十四日　星期日　晴

七时起。八时诣刘康甫,视其疾亦斑疹伤寒之类,已烧十二日矣。九时下乡,坐马车至岗头村物理研究所,视吴大猷伤,旬前自马车仆地伤脑,已过危险期。十一时半至公舍,晤树人、今甫、矛尘。在矛尘处午饭。在今甫处进加非。三时乘马车归城。六时至大红楼与莘田、亮夫诸人公饯袁太太,日内将入渝也。归舍即寝。

〔付车十二元。付公份八五元。〕

①榕园　本年五月一日、七月三十一日同;他处若一九四〇年六月三日,一九四三年三月五日、十一月六日、七日、二十三日,一九四四年三月八日、十五日,一九四五年六月十日作“蓉园”。

十九日　阴历三月十五日　星期一　阴　雨　晴

七时起。八时入校治事。九时半新任路会计来接事，旧任刘会计移交，余监交。康甫本同监交[1]，以病未至。接收甚细，一一点核，约须四五日始能竣事也。十时上课，托胡蒙子代监。天大雨，教室铁顶若鸣铮，竟不能开口，乃以粉书板。十一时光旦来，蒋太太来。十二时归舍。下午小睡。晚饭后至才盛巷，晤蒋太太、朱物华、郁泰然。九时半归，随寝。

二十日　阴历三月十六日　星期二　晴

七时起。八时半入校治事。十至十一时授课一时。十二时归。饭后小睡。五时至南开办事处开合作社委员会，并聚餐。八时归。舍中无电灯。诣王信忠，小坐。十时就寝。

〔付面包一个十元，付洋烛一支十二元。〕

二十一日　阴历三月十七日　星期三　晴　谷雨

七时起。八时半入校治事。十时授课一堂，复治事。十二时在校前午饭，耘夫相请。归舍小睡。三时复入校。五时至南开办事处开常务委员会，提出图书馆职员冲突与校警误责案解决办法，此十日来最棘手之事也。六时半至聚英楼，公祝宪钧生日，去年七月时相晤面之教授共组生日会，本意一月一次，而本月有三人，乃分别举行。九时散，归。检《清史稿》。十一时就寝。

〔付公份一〇七元，付橘子一斤二十元。〕

二十二日　阴历三月十八日　星期四　晴

七时起。八时半入校治事。十二时在校前食锅贴，矛尘作东道主。饭后归舍小睡。从吾自渝还，谈甚久。晚饭后又谈，得消息甚多。十一时就寝。

---

①甫　原作“父”，据一九四二年二月十九日日记改。

〔支心恒代付重庆赏钱二十元,支点心二六元,支洗衣九元。〕

二十三日　阴历三月十九日　星期五　晴

七时起。八时入校治事。云瑞校长来谈。蒋铁云来,谈女教职员宿舍问题,或可告一结束,此亦棘手事之一。午在校前进膳。归舍小睡。读《清史稿》。与从吾谈。膺中来约下星期四讲演。柳漪来。晚饭后与莘田步翠湖,谈甚畅。近来孟真、今甫、雪屏、锡予诸公所谈以及在重庆所闻,皆尽之。其关于治学有他人不便言者,余亦婉言之。十二时就寝。

〔支午饭十八元,支鸡蛋二十个三六元。〕

二十四日　阴历三月二十日　星期六　晴

六时半起。八时半入校治事。十一时归。得旻儿三月四日自平来书,有南来意。昨夜旻、晏两儿入梦,晨即得书,计不得其书且二年馀矣！字里行间多少委曲,多少热情,多少希望,读之泪下。噫！苦吾儿矣！苦吾儿矣！十二时与莘田乘马车至岗头公舍,公饯金龙荪赴美,主人尚有今甫、树人、矛尘。陪客有一多、佩弦、锡予、端升、逵羽。谈至六时入城。舍中无电灯。至才盛巷,晤物华、枢衡及蒋太太。十时归。十二时就寝。

〔付车十四元,晚饭十五元,点心二十元,公宴费一一五元。〕

二十五日　阴历三月二十一日　星期日　晴　风

六时半起。八时至新校舍,招待陈辞修来校为湖北学生讲演。十时归。泰然来,谈甚久。午饭后小睡。三时至西仓坡参加清华纪年会。五时散,归。检两《唐书》。十一时就寝。

二十六日　阴历三月二十二日　星期一　晴

七时起。八时入校治事。陈辞修来校,为全体讲演,述湖北战时生活分配问题,倡民生主义经济政策,讲后参观阅览室而去。十至十一时授课一堂。十二时半有预行警报,在校前进膳,刘镇时为东道。我机起飞甚多,环城空侦逻甚勤,终无警报。二时归舍。小睡。闻预行起,自十一时半迄二时半解除。敌机炸祥云云。下午未入校[①]。晚无灯,与同舍杂谈而寝。

二十七日　阴历三月二十三日　星期二　晴

六时半起。八时半入校治事。十至十一时授课。十二时归。小睡。有预行警报,不知何时解除,或云我机往炸缅甸误发也。三时半至金城银行商借款,其经理不在。往才盛巷,致书吴肖园经理,约明日晤谈,前日尹辅晤其副理商借六十万遭拒也。六时往祥瑞家,公祝其夫人生日,餐费各七十七元。十时归,随寝。舍中仍无灯。

〔付面包二个二十元,公宴费七七元,洋烛一支八元。〕

二十八日　阴历三月二十四日　星期三　晴

六时半起。八时入校治事。十时上课,十一时下课。传有预行警报。电话致吴肖园,商借款六十万以发薪,吴可之,惟约二时往一谈。电话甫毕而空袭警报作,检物出校后门,不久而紧急警报作,离校不足百五十步也。甫下坡,抵前山,后麓炸声作。余不敢信,而人皆云然。我机盘旋不已,未见争战。候至一时归校,二时解除。回宿舍进膳。小睡。五时乘车至金城银行,与吴商定借六十万元。步至文化巷开常务委员会。道经《朝报》馆,见壁报:敌机二十七架轰炸机十八、战斗机九入境,在昆明东南郊和甸营阮家村投弹,死伤颇多,后在澜沧与我机遇,凡击毁其十三架云。八时半常委会毕,至云大参加文化聚谈会。十时半归。十二时就寝。

〔付车钱十元。〕

---

①入　原脱。

二十九日　阴历三月二十五日　星期四　晴

六时半起。八时中法大学学生来请为文史学会讲演,并致讲费百元。此事膺中久言之,以余病,又往渝,愆期,上星期六复来约,不得不从。讲题定“中国传记文”,原欲为讲“历史上入滇通道”,以太专,故改此。八时半入校治事。十二时归。有预行警报。下午备讲稿。陈序经来,久谈有关三校诸事。七时至中法讲演,用前在昆明电台广播改稿,而加“内容”一节,以无表不知时间,讲毕已九时三刻,超越规定三刻钟矣。归舍。与同舍诸公杂谈。十一时半就寝。

〔入中法讲演费一〇〇元。付午饭二〇元。〕

三十日　阴历三月二十六日　星期五　晴

七时起。八时半徐行敏来,谓得校中通知,以斋务股职员黎君函称在校医室打针错误,以致昏厥,校医室玩忽职务,有类儿戏,经常委石先代批批饬校医室注意。徐以面子关系请求辞职,并谓校医室今日起全部停止办公,以便交代打针事。余略闻之,而不知有信有批,力慰之,劝以万不可停诊。十时入校,遇正之、之恭,亦已知此事,欲往慰之,再至化学系与石先谈,而后至总务处。勉仲示以黎函及批,并事后徐大夫答复函,此数函全未经过总务处。若得黎函即交校医室查复,俾其先有声明机会,然后批,或不致此也。十二时在校前午饭。回舍小睡。五时至南开办事处,余约校中主任人员与路新会计主任会面,商谈今后改进事,并晚饭,八时半散。耘夫以天晚,不克下乡,寄宿焉。十二时就寝。

〔付午饭二九元,洋烛一支八元。〕

四月自十一日后,昆明凡遇预行警报三次:二十六、二十七、二十八日;紧急警报并轰炸一次:二十八日。自三十年十二月后此为初炸也。

论传记内容[1]

中华民国三十二年四月二十九日下午七时在昆明中法大学讲

传记虽以个人事迹为主，但其内容不能局于个人范围，故传记之善者应尽记时、记人、记事、记言四者。然其叙述亦不必一一出之作者，或采时议，或借史实。

所谓记时者，时代背景、社会风尚、政治环境、经济情况、学术趋势、人心向背是也。《史记》六《秦始皇本纪》于始皇之立，述“当是之时，秦地已并巴、蜀、汉中，越宛有郢，置南郡矣；北收上郡以东，有河东、太原、上党郡，东至荥阳，灭二周，置三川郡”；于初并天下，述“地东至海暨朝鲜，西至临洮、羌中，南至北向户，北据河为塞，并阴山至辽东”。读者于此可知秦始皇二十六年间其疆土之所拓展。《史记》七《项羽本纪》述范增说项梁曰“‘陈胜败固当，夫秦灭六国，楚最无罪。……今陈胜首事，不立楚后而自立，其势不长。今君起江东，楚蜂起之将皆争附君者，以君世世楚将，为能复立楚之后也’，于是项梁然其言，乃求楚怀王孙心民间，为人牧羊，立以为楚怀王”；又秦灭后，分天下，立诸将为侯王，

---

[1]据前一九四二年十月十一日日记：“原来定题为‘如何写传记’，余改为‘谈中国之传记文学’，略定大要。”十四日日记：“写讲稿，迄四时始毕，托马芳若送至电台，烦人代念，以晚间开会也。”另据一九四三年一月十七日日记：“改‘谈中国传记文’讲稿，《国文月刊》欲之也。”后十九、二十、二十一日，皆事誊抄订补，后以《中国的传记文》为题，刊《国文月刊》第二十三期，一九四三年。又本月二十九日日记：“讲题定‘中国传记文’。……七时至中法讲演，用前在昆明电台广播改稿，而加‘内容’一节。”则此部分原是《中国的传记文》一文新补之一节。郑先生以为传记内容之善者“应尽记时、记人、记事、记言四者”，而今文于记时、记人述之较备，而于记事、记言仅数语耳。五月三日日记：“补前日中法讲稿，五时毕，而例证未备，不愿更续矣。”遂至搁笔。后中华书局一九八〇年版《探微集》，收入《中国的传记文》一篇，文末署时间为“一九四二年十月”，未包括此“论传记内容”一节。

纪述“项王、范增疑沛公之有天下,业已讲解,又恶负约,恐诸侯叛之,乃阴谋曰:‘巴蜀道险,秦之迁人皆居蜀。’乃曰:‘巴蜀亦关中地也。’故立沛公为汉王,王巴、蜀、汉中,都南郑”。此一时之大事,各有其背景,而皆依众议为从违依归。《新唐书》一百八《刘仁轨传》称“显庆后,讨伐恩赏殆绝;及破百济、平壤,有功者皆不甄叙。州县购募,不愿行,身壮家富者[①],以财参逐,率得避免。所募皆伫劣寒惫,无斗志”,于以知当时军旅之坏,益见仁轨功成之难,而府兵之制其时亦已隳矣。凡此之属,登之传记,可以明关键,盖未可忽。《清史稿·后妃·孝钦传》(列传一)称“上(德宗)事太后(孝钦)谨,朝廷大政必请命乃行。顾以国事日非,思变法救亡,太后意不谓然,积相左”,《康有为传》(列传二六〇)称“上虽亲政,遇事仍承太后意旨”,《杨锐传》(列传二五一)称“上(德宗)于诏密谕锐云……朕岂不知中国积弱不振,非力行新政不可,然此时不惟朕权力所不及,若强行之,朕位且不能保”,《谭嗣同传》(传二五一)称“嗣同退,谓人曰:今乃知上绝无权也”,据此则德宗亲政后之权力可知。然当时何以竟有百日之维新,于以见其记时之不足。戊戌政变为晚清政治上之大事,李鸿章为晚清政治上之名臣,而《清史稿》鸿章本传于戊戌事未著一字,亦忽略记时代者也。

记人者,传人之仪容、性情、志行、好恶、家庭环境、童年教育、生活状况、友朋往还是也。《史记》八《高祖本纪》称:“高祖为人,隆准而龙颜,美须髯,左股有七十二黑子。仁而爱人,喜施,意豁如也。常有大度,不事家人生产作业。及壮,试为吏,为泗水亭长,廷中吏无所不狎侮。好酒及色。常从王媪、武负贳酒,醉卧,武负、王媪见其上常

①者　原脱,据《新唐书》原文补。

有龙，怪之。高祖每酤留饮，酒雠数倍。及见怪，岁竟，此两家常折券弃责。高祖常繇咸阳，纵观，观秦皇帝，喟然太息曰：'嗟乎[①]，大丈夫当如此也！'单父人吕公善沛令，避仇从之客，因家沛焉。沛中豪杰吏闻令有重客，皆往贺。萧何为主吏，主进[②]，令诸大夫曰：'进不满千钱，坐之堂下[③]。'高祖为亭长，素易诸吏，乃绐为谒者曰'贺钱万'，实不持一钱。谒入，吕公大惊，起，迎之门。吕公者，好相人，见高祖状貌，因敬重之，引入坐。萧何曰：'刘季固多大言，少成事。'高祖因狎侮诸客，遂坐上坐，无所诎。"其文甚长，且涉怪异，然非此不足以尽其人；至若怪异之说，正与其后立为沛公时诸父老皆曰"平生所闻刘季诸珍怪，当贵"之语相应，非虚侈神异也。《史记》六《始皇本纪》称尉缭曰"秦王为人，蜂准，长目，挚鸟膺，豺声，少恩而虎狼心，居约易出人下，得志亦轻食人"，又称侯生、卢生之言曰"始皇为人，天性刚戾自用，起诸侯，并天下，意得欲从，以为自古莫及[④]……上乐以刑杀为威，天下畏罪持禄，莫敢尽忠。上不闻过而日骄，下慑伏谩欺以取容"，凡此均足以见秦皇之为人与夫成败得失之故。后世传记不能状传人之特异，往往泛词雷同，又囿于文字，遂失本真。世传明太祖面貌若五岳朝天，谓上下额颧骨及鼻皆高也，而《明史·太祖纪》仅称"奇骨贯顶"；《史记》谓高祖龙颜，应劭云"颜，额颡也"，索隐曰"其颜貌似龙长颈"，其解本难想像，而《东华录》称清太祖亦曰"龙颜凤目"。《明史》称明太祖"姿貌雄杰，……志意廓然"，而《清史稿》亦称清太祖"仪表雄伟，志意阔大"，文意相同，区别莫辨。《清太祖武皇帝实录》之状太祖曰

①嗟乎　原脱，据《史记》原文补。

②主进　原脱，据《史记》原文补。

③堂　原作"當"，据《史记》原文改。

④及　原脱，据《史记》原文补。

“凤眼大耳，面如冠玉，身体高耸，骨格雄伟，言词明爽，声音响亮，一听不忘，一见即识，龙行虎步，举止威严。其心性忠实刚果，任贤不二，去邪无疑，武艺超群，英勇盖世，深谋远略，用兵如神”，凡十七句七十一字，虽尽称誉之美，然“凤眼大耳”“身体高耸”“声音响亮”之词，尚能想像一二。《东华录》节饰其文曰“龙颜凤目，伟躯大耳，天表玉立，声若洪钟，仪度威重，举止非常，骑射轶伦，刚果能断，凡所睹记，终身不忘”，凡十句四十字，已觉文胜于质。而《清史稿》更节为六句二十四字，曰“仪表雄伟，志意阔大，沈几内蕴，发声若钟，睹记不忘，延揽大度”，几于人人可称矣。此皆记人不足。

记事者，谓事之原委、经过、结果、影响也。《三国志·诸葛亮传》叙先主见亮事甚详，或以为伤烦，然不如此不足以见武侯出处之慎、人格之高，武侯之异于当时游说之士以智谋自进者，正在此，万不可省。

记言者，传人言谈、文字、书札、议论是也。

四月二十九日，在中法大学讲演，用电台旧稿，略加增益，即此是也。当时触会仰谈，初无规矩，昨日星期无事，足成之，而例证未备，姑先写此，以俟他日。

三十二年五月三日下午五时。

五月

一日　阴历三月二十七日　星期六　晴

六时半起。八时半入校。晤正之，言访徐大夫未遇，辞事仍未解决，余意下午访之。十二时归饭。晓宇来，畅谈。四时半同至长城戏院观影片，散后至榕园晚饭，皆晓宇作东道主，甚不安。八时半至才盛巷,晤泰然。十时归。十二时就寝。

〔入四月薪四七〇元,又生活补助二五〇元,又生活加成二六〇元,又研究费三七六元,又车费二〇〇元,三月房贴二〇〇元,又米贴八〇〇元。付捐税一五元一角,房租二〇五元,宿舍杂费六四元,饭钱六〇〇元,洋烛十元,点心二三元。〕

二日　阴历三月二十八日　星期日　晴

七时起。检史册,欲以足成前日讲稿。十一时至十二时预行警报。徐毓枬约午饭,食蟹。归而大睡,醒已五时。晚饭后至才盛巷,晤蒋太太。明日有飞机将往渝,谈久之,归。十一时半就寝。

三日　阴历三月二十九日　星期一　晴

六时半起。八时入校治事。十至十一时授课。徐行敏来,劝慰再三,仍不愿到校诊病,中间曾谓欲请假一周,继又悔之。十二时归舍。饭后小睡。补前日中法讲稿,五时毕,而例证未备,不愿更续矣。向无此惰态,不知今日何以意兴索然也。戒之!戒之!景钺来。晚无电灯,与舍中作升官图戏。十二时就寝。

〔付洋烛十元。〕

四日　阴历四月初一日　星期二　晴

六时起。校中今日举行运动会及五月月会,停课。七时至师范学院,晤雪屏、清常。八时开会,雪屏、勉仲报告,九时散会。至办公室,今日原定下午放假,上午照常办公,而三处人员惟总务处所属到齐,馀均不到。十时乃谕总务处亦散,不知通知何以歧异也。归。检《练兵实纪》。十一时有预行警报,十二时解除。小睡。雪屏来。六时约其在南京经济食堂便饭。至云南服务社访钱云阶,不值。理发。归。检《清史稿》。十二时就寝。

〔付请雪屏五四元,邮票十四元,理发十二元。〕

五日　阴历四月初二日　星期三　晴　阴　夜雨

七时起。八时半入校治事。十至十一时授课。十二时归。饭后小睡。三时复入校治事。五时至南开办事处开常务委员会。会毕,宴钱云阶,谈至十时归。十二时就寝。

〔付肉三五元。〕

六日　阴历四月初三日　星期四　雨　立夏

七时起。八时半入校治事。十二时归。小睡。下午检《清史稿》及《清通志》。六时后掷升官图数匝。十时就寝。

〔付面包二个二十元。〕

七日　阴历四月初四日　星期五　雨　阴

七时起。与莘田同至六和林进早点,佛教会之所经营者也。九时入校治事。十二时归。饭后小睡。三时复入校。五时归。六时至如意楼便饭。饭后谒汇臣,自汇臣处借得宋人笔记《岭外代答》《齐东野语》[①],中有两条有关通滇大道,亟录之,欲以增益旧文,惜原稿已付印。十二时就寝。

〔付早点七元五角。〕

八日　阴历四月初五日　星期六　晴

七时起。九时入校治事。有预行警报。十二时归舍。约莘田叔侄至文林食堂午饭。谒汇臣,小坐,归。午睡。六时至才盛巷,泰然约食饺子,八时归。舍中无电灯,掷升官图数匝。继而电复,读《宇宙风》中《文艺阁笔记》,寝已一时矣。

〔付洋烛十八元,付请莘田七八元,付纸本八元。〕

九日　阴历四月初六日　星期日　晴

八时起。检《清史稿》《清通志》,草"清代诸帝之血系"初稿,

①记　原脱。

于六时成。下午崔书琴来。晚读宋人笔记《芦浦笔记》，中有胡洵直校诸葛公《出师表》，与通行本不同，初以为与张栻所作《武侯传》或同，校之亦不同，然录之书端。十一时就寝。

十日　阴历四月初七日　星期一　晴

六时半起。九时入校治事。十时上课。十二时归。饭后小睡。三时复入校。五时由吴志青教太极拳，十九年在南京曾学之，北归不复习，全忘之矣。今日走数式，腿竟酸痛。五时半归。饭后读笔记。十二时就寝。

〔付面包六元。〕

十一日　阴历四月初八日　星期二　晴

七时起。八时半入校治事。十至十一时授明清史一堂。十二时归饭。饭后小睡。视胡蒙子疾，胃痛至不能忍，吸雅片亦无效，由西医打马非针始差。今日泻八次矣，而精神尚佳，自云业障病也。至才盛巷办事处。九时归。十二时就寝。

〔付面包二个六元，鸡蛋二个五元，酥油二斤一二〇元，白糖一斤二八元，元肉四两二三元，山查四两十七元，茶叶一斤一〇〇元。〕

十二日　阴历四月初九日　星期三　晴

七时起。十时入校，途遇岱孙，谓教授多人联名请召集全体教授会，商谈生活问题。余意此是最后手段[①]，不宜轻用。岱孙云，若外人故意歪曲事实，谓本校有其他背景，则大不利矣。上课一小时。至办公室，有预行警报。十二时归。饭后小睡。谒伯伦、景钺，不值。视胡蒙子疾。五时至校，同人已散。至文化巷南开办事处开常务委员会，值教务会议甫毕，要求召集教授会，列名二十一

①是　原作“事”。

人，均法学院教授。石先已与雪屏商定，在下星期三召集。九时归。晤晋年，谓昨日序经约法商学院教授晚饭，席间谈及生活，遂有此议，并四步办法：一、要求照生活指数发战前四十元之生活费；二、如不得请则绝食一日；三、如更不得请则向外募捐；四、如仍不得请则全体辞职云。夜从吾来谈此事，颇以为虑，谓主张最烈者光旦、西孟、序经，日前西孟曾约信忠列名云。余意同人生活确苦，而学校前途堪虞，如能不要外发展，仅致函常委则较好，从吾亦以为然。日前召亭、景钺先后来谈，主北大开一会，今日与今甫商定下星期二。十一时半就寝。

十三日　阴历四月初十日　星期四　晴

七时起。九时入校治事。十二时归。饭后小睡。预行警报。作书上孟邻师，并致月涵先生报告校务。莘田得董绍良电，其子女已到城固，可喜之至。不知大宝等亦有来者否，既羡且念，又甚盼之。心恒、晋年、家骅诸人杂谈。十二时就寝。

〔付洗衣十二元。〕

十四日　阴历四月十一日　星期五　晴

七时起。读五月二日《大公报》，有孟真《盛世危言》一文，甚佳。就历史以箴勉当世，并以汉文、唐太、宋仁、明孝四人为况，盖有所望于斯也。末谓“大凡中国历史上之治，每每杂用儒术、黄老、名法，无儒术无所立心，无黄老无所为纲，无名法无所为用。然则以儒术之忠节为心，以黄老之运用为体，名法之事委之他，但持大体而已，乃最便于培养人才之道也”，不惟读书有得，实阅世有见。九时入校治事。十二时归宿舍，工友潜遁无饭，在门前食面二碗。小睡。三时半复入校。五时习拳。晚食面包。至才盛巷。十时归。十二时就寝。

〔付面包一个十一元，面二碗二四元。〕

十五日　阴历四月十二日　星期六　晴

七时起。检《清史》,欲写文。九时而警报作,偕莘田至云南大学。或云有紧急警报,亦不觉,坐树阴正高谈中,忽闻轰炸声、飞机声,急入楼下层。或云有高射炮,或云炸声,杂而乱,亦未觉。十二时半解除,归。始知今日敌机来四十八架,近市有空战,有二机焚堕,炸二次。今日忽至云大避警,竟失此巨观,可惜之至。闻至少击毁敌机十架云。下午写文稿。未出。十二时半就寝。视蒙子疾。

十六日　阴历四月十三日　星期日　晴

八时起。竟日未出。三月时史地教育委员会托联大办讲演会,嘱余讲西藏史,曾述大意,嘱王玉哲代辑材料,会余辈入渝,改下周补讲。今日取讲稿视之,仍须增改,迄晚未毕。十二时就寝。

十七日　阴历四月十四日　星期一　晴

先妣陆太夫人七十五岁冥寿。七时起。改讲稿。十时入校授课,十一时治事。十二时归舍,无饭,至门前食面,欲以祝先妣寿日,而卞之琳必欲作东道。食后小睡。三时复入校。五时习拳。五时半归。偕莘田至六和林食斋。归。改讲稿,大纲成而文字未定。十一时就寝。

〔付晚饭二一元,水三元,洗衣八元。〕

十八日　阴历四月十五日　星期二　阴

七时起。昨眠不熟。十时入校上课。十一时治事。十二时归。小睡。三时至才盛巷北大办事处开校务谈话会,余临时主席,首谈恢复教授休假,次谈明日联大教授会事。召亭报告上星期二法商学院宴谈情形,知是日事先曾由召亭、西孟、赣愚函约同人于是日顺便商生活问题,而非因谈生活问题而有是日之宴也,亦非由序经提议其事。今日会中召亭、西孟态度较强,之椿、毓淮和之,而甚缓舒,今甫、树人、莘田、雪屏、景钺则皆谓以保护学校为第一要义,反对绝食、募捐、辞职一类行动。六时余先归。七时至昆中北院讲演,座有空者,大约百五十人左右听者耳。讲至九时,归舍。莘田云,余行半小时,会亦散。之椿归纳成一案,曰:"近来本市物价上涨,情形异常险恶,六年以来同人等随身衣物变卖一空,现状已近崩溃,前途更难设想。为此请求教育部改善待遇,以战前俸给十分之一,乘当地物价指数为最低标准,俾学校得以保全。如教育部对此问题不能有解决办法,势难继续维持。"亦未列入决议。十二时就寝。

〔入《旅行杂志》稿费一五〇元。〕

十九日　阴历四月十六日　星期三　阴

七时起。八时半空袭警报忽作,本意欲往云大,已锁门矣。见晋年、宝騄,均以病不能外出,乃开门复留。之琳、雨秋亦有病,于是全舍不出者五人。未几,又之去而复返,竟得六人。十一时解除。余凡检《东华录》多册,亦意外收获也。午饭后小睡。三时至北门街开教授会,谈生活问题。发言以召亭、之椿、西孟为多而较激,主张有所表示,而未提具体方案。之椿主设行动委员会,举五七人,未通过。序经、岱孙、莘田、雨僧、江清、奚若亦均发言,皆不赞成有所行动。奚若谈甚平正,雨僧谈及绝食罢课绝不可作,并绝端反对之,语甚激切。但本日并未提出,此事盖误于近日之传言耳。六时散会,当选出枚荪、正之、雪屏三人为代表,至渝晋谒当局。会散,至文化巷开常务委员会,途遇正之,正之会半退席。至西仓坡考试研究生,谈及孟邻师适有电话来,谓万不可有绝食及其他行动,以免影响学校前途,则重庆之谣传可知矣。常委会开会后,草一电报,告今日开会举三人代表入渝,其他无决议,请蒋、梅两常委在渝辟谣而归。十二时就寝。关于西藏名称问题[1]，颇欲草一文，自今日起先录长编。

二十日　阴历四月十七日　星期四　晴

七时起。九时半入校治事。十二时在校门前午饭，午饭后归舍小睡。三时复入校。五时送矛尘至北门外而归。七时至昆中听心恒讲演元世祖，凡一小时而毕，同归龍花巷。值防空演习，有空袭警报，电灯熄，全城居民皆预知其讯，竟无走避者。或云防空司令部有布告，谓本日演习，望市民勿扰，则尤荒谬之至，果如此，又何贵于有演习耶？十一时半就寝。校中旧职员薛德成、董明道、包尹辅[2]、朱荫章上书讦朱汇臣以职员得教授奖助金，并要求同等待遇，请部照发。朱汇臣因而大怒辞职，以为诸人可求照发，不必讦及本人，且汇臣与矛尘同以职员得，而诸人仅讦己而不涉矛尘，尤愤。余力劝之未能效也，此事外间早有人说话，雪屏曾举以相告，但奖助金之发系由部自定，而非由本人所请。则汇臣自不负责，其欠缺处，在请审议资格时，与现任教授同呈并列耳。

〔付面包二个二四元，午饭二五元。〕

二十一日　阴历四月十八日　星期五　晴

七时起。九时入校治事。十二时归。饭后小睡。三时复入校。五时习拳。诣汇臣，不值。晚饭后至昆中北院听毓棠讲演。本星期内每晚均有讲演，学生几有不胜之苦，今日听者尚多，较昨日约多一倍，较星期二余讲时约多四之一，然尚不逮前数月文史讲演之盛。此事余尝向从吾、莘田言之，主排列稍宽，以免生厌。九时归。十二时就寝。

---

①于　原脱。

②尹　原作“伊”，据一九三八年一月二日日记改。

二十二日　阴历四月十九日　星期六　晴　风　小满

七时起。九时入校治事。十二时偕矛尘诣汇臣，同出午饭。饭后复归其寓，五时归。至青云轩作笔。心恒来。十二时就寝。

〔付午饭三五元，洋烛二〇元。〕

二十三日　阴历四月二十日　星期日　晴　风

晨起甚迟。读《东华录》。午后小睡。晚至才盛巷，晤蔡枢衡。十时归。十二时就寝。

二十四日　阴历四月二十一日　星期一　阴

七时起。九时入校治事，至十一时授课。十二时归。饭后小睡。三时复入校。雪屏来谈，偕至勉仲处，拜见其夫人，新自北平来者。雪屏约食面，食后同至靛花巷。十时雪屏归。十二时就寝。

〔付鸡蛋十二个三三元，请勉仲一〇〇元。入《图书月刊》稿费八〇元。〕

二十五日　阴历四月二十二日　星期二　雨

七时起。检《东华录》。不觉已十时，急入校授课。课毕，治事。十二时归。饭后小睡。三时勉仲来，同至工学院。五时至才盛巷，六时假其地宴中央银行主事人，为校中经费借款事，九时散。与枢衡、端升小谈而归。泰然为购毛呢制鞋一双，价一百六十元，此战前百双之值也，然在今日犹涨价之最少者。十二时就寝。

〔付鞋毛呢作一六〇元。〕

二十六日　阴历四月二十三日　星期三　阴

七时起。九时入校治事并授课。十二时归饭。饭后小睡。五时至南开办事处开常委会，七时半散。偕晋年同往大街，复购鞋三双，价各不等。连日物价飞腾，不知何时是止境。归。检康熙《东华录》，摘录西藏名称以备考证。十二时就寝。

〔付鞋一双三〇〇元，又一六〇元，又一二〇元，草帽二五元。〕

二十七日　阴历四月二十四日　星期四　雨

七时起。作书上蒋、梅两常委。九时半入校治事。十二时归。饭后小睡。三时入校。五时归。读摘康熙《东华录》。十二时半就寝。

二十八日　阴历四月二十五日　星期五　晴

七时起。九时入校治事。十二时归。饭后小睡。三时复入校。五时归。晚舍中公宴朱汝华、马仕俊,祝其得奖。十二时就寝。

〔付请客三四元。〕

二十九日　阴历四月二十六日　星期六　晴　阴

七时起。九时半入校治事。十二时归。小睡。五时诣柿花新村徐绍穀新居,饭后归。馔甚精,皆其夫人手制。十二时就寝。

〔付大红宣纸一张一五〇元。〕

三十日　阴历四月二十七日　星期日　晴

八时起。十一时至黄土坡,徐大夫招饮。三时归。小睡。为莘田校文稿,所作《王兰生传》。十二时就寝。

〔付车六元。〕

三十一日　阴历四月二十八日　星期一　晴

七时起。九时入校治事。十二时归。为莘田校文稿。四时入校,五时归。朱汝华、马仕俊回请同舍。校读莘田文稿毕,略陈其愚而表彰康熙一点,莘田欣然接受,尤慰。十二时就寝。

五月昆明有预行警报六次:二、四、八、十二、十三、十六日;空袭警报一次:十九日;轰炸一次:十五日。

西藏名称之由来　长编①

《明史》三百三十一《西域乌斯藏大宝法王传》:"乌斯藏在云南西

①编　原作"篇",据本月十九日日记改。

徼外……元世祖尊八思巴为大宝法王。”顺治《东华录》十五:顺治七年九月乙巳“喀尔喀、厄鲁特、乌斯藏等部……来贡”。

《卫藏通志》三《山川》引:“康熙六十年二月奉上谕……《禹贡》‘导黑水至于三危[①]’,旧注以三危为山名而不知其所在,今始考其实,三危者犹中国之三省也。打箭炉之西南、达赖喇嘛所属拉里城之东南为喀木地方(原注:即康也),达赖喇嘛为危(原注:乌斯与危、卫同音也),班禅呼图克图为藏地,合三地为三危耳。”

案此谕见《东华录》一百六康熙五十九年十一月。文字略异。康熙圣训引作:“打箭炉西南达赖喇嘛所属为危地。”原注谓“乌斯与危、卫同音”者,盖照反切,乌、斯二字合音为危也。近世西人于藏文“卫”字对音,多作Ü字,无作Ui或Ue者,则此说不无可疑。且以斯字作下切字亦甚拗,恐当有别解。

王氏崇德《东华录》七:崇德七年十月“己亥,图白忒部达赖喇嘛遣伊喇固克散胡图克图……等至盛京。”

王氏顺治《东华录》二十:顺治十年四月丁巳,“遣礼部尚书觉罗郎球……赍送达赖喇嘛金册金印于代噶。文用满汉及图伯忒国字。”

案此在顺治以前称西藏为图伯忒。

王氏康熙《东华录》十五:康熙十四年四月乙卯,“达赖台吉故居土伯特。”

案此在康熙十四年仍称土伯特。

王氏康熙《东华录》三十:康熙二十一年九月己未,“土知府木尧议称愿遣土人进藏,致书达赖喇嘛,宣示皇上德威。”

案此为称藏之始,但属仅见。其后若干年记达赖事,未尝

①至 原脱,据《卫藏通志》补。

更用。

王氏康熙《东华录》五十：康熙三十一年十一月"丁卯，噶尔丹之使……挟噶尔丹书札散布内属蒙古，上闻之，赐噶尔丹敕，令来使赍归。敕曰……康熙八年，达赖喇嘛奏称：前蒙皇上赐臣敕印，仗一统大君之仁慈，平治土伯特三部落……康熙十八年达赖喇嘛奏称：谨将平治汉人、土伯特、蒙古之要略奏请睿览，其奏尚在。盖达赖喇嘛深知朕护持宗喀巴之法……"

王氏《东华录》五十一：康熙三十二年二月己丑，"达赖喇嘛奏……厄鲁特大半附策妄阿喇布坦，虽谕以修好，若厄鲁特不从而生乱端，则西海大小土伯特力有不支，伏祈鉴而察之。至打箭炉等处地方在汉人与土伯特之间。奉皇上敕旨云，土伯特行商者无用其止之，是以土伯特仍照前行汉人地方……"

又五月丁巳一条同上条上半。

王氏康熙《东华录》五十七：康熙三十五年六月"癸丑，达赖喇嘛使人……自西宁至京，上命领侍卫内大臣索额图……传谕曰……第巴原系达赖喇嘛下管事人，朕优擢之，封为土伯特王。乃阳奉宗喀巴之道法，阴与噶尔丹比，欺达赖喇嘛、班禅而坏宗喀巴之法……"

王氏康熙《东华录》五十八：康熙三十五年七月戊午，"侍郎西拉奏：臣遵旨问降人丹巴哈什哈，噶尔丹当往何处。丹巴哈什哈等奏曰：我等以为噶尔丹必往投达赖喇嘛……噶尔丹与第巴甚好，且噶尔丹于为喇嘛时居班禅胡土克图所，谓唐古特图之托卜察一城人，乃噶尔丹前生尹咱胡土克图时之徒也。"

案此称唐古特之始见。

王氏康熙《东华录》五十八：康熙三十五年九月"癸亥，理藩院议覆四川巡抚于养志奏：臣遵旨会同乌斯藏喇嘛营官等查勘打箭炉地界……"

案乌斯藏之称始见于此。

王氏《东华录》五十九:康熙三十六年二月“己丑,奉差达赖喇嘛理藩院主事保住回至庄浪奏:臣于十一月二十二日到乌斯藏,奉圣旨一一晓谕第巴,第巴奏言,臣庸流末品,蒙皇上俯念达赖喇嘛,优封臣为土伯特国王,臣正思仰答皇恩,……我土伯特人不谙礼法,止以无知获罪,臣未尝知而故犯也。……”(封王事在三十二年十二月)

案此土伯特与乌斯藏并称。

又三月庚辰,“遣理藩院主事保住……赍敕往谕第巴……敕曰……朕若不加眷恤,尔土伯特国岂得安其生耶? ……”

王氏康熙《东华录》六十一:三十七年三月戊寅,“命内阁学士伊道等赍敕往谕策妄阿喇布坦曰……本朝与达赖喇嘛交往七十馀年,第巴原系达赖喇嘛执事下人,因轸念达赖喇嘛,欲使扶持道法,是以优封为土伯特国王……”

王氏《东华录》六十四:康熙三十八年七月庚辰,“四川提督岳升龙奏,打箭炉原系本朝版图,竟被乌斯藏强人侵占……”

案此奏发自四川提督,或当时边境仍沿此称。

王氏《东华录》六十六:康熙三十九年七月“庚子……上曰……朕巡幸蒙古之地颇多,凡事朕皆熟悉,策旺阿喇布坦人虽狡猾,但由博罗塔拉至土伯特必经哈拉乌苏等艰险之处,路径甚恶,断不能往伐……惟有奋激而行,妻孥与俱,幸而有济则已,无济则有归附土伯特之谋而已。”

王氏康熙《东华录》八十五:康熙四十九年正月庚寅,“谕大学士等,满字既有《清文鉴》,蒙古字书亦应纂辑,著交与教习唐古特书之官员阿尔必特祜、乾清门侍卫拉锡等翻译。”

仝三月“戊寅,议政大臣等议拉藏及班禅胡土克图、西藏诸寺喇嘛等会同管理西藏事务侍郎赫寿,奏请颁赐波克塔胡必尔汗以达赖喇嘛之封号。"

王氏康熙《东华录》八十三:康熙四十八年正月"己亥,先是拉藏立波克塔胡必尔汗为达赖喇嘛,青海众台吉未辨虚实,彼此争论讦奏,上命内阁学士拉都浑率青海众台吉之使人赴西藏看验。至是,拉都浑回奏:臣遵旨会同青海众台吉之使前往西藏,至喀木地方见拉藏,……又青海众台吉等与拉藏不睦,西藏事务不必令拉藏独理。应遣官一员,前往西藏协同拉藏办理事务,得旨依议,其管理事务著侍郎赫寿去。"

案此西藏称号始见,管理西藏事务侍郎亦始见①。

王氏康熙《东华录》一百:康熙五十六年十月乙巳,"青海亲王罗卜藏丹津奏,策旺阿喇布坦属下策零敦多卜等领兵三千来西藏,欲灭拉藏汗,……上谕议政大臣等,西藏之地,达赖喇嘛所蓄粮饷颇多,器械亦备。且西藏人众守法,今策旺阿喇布坦无故欲毁教占藏,众人岂肯容伊……"

王氏康熙《东华录》一百一:康熙五十七年二月"壬辰,议政大臣等议覆振武将军公傅尔丹等奏请两路大兵进剿之处,得旨,尔等意欲两路进剿,但闻策妄阿喇布坦遣策零敦多卜等前往西藏之时,曾有令伊等剪灭拉藏,即在藏驻扎,彼复身至西藏,再攻取危藏巴尔喀木之人等语。虽其虚实未可悬定,而传闻拉藏有阵亡之信,若策旺阿喇布坦果带妻子前往西藏而去,我国两路大军即至伊里地方,恐属徒然,朕意今即令色楞统率军兵征剿西藏,稍俟此军消息"。

案此西藏与危藏并称。

①此案语原在上一条之后,条末有"移下条"三字,兹移此条之下。

仝四月“辛巳,议政大臣议覆侍卫阿齐图奏:臣统兵至柴旦木地方,于正月初二日遇见伊打木札布等带领拉藏子苏尔札之妻,自招败回。告称准噶尔兵来至达穆地方,与我土伯特兵交战数次,彼此伤损甚多。去年十月三十日厄鲁特之噶隆沙克都尔札布叛归准噶尔,将小昭献降。我土伯特兵众解散……我等投奔而来等语。今西藏已失,苏尔札之妻等投恳垂救,应……即给伊马匹口粮……安插。从之。”

仝五月“壬申,议政大臣议覆都统法喇等奏:打箭炉之外地名里塘,……近闻策零敦多卜暗通密信……诱伊归藏……又闻自里塘以外直至西藏,敬信胡必尔汗有如神明……”

仝六月“甲午,议政大臣议覆侍卫色楞密奏:……臣愚以为准噶尔残害西藏,彼处人民悬望我师,如望云霓……正当乘此机会剿灭贼人,收复藏地……”

王氏康熙《东华录》一百二:康熙五十七年闰八月丙午,“侍卫色楞奏:唐古特人等原系达赖喇嘛所属之人……”

王氏康熙《东华录》一百三:康熙五十八年二月“辛未,……都统法喇等奏:……若义木多地方亦来归顺,则离藏甚近,其会兵取藏之处……”

仝“癸酉,……都统法喇奏:蒙古地方及西藏人民皆藉茶养生,贼人即踞藏地,非茶断难久居……”

仝“四月乙巳……抚远大将军允禵奏:据都统延信等称……其土伯特人为贼所迫,虽与我兵对敌,俱……放空枪,揆此,可知土伯特之人实心感戴皇恩。”

王氏康熙《东华录》一百四:康熙五十八年九月“乙未,谕议政大臣等:此次差往西边胡毕图等前来回称,策零敦多卜等及土伯特众喇嘛民人俱言,在西宁见有新胡必尔汗,实系达赖喇嘛之胡必尔汗……且土伯特处时瘴气……今将新胡必尔汗封为达赖喇嘛，给与册印，于明年青草发时送往藏地，令登达赖喇嘛之座。……又青海王台吉等，令大将军传集一处，晓谕唐古特国内，达赖喇嘛、班禅法教原系尔祖上设立……业经保奏，土伯特之喇嘛民人及阿木岛地方喇嘛等，俱亦称为达赖喇嘛之胡必尔汗，皇上将此胡必尔汗特封为达赖喇嘛，于明年一同送往藏地，令登禅榻，将法教广施。"

仝十一月辛未，"户部议覆年羹尧奏：里塘、巴塘……来归……愿输钱粮，……俟西藏平定，另行请旨定夺。从之。"

仝十二月"丙辰，议政大臣……公同议奏进藏一事，得旨，此议尚未周详……额驸阿宝所属……令带往取藏，此柴旦木所有之兵亦令前往取藏……必将新胡必尔汗送往，安设禅床，广施法教，令土伯特之众诚心归向……我师进藏定立法教之后，或留兵一二千暂行看守，或久住，则土伯特之众即如我兵。……今若照众大臣议……西藏之人皆系土番……倘藏地被策零敦多卜占据，则藏兵即是彼之兵丁，而边疆土番岂能保全?"

又十二月辛酉，议政大臣军前召至大臣议覆内屡用"进藏"字样。

王氏康熙《东华录》一百五：康熙五十九年正月壬申，"谕议政大臣等……进兵西藏时，色楞不候众人独自前往……策妄阿喇布坦之人霸占藏地，毁其寺庙……策零敦多卜领兵在藏……朕思伊等……尚能到藏，我兵顾不能至乎？……此时不进兵安藏……将作何处置耶？故特谕尔等安藏大军决宜前进。"

仝二月癸丑，"命封新胡必尔汗为宏法觉众第六世达赖喇嘛，派满汉官兵及青海之兵送往西藏。"

仝甲子，"议政大臣等议覆……中甸地方原系云南丽江土府所属，吴逆背叛时割赂西藏，……应……仍归丽江土府管辖。从之。"

仝四月壬寅,"……年羹尧奏……臣查巴塘、里塘向为西藏侵占……"

王氏康熙《东华录》一百六:康熙五十九年九月戊寅,"得旨……云南进藏之兵……大兵进藏之后……令自备口粮运米进藏,如迟误不能抵藏,即行正法……"

仝十月庚戌,"定西将军噶尔弼奏,臣等……于八月……二十三日五鼓时起程进取西藏,传西藏之大小第巴头目,并各寺喇嘛,聚集一处,宣示圣主拯救西藏民人至意。随将……西藏附近重地扎立营寨,拨兵固守……得旨……噶尔弼……克取藏地……抚绥唐古特土伯特人民,甚属可嘉!"

案此数名并称,不识其别,初谓西藏为地名,唐古特为国名,土伯特为种族,读此亦不然。

仝乙卯,"允禵奏:平逆将军延信等率领大兵……于九月初八日,自达穆启程送新封达赖喇嘛进藏,其从前达赖喇嘛博克达不便留住藏地,应发回京师。得旨,前遣大兵进藏,议政大臣及九卿等俱称藏地遥远……宜固守边疆,朕以准噶尔人等见今占取藏地,骚扰土伯特唐古特人民,再吐鲁番之人皆近云南、四川一带边境居住,若将吐鲁番侵取,又鼓动土伯特唐古特人众侵犯青海,彼时既难于应援,亦且不能取藏。朕决意独断。"

仝辛酉,"允禵奏:八月二十三日官兵进藏后……"

仝十一月丙子,"年羹尧奏……俟西藏既平……"

仝十一月辛巳,"今大兵得藏,边外诸番悉心归化,三藏阿里之地俱入版图。"

案三藏未详,或即上文之危藏喀木①。

王氏《东华录》一百七:康熙六十年正月癸未,"允禵奏……延信呈

①上 原作"下"。"危藏喀木"见前康熙五十七年二月壬辰条文内。

报大兵送达赖喇嘛至藏地安置，其所经过……喇嘛人等……合掌跪云自准噶尔贼兵占据土伯特地方以来……"

仝三月"己丑，命平逆将军延信、都统武格、副都统吴纳哈帅师驻西藏。"

王氏《东华录》一百八：康熙六十年九月丁巳，"蒙古王贝勒、贝子、公、台吉及土伯特酋长等奏：西藏平定，请于招地建立丰碑……上允所请，御制碑文曰……且欲霸据土伯特国……一矢不发平定西藏……抚绥土伯特僧俗人众……土伯特酋长……爰纪斯文，立石西藏。"

王氏康熙《东华录》一百十：康熙六十一年七月壬寅，"年羹尧奏：西藏驻扎之喇嘛楚尔齐木藏布及西藏办事之知府石如金等呈称，在藏官兵不睦……查西藏被贼扰害，蒙圣主独断，发兵往剿，今藏地已定，土伯特唐古特俱得拯救……"

仝九月乙酉，"谕议政王大臣等……策妄阿喇布坦……遣策零敦多卜等潜往西藏……土伯特地方已被残蠹，朕又遣大兵……复取西藏，救土伯特于水火之中。我兵直抵西藏，立功绝域……"

《卫藏通志》卷首：圣祖《御制泸定桥碑记》(康熙四十年)："打箭炉未详所始……凡藏番入贡及市茶者皆取道焉。自明末蜀寇乱，番人窃踞西炉，迄本朝犹阻声教……康熙三十九年……三路徂征，四十年春，师入克之……西炉之道遂通。"

《西藏史》(C.Bell：*Tibet，Past and Present*)第二章："所谓 Tibet 非其人民自用之词，或为藏文 Tö Pö(上藏)二字蜕变，始原指西藏西部之高地，最初用此词者为亚剌伯伊士特利(Istakhri)之著作(约在西历九五〇年[①])，书为 *Tobbat*°(见 Rockhill：*Etymology of Tibet*，P.669)。"

《卫藏通志》六和琳《关帝庙碑》："唐古忒在胜朝为乌斯藏……乾

---

①九五〇　原作"五九〇"。按伊士特利，今译作伊斯塔赫里，公元十世纪学者，著有《郡国道里志》。据改。

隆辛亥秋廓尔喀部落……潜师侵略后藏……”

案后藏字样康熙时未见。

又卷九，乾隆五十七年上谕：“……以期同心保护卫藏”，“不妨亦免卫藏番众赋纳。”

案卫藏连词亦康熙时所无。

又卷十四上，松筠、和宁办理抚恤番民事宜告示“唐古忒百姓”（乾隆六十年）。

又卷十四下，乾隆五十八年，和琳严禁碎割死尸示，“唐古忒番民”、“尔唐古忒”、“前后藏”。

又卷十三上，定西将军噶尔弼平定西藏疏[①]：“扮为唐古忒之人”、“唐古忒之兵”“看来此处唐古忒俱甚是恭敬第巴”、“唐古忒兵丁”、“将圣主广施法教救护图伯特部落众民之至意宣谕”、“我们众唐古忒部落人等”、“又为唐古忒字样”[②]。

案疏中未尝称藏，而图伯特与唐古忒互用，其疏上于康熙五十九年。

六月

一日　阴历四月二十九日　星期二　阴　夜大雨

七时起。九时入校治事。十至十一时授课一小时。十二时归。饭后小睡。七时至新校舍南区第十教室参加历史学系毕业同学欢送会。八时半，会未散，诣汇臣。汇臣希明日常委会将其请辞真象略报告，以免外间误会。九时归。十二时半就寝。下午晓宇来，谈甚久。又有警务处李君来，请星期五往讲演。晚开会时，伯

①尔　原脱，据《卫藏通志》补。

②忒　原作“特”，据同上书改。

伦谓余面色甚黄,若有病然。岂睡眠不足、饮食不良欤?此外余固无所苦也。

〔入薪津等项二五五六元,详目同上月。付捐税十五元一角,房租二〇五元,杂费三〇元,饭费六〇〇元,鸡蛋二十个五四元,乳扇一斤五〇元。〕

二日　阴历四月三十日　星期三　阴　夜雨

七时起。九时入校治事并上课。十二时归。午饭后睡甚酣。下午检书。后日拟讲中国历代警政,尚一无条贯也。五时至南开办事处开常委会,七时半会散。诣汇臣,不值。十二时半就寝。

三日　阴历五月初一日　星期四　晴　阴　夜雨

七时起。九时入校治事。霍秉权来谈合作社事。十二时归。小睡。四时至共和春参加历史系毕业同学公宴,凡三桌。凡主人毕业生十九人,客教授七人。九时散,更至皇后照像馆共照一像,归舍已十时矣。计今日学生所费,当在四五千元,过矣!惜余阻之之无效也。夜雨。备明晨讲稿。十二时就寝。

四日　阴历五月初二日　星期五　阴　雨

六时起。七时至华山小学,为昆市警察讲历代警政。分三段:一、警务机关沿革;二、警务行政要略;三、警务人员训练。中国古无专设警务机关,取材较难,又未充分准备,自知不免疏略牵强。余于训练一段,提出"勤、慎、明、刚、勇、学"六字,并举古人行事为证,所以未提廉字者,以此在今日为基本道德也。八时讲毕,归。雪屏来,将于下星期三飞重庆。十时入校治事。十二时归。饭后小睡。四时至序经处,小坐,归。读《户部则例》及《东华录》。晚饭后理发。雪屏、毓棠偕来,天大雨,十时半去。即寝。莘田相告,徐梦麟谈兴文银行向与教育界有关,近欲请云大、联大教授热心研究云南文献者二十人,月致俸千元为研究费,资其研究。以余尝有

《云南通道》之作,意欲使余为二十人之一。余闻其未有成书之意,盖藉此以资助同人耳,婉辞之,并建议莘田必以云南文物研究机关名义乃可受。若受之兴文银行,未安也。余非不穷,但滥受于人,不愿且不敢也。

〔付笔十支四〇〇元,理发十元,面包五七元。〕

五日　阴历五月初三日　星期六　阴　雨

七时半起。九时半入校治事。十二时归。至南开办事处开合作社会议,咸主作一结束,留待新任委员接办。二时半散会。归宿舍小睡。晚偕晋年、家骅至才盛巷,晤端升、泰然。九时归。十二时就寝。

〔付牙膏四五〇元,洋烛六〇元。〕

六日　阴历五月初四日　星期日　晴　阴　夜雨　芒种

八时起。十时偕莘田、晋年出大东门,乘马车至王大桥,沿松堤北行,耘夫来接,同往其居小憩。至昙花寺,前数日闻昙花正开,故期以今日往观。比至,早开者已瓣落无遗,未开者裹蕾未裂。伫立久之,怅然而出,此所谓缘也。昙花蕾甚大,较玉兰倍之,叶亦相似而厚大。耘夫备午膳甚丰,花未得睹,厚扰主人矣,不安之至。四时半马车缓归,抵舍已六时。十时半天大雨。十二时就寝。

七日　阴历五月初五日　星期一　晴　阴

昨宵连雨,迄今晨始止,夜闻倒塌声甚多。然入春以来久不得雨,非充沛不足以舒民困。十时入校上课。全院几成泽国,木桥漂浮,沟溢不辨。绕道以至办公室,全室尽漏,会计室已不能办公。校墙倒数丈,亦小灾也。十二时校卫队聚餐,训话后,露天而食。食毕,归舍小睡。晚全舍公宴过节。树人来谈理学院事。十二时半就寝。晚雪屏来。

八日　阴历五月初六日　星期二　晴

七时起。九时入校治事。十时授课,今日结束矣。雪屏来谈。十二时归。小睡。三时至才盛巷开文科研究所会议,决定招生事宜。七时北大招待陶德斯、修中诚两牛津教员,有清华、南开、云大文学院教授。席散,谈至十一时而归。与晋年、宝騄闲话。十二时就寝。

九日　阴历五月初七日　星期三　晴

七时起。警务处派人送来上星期五讲演费四百元。迅速之至,其数亦非所料。九时入校治事。昨闻雪屏谈今日刘健群来校,候之不至。十时诣雪屏,已往拓东路,备至机场矣。与毓棠、清常谈。十一时半回办公室。十二时归。饭后王洁秋相告,云南企业局长刘幼堂言陆子安知联大同仁之窘,欲有所助,欲在企业局设顾问四十席,为联大理工学院教授膏火之供,另由兴文银行为文法学院设法。理工方面托之洁秋及武之,文法则托之徐梦麟。武之已言之正之,正之赞成,将于今晚在常委会一谈。洁秋嘱余陈之孟邻师,因作一书。五时至南开办事处开会,知今日雪屏、序经已走,石先须待星期五,常委会决定由余代理主席。八时归。树人来谈企业局事,余以今日开会时非正式谈话情形告之。石先个人不参加,但不反对别人参加。嘉炀反对私人接受任何报酬,而主张企业局以全数捐之学校,由学校支配。正之则主张私人接洽收受。树人表示应由三校组织非正式委员会,以调查家境最苦者分给之。其意甚佳。十二时就寝。

〔入讲演费四〇〇元。〕

十日　阴历五月初八日　星期四　晴

七时起。九时入校治事。十时刘健群来。十一时沈刚如来,告月涵先生返昆,嘱往一谈。十一时半偕勉仲往,谈至一时半归。

仅余报告此间校务，重庆消息待明日校务会议再谈。小睡。四时至才盛巷，晤蒋太太，亦上午返昆，谈孟邻师下星期六飞回。晚饭后归宿舍。毓棠来。十二时就寝。

〔付面包二个十八元，付午饭二八元。〕

十一日　阴历五月初九日　星期五　晴　夜雨

七时起。八时半入校治事。十一时至西仓坡开校务会议，月涵先生报告三民主义青年团开会情形、中央训练团训练情形及公教人员待遇问题。闻生活补助费改六百元原二百五十元，生活费加成可加至十五成原五成，如是每人可加四百元至七百元。最后讨论云南企业局顾问事，争辩甚烈。主张可以接受者正之、召亭，召亭且谓学校无权干涉且无资格干涉。反对者今甫、奚若、嘉炀，奚若谓学校非过问不可，以所关甚巨，不仅受者十数而已。结果主用研究名义交校支配，但未正式作决议。召亭言法、师两院已允接受者有吴之椿、周濯生、查勉仲、王赣愚、倪中方、李士彤，已定尚待接洽者萧叔玉、陈通夫，其本人则尚未定。由其接洽者凡九人，介绍人为朱驭欧，其名义为兴文银行导师云。此事最初余闻仅十馀人，故余虽拒绝接受，但不反对他人接受。今名额如此之多，范围如此之广，且前途有用一百万之言，故亦主慎重考虑。五时半散会。六时至云大路，祖燕招饮。八时归。二时就寝。

十二日　阴历五月十日　星期六　雨

七时起。八时入校举行月会，由刘健群讲演。十时散会。刘镇时来，谈交代事，引之见月涵先生。十二时归。饭后小睡。下午大雨，迄夜未止。十二时就寝。

十三日　阴历五月十一日　星期日　雨

八时起。作书上孟邻师重庆。作书致枚荪，致士选。致士选书谈锡予休假事。午后小睡。何鹏毓、宋泽生来谈清史问题。十二时就寝。

〔付面包一个十一元,鸡蛋十一个三十元。〕

十四日　阴历五月十二日　星期一　雨

七时起。九时入校治事。十二时归。饭后小睡。浣衣一件。近日外间洗小褂裤一件须四元,同舍中若莘田、家骅、宝騄、从吾、晋年、秉璧莫不自洗。余以事忙,间托市上洗衣店,然不可常也。今日雨中无事,自洗一件。四时半至文化巷参加校中区党部招待刘健群之会,莘田、召亭、昭英、省身皆发言。健群谈尤健,前日与学生所谈肤廓,而以诙谐出之,今日深切诚重远胜多矣。十时散,归。十一时就寝。下午三时西孟来,询抗战以来学校同人待遇情形,具告之,谓光旦将以作文。

十五日　阴历五月十三日　星期二　晴　雨

七时起。天晴,九时半雨,十时入校复晴。一时在校前进膳。又雨,市民欢甚,谓今日为单刀会,如无磨刀雨,将大旱三年。饭毕,雨止,归。小睡。四时至蔡枢衡事务所。两三月前枢衡托余及雪屏作保,向云南实业银行借款二万元,日前忽以皮鞋一双相赠,以答前谊。屡辞不获,今日再往交涉,欲偿其值七百五十元,仍不许,乃约其在东月楼晚饭。饭后往才盛巷,晤蒋太太、郁泰然。九时归。与家骅谈调查语言,一时就寝。

〔付午饭二二元,请枢衡二二〇元。〕

十六日　阴历五月十四日　星期三　晴

七时起。九时入校治事。与月涵先生谈校务,并与路祖焘、刘镇时、刘康甫谈移交,至二时始毕。在校前食炒面一盂。归已三时。本当至西仓坡茶话会,倚枕小欹,竟尔睡去,盖倦极矣。四时至西仓坡招待刘健群,所谈与前日相近,七时散会。归。与莘田谈。十一时就寝。

十七日　阴历五月十五日　星期四　晴

七时起。十时入校治事。十二时归。午饭后小睡。草《清诸帝之血系》论文。霍秉权来谈合作社事。六时至西仓坡开常务委员会,八时散会。与今甫在翠湖步月归。毓棠来。十一时就寝。洗衣两件。

〔付蛋糕二七元。〕

十八日　阴历五月十六日　星期五　晴

七时起。十时入校治事。十二时归。饭后小睡。三时复入校治事。五时习太极拳。五时半至昆北食堂,视今晚讲演地点。晚饭后王永兴、汪篯来谈。至才盛巷,晤蒋太太,知孟邻师明日尚不返昆明,或在一周后也。与燕华谈,知一年级考试作弊者甚多,尤以大班人多者为甚,此非深究严惩不可也。十时归。十一时就寝。上午暂接合作社存货账册,代为保管,以新任委员未定而旧任将离昆明也。又与继侗商校警种菜出售事,费时甚久。

十九日　阴历五月十七日　星期六　晴　阴雨

七时起。九时入校治事。十二时归。饭后小睡。三时至军政部办事处,应刘健群坐谈之约。六时半晚饭,饭后谈哲学,饭前谈政治经济。主张限制党团干部人员财产,不得过战前五万元,以免政权操之资本家,并谓十年前创立蓝衣团时即提出此点。其意殊善。又言中国今日所以造成官僚政治,盖由于杨永泰。又谓组织部以有钱不用为功绩,非办党之道。又言数年曾死去,当时觉如有气自脑后上升,顿忘疾苦,无思无虑,惟见如灯之光在前,自觉是我之代表,如是若一秒钟而复活,实已历半小时矣。九时归。与同舍掷升官图,至夜深而寝。

〔付鸡蛋二个六元,面包二个十元。〕

二十日　阴历五月十八日　星期日　雨

起甚晚。严仁荫来谈合作社事。午饭后小睡。与从吾谈甚久。晚饭后复谈。十一时就寝。

〔付鸡蛋十个二六元。〕

二十一日　阴历五月十九日　星期一　雨

七时起。草论文。十时入校治事。十二时归舍午饭。饭后小睡。三时复入校。五时习拳,毕,归。六时萧斋招饮于圆通街新居,凡二桌。九时半散,归。略检案头诸书而寝。

〔付猪肉一斤四五元,挂面一束二五元,面包一个十一元。〕

二十二日　阴历五月二十日　星期二　雨　夏至

七时起。九时入校治事。十二时至文化巷开合作社委员会。新旧委员皆到,改选滕茂桐为经理。三时散会,归。晚得宝鸡二十一日电,署"郑"字,文曰:"雯抵洛,汇款赴渝,洛贴廓巷八号郑。"不知谁人所发。雯儿既至,何以不自署名?既在洛阳,何以至宝鸡发电?疑念交集,自四月二十四日得儿三月四日来书,婉陈离平之意,后久无消息。今幸得到洛,又不能详知其情形。忽喜忽忧,不能自已。十二时就寝。洗衣。

二十三日　阴历五月二十一日　星期三　晴

昨夜迟迟不能入寐。七时起,倦甚。九时入校治事。校中以今日起放暑假[①],下午及星期一上午不办公。发洛阳陈伯君一电,请照料雯儿,并电雯,命其谒伯君,复托尹辅汇去二千元。十二时半归。小睡。晚至才盛巷,晤蒋太太,在泰然处食水饺。九时半归。十一时就寝。泰然以宿舍难管,久萌辞意,今日以矛尘借工人丑骂,有请假赴川意。

〔付陈电三十元四,雯电三五元二,汇款二〇〇〇元,汇水二三二元。〕

---

①放　原作"发"。

二十四日　阴历五月二十二日　星期四　雨　晴

八时起。九时至才盛巷,同蒋太太至飞机场送缪云台赴美。十时半起飞,归。午后小睡。六时至才盛巷。至乐乡公宴朱汝华姊弟。九时归。草《清代诸帝血系》论文。十二时就寝。

〔付请朱汝华公份一八〇元。〕

二十五日　阴历五月二十三日　星期五　雨

七时起。九时入校治事。一时归。小睡。五时半至伯伦家食包子,有今甫、莘田、从吾。七时离伯伦寓,与今甫立谈甚久。关于聘任事,今甫意国文系加李方桂及新文学之少壮一人,而不以请兼士先生为然,于泽承亦有批评。史学系欲加毓棠,不主春晗,谓二人昔年有比较,今已无比较矣。对于宾四,谓能回自甚好,而不能不先准备通史人才。归。草论文。十二时就寝。电雯儿,告以沿途应访之人。洗衣。

〔付电报八〇元。〕

二十六日　阴历五月二十四日　星期六　雨

七时起。十时入校治事。十二时归。午饭后小睡。刘康甫来谈事务组主任事。尹辅来谈,为清华借款二十万已成。草论文。二时就寝。函郭子杰,为雯儿事。与从吾长谈。

〔付鸡蛋二个六元,面包二个十元。〕

二十七日　阴历五月二十五日　星期日　大雨

十时始起。勋仲来。午饭后小睡。八时草论文成。此文随作随辍且两月,此可见余之栖栖终日不遑笔墨。然百忙中有此一二小文,亦差可对抗战之大时代及国家民族也。再与从吾长谈,从吾意请毓棠事应与孟真商之。往时毓棠以《汉光武传》请中英庚款补助未成,彼时审查者为从吾与孟真。昨日宿舍无电灯,全舍均出,与从吾二人暗室深谈,快乐无对。继以信忠来,改谈党部诸事,故于今日再谈之。十二时半就寝。

〔请勋仲四五元。〕

二十八日　阴历五月二十六日　星期一　大雨

八时起。继侗来。伯伦来。十二时约房东牛光明兄弟在文化巷便饭，谈房租事。三时归。尹队长来。晚饭后何鹏毓来。树人来谈聘任事。十二时就睡。

二十九日　阴历五月二十七日　星期二　雨

七时起。九时入校治事。子坚来，谈省教育厅意，如联大师范学院改为云南师范学院，则省政府可拨昆中南院为校舍，并担任修建费，并可将兴文银行所提之顾问办法全部移至师范学院。仲钧有信致陈立夫，托子坚明日携往重庆。余以此事关系重大，乃同谒月涵先生，不值。建议子坚下午必再与月涵先生一谈，明日子坚到渝，可先访雪屏，同谒孟邻师。此事不仅改隶问题而已，若经费、校舍、图书、仪器均有关系，非一院所能主张也。午饭后小睡。雨甚大，下午本欲至富滇银行，未果。十二时就寝。

〔付排骨十五元。〕

三十日　阴历五月二十八日　星期三　阴

七时半起。十时至富滇银行晤张庸僧，谈学校为办理合作事业向银行公会借款四百万事。至才盛巷。回舍午饭。饭后小睡。理发。七时雪屏来，本定明日归，不意其提前也。据谈接洽同人待遇，进行甚顺利，而昨日竟为行政会议所推翻。谈甚久，十时乃去。十二时就寝。

〔付甜点心口酥十块六三元，又萨其马四块二八元，理发十元，洋烛一支三五元，鸡蛋二个八元。〕

七月

一日　阴历癸未五月二十九日　星期四　雨

七时起。八时至昆明戏院观伦敦联合国日及北非沙漠大战电影，英国领事馆招待者也。观之，知现代战争确为生产战争与科学战争，我国胜利后非积极充实提倡重工业绝难生存于今日。九时半至才盛巷，十一时孟邻师归，少谈。入校治事。十二时至西仓坡开常务委员会，雪屏报告在重庆接洽情形，六月以前米贴可照市价计算，六月以后照九百元一石计算。又有同人福利生产费原定三百万，孔庸之面允，孟邻师、陈布雷亦言之。星期二忽改，全国各大学共二千八百万，联大可分八十万。盖陈立夫复假联大为名，而以挹注其私党学校也，不胜慨叹！会散已四时矣。归舍小憩。七时半诣才盛巷，孟邻师已寝。与泰然谈公事而归。十二时就寝。

〔入六月薪四七〇元，六月生活补助费二五〇元，六月生活补助加成二六〇元，六月研究费三七六元，六月房贴二〇〇元，六月车费二〇〇元，五月米贴八〇〇元。付房租二〇五元，捐税二五.一元，宿舍杂费五〇元，鸡蛋十个三五元，饭费三〇〇元，鞋带一付八元，鞋油一瓶五〇元，丕章药皂二块三〇元，面包二〇元。〕

二日　阴历六月初一日　星期五　雨

七时起。九时半入校治事。十二时在潇湘午饭。饭毕偕矛尘、耘夫诣汇臣，视其烫脚之伤，六时归。月来面色极坏，神疲肌瘦，不自知其故。人人皆言之，势非大休息大珍养不可，拟多睡早睡不操心不动气为修养之道。九时半已睡矣。雪屏来，复起谈。十一时更睡。

三日　阴历六月初二日　星期六　雨

昌儿十八岁生日。八时起。草《郑成功》纲要，为胜利出版社写。十时入校治事。十二时归。在门前食猪肝面一盂。小睡。六时至师范学院，清常生日，毓棠为之祝。八时归。十时就寝。

〔付面二八元，猪肝面十六元。〕

四日　阴历六月初三日　星期日　雨

八时起。看学生笔记。午后小睡。五时至才盛巷，晤钱端升、孟邻师。晚饭后归。十一时就寝。

〔付面包二〇元，灯油一〇元，墨水粉二五元。〕

五日　阴历六月初四日　星期一　雨

八时起。看学生笔记，毕。尹队长来。伯伦来。李士彤来。滕茂桐来。读《孽海花》改本，此清末之名小说，文笔内容均妙。惜此为民国以后改本，恐失原来真面貌矣，容求原本读之。此书前附曾虚白著乃父《孟朴先生年谱》，其中有误处，徐一士为文正之，然所正之外仍有待正之处，此子孙为父祖传记不尽可信最好之例证。十一时就寝。近以面色精神不佳，自昨日始服麦精鱼肝油，病后逵羽所赠者也。

〔付鸡蛋十一个四四元。〕

六日　阴历六月初五日　星期二　雨

七时起。读《孽海花》毕。十时半入校治事。十二时归。邵光明自重庆来，将以日内往楚雄军部。有学生来告同学某神经失常，允往视之。三时导光明至昆华中学远征军办事处，随入校。召学生至，名□□□[①]，广东南海人，地质系二年级，病已半年，以无钱不能疗治，又不信任校医，因循至今，面无血色，行履不便，意甚悯之，

①原于此处空阙三字。

允由校送之入医院。至蔡枢衡事务所,辞谢晚饭之约。至才盛巷借款。再至东月楼,公宴龚祥瑞夫妇,祥瑞在系中与奚若不协,被清华解聘,吾人又不便言,前日以语端升,亦无结果,将以明日行矣,故与宝騄、循恪、省身省身改客,以其将赴美也、家骅、毓枏、晋年、莘田、雪屏、毓棠、宪钧公宴之。席间,与同座估菜价,凡十一簋,雪屏以为千四百元,毓棠以为千七百元,省身以为二千元,及开账乃二千七百元也。可惊之至! 八时归。与光明略谈。十一时就寝。光明下榻舍中。

〔付公宴龚氏二七〇元,卫生丸二十粒二〇元。〕

七日　阴历六月初六日　星期三　雨

六时起。光明习惯如此,深叹吾侪之颓废也。九时入校治事[①]。十时诣祥瑞。十一时归。饭后小睡。检《清史稿》,得朱裴传。去年于书肆见《松下杂钞》有“朱裴请禁殉葬”一条[②],书既未得,后亦未见。偶检《史稿》适遇其传[③],更检《部院大臣表》,知其在康熙七年为副都御使,十八年为工部右侍郎,五月改户部,二十年休致。据《东华录》,盖以年老孱弱,由吏部都察院开列,令原品休致者也,同列者尚有礼部尚书塞色黑、户部左侍郎田六善。传称其家居八年卒,则在二十八年矣。更检《圣祖本纪》,禁八旗以奴仆殉葬在十二年六月乙卯。《东华录》作“命禁止八旗包衣佐领下奴仆随主殉葬”,均未著朱裴之名,蒋《录》失载。《史稿》以朱裴附刘楗传(传卷五十一),当以裴继楗为副都御使耳。十二时就寝。光明下榻舍中。

---

①事　原脱。

②松下杂钞　原作“松窗纪闻”。按所言“朱裴请禁殉葬”条,事具《松下杂钞》卷上(《涵芬楼秘笈》本)。据改。

③遇　原作“偶”。

八日　阴历六月初七日　星期四　雨

六时半起。光明将以今日往楚雄参加远征军。九时半至富滇银行访张庸僧,不值。至才盛巷谒孟邻师,谈至十一时半,同至西仓坡开常务委员会。近日昆明市调查及龄壮丁,准备抽调。同人中有家在沦陷区,或携眷在昆明者,依法得缓役,纷纷请求证明。昨已照规定格式制备证明书,而刚如主发在职证明书。今日教职员纷纷连名请求,由校发免役或缓役证明,反对仅发在职证明,咸主允之。三时归。毓棠、心恒来。雪屏来。检《清史稿》。十二时就寝。

〔付晚饭二二元。〕

九日　阴历六月初八日　星期五　晴　有云

七时起。九时入校治事。十二时与耘夫、矛尘饭于校前。诣汇臣。检《清史稿》。十二时就寝。今日旻、晏生日。

〔付午饭三〇元,晚饭二五元。〕

十日　阴历六月初九日　星期六　晴

六时起。拟中国史试题六道,为招考研究生用:

一、魏晋玄学继汉代经学而起,其渊源所自,影响所及,能略述之欤?

一、苻秦何以能强大?并述淝水之战对于当时局面之关系。

一、均田之制始于何时?其异于前代者何在?影响于后世者若何?试申述之。

一、甘露之变其原因若何?经过若何?影响若何?试分述之。

一、明代议礼之争,所议者何礼?所争者何事?其影响若何?

一、清穆宗即位，由太后垂帘听政，此与清代祖制是否相合？当时所以造成此局面者原因安在？其对于清代国运之关系若何？

校中限今日交题，匆匆拟定，不暇润饰。其上古秦汉辽金元宋部分由从吾出题，以南北朝为限断，分上下二段，各六题，选作四题。九时入校。十二时归。饭后诣汇臣。五时雪屏来，同在先春园晚饭，云南服务社洗澡。九时后同归宿舍长谈。十二时就寝。

〔付晚饭八二元，洗澡一二二元。〕

十一日　阴历六月初十日　星期日　晴　夜雨

晨起甚迟，将九时半矣。十一时半继侗来。午后小睡。检《清史稿》。晚饭后诣岱孙、继侗、省身，久谈。九时归。十二时就寝。洗衣。

十二日　阴历六月十一日　星期一　晴　夜雨

七时起。读小说《花月痕》，文字尚佳，惟诗词酒令过多，此文人结习，所写内容悉无史实，或传书主人一为洪杨首功，一为《先正事略》作者，而即作书人自况，疑亦不然。书中主人出处，颇似左恪靖，而事功不尽符。若谓曾湘乡，则行径大不同矣。李次青中间坎坷，前后功勋甚著，未尝悒郁以死如书中人也。书中述及钟表、洋蜡[①]，其时代应较迟。午饭后小睡。四时至才盛巷。五时孟邻师招待北大文法学院教授便饭，谈至九时归。检《东华录》。十二时就寝。

〔付面包二十元，鸡蛋二个十元。〕

十三日　阴历六月十二日　星期二　晴

七时起。九时入校治事。十二时半归。小睡。四时偕米士步往才盛巷，途间谈及同人之穷困，米士毅然曰："君子固穷。"此犹太

①蜡　原作"腊"。

血之德国人,可谓出乎其类者矣。月前企业局请其任顾问,立辞拒,操持尚在国人之上。今日此言亦使人愧怍。在才盛巷小坐。往富滇银行晤张庸僧,商借款合同。复归才盛巷,参知孟邻师招待理院同人之宴。八时半至西仓坡,与月涵先生商报部文稿。十一时归。十二时就寝。

〔付肉七元,桃一〇元,鸡蛋二个一〇元。〕

十四日　阴历六月十三日　星期三　晴　阴　雷

七时起。九时入校治事。十二时步至才盛巷,与今甫宴孟邻师、陈忠寰、汤锡予、郑秉璧、罗莘田、余冠英,饭毕归舍。五时半诣郑华炽,陪饯陈省身之宴。十一时归,随寝。

〔付鸡蛋二个八元。付公宴□□□[①]。〕

十五日　阴历六月十四日　星期四　晴　有云　雨

七时起。欲往送省身之行,继闻已离寓往机场,乃止。九时入校。十时半开聘任委员会,十二时开常务委员会,均在西仓坡。四时开教授会,在北门街七十一号,连续至六时半乃散。在舍前食面一盂。十二时就寝。

〔付面二〇元。〕

十六日　阴历六月十五日　星期五　阴

八时起。九时半入校治事。十二时在潇湘午饭。诣汇臣。六时刘康甫来,拟请先免高伯衡、李慕慈职,然后就事务组主任,以免到任即免重要职员,使人侧目,允之。九时光明来谈,昨自禄丰至,明日仍返防次,据谈我盟军将以十一月反攻缅甸。十一时就寝。连日倦甚。得伯君电,雯儿十一日离洛赴渝。

〔付鸡蛋二个八元,又十二个五〇元,午饭二五元,晚饭三

---

①公宴款数原阙。

五元。〕

十七日　阴历六月十六日　星期六　晴

七时起。未入校。检明清史籍，为清华大学留学考试出明清史试题。如次：

一、试述明太祖之开国规模及其对国运之影响。（原拟“史称明太祖武定祸乱，文致太平，实身兼之。其开国规模若何？影响若何？”恐有颂圣之嫌，乃改此。）

二、明初建州所在，学者考订不同，试分撮其要，加以论定。

三、明中叶而后，谈武功者侈言三大征，试述其经过。

四、清世宗严明英睿，深求治道，其于国计民生、吏治、边设施若何，试分述之，并述其影响。

五、咸同之间，内忧外患，岌岌不可终日，其时满人主政者有几，其识见若何，功罪若何。

午饭小睡后，送题至西仓坡，晤朱蔚之，知油墨用罄，不能工作。乃往宿舍寻章灏、高伯衡，均不值，乃归。托卞之琳入市购之。雪屏、毓棠、心恒、循恪来。十二时半就寝。上午勋仲来。

〔付晚饭二十元。〕

十八日　阴历六月十七日　星期日　晴

七时半起。至西仓坡送油墨。归。读《史稿》。昨日勋仲约往其乡间小住，颇今日去[1]，不果。勋仲昨谈，一旦林主席不讳，将以王亮畴继。初拟推吴稚晖[2]，吴自以性诙谐，恐见外人不庄辞。改《清帝血系》文稿。饭后小睡。六时泰然约晚饭，九时归。十二时就寝。

---

①“颇”下疑脱一“思”字。

②拟　原作“以”。　晖　原作“辉”，据《中华民国史·人物传》改。

十九日　阴历六月十八日　星期一　晴

八时起。检《清史》。午饭后小睡。三时至才盛巷，途遇陈勋仲，同逛书铺。有新闻纸汉译《多桑蒙古史》，索价三百元，予以二百四十元，不售。今日物价高潮波及书籍矣。至才盛巷谒孟邻师，偕燕华、莘田、家骅、华年看电影《幻想曲》，有色画本，不佳。此大光明影戏院开幕，招待教育界公映也。看毕，在厚德福晚饭。诣查阜西，不值，归。十二时就寝。

〔付桃五个十五元，晚饭一八〇元。〕

二十日　阴历六月十九日　星期二　晴

七时起。九时入校治事。十二时归。小睡。五时至才盛巷。六时枢衡约在东月楼便饭，并看云南大戏院新戏。九时归。十一时就寝。

〔付茶叶四两六四元。〕

二十一日　阴历六月二十日　星期三　阴

七时起。九时入校治事。一时在校前进膳。诣汇臣。晚检《东华录》。十二时就寝。康甫将就事务主任职，欲去李慕慈、高伯衡而有所顾忌，此事惟余任其怨，乃令二人言辞，即准之，以全其颜面。

〔付午饭二四元，面包八元。〕

二十二日　阴历六月二十一日　星期四　微雨

七时起。九时入校治事。十时至西仓坡开聘任委员会、常务委员会，迄下午四时半始毕。今甫、雪屏偕来劝余下乡休息，以余近来气色太坏、事太忙也，甚感之。定下月往岗头村小住。晚雪屏约食片儿汤。归。掷升官图。十二时就寝。

二十三日　阴历六月二十二日　星期五　晴

七时起。九时入校治事。十二时半归。小睡。晚崇熙来，偕往其居。十时归。十二时就寝。

〔付鸡蛋二个十元,午饭四六元,桃一个四元。〕

二十四日　阴历六月二十三日　星期六　晴　大暑

七时起。九时入校。导康甫至事务组,召同人训话。与月涵先生商校务。十二时归。小睡未熟。为吴志青题《太极正宗》。四时视召亭疾于云大医院。归来得雯儿二十三日重庆来信,已于二十一日抵渝。此行系由伯君介绍,搭河北省主席马法五车而来,故速而无所费。伯君并借以二千元,命其送礼及赏司机等,顾虑周密,可感之至。晚饭后至才盛巷谒孟邻师,并与濯生、物华长谈。九时半归。十二时就寝。

〔付牛肉一斤三五元,鸡蛋十个三〇元。〕

题《太极正宗》

《三国志》称华佗自言吾有一术,名五禽之戏,一曰虎,二曰鹿,三曰熊,四曰猨,五曰鸟,亦以除疾,兼利蹄足,以当导引。禽者,鸟兽之总称,盖状仰飞俯走之势,为舞跃以养生。世传太极拳法,柔而不刚,舒而不猛,徐而不疾,环而不折,拱而不离,绵而不辍,有近于五禽之戏。志青先生精研斯道垂四十年,所著《太极正宗》阐幽显蕴,深有得于华氏遗意者也。

二十五日　阴历六月二十四日　星期日　晴

八时起。致书士选、吉忱、阜西,为雯儿上学来昆诸事求之也,并函雯儿。午信忠约便饭。下午小睡未熟。刘寿民来,畅谈北平情形,昨日始到昆明,途中凡历三月又半,用费将二万矣。可畏哉!检《畏庐漫录》,此为民国初元作品,未尝以前清遗民自命也。心恒来。十一时就寝。

二十六日　阴历六月二十五日　星期一　晴

八时始起。夜眠甚酣,精神尤佳,知余旧日睡眠之过不足也。

此癖应矫之，严限以十一时寝，每日必足八小时。勉勉！午饭后与晋年至社会处洗澡，每券十四元，晋年付之。至大街购物，有美国胰子，一处二百十元，一处一百五十元，两处相去不足百步，索价相差五六十元，昆明市场现象于此可见。归寓小睡。刘康甫来。邵心恒来。十一时就寝。今日伦敦广播墨索里尼下野[1]，各报均出号外，此事前与孟邻师谈，已料到。但恐德人扼阿尔卑斯山，弃义大利半岛不顾，则盟军之进行仍须费力，而登陆之处或须另换方向也。

〔付桃十七元，胰子二块中南三二元，美国胰子二块三六〇元[2]。〕

二十七日　阴历六月二十六日　星期二　晴

九时为同学惊醒，有另一同学病故昆华医院，急起入校。十二时归。饭后小睡。读《畏庐漫录》以为消遣。雪屏来。十一时就寝。

〔付鸡蛋十个三五元。〕

二十八日　阴历六月二十七日　星期三　晴

七时起。八时入校治事。一时在校前进膳，耘夫作东道。饭后至汇臣许。晚食包子、馒首。十一时就寝。

〔付晚饭四〇元。〕

二十九日　阴历六月二十八日　星期四　晴

七时起。九时入校治事。十二时至西仓坡开聘任委员会、常务委员会，三时散，归。陈保泰、陈东原来，偕东原至孟邻师、月涵先生、勉仲诸处，并在潇湘请其便饭。遇雪屏，同至保泰家，谈至十时归。十二时就寝。

---

①墨　原作“莫”，据一九三九年一月二十二日日记改。

②子　原脱。

〔付请东原一二五元。〕

三十日　阴历六月二十九日　星期五　晴　雨　风

七时起。九时保泰、东原偕来。九时半入校。十二时归。小睡。雪屏来。检《清史稿》。十二时就寝。

〔付午饭三〇元。〕

三十一日　阴历六月三十日　星期六　雨　风　雷

七时起。九时入校治事。一时在校前午饭。归舍小睡。大风雷雨。晚公宴刘寿民于榕园,饭后九时归。十一时就寝。

〔付请寿民一四〇元,午饭三三元。〕

八月

一日　阴历癸未七月初一日　星期日　雨

八时起。九时半雪屏来,同乘马车至岗头村,视大猷夫人病。至公舍,晤今甫、树人、廉澄,在今甫处午饭,并进加非。五时入城。在德禄晚饭。饭后来宿舍清谈至十时。雪屏去,余亦就寝。

〔入七月薪四七〇元,生活补助二五〇元,生活加成二六〇元,研究费三七六元,房贴二〇〇元,米贴八〇〇元,车费二〇〇元。付房租二〇五元,宿舍杂费六〇元,捐税二五.一元,饭费三〇〇元,下乡车二〇元,晚饭九二元,牛肉一斤三五元,番茄一斤十二元。〕

二日　阴历七月初二日　星期一　雨

八时起。东原来谈。继侗来谈[1]。今日校中阅新生试卷,上午未得往,午后睡起入校,诸公已阅竟矣。与寿民、心恒、文侯、辰伯、毓棠同至青年公舍饮茶,五时还宿舍。经利彬来谈。晚饭后诣崇熙。

---

①侗　原作“桐”,据一九四〇年一月十八日日记改。

十时归，随寝。报载林主席于昨日逝世，民国以来元首薨于位者，公为第二人，其一则项城也。然项城以忧郁卒，不足与公拟。近世推雅量，推福泽，推品德，莫不首公，非常人所可及也。伤哉！伤哉！

三日　阴历七月初三日　星期二　雨

七时起。八时半入校。与继侗商定售公米事。与路主任商付款手续。十二时东原来视察，同出午饭，扰其作东道。饭毕，同至云大医院视召亭疾，值其睡，未晤。归舍小睡。四时至南开办事处晤东原，导之至西仓坡校中招待茶会，各有谈述，七时散。保泰坚约其家晚饭，辞不获，与雪屏、莘田同往。八时归。雪屏偕来，谈聘毓棠事。雪屏前有信致从吾，荐毓棠任北大副教授，谓余与今甫同有此意，从吾来信寄余，主稍缓此事。余尝面言之，从吾不谓然，以毓棠前作《光武传》，孟真、寅恪均有后言也。此次雪屏作书，余未及知，事前余亦未以从吾意告雪屏，致有此误，然从吾意甚诚恳而坦白①，可佩之至，余不及也。余语雪屏，此事可暂密，无作复，并无语今甫。十二时就寝。

〔付火柴一匣四元。〕

四日　阴历七月初四日　星期三　晴

四十五岁生日。七时起。在门前进面一盂。九时入校治事。十二时归。饭已开过，又食面一大碗。三时诣沈刚如，今晚刚如约便饭，因生日会早定，故往谢之。六时乘车至大三元生日会，诸公为余及莘田祝也。饭后至才盛巷谒孟邻师。十时归。与同舍掷升官图。得雯儿来信祝寿。

〔付早点二六元，付车二〇元，胰子一块一五〇元，力士皂一块九〇元。〕

①坦　原作“怛”。

五日　阴历七月初五日　星期四　晴　雨

九时始起，急入校。十二时归。饭后大睡。晚迪之约便饭于云大。饭后与莘田、宝騄杂谈。十一时就寝。

〔付鸡蛋二个八元，又十二个四三元，桃六个十五元，盐一斤十四元。〕

六日　阴历七月初六日　星期五　晴　阴　雨

八时起。九时入校治事。十二时归。午后小睡。检《清史稿》。晚饭后谒孟邻师，小谈，值陈辞修至，乃还。十一时就寝。下午入校阅研究生历史试卷，重庆一人，昆明三人。重庆远不如昆明诸人答案之佳，几于不能比较。

七日　阴历七月初七日　星期六　阴　雨

七时起。赴省党部参加国府林故主席公祭，途遇子坚、勉仲。仪式简肃，十五分钟而毕。出遇光旦，约余等三人食粥及油饼，竟费七十六元。可惊之至！归舍小憩。入校治事。十二时晓宇来，同在校前食面，食毕归。小睡。陈东原来谈甚久。读《史稿》《通志》，探求世职之制。十一时就寝。

〔付桃四个十元。〕

八日　阴历七月初八日　星期日　阴　雨

七时起。九时诣子坚、勉仲，商师院经费及全校校舍分配，至一时始归。凡食点心、午饭两次，甚不安，不惟物价之贵，而烹调尤须其太太下手也。归寓小睡未熟。作书致阜西、次烈、恭三、吉忱，为雯儿来昆乘飞机事也。读《史稿》，探究世职制，拟草一文。十时就寝，保养精力也。

〔付邮票六元。〕

九日　阴历七月初九日　星期一　雨

六时起，以昨日就寝早也。余近顷甚憔悴，不自知其故，臆度之，当因睡眠太少，事太忙，决意力戒之。昨睡早，今起亦早，仍不甚妥。昨日似微有心跳，尤须多休息。八时陈保泰来借考场，允之。草《清代之世职》。午饭后小睡。晚雷伯伦约在家便饭，有寿民、文侯、辰伯、心恒，谈至九时，冒雨而还，鞋袜俱湿，洗足而寝。

〔付洗衣十六元。〕

十日　阴历七月初十日　星期二　晴　阴　夜雨

昨晚六时雨，迄今晨始止，沛然足矣。九时入校治事。十二时在校前食炒面一盂而归。小睡未甚酣。草《清代世职》。六时雪屏来，同至才盛巷，蒋师约陈东原便饭，嘱陪，另有莘田、逵羽、今甫、树人、矛尘，谈至九时，步归。十一时就寝。

〔付午饭二十元。〕

十一日　阴历七月十一日　星期三　晴

六时半起。七时半诣东原，偕至工学院参观，并与北平图书馆商馆务。十二时至西仓坡便饭，校中招待东原。三时散，归。小睡。草《清代世职》。晚六时莘田子女来昆，知雯儿尚未核准乘飞机请求也。十时半就寝。

〔付牛肉一斤三〇元，西红柿一斤十二元，鸡蛋十个三二元，车往工院四〇元，又代东原付四〇元，车回西仓坡三〇元，又代东原付三〇元。〕

十二日　阴历七月十二日　星期四　雨

七时起。今甫来，详谈北大将来发展计画。十时入校治事。十一时至西仓坡开聘任委员会及常务委员会。芝生已归，余辞聘任委员会主席。三时归。心恒来。草文稿。六时至师范学院，清常、雪屏约莘田子女食面，并补祝余与莘田生日。九时归。十一时就寝。

〔付邮票三〇元。〕

十三日　阴历七月十三日　星期五　晴

七时起。崔书琴来。十时入校治事。十二时至南开办事处谈学生请领留学证书及护照限制事。三时归。矛尘来,同诣汇臣。六时钟开莱约在大兴街便饭。草论文。十二时就寝。

〔付还雯儿在洛借伯君款二〇〇〇元,付汇水一五六元。入特别周转金二〇〇〇元。〕

十四日　阴历七月十四日　星期六　晴　雨　雷

昨夜枕上思作《清史满语浅释》一种[①],详其体例,不觉迟迟入梦。六时半起。八时入校,分派公事后即归。昨闻坤仪谈,阜西言今日必可使雯儿飞昆,乃试往公司一看。九时与宝騄偕行,以其欲飞渝,打听订票消息也。在公司候至十一时半,尚无消息。遂与宝騄至大街买桃。忽见公司汽车来,仅一女子,似是雯儿,又不甚似。车停,果雯儿也!一时悲喜交集,泪欲落者屡矣。携之至荣利,无菜,乃至冠生园与宝騄共餐。邂逅宋梵仙,十六年杭州旧同事也,久不见矣。饭后归。与雯儿谈。继侗来。宋梵仙来,知其日内往楚雄,托其带钱及信交邵光明。晚傅乐淑请坤仪及雯食饺子,莘田携之往,余未往。作书谢阜西,谢吉忱。雯言晏儿在华光女中,能为班中表率;昌儿在盛新中学近半年,尚知用功;晟儿在小学五年级,个性强,不听话,而能自治,喜看报,日以地图对照,且能与三弟讨论欧洲局势;昜儿最聪明,有心计云。十时雯儿归,谈至十二时半乃寝。雯儿本名之曰"昱",初入小学,余方在杭,三弟为之报名曰"雯",其后诸儿名皆从"日",遂不相连,而雯名亦不能改。前思改为旻,音又不同,今日入大学更不能改矣。今日在公司称体重,

---

①浅　本月十八日、二十九日及本年九月十二日日记作"简"。

凡一二八磅,减十七磅矣。

〔付午饭三〇〇元,行李运费四〇元,付桃十元,付雯旅费及购物八九〇〇元。〕

十五日　阴历七月十五日　星期日　晴

先考八十一岁冥寿。晨携雯儿及仪等在门前食面。午偕莘田携诸儿至大街进膳。欲至府甬道,值折让街道,不得入,乃至光华街某店,贵而不佳,食毕,余先归。莘田携诸儿看电影。五时雪屏来。六时至大街食油饼与粥。报载有明初陈远所绘常遇春像,索价三十万元,今日展览,偕往观之。初以为与往年北平展览之李文忠祖孙画像相似,一切服饰均有史的价值,不意仅一古装抚剑长髯丈夫侧面立像而已,笔墨生动,饶有艺术价值,在历史观点,一无可称。谓其为常开平可,谓之韩淮阴、岳武穆亦无不可也。往时闻常氏家传画像,两耳垂巨环,此像无之。又或疑开平为色目人,而其子孙否认之。余初欲藉画像定其然否,顾无所得,虚此行也。诣膺中,不值。谒孟邻师,十一时还。与雯儿谈。十二时就寝。

〔付面一一八元,午饭三〇〇元。〕

十六日　阴历七月十六日　星期一　晴

六时起。宝騄于今日往重庆,送之门外。九时与莘田携诸儿出小东门,坐马车至岗头村,晤今甫、树人、矛尘、廉澄、濯生诸人,今甫、树人、矛尘同作东道主人。饭后小睡。饮加非而还。入城知膺中约晚饭,复诣之。十时归。十二时就寝。

〔付下乡车钱五十元,力士皂六块四〇〇元。〕

十七日　阴历七月十七日　星期二　晴　夜雨

六时半起。九时半入校治事。十二时归。小睡。晚冯柳漪召诸儿饭,与莘田偕之往。七时余至西仓坡,月涵先生约陈辞修饭,嘱陪,谈至十一时归。十二时半就寝。

〔付午饭二人五〇元。〕

十八日　阴历七月十八日　星期三　雨　雷

六时半起。九时入校治事。十二时归。小睡。六时下之琳与张宗和夫人约诸儿饭于如意楼,值大雷雨。饭毕,雇车送张夫人归,余等亦还舍。十二时就寝。自十五日以来,每日检《史稿》等备草《满语简释》之用。

〔付张车二〇元,早饭四五元,付鸡蛋五个二〇元,又二十个七二元。〕

十九日　阴历七月十九日　星期四　雨

六时起。九时入校治事。十二时至西仓坡开常务委员会,迄五时半乃毕。归舍。晚饭后草论文。十二时就寝。

二十日　阴历七月二十日　星期五　雨

六时半起。九时入校治事。十二时偕月涵、子坚查看女生宿舍,欲以其前院拨给附属中学也,三时半始毕。食面二盂。晚饭后理发。检论文材料。十二时就寝。

〔付面三十二元,付理发十五元。入校发周转借款八〇〇元。〕

二十一日　阴历七月二十一日　星期六　阴

六时半起。九时入校治事。十二时归。小睡。晚饭时孟邻师来,谈久之。检文料。十二时就寝。

二十二日　阴历七月二十二日　星期日　晴　雨

七时起。九时偕莘田携诸儿乘马车下乡,今甫、树人、矛尘约便饭,燕华亦在。五时余与诸儿入城,燕华偕来,莘田与泽珣留岗头村。在圆通街某饭馆吃饭毕,燕华还才盛巷,余等还靛花巷。十二时就寝。

〔付车六人回城六〇元,又燕华车二五元,晚饭二五〇元,花生二斤一六〇元。〕

二十三日　阴历七月二十三日　星期一　阴

七时起。访东原,不值。十时月涵先生来,谓今日下午四时约白健生来西仓坡茶会,嘱分知同人。午饭后遂至北门街七十一号及景钺处通知。归而小睡。四时至西仓坡,四时半白健生至,谈至六时散。或询以遮南防务似不固,敌人能冲入否,白答不致此,盖此间美国将领有此疑惧也。六时半归舍。偕莘田及诸儿至冯君培处晚饭,座中有冯式权,字立仲,北大同学,任教中法,亦新自北平来者。九时送雯、坤至女生宿舍,以靛花巷不便也。检史料。十二时就寝。

二十四日　阴历七月二十四日　星期二　晴　雨

七时起。九时入校治事。十二时至子坚处便饭,并与王明之商修建昆中南院被炸校舍事。三时归。偕莘田携诸儿至才盛巷谒孟邻师、云南实业银行晤绍穀、惠滇医院晤静娴、中央航空公司晤阜西,即约阜西、静娴至冠生园便饭。遇今甫亦在,并案而食。食后至正义路中央航空公司办事处小坐。有磅秤称之,凡一百三十一磅,较十日前增三磅。九时归。大雨不止。十二时就寝。

〔付请客三五〇元。〕

二十五日　阴历七月二十五日　星期三　晴

亡室周稚眉夫人四十七岁生日。七时起。雯儿来。十时入校治事。十二时归。与雯儿及矛尘、耘夫、汇臣在门前食面。诣汇臣[1],小坐。五时半与莘田及诸儿至鸿兴楼,应子水食饼之约。食毕,与子水至才盛巷,仅燕华在,稍坐而归。雯儿已返校。读《史稿》及《清朝文献通考》。东原、雪屏来。十二时半就寝。

〔付午饭一三五元。〕

---

①臣　原脱。

二十六日　阴历七月二十六日　星期四　雨

七时起。九时雯来,与之同至师范学院购罗斯福布五码,美国所捐之馀也。入校召会计室前后任商交代,两人积不相能,有三五点终不能交代,似必呈部也。矛尘告以孟邻师今日将飞渝,乃往谈,知在明日始能成行。午饭诸儿亦至,共食牛肉。二时归。小睡。读《清史稿》《通考》《通志》。大雨。晚检蒋氏《东华录》,得“土黑勒威勒”一条,连日滞塞忽然贯通,狂喜。十二时就寝。

〔付罗斯福布五码七五〇元。〕

二十七日　阴历七月二十七日　星期五　阴　雨

校中放假,以孔诞也。七时起。草论文。未几,路祖焘至,出云南大学薪册相示。联大同人兼云大者,有王赣愚、华罗庚,领薪津及龙云讲座千元,而不领米贴、生活补助费。已应云大聘而不知是否兼联大者,有冯景兰、秦瓒。已定不兼者,有沈嘉瑞。尚未定往云大与否者,有刘叔雅。职员中兼云大者,有顾家杰。雯来,携之食馅饼,泽珣同去。归而小睡。作书致伯君、法五、端升。草论文。十二时就寝。

〔付鸡蛋十个三七元,午饭三人一〇九元,茶叶四两六四元,水二元,雯用四五元。〕

二十八日　阴历七月二十八日　星期六　雨

七时起。九时入校治事。十二时在校前用膳。诣汇臣。五时乘车至粤秀小学访凤喈,知其迁居兴仁街红卍字会。转赴之,芝生先至,今甫、企孙、莘田继至,东原、雪屏未至。饭时大雨。食毕,归。得东原信,今晨已飞重庆。十二时就寝。

〔付午饭一人三三元,包子二个一〇元,车二五元。〕

二十九日　阴历七月二十九日　星期日　雨

七时起。草《清史满语简释》。雯来,携之谒月涵先生。小谈归。午在舍前食面。小睡。雪屏来畅谈。十二时就寝。

〔付包子八个三二元,午饭三人八六元。〕

三十日　阴历七月三十日　星期一　雨

七时起。草《满语》论文。午饭后小睡。仍草论文。竟日未出。十二时就寝。与雯谈家事。

三十一日　阴历八月初一日　星期二　雨

七时起。九时入校治事。十二时在校前进膳。归。与雯谈。诣汇臣。晚在德禄食面。与晋年、莘田谈。雪屏来。泽涵来。十二时就寝。

〔付午饭四六元,晚饭四二元。〕

八月昆明有预行警报一次:十六日。

九月

一日　阴历癸未八月初二日　星期三　晴　雨

昨日树人借寓于此,晨起甚早,余亦随之,不到六时也。七时雯儿来,写请求试读呈文。九时半携之入校,投递毕,送之。出遇树人、承谔、仕俊等于校门,方候车往中央机器厂,坚邀同往,乃命雯儿随之,见晓宇。余复入校治事①。自余任总务长,必于月底发薪,未尝稍迟。昨日以上月有人事更动,手续未齐,定今日发。及入校,闻仍未发,为之大怒,询之,乃因刚如未至,无人代常委盖章,遂命人往寻,责令下午必发。今非昔比,同人中盖有不能迟半日者也。十一时归。饭后小睡。三时复入校,继念续聘教员名单须在舍整理,出门复返。晚饭后雯来,自茨坝方还,尚未

①校　原脱。

饭,命之在门前食面。食毕,送之返宿舍。归而勉仲来,阜西来。十二时就寝。

〔入八月薪五八〇元,八月生活补助六〇〇元,又生活费加成八七〇元,七月膳食代金九〇〇元,七月研究费三四八元,七月房租津贴二〇〇元,八月车费二〇〇元。付印花一四.四元,所得税二一.五元,党捐一元,房租二〇五元,宿舍杂费六六元,雯膳费半月二〇四元,雯零用五十元,雯晚饭一七元,鸡蛋二个一〇元,邮票五〇元,信封二十个二〇元。〕

二日　阴历八月初三日　星期四　晴

七时起。九时半入校治事。十二时至西仓坡开常务委员会,三时归。草论文。雯来。今日为晟儿十三岁生日。晚携之至大街食元宵一碗,送之还宿舍。

托董式珪划北平家中壹仟元,一比六,在此交六千元。今日先交二千元,由莘田经手。十二时就寝。

〔付鸡蛋二个八元,交饭费三〇〇元,点心四七元,雯买肉十五元,划北平款二〇〇〇元。〕

三日　阴历八月初四日　星期五　晴

七时起。草论文。未入校。午饭后小睡十五分钟。勉仲来。徐梦麟来,偕至兴文银行商借款事。银行长不在,晤其秘书杨楷履端,定下星期二再往。月馀前莘田购甜点心一斤,价五十元,今日已涨至七十八元。归。草论文。十二时就寝。

〔付洗被一条十五元,鸡蛋二个八元,甜点心一斤七八元。〕

四日　阴历八月初五日　星期六　晴

七时起。九时入校治事。一时在校门前午饭,饭后归。小睡。草论文。雪屏来。毓棠来。觉民来。九时后无电灯,早睡。

〔付鸡蛋二个十二元,又七个三四元,午饭四〇元。〕

五日　阴历八月初六　星期日　晴

六时起。草论文。午张友铭约莘田及诸儿食饺子，赴之。并诣姜亮夫，不值。归舍小睡。晚觉民约诸儿晚饭，与莘田携之往。饭后并掷升官图数盘。十时归。无灯，随寝。

〔付花生一八元。〕

六日　阴历八月初七日　星期一　晴

六时半起。草论文。九时胡君达来。十时入校。与江西会馆人交涉房租事，原租三千元，月前其董事长李君请加至七千元，余仅允五千元，今日竟要求四万矣，无理已极。谈一时馀，乃去，星期四仍来。十二时半归。午后小睡。草论文，每日所得殊鲜，几于每事必求来历。夜十二时就寝。

〔付午饭三二元，雯用一〇〇元，付雯买书一〇〇元，又像片印半打□□□元[①]，划北平款二〇〇〇元。〕

七日　阴历八月初八　星期二　晴　雨

七时起。九时入校治事。十时归，欲草论文也。午后小睡。下午未出。十二时就寝。

八日　阴历八月初九日　星期三　雨

七时半起。今日不入校，欲稍息并草论文也。然上午子坚、蒙老及吴素萱均以校事来商，竟未写成百字。下午赵康节来，偕往兴文银行、富滇银行商合作借款，均无结果，须待陆子安回昆后始能定。然而一日毕矣。十二时半就寝。

〔付修表四五元，电报三一元，鸡蛋二个十二元。〕

九日　阴历八月初十日　星期四　雨

七时起。九时入校治事。江西会馆人复来，房租自减至一万

①印像片款数原阙。

八千,予以六千,未协。十二时归。小睡。草论文。十二时就寝。

十日　阴历八月十一日　星期五　雨

七时起。九时入校治事。十二时在校前午饭。归舍小睡。草论文。一时就寝。

〔付午饭六〇元,面三六元。〕

十一日　阴历八月十二日　星期六　雨

七时起。上午未入校,在舍草论文。午饭小睡。刘康甫来谈。四时半忽闻警报声,与康甫同出,见市民甚镇静,询之警察,盖试验汽笛也。遂不复入舍,至才盛巷谒孟邻师。昨晚自重庆还,谈少顷。至云南招待所,贺张书桂与陈席山女公子结婚。复至南开办事处,请燕华、小燕及诸孩食馅饼。九时归。十二时就寝。

〔付鸡蛋十个五〇元,车十五元,书三二元,请小孩二一五元。〕

十二日　阴历八月十三日　星期日　雨

七时起。竟日未出。草《清史满语简释》论文,一月以来,仅成十一条,七千言,而诸事俱废,拟稍停矣。清史本身问题太多,考定一事不知费多少时间,检多少书籍,北还后必将全书加以诠证。晚领雯儿至街食粥。十二时就寝。

〔付晚饭二五元。〕

十三日　阴历八月十四日　星期一　雨　晴

七时起。校中今日十时行始业仪式,以雨停。上午仍无课。十二时归。小睡。三时至拓东路迤西会馆工学院行始业式,五时毕。与嘉炀略谈公事。至才盛巷谒孟邻师,随回宿舍。加改论文。十二时就寝。晚饭后雯儿来,同在翠湖步月,送之归。雯儿零用,原定每星期予以五十元,友朋均言不足,乃改一百元。以月计之,非千元不可。

〔付车二〇元，午饭二人八五元，晚饭一〇元，雯零用一〇〇元，雯饭费半月二一五元，毛边纸半刀之半一五五元，炭三十三斤一九四元。〕

十四日　阴历八月十五日　星期二　晴

七时起。九时入校治事。十至十一时授课一堂。十二时归。莘田约诸儿过节，在仁和园午饭。饭后归。晚徐毓枬约过节，并有诸儿，饭后还舍。宪钧、心恒、毓枬来，十二时散，随寝。

〔付鸡与莘田合送毓枬一二三元。〕

十五日　阴历八月十六日　星期三　晴　雨

七时起。九时雯儿来，嘱之抄《清代诸帝血系》文稿。十时入校。授明清史一堂，下课治事。十二时归。饭后小睡。三时再入校。六时至西仓坡开常务委员会。十时归。十二时就寝。

十六日　阴历八月十七日　星期四　雨

七时起。九时入校治事。十至十一时授隋唐史，此课与汪篯、王永兴同授。今日宣布纲要，凡十二讲。午在校前进膳。还舍小睡。十二时就寝。米士约晚饭于文林食堂。

〔付午饭三三元。〕

十七日　阴历八月十八日　星期五　晴

七时起。九时半入校治事。十二时归。饭后小睡。写文稿“巴克什”一条未终。五时理发。晚雯儿来，同至大街购物，并食宵夜，送之还宿舍，已十时矣。归。草论文。一时就寝。

〔入补发米贴一五〇〇元。付雯点心三五元，虾米干六两七六元，理发一五元，点心五四元，宿舍饭费三〇〇元，雯墨水粉一小盒一八元。〕

十八日　阴历八月十九日　星期六　晴

八时始起。昨日失眠，入睡且四时矣。晨起草论文，欲不入校。十时赵康节来,谈向银行借款事,少顷去。忽忆研究生选课须签字,复入校。十二时归。小睡。从吾自宜良来,谈及近函朱骝先推荐孟真重任总干事,函中并列余名。雪屏来,谈甚久,勉仲亦来。六时携儿辈至勉仲、子坚家食盒子,并有雪屏、晋年,十时归。草“巴克什”一条毕。就寝已十二时半。

十九日　阴历八月二十日　星期日　晴

八时起。竟日未出门。作书致恭三,致吉忱。午睡不佳,晚饭未饱。与从吾谈甚久。十时出,食米线一碗。十一时就寝。读《辽史拾遗·国语解》,殊不足取。

〔付米线八元,雯零用一〇〇元,又注册费四〇元,又栗子一斤五〇元。〕

二十日　阴历八月二十一日　星期一　晴

七时莘田来唤,有预行警报,急起。未盥漱,空袭警报作,乃至云南大学,晤熊迪之、张景钺,谈久之,以为无事矣。八时三刻,紧急警报。九时一刻,敌机临市空,投弹甚多。余等避会泽楼下,未辨其方向。十一时解除,归舍。午饭后小睡。闻今日击落飞机甚多。晚饭后至市中心看壁报,知今日敌机分三批入境,第一批侦察机一架,二批战斗机三架,三批轰炸机二十七架、战斗机九架,皆自越南入境,凡被击落二十一架,并毙其领队樱井孝一云。归舍。与从吾长谈。十二时就寝。

〔付花生二〇元,甜点心二块四〇元,洗衣胰子一块八元。〕

二十一日　阴历八月二十二日　星期二　晴

八时乃起。九时入校治事。十时至十一时授明清史一时。一时在校前进膳。归舍小睡。三时半至才盛巷办事处。六时还。雪屏来。华炽来。与从吾久谈。传骝先先生将与立夫对调,疑其不确;吴达铨长经济,王伯群主黔政,曾养甫他调,陆子安主滇政,龙志舟任绥靖主任。每开中常会毕，必有谣言，此类是也。十二时就寝。

〔付雯配眼镜一〇〇〇元，午饭三一元，晚饭四五元，甜点心六块六〇元。〕

二十二日　阴历八月二十三日　星期三　晴　雨

七时起。九时入校治事。十至十一时授明清史。十二时半归。小睡。三时雪屏来，同诣周培源，明日将飞印度，转美国，小坐。往省党部参观王王孙书刻展览，不佳。诣蔡枢衡，谈。五时半归。六时至西仓坡开常务委员会，十时散，归。十二时就寝。

二十三日　阴历八月二十四日　星期四　雨

七时起。九时入校治事。午在校前进膳。归舍小睡。检《清史稿》。三时至兴文银行访其行长，不值。至云南实业银行访绍穀，亦不值。至金城银行晤吴肖园，至劝业银行晤其经理，更至兴文银行晤张行长，皆为借款事也。兴文银行、富滇银行、劝业银行、矿业银行共借联大、云大三百万，以四六分，联大得一百八十万。今日谈详细办法，兴文提定期半年，三个月后，每月还三分之一，并以校舍为抵押，此事与联大一向借款情形不合，婉告之不能接受之意。尤其抵押一节，从来借款决未谈过。此时开例不便，且亦无契约可缴，张言此不过一种形式，无需缴验契约云云，告以再商，乃归。十二时就寝。

〔付午饭三〇元。〕

二十四日　阴历八月二十五日　星期五　雨　秋分

七时起。九时半入校治事。十二时半在校前进膳。归舍小睡。草论文“包衣”一条未竟。十二时就寝。晚饭后谒孟邻师。九时半归。

〔付午饭三〇元，栗子四〇元，洗被单一〇元。〕

二十五日　阴历八月二十六日　星期六　晴

八时起。九时入校治事。十二时半归。饭后小睡。写“包衣”一条终。晚袁家骅、高华年约在五湖春便饭,饭后还。无灯,早睡。

〔付鸡蛋十个五〇元,洋芋一斤一八元。〕

二十六日　阴历八月二十七日　星期日　晴

八时起。九时至昆中北院北食堂为新生训话。比至食堂,门未开,急召人觅工友,盖今日训话布告由教务处通知,各方均不接头,余与勉仲亦昨日上午始闻之月涵先生也。十一时半会散,归。伯蕃约食鱼。食毕小睡。写“包衣大”一条未竟。晚饭后偕伯蕃、家骅、华年、莘田及诸儿食元宵。归。写论文。十二时就寝。

〔付雯用一〇〇元,灯油五元,点心九〇元。〕

二十七日　阴历八月二十八日　星期一　雨

七时起。九时入校治事。十至十一时授课。十二时半在校前午饭,饭后归。小睡。晚饭后雪屏来,告以父病复重,必须至北碚一行,而此间党务、团务、《当代评论》社务均待商定。与从吾三人谈至十一时半,雪屏去,复与从吾谈至一时乃寝。

〔付早点三五元,午饭三〇元,划北平款二〇〇〇元。〕

二十八日　阴历八月二十九日　星期二　阴

七时半起。九时入校治事。一时归。在德禄食面,遇方国瑜,坚代付面资,相让久,从之。国瑜去,又进汤一碗。三时雪屏来,偕诣绍穀,余先往兴文银行晤张行长,又至金城银行访吴肖园,不值;在云南实业银行与绍穀小谈。偕雪屏再谒孟邻师,谈甚久,并留饭。师将于下星期一赴渝。九时与雪屏、矛尘至南屏街购物,饮加非而归。十二时就寝。

〔付午饭十元。〕

二十九日　阴历九月初一　星期三　雨

七时起。九时入校治事。十时授课。一时在校前进包子。食毕，复入校。三时赵康节偕兴文银行、富滇银行二人来谈借款事，并问校舍间数及亩数，并未看校舍。四时归。五时至西仓坡开常务委员会。九时归。十时半就寝。

〔付午饭五二元。〕

三十日　阴历九月初二日　星期四　阴　晴

七时起。十时入校。至校医室取维他命B，以徐大夫告，近从美红十字会捐来其药甚多，颇适于余也。在校前午饭。饭后复入校。三时归。与从吾谈。晚饭后雯儿来，携之入市购物，送之入校。晚又与从吾长谈。与莘田、伯蕃谈。十二时就寝。

〔付午饭三四元，火腿饼四个一四〇元，小牙刷六把六〇元，饭钱四〇元。〕

九月昆明被敌机轰炸一次：二十日。

十月

一日　阴历九月初三　星期五　阴

七时起。九时入校治事。十二时半校前进膳后归。小睡。五时视勉仲疾，斑疹伤寒也[①]。前年秋，勉仲尝得此疾，相传不再犯，不知何故又致此。写“包衣大”一条竟。十二时就寝。检上月收支账，收入五千一百九十八元，支出六千七百九十五元九角，寄北京家中划款六千元，折北平币一千元。共一万二千七百九十五元九角，计亏七千五百九十七元九角，其中除去寄家及雯儿眼镜费为临时

①斑　原作“瘢”，本月六日日记同，据一九四二年十二月十八日日记改。

支出,补发米贴为临时收入,馀均经常收支,如专计经常收支,实亏二千九十七元九角。奈何! 奈何! 经常支出统计如下:饭食一千五十八元,购书三十八元,请客送礼三百三十八元,零用二千二十二元九角,雯儿饭费、杂费一千三百八十六元,打牌、掷升官图等四百九十三元。

〔入九月薪五八〇元,生活补助费及加成九月一四七〇元,八月米贴一七〇〇元,九月学术研究费三四八元,八月房贴二〇〇元,九月车费二〇〇元。付印花税一八.四元,所得税(薪)二一.五元,党捐一元,房租二〇五元,宿舍杂费六〇元,雯半月饭费二一五元,午饭三〇元,早饭二〇元。〕

二日　阴历九月初四日　星期六　阴

七时起。九时入校治事。十一时五十分有空袭警报,乃至校后南山北麓,天阴云厚,知无大批能来,一时果解除。偕矛尘、耘夫同至南京经济食堂进膳,汤面三碗,花卷十一个,肴肉一盘,价二百元。近日猪肉一斤价八十元,无怪其如此。食毕,归。四时至才盛巷谒孟邻师。五时偕矛尘父女诣绍縠,行至正义路,遇莘田一家及雯儿,相与同行至东市街,又遇雪屏,可谓巧甚。余等外,佩弦已先至,绍縠设馔甚精,皆其夫妇子女手制,尤为难得。饭后畅谈,莘田并奏昆曲数支,九时半乃辞归。往返步行逾十五里。十二时就寝。

〔付午饭六七元。〕

三日　阴历九月初五日　星期日　阴

八时半始起。检文稿。午饭后小睡。雯儿来,晚饭后送之归。竟日未多读书,与舍中同人闲谈。晚食花生,稍过,腹胃不舒。十二时就寝。

〔付雯零用一〇〇元,雯洋烛三五元,点心一五元,花生一〇元,鸡蛋十个五〇元。〕

四日　阴历九月初六日　星期一　阴

六时半起。七时半至才盛巷送孟邻师行。九时入校。十时举行月会。十二时半在校前进膳。毕,归舍小睡。晚饭后再至才盛巷。前日泰然归,未及细谈也,及往而泰然他出,与矛尘、濯生略谈而还。十二时就寝。

〔付午饭二八元,栗子一斤三五元。〕

五日　阴历九月初七日　星期二　阴

七时起。九时入校治事。十时授课。雪屏来,谈得渝电,父病笃,明日必须飞往,嘱为筹款,允为在校借万元。十二时在校前进膳,与矛尘、耘夫三人共用牛肉炒韭黄一菜三十五元,馒首十二个三十六元,此近日饭钱之最廉者。饭后归。遇雯儿,偕至舍,谈至三时,儿还校舍,余亦入校。英国华德女议员来校参观,五时在西仓坡茶会,余未往。五时半视勉仲疾,至南开办事处参加党部宴会,从吾报告工作,并讨论本学期工作,余建议举行自然科学讲演,咸以为然。晤子坚,欲向校借五十万元,以一月为期,修建附中校舍。九时半散,归。十二时就寝。

〔付午饭二四元,早饭一〇元,洋烛三二元。〕

六日　阴历九月初八日　星期三　阴　晴

七时起。九时入校治事。雪屏来告十一时行,以在昆领款汇款事相委。子坚来商借款,月涵先生未允,以为清华服务社尚在需款,款到应尽先借服务社。一时半在校前进膳,仍三人共食二菜。归宿舍小睡。泰然来。七时往视汇臣疾,发烧近十日,或亦斑疹伤寒类也。八时在德禄食牛肉面一碗十四元,小面包一个十元。检《史稿》。十二时就寝。今日十时授明史太祖事迹竟,下周由何鹏毓代课。晚莘田示以札记,知西人论金川嘉良语 Jyarung (Chinese ravines)者,前有 Hodgson, Terrien de Lacouperie, Rosthorn, Laufer,近有 Wolfenden 之 Notes on the Jyarung Dialect of Eastern Tibet①, T'oung Pao Vol.32②。余尝考嘉良为唐雅州羁縻州之嘉梁，不知与诸人之说相合否。

〔付午饭三四元，晚饭二四元。〕

七日　阴历九月初九日　星期四　晴

七时半起。九时半入校治事。一时在校前进膳而归。小睡。写"包衣昂邦"一条未竟。十二时就寝。晚校中在清华办事处宴高尚忠。为清华服务社借五十万元，附属中学借三十万，交子坚。

〔付午饭二八元。〕

八日　阴历九月初十日　星期五　晴　风

七时起。九时入校治事。十二时在校前进膳。归舍小睡。写"包衣昂邦"一条竟，以十三衙门与内务府职权分合附之。读渝报有出售《国朝典汇》提要广告，书凡二百卷，明徐学聚撰。学聚，浙江兰溪人，万历进士，官至佥都御史。其书北平图书馆、国学图书馆所藏均不全，此独完整，不知索价若干，意欲劝孟真购之，北大无此力也。十二时就寝。

〔付午饭三四元，花生半斤五〇元，梨三个一五元，雯饭五五元。〕

九日　阴历九月十一日　星期六　晴

先妣陆太夫人之忌辰。七时起。九时入校治事。十二时在校前进膳而归。小睡。三时半至柳漪家茶会，谈至五时散。理发。雯儿来，晚进点心后还校。十二时就寝。

〔付午饭二六元，梨三个一五元，理发二〇元，点心四〇元。〕

十日　阴历九月十二日　星期日　晴

七时起。与莘田商拟今日贺国民政府主席就任电稿。九时入

①the　原脱，据 *T'oung Pao* Vol.32 原题补。　Tibet　原作"Tibetan"，据原题改。
②T'oung　原作"T'ung"。

校开庆祝大会,学生到者一二百人,芝生有讲演,十一时散。在校前食面一碗十元,锅贴五个十五元而归。小睡。枚荪来,昨日自重庆飞回,今甫、端升同机。四时应序经茶会。五时半归。与雯儿七时半入市,行至华山南路,为火炬游行大队所阻,立视二十分钟,乃至食店进大虾粥。食毕,仍不得路,再食馄饨,毕。立候至九时,队行未至尾,乃送雯儿还宿舍,余亦归。与伯蕃、铁仙谈。十二时就寝。抄《清史满语解》,欲先送数条交恭三发表。

〔付午饭二五元,雯零用一〇〇元,晚饭八〇元。〕

十一日　阴历九月十三日　星期一　晴　风

今日为先考忌辰。值校中放假,欲上午写信,下午抄文章,未得。十时泽涵来,畅谈,十一时去。作书致觉明,劝其仍赴西北考察,并表示所得古物北大不争取,但保留研究权。如有需要参考时,其它机关应充分供给。书未竟而午饭,饭后睡起复写,未竟而学生来。客去,匆匆写毕,亦无兴更写矣。凌仁来,嘱其作《明清驿递考》。董振球来,嘱其作《明代吏部职掌及铨选制度》。得月涵先生条,嘱携雯儿晚间往食牛肉。雯儿适在校,嘱坤仪往告之。七时携往。九时归。雯儿功课未完,在舍补作,请家骅为之改正。十一时送之还宿舍,月色极佳。抄"土黑勒威勒"一条送恭三。十二时半就寝。

〔付早饭五二元。〕

十二日　阴历九月十四日　星期二　晴

七时半起。九时半入校治事。午与耘夫在龙翔园午饭,菜一盘二十元,饭二钵二十元,此近日最廉之饭价也。归寓小睡。诣绍縠,询为雪屏汇款事,知代雪屏售出画二张价六千元,狐皮袍一件价一万五千元,另在亚西借三万元,日前由农氏汇渝矣。至才盛巷,晤今甫,谈甚久。在泰然处食面一盂而归。十时华炽、泽涵来,谓晚端升入城,言锡予女公子病肾脏炎甚剧,嘱为借汽车接入城,允之。华炽明日十时下课,坐车往接。抄《满语解》“扎尔固齐”条送恭三,未竟。十二时就寝。

〔付午饭二〇元,茶叶半斤一一五元。〕

十三日　阴历九月十五日　星期三　晴　云　雨

七时起。抄《满语解》“扎尔固齐”条毕。自昭、梦家来,谓与汤先生约好十一时派车下乡,秉璧已骑车先往。时已九时半,余在门前食面未毕,急与自昭入校。余请徐行敏代觅救护车,行敏为写一函致红十字会,继恐无效,毅然亲往,情甚可感,十时果借得救护车。华炽乘之往。治事毕。在校前午饭,饭后归,已二时。睡正浓,华炽扣门谓车接汤小姐入城[①],送慈群医院不收,送云大医院亦不收,嘱余往一托熟医士。余于云大医院一无所识,乃转托章化农往[②],余亦随至,幸准住院。汤小姐面色红肿,医云肺、肾均有病,责不早送院。五时至西仓坡开常务委员会,为钟开莱加薪事再与正之谈。正之言,在理学院,新进薪俸、地位无逾钟者,举例甚多,余不能答,乃举徐贤修。吴言徐资深,曾教钟之书,亦无以难。吴并言泽涵之意,是否以提会可以卸责,而不问其成否?余告以绝无此意,然情势如此,亦不便正式提出矣。月涵先生亦言徐与钟资格相差太多,余更恐提出亦难通过,更多麻烦。十时散,归。十二时就寝。枚荪在会报告消息甚多,谓教育将易陈为王雪艇,以书贻长中央大学。

〔付午饭三〇元,早饭二〇元。〕

十四日　阴历九月十六日　星期四　晴

七时半起。九时半入校治事。十一时刚如言锡予女公子已殇,余不之信。因昨晚质如、又之前往作伴,守一夜始还,仅云呼吸

①炽　原脱。

②农　原作“龙”,一九四四年四月六日、一九四五年六月三十日、七月二十日、二十一日同,据一九四四年六月十九日日记改。

困难,打针后稍好。今晨尤有人往视,不应如此之速。刚如言十时华炽来,约其往诊,刚如意他或无力,惟去痰或有效。比至医院,则已断气,移入太平室矣。据闻系打一针后,遂不支云。锡予有子女九人,先折其五。二十八年端阳失其长子,今又夭其十三岁幼女,垂老之年,何能胜此打击,不胜叹息,然亦无可慰之。一切棺殓由泰然、平凡两君代办,由校代垫用费。在校前午饭后归。三时往视锡予夫妇于自昭寓,相对无一言。惟见汤太太饮泣,锡予默然枯坐。伤哉!伤哉!七时至西仓坡陪宴马超俊,其人言谈虽不若时流之涛涛侃侃,而诚恳过之。十时还寓。十二时就寝。

〔付午饭二四元,梨三个二〇元。〕

十五日　阴历九月十七日　星期五　晴　风

七时半起。九时入校治事。十二时半在校前进膳后还舍小睡。诣膺中,谈。五时半至南屏加非室,刘镇时约晚餐。全室皆美籍士兵与我国女子,目睹心伤,为之不乐者终席。至才盛巷,晤蒋太太,病渐愈。遇逵羽,偕还。逵羽仍居农业学校。十二时就寝。

〔付午饭二六元,付雯饭费半月二一五元。〕

十六日　阴历九月十八日　星期六　晴　风

七时半起。九时半入校治事。一时校前进膳。归宿舍小睡。校正文稿。吴辰伯来约晚间往食其自钓之鱼。六时偕心恒同往,秉璧继至。鱼甚多,皆鲫也,极鲜美,惜稍小耳,然并此亦不易多得。饭后作牌戏。十二时半归,即寝。

〔付午饭三〇元。〕

十七日　阴历九月十九日　星期日　晴　风

八时起。读《清史稿》。作书致恭三,送《满语解》两条,请在《读书通讯》发表。下午小睡。读《史稿》。七时至愉园参加南开学校四十周年纪念会,重庆称三十九周年,此间称四十周年。详询知为四十年纪念，一以足年计，一以经年计，而误植“周”字，故两歧耳。仅有聚餐、游艺，无仪式，甚热闹。聚餐采立食办法，拥挤之至。饭后谈至八时半，游艺将开始，与莘田、秉璧至玉溪街食米线。余作东道，白鸡一盘五十元，米线四碗四十元，酒十元。食后归。读《清史稿》至夜半。余前论巴图鲁勇号，清字、汉字无轩轾，后人强分上下，盖济爵赏之穷，意恐有例外。今日竟一日之力读《史稿》二十九卷，得例一百五十七条，而后证余说不谬于实。此类愚拙工夫，今人绝不肯作，即作亦不自作，而以命助手，不知其不可信赖也。一时半就寝。

〔付早饭四〇元，夜宵一〇〇元，雯零用一〇〇元，胰子二块一八元。〕

十八日　阴历九月二十日　星期一　晴　风

七时半起。九时半入校治事。有女生代表刘君若求见月涵先生，对附属中学借用昆华中学南院与女生宿舍分界事有所陈述，月涵先生命刚如代见。一、厕所须离开水井及饭厅；二、画界篱笆需改道。求立刻答复。月涵先生不允即答，学生大哭，乃以属余。余劝其先去，容为查明。女生去后，余与矛尘、耘夫在校前午饭而归。小睡起后，雯儿来，知女生已将竹篱折毁矣，此大错也。余乃诣子坚、勉仲，告以厕所必须改地，子坚难之，遂与之同至昆南相看，择定西南角邻大街处立厕所，其水井旁之计改变，子坚以为然，乃定议即改，并召女生代表告之，绝不立厕所于井旁。并与子坚巡视女生宿舍，令工匠估价修缮前炸之小楼而出。竹篱确有不妥，但亦不应毁。子坚有报告，拟明日召代表，加以惩戒。归舍后在巷口食饼。电灯暗，倦甚，九时半就寝。

〔付午饭二六元，晚饭三六元，付鸡一支一六〇元，烧饼三五元，鸡蛋十个五〇元，牛乳半磅一月二五〇元。〕

十九日　阴历九月二十一日　星期二　晴　风

七时起。九时半入校治事。一时在校前进膳而归。小睡半小时。勉仲介绍警务处高某来见，出第九集团军密电，谓联大学生何某、石某、李某有汉奸嫌疑，请为逮捕。余导之入校，出学生名册一一示之，绝无其人，即相近者亦无之，录李姓四人名有一字同者，当告以此类作轨外行动者必不用真姓名，来电所指必无其人，望其以此复之。五时还宿舍。铁仙夫妇来谈。十二时半就寝。

〔付午饭三三元，付送张书桂礼（补）六〇元。〕

二十日　阴历九月二十二日　星期三　晴

七时起。请铁仙夫妇食早点，各面一碗，各炸蛋二枚，共九十六元。每蛋价八元，较之市价尚低，面一碗十六元亦廉。端升来谈甚久，谓孟邻师又有教长呼声。今日教育若未溃之痈疽，良医知其危殆而不易下手，他人尚未觉其是病也。余谓师之出尚非其时。十时入校治事。一时半始进午膳，饭后归。睡半小时。五时至西仓坡开常务委员会，九时归。宝騄自重庆归。一时就寝。

〔付午饭三三元，付请早点九六元。〕

二十一日　阴历九月二十三日　星期四　晴

七时起。九时入校治事。江西会馆代表来谈加租。刘镇时、路祖焘交代未完，会商进行半日，口未尝停。一时与耘夫、矛尘约儿辈食锅贴，并约镇时。食后饮茶一碗而归。睡半小时即醒，微觉心慌，似心跳脉搏九十下，不知其故。太劳乎？睡眠不足乎？营养不足乎？年龄加长乎？近日夜眠不足六小时半，昼寝又不熟，此其故近之。月前，徐大夫劝余食维他命B，余未尝依，拟从今日始。又半月以来，右上三四齿微动，亦不健康之故。去年病后迄未康复，怪甚。雯儿来。未读书。十时食维他命B一粒而寝。

〔付午饭一〇〇元，花生五〇元。〕

二十二日　阴历九月二十四日　星期五　晴

七时起。九时视胡蒙老疾。入校治事。午在校前进膳。毕，复治事。三时半归宿舍。房东来催移居，交涉久之，坚持自住，不谈加租。六时诣汇臣，同在钱局街小铺食包子，亦需三十元也。教育部核定同人家属人口在五人以上者，月给乙种奖助金四百至六百元不等，共三十九人。余月得五百元，自五月起至年终，共四千元。十一时半就寝。

〔付午饭三〇元，晚饭三〇元，付修皮鞋补后根七〇元。入本年五至十二月教育部奖助金四〇〇〇元。〕

二十三日　阴历九月二十五日　星期六　晴

七时半起。九时入校治事。十二时半在校前进膳。晚莘田在大昌请便饭，往还甚累。归已十时，即寝。

〔付午饭三〇元，花生三五元。〕

二十四日　阴历九月二十六日　星期日　晴

八时起。雯儿来，月考逻辑八十八分，以不得九十分以上也，大哭。饭后小睡。检《唐书·四夷传》，备讲述也。竟日未出。十二时就寝。

〔付雯布六八六元，布二尺一三六元，花生三五元，雯零用一〇〇元，又一〇八元，早点八元。〕

二十五日　阴历九月二十七日　星期一　晴

七时半起。九时入校治事。潘光旦约十二时在校前进膳，食毕，饮茶。二时还宿舍。小睡。读《唐书》。晚十二时就寝。

〔付晚点五三元。〕

二十六日　阴历九月二十八日　星期二　晴

七时起。九时入校。闻子坚昨夜九时许为人狙击，急往视之，晤其夫人暨勉仲。知九时许，子坚自钱局街附属中学视学生自修毕,归文化巷寓所,将达家门二三丈,有人以巨木击其头,立即晕去。比醒,拾凶徒所遗凶器,向光明处而行,至文化巷口如意楼饭铺,告以被击受伤,嘱为觅医。值刘缘子等见之,往询问,只言被击,不知其他,且不知住家所在。随有学生多人来,乃扶之归。勉仲急为觅戴练江诊视,幸未伤骨。前后伤口各一,后长二寸,前长寸馀。勉仲并出示凶器,乃一二尺许之洋果树干,粗甚,直径不下二寸也。并导视被击处,血迹殷然,面积逾尺。吾辈办学,与人无深仇大恨,何致下此毒手?勉仲言师范学院最近开除一学生,甚有嫌疑。又言出事以前,有人来家叩门,谓梅校长约其往谈,实无其事也。此均线索可究。勉仲随写一节略,余携入校,致函警察局。一时在校前用膳毕,归。三时勉仲来,同往劝学巷访警察局孙副局长,不值;至警察局,又不值。知其在六分局开会,就之,开会不能出。由秘书代见,以节略交之。更访警务处李处长,亦不值,以节略留交。至工学办公。至清华服务社参观,步归。在中央航空公司秤体重,为一百二十八磅。倦甚。十一时就寝。

〔付午饭三〇元,晚饭三八元。〕

二十七日　阴历九月二十九日　星期三　晴

七时起。九时半入校治事。十时半视子坚。十二时半校前用膳而归。小睡。三时至西仓坡开学生生活指导委员会。五时续开常务委员会。九时散会。往视子坚。幸未发热,医云伤势无忧,但失血太多,恢复为难耳。归。读《唐书》。一时就寝。

〔付早饭二〇元,午饭六八元。〕

二十八日　阴历九月三十日　星期四　晴

七时起。九时入校治事。十时至十一时授隋唐史外族与外患。十二时半与月涵先生视察研究生宿舍及修理教室。二时进膳,归。未睡。读《唐书》。一时就寝。

〔付午饭三二元,晚饭七〇元。〕

二十九日　阴历十月初一日　星期五　晴

七时起。九时入校治事。十至十一时授隋唐史。十二时半校前用膳,归。晓宇来谈。三时再入校。五时半视子坚。归。在巷口进膳。读两《唐书》及沙畹《西突厥史料》。一时就寝。

〔付早饭二三元,午饭二五元,晚饭五三元,梨八个一九元。〕

三十日　阴历十月初二日　星期六　晴

七时起。九时入校治事。十二时归靛花巷宿舍。房东来,必欲交还一半房屋,久谈无效,去。三时进膳。六时至大昌,请宝騄、家骅、伯蕃及小五,在大昌晚饭。小五二十七日生日,余未为之饭也。宝騄、家骅均新归。饭后,伯蕃约食加非。步归已十时矣。读《西突厥史料》。十二时就寝。雪屏令尊于十八日弃养北碚。

〔付午饭四八元,请客四七〇元,面包三〇元,花生二〇元,茶叶三〇元。〕

三十一日　阴历十月初三日　星期日　晴

八时起。景初来,现改在驿运管理处任秘书,离建设厅矣。午饭后睡正熟,为人惊觉。作书致雪屏。晚泰然在才盛巷约食饺子。晤蒋太太,知孟邻师尚难即归。九时归。欲早睡,与莘田谈,不觉逾十二时半矣。

〔付在宿舍饭费二二〇元,零用一〇〇元。〕

十月昆明有空袭警报一次:二日。

本月经常支出计饭食二〇二五元,酬应九二一元,零用九四四元九角,雯儿用一〇五六元,共四九四六元九角。经常收入四四九八元,凡亏四四八元九角。临时收入四一三〇元。购布八二二元。

十一月

一日　阴历十月初四日　星期一　雨

今日联大校庆，放假。本与月涵先生约至岗头村，昨夜雨迄今晨不止，遂不往。读戴维斯《出使苏联记》[①]。午饭后抄"释'巴图鲁'"一条。竟日未出。十二时就寝。

〔入十月薪五八〇元，十月生活补助一四七〇元，十月学术费三四八元，九月米贴一六〇〇元，九月房贴二〇〇元，十月车费二〇〇元，补发米贴一〇八四元。付房租二〇五元，印花三九.七〇元，宿舍杂费七〇元，雯膳费半月二一五元。〕

二日　阴历十月初五日　星期二　阴

七时起。九时半入校治事。十二时半在校前进膳。晚理发。抄改"巴图鲁"一条毕。十二时就寝。八时刘康甫来谈房子问题，拟将翠湖北路二十号同人移住地坛文林街二十号，续租亦一办法也。

〔付午饭二七元，晚饭二〇元，点心三〇元，雯用四四元，理发二〇元。〕

三日　阴历十月初六日　星期三　晴

七时起。九时入校治事。十二时遇今甫，偕矛尘、耘夫请其在校门前食炸酱面，食毕，归。小睡。读两《唐书》。五时就西仓坡开常务委员会。遇郭舜平，昨自重庆来，将往美国，以在教育部服务资格派出洋研究也。九时会散，归。与伯蕃谈。十一时就寝。

〔付午饭六三元。〕

---

①斯　原作"思"，据一九三八年七月十七日日记改。

四日　阴历十月初七日　星期四　晴

七时起。九时入校治事。十二时饭后还舍。靛花巷房东来，与韩裕文、任又之谈房租，非加至二万元不可，否则即于日内全体移出。其势汹汹，非使我辈屈服不可。小睡未熟，有人扣门。启视，则文林街二十号房东牛光泽也。谈文林街宿舍，原说妥月租六千元，此时有人出一万，如联大肯出一万元可以照租，否则须另商。或以电线作抵，或增价半年以前旧租。所谓旧租者，文林街及翠湖北路两处宿舍，原租五千三百元，春间房东要求加至一万元，校中允加至八千元，迄未决定。房东认为今日无论续租与否，必须照数加偿旧租每月四千七百元，如照校中所允数，亦须加租每月二千七百元，以半年计算。此事实上绝难作到者，而今日犹以每月四千七百元为未足，尚须增加也。房东又言，近日修理翠湖北路二十号房屋，计估价需用四万八千元，此数亦必取偿于学校。此更无理要求，当告以翠湖北路房子已不续租，此可不必谈，谈亦不能作到，可取偿于新房客也。无结果而不去，必欲作一答复，则告以明午再说，始去。今日几完全为房东所苦，何其不幸！何其不讲理！心恒来。读《唐书》。十一时就寝。枕上读废名《莫须有先生传》，盖太无聊、太苦闷也！

〔付午饭二二元，茶叶一斤一四〇元，洗衣胰皂十块七五元，系会捐款一〇〇元。〕

五日　阴历十月初八日　星期五　晴　风

七时起。九时半入校治事。十时授课。十二时半归。一时至西仓坡午饭。道经牛家，入告加旧租不可能。牛言可于四千七百元与二千七百元间定一数目，告以再商。三时饭毕，归。小睡。雯儿来。晚与同仁商房租，毕，偕伯蕃入市。经中央航空公司，入秤体重，凡一百三十三磅。同一地，同一秤，惟今日着夹袍，前着单衫，而相差五磅。一衣之重，必不足五磅，不知其故。十时归。十二时就寝。

〔付茶叶半斤九〇元，花生二〇元，雯短袜子二双一三二元，蛋糕二〇元，修表五〇元。〕

六日　阴历十月初九日　星期六　阴　雨　晴

七时半起。九时入校治事。十时至十一时授课。十二时半归。在门前食米线。每碗已售十元，较之上周涨二元。盖自一日始加价，然市中他物数日来未见涨也。午睡方熟，又有扣门者，仍为房子而来。苦哉！苦哉！三时心恒来，谓外间传言在校行政首要院长、各长、常委等每月校中均另有补助。此种谰言，令人闻之愤怒！校中最苦者，莫若负行政责任之人。教授中大多数兼差，且有兼至三四处者。莘田尝言，闻一多在中法兼课，并有家馆，月修至四千五百元，选译新诗，一次送二万元。唐立厂家馆月修至六千元。又有人在他校兼院长及系主任者，惟在校任各长者绝不能兼。各教授在校任课少者四小时，多者八小时，八小时者为数无几，惟任各长者有一定办公时间。政府规定之特别办公费，每月六百元，任行政责任者均辞谢不受，更何况特别补助耶？他人不尽知，若勉仲、子坚与余，皆负债累累。余因雯儿之来，及拨款北平，计欠校中一万七千馀元，欠卢吉忱五千元，而连月每月必亏。上月部拨乙种奖助金，欲以归偿学校，竟未能拨。与心恒入市，至蓉园，定明日晚间便饭。用菜凡十样，议价一千四百元，可畏哉！诣蔡枢衡。归饭。饭后与同人商房子事。诣汇臣。十二时半就寝。

〔付午饭四〇元。〕

七日　阴历十月初十日　星期日　雨

八时起。有人来谈房子事甚久，闷甚！洗衣一件。读废名小说《枣》。午饭后小睡。从吾自宜良归，畅谈。五时半偕莘田携诸儿至蓉园。今日之局，本为心恒得美国研究款请客。既以郭舜平来昆,余乃加入作局部东道,比至莘田亦加入作东道,遂与原意不同。九时归。十时半就寝。

〔付早饭十元,请客二〇〇元。〕

八日　阴历十月十一日　星期一　晴　立冬

七时起。九时入校治事。十二时归舍午饭,并与同人商宿舍事。以月租二万元定议,与房东立约,每屋屋价九百元至一千二百元不等。余所住一间,月费一千元。呜呼!不忍更思之矣!小睡半小时。视子坚。六时诣蔡枢衡,同往蓬莱春便饭,今晨所约也。每菜之价八十至一百元不等,此昆明之小馆,他可知矣。至才盛巷,与濯生谈久之,归。十二时就寝。诣蔡前,先往贺徐述先嫁侄女。

〔付雯零用一〇〇元,送徐礼一〇〇元。〕

九日　阴历十月十二日　星期二　晴

七时起。九时入校治事。十时召集学生训话,月涵先生报告征调通译人员事,劝学生踊跃参加,勉仲勉学生守秩序,凡一小时而散。十二时半在校前进膳,归舍小睡。四时步至工学院,行五十分钟。仍由月涵劝勉学生参加通译员考试,语较上午恳挚尤甚,凡四十分钟而毕。偕往才盛巷,会今甫、矛尘,同至崇仁街路三泰许饮酒。余亦随饮三大杯,谈甚欢。十时偕步同归。倦甚。今日立听者一时又四十分钟,步行者二小时以上。十一时半就寝。

〔付午饭二一元,鸡蛋十个五〇元。〕

十日　阴历十月十三日　星期三　晴

八时起。登厕无便,拭纸染红,为之大惊。往年有痔疾,不甚重,且不常犯。此昨日饮酒久立之故。九时半入校治事。一时莘田约月涵、矛尘及余至新华饭店午饭,未进滴酒。归舍小睡半小时。五时至西仓坡开会。会毕,晚饭亦未饮酒。畅谈,十时归。遇伯蕃于巷口,约其至茶馆食点心,余饮菊花茶一盂。入舍未上楼,登厕水泻一次,觉不适。十时半即寝。

〔付点心四〇元。〕

十一日　阴历十月十四日　星期四　晴

昨夜睡不舒适,反侧不宁。初次醒,以为必将天亮矣。视表仅一时,下地水泻一次。四时又泻一次。睡眠不酣如前,六时、七时半又各泻一次。起床委顿不堪,未试体温,但亦不敢入校,亦未卧,仅时坐时倚,冀可停止,而八时、十时、下午二时、四时仍水泻。午饭未食物,晚饭亦不敢食。六时试体温三十七度八,乃卧息。雯儿来,冲藕粉一碗,仅食其半。泽珣为作粥,仅啜数口。夜九时、二时、五时各泻一次。睡不佳,但较昨夜为佳。下午六时,勉仲来视。晚康甫来。

〔付酒五元,米十元。〕

十二日　阴历十月十五日　星期五　晴

八时起。雯儿来为作粥,食一碗。景初夫妇来。上午试体温,在三十七度。精神较昨日为胜,但泻未止,八时、十一时、下午四时各一次。但不似昨日内急之苦,亦不痛。午食面一小碗,晚食面包一个。下午四时,因尚有泻,曾食药特灵一丸。下午试体温两次,降至三十五度六,奇怪之至!九时睡。

〔付面一束五〇元,面包一个三〇元,雯纸钱五〇元。〕

十三日　阴历十月十六日　星期六　晴

今日为三弟四十岁生日。本欲携雯儿入市饮馔,值余小亟新愈,仅在巷口食面一盂。仍未入校治事。午饭在舍,食后觉不消化,作嗝不已,甚惧!幸晚饭未作嗝。牛光泽来,呶呶不已。读《东华录》。今日下午睡后,精神完全恢复。十一时就寝。

〔付面四〇元。〕

十四日　阴历十月十七日　星期日　晴

八时起。雯儿来。十时月涵先生派车接下乡至岗头村，乘之往。经大兴街，见徐毓楠旁皇街头。呼之，谓与夫人口角，夫人怒，欲归上海，已乘车至火车东站矣。毓楠不得车，且无钱，束手无计。余假以五百元，并使之乘月涵先生车至火车站。余缓步以进，约在公路汽车站相候。比余至，未见其夫妇。车夫云已追及，正在火车站谈话，知已无事，乃乘车往村中。午晚均今甫、矛尘作东道，晚饭后饮加非清谈，月涵、枚荪、廉澄、今甫、矛尘上下古今，不觉深夜。余下榻东房。

〔付花生送矛尘一〇〇元。〕

十五日　阴历十月十八日　星期一　晴　风

九时起。检衣物。与枚荪、矛尘谈。午饭仍由矛尘、今甫设馔。饭后小睡。偕月涵先生视大猷夫人疾，危甚，大猷泪不能止。乘马车归城。康甫来告翠湖北路宿舍住者均于本日迁出，嘱其立即派人通知房东收房，并点告电灯情形。泰然来，嘱其明晨至岗头村，恐大猷夫人出事也。十时半就寝。

〔付马车三〇元，面钱三〇元，雯用一〇〇元，雯饭费二五〇元。〕

十六日　阴历十月十九日　星期二　晴　风

七时半起。得康甫信，谓昨夜十二时，有着军衣十馀人劫翠湖北路宿舍电表去。九时入校商之，康甫主行文城防司令部、警察局等严缉。详询，始知昨日未尝有人知会房东收房，而各屋电线均拆，仅馀少数未下皮线，而电表未拆回。此必房东所为。乃嘱其用昨日日期通知房东收房，先作此步，以免更有他变。十时后，又据报昨夜电表实系房东本人率其副官拆去，并无多人，亦未经街上，仅从西院过来移入后院。幸余未卤莽从事，若如康甫办法，必出大笑话，且恐惹是非，发生主客之争也。遂嘱其再派人与房东谈。一时在校前用膳而归。一睡至五时始醒。莘田约在东来顺食饺子。宝騄约看电影《铸情》。十一时就寝。

〔付烧饼四小十二元，午饭二八元，烧饼二大一〇元。〕

十七日　阴历十月二十日　星期三　晴　风

八时起。九时入校治事。十二时归。继侗来。朱驭欧来。小睡。三时至昆中北院北教室开教授会，月涵先生以会场布置不佳，大发脾气。五时半散会，决议下学期起，四年级学生均参加通译工作，并选举校务会议代表。天黑，室内无灯。至西仓坡开票并晚饭。八时归。吴之椿来。十一时就寝。

十八日　阴历十月二十一日　星期四　阴　冷

七时半起。九时入校治事。十至十一时授隋唐史一堂，讲唐与回纥关系。孟邻师昨日自重庆飞回，晨到校，谈甚久。谓教育部长确有更动之说，主席曾征某人同意，某人未敢承。其人姓名，师未明言，但谓系主席最亲信、最重要之人，余疑其为布雷也。师又言重庆盛传师将复长教育，实无其事。午归饭。小睡。雯儿来，天寒无衣，新作一袭须四五千元以上。不得已，先以余之旧驼绒袍加以前购罗斯福布为面，作长袍一件，手工亦已二百五十元矣。五时至才盛巷，晤今甫、枚荪、端升、奚若，适欲往飞机场欢迎访英团，遂同往。六时半机至，王雪艇、王云五、胡政之、杭立武、温源宁、李惟果先后下机。航空公司设馔于空军招待所，餐后复送之上机而别。今日同机来者，尚有顾孟馀先生夫妇，在昆住三五日，仍飞印度转美国。招待所晚馔一汤一菜，简单适口，甚可法效。近日外间应酬仍如往时之盈前方丈，暴殄天物，无益人身，不知亦有见于此否？归。检《唐书》。十时半就寝。

〔付面三〇元。〕

十九日　阴历十月二十二日　星期五　阴　冷

七时起。九时入校治事。十至十一时授隋唐史。十二时半在校前午饭。归舍小睡。三时谒孟邻师,畅谈,五时半归。夜舍中无灯。十时就寝。晚矛尘来,食鸡,马学良所赠也。

〔付午饭三二元,洋烛一支三二元,花生三三元,请客一五〇元。〕

二十日　阴历十月二十三日　星期六　阴　飞雪　冷

八时起。九时入校治事。十时授课。十二时校前进膳后,与矛尘偕至宿舍闲谈。抄论文"巴克什"一条未完,恭三来信,仍索稿,欲以登之《真理》双月刊,前寄四条少之也。七时矛尘复来,与之在门前食米线、面食。毕,去。西孟来,谈美国黄金事甚久。西孟言,今日财政上种种政策,凡利于国而无害于少数富人者,能实行。利于大众,利于国家,而有害于少数富人者,必不能实行。但无害于少数富人者,亦多无利于国,如美金公债、美金储蓄券、田赋征实之类,以其无害于少数富人,故能实行,然于国于人民并无大利。结果美金公债、储蓄券多入于少数富人之手,虽收回纸币甚多,但未能减低物价或稳定物价也。诣家骅、毓枬,小坐,归。十二时就寝。板栗即栗子花可以止痢,红枣可以疗盗汗,有奇效,西孟云。

〔付午饭四〇元,晚饭八〇元。〕

二十一日　阴历十月二十四日　星期日　阴　冷　雨

九时始起。增补"巴克什"一条文稿。午饭后小睡。六时半至才盛巷,孟邻师宴顾孟馀先生,命陪座,谈甚畅。十时返舍。十二时就寝。连日寒甚,下午又雨,雯儿棉衣尚未成,徬徨无计。天虽寒,余未改冷水洗脸及开窗习惯。

〔付早点二五元,雯零用一〇〇元,送雪屏老太爷奠仪二〇〇元。〕

二十二日　阴历十月二十五日　星期一　阴　微晴

七时半起。九时半入校治事。十二时半在校前用膳,与耘夫共食四十六元。还舍小睡。增改“巴克什”条成。五时汇臣来,同往南京经济食堂晚饭,汇臣作东。饭后至才盛巷,晤今甫、端升、枚荪,谈甚久。晤矛尘,言美国援华会(U.C.R.)津助昆明研究人员工作费人选顾问委员会今日开会,列一等者三十九人,余在内。十时归。十二时就寝。

〔付午饭二三元,鸡蛋十个四六元,豆腐三元,枣四两七〇元,青果半斤一〇元。〕

二十三日　阴历十月二十六日　星期二　晴　雨　小雪

八时起。九时入校治事。一时校前进膳,归。小睡。三时矛尘来,偕从吾、莘田同往金碧别墅谒孟馀先生,今甫继至,谈至六时始出。所谈有可注意者数事:一、委员长对现行教育深为不满,尤不满于“五四运动”,尝称之为“亡国的五四运动”,并谓“五四运动”较之军阀尤甚,每谈及教育现状,莫不痛惜;一[①]、今之人每责备立夫,不知立夫乃奉行委员长之政策,非自作主张也;一、今后大学教育,理工方面不待提倡,自然发达,吾人应留意于文法方面,尤其社会科学,必求其中西贯通无间,杜威所谓中西文化结婚是也;一、新文学运动应再求其进步复杂,现行之白话,词汇、文法均嫌不够;一、宪政应养成民主力量,不能专注意条文;一、蔡先生时之北大,超然于政治社会之外,乃历史的奇迹,各国所未有,今后不能再。自金碧别墅出,至东来顺食汤面饺。至才盛巷,小坐而还。十二时就寝。前闻文藻穷,冰心病,与莘田各汇千元,今日托李有义璧回。下午天晴,夜忽大雨。

〔付午饭三〇元,晚饭七〇元,豆腐三元,面包一个五〇元,雯用二〇元,雯围巾六〇〇元。〕

---

①一　原作“二”。

二十四日　阴历十月二十七日　星期三　阴

七时起。九时入校治事。十二时诣月涵先生，谈校务。二时还。在门前食米线、烧饼[1]。小睡。五时诣西仓坡开常委会。九时还。十二时就寝。

〔付午饭三〇元。〕

二十五日　阴历十月二十八日　星期四　阴

七时起。九时入校治事。十二时校前用膳。还舍小睡，不足半小时而醒。近日屡屡如此，不知其故，康健不如前乎？四时至才盛巷。七时孟邻师约北大各主任便饭，并谈今后校务，主张注意向东北发展。十时散，归。十二时就寝。

〔付午饭二五元。〕

二十六日　阴历十月二十九日　星期五　阴

八时起。康甫来谈，昨夜与牛光泽房东冲突，事甚棘手，遂同入校。十二时半在校前午饭后还。三时康甫来，偕之至军政部办事处晤马晋三，请其代觅房舍，并托疏通牛光泽。入校。六时归。诣汇臣。十二时就寝。

二十七日　阴历十一月初一日　星期六　晴

七时半起。十时入校治事。一时归。在门前午饭。小睡。锡予来[2]。晚魏明经来。景初来。华炽来。理发。读《东华录》。十二时半就寝。

〔付午饭二〇元，花生一〇元，理发二五元。〕

二十八日　阴历十一月初二日　星期日　晴

八时起。雯儿来，携之视柳漪病，并诣景初，小坐，回饭。小

①烧　原作“饶”。

②予　原作“余”，据一九三八年一月十一日日记改。

睡。写文稿。晚饭后参加史学系学生晚会,雷伯伦讲孔子思想之背景①,述孔子前宗教思想之演变及士君子教育前后之不同。讲后,学生提出问题甚多,不全关于讲题。教员参加者,尚有从吾、寿民。十时半散,归。十二时就寝。

〔付鸡蛋二十个八八元,核桃一百个三〇元。〕

二十九日 阴历十一月初三日 星期一 晴

九时起。即入校。十二时与光旦、耘夫在文林街食米线。一时归。端升来,谈请美国捐款救济昆明同人生活事,拟按教授、讲师阶级,每人每月实际支出不敷数目加以补助,自二千至一万六千不等。就名册一一核计,月需五十万。以每家本人三千元,每加一人加二千五百元计算,然后扣去校薪及兼薪为补助标准,尚称公平,但不知筹款能足数否。三时至清华办事处,考试史学研究生欧阳琛,外校考试委员唯余一人。六时试毕,分数为七十六分馀。毓棠言,雪屏以下午一时还昆。往访之,不值。归舍。雪屏在莘田许,畅谈至十一时,乃别去,随寝。在清华办事,偶晤孟邻师,言将于后日飞渝。

〔付酱豆腐九块六三元,香油一二元,午饭五〇元。〕

三十日 阴历十一月初四日 星期二 晴

七时起。与从吾谈甚久。十时入校治事。十一时闻孟邻师于十二时半飞渝,急往谒,请示校务。谈十分钟,师行。余留饭,饭毕归。三时入校治事。五时诣雪屏,不值。至才盛巷,会汇臣、矛尘,东来顺食饺子。毕,返才盛巷,开北大校务会,议代表选举票。九时半归。十二时就寝。

〔付宿舍饭费二十二元,餐三〇〇元,车三〇元,糖五五元,送

①景 原作"影"。

柳漪橘子二斤一〇五元。入利息九九九元。〕

本月共支饭食费一三四三元,酬应费七五五元,零用一三三九元七角,雯儿用二〇一一元。收入经常四三九八元,临时二〇八二元。去年八月,心恒、宝騄集股营商,余入一千五百元。本月退回本金外,盈利九九九元,币值大跌矣。

十二月

一日　阴历十一月初五日　星期三　晴

七时起。九时半入校治事。十二时在校前午饭。三时至西仓坡开教务会议,讨论四年级学生参加通译人员训练事,月涵先生特嘱出席。上月九日,月涵先生召集学生训话,劝踊跃参加通译工作。余在场,忽思及不如俟本期期考毕,命四年级学生全体参加,当即告之逵羽,甚以为然。下午在工院,会散,与月涵先生步至才盛巷,途中复陈其意,立蒙采纳。十七日教授会,月涵先生提出,全体赞成。今日教务会议讨论详细办法。会散,与芝生、正之、勉仲、嘉炀研讨条文,共得十四条。九时归。十一时倦甚,遂寝。

〔入十一月薪五八〇元,十一月生活补助及加成一四七〇元,十一月研究费三四八元,十一月车费二〇〇元 ,十一月房贴二〇〇元,十月米贴一六〇〇元,共四三九八元。付十一月房租七九五元,十一月宿舍费一一二元,税捐四四.七〇元,午饭二七元,晚点六〇元。〕

二日　阴历十一月初六日　星期四　晴

八时起。九时半入校治事。十二时半校前午饭。二时归。小睡。五时牛光泽来。沈从文来。晚何鹏毓来。雷伯伦来,嘱为《当代评论》作文。景初夫妇来。九时送雯儿入宿舍。十一时就寝。

近来甚易发怒。戒之！戒之！莘田以漱溟兄致邵力子书相示。

〔付午饭四〇元，晚点二〇元，零用五〇元。〕

三日　阴历十一月初七日　星期五　阴　风

八时起。九时入校治事。十时举行精神月会。十一时散会。雪屏来谈。十二时茀斋约其午饭，遂代约同往。座有枚荪、岱孙、企孙、华炽，谈甚快，二时半乃归。雪屏谈晤刘泽荣，言美国某重要新闻者，在墨斯科告之，胡适之先生之去职最大原因，由于在美冻结之款必大使签字始能支付[1]，而胡适之先生往往因用途不明不肯签，遂失宋子文之意云。雪屏又言，委员长兼主席本非所愿，因诸元老各不相下，不得已而自兼。元老中如邹鲁倡言，如本人不作主席，任何人皆所反对。孔夫人亦言之蒋夫人，战后主席非委员长莫属，此时何妨使孔过渡云云。如此者甚多。二时回舍。三时步至工学院。四时半举行月会。五时半散步归。途购花生糖四两二十三元，核桃糖半斤四十六元，此战前三百斤之价也。十一时半就寝。

〔付烧饼一〇元，晚饭四〇元，面包一个五〇元，糖六九元。〕

四日　阴历十一月初八日　星期六　阴

八时起。九时入校治事。十二时在校前进膳。遇王洁秋，强为代付。洁秋将以明日飞渝，与咏霓商辞新疆地质局事，但愿从事教育，不愿因富贵移其志，亦可嘉也。归舍。携绵衣一件，至北门会矛尘、汇臣、耘夫，往岗头村。至大马村遇车，乘之而往。晚食烤牛肉。作牌戏，竟尔达旦。

五日　阴历十一月初九日　星期日　阴　晴

八时偕汇臣、耘夫乘车入城，至乐乡食早点。客多，座无隙地。

---

①始　原作“使”。

前者未去,候者已立侧,不知昆明何富者之多也。十一时还舍。睡至下午二时。与伯蕃长谈。四时与从吾约访雪屏。将行矣,相与交换意见,不觉至六时,遂不往。雯儿来,携之与莘田、伯蕃、坤仪同出食馅饼,未得,改至上海粥店食面饺。归。读漱溟兄《自学记》。九时就寝。

〔付请客三九〇元,雯用一〇〇元。〕

六日　阴历十一月初十日　星期一　晴

七时半起。九时半入校治事。十一时雪屏来,从吾继至,谈。迄十二时,出校,在西车站食饼与汤面,食后续谈,二时乃散。所谈皆关雪屏出处事,似不能不去矣。余意去组织部不如去中央研究院,但不可能。今日组织部主事之人似尚不一致,王启江注意西北,田伯苍注意中原,陆翰芹注意两广,各有所专,亦各有所私。余以为骝先先生左右尚少总筹全局之人,雪屏如于此助之,其贡献当更胜于为训练处长也。伯苍主训练已两年馀,亦不必移外,是以有组织部不如中央研究院之说。更进一步言之,雪屏在组织部现状之下,最多不过另辟一沿海局面而已。三时归。晚电灯暗如炷香,不能读书。访家骅,不值。与宝騄上下古今谈至十一时,灯始明。检《东华录》。一时就寝。

〔付午饭七〇元,米线一碗一〇元。〕

七日　阴历十一月十一日　星期二　晴

七时半起。九时端升来谈。十时入校治事。十二时半在校前午饭。归舍小睡未成。雯儿来。四时至才盛巷治事。六时至柿花新村,徐君恕设宴,甚丰腆,有鱼翅、鲍鱼、干贝、鱿鱼诸海味,此今日所难致者。一时杂陈,食者甚不安,而东道主人更不赀。一人食何如大众食?一日食何如分日食?此意少年人不得知,银行中少年更不知也。九时归。舍中无灯,十一时后始明。一时就寝。于君恕处晤胡小石，新自渝来。

〔付早饭一〇元，午饭二五元。〕

八日　阴历十一月十二日　星期三　阴　晴

八时起。九时半入校治事。十二时校门前进膳。毕，旋寓小睡。四时复入校。五时至西仓坡开常务委员会。九时还。十二时就寝。昨夜宪兵来校，逮学生林必宜私事去，幸未肇事。今日两次具保未释。重庆《真理杂志》汇来稿费四百八十元，酬《清史语解》三条[①]。

〔付午饭四〇元，晚饭五五元，付晚点二四元。入稿费四八〇元。〕

九日　阴历十一月十三日　星期四　晴

八时起。林必宜夫人来。十时入校治事。十二时乘车至才盛巷，与枚荪、端升、矛尘、莘田公宴顾孟馀先生，饭后散。孟馀先生以下午飞印度，不及送。与雪屏诣绍穀，不值。至云大姜亮夫茶会。五时还舍。雯儿来，饭后携之入市。为之购日用之物数包，已费六百馀元，过此非力所及矣，乃送之还宿舍。余归，亦于十一时就寝。

---

①按据本年八月十四日日记，此文初名《清史满语简释》，至九月十二日“成十一条，七千言”。十月十日改题作《清史满语解》，十一日“抄‘土黑勒威勒’一条送恭三”，十三日“抄《满语解》‘扎尔固齐’条毕”，十七日“作书致恭三，送《满语解》两条，请在《读书通讯》发表”。十一月二日“抄改‘巴图鲁’一条毕”；二十日“抄论文‘巴克什’一条未完，恭三来信，仍索稿，欲以登之《真理》双月刊，前寄四条少之也”，二十二日“增改‘巴克什’条成”。《真理杂志》，一九四四年创刊，第一卷第一期刊《清史满语解》之《释“土黑勒威勒”》《释“扎尔固齐”》《释“巴牙喇”》三条，第三期刊《释“巴鲁图”》一条，第四期刊《释“巴克什”》一条。此五条，后作为《清史语解》文章之一部分，收入《清史探微》，独立出版社一九四六年版。中华书局一九八〇年出版郑先生学术论著《探微集》，亦收有《清史语解》一文，内列“一齐下喇哈番”、“一齐额尔机哈分布勒哈番”、“一尔希哈番”、“土黑勒威勒”、“牛录额真”、“扎兰达”、“扎拦厄真”、“扎尔固齐”、“巴牙喇”、“巴牙喇壮达”、“巴牙喇甲喇章京”、“巴牙喇纛章京”、“巴鲁图”、“巴克什”、“包衣大”、“包衣昂邦”、“厄夫”、“王甲”十八条。

〔付车四〇元，胰皂美国一块一八〇元，又中国一块六四元，茶叶四两一二〇元，雯短袜一双六八元，又长袜一双三二〇元，又雪花一瓶二〇〇元，又糖二〇元，又蛋糕五三元。〕

十日　阴历十一月十四日　星期五　晴

八时起。九时入校治事。十二时半校门进膳后还舍。林必宜来，报告被逮及释放经过。自言是日若在宿舍号召一声，必有多人相助，恐将与宪兵冲突，故不发一言，与之俱去。去后亦无所苦，惟稍冷耳。晚康甫来，谈甚久，述工作不能进行情形。十二时就寝。

〔付午饭四二元，照点请客一九五元[①]，雯洋烛三五元，又饭六五元。〕

十一日　阴历十一月十五日　星期六　晴

八时起。九时入校治事。十二时至子坚家食合子，并商师范学院今后计画。二时归。雯儿来。景初来，托为函勋仲求安置，勋仲新任花纱布管制局长。余培忠来，研究生也，谈甚久。邵光明来，方自楚雄到昆明，小坐而去。读《东华录》。十二时就寝。

〔付早点四〇元，鸡蛋五十个二〇〇元，雯皮鞋七〇〇元，又作操裤三〇〇元，又零用一〇〇元。〕

十二日　阴历十一月十六日　星期日　晴

八时起。雯儿来，携之进早点。上午请莘田、静娴食面。下午小睡。晚饭后参加史学系晚会，寿民述邱吉尔生平。十时散，归。十二时就寝。

〔付早点七〇元，午请客二六〇元，花生一〇元。〕

十三日　阴历十一月十七日　星期一　晴　风

七时起。八时半入校治事。十二时在校前午饭。归舍小睡。改《清血系》文稿。十二时就寝。

---

①照点　疑作“早点”。

〔付午饭四二元。〕

十四日　阴历十一月十八日　星期二　晴　风

七时起。九时入校治事。十二时半在校前午饭,饭后归。邵光明来。三时至才盛巷开文科研究所委员会。五时会散。与今甫谈。光明、雯儿同到才盛巷,偕往东月楼便饭。四菜一汤,共价七百七十元,诚骇人听闻。然座上无隙地,何富有之多耶!送雯还宿舍,乃归。十一时就寝。

〔付午饭二八元。〕

十五日　阴历十一月十九日　星期三　晴

八时起。雪屏来。预行警报。入校治事。十二时半与莘田、矛尘携诸儿在校前午饭,并约耘夫父女。饭后还舍。三时复入校治事。五时至西仓坡开常务委员会。六时半忽觉房屋震动,以为楼上移挪重物,既而明其不然,始知为地震。屋中电线未动荡,或过疾之故也。九时归。十二时就寝。

〔付午饭一九〇元。〕

十六日　阴历十一月二十日　星期四　晴

八时起。九时入校治事。十二时耘夫约在校前食面,日内其生日,矛尘责其设馔也。共费九百元,心甚不安。饭后归。小睡。三时董振球来。四时入校治事。五时往战地服务团训练班参观,黄仁霖招待西餐。席间谈开罗会议逸事甚多,盛夸美之富强,讥诮于英。又言虽为三大领袖,实乃四人,其一则蒋夫人也。八时还。十二时就寝。去年此时卧病,近日身体始渐复元,但仍不若以前之强实。雯儿晨为同学病,至校医室,遇恶犬龁其足,流血,尚无所苦。堂堂男子,言谈自侪于宦竖,且为李莲英、小德张之流。异哉!异哉!

〔付鸡蛋二十个七〇元。〕

十七日　阴历十一月二十一日　星期五　晴

七时起。九时入校治事。十一时半归。午饭后小睡。二时至才盛巷,今日北大四十五周年纪念日。四时开校务会议。六时聚餐。七时半演电影。九时半散,归。十一时就寝。

十八日　阴历十一月二十二日　星期六　晴

八时起。冯□□来①。读《明季稗史》未竟,忽空袭警报作,时十时五十分,乃与莘田、宝騄至云大会泽楼。十一时十五分,紧急警报。十一时二十五分,闻机声,乃就地下室暂避。或云有轰炸声,余未闻。机声远,乃出。见南方有黑烟,坐候久之,不复有动静。十二时十五分,恢复空袭。余念雯儿足伤,乃出云大后门往联大。遇雯儿于校门,知其得同学助跑至后山。二时解除警报,携雯儿、泽珣午饭。饭后归。小睡。六时与莘田、家骅至小西门新村,应陈忠寰晚饭之约,座有泽涵、子水、质如、又之、秉璧、柏宓、君培。九时散。与家骅、秉璧、质如、忠寰至三牌坊。闻其左失火,故往观。其东侧坊果毁,中间尚完好。此坊四柱三坊,故称"三牌坊",与北平正阳门桥下六柱五坊之五牌坊同,非三面各有一牌坊也。或云建于明初,或云在后,容检县志。归舍即睡。

〔付午饭一六三元。〕

十九日　阴历十一月二十三日　星期日　晴

八时起。雯儿来。景初来。十时后忽传预行警报,至十二时解除。饭后小睡。三时偕晋年在翠湖散步即归。改论文。晚饭后欲往昆中北院听奚若宪政讲演,行至云大,遇莘田,谓已座无隙地。乃偕之在青云街散步,食点心而归。十一时就寝。

〔付历书二五元。柿饼四个二〇元。花生一〇。点心二四。〕

---

①原于此处空阙二字。

二十日　阴历十一月二十四日　星期一　晴

七时起。九时入校。在校医室与徐行敏商雯儿被狗咬应否打针,行敏言,狗非疯,无须打。拟再询之他人。康甫来告,昨谒月涵先生,大被斥责,以文林街租房定约事也。嘱为说明此事,盖沈刚如误之。刚如为人招摇,好大言,康甫信之,以为可代表月涵意见。其始对租赁牛姓宿舍事视之太易,力斥前此经办诸人之错误,自言绝不丧权辱校,数次见之文字。上次租约,由月涵先生自行签定,约中有“电料俟退租时议价让之房东”一语,亦不能谓之丧权也,月涵先生甚为不快。其后康甫交涉棘手,又请校中分函市政府、省政府及城防司令,请求公断。月涵先生大怒,斥为愚拙,谓不能因此小事向省当局说情。且城防司令系中央机关,本校系国立,亦不便以小事向之揭破地方之短。当时命余转告康甫,乃婉言最近康甫因文林街住舍同人与房东自行商妥房价八千元,电料不让,恐其有变,故急急自行签约,未及陈之月涵先生,亦未告余(其翠湖北路电料则无偿让之房东,作为悬而未决之加租)。租约定后,始补签呈。昨日复亲往报告月涵,有是否使我丧权辱校之言,盖对康甫前言而发,康甫乃大不堪矣。余向月涵先生陈其原委,并说明其所以急急签约之故,乃已。十二时半在校前午饭。回舍小睡。三时再入校。五时归。诣汇臣。十二时就寝。

〔付点心二〇元。〕

二十一日　阴历十一月二十五日　星期二　晴　风

七时起。改论文。九时半入校。十二时半校前午饭,食馒头。回舍小睡。三时视柳漪疾,已痊,尚待休养耳。归舍。心恒来。矛尘来。六时至才盛巷,泰然约食鱼,丰而美。月涵先生今日命汇臣布告明日讲演,十时、十一时停课。在才盛巷,以告今甫,时端升、枚荪在侧,闻之甚不谓然。以林在学术无地位,其文学亦不足以领导,不够在大学讲演,更不应停课使学生听其讲演。于是三人共作一函致月涵先生,表示抗议。饭后与汇臣久谈,大有一番牢骚,以联大工作不能见谅于首长也。另谈数事,亦有理解。十时归。十二时就寝。今日为昜儿十一岁生日。闻校中下午三时有警报,虚惊学生逃至后山。盖第一招待所近设汽笛,敌机入境,有窜入昆明市空情势,即鸣号,与市内预行警报相当。然今日市内无预行也,不知何故。

〔付午饭四五元。〕

二十二日　阴历十一月二十六日　星期三　晴

七时起。九时入校治事。十时演讲,秩序不佳,纷纷而退,但无其他举动。学生方面舆论不甚好,深恐有意外也。十一时半忽有警报[①]。已出办公室,始辨为招待所所发,复入治事。未半小时,空袭警报作。出校未达山麓,紧急警报作,与雪屏、耘夫、矛尘至山腰沟中。雯儿后来。既而敌机至,轰炸甚烈,然后向北转西而遁,掠余辈顶上而过。凡十八架平列,或言十七架。其旁三五零乱,或言敌机,或言我机,事后始知非我机也。高射炮隆隆不绝,点点白烟,望之甚晰,但未见着机身。敌机既折而西,忽空中有俯冲声,白烟一缕作≀状而下,历久不灭。或云机落,余未之信。其后久之,西山烟起,果有空战。机去,南望沙飞灰涌,炽然直上者三数处,轰炸之烬也。二时解除。在校前进膳。归舍小息。四时半至西仓坡开校务会议,议组小组会商定校中借款用途,由余召集。晚饭后归。十时半就寝。

〔付午饭一〇〇元。〕

二十三日　阴历十一月二十七日　星期四　晴　风　冬至

七时半起。九时入校治事。十二时半在校前进膳后归。三时

①警　原作“驚”。

至序经许开小组会,到枚荪、企孙、岱孙、端升、序经,共六人。五时半散。所议皆由余预拟条贯,故费时较少而闲谈反多。六时至蓉园,莘田请胡大夫,约余作陪。席散,与雪屏至才盛巷,晤蒋太太,知孟邻师以明日返昆。归舍。十二时就寝。

〔付午饭三九元,开会点心九六元。〕

二十四日　阴历十一月二十八日　星期五　晴

八时前,在枕上闻警报声,急起细辨之,乃招待所所发。市中五华山塔上随悬一球,一时许取下。十时入校治事。十二时至子坚家午饭,并商修筑昆北校舍事。一时半归舍小睡。四时至才盛巷谒孟邻师。六时在才盛巷,与尹辅、泰然、今甫、枚荪、枢衡公祝汇臣五十生日,食面,谈至十一时乃归。十二时半就寝。清华大学第六届留美公费生考试委员会、研究论文评阅委员会聘余为委员。历史系学生夜会三十日请余演讲,来请题目,以"谈清代包衣制"予之。

〔付请客三八二元,白糖三斤二七〇元,理发二五元。〕

二十五日　阴历十一月二十九日　星期六　晴

今日校中以护国纪念放假一日。上午未出。午至西仓坡党部聚餐。二时还舍大睡。五时始起。读书。墙外锣鼓喧天,龙灯庆祝游行,未出观。十时后与宝騄、晋年谈,不觉至二时半,始就寝。

〔付雯零用一〇〇元,又布三〇〇元,又音乐会五〇元,又系会费五〇元。〕

二十六日　阴历十一月三十日　星期日　晴

八时起。倦甚。昨日天暖,今日去一背心。午后久睡,起而觉寒。三时雪屏来。晚雪屏约往南屏街进膳,携雯儿同往。路间涕流嚏作,食时竟伤风矣。莘田以前日病感冒,余今又伤风,天气早晚不匀之故也。十时即寝。

〔付车费三〇元,蛋糕送莘田一〇〇元,橘子送莘田四五元,月份牌三〇元。〕

二十七日　阴历十二月初一日　星期一　晴　风

七时起。伤风仍昨。九时入校治事。十二时归。三时至西仓坡参加清华大学公费生考试审查论文委员会历史部分,寿民、伯伦及余共三人。投考人十五人,缴论文者十二,审查结果以何炳棣第一,欧阳琛第二。六时在院中食烤牛肉。毕,急归。鼻塞加甚,似有烧,未量体温而寝。

二十八日　阴历十二月初二日　星期二　晴

以伤风未入校治事,亦未起床。午晚均食汤面。未量体温。下午燕召亭来。

二十九日　阴历十二月初三日　星期三　晴

八时起。伤风未愈。以校中有事待理,遂于九时入校。十二时半在校门午饭后还舍小睡。五时至附属中学开校务会议,九时散,归。石先受训还昆。十时就寝。

〔付午饭三〇元。〕

三十日　阴历十二月初四日　星期四　晴

八时起。昨日扶病治事,并出席校务会议,又食荤菜,以为伤风必加重,不期今日较瘥矣。九时入校治事。十二时半午饭。归舍小睡。晚矛尘来,同出至武成路便饭。饭后诣家骅。十一时还舍,即寝。本约今晚讲演,以病改期。

〔付鸡蛋五〇元,午饭四〇元,晚请矛尘二〇〇元,雯用一〇〇元。〕

三十一日　阴历十二月初五日　星期五　晴

七时半起。九时入校治事。十二时半午饭后还舍。晚吴之椿约余及雯儿过年。另有莘田、今甫、枚荪、仙槎,九时半归。十二时就寝。

〔付午饭四〇元，请莘田早点九八元，付饭团饭费十餐二五〇元。〕

十二月昆明市预行警报二次：十五日、二十八日；轰炸二次：十八日、二十六日，又二十一日有虚惊。

十二月支出，计饮食一七四〇元，应酬二一五六元，杂支一一四八元，雯儿用二七四一元，共七七八五元。收入九三六〇元。

一九四四年

四十六岁。任职昆明国立西南联合大学、国立北京大学。住青云街靛花巷三号联大宿舍;长女雯在国立西南联合大学肄业,住文林街女生宿舍;次女暨三子在北平西城前毛家湾一号。

一月

一日　阴历癸未十二月初六日　星期六　晴

八时起。路祖焘来。写讲演稿。前允史学系晚会于上月三十日讲清代包衣制,以病未践,稿亦未备。嗣改本月四日,因略写纲目。雯儿来,携之往才盛巷谒孟邻师,不值。在泰然许午饭。在今甫许饮茶。二时携雯儿至中国航空公司接亚权表甥女。三时至,送之至西仓坡梅月涵太太处暂住,亚权与梅太太令妹友善也。联大三常委本日亦约全体教职员茶会于梅家,遂参加。五时散。归舍。六时与莘田、宝騄公宴晋年于上海粥店,明日其生日也。饭毕,诣家骅,掷升官图四匝而归。十二时就寝。

〔入十二月薪五八〇元,十二月生活补助费六〇〇元,十二月俸薪加成八七〇元,十二月学术研究三四八元,十二月车费二〇〇元,十一月米贴一七〇〇元,十一月房贴二〇〇元。付捐税四〇.五元,房租一一〇〇元,早点五〇元,鸡蛋十个五〇元,橘子一斤四

五元,请晋年二〇〇元,宿舍杂费一三〇元。〕

二日　阴历十二月初七日　星期日　晴

七时半起。八时雯儿来。十一时诣月涵先生谈校务,并为汇臣、矛尘请发研究费,未成。一时归舍。写讲演大纲。晚雯儿来,携之出外晚饭,送之还宿舍。归。写讲稿,十二时毕。就寝。

〔付烧饼一〇元,晚饭一二八元,橘子送雪屏四〇元,米线一〇元,雯用二〇〇元。〕

三日　阴历癸未十二月初八日　星期一　晴

七时半起。十时诣月涵先生,送之登汽车往泸州转重庆,为清华借款事也。入校治事。十二时归饭。小睡。三时再入校。五时视雪屏疾,据云非胃病,乃疟疾也。怪甚!归舍。光明、亚权夫妇来,约之至东月楼晚饭,并携雯儿。九时还。十二时就寝。

〔付请客九一〇元。〕

四日　阴历十二月初九日　星期二　晴

八时起。九时入校治事。十二时归舍午饭。小睡。整理演讲稿。六时往学生服务社,为史学系学生讲清代包衣制,到者不多。讲毕讨论,仅三五人发问。九时半散,归。与从吾谈。十二时就寝。

〔付晚饭四〇元,请从吾晚饭六四元。〕

五日　阴历十二月初十日　星期三　阴

七时半起。光明、亚权来辞行,午前即赴楚雄矣。九时入校治事。十二时归。小睡。三时诣丁则良茶会[①],元旦新婚也。四时诣芝生。五时至才盛巷开常务委员会。会毕,孟邻师宴何仙槎,谈至九时半散。步归。十二时就寝。

---

①则　原作"在",据《丁则良文集》末附"丁则良先生生平及著译简表"改。

〔付早点九〇元。〕

六日　阴历十二月十一日　星期四　雨　大寒

七时半起。九时入校治事。十时何仙槎讲演,并举行月会。与孟邻师久谈。十二时半在校门午饭。三时还舍。勉仲来,谈购布事。晚柳漪来。与伯蕃、莘田闲谈。十二时就寝。

〔付午饭四七元,晚饭八二元。〕

七日　阴历十二月十二日　星期五　雨

九时始起。毕正宣来谈清华服务社借调章实秋事。十一时雯儿来,蒋太太约其参加美国红十字会茶会,坚辞,不允,故来相商。告以可述余不准参加之意,万不获已,只许参加一次,此后不可再往。午饭后小睡。三时入校治事。五时往附属中学参加大学区党部党员大会,八时散。过汇臣寓,小坐,归。与莘田、铁仙谈。十二时就寝。两月前写《清史语解》成万馀言,尚有多条未写,盖手中无《清文鉴》《满文字典》,参考太少也。然终日闲居,亦非所宜,拟日内除增补《清代诸帝之血系》及《历史上之国都》而外,尽一年之力写《明清史纲》。暂定每日写五百馀字,每周限写四千字,期以四十周写十六万言。近半年来,昆明各报"星期论文"每篇酬八百元,小报无聊文字每千字酬二三百元,同人争先恐后,余甚耻之。曾语端升,非贫无立锥,绝不为小报写稿也。

〔其夜,雯儿避至图书馆而免。〕

八日　阴历十二月十三日　星期六　晴

八时起。九时入校治事,甚忙碌。十二时归。小睡。三时至才盛巷北大办事处治事。五时还。六时景钺、伯伦约莘田与余并小孩晚饭,九时还,谈甚畅。十二时就寝。

〔付洋烛六支一六〇元,草垫一铺三〇元,宣纸二张四〇〇元,糖五〇元,糖送伯伦一〇〇元,雯用一〇〇元。〕

九日　阴历十二月十四日　星期日　晴

八时起。请莘田、宝騄、宪钧、泽珣食早点，并携雯儿。食毕，诣景初，为其夫人在联大出纳组觅一位置。归舍。秉璧来，言陶云逵病甚危，有不保之势。十一时乘马车至岗头村，与矛尘公宴毕正宣。四时步行入城，五时抵舍。六时雪屏来，谈甚久。九时同访家骅，十时还。十一时莘田为云逵请胡海宇医士往诊，值其不在。十二时后乃至，秉璧导之往诊。一时还，为留针水数只，嘱随时注射，谓度过今夜，明日乃可详细诊断也。谈至二时，客去乃寝。

〔付车钱二〇元，鸡蛋五〇元，点心请客二二二元，请毕正宣二五〇元，晚饭三〇元，雯修鞋一二〇元。〕

十日　阴历十二月十五日　星期一　晴

八时起。九时入校治事。十二时还舍。饭后小睡。三时半偕莘田至才盛巷谒孟邻师，不值。七时与今甫、枚荪、端升、矛尘、勉仲及孟邻师公宴李润章夫妇、严慕光夫妇，润章新在重庆续弦也。其夫人王文田，南开女生指导员，何海秋作媒。饭后与才盛巷北大公舍同人商定管理公舍办法及增加收费办法，定全部住舍者月交三百元，每星期住三日者月交二百元，此较靛花巷同人月需千二百元者相去远矣，前此仅收一百元。而学校所住房租千五百元连办事处及校长住宅在内，电费七百元仝上，炭费四千五百元工友二千二百元，杂费一千元，共约万元。如将房租、电费两项中办事处及校长住宅所用除去，亦约九千元。舍中仅住十二人，是每人月需七百馀元，除所交宿舍费一百元而外，校中每人每月须贴六百馀元。同时诸人在联大尚领房租津贴二百元，是则每人房屋、煤电、工役均由校中供给而外，尚收入一百元，以故同人中啧有烦言。而住舍者仅今甫、端升、枚荪深识其非，力促改正，他人尚日在挑剔也。十一时还。十二时就寝。

〔付饭费一餐五五〇元，雯点心二〇元，请客公份四一八元。〕

十一日　阴历十二月十六日　星期二　晴　风　雨　雷

八时起。九时入校治事。十二时还舍午饭。小睡。三时复入校。五时还。六时汇臣约在尹辅家饮馔。食毕,诣汇臣。十二时归寝。下午四时半忽大雷雨,半小时而晴。

〔付洋烛六支二〇〇元。〕

十二日　阴历十二月十七日　星期三　晴

八时起。九时入校治事。十二时雪屏约在西车站老乡馆食面。归舍小睡。三时至才盛巷,路经冷摊,见融州《元祐党籍碑》,与桂林者不同,以五十元购之。此碑似有谓其为伪者,容考之。四时开审定清华服务社红利提成分配原则,出席孟邻师、石先、企孙及余。五时开常务委员会。七时散。略与端升谈而还,端升以今夜飞渝。十二时就寝。

〔付党籍碑拓本五〇元,雯饭费二六〇元。〕

十三日　阴历十二月十八日　星期四　晴

七时起。八时入校治事。九时仙槎、今甫、枚荪、雪屏、矛尘以汽车来校相接,同往温泉洗澡。毕,在市店午饭,仙槎作东道主人。渡螳螂川,就松间小卧,不觉睡去,约二十分钟。渡川,还至温泉旅馆,进加非,余作东道主。三时乘车入城,至才盛巷,与今甫谈。七时在孟邻师处晚饭,饭毕畅谈,九时还。十二时就寝。

〔付加非三九〇元。〕

十四日　阴历十二月十九日　星期五　晴

八时起。十时入校治事。十二时在校前午饭。毕,归。小睡。三时复入校。五时半归。十二时就寝。

〔付午饭四五元,晚饭七二元,付橘子四〇元。〕

十五日　阴历十二月二十日　星期六　雨

八时起。天阴雨。十时莘田约食点心。食毕,入校治事。十二时半还舍。云南大学总务长杨家凤字瑞五来谈。张为申来,约至其寓。六时在好公道食春卷。十二时就寝。天晴矣。

〔付午饭四四元,晚饭六〇元,雯一〇〇元。〕

十六日　阴历十二月二十一日　星期日　晴

八时起。阅清华大学留美公费生考试明清史试卷。先将弥封试卷十五分各编一号数,粗阅过然后分题按号详阅,较其优劣定分。先录于纸,阅毕一题,审视无异乃登于试卷。俟五题均毕,积其总分,登于卷面,以求公允。答案中颇有精义,间有极可笑者,随录于次:第一题,试述明太祖之开国规模及其对国运之影响。此题所重在制度与政策及其影响,能述抑富恤贫者仅一本,且不完。能述卫所制度破坏由于屯田占夺及占役者亦一本,且未及番上。其尤怪者,谓刘基专权而太祖夺之以授胡惟庸,按察使由中央派往(巡按之误);太祖征云南,为因蛮族作乱;太祖逐元人、入北平后,始称帝改元;明地方制度为二直隶州及十三州;明代北方、西方无边患;皆不知所云。本题定二十分。中午中华书局经理来谈印刷西文教科书事,并约午饭。午后小睡。三时伯伦来,送去年讲演费。晚雯儿来,携之便饭,送之还宿舍。余至才盛巷,晤今甫、物华、枢衡及蒋太太。九时归。阅卷至二时始毕。第一题每卷各阅三遍,几于一字不敢遗。幼时读先君甲午北闱同考笔录册,用蓝笔登录极详,有已荐而涂去者,有已弃而重荐者,知每卷盖数阅焉。其后视学三省,小子闻之于董季友姑丈,亦若是焉。小子谨识之不敢忘。民国十七、十八年,两次襄校浙江县长考试试卷,十九年奉命为浙江县长考试委员,皆矢公矢慎,恐堕祖德。今日所甄拔仅一人,更不敢稍懈也。

〔入讲演费二〇〇元。付晚饭九六元,付糖二〇〇元,日历三〇元。〕

十七日　阴历十二月二十二日　星期一　阴

八时起。九时入校治事。十二时归。饭后小睡。三时至才盛巷治事。与金甫、士彤、仕俊习太极拳。晚校中招待英教授伦廼克、美教授葛德石饮馔于才盛巷。九时散。蒋太太请饮加非。十时归寝。

〔付雯儿一〇〇元。〕

十八日　阴历十二月二十三日　星期二　阴　雨

八时起。九时入校治事。十二时校前午饭后归。小睡。晚携雯儿、泽珣及赖才澄食馅饼后,送之归。诣张为申。十二时半就寝。下午参加招待伦廼克、葛德石茶会。

〔入十月至十二月生活补助调整数三八一〇元,入补助费五八〇元。付印花税等八元,付午饭六四元,晚饭请小孩四〇〇元。〕

十九日　阴历十二月二十四日　星期三　阴

八时起。九时入校治事。十二时半归舍午饭。小睡。阅试卷,未竟第二题。五时诣文化巷南开办事处,开常务委员会。八时会毕,归。途中,正之以之椿与《扫荡报》交涉相告。《扫荡报》聘之椿为主笔,专主论文,月薪五千元。一个月后,要求改月薪八千元,每周为文四篇,报中不允。经月涵先生调停,乃定局。最近之椿又要求改月薪一万五千元,每周为文三篇。报中以未满三月今日第八十天,未即允。乃言之正之,正之主俟月涵先生还再谈。此事于吾校同人声誉有关,拟托今甫言之。文章固无价,信用更无价也。十二时就寝。尹辅以钱某交北平家中二百元收据来,兑以二千元。

〔付鸡蛋十五个九〇元,寄家二〇〇〇元。〕

二十日　阴历十二月二十五日　星期四　晴

八时起。九时入校治事。十二时归舍午饭。小睡。五时诣才盛巷治事。七时蒋太太设馔为孟邻师祝寿。十时归。十二时就寝。

〔付糖五〇元,雯一〇〇元,付理发四〇元。〕

二十一日　阴历十二月二十六日　星期五　晴

八时起。九时入校治事。十二时归舍小睡。三时至才盛巷习拳。七时李润章招待葛德石饮馔于其家,余陪座,谈甚畅。葛推测欧洲第二战场当在德国沿海登陆,世人多疑在法国,葛言其太远,行军不便。十时散,归。十二时就寝。

〔付橘子四五元。〕

二十二日　阴历十二月二十七日　星期六　晴

八时起。九时入校治事。十二时在校前午饭。归舍小睡。阅试卷。第二题,明初建州所在,诸家考订不同[①],试分撮其要,加以论定。此题未作者三卷,知徐中舒之名者一卷,知箭内亘之名者一卷,均不能述其要点;和田清、池内宏之名竟未一见;知孟心史者亦不如知稻叶君山之多;知今日读书者,但翻检于教科书耳。此题定二十五分,得十三分者一本,〇分者四本,二分者三本。第三题,明中叶而后,谈武功者侈言三大征,试述其经过。此题盖问万历三大征,定十五分,得十二分者二本,〇分者六本,二分者二本。晚一时就寝。

〔付雯用二〇〇元,付午饭三五元。入《真理》稿费二〇〇元[②]。〕

二十三日　阴历十二月二十八日　星期日　晴

上午九时始起。阅试卷。第四题,清世宗严明英睿,深求治

①诸家　一九四三年七月十七日日记作"学者"。

②按一九四三年十二月八日日记:"重庆《真理杂志》汇来稿费四百八十元,酬《清史语解》三条。"即《真理杂志》第一卷第一期所刊之《释"土黑勒威勒"》《释"扎尔固齐"》《释"巴牙喇"》三条。以文字数核计,此次二〇〇元当为第三期《释"巴鲁图"》一条之稿费;后第四期所刊《释"巴克什"》一条之稿费,日记内未见记录。

道，其于国计民生、吏治、边政设施若何，试分述之，并述其影响。此题余所注意，在潜更旗制、耗羡归公、改土归流、青海善后、丁随地起诸事，定二十五分。完备者二十五分一本，二十二分者一本，〇分者一本，二分者一本，四分者五本。第五题，咸同之间，内忧外患，岌岌不可终日[①]，其时满人主政者有几，其识见若何，功罪若何。此题余所重在文祥。题中所用，亦《清史稿·文祥传》赞语也。而十五本中，述及文祥姓名者仅二本，述及文庆者一本，而官文、僧格林沁之名反三见。官文本汉军，僧王蒙古，且均未尝主政。恭亲王奕䜣知之者较多，然非二文佐之，亦无足称也。定十五分，得十四分者一本，十分者二本，〇分者三本，二分者五本。午后二时许，全部阅讫，得七十三分者一本，六十八者一本，五十一分一本，四分者一本，六分者一本。拟日内再重校一过，以免屈抑。晚张为申约食便饭。十二时归，即寝。

〔付雯用二〇〇元，过年用五〇〇元。〕

二十四日　阴历癸未十二月二十九日　星期一　晴

八时起。整理房屋。午饭后小睡。五时许雪屏、毓棠来。清常来。晚坤仪作菜，雯儿亦作一菜，请诸公守岁，并约之琳。十一时乃散，雯儿还宿舍。更与莘田、晋年戏二十一点。至一时半，进点心。就寝已二时半矣。

〔付雯用一五〇元，送郑华炽礼二〇〇元。〕

二十五日　阴历甲申元旦　晴

九时未起。雯儿来。知尹辅、恒孚、忠寰曾来贺年。十一时携雯儿至才盛巷贺年，晤蒋太太及燕锦。午归小睡。四时携雯儿诣景初贺年，又偕莘田携诸儿诣泽涵、景钺、伯伦、锡予、自昭、柳漪诸

---

①日　原脱，据一九四三年七月十七日日记补。

家贺年。欲往一条龙食饺子,值其已满座。再诣膺中贺年,留食素馅饺子,谈至九时还。十一时就寝。

二十六日　阴历正月初二日　星期三　晴　风

八时起。入校治事。十时还舍。姚成玉来。十一时步至大东门,乘马车至王大桥,步行至昙花寺右耘夫寓所,莘田携诸儿及汇臣已先至。又时许,矛尘夫妇亦来。饭后已三时矣。四时乘马车入城。舍中饭已开过,至一条龙又坐满,至兴隆馆食面。送雯儿、坤仪归宿舍,乃还舍。遇雪屏于巷口,略谈而去。汇臣、为申在舍相候。十二时去,即寝。晚闻陶云逵先生于五时半逝世。

〔付车一五元,车六〇元,晚饭一三〇元。〕

二十七日　阴历正月初三日　星期五　晴

八时起。偕莘田、晋年至云大医院送陶云逵先生殡葬。以时太早,至南菁学校新校舍参观。十时出殡,送至转角乃还。雪屏已来,汇臣继至,同携诸儿至小东门,乘马车至岗头村。矛尘请饮馔。四时入城。家骅夫妇来贺年,袁太太午间始自重庆飞来也。即约之往一条龙食饺子。食毕,诣家骅所,小坐而归。重校试卷一过。十二时就寝。

〔付车一八〇元,赏章家二〇〇元,请袁太太四五〇元。〕

二十八日　阴历正月初四日　星期五　晴

八时起。九时半式刚来告陶云逵夫人今晨失踪,恐有不测。昨日送殡时,见其太镇静,余即疑其胸有成算,但望不更出事。雯儿来,闲谈家中过年情形,思念不已,反不如往年之清静也。午约莘田、静娴食饺子。小睡。校阅试卷,分数略更,其详如此:

自编号数	一题	二题	三题	四题	五题	总分
一	十二分	八分	五分	十六分	五分	四十六分
二	四	六	〇	四	二	十六
三	十二	八	三	十	二	三十五

四	十二	十	十二	五	六	四十五
五	十	二	五	二十	十四	五十一
六	四	二	○	四	二	十二
七	二	○	○	四	○	六
八	二	○	○	四	○	六
九	二	二	○	二	四	十
十	二	○	○	○	二	四
十一	十八	十	十二	二十二	十	七十二
十二	十	○	八	四	十	三十二
十三	十四	六	○	○	二	二十二
十四	十八	十四	十二	二十五	五	七十四
十五	○	○	二	十	○	十二

十时半就寝。闻陶云逵夫人投大观楼侧湖内自杀，为宪兵救起。

〔付午饭三○○元。〕

二十九日 阴历正月初五日 星期六 阴 风

七时起。九时半入校治事。十二时还。与莘田共约忠寰、秉璧、米士、又之、质如、学熙食饺子，值其休假，改至兴华饭店便饭。饭后诣汇臣，小坐，归。雪屏来。家骅夫妇来。六时至南开办事处，商谈陶云逵先生善后，到子坚、柳漪、光旦、莘田、荚生、家骅、秉璧，议分学术、经济两方面。学术方面，将其所调查材料分类发表，不必整理，由柳漪、莘田督邢庆兰[1]、高华年为之。经济方面，将此次医药、棺殓诸费七万元，先由学校代垫，然后请求学校按月发给薪津抵偿。此外，再由南开校友会发起捐款，以备遗孤之用。云逵夫人家计充裕，如不需此，则以之作纪念奖学金，由荚生、秉璧起草

①兰(蘭) 原作“灡”，据《国立西南联合大学史料·教职员卷》改。

捐启。九时还舍。十一时半就寝。

〔付请客□□□元[①]。〕

三十日　阴历正月初六日　星期日　晴

七时起。八时自靛花巷出发至小西门篆塘，登舟往华亭寺，凡十三人：莘田、坤仪、泽珣、静娴、式珪、钟芸、雯儿并东道主人学熙、又之、质如、佩铭、芳若。水行二小时抵山麓，舍舟，步登入寺。先诣逵羽，小坐。至大殿参罗汉像，殿后有茶花，甚茂。于东廊见明天顺碑记，知西山之名在明代曰海西山也。复返逵羽许，候午餐，食饺子。三时出华亭寺，往太华寺，静娴、坤仪、钟芸先下山候舟。上太华，花尤盛，而回廊曲阁，亦出华亭之右。有玉兰、白梅，幽香潜发，沁人心脾。临台前，望湖光五色，千变万化。出太华，莘田、式珪亦下山登船，候吾辈于三清阁山麓。至三清阁，饮茶无数盏，相偕更上龙门。余携雯儿先登，四时五十分循石级而下，前年新筑者也。级浅而磴繁，或曰凡二千馀级，行者苦之，可知园囿布置不必宜于山林，天下事往往如此而莫之悟。五时三十五分抵湖滨，登舟张帆而返。似有风，舟人停桨，任其疾徐。至篆塘且八时，舟行尚缓于来时，赖天者固不若自力之为愈。还舍。诸公杀鸡为馔。食毕，雪屏来。十一时就寝。

三十一日　阴历正月初七日　星期一　雨　风

亡室周稚眉夫人忌日。八时半起。雯儿来。作书致孟真，致伯苍。伯苍来书，嘱劝雪屏速往重庆，而雪屏不愿，婉复之。午饭后小睡，不酣有梦。稚眉夫人故后，时多伤悱，而今辰尤甚。前年读《魏徵传》，憬然省悔，但不能全屏于思念以外也。四时至才盛巷治事并习拳。六时冒大雨还舍。宝騄约诸儿食鸡。十时雨少止，

①请客款数原阙。

诸儿还宿舍。十二时就寝。

〔付饭二五元,早点九〇元。〕

本月收入九二八八元,内稿费二〇〇元、讲演费二〇〇元、补发数四三九〇元。支出一一八二七.五〇元,内饭食二三〇五元、应酬四〇一九元、杂用二一〇三.五〇元、雯用一四〇〇元、寄家二〇〇〇元。

二月

一日 阴历正月初八日 星期二 雨 风 晴

八时起。昨夜雨不停,起时尚有馀劲,大似雨季之雨,冬日所无也。或云农田需水甚急,此大有年之兆。上午匆匆皇皇,一事未作。午饭后小睡亦未熟。雯儿来,携之往视沈从文、杨周翰、冯君培、胡毅、吴之椿,五时还。有学生二人来,谓学校使学生参加通译工作为不当,以其无理更无礼,深责之。不觉怒甚,亦近日不善养气之故,似乎往时所不致有。六时程毓淮约树人、锡予、莘田、宝騄同余便饭,谈至十时乃还。读《吾学录初编》。十二时就寝。

〔入一月薪五八〇元,加成三十成一七四〇元,生活补助一〇〇〇元,十二月米贴一七〇〇元,十二月房贴二〇〇元,一月车费二〇〇元,一月研究费三四八元,共五七六八元。付早点六四元,房租一一〇〇元,印花二三.二元,所得税二一.五元,党员捐一元,宿舍杂费一二〇元,邮票五〇元,鸡蛋二十个一〇〇元。〕

二日 阴历正月初九日 星期三 阴 雨

七时半起。读《吾学录》。十时入校治事。十二时至南开办事处开常务委员会,二时散。毓棠来。汇臣来。矛尘来。同诸公诣春晗,小坐而归。六时诣锡予、自昭两公,设馔飨诸儿并雨僧父女,九时还。悬肘写日记。十一时就寝。美国联合援华会以百万补助昆明教授研究,联大得者五十四人,余与焉。今日由文化基金董事会送来一万二千元。

〔入文化董事会研究补助一二〇〇〇元。付饭费六〇〇元。〕

三日 阴历正月初十日 星期四 晴

八时起。检《明史》,改正《清帝血系》一文,别加论清代族姓及缔姻各节。午请之琳、莘田食火烧,并携雯儿。归而小睡。晚之琳约食饺子。物价益高,雯儿欲购鞋袜,予以千元不足,更予五百元,托莘田携之入市,竟无可得。十二时就寝。

〔付雯用购物一〇〇〇元,又五〇〇元,午饭请之琳、莘田二五〇元。〕

四日 阴历正月十一日 星期五 晴

八时起。改文稿。饭后小睡。仍改文稿。光旦来。柳漪来。十二时就寝。

〔付晚饭六〇元。〕

五日 阴历正月十二日 星期六 晴

八时起。九时半入校治事。十二时归。饭后小睡。泮芹来。绍穀来。雪屏来。与雪屏约绍穀在门前便饭,饭后绍穀去。与雪屏诣家骅,不值。归而深谈,十时别去。十二时就寝。

〔付鸡蛋二十个一〇〇元,晚饭请客一七〇元。〕

六日 阴历正月十三日 星期日 晴

八时起。君培来。家驷来。至北门街七十一号宿舍,晤岱孙、叔玉、继侗、心恒、循恪,谈甚久。在心恒室内,忽谓外传余将为林森大学校长,不知何人故造此谣言。余近年来读书自好,不求闻达,且与当轴暨林故主席一无渊源,何能征辟相及。纵有其议,疏惰之陋,更少储才,又何足以赴之哉!此事寸心甚明,非是客气也。

十一时步至柿花新村,应绍穀之约,饮馔过珍,愧怍不安。三时散。与雪屏诣华炽,并遇荑生,谈至饭后乃还。何鹏毓送来所抄《两朝从信录》中辽事始末六巨册。十二时就寝。连日悬肘记事,手战心燥,今日停之。

〔付丕章药皂三块六〇元,茶叶四两一二〇元。〕

七日　阴历正月十四日　星期一　晴　有云

八时起。九时入校治事。十二时还舍。饭后小睡。读《从信录》中辽事始末。四时至才盛巷练拳,六时还舍。矛尘来,同出食馅饼,并约莘田父女。归来读辽事始末,至夜三时竟之,乃寝。

〔付请客四〇〇元。〕

八日　阴历正月十五日　星期二　晴

八时起。十时入校治事。十二时约矛尘夫妇及耘夫食火烧。归而小睡,含目即醒,殊倦。四时诣毓枬茶会,今日其结婚周年纪念也。五时还。读《牧斋集》。十二时就寝。

〔付请客三二〇元。〕

九日　阴历正月十六日　星期三　晴

八时起。九时半入校治事。十二时至南开办事处开常务委员会,三时散,归。清常来,谈甚久,谓师范学院初级部,雪屏诸人均主独立,而以徐述先为主任。此自策之善者。读《崇祯存实疏钞》、牧斋《初学集》。一时就寝。

十日　阴历正月十七日　星期四　阴

八时半起。十时入校治事。十二时在校前午饭后归。雯儿来。企孙来。三时勉仲来,同至国民参政会经济建设策进会滇黔区办事处开会,商谈粮政局奉命停售公米事。仅到联大、云大、中法三校,一无良策,惟决定分头电请中央设法而已。至才盛巷小坐,晤今甫及蒋太太。还舍晚饭。陈保泰来,商学校用米事,决明晨约云大一商。雯儿随伯蕃至正义路购物，所得无多，竟用去五千馀元。十二时就寝。

〔付午饭五〇元，毛线一磅三二〇〇元，牙刷五把四五〇元，毛巾四块四二〇元，雯袜三双三〇〇元，雯衣料一件九八〇元，雯洗头粉一五元，面包六〇元，修鞋三〇元。〕

十一日　阴历正月十八日　星期五　晴

八时起。九时入校治事。云大及中山、中法各派人来[1]，商定联名呈部请照发公粮。如不能照发，则请将学生应派之公米每人二斗准予照售；至教职员应派之公粮，请照市价折发代金，并请增拨周转金。十二时归舍午饭。饭后小睡。雯儿来。四时至才盛巷习拳，六时还。与莘田共约阜西、海宇、清常、晋年、宝騄诸公便饭。日前清常送来板鸭二只，命坤仪及雯儿烹之以为馔，另佐数簋，聊以果腹云尔。饭后谈至十一时乃散，随寝。雪屏以病未至。今日美步兵学校约同人参观，临时忽止。据云得情报，河内到新零式敌机六十架，有袭滇之势，且恐有降落伞部队，故加紧戒备云。

〔付请客三〇〇元。〕

十二日　阴历正月十九日　星期六　晴

八时起。九时入校治事。一时在校前午饭。饭后还舍小睡。写文稿，补《清室血系》。晚雯儿来，小坐而去。全舍惟余与莘田而已。十二时就寝。

〔付午饭三五元。〕

十三日　阴历正月二十日　星期日　晴

八时起。十时往视雪屏疾，自十日起发烧，逐日增高，昨至三

---

①中法　原作“中学”，据前一日日记改。

十九度五，每日泻三五次不等。拟约胡海宇为之诊，午由晋年往约，余在舍候之。迄四时未至，乃往南开办事处开会，讨论陶云逵先生追悼会事。略坐，知无他事，仅看秩序单及定发言人，乃归候海宇。七时半海宇来，导之至雪屏许。诊视疑为肠炎，主先灌肠并取血化验，明日更诊。于是临时买沸水、升炭火，海宇亲为动手，迄十时乃偕出，真热心人也，雇车送之归。略检讲稿。十二时就寝。

〔付面包一一〇元，车五〇元，点三〇元，雯食面三五元。〕

十四日　阴历正月二十一日　星期一　晴

七时起。八时半往视雪屏疾，谓灌肠大泻后烧稍退，今晨已降至七度六。此与昨晚海宇所谈如泻后降至七度五则无他病之言相合，为之大慰。入校治事。十至十一时授清史。十二时归舍午饭。小睡。闻膺中病，三时偕莘田往视之。医云恐系肝出血，自觉肝痛心弱，血压亦高，想均营养不足而劳碌太过之故。四时半至才盛巷习拳，并留饭。与今甫、物华上街看夜市小摊并拍卖行，有假乾隆御墨二笏，索价一万元；又送礼用文房式新墨十小丸，索二十元。可谓荒唐之至！十一时归。十二时就寝。传今日有警报。

十五日　阴历正月二十二日　星期二　晴

七时起。九时入校治事。十二时在校前进膳。宿舍以十二时十分开饭，必下班立刻奔回始能得食，否则不及矣。向因月涵退值太迟，故不能包饭，自其公出乃包一餐。然一遇稍有公事洽谈，即须在校门前小铺进食。今午与矛尘、耘夫同食，三人共一菜，已人须四十一元。就市价言，尚是最廉者、最省者。若在城内，一人一餐不能下于百元也。小睡半小时。草论文。五时汇臣、矛尘偕来。与矛尘出，各人食面二盂。十二时就寝。

〔付午饭四一元，鸡蛋十个八〇元，晚饭偕矛尘一三〇元。〕

十六日　阴历正月二十三日　星期三　晴

八时起。九时入校治事。十至十一时授课。十二时归饭。核算清华服务社分配联大同人津贴,迄四时乃毕。急至昆中北院,参加陶云逵先生追悼会。已开甚久,仅听徐小韩演讲一段。挽联三四十付,多堆砌拼凑。张清常代张伯苓作一联:"斯人而有斯疾,立言即以立功。"身份恰合且大方。赵鸣岐一联:"既悲逝者行自念也,追怀昔游岂可再乎!"虽浑成,但太颓丧。又有一联:"读万卷书行万里路,为一代师成一家言。"挽云逵恰好,似是旧联。余一联曰:"谁续遗书完遗志,不堪斯世丧斯人。"嫌空泛,盖无可更说之特殊关系也。四时四十分会散。诣雪屏。烧已全退,但仍有泻。五时半至文化巷南开办事处,宴马崇六。谈至七时,未食而去。马对本校运米、修屋诸事甚愿帮忙。马谈近日昆明物价高涨约有三因:一,滇东、滇北新定建造大飞机场三—在盐津,估计二十万万元,一旦二十万万游资散布市内,法币必贬值,于是纷纷囤积;一,中、中、交、农四行,以中国最规矩,不乱放款,中国资本占四行三分之一,近易宋为孔,商人恐其改变作风与他行一致,则法币更跌,于是抢货争购;一,去年、今年川滇歉收,影响民食。马又言,今年恐为经济崩溃年,而昆明为之起点。食后开常务委员会,九时散,归。舍中无灯。欲就寝,灯忽明。检杂书,竟逾一时乃睡。

〔付灯油二〇元。〕

十七日　阴历正月二十四日　星期四　晴

八时起。九时半诣企孙,不值。入校治事。十二时还舍小睡。三时复入校治事。以本校预算事与会计详商。散值,诣雪屏。六时还。饭后至才盛巷,晤蒋太太。八时还。舍中无电灯,九时半即寝。

〔入卖被单一三八〇元。付雯作衣四〇〇元。〕

十八日　阴历正月二十五日　星期五　晴

七时起。九时诣企孙,不值。入校治事。十二时还舍小睡。章淹告其弟章武患盲肠炎,今日上午开刀。四时诣膺中,与日前情形相若。据罗太太云,昨日甚好,后因客来,起而周旋,客去又觉肝痛,体力不支矣。力嘱其安卧。至才盛巷习拳,晤枚荪、端升及孟邻师,均今晨自渝飞来。饭后谈至十时乃还。十二时就寝。

十九日　阴历正月二十六日　星期六　晴

八时起。九时入校治事。十时闻月涵先生归,诣往长谈,十二时归。理发。雯儿来,同至惠滇医院视章武,经过尚佳。遇静娴、坤仪,同往鸿兴楼食薄饼。七时往新校舍南区第八教室参加史学系四年级学生级会,前日所约也。诸生将于三月一日入营,必欲余为之一言。杂谈治学立身,至十时许乃归。凡到董振球、谢琏造、刘焕生、卢少忱、陈定昌、许寿谔、钱念屺、吕笃周、李春辉九人,最后以养志求友为赠。与莘田谈。十二时就寝。

〔付理发三五元,晚饭六一〇元。〕

二十日　阴历正月二十七日　星期日　晴　风　雨水

八时起。吴志青来。张景初来。学生数人来。午饭后小睡。雯儿来。董式珪来。晚饭后改论文。十二时就寝。

〔付晚饭二四〇元,花生二〇元。〕

二十一日　阴历正月二十八日　星期一　晴　风

七时半起。九时入校治事。十时授课。十二时归舍午饭。小睡。三时半至才盛巷治事并习拳,留食锅贴。饭后与枚荪、端升、今甫及孟邻师久谈。十时还舍。无电灯,早睡。

〔付橘子十个一〇〇元。〕

二十二日　阴历正月二十九日　星期二　晴　风

八时起。晓宇来谈,将自营工厂专造味精,谈久之,忽已十时。急入校,已不及上课矣。十二时还。晓宇更来谈计划详情,甚佳。诣柳漪,谈杨志玖往史语所事。写论文。十二时就寝。

〔付午饭二〇元。〕

二十三日　阴历正月三十日　星期三　晴

八时起。九时入校治事。十时授课。十二时归。饭后小睡。三时复入校治事。五时至西仓坡开常务委员会,九时散,归。改文稿。十二时就寝。

〔付鸡蛋十四个一〇〇元,饭费一五〇元,点心八〇元。〕

二十四日　阴历二月初一日　星期四　晴

八时起。十时入校治事。十二时校前午饭,归而小睡。诣家骅,同其伉俪入城购物。月初所购丕章药皂仅二十元,今已增至三十五元,物价之涨如此①。在鸿兴楼食薄饼,与宝騄作主人。九时还舍。十二时就寝。

〔付午饭四〇元,丕章药皂二七〇元,橘子一斤六〇元,请袁太太二七〇元。〕

二十五日　阴历二月初二日　星期五　晴

八时起。九时入校治事。十二时还舍小睡。六时半偕从吾至学生服务处参加史学系学生送别会,道中复见初月高悬西方,仰如浅盂。初二之月,余三四见之矣。九时会散,归。十二时就寝。

〔付雯购鞋二四〇〇元,雯用四〇〇元。〕

二十六日　阴历二月初三日　星期六　晴

八时起。十时入校治事。十二时归。小睡。雯儿来,同入城,

①涨　原作"长"。

至惠滇医院视章武疾。随至广东食店晚饭。携之谒袁太太,为购大衣也。送之还宿舍。晓宇入城,下榻舍中,夜谈甚久,决意离去中央机械厂,以继长者不相容也。中国官场素有此恶习,不足深怪,不意工厂亦染之,可叹之至！十二时就寝。

〔付晚饭一六六元,面包三五五元。〕

二十七日　阴历二月初四日　星期日　晴　风

七时半起。偕晓宇出食豆浆,归而纵谈。至午,出食火烧。毕,分手各归。二时赴新校舍,招待美军官参观。四时同至西仓坡茶会。五时诣吴辰伯处晚饭,有心恒、毓棠。九时归舍。十二时就寝。

〔付早点四七元,午饭二〇〇元。〕

二十八日　阴历二月初五日　星期一　晴　风

七时半起。九时半入校治事。十至十一时授课。午在校前膳。毕,还舍小睡。三时至才盛巷习拳、治事。泰然留食馒首。七时与孟邻师谈,自校事以至国事,至十一时乃辞归,甚详而畅。十二时就寝。

〔付午饭三二元,饭费二〇〇元。〕

二十九日　阴历二月初六日　星期二　晴　风

八时起。九时入校治事。上课一小时。十二时归。小睡。三时再入校。五时还舍,甚倦。晚饭后思睡,而不敢即睡,阅明人说部解闷。十时就寝。雯儿托友人向家中索衣物,晏儿力捡数件,今日转托人带至昆明。其三件皆稚眉夫人遗物也,睹物心伤,不忍多视。

本月结常收入五七六八元,中基会补助一二〇〇〇元,卖物一三八〇元,共一九一四八元。支出饭食二一一八元,杂用二二三五.七〇元,应酬二九三七元,购物四〇七〇元,雯用六二三〇元。

三月

一日　阴历二月初七日　星期三　晴　风

八时起。九时入校。十时举行总点名并三月月会。十二时半在校前用饭。还舍小睡。三时复入校。整理校务会议报告材料，并作一三十二年度支出总计，实亏五万馀元，但此尚非决算也。五时在西仓坡开校务会议，除报告学校经济、同人待遇而外，复谈在长沙设分校一事。枚荪建议先派人前往一视，此事关键一在经费，一在最高态度。若战事中心仍在武汉，移徙仍非上策。至于同人意向，悚于昆明物价之高，莫不以迁地为念。九时散会。与枚荪、今甫、奚若、芝生、端升同诣之椿，道经其门，且闻其有辞《扫荡报》之意，乃作夤夜扣门之客。谈半时馀，乃还舍。与莘田略谈。就寝亦已十二时矣。

〔入二月薪五八〇元，加成三十成一七四〇元，生活补助一〇〇〇元，一月米贴一八〇〇元，一月房贴二〇〇元，一月研究费三四八元，二月车费四〇〇元，补一月车费二〇〇元，共六二六八元。付房租一一〇〇元，印花、捐等四七.七元，宿舍杂费一七〇元，午饭五〇元。〕

二日　阴历二月初八日　星期四　晴

八时起。十时入校治事。十二时还舍小睡。五时诣膺中，视疾。据张医生诊视，非肝漏血，乃十二指肠炎。服药已就痊，精神亦振，面色较上周好多矣。六时至工学院，嘉炀、正宣宴商会及银行，知蒋夫人、孔夫人来昆，日内孔庸之亦来也。八时散。偕正宣至才盛巷谒孟邻师，小谈。归。改论文。毓棠、雪屏催索甚急，而余每日所能成者不过二三行，此固由考证之文难作；而杂事太多，不容静坐构思,尤其最大原因也。十二时半就寝。

三日　阴历二月初九日　星期五　晴

七时半起。九时半入校治事。十二时还舍。饭后小睡。雯儿来。四时至才盛巷习拳并治事,留饭。饭后与今甫、枚荪、物华畅谈,由时局、经济以及个人,无所不容。十一时乃归。抵寓。检《七修类稿》。就寝已一时。

四日　阴历二月初十日　星期六　晴

八时起。九时半入校治事。十二时半在校前午膳。归舍小睡。雯儿来。四时至才盛巷,公饯饶树人赴美。凡两桌,皆北大同事,北大毕业在清华任教者二。凡六簋,由泰然经理,精而廉。共三千一百五十元,每人任百七十五元。有鸡有鱼有肉,市间非五千不办也。八时还。闻锡予病,往视之。八时半抵舍。检《枣林杂俎》。十二时就寝。

〔付面包一五五元,请客一七五元,午饭三五元。〕

五日　阴历二月十一日　星期日　阴

八时起。改草论文。午饭后小睡。雯儿来,同至惠滇医院视章武,仍有温度。在大昌食饭,一排骨、一肉饼、一汤,共价一百六十五元。归舍。雯儿请钱学熙补习英文,九时送之归宿舍。归。检《七修类稿》《枣林杂俎》诸书。十二时就寝。

〔付牙签一匣十五元,晚饭一六五元,橘子六〇元,皮鞋一双一〇〇〇元,又一双一四〇〇元。〕

六日　阴历二月十二日　星期一　晴　惊蛰

八时起。九时入校治事。十时授课。十一时半应举行纪念周,往约月涵先生,值孟邻师及一樵在座。一樵昨日自重庆与孔庸之同来,即约之参加纪念周并讲演。会散,偕至西仓坡。一樵谈孔欲与同人晤谈,并向学生讲话。当决定日内开一茶会,请全体教授参加。至讲演，则学校无相当教室，露天则秩序太乱，婉辞之。一樵又言，与孔同来有宋子文、子安、子良三昆玉，或其家庭间有藉易地联络之必要也。一时还舍。于门前食炒饵䭎，一盘价六十元，较之一月前倍之矣。小睡后改论文。六时啸咸来，约食馅饼。晚改论文。十二时就寝。闻孔此来尚有政务，一与美人谈美钞黑市，一与省政府谈征实及财政问题，一调查物价。同来者有美人三，中央银行人员多人。

〔付午饭六〇元。〕

七日　阴历二月十三日　星期二　晴

八时起。九时入校治事。知七时五十五分，有一年级学生聂英明与同学一人在学生服务处食早餐毕，往新舍北区上课，方转至公路，忽有第五军第四十号军车自其身后向西疾驰，聂生急向公路右侧跑躲，而车随之，且躲且随，竟至公路旁低地约低一尺馀，车覆，而聂亦被撞车下，其他一人疾避而免。聂扶起，下身淋漓而无血，送至惠滇医院，未及治疗已身死，盖内伤也。校中将车人并扣留，宪兵、警察均至，聂生之亲戚唐某亦至，遂将肇事司机交宪兵移送宪兵司令部。派员为聂生治丧。既而五军亦派人至，以其所运皆军火，命其移车去。扰扰半日，余上课亦延误矣。十二时半耘夫约在校前食膳。饭后还舍小睡。三时半再入校治事。五时半归。雯儿来，请学熙补习英文，九时送之还宿舍。在日月彩各食粥一盂，并约泽珣。改论文。十二时就寝。

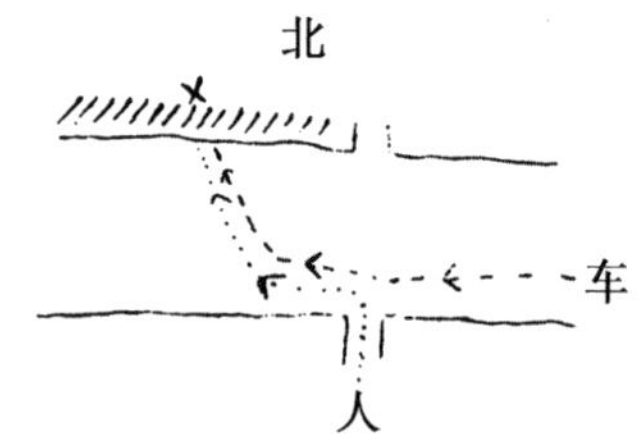

〔付鸡蛋十八个一〇〇元，点心六〇元。〕

八日　阴历二月十四日　星期三　阴

七时半起。八时半月涵先生送信来，谓招待孔、宋茶会已约定明日下午四时,地点与马晋三借妥其军政部办事处,嘱往一谈。急至西仓坡接洽茶点、地点诸事,托沈刚如办理,余携名单入校发帖,计有蒋夫人、孔庸之夫妇、龙志舟夫妇、宋子文、子安、子良兄弟、顾一樵、卫立煌、黄琪翔及省政府全体。十时授课一小时。十二时还舍午饭。小睡。三时复入校治事。五时至西仓坡开常务委员会及聘任委员会。月涵先生报告昨与孟邻师同谒孔庸之,谈本校经费及同人生活事。孔允由四行借周转金三百万,并在联大设讲座五十席,每席月致万元云云。此万元之数太少,以一人计之或可足用,若一家五口则相距甚远也。六时会未散,余至蓉园与岱孙、继侗、奚若、今甫、枚荪、佩弦、端升、子卿公饯萧叔玉赴赣中正大学校长任,并欢迎顾一樵。席散,偕今甫、枚荪、端升、奚若、一樵同至才盛巷,在今甫室内畅谈。诸公对于讲座一万元之数深致不满,而周转金对同人亦无好处,主张明日茶会由余与石先发言,请求下列诸事:一、图书仪器不能入境,请设法拨给运输量;二、中央拨款往往过迟,请提早以资周转;三、学生饭食太差,请加副食费现为二百元;四、校中欠地方各银行款五百四十万,由中央承认转账;五、请各银行投资建新校舍,租与本校同人。谈定,一樵去。既而余辈详思之,明日之会,外人甚多,恐失同人身份,乃决作罢,而枚荪、端升、奚若诸人亦决定不到场。十二时与奚若步归,奚若之意仍愿端升、枚荪一到也,劝余托孟邻师更邀之。归舍即寝。

〔付请客四三〇元。〕

九日　阴历二月十五日　星期四　阴

八时起。九时入校治事。十二时归。二时半至潘家湾军政部办事处,视布置会场,均办事处人员代劳。茶点有战地服务团代备。四时茶会开始,到百三十馀人,校外有孔祥熙、龙云、卫立煌、陆子安、黄仁霖、马崇六、顾一樵及省政府诸人。首由孟邻师致介绍词,称其为教育界同志,盖指铭贤中学也。继孔演说,本无话可说,不免辞费,但亦不至太坏惹人厌,屡次欲向大家称颂,苦不能达,如是者三四次,最末始照应及之,凡一小时馀乃毕。继龙演说,称同人之清苦,述个人欲帮忙而力不从心,最后谓依法律诸公皆成滇人,有被选权,将来必有多数议员今日在坐云云。言简而情长,且甚锋厉,如云联大在此穷苦奋斗,本当多多帮忙,但自制度改变,无能为力,盖指近日制度省无预算,皆统于中央也。次月涵先生略谈,欢迎孔,感谢龙,及谢今日筹备会场之马晋三、备茶点之黄仁霖之意。少顷,一樵请石先发言,略述同人及学生苦况。一樵复视余,欲更有言,余目止之。孔又谈学生营养,而勉仲忽起立,报告学生饭食情形,未能中其肯要。沈同谈学生营养距标准尚远,亦未能具体。月涵先生恐发言者层出不已,急起立结束。孔乃言诸公如有意见,可随时书面见示,而散。开会之前,黄仁霖来视会场,询马晋三谓今日得无有人放炮耶?晋三以语余,余谓联大同人发言之机会尽多,今日何能蔑宾主之礼。会散归家,已在饭后,买烧饼食之。与从吾久谈,为骝先先生来函促雪屏速往任职也。余意去否吾人不便代谋,以就学校言,不去为宜;就辅佐朱公言,以去为宜。余不信对事业前途有何关系,况吾侪无所谓徒党,无所谓政治企图者耶!故惟视雪屏个人之兴趣而决定去否。十二时就寝。

〔入讲演费四〇〇元,入售书一五〇〇元。付晚饭三〇元。〕

十日　阴历二月十六日　星期五　阴

七时半起。往青云街食稀饭,佐以牛肉。九时半入校治事[①]。十一时月涵先生告,以明早九时半孔祥熙在云大至公堂召集联大、

①事　原脱。

云大及译员训练班学生训话,嘱为筹备一切。余与勉仲、石先咸谓不宜先期布告,以免横生枝节,乃决定明早七时出布告:九时至十一时停课,九时十五分凭校徽及注册证在云大操场集合。命文书组送空白布告纸五份,加盖校印,交清华办事处缮写。布告缮竣,送至余处,派员张贴。十二时半耘夫请矛尘夫人午饭,嘱作陪,二时半乃还舍。三时萧叔玉来,谈会计出纳各种章则及应注意事项、困难问题及解决方法,详谈两小时乃去。余遂至才盛巷习拳、治事。饭后还。遇刘康甫,告以明早张贴布告事。至九时送布告至其家,坚嘱今日万不可贴,明日更不可误。送雯儿还宿舍。晤康甫,又谆嘱之,乃归。防学生如此,又何为哉!又何为哉!杨志玖来谈,将以下星期一飞重庆,转李庄,由北大垫借六千元,即以为李庄北大研究生经费。十二时就寝。

〔付早餐五〇元,橘子六个一斤五〇元。〕

十一日　阴历二月十七日　星期六　晴

七时起。八时至云南大学至公堂,见其已布置,嫌过小。时学生尚无来者,恐布告未周及,乃入校察视。途遇勉仲,知已见及。乃同返云大,晤熊迪之,值黄仁霖在坐。黄谓一切均妥,场内以译员班居中,两大学居其旁,秩序可无问题,意甚满。黄往接孔,余偕勉仲、雪屏入场,则人满更无隙地,行道亦塞,而译员训练班尚在院中集合,未入场。联大学生后至者蜂拥阶前,尤遑遑。勉仲在台上,见人多,亦无从为计。黄仁霖来,大喊数声,宣布静肃,讥笑随之,已觉不妙。而孔与诸校长随即入场,嘘声大作,竟莫可阻止。登台,嘘声尤盛。黄在台上,台下亦报以嘘声,更不成体统。嘘声未止,而场外噪杂又作。孟邻师致介绍词,竟不能闻。孔初讲数语,亦然,既而寂静。事后始知译员训练班员以不能入场鼓噪退席也。孔所讲内容虽浅显,然较前日为佳。音声态度极从容镇定,亦可佩也。十时半讲毕,月涵先生结束数语,遂出场。学生更报以嘘声,幸乐队奏乐,乃掩其声。云大设茶点,略坐而去。余闻蒋太太言蒋师将来靛花巷,乃归相候。少顷一樵来,知蒋师已返寓,遂入校治事。十二时半与汇臣在校前进膳而还。奚若来促,仍照前日所谈进行。五时与莘田至柿花新村,应绍毂面食之约,凡薄饼、火烧、饺子多种,亦别裁也。九时至昆明书场看杂耍。十二时归,即寝。今晨之会,误于会场布置欠周,更误于黄之估计错误,过于自满。推其根本,则在不应有此讲演。蒋师既以无礼堂婉辞,早当知几而止。彼既不自知,又无人能以忠实告,致蹈此局。语云知足不辱,又云知几其神。谅哉!谅哉!差幸者,昨日将此消息严秘,迟至今日始张布告,若早透漏,有人组织突张标语,高呼打倒,则其结果更有不堪设想者矣。

〔付午饭七五元,橘子一斤五〇元。〕

十二日　阴历二月十八日　星期日　晴

七时半起。检书。改论文。客来甚多。午饭后小睡。五时至才盛巷,蒋师招待一樵,嘱陪坐。散后与端升、枚荪、今甫谈,端升言与奚若晤,主务于明日开校务会议,讨论同人生活,仍向孔提出图书仪器运输、学生副食费、地方银行借款、宿舍建筑须四百间四事。余留呈蒋师一条,请与月涵先生商定,而还已十时矣。时师以往海源寺应龙志舟之约,故未及席散先去。十二时就寝。

十三日　阴历二月十八日　星期一　晴　风

七时半起。九时入校治事。晤端升,知昨夜孟邻师曾电月涵先生商定于明日开会,以今午来不及也。端升仍主今午,嘱再向月涵先生一言。十至十一时授课。下课后,以端升之意转达月涵,以时间不及,通知难遍,仍定明日三时。十一时半纪念周。十二时半与耘夫同进膳。还舍小睡。四时至才盛巷治事。五时后习拳。饭后知明日下午四时孔庸之招待茶会,校务会议势须改期,余允明早再请月涵先生改为中午[①]。归舍。改论文。诣家骅送信。十二时就寝。

〔付午饭八五元。〕

十四日　阴历二月二十日　星期二　晴

七时起。九时诣月涵先生,据谈校务会议已分别通知改在下午六时。余以端升诸公之意告之,乃决提至午间,由余设法通知。遂入校,与各代表接洽,惟芝生、子坚、叔玉用信,以不在校内也。十至十一时授课。十二时半至西仓坡,到奚若、端升、今甫、枚荪、莘田、光旦、勉仲、子坚、石先、序经、岱孙、芝生、月涵、召亭及余,正之、企孙在渝,嘉炀、仙洲未到,或通电未畅。蒋师、叔玉有前约未至,议决以昨谈四事函常务委员请转达孔,并以信稿抄送一樵,推莘田、端升、芝生起草,推枚荪、石先、雪屏面孔。会中月涵先生报告孔庸之允本校建筑费三百万元,众大哗。以照市价计,三百万仅足三十间之用,与校中同人希望相差太远,追究来源始知系师范学院所提出,于是集矢于师院。子坚因课先行,而勉仲大不堪,岱孙甚且主张拒绝,勉仲力辩,久之信稿成。余与莘田先回舍稍息,更往金碧别墅,参加孔氏园游茶会。晤一樵,出示孔所批对于各大学请求之事。关于联大者有周转金三百万,西南讲座五十席,每席月万元,以二年为期。已认讲座者,中、中、交、农四行各五席,富滇、兴文两行,各五席,经济委员会、企业局各五席,尚有十席未定。又建筑费三百万,学生补助三十万。关于建筑费附有说帖一纸,系子坚手迹。茶会散,往一樵住室小坐,有月涵、迪之、枚荪、石先、莘田,候雪屏不至。众强余代表雪屏往晤孔,不得已允之。孔约七时

①请　原脱。

一刻晤谈,诸人有事先行,余与枚荪留候。再三研讨,以为晤孔甚无谓,且常委既已提出周转金,师院又提建筑费[①],若再有第三次之提出,似乎令人有无厌之感。七时一刻石先、一樵来,以此意告之,两君仍主一见,遂往晤之。由石先发言,述函内四点,孔答运输必设法,副食费必加,应由教育部统筹地方银行借款,必不使学校失信用,到期再函告之。建筑费先以三百万修建,将来逐渐再加。可谓全有结果,亦可谓全无结果。好在余辈本不欲见之,乃同至张大煜处晚饭,余与枚荪本不在约,乃作不速之客。饭后至华侨银公司,应陈保泰之约。一樵对当前教育政策有报告,十一时乃散,归。与莘田谈少顷,就寝。

〔付车三〇元,付印花税六元。入清华服务社福利金三五〇〇元,入久住教员奖金一五〇〇元。〕

十五日　阴历二月二十一日　星期三　晴

八时起。九时入校治事。十时至十一时授课。十二时在校前进膳。归舍小睡。三时入校治事。五时至西仓坡开常务委员会及公利互助社筹备委员会。七时散会。至才盛巷,一樵、今甫、莘田、雪屏、枚荪先在,月涵先生继至,同往蓉园便饭,奚若亦来。饭后往才盛巷谈天,蒋太太备加非。十时乃还。十二时就寝。今日六人共作东道以宴一樵、月涵及蒋太太,凡用二千三百元,尚为便饭也。

〔付午饭四五元,车三〇元,请客三八五元。〕

十六日　阴历二月二十二日　星期四　晴

七时起。九时半入校治事。有昆明隔离医院院长马君前日来麻烦,欲用地坛为院址,未允。今日又来,欲以玉龙堆房舍交换,坐磨迄十二时乃去。至袁家骅处食面,袁太太生日也。三时乃归。

①筑　原脱,据上下文补。

四时冯柳漪茶会。六时半偕莘田至胡海宇处,渠约看杂耍。七时至昆明茶室。九时散。海宇又坚约食饵快,力辞不效。计一夜之费,又千元。此在海宇业医收入巨,不以为意,我辈受之则甚不安。归舍。改文稿。十二时乃寝。一樵以今日行,孔昨行,宋及蒋、孔两夫人偕行。传蒋夫人之来以皮肤病,故日往温泉浴澡。万一事忙,则以汽车运温泉水。至各界欢迎会,不出席,不会客,皆以此。脱辐之说,好事者所造。

〔付送袁太太礼一八〇元,理发五〇元,雯借出五〇〇元,又用五〇〇元。〕

十七日　阴历二月二十三日　星期五　晴

七时半起。九时半入校治事。十二时校前进食。回舍小睡。四时至才盛巷治事,并习拳。饭后与今甫、枚荪小谈而还。改论文。十二时就寝。

〔付午饭七五元,鸡蛋十个五五元,青果一〇元,樟脑球十个三〇元。〕

十八日　阴历二月二十四日　星期六　阴

七时半起。九时半入校治事。十二时在校前进食,有邵君为耘夫、汇臣之友,强作东道,亦只有应之而已。食后,耘夫、汇臣入城,余回小睡。雯儿来,牙痛甚,余疑其生齿,携之食粥,以他物皆不得咀嚼,午饭未食一物也。食毕同入城,雯儿欲买布,余亦欲求一二食品以贻矛尘令郎。步遍正义路,一无所得,中于目者吝于资,适于价者难于选;更至晓东街亦然。将返矣,见有售牛油,得二小盒,各装三两,价四百元;又蛋糕二,各九十元。此在战前,不足两元已办之,今且千元矣;而雯儿之布终不得。至才盛巷,晤矛尘夫妇,言明日将送章武下乡,城中不便,且各物均昂。回舍。改论文。十二时就寝。

〔付晚饭一四五元,雯点心一五〇元,送矛尘礼九八〇元,面包

一二〇元,加非一五〇元。〕

十九日　阴历二月二十五日　星期日　晴

八时起。欲改论文而客来不绝,竟未动笔。饭后小睡。三时至北门街伯伦家开史学系系务会议,谈编辑《史学季刊》事。五时偕寿民至省党部参观季康画展,所画有美人有马有龙有佛像,甚多而均细笔,费时应不少。以余私见,著色第一,颜料想均旧时物;蓝本第二,各种画稿均与时下不同,如自心裁,则至可佩服,如取之于人,搜罗亦非数年之力所能得。惜品格太低,如画龙以金点睛,画观音必附以小儿,或佐以龙,画美人必异其装饰,大类梨园,极似上海之月份牌,或香烟画片。闻其人年事甚轻,更加研求,必有可观。或评其美人不美,马肥无骨,亦是其弊。看毕,还舍。晓宇来,谈至夜深,借榻于孙铁仙。十二时就寝。

〔付鞋二双七〇〇元,晚点九〇元。〕

二十日　阴历二月二十六日　星期一　晴

七时起。九时半入校治事。十至十一时上课。十一时半纪念周,勉仲讲演。饭后还舍小睡。四时至才盛巷治事、习拳。谈至十时乃归。改论文。一时就寝。雯儿牙痛稍好。

〔付午饭五〇元。〕

二十一日　阴历二月二十七日　星期二　阴

八时起。九时入校治事。十时授课。十二时在校前进食。毕,回舍小睡。改论文毕,较旧稿增一倍有半,改称《满清皇室之氏族与血系》。上周本已陆续交雯儿抄,但功课太忙,今日来请学熙讲英文,亦无暇,乃续其后,且抄且改,又且增之。迄十二时半乃就寝。

〔付午饭四五元。〕

二十二日　阴历二月二十八日　星期三　阴　大风

七时起。九时入校治事。十至十一时授课一小时。十二时半在校前进膳,遇洁秋,即与同桌。由矛尘、汇臣、耘夫及余作东,为洁秋祖饯。回舍小睡。抄文稿。四时半入校。五时至西仓坡开常务委员会,无要事,惟师范学院初级部聘叶楷之夫人为讲师,此与校章夫妇同在校服务以助教事务员为限之规定不符。争甚久,乃决以初级部不在学院范围内为解,乃照聘,然不妥也。余会后提出部令减裁人员事,请各院注意。会毕聚餐,有外宾二,畅谈甚久。既卫立煌亦至,散已十一时矣。归。抄文稿。二时乃寝。序经向余言二事:一、美国聘北大教授往讲社会科学事,枚荪甚愿往;一、泮芹欲往美国,其夫人欲偕往,请北大予以名义,不支薪俸,在美可为北大代觅图书,允为转陈。

〔付午饭九〇元,学生捐款一〇〇元。〕

二十三日　阴历二月二十九日　星期四　阴　风

七时起。抄改文稿。十时入校治事。十一时隔离病院马君来,啾哓不已,又欲以玉龙堆房屋与本校地坛对换,余以二事复之:一、无经费,一、各系能否迁移不可知,至十二时乃去。在校前进膳。回舍小睡。抄改文稿毕。六时至师范学院晚饭。雪屏将于明日飞重庆,畅谈。毓棠示以日本考古图籍多种,眼福不浅。九时借《东亚钱志》下函而归。检《钱志》,其中"大中通宝"有福字钱,甚可疑。福州入明已在洪武改元后,大中钱何来,又何从用耶[1]?十一时就寝。

〔付午饭四〇元,雯用二〇〇元。〕

二十四日　阴历三月初一日　星期五　晴　有云　风

七时起。九时半入校治事。杂乱之至,两常委日内赴渝,一切须先解决也。十二时半校前用饭。回舍小睡。四时至才盛巷,欲

①又　原作"史"。

谒孟邻师商校务，不值，在办事处治事。习拳。六时半还。七时至西仓坡，月涵先生招饮，谈至十一时半乃归。座中凡路三泰、杨今甫、周枚荪、罗莘田、章矛尘、钱端升、陈雪屏，屡以余家事为言，意固可感，然余别有伤心，非诸公所能喻也。旧有句云“万里孤征心许国，频年多梦意怜儿”，不足以语人也。归舍即寝。

〔付午饭四〇元，雯用四〇〇元。〕

二十五日　阴历三月初二日　星期六　晴

七时起。九时入校治事。十二时半在校前进食。食毕，还舍。偕矛尘诣汇臣。五时至才盛巷谒孟邻师，昨谒未值，留函陈三事：一、程毓淮请休假；一、赴美教授事，枚荪愿往；一、泮芹休假及莫太太同去。约以今日再来谒师，言程休假可由校代请；周事已再向枚荪言之，皆以太太有病辞，或推锡予，又恐其以病推辞，不若请今甫一行，但仍请校务会议决定；莫事如福田还昆，自可允其一行，其太太出国，北大不便给以名义。在泰然处用饭。与枚荪、端升长谈，两君均谓太平洋国际学会今年年会如能请适之师为总代表最好，此事亦惟孟邻师可以提出，提出亦可通过。又言孟邻师在渝时，往陈布雷、程沧波处晤谈，稍失身分，在昆亦多与一般人接近，尤不善。此时大可排元老气派，只应随人来请教，不可以就人。十一时半乃归。倦甚，即寝。

〔付雯用一〇〇〇元。〕

二十六日　阴历三月初三日　星期日　晴　风

七时起。客来甚多。与光明同出早餐。午饭后小睡，有扣门声甚急，起视则徐旭老也。畅谈，并以近作之大要告之。旭老以元明时东北万户与西南土司相若为然，对“夹谷”与“觉罗”为一，亦甚感兴趣。三时光明再来，约晚饭时同出。候至八时乃至，以临时有事，又不克分身也。军旅中大抵如此，渠原定明晨行，现又奉命改后日,后日尚不知能成行否。光明昨日与长官检阅机械化步队,有战车多辆,小而慢,详察之,乃一九一六所制,去今将三十年矣。万不能用,不惟不足制胜,且恐误事。但此意说出无人肯听,亦无人能听也。又言英人在缅印军事不利,我军尚佳,但仅三师,敌人将近二十万人,有八师团之多。又言敌绝无取滇意,西路不能来,我军多,又有水阻。且不肯来,粮食难继。南路亦不愿来。得之无益。晚泰然来报告,今日将文科研究所图书已运入城。十二时就寝。昨夜飞机未开,闻孟邻师、从吾、雪屏均以今晨行。

〔付晚饭三五元。〕

二十七日　阴历三月初四日　星期一　晴　风

七时起。九时入校治事。十至十一时授清史一课。十一时半举行纪念周。十二时半在宿舍门前小铺食牛肉一小碗,二十元。烧饼二个。每个十元。食毕小睡。四时至才盛巷治事。五时习拳。欲留晚饭,而泰然未还,值汇臣至,乃同至晓东街,食包子、蒸饺,每人合七十五元,汇臣为东道主人。饭后还舍。学生为写旧稿,校之,略有所增。十二时就寝。

〔付午饭四〇元,面包一八〇元,钉皮鞋二五元。〕

二十八日　阴历三月初五日　星期二　晴　大风

七时起。九时入校治事。有购白铁者商人来扰,必欲求购,力拒之。二十七年本校初到时,存有白铁四百二十五张,近值五千元一张。事务组欲售作修缮费。师范学院欲售作建筑费。余意建筑胜于修缮,但计划未定,不若暂缓,价可更涨。此事传于外,纷纷来求购也。授课一时。十二时在校前进膳。回舍小睡。五时诣汇臣,请矛尘食饵饫。一时就寝。

〔付午饭八〇元,晚饭偕矛尘二三〇元。〕

二十九日　阴历三月初六日　星期三　风　晴

今日为黄花岗纪念,政府新定为青年节,校中放假。九时半乃起,雯儿候久矣。整理旧稿。午携雯儿、坤仪、式珪及莘田同出午饭。还舍小睡。为申来诣汇臣。晚与莘田谈。十二时就寝。

〔付午饭二九五元,雯用衣料一〇〇〇元。〕

三十日　阴历三月初七日　星期四　晴　风

七时半起。九时半入校治事。十二时汇臣请在校门前进膳,以其表弟朱季武新自渝来,逷先师季子也,知逷先师近有胃疾。还舍小睡。检旧稿。晚饭后诣锡予,知秉璧亦欲休假。吉忱久劝余将清史考订文字集为一编,愧而未敢。莘田并为定书名曰"清史然疑",余不甚喜杭大宗为人,故不愿同其书名,且余所作,于清史多疑少然,用之亦嫌未允。今日拟用"清史稽疑"为名,商之锡予,以为可,并请其作序。今日之请不独钦其学德,余之在办公室抽暇为文,锡予首发见之也,故有知己之感。锡予言近日夜中盗汗,往往衣衾皆润,此甚可虑,劝其节劳进补,以西孟所言食红枣之法告之,据言已试之。归。理旧稿。十二时就寝。

〔付宿舍饭费三〇〇元。〕

三十一日　阴历三月初八日　星期五　晴　云　大风

七时半起。秉璧约食面。拟"清史稽疑"初编目如次:

一、满清皇室之氏族与血系近作再略改

二、清初礼俗之变更讲稿待改

三、清代包衣制与宦官待作

四、多尔衮称皇父之臆测成

五、释墨尔根王成

六、释阿玛王待作

七、多尔衮与九王爷待增改

八、释“土黑勒威勒”成

九、释“扎尔固齐”成

十、释“巴牙喇”成

十一、释“巴克什”成

十二、释“巴图鲁”成

以上约可得六万字,但二、三、六尚须费一番功夫也。十时入校治事。十二时校前进食。回舍小睡。三时至云南实业银行交徐绍穀四十六万元,记联大三十六万,北大十万,托其代为存储,据言月息五分。至才盛巷治事。五时习拳。进食后还舍。十二时就寝。

〔付午饭五〇元,点心八〇。〕

本月计收入薪津六二六八元,讲演费四〇〇元,教育部奖金一五〇〇元,清华福利金三五〇〇元,售书一五〇〇元,共一三一六八元。支出饮食费二一〇五元,应酬二六七五元,杂用二〇九八元七角,购置三一〇〇元,雯儿用二七五〇元,共一二七二八元七角。虽略有盈馀,但收入之中有非月月能得者,此应大事节约者也。雯儿拟月给千二百元,饭费限二千五百元,杂用限二千元,应酬限千元,自下月试行之。本日得从吾书,雪屏恐难即还。

四月

一日　阴历甲申三月初九日　星期六　阴　雨

七时起。读奥平昌洪《东亚钱志》,明初大中钱不独有福字,且有北平、广、桂三种,亦洪武以前未收之地。世传大中钱铸于洪武建元之前,万不可信。王圻《续通考》、张学颜《万历会计录》系于洪武初,甚是,而诸家驳之,何也?九时半入校治事。十二时莘田约往师范学院午饭,饭后还舍。下周起午饭拟在师范学院包饭。小睡。四时至海棠春贺李参如结婚,新娘曾氏,昆明人,云大毕业生,任职母校。参如请余为介绍人,力辞不果,余以鳏居,任此不宜,乃转请胡蒙子为代,蒙子花甲齐眉也。然余又不能不往,迄席散乃归。天雨。在舍改旧作《多尔衮与九王爷》文稿[①]。身倦。十时半就寝。

〔入三月薪五八〇元,三月生活补助费一〇〇〇元,三月俸薪加成(三成)一七四〇元,二月食米代金(一石)五一〇〇元,三月研究费三四八元,二月房租津贴二〇〇元,三月车费四〇〇元,共九三六八元。付捐税八二.九元,房租一一〇〇元,宿舍杂费一六〇元,花生二〇元。〕

二日 阴历三月初十日 星期日 晴

七时起。午饭后小睡。竟日未出户。改文稿竟。毓棠托莘田送来《清代氏族与血系》稿费千五百元。晚坤仪炊爨相飨。凌仁来谈,欲作南诏史题论文,此大非易事。旧日史料前人用尽,夷文史料无人能识。阻之不可,乃命其先就大理南诏碑校其同异,姑试之。晚送雯儿还宿舍。作书上孟邻师。十二时就寝。

〔入稿费一五〇〇元。〕

三日 阴历三月十一日 星期一 晴

六时起。七时半入校。八时举行月会,由杜聿明讲演缅甸战事,据言我军入缅所据可以久守,更进则难,或须在十月以后。五月缅入雨季,待九月始晴,在此期内山洪四溢,几成泽国,行军不易也。又言日军在缅、印、滇西者约十四师,而我军入缅仅三师,英军仅四师,相差甚远。十至十一时上课一堂。十二时往师范

①衮 原脱。

学院午饭,饭毕还舍。睡至四时,乃至才盛巷治事、习拳并留饭。七时半还舍。读叶隆礼《辽志》、宇文懋昭《金志》、洪皓《松漠纪闻》,《古今逸史》本,无所获。作书致从吾、雪屏。作书致孟真。十二时就寝。

〔付饭费一〇〇〇元,鸡蛋十个五〇元,付手巾二条三六〇元,鲜花饼十块二〇〇元,茶叶四两一三〇元。〕

致孟真

去夏忽发《清史语解》之想,拟目四十馀条,欲从便写出,仅成十馀条。曾以三条寄恭三,欲以就正。恭三以授某君,遂尔发表,殊自愧也,仍请有以教之。此间无字书及相类图籍,惟赖钩稽比证,得其大概。满人使用索伦蒙古语言甚多,惜不能辨。邺架《三合切音文鉴》倘能暂假一用,最所盼切。近疑爱新觉罗先世蒙汉姓曰童曰佟,盖本于《金史·国语解》"夹谷曰仝"。出于当时规制,非为一时诡冒,而"觉罗"即"夹谷"也。《清太祖武皇帝实录》于"爱新"注"华言金也",于"觉罗"注"姓也",不称华言。此与其下"黑秃,华言横也;阿喇,岗也"之例不同,彼为一注,故"华言"可以冒下,此则分为二注也。后人以姓氏泛称解之,窃疑其不然。觉罗乃一姓专称,爱新觉罗谓金之觉罗姓也。此说不知可通否,务请正之。

四日　阴历三月十二日　星期二　晴　大风

七时起。九时入校治事。十时至十一时授课。十二时至师院午饭,饭后回舍小睡。将《清皇室氏族与血系》中关于"清国姓"一节(内)更加益"觉罗即夹谷"一节。七时至昆北参加南开同学会,小坐即还。迄十二时乃寝。

〔付请坤仪照像三〇〇元,请泽珣照相三〇〇元,付雯用一〇〇元。〕

五日　阴历三月十三日　星期三　晴　大风　清明

七时起。九时入校治事。南屏戏院送来今夜七时至九时影戏票七百八十张,嘱处中分发。一秉大公,不恤人言。座有前后有优劣,人人思其佳者,纷呶不已。余命依职员录次序陆续排定,名在前者座亦在前。十时授课。十二时至师院午饭。归舍小睡。三时至校。随至文化巷南开办事处,参加张伯苓先生七十庆祝会。五时常委会,六时半校务会议,均假其地开会。而同人早来者欲归,未来者迟迟,盖皆为今晚电影故也。五时半人未齐,即开饭一桌,留一桌以备续来者。六时饭未毕,正之、芝生先去,继去者又有三数,乃宣告休会。奚若、岱孙后至,遇之巷内。南开办事处惟馀序经一人而已,心实痛之,乃决定还舍。莘田、今甫、枚荪询以何故不同往看戏,竟不忍答。呜呼!此真不成话矣!同人固穷,终年未必能一看电影,然何致置正事于不顾以至此极耶?还舍,无电灯,倚枕假寐。九时复起而检书,目力不胜,乃寝。

六日　阴历三月十四日　星期四　晴　大风

七时起。九时入校治事。十二时至师院饭后回舍小睡。三时复入校治事。五时还。六时与莘田、秉璧、子水、化农、泽涵公饯王洁秋于新华饭店,真所谓不备礼数者也,仅费六百元。洁秋言新疆近又发生事故,外蒙军队无故开入新疆,盛世才拒战。苏联飞机竟出动助炸,盛氏已飞渝请援。苏联日前与日本续定渔约,准许日人用库页岛汽油,已使盟国感觉其不能合作,有意威胁。今又出此,果何意耶?晚无电灯,然烛改文,甚苦。十一时就寝。去岁在渝闻一联,不忆登入日记否,补于此:“四川成都重庆新中国,介石居正应钦盛世才。”上联悬征已久,有新疆文人对之,盛大喜,酬以百金云。外交部转来美大使请教授函寄蒋师。

〔付请洁秋一〇〇元。〕

七日　阴历三月十五日　星期五　晴　风

七时起。改论文。十时入校治事。十二时至师范学院午饭。还舍小睡。得雪屏四日书,谓朱骝先命其到中央研究院任秘书代总干事,果与余所料相合。复书主其允之:一、此事与党部不同;二、兴趣相近;三、前已允相助,不可再延,以免误。四时往才盛巷治事、习拳,晚留饭,以千元交饭团,为加菜之费。每周余必在其处二餐,诸公不肯收费,此非战时之道也,故交此数,稍解余歉愧之意。与今甫谈,今甫言近日英国恐将变其外交政策,由连苏而为防苏反苏之初步,故艾登将辞外首,第二战场必不开辟。近日德国尽全力在西方猛战,使盟邦感觉军势之不易消灭,而在东部放松,使苏联侵入各小国,而令英美感觉威胁。近来日苏重订渔约,苏在远东不复出兵,日本遂移其关东军南下,恐将打通粤汉及安南之路。不惟我受其害,英美亦将感威胁不安。今日惟有尽全力先灭日本,缓开第二战场,或是上策也。与物华谈。与枢衡谈。青年团第二次全干大会闭会,委员长始终未出席,岂离渝往前方乎?如是则必将有大战矣。九时还。一时就寝。

〔付才盛巷饭费一〇〇〇元,付点心四块八〇元,僧帽牌洋烛六支三七五元。〕

八日　阴历三月十六日　星期六

七时起。九时入校治事。十二时在师院午饭后还舍小睡。上午柳漪来商,将讲演时更调,余下下周提至下周,允之。将文稿酌提纲领。晚十时送雯儿还宿舍。读《说郛》,至十二时半乃寝。近来嫉恶之情更胜于前,昨闻物华言,某青年在译员训练班任总务主任,竟以其妻为会计主出纳,为之深慨。逮归来就寝,犹有馀愠,此亦大可不必也。戒戒!

〔付晚饭七五元。〕

九日　阴历三月十七日　星期日　晴

七时起。上午阅《说郛》。阅学生笔记。午饭后睡。三时阅笔记。写讲演纲要。雯儿来，九时送之还宿舍。归阅《说郛》。一时就寝。晨泻一次，午后泻一次，不知其故，或昨晚食不洁也。得从吾书，中央研究院总干事先请枚荪，如不就，再由雪屏代。委员长定十二日召集各干事训话，故诸人十四日可归。今日报载龙志舟发表书面谈话，谓此次盟军入缅事前宣传太过，所谓宣而不战，雷大雨小，以致敌先发制人；又言史迪威将军出兵缅北之目的惟史将军自知，或意在宝石厂之宝石；又言缅北战事及印东战事影响甚大，其影响惟大政治家、大军事家能知之；又言如能雨季前打入缅甸，尚可挽回颓势云云。以上默摘大意，原文或有出入，有意乎，无意乎，外间纷纷推测。晚间邵光明来，言自思茅甫还，其地三年来连传大疫，死亡殆尽，十室九空，在城内行走，恍若警报景况。全县不足万人，土田荒芜。往时之富庶之乡，今竟如此，而外人罕知之。又言自思茅至昆明须行十八天，非有二十只枪保护不能行。彼此次奉命乘飞机往送饷银，在思茅候十二日，始有一战斗机于今日往接，否则不能回也。

〔付晚饭六〇元，雯点心四〇元，又五〇元。〕

十日　阴历三月十八日　星期一　晴

七时起。九时入校治事。十时至十一时授课。十一时半举行纪念周，余主席，略报告经费情形。十二时往师院午饭。饭后还。倦甚，睡至四时乃起。至才盛巷习拳、治事。七时还，欲整理讲稿未果。十一时就寝。闻连日汀江轰炸甚烈，并有伞兵，幸为盟军歼灭。其地闻有飞机场八，皆我物资所储，一旦沦敌，损失殊钜，闻第一步正在抢运钞券。外传新疆情势甚紧，苏机十架已炸三日。委员长现驻兰州，又传在西安，或又传在柳州，总之两路均甚紧。关东军既南下,而广州敌军队又调动甚忙,必有动作也。偶读《说郛》,述"开元通宝"自武德初造,历数代不改,疑明初大中钱亦师其意,本欲为一朝之定制,久行不废也。

〔付十里香茶三公两二三四元,僧帽牌洋烛小包八支二七五元,雯买雪花一〇〇〇元。〕

十一日　阴历三月十九日　星期二　阴

七时起。九时入校治事。十时授课。十二时至师院午饭后回舍小睡。检讲稿。六时至西仓坡,苐斋请银行界,嘱陪。七时莘田来接,同至昆中北院北教室。以时稍早,至街略步,复还。莘田主席介绍后,余讲演,即用《清皇室氏族与血系》文稿,凡二小时乃毕。与莘田、雯儿、坤仪、式珪进牛乳及蛋糕,余未晚饭也。归。与莘田谈,十二时就寝。今日崇祯殉国三百年纪念。

〔付雯用二〇〇元,又三〇〇元,点心二〇〇元。〕

十二日　阴历三月二十日　星期三　晴

七时起。晓宇来谈。十时入校授课,课毕治事。十二时至师院午饭。饭后还舍小睡。三时复入校治事。五时至文化巷开常务委员会。七时毕,进膳而还。汇臣来,言决往交通大学任国文教授,以事关其前途,不便固留,谈至九时乃去。十二时就寝。闻孟邻师今晨返昆,晚欲进谒不果。得雪屏书,中央研究院总干事决请枚荪担任,如枚荪不就,则以雪屏用秘书代。

十三日　阴历三月二十一日　星期四　晴

七时起。八时至才盛巷谒孟邻师,知近顷委员长多日未见客,以伤风之故,非往前线也。中央全会定下月二十日开会,政局或有变化。此次在渝,觉人情浮动,不似往回,大都以财政、宪政为核心问题。孙科在青年团干事会攻击训练问题,以为与民主日远。美哈佛大学著名教授联名函政府,谓中国统一学生思想,此类学生到美应予拒绝。青年团干事会后复在北碚开干部会议,决议倒孔。凡此均浮动之原因,亦群意之表现。委员长向来动在几先,必已觉察,且有以处之,但孔决不使之是,则不知若何变化也。入校治事。十二时至师院进膳。雪屏亦于今晨还,从吾偕来,随乘火车往宜良矣,雪屏与早间闻之于蒋师者相同而较详。孙科言,青年团惟一工作应使团员代替保甲长工作,且言国民革命以来打倒之土豪劣绅,近皆为保甲长,政府且保护之矣。青年团干部会议本无预定倒孔计划,但开会时分析目前局势之严重皆集中于财政问题、官吏营商问题、廉洁问题、兵士农村问题,于是遂有誓杀此獠之激烈表示。到会者二十八人,推邓文仪、康泽、叶青、刘健群及雪屏五人起草,五人又推雪屏执笔,脱稿后出席者尚以为不强硬,又推邓、康、雪三人更加强笔调,预备于十一日委员长训话时呈递,由张文白代呈[①]。而临时委员长嗽甚,且盛怒训诸人,张遂不敢代呈。昨晚又开会,张文白言日内必为转呈[②],然重庆市莫不知之矣。闻下月二十日全体中委会议时,青年中委亦将有同样表示云。饭后回舍小睡。三时入校治事。与孟邻师谈甚久[③]。五时归。至兴宝园,汇臣约便饭。遇陈保泰,谈米代金事。偕耘夫、汇臣、矛尘至同仁街。十一时与莘田谈,就寝。

十四日　阴历三月二十二日　星期五　晴　阴　风

七时起。九时入校治事。十二时至师院午饭。饭后还舍小睡。心恒来。晓宇来。雪屏来,同至才盛巷谒孟邻师,不值。晤枚荪、今甫。余询枚荪往美国意见,枚荪以夫人病辞,谈甚久,极同情之。继谈中央研究院事,亦辞,与雪屏劝之良久,未移。至尹辅家,

①②白　原作"伯",本年五月六日同,据《中华民国史·人物传》改。
③师　原脱。

公饯晓宇、汇臣，主人有莘田、雪屏、尹辅、泰然、耘夫、矛尘、立厂诸人，聊示惜别之意而已。饭毕，诣汇臣许，小坐，归。读《说郛》。一时乃就寝。

〔付鸡蛋二十个一四〇元，请客三七五元。〕

十五日　阴历三月二十三日　星期六　阴

五时腹涨，起泻，再寝，迄九时半乃起。十时入校治事。十二时至师院午饭而还，清常相送。于途中告以其姊妹近事，谓有某欲婚其妹，清常及其姊反对之。某乃以无赖行径相要挟，谓将发其姊阴事于其姊丈，实则无的之矢，聊以示恫吓而已。其姊怒，清常亦怒，欲移其妹来昆明。然而其妹若来，清常生活将益无法维持。小人之逼害人诚无所不至，而君子防未然，亦不可不信。不惟自陷，抑以误人。雯儿来。改论文。晚饭后送之还。改论文“氏族”中一段，成《清国姓爱新觉罗得姓臆测》，拟先发表，将来仍以入之“氏族”论文中。此“觉罗即夹谷”之意，前已有之而未写入，后晤徐旭生先生，深然之，故再写一过，而于旧文中加别有说一注。十二时就寝。

〔付理发五〇元，晚饭一四〇元。〕

十六日　阴历三月二十四日　星期日　晴

七时起。改文稿毕。午后小睡。雯儿来。晚约家骅夫妇及许宝騄晚饭，以家骅夫人将往渝也。归舍。杂检案上书读之。九时半就寝。连日困甚，闻二炮即登榻。

〔付请客一二〇〇元，送礼九〇元，茶叶一〇〇元，鲜花饼五个一〇〇元。〕

十七日　阴历三月二十五日　星期一　晴

七时起。九时入校治事。十至十一时授课。纪念周。十二时至师院进膳。归舍小睡。三时至中央银行晤王副理，谈周转金三百万借款事，据言合同已备好，由校盖印后送行转送财政部担保，俟批复即可支用。至才盛巷治事。晤茀斋，谓月涵先生有信致余，言星期三四可归，余尚未接到。习拳。与孟邻师谈。与枚荪谈。与汇臣偕步，各还寓。十二时就寝。

〔付雯定鞋四〇〇元。〕

十八日　阴历三月二十六日　星期二　晴　雨　晴

七时起。九时入校治事。十时授课。十二时师院午饭，雯儿亦往，并有端升。饭后还舍小睡。四时至才盛巷治事。五时开谈话会，蒋师主席，谈两事：一、各系休假人数，主每系不得过二人；一、派员赴美讲学兼宣传。师初属意端升，端升辞，不考虑。又询枚荪，以夫人病辞。余又往询锡予，以自己病辞。而莘田亦以语言为难，不愿往。只有今甫一无挂累，或可往，而亦辞。今日师以锡予、端升、枚荪、今甫四人提出，而将各人情形说明。端升、锡予有事实上之困难，众劝枚荪，枚荪言甚恳切，在情感上不忍远去。于是众推今甫，强而后可。聚餐后谈时局甚久。雪屏谈，现专科以上学校有十三校发生风潮，西北、同济、湖南、西北工、西北农、技专、语专等均是。又言新疆问题已解决，外传轰炸过甚，其词非事实也。又言最近有外国记者欲往延安参观，中央欲不允，未果，今已允之，不日可行矣，但不知其报告若何，感想若何。十时还。十二时就寝。

十九日　阴历三月二十七日　星期三　晴　雨　晴

七时起。九时入校治事、授课。十二时往师范学院午饭而还。小睡。三时复入校治事。五时在南开办事处开常务委员会，议决修礼堂合同。七时半还舍。十二时就寝。

二十日　阴历三月二十八日　星期四　晴　谷雨

七时起。泰然来。九时半入校治事。十二时师院饭后还舍小睡。莘田谈早间自昭、秉璧来与之谈，谓前日推举今甫往美，乃因莘田自不能往，遂推今甫。而锡予并非不能远行[1]，其夫人亦赞成之，以蒋校长未亲向之提及，故不能表示。乃约莘田同往谒蒋先生，莘田怒而拒之。此事甚怪，派教授往美，余言之莘田，莘田自以语言关系不愿考虑，何来求之不得之谣？至锡予之最相宜，人人同有此感，余首询之，锡予以体力不胜为言。莘田亦询之，辞尤坚。且蒋师、枚荪、今甫、端升、雪屏均谓锡予去最好，余之往询即遵师命，何来未往征求同意之说？然锡予既有愿往之表示，今甫必相让，故下午四时与莘田往才盛巷时，乘便询锡予，锡予坚持不往，更言前有不便说之理由：一、不愿受训；二、不愿去宣传。体力仍其次也。且称此不便说之理由，曾两次向秉璧谈之，彼深知之。又言自昭于此事，前日始闻之，故颇生气，以为学校何以不先通知。此事本不甚久，外间早已腾说，不知何以彼独未闻。前日开会原专为此事，此即学校正式之讨论，何所谓事先通知耶？锡予言或自昭愿往而事先不知，以为恨耳。余语锡予如真愿往，在校中极愿提出，校中绝对持坦荡态度。今日任继愈与冯钟芸订婚，在才盛巷设馔，九时还。欲写一跋大中钱短文。十二时半就寝。每日均感睡眠不足，不知何故。

二十一日　阴历三月二十九日　星期五　晴

七时起。十时入校治事。十二时师范学院饭毕而还。小睡。四时至才盛巷谒孟邻师，久谈。习拳。饭后又与物华久谈而还。跋大中钱，未写数字。明日绍穀约往观音山，欲早睡。检《东亚钱志》，未果。就寝逾十二时矣。雯儿携来昌儿像片一帧，今年二月所摄，骤视竟不相识矣，为之泫然。

---

①予　原作“余”，据一九三八年一月十一日日记改。

〔付雯用一四〇元,樟脑丸二十粒五〇元。〕

二十二日　阴历三月三十日　星期六　晴

七时起。八时景钺来,送沈嘉瑞请求休假书[①]。九时绍穀、佩弦来,与莘田各携被褥,偕乘汽车随往雪屏处。相与同沿公路至车家壁下车饮茶,更至高峣苏家村参观北平研究院动物研究所。晤张尔玉,小坐,谈甚快。更至观音山,未登山,在龙夫人墓参观。更至白鱼口参观绍穀经营之滇池农场,进餐毕已二时。往庾氏空谷园,匆匆一过而出。乘车至高峣,欲转安宁温泉,以兴尽改计各归。来去匆匆,余又倦,未能赏于心,但湖光变幻五色缤纷为美观耳。空谷园滨滇池,前有乱石,后有小山,林木丛蔚,取景甚佳。惜房舍不相称,令人少幽远之想。园中有磊楼,或云望月甚佳,以意度之必不差。园中又有温泉,未试,或云较凉。归后偕莘田各食面一盂,同往云南服务社洗澡,久无此适矣。十一时归,随寝。晨佩弦言中法大学学生罢课,此风竟传至昆明,可虑。

〔付晚饭一〇〇元,洗澡二人三四〇元,洗衣二小件二〇元,洗被一条四〇元。〕

二十三日　阴历四月初一日　星期日　晴

八时始起,夜眠甚酣。泽涵来。王寿仁来,谈美大学予以奖学金,可留学一年或二年,勉其必往。饭后又大睡,三时乃起,连日之困或稍解乎?晚饭后诣莆斋,小坐而还。泰然来。晚写跋大中钱短文毕,复写跋开元钱短文一篇,论钱文之读法。十二时就寝。

〔付雯用一〇〇元。〕

二十四日　阴历四月初二日　星期一　晴

七时起。九时入校治事。闻月涵先生自渝还。十至十一时授

①嘉　原作"家",据《国立西南联合大学史料·教职员卷》改。

课。陈保泰来谈。十一时半纪念周。至师院午饭。雪屏言，闻之新自渝来者言，陈立夫将调内政，王雪艇继教育。饭后将访月涵，以茀斋言其外出乃还。小睡未熟。改前年讲稿，将以送吉忱出版，且拟暑假后专读英文也。泮芹来久谈，将往美国。四时半偕之步往才盛巷，治事并习拳。与今甫、枚荪、物华、枢衡谈，雪屏、慰慈亦至。十时还舍，雪屏偕行。十二时就寝。托物华划一万元至沪，交三姊汇平。先交五千元，由办事处借六千元，分月扣，兑率一比一，俟收到再交五千元。昌儿来信，前托董划之千元在此交六千元尚未收到。雪屏言，公费留学考试决停止，已取之私费学生及教授出国者，一律暂缓，闻系委员长之手令，以印度洋交通安全为理由，其内在原因不详。

〔付寄家五〇〇〇元。〕

二十五日　阴历四月初三日　星期二　晴　热

七时起。九时入校治事。上课一小时。与月涵先生谈甚久。一时与泮芹同午饭。殷宏章来谈，欲往英国讲学。归舍欲睡，未成。雯儿来。晚饭后至才盛巷，闻端升病，今日将入城，住惠滇医院诊治，不知果来否。询之泰然、今甫，均不知，乃还。与从吾谈，知华炽欲受训，定二十八日飞渝。改文稿。十二时就寝。月涵先生谈停止留学之事甚确，但教育部尚不愿宣布。美国约请者或可准其前往，如今甫诸人是也。

〔付雯用六〇元。〕

二十六日　阴历四月初四日　星期三　晴　热

七时起。九时入校治事。奚若谈端升昨日入城医痢，未入惠滇医院，住圆通街某处，现服新发明特效药，非“药特灵”也。十时授课一小时。十二时至师院午饭。饭后还舍小睡。三时复入校治事。五时至西仓坡开常务委员会，商建筑校舍、招考新生诸事。余主将现有校舍加以调整后定计划，男生或集中北区，女生集中北院，附中集中南院，以北院一年级宿舍住女生，附中宿舍改教员宿舍，别于其前造新屋。咸以为可。暑中招生，咸谓学生太苦，欲减少考试时间。余意分二场，初试国、英、算，录取后覆试史、地、社会科学、自然科学，亦通过，并定五四放假一日。十时还舍。改清初礼俗讲稿。十二时半就寝。

〔付鸡蛋十个八〇元，雯用三〇〇元，修表二〇〇元。〕

二十七日　阴历四月初五日　星期四　雨

七时起。改讲稿。九时半入校治事。十二时雪屏来，同往师院。未出大门，见麕集百许人，声音噪杂。急入探询，知晨间有某处军人欲入校访友，校警阻之，发生口角，校警扣其胸章。军人引其同伍者十馀人，持械并扁担等来寻衅，肆口辱骂。校警避去，学生与之理论，情势汹汹。余一面命电宪兵司令部；一面看住其官长某人，责令负责遣散；一面劝住学生。军人乃散去。散去后，乃命将其胸章还其官长。乃往师院午饭。饭后还舍小睡。天忽阴雨。写改讲稿。昨日孟邻师告以才盛巷工人全辞，命另派人主持办事处事务，或即命德成。今日本欲往商定，未果。十二时就寝。连日困倦思睡，不得其故。今始知每日枕上阅书太久，往往至一二时，以故每日睡眠不足六七小时。午睡如不熟，益不支矣。戒之！戒之！

〔付赠孟真书五〇〇元。〕

二十八日　阴历四月初六日　星期五　晴　雨

七时起。十时入校治事。十二时往师范学院午饭。饭后与雪屏谈。还舍小睡。三时至才盛巷，途遇陈保泰，谓奉部令米贴又改照公米价发给，询余办法。余以未见，约晚间在才盛巷详谈。在才盛巷治事毕，参加院校公宴。今日之宴，本由北平研究院医药研究所、云大、联大、西南中学作东道，宴各厅厅长及粮政局长，谈公米供给。或未到，或先去，入坐时仅杨镜涵一人及教育部督学杨君，余与今甫、枚荪临时参加，镜涵席半去。诸人遂谈米贴问题，对今日之令甚忿，主联电再争。九时客去，仅留月涵、今甫、枚荪，谈及政局，孟邻师以为孔必不动[①]，而宪政实施或提早，枚荪意同。余疑财政部长必不动，而副院长或易王亮畴，或易朱骝先。外间盛传孔必去，恐不然，余疑代以王、朱者，以二人和易也。外有传宋者，疑未必然，师亦韪之。余尚疑院长或亦让出，其继或王，副则朱。十一时还舍。十二时就寝。才盛巷无工人。今日六时，临时托郭平凡借二人，备请客伺候。

二十九日　阴历四月初七日　星期六　晴

七时起。十时入校治事。十二时至师院午饭。饭后诣承谔。晚与从吾久谈[②]。十二时半就寝。

三十日　阴历四月初八日　星期日　晴

七时起。改论文。十时半与莘田携雯儿至新校舍，乘汽车至云南纺纱厂参加清华纪念会。餐后有平价物品出售，购一二事而出。便道访绍穀，贺其娶子妇。步至正义路，热甚，在茶馆小憩后，余至才盛巷，雯儿归宿舍。与枚荪、今甫、孟邻师谈公舍及办事处管理事，四日来无一工友。蒋师在外包饭。今日上午泰然竟不告而出，竟使无人守门仅一汽车夫，蒋师竟不能赴会，迟之久久。不得已，使燕华守门，而至纺纱厂已迟误矣，师为之大怒。余闻之，乃往商解决，决定命金恒孚来处，急觅工友。饭后乃还舍。雯儿来，送之还舍。十一时半就寝。

---

①孟　原脱。

②谈　原脱。

〔付酱油一瓶一五〇元，火柴十小盒五〇元，茶三十元，客饭十一餐四四〇元，补师范学院饭费五三〇元，雯用二〇〇元。〕

本月收入一〇八六八元。支出饭食三六一五元，酬应二八六五元，杂用四三四六元九角，雯用二八九〇元，寄家五〇〇〇元，共一八七一六元九角。本欲节用，而所用乃较上月更多。

五月

一日　阴历（甲申）四月初九日　星期一　雨

昨睡甚酣，醒已八时，睡眠足八小时矣。九时半入校。抵校门已铃声作，乃先上课。十一时下课。知纪念周合并五四月会同时举行。十二时至师院午饭。归舍已一时半，又睡二小时乃起。连日积困，或稍舒乎？张云川来，漱溟表兄之友，去年中秋离北平，今正在重庆，来昆仅十日耳。述漱兄近况，新夫人陈氏，滇人，久居北平，在桂任教，婚后已辞去。漱兄住国学专修馆，每周讲述二小时云。董家铭表侄携其新娘刘蕙荃来见，谈甚久，即约其往兴宝园便饭，雯儿随往。饭后还舍。九时半送雯儿还宿舍。归。读蔡先生传。十二时就寝。金恒乎今日往才盛巷，并雇工友一人前往，或可暂宁。孟邻师已往渝[1]。

〔入四月薪五八〇元，生活辅助一〇〇〇元，加三十成一七四〇元，三月米贴四八〇〇元，研究费三四八元，三月房租二〇〇元，四月车费四〇〇元，补一月米贴二二〇〇元，共一一二六八元。付捐税八七.五〇元，付房租一一〇〇元，布二四五元，请客七三〇元，糖五〇元，宿舍杂费一六〇元，捐〇.六〇元。〕

①孟　原脱。

二日　阴历四月初十日　星期二　阴

昨夜枕上读威尔基《天下一家》，至一时始入梦，今晨六时半醒，竟不能复睡，即起。九时半入校治事。十二时师院午饭后还舍午睡，二小时乃醒。改论文。雯儿来。九时半送之还宿舍。读《天下一家》。十二时就寝。

〔入补发六月米贴一一一五元。付给老黄养病二〇〇元，点心七〇元，师院饭费一五〇〇元，雯布二四五元。〕

三日　阴历四月十一日　星期三　晴　雨

七时起。九时入校治事。十至十一时授课一小时。十二时至师院午饭。饭后还舍小睡二十分钟。继侗来，谈杜增瑞医药费事，由校先借二万五千元。三时诣黄子坚、查勉仲，同视察昆北新建校舍，灰线略有易动。入校治事。五时至西仓坡会子坚、明之，再往昆北勘察建造宿舍地点，子坚主南北教室院，余意在附中宿舍院亦佳。六时还西仓坡开校务会议。饭后讨论建造宿舍事，决定每家以前后二间为限，每间宽十二尺，进深十一尺，每二家一小院，厕所、厨房均另设公用者，平均每家须二十万，瓦顶麻矶地。如向银行借款须八厘利，月租二千元，推明之计划之。九时会散。今晚史学会开座谈会，谈五四事，已允之，开会太晚，竟不果往，为五四壁报题"五四运动是自救自强的开始"数字。十二时就寝。

〔付给老杜赏五〇元。〕

四日　阴历四月十二日　星期四　雨

七时起。入校八时。开精神动员月会，以雨改在图书馆内举行，由枚荪讲演，勉青年勿为中年人所利用，亦勿如中年人之销沉。意甚佳，吾恐有心者又不免断章取义也。午与矛尘、晋年、承谔食包子，在承谔处玩并晚饭。十时还。十二时就寝。

〔付布二四五元，午饭一二一元，鸡蛋十个八〇元，早点五〇元。〕

五日　阴历四月十三日　星期五　晴

七时起。莘田告以昨晚文艺壁报座谈会发生事故。莘田言，昨晚与一多应《云南日报》之约，到会已晚，见南区十号教室座位已满，有学生二三迎前来，言教室座位不足，有听者多人已拥讲者五人往图书馆去。教室中人以坐候已久，不肯往，两下相持恐成僵局，请罗先生一为调停。莘田乃入，述蔡先生在北大音乐演奏会命无票学生退出会场，无票者立即退出故事，并言此系北大精神，望大家效法。或言今日情形不同，我辈有票，彼辈无票，乃要求莘田先讲，莘田允讲十分钟，而学生更要求别位先生亦来讲。时一多在门外，乃入教室，言清华精神亦即北大精神，总要自己牺牲，我决不在此讲，欲听讲者随我至图书馆。于是有离教室者，诸人随之至图书馆，至门，莘田以人拥不得入。其后馆内开讲，一多先讲，馆外鼓噪，有捶门板者，馆内遂宣布停讲而散。散后一多与今甫、佩弦来舍，向莘田道歉，莘田表示绝不介意。又言其初傅乐淑曾往图书馆劝驾，为今甫所骂云云。余随入校，见满墙均是声明及其他文告，多不署名，大要以主持人应向教授道歉，定期另行举行，赔偿学校损失为言。有一文告最奇，谓在馆外鼓噪者不过二三十人，高呼打者其声尖锐，同学不难推知其为何人。又言同学以罗先生“面子”为言。吾意开明以蔡先生为法之罗先生，必不以面子介意云云。十一时余至北院与米士勘查掘井地段，并至图书馆调查，知昨晚毁椅十九，桌三张。十二时半至师院午饭，遇张清常，谓闻之学生昨晚之事，坤仪态度欠和平，不免滋人批评。雪屏亦言，或谓坤仪不应参加，而均不知其详。饭后还舍。遇高华年，言昨晚在图书馆见坤仪神色甚怒，面向一多质问并反驳，一多遂怒而不讲云。还舍小睡。后至才盛巷，今甫谈昨晚之事，谓坤仪盖受乐淑之鼓惑云。九时还舍。得孟邻师三日书，谓学术审议会定余论文为三等奖，并云“大著之价值，佥认为应得二等，因份量太少，故与他相较，只能给三等”云。余能得三等已觉过分，绝无所怨。但学术论文而以份量衡量，斯所未喻，决意辞不接受。十二时就寝。

〔付雯用一〇〇元。〕

六日　阴历四月十四　星期六　晴

先妣陆太夫人七十八岁冥寿。七时起。九时入校治事。致电吴士选，请撤销送审论文。十二时至师院午饭后回舍小睡。张为申来，至其家。六时李润章召饮于家，有月涵、今甫、枚荪、仲钧、企孙，谈甚畅。十时还。李其泰自渝还，言林祖涵自延安至重庆，王世杰、张文白自重庆往延安，政治军事上或有光辉也。前晚之事，或云有政治背景，或云无之，疑其后说为近。十二时就寝。

〔付白布三丈特价三〇〇〇元。〕

七日　阴历四月十五日　星期日　阴　晴

七时起。九时心恒来，谈甚久。十一时往视锡予疾，或是疟疾，无妨也。饭后小睡。雯儿来。雪屏来，八时去。魏明经来谈两小时，谓中学程度低落，欲推翻现行制度，以一人教文科，国文、英文、历史、思想等皆任之，使国文有根柢，须背文五十篇，英文背若干篇，根柢实，然后授以历史，使读之。两年之课，一二月可毕。余劝其与习教育及心理者多请教。与从吾谈至十二时半，大体皆学生及党团之事。就寝已一时。

〔付早点一〇〇元，烧饼四个四〇元。〕

八日　阴历四月十六日　星期一　晴

七时起。九时入校治事。十至十一时授课一堂。十一时半纪念周。十二时至师院午饭。还舍午睡，至四时乃醒，凡睡三小时。

至才盛巷治事。与枚荪、今甫谈，从吾、雪屏亦至。十时还舍。十二时就寝。闻我军二师渡怒江前进，滇西反攻已开始。今晚中国文学系举行文艺晚会于新舍图书馆前草坪，即五四文艺座谈会之变象，而由系主持者也。讲者十人，听者千六七百人，秩序甚佳，一多所谈甚激烈。

〔付雯用二〇〇元，洗小衣二件二〇元。〕

九日　阴历四月十七日　星期二　雨　晴

昨雨连宵，七时起，犹未止。九时入校治事。十时授课一小时。十二时至师院午膳而还。小睡。四时至才盛巷治事。习拳，八十一式今日始习完，仍未熟也。七时还舍。偕莘田至西仓坡，月涵先生约晚饭，为今甫、序经饯行，枚荪、光旦、佩弦、奚若夫妇均到，端升未至，谈甚畅[1]，十一时乃散。归。理讲稿。十二时半就寝。

十日　阴历四月十八日　星期三　晴

七时起。读《史稿·吴三桂》《尚可喜》诸传。继侗来谈售布事。十时入校授课。课毕，治事。十二时至师院午膳。清常云，教育部新定章程，送审议者论文必在五万字以上，余文不及其数，故列三等云。余文果与新规定不合，应不予奖或退还，今由二等改三等，何也？还舍小睡。三时再入校。与继侗商定售布办法公布。五时至西仓坡开常务委员会，讨论壁报取缔事。十时散，归。十一时半就寝。芝生云，于右任已辞官往成都，不满意于孔及宋氏姊妹也，留《浣溪纱》一阕。余颇怪其何不明章弹之耶？正之云，何应钦辞军政部长，将升任军事委员会委员长兼参谋总长，而荐刘峙、顾祝同、钱大钧继任部长，蒋委员长批“陈诚何如”四字。芝生又云，此次河南战事我军并未抗敌，均系望风而逃。两君均星期日自渝

---

①谈　原作“夜”。

返昆者也。

十一日　阴历四月十九日　星期四　晴

七时起。检《史稿·吴三桂传》。十时入校治事。十二时至师院午饭。饭后还舍。饭团诸人坚持请看电影,苦辞乃获脱。午睡三小时不自觉其多,意夜眠太少之故。检《清史稿》。晚饭后韩质如引张云川来谈,述苏豫情形甚详,其言激忿,自是有感而发,然必欲归罪一人,亦太过其言。走私、舞弊、苛民诸事向亦闻之,惟云前方将领太平观念太重,以为敌必不能来且亦不来,夸于人遂不免骄闻于众,遂至于惰漫不设备。一旦敌人猝至,惟有弃资而逃耳。颇有所见。并言汤恩伯在叶县,蓄粮百万馀石,焚毁不及,均以资敌。惜哉!惜哉!季谷诸人均在叶县,不知何往,殊念。十二时就寝。

〔付雯用一〇〇元,理发五〇元。〕

十二日　阴历四月廿日　星期五　晴　雨

七时起。九时半入校治事。十二时至师院午饭。饭后还舍睡一小时。自毓棠处借来《百陵学山》十四册,读之一无所得,又不忍不终卷,费却半日半夜时间。明朝人习俗好著述,好刻书,而不求其精。此书但求篇少易刻,凑成百种,盖尤下也。得俊升电,谓撤销万难。刘康甫来函,有所解释,并有所牢骚。自两月前修铺宿舍草顶,估价百馀万元,康甫请求全付。会计室索阅合同,发见订明三次付款,拒不付款,以告余。余乃言之月涵先生取消其事,改为分次修补,而事务、会计遂尔不洽。半月前地理系为裱地图,价较之系中自裱高出一倍,拒绝接受,外间遂有说话。昨日学生自治会请改善饮水,一谓太浊,一谓不开。余以授康甫。晨间康甫力保其为开水,余恐肇生事端,嘱其切实改善。际此学生浮动,万一集中于此,则无以对学校也。又以近日零碎工程太多,嘱其修缮后必求原机关证明以明责任。康甫太自信,太庀下,故微讽其注意。康甫来函,疑胡蒙老谗之,又疑欲夺其位,实非也。近日说闲话者固多,且言其与沈刚如钩结,前此刚如验收铺草工程,不谈其是否与合同作法相同,只言其较去年工作好,又代催付款,遂致人疑。此次验收改请王明之。然余终不信其或有舞弊情事也。十二时就寝。

〔付蓝布十三尺平价八六〇元,点心五〇元。〕

十三日　阴历四月二十一日　星期六　晴　风

七时起。九时半入校治事。十二时师院午饭而还。小睡。四时至才盛巷治事,并检书。文科研究所书籍尚未全部陈列。九时还舍。杂阅案头书。十二时就寝。

〔付雯买钢笔一五〇〇元,雯用四〇〇元,雯买纸一二〇元,点心一五〇元。〕

十四日　阴历四月二十二日　星期日　晴

七时起。九时约莘田携诸儿食蒸饺及汤面,食毕,与莘田及坤仪、雯儿至篆塘乘车,至大观楼侧潜园唐立厂寓所小坐,往大观楼闲步一匝,仍还立厂许,子水继至。又有吴佩韦,大关人,从立厂治古文字,亦来同食薄饼饭。作牌戏。晚饭毕,偕子水、莘田步入城,两儿午饭后还矣。抵宿舍已将十时。倦甚,即寝,久无此早睡也。闻昨晨二时半敌机近市空,未鸣警报。

〔付请客四六〇元。〕

十五日　阴历四月二十三日　星期一　晴

七时起。九时入校治事。十一时授课毕。十一时半纪念周,芝生讲演。十二时一刻师院午饭。饭毕还舍午睡,至四时乃起。前日莘田为《民国日报》作“星期论文”一篇,题为《释命令》,最后一节于中央训练团有所讽刺,昨日登出已删去。晚间莘田归,见之大怒,嘱以询雪屏,且疑系从吾授意。午间余以询雪屏,乃雪屏所删。醒后以语莘田，怒极，立即登楼向从吾宣布脱党，阻之无效，从吾善言解之。值吴志青来教拳，余又作教职员统计，未及详谈。八时诣月涵先生，不值，归。与莘田作长谈，莘田之意以为雪屏不应不先通知而删节其文，有割席之说，又知其曾嘱高华年送一信至报馆说明其事，并令补登，或加以声明。余谓此举太过，吾辈内部事，不应向外人言也。又莘田于晚饭时尝述此事，余亦觉不便，以人太多也。莘田亦自言近来易怒伤肝，谈至十二时半乃寝。

〔付面包四个六〇元。〕

十六日　阴历四月二十四日　星期二　雨

七时起。九时入校治事。十至十一时授明清史一堂。下课后与月涵先生商校务，不觉至十二时三刻。不能更往师院，遂与耘夫往门前小铺进膳，各费七十元。食后还舍小睡，三时起。与从吾至锡予处开研究所会议，闻从吾言，晨晤雪屏，意颇不快，尚无与莘田面谈之意。余谓此事必两人面谈，始能说明误会，亦免他人不负责任之传说，而增加感情上之不快。乃决先往晤雪屏，道中看《民国日报》，见莘田所言更正信亦未刊出，为之深慰。雪屏言已有函向莘田解释，说明立场，余述见面之意，雪屏言稍俟莘田怒息即来，余乃回锡予处开会。始见莘田，今日尚未见面也。询以雪屏信，据云未见。五时散会还舍。雯儿来，九时送之还宿舍。夜与莘田谈，知雪屏信于归舍已见之。惟晚饭时又强从吾于七时佩弦讲演时往听，并言代党部效劳已多，如从吾不往，必将大骂，从吾允之。讲演时佩弦道及《命令》，而莘田不觉，又引起牢骚，遂将改删文稿之事当众宣布，但未明述雪屏之名耳。莘田述此意亦悔之，余亦以为太过。此时但取快一时，将来必贻悔无穷也。十二时半就寝。

〔付午饭七〇元，晚饭五〇元。〕

十七日　阴历四月二十五日　星期三　晴

七时半起。十时入校授课,课毕治事。十二时清常来,接往师院进膳。途中告以今日《民国日报》已将莘田信登出,雪屏极为伤心,又写一信致莘田。清常恐将益闹,力阻之,并嘱余亦阻。余晤雪屏,知信词无碍,遂促其送出。饭毕回舍小睡。五时至西仓坡开常务委员会,八时还舍。又得清常书,谓或告雪屏谓莘田登报之稿,乃于得雪屏解释信后所改写,雪屏大为不满,事将扩大。余读之大惊,乃询莘田以究竟,因如此则非意气问题,乃人格问题。传之于外,将疑莘田于对方道歉后犹为过甚之举,不将视为小人乎?莘田力证得信在十六日五时后,发稿在十六日十二时前。得写一信致雪屏说明并解白。十二时就寝。下午上书孟邻师,末述不受学术审议会奖。上午胡蒙老告以昨日下午与刘康甫冲突事。矛尘病,未到校,常委会由余记录。

十八日　阴历四月二十六日　星期四　晴

八时起。清常来,以致莘田书见示,其中责莘田处余均已言之,但余与莘田二十五年交谊,说之无妨,清常以师弟关系言之,恐反致决裂,劝其不投,清常亦以为然。遂以莘田昨晚致雪屏函,托其偕往。十一时至校治事。十二时至师院午饭。饭后还舍一睡,至四时乃起。至南开办事处,询知印度本奈司大学校长罗伦爵士已到昆明,乃入校,发明日三时讲演及十二时午餐、下午四时茶会通知。五时半还舍。习拳。雪屏来,晤莘田,甚善甚善,可佩之至。雯儿晚来,十一时送之还。余归,亦就寝。

十九日　阴历四月二十七日　星期五　晴

七时起。杂检案上书,忽已十一时,乃入校治事。十二时至文化巷招待罗伦,用素斋八簋,精而不丰,似胜于荤食。其人为佛教徒,虽鸡蛋亦不食。一时半回舍。三时在昆北食堂讲演《科学够了吗》,未往听。四时在西仓坡茶会,亦未往。至才盛巷治事。晚饭后还舍。十二时就寝。

〔付糖二〇元。〕

二十日　阴历四月二十八日　星期六　雨

八时未起。陈保泰欲来谈,允稍迟往晤。及面,出陈立夫某秘书函相示,据称日前中常会预备会孙哲生对目前政治抨击不遗馀力,并印发《一得之见》小册,主张民主。并先从院长、部长由公选作起,预备会似已采纳。又四院院长均言辞似反孔也。又言陕北共产党有与日本妥协共同进兵事,此则余疑其必不确。王世杰、张治中前日始自西安与林祖涵同来重庆,何至如此耶?又言米贴事,立夫约孟邻师于十五日商谈云云。辞归舍。念重庆政界必不宁,而俊升久居部曹,亦非所宜,乃作书劝其还校,谓"兄离校倏逾七年,友好怀念,无时或置,政海汪洋,尤非学者所宜。此间莘莘,喁望孔殷,兄忍弃之耶?"十时半入校治事。十二时至师院午饭。忽雨。归而小睡。写清初礼俗讲稿。入五月,写作甚少,忙耶?惰耶?十二时半就寝。近传立夫调长内政,以办选举,此或其所愿也。教育前传雪艇,近又传道藩保泰向人如此说,余则深恐孟邻师更坐此席。近年来国内外对西南联大最为重视,而师舆望尤隆,若政府为事择人,自以师最相宜。但今日之教育界,立夫以办党之法办之,几于不可收拾,改善既不可能,淘汰更不可能。师行前,与师极论之,相与叹息久之。更就内眷言,亦不相宜也。今日开十二中全会。

二十一日　阴历四月二十九日　星期日　阴　雨　小满

八时半起。九时半莘田约食包饺。食毕,偕至大观楼吴佩韦处,立庵、子水及杜□□先后至[1]。午食薄饼。下午作牌戏。晚饭

---

①原于此处空阙二字。

后还城。八时半舍中擒一贼。以老杜见其入赖才澄之室而未开灯也,大声而呼,其人急遁出,截获于大门。初以为尚未失窃,及赖才澄归检室中衣物,则所失在万元以上。舍中有人二十馀,工友往来送水,不知鼠辈何时入来,何时运物出而复归也。才澄晚饭后出,以钥匙交之老杜,幸而窃贼擒获,否则老杜将蒙不白之冤矣。十一时半就寝。天复雨。

〔付车钱六〇元。〕

二十二日　阴历闰四月初一日　星期一　雨

七时起。检讲稿。十时入校授课。月涵先生以小疾未至校,十一时半由石先主持纪念周。会散,至师院午饭。饭后还舍小睡。改写礼俗讲演稿。五时习拳。晚仍写稿。十二时就寝。连日滇西入缅战事极佳,洛阳方面亦已抵住。余前日与芝生言,盼日内将打一大胜仗,作第二次之鄂西战事。此念信之甚坚,但毫无事实之根据,只是直觉而已。

〔付饭团加菜四〇〇元,零用四〇〇元。〕

二十三日　阴历闰四月初二日　星期二　雨

七时起。九时入校治事。十至十一时授课。十二时半至师院午饭。归舍小睡。三时半至工学院治事,并至清华服务社。本月发薪,联大部分须五十三万馀元,库存仅二百馀万,向嘉炀暂挪三百万,已允。至才盛巷,晤端升、枚荪。归来路经螺峰街,食面饼五枚而还。写礼俗讲稿。十二时就寝。

〔付车四〇元,晚饭一〇〇元,花生一〇〇元。〕

二十四日　阴历闰四月初三日　星期三　晴　有云

七时起。检讲稿。十时入校治事。上课一小时。十二时至师院午饭。饭后还舍小睡。读杂志。五时半偕莘田、伯蕃上街,遇宝騄,同在三合楼食包子。至才盛巷检书。八时还。杂检案上书而寝,已十一时半矣。

〔付晚饭一七〇元。〕

二十五日　阴历闰四月初四日　星期四　雨

八时起。九时入校治事。十二时至师院午饭。饭后还舍小睡半小时。二时半入校治事。五时还舍。习拳。与矛尘同出晚饭。诣承谔。十一时还。十一时半就寝。雪屏言闻之《中央日报》,孔将改行政院长,王世杰任副院长,张公权任财政,孟邻师任教育,立夫改内政。孔改院长,盖夺其权,恐非所愿。张从前以中国银行为宋所夺,乃入于孔,然主财政或非最高所许[1],孔亦未必愿,而党内尤难通过。王副行政或以此次奔走延安之劳,容或可信。蒋师重长教育,自甚可能。师或亦甚愿,但余终觉其时尚早。立夫主教且七年,滥帐一篇,极难爬疏,然师若不出,恐将更无人能清理之。立夫于选举自甚热心,但于教育未必放手。张道藩之传说,或更可能。师近年和光同尘,与世无争,必须犀锐佐之,孟真、枚荪均其选,余则仍在联大教书读书也。

〔付请矛尘二四〇元。〕

二十六日　阴历闰四月初五日　星期五　晴　雨

八时起。十时入校治事。连日为昆北南教室倾斜问题时感不妥,星期一以语康甫,殊不为意,谓去年新修理,必无问题。昨日下午入校与注册组商改换教室,亦无结果,乃嘱监工助教廖仲周详细勘查。今早来告,拟加撑柱一根,希渡过考试,或一法也。十二时至师院午饭。还舍小睡。雪屏来。五时至才盛巷晚饭,后与物华、枢衡谈。八时还。雯儿来舍,送之归。读《真理杂志》。十二时就寝。

①政　原脱。

二十七日　阴历闰四月初六日　星期六　晴　阴　雨

七时起。与从吾谈。余前日闻之毓棠，有《民主半月刊》征稿，每千字酬八百元，此在今日盖无与伦比，然何人有此钜款而肯为此耶？必有政治背景。毓棠云，主之者，光旦、努生，疑即莘田所云国防政府一派所为。今以告从吾，劝其设法将《当代评论》稿费提高。正谈顷，质如以报纸相示，则朱骝先先生辞组织部事，从吾亦无从设法矣。十时入校治事。十二时还舍就寝。十二中全会于二十日开会，昨日闭会。国人渴望之人事整肃，竟无消息，惟以陈果夫易朱家骅而已，此何故耶？

〔付饭团加菜二〇〇元，雯用四〇〇元。〕

二十八日　阴历闰四月初七日　星期日　晴　雨

八时起。阅《太平广记》。午至师范学院食盒子。回舍小睡。雯儿来。晚在外进膳后，送之还。写文稿。十二时就寝。

〔付晚饭二〇〇元，点心四〇元。〕

二十九日　阴历闰四月初八日　星期一　晴

八时起。十时入校授课。课毕，治事半小时。举行纪念周，月涵先生讲科学精神与科学方法。十二时半至师院午饭。饭后还舍。三时至才盛巷开文科研究所委员会。五时散会。携雯儿购物不得。七时余往月涵先生处晚饭，招待杨耿光杰，又有奚若、端升、伯伦、勋仲、努生、枚荪、光旦、之椿及杨之亲戚朱健飞。杨谈甚健，谓英人观察本年内德国问题可解决。杨新自英还，所接触多军事人员，其说或较有据。杨对于中国军队颇有微词，于黄埔军校出身者尤不满，谓其人皆外行，不知军士应如何训练，地位稍高，惟以诗书字画自娱，无潜心深究战术者。其能略谈《孙子》者，已十不见一，然仍不知其与新战术、新武器能相配合否。其言虽刻，然有至理，亦不能苛责于某一部分，实今日之通病也。努生谈前传共产党要求改组行政院，政府曾允其推荐内政、教育两部部长,近其说已沉寂,或不确也。今日报载中法大学学生召集各校学生代表报告与清华服务社交涉事,并主组织昆明市学生联合会。月涵先生以为虑,嘱告勉仲查明本校代表,说明服务社事,并阻其组织。今日勉仲未晤,晚饭又未至。余托雪屏探询,知与报载不相同。十二时散,归。随就寝。

〔付客饭四〇〇元。〕

三十日　阴历闰四月初九日　星期二　雨

八时起。九时入校治事。十时上课。十二时往师院午饭。还舍小睡。四时至才盛巷治事。阅书。晚饭后与枚荪、端升长谈。九时还舍。十二时就寝。

三十一日　阴历闰四月初十日　星期三　阴

七时半起。九时入校治事。十至十一时授课。十二时师院午饭而还。三时复入校治事。五时至西仓坡开常务委员会,九时散,还。闻宪钧便血。十二时就寝。

本月收入一二三八三元。支饭食三七六一元,购布四三五〇元,应酬一六三〇元,杂用一九二八元一角,零用三二二〇元,共支一四八八九元一角,实亏二五〇六元一角。

六月

一日　阴历甲申闰四月十一日　星期四　阴　雨

昨眠迟。七时起。后觉仍倦,登厕后复睡。九时乃起。十时入校治事。十二时至师院午膳。本月仍包午餐一顿,交费千五百元,较靛花巷饭团稍贵四百元,然品质差佳。饭后,清常告以昨日中国文学系情形。膺中、一多皆欲开《楚词》及中国文学史一,相持不下。事前皆以语莘田,而未加准备,遂成僵局。佩弦调停,同时并开，此例殊不相宜，然而已决定矣。奈何！奈何！又赵西陆提出论文，请升讲师，推四人审查。啸咸辞，莘田云："请为我分谤。"会散，泽承等相互云"此难通过之"，表示此事传之于外，必多口舌。而今甫还，又必有是非也。莘田上学期欲开四小时课，下学期不开课，欲指导研究论文。一多闻之，亦云："我亦效法。"佩弦云："我亦不开课，或仅教大一。"国文系中，老教授惟四人，而今甫休假，此事传于外，亦将贻人口实。清常甚忠于莘田，而不敢自言。然昨晚莘田谈开会事，未及此数则，或不如是之严重乎？当婉言之。陈保泰来。方龄贵来。习拳。傅乐淑来。萧雷南来。莘田相告，吴晗来晤，告以有反动刊物谓《民主半月刊》，君愿投稿否？莘田答："如有罗努生、潘大逵、李公朴在内则不投稿。"吴告以有之。莘答："我主张言论自由，不愿有人在后牵线。"并劝吴亦慎重将事。陈保泰言，河口方面敌军增调甚频，企图不明。十二时就寝。

〔入五月薪五八〇元，五月生活费一〇〇〇元，五月加成费一七四〇元，四月米贴六五〇〇元，五月学术费三四八元，四月房贴二〇〇元，五月车费四〇〇元，一月至六月研究费部发三〇〇〇元。付捐税九九一〇元，房租一一〇〇元，饭费一顿一五〇〇元，花生一〇〇元，雨伞一把三〇〇元。〕

二日　阴历闰四月十二日　星期五　阴

八时起。九时半入校治事。十二时至师院午饭。还宿舍小睡。四时至才盛巷治事，阅书。八时还。邵光明来，昨日自保山来昆，与美军司令部有所接洽，据言前方士气极旺，一切装备美人尽量供给，一无所缺，火力远过敌人。上月十一日两军渡江，仅有两橡皮艇覆没，现已横江设铁丝缆，攀附而航，百无一失矣。敌人初疑我军十五日渡江，欲俟半渡要击，不意我军乘其援军未至，先期而渡，此为第一路，攻北。另有第二路，亦两军人，亦于卅一日渡江讫,攻南,已于昨日发动攻龙陵矣。北路进行甚速,惟在大塘子曾受挫折。三十六师败退,随即反攻得全,现距印度我军仅三百英里,会师可待。又谈壮烈之事甚多,闻之兴奋之至。又言如南攻顺利,仰光必可得,海口一得,河南中原之败无关也。又言此次河南之败,在统帅蒋鼎文之怯懦,既不在黄河以北设防,而本人又先为撤退。敌人方至虎牢关,而蒋已退洛宁,既而又退西安,以至士卒动摇。且既败之后,又不使洛阳部队撤退,以至无谓牺牲者有二师之多。闻蒋已被扣,现任命陈诚为第一战区司令长官矣。若敌人以偏师捣西安,大军趋汉中,则我危矣,然敌似无此计划也。与莘田、伯蕃久谈。伯蕃赠莘田一联曰:“人大名大肝气大,客多信多烟丝多。”余曰:“君可谓徒摊恶名也,即以为横额何如?”相与大笑。十二时半就寝。

三日　阴历闰四月十三日　星期六　阴　雨

八时起。九时入校治事。十二时至师院饭毕还舍。承谔来约,与伯蕃同往,留晚饭。十二时还寝。午间雪屏言,此次骝先先生在十二中全会前数日尚甚积极,至开会第四日二十三日,陈派中委向总裁请愿,必欲去之。总裁语戴季陶授意,遂于闭会前一日二十五日临时提出云。

〔付宿舍杂费三〇〇元。〕

四日　阴历闰四月十四日　星期日　雨　晴

七时半物华来叩门,谈后欲更睡。又有叩门者不相识,探询马龙来坟墓所在,遂不复睡。雯儿来。魏明经来,谈甚久。初询校中米代金数,继询报酬多少,大诧之。据云将以考虑留校与否,劝以不必以此常萦胸怀,仍勉以前数次告之之语,养志求友之道。意甚漠漠,终乃称考试将毕,欲先进行就业,以免丧失机会,余甚以为怪。告以若有机会,诸先生必不相忘,若无机会,谋求无益。本所于学问外，最敦品行，自衒自媒，最所痛绝，望其专意治学。乃呶辨不已，谓若不号饥，谁知其饥，若不号寒，谁知其寒。幸楼下开饭，乃怏怏去。此子去岁屡以留学事来谈，甚勉之。其后乃知欲由学校保送，事既不成，遂不更言。春间又来两次：一次谈设中学计划，尚不觉其非；一次谈欲改学制，则近于夸妄矣。午饭以语秉璧，据云其人固执，乃以此为营进之道耳，不胜惜之。午睡至五时。雯儿去而复来[①]，携之食火烧。食毕，往视宪钧，疾已就痊。归舍。从吾谈华炽昨日自重庆还，言骝先先生辞职事，谓全会时一部分中委以两事攻组织部：一、组织太不严密；一、各省主任委员多与党无关系。其时骝先先生未到，乃决议各省主任委员，必以中委兼任。次日骝先先生闻讯到会，反对其议，遂言辞。委座令长教育，亦辞。其后更以教育部长征雪艇，亦辞。委座乃语布雷："教育何以无人愿作?"布雷所答尚未之知。十二时就寝。自洗衣二袭。

〔付晚饭四〇〇元，雯花生一斤二二〇元。〕

五日　阴历闰四月十五日　星期一　雨　晴

八时起。十时入校。举行月会，恽荫棠讲演[②]。毕，治事。十二时半至师院午饭。饭后还舍小睡。立庵来，以所临石鼓为赠，已裱成横幅。六时习拳。九时送雯儿还宿舍。十二时就寝。雪屏言十二中全会，孔欢宴各中委后，各奉赆仪五万元。异哉！异哉！《清国姓爱新觉罗得姓臆测》一文今日登昆明《中央日报·文林副刊》，即前作《满清氏族与血系》中之一节所改正。今日读后，又拟改为《满清国姓稽疑》[③]。

---

①去　原脱。

②荫棠　二字原阙，据梅贻琦先生同日日记补。

③按此篇后题作"爱新觉罗得姓稽疑"，作为《满清皇室之氏族与血系》一文之第三部分，收入《清史探微》，独立出版社一九四六年版。中华书局一九八〇年版《探微集》同。

〔付雯用三〇〇元,点心七〇元,送坤仪礼一〇〇元。〕

六日　阴历闰四月十六日　星期二　雨　晴　芒种

八时起。十时入校授课,后治事。十二时师院午饭后回舍小睡。三时复入校治事。五时至才盛巷治事。路经《朝报》馆,见壁报知盟军在欧洲登陆,地址在法、比交界处诺曼第。欧战结束,其真在今年乎?八时归。读《红楼梦》。十二时就寝。

〔付报三元,雨伞一把二六〇元,付花二〇元。〕

七日　阴历闰四月十七日　星期三　雨　晴

八时起。九时入校治事。十时至十一时授课一小时。十二时至师院午饭。饭后还舍小睡。五时至西仓坡开校务会议,争论颇多,讨论兼职。莘田主教授、助教均应限制;端升主组织委员会调查;芝生主教授加授课时数,助教限兼职;枚荪以为此时讨论此事已太晚,可不管;奚若主单身人应有限制,有眷属者无限制;嘉炀反对调查。纷纷不已,竟尔搁置。饭后闲谈,涉及时局,奚若力攻当局,以为用人不当,军事腐败,经济无办法,正之为辩,又大生争论。大抵主张尽量批评,不必顾忌有人利用者,奚若;与之相同者,端升、枚荪。主张小心发言,以免为人利用者,月涵、莘田。主张不应批评者,正之。此段辩诤更胜于前,而多少又含有感情作用。讫十一时乃散。还舍。至十二时乃寝。

〔付布鞋一双五〇〇元。〕

八日　阴历闰四月十八日　星期四　雨

八时起。九时入校治事。十二时至师院午饭。雪屏、一多诸人欲要求召集教授会,余以昨日事告之,恐一发难收,能进不能退也。还舍。睡至四时。习拳。读《吴梅村集》及《松漠纪闻》。十二时就寝。作书致袁守和,托其代觅《满洲字典》。得《中央日报》通知,《清国姓臆测》稿送稿费千二百元,全文不足三千字,每千字且四百元矣，无乃太多乎？近年生活日苦，然余除作学术文字，投之学术性刊物略得微酬外，尚无一文之兼职。此则足以自豪，而无所愧怍于任何人者也。

九日　阴历闰四月十九日[1]　星期五　雨

八时起。十时入校治事。十二时师院午饭。还舍小睡。四时至才盛巷治事并检书。晚饭后与枚荪略谈，归。诣承谔。十一时还。十二时就寝。

〔入稿费一二〇〇元。〕

十日　阴历闰四月二十日　星期六　雨

八时起。十时入校治事。十二时至师院午饭。饭后还舍小睡。承谔来，约往其家作牌戏。晚食牛肉面，四人共三百三十元，此今日之廉者。十一时还。一时就寝。

〔付加菜四〇元，晚饭三三〇元。〕

十一日　阴历闰四月二十一日　星期日　阴

八时起。出文科研究所招考本国史试题。十二时至师院食馅饼，诸人亲自动手。余与雪屏、毓棠司烙，竟至焦黑。余于饮食事一无所能，北方饺子最平常，余亦不善作。静思之，盖儿时未尝近庖厨。七岁以前年太稚，家人众多，不容插手。八九岁后骤失怙恃，一姊一弟先后殇折，惟余与三弟两人，而有男女仆二，亦不须插手，遂养成此不能操作之习惯，良可叹也！饭毕已二时，还舍小睡。五时携雯儿至才盛巷，为枚荪、端升饯行。饭后与两公长谈。午间雪屏嘱以同人请求开教授会及上书事告之，两公均不甚赞成。枚荪言，若公开指摘政府，时机尚未至，且亦不应该。若取条陈形式，于同人身份有碍。端升言，上条陈者多未必能达，且侍从室于条陈

[1]四　原脱，本月十一日、十四日同，依例补。

人及内容均须详加签注，万一对于同人有苛刻之批评或过分之推测，徒损身份。九时一刻还，先送雯儿至宿舍。归。读《历代职官表》。十二时就寝。

〔付雯买洋烛一支一一〇元。〕

十二日　阴历闰四月二十二日[①]　星期一　阴　雨

七时半起。九时半入校治事。十二时至师院午饭。今日纪念周，停饭。后回舍，小睡未熟，终日觉困乏也。理发。读《吴梅村集》。十时送雯儿还舍而归。十二时就寝。午间雪屏言，晨晤端升，谈教授开会上书事，端升态度颇倨，言外有不满意。晚从吾来谈，意尤不满，不知端升晨间何所言也。中央将设物资统监部，传将以孔祥熙兼之。异哉！从吾谈，得重庆信，全会时军何、财孔报告，总裁均莅会，坐主席台上，众凛其威，莫敢发言；又言陈果夫欲以康泽为组织部副部长[②]；或谓与青年团联络，或谓分化团中蒋经国与康泽之关系[③]；又言孙科在全会主解散青年团。

〔付雯用四〇〇元，理发六〇元，付赏老黄二〇〇元。〕

十三日　阴历闰四月二十三日　星期二　阴　雨

七时起。读《梅村集》。九时入校治事。十二时至师院午饭而还。小睡。大雨，雨止已五时。至才盛巷。读《历代职官表》，摘其解满洲、蒙古语各条录之。与濯生谈。九时还。仍读《职官表》。十二时就寝。雪屏言，戴季陶近日言辞不已，甚至下跪请辞，意在为骝先地步。闻将畀朱以青年团书记长，原书记长张治中调安徽省主席，王东原调湖北省主席。党中黄埔派本与二陈不协，尝连朱反陈，而青年团又为黄埔派欲以代党者。且朱曾任书记长，此甚可能也。

---

①阴历　原脱，本月十四日同，依例补。

②③泽　原作“铎”，据《中华民国史·人物传》改。

〔付鸡蛋十个一〇〇元，西红柿一斤三〇元，甜点心三二五元。入清华福利金七〇〇〇元，又入一一六〇元。〕

十四日　阴历闰四月二十四日　星期三　阴　雨　晴　风

八时起。校《中央日报》所登文稿，欲以寄张苑峰。十时半入校。十二时至师院午饭。饭后还舍小睡。三时半复入校。五时至西仓坡开常务委员会，八时散会，还。读《梅村集》。十二时就寝。传中国发见苏联与日本于三月二十五日签订密约之详细内容，大不利于我，遂以此原文送之美国政府，苏联驻华大使以及军事顾问遂托故回国。此次美副总统华莱士之聘华，先往西伯利亚，盖欲至墨斯科为我斡旋也。密约内容不详，或云有联兵吞我之言。又传此间所谓自由大同盟者，将于华莱士到昆时致书请愿。呜呼！此何为者？又传我国以长沙吃紧，有欲和之意，此亦奸人所捏造也，必不可信。

十五日　阴历闰四月二十五日　星期四　晴　有云

七时起。读《梅村集》。十时入校治事。丁世铮来谈。十二时半至师院午饭而还。小睡。四时习拳。晚饭后诣承谔。十二时就寝。丁世铮谈，河南战事之败由于汤恩伯副司令长官不听蒋鼎文司令长官指挥，两方不合作，失去联络。敌人在前线者为伪军孙良诚、庞炳勋诸部，其人本汤之部下，以被压迫而投伪者，故恨汤刺骨。此次来攻，意在报汤。又汤与省主席李培基亦不和，于老百姓感情尤恶，故其行军往往被百姓所扰。又言洛阳未陷前闻敌将攻潼关，此时虽在长沙发动，然潼关仍可虑。又言十二中全会于政治无所更张，人心大失。往时谈军事多归罪于何，谈财政多归罪于孔。今日多进一步以责极峰者，甚者有谓改弦之后必胜于此。又其甚者，乃主仿日本“二二六事件”以行诛戮者。又言极峰前有脱辐之戚，以致影响政务。孔、宋春间之来，盖即速夫人之驾，无他事也。又言共产党要求增军加饷,扩充特区,尚未妥协云。丁君前本校之军事教官,而北大之学生也,昨由重庆来昆。

〔入教育部乙种奖助金一至六月份三〇〇〇元。付捐一二元,面包四小块六〇元,请午饭三五〇元,请晚饭鸡一支四九五元,烧饼十五个一五〇元。〕

十六日　阴历闰四月二十六日　星期五　晴　风

八时起。读报,知美机昨日轰炸日本系由中国起飞,大快。十时入校治事。十二时至师院午饭,约定明日庆祝轰炸日本本土,余备沙丁鱼、面包诸物。饭后回舍小睡。四时至才盛巷阅书。龙头村之书已全部陈列,余发见缺少甚多,如《二十五史补编》《滇系》、九通、各种字典、《千唐志》等均不见,可疑之至,命严为清查。读《职官表》。七时莘田约食饺子。还舍。见号外十六日晨二时,美机轰炸日本门司、八幡、小仓诸地,皆工业区也。按其时间乃今日之晨,何以今日之报已载之?日本时间较中国时间不应相差如是之多。又有号外,英机亦往炸朝鲜云。日昨得教育部审核著作奖状,列余文于社会科学类,可谓滑稽之至。今日致书吴俊升全部退还,谓"不拟妄占名额,请代为婉辞"。致书陶元珍。十二时就寝。昨闻昆明生活指数为战前之一千二百八十倍。

〔付早点五〇元,蛋糕一大块一二〇元,面包三个二一〇元,沙丁鱼一盒三五〇元。〕

十七日　阴历闰四月二十七日　星期六　晴　有云

七时半起。九时入校治事。十二时至师院。午饭后还舍小睡。三时诣承谔。晚伯蕃假其寓请客。十二时归,随寝。

十八日　阴历闰四月二十八日　星期日　晴　雨　晴

八时起。周达樵来。何鹏毓来。傅乐淑来。午饭后小睡。下午读元遗山诗。十二时就寝。

十九日　阴历闰四月二十九日　星期一　晴

八时起。九时半入校治事。十二时至师院午饭。饭后还舍小睡。初觉心跳,不能入梦,久之睡去。四时醒,又觉不舒服。有王君来谈,其人似有疯疾,言将建孔圣中山阁,向欧美英传道。又言其父年八十二,嘱题祝词,久之始去。余觉欲呕,作嗝不已。五时半向赖才澄借得体温器试之,九十八度四,并无烧而体甚不适,未进晚饭。欲早睡,九时登榻,忽呕吐甚多,皆午饭所食。呕后觉较适,而体温九十九度矣(通常应为九十八度六)。随寝。夜中偶醒,试体温九十八度六,夜眠尚佳。上星期三身上发见虱子一个,又星期五为蚊子所吮,心甚畏之,恐中怪疾也。质如、化农来问疾,可感。

二十日　阴历闰四月三十日　星期二　晴　雨

七时醒。试体温微高,起而静坐,觉倦,大便干燥。十时入校。欲请徐大夫诊视,二次未遇。请沈刚如视之,谓舌苔太厚,肠胃之疾,嘱食平胃散。归舍未进食,亦未睡。三时莘田偕往胡海宇(步行)处,亦谓积滞太多,嘱食蓖麻油二十五 CC,另给药六包,嘱明后日饭后食之。四时食油后步归。八时半食牛奶一碗。九时月涵先生来视疾,十一时半去。余亦寝。雯儿来两次。

上午七时九八.八,九时九八.六,十二时九九.二,二时九九.二,下午四时九八.八,进蓖麻油,五时四十分大便,六时九九.六,六时十五分泻,六时半九八.八,六时四十分泻,七时四十五分泻,八时二十分九八.六,九时大便,十二时九八.六。〔折合摄氏表法,以温度减卅二除九乘五。〕

〔付面包四个一〇〇元。〕

二十一日　阴历五月初一日　星期三　晴　雨　夏至

八时起。体温正常九八.六,而体倦。未入校。外出食米粥二碗,各加鸡蛋一枚,肉汤少许。十二时体温仍九八.六。小睡。三时食小面包二。四时体温九八度。五时至西仓坡开会,正之有各系助教按比例分配之提议,余未赞同。与正之同者石先、芝生,与之不同者岱孙、月涵,其议遂消。略进馒首。九时还。十一时就寝。体温降至九七.八。报载长沙十八日沦陷于敌。

〔付稀饭六〇元。〕

二十二日　阴历五月初二日　星期四　晴

八时起。进粥一盂。九时入校治事。十二时半还舍。进面一盂。小睡,甚畅。五时习拳。饭后诣刘康甫,告以后日华莱士来昆,嘱其修整校内墙壁门道。康甫言技术股之周泰航与胡节合股介绍某人包作清华服务社材料,因回扣问题利害冲突以至绝裂,故胡蒙子处处挑剔周之工程估价云。此说不知确否。余告以注意工程包工人之工作与估价,不能尽一人包作,如周可信仍用之。康甫极言其可信,而不敢保物料股之王,仍令其随时严查。诣月涵先生,谈久之而归。十一时就寝。饮食渐好,体力仍倦。

〔付早粥三〇元,午面一碗五〇元,修皮鞋五〇元,零用三〇〇元。〕

二十三日　阴历五月初三日　星期五　大雨

八时起。九时入校治事。十二时至师院午饭后还舍。雪屏言,骝先先生不愿任青年团书记长而愿主内政部,果确,则雪屏不致被邀帮忙,否则无论至教育部至青年团恐均难更脱。四时至西仓坡与月涵、明之、嘉炀同往黄土坡清华服务社锯木场参观。场将迁城东,欲以所建房舍四十馀间为联大宿舍之用。大体视尚佳,所惜者,其房均以木板造成,不加土墙,不能作寝室以透风故;加土墙则板废而费大,故请明之详计之然后定。入城,至昆北,视察新建工程。据嘉炀、明之观察,木柱、木架力量足敷,但东房进身太深,横梁下宜加柱也。搭嘉炀车至才盛巷。抵巷口,天大雨。阅书至九时半，雨无止意，乃冒雨披雨衣撑伞而还。至华山西路下坡处，水没足面；至青云路，水已没踝，膝以上亦湿。急急入舍，褪衣以毛巾擦之而寝，已十一时，雨尚未止。

六月二十四日　阴历五月初四日　星期六　雨　晴

晨雨未止。八时起。今甫、序经以今日过昆赴印，以无车竟不能往机场一谈，甚怅。九时半入校治事。十二时至师院午饭。甫归，端升来，亦今晨自重庆飞还。言余井塘任组织部副部长，立夫荐赖琏[①]、吴南轩等多人继任教次。蒋圈定吴而陈仍愿赖，现正托人疏通。以事求人，赖不如吴，吴仍不逮余也。端升去，方欲睡，而月涵先生自云大送信至，嘱即往迪之处共商欢迎美副总统事，乃往谈。月、迪两公决定在云大至公堂演讲茶会。午前余在校得外交特派员通知，明日三时到联大参观并讲演。与勉仲、石先商定（月涵未到校），已备好通知及布告，在图书馆内演讲。今既改定，遂急入校，将午前决定者废弃，重发并分别通知。四时略就绪，乃离校。诣勉仲，不值。与子坚约谈而归。吴俊升来，亦今晨飞昆者，相见甚欢。吴去，余偕莘田至马晋三许。阎丹夫与晋三同作东道，宴联大各教授，谈大理修志采访诸事，由莘田主持分配项目。八时散。晋三坚邀至勋仲处听音乐，不得已从之。有李君弹琵琶尚佳，馀无可悦耳者，迄十一时半乃还，随寝。

〔付早点八〇元。〕

二十五日　阴历五月初五日　星期日　晴

七时起。九时入校，与勉仲视察校内招待美副总统华莱士路线及图书馆，出至勉仲家，候俊升。尚未至，又偕往月涵先生处报告。十一时还舍。十二时至师院过节。余与莘田、雪屏各奉千元托膳团

---

①琏　原作“链”，据刘绍唐《民国人物小传》改。

代办肴馔，即约诸同人及诸儿共食。俊升适至，亦加入，凡十六人一桌，可谓热闹矣。二时散。还舍进茶。至云大视察讲演及茶会地点，晤黄仁霖、熊迪之，随至联大见伫立校门者数百人。三时十分华莱士车至，凡七八车其随员及招待人员。华下车，诸人鼓掌，由月涵先生导之至图书馆看书甚久。出至南区看生物系及农业研究所，与刘崇乐谈甚多。四时去，至云大，各校学生及市民来观者数千人。华在茶会室小憩，乃至至公堂讲演。室内室外一无隙地[①]，余亦不及入场，候于茶会室者多人。五时讲毕，华以尚有招待会，匆匆而去，众有未瞻丰采者莫不失望而归。闻华往唐家花园，参加罗隆基、李公朴所约之会。七时至才盛巷，郁先生约过节，端升、雯儿、莘田父女及刘育伦凡七人，饭后蒋太太约饮加非。孟邻师自十一日抵贵阳后已十四日无消息，为发一电报致周季梅，托为探询行止。九时还舍。与雯儿谈久之。读《清史稿》。十二时就寝。

〔付过节一〇〇〇元，洗衣一件一〇元，补皮鞋五〇元，雯用三〇〇元。〕

二十六日　阴历五月初六日　星期一　晴　阴

八时起。九时入校治事。十时吴俊升、林栋来校，与勉仲、石先、芝生、雪屏招待之，参观学生饭厅、宿舍及图书馆。两君本奉命来视察学生不稳情绪，有随时解决之权，盖全国专科以上学校均闹学潮，因而虑及联大也。连日告之，联大本身绝无风潮可闹，学生信教职员，教职员信学生，但学校以外，在在使学生失望，此实风潮之源，不可不使政府注意，两君亦韪之。故今日只参观，而未言视察，亦未与学生谈话。十二时至南开办事处午餐。餐后还舍小睡。膺中来。六时半诣仲钧之约，为士选接风也。谈至十时乃散，宾主

①外　原脱。

皆醉。归舍未久亦寝。晨间莘田晤赣愚，谓昨日唐家花园之会为各党各派，光旦主席，罗隆基代表在野党，赣愚代表自由论坛，并有李公朴诸人云云，甚可异。晚月涵先生始详告，乃十一地方团体，农、工、商、文化、银行各界均有，到王晓籁、王振芳、张西林等，及上述诸人，并赠华以三七、虫草、锡瓶、汽锅、普茶、国画张小楼梅花等，光旦致词甚简，华答尤诙谐，随即散会。既未谈政治，亦未有献书建议之举。赣愚等之参加，盖以学术文化界宪政会也，但何以对莘田言故甚其词耶？莘田又晤一多，谓各党各派地方实力及文化界有大联合，俟衡阳一失，即将发动大规模之反政府。劝莘田不必往大理，且谓光旦之欲去复止亦即为此云云，不知何所据。质朴学人往往为浮词所惑，或此类也。

〔付雯用一〇〇〇元。〕

二十七日　阴历五月初七日　星期二　晴　阴　风

八时起。九时入校治事。十二时至师院午饭后归舍小睡。泮芹来谈久之。五时偕至才盛巷，晤蒋太太，知孟邻师已有电于二十一日自贵阳往重庆，日内当可到矣。晤端升、奚若、慰慈。饭后更与端升详谈，所闻殊多。十五日蒋主席谈汉口沦陷，吾人为敌计，以打通粤汉线最为上策，敌人迄今始行此策，可谓不出所料。然长沙有六成把握，衡阳在所必守，所虑者仍是昆明也。又立夫请辞教育，未邀准，主席更云“以后少替我找麻烦”，盖指留学生遭美国指摘之事也。宪政会开会时，张君劢有提案，讨论结果取消数条、留数条、改数条，以致非驴非马。枚荪发言，赞成则通过，反对则否决之，今变质之通过，更示人以不广，声色甚厉，遂与多人冲突，而与布雷辩难尤甚。十时归，就寝。

二十八日　阴历五月初八日　星期三　阴

七时半起。九时入校治事。与月涵、石先、勉仲商校舍问题。

本月发薪勉强凑足，而清华大学五十馀万元尚无着。十二时至师院午饭。毕，诣承谔。五时至西仓坡开常务委员会，讨论校舍问题。七时公宴吴俊升、林栋，谈征调译员事。部中似有以上次为多事之意，主不再征调，而于译员之需要似未注意，且推之邮局、海关、银行诸机关，亦非上策也。十时散，归。十二时就寝。

二十九日　阴历五月初九日　星期四　阴　微雨

八时起。九时半入校治事。十二时至师院午饭后还舍小睡。四时往视包尹辅疾，斑疹伤寒也。又往视胡蒙子疾，胃病也。至云南招待所访俊升，不值。至才盛巷。七时与矛尘、雪屏、逵羽、泽涵、景钺、铁仙、泮芹、端升、莘田公宴俊升，谈至十时乃散，归。十二时就寝。传衡阳已陷，滇南吃紧，不知确否。

〔付客饭十餐六〇〇元，早点面一碗五〇元，桃子四个二〇元，请客五〇〇元。〕

三十日　阴历五月初十日　星期五　雨

八时起。九时入校治事。十一时半诣雪屏。饭后诣承谔。七时北大教育系毕业同学公宴俊升，余作陪，谈至十时散，归。十二时就寝。天大雨。

〔六月收入二六一二八元。支出饭食三〇九〇元，购物五〇〇元，应酬及过节三二七五元，杂用三三一九元一角，雯用二三三〇元，共一二五一四元一角。〕

七月

一日　阴历甲申五月十一日　星期六　雨

八时起。得月涵先生函，嘱十时半至西仓坡，看华莱士所赠物品，开箱均分，到云大章君及石先。计显微镜八架，痢药七万五千粒，自来水笔、铅笔八套及杂件等。云大、南开、清华、北大四校均分，北大得显微镜二架、笔二套、刀二把、剃刀二把、刀片二盒、缝具三套、铝条二盒、胰子一块，其痢药则汇存联大。凡此诸物，华莱士云亦可出售也。分毕还舍。十二时至师院午饭。饭后回宿舍昼寝。改清初礼俗讲稿，事隔年馀，当时情趣几于全忘，又别有益，改等于重作矣。晚诣承谔。十二时就寝。

〔入六月薪五八〇元，六月生活补助费一〇〇〇元，六月俸薪加成（卅成）一七四〇元，五月食米代金六〇〇〇元，六月学术研究费（六成）三四八元，五月房贴二〇〇元，六月车费四〇〇元，共一〇二六八元。付捐税八五.一元，房租一一〇〇元，宿舍杂费一四〇元，饭费（半份）一五〇〇元。〕

二日　阴历五月十二日　星期日　雨

八时起。改清初礼俗稿。午在舍食客饭，本月每餐定价七十元矣。小睡。改文稿。诣承谔。晚饭。十二时就寝。

三日　阴历五月十三日　星期一　雨　夜晴

八时起。雯儿来，昨自海埂还，凡游七日。九时入校治事。十时半无线电测候班行开学礼，联大与航委会合办者也，往参加。十二时至师院午饭后还舍小睡。读《疢存斋文集》，周宗麟作，大理人，即修《大理县志稿》者。改礼俗稿。十二时就寝。端阳后物价又涨，或云湘衡战事之故。今晨闻衡阳尚在死守，晚间忽传二十九日已失，想误传也。前数日纷传滇南吃紧，两日来已证明不确，盖讹以传讹，求快己私耳。

〔支早饭一八〇元。〕

四日　阴历五月十四日　星期二　阴　雨　晴

七时半起。九时入校治事。十二时至师院午饭。饭后还舍小睡。改清初礼俗文稿。至才盛巷。十二时就寝。

〔付桃十个四〇元，雯用五〇〇元，又理发一五〇〇元[①]。〕

五日　阴历五月十五日　星期三　阴　雨　晴

八时起。九时半入校治事。十二时往师院午饭毕还舍。三时往西仓坡开常务委员会。五时开校务会议，无要事。晚饭后端升谈重庆事甚久。十时还。改文稿。十二时就寝。月色极佳。连日均侵晨而雨，且甚大，九时许止，云渐薄，入夜而晴，侵晨复大雨，迄今三日矣。

六日　阴历五月十六日　星期四　阴

八时起。九时入校治事。十二时至师院午饭。饭后还舍小睡。改礼俗文稿。五时诣家骅，请其夫妇及莘田晚饭于兴华饭店。袁太太还昆明，值余忙，未及接风，今日补之，兼谢其赠雯儿大衣。饭毕，偕莘田诣胡海宇，谢其日前为余治病。至才盛巷治事。与端升谈。晤蒋太太，知孟邻师尚难即旋，为红十字会经费事也。端升谈红十字会经费，极感困难，以孔不肯帮忙，而张厉生辈尤多掣肘。某日，孟邻师往行政院晤之，竟避而不见，其秘书亦托故他去，可谓无礼之至。不意今日之官场习气更胜于往昔，真不可解。九时还。改文稿。十二时就寝。衡阳尚在坚守中，敌人有撤退之说，倘能始终坚守，为列宁格勒之继，异日所获必远胜今日之失也。前华莱士来时，拉铁摩与美总领事谈，苏联对于朝鲜颇思染指，意欲于其境得一通海之道，故不赞助其独立。就全局而言，最好太平洋战事在欧洲战事以前结束，使苏联不能参加太平洋善后，否则后患无穷。

①又理发一五〇〇元　原稿如此。此盖指郑雯之理发费，但数额疑有误。按郑先生每月理发皆有记载，前此五月十一日五〇元，六月十二日六〇元，后七月九日六〇元，八月二十四日七〇元，九月二十日八〇元，十月十五日八〇元，十一月八日八〇元，十二月三十日八〇元。郑雯之理发费（女）当不至高出郑先生（男）二十五倍也。

此言不知是否拉铁摩个人意见,抑系罗斯福、华莱士、赫尔诸人之共同意见。太平洋战事能早结束对吾国之利益自然甚大,吾人所最关心者,恐欧洲战事先结束而英国遂尔罢手,牵掣美国,不能多加力量,中国独力难支,致功败垂成也。

〔付请客六〇〇元。〕

七日　阴历五月十七日　星期五　雨

七时起。九时入校治事。十二时诣正之,午餐宴俊升也,谈至五时乃散。六时又至南开办事处,芝生、锡予、自昭宴俊升,余以已允刚如之约,故小坐即去。十一时自刚如处归。十二时就寝。教育部汇来十万元,嘱交俊升作旅费,北京大学全年经费视之有愧色也。自汇臣往交通大学,此间文书组主任遂致虚悬。月涵先生嘱余商之矛尘,数询未允。月涵先生并亲言之,亦辞谢。昨日月涵先生下条请其暂管文书组事务,又辞。昨午矛尘向雪屏大发牢骚,谓学校不知其地位,此事有类侮辱。且言从前今甫为秘书主任,尚不能以属下视我,现在何能听命于总务处。雪屏以语余,余恐有误会,乃向之声明两点:一、个人已代为尽最大之努力;一、绝无视之为属下之意。矛尘言已函孟邻师请代进言,余恐蹈朱荫章之覆辙[①],然已无及矣。往年孟邻师命朱往蒙自,朱不奉命,谓须请示于月涵先生,孟邻师大不悦,请清华将其调回。此事在清华及月涵先生仍耿耿于怀,万一孟邻师更为矛尘请,纵可止,亦难免人言也。

〔付雯用一〇〇元。〕

八日　阴历五月十八日　星期六　晴

八时起。改清初礼俗文稿。饭后小睡[②]。四时至才盛巷治事。本约景钺共同检视华莱士所赠显微镜,以泰然赴龙头村未果。与

①荫　原作“蕴”,据《国立西南联合大学史料·教职员卷》改。

②饭　原作“晚”。

蒋太太谈,对华莱士所赠药品稍有误会,盖传话者之过也,为解释甚久。在物华处晚饭。七时还。十二时就寝。

〔付午饭一二〇元,雯用三六〇元,付线一四〇元,印照片三〇〇元。〕

九日　阴历五月十九日　星期日　阴

八时起。改文稿,未完,以允莘田十五日同往大理,不暇更事,乃暂止。雯儿来。十二时就寝。

〔付理发六〇元,晚饭二六五元,桃二十五个一〇〇元。〕

十日　阴历五月二十日　星期一　阴　雨

八时起。九时入校治事。十二时至师院午饭。还舍小睡。整理未了各事,及旅行应准备诸事。十二时就寝。舍中工友二人于下午五时四十五分被保长用"到区公所登记"名义骗走,送往征集所作为壮丁。为之多方设法,并亲往区长处两次,均不值。闻须交十二万,始能赎回一人。

〔付送承谔礼二〇〇元。〕

十一日　阴历五月二十一日　星期二　晴

八时起。又访区长一次,复不值。留语,可由校备证明书馆可释[1]。知其未必可信,而不能不作。昨晚本已命尹队长向校领致市府公函,入校,今再加区公所一函,同时又有被拉者工友二人、学生刘焜潮一人,皆以函予之。十二时至师院午饭后还。小睡。三时诣绍穀。大理修志送余及莘田各三万元,同交绍穀存储。至才盛巷治事。六时与秉璧、莘田请承谔夫妇及小孩于万顺居,七大人三小孩共食千三百五十元,此在今日为最廉也。归舍。陈大谊来。晨间,余以名刺嘱韩质如往晤之,请其对拉壮丁事设法,晚来谈困

①可由校备证明书馆可释　原稿如此。

难重重，彼只能在正常规定内设法，不能托私情。巨款勒赎彼深知之，此亦其不能谈私话之大原因。余甚谅之也。莘田为工友事又托行营多人，亦无殊效。十二时就寝。

〔付请客四五〇元。入修志稿费三〇〇〇〇元。〕

十二日　阴历五月二十二日　星期三　晴　阴

八时起。九时入校治事。十二时尹辅约午饭，有肚肺，食之增感。雯儿在座，不知其母善烹此也，幼而失母，多不知懿德，余尤自伤。二时还舍。俊升来谈，晤面多次，未及私事，今来告余，论文审议时，彼未在场，遂致屈抑，原审者系寅恪及柳翼谋云云[①]。余告以并不以得三等而以为屈抑，而不以原审人为何人而介意，况二人皆余所尊，余之论文寅恪曾极赏之，为之延誉于学生中，其人学贯中西，纵列余文于五等，余亦不认为屈抑。余所以不接受者，以学术审议会不能知余论文价值之所在，更不能知余论文所讨论者，乃现在国际学术界所欲解决之问题，而但从篇幅多寡立论，余为国际学术，为个人人格，绝不能接受也。俊升劝余姑受奖金，再三谢之。余实穷困，然岂能易其操哉！三时别去，余亦至才盛巷治事。晤蒋太太，知师座于十七日可还，拟商之莘田改十八九日行。遇袁家骅，且谈且归。十二时就寝。

〔付笔自来水六〇〇〇元。〕

十三日　阴历五月二十三日　星期四　晴

八时起。九时入校治事。十二时至柳漪处食炸酱面。二时还舍小睡。景钺来谈系事甚久，约明日同至才盛巷看显微镜[②]。六时赴马晋三、阎旦夫[③]、严爕成、杨克成、李琢庵、杨用勋、董仁明、杨显

---

①翼　原作“贻”，据柳定生《柳诒徵先生传略》改。

②至　原脱。

③夫　原作“初”，据罗常培《论藏缅族的父子连名制》改。

成、杨锡锦、陈常诸公之约,为采访大理修志事也,诸人均大理旅省同乡。九时散。米士约食甜品。还舍。十二时就寝。

〔付雯用二〇〇元。〕

十四日　阴历五月二十四日　星期五　晴

八时起。九时入校治事。十一时还。十二时往陈保泰处,宴粮政局两局长、一处长、段小峰、杨天理、于伯溪及龚仲钧。吴士选谈学生食米事,近日教育部允补助运米运费,故拟以之交粮政局代运,各校在昆明领米。今日接谈之下,知粮食供销处九月即将结束,粮政局不复能任此事矣。段小峰意最好请粮食部指定米源,否则只得购私米。段、杨、于诸人散后,与仲钧谈,知段所谈并非虚伪,此事在省级机关亦成问题。在滇国军凡七十馀万,全省征实征购,全数移作军粮,尚差数十万大包。明年万难应付,只有用私米价购军队售出之米耳,军队兵员实数不足定额之六成,而领米照十足具领,故云南情形非米量不足,实米额不足。照此情形,势非由部照私米价发给公费或贷金不可,但如此亦只公费生得沾实惠,私费生更难生活矣。三时散。至才盛巷,与张景钺开视显微镜。与端升、物华谈。晤蒋太太,知孟邻师定十九日返昆明。十时还舍。十一时就寝。

十五日　阴历五月二十五日　星期六　晴

八时起。访俊升于云南招待所。昨日得教育部汇来奖金八千元,今托俊升带回,俊升再三嘱抱屈收受,力辞之,吾为学术、为个人人格万难受此,俊升乃允携回。十时还舍。午后小睡。冯芝生、雷伯伦来谈。地坛门外忽有第五军第一野战医院门条,并有人来看视打扫。此事校中未之知,且从未允任何机关可以占用地坛,乃通知康甫,命其交涉。余疑仍是前此传染病隔离病院同一线索,以市府力不足,乃假之军部也,其情可恨!晚与莘田、坤仪、雯儿在门前便饭,亦至四百八十元。八时康甫来告,野战医院事司令部不知,或军部所为,亦或其属下所为,已分别张贴学校校址封条矣,并谓可请梅公电话告之杜总司令。十二时半就寝。

〔付车钱一〇〇元,蚊香一〇〇元,雯点六〇元,晚饭四八〇元。〕

十六日　阴历五月二十六日　星期日　阴

八时起。伯伦来。西孟来。康甫来函,谓昨日校中封条为军队所撕,明日必移入,情势严重。十时诣月涵先生,请其电杜聿明或王泽民,尚未起,乃留条而出。诣康甫,不值。诣勉仲,亦不值。闻雪屏自海口还,往晤之。恐有人来访,乃还舍,雪屏果来。午得康甫函,事稍缓和,似不致强力移入也。午在门前进膳。小睡。理未了诸事。俊升来辞行,明晨将往渝矣。十二时就寝。

〔入清华阅卷费五〇〇元。〕

十七日　阴历五月二十七日　星期一　阴　雨　晴

七时半起。九时入校治事。十二时至师院午饭,回舍小睡。五时至西仓坡开经费稽核委员会。八时饭毕,散。诣承谔。十二时就寝。

〔付客饭七餐四九〇元,杂费(宿舍)三〇〇元,桃八〇元,雯用一〇〇元。〕

十八日　阴历五月二十八日　星期二　阴　晴　雨

八时起。九时入校治事。十二时耘夫、矛尘约午饭。饭后还。三时至北门街七十一号开教授会,讨论本年毕业生问题。五时半散会。归舍小坐。六时半宝騄约在如意楼便饭。饭后诣承谔。十二时归寝。

十九日　阴历五月二十九日　星期三　阴　雨　晴

八时起。久候雯儿不至。九时雯儿来,收拾行李。九时半至才盛巷治事,并候孟邻师。十时半师自飞机场还,离昆八十日矣,谈至十二时。余在泰然处午饭,饭后治事。三时再与师谈。四时还。五时至西仓坡开聘任委员会,继开常务委员会。八时讨论未终,月涵、子坚有事,乃散。饭后还舍。检行李,欲明日往大理。十二时就寝。出傅乐淑初试试题:一、说者谓明太祖阶级意识强于民族意识,其说当否,试就史实诠明之;二、明初禁民间火葬,此胡元遗俗欤?抑唐宋旧俗欤?试举例以证。

〔付雯用二〇〇〇元,雯皮鞋一〇〇〇元,雯字典二七〇〇元。赴大理前本月共用二〇八一〇.一〇元。〕

二十日　阴历六月初一日　星期四　阴　昆一道中　大理补记

五时半起。检行李,捆扎毕,盥漱,诸人始起。少顷雯儿、坤仪等来,携牛肉,为作面一盂,觉其微酸,多掺以盐。食毕,与莘田、米士、铁仙出发,诸兄相送。往军政部办事处,时仅七时三十分,行二十分钟而达,晋三尚未至。既至,为备早餐。候修车,装行李,诸事均妥,于十一时开车。送行者有景钺、希渊、柳漪、天况瞿同祖之字诸公。车为卡车改造之旅行车,载重二吨半,用汽油开驶,此在今日极难得也。同行者余四人外,尚有沈嘉瑞动物、郑万钧森林、冯景兰地质、李宪之气象、周定一语言、李俊昌历史、王年芳语言,女、赵儒林字子孝,森林、傅愫斐社会,女及泽珣,又阎旦夫之女公子亦偕行[①],共十五人。人携一箱一被套,车内不能容,乃以被套载于车顶。出发后半小时,车顶不胜其重,横梁为折,复以被套诸物移之车内,遂挤塞不堪矣。一时四十分抵安宁,去昆明三十二公里[②]。饭于昆安饭店,店极小而价昂,竟高出昆明。四时抵禄丰,以无佳处可住,复前进。车中气闷,不可喘息,手足不能反侧,大呕三次。余向不晕车,今日初识此苦。五时十五分抵一平浪,去昆明一二五公里[③]。

①旦　原作"丹",据本月十三日日记改。

②③公　原脱。

下榻一平浪大旅社，余得一楼旁室，小而暗。晚饭于社前小铺，觉较昆明尚廉。饭后参观滇西企业局，仅煮盐场在此，极简单，无可观。盐卤用钢管自二十一公里外之盐涌井引来，在此煮晾，每日出品二三万斤，有工人二百人。盐涌井有工人六十人，规模之小，殊出意外。参观毕，其科长苏某刘幼堂之婿招待加非，听旧金山广播知东条于十八日辞职，盖为塞班岛失败之故。九时半回旅社，即寝。天热不能入寐。夜二时半、三时二十分起，腹泻二次。今日日蚀，未见。

二十一日　阴历六月初二日　星期五　阴　雨　一沙道中　大理补记

五时半起，泻一次。七时五十分自一平浪启行。今日余建议将行李全载车尾，使与坐位相间，俾可伸手足，众人韪之。然行李太多，仍不能尽如理想，但较之昨日舒服多矣。十一时抵楚雄，下车。自北门勇镇门步入城，尖于双义楼，北方食馆也。就之询邵光明所居，谓久往保山，惟其夫人在此。饭后偕莘田、泽珣及三位小姐访之。一时半派车送余等至北门，登车。二时启行。四时抵沙桥，以更进有高山，乃止于此。投胜利大旅社，下榻房舍甚新，烹调亦美，价尤廉。八时就寝。较昨为适，然臭虫仍不少也。楚雄去昆明一百九十公里，沙桥去昆明二百四十六公里。楚雄一带尤平坦，每小时行三十公里以上。通常行程自昆明一日可抵楚雄，更一日可达下关。此次以出发迟，不复能依站而行，遂易为三日程。昌儿生日。

二十二日　阴历六月初三日　星期六　雨　沙大道中　大理补记

五时半起。早餐后七时半启行。七时四十五分登天子庙坡，去昆明二百五十三公里半。八时十五分车机损坏，不能进，修理久之。九时复成行。九时半至山顶，凡高二千六百公尺，去昆明二百七十公里①。十时十分下山麓，约去昆明二百八十五公里半②。上

①②公　原脱。

下凡三十三里，车行一时十分，盖自昆明至大理道中最大之山。十一时三十五分抵云南驿，去昆明三百二十七公里①，尖于鸿运楼，物价高于他处，仍廉于昆明。市场繁荣，往来如织。二时自云南驿启行，天大雨，幸乍甚乍止。登红崖坡，行三十分钟，得无大困。五时十分抵下关，未停。六时十分抵大理县城，去下关三十华里。以洱河木桥断，初未之知，临险而退，用人力推之，绕道缓行，遂尔迟迟。计其实不过二十分钟耳。下榻县立中学，校长赵继曾，字绍普，招待甚殷。余与莘田、泽珣住图书馆楼下东屋，同室尚有田汝康、吴乾就，皆第一批来者。九时就寝。此行途中食宿，均由地方人士招待。李俊昌负责支付，三日来竟未用一文也。

二十三日　阴历六月初四日　星期日　阴　雨　在大理

六时起。于帐褥间得臭虫十馀枚，皆连日途中所伏者，靛花巷宿舍及此间均无之。九时莘田召集同来诸人开会，决定请此间将饭食稍减，并将午饭提前。午间改用稀饭，以省縻费。同人共分八组工作，余在文史组，召集人为徐梦麟。散后复分开小组会，建议较多。尹泽新来。午饭后小睡。检隆庆修《云南通志》。隆庆六年李元阳仁甫撰②。一时半，忽炮声二响，据云为空袭警报，方思走避，旁皇未决，见轰炸机三，战斗机十馀，自西而东，不知为敌为我，亦不辨为战为逃。二时半，炮声一响解除。杨可丞来，偕莘田、汝康随之拜客。凡至范晋丞、周玉文、张耀宇县长、诸佐耕、杨可丞、张充国诸家，或值，或不值。往省立大理中学，旧杨玉科所立西云书院也。传玉科既破大理城，收逆产，营府第，崇饰逾制，为言者所纠，乃舍宅托言建书院，其事乃寝。玉科阵亡后，遂于书院后立杨武愍公祠，有小塑像，高尺许，栩栩欲生，盖生前所造。旧供祠内，现置

①公　原脱。

②甫　原脱，据本日所录李选《侍御中溪李公行状》补。

校长室，似不甚重视，尘土已满，反不如其旁所挂近人用新法所画之油画像，以玻璃罩之也，可为一叹。在可丞家食烤茶，并看其所作大幅山水。六时还县中。八时地方人士开座谈会，欢迎同来诸人。十时散，即寝。

重印李修《云南通志》目次，未携他纸，姑录于此：

民国二十三年十月龙云重印序。

李元阳序："英皇命儒臣用《禹贡》《职方》之遗意，为舆地《一统志》，而云南之建置，至为明备。正德间，前辈括《图经》为《云南志》，尚多阙略。隆庆六年，大司马关西兰谷邹公开府南中，首询阙事。维时，方伯长乐狮冈陈君、学宪长乐一水陈君，以通志对。公曰：'一方图籍，岂宜久阙？'遂命有司以六十年来诸所损益约四十馀条，遍布列郡，俾核实以报。藩臬诸大夫谓阳齿居乡右，或识往事，因属笔焉。"天挺案李选《侍御中溪李公行状》见《云南丛书·中溪诗集》卷首："万历八年，中溪李先生年八十有四。十月二十日卒于家。……先生讳元阳，字仁甫，世居点苍山十八溪之中，因号中溪。……嘉靖壬午中云贵乡试第二，丙戌成进士。初授翰林院庶吉士，寻以议礼忤权臣，出补分宜。……迁户部主事……改监察御史……外补……荆州知府。尝试诸生，得太岳张居正卷。大器之，拔为六百人之冠。时太岳年方十三，后果然，皆以先生为知人。先生以外艰去任，因遂里居不出。……"

叙例。

卷一至四地理志。其目十三：地图、星野、沿革、疆域、形势、山川、古迹、风俗、物产、堤闸、桥梁、宫室、冢墓。依府别分叙。

卷五建设志。其目八：职官、治署、城池、仓储、驿堡、关哨、亭铺、养济。

卷六赋役志。其目七:进贡、户口、田赋、课程、盐课、差发、民役。

卷七兵食志。其总目三:官数细目四:守备、卫官、御官、所官、军实细目八:军数、舍丁、军馀、军马、军器、演武场、军堡、军哨、屯征细目十四:职田、屯田、屯粮、城仓、屯仓、公田谷、样田谷、地租银、局料银、黑白窑银、馀丁差银、孳牧马驹银、屯牛、马料。

卷八学校志。其目二:庙学、科目。庙学附经籍、雅乐、祭器、学田、书院、射圃、社学七目。案卷首目录上有颁降书一目,与书院并列为二。

卷九至十官师志。其目四:名宦传、题名、流寓、政录。

卷十一人物志。其目四:人物、乡贤、孝义、列女。

卷十二祠祀志。其目二:祀典、群祀。

卷十三寺观志。其目二:寺观、仙释。

卷十四、十五艺文志。其目二:遗文、板刻。

卷十六羁縻志。其目九:夷司差发、贡象道路、分制吐蕃、僰夷风俗、爨蛮风俗、滇国始末、白国始末、南诏始末、历代史传摘语。

卷十七杂志。其目二:灾祥、怪异。

二十四日　阴历六月初五日　星期一　雨　在大理

五时半起。八时用饭。偕米士、嘉瑞、汝康、定一、愫斐、年芳、泽珣诸人,冒雨出北门,往三塔寺,古崇圣寺也,距城四里许。有大塔一,方形,凡十六级。其后小塔二,分列左右,八角形,凡十级。方塔下有广台,前刻“永镇山河”四字,其旁有记述建塔原委,皆近人笔墨,大都因旧志之文,谓大理多水患,故建塔以镇之,而莫详其始。其前又有石碑二,皆记重修事。俗传塔始于唐,而方塔尤与长安雁塔形近,其时代应不相远。镇水患之说,相传甚久,然寺侧更有四塔,何必如此之多?疑别有其迷信之故。川中每以塔树文风,但每地限一塔,与此亦不合,岂阿阇黎教之所尚欤?寺内近由军事委员会设干部训练班,随晤其副主任夏君,谈及昨日飞机,乃我机,惟敌机有十馀架到功果桥窥探[①],随即逃逸,故我发警报。警报发后,我机适至,故多误为敌机也。出寺,于寺墙后见元碑,为泰定二年中顺大夫大理军民总管段信苴隆所立。前刻李源道撰文,后刻猪儿年圣旨。据闻立碑处本为寺之中,后寺毁于火,移墙于前,此碑遂屏于外。李氏碑文首数句为:"大素雕而皇极立,大明升而爝火熄,圣人作而海宇一也。"明初宋景濂数用"大明升,爝火熄"之文,余尝疑太祖建国号曰明,盖以此故。今见此,则是当时习用之词也。碑后有雨铜佛殿,中供铜制立象。俗传铸未竟而铜尽,一日忽雨铜,聚之,恰敷不足之数,故号雨铜佛。佛铸于何时,不可考。象之足部,铸字两行,乃清光绪丙申仲秋蔡标补铸时所铸。殿前有明成化八年铜钟,未及详考其与铸佛之先后。出殿游础石街,大理石俗称础石,此为采掘后初造之所,凡十馀家。据云石凡三种:曰杂绿花,曰水墨,曰净白。净白,惟碑碣建筑用之,品最下。水墨,惟三阳峰一处产之,方仅一二丈,阱已深六七丈,产日少,价日高,于三者中最贵。石工每日工资二百元,尚须供食,以故业之者日少而价益昂矣。自西门入城,水溜没踝,盖山雨所泄,岂所谓多水患者耶?归县中,已一时半。进粥后小睡。补四日来日记。读李《志》。晚饭后至大街散步,询知猪肉斤价一百二十元,米一石八十斤价二千元,较之昆明约廉一半。昆明肉价斤二百五十元,米一石一百二十斤价七千元。九时就寝。

李修《云南通志》摘录:录其引《白古通》处及其他可存。

卷二《地理志·大理府》"滇王"注:"此滇王乃白子国仁果

①功 原作"公",据云南省云龙县志编纂委员会纂《云龙县志》第十编《交通、邮电》改。

也。……据《通典》,《白古通》相同。”十八页。

又《大理府·物产·货物》“点苍石”注引杨士云曰:“按省郡旧志皆洪武末年所修,不载点苍石。景泰丙戌修《一统志》始载之。……点苍石,细玩尔。工匠之伐凿,终岁血指,人力之传送,何日息肩。……巡按陈公察议请封闭,民亦有利焉。”案卷九《官师志》:“陈察,字原习,江南常熟人,嘉靖间巡按云南。”

〔付花生糖四两六〇元。〕

二十五日　阴历六月初六日　星期二　雨　晴

六时起。写昨日日记。读李《志》卷五《建设志·职官》有阿吒力僧纲司,各府或设或不设。表于次:

府别	僧纲司	道纪司	阿吒力僧纲司	朵兮薄道纪司	备考
云南府	有在觉照寺	有在长春观	有	无	诸司所在据李《志》卷十三《寺观志》注
大理府	有普宁寺	有栖霞观	有大我寺	有银相寺	
临安府	有指林寺	无	无	无	
永昌军民府	有法明寺	有三清观	无	无	
楚雄府	有广严寺	有玄真观	无	无	
曲靖军民府	有报恩寺	无	无	无	
澄江府	有华严寺	无	无	无	
蒙化府土知府,流通判	有等觉寺	无	无	无	
鹤庆军民府	有玄化寺	无	无	无	

姚安军民府土同知,流知府	有德丰寺	无	无	无
广西府	无	无	无	无
寻甸军民府	有报恩寺	无	无	无
武定军民府	无	无	无	无
景东府土知府,流通判	有	无	无	无
元江府				
丽江军民府土知府,流同知	无	无	无	无
广南府	无	无	无	无
顺宁府土知府,流通判	有万庆寺	无	无	无
永宁府				
镇沅府土知府	无	无	无	无
北胜州土同知,流知州	无	无	无	无
新化州	无	无	无	无

案康熙三十三年,黄元治修《大理府志》卷十《职官》注谓大理僧纲司,明洪武年设都纲在感通寺,副都纲在崇圣寺。道纪司,明宣德年设在栖霞观。"阿吒力僧纲司,明宣德年设都纲、副都纲各一人,都在大我寺。昔龙为水患,有神僧降伏,民赖安居,因称之曰'阿阇黎',俗讹为'阿吒力',其业头陀,而有家室。明初召入京师,死,谕祭。""朵兮薄道纪司,明宣德年设都纪、副都纪各一人,在城北四

十里古灵观。梁益之间呼大曰朵，觋曰兮，老曰皤，是名‘大觋皤’，俗讹作‘朵兮薄’。大觋之法，能役使鬼神，搜捕变怪，与《楚辞》所称大觋同。明初曾召入京师。”

李《志》卷七《兵食志序》：“古者寓兵于农，其法既废，汉唐屯田，亦曰近古。汉之屯田以兵，唐之屯田以民，历代之屯或兵或民，未尝画一。国朝使兵自为食，不以烦民，为之于豫，不因师旅。制田之初，民相参，畛畔相入，欲其旱涝相关，盈亏互察也。自后豪者诬私为公，贪者卖公为私，致使田虽多而饷不足，兵虽少而食无馀。盖因巨奸宿猾，饵诱于前，纨袴之子，踵袭于后，欲其事事明核亦难矣。然及今究其现存之数，储其可征之财，犹可救十之五六，否则弥久弥忘，求如今日，亦不可得矣。故于兵食，巨细兼收，俾观者一目无遗。在上易于检稽，在下无从隐遁，庶于国计有小补云。”

李《志》卷八《学校志》附“各儒学颁降书”：《大明律》《大明令》《教民榜》《洪武礼制》《仁孝皇后劝善书》《御制大诰》《礼仪定式①》《稽古定制》《皇朝诏诰》《列女传》《诸司职掌》《大诰武臣》《五伦书》《为善阴骘》《孝顺事实》《周易大全》《书传大全》《诗传大全》《春秋大全》《礼记大全》《四书大全》《大明一统志》《性理大全》《资治通鉴》《少微通鉴》《通鉴纲目》。

十二时赴县政府招待宴。二时半还县中小憩。四时偕莘田往万福隆洗澡，并看大理石。午后自县政府回时购一五寸椭圆盘，价三百元，自以为廉，实则二百元已足。晚干训班假县中招待。宴后莘田、年芳、铁仙、定一各有表演，或昆曲或二黄。十时乃散，随就寝。干部训练班主任为宋希濂，在前方，副主任夏日长②字雨人，湖

---

①仪　原作“制”，据《明史》卷四十七《吉礼一》、沈鲤《学政条陈疏》（《亦玉堂稿》卷三）改。

②长　原作“昌”，据刘国铭主编《中国国民党百年人物全书》、伍蔚文《我所知道的宋希濂》（刊《文史资料存稿选编》军政人物）改。

南人、教务处处长欧阳春圃江西人诸人负责①。

〔付石盘赠坤仪三〇〇元，洗澡茶钱三〇元。〕

二十六日　阴历六月初七日　星期三　晴　夜雷雨　在大理

六时起。写昨日日记。八时偕莘田、梦麟、泽承、乾就、汝康、定一、子毅、俊昌、年芳、愫斐、泽珣等十五人游中和峰，出西门，经元世祖平云南碑。碑东向，旁无村舍，惟西南稍远有财神庙，碑甚雄巍，以石环其缘，无亭盖。形如次：

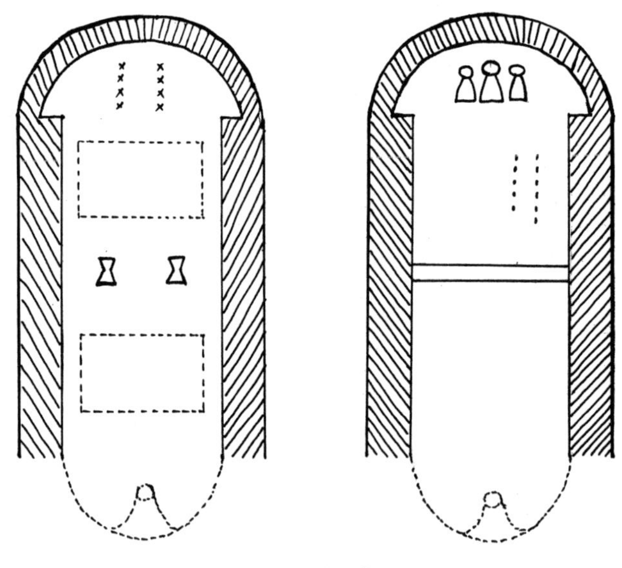

下有屃赑②

碑阳额刻"世祖皇帝平云南碑"八篆字，分二行。额阴刻三佛像。碑阴字已泐，无一可辨。碑阳字甚清晰，分二段，程文海撰文。此碑余甚疑之：立碑时日有年月无年号，一也；碑题与撰文分列上下

①圃　原作"溥"，据刘国铭主编《中国国民党百年人物全书》、伍蔚文《我所知道的宋希濂》改。

②赑　原作"屭"。

二段第一行，二也；《康熙府志》谓"碑今无存"，二十三古迹。三也；立碑处四无庐舍，亦非平野，不似驻跸之所，四也；碑立面城，后无所凭，五也；碑额刻佛像，六也。岂后人重立者欤？又碑立处有无移动，均待详考。如余所疑可解，则就之亦可一考昆明旧城也。登山，余行最缓，惟泽承相伴①，视诸人相距不下里许。然登山立即工作，亦惟余等耳。山有中和寺，实道观，然无道士，惟供道教之斋公耳。寺外有北主祠及李中溪仙道碑。寺门有光绪时石刻康熙御笔"滇云拱极"额，门左有康熙四十五年九月九日偏图总兵《御笔钦赐中和山匾额记》石刻，嵌于壁。记称其地为上帝宫，知当时尚无中和寺之称也。门右有光绪二十六年杨琼重修石刻，亦嵌壁间，谓寺创于蒙氏，重修于嘉靖，咸丰时毁，其时复建。入门左角墙下有"滇云拱极"旧石，"云"、"拱"二字已毁，则初刻也。入门聚仙阁楼上有咸丰时江某所绘灵官像，甚生动；又有周仁所作楹联，盖仿孙髯公而不及者。其后为玉皇阁，即正殿也，有光绪二十五年李瑞清书"中和位育"额。阁东向，其左更有一院，有殿三楹，曰真武阁，亦光绪时修。余等憩于玉皇阁之南庑。余偶于壁间糊纸底层见光绪二十三年邑人祷雨重修通启木刻残迹，喜极。询之火夫，寺内有板，但须寻之楼角深处，允为寻得，刷印相赠。寺后数十丈有摩崖"中和位育"四大字横列，有跋，已泐，不辨谁氏笔，其旁有李根源"滂薄排奡"四大字直书。二时下山，火夫出会乐图二幅相示，皆光绪修寺时所绘，人面均用照像剪贴，亦饶趣味。图中二十馀人均已物故，惟存一人，现在寺中。亟与泽承晤之，询知名刘和廷，年已七十五，询以寺中历史，多半模糊，惟云旧有三清阁在山顶而已。下山失群，与泽承寻捷径，道滑欲跌者两次，幸未及地耳。入城，在大街

①承　原作"丞"，本日后文及本年十一月一日同，据一九四二年八月二十一日日记改。

略看础石，他处所称大理石也。无所得，还县中。洗脸。补昨日日记。六时饭。后至大街散步。归。读李《志》。九时就寝。

〔周仁联：望望十九峰前[1]，蒙颠段蹶，依旧河山，最难忘郑回残碑，阿南烈炬，状元写韵，侍御游踪，世变几兴亡，往事都随流水去；遥遥百二里内，关琐塔标，无边风月，况更有苍岭积雪，洱海奔涛，玉带晴云，金梭烟岛，楼高一眺览，此身疑在画图中。〕

二十七日　阴历六月初八日　星期四　雨　晴　在大理

昨晚"望夫云"见，余未及知，夜果大风雨，且有雷。六时起，尚濛濛。补昨日日记。九时偕莘田、汝康、乾就访严希陵景光，其兄佐兴名继光，为余旧交。希陵熟于乡邦掌故，本邓川人，住大理，其祖母为杨武愍公玉科之妹，所收杨氏故物尤多。出示杨氏同治十二年自撰之《自叙》抄本，前有"段生玉谨录"一行，或即出其手。书面题"武功纪略"，后人妄加也。书内有墨笔钩勒处，有硃墨增改处，又有黏红签处，大都润饰文字为多，盖经多手，或当时杨氏欲仿罗思举之年谱付梓行世者，甚可宝贵。余请乾就钞之，但就原文，不依改勒，庶几可以存真也。每半叶八行，行二十字。又有杨氏《从军滇黔始末情形简明节略》，盖光绪初年以呈江督者，但称爵中堂，而无名姓，当为详考之。文中有"前督宪刘奏留两江差委"，"旋奉补授广东高州总兵之命，恩不容辞，即于（光绪）五年六月到任"，"编修何金寿尚且摭拾谣言，牵扯云丰泰事……由部议降调解任。嗣蒙圣明洞鉴……立予开复"，"屡欲于前督宪刘恳其奏明给假回籍，适因旄麾莅止，孺慕情殷，觉当代第一伟人，深以早未瞻依为憾"，此条在禀帖中，不在节略。凡此皆可据也。《节略》出之幕僚，不如《自叙》之率真，亦可存也。乾就亦借钞。希陵又出其父所作其祖

[1]望望　《大理名胜古迹楹联选》（《大理市文史资料》第十辑）作"巍巍"。

太夫人《哀启》，有“随伯舅武愍公于戎马间，转战救援，出生入死者凡数十次，卒能化险为夷，屡建奇功”，“旋攻大姚……每行阵，先慈时出救援。一日挖土城，武愍公被火药猛炸，几殆，先慈奋不顾身，负公出窖……自是每有攻克，先慈必随，所著勋劳不胜枚举”，“先君历保留滇补用总镇，及武愍公赴引谓引见旋榆，先慈即辞公谓武愍，愿随先君子退归乡里”之语，则固平滇一役之女将军也，惜其事不传。希陵又出杨武愍遗像、讣闻，谅山所获法人军刀，杜文秀下“左辅左先锋篆”、“安东后参军篆”两铜印。称篆不称印，可资考证。据称当时官各一印，故极多，左印为胜字四百零六号。安印为永字五百十一号。其官名爵秩皆出于黔人吕藩云。希陵又言，南诏九城均自山岭，下抵于海，欲作《南诏九城考》以问世，尚未完。十一时半归县中。午饭后睡半小时。记今日所见所闻于希陵者如上，随作随与乾就谈。乾就别治杨氏谱，非武愍家。并录杨武愍讣，时以相商，殊快。六时傅懋勣、王玉哲自喜洲来。饭后与印堂、乾就、汝康、毓枬至大街散步。遇张耀宇，约往县政府饮加非，谈行政之难。据云今年一月经费尚未拨到。呜呼！欲其不假之于民，安可得哉？归县中，与莘田、毓枬、汝康、乾就谈学问、谈作人、谈作事，甚久，至十一时乃寝。毓枬言在国内读书时，觉成专家甚易，既往国外留学，始知读书之难，近日教书虽日夜孜孜，又恐智力有限，有不能登峰造极之惧。此进德之言也。又言学者于其本行须深，于一般学问须博，而又须知作人之道。此子殊可喜。今日为雯儿生日，作书寄之，并畀以派克自来水笔及《牛津字典》。杨可丞以画相贻。

〔付邮票二〇元[1]，信封五十个六〇元。〕

---

①付　原脱。

二十八日　阴历六月初九日　星期五　晴　在大理

六时起。写昨晚日记。与梦麟、泽承谈文史采访标准：艺文于旧志外，兼采唐以后总集，及杨升庵、李中溪三数人别集，尤注意新拓碑志；古迹多调查，略者详之，阙者补之，误者正之，名实不同者引伸之；人物著作，应有尽有。此不过前人通说耳。有三事或可无惭于古，不愧于心：一、全拓县中碑碣，明以后者录目择拓；二、调查全县本主；三、注意阿吒力僧与朵兮薄道。十时倦甚，倚枕读《省志》，不觉睡去二十分钟。为严希陵题字。读李《志》卷十一《人物志》大理府"张仁果"注引《一统志》曰："白子国主。能抚其众，元狩间赐玉印，续为滇王，封于白崖。"（元）"段福、段日"注："白人也，其先世为大理国王……""陈惠"注引《南诏通纪》："段氏臣。四川明玉珍红巾攻善阐……"

卷十五《艺文志》邹光祚《光尊寺三教叙》。杨慎《书滇载记后》："余婴罪投裔，求蒙段之故于图经，而不可得也，问其籍于旧家，传西岩有《白古通玄峰年运志》，其书用僰文，义兼众教，稍为删正，令其可读。其可载者，盖尽此矣。"杨士云《苍洱图说》："劖山取石，白质黑章，以蜡沃之，则有山林云物。唐宰相李德裕平泉庄命曰'醒酒石'，香山白侍郎命曰'天竺石'，好事者往往取为窗几之玩。"此条应在《书滇载记后》之上。董难《百濮考》："濮白所居连壤（上文云濮人，今顺宁所名蒲蛮者也），余又以白音按之，濮字在白音亦合一屋韵，蒲字在白音亦合七虞韵。白语称其人为濮，而不称为蒲。"

卷十六《羁縻志·滇国始末》："汉武元狩间……时白子国仁果善抚其众……帝乃封仁果为滇王，（庄）豪世遂绝，此滇国绝而白国继也。"《白国始末》："邃古之初，西海有阿育国，其王能登云上天，出《隋书》。娶天女，生三子。……次子（弘德）封于苍、洱之间。阿育俗奉佛教，恶杀，不茹荤腥，日食白饭，人称白饭王，是为白国之鼻祖也。……传世至仁果,以慈信治国……汉元狩间,庄豪治滇,仁果治白崖,两国角立。帝嘉仁果……册之为滇王……仁果之子孙世守其家法,不尚染采,不杀生,仍号白国。……传至十五世孙凤龙佑那,不变其旧。诸葛武侯收用豪杰,仍封佑那于其故地,赐姓张氏。又传十七代至张乐进求,时哀牢人细农逻耕于巍山,即今蒙化。……进求乃以女妻之,因以国让之而隐。此白国绝而南诏继也。"《南诏始末》"隆舜"注:"南诏名皆父子相承,世隆之子曰隆舜,近是。"《诸史摘传》:《史记·西南夷列传》元封二年"西南夷举国降"注:"即白国仁果受降。"《元史》摘世祖入大理事注:"《白古通》载:'世祖斩高祥于五华楼下。'此云姚州,非是。"(终)〔卷十七《杂志·大理府·怪异〕"观音伏罗刹"条引《白古通》,别录之。〕

前见李《志》谓大理阿吒力僧纲司在大我寺,晨以语梦麟,适拓碑人张某来,询知其地,梦麟偕之往,得碑二,即拓之。一已断,不辨时日及碑名,其一为道光二十一年正月《重修大我士寺碑记》,其名与旧志不合,且强谓:"永乐初至京,有逐邪功,上喜甚,深嘉之曰:'天下之大,我所信任者,惟此一士也。'"以为之解。所可异者,重修时住持为尼僧广宏,仝立石者有其徒孙本纯,四代孙觉庆,五代孙昌喜诸人。则其为尼庵非短期事也,岂明初已然耶?抑崇祯遭回禄后夷为尼庵耶?康熙志所记仍未改。应详询之。〔梦麟云,询之寺尼,其来已久,但莫详年月,今诸尼无一知秘密教者,盖与阿吒力无涉矣。〕三时杨焕然来,谈及县中去年修建时,于地下发见墓志一方,偕往视之,乃常所书,字体绝佳,急约梦麟、泽承及张某视之,并请其代拓。四时偕毓枬、汝康至大街,得生和食喜洲粑粑,较之昆明火腿月饼尤过之。又往护国路旧称县门口上正街"明昌"购梨膏一瓶,装一斤四两,价四百元,而还。六时晚饭毕,记日记。与乾就、毓枬、汝康、年芳、愫斐、莘田谈,青年意见有为吾辈不能想像者，甚矣，不可不与青年接近也。十一时就寝。

〔付梨膏四〇〇元。〕

二十九日　阴历六月初十日　星期六　晴　在大理

七时起。补昨晚日记。八时早饭毕，与泽承、莘田及诸少壮谈一小时。读《白国因由》，别以纸记之。《白国因由》向谓即《白古通》，然《白古通》有元世祖斩高祥事，而《白国因由》不见，疑非一书，或节本也，拟详考之。读《李志·艺文志》所载沐氏诸碑，得明代所以防嫌于沐氏者数事：一、嗣爵者不必继镇，继镇者非皆嗣爵；二、继镇者死，必归葬金陵；三、家人子弟不皆在镇，继镇者必在京师。谢绶《沐琮神道碑》有"复以云南重镇，遂从所请，命昆就镇绍爵，继守其地"之语，可知就镇绍爵继守为特典。表沐氏世系于次，容与《明史》对之。

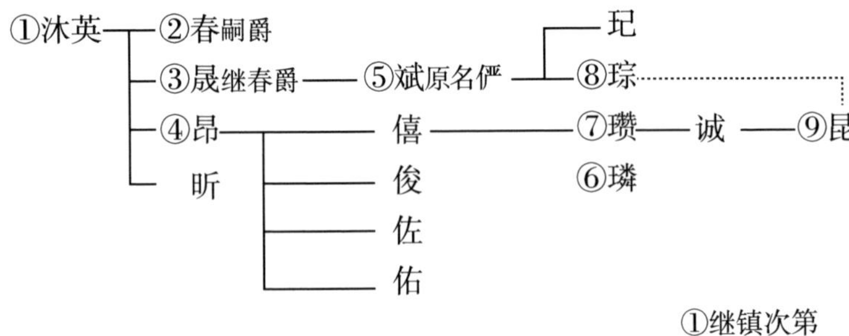

①继镇次第

午饭后，偕泽承、鸾和、乾就、俊昌、年芳出东门，往才村。中途有轰炸机声，仰视见八九架绝高，自西而东。既而闻炮一响，知有预行警报，疑为敌机，但十数分钟后又有运输机一架自东来，又疑非敌机，其后闻炮二响。抵才村，又闻炮三响，紧急警报。终不见机也。才村村口有石牌坊，前纪杨氏文武科名，后纪余氏官阶，旁有阖村新旧官生题名。余氏题名有内阁大学士余国柱、顺天府府尹余国器、父翰林余有年、子翰林余国柱数条。余国柱，湖北大冶人，何得在此？坊侧又有诰授光禄大夫武英殿大学士两江总督余公之神道一碑，尤可异。穿村而过，至海边游丰乐亭，又称古临水亭，亭侧有嘉庆丙寅《重建古临水亭记》，知其创始于村人杨勋。“于浩然阁前筑台”，盖附会唐人诗而为之，无实据也。光绪二十五年，李必昌清道人之父重修，值岁大稔，更名丰乐亭，可谓有识，然不能移通俗之称。李氏有“澄观”一匾，并有长跋，今悬亭中。别有长联，文曰：“民乐年丰，极哀牢而上，亿兆人耕凿雍熙，秋色西来天地阔；负山面海，自元室以还，六百载沧桑兴废，浮云日变古今新。”今已不存，以墨书诸壁。其他诸联，亭壁嵌旧，多不及录。今亭实民国十八年县知事王用中与村人奚冠南重修，无碑记，惟梁上有题名耳。去年今县长张耀宇复粉修，立新额，称“古临水亭”云。亭东向，面玉案山，俗称东山。海平如镜，风景绝佳。亭前水中有小台，上建石坊，题“龙门”、“鱼跃”、“鸢飞”诸字，甚趣。亭之西数十步有洱水祠，残碑仆地，存“雨洗神碑”四篆字，绝佳。传有神话，然则此四字亦后人补之或别立者也。殿檐下有钵井，今惟方石作封，其中已不见井矣。洱水祠俗称龙王庙，民国十五年重修。三时半入城，凡行一时二十分，抵县中。知城中果有警报。五时后顾建平来，约食炸酱面，出示凤仪杜文秀时修赵州碑文，下兑杜文秀墓碑碑文[①]，均抄本，非原石也。杜墓修于民国六年，其女若婿自缅归来所建。还县中，张耀宇夫妇来。九时就寝。

三十日　阴历六月十一日　星期日　乍晴乍雨　在大理

七时起。坤仪来信，谓雯儿发烧，深念之。八时四十分响炮二声，空袭警报。九时二十分偕莘田、泽承、汝康、定一、年芳、愫斐、梦麟诸君，出南门，乘马车至七里桥，候警报解除，步登圣应峰。循

①兑　原作“堆”，据民国《大理县志稿》卷三《建设部・乡镇》、《杜文秀起义小史》改。

涧穿溪，登阶跨石，深入幽邃，中间涉水而过，衣履溅湿，峦层一转，风景为殊。登碧漪亭小憩，登高瞰清碧溪，第二潭、第三潭水色澄碧若流离，深浅不一，色绝美。在碧漪亭食面后觅一樵夫，导至山后看第一潭，路仄而滑，蒿草没膝，盖樵采路也。盘攀久之，已临潭上，惟较远不能俯瞰。樵者缘崖而下，吾辈畏而止，从之者年芳、毓枬、张熺三人而已。细察之，所谓第一潭之上尚有三潭，而第一潭之下更越一潭始及第二潭，合之为七潭，非三潭也。及下，路行尤滑，莘田由定一掖之，梦麟由汝康掖之，扶掖而下，极狼狈[①]，然叹观止矣。惜余无徐霞客之文笔、韩昌黎之诗句，不能状况之也。下山步至五里桥，搭马车至城南门还校。张充国来。九时半就寝。

三十一日　阴历六月十二日　星期一　阴　微雨　在大理

六时起。记昨日日记。莘田告知雯儿患回归热，已入惠滇医院，为之焦念。十时偕梦麟、泽承、乾就、俊昌、之的及张殿选乘马车至太和村，沿途殊烦燥。十一时十五分抵村，村在公路东。至中心小学，旧文昌宫也，惟存孔子牌位，就联匾推之，似昔与关公并祀。西南关于关公传说较少，崇祠亦逊于中原，此可注意者。自中心小学越公路而西，更越石路，旧日大道。至南诏德化碑。碑崇伟色黑，以石屋护之。碑阳面北，存字已不甚多，碑阴字稍多，列当时官衔，惜全文不传。粗数之，凡四十行，碑文志稿有之。录后段今存数字，俟以证其行数字数。

者也于是
下而四海[②]
不朽俾达
风烈其词

---

①极　原作“急”。

②而　原作“□”，据民国《大理县志稿》卷二十四《艺文部》改。

石室外有李根源民初题字:“嘉庆三年六月,兵备道铁岭李亨特南诏碑亭记[①]。”考证甚详,字小,又有张贴,不能读其全,似据桂未谷之词也。又有民国二十二年《重修南诏德化碑记》,村人赵汝炽撰,杨作梁书。碑文有:“厥后朝代递更,碑亦仆地漫灭,俗呼为磨刀石。迄于乾隆五十三年,布政使王昶访得之,合村人筑室贮藏,以资保护,然碑尚横仆。且近年以来,石室坍塌,又当大路冲要。本年夏,滇省汽车路昆明至大理一线兴工,修筑太和古城,绅管等为未雨绸缪计,再三妥议,于农隙兴工,移于大路西侧,凡十馀日告成。从此南诏德化碑又巍然矗立矣。”读此,似石碑曾经移挪。及还中心小学,与保长及耆老谈,均言碑未尝移。赵汝炽年不过五十,亦在座,再三言碑在原位,余甚疑之,乃以碑文相质。据答,当日原议公路直穿碑室而过,村人欲移碑于西北,重不可动,其后乃将公路路线改为经行碑之东,碑文之“移(碑)于大路西侧”实为“移(路)于碑室东侧”。此类文字传之后世,不知又生多少纠缠,费多少考证!昨日在清碧溪见碧漪亭额有“俯瞰三潭”之语,明明亭在潭下,而曰俯瞰,可谓无独有偶。随入村看本主庙,凡三庙:一为张状元塑坐像,手执书,甚清秀,戴软巾,余未见,像座以纸封之,泽承登一桌二凳始见。传为明代人,今称“七堂大神庙”。余见檐下有成化丙申十二[②]铜钟,有“七堂灵神庙”之语,由来已久。一为段某甲胄持剑,胄上有饰作屮形,俗所谓帅盔。一为龙王着黄

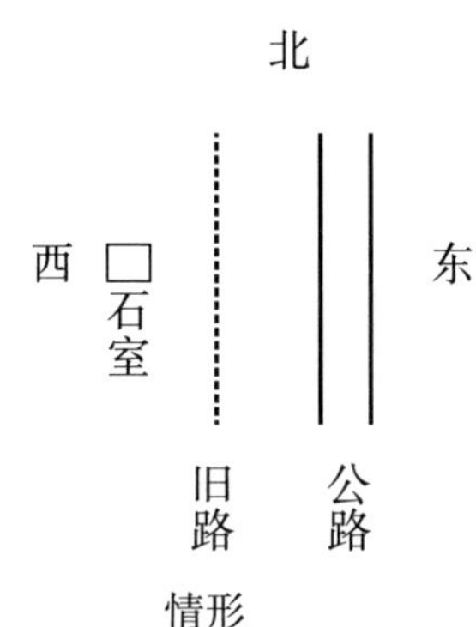

①亨特 二字原阙,据民国《新纂云南通志》卷八十六“南诏德化碑”条补。

②十二 原作“二十四”,旁注“十二”。按成化丙申为十二年,且成化共二十三年,并无二十四年。据小字改。

袍王冠，或云姓段，或云非是。本主殿皆三楹，本主居中，其左则祀土主，蓝面六臂，手各执一物，俗称伽蓝神，余疑即秘宗之“玛噶拉”。本主各庙不同，而土主则一，亦地方之特俗。村有李氏宗祠，并祠赵氏，不知其为一家两姓，抑此间之所谓上门？上门者，异姓入赘之称，大理最习见。四时登车入城，经古城桥，据云有碑，入村视之，无一字涉及古城，怅然而下。更过观音塘，今称大石庵，旧志所谓妇负石，即其地。庙甚弘丽，新装佛像尚有未毕工者。住持河南人，尝入大学。寺有岑毓英、杨玉科碑记，其重修者也。有神话，未足信。寺后之右有杨玉科塑像，甚巨，与省中存者相若，生动不如。归县中，得刘伯蕃二十三日书，谓雯儿病不严重，四五日可痊，一日愁虑为之稍解。六时泽新召饮，诸介父出视近年所作山水画多幅，笔墨少而意趣深，秀洁可爱，惜用皴有类西法。九时还县中。十时就寝。夜大风雨。

八月

一日　阴历甲申六月十三日　星期二　阴　晴　在大理

六时起。写昨日日记。得雯儿二十六日信，谓二十日下午感不适，二十一晨徐大夫断为回归热，打九一四一针。下午入惠滇医院，二十三日体温复常。惟此病七日一周期，恐有反复，定三十日出院云。为之大慰。十时半起。写讲演纲要，以明日在干训团讲中国民族之拓展也，迄下午三时半毕。十二时许稍睡片刻。再写昨日日记。五时至大街为锡予买皮鞋，不协。晚饭后范晋丞、杨可丞、周玉文来谈。阅李氏《通志》，更抄其十七卷一段，随以《白国因由》校之，颇不相同，知《白国因由》不出《白古通》。且《因由》第十七尝引《白古通》，其非一书更可知。康熙四十五年圣元寺住持寂裕刊《白国因由》跋谓“虽未见《僰古通》,而大概不外于斯”,恐不然也。十时就寝。

二日　阴历六月十四日　星期三　晴　在大理

六时起。整理昨日所拟纲要。八时早饭甫毕,方在复阅,训练班已派马来接。少憩,乘骑而往,到三塔寺与夏雨人小谈,至讲堂。余讲分四段:一、中国之移民;二、中西移民之不同;三、展拓的三方面;四、中国民族拓展的精神与贡献。自九时四十五分至十一时五分,学员约千人,讲堂过大,喉为之哑。讲毕,在雨人办公室稍坐,仍骑马回县中。啜粥后小睡。三时往晤杨范修,邑中耆宿,清廪生,已六十,安贫乐道,君子人也。出杨宅与赵绍普、田汝康、吴乾就食羊肉,甚美。五时半王旸、殷达夫妇约晚饭,谈甚久。还县中,坐庭中望月,其明似尤过在昆明所见。十时就寝。

三日　阴历六月十五日　星期四　晴　在大理

日高始起,以为甚迟,视校中表乃六时半,岂表误耶?抑前数日余之表过快耶?读《白国因由》。为年芳、愫斐写字。读《滇载记》。理发。全城悬旗,询之,为迎腾大师管区司令马光陆也。杨可丞来。十二时半小睡二十分钟。二时偕泽承、梦麟、乾就,随张殿选至兴福寺。距县中甚近,今为宪兵营。晤其主事,山东人,言一无碑志,佛像已封隔不可见,但云系本主庙,而殿选不之知,莫能究其实也。出寺,循西城墙自缺口出,至一塔寺,所谓弘圣寺也。塔十六级,方形白色,与三塔寺之大塔相似,每级一门二窗,均四面有之。最下层甚高,向西之门上有石额,刻佛像五,径尺馀,则塔似向西面山而立也。塔顶铜制,作状,中盘八角形,盘下圜球仅上半,不知应称何名。塔下向东之门已塞,嵌嘉靖二十五年李元阳《大观堂修造记》石碑,碑为大理府经历刘琳等所立。杨慎篆额,自称“博南山人”,李元阳撰文,题曰“撰并书”,然详察碑末有“生员秦世贤集赵松雪字”数语，则是《圣教序》之流，非出中溪所书也。记云：“大观堂，枕鹫峰，襟洱水，在大理郡城西里许，郡守龟崖蔡公所作。堂前有古塔十六级，周昭王时物也。塔前有祠，宪台中江王公即王舍寺之遗址创庙，以祠孔明者也。祠左有关将军庙……”今堂祠庙均不存。塔西稍南有小阜，似殿基，上置仆碑，题“大军封邱”四字，上款“云南光复后六十三日”，下题“云南陆军第二师长节制迤西文武官吏西防国民军总统官李根源”，于此可知辛亥革命时之官职。往闻印老当革命时杀人甚多，且及官吏，而不知其由，见此节制文武官吏之衔，得其故矣。阜下稍东北有碑题“抬一格洪武十六年春/提行抬一格开国辅运推诚宣力武臣荣禄大夫柱国/提行抬一格总兵官征南将军颍川侯傅○空一格总率大/军征进大理攻克邓川县城并三营佛/光山寨亡殁官军普集诸山释众崇修/提行抬二格佛事毕遗骸葬此”六行。〔佛光寨，元右丞普颜笃挟土酋高大惠踞处，见《滇中琐记》。〕塔之北稍东，阜下有泉，今称石马井，视之有水沫上浮，实泉也，方五尺许，深二尺馀。井栏四面，已毁其二。对塔之东有石坊，“名留西蜀”四字尚存，闻其外尚有“望重南阳”，今涂灰改他字矣。坊塔之间似有石道，今惟馀道路痕迹而已。以石坊证之，塔应以东向面城为正，然与塔门石刻不合，抑又何也？余疑塔西小阜即大观堂之遗址，塔

后
□ 堂
□ 塔
祠 □ ▫庙 左
前

图一 据记

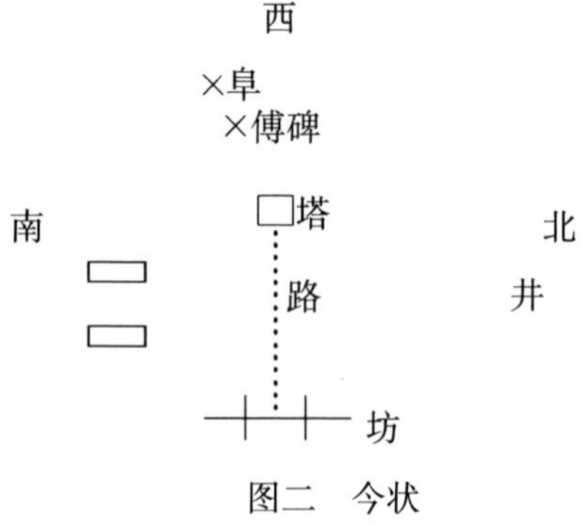

图二 今状

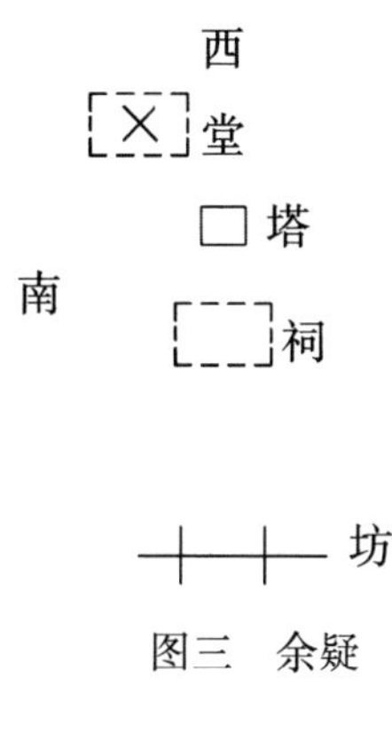

图三 余疑

东对坊平地为祠之遗址，惜皆废矣，其旁之玉皇阁与之无关也。玉皇阁在塔阜之东稍南，今存大殿二进，前为门楼，甚巍丽，一进祀玉皇，二进所祀不明，像已不存。周视联匾，无一与武侯相关，知县志稿谓移祀于玉皇阁者误也。壁间嵌印老集刻郡人题一塔寺诗句三首，并有跋。庭中有石坊，题"玉光普照"，万历丁未（三十五年）邑人阮尚宾所书，久经湮没，光绪三十年于土中发见，复立之门楼之外。左立杨慎《峋嵝碑》，右立《座右铭》石刻，疑皆光绪间重建玉皇阁时移植门前者，非明代之旧。〔据《滇中琐记》，一塔寺左尚有苍山书院。其所谓左，盖就观者而言，即余之所谓右也。疑即玉皇阁。〕离塔，自南城墙间缺口入城，回县中。再偕汝康、莘田诸公诣杨可丞、周叔怀份，不值。诣王□□[①]，小谈，回宿处。晚饭后偕汝康诣张充国谈，一时馀归。读《李志·沿革》。十时半就寝。

〔理发七〇元。〕

四日　阴历六月十六日　星期五　晴　在大理

六时起。写昨日记。读杨叔玉琼《滇中琐记》，有"邓子龙"一条，谓子龙字武桥，江西丰城人，明季儒将，与刘草堂綎并名。万历间缅甸犯顺，任金腾参将，破贼于攀枝花树下，斩罕虔、景真宗等，进副总兵官。缅复入犯孟密，把总高国春大破之，以犄功晋总兵官。值猛琪土司叛入缅，为边患，子龙击败之，复猛琪、蛮暮两土司地数千里。倭犯高丽，诏赴援，战没于仁川舟中。著有《枕戈集》，已佚。《琐记》中存其数首，又遗事数则，此即清堂子中所礼者也。

---

①原于此处空阙二字。

午饭后，检行李，决定晚间乘船往喜洲。二时逛街子，大理初二、十六两日为大街子，自五华楼北沿大街以至北门外，各物均备，惜无我辈所需。由北门步行至马九邑村，凡十许里，或云八里。大理村乡，或名邑，或名城，而今人于其下更加"村"字，疑系古昔旧名也。或小于睑者之称①。在赵绍普家谈，憩，镇长杨君并假其地作东道主，皆滇味，辛辣不胜，乃嚼白饭。饭后阴云渐布，莫不失望。九时月出，乃登舟。绍普门侧即所谓马头也，薄云乍散，月色初窥，大似一挂水墨础石，海面如镜，余等两船外更无一帆。莘田等歌昆曲，诸人或临船头，或睡舱内，余亦时卧时起，其终宵未寐者张子毅、吴乾就、游钜颐、吴徵镒、傅懋斐、王年芳六人。三时顷忽闻远处枪声，同人皆起。有小船过，用民家话告舟子，谓有掠船者，余等乃停泊浅处，以为戒备。天明乃行，立船头西望月落，东待日出，晨寒料峭②，万籁俱寂，海阔天高，壮心复起，偶思及古人水战，竟莫悟其方。六时半抵喜洲，在大理北四十五里，去马九邑四十里。

五日　阴历六月十七日　星期六　晴　风　在喜洲

六时半船抵喜洲海口。进村，止于苍逸图书馆。喜洲，民家话曰贺睑，即《蛮书》之大厘城，或曰即史城，然《云南通志》又谓史城在邓川德源城，此则待考也。喜洲又称贺睑③，盖民家话谓喜为贺也。八时半早餐毕，补睡至十二时，精神仍未恢复。二时半偕莘田、梦麟、泽承、汝康、绍普、乾就诸公诣严宝成④、杨白仑⑤、董澄农、杨直辅，皆不值。晤赵冠三⑥，侃直士也，年已七十一，为镕西大

①睑（瞼）　原作"贉"，本月五日、十一日、十二日同，据《新唐书·南蛮传》改。

②峭　原作"悄"。

③贺　原作"喜"，据上下文改。

④成　原作"臣"，据喜洲镇志编纂委员会编《喜洲镇志》人物篇改。

⑤白仑　原作"伯伦"，据本月七日日记改。

⑥冠　原作"贯"，据本月七日日记改。

哥之表叔,谈及宽熙二哥[①]。又晤林之棠、黄秋浦溥、卞彭年、萧之的、包渔庄、傅子嘉,均华中大学教授。于渔庄处见鸡足山传衣寺今俗称袈裟殿石刻明慈圣太后像墨本,作观世音莲花座,容甚丰,上有"慈圣宣/文明肃/皇太后/之宝"。御制像赞曰:"惟我/〇圣母,慈仁格/〇天,感斯嘉兆,阙产瑞莲,加/〇大士像,勒石流传,延国福民,霄壤同坚。"下题:"大明万历丁亥年造,隆武丁亥年十二月初八日弟子林云志重刊。勒石于鸡足山传衣寺流传侍奉[②]。"此隆武纪年在滇中甚少见,向传滇中未尝奉正朔,且隆武亦不应有丁亥十二月也。六时还苍逸图书馆。九时就寝。

六日　阴历六月十八日　星期日　晴　在喜洲

五时半起。读《大理史城董氏族谱》,民国十一年董维邦所修,而会农、澄农印行者也。谱内有"邦按"云云,即维邦书。面题"会农、澄农氏续修印本"者,印行时误加。前有民国十一年陈荣昌序、赵藩序、民国十年二十九世董维邦序,及旧谱嘉靖六年十七世杨士云序杨、董一家、十八世董仁序原题十世孙,据注改、杨士云书后,嘉庆二十一年纂修谱闻显序、道光十五年常恒昌序、王崧序、道光二十九年杨名飏序、道光十五年二十八世董鉴序、二十九世董正官总述,续修谱民国十年二十九世董维邦序与前不同,前曰弁言,此曰序、三十世家彬序、三十一世广元序、三十二世万川序、董莹序自称裔孙,无世次。陈荣昌序最称此谱之有附谱,以为"滇西之俗,赘婿以为常,此有妨于宗系者甚大,故修谱亦易轇轕。今观董氏之谱,有正有附,正谱为经,附谱为纬。经以纪其常,纬以穷其变……此固董氏一家之法。而吾谓滇西之立族谱者,皆当取此以为通法也"。其言甚是,惟不审此法出

---

①熙　原作"西",后一日同,据一九四一年一月二十六日日记及张耀曾《亡弟宽熙事略》改。
②原于"流"字旁着一"?"。

之何时，余疑其创始已久，或即始作族谱之应元仁氏也。十八世嘉靖时人。〔附谱出于道光修本，见十日日记。〕族谱目次如下：

卷首　序　凡例

卷一　祖训新补　祖像　考据遗书已失　原始谱考辨附

卷二　世系谱旁系附　总系全图附图说新补　支系分图附图说新补　旁系图分忘所自出、迁居外县、出嗣他姓、无他姓子四项，此图旧缺，新补

卷三　世次谱世次附、谱附

卷四、卷五　世次附谱上下

卷六　祠墓谱　宗祠图说　祖墓各图

卷七　艺文谱题名录附　艺文上敕谕之文、部宪之文、在唐以前备考之文、入滇以来备考之文

卷八　艺文中墓碣之文

卷九　艺文下一他人赠送之文，诗联额并附

卷十　艺文下二董氏著述之文，诗联额并附

卷十一　艺文下三董氏著述书名

卷十二　题名录　取名录

卷十三　杂志

纂修名氏卷首：十八世仁原本，道光丁酉二十八世汝弼重辑，男正官接修，同治丁卯三十世家杰续修，民国十年二十九世维邦举人续修。

自到迤西，得读诸家族谱，颇有愚妄之推测：一、纯粹之民家为汉化最早之土著民族，其姓氏如哀牢九姓之属，乃汉化后所加。二、同姓者未必同族，故同姓多相婚嫁，及汉化更深，或与汉人交往久，嫌其不宜，乃微易其字以示别，如杨之为扬、阳、羊，张之为章之类；阳、扬姓甚稀，而世家之族谱诰封中反常见，至于平民之墓碑，则

杨、扬氏之称到处皆是。抑或土著本俗系女系制度，不禁同族之婚，则待考矣。三、上门之风甚盛，血系轇轕混淆。四、此间社会传统，初期盛夸南诏，其后则推朱明。故诸家族谱于两者均不肯放弃，亦不顾其矛盾。如董氏称始祖南诏董成自金陵迁滇，其例甚多。此种假设乃一时想像，尚无学术根据，不足以示人，更不可以语当地人士，恐三五十年后亦不能发表也。惟与莘田、乾就言之，乾就更广搜材料以求其通。九时半偕乾就、年芳、梦麟、鸾和、俊昌请泽承、之棠导游三灵庙。由所住苍逸图书馆向西行至村口外通公路处，有石坊已圮，据云乃镕西大哥家者，惜匾额已不见。行三数里，涉一溪，登小山，抵三灵庙。门题“三圣灵宫”，有道光壬寅熊万年题“惠我无疆”额，同治十三年赵培元自题“都阃府”题“威灵永镇”额。门殿塑白马于左，红马于右，各以马童牵之。中殿无所祀，已成过厅，左列小塑像十，右列小塑像十一。土俗凡还愿者，必塑小神像陈于庙。即此壁悬画板，皆三灵神迹，惜存其四，更不辨故实。殿后有乾隆己巳杨联允题“恩覃碧水”额，乾隆二十五年杨联第题“圣武昭宣”额。又有辛卯一联，不辨年号，文曰：“奋神威，显大义，非期得国得民，正气常存千古；兴水利，除氛祲，允颂克仁克爱，英灵永庇四方。”此可综神之功绩，神话也。旁有“信义合同”碑，述两村分任差役、分享土田事。后殿中祀神像四，最左白面长髯，红袍文装；左白面长髯，黄袍文装；右金面，执剑武装；最右女像，有三龙，自后仰伸而前，一在帽中，二在耳旁。四像之后壁中有金色像，亦执剑，稍小。像前有神牌一面，四名并列，自左而右为“大圣元祖重光鼎祚皇帝”、“大圣圣德兴邦皇帝”、“镇子福景灵帝”、“妙感玄机洱河灵帝”。其右又有

大圣
元祖重光鼎祚皇帝
圣德兴邦皇帝
镇子福景灵帝
妙感玄机洱河灵帝
位

一牌，题“沧浪峰霞移溪得道有感龙神”①。终不知孰像是孰神也。〔记中左右皆就神像本身而言，非就余所看而言。〕后殿左楹有像四，其一为土主，蓝面六臂，矛尖有蛇，馀二文一武。右楹有像二，男女各一，男无须。中楹神像，前有判官立像六，廊檐左右有四像，人身人面，而以牛马猪犬之头加于顶，所谓五谷神也。殿中有光绪三十年新建观音寺碑，已断，仆于地，非此庙所有者。殿外有“恩周七邑”额，此七邑谓七村也。后殿左庑有殿三楹，中塑玄坛骑虎像，据云去年以前尚为空殿。中有三灵庙碑，景泰元年立，杨安道书，杨宗刻石。据碑，三灵一为吐蕃酋长，一为唐之大将，一为蒙诏神武王偏妃之子，盖见之《白史》云。余嘱年芳抄之别纸。将出庙，见壁间有公告，知三灵诞日为十二月十八日。又有红报多纸，盖村人之毕业者报捷于神，犹之他处报捷于祠堂也，其上均题“三灵皇帝新王太子佑下”。出三灵庙，见庙后有观音寺，新建尚未毕工。随下山，还苍逸图书馆，往返均七八里。饭后小睡。二时半偕同人诣韦卓民，不值。晤王玉哲、马奉琛②。更至华中大学，凡占用三庙，中为大慈寺，左为张公祠，右为文庙。大慈寺有弘治八年乙卯《重修大慈寺记》，赵弼篆盖，杨谟撰文自称寿官，董璧书丹。记中有“成化丙申寿官杨本”之称③，杨谟撰文亦自称寿官，其他尚多。寿官之名，他处未见，就所见证之，似指已入学生员之父也。又有康熙碑一通，不见其阳。又有洪武戊寅《宝莲殿记》一碑，赐都纲沙门感通寺无极撰，杨宝书。匆匆不暇抄录，略读一过，似是太监颂皇太孙之德，并道及被阉时日，可与郑和事相表里。嘱玉哲代抄之。张公祠即镕西大哥家祠，北屋三楹为祠，中祀元云南通海古桥州知州

①沧　原作“苍”，据民国《大理县志稿》卷一《地理志・山川》改。　溪　原作“涧”，据同前书改。

②奉　原作“凤”，据《云南大学史料丛书・教职员卷》改。

③本　原作“瑄”，据《重修大慈寺记》原文改。

始祖张公讳建成暨历代昭穆宗亲灵位,左右列宗系图。第一世至四世为元,第五世至二十世为明,二十世至二十六世为清[①],二十六世、二十七世入民国矣。明二百七十七年凡十六代,清二百六十四年乃七代,不知何故。镕西大哥即二十六世,宽熙二哥暨亮哥等均已登入。檐下有懿行匾,迄明为止。有道光戊申仲春联曰:“星象辉腾七曲,孝友开先,愿子孙继继承承,数典不忘光令德;凤阳派演三朝,烝尝依旧,对昭穆雍雍肃肃,致诚如在荐馨香。”即镕西大哥令祖其仁所立。室内又有一联曰:“念奕叶相承,想见劳心竭力;知贻谋最远,莫如求己及人。”南屋三楹题“桂林书院”,乾隆壬戌张殿元所立。又有乾隆己未杨元亨篆额《重修桂林书院碑记》。桂林书院旧称桂香书院,嘉靖乙未进士张拱文自四川兵备佥事乞养,积俸八十金以寿母,母责不顾,拱文乃以建书院。镕西大哥之远祖也。文庙称奇观堂,有碑,称“明佥事明斋先生读书室”,不知何许人。乾隆甲辰重修,楼上如文庙制,祀孔子四哲及配享,楼下祀唐御史杜光庭位,称“唐御史杜夫子之神位”。大慈寺之南数十步为中央祠,南向,即本主庙,联匾甚多。有道光五年“佑于一德”额,镕西大哥令祖所立。雍正己酉“一悉参天”额为祠中最早者。正殿塑像甚伟,金面红须眉,仰头怒目,向西而视,手横剑,座下有兽,铠甲,戴毡帽,有缨,神牌题“大圣中央皇帝”。像前右侧有小像,金身,张口作惊呼状,背有兽皮,帽甚大,俗呼小本主,香火甚盛,红报尤多。询之住民,民家老妇谓神诞为正月初三日,其传说有二,一谓系忽必烈,一谓系段宗榜。其小本主或谓为狮子国使臣,或谓缅甸使臣,盖与段宗榜同来者。或又谓为板楯蛮之打山匠[②]猎户,见于《华阳国志》云。大抵民家所居各有本主,亦各有其神话与灵异,历时益久,变化益多,甚至人人

---

①清　原脱,据前后文补。

②打　原阙,据张继白《叶榆稗史》“古石河城”条补。

殊词，土人亦不深究，但虔敬礼拜而已。段宗榜事见县志稿，亦无为本主事。中央皇帝之称尤费解，岂蒙古帝国时中国皇帝之号欤?神像之帽，往见忽必烈像似相同，容考之。出中央祠北行，有似墙基遗迹者，或曰即古大厘城，但墙基中央为水流溪道，疑其仍是范水之用。墙下有井曰锡杖泉，盖附会古迹为之者。锡杖泉在今大慈寺内，非此地也。还图书馆。晚饭后，十时就寝。

三灵庙记[1]

五峰兰雪道人杨安道书并篆额

窃闻三灵者，其来尚矣。按《白史》自唐天宝壬辰蒙诏阁罗凤神武王时，肇兴神迹，至灵至圣。其一灵乃吐蕃之酋长，二灵乃唐之大将，三灵乃蒙诏神武王偏妃之子也。厥诞生时，中宫无出，阴谋以猴儿易而废弃，埋于太和城之道傍，密遣侍女夙夜视之。冢生一苇而畅茂，群牛往复，有一犦牯先来爱护。一旦斑犉忽食之，女遂报于中宫。宰犉剖腹，出一男子，披戴金盔甲，执剑恨指，腾空而北往吐蕃。后率兵伐太和，至德源城，蒙诏乞和而归。后同二将复举兵至摩用，大战弗克，回至喜睑[2]，赤佛堂前，三将殒命。乃托梦院旁耆老曰：若立庙祀享，能遍水利，除灾害。遂定星揆日，不月而庙宇成焉。由是雨旸时若，五穀丰稔，每于四月十九日，阖郡祈告。迄异牟寻孝恒王，追封号元祖重光鼎祚皇帝，圣德兴邦皇帝，镇子福景灵帝。院塝有一长者乏嗣，默祷。其囿种一李树，结一大颗，坠地现一女子，姿禀非凡。长者爱育，号白姐阿妹。蒙清平官段宝

---

①此文另纸抄录，夹在此处，即本日日记所言“余嘱年芳抄之别纸”者是也。题下有“五峰兰雪道人杨安道书并篆额”，即本日日记所言“中有三灵庙碑，景泰元年立，杨安道书，杨宗刻石”之内容。碑今在大理市博物馆。

②睑 原作“脸(臉)”，碑拓同。

琏娉为夫人,浴濯霞移江,见木一段逆流,触阿妹足,乃知元祖重光化为龙,感而有孕。将段木培于庙庭之右,吐木莲二枝。生思平、思胄,号先帝先王。思平丁酉岁立位,国号大理,建灵会寺,追封母曰天应景星懿慈圣母,重创三灵庙。世传三十五代,凡三百九十一载。追我圣朝洪武壬戌,大理臣伏,胤子段名赴京,见任湖广武昌卫镇抚。有宪掾院塝杨赐等舍施田亩。城南善士杨正等曰:“三灵庙者,一乡香火祈福之所,寂然不动,感而遂通,岂可不思补报乎?”是以征言刻石,以彰厥德。予不揆疏谫,述其梗概而词曰:

三灵圣帝,天性正中。生前为将,殁后祀崇。

阴翊治化,感德惟隆。雨旸顺序,祈祷必从。

阖郡瞻仰,沛泽感通。黎民获福,于变时雍。

西山苍苍,东洱溶溶[①]。纪德贞石,垂裕无穷。

景泰元年岁次庚午秋菊月下澣城南村、院塝村、江度村。

七日　阴历六月十九日　星期一　晴　阴　雨　在喜洲

五时半起。补昨日日记。赵冠三甲南来。午饭后杨白仑来,导瞻杨宏山先生祠。吕咸熙题“七尺书楼”,累经改建,已非旧观。今为楼三楹,庭甚狭,更无他室。楼前为明兰,叶阔及寸,甚丛茂,惜欠修拾。楼下为厅房,空无一物。上为祠,中祀神位三,中杨士云,左杨樾,右杨德,皆明代人。别以纸书位,一为杨准,一为昌期,则入清代矣。有杨升庵联:“仙郎高议留青琐,学士新诗满碧山。”后人所书。中案有诰封箧,红漆花,明代故物。中为立筒二,亦红漆花,有镂刻。中贮明代敕命,红锦包首[②],镶黄绫一段,敕命白色绫,前有本色织花篆书“奉天敕命”四字,后为敕命本文,用“敕命之宝”

①洱　原作“海”,据碑拓改。

②首　原作“手”。

二,嘉靖十八年三月十九日所颁也。骑缝列号,一为□二百二十一号士云,一为□二百二十二号士云之父,上用“启运之宝”,敕命之末有白本色织花“嘉靖三年　月　日造”一行,其后又镶黄绫一段。读敕命文称“敕曰”,与清代称“制曰”不同。士云之母与妻均阳氏,或亦讳杨而改也。诰封箧之旁有玉带箧,皮制,已散,中有皮围,似带非带,莫可分辨。牌位之左有大木案一,黏红纸,题“明代古桌”,以桌脚花纹形状验之〔 〕,似较晚。上置纱帽,皮壳与黑纱已分,皮壳甚完整,不知何以保存至今,黑纱已上下分离,但下截边缘有硬纸为衬,以铜丝为骨。铜丝圆细,大似机器所制,怪甚。岂其纱经后人所修,抑当时已有铜丝耶?余则疑其非原件矣。帽与带随意置于案上,殊非保存之道。观毕,间县中。小睡。五时华中大学设宴于王家祠堂,即包渔庄、黄秋浦所居,招待同来诸人。闻渔庄病疟,温度至四十一度六,已不省人事。上午犹自己上街买菜,一时半大便后即感昏迷。医生为打强心针二,吗啡针一,并为灌肠,温度所减有限。日前渔庄到大理,三日与余等同诣杨可丞,晚间同往看戏。四日谓疟疾作,不能与吾辈乘船而先回。五日余等到喜洲,尚来苍逸图书馆相视,下午余等诣之,谈尚甚健。余惟于其殷勤招待时之一刹那见其微蹙其眉,有痛苦状耳,不意隔日之别竟沉重至此。八时天阴雨,归图书馆。卓民、莘田均大醉。十一时就寝。

八日　阴历六月二十日　星期二　雨　在喜洲

六时起。写昨日日记。萧之的来,谓传渔庄已归道山,惟不敢确定。乃令泽珣往探,未还。少顷林之棠来,知其果然。年仅四十五,遗子女五人,可伤之至!十时偕同人乘马车出镇北行。十一时五分至周城[①],憩于云沧乡中心小学,旧银相寺也。〔据李《志》,银

①城　原作“村”,本日后文同,据民国《大理县志稿》卷三《建设部·乡镇》改。

相寺乃朵兮薄道纪司也,今无遗迹可寻。〕道光二十四年《云弄峰古塔碑记》[①],《重修街面万年台功德碑序》已仆,光绪二十一年《复建魁阁财神殿功德碑序》已仆,宣统三年张宗良《桂树复生记》,段凌云诗石刻。晤杨缉熙老人,年八十四,前清文生,精神甚好。谈周城本主有二:一曰主国太清真常灵帝,一曰天郎文明新官锦帝。前者为元代人,名杜朝选,乃猎户。传有蟒蛇能变人形,摄女子,每年三月三日必食人。一日杜见蟒,射之,流血遁,继见霞移溪上有女子于捣衣石洗血衣,乃蟒所摄取者也。乃踪迹得蟒,死之,救女出,女遂归之,每年正月十四日为其生日云。随往本主庙参观。庙题"灵帝庙",俗称北庙,其南庙则土主也。正殿中楹塑像,白面,八字须,挽道髻,红袍裹甲,执剑,剑上指。右有女像二,或其夫人也。左一像首有三龙,称新王太子。更左少远有女像,曰地母娘娘。殿左楹祀子孙娘娘,与其他本主庙异。殿右楹供梅、葛二大真人神牌,据称为染业之祖师。又有纸糊杨武愍之神牌及阵亡官员字样,不知其何时作法事时所用也。出庙见有大坟,题"大明武略将军龙溪苏公之墓",乃万历辛卯所立,有"男世袭千户长,经武大理。百户长孙正芳、世芳、联芳立"一行,惟墓侧有民国三年墓铭,谓其名龙溪,字云从,自川眉山迁滇,洪武初投傅友德军,立功授武略将军云云。则其子若孙不应在万历有碑,疑后人所立也。碑又云:"将军之神话甚多,以不经不录。"惜不得一究之。自周城步行至蝴蝶泉,泉方二丈许,深丈许,甚清冽,诸人均饮之,余与莘田、梦麟谢未敢试。泉外樟木、合欢、刺桐环列甚密,春间蝴蝶来聚者,则合欢也。同行诸生物学家言蝴蝶之来与树木无关,盖因其地阴荫且有水,故来耳。泉后有亭,题"春如泽"三字,光绪九年所立。中张杨

①原于"道光"二字旁有一小字"据"。盖本拟补文于此,后又改写至眉批。故删。

缉熙作记，纸写，已将残破，乃嘱乾就、俊昌、定一、年芳录之别纸。坐息久之，乘车出上关，入邓川县界，止于上沙坪村高玉山家，进茶。见命名红帖黏之壁间，甚趣，录于后。天忽雨，冒雨至渔潭坡，有九孔桥通江尾，风景绝佳。桥侧有本主庙，称“本主青龙王”，像左手执火珠，右手二三两指上指。时方进米，量唱纷繁，不及一详询之。自上沙坪步行至上关，又称龙首关，《蛮书》所谓“龙口关”也。有“南天一柱”、“北门锁钥”二额门，上有楼曰凤朝楼，复门题“北关屏藩”，额有庚午字，不知其何年。关甚长，人家较少。内关题“襟山带海”四字。入外关即入大理县界矣。车候于内关之内，今行之公路不复经也，乘车而还。马眇一目，性复强，时行时止，每止，余等必下车以轻其负，及其行，复上，不胜其劳。行未半，马性大作，马夫痛鞭之，竟退入田内，幸余等已下车，乃舍之步行。步行半小时，车乃至。又上下数次，乃得抵镇。苦哉！苦哉！此行旅所未经也。与莘田、梦麟、定一往吊渔庄，虽与之新交，泫然欲泣。五台中学校长杨白仑设宴校中欢迎余辈，梦麟嫌其礼貌疏简，饭毕急出，有愠色，余等亦随之。记日记。十一时就寝。日前渔庄言周城有吴三桂大周纪年碑，今日遍觅不得，询之杨缉熙老人，亦不知。余意或系吴氏之将当未败归葬者，坟墓累千，莫可细考。呜呼！渔庄往矣，又安得笃学好古如渔庄者，更从而求之耶！杨缉熙老人著有《凶年饥岁丛说》，记丙辰杜文秀事，并及历年物价，迄民国二十九年为止，奇书也，乾就借来欲录副。

蝴蝶泉记[①]

考野史纪，龙首关之南，云弄峰之下，神摩山脚，有泉焉，载地

---

①此文系杨缉熙所作，另纸抄录，夹在此处，即本日日记所言“中张杨缉熙作记，纸写，已将残破，乃嘱乾就、俊昌、定一、年芳录之别纸”者是也。

志三泉之一。水自石腹中涌出,为建筑溪潭,将石移动,今存其名耳。可供灌溉之用。地极清幽,绝无尘垢,迎面置田数百顷。古时泉侧有蝴蝶花树一株,因花形状似蝶,故名。每当夏日盛开,醉蝶纷纷来朝,花蝶与飞蝶相衔,如丝贯珠,相联至地。当斯时也,气候酷热,乘凉避暑之士,咸临其地,或酌酒以赋诗,或烹茶而围弈。真乃兰亭禊事之怀,沂水春风之志,几乐而忘归矣。惜花树已废,犹有杂木数株,经几百年,古物阴翳可爱,醉蝶之届时来朝者如故,依然不改昔时之景象焉。是日也,少长咸集,列坐其次,则有爽气迎人,香风触鼻。娱目之色,但见秧绿麦黄,睹插图画;入耳之音,惟闻蛙鸣鹊噪,韵叶宫商。有时祷雨,无不应验。水声潺潺,如闻天籁,此亦胜境也。其始不过邃潭深渊,先君子修治之,周围砌石,潴水灌田。乡人以为山川钟毓之灵,建祠崇祀。每岁四月望,五官降诞之辰,或谈经,或演戏,因时布置,无有定规。古代左右有村落四①,豆腐营、铁匠营、杨家寺、江西井、羊角村。然豆腐等营不知埋没于何时,古迹无存,事不可考。羊角一村,居民寥落,仅户二三,承平后移住仁和。仁和村,古名草结屯也,咸丰年间经驻关伪将军米开先更名。惟地瘠民贫,而俗敦古朴,间有名儒登诸县志。人户甚稀,田地亦薄,虽侣南北两溪之水,皆无益而有损,何则?用时则涸,不用则泛溢滥行。仁和村之人民所赖以生以养者,惟斯泉也。民国丁巳,熙馂食仁邑,弗事田畴,未获目睹。乡人传言,泉水较往年稍涨一二分,闻之曷胜欣幸。是岁,父老组织一会场,搭台演戏,大申庆祝,以为纪念。熙亦乐为之赞,但愿饮斯泉者洁性,所谓天心视人心为转移,地运为兴运而变迁,诚有莫之为而为、莫之致而致者矣。爰为祝词曰:

---

①按下列村名实有五个。

大哉灵泉，清似沧浪。永镇云弄，泽及边荒。

其源既远，其流孔长。育我黍稷，活我稻粱。

功德无量，祀东弗遑。四月十五，是其会场。

士民庆祝，万寿无疆。野史记胜，千古不忘。

民国癸未年清和月，邑人时年八十一岁杨缉熙敬题。

九日　阴历六月二十一日　星期三　晴　有云雨　在喜洲

五时半起。记昨日日记。八时林之棠来，导梦麟及余往晤张效曾法臣、慕曾范臣二老，均镕西大哥之堂兄，一年七十馀，一年六十馀，身体甚佳，耳目聪明（法老耳稍重听），背挺如矢，步履如飞。此来所见老人类皆如此，岂乡居益寿耶？抑养生有素耶？余见诸老皆躬自操作，无嗜好，早起早睡，此或其故也。范老谈掌故甚多，谓喜洲有三本主庙：一为市上街之妙元祠[①]；一为中央祠；一为九堂神祠。九堂又称祈雨坛，传祈雨九神皆降，忽尔鸡鸣，不能复升，遂祀为本主，所谓中央皇帝、三灵皇帝并在九神之内，石坪圩、城北、七舍、大界门诸村人均祀九堂本主[②]。中央皇帝为段宗榜，四月十五日生日，上洪坪等七村之人共祀之。神不茹荤，故祀者均以素食。祠中左龛所祀为其两弟，右龛则其子，中龛小神像或云猎户，或云渔夫，生日为十二月二十八日，凡祀者必担食为供，一头为鱼，一头为肉。三灵皇旁像塑于大石上，非平地也。祠前旧有古柏，传为晋时物，其后树枯，乡人裁之为额，题“古柏流香”，今尚存云。复谈及严子珍所印康熙府志乃其世守，急请观之。书凡八册，已拆散，用纸条草装，盖排印所为。书内用红笔洋字标页数，狼籍恶劣。尤可恨者，其中有三二表格，竟剪下影印，印后亦不黏复，仅馀印刷时所夹剪裁声明，黏之书眉。睹之心伤，不知此为表彰乡献，抑为

①市　原作“四”，据民国《大理县志稿》卷三《建设部·乡镇》改。

②大界门　今名“大界巷”，同上书作“大界南北”。

破坏文物也。伤哉！伤哉！兹录其行款于次：

范承勋序：半叶五行，行十字，行顶空一格。原缺上半页前四行，据方曜仙藏本以红笔补。

王继文序、诺穆图序：同上。

于三贤序：半叶六行，行十六字，行顶空一格。

王琯序：同上。

李斯佺序：半叶七行，行十七字。

黄元治序、张泰交序：同上。

李元阳序：半叶九行，行二十字。

杨慎序、赵汝濂序：同上。

宪行：半页九行，行十八字。

姓氏、凡例：同上。

本文：半叶十行，行十九字。

自张氏辞归，检严印黄志，其缘起竟未着张氏一字，其心尤可鄙，原本每册均有张慕曾图记及周宗濂印。此书最好由学术机关购藏，否则必与废纸同腐矣。午饭后严宝成来[1]，莘田与天不得睡[2]，余亦不得睡。读《段氏家谱》《董氏家谱》，别录其要。四时出饮牛乳，此间特产也。六时半开会商旋昆及交稿日期，余在十八日第一批返昆。文史组初稿交稿定十月底。十时半记日记毕而寝。

十日　阴历六月二十二日　星期四　阴　雨　在喜洲

六时半起。昨夜于油灯下记日记，目倦神疲，忘写两事：一、读《董氏谱》，知定正谱附谱者为道光时纂修之董正官。道光十五年常恒昌序称："董君明府正官……道光十三年癸巳恩科举进士，奉旨以知县用，旋丁父母忧，回籍，乃详考旧谱所载及墓表碑铭……

①成　原作"臣"。

②"天"字前疑脱一"谈"字。

辑为《董氏族谱》一编……谱成而以序属于余。其言曰:‘董氏自世居大理太和县之喜洲村以来,九百馀年矣。传世既远,族姓繁衍,有因官而流属他省者,有迁徙而寄籍别州县者。其信而有征,并附于谱,而其他谱牌无考,未敢少为附会焉,传信也。’”又董正官总述称:“董氏虽世居喜洲,而年远族繁……有他人入嗣者,如昇祖下庆之曾孙继先,抚赵氏锐以为嗣;有出为人嗣者,如宝之元孙玹,即给谏士云之考,出继母舅杨氏。不详载之,后世何稽焉?”皆其证也。二、前闻人言民家人有三特征,说民家话、不缠足、以黑布裹髻是也。并闻喜洲均民家人,然此来见有说民家话而缠足者,亦有黑布裹髻而不能说民家话者。在上沙坪,高家均说汉话,询之则上沙坪全村不说民家话,而下沙坪则全说民家话。两村房舍相连,其事甚怪。其装饰亦均无别,高家女人亦以身负筐而以头承筐绊。由上关还喜洲,有人送小儿附车,年八岁,名周福,甚聪敏,住喜洲镇内,只知汉话,不识民家话。又余在镇内尝见二妇对语,语调极似民家话,细聆之则汉话也。二妇均天足,黑布裹髻,衣式极古,似贫俭之家。语言差别究以何者为标准,氏族血统有无不同,实应详为调查,然在今日,实有不便也。又前日在高家见中屋壁间黏有红帖,其事其文均极有趣,补录于次:

> 右启恭祝/○○○玉山高老表兄大人德配薛孺人,今添孙子,因寄名余下,令衡赐名曰/锦熊(盖取“瑞气绕锦幕,熊罴兆吉祥,椿萱兰桂茂,𥠻寿比日月长”之意也。)[①]/四课(年月日时)/诗云(才储八斗,学富五车,福如东海,寿比南山)/表弟苏兆麟男杜衡鞠躬赠。时/民国二十六年岁位瞻阉赤奋若六月上浣吉旦。

九时至包宅,公祭渔庄先生,致赙一千元,送殡至停柩庙。天大雨,

①原于“盖取瑞气”旁注“双行夹注”四字,意谓此段文中凡括号内文字,当作双行夹注排列。

衣履尽湿，同来诸公自包宅送至图书馆门前，华中教职员、学生送至五台中学门前，余与韦、黄、萧、卞及子嘉、维商送至庙，莘田自图书馆送至庙，泽承腹痛，发烧，至图书馆门前，体不支，随入喜洲医院。数日以来，泽承在包宅帮忙①，极累且极伤心，遂病矣。余归图书馆，以热水沃足，并加衣两件。午睡约一小时，及起，鼻微塞。五时先往视泽承疾。董美成约莘田、梦麟及余晚饭，座有赵冠三，谓中央皇帝为狮子国王。七时还图书馆，鼻塞已通。十时记日记后就寝。

〔付包氏奠仪一〇〇〇元。〕

十一日　阴历六月二十三日　星期五　雨　在喜洲

五时半起。读《段氏家谱》，有正德十五年六世孙段德贤序，谓"滇南太和我段氏者，其来旧矣。我始祖莲胜公遭元末兵燹而谱遂亡焉，传至德贤已六世矣"，与谱内"洪武八年合族同遭水难，存者惟莲胜公一人"不尽相符。洪武八年云南未入版图。谱又言为"大理国段思平之裔"，未尝记之中原，胜于诸家之谱。段氏嗣赘最繁，录于次。读《董氏家谱》卷三世次谱一世成注云："原籍金陵，唐时入滇为南诏清平官。"是为董氏始祖，在唐亦仅此一世。五代凡七世，均失其名。九世入宋，始于晟之祖某，亦失其名，十二世入元，则在宋仅三四世。在元为十二、十三两世，入明则十四世矣，二十三世已入清，则在明凡九世十世而已。三十二世已入民国，则清亦九世十世。明清各九世十世，年代甚合。五代与宋之国祚长短不一，而历世相差甚远，疑其所述不尽可信。据谱，二十世名振裘者，永历辛卯府贡生，顺治任蒙化府教授。二十三世昌裔、二十七世杭、二十八世嘉兰妻皆董氏，应非同族。十时闻泽承腹痛甚剧，昨宵未眠，偕莘田、泽承②、汝康、俊昌、鸾和、定一往视之，医言正验血，有盲肠炎嫌

①忙　原脱。

②泽承　疑作"泽珣"。

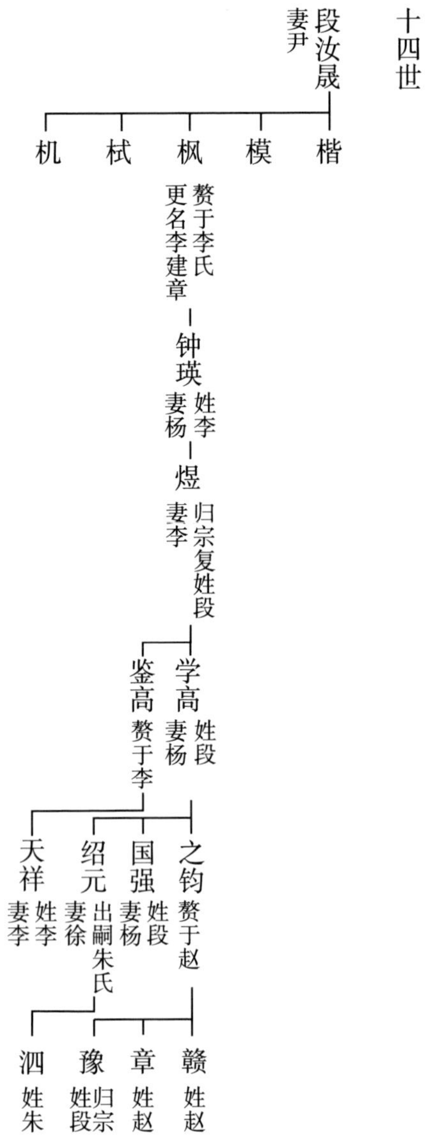

疑,嘱不必入见。候半小时馀验血未毕,乃先归。未几,汝康来告确为盲肠炎,正与莘田、梦麟商派花杆即送大理,未定,医院又派吴

君来告白血球一万四千，须急送大理。汝康、绍普、白仑之借车久久未获，一时半决用花杆夫抬单架送之。余与梦麟往医院，以语泽承，见其精神尚好，已不甚痛，为之借单架，铺整被褥使之安卧，抬往大理。过图书馆，入晤同人，白仑为借邮政车一辆，但须略加修理，仍命单架先行，由汝康、鸾和、绍普陪之往，半小时后汽车亦往，途中接之。之棠又借来谭氏、杨氏、杜氏家谱。四时出饮牛乳，见关帝庙有管弦声，入视之，见便装耆老壮俊十馀人，或管或丝或金或革，方在合奏。一人长跪，三二老人用汉语轮读经卷，不详其名，睹其词则专为关帝作，大旨在劝善祈福，乐声甚美。或云此洞经会也。归来复往听片刻。读《谭氏家谱》，光绪元年定稿，二十年甲午重修，家藏抄本。有康熙九年谭樟序、光绪二十年谭家杰序自称三十九世，樟序称："上林公（始祖）以文景公世裔弃官服贾，遁籍湖南谱称'唐天祐河南桂溪节度谭上林，世居湖南，以上谱亡'……端叔十六世……贾居武昌……端叔生榴十七，榴生世仁十八……子珠十九，三传而生珪二十二，即樟二十五之曾祖，为入榆之始祖也。以明弘治壬子举孝廉，庚辰授大理寺评事，癸未冬奉使入滇，适胡州乱，海内兵燹频仍，饥馑荐臻。得宦友拱文先生约游大理，悦其俗厚里仁，于是娉尹氏，置田园，筑舍宇，遂卜居太和之喜洲，时嘉靖壬辰春也。"谭家杰序谓"旧谱亡丙辰之乱"，序有注述丙辰事，余不及录，乾就详摘之。注中误洪秀全为胡秀传，最有趣，盖滇音近也。谱有《祖脉仪图世系考》《文录》《自叙》《异事录》。谭氏商贾者，多无行迹可征，世次年代难定，自唐迄清末凡四十世，而明弘治迄清康熙乃四世，二十二世珪，弘治壬子举人；二十五世英，康熙十一年庠生。康熙迄清末竟十世，亦有所遗误也。谱有家杰祭祖父文，俗语协韵，大似明太祖《世德碑》。《尹氏族谱》，抄本，无修谱年月，前有道光己酉尹昭忠序。查谱内叙至忠字辈止，昭忠下书"现生二子"，似即修于其时，成于其人也。谱无图系，前后世次均以"一世"标目，稍欠明醒，事迹亦不甚详，或为初稿，惟首列尹梦鳌饰终文敕较可贵。昭忠序曰："闻尹氏旧有族谱，自汉及明，昭然可考。爰庆历间，在姻亲家被回禄烧归乌有，后未暇再修也。……谨案始祖讳成，系南京应天府原籍。从汉相诸葛至滇，官岀川行司校尉，旋喜叶榆之山川明秀，遂卜居史睑……庚子春，余逐日至祖茔细加辨认，归家再实以各支家内所供木主……胪列在册中……其他如岁贡尹乐尧，乡荐尹德辉、尹德炳，庠士尹聘三[①]，三家各自为族，亦系历代住居喜睑，与吾族均属同姓不宗，未知百世之先同宗否也……自今以始，有明以前之族谱虽失，有明以后之族谱庶可待修云。"十时半就寝。莘田补写三十一年第一次来大理日记完毕，将日历归还。

十二日　阴历六月二十四日　星期六　阴　在喜洲

五时半起。读《尹氏族谱》。《钦赐谕祭葬前任直隶颍州太守屺思尹老先生行状》[②]："……岁戊辰，公车并辔，窃拟看长安道上花，乃未得一当。余乞拥毡西旋，君亦谒铨选简大尹，于时春明分袂。案谱，梦鳌字醒如，心尧次子，万历乙卯举人，距戊辰十四年。……按君尹氏，讳梦鳌，别号屺思。……世太和史城人……十八游壁水，二十一荐乙卯贤书……己未……始赴春闱不偶……戊辰试春官复蹶……遂拜蜀之西充，川北瘠邑，民疲吏瘵……寻移守颍川……忽贼警报至……与颍士庶寝处埤堞间，力战力守……逼城高楼……贼据其上下，击守兵以致墉溃，颍人不睹兵久，尽皆兽散。君挺身捍御，继弗支，奋以身殉焉，时乙亥之正月十二日也。……戊寅长君奉祖命叩阍陈乞，先蒙赠光禄少卿。辛巳再具疏沥恳，蒙俞，礼臣请与祭一坛，造坟安葬，而荫谥之典。正在议覆间，近捧新皇明

①聘三　原作"三聘"，据赵甲南《聘三尹君行状》(《龙湖丛稿》卷下)改。

②颍　原作"颖"，据后文改。

诏,殉难诸臣应得恤典者,准一例请给,况在议覆者乎?……距君生于万历乙未年十月,靖节于崇祯乙亥年正月,卜弘光元年四月钦奉谕茔安厝于点苍之莲花峰……时弘光龙飞首纪仲春之旦,文林郎知蜀垫江事拙舅杨先声顿首撰次。”此状用弘光纪年,在滇亦少见。往读李印老《云南金石目》,圆通寺有崇祯十八年碑,是昆明未闻弘光即位也。喜洲更在西鄙,竟先闻之。崇祯十四年三月初五日,礼部具题,十一日奉旨“尹梦鳌准予祭一坛,造坟安葬”:“计开:一谕祭一坛;一祭品:猪一口,羊一腔,馒首五分,粉汤五分,果子五色每色五斤,按酒五盘,风鸡一支,炸骨一块,炸鱼一尾,酥饼酥锭各四个,鸡汤一分,鱼汤一分,降真香一炷,烛一对重一斤,焚祝纸一百张,酒二瓶。”崇祯十四年四月二十日,工部具题,五月初三日奉圣旨“这造葬银两准给”:“计开:原任直隶凤阳府颍州死难知州赠光禄寺少卿尹梦鳌,合照太湖知县金应元例,该造坟工料银二百两,大匠百名,每名出银一两,通共该银三百两。”

《太和史城杨氏族谱》,光绪戊申第十三世举人杨纯珍修,抄本,有光绪三十二年丙午杨纯珍序。凡八卷,卷一世次考略,后昆名派,宏圭山祖茔图,祖墓古碑录存,江渡甸祖茔图;卷二世系总图,世系分图凡八支,附谱;卷三诰敕;卷四题名;卷五碑志,挽诗;卷六、七艺文《味苍雪斋诗选》;卷八艺文诗文格言。案谱,纯珍字坤奇,号锡侯,协之长子。光绪乙酉举人,戊戌大挑二等,候选教谕本班,截取知县。宣统元年入京应截取,考列二等,以盐人使用,自请降三等,以府经历用。未选,卒于京师。“宣统”以下云云,据补注。《世次考略》:“杨氏案碑志为喜睑巨族,而谱牒失修。阅鼎革变乱,始迁之祖,未能悉也。《绍霆公墓志》云,原籍江南江宁府上元县,为宋将杨由义之后,七传入滇,卜居喜洲。不知所据。兹谱其信而有征者,明季一世祖杨公缺讳配阳氏……”案杨公之配“阳氏”,墓碑作“杨氏”,可证余之假设为有征。碑立于嘉靖乙卯十二月初七日,迄清末凡十四世。杨氏功名以绍霆十一世为最，绍霆字春声，号龙池，道光辛巳举人，壬午进士，官浙江乌程县知县，有惠政，著有《味苍雪斋诗选》①。杨氏十四世，凡进士一绍霆，举人一纯珍，贡生二，庠生八，增生二，廪生一。案附谱有杨功，原名尹佐甲，入赘龙池侧室女，生子杨纯儒，恩贡生，余在镇见杨氏坊，有其名，题庚寅进士，盖与先考同年，不知此何以不书。又龙池有二子勉、勳，勉二子纯智、纯和，尚复以外姓入赘，可定入赘不限于无嗣继。

《世德堂张氏家谱》，民国二十五年张昌修，稿本，前有二十五年张鼎铭二十一世序，二十六年张克铭二十一世序，张昌序，道光十年张于恭十七世旧序。凡上中下三卷，上卷家范，取名，节祀，契约，考证，古迹，前纪；中卷近纪；下卷文艺制、诰、哀、诔、寿、喜、自传、像赞、杂品。卷上《考证·姓氏因由考》："吾族始姓段……元时末叶反以宦故，而从今姓。旧谱云先祖讳保公者段姓，荫父祖功爵，掌云南蛮兵，西破吐蕃，南阻梁王，伐木邦野夷，建立不次之功。顺帝元统元年，抚边论功，赐袭贵职，并赐姓曰张，名曰忠……"《古迹·元元统元年段保公赐姓名诏石刻》："奉天承运皇帝敕曰：……尔保乃忠良之裔，英俊之臣，若祖若父佐治滇南……尔复能始终不二(中缺)朕深嘉焉。特赐姓曰张，名曰忠，即授为云南路都统，赏御威虎，加佩金紫，父祖同封，子孙荣袭……元统元年敕命之宝五月十二日。"据谱《考证门》，此碑为洪熙时修坟时所刻。《前记》称："段宗榜……封清平景帝，祠祀，烟火相传，为草溪邑本主，亦即蒙氏封功臣为十八坛神之一也。"此与前闻段宗榜为中央皇帝之说不同。俗传中央祠本主与羊溪邑本主为仇，故二祠之像怒目相对，羊溪邑余未往，而中央祠像则扬首西向也。赵冠三尝云，中央祠为狮子国

①味苍雪斋诗选　原作"望苍雪斋诗集"，据前文改。

王,则与谱及俗传为仇之说可通也。十二时抄至此。十二时大理信来,知泽承已施手术,经过良好。月涵先生来电促归。参观关帝庙音乐经会。读《张氏谱》,据称初毁于明末,继毁于咸丰丙辰,再毁于民国癸酉,今谱参碑志而成。惜其多引《蛮书》《南诏野史》《滇载记》之文,真实性稍减。一世张忠,当元元统初。二世铨,当明洪武中。始迁喜洲为十世灿,当万历时。十二世已入清,经生万历二十二年,卒顺治十八年。纶生天启二年,卒康熙十六年。是在明凡十世。二十一世入民国,则在清亦十世,应可信。同姓婚者有之,娶于章氏者较张尤多。此张氏之功名以张于恭为最,于恭字文安,号竹亭,为第十七世,乾隆癸卯举人,乙卯大挑一等迟十二年,分发福建,历署长乐、古田等县,官至永泰府知府,著有《文安文集》。谱下卷《艺文门》收有张其仁撰《张公庆年传略》,题"姻愚侄张某拜撰",则此张氏与镕西大哥非同宗也。三时毕。

梦麟自关庙借来洞经会《礼请全集》及《觉世真经》,略加翻阅,盖劝善之书。经前录《关圣帝君宝训》,称:"乾降乙未闰十月之望,帝君降真垂示。"疑即创始时也。经名《太上神威英文雄武关圣帝君觉世真经》,凡上中下三卷。四时一刻地震半秒钟,傅子嘉、王维商正畅谈,同奔屋外。

《杨氏族谱》,无修纂年月,新抄本,甚整齐,叙至民国事迹甚少,无足存考。前有嘉靖杨士云序称:"杨氏旧无谱,相传居喜洲之城北里大贯溯,至八世,谱乃作也……盖吾乡素乏谱牒,不独一杨氏也。高曾而上,类多失考……作谱者隆公七世孙,处士翁铎也……士云,处士婿也,喜杨氏之族有谱,因敬序之。"前见杨宏山敕命称妻阳氏,据此序则本姓杨也,余之假定又得一证。此《杨氏谱》自始祖药师正至万源,凡二十二世。第六世忠,明永乐癸卯举人。二十世燮南,光绪己卯举人。其馀均无时代可查。谱附墓志杂文,有丁怀瑾撰《克举杨老先生墓表》,称:"公讳燮友,号明廷,姓杨氏，先世籍南京应天府上元县，始祖药师讳正，公来游云南，喜大理山水灵秀，卜居焉。”不知所据。明廷卒于民国壬戌，此文作于抗战后，于谱明廷为二十世庠生。五时毕。

《大理史城杨氏族谱》，民国二十一年修，与前谱非一族，此喜洲北村四甲杨氏也。精缮本。前有民国杨谔序，民国二十一年赵甲南冠三序，二十一世孙杨文昭序，谱即文昭所修也。凡八卷，卷一家祠图，序文，谱例，苍洱图；卷二历代人丁比较，世次一世至十七世；卷三世次十八世至二十一世；卷四、卷五艺文墓碣；卷六艺文碑、寿言；卷七诰封，迁居外县，出嗣他姓，联匾，题名录，坟山图；卷八古迹，杂志。杨谔序称：“吾滇僻处一隅，加以屡经兵燹，有谱之家十无一二，并祠而无之者，亦所在多有。”赵甲南序称：“大理史城杨氏……元季自金陵始迁大理，迄今盖二十有三世矣。其谱凡四修，一修于孝廉祯，再修于庠士邦祚，三修于谨堂士林静庵诸君……茂才亮丞又续而修之。”亮丞即文昭。杨氏始迁祖杨善，“字吉甫，原籍江南松江府引州朱家屯[①]。元末游宦滇南，为段氏布燮官”。在元凡四世，第五世入明，十三世入清，二十一世入民国，在明凡八世，清亦八世。有翰林一人谦，康熙丙戌进士，此据题名。案谱第十三世有谦，不言科名。待考。谱内配杨氏、扬氏、羊氏者甚多，而羊尤夥。晚张名臣显曾约梦麟、莘田及余饮馔于家，镕西大哥之本家也，座有张法臣、尹□□、尹□□[②]。八时还图书馆。十一时就寝。衡阳闻已不守，守将军长方先觉，参谋长孙鸣玉[③]，师长周庆祥、葛先才[④]、容有略[⑤]、饶少伟[⑥]，电统帅诀别，逝以身殉。

---

①引州朱家屯　原稿如此。按松江府治下未有“引州”；又“屯”字疑作“邨（村）”。

②原于两“尹”字下皆空阙二字。

③玉　原作“武”，据《中华民国史·大事记》一九四四年八月八日条改。

④先　原作“天”，据同上书改。

⑤有　原作“旺”，据同上书改。

⑥伟　原作“清”，据同上书改。

十三日　阴历六月二十五日　星期日　晴　在喜洲

七时起。阅四甲杨氏《谱》，明代墓碑如杨禄《大明居士仲祥杨公墓志铭》正统己未叙及杨氏始祖善任段氏布燮之官，不言其来自江南，杨茂东《大明居士杨谏夫公墓志铭》卒于成化同，杨贵《勉仁杨公墓志铭》卒于天顺癸未、李科《西园杨公志铭》卒于嘉靖辛亥、杨彦《福轩杨公墓志铭》卒于正德辛未、李元阳《溯洲杨翁偕配寿藏董相慎斋杨公墓表》卒于嘉靖辛丑诸文亦不着始祖所自来。至康熙戊子，杨谦《鄂叔翁杨公寿域序》有"与金陵祖父所言，何吻合焉"之语，后遂称为金陵人，如杨锦城《重修祠堂功德碑记》光绪九年即明言之。不知何时，又改称松江人。攀附金陵、凤阳之风，疑始自清初，在明似尚无之，或有所惧也。又杨谦谱列"题名"内，据王人文《开五先生九旬双寿序》，为江南人，督学滇中，又据杨谦《杨公寿域序》，盖认族者也，本无关系。

九时半偕梦麟、乾就、宪之、年芳、泽珣、俊昌乘马车游罗刹阁、圣源寺。十时二十分抵上羊溪①，穿村而过，登石级七十二级，抵本主庙。庙有左右二门，中为戏台，台向庙外，与一般台向正殿或庙门者迥异。右门题"古遗爱寺"，光绪戊子立，门尚开，门内已塞。左门题"敕封清平景帝"②，有道光庚寅杨兆兰"霖雨苍生"额。入门为本主殿，右向，与门不相对，亦异。像甚威严，正面危坐，黄龙服，长髯，张目而不怒③，与俗传向中央皇帝怒对者不同，右手二三两指并而上指，神牌题"大圣佑祚皇基清平皇帝四三五爷新王太子神位"。左龛伽蓝像，右龛像红发执剑，神牌题"敕封大圣西来护法灵镇王封建国皇帝保懿自在明法圣母之神位"。此牌甚怪，岂误植

①羊　原作"洋"，本日后文同，据杨慎《重修弘圣寺塔记》(《升庵诗文补遗》卷一)改。
②清　原作"青"，据前一日日记及本日后文改。
③怒　原作"努"。

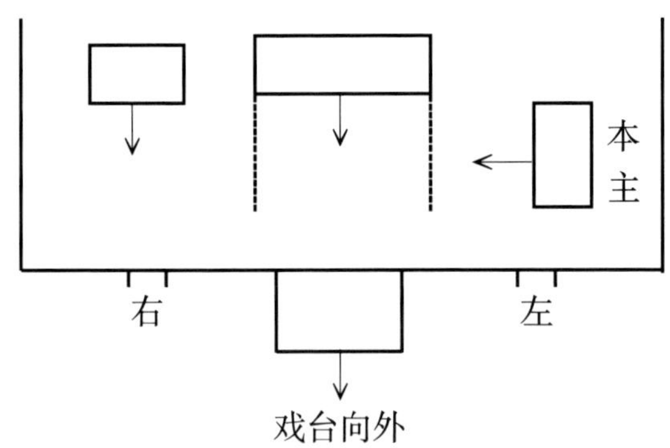

耶？抑有两本主耶？入正中一院，有殿三楹，新修，未加饰。中楹长案陈神牌三，中至圣先师孔子之位，左释迦牟尼佛之神位，右大汉汉寿亭侯关壮缪宋鄂王岳忠武之神位。左楹空无一物，右楹塑文昌像。壁间张诸神生诞日期，谓本主生日八月二十二日，又谓十月十九日，似是两本主也。殿之对面有韦驮殿，已圮。庭右又有屋三楹，无神像，树二碑，道光十六年杨兆兰、李蔚起撰《文昌洞经碑记》，又有《遗爱碑》一，皆捐助善士之名。右院有殿，已空，疑中院之文昌像或移自此也。既出，见本主殿有红联二，虽新作，或有本，录之："酬舍利以报公功，北朝尚仰无双品；披肝胆而完臣节，南国咸推第一人。""清缅甸，平狮夷，赫赫功勋光六诏；诛奸臣，扶幼主，耿耿忠义著千秋。"据此是本主为段宗榜无疑。出本主庙，循鸟道而登，崎岖回环，竟失罗刹阁所在。忽闻水声，白练散松隙，盖五台、莲花两峰间之溪流，其美胜于马龙、圣瘿涧水。遵水而上，见大石当左，中折成道，若不可通。俯身而过，忽见石级。级终，左为龙华庵，道光壬辰题额，门内封塞，其左为罗刹阁，有康熙丁酉题额。扣门久不应，排闼而入，寂无声响。入门左行，左为侍香楼，右楼无额，均空无陈设。更右折登石级，即罗刹阁。阁踞大石之上，前有石栏，全湖在目，诚壮观也。阁内有方幢，白石所作。前塑观音像，红袍白须。

有乾隆己酉杨勋题“天尺五”额，光绪重修道光时“救此一方”额。阁后有康熙碑，乾就、俊昌并录之。十二时半下山，至上羊溪村，见村人方制火把，以棕木为骨，细竹围皮，上广下锐，以稻草实之。高一丈五六，顶径四尺。询之村人，不以游行，惟竖于石槽然之而已。在村口，候马夫至二时，乘车往圣元寺。车停于公路侧，循村路而进。圣元寺今为病兵医院，惟于大殿檐廊略观。殿门二十扇，各刻画图，下缀故实。其一至十八与《白国因由》同，惟增示梦岑宫保绘图擒贼第十九、默佑杨总戎扫穴擒渠第二十两段文字，则直录观音塘碑文，故不相类。有光绪间《重修圣源寺碑》，称：“炎宗壬午年平国公高顺贞复建之，记大士一十八化，世传《白国因由》，绘影图形，洋洋如在。”有联曰：“旷前千百年胜迹，作后千百年观瞻，佛法绍隆于前后；行古大丈夫事业，为今大丈夫勾当①，宗风丕振于古今。”寺门有康熙甲寅黄元治题“圣源寺”门额，绝佳。寺中又有“天开佛国”额，光绪丁亥张士铿书。“西方有圣名曰佛，此邦之人畏其神”联，道光甲辰张其仁书。均镕西表兄家所立。圣源寺左为本主庙，名护法神宫，宫门左右塑马二，有“神之尊”额，乾隆辛丑李联甲“惟德是辅”额，咸丰壬午“古佛西来”额。正殿有联，曰：“护佛西来，好地高开玉宇；与人直上，寒窗剑舞云龙。”道光十年陈直所书，故实不明。本主像黄袍，五须，右手二指上指，与上羊溪本主同，题“北朝皇帝文武官员”。左楹一像着黄马褂，而题“清平皇帝”。右楹一像执笏，神牌无题，壁间有“大圣西来护法灵镇五峰建国皇帝保懿自在明德圣母”字样。不知其为何像，亦不知其即北朝皇帝否也。循原路还。四时半抵图书馆。晚林之棠招饮。十时归寝。

①今　原作“古”。

十四日　阴历六月二十六日　星期一　晴　在喜洲

六时半起。今日将返大理，尚有《杜氏谱》未读。未洗面，先读之。《太和喜洲杜氏谱》，抄本，甚旧，不知何时所修，叙世系至光绪时。有乾隆五十二年太和县知县进士杜钧序[①]，称："尝试观大理一郡，高、段、杨、赵四姓独多，岂非南诏大姓之裔，繁盛异于他族之明征？然皆无谱牒之流传，其风俗然也……据千户杜海碑摹，又杜护墓志及承袭宗图云，原籍河南府新安县人[②]，又远溯汉敬侯延年、晋当阳侯预、唐蔡国公如晦为鼻祖……考汉有杜轸，成都人，举孝廉，为建宁令，即今赵州弥渡。唐贞元十五年节度使韦皋遣部将杜毗罗击败吐蕃，高骈《回云南牒》云有杜骧没落诏国[③]，是或有子孙流寓南中，未可知也。而《大理志》载唐蜀青城人杜光庭寓滇，以文章教蒙氏，尝书《蒙诏德化碑》，卒葬于点苍玉局峰下。今祠墓尚存，其子墓亦在永昌。又载于《永昌志》。郑回《德化碑》阴勒'军将兵曹副官小铜告身赏紫袍金带杜颠伽'名[④]，则南诏之有杜氏，由来已久。考本族乃当日封邑留南中，久而习为僰人，从可想矣。时人谓杜氏世居喜洲，是为僰人。僰人有杜氏，古未之闻也……寒家世籍西江[⑤]，颇以科名仕宦著。然家谱世系亦只载其有征者，上溯至唐而止。"其馀世系事迹甚简，配氏亦不详。八时半往食牛乳。九时共摄一影。九时半进饭。偕梦麟、之棠辞张法臣、范臣、名臣，并向范臣借《大理府志》原本，慨然惠允，可感之至，即托之棠校之，

①"有"下原衍一"有"字。

②原于"河南"下衍"开封"二字，据杜钧《太和喜洲杜氏谱略序》（收入《大理丛书》族谱篇）删。按据张钫修、李希白纂《新安县志》，该县自唐宋以来皆隶河南府。

③南　原脱，据杜钧《太和喜洲杜氏谱略序》补。

④军　原作"兵"，据同上文改。　曹　原脱，据同上文补。

⑤西江　原作"江西"，据同上文改。

还图书馆。行李已装车,诸公候于门。急登之而西行,时十时五十分。行十五里经湾桥未停,再十里抵头铺,停车饮茶。闻村中有本主庙,与梦麟、俊昌往观之。庙较他村为小且简,有“西国干城”额。“本意在诚忠,问谁殖边得民,功垂郭北;主权归掌握,惟我统兵为帅,威镇滇西”联,其故实不详。神牌题“北方都督元帅晋封殖民皇帝”。中龛塑像二,夫妇并列。男像帅盔裹甲,左手执笏,右手大二两指相合,馀指伸,左右有太子像二。左龛塑财神像[①],右龛塑圣母娘娘像,两壁立判官像。檐下四坐像,头上冠鸡马豕牛之形,以为冠上之饰。十二时二十分抵此,一时复行。二时抵大理城,由北门入,距头铺二十里。入城与梦麟先至福音医院视泽承疾,精神尚佳,体温九十八度。稍坐,还县立中学。在北门遇张清常,在医院遇董式珪,在路遇罗坤仪,均昨日始到大理。十日离昆明,知雯儿已痊可,在靛花巷养息。与清常长谈。四时偕三人上街购石盘一。晚饭后偕梦麟诣马伯猷,不值,还。九时半就寝。

〔付盘给雯三〇〇元[②]。〕

十五日　阴历六月二十七日　星期二　晴　阴　在大理

六时半起。补昨日离喜洲日记及前日游山日记。九时三十分偕梦麟乘花杆至感通寺,式珪、坤仪、汝康、希陵、定一出南门乘马车至山麓。十时四十分余等先至,二十分后诸人继至,始见董老先生与之偕来。董老先生年五十九矣,步行上山,而余乃乘舆,惭愧之至。感通寺为担当和尚驻锡之所,旧有杨升庵写韵楼,久毁。今寺重修未久,工程尚有未尽,写韵楼亦未复。正殿有光绪癸卯僧法泉“佛有妙法”额、光绪丙午僧法藏“重开宝藏”额,较旧,馀皆民国以来者也。有联题:“无所感无所感亦无无所感,万感都归戒定慧;

①像　原作“象”,据前后文改。

②付　原脱。

何以通何以通有何何以通，一通了澈去来今。”本旧联，民国十五年重书者，联不见佳。正殿五龛。正中如来像，左手二三两指上指，右手二三两指下指，甚慈祥。莲座下有方空，中置牙制牛像。询之寺僧，亦不详。左龛观音，红袈裟，长须白髯，与罗刹阁相同，坐木椅上。更左龛塑伽蓝菩萨。右龛塑吕纯阳像，卦衣羽扇，亦木椅为座。前置云南提督蒋军门长生禄位，住持智通言蒋行军时有梦兆，故舍资塑此。更右一龛塑达摩像。左壁外侧塑韦陀，面向右。殿内置《大正大藏》，下关人苏克勤捐赠。殿檐有李棠诗石刻，已断。据云湖北人，康熙时太和县知县。首句“探幽步班山”，班山即此山之名，又称荡山。正殿之右有庭院，小楼三楹为方丈室，名松韵楼，有木刻草书联：“寺古松森，西南览胜无双地；马嘶花放，苍洱驰名第一山。”字甚佳，传为担当和尚所书，无款识，不敢定。然“马嘶花放”四字，极奇诡之致，必出名手，惜下段太泛。正殿檐悬大钟，不甚精，民国二十四年造，不意近年尚有此巨制。有鐄绝美，题“云南布政司蒙化府土官知府左林捐赀，命工铸造，惟锡匡匡字缺笔扶者，成化元年正月初二日记”。客堂在左庑楼上，寺僧甚殷勤[1]，出寺藏李砚香摹明太祖、杨升庵画像相示。明太祖像，传为太祖赐无极者，咸丰丙辰毁于乱，光绪间邑名士李砚香重摹。半身坐案后，案陈炉一，黄围绿幕，俗甚。像颧高颚微长，耳大垂珠，有痣二十馀，目细秀，少威棱，须作[illegible]形，戴[illegible]帽，黄服龙铺，玉带高出腹上，与世传诸像均不类，未详所本，不似开国之君也，款题“光绪壬午仲夏砚香李文蔚重摹”。升庵像，亦李氏摹，立柳下，扶长竹杖，一童捧书随之，长髯便服，尚飘逸。上有赵埒兰亭录升庵《垂柳篇》，右下有朱仲翔跋。寺有嘉靖丙寅董用威《班山常住田记》，顺治十八年

①寺 原作“市”。

《王公置买班山碑记》，下题“鸡山老衲普荷徒广厦立”，普荷即担当也。自感通寺后登山至大云堂，有石坊，前录洪武十七年正月二十一日洪武诏，左录御制诗赐大理僧无极，右录无极诗《僧过巫山》《僧归云南》《舟过巴山》《白帝城怀古》。坊后中刻万历丙子李元阳书“环霞兰若”四字，右有记二通：一云感通寺建自隋唐，传至无极，山门大兴云云；一云感通寺古有三十六庵院，今存二十七云云，题康熙丙申。询之董、严两君，今日仅存其五：一曰古药师寺，有洪武二十四年碑，在山麓，号下院，余未往；二曰感通寺，号中院；三曰大云堂，号上院；四曰清凉山；五曰寂照寺是也。大云堂新修未久，阒无一僧，工程简陋。董老云：自丙辰后寺屋无存，有豪者欲占其地为墓，乃草草筑此正殿三楹，左庑三楼。正殿中楹西方三大士，左伽蓝菩萨，又称大赫天神，右达摩。出大云堂①，至清凉山，有殿三楹，塑加舍菩萨授衣像，无他佛，以修寺者妙源和尚来自鸡足也。妙源已圆寂，今馀一僧，有老女使，大似俗人。在客堂饮茶，水洌茶香。饮毕出寺，环樵道而登，观寺僧塔，一曰隆福山普同塔，有雍正七年刘文炳碑铭；一曰荡山普同塔，则感通寺塔也。两塔相距远，隔小阜数，路不易行。隆福塔有石刻，字绝佳。下山未半，至寂照寺，殿塑如来、达摩、伽蓝像。傍殿有客室三楼，皆近年寺僧轮转独力募化新修，其人年已七十二，短小木讷，而不料其能远迈东南苦行，成此善果也。闻近有地方豪者连谋谋其产，幸公正之士为之剖辨，尚未完全收回。僧善植茶，获利甚厚。出寂照寺，仍循小道而下，至感通寺后，有担当塔。民国十年重修，题“曹洞正宗大戒沙门比丘上普下荷担当老和尚宝塔”，有李枝发碑志，谓“担当姓唐，名泰，字大来，晋宁人，万历间选贡。英毅雄杰，文字有奇气”云。下

①云(雲)　原作“雪”，据前文改。

山至感通寺,小坐而出。余步行,梦麟、坤仪乘花杆,董老留寺。余以花杆让之,谓尚有一二日留也。与汝康缓行。距寺不远有赵氏明坟正德四年,旁立大碑,上截剥无一字,不辨题识年月。下截存三四行,有灌顶国师及秘密宗显性之文,甚惜之。下山至公路侧,适有马车来,乘之至南门,步还县立中学。莘田、乾就、年芳今日亦自喜洲回。晚尹泽新、诸介父、张充国来,偕莘田往福音医院视泽承疾。遇张耀宇,约至县政府小坐,还。与同人杂谈,食梨。十时就寝。天雨。

〔付车五〇元,梨三十个九〇元。〕

十六日　阴历六月二十八日　星期三　阴　晴　在大理

六时半起。补昨日日记。下午请同人食喜洲粑粑。五时杨可丞招饮,座有马伯猷,故用清真厨子。饭后食核桃茶。八时诣泽新、介父,辞行。九时诣马伯猷,看杜文秀府大堂十八大司谒见侍立处,又有弘治铜炮,观伯猷吸鸦片烟具之精美富丽,据云在昆明称第一。谈至十一时半,还县立中学。随寝。离昆以来,今日睡最迟。

〔付粑粑四二〇元,大石盘八〇〇元。〕

十七日　阴历六月二十九日　星期四　晴　在大理

七时起。补昨日及十四日日记。准备讲稿。十一时县立中学欢送宴。一时往文庙,为小学教员暑期讲习班讲历史教学,分历史教育之目的,教材分配之注意,补充教材之限制,乡土教材之甄选,辅助学科之意义。二时四十分讲毕。五时张充国招饮。八时还。听诸公歌。十时半就寝。

〔付梨十个五〇元。〕

十八日　阴历六月三十日　星期五　晴　在大理

本定今返昆明,莘田、梦麟均以为仓卒,复改二十日。六时半起。莘田、年芳、坤仪、式珪等往感通寺,余与乾就留。补十四日日记毕。读《段氏家谱》。客来甚多。二时偕梦麟、晋丞、汝康视泽承疾,更有进步矣。至国立师范学院参观博物馆,归遇汝康友人王君,约往其家小坐。黄埔毕业,官上校大队长。谈及军队情形,多愤激之言,主张多杀,盖有所见。五时还县立中学,道旁冷摊有蒋氏《东华录》,缺一本,购之与前所购者或可成一全帙也,价二百元。十时就寝。

〔付书二〇〇元,大理石送礼三二五〇元。〕

十九日　阴历甲申七月初一日　星期六　雨　在大理

六时起。写字,素不善书,尤不敢为人写字,此来索者纷纷,大胆应之,可谓不自量之至。十一时杨范修老先生模约同人午餐。与莘田合购大理石观音像一尊,赠膺中夫人,价千五百元。五时视泽承疾,告以明日行,劝其静养,出院后俟刀口长成老皮后再走,亦不必与第二批偕行。周叔怀份约莘田、达三、梦麟及余晚饭,石君先生之子,严希陵之妻兄。设馔甚丰,有柳菌,无鸡㙡之丰腴而清香脆远过之,大理所独有者也。又谈及大理韭菜根可炸而食,炸后可大数倍,亦美。饭后至县党部应十二中心小学校长之约,备四桌甚盛,不能再食,陪坐而已。八时半席散。参加暑期教员训练班游艺会,表演甚趣,莘田、年芳、铁仙、米士、清常、坤仪、徵镒、定一亦各有表演。十时还县立中学。收拾行李,决明晨返昆明。就寝已十二时。

〔付雯鞋一〇〇〇元,皮箱一三五〇元,雯皮衣二〇〇〇元,膺中礼石七五〇元,工友赏三〇〇元,《苍洱图》二〇元,灯七〇元,付送宝騄石盘与莘田合送每人一二五元。〕

二十日　阴历七月初二日　星期日　晴　大理祥云道中　昆明补记

五时半起。理被褥,捆扎之。装完已八时四十五分,乃开行。

来送者杨范修、周玉文二老,及张耀宇夫妇、周叔怀、严希陵,李邵谟[①]省中校长、杨成之教育科长、张殿选、赵绍普、张佩兰县立中学教导主任并县立中学全体学生。九时三十五分车抵下关,下车,在街中闲步。在杨白仑之大有庆商号小坐,知蒋孟邻师偕龚仲钧、裴存藩今日可到。昨晤王旸,知三公到楚雄参加夏令营,不知今日竟来此,惜余辈不克留矣。下关有光绪二年"玉龙关"额,又有"中流砥柱"额。修整在上关之右,而雄峻不逮。汽车加酒精后,于十一时三十分开车,距昆明四百十二公里[②],全车之人均望能于两日到达。来时用汽油开驶到大理,即留车以候。前日汝康到下关借油不得,乃向杨白仑借酒精七十五加仑,备全程之用。一时十分经定西岭,距昆明三八〇公里[③]。一时四十五分抵红崖,距昆明三六九公里[④]。停车饮茶,进点心。二时半开行。三时十分抵岔箐,距昆明三五七公里[⑤]。汽车机件发生故障,停车修理,久久不完。四时五十分遇蒋师汽车过,截之,下车立谈二十分钟,师言或往保山一行。师车别去,而余车仍未好,复候多时。日已西沉,余等商用人工注油法,勉强行至大站更修。司机初不愿,但别无他法。迟至七时,乃以司机一人立车前,用小桶灌酒精,缓缓前进。岔箐本已甚高,其前更有五十米高高坡,行未久,天暗不易辨路,车电复少,不敢浪用车灯,随张随熄,以求节省电力。其险万状,车中之人莫不屏息敛目,缄默无言。七时五十分勉强下至平地,不可再行。由同人下车推行百馀步至祥云站,距昆明三四五公里[⑥]。投宿于八仙居。八时四十五分晚饭已罄,无所有,以炒青豆下饭。十时就寝。今日同行者莘田、梦麟、印堂、达三、淮西、万钧、俊昌、鸾和、定一、年芳、坤仪、泽珣,共十三人。

①邵谟 二字原阙,据杨汝恕《从西云书院到大理一中》(刊《大理州文史资料》一九八七年第四辑)补。

②③④⑤⑥公 原脱。

二十一日　阴历七月初三日　星期一　晴　雨　祥云普淜道中　昆明补记

五时半起。候修车至九时馀，司机技穷，同人焦急无计。忽八仙居主人天津李某言附近清华洞有滇缅路局修车厂，主任为清华大学学生。于是由张印堂、冯淮西往商。少倾回，谓其处长乃清华学生，不在厂，有孙有义主任，非清华学生，愿为代修。十时推车往，余见路侧有高楼三层，询莘田，知为清华洞，乃偕万钧、俊昌、达三、莘田往游。守门者言现为滇缅局材料处，乃觅其主者徐建国，谈甚欢。据言昔寺甚大，今存后进二层。像未装金，塑工不佳，惟洞尚可①，惜由美军储炸药，门不得入耳。徐欲导游，辞之，由其子徐泰偕往。洞为石灰岩构成，石质不坚，洞口尚大，上层直峭尚美，有石刻甚多，剥蚀不可读。完整者惟廖瑛题“坐卧烟云”四字，又有“别有洞天”四字，又明代太监题记，道光某年题记，仅能得十数字。道光题记中有寄名字，似是生子恐其不能生长，而以寄名于山川者，苦不得其详。出洞数十步有塘，号“浑海”，俗传猪八戒洗澡处，故终年混浊，而此洞即《西游记》说部中之盘丝洞也。洞今称“清华”，而岩上旧刻“青华古洞”四大字，则“青”字不从水。洞口东北向，洞深里许，洞底无通道，惟巨石若几案。洞半又有洞，亦长里许，洞底通天云。出清华洞至修车厂，晤孙有义，青年热心。据言车中激油处有一钢柱微折二三分，长短不足，故不能激动汽油上升。但此钢柱厂中无之，惟能觅一相似者代替。又恐其大小长短不合宜于折损，为安全计，不若同时向材料处借一油箱，装于车上，用直流法注油，以备万一。周定一与徐泰儿时交情，两人之父久同官。莘田乃与定一、徐泰同往见徐建国，以格于部章，未成。孙有义

①“惟”字前原有“无”字。

乃命匠觅钢柱二，并将油桶二加仑半改装罗旋口，以备一折再折之用，其情可谓厚且殷矣。三时半改装毕，乃谢诸人启行。工匠高某，福州人，工作最力，不受酬报，惟以服务为快，尤可嘉。三时五十五分经抵高官堡，四时抵云南驿，在鸿运楼晚饭。五时三十五分开行，六时四十五分抵普淜，距昆明二九六公里①。镇小，无大旅舍，余与印堂、梦麟、鸾和、年芳、坤仪住华兴饭店，莘田、泽珣、定一住一处，淮西等四人又住一处。九时十五分就寝。

〔付蜜饯二厘一七〇元。〕

二十二日　阴历七月初四日　星期二　晴　普淜禄丰道中　昆明补记

五时半起。食鸡，饮酒。同人以车已修好，今日可望到昆明，且为余与莘田四十六岁生日故也。八时动身出普淜镇，路渐高。八时二十二分登天子庙坡，九时七分至顶，凡行四十五分钟，九时五十分下坡行四十三分钟，上下共八十八分钟。十时三十分经抵镇南，十一时三十五分抵楚雄加油。本意加油甚快，遂不入城，于北门小茶馆小坐，不意至一时二十五分，始开车。竟未一晤亚权。二时登吉山坡，二时二十六分至坡顶，二时五十三分下坡。上坡行二十六分，下坡行二十七分，共五十三分钟。三时十一分抵大旧庄，属广通县，距昆明一四一公里②。下车在好公道饭馆食面一碗。四时五分开车，五时三十五分至禄丰，距昆明一〇二公里③。以今日行车速率度之，八时半以后可达昆明，但司机太累，两臂作痛，乃息于新生活服务社，与莘田、泽珣、定一同屋稍息。至街购剪刀，知地名董户村，在禄丰城外云。九时就寝。今日一日凡行一九四公里④，越两大坡。

〔付剪子一五〇元。〕

---

①②③④公　原脱。

二十三日　阴历七月初五日　星期三　雨　晴　禄丰昆明道中　补记

五时半起。装车后,七时半在金龙酒家进餐。八时五十分动身,中经羊老哨[①],亦一巨坡,约行四十分钟,始越竟。过碧鸡关,入柏油路,行尤速。十二时入城,停于云南大学门首。同人各散,余还靛花巷,值雯儿往师范学院午饭,乃息于莘田室中。二时雯儿还,偕莘田父女至门前食面。矛尘来,谈至四时半。七时偕莘田至西仓坡晚饭。八时更偕之至王年芳处,以凌仁未考取研究院,两人婚约发生问题,往劝之。随归。十时就寝。此次往大理,往返三十四日,食宿车脚均由地方人士供给。余个人所用共一三〇九五元,其中送礼四四二五元,雯儿购物三三〇〇元,余购石盘一个价八〇〇元,书一部价二〇〇元,包氏赙金一〇〇〇元,馀三三七〇元均零用也。可惊之至。三三七〇元内有皮箱一三五〇元。

〔付行李六〇元,饭三九〇元,付桃六个九〇元。〕

二十四日　阴历七月初六日　星期四　雨　在昆明

六时起。九时、十二时出舍进膳二次。馀时补十九日下午以后日记。六时诣膺中、泰然、蒋太太、胡海宇诸处送礼,偕莘田及诸儿同往。十时还。十二时补日记毕而寝。上午陈保泰、陈雪屏先后来。保泰述一联曰:“不培天良,卖官鬻爵颜独厚;枉崇仁政,横征暴敛心何安。”盖刺地方民政、财政两负责人也。

〔付早点六五元,午饭一五五元。〕

二十五日　阴历七月初七日　星期五　雨　晴　在昆明

八时起。客来甚多。十二时至师范学院午饭。饭后回靛花巷小睡。由毓棠处借来一月以来报纸,尽读之。四时出理发。归后又偕莘田出洗澡,并在蓬莱春晚饭。饭后还舍。读报竟。十一时就寝。

---

①哨　原作“少”,据罗常培《沧洱之间》二月二日日记改。

〔付烧饼十个一〇〇元,洗澡四〇〇元,付理发七〇元。入教育部审查费五〇〇元。〕

二十六日　阴历七月初八日　星期六　雨　晴

九时始起。客来不绝。午饭后小睡。诣家骅、柳漪。至才盛巷,蒋师今日自迤西还。谈在大理、喜洲各住一日,下关住二日。视察红十字会医院,并注意兵役问题。每见兵士必详谈,大抵均以食不得饱为言,此入伍后之大问题也。师本欲至保山,以无同行者作罢。昨张西林生日,留温泉一夜。七时膺中约食打卤面。九时还。月涵先生来,未值。十一时就寝。

〔入部发研究费三〇〇〇元,入七月薪津扣去捐税九三六七.七〇元。付雯儿药医费三八三〇元,付雯儿用及疗养费一三五三七.七〇元,付面六五元。〕

二十七日　阴历七月初九日　星期日　雨　晴

八时起。九时袁家骅请食早餐。十时还。诣锡予,不值。更诣北门街宿舍,晤龙荪、岱孙、继侗、崇鋐、宪钧、心恒诸公。龙荪新自美国返,于二十四日抵昆明。谈适之师上年本欲返国,以得端升书从缓,现方为戴校《水经》辨诬云。心恒言得重庆电,恭甫病笃,将于日内往渝省视,闻之甚念。在北门街晤锡予,偕来靛花巷。谈毛子水旧存山上书亦被窃二十许本,皆西籍精本,此非绝对内行且笃好者不能作。有可疑者数人,然不敢以疑之也。午饭后小睡。下午未出门。客来甚多。十一时就寝。

〔付午饭九〇元,晚饭九〇元。〕

二十八日　阴历七月初十日　星期一[1]　阴　雨

六时起。九时入校治事。十二时至师范学院食饺子。与雪屏

---

[1]原于“星期”后衍“星期”二字。

谈。回龙花巷小睡。莘田已于今午飞渝。六时请王年芳、罗坤仪姊弟晚饭，谢坤仪为雯儿招呼病也。饭毕，至才盛巷，晤朱物华。前托其代划一万元交上海张三姊转三弟，已付五千元。顷物华得沪电，已划交清楚，故再交五千元。九时还。十一时就寝。

〔付请客二五〇〇元，寄家五〇〇〇元。〕

二十九日　阴历七月十一日　星期二　晴

七时起。九时入校治事。雪屏奉召将于九月一日偕从吾飞渝。从吾尚在宜良，已专人通知其明后日来昆明矣。十二时半在校前午饭。归舍小睡。暑假后新开史部目录学一课，从事准备复读目录学书。诣张为申。晚在门前进膳。一时就寝。

〔付晚饭九〇元。〕

三十日　阴历七月十二日　星期三　晴

八时起。雪屏来。早饭后同诣徐绍穀于实业银行，久候未值。雪屏先往才盛巷。余至中国银行，晤王振芳。更至中央银行，晤黄秀峰、刘天洪，商借款盖教员宿舍事。据谈，在昆明行局之意甚愿径将借款九百万元交学校自行建筑，但总行局命令须由行局自造，于是发生地皮产权问题。今联大无自有土地，全系借用，将来迁移或地主要求退让，则新造之房屋必生纠纷，而行局放款无着，故今日问题在先确定建筑地点、产权，然后进行商谈。结果一面请昆明行先将联大实际情形呈报，看总行是否允许在未确定产权上建筑；一面由联大向云南省政府要求借用土地二十年，以免短期内即发生异议。至才盛巷午饭，并送端升动身往渝开参政会。与孟邻师谈久之。偕雪屏洗澡。三时至富滇银行，晤张庸僧，商借款展期事。决定先还二百万，馀一百六十万于十二月清偿。还舍小坐。五时至西仓坡开常务委员会。十时散。十一时就寝。从吾来昆，即将入渝。

〔付早点二四〇元。〕

三十一日　阴历七月十三日　星期四　晴　阴　雨

八时起。九时入校治事。一时在校前用膳。毕，还舍。与从吾谈。孙承谔来。六时至师范学院晚饭。饭后偕雪屏诣心恒、宪钧、龙荪。九时还舍。十一时半就寝。

自大理还共用九五四五元，入五〇〇元，其馀收入一二三六七.七〇元，并借款五〇〇元，均雯儿用。

〔付午饭二〇〇元。〕

九月

一日　阴历甲申七月十四日　星期五　阴

八时起。九时半入校治事。余培忠来请证婚，辞之，推锡予。余不愿以不祥之身妨人嘉礼也。治事毕，偕勉仲至师范学院，已一时，饭已冷，强食二盂。归。小睡未熟。物华自岗头村还，言大猷夫人必欲移入才盛巷，劝阻无效，拟再托华炽往劝。物华去，锡予来，谓已代大猷觅妥一屋，在节孝巷，乃偕往才盛巷以语物华。在才盛巷检书，并与孟邻师谈定下星期五开茶话会，与同人谈复校事。在泰然处食汤面两大碗，食后觉饱，微不适，右腹下偶隐痛一二下，恐是盲肠炎。九时还。为绍穀写《张冷僧书画展览小启》，未毕。十二时就寝。

〔入八月薪五九〇元，八月生活补助费一八〇〇元，八月俸薪加成（六十成）三五四〇元，七月米贴（一石）七二〇〇元，七月房贴二〇〇元，八月学术研究费（六成）三五四元，八月车费四〇〇元，补五月至七月生活补助及加成七六二〇元，共二一七〇四元。付捐税一三三.一〇元，房租一一〇〇元，包饭一餐一七〇〇元，鸡

蛋十个一六〇元。〕

二日　阴历七月十五日　星期六　晴　雨

显考八十二岁生日。八时起。作嗝不已，右腹下仍隐隐偶痛。昨夜眠不佳，醒三四次。薄有舌苔，恐系昨日午饭不良，晚饭太多之故。晨不敢进食。写《张冷僧先生书画展览会小启》竟。一时小睡未熟。华炽来。请其立函大猷进城看房。四时进蛋糕半块，小面包一块，仍作嗝。欲入城送小启交绍觳，行至华山西路，以雨而还。六时饿甚，仍作嗝，不敢进食。徐旭生先生来，长谈约二小时乃去。九时欲进粥，偕雯儿出，遍觅不得。至华山南路食面一碗，羊肉二碗，尚觉可胜。归。检《太平广记》。十一时就寝。

〔付晚饭一五〇元。〕

张冷僧先生书画展览会小启①

浙江张冷僧先生宗祥②，当代文宗，海内硕望。博游才艺，弘览典坟。历长乡教，品藻渊懿。研精玄赜，文彩绮发。丹椠金版，世宝伽蓝之篇；先生校《洛阳伽蓝记》最有声。缃囊縠帙，群推如意之馆。先生藏书处曰铁如意馆。六法入神，士林规以为则；三绝标胜，友党仰以成风。近顷于主持中国农民银行经济研究处之暇，抒其蕴绪，登之缣素，缘情染翰，意出尘凡，笔札遒润，神思清逸，见者宝同琅玕拱璧。惟是登床引手，庋求难遍。同人因请先生出其近作六十馀帧，公之同好。庶几少公笔迹，常归箧笥之珍；张旭。太守摹临，张僧繇。永作怀袖之秘。谨启。

三日　阴历七月十六日　星期日　晴　雨　晴

八时起。胃仍不舒，作嗝。与柳漪、伯蕃谈，似非盲肠。昨夜

---

①②僧　原作"生"，据《冷僧自编年谱》改。

曾食 Sulfathiazole 一片[1],不感影响,亦不再食。昨日旭老遗有《傜山散记》一本,读之。十一时乘马车下乡。前日与矛尘约,不能不去,而意恐真是盲肠发炎,则乘车必更加甚。及抵岗头村,一无所苦,以语矛尘,谓盲肠炎必呕,且部位亦不似也。与廉澄、濯生谈时局,余意本年欧战必可结束,明年今日江南必无敌踪,而我辈可稍移动矣。表面似太乐观,核之实际应不相远。美军入小笠原,可以炸日本本土,入菲利宾,可以威胁台湾,此今年可以实现之事。期以半年准备,明年六月可得台湾,得台湾后则在中国海岸登陆至易,期以两月以重兵自江北登陆,切断敌人江南接应,而我全线反攻,敌人不亡何待耶?四时至大猷处,劝其不必入城,而物理实验室亦宜照旧,如人手不足可由校稍加津贴,务令助教或研究生来住,大猷同意。五时入城,六时抵舍。矛尘午间为备烤牛肉,不敢多食,然亦果腹。归来尚不觉苦,而嗝亦不作,间有一二次亦不觉。读《傜山散记》毕,作者唐兆民,文笔尚佳,内容亦富。窃怪云南夷族不减于广西,我辈之来已及七年,何以尚无一部似此之书及四川《雷马屏峨纪略》之类调查报告,岂政治关系欤?抑人力不足欤?十时就寝。

〔付车钱六〇元,晚点六〇元。〕

四日　阴历七月十七日　星期一　雨　晴

八时起。九时入校治事。十二时半在校师范学院进膳。回舍小睡。立庵来。习拳。至才盛巷治事。八时还舍。十时就寝。

〔付糖七〇元。〕

五日　阴历七月十八日　星期二　雨

八时起。铁仙之子超请作保证人,允之。九时半入校治事[2]。

---

①Sulfathiazole　原作"Surfathiazor"。

②事　原脱。

算清华福利金及分配标准,丈量昆中南院操场,定建筑宿舍计画。一时在校前进膳。回舍。徐梦麟来访,未值。本定三时往晤,知其不复返校,亦止。诣孙承谔。晚与矛尘、伯蕃请承谔夫妇便饭。十二时就寝。

〔付午饭一〇〇元,请客二七〇元。〕

六日　阴历七月十九日　星期三　晴

七时半起。柳漪来。锡予来。十时入校治事。与继侗、石先商定教室事。上年一年级学生宿舍改为教职员眷属宿舍,而一年级学生无宿处,遂以教室八间予之。此余在大理时所定,而余未之详知。今日注册组以日内即将上课,而教室缺八间,以问石先、继侗两君,乃以相商。继侗言必须四大八小始敷用,但除新建之两楼外,实无他屋。乃允于下午查看后,将新建昆中北院东楼改隔八间。一时在校前进膳,耘夫作东道。饭毕,偕来靛花巷。雯儿告知二时半梦麟、清常来晤。三时清常来,候至三时半以后,梦麟未至,乃去。少顷,梦麟来,谈五分钟去。未几,清常再至。两不相遇,巧甚。四时入校看教室,决定将新建东楼隔断,上下各成四间。楼上仅有二门,隔四间不易,须设过道,又费面积不少,楼下则光线差,然而无法矣。五时至西仓坡开校务会议。十时散,归。随寝,已十一时矣。

〔付鸡蛋十个一五〇元,修锅八〇元。〕

七日　阴历七月二十日　星期四　阴　雨

八时起。十时入校。与月涵、勉仲视察宿舍、库房,备腾挪。十二时半至师范学院午饭。饭后还舍小睡。作函致莘田。昨日查得校务会议前次决议全文,为“本校教授在休假研究期间概不得兼任有给职务(研究奖金不在此例),但可于两年内保留休假研究权利”。设词甚巧,骤视之似是保护休假人权利,因上段本各校旧章,今忽然提起而加以但书,见者皆以为乃变更旧章,不知有此限制,则休假人大受影响,而出国者家属更无以为生也,尤可怪者。今日同人生活更窘于前,忽重申此禁,而于不休假者又不加限制,可独薄于休假者耶?今日以告莘田,并劝其不必过于生气,主由其径呈教育部说明,往国外任职,请照发薪津。七时至才盛巷治事,并读书。十时还。十一时就寝。

〔付晚点四〇元。〕

八日　阴历七月二十一日　星期五　雨

七时起。芝生来。勉仲、子坚来。锡予来。十时入校治事。事毕,在校门进膳。随返舍,已三时。不及饮茶,急至才盛巷候勉仲,同往中央银行,晤刘天洪,谈建筑校舍事。据云总局回电未至[①],日内彼将往重庆催询,但当设法先将建筑费先交清华服务社预购材料。四时还才盛巷。孟邻师招待北大全体教授茶会。师谈战后复校事,分三点:一、政策;二、人才;三、准备。外间对于复员问题,惟重派员准备,不知准备一事虽难实易、虽重实轻,且须视环境如敌人退却是否毁灭,战后是否迁都,何人先入城而定,最要者仍为政策与人才。关于政策,师提出保持自由传统、提倡科学民主两点,将来必须使科学应用于思想、于组织、于人事。至学科则注意外国语及数学,外语以英语为主,德、俄为辅。关于人才,则尽力网罗,兼容并包。此皆自来之传统也。并言树人、今甫行时已嘱其留意新进,并与适之师商云云。自昭、召亭、景钺、廉澄各有发言,大致相若。八时散。读阅图书室书。十时雨,乃归。十二时就寝。

〔付午饭一〇〇元。〕

九日　阴历七月二十二日　星期六　晴

七时起。十时入校治事。十二时至师范学院午饭。饭后回舍

①云　原脱。

欲小睡，扣门者先后四人，竟不得睡。三时锡予来，同至盟军之友社参加余培忠、吴彬婚礼。锡予证婚，勉仲主婚，代表女家。五时在曲园饮馔。七时半还。读《隋书·经籍志》。一时就寝。

〔付雯五〇元。〕

十日　阴历七月二十三日　星期日　阴

八时起。读《隋》《唐书·经籍志》。午偕宝騄在门前进膳。诣承谔。六时在舍食客饭。往才盛巷谒孟邻师，值公出，留条而还。读《唐志》。十一时就寝。

〔付鸡蛋二个四〇元，午饭三〇〇元，客饭八〇元。〕

十一日　阴历七月二十四日　星期一　阴　雨

七时起。九时半入校治事。午至师范学院用饭。饭后还舍小睡。诣徐梦麟，不值。十时至西仓坡招待银行界，为建筑校舍事也。菜冷而劣。席散，始知月涵先生忘未招呼，临时于街头求之也。其价亦达四千馀元，可畏哉！闻今日米价已达万元一石，尤骇！九时半还。十一时就寝。

〔付鸡蛋十个一七〇元。〕

十二日　阴历七月二十五日　星期二　雨

亡室周稚眉夫人生日。七时起。九时入校治事。一时在校前进膳后还舍小睡。读《经籍志》。七时诣石先，商雯儿学籍事。至才盛巷看书。十时还。十二时就寝。

〔付午饭一〇〇元，晚饭八〇元。〕

十三日　阴历七月二十六日　星期三　阴　雨

七时起。九时入校治事。十二时半至师范学院午饭。饭后还舍。三时复入校。在昆北北教室开教授会，余临时任书记，除报告外无要案，仅选举本届书记及出席校务会议代表。书记提名三人，芝生、雪屏、一多，以一多当选。代表提名二十二人，闻一多、朱自清、刘崇鋐文学院、叶企孙理学院、张奚若、钱端升、潘光旦、燕树棠、陈岱孙法学院、刘仙洲工学院、陈雪屏师范学院当选。开票系于会散后由余与勉仲、寿民、仲方在西仓坡共同计算。六时开常务委员会。九时半散,归。十二时就寝。

十四日　阴历七月二十七日　星期四　雨

八时起。十时入校治事。十二时至师范学院午饭。饭毕还舍。三时至才盛巷治事。孟邻师将于明日飞渝,谈久之。金龙荪、莫泮芹继至。六时诣承谔。晚饭。十一时半就寝。

十五日　阴历七月二十八日　星期五　雨

六时半起。为雯儿抄表,怜其病后未复元也。十时入校治事。一时半还舍。在门前食面,遇家骅。小睡。诣锡予,谈久之,还。家骅夫人来,以宝騄今日生日约共请之。六时会于家骅许,遇宪钧、心恒。心恒下午自重庆还,恭甫亦还,病已愈,惟待养息耳。在门前共饭后还舍。八时家骅来,欲同往才盛巷,偕行数武,遇自昭,谈公事,遂与家骅别。自昭谈毕,去。余亦不复往才盛巷,折道诣华炽,遇锡予、子水、泽涵。九时同访梦家,不值。梦家夫妇明日将飞印度转美国芝加哥大学任教。归。检《四库书目》等。十一时半就寝。

〔付午饭一九〇元,晚饭二九〇元,擦鞋六〇元。〕

十六日　阴历七月二十九日　星期六　晴

七时起。客来甚多。十时入校治事。十二时至师范学院午饭。饭后还舍小睡。下午又有多客来,苦甚。六时至才盛巷,晤物华、枢衡。八时赣愚来,同步还。路谈桂林已陷,未之敢信。归。读目录书。十二时就寝。

〔付茶叶一斤三二〇元,晚饭六五元,核桃二十个三〇元。〕

十七日　阴历八月初一日　星期日　阴

八时起。雯儿迁入校。自其病由医院还,即居余室。余归,亦未去。明日上课矣,与坤仪同迁入校。十一学会约余讲演已久,未敢许,以无题目可谈也。前日王逊、丁则良、王乃梁先后相约,允以大理见闻略述数点,今日上午定其纲要。午在门前进膳后小睡。客来。四时至才盛巷,与枢衡谈。读书。九时还。读目录书。十二时就寝。

〔付午饭一四〇元,丕章皂四块二〇〇元。〕

十八日　阴历八月初二日　星期一　雨

醒已八时半。急盥洗入校,以九时有课也,抵校始知余表快二十分钟。九时至十时授中国史部目录学,略述本课指归。此今年之新课,亦余授此课之第一时也。十时举行本学年始业式于北区大会堂,即学生东饭厅所改。凡千馀人,绰有馀裕,略度之,约可容二千人立足。十一时十分会散。明清史一课不及上。十二时至师范学院午饭。饭后诣勉仲,偕往女生宿舍视察,并勘建筑教职宿舍地点。遇雯儿,同归。欲睡未熟。客来,有自昭、芝生、膺中、清常。欲稍翻日记备演讲,未果。六时在门前食面两碗,遇陈保泰。归舍。王逊来接。七时同往南开办事处。七时半何炳棣介绍后,余讲大理见闻,凡述民家名称、语言、文字、风俗、民家与非民之别——天足、包髻、大理古史《白史》《记古滇说集》《白古通玄峰年运志》《白国因由》、宗教本主、阿吒力、朵兮薄、洞经会、氏族始迁多自江南、与蒙段关系、冠姓、改姓、父子连名、婚姻上门、有子上门、子死上门、夫死上门、数代上门数段,讲后有讨论。余言感通寺之塑吕洞宾为三教合一之表现,沈有鼎以为不然,谓三教合一乃道教之分支,与此无干,此或偶然之现象。其说甚是。余述普通上门文契有"小子无能,情愿更名改姓"及"如有三心二意,情愿乱棒打死"之语,盖闻之于田汝康。今日有王君,邓川人,亦谓其不然,谓文契大都以财产嗣继为言,其文多雅云。十时半散,归。十二时就寝。

〔付晚饭一四五元。〕

十九日　阴历八月初三日　星期二　雨

七时起。八时入校治事。九至十时授史部目录学，述通论：一、目录之名，昉于郑玄；二、目录之学，始自刘向；三、目录学之目的讲习四要。十一时至十二时授明清史。十二时半偕勉仲至云南大学，共宴粮食局长。三时还舍小睡。与许宝騄长谈。未进晚饭，午间过饱之故。九时半食粥二盂。读《明史》。十二时就寝。今日为晟儿生日。

〔付晚点二〇元。入清华福利金一四〇〇〇元，入教育部乙种奖助金三〇〇〇元，付印花一二元。〕

二十日　阴历八月初四日　星期三　阴

七时半起。读《明史》本纪。九时半入校治事。十一至十二时授明史一小时。课毕，往师范学院午饭。饭后还舍小睡。五时习拳。至西仓坡开常务委员会，无要案，钟开莱加薪又未通过。九时还舍。报载日人自肇庆西犯，又自全县东犯。余疑敌人将全部占领粤东之西及粤西之东，控制安南、广东沿海，以海南岛为中心，作运输总汇，以谋撤退。因近海盟军不易到，沿线甚长，随处皆可登陆，至广州乘火车，且轮船运输载重多。世人多谓敌将自桂林、柳州以攻龙州，由镇南关通安南，此自是陆路正道。但凭祥一带山路险仄，盟机一炸，修复为难。敌为撤退计，必不专倚此。今日以语同人，尚不以为非，录之以觇其后。十一时就寝。

〔付雯儿饭费三五〇〇元，梨一个一五元，理发八〇元。〕

二十一日　阴历八月初五日　星期四　晴

七时半起。九时半入校治事。十二时至师范学院。午饭后还舍。六时在门前进馒首[①]。往才盛巷治事、读书。闻蒋名兴言河口

①前　原脱。

敌蠢动北犯，又其他一人亦言之，不识究竟如何。九时还舍。十二时就寝。

〔付晚饭二〇〇元。〕

二十二日　阴历八月初六日　星期五　晴

六时半起。习拳。读目录书。九时至清华办事处，询知午间请客事已准备，盖恐又蹈前次请银行界覆辙也。入校，得月涵先生通知，在十一时半徐可亭来谈，嘱早到西仓坡。十一时乃偕勉仲、石先同往。对员生公米事，徐允特别托付陆子安设法，然无具体办法。徐食未半而去，其他宾客到者，惟关吉玉、杨镜涵、龚仲钧、熊迪之四人，陆子安、李子厚、段小峰、杨燮卿未到。席将散，邱大年忽持片来，急出晤之，知于昨日八时半自赣县动身，经柳州，于下午五时半抵昆明，搭美国运输机而来者也。谈少顷，偕来靛花巷，谈至三时，偕访锡予。至四时，又偕访勋仲。在勋仲许，晤甘介侯，谈时局，甚悲观。谓敌之攻湘、攻桂，并非为打通运输线，而在控制整个中国，以为抵抗英美及将来求和计。三星期桂林、柳州必陷。自柳州达贵阳，我国无一兵，敌必乘虚而入贵阳。另一支则自沅陵入川攻重庆，而我危矣。最多不过三月耳。大年询以目前御之之策，则言惟一之计则在与苏联妥协，撤胡宗南之兵南下，而命中共军队同时反攻，同时更许苏联以厚利。虽至苛，亦不计，待败日本后再图恢复云云。其观察或不诬，然时间之估量似太过，余不如是之悲观也。六时半至才盛巷，余与矛尘及蒋太太公饯莫泮芹夫妇，并为金岳霖接风。谈至十时散。于北大办事处晤张宜兴，方自重庆归来，风尘满面。离昆作官已一年九个月，仍肯旋清苦之境，亦可佩矣。还舍已十一时。倦甚，即就寝。去年以法币六百元购美金储蓄券三十元，今日取出，并得利息一元三角七，以托泮芹带美为购打字机。下午传有预行警报。

〔付请客一〇〇〇元。〕

二十三日　阴历八月初七日　星期六　晴　秋分

六时半起。习拳。大年来，今日移住舍中，谈甚久。谓东南各省土匪甚多，自号东南抗日建国军，不掠人民，专掠杀地方保甲长及其所属人员、税收人员、田赋人员。所在多有，而地方匿不以闻。又言有土匪之地，人民被掠，亦不敢报。若为官厅所探知，必先下令，谓将派员兵往剿。人民闻之，必上呈声明无匪，请免派兵。一方必欲派，一方必不欲派，往返商措，直至人民自愿筹纳巨万开拔费，而官厅始允不派兵。若筹纳不满，官府意必派兵前往，其供应较之筹纳所索，更三数倍也。据杨亮工告大年，谓有一乡筹纳之开拔费竟至一百万。又言有某乡匪退，为官府所知，限每甲缴匪三人。不得匪，则以良民充代，解至县，县长大张旗鼓，谓剿匪获捷，报至省，言用费若干，请拨偿并请奖。既毕，又以良民索赎每人二万元。计此次未出一兵，未获一匪，而其得之于上下者达四五百万云云。可叹之至！可痛之至！九时半偕大年入校，晤旧同人。十时得茀斋电话，约游石林，谢之。大年闻而兴起，随诸人往游。十二时至师范学院午饭。适雪屏自渝还，同往晤月涵先生，谈一小时馀。据言时局甚严重，但委员长尚镇静。与之谈及联大诸人，于月涵先生谓有人报告，其当华莱士来时，发言不慎，有意抬高罗隆基，讥诬政府；谓枚荪于参政会发言攻击青年团不当，纵有可批评之处，应来面谈，不应在大会发表；于奚若亦详询其为人云。雪屏等均有解释，甚满意，并将定期召集联大教授谈话一次。雪屏又言孟邻师对于湘桂兵役问题呈报后，委员长批有“兵役如此，某将何以为人”之语。遂命纬国查重庆状况，所报告亦同。又值冯玉祥谈四川情形，亦同。甚为震怒。遂与何应钦、陈某兵役署长往纬国所报告各处亲查，所见更过于所闻，大发雷霆，立决一营长、一排长,闻陈某亦于前日枪决矣。以故孟邻师大遭时忌。有人具呈控红十字会,委员长以交师,大体均无其事,已呈复矣。又谈学生从军事甚久。二时归。小睡。四时得守和转来蒋孟邻师、翁文灏先生、任鸿隽先生三人具名函,谓哈佛燕京社本年为赞助文史研究起见,特拨专款,指定为研究补助费。兹经共同商定,赠余四万元云。五时诣家骅。诣书琴。至才盛巷治事。九时还。十二时就寝。

二十四日　阴历八月初八日　星期日　晴

八时起。心恒来,谈甚久。午饭后与从吾谈甚久。大体均雪屏谈过,惟述论枚荪在参政会发言事,蒋委员长曾有"其言吾辈亦应接受"一语,是尚承认其意见,但不满其在大会发表耳。小睡。读目录书。昨日哈佛燕京之馈,心甚愧之。依其所望,须有研究计画并研究著述与之。余拟仍作《清史语解》,而以馀暑作一《目录学述要》,分上下二部,上通说,下述例。通说分总论、书目、刻书、聚书、板本、校雠六章,述例以《史记》为证,集诸家书录考订版本、校雠之说。晚饭后至才盛巷治事。晤钱端升,今午自渝飞还者也。谈参政会事甚详,报纸所载大抵相同。九时还。十二时就寝。

〔付客饭三二〇元,栗子一〇〇元,宿舍杂费六〇〇元,鸡棕干三五〇元。〕

二十五日　阴历八月初九日　星期一　晴

七时半起。八时半入校治事。九至十时授史部目录学。十一时至十二时授明清史。十二时半至师范学院午饭。饭后还舍小睡。三时入校。开宿舍管理委员会。四时半会散。参观各舍舍址及新建宿舍。六时在门前进膳,遇马芳若,谈及校中一无兼差之人,首及余,并谓学校应有办法。食毕,必欲代余付值,固拒不允,以在食店攘臂争让,事甚不雅,姑受之。然以贫而致人同情,遂有近于乞食,亦可伤矣!读目录书。十二时就寝。

〔付点心四〇元。〕

二十六日　阴历八月初十日　星期二　晴

七时半起。九时半入校治事。十二时在师范学院与雪屏共添一鸡,请大年。饭后还舍。《中央日报》约写“星期论文”,允以下月二十九日。经利彬来。张为申来,往为申处小坐。六时诣子坚、勉仲之约,陪大年晚饭。饭后坐庭中,赏月谈心。九时还。史部目录学课选修者请改易时间,昨日允改一堂于明早七时至八时,一堂于星期六一时至二时。恐明晨不能起,向宝騄借闹钟一。九时半就寝。

〔付请大年六〇〇元,雯用三〇〇元。〕

二十七日　阴历八月十一日　星期三　晴

五时半已起。昨恐迟误,乃不意钟鸣过早也。六时半入校。晤啸咸。七时至八时上课一堂,述目录书之两体。下课治事。八时半还舍。十时复入校治事。胡蒙老父女均病,忙甚,竟不得上课。十二时至师范学院午饭。回舍小睡。习拳。五时半诣崔书琴、赵廉澄之约,陪大年,崔太太自作饭。后谈时局,崔、赵两公较余尤乐观。书琴不信美国将在中国登陆,而以为必直攻日本本土,又以为英国必以全力收复领土,绝不致使美国独立应敌,德国覆败必在今年,而日本覆败在明夏。廉澄以为北归食月饼可操左券。八时还舍。写《目录学》一段。十二时就寝。

二十八日　阴历八月十二日　星期四　晴　雨　晴

七时起。九时入校治事。十二时在师范学院午饭后回舍小睡。四时至才盛巷治事。枚荪自渝回昆,于今日到,畅谈。端升、奚若、慰慈继至,不觉谈至十时半始归。十二时就寝。

〔入哈佛社研究补助津贴四〇〇〇〇元,付汇水七九.八四元,

印花一元。〕

二十九日　阴历八月十三日　星期五　晴　雨　晴

七时起。九时入校治事。十二时至师范学院午饭。二时还舍。三时复入校。开教职员宿舍管理委员会,五时半散。至西仓坡开晋修班班务委员会,初不知此会亦有余在也。公推月涵任主席,仲钧副主席,子坚班主任,泱阳数理化组主任,清常文史地组主任。会中进膳,膳毕会亦毕。仲钧谈时局,甚严重,敌人有来昆明企图。九时还舍。王年芳来送花及点心。读目录书。十二时就寝。

三十日　阴历八月十四日　星期六　雨　晴

八时起。作书复谢哈佛燕京社研究费,并寄研究计划及旧稿。十时入校治事。会计路主任来谈,谓省政府及各银行均拟事急则西迁大理,并询校中政策,告以未定,惟蒋校长以为应与省政府连系。十二时至师范学院午饭。雪屏言美国人观察敌人必来昆明,但在半年后。饭后还舍小睡。作书致莘田,劝其早归。闻其应一樵约,在中央大学讲学,此息传至本校必又生许多闲话也。六时至教育厅,应仲钧之约。坐有王君,北大土木系民九毕业同学,贵州人,虽系同年,前所未识。八时还。路遇枚荪,约其后日到校讲演。十二时就寝。今日上午绍穀派人送来《张冷僧书画展览会小启》润笔二千元,公谊私交均不应受,拟退还之。

〔付菊花二两一〇〇元。入稿润二〇〇〇元。〕

本月收入七八七〇四元,其中临时收入五四〇〇〇元《张启》润笔未列入。支出饭食四三五〇元,酬应二一六〇元,杂用三三一〇元一角,雯用三八五〇元,共一三六七〇元一角。雯儿用较少,以其本月自有收入也。馀款即以还帐。届止今日,凡欠联大二八〇〇〇元,欠北大二六〇〇〇元,吉忱五〇〇〇元,共五九〇〇〇元。

十月

一日 阴历八月十五日 星期日 阴

上月经常收入共一四八八四元，另有部拨乙种奖助金每月五〇〇元，研究费每月一〇〇〇元，每半年一付，每月实入一六三八四元。更加以清华福利金、哈佛研究费，每月平均七〇〇〇元。战时得此虽不足与生活指数比，然不为不多矣。世之不如我者更不知多少。

晨睡甚迟。雯儿、坤仪来，始起，已九时矣。午由两人作菜，约董式珪、吴学淑及泽珣来过节。一时半始开饭，食毕将三时矣。小睡起。写《目录学》一段。何鹏毓来。晚在舍客饭。读目录书。儿辈来。竟日未出门。十二时就寝。

〔入九月薪五九〇元，生活补助一八〇〇元，薪俸加成三五四〇元，八月米代金八〇〇〇元，八月房贴二〇〇元，九月研究费三五四元，九月车费四〇〇元，共一四八八四元。付印花四.八元，所得税二二.三元，党员会费二二.八元，房租一一〇〇元，饭费一餐二〇〇〇元，鸡蛋二十个三二〇元，过节二四〇〇元。〕

二日 阴历八月十六日 星期一 雨 阴

七时起。九时入校治事。十时举行国民月会，勉仲主席，由枚荪报告此次参政会开会情形，甚有条贯。十一时半始毕。十二时往师范学院午饭。回舍小睡。晚在门前进膳，遇宝騄、树青。七时至校上课。目录学选者虽六七人，而时间难协，遂定于星期一之夜。今日到者近二十人，皆旁听者也。九时还。幸雨止而天不甚暗，然常此亦非所宜。归。读目录书。十二时就寝。

〔付请宝騄、树青饭五〇五元。〕

三日　阴历八月十七日　星期二　晴

七时半起。十时入校治事。十一时上课。十二时至师范学院。饭后还舍。三时至才盛巷治事。诣绍穀。至惠滇医院视胡蒙老疾，不遇。更视钱学熙疾，斑疹伤寒已历九日，就痊矣。还至才盛巷晚饭，并在蒋太太处进加非，凡枚荪、慰慈、雪屏。谈至十时还。十二时就寝。以油灯读，甚困。

四日　阴历八月十八日　星期三　晴　风

七时半起。九时半入校治事。十一时授明清史。一时下课。治事半小时。至师范学院午饭后还舍小睡。雯儿来。四时至中央信托局晤黄秀峰经理，商宿舍借款事，据言已得中央电，准用借款方式，并出示所拟合同。大体为借款九百万，月息一分五，按月付息，两年清偿。由校呈教育部担保，并列入明年度追加预算。至才盛巷阅书。七时还。读目录书及 Castes 书。十二时半始就寝。

〔付车一〇〇元，晚饭一一〇元。〕

五日　阴历八月十九日　星期四　晴　风

七时起。九时半入校治事。十二时半至师院。饭后还舍小睡。七时至月涵先生处。昨日自凤鸣村还，今日宴同来者，余作陪。九时还。十二时就寝。

〔付水瓶一个一五〇元，洗衣二〇〇元，添菜二〇〇元。〕

六日　阴历八月二十日　星期五　晴

八时起。入校治事。十二时至师范学院午饭。还舍稍息。至才盛巷。三时开研究所委员会，讨论休学考试诸事，余主严。散会后与子水阅书。九时偕归。写《目录学》一段。十二时就寝。

〔付青年袜一双一三〇元，胰子七〇元，牙粉八〇元，白糖半斤一六〇元，英文书二〇〇元，烧饼二个二〇元。〕

七日　阴历八月二十一日　星期六　晴　风

八时起。九时入校治事。十二时师范学院午饭后还舍小睡。三时雪屏来,谈久之。同诣家骅,即留晚饭。十时还。十一时就寝。

〔付午饭一四五元。〕

八日　阴历八月二十二日　星期日　晴　寒露

六时起。七时入校。监考新生覆试。十一时前二场毕,还舍。雯儿等请李静贞午饭。食后入校监试第三场。三时毕,还舍。诣江泽涵、郑华炽,视疾,均患斑疹伤寒,泽涵较重,亦垂愈矣。六时还舍。雯儿来,再偕之上街购双妹雪花一瓶,价一千八百元,战前不过二角四[1]、二角八而已,所涨且七千倍。又蝶霜一瓶,价二千二百元。归舍。检日录。十二时就寝。

〔付早点四〇元,雯用三〇元,雯雪花一八〇〇元,又二二〇〇元。〕

九日　阴历八月二十三日　星期一　晴

七时起。九时入校治事。十二时师范学院午饭后还。饮茶一盂。随入校,考试校内练习生。作文为自传;算术甚简,竟多不能解,可怜。五时试毕。注册组来告,谓事务组言下周一年级上课教室隔断尚难完工。为之惊诧之至,急召康甫询之,谓尚未估价,以余上星期四始语之也。余以证质之,此事必在星期三以前。彼语塞,乃作遁辞曰:“纵星期一相告,亦不能完工。”作种种理由以自解。余以促之无益,乃召注册组商别觅教室,但须与勉仲商腾宿舍,暂改教室。候至六时许,勉仲来,始完全解决。与勉仲同离校,其以半月不能完工为疑,乃命郭平凡往觅大业包工人,设法速作。此辈但知平时谄谀长官,联欢长官左右,而不知其责任,更不知学

①前　原作“后”。

校主体在学生、在教授，令人生气。七时半至才盛巷，晤枚荪、端升、蒋太太等，月涵先生继至，谈至十时，余觉冷先还。十二时就寝。

〔付牛油半磅五〇〇元，面包三三〇元。〕

十日　阴历八月二十四日　星期二　晴　雨

九时始起。大业公司来，谓如须用之作隔断，五日可完工。为之差慰，告其候明日决定。吴乾就来。十一时半携雯、坤两人至岗头村，与矛尘合请小孩，梅家姊妹未到，耘夫、年芳、燕华诸人先至。四时还城。连日甚累，未读书。十时半就寝。

〔付车一二〇元，请客三〇〇〇元。〕

十一日　阴历八月二十五日　星期三　雨　雷

七时起。十时入校治事。雪屏来谈昨日宪政讨论会。在昆华女中开会，由闻一多、李公朴、潘大逵主席，闻一多、吴晗、罗隆基、李公朴讲演，并议决：一改组政府，取消党治，二拥护龙主席，三保卫大西南三点。事前省党部支团部曾有准备并签呈龙主席，龙批“劝阻”二字。党部杨文清、陈秀山以为无法劝止，乃派党员到场，中间曾放炮竹，并打架冲突，并未能阻开会，最后警察、宪兵到场，逮捕多人去。此事大糟，恐将牵动联大内部也。十二时冒雨至师院午饭。复冒雨还舍，午睡甚酣。三时半入校。四时至西仓坡，先开公利互助社筹备会，继开常务委员会。九时散，归。欲读书，殊烦闷，竟未能。十二时就寝。

十二日　阴历八月二十六日　星期四　阴　雨

七时半起。九时入校治事。十二时师范学院午饭后还舍小睡。五时至西仓坡开校务会议，余被推为书记。开会前谈及前日昆华女中之昆明学术界宪政讨论会，均以此会成立未尝通知本校同人，而今日竟以昆明学术界为号召，本校应加以声明，以企孙、召亭主张最力。一多言，本为捣乱而成立，何能追究法理。月涵先生云开会再讨论，竟未提出。九时散，归。十二时就寝。

十三日　阴历八月二十七日　星期五　阴

七时半起。九时半入校治事。十二时往师范学院午饭。饭后还校。膺中来谈国文系助教事，以王年芳、赵玉英两人无工作也。上年年芳在系办公，实所司甚少，赵玉英名义上帮莘田研究，实无一事，系内外均有烦言。今年情形依然，而膺中不便更以玉英帮研究，而年芳所助亦有限，甚感困难。此事清常甚关切，欲为设法而不得。商之膺中，亦难之，故今日复来商，余亦无善策也。必有工作始可予酬，否则余亦感困难。三时诣绍穀，不值。至才盛巷治事并阅书。办事处杂务，畀宜兴管理。九时还舍。十二时就寝。

〔付杀虫药粉一包二五元。〕

十四日　阴历八月二十八日　星期六　晴

八时起。九时入校治事。十二时至师范学院午饭后还舍小睡。写《目录学》“目录书之两体”一条，迄夜乃毕。十二时就寝。

十五日　阴历八月二十九日　星期日　晴

八时起。九时雯儿来，在门前进早点。为吴志青写太极拳文，其倡导精神大似传教士，殊可佩，然余则患辞穷无以应也。午未食而睡。雯儿再来，晚饭后去。十一时即就寝，以无电灯。与伯蕃、从吾谈久之。

〔付早点一四五元，晚饭三八〇元，烧饼四〇元，理发八〇元。〕

十六日　阴历八月三十日　星期一　晴

六时半起。九时入校治事。胡蒙老病痊初到，仍甚忙。十二时至师范学院午饭。还舍小睡。预备功课。六时在门前食面一碗。入校授课，讲今传目录书。九时还舍。宝騄送来售枕垫款九百元,即偕之至华山西路口食羊肉。归舍。未读书。十二时半乃就寝。

〔付宿舍杂费四〇〇元,晚面八〇元,晚点一八〇元。入售枕垫九〇〇元。〕

十七日　阴历甲申九月初一日　星期二　晴

七时半起。十时入校治事。十二时至师范学院午饭后还舍小睡。三时入校开宿舍会。为作建军文字,杂阅《近百年史》。七时南开学校纪念会,往文化巷祝贺。饭后还。十二时就寝。

十八日　阴历甲申九月初二日　星期三　晴

八时起。九时入校治事。十二时至师范学院午饭。饭后还舍小睡。五时至西仓坡开常务委员会。九时散。还舍。检阅《近百年史》。十二时就寝。

〔付烧饼二个二〇元。〕

十九日　阴历九月初三日　星期四　晴

七时起。九时诣端升。近端升以儿子入附属小学,子坚已允之,上星期日忽以教员反对为理由变卦,为之大怒,遂向联大辞职。前晚来,甚坚绝。余本欲在南开向梅、黄两公言之,人多未果。昨日开会前以告梅公,请其速共商解决之法。梅公于会提出附校对于同人子女应特别设法收容之原则,并嘱余今日先往劝之。值雪屏先在,乃共谈甚久。端升允考虑其辞职问题,至其子则入南菁矣。余入校,雪屏往晤子坚,建议由子坚自提一请联大组织附校辅导委员会议案。十二时至师院午饭。雪屏言子坚已赞同矣。饭后清常偕来谈。三时至才盛巷,途遇膺中,立谈一时许,便诣徐绍穀,不值。在才盛巷晚饭后还。为吴志青写太极拳一文竟,殊无意见。十二时半就寝。

〔付月饼四个三六〇元。〕

二十日　阴历九月初四日　星期五　晴

七时起。九时入校。十时偕子坚、世昌验收昆中北院新建楼房，有不合式、不坚实者均令改造，然后验收。十二时半至师范学院午饭。饭后入校治事。二时还舍。五时查阜西来。五时半至南开办事处，参加学校党部宴会。张印堂主张有所表示，请政府开放政权，以军权属政府不属于党等等，枚荪以为然，正之不以为然。饭后召亭主多介绍学生入党，并与所谓民主同盟斗争，芝生、石先、枚荪均不谓然。余先还，写建军一文。未几，从吾亦还，会散矣。召亭自病后性情大变，并念佛，与从前之绝端激烈不同矣。十二时就寝。

二十一日　阴历九月初五日　星期六　晴

八时起。九时入校治事。十二时至师范学院午饭后，清常偕来，谈及子坚复有一函致常委会，请解释附校为师范学院实验学校，抑为联大子弟学校，又罗举同人子弟在校不守约束多事。此举大可不必，且徒伤情感。托清常劝之，学生不守约束，应有一致之制裁，同人子弟不守约束、不受制裁，其曲在学校，不在学生，尤非家长所愿。写“星期论文”。十二时就寝。

〔入绍穀利息五六五〇元。〕

二十二日　阴历九月初六日　星期日　晴

八时始起。雯儿、泽珣来，同出早餐。遇景初偕还，谈久之。莘田自重庆飞还，谈竟日。晚出食羊肉。十二时就寝。

〔付早点二〇〇元，晚饭二一〇元。〕

二十三日　阴历九月初七日　星期一　晴　霜降

七时半起。九时半入校治事。十二时至师院午饭。与雪屏谈甚久[①]。骝先先生提出雪屏为总干事[②]，而此时校中十分浮动，恐

①谈　原脱。

②骝　原作“骅”，本日后一处同。

不能远离。前此枚荪已拒绝其聘,如雪屏再不往,亦似不妥。或先由从吾函骝先,雪屏函孟真,先阻其实现。如不能阻,则请假二三月再就较佳。三时入校,为同人宿舍抽签毕,治事而还。七时至九时授史部目录学。下课食羊肉。十二时就寝。

〔付早点九〇元,晚饭二二五元。〕

二十四日　阴历九月初八日　星期二　晴

七时起。九时入校治事。十二时至师范学院午饭后还舍。抄《近百年来中国之建军》竟。晚莘田约晚饭。十二时就寝。

〔付添羹二〇〇元。〕

二十五日　阴历九月初九日　星期三　晴　风

七时半起。十时入校治事。一时在校前用膳。二时还舍。与莘田谈。五时至西仓坡开常务委员会,九时散,还舍。连日不得午睡,觉体倦神燥舌紫,盖所谓上火也。晚觉喉微痒。十二时就寝。

〔付午饭一〇〇元。〕

二十六日　阴历九月初十日　星期四　晴　风

八时起。喉痒甚。十时入校治事。刚如为拟一中药方,前胡、款冬花、南杏仁、川贝母、甘草五味,谓此系风寒,饮之将愈。十二时往师范学院午饭。饭后还舍小睡。三时为莘田作证,至美国领事馆。天暖,着单袍,里衣皆夹,以为足矣。四时由领事馆至昆中北院开教授会,意欲加衣而时间已至,乃径往。七时散。天渐凉,至锡予许晚饭,借衣一袭罩于外,意恐伤风,不敢多食。九时归,即就寝。阜西来,亦未谈。夜嗽。

二十七日　阴历九月十一日　星期五　晴　风

八时半起。咳嗽有痰,嗽甚,头微痛,未入校。午食粥。睡二时有半。三时至美领事馆作证。余以阴历七月四日生,彼书八月四日。昌儿等三人译其名为 Cok Chang,Cok Chen,Cok Yang。雯、晏书二十一岁,昌儿十八,晟儿十六,易儿十四,志于此以便覆核。静娴送来胡大夫嗽药一瓶,又熏药一瓶,治嗽并去痰。五时雪屏来。六时半雯儿来,并自锡予处借来体温计。七时试之,凡九十九度七,合之约三十七度六,遂卧床而息。食面一盂,食贝母蒸梨一。柳漪来视[①]。九时睡。今日为先妣忌日。

〔付粥九〇元,面四〇元,梨八〇元,药八〇元,酒二〇元。〕

二十八日　阴历九月十二日　星期六　阴　风

七时试体温九十八度,合三十六度六。昨夜鼻塞,今晨稍好,头已不痛,嗽止。八时起。食麦片一碗,加以杏仁、贝母。仍食胡药。口微干,多饮水。十时量体温九十七度八。午食面一碗。自一时睡至四时,量体温九十八度,知烧已确退,但仍偶然一嗽,有痰甚厚,鼻多涕。景初来视。六时吴乾就召饮馔,丰且精,以伤风不敢多食。九时还舍。十时半就寝。两日来凡睡二十七小时,近日所缺应补足矣。

〔(x-32)×5/9〕

〔付面四〇元。〕

二十九日　阴历九月十三日　星期日　晨雨

先君忌日。六时半起。从吾七时出门告以刘健群昨夜来昆,今日八时与雪屏往晤之。前日矛尘语余,月涵先生得孟邻师二十六日电,谓周内可归,岂政府对昆明有特殊之注意耶?抑别有所期望耶?十时从吾还,谓委员长不见昆明响应电,甚焦急,故命刘某来,然而非其人也。午请静娴便饭,并携雯儿。午睡一时馀。三时半至才盛巷,晤蒋太太,谓蒋师本定三日还,现或提前,然无确

---

①漪　原作"猗",据一九四二年四月三十日日记改。

讯。晤枚荪，告以刘来之事，枚荪主万勿使人知，若传之于外，必生反响，大有碍于发动青年从军之前途。六时还舍。加衣后诣毓枬处便饭，为莘田、宝騄、袁太太三人饯行也。十一时还舍。无电灯，即刻就寝。《近百年来的中国建军》今日发表于《中央日报》。

〔付客饭三次三〇〇元，午饭请客六四〇元，黄果一斤四个一四〇元，灯油二〇元。〕

三十日　阴历九月十四日　星期一　雨　晴

七时半起。十时入校治事。十二时往师范学院午饭。饭后还舍。饮水毕，入校参加一年级学生训话，数语而毕。四时还舍。五时至西仓坡开校务会议，讨论知识青年从军事，决建议五点：一、新军军人不必入党；二、训练宜在昆明，宜用外人；三、军需宜用社会中众望素孚之人；四、宜用青年将领统率；五、军队待遇一律提高，青年一律抽签。最后并谓“伏望主席本革命之精神，作非常之措施，使青年之耳目一新”，“我国家在主席领导之下经七年无量之牺牲，今幸至转败为胜、转弱为强之时机，斯乃旷百世而一遇，难得而易失者。若不急起直追，诚恐稍纵即逝，万一人谋不臧，失之交臂，则不但七年来成仁之将士、死难之同胞永不瞑目于地下，即炎黄在天之灵，亦将抱遗恨于无穷”。文出于芝生手，而枚荪、端升、光旦、嘉炀参加意见。会未毕，余赴徐乃松、焦瑞峰夫妇之宴于天香楼，筵过盛，闻馔肴已二万四千元，茶酒饭点尚不在内，食之不安。同座为莘田、静娴及盐务局五人，不知其为谁设也。还舍。与从吾谈。十一时就寝。

〔付车一三〇元，茶药二五〇元，雯用二〇〇元。〕

三十一日　阴历九月十五日　星期二　阴　晴

昨夜复雨，枕上久不得睡，然天气干燥之苦或稍减矣。今晨九时始起。与莘田谈。莘田方理物，以旧卡片相示，录其有关满洲语者于次：

《满洲语学史料补遗》：新村出，《艺文》第五年下，七号，七六页；

《朝鲜司译院日满蒙语学书断简解说》：同，同，第九年，八号，七六二；

《女真语研究之新资料》：石田幹之助，《桑原博士还历纪念东洋史论丛》一二七一页。

旬前偶检《清文启蒙》，知满文姓氏之姓，如"贵姓"、"我姓王"之类。皆作ᡥᠠᠯᠠ，读为哈 hala，则余前谓"《太祖武皇帝实录》注'觉罗，姓也'之姓，非谓普通姓氏之姓，乃谓'觉罗'一字为姓氏之一"之一假设得确证矣。屡思写入文内，未得暇，亦附于此。十时从吾自外归，谓昨日议决将建议发表，恐生事，嘱设法挽回。遂往晤月涵先生，谈设法将建议早递渝，并将在学校应办之事先办完，以便对政府有所交代，月涵言其意亦如此。但昨日决议先发表，故新闻稿已拟好，尚未送出耳。谈至此，勉仲亦来，携刘健群信，约下午三时晤面，刘意亦在请缓发表其事。月涵先生允晤后再定，余偕勉仲遂入校。十二时至师范学院午饭。饭后还舍小睡。辰伯来。柳漪来。伯伦来。李兴来。晚雯儿来，同在门前进膳。九时雪屏来。十二时就寝。

〔付晚饭三四〇元。〕

〔十月收支：经常收入一四八八四元，临时收入六五五〇元，共二一四三四元。付饭食六二二五元，付酬应六五四五元，付杂用三九六六.五〇元，付雯用四二三〇元，共二〇九六六.五〇元。〕

十一月

一日　阴历甲申九月十六日　星期三　晴　风

八时起。校中今日放假祝校庆。嗽前已止,昨日忽又剧,今日亦然,不知其故,但他无所苦。十时诣景钺,补祝其五十生日,其生阴历为九月十二日,阳历则十月二十九日。至才盛巷治事。诣绍穀,交联大福利互助社基金十万元托其存储。复返才盛巷,晤枚荪。十二时至先春园,泽承约午饭。比至,知其午间不售物,立候于门。少顷,膺中来。又顷,泽承女公子珏来,言泽承病疟不能入城。再顷,莘田来,遂决意改往膺中处食面。三时至西仓坡,月涵先生招待刘健群茶会。昨日刘劝将电文暂留,并欲与校务会议同人一谈,故有今日之会。昨晚雪屏来告,已先知之。余到时刘已到,同人来者周枚荪、钱端升、燕召亭、吴正之、冯芝生、陈岱孙、杨石先、陈雪屏均先至,黄子坚与余同至,刘寿民、闻一多、查勉仲较后,潘光旦最后到,刘已走矣。首刘谈政府发动知识青年从军之经过,继论同人之建议不可发表,愿更一讨论,并言前日已电话陈布雷,请其速呈阅,将答复告知孟邻师带还昆明。刘言毕,端升略有言,未毕,枚荪言先听刘报告,散后,吾辈再讨论。意不愿刘之在,故予以难堪焉。端升以为然,言"余略有所询",召亭阻之,端升责其不应如此,乃复言,未半,召亭又止之,谓不必在刘前辨论。端升不顾,召亭忽请主席维持会场秩序,正之大声问:"不知今日是请茶会,抑是开会?"月涵先生乃言:"今日乃请各位吃茶,请随意谈话。"刘健群续言,此电若公表于报纸,则军队将生极坏之影响,且将牵动抗战前途。端升、枚荪详述同人之意见在求此事之成,故就所见建议,并非反对,亦无固执己见之心,采纳与否,均非所计。召亭言此事本有不同之两种意见，其个人则为反对此建议者。后刘又再三申明其意而去。刘去，端升谓其危言恫吓太无礼貌，召亭为刘辨护，谓其言甚是。召亭谈时说有“我们”二字，枚荪谓其不必教训人，只应说“我”不必加“们”，召亭反质之，谓“何以你可说‘我们’，而我不能说‘我们’，难道你是教训我?”枚荪答以“或许”二字，于是遂大决裂。召亭言近来感觉受同人之压迫甚烈，尤其是同人中之任参政员者，今惟退避，遂向月涵请辞校务会议代表及法律系主任。此时枚荪、端升未再言，岱孙、月涵劝其公私不可混而为一，召亭不顾，去。众亦散。在院中立谈，均主余与雪屏今晚往劝之，枚荪、端升亦言，虽向之道歉亦可。六时余往柳漪处晚饭。八时还。雪屏来。八时半同往访之，召亭所言甚多，皆三数年前旧事及本年宪政讨论会中之意见不同，劝之良久，召亭允再考虑。归舍已十时半矣。舍中无电灯，即就寝。

〔入薪俸十月五九〇元，生活补助一八〇〇元，薪俸加成三五四〇元，米贴九月九四〇〇元，学术研究三五四元，房贴九月二〇〇元，车费四〇〇元，共一六二八四元。付所得税二二.三〇元，党员会费二二.八〇元，印花二.四〇元，红十字会费一〇〇元，房租二〇〇〇元，点心三〇元，黄油四磅三九〇〇元，饭费二〇〇〇元。〕

二日　阴历九月十七日　星期四　晴

七时起。十时入校治事。月涵先生谈今晨召亭往访，提出辞职书，月涵先生劝之，谓不便提会，提亦必通不过，不如且止，召亭遂携原书还，此事或可告一段落矣。一时在校前用膳毕，还舍。四时锡予、端升来，端升欲往视召亭，以释昨嫌，甚佳。五时至才盛巷，途遇仲钧，谓近日文化检举，《云南日报》彻底澄清，自上至下皆更动矣，盖前日以来，新闻标题及社论均有不妥处也。至才盛巷，知孟邻师自渝还，谈一小时又半。师言月底往渝，下月出国，代表我国出席太平洋国际学会，为总代表，其馀代表有适之师、施肇基等，随员则有张子缨、浦薛凤、钱端升、叶公超、吴文藻、宁恩承诸人。又言本校同人对从军意见五点甚佳，但不宜公表耳。又言孔祥熙暂时不回国，但继任者尚未确定。其馀所谈尚多。与枚荪谈、矛尘谈。九时还。今日嗽甚，不得药，校中徐大夫未到，静娴允向胡大夫取药亦未至，乃购翟玉六立止咳嗽丸十八粒，价一百元。膺中、矛尘均誉之，然余未敢服，恐麻醉成分太多也。又买贝母三十元，杏仁二十元，亦未服。十二时就寝。

〔入监场费四〇〇元，《中央日报》"星期论文"稿费一五〇〇元。付烧饼二个三〇元，梨一三〇元，药一五〇元，午饭一〇〇元。〕

三日 阴历九月十八日 星期五 晴

七时起。九时入校治事。十二时至师范学院午饭。饭后还舍小睡。上午徐大夫送来药水二日量，下午静娴亦送药二日量，两者不同，以前日曾服胡药[①]，乃仍服之。四时至才盛巷，公宴莘田、宝騄、毓淮、重衡、袁家骅夫妇、薛德成夫妇，主人有子水、逵羽、立厂、端升、枚荪、华炽、物华、仕俊、诱衷、矛尘、廉澄、雪屏及余。孟邻师初还，蒋太太已加入主人，而师意由其独作东道。九时散。端升、枚荪、逵羽、莘田、雪屏、矛尘复留谈。师言孔祥熙本欲返国，蒋委员长有电复之，云如在外无事可作，可即还，孔遂不敢归，继任副院长未定，但绝非宋子文。孙科或属张群继任财政部长，未闻。何应钦已决去军政部长职，有陈诚、张治中继任之说。张畏惧，而陈不愿继何，恐有取而代之之嫌，故中间或另有一过渡之人。史迪威与中美英均不协惬，故有去职之事，于整个局面无影响。罗斯福在美国选民中仍拥有绝对多数，但民主党之副总统候选人不孚群众之

①服 原脱，据下一句补。

望,恐一旦罗斯福不讳,由其继任,故多有改投杜威之票者。现任副总统华莱士舆望甚好,但其人左倾,罗斯福恐与群众之意相违,故未支持之,遂致落选。十时还舍。十二时就寝。

四日　阴历九月十九日　星期六　晴　风　阴

六时半起。记昨日日记。八时三刻起风。九时半入校治事。十二时至兴宝园,章耘夫为莘田祖饯,陪坐。二时还舍。三时入校,乘清华服务社卡车至东郊之凉亭参观锯木厂。六时入城。至徐绍穀寓晚饭。闻近《纽约泰晤士报》有文字攻击中国[①],其激烈为向来所未有。文内称史迪威要求在中国之中国军队由其统率,委员长不允,谓宁可恢复珍珠港以前状态,由中国独立抗战,亦不能将军队交之外人,故有要求撤换史迪威之举。今史迪威已撤,恐将来使美军在华反攻则难矣。意谓此事大伤美人情感,不复愿为尽力也。文内攻击中国政局,谓坏于孔、何及陈氏兄弟,复及蒋个人,谓惟一使吾人未失望者仅未与敌人妥协耳。其论过甚,固非可代表其全国、代表其政府,然此文经其陆军部允许发布,亦不能视为私人意见,心实忧之。史迪威之撤出于我之请,其原因不详。莘田归来,言系因彼揭发中国军队之腐败舞弊,老羞成怒。据云,中国军队失时多次,史责之,以无表对。史乃自印度购来数千只以发,令每班必有一表,而其后又失期,询之,更以无表对。详查之,不惟一班未得一表,即营部亦未得,盖均上级中饱矣。余更询之从吾,则言史在华久,颇染外人敖慢之习,每与蒋议不合,即云:“中国事还不是如此,我这样作你有什么法子!”遂积不相能,史盖不能再留也。所惜者今日英美政治家军事家承认中国兵有配备,即能打仗者,惟史迪威一人,此外均藐视、轻视,谓绝不能抗敌。史去,则

①纽约泰晤士报　即指《纽约时报》。按《泰晤士报》,英文名 *The Times*,直译当作《时报》,为英国报纸;《纽约时报》,英文名 *The New York Times*,为美国报纸。

中国之友益少矣。九时自绍縠处还。十二时就寝。

五日　阴历九月二十日　星期日　阴

七时起。检清初史书读之。客来甚多。十二时携雯儿诣端升,小坐。至景初新居文化巷四十三号午饭,三时始还。雪屏来。六时至文明街胡海宇处晚饭。饭后至才盛巷看书,并谒孟邻师,小谈。师言凡治事者必须一照顾现状,二改进环境,三协和万邦,大事小事治国治家皆然。十时还舍。十二时就寝。

〔付雯用五五〇元。〕

六日　阴历九月二十一日　星期一　晴

七时半起。九时入校治事。十时开国民月会,孟邻师有讲演,并报告从军事。毕,刘健群继之。十二时至师范学院午饭。还舍小睡。预备功课。五时半在门前食面一盂。六时半至西仓坡,毕正宣约便饭,以有课,小坐,出。七时至九时上史部目录学二时。十一时就寝。雯儿宿舍失窃,眼镜、水笔均失,约计之,亦万馀元矣。屋漏偏经连夜雨。奈何!奈何!

〔付加菜二〇〇元,晚饭一〇〇元,付点心八五元,雯用五〇〇元。〕

七日　阴历九月二十二日　星期二　晴　立冬

八时起。十时入校治事。十二时至师范学院用膳毕,回舍睡半小时。三时半至才盛巷治事。唐蓂赓之子小蓂托吴晗、丁则良整理家藏书籍,成立西南文献研究室,以复本赠各校,北大得百许种,皆光绪间译本西洋科学书及当时时务书。今日借其中《劝学篇》《自强斋时务丛书》数种读之。《劝学篇》初读一过,亦有是处。六时至师范学院晚饭,严倚云为莘田祖饯,约作陪。九时还。十一时半就寝。

〔付面包二六〇元,宿舍杂费五〇〇元。〕

八日　阴历九月二十三日　星期三　晴

八时起。九时半入校治事。午江泽涵约饭,以视察校舍未得往。自十一时至一时半,仅看昆中南北院而已。归舍。雯儿来,方谈顷,忽下之琳自三楼而下,谓有售号外者,既而院内噪聒,则号外载罗斯福以三四六票占胜矣,此于我国大有益也。理发。五时至西仓坡开常务委员会。九时还。锡予来。十一时就寝。传孔、宋两家在美国存款均已移存巴西,以政府有征借之议也。惟何敬之款尚未移耳。

〔付理发八〇元。〕

九日　阴历九月二十四日　星期四　晴　风

七时起。与韩裕文习太极拳一遍。九时半入校。晤张景钺。昨日常委会决议,教育部命联合大学派遣考察人员理工科各二人,理科由北大、南开各派一人,工科由清华派二人,当时谈及北大派张景钺,故今日往询之。景钺谓考虑后再定。治事毕,十二时至才盛巷,郁泰然约食饺子,并治事。三时还舍。五时张印堂约茶会。有陈福田自美还国,尚未晤及也。还舍。八时与宝騄出食羊肉。与从吾长谈。与莘田谈。十一时就寝。

〔付雯眼镜三〇〇〇元,前请莘田等公份三〇〇元,羊肉一六〇元。〕

十日　阴历九月二十五日　星期五　晴　风

八时起。十时入校治事。十二时凌仁来,始忆及彼与王年芳请食午饭,乃还舍会莘田同往武成路小有天闽菜馆,莘田坐车,以足不良于行也。三时还。景钺来,谓愿往美国一行,余劝其注意人才,并代助教等谋奖学金额。绍彀来。五时习拳。五时半携雯儿至曆中许食薄饼。八时还舍。读《劝学篇》。十一时就寝。

〔付雯用五〇〇元,饼干二〇〇元。〕

十一日　阴历九月二十六日　星期六　晴　风

七时半起。作书致孟真,请其向朱骝先先生进言,暂不催雪屏往中央研究院任总干事。十一时入校。得月涵先生书,谓后日英大使薛穆来校讲演,嘱布置。十二时至师范学院午饭。饭后还舍小睡。膺中来谈王年芳事。自暑假莘田赴渝,主任由膺中代理,王即不甚合作。膺中极感困难,然无去之之意,故上月与清常为之各面设法,以期保全其位置,亦免莘田之难堪。及莘田还昆,膺中言辞,而莘田立将远行,故校中仍浼膺中继任。上月二十九日,芝生已与膺中商妥矣。三十一日膺中入校,忽见王在先修班上课,为之大讶。查之,乃王用莘田图章所出布告。乃言之于芝生,两公均以为王之擅作主张,决去之,实则真出莘田授旨也。二日膺中正式函余停发王之聘书,而芝生于四日赴锯木厂,途中亦告以不必更发薪津事。闻于莘田,乃致书膺中,说明事由其命令,非王所主,语甚不谅。事前余劝莘田不必过问,未纳。膺中得书,遂与芝生商挽回之策。初意留师范学院专修科,既而决定调史料征辑委员会。乃由膺中于昨日致书王年芳,告以其事由文学院冯院长解决,而未言解决办法,另由芝生发函调其来会工作。不意膺中信先到,芝生信尚未发。王于下午得信,遂立刻作书复膺中,谓本人为师范学院助教,与冯院长无涉。膺中今晨得信,不觉大怒,遂复晤芝生,决去之。膺中谈甚长,并询余观其有无神经过敏之处,意甚紧张,微劝其不必太着急、太多想。膺中疑一多与王年芳接近,有故意使系中发生问题,排主任而去之意,然余断其不至此,微劝之,未尽信也。膺中欲以刘禹昌补王缺,刘已在附中,余意可稍缓,以校中现在政策缺人不补也。五时至才盛巷治事,并看书。十时还。十二时半就寝。

十二日　阴历九月二十七日　星期日　晴　风

起甚迟,已九时矣。景初夫人来谈家常,甚久。诣北门街,晤陈福田、岱孙、李继侗、金龙荪,小坐而还。福田言美国北大学生甚少，清华最多，南开次之，联大学生均加清华同学会，此可注意者也。携雯儿在门前进膳。小睡。四时至附中开党部纪念会。七时半饭后还舍。未读书。上午芝生来谈王年芳事，谓决由校解聘，不知对北大内部两位罗先生情谊有无妨碍，余意可稍缓数日，芝生以为然。今晚陈福田在十一学会讲美国近况，本欲往听，未果。十二时就寝。

〔付午饭三三〇元，茶叶二两二五〇元。〕

十三日　阴历九月二十八日　星期一　晴　风

八时起。九时入校治事。视今日请英国大使薛穆讲演地点。十二时勉仲约往南开办事处午饭，谓昨日馀馔也。比至，乃知党部议起草条陈。饭后乃还舍小睡。三时徐梦麟来。入校，薛穆讲演甚短。五时至西仓坡茶会，欢迎薛穆。余以有课，小坐即还。米士约在天馨楼便饭，为莘田祖饯，余先食毕。入校授目录学。九时还。检王韬《弢园文录》。十二时就寝。昨日下午七时半有男女生各一，在新舍南墙外为军装四人所劫，或见之潜告，校警大队出捕，获其一，今日送防守司令部。

〔入红十字会医药补助二五〇〇元，入稿费三〇〇元。付早点三〇元。〕

十四日　阴历九月二十九日　星期二　晴　风

八时起。习拳。十时入校治事。十二时至师范学院午饭后还舍小睡。读《弢园文录》。四时至西仓坡，开知识青年志愿从军征集委员会，决议即日起登记，至三十日止，各委员轮流值日，余在星期三六时。偕雪屏还舍。与从吾、莘田、宝騄谈至九时半，乃散。谈及从军，余实有投笔之意，但不愿借此招摇，更不愿作官。如身体及格，余愿为一名小兵。北平诸儿鞭长莫及，雯儿亦足以自立，了无挂碍。不于此时报国，更何所待？然若使余效郁士元辈之以从军为进身之阶，吾不为也。舍中无电灯，十一时就寝。

〔付灯油三〇元，青果二五元，晚饭五六〇元，雯用七〇〇元，梨三〇元。〕

十五日　阴历九月三十日　星期三　晴

七时起。习拳。九时半入校治事。十二时至师范学院午饭。毕，还舍小睡。三时再入校治事。五时还。坤仪作饺子为其父祖饯，余先食毕。六时至西仓坡开常务委员会。会散，余以全体学生请美军官训练事提出，万一昆明紧急，可以借兵工厂军械组织起来，作团体移徙。此事前与雪屏、芝生、月涵及学生姚廷芬、马毓泉均谈过，均以为然，今日就便提出。正之、枚荪、勉仲均甚兴奋。枚荪谓不如全体师生从军，先以政府需要之人数送去，其馀留校训练，并谓要办即办。正之以为不应就消极作想，更有积极之作用，敌来应即往前线。孟邻师谓此事须与政府说明[①]，并愿往见委员长。枚荪主另派代表二人偕往，月涵先生遂指定正之、勉仲、枚荪、子坚及余五人组织委员会研究之，由正之召集。余愿参加，不愿列名，荐芝生自代，众许之，并定星期六开第一次会。此事若成，对于国家贡献必匪鲜，各大学亦必赞成效法也。还舍。与莘田谈家务，托余照应。十二时就寝。

十六日　阴历甲申十月初一日　星期四　晴

七时起。儿辈已来。作点心以饯莘田。未食毕，柳漪来约，莘田复往。少顷，送行者陆续而来，一屋不足以容，更借余屋，并及于宝騄、柏宓之屋，而立于户外者尚十馀，主客不能交一语。八时馀，余送莘田至飞机场，柳漪、逵羽迟一时亦至。候至十一时半，飞机自重庆来，遇公超下机，立谈半小时，知其下榻才盛巷。十二时半

①孟　原脱。

送莘田登机。雯儿有课先还，坤仪、泽珣、静娴、式珪、柳漪及余在航空校内进膳毕，乘马车至状元楼，步至小东门，乘人力车还舍。饮茶一盂。急入校开校舍管理委员会，已三时二十五分矣。会散治事。五时还舍。随至才盛巷，晤公超。在孟邻师处晚饭，谈至十时还，座有孟邻师[①]、逵羽、景钺、矛尘，所谈甚多。还舍即就寝。

十七日　阴历十月初二日　星期五　阴

七时起。八时至晓东街红叶餐馆，徐绍穀约食点心，商谈北大校友会欢送孟邻师事。十时至才盛巷谒孟邻师，嘱令将办事处与研究所腾出移至西厢房与南房[②]，以便有大聚会时可以有容纳之客厅，并示以办事处与研究所不宜合而为一。此事蒋太太早言之，并曾嘱矛尘相告，以为泰然、枚荪在办事处里间食饭，不妥。两办事室相合，郁泰然仍时时与闻办事处之事，必欲分之。余意办事处事已由宜兴负责，泰然专管研究所，权责甚明，其在里间食饭亦无关系，故迟迟未办。且图书室图书甫经清理陈列，一移动非月馀不能竣事。西厢房、南房光线均不佳，作图书室不相宜，西厢房现住蒋家女仆，必须大事修整。两屋如改，仍须有一屋食饭，屋既小，复不能隔，更不妥当。初北屋久空不用，故以作办公室。图书室所以空者，无家具也。今日物价更贵，安得十馀万布置客厅哉！十一时至北门街，晤龙荪、企荪、岱孙、佩弦、继侗、奚若、宪钧诸公，听公超谈说，三时乃还。公超所述国事，可气可怜可恨者甚多。最可异者，日前昆明盛传之中国拥护杜威竞选之说果有其事，其议创之于宋子文，盖当史迪威与委座不相能，宋建议一面请求撤换，一面宣扬希望杜威当选，以胁持罗斯福。议既决，王宠惠、王世杰意不谓然。然三日未得见，既见，王世杰微陈此事若提出会议，或更有完密之

---

①孟　原脱。

②西　原脱，据本日后文补。

策,委座答以因知诸人必不赞成,故不复开会讨论。还舍。端升来,谈及去年访英团本内定端升同往,其后顾维钧数电反对,而英大使薛穆亦以为言,遂作罢,其原动力盖出于公超。四时入校,听福田讲演美国之战时青年。五时散。还舍。雯儿来,八时送之还归。与宝騄、晋年谈至十一时,同出宵夜。十二时就寝。

〔付车钱一〇〇元,晚点二五〇元,雯修皮鞋一二〇〇元,雯用六〇〇元。〕

十八日　阴历十月初三日　星期六　晴

八时起。十时入校治事。知识青年志愿从军,联大自前日起开始登记,各委员分日轮值。今日应为雪屏,以有事先去,由余代。今日登记者三人,其一为勉仲之子;昨日一人;前日六人,其一为吴志青。十二时至师范学院午饭。二时还。三时赵春谷来,求入附中教书。至才盛巷参加王达津毕业口试,未终席,出治事,并谒孟邻师。事毕,至西仓坡,正之等小组会已毕,据告拟以扩大军训为名将全校学生组织并训练。继开党员上书起草会议,到月涵、芝生、正之、枚荪、雪屏、启元、觉民、西孟、子坚、勉仲、伯伦、石先及余,芝生已综合前次开议诸人之意拟就文稿,各人略有修正,仍交芝生增改,文字甚婉转,意见甚坚强。大体于外交主英美苏并重,财政主去孔,军事主去何,行政院长不宜自兼等,于教育不谈而待其问。十时还舍。十二时就寝。

十九日　阴历十月初四日　星期日　晴

八时起。雯儿来,携之食早点。归舍。检书。锡予来,谈坤仪与泽珦大吵,劝止复吵,竟无法制之,终劝坤仪去,乃止。午饭后小睡。下午仍检书。连日大忙,忽得一日清闲,不知所以遣之。晚出食羊肉,即还。十一时就寝。

〔付早点二七五元,晚饭一一〇元。〕

二十日　阴历十月初五日　星期一　阴

八时起。经利彬来。十时入校治事。十一时一刻公超讲演战时之英国。十二时一刻毕，至师范学院午饭。饭后还舍。三时至才盛巷，孟邻师今日招待公超茶会[①]，到三校多人。六时半散。余与福田、龙荪、企孙、佩弦、继侗、岱孙、枚荪、一多、芝生公宴公超于厚德福，谈至十时半乃还。十一时就寝。今日上午光旦在校相告，谓有昆明富商邓君深念联大同人之艰窘，欲出其馀力资助三数教授每月一万元，以一年为期。前已送一多、罗庚、通夫三君三个月[②]，现拟增加三名。此事邓君以托光旦、叔伟，光旦更以商之。月涵欲以余荐之，另二人一为春晗，一未定。余以邓君风义及诸公厚爱固可感，但无功受禄甚不安，且校中更有穷过我者，谢之。光旦力劝，允稍考虑，更答之有生以来未尝分外受人一文也。

〔付请客一一〇〇元。〕

二十一日　阴历十月初六日　星期二　阴　冷

七时起。报载中央政府有更调，何应钦专任参谋总长，陈诚任军政部长，俞鸿钧任财政部长，陈立夫调组织部长，朱家骅任教育部长，梁寒操改海外部长，王世杰任宣传部长，张厉生任内政部长，周宗岳任考试院副院长。此在近年来为最大一次之改组，孔、何、陈之去亦为国内外舆论所最注意，或可一新耳目。惟孔之副院长未动，俞以次长升任，四行一局仍属于孔，能否有所展布实为疑问。陈任组织部，张任内政部，盖为选举地步，能否博得同情亦一疑问。盛传宋子文将任行政院副院长，今日只见改国民政府委员不见副院长之命，不知何故。张厉生已改内政部，腾出秘书长缺，副院长改人必无疑问，何以不见明令耶？岂中变乎？十时入校治事。十

①孟　原脱。

②夫　原作“甫”，据《国立西南联合大学史料·教职员卷》改。

二时师范学院午饭后回舍。三时至才盛巷,孟邻师招待在校北大学生。六时会散。与师谈,师亦不主受邓君资助。在华山西路食羊肉后还舍。无电灯,十时半就寝。

〔付雯作衣手工一〇〇〇元,面包一二〇元,晚饭八〇元,梨三〇元,灯油二〇元。〕

二十二日　阴历十月初七日　星期三　阴　晴　风　[小雪][1]

八时未起。陈保泰来[2],谓陈立夫日内来昆,询余有消息否,此事联大无从知之也。又言将辞中山中学校长,以与朱骝先无交谊。十时入校治事。十二时至师范学院午饭。三时复入校。校中请自缅新回蒋参谋讲演前方情形,讲毕,月涵先生劝学生参加从军。自上星期四知识青年志愿从军开始报名,第一日六人,第二日一人,第三日三人,第四日三人,第五日撤销一人,今日为第六日,由余值日,竟无一人登记也。讲毕至西仓坡开常务委员会,商扩大军训、全体训练事,定后日开校务会议。饭后王泽民来,第五集团军副司令也,亦来商扩大军训事,甚愿全力相助。九时半还舍。十一时半就寝。

〔付加菜四〇〇元。〕

二十三日　阴历十月初八日　星期四　晴　风

八时起。十时入校治事。十二时往师范学院午饭后还舍小睡。四时至才盛巷谒孟邻师,谈久之。八时还舍。雯儿来,九时半送之还。读《纪文达集》。十二时就寝。

二十四日　阴历十月初九日　星期五　晴

八时起。九时半入校治事。十二时师范学院午饭后还舍小憩。后至才盛巷。三时北京大学开校务会议,商校长赴美应进行诸事。五时散。至西仓坡,西南联大开校务会议,商扩大军训事。

①此处中括号为原有。

②保　原作“葆”,据一九四三年七月二十九日日记改。

七时馀电灯熄，遂进膳。膳罢，传有预行警报，各散。还舍，询知已闻城外汽笛声两次并有击钟者。八时半余闻汽笛又鸣，继而电灯复明，盖解除矣。杂阅蒋氏《东华录》及《吴梅村集》。十一时就寝。

二十五日　阴历十月初十日　星期六　晴

七时半起。九时入校治事。十二时至师范学院午饭。雪屏谈，或谓上总裁书词句太硬，已改易数处。饭后还舍，睡未熟。雯儿来。六时携之食米线一碗四十五元，一碗四十元，馒首六个九十元，菜二盘各一百二十元，鸡蛋面一百三十元，竟价五百四十馀元，较之春间又四倍矣。草文稿。十二时就寝。久思蓄须，近十日未剃，竟未成形，可笑也，仍去之。

〔付晚饭五四五元。〕

二十六日　阴历十月十一日　星期日　晴

八时起。尹辅来。雪屏来。雯儿来，同出早餐。十时至才盛巷谒孟邻师。十二时还。小睡。从吾自宜良还。晚饭后雯儿来，同出购物，送之还宿舍。归。再与从吾久谈，知党员上书本文，略有改动，外戚一段全删，并由执行委员会另上一书，说明全体意见不能不上呈之原因。上午与孟邻师谈[①]，下午与雯儿谈，晚又与从吾谈，极思从军，以余此时最无牵挂也，而雯儿甚不谓然。十二时就寝。

〔付早点二六五元，面包一三〇元，加非半磅三〇〇元，雯用五〇〇元，梨六个六〇元，刻图章四〇元，烟一〇〇元，糖一〇〇元，茶叶一六〇元，加菜二八〇元，鸡蛋十二个一九五元。〕

二十七日　阴历十月十二日　星期一　晴

八时起。十时入校治事。光旦来谈，谓熊前记误邓锡之资助联

---

①孟　原脱。

大教授之款，冯柳漪、吴春晗已受，劝余必受，恳切辞之，并推荐枚荪、家驷两君，光旦以为然，嘱为向枚荪一言。十二时在师范学院午饭后还舍。二时半至才盛巷。三时至长江实业银行参加北大同学会欢送孟邻师出国大会。四时半散。至才盛巷与枚荪谈熊资助事，枚荪亦辞，并荐萧叔玉。六时还舍。随至新校舍上课。九时还。与伯蕃谈。十二时就寝。

二十八日　阴历十月十三日　星期二　晴

七时半起。邵光明来谈，昨日方自保山来昆明，据谓此次滇西战事以霍揆彰部表现最佳[①]，宋希濂部最差，但虽克城获胜，而美人之批评甚劣。如克复龙陵、松山、腾冲三地，共用炮弹十八万发，且死伤甚众，在美国人观之实为浪费，以为如用九万发即可不死伤而得三城。盖中国炮兵指挥不得法，往往使三五尊连放一日，而不知使数十尊集中放射一小时，以故徒费时间而无效果。有时连放一日，迄夜乃息，而翌晨敌人已乘间将破坏处修好，我步兵不知，每致全部牺牲。又攻击堡垒时往往将部队集中于敌人火力线外，既不猛扑又不隐避，使零星小股向前试探，每一试探，生还无几，必使全队零星死尽乃已。美人谓我不进不退不躲，枉费人命与时间。第一次攻龙陵时，命宋部刘师于公路小路各屯重兵防敌来援。刘志在早到龙陵，夺取物资，孤军直入，以少数步队截堵敌军，不意敌人于公路小路均有大批军队冲来，遂致溃败。而我军甫入龙陵，敌援即至，物资未得，士兵大败。刘自戕未死，而宋亦遂撤往重庆。又言何应钦二十五日来此，盖为接洽设立滇黔桂战区，以何为统帅，三省军队均归指挥，龙颇不谓然。九时半入校治事。雪屏来函，嘱与月涵商请校内教授如正之、叔伟、枚荪诸人为学生讲演从军事，

①彰　原作“章”，本日后文同，据《中华民国史·大事记》一九四四年四月二十五日条改。

月涵先生以为然,定在明日下午三时,人选晚间决定。十二时至师范学院午饭后还舍小睡。三时雪屏来,谓得骝先先生函,并慰堂[①]、伯苍函,促其往渝。同至才盛巷谒孟邻师,师定明晨入陪都畅谈。枚荪、瑞升继至。六时散。至西仓坡,月涵先生宴霍揆彰,嘱陪。八时散。有预行警报。归。明日讲演定正之、枚荪、芝生、瑞升、勉仲、光旦、一多。光旦由月涵接洽,一多由芝生接洽。还舍。与伯蕃、宝騄谈。十二时就寝。

〔付加菜二八〇元(已入昨日记,应去之),雯用五〇〇元,换鞋底二五〇元,梨五〇元。〕

二十九日　阴历十月十四日　星期三　晴

七时半起。九时入校治事。征集委员会今日由余值日,无一人报名,昨日止共三十人。十二时至师范学院午饭后还舍。二时半复入校。三时讲演会开始,首月涵,次端升、芝生、枚荪、一多、召亭,立论虽不同,而主张从军则一。五时散。雯儿来。传有预行警报,未证实,但电灯甚暗淡耳。九时送雯儿还宿舍。十二时就寝。重庆来信,骝先先生将以立武、枚荪为次长,又传以李惟果、朱经农为次长,而以雪屏主高等司,从吾长河南大学。从吾有信致慰堂,主以雪屏为次长。

〔付晚饭一〇五元。〕

三十日　阴历十月十五日　星期四　晴

九时华炽来,始起。与从吾谈,从吾言若雪屏入渝,则青年团无人主持,恐肇事,劝余出任。坚辞之,余殊无意于此。十时半入校。登记从军者纷纷不绝。十二时往师范学院午饭后还舍小睡。三时复入校。在征集委员会办公。届至五时半止,报名参加者一

---

①慰　原作"渭",后一日同,据《蒋复璁口述回忆录》改。

百十九人,连前共一百四十九人,工学院凡三十五人,合计一百八十四人,较之政府所望于本校者多八十馀人。今日情形十分热烈,勉仲上午在工学院讲演后即来;雪屏、华炽上下午未尝稍息;石先亦上下午均来;学生亦极关心,时时张贴登记消息,以为鼓吹。往来如织,倍显精神。六时还舍。雯儿来,九时送之还。归来得月涵先生函,嘱往一谈,急赴之,石先先至,勉仲继至,有学生多人来信请求登记延期,并召集登记学生谈话,俾询求实际问题,商谈结果,均允之。归舍。十二时就寝。

〔付客饭二份二四〇元,晚点六〇元,雯用五〇〇元,灯油二〇元。〕

十一月份昆明预行警报二次:二十四日、二十八日。

十一月经常收入一六二八四元,临时收入四七〇〇元,共二〇九八四元。支出膳食一〇一九〇元,酬应费二一六〇元,杂支四五七二.五〇元,雯儿用九〇五〇元,共二五九七二.五〇元。实亏四九八八.五〇元。

十二月

一日　阴历甲申十月十六日　星期五　晴

八时起。九时入校治事。十二时师范学院午饭后雯儿来相寻,偕还靛花巷,言欲登记从军,询余意见。余告以悉听其自由,不加可否,但其所考虑不决者愿为之解决。据言于从军无所犹预,但恐从军而失学,将来返校不易补习耳。此本无关,但余恐其将来从军还,年已长,又牵于婚姻,未必再能入学,或入学而无心读书,故告以可再自考虑。二时复入校。今日登记从军者又三十四人。三时至附属中学观印度研究生许汝佳表演印度柔术,在中土视之,盖绝不可能者，而其盘曲手足，浑若无骨，可惊之至。尤难者，能缩腹如瓢，运肠四走，不知如何练成。据云印度修道之士类皆能之。四时至西仓坡开校务会议，通过从军优待办法及扩大军事训练两案。六时雪屏偕来舍中小坐，同出食米线。食毕各归。凌仁来。雯儿来，未遇。今日为三弟四十一岁生日。十二时就寝。

〔入十一月薪五九〇元，十一月生活补助费及加成五三四〇元，十月食米代金八三〇〇元，十一月研究费三五四元，十月房贴二〇〇元，十一月车费四〇〇元，部发研究费六〇〇〇元，共二一一八四元。付房租二〇〇〇元，税捐四七.五〇元，膳费一餐二〇〇〇元，宿舍杂费四〇〇元，梨一〇〇元。〕

二日　阴历十月十七日　星期六　阴

七时起。天寒且阴。九时入校治事，并照看从军报名。十二时师范学院午饭后还舍午睡，醒已四时，不知何若是之倦也。入校结束从军登记，计两日又增一百三人，其中工学院七人，但系上午十时消息，不知其后增加否。至西仓坡，月涵先生不在，留条而还。傅乐淑、何鹏毓、宋泽生来，三人皆投考留学，来告今日成绩。门前晚饭。泽珣来谈家事，甚久。读王侃《放言》。十二时就寝。

〔付晚饭二三五元。〕

三日　阴历十月十八日　星期日　阴

八时起。十时至才盛巷，晤蒋太太而还。午饭后小睡。四时复至才盛巷，欲寻书，无人在，乃归。十二时就寝。闻敌人自黔边北窜，已逾独山，距贵阳四十五里。贵阳如陷，恐其直捣毕节，南窥昆明，北胁泸州，则势危矣。现美国炮兵屯驻盘县，以遏其西来，卢汉一军入黔，胡宗南、汤恩伯之军亦至，或足以阻之。黔主席有卢汉之说，又云南省政府准备西迁，不复作徙会泽之计矣。

〔付午饭九五元，晚饭二一〇元，橘子一斤二〇〇元，白糖半斤

一三〇元,花生半斤八〇元。〕

四日　阴历十月十九日　星期一　晴

昨前两日天阴冷甚,今日放晴回暖矣。七时半起。九时入校治事。十二时至师范学院午饭后还舍。三时复入校开宿舍管理委员会。四时至西仓坡常委会,诸人与王泽民商扩大军训事。前数日,第五集团军方面对此事甚热心,愿积极相助。今日已不如前,且谓必须中央核准方可进行。王泽民明白言,何应钦来此后,对此事颇怀疑,以为学生不易管理,如有枪支更难矣。诸人之畏缩或以此也。王又言委员长已至贵阳,都匀已紊乱。王去后,常委会继续讨论,认为如期此事之成,必须派人至渝商洽,遂推定正之、芝生、枚荪三人。七时入校授课,到四人。学生言教室门未开,或以为无课,均去矣,乃决不授。归途遇三人,坚欲上课,以人少婉止之。至华山西路羊肉铺晚餐。还舍。读杂书。十二时就寝。

〔付晚饭二二〇元,梨二个三〇元,烧饼二个三〇元。〕

五日　阴历十月二十日　星期二　晴　风

八时起。九时入校治事。十二时师范学院午饭后还。二时半复入校,为宿舍抽签,三时半毕。至西仓坡开教授会,讨论扩大军训事。勉仲临时连合二十馀人提案,即时将课程改订,与战时配合,全体操练。发言者甚多,结果仍以校务会议决议通过。一多有组织起来作游击队之意。会散,续开征集委员会。八时散。雪屏偕来靛花巷,与从吾共谈。骝先先生决以杭立武为次长,枚荪之说,讹传也。以甘家馨长总务司,翟桓为主任秘书。高等司意在雪屏,雪屏不往,尚未定,或由伯苍任之。此诸人伯苍外,无一与大学有关系者。如此阵容,殊失天下之望。不惟难望作为,较之陈立夫尚不如也。倘以经农、枚荪为次长,雪屏主高等司,伯苍主中等司,俊升、大年任参事,其庶几乎！闻骝先本定长交通,以孟邻师长教育，有谓师年老力衰者，乃罢。美国人消息，宋子文将代行政院长，蒋专任主席兼统帅。十二时就寝。

〔付雯用五〇〇元。〕

六日　阴历十月二十一日　星期三　阴

九时起。不自知其迟。十时入校治事。十二时在师范学院加菜，请此次参加留学考试者。饭毕还舍。睡未熟。检箱只。泰然来。五时至西仓坡开常务委员会。八时半散。还舍。读目录书。十一时就寝。闻敌入黔之军，盖流窜之骑兵，其数仅二三千，我军见之辄溃，现已歼灭之矣。又都匀有黄埔十四期生某，受周佛海伪命起事应敌，故一时顿现紊乱，亦扑尽之。敌人大军尚在黔桂边境，黔局尚不致大坏；外间谣言甚多，均不足信。又闻史迪威之撤还，盖由于重视缅北而轻中国本部军事，以故湘桂一带，均无新式配备。前此纳迩逊·赫尔莱之到华，复急遽返美，即面罗斯福述其不妥，请予撤还。芝生言一多往时与梁实秋友善，均属国家主义派，自入清华，始专心读书著作，惟对政治素感兴趣，又富情感，近日激于对军队之同情，故复大谈政治矣。

〔付添菜四〇〇元。〕

七日　阴历十月二十二日　星期四　阴

昨夜微雨，甚冷。今晨仍阴，但不似昨之寒也。昨日以前，着小夹袄一、毛坎肩一、衬绒袍一、夹袍一，昨晚改着小夹袄、驼毛袍、衬绒袍，今晨去衬绒袍，尚不觉甚寒。八时半起。九时入校治事。十二时师范学院午饭。饭后诣矛尘石牌坊巷六号新居。三时还。子水来。四时至才盛巷治事。至华侨兴业银行晤李岫青，莘田来信嘱往访之。李以莘田定期存款存单交余，系昆定字五十二号，凡二十三万元，定期三个月，月息五分，明年二月二十一日到期。李云系莘田托之售卢比之款，凡二千卢比，每卢比合一百十五元云。

诣绍縠,不值。还才盛巷,晚饭后还舍。十一时半就寝。李岫青云,今日独山已收复,周恩来将任行政院副院长,朱德或毛泽东将任军事委员会副委员长。如毛任则朱将入行政院,更益以徐特立,凡四人加入政府。今晨枚荪亦言周恩来为副院长,何应钦主黔政之事。

〔付橘子一斤二〇〇元。〕

八日　阴历十月二十三日　星期五　阴　冷

八时未起。校工李照光为送箱只、被褥至,前此存之乡间矛尘处者也。九时半入校治事。十二时往师范学院午饭后还舍小睡。三时复入校。前日芝生所拟上蒋主席书稿已商定,昨日清缮送发,忽留置,今日移易二字,须更缮,故复入校。但抄送张、蒋两常委及致参谋部者已发出,不及追改矣。实则毫无关系,仅移“本校”二字于上耳。五时还。读目录书。学生自治会有战时云南坐谈会,请出席讲历史文化,辞未应。与从吾谈时局。余于敌人入黔事,总以为是一种尝试,我无备则深入,有备则退。其真正目的在于据全桂,保护南洋撤退。果其必欲占滇黔以覆陪都,非五十万军队不能,而黔边之敌无此数也。又周、朱、毛、徐加入政府,恐其他各派,若张君劢、左舜生以及无党籍之王云五辈,必亦加入,既以表示合作,兼可牵制。合作以后,或疑党团将缩小范围,限制活动,余疑其不然。或使共产党公开活动,而与之争竞也。独山克复已证实,百色尚无确讯,或尚未沦陷。至镇南关则敌人已攻陷,由之以通谅山龙州矣。此不出意料者也。十二时就寝。

〔付雯用一〇〇〇元,晚饭一〇〇元,花生一〇〇元,添菜一〇〇元,赏工友一〇〇元。〕

九日　阴历十月二十四日　星期六　晴　阴

八时起。天气沉阴冷甚。迄午云散,午后晴矣。天虽寒,晨起仍用冷水洗面。师范学院午饭后还舍小睡。三时得廉澄书，谓岗头村地主袁向耕昨至村中公舍，言昆湖电厂欲租用房舍，嘱余往商，并云濯生下星期六移城。四时半往晤向耕于万钟街资源委员会，商妥：上房即日让出，厢房一周内让，南房仍暂由廉澄住；电料不拆，由昆湖电厂还以电料。谈毕，诣绍穀，小坐。六时至厚德福，应葆楷、正宣之约。食半，枚荪来告廉澄已移城，濯生明日亦移，嘱速派人结束村中公舍。四五小时之间忽尔变化，至此真出意外。饭后往才盛巷，命宜兴、杨运明日下乡运书，结束一切，并通知昆湖电厂接收。复晤枚荪、廉澄，知今日濯生临时变更计划，提前入城。廉澄遂亦于今日匆匆结束迁入，而深怪矛尘之徙城不向同舍言，以为濯生之临时变化，亦为不相告之意，乃为先发之谋，遂匆匆席卷而入。大抵平时不甚融洽，临事遂不相信赖，各急其私，乃置公而不顾。七七事变之后，北平同人之自顾者皆先后私离，而忠实留守者反致饥寒，亦此故为之祟。十时还舍。十二时就寝。

〔付白糖二斤四八〇元，烧饼二个三〇元。〕

十日　阴历十月二十五日　星期日　晴

八时半始起。从军学生代表来。吴春晗来。汤锡老来。午至师范学院午饭，与岱孙、雪屏久谈。还舍。与伯蕃谈。崔书琴夫妇来。雪屏来。检读《熙朝新语》，嘉道间徐锡龄、钱泳同辑，托名余金，托字德水。徐氏既卒，钱乃重刊其书，改题徐名。徐字厚卿，吴门人。十二时就寝。

〔付请客加菜三〇〇元。〕

十一日　阴历十月二十六日　星期一　晴

七时半起。九时半入校。十时开国民月会，月涵先生报告时局好转情形，勉仲报告公费食米情形，凡一小时。治事后至师范学院午饭，雪屏生日，食面。还舍小睡。读目录书。景钺来。得孟邻师书，谓重庆对联合大学扩大军事训练事，空气甚劣，且有人中伤，以为将生大问题，嘱陈月涵先生慎重将事。前日枚荪以端升到渝后函相示，其意亦同。不知究系何人妄言，致使重庆不惟怀疑，且感不安也。六时往师范学院晚饭后入校，授史部目录学。九时还。与从吾谈。读《熙朝新语》竟。十二时半就寝。

〔付零用五〇〇元，橘子二〇〇元。〕

十二日　阴历十月二十七日　星期二　阴

七时起。检箱只，取所藏珂罗版书画五四本读之。九时入校治事。教育部以校中教授有不兼职者，各致研究补助费一万元，凡二十七人，余与焉。此事由俊升询之月涵先生，并未商三校，亦未语同人而开单。故有兼差者杂侧其间，如马约翰是；亦有清苦而未与者，如闻家驷是。本不甚妥。但余则一无所愧，商同枚荪受之。十二时往师范学院午饭后旋舍小睡。三时往青云社书店读书。余既为《清国姓臆测》，忽检书目，知朱逷先先生有《后金国汗姓氏考》，载《蔡先生六十五岁论文集》，久求未获。昨日下课闻之欧阳琛青云社有寄售一本，力既不能得，乃就读之。与余立说迥异，心乃安。四时至才盛巷，晤蒋太太、枚荪、物华、诱衷诸公，治事并检书。晚饭后还。作书上孟邻师。今日杜聿明有信致月涵，谓联大扩大军训事，已奉委员长复电，须从长计议，杜有爱莫能助之表示。矛尘以余新有所获，为余代买法币，折合黄金存款一两，存单为中国银行一五四八号，半年为期。十二时就寝。

〔付烧饼二个三〇元，入教育部补助一〇〇〇〇元，付印花四〇元。〕

十三日　阴历十月二十八日　星期三　晴　风

七时起。九时入校治事。十二时师范学院午饭后还舍。午睡酣且久。崔书琴来。四时至新建教职员宿舍，会同月涵先生、明之、世昌验收。五时半至清华办事处开常务委员会。九时散,还。读《池北偶谈》。十一时半就寝。

十四日　阴历十月二十九日　星期四　晴

七时起。薛德成来。九时入校治事。十二时午饭后还舍。午睡甚久。整理《爱新觉罗得姓》旧稿,欲以投之《东方杂志》。六时半雯儿来,同入城。九时半送之还。十二时就寝。

〔付晚饭六〇〇元,茶叶二五〇元,橘子一五〇元,面包二八〇元,雯用五〇〇元。〕

十五日　阴历十一月初一日　星期五　晴

八时起。柳漪来谈。德成来,送公文稿。十时入校治事。十二时往师范学院午饭后回舍小睡。五时至文化巷赴汪典存之约,座有邵鹤亭、陈保泰、张印堂、周枚荪、查勉仲、黄子坚、陈友松、陈雪屏。保泰言李济深在罗定组织自治政府,参加者有余汉谋、区芳浦诸人,李宗仁、白崇禧、张发奎未参加。薛岳态度不明,亦在扩充部队中。时至今日,犹为此据地自雄之举,徒为敌人作伥耳。可伤!可痛!想漱兄必未参加也。又外报载,连日我克独山上司、下司、六寨、南丹,车河由敌人之退[①],并无接触。近敌在河池筑工事,意在拒我,如我能攻下,则方可制胜。枚荪言端升已还,孟邻师明日亦归。八时还舍。十二时就寝。

〔付雯儿膳费二二五〇元,补膳费二五〇元。〕

十六日　阴历十一月初二日　星期六　晴

八时起。汤锡予来。周达樵来。十时诣端升,不值。入校治事。十二时师范学院午饭。还舍小睡。三时至才盛巷治事,筹备明日校庆。检《元史》《金史》。五时许孟邻师还,谈一小时半。八

①河　原作“全”,据《中华民国史事日志》、《独山县志》改。

时还。改论文。十二时就寝。上午罗式刚来,已考入译员训练班,嘱为保证人。孟邻师言,晤委员长谈共产党事,谓三个月后有新发展。

〔付胰子五十块一二五〇元。〕

十七日　阴历十一月初三日　星期日　晴

今日为北大四十六周年校庆。七时起。八时半至才盛巷布置。十时开庆祝茶会,到四十馀人。孟邻师演说,谓吾人应接西洋科学之源,而不应仅接其流,此语可谓不愧大学校长矣。吾恐今日能语此、能喻此者,鲜矣。师讲毕,枚荪续有报告。十二时会毕。还舍小睡。读目录书。七时莘斋约晚饭,为邵鹤亭设也。九时还。十时就寝。

〔付面包一个一四〇元,历本五〇元。〕

十八日　阴历十一月初四日　星期一　晴

八时起。十时入校治事。十二时至师范学院午饭。饭后视矛尘疾。还舍小睡。七时至昆北北教室,参加从军学生同学会,不及详听报告,至南区授课。九时还舍。与伯蕃谈。十二时就寝。

〔付晚饭一一〇元。〕

十九日　阴历十一月初五日　星期二　阴　雨　雪

昨夜天色晴朗,晨起忽已沉阴,不知以何时豹变。九时入校治事。十一时诣端升,送行,今日将飞往印度转美国,出席太平洋国际学会也。小坐。至才盛巷谒孟邻师,今日亦同端升偕行。天忽飞雪,数片而止,亦难见之。至一时还。周荚生来。六时景钺夫妇约晚饭,有面,或其夫人生日。十时还。十二时就寝。

〔付午饭一八五元,洗衣九〇元。〕

二十日　阴历十一月初六日　星期三　阴　雨

七时半起。天气甚寒。九时半入校治事。十二时师范学院午饭后还舍。三时至西仓坡开征集委员会。五时开常务委员会。七时招待军医学校教官,以代本校从军学生检验体格酬谢之也。十时散,归。与宝騄、伯蕃谈。至十二时就寝。

〔付雯皮鞋四〇〇〇元。〕

二十一日　阴历十一月初七日　星期四　晴

七时起。天已大晴。从吾、柳漪来谈,谓俞大维今日将与联大同人谈,托为一约。余乃至西仓坡向月涵先生言之,随入校治事。十二时午饭后还。二时枚荪来,商美国援华会救济昆明教授事。四时遂同至西仓坡开会,亦谈此事。决议先由各院推荐人选,由余汇齐,再请月涵先生决定。五时半大维来,余以岱孙、福田、龙荪未至,再往北门街约之。大维七时离去,一小时复还。谈至十时乃散。九时许电灯熄,传有预行警报,未之信。返舍。闻农业学校战地服务团有汽笛声,先后两次,不辨解除抑紧急。十一时即就寝。

二十二日　阴历十一月初八日　星期五　晴　冬至

七时起。记前昨两日会议记录。十时入校治事。十一时枚荪来,出示法商学院推荐人选。一等急需者,燕召亭、周濯生、张奚若三人;二等次急者,陈序经、钱端升、赵廼抟、潘光旦四人。公正之至。各院均能如此,无争议矣。十二时往师院午饭后还舍。柳漪来。四时至师范学院。五时偕毓棠、清常步往网球会聚乐部,贺戴振东、宋宝光结婚,甚铺张。月涵先生证婚,微讽之。饮馔未竟,电灯忽熄,有预行警报。客渐散。余与雪屏同访陈叔通于大观新村。九时半电灯复明,预行解除,余与雪屏亦辞归。十一时就寝。在聚乐部晤光旦,谓熊锡之款欲畀泽涵,嘱商之。

〔付雯用二〇〇元,橘子一斤一四〇元。〕

二十三日　阴历十一月初九日　星期六　晴

八时半始起。十时入校治事。十二时至师范学院午饭。诣矛尘视疾。二时半还舍。西孟来。大维来。晚携雯儿入城购物,九时半送之还。十一时就寝。不作昼寝五日矣,甚倦。大维言抗战尚须两年。日记毕,方欲就寝,城外汽笛作,电灯熄。从吾下楼来谈。一时始见灯明,知解除矣,乃寝。

〔付晚饭一四〇元,洗衣二〇〇元,橘子二斤三〇〇元,蓝线一五〇元,点心一七〇元,面包一个一四〇元,雯用五〇〇元。〕

二十四日　阴历十一月十日　星期日　晴

八时半始起。雯儿来。同诣家骅,小坐。往食米线,归。午后小睡。三时鲍觉民约过节,赴之。晚有汽笛声,电灯乍明乍灭,不知果有警报否。十时许忽有轰炸声三四阵,最烈一阵,电灯未熄。初不敢决,炸后电灯灭,始信。十一时半余等将还,觉民出探两次,皆静无行人,以为未解除,不敢行。候之又候,竟至一时,归不得矣,遂作通宵之戏。自美军于大西门外农业学校设空袭汽笛,其启放每较城内为早,或半时,或一时,且有警即发,不问到市空与否。市民遂忽视之,而城内汽笛亦懈怠,如今日城内竟未发警报。设炸城内,不知成何惨状。同时电灯公司不能保持供电,时时熄灭,于是以电灯明灭表示警报之作用亦失。此亟宜改善者也。

〔付早点八〇元,花生五〇元。〕

二十五日　阴历十一月十一日　星期一　晴

六时还舍。睡至十时半,十一时半复睡至一时半。偕姚从吾至大西门外译员训练班。参加本校从军学生茶会,到征集委员会全体及冯芝生、周枚荪、张清常等。石先主席,华炽、芝生有报告,月涵、枚荪有演说,清常领导唱歌,勉仲闲话甚有趣。五时散。至师范学院晚饭后还。七时又有预行警报,灯熄,而大街市民游行庆祝护国纪念者,鼓乐火炬如故,并燃放花爆。八时半就寝,时警报未除。闻昨夜我国某机关请美国空军全体庆祝圣诞,故敌机来时美机未起飞。幸所炸为巫家坝旧屋，我无损失。

〔付花生五〇元。〕

二十六日　阴历十一月十二日　星期二　晴　有云

七时起。九时半入校治事。十二时师范学院午饭后还舍。预备功课。三时复入校。上周学生以护国纪念及元旦均为星期一，请将史部目录学改在星期二下午三时至五时。今日忘出布告，到校又迟，学生散矣。乃至办公室治事。四时诣矛尘视疾，遇伯蕃同访。其妹导观敬节堂，每妇一室，七八室一院，院有门，门外走道不临街，略计之约二百室，亦大观也。走道之前有大堂，堂外为大门，见布告一纸，发十一月食，米每人一斗。真盛德事，今人恐未喻。归。读笔记，并录其有关者。七时出食羊肉二碗、饵快一张[①]，价百元，此今日未能再廉之食品。归。整文稿。十时城外有警报，城内无预行，灯亦未息。十二时就寝。

〔付晚饭一〇〇元，橘子一斤一八〇元。〕

二十七日　阴历十一月十三日　星期三　晴

八时起。九时入校治事。十二时至师范学院午饭。毕，还舍小睡。坤仪来。三时张印堂来，同诣严燮成[②]，贺其弟婚。贺客百馀席，其他铺张更过于此，非千万不办。今日奢侈之风多在商界，睹此宜信。燮成自言镕西大哥戚属[③]，又请余辈修《大理志》，故有往还。四时诣枚荪，遇召亭。法律系四年级学生星期日宴师长，蔡枢衡与马质夫席间相互讥嘲，遂致绝裂。本星期蔡未上课，函召亭辞职，并以告学生。学生开会挽留蔡，遂起小小风波。代表谒召亭，语不妥，召亭斥之，学生乃谒枚荪。今日召亭语枚荪，欲更召学生训之，枚荪劝之，余亦劝，止之。五时至西仓坡开常务委员会，无

①快　原作“块”，据一九三九年一月十四日日记改。

②③成　原作“臣”，据本年七月十三日日记改。

要案。七时散。饭后还。读英文。十二时就寝。美国援华会补助大学教授研究之款,数额过大,争者甚多,连日向余言者不胜其烦。或以上年未得而有不平铁仙、伯蕃,或以上年曾得本年不能得而有不平宝騄,或切欲得之而有所诉承谔,或为人帮忙而有所言锡予为觉明进行,余皆一一敬聆之,不敢有言,以余无推荐权,且不在顾问之列也。上星期四之会,本请院长推荐所知,枚荪而外,惟子坚推勉仲、雪屏、友松、浈阳、清常、中方六人。芝生、正之惟就名册注明兼职与否,嘉炀并注亦无之,均于今日交来,而会中无一人谈及,盖去取之间,不免招怨也。

二十八日　阴历十一月十四日　星期四　晴

八时起。枚荪来谈援华会补助事,并阅别院签注,且嘱余将所知告之月涵先生。十时入校治事。十一时与月涵先生详谈,至师范学院将一时矣。饭后还舍,午睡极酣。四时半至西仓坡会明之,验收南北院房子,月涵先生以事未参加。验毕,诣矛尘,烧已退。七时至才盛巷治事。晤枚荪,告以召亭晨间向月涵表示辞职事,并请其开会时为觉明一言。食羊肉而还。读英文。十二时就寝。

〔付晚饭八〇元,面包一四〇元,橘子一五〇元,零用五〇〇元。〕

二十九日　阴历十一月十五日　星期五　晴

八时起。十时入校治事。入校前召亭来谈甚久,仍谈欲辞主任,并谓或连教授并辞,举两事为言:一、月前芮沐欲赴美,召亭阻之,枚荪允之;一、最近蔡马之争,枚荪以为若主任早为解劝,必无问题。余极力慰解,力言枚荪无恶意,劝其候孟邻师还再言。十二时师范学院午饭后还舍小睡。三时入城访徐绍穀。至才盛巷治事,并检史部书。九时还舍。十时后城外有警报,城内敲锣,灯熄,传有预行。十二时就寝。

三十日　阴历十一月十六日　星期六　晴

八时起。九时入校治事。十二时师范学院午饭。还舍小睡。四时至才盛巷，贺枚荪侄女与蔡君结婚，皆联大学生。六时至乐乡酒家清华服务社宴税局人员，其三皆尝听余课者。九时还。伯蕃来谈。十二时就寝。

〔付理发八〇元。〕

三十一日　阴历十一月十七日　星期日　晴

八时起。雯儿来。午睡后雯儿再来。四时诣袁家骅，请过节也。掷升官图[①]、猜诗谜至夜四时，乃还寝，有雪屏、毓棠、伯蕃、宪钧、宝騄、陈嘉诸公。

〔付午饭一二〇元。〕

本月警报情况紊乱[②]，且皆未出避，不能确记。惟二十五日之夜有三次轰炸。

本月支出膳食六〇一五元，杂用七一六七元五角，雯儿用九九五〇元，共二三一三二元五角。收入薪津一五一八四元，研究费六〇〇〇元，教育部奖金一〇〇〇〇元，共三一一八四元。

---

①官　原脱。

②紊　原作“纹”。

一九四五年

年四十七岁依阳历新年。任国立北京大学教授、秘书长、文科研究所副主任,兼国立西南联合大学文学院历史学系教授、总务长、校务会议书记。讲授明清史、中国史部目录学。住昆明青云街靛花巷三号国立西南联合大学教职员宿舍①;长女雯肄业国立西南联合大学文学院外国语文学系二年级,住钱局街女生宿舍;次女及三子随三弟居北平西四牌楼前毛家湾一号。

一月

一日　阴历甲申十一月十八日　星期一　晴

起已十一时。醒前似有敲门声数次,均未应,不知谁何。十二时至师范学院,与雪屏共招坤仪姊弟午饭。饭后还舍,欲睡未熟。三时至西仓坡清华大学办事处,参加联大新年茶会。五时诣矛尘,小坐,还。得雪屏留条,嘱往家骅处。赴之,掷升官图,十时半还。十二时就寝。今日茶会,余命文书组用三位常务委员具名,既发,刚如传语文书组谓应由月涵先生一人具名,以蒋、张二公均不在昆明故也。此事殊可怪,不知果出月涵意否,依理不应如此,余亦置

①街　原作"路",据一九四〇年卷首说明改。

之。不知何人以告矛尘，矛尘谓蒋、张两公并未免职，何能不列，大不谓然。余望此事不再传于外也。

〔入十二月正薪五九〇元，十二月生活补助基本数四〇〇〇元，十二月俸薪加成（二百成）乙乙八〇〇元，十二月学术研究费（六成）三五四元，十二月车费四〇〇元，十一月食米代金（一石）八二五〇元，十一月房租津贴二〇〇元，共二五五九四元。付印花二.四元，所得税二二.三元，党员会费二二.八元，十二月房租二〇〇〇元，膳费（一月半餐）二二五〇元，雯一月膳费四五〇〇元，雯用五〇〇元，请客五〇〇元。〕

二日　阴历十一月十九日　星期二　晴　风

八时起。九时半入校治事。十二时师范学院午饭后还舍小睡。三时入校，授史部目录学二小时。五时诣锡予，视疾，疟疾也。六时还。读英文。雯儿来，九时送之还。十二时就寝。

〔付牛油一一五〇元，晚饭八五元，水瓶一八〇元。〕

三日　阴历十一月二十日　星期三　晴

八时起。十时入校治事。月涵先生出示各教授请将援华会特别研究费照清华服务社福利金办法公分，列名者华罗庚、许宝騄、孙云铸、江泽涵、毛准、张席禔[①]、冯景兰、王烈、蔡维藩九人[②]。月涵言，格于原助款人意旨，未能照办。止其中数人，均兼职甚多，无足怪。宝騄一无家累，去年并尝得之，亦列名，昨日子水，今日毓棠、雪屏均甚惜之。子水自言所以列名者，以未读全文，见有泽涵名，遂亦书之，事后见淮西列名，深悔之。十二时师范学院午饭后还舍小睡。三时至西仓坡，月涵先生约枚荪、正之、嘉炀、子坚、企孙及余，谈援华会补助研究费事，出示拟定名单，谓后日将提出。

①席　原作“希”，据《国立西南联合大学史料·教职员卷》改。

②藩　原作“蕃”，据同上书改。

各人略有所言,余亦以铁仙夫人已辞复兴公司事告。五时开校务会议,九时散,皆报告公文,无提案。归途忽思及名单中从吾在候补之列,从吾无兼职,有一妻二子累,不应不得,或系因余前言燕京哈佛津贴之故,然受燕京哈佛津贴者不下十人,独夺已知之人而不查原单,未免不公,遂与枚荪言之。枚荪嘱余向矛尘查之,余名亦在候补中。读英文。十二时就寝。

〔付烧饼二个三〇元。〕

四日 阴历十一月二十一日 星期四 晴

八时起。十时入校治事。十二时师范学院午饭,归。小睡。四时诣矛尘。至惠滇医院视徐毓枬夫人疾。往宝善街买旧书。至商务酒店应徐君恕之约。至才盛巷治事[①],晤枚荪。九时还。十二时就寝。

五日 阴历十一月二十二日 星期五 晴

八时起。十时入校治事。从吾事已言之月涵先生,不以燕京哈佛社补助而影响援华会补助之考虑,锡予亦然。据矛尘出示守和之信,联大得燕京哈佛社补助凡十二人,从吾、锡予、子水、觉明、膺中、立厂、一多、伯伦、佩弦、江清、心恒及余[②]。余与从吾、锡予情形相同,但余既负行政责任,不愿先得,故与正之同请辞,改列候补。子坚、芝生并请不列入单内,尤佳,但余力不逮,未能效。十二时师范学院午饭。还舍小睡。读英文。七时至西仓坡,月涵先生宴何敬之及其参谋长萧毅肃暨马崇六,约校务会议同人作陪,光旦、福田、佩弦未到,奚若到而先去。九时有预行警报,灯熄,暗室群谈,别开生面。未几灯明,十时散。据何、萧云,昆明布置已妥,周近有十万人,可无虞。闽浙登陆较难,或须由湘北攻。又言今日

①至　原脱。

②恒　原作“循”。按邵循正字心恒。

作战不在配备,而在补给。又言中国兵本质佳,尤聪明,若使之饱食一月,训练一月,即可上火线,炮兵更加训练一月,故今日实以军食为第一。归。读英文。十二时就寝。

六日　阴历十一月二十三日　星期六　晴　大风　小寒

八时起。十时入校治事。十二时至师范学院午饭。还舍小睡。林文铮来,自三时谈至五时乃去,惟谈诗文、佛法,似有所为而未明言。五时半入城,路遇熊迪之,元旦自重庆还,谈各校经费已有办法,云大建筑费亦可加拨。至才盛巷,晤枚荪,约之明日同往祭李函谷。还。读英文。雪屏九时来,同诣家骅,小坐而还。十二时就寝。

〔付雯用五〇〇元,奶粉一磅一〇〇〇元,雯点心二〇〇元,面包一个一五〇元,烧饼二个三〇元,晚饭八〇元,甜点四块一二〇元。〕

七日　阴历十一月二十四日　星期日　大风　有云　飘雨　雷　雹

昨夜风甚大。八时起。庭院润渍,不知何时雨作。至才盛巷,偕枚荪至云南实业银行会绍穀及缪、陈两君;携楮帛乘汽车至东郊归化寺侧浙江义园,吊李函谷之墓,函谷少子耐三偕行。函谷名吴桢,浙江人,在北京大学与余同时而不相识,近年教授中山大学,以敌扰粤北,携少子避桂林,桂林事急,避贵阳。十二月二十三日旁晚抵昆,翌日下午八时敌机轰炸时去世。函谷与绍穀深交,昨日以函相约,余知枚荪与之识,复约同往。函谷夫人及女在砰石山中,长子大公已成立,少子耐三年十二,甚聪明。甚可伤也。入城,在金碧路进点心,偕枚荪看旧书摊。还舍。小睡未熟。王贡予来。作书上孟邻师、适之师,致莘田,致孟真。晚饭后大风雨,有雷兼有雹。诣家骅,小坐,还。读英文。十一时就寝。

〔付晚饭一八五元。〕

八日　阴历十一月二十五日　星期一　晴

八时起。九时半入校治事。十二时月涵先生受以特别补助名单，嘱发调查表。出校，遇蔡诱衷，同午饭。还舍小睡。三时复入校发调查表。五时至南开办事处学校党部开会。九时还。译英文。十一时半就寝。今日为昜儿生日。

〔付宿舍杂费四〇〇元。〕

九日　阴历十一月二十六日　星期二　晴

七时半起。九时半视大猷夫人病后入校治事。十二时往师范学院，途遇子坚，约至其家午饭，商谈附属中学改修礼堂事。饭后至中学看视。三时还舍欲睡，楼下又枨房中华罗庚、孙云铸、许宝騄、刘伯蕃聚谈，甚震，竟不得睡。雯儿来。至才盛巷治事，晤枚荪、物华、诱衷，谈甚久。物华言工学院方面对特别补助事亦在签名表示意见，亦由罗庚领衔，不知与前事是一是二也。八时半还。食羊肉。读《茶馀客话》。十二时就寝。

〔付面包一个一五〇元，晚饭八〇元。〕

十日　阴历十一月二十七日　星期三　晴

八时半起。诣家骅，小坐，今日其生日也。十时入校治事。十二时至师范学院午饭后还舍小睡。二时半入校。三时至西仓坡开征集委员会。五时会散。诣矛尘，小坐。再还西仓坡开常务委员会，十时散，决议请锡予代理文学院长。归。读英文。十二时就寝。

十一日　阴历十一月二十八日　星期四　晴　风

八时起。锡予来谈。十时入校治事。伯伦来询觉明授课事。十二时师范学院午饭后还舍。二时半入校。开宿舍管理委员会，学校腾出北院学生宿舍为教职员眷属宿舍，意减低同人负担。修缮费已用去一百数十万元，每月每家收费三千元，一年半亦未必能补偿所费。然同人以学校之收费乃视为房东,房客提出应修应加之事十馀款,非百万莫办,乃决议准掘井、隔厨房两事,每月每家加附加租五百元,其防空壕等等,暂从缓议,盖全校同人七百馀,莫不自出多金赁屋以居,若此三十馀家过优,无以善其他也。五时还舍。补本日校中工作。矛尘既病,殷毅复请假,惟自行动手,在校不足,在舍补之。七时往食羊肉,前日每碗四十元,今日已五十元矣。归。读英文。十二时就寝。

〔付晚饭一二〇元。〕

十二日　阴历十一月二十九日　星期五　晴

八时起。十时入校治事。偕月涵、康甫视察北区校舍,芜秽不能满意。十二时往师范学院午饭后回舍饮水。复入校,与勉仲整理从军学生名单。五时还舍。补治事。六时请宝騄在巷口晚饭,后至才盛巷治事。归经家骅许,小坐。十二时就寝。

〔付请宝騄四九五元。〕

十三日　阴历十一月三十日　星晴六　晴

八时起。十时入校治事。偕月涵、康甫视察南区及昆北校舍,数月前所看令修者,仍然。月涵先生甚不悦,余则更兼愧怍也,命康甫速作之。诣印堂。师范学院午饭后还舍小睡。诣家骅。六时半赴徐梦麟东月楼之约,遇杨竹庵、马崇六,谈知云南省从军知识青年昨日入营后,以衣食住均未周备,有怨言,举代表见裴存藩、赵澍,二人不见,决求援于龙主席。又闻龙主席志舟今日以五十万赠昆华图书馆馆长李某,可谓敬老尊贤者矣。饭后至才盛巷,无人,乃还。诣家骅。十二时归寝。晨省党部派人来约十八日讲演,允之。

十四日　阴历十二月初一日　星期日　晴

九时始起。雯儿来。康甫来,于昨日事有所陈说,颇难过,疑有人间之,故月涵先生近日时时寻其隙,而不辨实由工作松懈所致。余劝其将连日所看切实整理,先树立信用。康甫廉隅可信,但责人过苛,而不能以责人者自责,遂招怨尤。既与胡蒙子不协,益结沈刚如,以探月涵先生意旨。刚如素招摇,每以己意使之,而先后缓急多失月涵意。暑假开学以修缮搁置延误,木器未请先作,大受斥责,始悟受绐,来相商,然已无及。三数月来各项工程,事务组所估均被驳,改照新亚公司所估承作,康甫遂疑赵世昌谗之,而谓世昌受赂。世昌,清华大学事务主任也。余告康甫,有据应举发,无据莫乱言。此十日前事也,今又生此事,康甫益疑。余则有愧职守,益惭怍,故嘱康甫应积极去作,莫轻言辞。康甫言世昌监昆南宿舍工程赚二百万,必无之事,全部木土电料预算九百万,何能致此?亦受人扇惑者也。十二时偕雯儿往师范学院午饭毕,看钱端升太太,不值。还舍小睡。膺中来。四时半赴伯伦茶会。五时半赴吴志青晚饭约。九时往才盛巷。十时还。十二时就寝。

〔付橘子一斤半二四〇元。〕

十五日　阴历十二月初二日　星期一　阴

八时起。急入校。昨与勉仲约代之发从军学生用费,而请其参加南屏戏院之云南省欢送从军青年大会,以探听已入营者之消息。十二时师范学院午饭。还舍小睡。预备星期四讲演,题为“明代的云南”。七时诣家骅,不值。食街头面馆而还。十二时就寝。

〔付晚饭一四〇元,花生三五元。〕

十六日　阴历十二月初三日　星期二　阴　冷

八时起。十时入校治事。十一时半偕月涵验收新建校舍工程。一时还。巷口食面。二时复入校治事。三时至西仓坡代表枚荪出席特别补助金顾问委员会,名单本已定,今日再就填来之表格加以审查。余见罗庚有之,则不能无柳漪也,众意加之。六时半散会。仍在巷口进膳。雪屏、毓棠、宪钧来。十一时半就寝。

〔付午饭一四〇元,晚饭二三〇元。〕

十七日　阴历十二月初四日　星期三　阴　晴

上午沉阴。八时起。雯儿来。十时半入校治事。十二时师范学院午饭后还舍小睡。五时至西仓坡开常务委员会,八时散。拟讲演稿。九时柳漪来,谈华年功课事。十时半去。一时半就寝。讲演稿成。下午转晴,夜尤清朗。

〔付烧饼二个四〇元。〕

十八日　阴历十二月初五日　星期四　阴　晴

八时起。天又有云,但未沉阴耳。十时入校治事。十二时午饭后还舍午睡。天又转晴。四时至西仓坡开会,五时还。首尾均未参加,以讲演预备故也。七时至省党部讲演"明代之云南",分绪论、范围、行政、形势、人口、土田、财富、交通、文化、结论十节,七十五分钟而毕。购面包,较九日前每个涨二十元矣。归舍。与伯蕃久谈。十二时就寝。今日讲演本由雪屏介绍,上周许君镜华来洽,两君既未明言其性质,亦未说明其机关,讲前送讲演费二千元,归来始见其封面为云南省文化运动委员会,而此讲演为学术讲演,可发一笑。

〔付面包二个三四〇元,橘子一斤一五〇元①,羊肉一五〇元。入讲演费二〇〇〇元。〕

十九日　阴历十二月初六日　星期五　晴

八时始起。十时入校治事。十二时师范学院午饭后还舍小睡。三时至才盛巷治事。诣膺中,谈华年教课事,柳漪所托也。膺中于华年深不满,且上学期不教课,下学期仅三小时,系中同人太

①"一斤"之"一"字原脱。

不平,故膺中命之加教先修班国文一班,华年不受,有僵持之势。柳漪大窘,来商,欲使华年别教一他课,不教先修班国文,嘱余往商膺中。膺中以无他课相告,余述及柳漪有使华年回南开之意,则大喜。更数其过误,不当多事,亦无以为解。六时还才盛巷晚饭。七时至昆华女中,参加联大学生自治会欢送从军学生同乐会。余本不愿往,入座券已给雯儿,而勉仲坚邀一往。仪式毕,欲出,勉仲复一再相挽,乃观话剧《草木皆兵》,演毕始还,已十一时半矣。余向少观此,以为尚不差。十二时就寝。各报于昨晚讲演皆有好评。

【剪报】郑天挺昨讲"明代的云南"

(云南社讯)文化运动委员会学术演讲,昨日举行第六讲,由联大教授郑天挺先生演讲"明代的云南"。由洪武十五年傅友德、蓝玉、沐英入滇,至顺治十五年吴三桂入滇,二百馀年间云南之政治制度、地理环境及交通、经济、文化等问题,均有精辟之分析。并谓云南政治进步①、文化发达及经济之负担,绝不弱于他省。至八时许始毕云。

二十日　阴历十二月初七日　星期六　晴

八时起。柳漪、清常先后来,余以昨日膺中所谈具告之,二公谈及昨日商定在专修科加开功课,请华年担任事,余亦赞成,允更以告之膺中,请其裁可。雯儿来。十一时入校治事。十二时柳漪至校相访,更谈此事,如由南开调回,亦着痕迹,故仍以请华年开一课,不教先修班国文为宜,并言已告之华年,华年亦承认矣。余往师范学院午饭后还舍小睡。三时华年来,余以三事解之:一、膺中命之加教国文,盖因不知以前情形,而莘田又未尝言之,既发现其任课太少,故有此命,非故意苛求,亦非以主压迫;二、不可以为接受其命即为屈服;三、为学校,为柳漪,尤其为莘田,当无条件接受

①南　原脱。

新课,如欲回南开,应俟膺中不同意此新课时再说。华年均首肯。雪屏来,同入城诣慰慈,小坐。看护国门外小摊,均美国军用食品、消耗品流入市面者也。六时至才盛巷,蒋太太请晚饭,孟邻师生日也。九时还。诣企荪、岱孙,小坐,还。十一时就寝。魏泽馨[①]、张鹊梅夏间结婚,余在大理,未送礼,昨托伯蕃代写一联,苦无词句,遂妄作七言曰:“桃李春风见意趣,珊瑚玉树交枝柯。”下联成句,上联则乱凑者也。又送蔡福临、周玉英一联曰:“风云激壮志,燕婉及良时。”此弗堂先生集《文选》句。以鼠须笔一、羊毫笔一赠雪屏。

〔付作夹袍手工一四〇〇元,雯买袜子三〇〇元,雯钢笔二〇〇〇元,送礼六五〇元。〕

二十一日　阴历十二月初八日　星期日　晴　风

七时半起。九时诣北门街七十一号,偕岱孙、企孙、继侗、佩弦、福田、龙荪步至小西门,乘马车往大石桥,光旦约午饭。自十时半谈至三时,入城,四时半抵大西门,顺道参观新宿舍。诣月涵先生,祝其生日。还舍。柳漪来。六时诣膺中,食腊八粥,谈至八时半。还舍。与伯蕃略谈。十一时就寝,倦甚。

〔付洗衣二〇〇元,雯用四〇〇元。〕

二十二日　阴历十二月初九日　星期一　雪　风

九时起。雯儿来。十时半入校治事。十二时至矛尘处,与矛尘、雪屏共请蒋太太暨梅月涵夫妇,及其从军两女,三时乃还。柳漪来。锡予、华炽偕来。泽涵来。六时半诣才盛巷治事。八时半还舍,倦甚。十时就寝。得莘田电,已到美国。

〔付面包一七〇元,付请客二〇四〇元。〕

二十三日　阴历十二月初十日　星期二　晴　风

六时半起。九时诣家骅,袁太太将于明日往印度转美国,往送

①馨　原作“新”,据《国立西南联合大学史料 · 教职员卷》改。

别。十时入校治事。一时赴矛尘家午饭，毕，诣雪屏，不值。入校治事，四时还。泰然、雪屏、泽涵、矛尘先后来。六时半至钱太太处晚饭，有锡予夫妇、泰然、雪屏及雯儿。八时还。诣家骅，不值。理发，前日起加价五十元，已一百三十元矣。还舍。读《东华录》。十一时半就寝。昨日中英公路第一次通车到昆明。

〔付理发一三〇元。〕

二十四日　阴历十二月十一日　星期三　晴　云　风

八时起。欧阳琛来谈满洲姓氏问题，至十时乃入校。昨与路祖焘、包尹辅约九时讨论报销办法，亦迟矣。十二时半往师范学院午饭后还舍。大猷来。三时至西仓坡开征集委员会。四时入校请郑洞国讲演，自四时二十分至五时四十分谈缅北、印度作战，甚有条贯。讲毕，再往西仓坡开常务委员会。七时招待郑洞国、方先觉、葛敬时、余纪忠、李修业、胡□□[①]，谈至十时，乃散。知联大从军学生将派往印度训练。与勉仲在翠湖旁道谈欢送学生事。归舍。伯蕃来谈，至一时乃寝。

二十五日　阴历十二月十二日　星期四　晴

六时半起，醒而不复寐故也。八时半入校治事。以从军学生将于二十八日入营，诸事特多。十二时至师范学院午饭，毕，复入校。参加支团部欢送从军学生大会，自一时至四时乃毕，雪屏、月涵、召亭、伯伦、勉仲各有演说。会毕治事。四时半还舍，习拳一遍。六时半至才盛巷治事。前日泰然言有罗钧任侄女还北平，可划款，以四比一为率，甚可靠。余与雪屏、坤仪各寄五千伪币。晨泰然来校，借二万元付之，俟发薪，可还清也。午雪屏又来二万元，晚间以交泰然。惟坤仪之款，昨日嘱其送往，今日仍未见也。七时

①原于此处空阙二字。

半还。学生许寿谔来,衔父命,以所著《张文襄公年谱》为赠,谈至九时去。阅李调元《童山文集》毕,卷七有《文选司厅壁记》,当采入明清史讲义,先记于此。又读《恕谷后集》,有《万季野小传》,多所未知。向日忽略理学家文集。大误!大误!十一时半就寝。日前与福田谈,以为今年六月前美军必在我国登陆,敌军必退至江北,吾校可准备迁回长沙矣。昨与叔伟谈,以三个月内德国必覆灭,而阴历年前,美军必恢复非律滨,恢复后三个月,必可在日本或中国登陆。两公之乐观,盖与我近。

〔寄家二〇〇〇〇元,付晚饭一二〇元。〕

二十六日　阴历十二月十三日　星期五　晴

七时起。九时入校治事。发从军学生补助费五千元,草鞋、医药费一千元,又发本月薪津及补发十一月增加补助费等,计共发一月月薪一四九六四〇元二角,一月学术补助费八六七六四元五角,一月生活补助及薪俸加成五〇五八二八七元五分,十一月补生活补助三二三九九四一元二角六分,十二月房贴九八七〇〇元,十二月米贴食米代金三八八〇八〇〇元,以上联大部分薪津共一二五一四一三三元一分,又十二月学生公费贷金三一五九〇四三元,从军学生补助一八〇〇〇〇〇元,联大一月工警饷一一〇〇〇〇〇元,清华大学津贴一七〇〇〇〇〇元,附属中小学津贴一二〇〇〇〇〇元,总计本月由余筹发之款共二一四七三一七六元一分。噫!可观矣!如是国家安得不通货膨胀,而物价安得不高!十二时至矛尘处食馅饼。二时还舍。三时复入校治事。五时诣雪屏,不值,还。巷口食面,一碗已百四十元。诣为申,小坐。读《恕谷集》。十二时半就寝。

〔付晚饭一四〇元,黄油一三二五元。〕

二十七日　阴历十二月十四日　星期六　晴

七时起。九时入校治事。十二时半至师范学院午饭后还舍小睡。三时至才盛巷治事,并读书。阅冯景《解春集文钞》;朱珪《知足斋文集》,有《书冯氏家藏诰状札付后》卷六,可备入讲义,又有《纪文达墓志》;俞长城《可仪堂文集》;孙星衍诸集,其《五松园文稿》有《杨光先传》。九时还舍。十一时半就寝。作书谢许溯伊。

〔付面包二个四〇〇元,添菜三五〇元,果酱四〇〇元。〕

二十八日　阴历十二月十五日　星期日　晴

六时半起。夜寐不熟,恐迟误,今日送从军学生入营也。八时入校,与勉仲布置一切。结队照像后出发,已十时矣。大队自新舍北区集合出发,入城阙口,贯昆中北院,经文林街、青云街、华山西路、华山南路,在省党部稍停,赠旗,转华山东路、平政街,西折经圆通街、北门街,出北门至北教场入营。余恐力不及,未从行。与毓棠早餐后还舍小息。十一时闻军乐声,乃出宿舍后门,在北门街随大队而行,至北教场,观其训话分连后,在接待室稍息,偕月涵、勉仲、典存、石先乘汽车还。今日联大入营者一百五十一人,云大十八人,中法大学六人。联大随大队送者有伯伦、柳漪、石先、勉仲、锡永诸公,学生数十人。午食面包三片而睡。四时诣鲍觉民,晚饭后还。读英文。十二时半就寝。昨致许溯伊书录于后。

〔付早点二九〇元。〕

致许溯伊

往岁读《张文襄公书奏稿》,即心仪先生,恨不得一亲丰采。其后得《南皮幕府秘录》,其事多不能尽悉,复与孟心史先生相叹息,以为必如先生或赵椿年先生者谱南皮之生平,庶几可以昭示后来,为读史者助。去夏友人自渝寄来《张文襄公年谱》,开卷得先生名,为之狂喜。昨寿谔来,衔先生命以《年谱》一卷见贻,远承不弃,弥增倾慕。与寿谔同学四年,见其雅才笃学,初未询及家世,近始知其渊源有自。甚盛!甚盛!先生客南皮幕府久,绪言遗事闻见必多,其有《年谱》不能尽者,倘口述以命寿谔,笔之于书,其所就必远在《韩魏公别录》《次柳氏旧闻》之上,先生亦有意乎?

函中所称《秘录》,犹记有东人并无以公为首揆之意云云,其后考知录者与钱恂、董鸿祎有连。二十六年余离平前以赠钱稻孙,所馀一部分存平寓,不知能保全否。附记于此。

二十九日　阴历十二月十六日　星期一　晴　风

九时始起。连日倦极。校中以今日放寒假,迄二月十四日而止,期内惟星期二、三、四、五上午办公。上午改论文。午至师范学院饭。下午小睡。仍改论文。雯儿来。晚杂检架上书,至十二时乃寝。

〔付馒首三个六〇元,雯用五〇〇元。〕

三十日　阴历十二月十七日　星期二　晴　风

八时起。九时物华来,同入校。十二时至师范学院午饭后还舍小睡。三时雯儿来,近日练习翻译尚有进步。诣矛尘晚饭。十一时还。十二时就寝。

三十一日　阴历十二月十八日　星期三　晴

九时起。雯儿来。今日欲改文稿,命雯儿入校为请假二日。十二时至师范学院午饭后还。小睡。七时查阜西来,将于十日飞印度转美国考察,交通所派也。谈一时馀,述重庆官场,甚多可气、可笑。一时就寝。文稿已完四之三。

〔付馒首四个八〇元。〕

本月收入二七五九四元。支出饭食八六八五元,杂用四九〇二元五角,酬应四六八五元,雯用八九〇〇元,寄家二〇〇〇〇元,共四七一七二元五角。亏一九五七八元五角。

截止今日止，凡欠联大四五〇〇〇元，北大一三五〇〇元。

二月

一日　阴历甲申十二月十九日　星期四　晴

昨宵久不成寐，晨起已十时矣。未入校。抄改《清国姓爱新觉罗得姓稽疑》文稿，十二时乃毕，此为三易稿也，改今名，将以登之《东方杂志》，初稿登《人文科学会报》，改稿登《中央日报·文林》，皆增加新证，原意未动。至师范学院午饭。还舍小睡。康甫来，久谈，于胡蒙老，仍未释然，大抵误会居多。耳聋者多疑，盖不能聪明而加之悬揣也。晚饭仍食馒首四个，佐以前日烹菜，此或较廉之法也。舍中楼下失盗，金城银行办事处人员所居。二十日前四楼助教所居亦失盗，必熟人也。还联大一五〇〇〇元，北大七五〇〇元。十二时就寝。

〔入一月薪五九〇元，一月生活补助一五八〇〇元，十二月米贴八〇〇〇元，一月学术费三五四元，十二月房贴二〇〇元，十一月生活补助一〇四六〇元（补发），一月车费四〇〇元，清华福利金二八〇〇〇元，共六三八〇四元。付捐税四七.五〇元，房租二〇〇〇元，饭费（半）二七五〇元，雯饭费五五〇〇元，黄油一一〇〇元，馒首四个八〇元，宿舍杂费五〇〇元。〕

二日　阴历十二月二十日　星期五　晴　大风

八时起。九时入校治事。十二时至师范学院午饭。饭后还舍小睡。缮改《满清氏族与血系》文稿。六时至才盛巷治事，并阅《历代职官表》。九时还。购面包一，上次凡二百元，今日已二百三十元矣。十二月二十八日一百四十元，一月六日一百五十元，十八日一百七十元，二十七日二百元。此三十六日来，物价高涨离形也。十二时就寝。

〔付面包一个二三〇元。〕

三日　阴历十二月二十一日　星期六　晴　云　风

九时起[①]。缮改《清血系》文稿。坤仪来，与泽珣有争执，来哭诉，慰之。坤仪去，召泽珣谈甚久，劝勉再四。十二时至师范学院午饭。小睡。三时至西仓坡，代表枚荪出席顾问委员会，月涵先生报告前定特别研究补助金候选人名单，共乙种六十七人，乙种半额五十三人，乙种凡八万元，分四期付，已寄交重庆。今日得叔永电，谓已收到，但款额不可少于六万元。又名单中冯文潜、王赣愚均辞，经决定，款额仍照旧，冯、王另补经利彬及郑某。会毕还舍。五时半诣觉民晚饭，十一时半还。十二时就寝。报载罗、邱、史三头会议已开始，月涵云最要议题为是否取消无条件投降之规定。在觉民处，毓棠谈见中央社秘密消息，日本已提出投降条件，三头会议可能讨论。雪屏谈《中央日报》现设编辑会议，每两周开会一次，有伯伦、毓棠、印堂、文侯、启元诸人，每月各酬一万元，社论每篇另酬二千元，文侯每周二篇，共月酬二万六千元，今日名单应剔出矣。联大从军学生明日飞印度。

四日　阴历十二月二十二日　星期日　晴　风　立春

九时起。客来。十二时至师范学院午饭。途见自史迪威路驶来汽车，皆扎彩悬旗，其大队则停西站。自篆塘马路经金碧路往巫家坝有各种汽车及炮火，余未见。饭后还舍小睡。雯儿来。锡予来。晚邵光明来，下午甫自保山来，明晨将往重庆伴卫立煌也，谈西线我士气极旺，残敌尚馀七八千，肃清至易，敌援亦不能至。又谈何敬之近往畹丁升旗，与卫等偕行，忽尔有炮弹飞来，诸人急卧

①起　原脱。

倒,幸炮十一发均未中,否则西线全部将领均尽矣,光明亦在内。又言何应钦之中国地上军与远征军之隶属关系尚未定,甚可怪。九时出,食羊肉,每碗仍五十元,惟量稍减,市之未加价者,其惟此乎?归。写文稿。十二时半就寝。

〔付羊肉一〇〇元,花生五〇元,添菜一〇〇〇元。〕

五日　阴历十二月二十三日　星期一　晴

昨晚枕上读《东洋文化史》甚久,今晨十时西孟来,始起。雯儿来。王明之来。十一时诣膺中,同至冠生园,查阜西、陈际程约午饭。阜西将去国,余与西孟约今日饯之,阜西已允,而冠生园经理陈际程必欲为之祖饯,商之阜西,由其约陪客,而将余与西孟之局作罢,故今日阜西虽出名,实主客也。谈至二时半,与膺中、江清步入城。余诣胡海宇,并晤静娴。谈至四时,所谈皆关莘田家事。甚矣,辑睦九族之难也!归。写文稿。晚饭后偕伯蕃入市购纸墨,大约加倍索价矣。天华楼有旧墨两笏,一两重,全身云龙纹,正面题"龙香剂"三篆字,背题"光绪阏逢涒滩如月锡之",仿古小楷分三行,隐纹中,左侧题"徽州休城胡开文制",上题"纯漆贡烟",墨似尚佳,惟年代不远。甲申盖光绪十年,去今六十二年而已。与伯蕃各以一千九百五十元得其一,穷中豪举,可发一笑。十时还。十二时就寝。

〔付纸三张三〇〇元,墨一笏一九五〇元,面包一个二八〇元,菜三四〇元,佛手一个一〇〇元,菊花二两二〇〇元,刻图章一二〇元。〕

六日　阴历十二月二十四日　星期二　晴

七时半起。九时入校治事。十二时至师范学院午饭。饭后还舍小睡。为申、惠远来。晚饭后雯儿来,同入市。雯看电影,余还经天华楼,又见其有光绪十六年庚寅墨二,重五钱,每笏索价七百元,未购,别以九百元得"朱子家训"一两重墨一,欲以赠雪屏。归。抄文稿。十二时就寝。美军已攻入马尼剌,斐律滨之战且结束矣。

〔付馒首四个八〇元,黄果一斤二〇〇元[①],墨九〇〇元。〕

七日　阴历十二月二十五日　星期三　风　阴

八时起。十时入校治事。明之来函,责问昨日学校扣留所售铝皮事。此事昨日下午大光明曾派人来问,余以不知,令其往询胡蒙子,未料其事严重至此。校中新校舍屋顶铝皮经明之与月涵商,定售予大光明六百三十张,每张定价六千八百元,立有合同,应于上月二十九日银货两清。已交二百五十万元,取四百张。本月二日来取馀货,余以其货价未清,未允其取,并函大光明,请其按照合同议价,嗣由明之与月涵再商,准其立交馀款,即行付货。昨日价款交清,货亦点交由大光明装车运出,临时乃为沈刚如所阻,不准运出。其时余已离校,全不知之。大光明乃向明之质问,要求赔偿,因其原建房屋屋顶已拆,急待改装铝皮,如不装,遇雨损失当在千万元。明之大不悦,函余并函月涵,月涵一函尤不客气。刚如本非直接负责之人,此种举动本属轻妄,而事后绝未以告余,以为阻止后即无事,尤属荒唐。今日月涵得信大急,急命将铝皮运走,而对昨日责任竟无所问,可谓大怪! 蒙子云,康甫以未经手,大不高兴,怂恿为之。矛尘亦云,连日康甫与刚如数数谈议,昨日刚如先至康甫家,复返校阻止,阻后复至康甫家云。余甚望其仅因不高兴而已,切莫有其他企冀,否则学校名誉更不堪矣。午至师范学院,饭后还舍小睡。五时至西仓坡开常务委员会,九时还。十二时就寝。

八日　阴历十二月二十六日　星期四　雨　晴　雪

八时起。十时入校治事。于胡蒙子处又见沈刚如指挥总务处条子,怒责之。余在联大,处处调停,欲以维持全校,弥缝三校,不

---

①一　原脱,据一九四四年十月二十九日物价标准补。

免失之宽容,有违古人防微杜渐之意,昨日之事未必不由于此,今日不能再姑息矣。十二时偕月涵先生视校舍。雨凝为雹,少顷日出,两人皆无伞,乃还,已二时,食馒头四。矛尘、雪屏先后来。晚食羊肉,仍为五十元一碗,今日未涨价者其惟此乎! 十二时就寝。

〔付雯雪花膏二〇〇〇元,雯袜子二四〇〇元,晚饭一四〇元,馒头四个八十元。〕

九日 阴历十二月二十七日 星期五 雨 晴

九时起。为《正义报》写"星期论文",谈中学课本。午至师范学院午饭。饭后还舍小睡。客来。夜一时半写稿毕,乃寝。

十日 阴历十二月二十八日 星期六 阴 雨 晴

十时乃起。雯儿来。雪屏来。午至师范学院午饭,饭后还。小睡。华炽来。五时觉民约晚饭,十一时还。十二时就寝。

〔付送矛尘礼一〇〇〇元,送觉民礼一一〇〇元,作大褂手工六〇〇元。〕

十一日 阴历十二月二十九日 星期日 阴 雨 晴

八时起。雯儿来。同至师范学院午饭。饭后偕毓棠诣鲍觉民,晚饭后还。十二时就寝。雯儿新译美国作家"意大利俘虏还家"一段,于今日《中央日报·增刊》发表,此其初次试译,由王逊、孙毓棠为之审正。周云裳来,十五年前教育部老同事,近奉命视察图书馆,以下午到昆明。来访两次,不值,幸遇韩质如,留之下榻,否则无可息止矣。

十二日 阴历甲申除夕 星期一 阴 晴

八时起。偕周云裳诣子坚,欲借南开办事处为之暂住,不值。遇勉仲,知其在附属中学,复往访之。子坚导至办事处略谈,晤石先。还舍。静娴来。十二时至柳漪处午饭,罗家全家、伯蕃兄妹、子水、之琳及雯儿,君培全家亦到,凡两桌。三时诣矛尘,约过年也。坤仪、雯儿未到，到有物华、仕俊、雪屏、伯蕃、诱衷，亦十馀人，十二时乃散。余恐雪屏不得入师范学院，候至一时，见其不至，乃就寝。明早矛尘仍约早饭。

〔付雯一〇〇〇元，泽珣五〇〇元，赏章家四〇〇元。〕

十三日　阴历乙酉年元旦　星期二①　阴

六时半为爆竹声惊醒，即起。八时试新墨，龙香剂似松烟，乃以朱子家训合之，仿翁覃溪写"天下太平"。尹辅、恒孚来。九时诣矛尘贺年。早餐后十时同诣蒋太太贺年。遇于正义路，矛尘偕之乘车还，余与雪屏、雯儿诣膺中贺年。再至才盛巷，诸人均不在家，乃还。本意至师范学院午饭，经矛尘巷口知蒋太太未走，复入午饭。饭后诣月涵先生，不值，归。小睡。泽涵来。毓枬来。至教职员眷属宿舍，晤大猷、周翰、毓枬、重衡、一多、正之、泽涵诸人，辰伯、石先、为申、宗岳诸人均不值，更至端升处，钱太太亦外出。诣锡予，小坐，贺年而还。更出至柳漪处贺年，毕，至师范学院晚饭。饭后诣觉民贺年。十二时就寝。昨夜梦展先君遗像。

〔付赏章家五〇〇元。〕

十四日　阴历正月初二日　星期三　雨

八时半起。家驷来。光明来，谈甚久。锡予来。午饭后小睡。云裳来。正宣来。清常来。四时诣膺中，昨日去较早，其设供处尚未整理，今日补拜，因留饭。余索食素馅饺子，膺中夫人为之临时作，心甚不安。谈至八时半还，借来《延安一月》一册。赵水澄一月二十九日自贵阳寄莘田、膺中一函，述自柳州逃出情形，谓"上年九月下旬静轩(其夫人)携二小儿搭湘桂第二次疏散车离柳，十月一日弟携大儿搭另一疏散车离柳，原期早日与静轩母子在独山会面，

①星期二　原脱。

不谓湘黔两路局宿怨较深，黔局迁怒泄愤于疏散旅客，缘此项旅客十之九为湘局员工及其眷属也，所有湘车一到黔站，站长即令熄火待命，少则三五日，开出一二站又停，多则两三月不开。各站停车之四围，粪便、死人到处皆是。暑热郁蒸，奇臭扑鼻。静轩车停于金城两月有馀，弟车停于怀远四十七日……静轩车至十一月中旬仅到六甲，站长即声明停车不再开行。于是，静轩寄箱笼三十馀件于站长（此项存物后均被抢），与二小儿各背衣包一件，沿铁路线步行。弟车十一月中旬仅到金城江，不久即值我方爆破队爆炸车辆，弟车上所有衣箱被包十四件仅由勤务兵二人抢出两担，馀均被毁弃。从此，弟携大儿各背衣包一件，偕勤务兵沿铁路线数枕木前进。每抢过一站，不数小时彼站即爆；每奔过一山洞，不久此洞亦炸。昼则爆声震耳，夜则火光烛天，跬步不敢略停，恐面前桥梁、山洞一炸，即死于山中。亦不能略停，身后身旁挑担者、赶路者均挤在一起，铁路线根本不宽，一边高山，一边深涧，实无法停留。弟等至长山站与静轩母子巧遇。至南丹，初值空袭，敌机低飞扫射，弟旁死伤累累。空袭未已，我军即破坏公路、桥梁，地雷爆发二次，千尺黑烟，声震天地，多数难民疑为敌机投重磅炸弹，狂奔哀叫，衣包、小儿多被抛弃，人众蜂团蚁聚，无法走动。继而公路上国军弃枪回奔，情况至为紧张。忽见若干黄衣军人持长刺刀枪，飞奔而前，杀人甚多，众始知为敌军。敌军一见穿军服者，不论是否军人，一律刺死。老百姓须担物，每人步枪四支，不能扛再加机枪一挺，倒地亦刺死，但能操日、英语者可免。弟以日、英语混合得免。当时如何逃出虎口，此刻全然忘记，但记筋疲力尽，口燥舌干，汗流浃背，足酸腿软而已。所带法币、水笔、手表，多被敌军搜去。又沿铁路线前行三站至东晨，前不足半里，均有敌人长蛇阵式之大队。难民前锋忽焉折回，口讲指画敌军在山口搜杀情形，已而后队亦复奔回，讲述敌人在车站杀人越货情况，弟等此时真似袋中鼠矣。前后路既均不通，只有向旁发展。因与大队窜入山中，由东晨至都匀，均改走山路，不敢接近公路、铁路。登山涉水，艰险备尝。数百里间屡遭匪劫，未至都匀，弟等或仅馀单衣，或只剩短裤，鞋袜既剥，包扎碎布，山风刺骨，全身奇痛。昼披麻袋，夜宿稻草。无草之地，大人以背相向而坐，各拥小儿于怀。举火畏匪，不举火惧狼，且奇寒难忍，晨曦之前惟有寒战。钱米两缺，实行乞讨，恒一二日不得一餐，号寒啼饥，以泪洗面，无生之可乐，有死之足悲矣！强行至都匀为十二月十三日，已饥疲不能举步，因入难胞招待所，登记住宿，领有钱米，残喘始延。幸遇社会处周处长，予以费用，并介汽车，沿途抛锚，历五日夜始于二十三日晚到贵阳，即往财政厅邹科长建白所经营之小糖果店楼上。一行七人仅有破棉絮一件，麻袋十个，草垫三个，均为临时借来者。次日弟即卧病，已而全家大小均病，大儿且送入医院，经十馀日陆续就痊”。读之心伤，且所述皆时人所讳，因备录之。与申又枨谈。十一时半就寝。晨光明谈美国将助我改编十二军三十六师军队，训练、配备、给养均由美国负责，限七月一日完成，似反攻即在此前后也。至于兵源，着重就地征集，一反前此指定区域办法，以同属中国人，不应有尔我之分。又言美军登陆必须在中国反攻之后，登陆之处据其推测或在广东，或在上海，登陆之处必非一地，但台湾必须先占，而海南岛则未必取。又言中央政府仍须改组，宋子文或兼财政。

十五日　阴历正月初三日　星期四　晴

八时起。诣泽涵，以昨晚请晚餐，余未到也。入校治事。诣子坚、勉仲，不值。十二时至师范学院午饭。饭后还舍小睡。五时董刚表弟自黔来，姑丈季友先生之庶子，来昆欲入先修班。偕之至毓枬处寻雯儿，毓枬请其晚饭也。归舍。勉仲来，同至才盛巷，晤蒋太太。十时还舍。复送雯儿返宿舍。十二时就寝。

〔付晚饭一六〇元。〕

十六日　阴历正月初四日　星期五　晴

八时起。雯儿来。光明来,谓卫立煌欲请教育界同人,嘱为开云大、中法名单。偕董刚、泽珣、雯儿同食早点。入校治事。十二时至师范学院午饭。还舍小睡。诣冯式权。三时至才盛巷治事。七时还。董刚移住联大。改《满清血系》文稿。十二时就寝。

〔付早点六〇〇元,面包一个二八〇元。〕

十七日　阴历正月初五日　星期六　晴

八时起。改《满清血系》文稿。午至师范学院午饭。还舍小睡。三时诣矛尘。六时为申约食炒面,食毕,还舍。改文稿。十二时就寝。

〔付董刚用一〇〇〇元,送伯伦礼一〇〇〇元。〕

十八日　阴历正月初六日　星期日　晴

八时起。改文稿。十一时偕雯儿诣伯伦、景钺、君培、胡毅。至师范学院午饭后还舍小睡。章淹衔其父命,来约晚饭,后还舍。改文稿。十二时就寝。

〔付理发一三〇元。〕

十九日　阴历正月初七日　星期一　晴　雨水

亡室周稚眉夫人八周年。八时起。九时入校治事。月涵先生今日飞渝。十二时至师范学院午饭。饭毕,知逵羽夫妇在觉民家,携雯儿往晤之,晚饭后还舍。十一时半就寝。卫立煌宴各界于裕滇纱厂,有跳舞、京戏,未往。

〔付汇家一〇〇〇〇元。〕

二十日　阴历正月初八日　星期二　晴

八时起。子水来。锡予来。光明来,谓美将在日本本土登陆,日本迁大陆之说未必能，以重工业与船坞等不能迁，而中国又无之也。十一时入校治事。十二时至师范学院午饭后还舍小睡。改《清代血系》论文。六时为申约晚饭，食饺子。九时还。在大猷处分得奶粉二磅。十二时就寝。

〔付奶粉二磅二五二〇元。〕

二十一日　阴历正月初九日　星期三　晴

八时起。九时半入校治事。前物理系存有电表一架，此次南院宿舍无电表，由霍秉权言之赵世昌，欲以二十万售之宿舍，赵予之十五万，已定议。余询之物理系虞福春，知为系中所有，不应由系售之于校，乃决定准物理系于规定预算外，多用十五万为仪器设备之用，正之、华炽均同意。今日矛尘相告，谓刚如、康甫又在造作蜚语，言赵世昌从中舞弊，与物理系相结，将系中电表私售于外，仅得十五万元，市价值百万云云。此事牵涉物理系全体，能影响校中合作，乃召二人面询之。二人言前因不知，故二人偶言之，今已全部明了矣。余询其原来所闻由何处得来，二人不言。余告以凡事有不明白者，可随时来问，不应无中生有，造作谣言。盖此事不过因不满赵世昌之管理建筑，故为此不负责之批评，而不知其牵涉之大，影响之大，故不能不严格处之也。十二时至师范学院午饭后还舍小睡。改文稿。五时至南开办事处开常务委员会，余代主席，月涵先生行时未指代理之人，今日石先推余，余推石先，最后决定由石先、勉仲及余三人共代。九时散，归。十二时就寝。

二十二日　阴历正月初十日　星期四　晴

八时起。九时入校治事。十二时至师范学院午饭后诣矛尘，小坐而还。昼寝。五时至才盛巷治事，并读书。物华云，前与大猷同购奶粉，每箱重五十磅，由美国兵于仓库售之，中国工役价二万五，但美兵不负保护之责，如被查获，其损失由工役自负，故工役携离大门,仍需贿赂,但一出门售之金碧路商店,可得四万四千元,商店更转之护国门摊贩,可得五万五千,售之顾主则六万三矣。在泰然处晚饭后还舍。改文稿。伯伦来,久谈,皆观察未来国际形势与国内局面,其意不敢乐观也。十二时就寝。

〔付董刚用一〇〇〇元,雯用五〇〇元。〕

二十三日　阴历正月十一日　星期五　晴

八时起。十时入校治事。十二时至师范学院午饭。饭后诣矛尘。晚饭后还舍。改文稿。十二时就寝。

〔付雯加菜一〇〇〇元,饼一〇〇元,送矛尘礼七〇〇元,黄油二二〇〇元,送柳漪侄女婚二〇〇〇元。〕

二十四日　阴历正月十二日　星期六　晴

八时起。未入校。在舍改《血系文稿》。十二时至师范学院午饭后还舍小睡。从吾自宜良还,谈甚久。四时诣李岫青。五时至才盛巷晚饭后诣胡海宇,晤胡太太及罗静娴。又谈罗家事,甚不安。九时还。再与从吾谈。十二时就寝。

二十五日　阴历正月十三日　星期日　晴

八时起。泽涵来。毓淮来。改《满清之氏族与血系》文稿毕。十二时至师范学院午饭。饭毕归舍小睡。矛尘嘱淹侄来约,三时半往,五时半还。预备明日功课。七时出食羊肉,已七十元一碗,主人亦改他姓矣,半月之变迁如此。十二时就寝。

〔付晚饭一四〇元。〕

二十六日　阴历正月十四日　星期一　阴

八时起。九时入校治事。十一时至十二时授明清史一堂[①]。下课后至师范学院午饭。回舍。预备目录学功课。七时至九时入

①史　原脱。

校,授史部目录学。十时出,食羊肉,以当晚饭,凡二盂,未饱,更至米线店食米线一碗而还。十一时电灯熄,就寝。

〔付晚饭二一〇元。〕

二十七日 阴历正月十五日 星期二 晴

八时起。预备功课。十时入校治事。十一时授课。十二时下课,往师范学院午饭。回舍小睡。张印堂、徐梦麟来谈,约往云南大学兼课,允下半年再定。五时至南开办事处开常务委员会,遇光旦,谈国共谈判绝裂情形甚详。八时会散。还舍。与从吾谈至夜深,由国事、校事谈至私人事,两人明日均有课,初谓谈几句,不意不能自止。十二时半就寝。见二十二日重庆《新华日报》载文化界时局宣言二纲六端,主召各党派紧急会议,组织战时全国政府,列名者三百十二人,文化界人物外,间有教育界人,老舍、茅盾、冰心、颉刚、俞珊、伏园均列名。

二十八日 阴历正月十六日 星期三 阴

八时起。九时入校治事。十一时至十二时授课。课毕,至师范学院午饭。诣矛尘。六时诣雪屏,不值。舍中无电灯。雯儿来谈,九时送之还。十时半就寝。

〔付面包一个九〇元,晚饭四六〇元。〕

二月份收入薪津三五八〇四元,清华福利金二八〇〇〇元,共六三八〇四元。支出膳食一二九八〇元,杂费六一九七元五角,酬应七二〇〇元,雯用一二四〇〇元,董刚用二〇〇〇元,寄家一〇〇〇〇元,共五〇七七七元五角。馀一三〇二六元五角。

三月

一日 阴历乙酉年正月十七日 星期四 阴

八时起。九时入校治事。十二时至师范学院午饭。诣矛尘。

晚饭后与从吾、骏斋、徐旭生先生畅谈中国民族问题。旭老言中华民族有三特点:一无种族偏见;二外族文化入中国,必加以陶镕成一新面目,如印度文化之佛学绘画,亚剌伯文化之天文历算,西洋文化之历象测候等均是;又言中国民族性只是慢腾腾的,若谓其赶不到西洋近代文明,则不然,不过慢而已。余以素蓄之疑"何以明末外患极危迫时,仍不忘内争"为询,旭老亦言不可解。十二时就寝。

〔入二月薪五九〇元,二月生活补助四〇〇〇元,二月加成一一八〇〇元,一月米代金一二五〇〇元,一月房贴二〇〇元,二月车费四〇〇元,共二九八四四元[①]。付房租二〇〇〇元,捐税四七.五元,饭费(半)三〇〇〇元,雯饭费(全)六〇〇〇元,宿舍杂费八〇〇元,雯用一〇〇〇元。〕

二日　阴历正月十八日　星期五　晴

八时起。十时入校治事。十二时师范学院午饭后还舍小睡。抄改旧作《多尔衮与九王爷》文稿。六时程毓淮约晚饭,有家骅、锡予、大猷,谈至九时乃还。电灯甚暗,写稿,目殊倦。十一时半就寝。

〔付董刚用八〇〇元。〕

三日　阴历正月十九日　星期六　晴

九时乃起,盖大睡也。十时入校治事。十二时师范学院午饭。诣矛尘。五时半至才盛巷治事。晤蒋太太、周枚荪、朱物华。枚荪昨日还,据谈教育部本年可拨北大特别费五十万,骝先对于北大复校甚关心,愿在战事结束前作一法律上定案,其意愿加设农、工、医三院,嘱余等筹之,余意第一步应先由教育部承认三校地位与各校一律有预算、有补助乃可也。枚荪又谈孔庸之黜后,本人及其夫人

①按上述各项收入总计为二九四九〇元,两者相差三五四元,盖郑先生漏列"二月学术研究费三五四元"一项。

累思回国,蒋不许,近派其第二女归,不知有何勾当。近日财政部自直接署署长高秉枋被押,孔派大恐①,似欲竭全力,以破坏改革。俞鸿钧患病,宋子文或兼财长,顾维钧新到重庆,或长外交。九时还舍。灯不明,十一时半就寝。

四日 阴历正月二十日 星期日 晴

六时半起。检英文耶稣会士书,欲以作《阿玛王考》。雯儿来。董刚弟来。十二时至师范学院午饭。饭后还。小睡。西孟来约加入讲演作文公约,文稿千字斗米,讲演一次米二斗,允之。检南明史籍。晚舍中无电灯。雪屏来,油灯对座,谈至九时。雪屏去,余亦就寝矣。

〔付雯用一〇〇〇元,刚用一〇〇〇元。〕

五日 阴历正月二十一日 星期一 晴

八时起。九时半入校治事。十一至十二时授清史一堂。课毕,至师范学院午饭。饭后偕雯儿还舍。五时至西仓坡清华办事处开校务会议,讨论物价及生活问题,决定电教育部请将生活补助基本数及加成照重庆加二倍。九时散。枚荪、雪屏偕来靛花巷,与从吾四人谈至夜深乃散。十二时半就寝。

六日 阴历正月二十二日 星期二 晴 惊蛰

八时起。十时入校治事。十一时授课。十二时至师范学院午饭后还舍小睡。写《阿玛王考》,此二十九年十一月十八日所定纲要,今日始写之,文甚短。晚出食羊肉,每碗八十元矣。至才盛巷治事,晤朱物华,谈至九时乃还。舍中电灯殊暗,未写稿,但检南明史籍而已。十一时就寝。

〔付晚饭二〇〇元,面包一个四二〇元。〕

---

①大 原作“太”。

七日　阴历正月二十三日　星期三　阴

八时起。勉仲来。十时入校治事。十二时课毕,往师范学院午饭后诣矛尘,晚饭后还。得孟真二月二十四日李庄书,附示致骝先先生书,谈北大复校事。得教育部信,托审查郑鹤声《郑和传》。十二时就寝。

八日　阴历正月二十四日　星期四　晴

八时起。徐海帆来。写《阿玛王考》毕,此文全依二十九年十一月十七、十八两日读书卡片,未加新意,故仍题二十九年十一月十七日,并以纪念离家也,当时仅三年,以为即可归,今又四年半矣。审查《郑和传》,大致所有材料均经采摘,惟过信李士厚《郑和家谱考释》①,余则疑之。十二时至厚德福,李岫青约午饭,座有军长高鹏云②,刘多荃之旧部也,又有冯占海,耳其名久矣,瘦小不似武夫,今皆营商矣,高谈前年赴美考察事,于彼邦事甚熟悉,亦有心人,不知何以离军职。诸人谈近日昆明实行节约,警察乘机敲诈事甚多。自本月一日起,省政府决议凡星期一、三、五禁止屠宰,禁止售肉食,而凡有板鸭、腊肠者,警察莫不没收其货物,科以重罚,谓其违犯禁令。乡妇携活鸡入城求售,亦没其鸡,兼及他物。三月二日有小家在翠湖南路小客栈结婚,定菜五桌,新郎当日捉入局,勒罚三十万,不缴不得出。徐海帆有友人请客,已发柬帖,忽悟不能宴会,乃分函取销,并往告饭店,而警察已候于店门,比至即被捉入局,科罚十万,幸其分函诸客,否则客至,亦将同受罚也。呜呼!此成政令乎!饭后回舍小睡。六时至才盛巷治事,读书。近日每四日分区停电一夜,今日靛花巷应停电,遂在才盛巷久读,归来始知靛花巷亦有电灯,盖公司锅炉已修毕矣。十二时就寝。

---

①士厚　原作"廷仪",据原书作者署名及郑鹤声《郑和·绪言》改。

②鹏云　二字原阙,据刘绍唐《民国人物小传》补。

〔付晚饭二〇〇元,雯定皮鞋二〇〇〇元。〕

九日　阴历正月二十五日　星期五　阴

八时起。十时入校治事。十二时至师范学院午饭。心恒来。还舍小睡。得月涵先生函,明日尚不能返昆明。五时往西仓坡晤企孙,示以函,嘱其不必往接。回舍,路遇耘夫,约往矛尘许,晚饭后还。十二时就寝。

十日　阴历正月二十六日　星期六　晴　有云

八时起。十时入校治事。十二时至师范学院午饭。回舍小睡。四时蒋相泽来,清华研究生也,原从心恒作贵州苗乱及改土归流论文,今日请改作雍正对政治制度之改革,请余指。余在班上讲雍正时代之重要屡矣,意欲北大学生中有人注意之,竟无人,去年何炳棣来谈,余述及此,炳棣甚兴奋,而以考取留美治西洋史,不能兼顾,再三向余言必须有人切实注意之,炳棣与鹏毓相稔,以为或劝其作之,亦未然,今相泽来请,允之。又关于包衣制亦一好题目,余在历史系晚会尝发其端绪,今日相泽亦请作。五时至才盛巷治事。与枚荪谈往事,始知浙江党务情形及二陈派C.C.之所以形成,枚荪当时盖被利用与西山会议派斗争者也。九时旋舍。作书复孟真,谈复校事,大意有十点:一、现时立刻物色人才,预先说定来北大;二、请教育部承认北大、清华、南开之存在,一切权益与他校等;三、设工学院,先设水利、建筑孟真原意及纺织三系;四、如不迁都,校址以仍旧为宜,旧校舍亦敷用,但须加一大礼堂及健身房;五、东斋可改洋式建筑,为发展地步;六、译学馆可设医学院;七、设工农学院于城外;八、工学院、医学院之建筑计划、全部设备以及于人才[①],可与国外大公司、工厂或医院接洽,全部搬一整套来,杂牌拼

①于　疑当作"其",或为衍文。

凑于教学、于经济、于将来发展均不相宜;九、理学院添天文、统计两系;十、文学院文、语两系分开,添设考古系。书约千馀言,至夜深乃毕,已二时矣,随就寝。

十一日　阴历正月二十七日　星期日　晴

七时半起,倦甚。雯儿来,自疑发烧,以体温计试之,果一百度零二,合之约三十八度,急命之还宿舍。余于十时复睡,一时半乃起。程毓淮夫妇来。三时诣鲍觉民,晚饭后还。舍中无灯,乃寝。

〔付烧饼三个一〇〇元。〕

十二日　阴历正月二十八日　星期一　晴

八时起。预备功课。十时入校治事。十一时至十二时课毕,至师范学院午饭,雯儿未至,且闻其未上课,想病矣,余不能赴其宿舍,托之严小姐,及晚未有回信,想无大病也。二时小睡即醒。四时至华侨兴业银行,为莘田存款,展期三个月,至五月二十一日止,上期利息三四五〇〇,扣所得税一三八〇,实得三三一二〇元,以三万并入本金存储,计二十陆万,取得昆定字〇〇一〇〇号存单一张,月息仍五分。至才盛巷治事并检书。七时还。心恒来。今日为《郑和传》写审查意见,寄还。十二时就寝。《正义报》送来前作"星期论文"稿二千五百元,此在公约以前所作,故不受约束。

〔付晚饭五三〇元,面包一个四五〇元。入论文费二五〇〇元。〕

十三日　阴历正月二十九日　星期二　晴

八时起。十时入校治事。十一时至十二时授明清史一堂。课毕,往师范学院午饭。还舍小睡。二时半赴方先觉茶会,先还。五时至西仓坡开常务委员会。会后与正之、枚荪、岱孙、企孙、锡予、石先谈时局,或云中央有讨伐共产党之意,疑其必不确也。还舍改《满洲风俗》文稿。十二时就寝。雯儿烧已退,惟生风疹块。

〔付饭团加菜一〇〇〇元,加饭费五〇〇元,雯加饭费一〇〇〇元。〕

十四日　阴历二月初一日　星期三　晴

八时起。昨夜大雷雨。九时入校治事。十一时授课。十二时至师范学院午饭后还舍小睡。改文稿。十二时就寝。

〔付洗被八〇元,加菜五六〇元,馒首三个一二〇元。〕

十五日　阴历二月初二日　星期四　阴

八时起。昨夜大风兼有雨,校中草茅屋顶坏二十馀连,亦一大损失。九时入校。十二时至师范学院。饭后还舍小睡。改《满洲礼俗》文稿。十二时就寝。

十六日　阴历二月初三日　星期五　雨　雷

八时起。九时入校治事。十二时师范学院午饭后还。小睡。沈茀斋来,为译员训练班借经费五十万元,允之。五时至才盛巷治事。七时还。写改《满洲礼俗》文稿。十二时就寝。

十七日　阴历二月初四日　星期六　雨

八时起。十时入校治事。十二时往师范学院午饭。还舍小睡。雯儿来,病愈,睹其面有倦容,予以维他命丸,命食之。五时半往附属中学,开联大党员大会,讨论六届全国代表大会选举问题。联大、云大两校仅代表一人,众不满,决定一面选举,一面抗议。又讨论代表人选,众咸主枚荪,并决定初选代表三人,须尊重大会意见①,复选时不得另选他人,于是改开谈话会,全体表决推枚荪为代表,然后恢复大会票选,从吾、勉仲、雪屏为初选代表。九时散会,还。大雨。改《满洲礼俗》文稿,倦极。十一时就寝。

〔付雯用一〇〇〇元。〕

---

①会　原脱。

十八日　阴历二月初五日　星期日　晴　阴

六时半起。八时诣雪屏，会矛尘夫妇，往译员训练班。再与鲍觉民夫人同乘汽车，往高峣樊逵羽处，玩息一日，饮馔极丰美。六时复同车入城。初甚疲倦，思早睡。晚饭后复振，出理发。并将《清初几种礼俗的变革》文稿改写完毕。十一时半就寝。

〔付馒首四个一六〇元，理发二〇〇元。〕

十九日　阴历二月初六日　星期一　晴　阴

八时起。预备功课。十时入校治事。十一时上课。十二时师范学院午饭，王乃梁备数菜请客，家乡风味也。还舍欲睡，未成。物华来。大猷来。伯蕃来谈。六时至才盛巷，道经《朝报》馆门首，有号外，云美海军攻九州，岂有在日本本土登陆之意乎？此次硫磺岛美国死伤较重[①]，又无地上军援助，惩乎此，似不致在本土登陆，其意应在消灭敌人工业与引逗敌人海军也。七时北大同人聚餐，到逵羽、枚荪、矛尘、宜兴、名兴、裴庆、友应、家杰、希亮、恒孚，由尹辅、泰然自作，并请蒋太太参加，亦盛会也。得孟真函，附骝先先生复书，谓“战后北大之恢复，首先应在北平觅取占地两千亩以上之校址，否则不足发展，马神庙旧址太小，更难开展，鄙意将来必须及早添设农、医、工三学院，此三院负责人及主要教授人选亦宜早为注意”，并谓暑假将开第四次全国教育会议。九时还。预备功课。十二时就寝。

二十日　阴历二月初七日　星期二　晴

六时半起。预备功课。八时半入校治事。九至十时授史部目录学一堂。十一至十二时授明清史一堂。师范学院午饭后回舍，自一时半午睡至四时，雯儿来始醒，连日积倦舒矣。偕雯儿上街，

①磺　原作“璜”。

即还。晚写《包衣制》文稿。十二时就寝。

〔付书五〇〇元,送章礼八五〇元,馒首四个一二〇元。〕

二十一日 阴历二月初八日 星期三 晴 春分

八时起。九时入校治事。黎东方来谈。十一时至十二时上清史一堂。课毕,至师范学院午饭。饭后还舍。高廷梓、罗膺中来,廷梓半月前自渝偕于斌来滇慰劳远征军,昨始自前方返。据言敌在缅部队向东撤,集中越南,我军在最近可攻下仰光,攻下后即将仰光交之英人。此近日在缅作战之态度,真大国之风也。五时习拳。六时至才盛巷治事。访廷梓于三义铺联华招待所,不值。此街余初次经之,盖菜蔬集中分售之区,闹极。访东方于商务酒店,谈至八时半乃还。遇刘寿民、林文奎及北大同学袁世斌。商务酒店房间闻每日四千馀元,可惊之至,饭尚在外。东方此来悉由二〇七师所请,一切由师部负担,亦怪。闻蒋主席、吴稚晖、戴季陶、吴达铨于昨日到昆,或云为越南进兵之故,或云为龙志舟托病之故。龙病居安宁温泉已十馀日,外传美国人攻击甚,省府有改组说,故托病不出云,或云主席下机即往温泉。十二时就寝。

〔付晚饭三〇〇元,面包一个四五〇元,董刚用一〇〇〇元,铝锅一五五〇元。〕

二十二日 阴历二月初九日 星期四 晴

七时起。八时至西仓坡,企孙约早餐,为翁咏霓设也,到正之、石先、子坚、奚若、枚荪、霖之、岱孙、慰慈、勉仲、印堂,谈至十时散。翁言生产事务极难,难在交通工具不敷,原料尚其次。又言美国志在对敌作战,战后即还,无其他野心,而中国时时以主权为言,此美国所最不快,以故美国决定不在中国登陆,近因硫磺岛伤亡太大①,

---

①硫磺 原作"琉璜"。

始放弃日本本土登陆之意。入校知吴达铨来校，以余等不在，留言先往云南大学。余偕石先、勉仲往云南大学晤之，据言奉主席嘱，到校慰问同人，思于日内一谈。今日下午本有常务委员会，乃约之来。迪之意两校公宴之，未成。吴言重庆生活补助费加至三十六个月，昆明则未详。十二时返新校舍，再往师范学院午饭。饭后还舍。二时半高廷梓来。五时至西仓坡，计到石先、勉仲、锡予、正之、枚荪、嘉炀、子坚、奚若、寿民、茀斋、雪屏、岱孙、矛尘，六时许达铨来，主张民主甚力，以为实施民主一切皆有办法，而蒋主席为总统，亦必不似今日独肩其责。奚若、枚荪、岱孙各有言，意有所疑，达铨一一答之，若信之至坚，此不愧民国初元之国民党员也。吴又谈史迪威之去职，实由于欲装备十八路军而自将之。又言俄国对日宣战则日本必败，但俄国非俟日本将败必不宣战，世人尝疑旧金山会议定四月二十五日，其时俄国将有表示，必不可期，以其条约虽满，尚有一年之犹豫期也。又言德国败后，日本或借俄国提出和平条件。又言蒋主席前日到昆明，昨日往沾益、曲靖视察远征青年军，认为满意，今日往游石林，吴、戴、蒋经国偕往。据沈茀斋云，闻黄仁霖谈主席今日将往滇中某飞机场，或石林归后更往也。晨咏霓言主席星期还重庆。八时半吴去，大家更圜座闲话，以奚若为多。十时半乃散，归舍。十一时半就寝。晚八时伯伦约东方茶会，余未及往。夜雨。

二十三日　阴历二月初十日　星期五　晴　阴

七时起。写《包衣制》文稿。十时入校治事。十二时至师范学院午饭后还舍小睡。写《包衣制》论文稿。十二时就寝。

二十四日　阴历二月十一日　星期六　阴　晴

七时起。九时入校治事。十二时师范学院午饭后还舍小睡。雯儿来。五时诣才盛巷治事。七时还舍。雪屏、石先、勉仲、华炽、伯伦、枚荪等均在从吾处开谈话会，商明日总裁召见事。从吾约余参加，决定上节略述同人生活及学生生活情形，众推余写之，辞不获。众散，与从吾、雪屏共成之，并谈甚久。锡予来，谈毓淮赴美，欲为三五至好携美金储蓄券至美，代购杂物寄还，以助膏火，其意可感，然无巨款，亦徒然也。锡予言美金储蓄券一元可用国币三百五十元购求，劝余或先购五十元托之。十二时就寝。

二十五日　阴历二月十二日　星期日　阴　雨

七时起。九时半至美华园，应徐梦麟早饭之约，到印堂、丁则良夫妇、程氏夫妇、王逊、陆钦墀[①]、余冠英、张铸生诸人。传言美总统昨日到昆明，与蒋委员长会晤后飞往莫斯科，此说离奇未敢信。又言陈公博到昆，携有敌人议和条件，欲退出华北，保存东三省，尤荒缪。今日之敌果求和，惟无条件投降耳，保存东北则八九年战事何为者！且今日之战已成国际上战争，岂我国所能专，必奸人造谣也。饭后冠英先还，余等出小西门，在篆塘乘马车至大观楼。入园，走园右小堤，至园北郑家花园梦麟寓所，游谈竟日。午后二时，闻隔岸弦奏声，买舟往观，乡人春闲演戏，北方谓野台子戏，此间曰唱花灯。立观久之，还。闻衣饰围幕，日租三千元，演者无酬，但备饭，所需亦近万元，均由村民自捐。五时入城，车至篆塘，各归。与从吾谈，知今日总裁召见未多谈，仅递节略，并勉仲呈印度从军学生来信而已，蒋主席已于五时飞渝。十一时就寝。夜大雷雨。

二十六日　阴历二月十三日　星期一　阴　晴　雨

七时起。九时入校治事。校中传德国已投降，不知来源所自。治事。至师范学院，饭已毕，乃至街上食牛肉面二碗，今日为蔬食

---

①墀　原作“遲”，本年五月五日同，据《云南大学史料丛书·教职员卷》改。

日，竟有肉，亦怪事。还舍。宜兴来，谓《朝报》张贴号外，言重庆电，西伯利亚收马德理电，德国已提出和平条件，由瑞士转交盟方云云，但他报均无之。小睡。预备功课。晚报仅有琉球登陆消息，无德国投降消息。大雷雨。无灯，与西孟、又枨暗室长谈，八时乃散。灯复明，预备功课。十一时就寝。

〔付午饭二〇〇元，晚饭一八〇元，花生四〇元。〕

二十七日　阴历二月十四日　星期二　阴　晴

七时半起。八时半入校治事。十一时授课一时。十二时至师范学院午饭。饭后还舍。自一时半睡至四时乃起，头微痛，岂睡久乎？六时出，食牛肉四小笼各六十元，饭一碗六十元，亦达三百元，可畏也矣！至才盛巷治事，晤蒋太太，知孟邻师近在纽约[①]，日前与美专家讨论日本问题，一面讨论，一面广播，又讲演多次，一时尚难返国。自太平洋开会以来，国内于开会消息绝不登载，甚至主席人名、下次开会地点亦不宣布。或云王雪艇在宣传部有意扣之，为忌孟邻师也[②]，岂其然乎？晤枚荪。十时还。写《包衣》文稿。十二时就寝。报载我国出席旧金山会议代表已正式发表，凡宋子文首席、王宠惠、魏道明、胡适、顾维钧、李璜、董必武、吴贻芳、张君劢、胡霖十人，施肇基为高等顾问。与上星期四吴达铨所谈，多李璜、董必武二人，少施肇基一人。达铨本言共产党要加入中央，询其接受何处训令，因而停顿，此时或已解决矣。九代表中李璜为中国青年党，张君劢为中国国社党，董必武为中国共产党，胡适之、胡政之[③]、吴贻芳无党籍，国民党四人，此在国际间必以为异诧也。从吾云闻之春藻，重庆最注意之问题为研究国民会议后，国民党与青年

---

①②孟　原脱。

③政　原作“正”，据《中华民国史·人物传》改。

团如何与他党竞争，如何活动，如何筹措党费。对于青年团，有主张并入党内成立青年部者，有主张并入党内为左翼者，有主张独立者，尚未一致。

〔付晚饭三〇〇元，青果四两四五元。〕

二十八日　阴历二月十五日　星期三　晴

八时起。十时入校治事。奉部令自三月份起，生活补助基本数改为八千元原为四千元，薪俸加成改为四十倍原二十倍，此与同人希望相差甚巨，且与重庆为八与七之比重庆生活基数七千元，加成三十五倍，尤不公允，与石先、勉仲、枚荪商电部请求再予审议。又学生近为贷金事，亦在请求加至三千元原一〇六四元，否则罢课。亦发一电，由校自动代求，不言学生事。同时出布告二：一、说明贷金情形及请求事，二、查禁匿名揭帖谈贷金事。十二时至师范学院午饭。饭后还舍。二时半送布告稿、电稿入校，即发布。四时还舍。雯儿来，董刚表弟来。入城参加吴佩韦恢量追悼会，已散。佩韦，大关人，尝任云南高等法院院长，卸职家居，从罗膺中学诗、唐立厂学《说文》，亦不可多得之人。余在立厂家曾一面，即约往其家饮馔，其后遂未再晤，去冬为庸医所误，不起。今日追悼会在昆华女子中学举行。至才盛巷治事。九时还。作书致月涵先生报告校务甚长，往昆中南院宿舍，托正之明晨飞渝便致，即还。十一时半就寝。

〔付面包一个四五〇元，花生四〇元，付墨绵二方二〇〇元，雯皮鞋五〇〇〇元，请王乃梁一二〇〇元。〕

二十九日　阴历二月十六日　星期四　晴

八时起。欲写《包衣》论文，竟未成百字，不自知半日遑遑何所作也。十一时半诣锡予，前日得今甫自美来书，询锡予愿至美讲学否，故往谈。锡予甚愿往，但以家眷在昆明生活为虑，嘱为说明。

至师范学院午饭后偕雪屏诣觉民,小坐。复诣矛尘。还舍小睡。四时再诣矛尘。晚饭后还。十二时就寝。报载财政部宣布自明日起黄金储蓄折合律改为三万五千元,此事事前一无消息,可谓严密之至。较之上次增价预漏风声,使部员与银行勾结发财者,真高出万倍,亦近来政界难得之事也。《中央日报》下午版又载德国乞和消息,《正义报》亦张贴号外,然终未证实。

〔付洗衣一〇〇〇元。〕

三十日 阴历二月十七日 星期五 晴

八时起。九时半入校治事。十二时师范学院午饭后还舍。午睡一时有半,酣恬致不能醒。六时至才盛巷治事,晤物华。以丁氏景印全文售之初级部,由清常作价六万元,托泰然检出之。八时半还。食牛肉,较大前日每小笼已加二十元,又面一碗一百元,经羊肉店又食羊肉一碗,较前亦加二十元矣。还舍。写《包衣制》文稿。十二时就寝。

〔付晚饭三六〇元,茶叶半斤七六〇元。入教育部审查费一〇〇〇元。〕

三十一日 阴历二月十八日 星期六 晴

八时起。十时入校治事。十二时师范学院午饭后诣矛尘。五时雯儿来。雪屏来,同出食米线,亦千元矣,雪屏为东道主。饭后至省党部参加剧人表演,观滇剧、粤剧、平剧、川剧,以太闹还。十二时就寝。

本月共入三三三四四元。支出饭食一三七〇〇元,杂用七二六二元五角,雯用一七〇〇〇元,应酬二〇五〇元,董刚用二八〇〇元,共四二八一二元五角。实亏九四六八元五角。

四月

一日 阴历乙酉二月十九日 星期日 晴

八时始起。胡海宇来。凌仁来，谓二三月前与王年芳绝裂，但友谊未断。凌怜之，欲与之重圆。凌垂涕泣而道，请余为之决。余嘉其厚，而嘱其更三思之，如两人均愿，余望其收覆水也。家骅来，谓宝騄颇以余不能助成其往国外为憾，顾余有何力哉？十二时雯儿来，偕往景初处午饭。途遇矛尘，知端升已于前日还。景初新移居西站外，余未尝识，寻久之，始得其地。而景初以余久不至，竟来靛花巷相邀，往返虚驰，至一时半始得食，二时半食毕。三时入城诣端升，值其访锡予，乃至锡予处小坐。同往钱家谈，至五时还，知适之师归国之意尚未决，孟邻师六月还国。端升以自来水笔一只为赠，价美金八元五，辞之不获，受之为愧。端升言友好托之带物者甚多，有表十一枚、笔二十馀只，他物称是，而余一无所有，故以为赠，余即以与雯儿。八时心恒来。十二时就寝。

〔入三月薪五九〇元，三月生活基数四〇〇〇元，三月生活薪俸加成一一八〇〇元，二月食米代金一九〇〇〇元，二月房贴二〇〇元，三月学术费三五四元，一至六月部发研究费一二〇〇〇元，三月车费四〇〇元，共四七九四四元[①]。付三月房租二〇〇〇元，税捐四七.五元，四月膳费（半）四〇〇〇元，雯膳费（全）八〇〇〇元，宿舍杂费一二〇〇元，付雯定鞋二四〇〇元，雯作衣及用二〇〇〇元。〕

二日 阴历二月二十日 星期一 晴

七时半起。八时半心恒、东方偕来，请之在巷口食面，昨日所

---

①按“共四七九四四元”内，实未含“三月车费四〇〇元”，合之当为“四八三四四元”。

约也。食毕还舍。寿民来送欧阳琛论文。十时入校治事。十一时授清史一堂。往师范学院午饭后还舍①。为申来,谓校中因合作社事攻之者多,欲辞职,极力劝慰之,不能回其意。三时半偕从吾往冠生园,参加李埏结婚,到一多、膺中、伯伦、辰伯、寿民、立厂、梦麟、亮夫、则良、又之、家骅、柏宓②、图南、锡予等二十馀人,无婚书,无仪式,亦无家族中人,仅用精笺签名,立厂为之引。六时散。至才盛巷治事。泰然云,闻人言李埏前娶已离,今其父未至,不知家庭之意云何。八时半还舍。十一时就寝。

〔入售书款六〇〇〇〇元,付印花二四〇元,甜食四〇〇元,请东方九六〇元。〕

三日　阴历二月二十一日　星期二　晴

七时半起。八时半入校治事。九时至十时授史部目录学。十一时至十二时授清史。课后至师范学院午饭。还舍小睡。张为申来,坚辞合作社事。五时至西仓坡开校务会议。九时还。十二时就寝。学生日来又甚浮动,今日张贴甚多,响应浙江大学之民主宣言并欲加以行动,此不似联大学生所为,或有人在后也。雪屏言云南省党部改组事,上星期六(三十一日)全省代表大会预备会开会,尚由书记长赵澍主席,次日(一日)得组织部电调赵为专员,改任龙大之秘书某为书记长,事前赵一无所知。昨日(二日)晨新书记长即到党部接收,开代表大会正式会,主席易人矣。此大似戏剧,又似小说中描写之官场,竟见之于党部。可惜!可痛!赵人本无聊,以朱力得书记长,而又徘徊于他派以为胁持地,今日此举或反促进其与朱之关系矣。

四日　阴历二月二十二日　星期三　晴

八时起。十时入校治事。十一时授课。十二时课毕。往师范

①饭　原作"课"。

②柏　原作"伯",据一九四三年十二月十八日日记改。

学院午饭后还舍小睡。心恒来,久谈,欲共作大学国史参考资料以救济今日无书之苦,意甚善。与从吾谈学生事。写《包衣》文稿。九时勉仲来,谈学生开会事。十二时就寝。

〔付晚饭二七〇元,花生四〇元。〕

五日 阴历二月二十三日 星期四 晴 阴 清明

八时起。九时半入校治事。十二时至师范学院午饭后还舍小睡[①]。四时至才盛巷治事,晤枚荪、端升。六时同至西风西餐馆,应芮吉士之约。吉士将赴美,余未为祖饯,反劳先施,甚愧。到奚若、召亭、贡予、之椿及余等五人[②]。饭毕再至才盛巷。九时还。写《包衣》文稿。十二时就寝。汇平款未达,今日退还,以购储蓄券。

〔入退还汇款二〇〇〇〇元,又利息五六〇〇元。〕

六日 阴历二月二十四日 星期五 晴

八时起。心恒来。十时入校治事。十二时至师范学院午饭。还舍小睡。七时至清华办事处参加史学部研究生欧阳琛论文考试。九时还。考试成绩八十二分一。写《包衣》文稿。十二时就寝。

〔付晚饭四五〇元。〕

七日 阴历二月二十五日 星期六 晴

八时起。九时入校治事。十二时师范学院午饭。还舍小睡。雯儿来。三时诣端升,请其到西仓坡,至则端升已先往,乃至西仓坡,今日欢迎端升茶会也,报告甚详。五时散会。常务委员会诸人复留商学生问题。四日学生代表大会决议发表《国是宣言》,内容有组联合政府、收用在美私人存款、取消党化教育、军队待遇平、改善公教人员待遇、取消检查制度六点。今日闻其稿已出,佥主劝阻,定下星期一月会请端升讲美国情形,并由枚荪发挥,揭穿校外人利

①还舍 原脱。

②五 原作“三”。

用学生之内幕,禁其发表宣言。奚若以为可以不加干涉,商谈结果,枚荪不讲,由石先略说数语。六时还舍。写文稿。十二时就寝。

〔付晚饭一三〇元。〕

八日　阴历二月二十六日　星期日　晴

八时起。九时诣端升,端升以为近日联大同人对国事意见相距过远,因同人相距远,故同学间相距更远,此不好之现象也。拟约由从吾以及一多共聚一谈。从吾以外如召亭,一多以外如春晗,暂不约,恐相距更远也。其意余甚赞同。十时半还。与雪屏同赠端升黄油一桶,六磅。为申来谈合作社账目事。为申副继侗任合作社事年馀,甚负责,近忽为人攻,查系金德良、金玉所为。余与继侗欲严办,为申意不肯,以金德良之后为高仲明、金玉之后为企孙,为申不愿得罪之也。十一时诣矛尘,于巷口遇一多欲访从吾不值,嘱余为之约定下午二时更来,余以不能还,乃以嘱之工友,窥其意,似有重要谈话。承谔午间在矛尘寓请客,有伯蕃、式权诸人。六时还。张大千今日展览近作,惜未往观。十一时就寝。

〔付送端升礼三一〇〇元。〕

九日　阴历二月二十七日　星期一　晴

七时半起。八时半入校治事。九至十一时举行国民月会,由端升讲美国情形,石先主席,于近日学生情绪有所提示。十二时师范学院午饭后还舍午睡。三时坤仪、式珪来,谓余鼾声甚大,若极倦者,余亦自觉近日精神不佳,晚就枕不能即入梦,往往至两小时,白日不胜其疲,午睡不胜其酣,醒来仍不解乏,右上齿全数摇动,人亦瘦矣。病耶?累耶?抑老耶?坤仪、式珪得莘田书,命在阴历三月三日订婚,来商。六时至才盛巷,宴中央银行国库人员。十时还。十二时就寝。

〔付董刚用一一〇〇元。〕

十日　阴历二月二十八日　星期二　阴　冷

七时半起。八时半入校治事。九至十时、十一时至十二时各授课一堂。十二时至师范学院午饭。还舍小睡。三时至云南大学参加欢迎讷任伯 Knollenberg 茶话会。比至,始知其因病不能来,茶会取消矣。又晤石先,知与之同来之美国文化联络员派克顿 Paxton 欲参观云大及联大,余乘其参观云大时,往视路祖焘疾,然后转联大,与石先、企荪导其参观。五时半至西仓坡开常务委员会,八时散,归。十一时就寝。

十一日　阴历二月二十九日　星期三　阴

八时起。九时入校治事。学生代表大会《国是意见》,同学间有反对之者,勉仲召学生会负责人来,劝其缓发,未效,乃约石先与余共出示禁之。会商结果决由三人署名,写一通知劝学生自治会审慎考虑,暂缓发表。余等闻月涵先生还,随往晤之。十二时将出,耘夫来告,谓学生自治会理事会负责人不接受余等通知,乃决定各饭后会于雪屏许,同入校,召学生会负责人告之。余至师范学院,饭后两公来,同入校。二时学生会负责人齐亮等三人来,小有辨解,乃携通知去,谓暂缓发表,实则上午已发出多份,恐不及阻其外流也。治事后还舍。五时至才盛巷治事。与物华、枢衡谈。九时还舍。倦甚,十时半就寝。

十二日　阴历三月初一日　星期四　晴

八时起。十时诣月涵先生,谈半小时。入校治事。十二时师范学院午饭后还舍小睡。五时诣西仓坡,开校务会议谈话会,到一多、岱孙、佩弦、端升、仙洲、雪屏、寿民、石先、勉仲、子坚、芝生、奚若、枚荪,由月涵先生报告在重庆开校长会议情形后,谈及最近学生宣言事,大家似不甚关心。饭后谈时局而散。九时还舍。十一时就寝。

十三日　阴历三月初二日　星期五　晴

八时起。之琳告以罗斯福总统于昨日逝世，闻之大惊，意不愿信。乃入校，路见报纸无此消息，英国领事馆亦未下旗。比入校门，见张贴美国消息，有时间、地点，不能不信矣。少顷，《中央日报》号外亦出。张奚若自美国领事馆唁后，来嘱校中下半旗。十二时至师范学院午饭，见学生于《对国是意见》外，后有快邮代电，衔称"国民政府国民党中央党部蒋介石先生、共产党中央政治局毛泽东先生"云云，此昨日未及知者。饭后诣月涵先生，亦甫见此稿，乃嘱常务委员会诸人于八时往谈。还舍午睡，醒已四时一刻。四时半至南开办事处参加党部提案会。五时一刻诣矛尘，同访绍穀。七时耘夫约在玉溪街食米线。八时至西仓坡，到勉仲、子坚、石先、芝生、枚荪及余五人，谈学生自治会事。枚荪主解散自治会，不承认其活动，子坚、石先深以为然，芝生意稍不同，但无异议，遂决定解散。嗣以兹事重大，欲集广考虑，乃由勉仲往约雪屏、端升，余往约岱孙、企孙、佩弦、奚若。十时半到齐再商，奚若甚不谓然，端升亦不赞成解散之举，芝生和之。商久之，决定仍宽容一次，但须加以告诫。散归已一时半矣。今日争辩甚烈，但态度极从容和正，令人想到英法国会。到舍即就寝。

〔付雯用五〇〇元。〕

十四日　阴历三月初三日　星期六　晴

七时起。九时半至西仓坡，与月涵先生商定报告学生宣言事件电稿。十时半入校治事。十二时师范学院午饭。理发。还舍候雪屏，四时同出，看诸介父[①]、郑梨村书画展览。毕，至才盛巷。七时罗坤仪、董式珪举行定婚仪式，余代表莘田宣布二人定婚，膺中

---

①父　原作"夫"，据《雪兖自订年谱》改。

代表男家家长有演说，锡予、雪屏为介绍人，到百馀人。九时还舍。读《延安一月》。一时就寝。

〔付贺礼二〇〇〇元，理发二五〇元。〕

十五日　阴历三月初四日　星期日　晴

九时始起。矛尘来谈。十二时至师范学院午饭。毕，还舍。四时诣柳漪，小坐。晚伯蕃约食鸡肘。诣岱孙、龙荪，闲坐，咸以为今年五月德国必败，败后三月（约当九月间），中国反攻，美军在华登陆，更半年，当明年一二月间，长江以南必无敌踪，更半年，当明年九十月间，吾辈或可北还矣。但其时政府、学校、个人必均无钱，或有赖于救济总署之救济也。还舍。矛尘再来。十二时就寝。

十六日　阴历三月初五日　星期一　晴

七时起。九时入校治事。十时月涵先生召集学生训话，并举行美国罗斯福总统追悼会。静默毕，由张奚若致追念词，然后由月涵先生训话，均甚简要。月涵先生于学生亦未斥责，仅谓今后应更加审慎，更加注意，万一有影响学校秩序、学校安危，绝不待政府命令而自己加以制裁，意谓自动解散也。十二时师范学院午饭后回舍小睡。四时至才盛巷治事。八时还。预备功课。十二时就寝。

十七日　阴历三月初六日　星期二　晴

六时半起。八时半入校。九至十时、十一至十二时各授课一时。课毕至师范学院午饭。还舍小睡。三时步至拓东路工学院，凡五十分钟乃达，与葆楷谈。候至四时半，月涵先生来，召集学生训话，与昨略同而加重。五时二十分毕。偕月涵先生往柿花新村，应绍穀晚饭之约，绍穀欲向清华服务社张罗存款，故有今日之局，忽然得病，未能出，由其戚李君代陪。九时还。十二时就寝。

〔付车二〇〇元，请客一五〇〇元，雯用一〇〇〇元。〕

十八日　阴历三月初七日　星期三　晴

七时起。九时出北门，循北教场马路至老营盘后荷叶山大理义地张静山太姻伯墓，参与迁葬礼，镕西表兄之令祖也。日前景初来告，墓地改修飞机跑道，势必迁移。而喜洲道远，力有不胜。商之严燮成，改葬大理新义地，在新营盘东里许。又以葬已九十一年，棺木必毁，拟用拣金之法，改以罐藏骨，取以简易也。十时抵其地，景初夫妇已先至。工人方在启土，土丘去，有砖圹，上覆石版。启版，朱棺灿整，叩之铿然，不惟未毁，且坚实无丝毫损，盖木坚土燥而工实也。棺木既露，莫不欢祝。而原拟之罐藏竟不能用，新地未丈量，亦不知能容与否。景初不知新地所在，经办人又不至，移墓工人又要求加价，一时无法。只得稍停，以候严家所派经办人。迟至十一时半仍不至，景初乃入城至崇仁街寻之，余遂在墓地左右徘徊。至二时，景初偕经办人旋复至新义地相视，比定局已四时，今日不及迁矣。乃约先以棺送至工人家，以免夜露，明日作圹后安葬。原定拣金移葬费五千元，今改三万元。或云工人黠，明知棺不致毁败，故言必毁，以为开圹后要求地步，理或然也。五时入城，竟日仅食点心两块。景初备有晚饭，辞之。还舍。雯儿来。食面包两块、米线一碗。十时送雯儿还宿舍。归即寝。

〔付米线一〇〇元，花生五〇元。〕

十九日　阴历三月初八日　星期四　晴

七时起。九时入校治事。十至十一时授隋唐史一堂。向觉明六月始能还昆，所任中西交通史、隋唐史由从吾与余分代。本意不上课，指定参考书，使之分读。而学生求上课者多，遂定星期四、五、六第四时。今日第一次上课，学生又以时间冲突为言，决定改星期日上午。十二时至师范学院午饭后还舍小睡。锡予来，谈甚久，以北大前途为虑，此极应注意者也。余意胡适之师还，或可弥与外间隔膜之患。北大同人多洁身笃学,不求誉,亦不誉人。如英国牛津休斯来昆,先住龙头村北大研究所,他校之人日日包围之、谀誉之,而北大之人无人重视之,且诋毁之。休斯尝语锡予,谓某某某皆藐视我,何也?比其归,为牛津请联大教授四人,北大无一人焉。其美国先后来华之费尔白、开士,我校亦视之藐然,偶有一二人与之过从,但为个人计耳。余心虽深忧之,而语言不足。呜呼!上有高瞻远瞩之校长,下无笼照全局之辅佐。奈何!奈何!此余之失也!锡予又言算学系某教授诋北大最甚,其人北大待之优于一切,其同归者皆副教授,其人独予以教授,且增其薪,使与旧教授相若。去年美国特别救济金以单身人不能得,校长为之力争得之。以此种种,北大、联大均有批评,以为不平。而其人反诋学校,人固未易知也。五时至西仓坡开常务委员会。九时还。十一时就寝。景初以移先莹借去二万元①。

〔付景初借二〇〇〇〇元。〕

二十日　阴历三月初九日　星期五　晴　雨　谷雨

七时半起。九时半入校治事。十二时师范学院午饭后还舍小睡。四时至金碧路惠滇医院视赵廉澄疾,入院已九日,腹痛,有烧,白血球多。初有腹膜炎之嫌,久不得其确证,廉澄甚惧之。今日又请某名医至,谓系急性肠胃炎,盖饱食竞酒所致,已就痊矣。至才盛巷治事。晚饭后还。十二时就寝。

〔付面包二个九五〇元。〕

二十一日　阴历三月初十日　星期六　晴　阴　雨

七时起。十时入校治事。十二时午饭后还舍小睡。雯儿来。晚饭米线一碗。后检唐史笔记,备明日上课。九时邵光明来,说甚

①茔　原作“莹”。

久。谓远征军已结束，于总司令部下设方面军四、预备队一，以备反攻。第一方面军长官卢汉，第二方面军张发奎，第三方面军汤恩伯，第四方面军王耀武，其预备队因杜聿明、何绍周争，暂由何应钦自兼，将来当仍属何绍周也。又言近来每日自印运来之军火约三千吨，飞机运者尚不在内，三个月后必可反攻矣。又言彼已调回海关服务，但仍盼能在军队指挥炮兵。亚权亦将迁回昆明。十二时就寝。

〔付晚饭一〇〇元。〕

二十二日　阴历三月十一日　星期日　晴

六时半起。八时半入校。九时至十一时授隋唐史，选修诸人时间难配合，遂以星期日上课，非常道也。下课学生又求提早半小时，允之。下课诣矛尘，值其请月涵、端升夫妇，乃还舍。本约光明来午饭，候之未至。在巷口小馆进食一菜三百二十元、五馒首每个四十元，竟达五百二十元，或云尚属最廉者。还舍小睡。为吴志青写序文。晚出食米线二碗。余以下午多酬应，久未包饭，而日食于店，所费不赀，故每以米线充饥，甚非养生道。下月拟包全日餐矣。预备功课。十一时就寝。

〔付午饭五二〇元，晚饭二八〇元，菊花一两二五〇元，花生五〇元，黄油一罐六五〇〇元。〕

二十三日　阴历三月十二日　星期一　晴

七时起。九时入校治事。前诣月涵先生，以其十一时入校，正余授课时也。十二时授课。至师范学院午饭。毕，还舍小睡。董式珪来。六时至才盛巷治事。九时还舍。十二时就寝。本月月底待发之款，计有清华办事处四百万，附属学校二百六十万，学生贷金六百万，本校薪俸等四十五万，米贴一千二百八十万，生活补助费一千〇四十万，补发三月生活补助调整数五百二十万，合计需四千一百三十馀万。而校中仅筹得一千四百五十万，须另筹二千六百馀万。商业银行无此巨款，国家银行须待请示，自两周前即行筹措，连发急电三数，迄今尚无消息，为之气燥，今日屡发怒。

〔付鲜花饼二块四〇〇元，肉松一两二五〇元，花生六〇元，零用五〇〇元，加菜一〇〇〇元。〕

二十四日　阴历三月十三日　星期二　晴

六时半起。八时入校治事。九至十时、十一至十二时各授课一小时。商勉仲清算训导处米款。自去年十一月以来，训导处向粮政局购买食米即未付款，而余竟不知之，仍按月筹足贷金包括米价送交训导处。上月勉仲始告以可少拨，仍未言粮政局米价未付。未付之原因，由于米粮定价一千八百元，与市价相差太远，局中恐收受后赔累无法补偿，故允拨米不收价，以待教育部与粮食部直接交涉。日前余始从萧以何口中知其事，勃然大怒！盖每月饱经种种困难，始能措发贷金及薪津，有时且须出五六分利息，而训导处竟浮存四百馀万，一无利息，不惟有关公帑，于事理亦不通。故本月应发贷金，余不允代筹，令就章耘夫、萧以何手中米款先发，又劳一番口舌，不觉更怒矣。师范学院午饭后还舍小睡。写吴志青《武术理论辑要》序成。七时至之椿家晚饭。八时半还。十二时就寝。

二十五日　阴历三月十四日　星期三　晴

七时起。九时入校治事。十一时授课一小时。师范学院午饭。还舍午睡。七时至才盛巷治事并阅书。前拟以近作考订清史杂文汇为一编，定名《清史稽疑》。今觉“稽疑”之名出于《洪范》“明用稽疑”，此书与“明用”无涉，用之反滋疑惑，思改为《清史证疑》。九时还。舍中无电灯，欲钞吴志青书序未成。十一时就寝。

〔付烧饼二个六〇元，董刚用一七〇〇元。〕

二十六日　阴历三月十五日　星期四　晴

七时半起。九时入校治事。教育部汇来一千八百万，本月应发薪津可无虞，但补发上月生活补助增加部分尚难，然而心安矣。十二时师范学院午饭后还舍小睡。写吴序，以示石柏宓、任又之、韩质如。五时至西仓坡开常务委员会。八时半散。还舍。写《包衣》文稿，中辍二十日矣。十二时就寝。

〔付烧饼二个六〇元。〕

二十七日　阴历三月十六日　星期五　晴

七时起。烧饼昨日每个三十元，今日四十元矣。九时入校治事。十二时师范学院午饭。还舍小息。三时复入校。与勉仲、以何清算米价。五时还舍。在宿舍食客饭。至才盛巷治事。九时还。十二时就寝。

〔付烧饼二个八〇元。〕

二十八日　阴历三月十七日　星期六　晴

八时起。别有一家售烧饼者，仍价三十元，不知日内仍长否也。十时入校治事。十二时师范学院午饭。还舍昼寝，竟至四时。晚在舍客饭。后至才盛巷治事，以星期一开校务会议，今日发通知。九时还舍。预备功课。十二时就寝。

〔付烧饼三个九〇元。〕

二十九日　阴历三月十八日　星期日　晴

七时起。八时半至十时半入校授隋唐史。课毕，至文化巷南开办事处视月涵先生。西仓坡清华办事处房屋房东限五月一日前腾让，故于昨日移于此。至清华办事处，则于明日移入昆中北院北楼楼下。诣端升，小坐。十二时至师范学院午饭。毕，还。一时半至西仓坡清华办事处参加清华纪念会，此西仓坡最后之会也。三时半还。毓枬来，谈至十时。勉仲来，亦为房东所逐矣。十二时就寝。晨报谓德国投降，及上午九时华盛顿电，杜鲁门总统复声明其非，而晚报仍侈谈之，不知何故。

〔付雯用二〇〇〇元，雯加饭费一〇〇〇元，加饭费五〇〇元，客饭四餐一二〇〇元。〕

三十日　阴历三月十九日　星期一

七时起。九时入校治事。陈保泰来，商学生食米事。十一至十二时授明清史。一时回舍，竟未午饭。二时半至才盛巷。三时半开北大校务会议，谈复校问题，并决议准程毓淮休假一年。六时偕膺中往视静娴疾，肋骨结核也，非割治不效，而本人虚弱，必养息半年，庶几可割，割去肋骨两条能否痊愈仍属疑问，无可为力，唯慰之而已。七时回靛花巷宿舍。十二时就寝。

〔付烧饼二个一〇〇元，洗衣一〇〇〇元。〕

本月收入五八五四四元，计薪津四七九四四元，演讲费五〇〇〇元，退回汇款利息五六〇〇元。支出饭食二〇三九〇元，酬应八〇六〇元，零用六一八七元五角，雯儿用一七四〇〇元，董刚用二八〇〇元，共五四八三七元五角。收支相抵，馀三七〇六元五角。此外退回汇平未通汇款三〇〇〇〇元[①]，借予景初二〇〇〇〇元。

五月

一日　阴历乙酉年三月二十日　星期二　阴

七时起。又枨约食面，食毕还舍。九时入校治事。十一至十二时授课。下课后治事久之，始至师范学院午饭，几乎又不得食。还舍小睡。子水来。袁冠新世斌来，衔命乘车来接，先至端升处，

①按本年一月二十五日“寄家二〇〇〇〇元”，二月十九日“付汇家一〇〇〇〇元”，共计三〇〇〇〇元。四月五日谓“入退还汇款二〇〇〇〇元，又利息五六〇〇元”，此谓“退回汇款利息五六〇〇元”，“退回汇平未通汇款三〇〇〇〇元”，此处三〇〇〇〇疑当作二〇〇〇〇。

再至子坚、勉仲处,再至月涵先生处,正之、芝生、嘉炀、石先均在,同至白马寺,应何敬之之约,枚荪已先到,别有云南大学诸人,共二桌,盖酬应也,一无所谈。晤杜聿明,甚关心五四学生发生问题,但其所得报告不免言过其实,如谓将欲流血之类,皆必无之事。又晤周新甫,年已七十,精神甚旺,大似去夏在大理所见诸老,背直胸挺,白髯童颜。又晤汪缉斋之弟。饭后复以车送还。杂阅案上书。十二时就寝。

〔入四月薪五九〇元,四月生活基数八〇〇〇元,四月生活加成四十倍二三六〇〇元,三月膳食补助食米代金一石二五一〇〇元,四月研究费六成三五四元,三月房租津贴二〇〇元,四月房租津贴二〇〇元,四月车费办公用二〇〇〇元,补一至三月车费各一千六百元四八〇〇元,共六四八四四元。付四月房租二〇〇〇元,付捐税四七.五元,五月包饭费半六〇〇〇元,五月饭费雯儿全一二〇〇〇元,五月宿舍杂费一六〇〇元,烧饼二个一〇〇元。〕

二日　阴历三月二十一日　星期三　阴

七时起。八时半入校治事。十一时至十二时授明清史。十二时至师范学院午饭后还舍小睡。四时明之来,偕至昆中南院宿舍视应修工程,修阴沟一小段,路面一段,宽二尺,约须六十馀万。在石先处小坐,又至泽涵处小坐。诣端升,不值。至才盛巷,今日与泰然公宴枚荪、端升。饭后畅谈,十时乃还。枚、端两君已电适之先生,促归,以出席参政会为言。余则深望其来北大讲学,并发扬之也。端升言中央正在以延揽人才为号召,枚荪、芝生必可得中央委员。但为枚荪计,甚不值得。枚荪言将推梦麟先生,余意孟邻师亦可不参加也。谈至十时还舍。十一时就寝。

三日　阴历三月二十二日　星期四　阴

七时起。九时入校治事。学生自治会为纪念五四,有火炬竞走，由学校至翠湖环走一周。此事涉及校外，非学校力量所及，与勉仲力劝其在校内举行，不必出校。主事者请学校为之转函市治安当局，余未允，并劝其亦不必自往请求，以本校向未作此类请求也。又学生会于明日举行师生大聚餐，求校中津贴，月涵先生不允，今日又来请，余劝导始去。十二时至师范学院午饭后还舍。从吾自重庆飞还，同机有陶孟和先生及宝騄。与从吾谈至三时，欲小睡，未成。而耘夫来，谓学生会阻止同学领电影券，并签名代领，将欲赠之伤兵。耘夫不能决，以商勉仲，勉仲不在，更来商余。余偕之再访勉仲、月涵，均不值，遂决定命其照单发给学生会，乃归。五六日前，青年团同学来告，已与南屏等三电影院商洽妥，于五三、五四为联大教职员、学生免费演电影三场，请学校为之去一公函，允之，其后商妥。又来谈发票事，余恐由青年团发致生支节，乃与勉仲商由训导处代发。今日学生会以不愿以娱乐纪念五四为言，并谓此系青年团破坏学生会纪念会之诡计，实则今晚一场在十时半，明午一场在十二时，明晚一场在十一时，与纪念会项目均不冲突也。五时至附中开校务会议，勉仲于演电影事有报告，谓事前本校各部分向电影院请求放映者甚多，皆未允，其后以情不可却，遂允放映，竟为青年团所得。在电影院只知联大，并不知来洽者非同一团体，以为青年团可为代表，遂告之青年团。而学生会以为其他团体不能得，独青年团得之，遂疑其有背景①、有作用也。明早五月月会，决定请陈纳德、马丁、潘光旦讲演。归。与从吾谈，从吾言有团员来告明晚火炬竞走后恐有大规模之游行，又言此次青年团中央团部开会第一日，团长对联大团务颇有指摘，以为学生发宣言不能阻为一种耻辱，雪屏甚焦灼。次日有人质问其事，团中乃将雪屏所

①景　原作“影”。

有报告宣布。第三日委员长约雪屏、从吾、孟真、孟和诸君午饭，雪屏复详为报告，说明学生会选举失败全由于一年级新生无法控制，且其中团员有为团外作暗探者。第五日大会，团长讲演，对雪屏复有劳勉，并大骂团中不能领导青年，只想控制青年，并责此次代表大会所举出者，无一真正青年。最后乃谓："如今后仍不改革，只有我不作团长，或你们脱离团。"于是张治中、康泽之流大惧，急将选出之代表名单改动，加入各校学生六人，加入委员长所指定之翁文灏、朱经农、王抚五诸人。而原来分配于朱骝先先生部下之四人杭立武、陆翰芹等、分配于 C.C.者之四人均撤销矣，可谓笑话之至。至月涵、雪屏二公，则原来所选出者也。十二时就寝。

四日　阴历三月二十三日　星期五　阴　晴　雨

六时半起。七时入校，勉仲继至，八时逵羽偕马丁来，而会场空无一人。余与勉仲异常焦急，乃临时摇铃，以粉板宣布讲演。人始陆续到二百馀人。至八时四十分开会，马丁讲民主，光旦讲民主与科学为同一精神、两种作用，一对人民、一对事物。最后月涵先生警告学生勿游行。会散，与光旦、子坚同进早餐。萧以何、胡蒙子来告学生请学校布告今日电影不用票，凭徽章入场，盖青年团恐学生会以票赠伤兵，到场扰乱也。余意徒滋误会，未之允。与勉仲偕出校，经南区，值悠悠体育会周年纪念会照像，邀余二人参加。照毕，出。勉仲言昨晚十时警备司令部召集校长会谈今日防范学生事。勉仲以所闻今日下午一时学生将在云南大学开会游行事报告，云大校长首先否认，他人亦不以为意。现通告已出，果不虚也。勉仲深虑之，余谓学生果出游行，万不可阻止，只宜保护，不宜授学生以说话指摘之举。勉仲初谓甚难，以军警均有枪也，既而亦以为然，往晤主者，余还舍。在云大门首见红纸大布告，果系今日一时在操场开纪念会。还舍小息。十二时往师范学院午饭，遇勉仲自云大出，又见中学生一队自西来，余见逵羽之第三子于队中，知为昆华中学。勉仲以昨日闻之负责当局，言省立中等学校绝不参加，疑之，既而知负责当局所言盖不负责者也。午饭后还舍小睡。三时许为口号声及义勇军进行曲歌声惊醒，出巷口视之，则学生游行大队已出，自云大向青云街东行。锡予来谈。五时许又闻口号声，知大队已安全回归，复偕锡予至巷口观之，见昭抡、一多、孝通及一高身多须者随队尾。又有佩红条者数十人，则纠察队也。大队复至云大，然后散。有助教言开会时由一多、春晗、大逵讲说，游行路线为青云街、华山西路、武成路、福照街、光华街、正义路、金碧路、护国路、南屏街、正义路、华山南路，在省党部门前小有纠纷，复转华山西路、青云街而还，沿途以粉笔书标语，散中英文传单云。余乃至月涵先生处报告，遇任东伯。少顷，勉仲、光旦亦至，同二君入校参加全校师生聚餐。余等三人外，教授尚有赵凤喈、傅恩龄、雷伯伦、曾昭抡、孙毓棠、王赣愚、吴春晗七人。余俟入座，乃去。凡二百六十一桌，皆就地而食。余往矛尘处，耘夫请客也。落雨。九时还。耘夫以所得标语、通电、传单相赠。还舍。与从吾谈今日情形，盖预先筹备久矣，而学校、官厅、党部一无所知，其组织严密极矣。其反对今日看电影，盖恐影响游行也，不免过敏而不知初无人得窥其秘密也。游行之秩序，事前事后之周虑，均远胜当年，可谓大进步，而军警之镇定不扰亦有足多。独青年团人昨日尚疑游行在今日晚间火炬竞走之后，何以消息若是迟钝耶？从吾言昨日能肯定今日必有游行，似亦胜于地方负责当局也。今日游行人数或云二千许，或云万馀人，或云四千馀人，疑其中者较近实。十二时就寝。

五日　阴历三月二十四日　星期六　阴

七时起。九时入校治事。十二时至师范学院午饭后还舍一睡，不觉三小时。雯儿来。六时吴文藻来，今日自印度飞重庆，以时晏在昆明停一夜，明晨复将开行。晤面狂喜，余欲约之晚饭，不许，而更以约余，余亦不许，乃同诣端升，欲就食焉。过云大，遇学生一，命其人告孝通。余等既至端升处，值其将往奚若家晚饭，就食之计竟不能达。会孝通至，谓光旦家请客，多加一二人无关，遂决往。先诣月涵先生，不值。抵光旦处，一多、春晗、钦墀、树青、赣愚、同济已先在，昭抡续至，共食馄饨。饭后罗努生来，谈及昨日游行事，努生言皆春晗一人所布置计划，春晗反诮之，努生有得色，似亦大与有力焉。余与文藻、同济、赣愚先还，文藻往商务酒店，余归。十二时就寝。文藻言，适之师可能夏间返国，但未必能久住昆明耳。此次宋子文初到华盛顿，胡师往晤之，未见，师一怒而还哈佛。至前日报载，师未俟会毕而还哈佛，则系预定计划，无他故也。又言美国追悼罗斯福，极哀痛而极沉静。对于新总统杜鲁门批评亦佳，其人为一诚笃君子，且能接受他人建议者也。又言或传在黑海会议时，罗斯福有出卖中国之举，绝不可靠。又言中国留美学生人人有一派克五十一水笔及金表，美国尝谓中国如此之穷，何以学生皆如此之富，舆论大为不满。又言欧洲战事将次结束，美军即将复员，半年内轮船恐无载华人机会。又复员以后，人力富足，恐各机关学校不复雇用华人，留学生在美职业将大成问题。

六日　阴历三月二十五日　星期日　阴　雨　晴　立夏

七时半起。召亭来，谓其右眼失明。因近日屡与民主同盟派生气，星期四又见一文尤怒，上课遂向学生言之，愈谈愈怒，下课即觉右眼不舒适，眇一目，察之，竟不能见物。昨日就诊于王承烈，据须割治。至奚若属，拜陶孟和先生，不遇。至北门街七十一号宿舍，晤岱孙、企孙、佩弦，知教育部高等教育视察团皮皓白、童蔚孙已续至，留刺而还。在七十一号谈较久，不及至师范学院午饭，枵腹昼寝。四时至才盛巷治事，途中食包子四个，聊以充饥，未能饱也。七时还舍。与宝騄、伯蕃久谈。同出食羊肉，每碗已百五十元矣。还舍再谈。就寝已一时。

〔付烧饼六〇元，午饭二〇〇元，羊肉四五〇元，糖二〇〇元，花生五〇元。〕

七日　阴历三月二十六日　星期一　晴

校中以今日起改用夏季时间，较旧时提前一小时，日记中所记时间均依之。七时起。九时入校治事。十一至十二时授清史一时。课毕，复治事。离校已一时，遂不往师范学院，在小铺食素包子四，素面一。还舍小睡。三时雯儿来，偕入城。余至才盛巷治事，并布置明日会场。五时还。至北门街晤岱孙、企孙。访任东伯，不遇。还舍则东伯方在相候，商定明晨偕之入校视察。至师范学院晚饭。诣月涵先生，小坐。诣之椿，不值。还舍。与宝騄谈，同出食羊肉而归。十一时就寝。日前从吾自渝还，衔骝先先生之命，劝月涵出席全国代表大会，嘱余转陈，并谓中央将以中央委员相畀，而企孙、岱孙、端升诸公均以为若担任中央委员，则将来益难对学生说话，不如不出席为宜，亦嘱余转达。今日遂以两方面不同之意均为月涵先生言之，月涵言拟后日往渝，到渝后更辞中委之命。得朱骝先先生书，以维持北大事相劳慰，读之感奋。

〔付面包一个四五〇元，午饭四〇〇元，茶叶一斤二四〇〇元，雯皮鞋五五〇〇元，雯用三〇〇元。〕

八日　阴历三月二十七日　星期二　晴　夜雨

七时起。八时半至北门街晤庄长恭、任东伯二君，皮皓白、童蔚孙已移居云大矣，石先亦先至，候至九时二十分，皮、童两君未至，乃偕庄、任二君入校，在新校舍候至十时二十分，皮、童两君始到，盖双方互候，昨日定约未能确实说定也。乃偕看物理系、心理组、学生饭厅吃饭情形、图书馆。时已十一时半，原定九至十一时在新舍及附中视察，十一时往工学院，午饭后视察，恐误工学院之约，遂匆匆乘马车去。石先、勉仲导之，另定期再看新舍。十二时至师范学院午饭。毕，还舍。随至才盛巷。三时开茶话会，诸同人先后至，陶孟和、皮皓白、庄长恭、童蔚孙、任东伯均到，林同济、严慕光未到[①]。月涵致词后，皮、任各略有所谈。孟和先生先去，月涵先生指名请石先、勉仲及余说话，乃各就所司有所言，不免近于批评摘指矣。正之、希渊、继侗亦各有表示，东伯亦略答解。四君皆非部中人，所答亦不能得要领也。六时散。四君略看北大文科研究所图书室而去。余偕锡予步还，锡予言五四游行时柳漪在大街立观，队中只有学生，并无教职员及其他人员在内，余与锡予巷口所见，盖平安回来以后临时随入者。相与叹息，万一不幸发生惨案，罹难者仍属学生耳。晚与宝騄出食羊肉。十一时半就寝。德国投降。

〔付羊肉六〇〇元。〕

九日　阴历三月二十八日　星期三　晴　雨

七时半起。十一时入校授课，课毕治事。十二时半至师范学院午饭。饭后还舍小睡。雯儿来。锡予、自昭偕来，自昭下午始自重庆飞到，谓重庆大小官吏近日惟在忙代表大会选举中央委员分配，相互攻讦、相互援助、相互批评、相互传说，若不知天下更有其他事者，且以一人之喜怒为喜怒。噫！可哀也矣！自昭五四在成都，成都是日亦有游行，秩序亦佳。七时诣月涵先生，不值。至大西门外西门乐理发，此店主人优联大同人、同学，照价七折已数年于兹，向未知之其人其事，亦可记也。还舍九时。后再偕宝騄出，食羊肉而归。十二时半就寝。德国以前日上午二时四十一分(夏季时间)向盟国无条件投降，八日午夜十二时零一分生效，盟国定

①严　原作“颜”，据《东阳文史资料选辑》第十四辑“严济慈专辑”改。

昨日为欧洲胜利日 V.E.Day。中央令全国今日起悬旗致庆三日，昨日英国新闻处汽车满悬旗帜游行全市，市人殊漠漠，此固国人不甚关切，亦知识低后有以致之。

〔付雯用六〇〇元，理发三五〇元。〕

十日　阴历三月二十九日　星期四　晴　夜雨

八时起。九时入校治事。闻月涵先生昨夜还寓后，车夫挽车至学校车房，行数步，有军服者四人持手枪劫车轮胎而去，亦可怪也。月涵先生今晨已飞渝。十二时至师范学院午饭。饭后还舍小睡。雯儿来。七时至师范学院公宴工校负责人，为续租校舍也。九时还。一时就寝。心理上总觉一时即十二时耳，不免迟睡。此大不可，宜深戒之。

〔付菜一六〇〇元，雯用四〇〇元。〕

十一日　阴历三月三十日　星期五　晴　阴

七时起。九时入校治事。十二时还舍。请宝騄食鱼。午后大睡。六时至才盛巷治事。八时还。与宝騄出晚饭，饭后还舍。十二时就寝。

〔付烧饼六个三〇〇元，大饼三个二一〇元，晚饭五〇〇元。〕

十二日　阴历乙酉四月初一日　星期六　晴　阴　雨

八时起。十时入校治事。十二时师范学院午饭后还舍小睡。五时至附属中学开常务委员会，本约皮皓白、任东伯、童蔚孙、庄长恭聚餐闲谈，得东伯书，已别有两约，遂不果来。还舍无灯。至北门街七十一号闲坐，仅晤宪钧、沈同、佩弦，谈久之。长恭还，与谈，颇快。还舍。矛尘夫妇来。预备功课。十二时就寝。

〔付雯皮鞋六〇〇〇元。〕

十三日　阴历四月初二日　星期日　阴　晴

六时半起。八时入校授隋唐史。十时半至昆中北院宿舍，视印堂疾，不值，已入惠滇医院矣。又视典存疾，已就痊。十二时至师范学院午饭。饭后还舍小睡。毓枬来。作书复朱骝先先生，有“今后北大必增加新院系，始能更振奋院系之精神；必增加新教授，始能更促老教授之进步”数语。从吾自宜良还，久谈。十二时就寝。

〔付面七五〇元。〕

十四日　阴历四月初三日　星期一　晴

七时起。九时入校治事。十一至十二时授课。十二时至师范学院午饭。还舍小睡。三时复入校治事。与勉仲、耘夫结算贷金。五时还。勉仲来，同诣陈保泰，宴教育视察团，嘱作陪也。四团员外有君培、遂初。九时还舍。十二时就寝。

十五日　阴历四月初四日　星期二　晴

七时起。八时诣家骅，原约余早餐，比至，主人未起。乃至云南大学，晤皮皓白、童蔚孙。九时至校，授史部目录学。下课治事。十一时再授明清史一堂。今日视察团复来校视察，余不愿旷课，由石先、勉仲伴之。十二时一刻同乘马车诣赵鸣岐，欢宴视察团也，余等外另有奚若、端升、迪之。饭毕，与勉仲、石先偕皓白、蔚孙乘马车至大观楼游览饮茶。五时复乘马车入城。锡予来。子水来。与从吾谈，从吾言孟真欲余入教育部，以骝公欲更动经农、英士、太侔也。此乌可哉！此乌可哉！七时至才盛巷治事。九时还。十二时就寝。

〔付晚饭六〇〇元，茶四五〇元。〕

十六日　阴历四月初五日　星期三　晴

七时半起。九时入校治事。十一时授课。十二时往师范学院午饭。饭后还舍小睡。写《包衣》文稿，中辍又多日矣。雯儿来，偕往师范学院晚饭。归。仍写文稿。十二时就寝。毓棠言印度报载莫洛托夫在美向杜鲁门总统提出四条：一、俄欲占领满洲；二、俄以朝鲜为保护国；三、俄在北太平洋岛屿设军占区；四、俄占台湾北部。其事殊可怪,岂以此为对日作战交换耶?俄不忘情东北,且为生存不能放任东北于他国,自在意中,但不料其要求占领朝鲜,将来政府必为亲苏政府或苏联支持下之政府,又何必置为保护国耶?台北与俄无关,其事尤怪。

〔付零用一〇〇〇元,作衣工(零)六〇〇元。〕

十七日　阴历四月初六日　星期四　晴

七时起。九时入校治事。遇端升,询以俄国四条事,端升以为疑。十二时至师范学院午饭后还舍小睡。五时至师范学院晚饭,食鱼。归。与伯蕃至才盛巷,晤物华,出示所录印度报苏联四条,原文系十四日蒙巴顿东南亚司令部报 S.E.A.C.所载,与昨日所闻微异:一为占领满洲旧日敌人领土,三为恢复日俄战争前丧失之权利,二、四与昨所闻同。一、三之区别尚待研究,岂一指南满,一指北满耶?九时还舍。写《包衣》论文。十二时就寝。

〔付加菜一六〇〇元,墨一块一五〇〇元,蛋糕半斤七〇〇元。〕

十八日　阴历四月初七日　星期五　晴

八时起。任东伯等以今日行,往别之,遇其车于陈保泰门前,入探之。迪之、勉仲及任、皮、童三君均在,谈少顷,知今日惟东伯行,皓白、蔚孙须待二十日,长恭则已下乡矣。入校治事。十二时至师范学院午饭。比至,始忆及今日提早半小时开饭,乃还。以鸭蛋一进烧饼,聊当一饱。还舍小睡。写《包衣》文稿。五时至师范学院晚饭。饭后至学生服务处参加历史系四年级级会,到伯伦、从吾、心恒、辰伯及学生十六人,每人说话一段,已逾九时,甚无谓。询伯伦以苏联四条事,伯伦疑之。归。写《包衣》文稿毕。十二时就寝。

〔付烧饼四个二〇〇元,鸭蛋三个四五〇元。〕

十九日　阴历四月初八日　星期六　晴　雨

七时半起。九时入校治事。十二时至师范学院午饭后还舍小睡。整理文稿。晚与幼声、宝騄谈。十二时就寝。

〔付烧饼二〇〇元,菜六〇〇元。〕

二十日　阴历四月初九日　星期日　阴

六时半起。八时入校授隋唐史,十一时还。十二时至师范学院午饭。还舍大睡。晚宝騄约食鱼,饭后与伯蕃、家骅、宝騄久谈。十二时就寝。上午皓白来,未遇。

二十一日　阴历四月初十日　星期一　晴　阴　雨　小满

七时半起。九时入校治事。十一至十二时授明清史。十二时半师范学院午饭后还舍。三时半再至师范学院,为晋修班学生讲演,漫谈科学与文化,提出三点:一、离开民族性不会有自己的文化;二、不能吸收不会有演进的文化;三、不去穷究不会有进步的科学。意在反对只提倡应用科学而不知研究纯粹科学,只知接受不知吸收,只知别人忘了自己。五时讲毕,即在师范学院晚饭。饭后率雯儿诣矛尘,小坐,昨日迁入昆中北院宿舍。至才盛巷治事,晤物华。十时还。十二时就寝。

〔入讲演费三三〇〇元。付雯用一〇〇〇元[①],加菜三〇〇元。〕

二十二日　阴历四月十一日　星期二　雨

七时起。八时半入校治事。九至十、十一至十二各授课一时。师范学院午饭后还舍午睡。雯儿来。晚在舍食面。写清史论文集叙。月前欲名此集为《清史稽疑》,既以与《洪范》"明用稽疑"不相侔[②],改为《清史证疑》。今日子水来,以此质之,子水云"证疑"不如"稽疑",至其与"明用"无关,可不必问。但"稽疑"之名仍不煊赫,不如"索隐"、"辨微"之名显。二人商久之,定为《清史探微》。今日报载第六届代表大会选举中央委员结果:孟邻师与伯苓先生

---

①付　原脱。

②明用稽疑　原作"稽疑明用",据《洪范》及本年四月二十五日日记乙。

当选监察委员，月涵先生与雪屏当选执行委员，枚荪、芝生二人单中未见，或已辞之。本校今有四人，较之他校已多，而同人中犹有以为未足者，殊不可解。就党言，多一教育界人自然多一分生气；但就校言，多一中央委员更多一分麻烦。若果联大有六中委居要津，则不惟对党外不易解释，对党内亦不易解释，且与传统亦不合。此意数与同人言，颇少许者，今日复与从吾言之。十二时就寝。

二十三日　阴历四月十二日　星期三　雨

八时起。十时入校治事。十一至十二时授清史。课毕，至师范学院午饭后还舍小睡。三时诣廉澄，小坐。至才盛巷治事，途遇华炽。谈及枚荪落选，余谓此或其自辞，且亦无损于枚荪，华炽言社会仍以此为重。五时至惠滇医院视张印堂疾，已就痊，尚未明终属何病也。仍返才盛巷。饭后还舍。写短序毕，题四月十二日，思以纪念罗斯福也，不知外国有此例否。十一时半就寝。

二十四日　阴历四月十三日　星期四　阴　晴

七时起。十时入校治事。十二时午饭后还。小睡。徐梦麟来，同诣刘寿民，云大请其教课也，已允。与幼声、伯蕃谈。幼声，又枨字也。十二时就寝。部拨乙种奖助金月五百元，本年共六千元。又久任奖金二千五百元。乙种奖助金眷属五人以上者得之，久任奖金任教十年以上者得之，其数微，无济于事用。

〔入售物九二〇元，乙种奖助金六〇〇〇元，入久任奖金二五〇〇元。付加菜二五〇〇元。〕

二十五日　阴历四月十四日　星期五　晴　有云

八时起。十时入校治事，途遇廉澄，谓岗头村公舍家俱，彼仅借铺板一付，桌一方，其馀皆为矛尘取用，嘱一查。又柿花巷防空洞木料运存村舍，曾为其用人售去，亦嘱一查。复谓矛尘移入城中，独择廉澄、濯生在校授课时，意在避人耳目。岂其然乎？十二时至师范学院午饭后还舍小睡。景钺来，谈甚久，主张北大应切实调整各系人事[①]，不必待至抗战结束。至才盛巷治事。至商务酒店应绍穀晚饭之约，九时散。诣耘夫，小坐。一时就寝。今日为先妣陆太夫人七十七岁冥寿。

〔付车四〇〇元。〕

二十六日　阴历四月十五日　星期六　晴　有云

八时起。十时入校治事。晤芝生，昨日自重庆飞还。谈及国民党六全大会，最初改定政纲，表现甚好，最后一日选举中央委员，深使人失望。选举法初定自由竞选，每候选人须三人提名，每代表只能提名一次。既而改为自由报名为候选人，并可由总裁指定，统列一单，由各代表就其中任选四百六十人，以得票多者当选。及选举之日，总裁莅会，谓选举法尚有不妥，改为由总裁提出四百八十人，交各代表圈去二十人，以得圈去票多者为落选，但各代表仍愿照原规定选举法选举者听。事实上五分之四以上皆用圈去法，其结果即报章所宣布者也。或云仍非圈去之结果，实即内定名单也。联大出席者五人，均未报名作候选人。此次大会，大体上分为两派：一派保守，C.C.是也，以地方党务人员为多；一派进步，青年团、军队、教育界、陈诚派、朱家骅派、孙科派等之联合也。两派明争暗斗不已，选举法之数改，即由于此。初总裁命两派调和，遂商定第一次三人推一候选人之法。既而C.C.不利，又两派调停，遂改第二次办法，C.C.又不利，始有选举日之临时改定，未免太不成新式选举局面。芝生又言，会中于新疆事讨论甚烈，咸主惩处盛世才。最后总裁亲临，说明盛亦有功，民国以来，率土来附，仅盛一人，故主

①调　原作“淘”。

宽容。但新疆代表甚为忿愤。又言新疆西部已成立东土耳其共和国，尚未加入苏联。十二时至师范学院午饭后还舍小睡。雯儿来，前后凡三次。预备功课。晚程陶等来。程今日返昆，谈大会情形与芝生略同。据言照第一次选举法，军队可占八九十席，青年团二三十席，C.C.四五十席，其馀分配于小组。照第二次选举法，C.C.亦不利，故哭诉于总裁，将中委名额加为四百六十人，原定三百六十人，并将选举法改变法。最后结果联合派合计较 C.C.多八席。程陶又言各种改革，党中均有诚意与办法。十二时就寝。雪屏来信，谈朱骝先先生留之甚殷。

〔付雯用一〇〇〇元，烧饼二个一〇〇元，黄油一磅半二〇〇〇元，花生五十元。〕

二十七日　阴历四月十六日　星期日　晴

六时半起。八时入校授隋唐史，十一时下课。诣矛尘，前日相约今日就正宣处食饼，以其所居屋小，改在矛尘处食之，矛尘并出酒肴佐之。食毕，尹辅、恒孚来，复定今日下午及下星期之约。今日始知诸人熟和之甚，好现象也。还舍已三时，未能昼寝。七时再诣矛尘，同至恒孚处，皆在昆北宿舍中，又有正宣、实秋，食撑条面，尹辅以不惯面食，未至。九时还舍。过饱，不敢睡。一时半乃就寝。五年前余初任总务处事，向觉明介绍友人售美国铅笔，校中无所用，不得已自购之，凡五打，价三百元，前托正宣代售，今日得价六万元。

〔入售物六〇〇〇〇元。〕

二十八日　阴历四月十七日　星期一　晴　阴

八时起。十时入校治事。十一时授清史。十二时师范学院午饭后还舍小睡。六时至才盛巷治事。枚荪自重庆还，谈久之，以为此次大会未尝有诚意也，而总裁损失尤大，甚可惜。十时还。十二时就寝。枚荪言重庆消息，宋子文将请孟邻师为行政院秘书长，师已允之。余疑其不确。果有此事,未免辱人太甚,不惟个人之耻,抑亦学校之耻。师果允之,则一生在教育界之地位全丧失无遗矣。

〔付蛋糕一一〇〇元。〕

二十九日　阴历四月十八日　星期二　阴

七时半起。九时半入校治事。十一至十二时授清史一堂。下课至师范学院午饭。还舍小睡。五时至附属中学开常务委员会,八时散会。理发。还舍。检书。十二时就寝。

〔付理发三五〇元,布三四〇〇元,糖二〇〇元。〕

三十日　阴历四月十九日　星期三　阴　雨

七时半起。九时半入校治事。十一时授课一堂。十二时至师范学院午饭后还舍小睡。三时至才盛巷治事。开文科研究所委员会,并备面。会散,与枚荪谈久之,乃还。十二时就寝。

三十一日　阴历四月二十日　星期四　阴

八时起。十时入校治事。十二时午饭后还舍小睡。晚饭后锡予来。徐梦麟、马晋三来。写"星期论文"初稿。十二时就寝。

〔付客饭四餐一六〇〇元。〕

本月收入七七五六四元。支出饭食二一七七〇元,杂用一四七九七元五角,零用二八四〇〇元,共七四九六七元五角。尚馀二五九六元五角。此外售物得价六万,以购黄金储蓄券。

六月

一日　阴历乙酉四月二十一日　星期五　阴

七时起。九时半诣矛尘,赠以鱼一尾,贺其移居也。入校治事。十二时至师范学院午饭后还舍小睡。三时徐梦麟来,谈兼课事,其意殊恳挚。写"星期论文"。七时诣矛尘晚饭。早间本约食鱼，比至，始知其生日也。十时还。锡予来，谈文科研究所事，未毕。十一时王亚权来询梅家住址，比去，再与锡予谈。十一时半写“星期论文”，题为“六三纪念献辞”，《中央日报》托毓棠限题命作。前两日已定大概，昨日写粗稿，今日下午写三小时，仅得八百许字。晚写至三时，又得千二百馀字。甚矣！吾文思之钝！饮茶多，登榻久不能入寐，或将四时始睡熟。

〔入五月薪五九〇元，五月生活补助八〇〇〇元，五月加成二三六〇〇元，四月米代金三八三三三元，补三月生活及加成一五八〇〇元，五月学术费三五四元，五月房贴二〇〇元，五月车费二〇〇〇元，共八八八七七元。付房租二〇〇〇元，税捐四七.五元，饭费一餐七五〇〇元，雯饭费一五〇〇〇元，雯用一〇〇〇元，送矛尘鱼二〇〇〇元，宿舍杂费一二〇〇元。〕

二日　阴历四月二十二日　星期六　晴　夜雨

八时未起，有人来扣门。比起，其人已去，徒扰吾梦耳。蒋相泽来。九时半入校治事。十二时至师范学院午饭后还。午睡未熟。报馆来取文稿，竟不能再睡矣。至才盛巷北大办事处治事。在泰然处晚饭。还舍。王亚权表甥女来，谈甚久，谓与邵光明脾气不投，近年来苦痛多而乐趣少，意欲离婚。余劝其稍待，俟抗战完毕，到平沪再议。亚权恐再迟则年事更长，前途不免暗澹。若二三年后不能离，惟不离耳。两人婚已十馀年，无子女。光明在军旅久，于世事隔膜，性刚强，与人多龃龉。亚权为之排解疏助之力甚大，精神上之苦痛自甚多，然光明实一向上之青年也。十一时去。韩质如来，谈近年治学转变情形，至十二时。客去即寝。

〔付面包一个五〇〇元。〕

三日　阴历四月二十三日　星期日　晴　阴　雷雨

醒已八时一刻，未暇盥洗，急奔入校。授隋唐史二小时。还舍。雯儿来,同至师范学院午饭。饭后回舍午睡,至四时乃起。六时尹辅约食锅贴,有子坚、勉仲、正宣、矛尘。七时许大雷电震耳欲惊,随之以雨。往年春季多旱,井水干浊。今年沛足无旱象,丰收之兆也。十一时还。十二时就寝。

〔付烧饼二个一〇〇元。〕

四日　阴历四月二十四日　星期一　晴

七时起。九时入校治事。为端午筹发款事大忙,竟误授课,比觉已十一时二十分矣。十二时至师范学院午饭后还舍小睡。锡予来谈。与从吾谈。在宿舍习拳后晚饭。至才盛巷治事,九时还。校杨友应代抄文稿。十二时就寝。

五日　阴历四月二十五日　星期二　晴

七时半起。九时半入校治事。十一时至十二时授明清史一堂。十二时至师范学院午饭后还舍小睡。五时至附属中学开校务会议,九时还。十二时就寝。

〔入清华福利金四二〇〇〇元。〕

六日　阴历四月二十六日　星期三　晴　芒种

七时半起。九时半入校治事。十一时授课。十二时至师范学院午饭后还舍小睡。雯儿来,携之晚饭。雯儿请钱学熙为之补英文。余至才盛巷,路遇泰然等,知其因事外出,余遂还。十二时就寝。

〔付蹄子十个五〇〇元,晚饭一五〇〇元。〕

七日　阴历四月二十七日　星期四　晴

八时起。九时入校治事。月涵先生于昨日还昆。十二时至师范学院午饭后还舍小睡。三时复入校,开联合招生委员会,五时散。还舍。食烧饼四,以当晚饭。十二时就寝。月涵言骝先有调长交通讯,教长有雪艇、梦麟两先生说,宣传部改隶行政院,易名情报部。雪艇不愿就。

〔付烧饼二个一〇〇元，烧饼四个二〇〇元，洗衣一〇〇〇元，修伞三〇〇元，董刚一五〇〇元。〕

八日　阴历四月二十八日　星期五　晴

八时起。十时入校治事。十二时师范学院午饭。还舍小睡。雯儿来，偕入城，至惠滇医院视罗静娴疾。其胁骨近日病痛加甚，必须割治。月前割两根已足，今须割三根矣。结核菌入骨，非割去不能止其蔓延。看亚权，不值。至才盛巷，九时还。黄金储蓄加价为每两五万，较之市价十二万所差仍远，此国家之损失，不如禁之为愈。莘田存李岫青之款，前日托宜兴、尹辅为之购五两，在加价以前，共价十七万五，今日已二十五万元矣。十二时就寝。

九日　阴历四月二十九日　星期六　晴　热

八时起。十时入校治事。十二时午饭后还舍午睡。倦甚，四时乃醒。急乘车至锡安圣堂，参加董振球、袁冬贞婚礼。勉仲代表女方袁家家长，余代表男方董家家长。礼成，至芗乡饮馔。天极热，不敢多食。食毕至才盛巷，八时还。雪屏来，上午自重庆起飞，下午始到，谈至十一时半乃去。先后来余屋听谈话者，锡予、子水、从吾、心恒、宝騄、伯蕃。客散，宝騄、伯蕃又谈久之。一时后，又枨来谈，以明早将往成都，述系中助教不努力情形，欲余言之泽涵筹善策。夜二时乃就寝。

〔付车三〇〇元。〕

十日　阴历五月初一日　星期日　晴　热

七时起。八时入校授隋唐史，十一时下课。诣雪屏，不值。与毓棠谈久之。十二时雪屏还，言孟邻师任行政院秘书长事传甚盛，宋在美确有电来，今宋已正式任命，恐更难辞。重庆看法与我辈异。近日各部事均由院作最后决定，其职甚重，故必老成硕望者任之。且宋将来必时常在外，镇守之职尤要，故多盼师能就此。然余意此事究系幕僚职事,与政务官不同。且师年已六十,若事事躬亲,亦非所以敬老之意。若裁决其大者,则必需有极精强部属,求之旧人,可谓一无其选,余绝不能更为此事也。为师计,殊不宜。饭后还。三时至蓉园参加伯蕃令妹森年与陈荫枋婚礼,余代表男方家长。礼成,茶点。至才盛巷小坐,还。七时至昆中北院教职宿舍,毕正宣约食鸡蛋面,有月涵先生、矛尘、尹辅诸人。九时半还舍。宝騄来,谈后日即将飞印度转美国矣,不愿使人知,故只告泽涵、毓淮及余三人。一时就寝。

〔付车四〇〇元,烧饼二个一〇〇元,送礼五〇〇〇元。〕

十一日　阴历五月初二日　星期一　晴　雨

八时起。十时入校治事。十一时授课。十二时至师范午饭。还舍小睡。雯儿来。六时至师范学院晚饭,后与雪屏、从吾久谈,均大会时情形。九时大雨。后还舍,与宝騄谈。一时就寝。

十二日　阴历五月初三日　星期二　雨

晨大雨,六时闻人声起,送宝騄,则已冒雨行矣,遂复睡,比醒将十一时矣。未暇盥漱,入校授课,已迟十五分钟,诸生尚在相候。授课毕,治事。后至师范学院午饭。还舍小睡。校文稿。五时至附属中学开常务委员会,十时散。决议请潘光旦代理教务长。还舍。校稿。十二时就寝。

十三日　阴历五月初四日　星期三　晴　雨

八时起。九时半入校治事。十一时至十二时授课。课毕偕枚荪至师范学院午饭。还舍小睡。缪鸾和来送徐梦麟信,并云南大学三十四年九月至三十五年六月薪,每月八千元,共八万元,以讲师名义每周任课二小时。五时至师范学院,应晋修班毕业晚饭之约,主人为月涵、仲钧、子坚。饭后偕雪屏、毓棠诣觉民,十一时还。十二时就寝。

〔入云大薪八〇〇〇〇元。付雯用二〇〇〇元[①]。〕

十四日　阴历五月初五日　星期四　晴

八时起。柳漪来送粽子[②]。十二时至才盛巷治事。午蒋太太约过节。二时还舍小睡。六时至师范学院请董刚、坤仪、泽珣、式珪过节，并请饭团诸人。八时还舍。校改文稿。一时就寝。

〔付过节五〇〇〇元。〕

十五日　阴历五月初六日　星期五　晴　阴

八时起。九时入校治事。十二时师范学院午饭后还舍小睡。晚饭后至才盛巷治事。知孟邻师于十四日自美动身返国，计程二十一二日可到昆。午间邵光明来，告卫立煌明日与韩权华在锡安圣堂结婚，以语蒋太太。前询其有无请帖，欲往贺也。九时还舍。校改文稿。一时就寝。

〔付烧饼一〇〇元。〕

十六日　阴历五月初七日　星期六　晴　热

八时起。十时入校治事。十二时师范学院午饭后还舍小睡。三时至才盛巷，与枚荪商请印度教授事，锡予、家骅已先至。六时家骅约至先春园食蒸骨、蒸鸡，两人竟费三千元。还舍。校改文稿。一时就寝。

十七日　阴历五月初八日　星期日　晴　雨

九时始起。柳漪来。十二时姚佛同约在巷口外四合园食面，九人共一万七千元。饭后至尹辅家食加非，打牌。晚饭后还。与伯蕃谈。一时就寝。

十八日　阴历五月初九日　星期一　晴　雨　晴

七时半起。九时半入校治事。十二时往师范学院午饭。还舍

①付　原脱。

②粽　原作“棕”。

小睡。出隋唐史试题。七时至矛尘许食鱼,有雪屏。九时还。读满洲文。十二时就寝。

〔付烧饼一〇〇元。〕

十九日　阴历五月初十日　星期二　晴

起已九时。十时入校治事。十二时师范学院午饭后还舍小睡。晚在宿舍食客饭,后至才盛巷治事。晤蒋太太。计程孟邻师后日可还。九时还舍。校文稿《清史探微》毕。一时就寝。

〔付面包一个五〇〇元。〕

二十日　阴历五月十一日　星期三　晴

八时起。十时入校治事。十二时至师范学院午饭。还舍小睡。光明夫妇来。五时至文化巷开常务委员会,九时散。质如来谈。十二时就寝。

〔付雯眼镜三〇〇〇元。〕

二十一日　阴历五月十二日　星期四　晴

八时起。铁仙来,嘱余为写一简单县志目录。大猷来,谓孟邻师已归。昨晚质如向余言,余尚否认,不意果然。急索报读之,盖与宋子文同乘专机昨日直飞重庆,未停昆明也。大猷云,外间传师将为外交部长,余谓不可信也。十时入校治事。十二时师范学院午饭后还舍小睡。晚饭后诣程毓淮,不值。闻其明日将行,由印转美,故往别之。至才盛巷治事,晤蒋太太,谈今晨得蒋师电话,嘱其往渝,后日可成行。随谈外间谣言,余谓此次与宋同归,必难摆脱。宋于财政虽感兴趣,但近方以外交而活动,未必即肯让出外交,外间所传未必可信。且尚有雪艇在,希冀其位也。教育可能较大,但交通未出缺,骝先先生未必动,则秘书长一说最可能。但此是事务官,未免太苦。且师十五六年前已作过部长,此时校长地位不低,何必更弃而作秘书长哉!蒋太太言至渝必劝之不就,但甚愿能改作部长云云。九时还舍。十二时就寝。

二十二日　阴历五月十三日　星期五　晴　夏至

八时起。十时入校治事。十二时师范学院午饭。还舍小睡。四时入才盛巷治事。作书上孟邻师[1],托蒋太太明日带渝。书谈三事:一、同人属望甚殷,此次回国未能先到昆明,应来书向同人有所表示;二、为将来复校方便计,联大以仍用委员制为宜;三、提胡适之师为继任人。又作书致孟真说二、三两点,请其向骝先先生一言。与枚荪谈久之,亦以二、三两点为然。九时还舍。十二时就寝。得朱骝先先生书,谈北大复校后校址事。将寝,闻有售报声,意以为必有要事,出购不得。

天挺吾兄大鉴:

比获上月十五日手书,备聆款怀,快同晤对。关于战后恢复北大规划,拟将马神庙校址(包括第三院在内)划并附近房屋与地皮加以扩大,添设医学院与附属实习医院。至农工两院,则以旧北平大学农工两院原址加以扩充为宜。因西郊已有清华、燕大两校,另觅校址似非所宜,他处环境不佳,且马神庙与校史有关,放弃亦可惜。未知高见云何? 因复,特及。

顺颂

台祺!

弟朱家骅顿首

六月九日

二十三日　阴历五月十四日　星期六　晴　雨

八时起。十时入校治事。十二时至师范学院午饭。还舍小睡。雯儿来。晚饭后至才盛巷治事。十时还。十一时半以后大

---

[1] 孟　原脱。

雨。读《满洲源流考》,刺其所注满洲语。十二时半就寝。蒋太太于今晨飞渝。

〔付晚饭四〇〇元。〕

二十四日　阴历五月十五日　星期日　雨

昨夜雨,迄下午始住,仍未晴也。晨八时半起。九时杨西孟来,谈至十一时。今日开党员大会,两人均未往。十二时偕雯儿至师范学院午饭。在西门乐理发。还舍小睡。六时半诣矛尘,不值。至南开办事处,张志铨约食津菜,其自作也。九时散。诣伯伦。开系务会议,十一时还。十二时半就寝。录《满洲源流考》满洲语。暑假开始矣。本年不作其他打算,拟完成大理调查稿。行有馀力,则读英文。

〔付雯用一六〇〇元,理发五〇〇元。〕

二十五日　阴历五月十六日　星期一　晴

八时起。十时入校治事。十二时至师范学院午饭。一时半还舍小睡。晚饭后至才盛巷,晤物华、枚荪。九时半还舍。十二时就寝。晨晤雪屏,言中央有大更动,惟教育、交通不动。陈立夫长经济,潘公展长情报,张厉生改中央党部秘书长,吴铁城改广东省主席。

二十六日　阴历五月十七日　星期二　阴

八时起。十时入校治事。十二时至师范学院午饭。雪屏谈太平洋盟军组织将扩大,以麦克阿瑟为统帅,中国以陈诚副之。何应钦回参谋总长本任。中国军总司令撤销,以顾祝同长军政。一时半还舍午睡。三时至才盛巷治事。七时诣芝生。七时半至学生公社参加北大同学茶话,现共十二人,均到,教员惟逵羽及余。十时散。同逵羽诣矛尘。十一时还。读《满洲源流考》竟。一时就寝。孟邻师已发表行政院秘书长并视事①。

①师　原脱。

二十七日　阴历五月十八日　星期三　阴　雨　晴

八时半起。十时半入校治事。十二时至师范学院午饭。饭后复入校治事。四时还舍。五时至文化巷开常务委员会，九时散，归。枚荪主星期六开北大教授茶话会①。一时就寝。晚子水来谈。从吾来谈。

〔付请客四〇〇〇元，烧饼一〇〇元。〕

二十八日　阴历五月十九日　星期四　乍晴乍雨

八时半起。承谔来。十时入校治事。校中以今日起放假。上午九至十一时办公。十二时至师范学院午饭后还舍。学生王鹤昌来。江泽涵来。赵春縠来。姚廷芬来。邵光明夫妇来。张景初来，偿还前借二万元。晚以米线一碗一百五十元、包子二个四十元果腹。至才盛巷治事。昨日重庆《大公报》有孟邻师谈话，谈美国教育并述及行政院事，盖一时权代，仍兼联大职务。与枚荪谈。枚荪于师此次就任前未能先将北大事作一安排深致不满，以为今后北大应由胡适之师主持，孟邻师不宜更回。余甚忧之。闻宋子文昨日经昆明飞加尔加达转苏联，同行有刘泽荣、胡世泽、蒋经国。九时还舍。与从吾谈。近日同人多疑余将往重庆，孟邻师无此意，余亦绝不往也。十二时就寝。

〔入景初还二〇〇〇〇元。付晚饭三〇〇元，面包一个五〇〇元，蛋糕半斤八〇〇元，付点心八〇〇元，笔六支三〇〇〇元。〕

二十九日　阴历五月二十日　星期五　晴　雨

九时始起。作书上孟邻师重庆，录于次：

二十三日匆匆手上一书，计蒙赐察。本日读二十七日《大公报》吾师谈话，知行政院事以外仍可暂兼北大、联大校务，闻

---

①荪　原作“孙”，据一九三八年一月十一日日记改。

之欣慰无量。年来北大同人以环境关系不无悒郁,因之趋于沉闷。去年闻吾师谈复校计划,春间又闻吾师谈赴美便中与彼邦人士商谈胜利后合作诸事,于是精神为之复振。月来同人相晤,莫不以吾师归期相询,念之殷,不免盼之切。尚请吾师于百忙之中抽暇致同人一书,可由枚荪转,说明被强邀赴渝,未及在昆下机之故,以慰同人殷勤之望。近日偶与同人谈及,莫不以联大改制为虑。联大常委原由部令发表,如师一时不克返昆,可否由部请胡先生代理,胡先生未还以前由枚荪暂代?或胡先生暂时不能还,即由部令枚荪代理,以安同人之心。〇待罪北大秘书处已历年所[①],今师既不能常以在昆,若仍由〇续任,似有不肯放手之嫌,于〇于吾师,均无益处,拟请准予辞去此职。〇立志终身服务北大,绝不因无名义而渝此志,想必蒙洞鉴也。后日开教授茶话会,同人皆盼得吾师消息,谨以附陈。

信用昨日口气,以昨夜枕上不寐所想到也。继任人选余想到端升、物华、廉澄,以不便写,故未提出。十时半入校治事。十二时离校。得孟邻师书,系二十七日所发,系得余二十三日信而写,谈在美情形,谓联大事请枚荪代理,北大事由余负责。余以所写信尚未发,加注数语,对于北大秘书长事仍请考虑余辞。十二时耘夫请在四合园午饭。诣刚如,晚在刚如处晚饭,饭后还。得莘田五月二十七日公信一、私信一。私信凡四页,为汇款事,为董式珪事。董事不知何人饶舌也。一时就寝。

三十日　阴历五月二十一日　星期六　乍晴乍雨

九时起。董刚来。雯儿来。十二时至师范学院午饭后即还。

---

①按“〇”即“天挺”二字录附时之略写。后七月八日、十一日日记所录同此。

二时半至才盛巷，首晤端升，继晤景钺，以孟邻师函先视之，诸人毕至。枚荪以事外出，比归，余复以函视之，枚荪主分示同人。四时半开会，以函传观。枚荪主席，报告今日开会之意有二：一、学年末聚会；二、校长就任行政院秘书长，予学校以很大波动，同人如有意见，七月三日往渝可以转达。之椿首先发言，谓行政与教育不应混而为一，原则上校长不应由行政官兼任，传统上北大无此先例，且反对此种办法最久，表示坚绝反对。之椿谈后，沉寂者一二分钟。景钺发言，谓事实上孟邻先生已被迫就职，无法挽回，且就学校亦非绝对无利。大猷继言数年以来，北大校务未单独进行，故校长无多事，今虽兼职，于事无碍，今日急务在物色教授，应请院长、系主任多负责。子水继言原则上赞成之椿不兼之论，事实上主张大猷之说，并谓素来觉得官重。枚荪言孟邻先生此次未能先回昆明与同人一商，实属错误。于是之椿正式提议改谈话会为正式教授会，一电孟邻先生，请其即归，一电适之先生，请其返国。锡予首先赞成，廉澄亦附议。锡予言适之先生气迫大，不惟可以领导文学院，并可领导理、法学院。枚荪乃报告最近两个月与端升两电胡先生经过，第一电就参政会立言，第二电就学校立言。子水又言主张胡先生回问政，不主张办学。端升乃报告在美国与胡先生晤商情形，在十一月前绝不能回，主张用同人私人名义请其回校，不必用教授会名义，蒋先生电可不发。于是发言甚乱。大猷言国民会议十一月开会，政府可能改组。自昭言绝端赞成孟邻先生作官，对其个人与学校均有利，故主张仅电适之先生，景钺、从吾、立庵亦主之。枚荪谈孟邻先生太粗心，细密处全未考虑，言时不免稍动感情，主张请孟邻先生要作官就作官。廉澄言之椿、锡予之意，即主请其表示态度之意。于是空气颇现紧张。锡予乃从容言其附议之椿提议，注意后段请胡先生回国非为蒋先生事，至于胡先生回校，亦与校长无关，应分别观之。空气复趋缓和。膺中不主张电或函蒋先生，谓今日所见之信乃致余个人者,非致同人者,可不作数。锡予言不致函同人最无道理。最后乃决定改正式会,由枚荪、端升及余电胡先生请回国领导学术工作,托枚荪将今日会场情绪转达孟邻先生。乃进包子而散。今日到会二十八人,最激忿者枚荪、之椿,而廉澄附之,次之则锡予,但其后稍缓和,发言和缓者景钺、铁仙、逵羽、大猷、从吾、子水、膺中、立庵、端升,赞成者自昭,未发言者士彤、化农、质夫、濯生、家骅、华炽、物华、仕俊、承植、泽涵、承谔、书琴、泽承。会散,枚荪、端升、锡予起草电稿。余见子水所记今日记录,于"将今日会场情绪转达"之下有"以示责备之意"数字,提出抗议,以为与事实不符,同人并无此意,枚荪乃改之。余与锡予离才盛巷,枚荪馀怒未熄,谓将休假,与锡予共慰之。十时抵舍。写日记,十二时半乃寝。会前,端升语余今日之会不宜开,会中端升又语余来函不宜传观,此均余所未及深思,然已无及矣。就今日同人情绪观之,实无他感,只是事前盼望甚殷而临时未到昆即入渝,事后又无消息,大家全未商议,不免不快耳,绝无反对回校之意。

〔付客饭五餐三〇〇〇元,雯用三〇〇〇元。〕

本月收款二一〇八七七元,内经常收入八八八七七元,临时收入四二〇〇〇元,又预收下年度薪八〇〇〇〇元。支出六七四四七元五角,内膳食一三五〇〇元,零用一〇八四七元五角,雯用二五六〇〇元,酬应一六〇〇〇元,董用一五〇〇元[①]。计馀一四三四二九元五角。景初借款还。

---

①董用一五〇〇元　原作"董用一六〇〇元",据本月七日日记改。按如此,本月之收、支与馀数方合。

七月

一日　阴历五月二十二日　星期日　雨

九时起。锡予来。枚荪来，手一函，谓昨日之会发言过多，愤懑之情，不能自遏，于事无补，罪大恶极云云。又谓出处之间不能照顾大体，只能顾小节，故自下年脱离北大，嘱以其函转孟邻师。余与锡予慰解不效，匆匆去。乃偕锡予诣端升就商，不值，至锡予家小坐。锡予言枚荪谓孟邻师未必提出胡先生，锡予颇以为然，余则不信也。孟邻师绝无把持之意。师在校既无私人，政治上、社会上地位甚高，岂恋恋于此？今日之兼者，必为友谊所劫，不得不出，兼之所以示不愿出，非不愿放也。锡予又言昨日会后流言必多，枚荪再言辞或将传为求起，此信不为之转，当自寄。因将信收回，相约不更向他人言，乃还舍，已十二时半。二时乃寝。

〔入六月薪五九〇元，六月生活补助基数及加成三一六〇〇元，补五月生活一五八〇〇元，五月食米代金四三〇〇〇元，六月研究补助三五四元，六月房贴二〇〇元，六月车费二〇〇〇元，共九三五四四元。付房租二〇〇〇元，捐税四七.五元，宿舍杂费二五〇〇元，膳费（半）一〇〇〇〇元，雯膳费（全）二〇〇〇〇元，车二〇〇〇元。〕

二日　阴历五月二十三日　星期一　雨

九时起。锡予来。十时入校治事。十二时至师范学院午饭后还舍。三时雪屏来。大雨，不得出。五时渐小，同食米线后至才盛巷，晤枚荪、廉澄、物华。雪屏与枚荪谈较久，劝之甚力。枚荪言昨函已寄出，并加数语，坚绝反对校长兼任官吏，并以张廷休辈为言。十时还。恐孟邻师突接枚荪书，不知所谓，甚且益增双方误会，乃作一书上孟邻师,略谈前日会场空气,并为枚荪解释,希望师将经过向之一谈,并以转告同人,或能抽暇来昆明一行与同人小聚。拟托端升明日带渝。连日殊倦,困甚。十二时半就寝。

〔付桃六个三〇〇元,糖二斤二六〇〇元,与雪屏晚饭一四〇〇元。〕

三日　阴历五月二十四日　星期二　雨

八时起。诣端升,值其欲出觅医为其少子治病,乃偕出。以前日之事告之,彼竟全不知也。托其到重庆即往晤孟邻师,并以函托之。端升能否飞渝,尚不敢定。还舍。锡予来。十一时顷,铁仙传端升语,已成行矣。十二时至师范学院午饭后还舍。午睡甚酣。作书致吉忱。致文藻,谢其赠笔。日前雪屏自渝来,文藻托之转赠瓦特门百年笔一枝。雪屏云文藻本欲赠余卢比百元,恐余不受,乃改笔。余书中言近年昆明穷名在外,远劳外面朋友馈遗,实则彼此之穷一样,受之甚不安。六时诣膺中。自一日起膺中坐关,非六时不会客。静娴于三十日出院,移居膺中家。住院医药费共十五万,由胡海宇代付。静娴不欲受,托膺中来商,余为筹足,尚未送往。今晨膺中派马芳若来询,故旁晚往晤之,始知又生枝节。静娴疑胡海宇有不利孺子之心,海宇谓静娴不能以德报德,致夫妇不睦,于是与静娴大吵闹,其夫妇亦大吵闹。胡太太遂同移膺中家,膺中嘱余送医药费予海宇,觇其收受与否。余在膺中处食面,后诣海宇。海宇收其费。余亦不深求,辞出。至才盛巷。十时还舍。十二时就寝。昨日又之飞重庆,来辞行。值锡予在座,谈及升级事,又之必欲得之,谓一年来如清华福利金等吃亏已多。余大讶异,又之素究程朱陆王之学,何以竟出此言,真不可解。又昨日雪屏言,其助教某自靛花巷饭厅闻知星期六北大开会大骂蒋校长,议决请其辞职。又云锡予向曹日昌言蒋校长已作多年,可以换换了云云。此类流言从何而来,亦不可解。

〔付洗衣一〇〇〇元,雯用一〇〇〇元。〕

四日　阴历五月二十五日　星期三　雨

九时起。雯儿来。坤仪来。十时入校治事。十二时至师范学院午饭。饭后还舍小睡。五时矛尘来。七时至才盛巷,晤物华、廉澄。九时还。十二时就寝。

〔付晚饭五〇〇元。〕

五日　阴历五月二十六日　星期四　雨

八时起。马晋三来。陈雪屏、胡海宇同来。晨起海宇诣雪屏谈家事,雪屏莫明其妙,遂偕来。海宇言其夫人已往宜良,意欲余等往劝之返。此事殊难,婉辞之,并劝其少使人知,自往劝挽,不可使气也。十一时客去,亦不能入校。十二时至师范学院午饭。饭后还。欲睡未熟。五时至昆中北院开校务会议。六时偕雪屏至师范学院晚饭。至才盛巷。九时还。阅试卷。一时就寝。得孟真书。购火柴一匣,价七十元,数之得五十一根。入巷口之际,泥泞不可下足,顷刻用去六根。

〔付火柴一匣七〇元。〕

六日　阴历五月二十七日　星期五　雨

晨大雨如倾盆。八时半起。不能入校。少止,金龙荪来。入校,诸人已散矣,甚悔之。至师范学院,晤雪屏、毓棠、心恒。雪屏以马士英所书楹联残卷相赠,惟馀下联"甚欲读书如懒何"七字。饭后还舍。心恒偕来,家骅亦至。客去,小睡。徐梦麟、张景钺、章矛尘来。六时诣膺中,谈静娴事。胡海宇太太自宜良还,住膺中家。至才盛巷。还舍。阅试卷。十一时半就寝。得孟邻师书。

七日　阴历五月二十八日　星期六　阴　小暑

七时起。八时雯儿来。九时诣锡予,谈毓淮夫人教课事。本年云大功课有问题,锡予以嘱余,余以函梦麟。梦麟昨来言功课虽停,工作可设法,经济条件不改,俱以告锡予。梦麟又欲锡予任课,转达未允。至正宣处早点,晤勉仲,昨夜还昆明。十时半偕矛尘、伯蕃、正宣同至黄土坡,参观正宣主持之印刷厂。诣承谔,食饺子,又留晚饭乃还。抵舍已八时半。得燕华信,知蒋太太已返昆,往才盛巷,晤之,道及蒋师辞北大校长意甚坚。孟真往晤,谈及北大同人欲其辞职,甚伤心,彻夜未眠云。并言就行政院秘书长后舆论甚好,又询余肯否相助,请为婉辞。十一时还。一时就寝。孟邻师以笔一[①]、丝袜二相馈,泮芹托带来派克五十一号水笔、铅笔各一,价美金十七元五角水笔十二元五,此其行时交其钱所购。此笔余无所用,或泮芹以余将出售也。见民主同盟云南支部《七七宣言》,一反对内战,二反对参政会、国民会议,三主开国民党、共产、民主同盟圆桌会议,解决国是。

〔付雯用一〇〇〇元,桃子一〇〇〇元,付马车一〇〇元。〕

八日　阴历五月二十九日　星期日　阴

七时起。习拳。上孟邻师书稿如下:

七月二日赐书奉悉。兹事体大,请俟诸方洽定后再言辞,否则万一藏晖先生不就,或提出后又别生枝节,则学校将陷于危乱。其一。

自全国代表大会之后,枚荪还昆,述及师将出任行政院秘书长。当时以师之牺牲太大,故拟俟返旆时一为进言。嗣闻偕子文先生同时返国,知必已决定,无可挽回。同人所鳃鳃过虑者,在恐联大改校长制,故由〇托蒋太太上第二书,请维持常务委员制,万一不能兼任时,请胡先生代理,盖因复校在即,一切问题非名望昭著者不能对外,此非受业辈所能胜锡予先生

①孟　原脱。

语也。书毕,复以达孟真,亦说明此两点,请其注意,其事在国府明令之前。览吾师《大公报》谈话,知仍兼任北大、联大校务。在以往习惯,师赴渝时,出席联大常务委员会均由○代表,近年因○已在常务委员会列席,遂不复派。现时情形不同,必须有人参加始妥。且枚荪已声明将法商学院院长让还序经[①],故○复于二十八日上书陈枚荪代理之意。三十日茶话会,当时大多数意见仍在注意事实,所关心者如何复校,非为责难也。数年以来,师以校务已上轨道,遂以命○,纵有责难,亦应○负其责任,惟○奉职无状,时有疏失,致上累吾师,思之甚不安耳。其二。

蒋太太返昆,传示口谕,不胜感激。○追随师座十八年来,奖掖提挈,恩情备至。吾师有命,绝不敢违。惟念值兹国运维新,必淹贯中西之士,始足以上佐赞襄,分吾师之劳,若端升、子缨、枚荪、雪屏、文藻、石珍诸君,实属其选,○远非其比。若国内政治情形之熟悉,则伯君之才,胜○十倍。○近日专心英文,颇拟休假出国。倘能稍广见闻,再效驰驱,或可差胜于今,想吾师必亦矜而许之也。矛尘家累较重,务恳特予设法。其三。

右稿下午六时始毕,以上午魏明经来长谈,下午胡海宇、江泽涵、唐立庵来谈也。一、三两函六时托质如付邮。余诣尹辅,晚饭有梅氏夫妇、矛尘、正宣诸人。饭前诣端升处视钱太太,以端升来信命照视其家用也。饭后即还。舍内无灯,然烛阅试卷。十时半就寝。

〔付董刚用四○○○元。〕

---

①商 原脱,据本月十一日日记补。

九日　阴历乙酉年六月初一日　星期一　雨

七时起。九时入校治事。十二时师范学院午饭后还舍小睡。雪屏来。泽涵来。阅试卷。七时应矛尘晚饭约,以赴渝事相商。其意欲支联大薪往重庆,余恐联大未必许,余亦莫能助。或准其请假二三月也。九时还。舍中有电灯,余室独暗。十时就寝。

〔入捐二〇〇〇元。〕

十日　阴历六月初二日　星期二　雨

七时半起。九时入校治事。十二时往午饭。饭后还舍。午睡未熟。有粮政局员来送公事。柳漪来。勉仲来。七时携雯儿出晚饭,以昌儿今日生日,各食面一碗。雯儿自上星期起每日来舍请钱学熙为补习英文。室内电灯不明,六时半托司徒穗卿治之,久之不得其故。余劝其暂止,候至明日,必不肯终。于九时觅得电流不通之因,一治而明,然上下几于全部检查矣。此广东人之精神也,可佩可爱。阅试卷竟。一时就寝。柳漪来,谈国际局势,余觉其胜于名家远甚,此人才也,可注意。

〔付晚饭二二〇〇元。〕

十一日　阴历六月初三日　星期三　雨

八时起。锡予来。十时入校治事。十二时至文化巷开常务委员会,并午饭。四时会散,归。六时矛尘来。七时至才盛巷,晤蒋太太。矛尘告以蒋太太将开茶话,此如传出,似不妥善,但已决定,无可挽回。余劝其兼请夫人,以夫人为主,可无嫌疑也。蒋太太以为然。又劝其不必谈校长事,亦同意。九时还舍。得孟邻师书,随复如次:

> 星期日曾草三书上陈,其第二书述近半月情形,嗣以事属过去,置而未发。兹奉八日赐书,仰见恢宏涵盖,不胜钦迟感动,惟恐传言或有过当,谨复作此书。自全国代表大会后,枚

荪还昆，述及师将出任行政院秘书长。当时以此事在吾师个人牺牲较大，佥拟俟返旆共进一言。嗣闻偕子文先生同时返国，知事实上必难摆脱。三五同人所鳃鳃过虑者，在恐联大改校长制，故于蒋太太赴渝由〇上第二书，请维持常务委员制，并言万一不能兼任时，可否请胡先生代理，盖因复校在即，一切问题如增加院系、扩充校舍、增加经费等，非舆望昭著者不能对外，绝非〇辈所能胜也。书毕，复以达孟真，亦说明此两点，请其注意。孟真进言，盖即以此。其时国府明令尚未发表，同人不无推测，而词意不详，遂滋误会，此〇之过，幸不以怪孟真也。继见吾师在《大公报》谈话，知仍可兼任北大校务，足以杜野心者之念，为之稍安。惟以往习惯，吾师赴渝，均命〇代表出席联大常务委员会，近年因〇已列席会议，遂不复派。现时情形不同，而枚荪又声明将法商学院院长让还序经，〇复于二十八日上书，陈以枚荪代理之意。三十日茶话会，大多数意见仍在注意事实，所关心者如何复校，故大猷有院长、系主任分别负责之议，锡予有请胡先生返国与校长无关之言，实未尝有所责难也。数年以来，师以校务已上轨道，遂以经常事务命之〇，纵有可责难，亦均应由〇负其责。吾师言辞之函到后，曾以语三五同人，咸以如不与各方面洽定，一旦言辞，外间野心者难免生希冀之心。万一藏晖先生不就，或提出而别有阻挠，或以北大暂时无须派长搁置，则将枝节横生，益增纷扰，亦非吾师半生努力北大之意。“五四”北大中兴由于蔡先生，而佐之者实为吾师；二十年北大复兴，主之者则为吾师。师无求于北大，而北大有赖于吾师，此不惟北大学校同人知之，国人亦莫不知之，将来史册亦必有灿烂之记载。至于此次同人之偶有谈议，实为原则上不希望师兼秘书长，非谓师不宜为校长也。枚荪之意亦复如是,但其言较切直耳。今日之教授,大多数在二十年到校,莫不知当时改革之难,奋斗之苦。而近年退让包容以成联大非常之誉,亦莫不知之也。同人之意,师莅昆自可洞悉,〇亦不愿有所言。所自愧者,多年以来,师以重任相畀,而〇未能筹虑周详,每多疏失,致上累吾师,寤寐为之不安耳。下谈不能赴渝相从事,不录。

师来函,颇有误会,此传言者之过也。孟真、枚荪,北大之英俊,长此以往,非北大之福。再三思之,非余引以自罪,不能挽此局,但不知能生效否耳。一时就寝。

〔付面包二个一〇〇〇元,瓦特门墨水三〇〇〇元。〕

十二日　阴历六月初四日　星期四[①]　晴　阴

八时起。十时入校治事。十二时至师范学院午饭后还舍午睡,至五时乃醒,不知何以若是之困乏也。毓棠来,谈翻译《唐书》事。六时至共和春,徐梦麟约晚饭,凡两桌,太费矣,盖为云大文史系教书事也。九时散。至才盛巷治事,发各系聘书。十时还。一时就寝。

〔付雯送婚礼四〇〇〇元。〕

十三日　阴历六月初五日　星期五　晴　阴

八时起。十时入校治事。十二时至师范学院午饭。饭后返宿舍小睡。四时月涵先生招待罗士培 Roxby 茶会,往参加,五时半散。诣矛尘。六时还舍。七时至才盛巷治事。晤蒋太太,谈甚久。十时还。十二时半就寝。雪屏今日作书致孟邻师,述同人之意无他,请勿意气用事。连日雪屏数与矛尘谈,矛尘语余三次,皆以雪屏之态度为疑。昨日蒋太太亦以雪屏之言谈为询,余谓开会时雪屏未到,盖得之传闻。今午雪屏言欲作书,余力赞之。

①"星期四"三字原在"阴历六月初四日"前,依例移后。

十四日　阴历六月初六日　星期六　雨

八时起。锡予来，谈甚久。十二时至师范学院午饭。还舍小睡。亚权来谈，述卫立煌之贪污昏愦，为浩叹。其大者侵吞士兵副食费二万万元，近为人控告，派查属实。第一次退还一万万元，欲请弥缝，上级不准，又退出一万万元。小者以手谕命特务营向副官处提没收之烟土三十五公斤，现尚无法补偿移交。四时至才盛巷蒋太太茶会，到景钺、泽涵夫妇、大猷、铁仙、雪屏、物华、逵羽，于校长事一字未提。六时诣鲍觉民晚饭。十一时还。十二时半就寝。

十五日　阴历六月初七日　星期日　大雨

八时为雯儿唤醒，来催赴西山，此前日所约，余不欲往，昨已与逵羽说明。今日矛尘复嘱雯儿来告。八时半至昆中北院。九时半乘汽车至高峣逵羽家。午晚两餐绝精腆。下午大雨，作牌戏。六时雨止。九时归城。抵舍后十一时三刻复大雨。今年雨水似过量。十二时就寝。昨日转闻之蒋太太，一个月后北方必有新行动，或登陆，或俄出兵。又闻之景钺，苏俄或命蒙古出兵，而西伯利亚不动。

〔付雯用五〇〇〇元。〕

十六日　阴历六月初八日　星期一　雨

八时起。十时入校治事。十一时半偕勉仲冒雨至云南大学，晤熊迪之、蒋蕙孙，商食米事。谈毕，已十二时三刻，恐不得食，乃买烧饼二，欲回舍啖之。及巷口，忽忆今日请何申、何宇姊弟，复至师范学院，诸人果在相候。饭后诣端升家送钱。还舍小睡。四时女生帅宪之来，欲从作论文《多尔衮评传》，许之。雯儿来。锡予来，久谈。八时半至才盛巷治事，发北大聘书。十时还。检方志，为《大理县志》拟目。一时就寝。雯、晏两儿生日。

〔付烧饼二个二〇〇元。〕

十七日　阴历六月初九日　星期二　雨

九时乃起。十时入校治事。十二时至师范学院午饭后还舍小睡[①]。三时至北门街七十一号开教授会,审查毕业生名单,凡准毕业者三百三十四人。五时半散会。雪屏偕来。昨日雪屏遗失自来水笔,余命雯儿持文藻所赠之百年笔赠之,今日必欲退还,谦让再四,始持去,仍言暂借也。送之下楼还,见其帽复遗留桌上,乃持帽追还之,将及师范学院始相遇,遂在院晚饭。印堂、觉民本约陪罗士培,辞之。七时还舍,检方志。十二时半就寝。

〔付烧饼二个二〇〇元,理发五〇〇元。〕

十八日　阴历六月初十日　星期三　夜雨

八时半起。十时入校治事。十二时至师范学院午饭。还舍小睡。锡予来,洪谦来,同至工业协会。邵循正、孙毓棠、沈有鼎、洪谦请罗士培夫妇,约余等作陪。有梅氏夫妇、光旦、芝生、伯伦、锡予、白英、业治、印堂诸人。十时大雨,还。十二时就寝。

十九日　阴历六月十一日　星期四　晴　雨

八时半起。泽涵来。西孟、继侗来。同入校。今日合作社抽签售布,继侗约往监视。半途奚若来,商端升太太入医院借款事,乃出。矛尘告知昨夜坤仪在宿舍失窃,于女工处觅得另一女生所失毛衣油布,遂批其颊,审问窝主,乃供出南院宿舍开门人某。复呼之来,以不肯招供,女生群起用板责之,哀呼甚惨,激动南院宿舍同人公愤。去,既而勉仲亦来告余,意此事应分别办理。学生公愤由于管理人员不负责;教员公愤由于责打工友,保障人权;工人作贼,真赃具在;应将管理、作贼、打人分开办。十一时至南开办事处,开聘任委员会。康甫来告学生将南院宿舍开门工人及女工之

①饭　原脱。

夫送来，又加刑讯，招出确实偷窃，但未能说出窝赃所在。余以责打不当，应即放走，以免发生他故。月涵先生命交保人领去。康甫去未久，春晗来，谓事务组刑讯应加制止，以适间之事告之，乃去。聘任委员会通过学熙副教授颇费事，以福田曾欲停聘之也。幸正之言，北大既允升格，不如通过之，始定。聘委会后开常务委员会，四时半散，坤仪事未提出。归舍。雯儿来，知昨日女生参加责打女工者甚多，雯儿幸未与。携之入城，食馄饨，并购滂氏雪花一瓶。遇雨，乃还。得孟邻师十六日函，复余十一夜函者，谓别有一函，余未收到。十二时就寝。

〔付面包二个一二〇〇元，雯雪花六五〇〇元，晚饭一二〇〇元。〕

二十日　阴历六月十二日　星期五　晴　雨

八时起。未入校。读英文。十一时半至才盛巷，晤蒋太太。孟邻师来昆尚无确信，余以昨函参政会后来滇之语，证之当在明后日也。十二时半至耘夫处。一时到昙花寺，诸人均未至，二时始来，即就座。五时半入城，凡勉仲夫妇、矛尘夫妇、正宣夫妇及查、章二女，馔甚精，计非五六万不办。饫于口，不安于心，尤愧无以报之。还舍。得孟邻师十四日书，以余努力英文为勉。得赵鸣岐书，属转告马质夫以解聘事。召亭往成都时留法律系发聘名单，列有质夫，枚荪不谓然，嘱鸣岐商召亭停聘，召亭复书枚荪、鸣岐，请两人全权办理。值枚荪将登程，乃告鸣岐来告余，余与鸣岐商，仍由余询枚荪意，久未得复。鸣岐今日与月涵商之，复以责之于余，乃托章化农婉告之。视钱端升太太疾。归。读英文。十二时就寝。勉仲云坤仪今日复打女工，式珪助之，并打男工。事恐扩大，奈何！

〔付车二〇〇〇元。〕

二十一日　阴历六月十三日　星期六　晴

九时起。谷琦来，大猷来，康甫来，均谈南院失窃事。大猷甚为坤仪不平,以为男工龚某早有偷窃嫌疑,应更换而未换,主之者应负责任,谓霍重衡也。又攻击光旦以书致武之责备毓淮事。康甫携一报告,自言昨日见光旦于南院,以为其必卫护学生,遂当其面责骂工友,不意反得咎。十时半至才盛巷治事,在蒋太太处午饭。饭前晤廉澄,闻绍穀已辞云南实业银行总经理。二时偕矛尘往慰之,探询久之,始得其新居所在,而绍穀已外出矣。至昆明银行枢衡事务所少息,仍还才盛巷。七时诣膺中。九时还宿舍,坤仪、式珪相候已久,述殴打工人及失窃事甚悉,昨日之再打非坤仪所为也。式珪言南院宿舍委员霍重衡、张为申已辞,改选吴大猷、陈友松及杨石先夫人,又云南院同人联名请恢复看门人老董,签至光旦夫人,始以不便包庇窃贼阻止。上午康甫云南院宿舍教老董向法院诉柳嫂诬陷,而使柳嫂供出坤仪诸人,计亦狡矣,然不应以之对付自己之学生也。心甚痛之!法律系解聘马质夫事,昨托章化农婉达,据云已转达矣。舍中无电灯。十一时半就寝。

〔付洗被三〇〇元。〕

二十二日　阴历六月十四日　星期日　晴

九时起。十一时访勉仲,不值。晤矛尘,留饭。余先往师范学院告知同人,复还。饭后还舍。亚权来谈,其姊妹婚姻均不圆满,慰之而已。七时再诣勉仲,仍不值。在矛尘处晚饭,食肚子,并有雯儿。九时还。读英文。一时就寝。

〔付火柴一匣一〇〇元。〕

二十三日　阴历六月十五日　星期一　雨　大暑

八时起。十时诣月涵先生,谈南院失窃、学生殴打窃贼事,分析其原因及情绪。尚蒙谅解,但未言惩戒事。又谈春间事务组职员开罪张印堂事,拟予以记过处分。十二时半至师范学院午饭。

饭后还舍小睡。三时半至学生服务处，开昆明区考生救济委员会，美国援华会拨国币三百万办理此事。拟考试日考生每人补助午餐一顿，以三百元为度，委托各校学生会办理。四时半会散。还舍。少顷，勉仲、矛尘来，偕入城。余往才盛巷治事，晤蒋太太，知蒋师于星期四返昆。九时还舍。读英文。一时就寝。

二十四日　阴历六月十六日　星期二　乍晴乍雨

八时起。九时半入校治事。十二时师范学院午饭。一时还舍小睡。雪屏来，同入城，余至才盛巷治事。六时还舍。九时锡予、柳漪偕来，谈至十一时半乃去。上下古今，尤注意于时局。据两君所闻，宋子文在参政会所言之日本明春可降，英美人并不以为然，所谓行政院改组亦不可信。美国人颇信苏联已放弃世界革命愿望，惟求睦邻以永和平。柳漪不谓然，以为此其信仰，不能变也。十二时半就寝。晚饭时，昭抡谈日本惟恐外国军队在其本土登陆，故最近求和甚急，美国恐有妥协之可能。杜鲁门总统、贝纳斯国务卿均无所谓，格鲁副国务卿向主张保存日本天皇，其人可虑。晚间以语汤、冯两公，柳漪言格鲁保全天皇，以其可下令撤兵也，然而亦未必能。大门口有贫民死，予以二千元，舍中予以三千，工人老杜予以二千，小杨予以五百，可佳。

〔付裱字条二〇〇〇元，付恤邻丧二〇〇〇元。〕

二十五日　阴历六月十七日　星期三　晴

九时起。雯儿来。端升来，昨日自重庆飞还。据言孟邻师辞意甚坚。一日骝先、孟真、枚荪、端升四人谈定，如师辞，则发表胡适之师，并明令请汤锡予代。十一时诣勉仲，不值。晤矛尘、印堂，惩戒事务组事，印堂同意。十二时至师范学院午饭。饭后还舍小睡。闵嗣鹤来。五时诣端升。诣从文，不值，欲托之卖书。晚泽涵来。读英文。十二时半就寝。

〔付晚饭九〇〇元,火柴一〇〇元。〕

二十六日　阴历六月十八日　星期四　阴

七时起。八时入校,监试新生考试,并治事。十二时至文化巷三十号开常务委员会及聘任委员会。三时会毕。王化成来,昨夜飞到昆明,此行系由伦敦、巴黎经印度而还。据云曾至德国某地视察,百分九十以上均破坏,惟留大工厂。比占领,工厂之机械图样,均移至国外矣。交通工具全无,惟赖自行车。饮食甚劣,但尚有可得,煤则绝无矣。又言莫洛托夫在旧金山会议极强横,开幕之日,某国代表发言,依国际公法及惯例,应推所在国为大会会长。莫即起,言从未一读国际公法,若必以惯例为言,则本人虽茶会亦不愿参加。于是全会大惊,为之侧目。又言对日战事,若全用武力,半年未必能胜。近美国已允不提出军事占领条件,恐将趋于妥协之途,战事虽胜,后患无穷。自三十号出,复至十九号子坚寓,食加非。六时还舍。七时至才盛巷治事。晤蒋太太,知蒋师下周始能还。蒋太太有先往重庆意,并询余愿往否,谢之。九时还。食面一碗以当晚餐。自鸡蛋价昂,不食者数月矣。近日烧饼一枚已价百元,其养料不如鸡蛋远甚,今日复购二十,以备早餐。读英文。十二时半就寝。

〔付鸡蛋二十个二〇〇〇元,面一碗四〇〇元。〕

二十七日　阴历六月十九日　星期五　晴

九时起。十时入校治事。十二时至师范学院午饭。还舍小睡。读英文。颜锡瑞来。张景钺来。七时至昆北宿舍,公请石先、景钺、泽涵、绍穀夫妇及马仕俊,以其将往美国也。主人为雪屏、矛尘及余,景钺辞不受饯。泽涵夫人小产,加请正宣、尹辅。九时散,归。一时就寝。报载中英美三国发表对日宣言,促其投降。绍穀言外间和平空气甚盛。英国选举揭晓,工党获胜,得议席三百六十六，邱吉尔辞职，阿特里奉命组阁。工党执政后，对于中国之友好或更加甚。然于此选举情形观察可知，大多数人民之左倾，此是今日之潮流，不仅英国为然，中欧各小国，当继之而起也。保守党原主在世界战事结束前选举，盖以国人在战争中不能弃邱吉尔也，而不意结果如此，其估计错误也。美英苏三领袖，罗斯福未睹盟军入柏林而溘逝，邱吉尔未睹日本灭亡而失去民众，此造物弄人，殊为不平。

〔付请客一五〇〇〇元。〕

二十八日　阴历六月二十日　星期六　晴

八时起。锡予来，谈将往成都，在校请假一年，以大义劝之。十时入校，告事务组以明日招待从军同学布置事。监场。十二时在师范学院午饭。还舍小睡。崔书琴来。闵嗣鹤来。在宿舍晚饭后至才盛巷治事。八时半还舍。晚报载桂林克复，日本外相东乡广播拒绝《三国宣言》，广播前阁议三小时乃决，知其主张必甚杂遝，其中必有主和者也。十二时半就寝。

【剪报】三十四年七月二十八日《昆明报》

中央社重庆二十七日电：美英中三国政府领袖同意对日本发表公告，促其立即无条件投降。公告原文如此：（文略）

二十九日　阴历六月二十一日　星期日　大雨

八时起。九时入校。校中今日举行欢迎从军同学在印受训回国于大会堂，先往布置。原定十时开会，至十时三刻月涵先生未至，乃由勉仲主席，清常领导唱国歌、校歌。毕，月涵适至，乃致欢迎词，然后由学生报告。发言者甚多，皆表示不满，所举军队走私侵蚀及军人嫖赌诸事实令人发指，而驭众之无理无法无计划。闻之尤自惭。当日之鼓励从军，未能预为之计。一生言彼六个月经验所得,结论有三:一、中国军队属于个人而不属于国家。(此所谓个人尚非最高统帅[1]:而为其下之高级将领,如彼等所在之新编辎重汽车第一团,并不隶属于杜聿明,而筹备时由杜负责,干部由杜呈荐,于是有口皆称杜总司令。团中无米,由杜借,号于众曰:此杜总司令所借也。无饷亦然。胸章加盖杜氏图章,校阅必请杜氏,训话必称杜氏,时时告众曰:尔辈应知是杜字号军队。)二、军队中不以兵士当人看待。(视之为豚狗奴役,故生命绝不重视。)三、军队无全部计划。其言甚是。其间勉仲询诸人意,是否先进膳,奚若大反对,乃止。学生谈毕,希渊、奚若、寿民、芝生、正之并有演说,大抵主张仍作下去,有困难由校代为陈述改善。正之提请测验,愿仍在军队者十八人,保留考虑者二十一人,不愿在军队者四十三人,其馀八十人无表示。芝生谈话时微言政府无大错误,奚若大不谓然,两人争辨,致谈话中断,颇现紧张,实则二人所见无大异也。谈话毕,进膳,已二时。食毕,大部分散去,又分别谈话,至三时散。天忽大雨,余等九人,月涵、勉仲、光旦、奚若、寿民、芝生、子坚、伯伦遂避雨事务组,听奚若谈时局,至五时一刻雨止乃归。尹辅来。祖泰来。佛同来。董振球夫妇来。舍内无电灯。十一时半就寝。奚若言闻之端升,此次参政会主席团原内定有枚荪一席,已开示诸参政员。比枚荪代表全体致词,于政治大肆抨击,最高当局大怒,有下午到会与之决斗之语。后经多人力劝始止,然主席团名单临时改枚荪为王云五矣。又宋子文到会报告前,端升向大会言行政机构应调整,于是会场空气突现紧张,人人欲向宋有所言,或告之宋。宋来,遂大放厥词,谓战事今年可了,又言不惟行政机构应调整,人事亦将调整,于是众大鼓掌。实则全是敷

[1]原于"尚"下衍一"未"字。

衍,非诚意也。

〔付面二〇〇元。〕

三十日 阴历六月二十二日 星期一 雨

八时半起。九时半入校治事。一时始出,不及往师范学院午饭。购烧饼二枚充饥。小睡。正之来。雯儿来。徐梦麟来,偕诣罗希文,便道就某名店食饺儿。更诣马晋三,谈《大理县志》例目,并留饭,食客甚众,昆季四人,日费匪易措也。九时还。晋三言三个月至五个月日本必投降。正之以中央大学校长事相商,余劝之就。偶思及清初记载所谓乌金王,必为端重亲王博洛,遂检史籍证之,有暇再写出。十二时就寝。

〔付点心七〇〇元,午饭二〇〇元,付客饭四次二四〇〇元。〕

三十一日 阴历六月二十三日 星期二 晴 阴

八时起。十时入校治事。矛尘云蒋太太已于昨日乘飞机往重庆,不愿以语人。十二时至师范学院午饭后还舍小睡。晚偕晋年诣陈雪舫。十二时半就寝。

本月共入九三五四四元。支出膳食二三三〇〇元,杂用一五六一七元五角,雯儿用三五九〇〇元,酬应二二四〇〇元,董用四〇〇〇元,共一〇四八一七元五角。计亏一一二七三元五角。[1]

八月

一日 阴历乙酉年六月二十四日 星期三 晴

八时起。九时半锡予来,仍以不往四川劝之,相期以道义。同往端升处,其夫人今日入医院,余往梅太太处借车,梅太太出寻数

①本月收支情况原写于三十日之后,依例移月末。

处均未得，并亲往端升处复之，可感。十二时开聘任委员会，继开常务委员会。会毕用膳，已二时过矣。饭后与光旦、芝生略谈。三时至昆中北院清华办事处，开联大校务会议，六时散。至师范学院晚饭。偕雪屏诣觉民、锡予，均不值。回靛花巷小坐。八时至才盛巷治事，九时还。光旦约为裕滇纺纱厂职员讲演，允之，以清末之洋务为题，期在后日。校务会议谈学生从军失望事，决予以援助。十二时就寝。

〔入七月薪五九〇元，七月生活补助基数及加成四十倍三一六〇〇元，六月食米代金四五〇〇〇元，六月特别生活补助基数及加成二十倍一五八〇〇元，七月车费二〇〇〇元，共九四九九〇元。付所得税二二.三元，印花二.四元，党费二二.八元，房租二〇〇〇元，宿舍杂费三〇〇〇元，桃十个五〇〇元，膳费半餐一二五〇〇元，零膳费二五〇〇〇元，零用一〇〇〇元。〕

二日　阴历六月二十五日　星期四　晴

八时起。十时入校治事。十二时至师范学院午饭后还舍小睡。泽涵来。五时诣觉民，晚饭后还。十二时就寝。

三日　阴历六月二十六日　星期五　晴　大雨

九时起。未入校。欲写今晚讲演大纲也。自昭、继侗、伯伦、行敏、茀斋、蔚之先后来①，竟未写一字。十二时半至师范学院午饭后还舍小睡。三时闭户写纲要。六时裕滇纺纱厂派张心洽来接，其会计科长也，同车往晤其厂长骆及秘书毕云程，同进膳。七时讲演，听者四五十人。纲要如下：

清末之洋务

一、洋务名称之由来与涵义

①之　原作“芝”，据本月七日日记改。

二、中国与西洋人接触之三时期

1. 自利玛窦入京至康熙崩，1600 至 1722。此期西洋人惟恐见斥，颇为迁就，所相与者惟教义与数术。

2. 自雍正元年至南京条约，1723 至 1842。此期为中国反动时期，对西人颇排斥，如禁教，西洋人安置澳门之类。与之接近者惟商贩，卒至演成鸦片之战。此期惟朝贡与商务。

3. 自南京条约至清亡。此期始有洋务，由军事李鸿章而制造沈葆桢[①]、李鸿章、张之洞而矿务而交通郭嵩焘、薛福成、盛宣怀而外交曾纪泽而政治，于是演成“戊戌政变”，变后复转方向于商务实业张之洞、盛宣怀、汤寿潜、张謇、张建勋、穆藕初[②]。

三、洋务之三阶段

1.好奇——玩好

2.倚赖——利用

3.模仿——制造

四、洋务不能使新政推进之原因

1.社会的反动

2.政治的缺点

甲、无确定目标富国？强国？裕民？

乙、无一贯政策先任各省自由，后欲中央集权

丙、无固定计划忽购忽制，忽英忽法，忽官办忽商办

丁、无明确方法或全用外人，或中外参用，或全用国人

3.主持者的识见

---

①葆　原作“宝”，据《清史稿》卷四一三改。

②藕　原作“耦”，据《穆藕初自述》改。

甲、人存政举

乙、贵洋贱华

丙、求速不求效

丁、求技不求学

戊、求博不求专

五、结论

今后之新阶段:竞争——研究

每段各举事实以为证明,历一时又二十分乃毕。骆君送余至才盛巷,并以毛巾一打、青年袜一打为赠。在才盛巷未晤一人,蒋太太亦未还,乃还舍。十二时就寝。大雨。

四日　阴历六月二十七日　星期六　雨

昨夜大雨,迄晨未歇,间有雷。九时始起。十时入校,监考研究生转学生。十二时至师范学院午饭。饭后还舍小睡。下午雨住。四时诣光旦,与子坚、勉仲共商调整宿舍事。六时还舍。七时诣才盛巷治事。晤蒋太太,昨夜十时自重庆飞抵昆明,谈及明日蒋师可归。十时还舍。途中询知青年袜市价一千四百元,毛巾每条一千五百元,是昨日一小时半之讲演,其酬竟达三万元,此在我侪为过分,在公司为浪费。读英文。十二时半就寝。

〔付晚点四〇〇元,鞋带二付二〇〇元。〕

五日　阴历六月二十八日　星期日　雨　晴

八时起。十时诣矛尘。十一时半还舍。十二时诣伯伦午饭,所请有月涵先生夫妇、光明夫妇及雯儿等。三时散,归。小睡。五时诣才盛巷,贺蒋太太生日,知蒋师以今日无飞机未归。七时诣徐梦麟晚饭,有韦卓民、黄□□[①]、游泽承、白潜叔。八时半散后至才盛

①原于此处空阙二字。

巷，与逵羽、矛尘谈，至十时还。十二时就寝。梦麟约为易门修志。

六日　阴历六月二十九日　星期一　雨

八时半起。十时半入校治事。十二时师范学院午饭后还舍小睡。五时诣才盛巷，孟邻师已还昆明，谈甚久，决辞北大校长，以为如此始能使校内校外无事，若更兼，不惟与自己以往主张不同，且万一有人指摘，校内校外均无以自解。关于继任人选，决请胡先生继，未到前以锡予代。一日，师与孟真谈代者，师提枚荪，孟真以为难提出，孟真提及余，师言毅生必不代也。又言日人现退兵，积中上海及华北，其在桂抵抗者保卫撤退也，大约十月间粤汉线可恢复，其投降最迟不逾明年。今日我与苏联交涉已大体决定，不日宋即将赴莫斯科签订条约，约定苏联即将出兵，日人随时有投降可能。我国所虑者，战事结束太速，复兴物资不能再运华耳。九时还。十二时就寝。

〔付晚饭二〇五〇元，雯用毛线一〇〇〇〇元，雯送礼五〇〇〇元。〕

七日　阴历六月三十日　星期二　阴　雨

八时起。九时诣之椿、端升、家驷，通知今日下午茶会。随入校，开昆明区联合招生考试委员会，讨论录取标准及用费分配担任。决定后即依考试成绩拆弥封，由月涵先生唱号，张友铭、何衍璿、卢华焕对弥封号，光旦录名姓，余与迪之监视，朱蔚之率注册组六人管报考单。迄下午一时一刻，成绩在一百四十五分以上者一百六十八名，拆填完毕，其中志愿入联大者一百三十二人，入云大者八人，入中大者四人，兼愿联大、云大者二十四人。于是月涵先生等先去。二时在校用饭后，再拆填一百四十五分以下至一百〇五分者，其中愿入联大者不复取录，惟入云大者可入选，由余唱号，衍璿录名。迄三时，余以事先出，因其本与联大无关也。诣雪屏，告以开会事。又诣君培，不值。遂至才盛巷。四时半开会，由孟邻师报告美国情形、在美接洽情形及在纽约得宋子文电话相约共同返国，并未相商，以国事私交胁之同机飞还之经过；北大复校计划；复言依大学组织法，校长不能兼任法系在教育部时所自定，不能自毁，故决定辞职。继任已定胡先生，在未返国以前，必由校内之人代理。师言毕，子水以暂兼为言，大猷以此时在联大状况下与经常不同为言，师均以不妥之处解之，乃进茶点而散。散后有十馀人复谈复校事，端升主先设工学院而医与协和合作，将来可能并入北大，梦麟师主农先设研究所及职业专修科，暂不设大学本部，大猷赞成之。七时至共和春，应易门县代表刘转坤之约，谈修志事，余以不能离昆辞不往，但有文字事愿效劳，不愿受酬。九时回才盛巷，蒋师已休息，乃还宿舍。得景钺信，言因痔疾大发，不能至才盛巷，主张两点：一、蒋先生宜兼任；二、万一不能常来昆明，应有明确之布置，谓派代也。又得锡予书，谓其意见已托雪屏严重代达，望余注意，谓代理校长事也。又得月涵先生信，谓将于后日欢迎蒋师，嘱为接洽，定后即发通知。质如来谈锡予家中窘状，不胜同情，不知所以助之。此公耿介，决不受人私惠也。十二时就寝。

八日　阴历七月初一日　星期三　雨　立秋

七时起。至才盛巷谒孟邻师，以景钺、锡予两函呈阅，并定联大茶会时间。九时还舍。子水来，以胡先生月前来函相示，暂欲留美研究，并已应哥伦比亚讲学半年之约，书中有“我此时忍心害理，冒偷懒怕吃苦的责备，也许还可以为北大保留一员老战将，将来还可以教出几个学生来报答北大”之语，则一时必不能归也。子水言北大若胡先生不归，换一不相干之人来长校，将不堪设想，最好联函骝先，暂由蒋先生兼任，如不可能，则在胡先生未回国前不正式发表校长，只由部令发表代理人，此意甚善。九时半入校治事。十二时至师范学院午饭。雯儿今日未来，前日发烧，不知是否患病。还舍小睡。六时诣锡予，约晚间来谈。七时半锡予来，谓如逼之太甚则将离去，而责余何以不代。余以经过告之，恳劝再三，仍无所动。少顷，子水来，雯儿亦来。十时偕锡予送雯儿返宿舍，道中仍以不代为言，最后谓若余肯代则必相助，否则惟一走耳，并言明日大家与蒋师详议，余阻之，以为蒋师不便更有所主张也。日前景钺亦以余代为言，矛尘、逵羽、子水今晨亦以余为言。余何人斯，乌足以试此？且以未在外国大学读书者而代大学校长，不将为天下笑哉？天忽雨，急还。凌仁来。十二时就寝。报载美国在日本广岛投原子炸弹，其破坏力极强，遇之者莫不化为轻烟，此足以促敌人之投降矣，亦或可防止未来之战争矣。然如此伟大破坏力，终是人类之不幸！

〔付晚饭一一〇〇元。〕

九日　阴历七月初二日　星期四　雨

九时起。董刚表弟来，泽珣来，均以考试见遗，慰勉之。十时入校治事。十二时至师范学院午饭。一时半回舍小睡。三时至昆中北院北楼月涵先生欢迎蒋先生茶会之约，由月涵先生、孟邻先生先后致词，迄五时而散。六时应白潜叔、游泽承晚饭之约，于两君寓庐小坐即去。至才盛巷，公宴蒋师，到锡予、泽涵、端升、自昭、子水、君培、雪屏、逵羽、绍穀、物华、廉澄诸公，饭后杂谈。端升云中俄交涉条件有数端：一、中东路变象租借二十年；二、旅顺、大连变象租借二十年；三、外蒙古独立；四、新疆问题不谈；五、中国统一；六、俄国参战。众又谈及日本投降事，有可虑者数端：一、日本本国投降，关东军在中国不投降；二、日本投降，其军队如何缴械；三、胜利后美国租借法案停止，中国如何复兴。今日俄国已对日本宣战，美国第二次原子炸弹又落长崎，日本投降消息时有传说，故诸人亦忧亦喜。十时还舍。十二时半就寝。

十日　阴历七月初三日　星期五　雨

七时半起。八时半入校。今日校中往视从军学生，本欲往，以事阻。治事毕，十时诣矛尘。诣大猷，唁其丁内艰。还舍小息。至师范学院午饭。饭后雯儿来。二时半始作昼寝，比醒已四时半矣。至才盛巷与孟邻师长谈[①]。谈及蒋于宋亦未能推心置腹，余谓宋自俄还，更应彀晦，若自满自伐，必被弃于英明。师言宋还，必以南京光复即行辞职为请，盖亦自知也。又谈今后大学精神，必须向积极方面走，若更如前之迂缓松懈，必难成功。又言胡适之师近年对于一切均有坚定之意见，于北大事甚不热心，师此次在美与之谈学生训练须重逻辑数理等科，又与之商请教员诸事，胡师均不感兴趣。在美老友如元任、文伯、端升等，均以为异。七时蒋师设宴，宣布燕华与吴文辉订婚，有客两桌。饮馔毕，正在杂谈，忽闻爆竹声，余出询于宜兴，谓传言日本求和，陈福田遂急乘车往美军打听，据云确已投降，但须十一时半由华盛顿正式宣布。闻之狂喜欢呼，迄十时，月涵、矛尘、勉仲、正宣尚欲至文化巷狂欢，余与雪屏乃步归，沿街而立者不知其数，爆竹不绝，汽车游行者甚至放信号枪，正义路拥挤几不能通过。余等至靛花巷，米士、霖之、伯蕃亦来余室欢谈，厨房火已息，复燃之，烹可可以享诸公，十一时半乃散。石柏宓送来汤公函，言敌人已降，蒋师似可不必更留政府，并述不能代理之意。八年艰苦抗战，上赖领导有坚忍之精神，下赖人民富敌忾同仇之意识，中赖友邦之协助，始有今日。喜极欲泣，念及处此时代，竟无丝毫之贡献，尤自痛恨也。夜二时，写毕就寝。

十一日　阴历七月初四日　星期六　忽晴忽雨有雷

四十七岁生日。九时起。至才盛巷谒孟邻师，师言返渝，即将

---

①邻　原脱。

请辞,推胡先生继,未回国前由枚荪、锡予或余择一暂代,此事日前未尝向余言之,惟师曾向矛尘询余肯代否,矛尘以语余,余未置答,盖余非以困难为惧,以无资格无才识为惧耳。师又言返渝后短期内或将赴南京,为收复之计。又言法币政策或将继续维持。十一时食面一盂。偕矛尘访绍穀于国际贸易公司,小谈。复返才盛巷,在蒋师处午饭。师本定十二时往飞机场,既而逵羽、端升来,谓飞机在明晨四时开行,余等乃归。倦甚,午睡至三时。泽珣来。雯儿来。叔永、勉仲来。矛尘全家来。康甫来。式珪来。六时诣觉民,不值。往师范学院晚饭后还舍。泽涵来。作书致莘田、致泮芹、致吉忱。读英文。十二时半就寝。天复大雨。下午闻蒋师已于三时飞渝。

〔付面五〇〇元,雯二〇〇〇元。〕

十二日　阴历七月初五日　星期日　乍晴乍雨有雷

九时起。姚廷芬来。包尹辅来。十一时诣锡予,视疾。十一时半诣矛尘。十二时偕矛尘、正宣、梅太太乘马车往大石桥,更步行至大普吉,全绍志约午饭,比至已二时一刻矣。三时进膳,四时毕。五时半动身,偕月涵、正宣、矛尘步行至黄土坡,改乘马,至西站已七时。在西门乐理发而归。子水来。十二时就寝。报载四强已接受日本投降建议,正式覆文由美国务院交驻美瑞士公使馆转达。关于日本请保留天皇皇权一点,盟国已接受,但须听从盟国最高统帅之命令。覆文于昨日下午十时半(重庆时间)送出,大约明日可获日本之答复。联大定明午开常务委员会。

〔付理发八〇〇元。〕

【剪报】中央社重庆十一日电:据美新闻处华盛顿十一日电,美国国务卿贝尔纳斯送交瑞士公使馆代办葛拉斯里,托其转达日本政府之对日本投降建议覆文。全文

如下:(文略)

十三日　阴历七月初六日　星期一　晴　雨

八时起。九时入校治事。十二时至文化巷三十号开常务委员会,决议下学年提前加紧授课,第一学期自九月三日起,上课十二周,于十一月二十六日考试,考试毕,如交通已恢复,即行迁回,如不能迁移,停课一星期,于十二月十日开始第二学期,上课十二周后考试结束。本年不再收试读生、借读生、先修班学生。本年在外省投考取录者一律就近先在他校借读,不必来昆明上课,以减少校内负担。又本年计画中之一切修缮均暂停止。会毕进膳而散,已三时半。回舍小睡。读英文。天雨,欲往才盛巷,不果。八时出,食面一碗。勉仲送来合子五个。十二时半就寝。盟国今日尚未得日本正式投降覆文。韩质如托友人刻牙章一方为余寿。

〔付晚面五〇〇元。〕

十四日　阴历七月初七日　星期二　雨

六时醒,以太早复睡,比起已十时矣。十二时至师范学院午饭。归来复睡半小时。读英文。柳漪来。许镜华来[①]。作书上孟邻师,报告昨日会议决定,并陈电报通后宜电马幼渔、张佛泉及张子高注意北大校产,并电现仍在北大之梁光甫、盛伯宣等负责保管,如有必要亦可派人前往,并述雪屏愿往之意。又言如有必要,余亦可赴渝。六时至才盛巷治事。九时还。十二时半就寝。日本对盟国覆文传已接受,惟盟方尚未收到。国府已任命京、沪、平、津各市市长。各处物价均跌落,昆明亦然,但食品仍在涨价,惟此不能不买也。

【剪报】《中央日报》号外:最后胜利今日届临,日本投降覆文发出,接受无条件投降之条款,天皇听从盟国统帅命令。

---

①镜　原作“竞”,本月二十六日同,据本年一月十八日日记改。

(本报重庆十四日下午一时急电)据旧金山十四日广播:日本内阁于十三日晚举行会议,历时甚久,最后决定:接受盟国建议,天皇听从盟国最高统帅之命令,无条件向盟国投降,此项覆文已发出,惟盟方尚未收到。

▲中央社重庆十四日电:据美新闻处旧金山急电:美联社本日消息,联邦委员会及美国广告公司称,据同盟社广播,日本已接受同盟国之投降条件,据讯未经任何盟方证实。

▲中央社重庆十四日电:据东京十四日广播:日本政府昨收得同盟国覆文后,立即开始讨论其中条件,正如路透社外交记者所云:"此事对于日本人民,已造成极严重之问题。"内阁不时开会,至十三日深夜。据悉:日本政府之覆文,一俟法律手续完毕,即可立刻发出。

十五日　阴历七月初八日　星期三　雨

八时起。从吾来。继侗来,谈先修班不宜再开班,又谈售米事。十时半入校治事。十二时半至师范学院午饭。一时半回舍。黎东方来。小睡。读英文。十一时半就寝。日本已正式接受盟国建议,日皇下令全国陆空军停战,并命大本营代表签署投降文书,盟国收到此项复文,即行宣布。下午又得号外:日皇下令后即向全国广播,广播后切腹自杀。闻之颇为震动,其人虽吾仇,然此举亦足壮也。不知敌国有无反响,能否波及全部投降;此在西方看法不知如何。就余之纯粹东方看法,以推测其可能结果:一、军阀必有继死者;二、在外军人可能有疯狂式之焚杀;三、皇位或能保全;四、日本人仇盟国心理永不能灭。姑书之此,以觇将来。

十六日　阴历七月初九日　星期四　雨

八时起。十时入校治事。月涵先生以十三日赴温泉,桥断不得还,校中既定提前上课,一切不可待,遂作主将暑假办公时间恢复全日办公,并宣布改定第一学期学校历,积极进行。复与光旦决定考试、教务会议开会诸事。离校已一时，不能复至师范学院，遂往光旦处午饭。饭后还，已二时半。雯儿来。六时至师范学院晚饭。饭后偕雪屏诣从吾，小坐，还。谈至十一时乃去。雪屏欲先还北平，代表学校接收伪北大。十二时就寝。昨传日皇自杀乃陆相阿南之误，今日与光旦谈，深惜之。

十七日　阴历七月初十日　星期五　雨

七时半起。八时雯儿来，亚权来。九时光明来，本约今日往西山，以雨后路滑，不果往。近日以敌人投降，市场极度紊乱[①]，黄金惨跌。光明有金条二十两，价高时未售，前日以每两七万五千元售出，昨日金价复略涨，不无惋惜，夫妇相责，在余处仍未止，力慰解之，并劝不可以此而不互相谅解，影响共同生活。午间随二人至其家午饭，谈至四时乃还，二人欣好如初矣。六时至才盛巷治事。十时还。一时就寝。作书致孟真、致骝先先生。

〔付晚饭七〇〇元。〕

十八日　阴历七月十一日　星期六　雨

八时半起。得枚荪信，主推人赴平接收，并荐廉澄，随作书复之，并告以雪屏亦愿先往之意。十时半诣矛尘。十二时至师范学院午饭。雪屏云英美将偕中国共同接收安南、暹罗之日本占领地区，在北纬十六度以北均由中国保管。又云美将借予中国飞机五千架、自由轮一百艘，为复员运输之用。二时还舍午睡，至五时半乃起。柳漪来。诣月涵先生，遇诸途，步行而谈，决定下星期一开校务会议。还舍。读英文。十二时就寝。

〔付羊肉一斤六〇〇元，鸡蛋十个一四〇〇元，西红柿一斤三〇〇元，烧饼三个三〇〇元，雯用二〇〇〇元。〕

---

①紊　原作“纹”。

十九日　阴历七月十二日　星期日　雨

八时半起。锡予来。矛尘来。绍毂来,欲往北平任银行经理,嘱向孟邻师一言。泽涵来,告南开决定不收联大学生。得正之信,嘱查联大人数比例、经费支配情形。十二时至师范学院午饭。饭后回舍午睡。得孟真函,嘱分头函胡先生劝驾,并嘱转雪屏一函,劝其就教育部高等教育司司长,以在此复员之会,其权最大、其事最要、且与北大有利也。五时诣正之,与谈联大情形,及事务上宜注意之点。正之新奉命为中央大学校长,将于二十九日赴任。正之云一樵于昨晚到昆明,今午会于月涵先生处,谈及复员事,清华欲与北大共分北平大学农学院。又梅先生欲乘杜聿明北上之便,偕之先至北平一视,一周即返。又云骝先先生昨日广播,令沦陷区学校照常上课,此事不相宜,最好北大与中大共同请求将伪北大、伪中大停办,不由我两校接收。五时半诣雪屏,以孟真信交之,雪屏意在即刻返平一视,对此事尚在不决。在师范学院晚饭后偕雪屏诣从吾,晤子水、锡予、华炽。九时至七十一号,晤企孙、岱孙、继侗,谈复校事。十一时还舍。十二时就寝。

二十日　阴历七月十三日　星期一　雨

九时起。柳漪来,告苏联军队已入张家口。十一时入校治事。十二时半至师范学院午饭。饭毕,偕雯儿还舍,谈考试及回家事。三时至清华办事处开校务会议,决定自九月三日起上课,十四周考试毕,设法推动迁回北平。关于学生分配有三议:一、清华、北大平分(南开不收容),以志愿登记先后为序;二、按学生成绩,每等两校各半,以抽签定之;三、依学生志愿,如一校太多时,以成绩较劣者拨入他校。本日未作决议。关于教职员,如三校不加聘请者,或留于师范学院,或遣散,但发完聘约以内薪津。至于师范学院是否留在昆明,呈部请示。六时散会。还舍。食烧饼二。读英文。十二时就寝。今日会散,与月涵先生谈,拟日内同入渝。月涵先生并欲俟北平接收,先回平一视,住三五日,仍还,余意亦同往。

〔付梨二个三〇〇元,烧饼二个二〇〇元。〕

二十一日　阴历七月十四日　星期二　雨

八时起。十时至锡予处,开文科研究所委员会,到从吾与余及锡予,凡三人,评定研究生论文。会未半,正之来,欲邀锡予任中央大学文学院长,余等力阻之。十二时还舍。十二时半至师范学院午饭。饭后还舍小睡[①]。七时至才盛巷治事。泰然报告,检余存文科研究所书箱内书籍,与书单对照,凡遗失一百馀册,计一箱,其事殊可怪。去年自山上运回书箱,发觉觉明、子水各失书多册,曾嘱泰然检查余书,谓仅失《全文》一册。近以欲托芳若售书,复托泰然清查,忽然失去如许,甚不可解。泰然云,运入城后并未检查。余疑之,然书均不值钱,更无珍籍,遂置之。九时还舍。泰然来,云详思之,入城确经查过,但因所失无珍籍,故余未注意,理或然也。十二时就寝。

〔付烧饼二个二〇〇元,刚弟用一二〇〇元。〕

二十二日　阴历七月十五日　星期三　雨

先考八十三岁冥寿。八时起。九时入校治事。十二时师范学院午饭后还舍。三时至才盛巷开北大教授谈话会,余报告一星期来联大对结束课业之决议,并分别交换意见,归纳之,凡八点:一、联大学生分发两校,应依各人意见,但不妨将能收容之学生数先行公布;二、联大图书仪器分配于三校,可由各系自行商定;三、三校迁移时可由联大组织委员会,但其下不妨分组;四、呈请教育部将

①舍　原脱。

伪北大停办,学生、教职员解散;五、伪北大之农、工、医三院,本校只接收校产,不接收员生,不接办;六、孔德学校借本校校舍应收回;七、复校后,校舍以集中为宜;八、复校后,校内行政组织应复原。五时半散会。与蒋太太略谈,后日将飞渝。偕雪屏在面馆食面。还舍。读英文。十二时就寝。昨日往师范学院午饭,甫出靛花巷口向西行,欲由街北人行便道穿至街南,以循左而行,左足将落于马路,忽一卡车疾驰而过,油布拂及余面,余急跋左足,退回人行便道,触石,足面被擦去油皮少许。设卡车迟来一秒钟,余第二步右足落地,则余必被撞毙;设卡车更向外开半寸,余身必被伤,足必断,可谓危险之至。卡车所以开至路边,盖因与一吉普车互不相让,各自争先,以致并行于道,且不鸣笛。当时,余出不意,忽觉车来,心中惟有余足必断之一念,左足何以退回,右足何以未下,均不知之矣。昨日未记,今补于此。

〔付面一六〇〇元。〕

二十三日　阴历七月十六日　星期四　雨　晴

七时起。今年雨水过多,昆明已积潦为灾,昨夜又大雨,迄今晨始止。九时入校。新舍北区已成泽国,不辨沟潭与行道矣,房舍围墙倾倒多处,据云非千馀万元不办。奈何!奈何!十二时至昆北大门候汽车,往工学院开常务委员会。决议组迁移委员会,设委员五人,查勉仲、黄子坚、施嘉炀、陈岱孙及余,由余召集。会后午饭,并食冰激凌二盂。三时在昆北开教务会议,本应列席,车经靛花巷口,忽不能行,余以倦,又因会内审查转学生考试成绩,雯儿在其中,遂不往。还舍小睡。六时从吾来,告雯儿已取录。七时雪屏来,雯儿继至,同至大街,余照像三张,为往重庆请购飞机票之用。还舍。未读书。十二时,天又大雨,忧甚,随就寝。

〔付照像二一〇〇元,补衣一五〇〇元。〕

二十四日 阴历七月十七日 星期五 晴 雨

七时起。天微晴。九时入校治事。十二时半至师范学院午饭。饭后回舍小睡。得曾昭抡自重庆来信,谓教育部即将派人至平津接收各校,希望北大能有一人参加,枚荪、昭抡皆望余能往。徐梦麟来,余因筹备移校,不能更兼多课,云大之课尤不能任,故请辞,梦麟来商补救之策。六时至才盛巷治事。晤蒋太太,明日赴渝。晚食羊肉两碗,已加至二百五十元矣。还舍。杂检案头书。十一时就寝。

〔付西红柿斤三〇〇元,鸡蛋十个一四〇〇元,晚羊肉五〇〇元,雯送礼四〇〇〇元,雯用二五〇〇元。〕

二十五日 阴历七月十八日 星期六 晴

八时起。九时半胡蒙子来。十时半诣锡予,请其即日召集文学院教授讨论复员。入校治事。十二时半至师范学院午饭。一时半还舍小睡。三时诣吴志青茶会,招待画家梁鼎铭,并当场作画赠各人一帧,余得六马。七时至商务酒店,宴金城银行诸人。九时半还。锡予候久,谈至十二时半。客去,就寝。

〔付车七〇〇元。〕

二十六日 阴历七月十九日 星期日 晴

八时起。尹辅来。景钺来。泽涵来。十二时至师范学院午饭。二时还。黎东方、许镜华来。五时至才盛巷治事。九时还舍。十二时就寝。

〔付雯请客五五〇〇元。〕

二十七日 阴历七月二十日 星期一 晴

七时半起。九时半诣月涵先生。入校治事。十二时半往师范学院午饭。饭后还舍。矛尘来。在尹辅家晚饭。七时半至才盛巷开理学院教授会,谈复校计画,决分系开具,并提出几点意见:一、不称职教授不必仍请还北平；二、教授薪额不必按年资；三、教授聘请应有委员会审查。十时散。逵羽留谈久之。十一时还。一时就寝。

二十八日　阴历七月二十一日　星期二　晴

八时起。送钟开莱行。九时半入校治事。十二时半师范学院午饭。一时半还舍，午睡未熟。有校工来告，谓出纳组职员张先生忽然逝世，心疑其为景初夫人，急入校，首遇尹辅，询之，果为景初夫人。景初已至，又有周医生为之打针，无救。随召恒孚详询之，知景初夫人久病甫愈，本日主管学生缴费，上午自言今日为疟疾，班期颇觉不适，恒孚劝其回家稍息，不肯；午在校中用饭后，食黄药两丸，回组与同事王、毕、赖诸人谈，忽自言发冷，王小姐劝其至院中曝日，诸人遂同出。立而闲话，上午余给以一条，介绍其女入附中肄业，尚谈及，谓此一条胜十万元也。语毕，即倾倒。毕君急扶掖之，幸未至地，然已不能言。请校医室来人，竟无人，又请云大医院来人，亦无人，最后请来景初友人周大夫，打三针，终无救。可伤之至！见景初及其女，悲痛情形不知所以解之。四时还舍。五时至才盛巷治事。枚荪自重庆飞还，谈至十时还。据言骝先已向最高提出胡先生为北大校长，最高未答，而云“任傅孟真何如”，骝先乃退，以告孟真，孟真乃上书最高，言身体不能胜任，并言胡先生之宜，且可协助政府。此书托张道藩转陈，数日无消息，遂复缮一份再托人面陈。于是骝先再往推荐，最高答云“适之出国久，情形或不熟悉”，骝先为之解释，乃出，前日以告孟真，谓有八九成希望矣。但前日《新华日报》载一胡先生加入民主同盟，介绍人为张君劢、李璜之消息，恐有阻碍，孟真、雪艇各有急电往询矣。又言孟邻师在行政院甚苦，石珍喜动笔改别人文稿，以致全体怠工；又某次，最高向师言有事可问张部长指张厉生，未免使人不能堪。又言大家应力劝锡予代理校长，并言一切事物彼可代为办理，请锡予允任名义。

又言部中拟组两委员会:一、接收华北教育文化机关,由沈兼士先生负责;一、接收东南,由蒋慰堂负责。接收华北委员会,北大有一人参加,孟真主由余担任,枚荪并力劝余往。还舍后,十二时就寝。

二十九日　阴历七月二十二日　星期三　晴

八时起。十时入校治事。十二时半至师范学院午饭。一时半诣锡予,开文学院院务会议,决定改设哲学、中国语文、东方语文、西方语文、史学、考古学、教育七系。五时散。至清华办事处开迁移委员会。七时开常务委员会,决定限制同人自行内返,有不发薪、不照顾家眷、不发旅费之规定,余以为奇,争之不胜。某君言照余意则是奖励同人之自行离去也。十时会散。往矛尘处小坐。十一时半还舍,锡予又在相候,不安之至。谈至十二时半乃去,以一信嘱转孟真。一时半就寝。得孟真二十日信,以接收华北教育文化机关事相告,并言蒋师以锡予不肯代校长,推荐余代,孟真劝余不必代,以为此类有涉名誉之事,吾辈毕业同学最好不必作,其言甚善,然余绝无愿代之意,且从不作此想也。

三十日　阴历七月二十三日　星期四　阴　晴

八时起。收检物件备后日往重庆。客来不绝。十一时入校治事。得朱骝先先生感电,谓有要事,命赴平津一行,速来渝面洽,当即孟真、枚荪所云也。一时至师范学院午饭。饭后至景初家吊唁。还舍。锡予、从吾来谈史学系与史语所合作事。枚荪来。其他客来甚多。六时至才盛巷,泰然请食晚饭。与枚荪、端升、雪屏谈至九时还。一时就寝。

三十一日　阴历七月二十四日　星期五　晴

八时起。检行李及应办诸事。客来不绝,大都谈校事。十二时半至师范学院午饭后回舍小睡。赵世昌来,告明日飞机无座位,改三日行。五时诣月涵先生。六时至矛尘处晚饭。九时还。十时坤仪来。十一时锡予、泽涵偕来,谓有函致孟真,谓余若北行,则此处无重心,故反对余之北上。一时就寝。

〔付客饭一份八〇〇元。〕

本月[①]

毅生兄:

关于宾四兄事,锡予先生曾有以下的意见:宾四与北大关系甚深。他的意见我们并不完全赞同,但宾四先生究为好学深思的学者,我们自应请他回来。弟的意见:孟真兄是我们系中的领袖,应当把一切话都向他说明白,期更圆满。此外还有一点,这八九年来,我们囿于昆明一隅,见闻有限。史学方面,若有应延揽的人材,亦请尽量指示。兄若赴北平,见到陈援庵先生、张星烺、孔繁霱字云卿,清华中古史教授,柳漪好友,南开或可聘请他诸友时,烦特致敬念。伯苍的家眷住西城文昌胡同三号,内人家信中或附笔问及之。祝一切如意。兄若不即去平,而雪屏有先去的可能时,亦请转告。

祝早安!

弟从吾敬上。卅四,八月卅一日。

曾太太若能留昆明,大维及其家属,自极感谢。盖为此可使其夫妇久聚,并大有助于叔伟也。

九月

一日　阴历七月二十五日　星期六　晴

稚眉夫人四十九岁冥寿。八时起。客来。从吾言昨日致孟真

①原稿后阙。当列本月收支情况。

信署名者锡予、景钺、子水、华炽、泽涵、从吾,凡六人。闻之,且愧且感。十一时诣月涵先生。诣锡予,不值,告汤太太,一介入先修班事已办妥。回舍小坐。与雯儿至师范学院午饭。回舍小睡未熟。三时诣岱孙、继侗、企孙,以合作社存折交继侗,此系废折,然利息亦足万元矣。福田将于日内飞北平,以五万元托岱孙交之,携寄晏儿。四时半还舍。锡予来,雪屏来。锡予言昨日寄孟真之信,纯由友谊,凡与孟真不熟者,虽在侧,亦不列名,如忠寰,其一人也,且亦知余家有儿女八年不见,急思一行,然为学校计,不得不作此信。景钺、泽涵尤以为必要,是以未向余言而径发出,其事决定亦甚促。六时半至才盛巷治事。燕锦约食合子。十时还舍。锡予复来,言与枚荪谈,知接收东方图书馆等甚重要,但学校不好,要此亦无用。皮之不存,毛将焉敷①,意谓余去则北大将受人欺凌也。其意甚恳切,余甚感动。然而不能不去者,恐人真将以余有自愿代理校长之意也,但此意不便向人言耳。十二时半就寝。上午月涵先生言昨晤何敬之,据云北平一时尚不易去,其言与昨日昭抡向余言者为近,则余等能否北上,尚不敢必。报载二十日教育部召集教育会议。

〔入八月薪五九〇元,八月生活费三一六〇〇元,八月特别生活费一五八〇〇元,七月特别生活费一五八〇〇元,八月车费二〇〇〇元,共六五七九〇元。付捐税二七.五元,房租二〇〇〇元,宿舍杂费三〇〇〇元,雯用一七〇〇〇元,寄家五〇〇〇〇元。〕

二日　阴历七月二十六日　星期日　晴　雨　重庆补记

八时起。九时送行李至才盛巷。赵世昌来,告月涵先生展期

①敷　原作"附",郑先生将之圈去,改作"敷"。

十日行，询余意如何，余以订票较难且有事须洽定，决先行。托泰然送行李至公司，余还宿舍取钥匙后至公司。候久之，始告下午二时更至，乃全以托泰然。余诣膺中，晤罗太太，言余气色太坏，若大病新愈者，为从来所无。还舍。景钺来。十二时半至柳漪家午饭，遇子坚，据谈天津教育局长事，决不就，有信托余带重庆。饭后还舍小睡。矛尘来。端升来。六时半至尹辅家晚饭，有勉仲、端升、矛尘、刚如。十二时归寝。

〔付洋车二二〇〇元，飞机票一六五〇〇元，行李五六〇元，本日共用二三九八〇元。〕

三日　阴历七月二十七日　星期一　晴　自昆明至重庆

七时半，未起，客已来，急起。九时放解除警报，十分钟后光明夫妇开车送余至才盛巷取物后至乐乡食包子，正值全市爆竹齐鸣，行人遮道。十二时至飞机场，晤绍穀，将飞成都，龙荪自重庆还。候至二时一刻，四十一号机自加尔加达来。二时三刻余登机，坐最后一座，临窗。同机有金汉鼎、王泽民及电影名星胡蝶夫妇。机行甚稳。五时一刻抵重庆九龙坡，乘车至珊瑚坝公司①，候行李验记。乘轿至中央图书馆，价三千元。慰堂外出，幸早有安排。布署毕，已八时。出食面，每碗一百二十元，与昆明不能比较矣。至重庆村访孟邻师寓，不得。至聚兴村晤孟真，知北大校长决定胡先生继，未到前由孟真代，孟真以同人能否发生误会相询。又晤思成、之恭、正之。随偕孟真访书贻，谈至十二时还。图书馆门已闭，慰堂亲为开之，甚不安。又谈至一时，乃就寝。

〔付行李重六六〇〇元，轿三〇〇〇元，面二九〇元。〕

①原于“公”下衍一“公”字。

四日　阴历七月二十八日　星期二　晴　在重庆

九时始起。昨夜盖棉被而睡，尚不觉热。十时至重庆村谒孟邻师，不值，晤蒋太太。至教育部，骝先先生、立武均不在，晤赵太侔、贺师俊两司长。关于米贴事，贺初允先垫一月，有张科长以统筹阻之。贺又欲垫一笔济急，张又言须七八千万。贺遂以往商粮食部再决定为辞，余亦不愿多言，惟告以联大存而未领之米，尚有四千四百馀石，以市价折之，在一万七千万以上，若领而出售，尚可多分于同人，然而成何政体。在部遇邵心恒，偕出食闽味。同至图书馆，谈至三时半乃去。四时半郭莲峰来，今晨晤于部中者也。谈闽中情形甚久，颇以乡人不得意于外为惧，据云政界人尤少。六时约往桃红酒家食闽味。饭毕，同诣沈尹默、兼士两先生。兼士先生奉命为平津区教育文化特派员，正候飞机返平接收。据谈平津接收委员会中，余亦在内，骝先先生电报即为此。又云平津委员九人，原来全是熟人，后来加入党部人员，遂有更易。十时辞出。谒孟邻师[①]，谈至十一时归。颇劝余不管行政，专心著述。此余之素志也。归。与慰堂谈北大复校计划，甚详密。十二时半就寝。

〔付早点一二〇元，邮票二〇元。〕

五日　阴历七月二十九日　星期三　晴　在重庆

昨日较前日为热，然夜间仍覆棉被。今晨八时未起，郑阳和、叶审之来。九时莲峰来。十时至教育部晤杭立武、朱经农。杭于米贴事甚关心，谓今后必可恢复旧办法，以前者用公事往还交涉可也。又晤贺师俊，据云昨亲往粮食部，尚无结果，遁词也，亦不深诘之。在市中小店食一汤一菜四馒首而还。小睡。卢吉忱来，谈今后计划甚久。七时阳和来，偕至老北风饭馆晚饭。阳和与审之共为东

①邻　原脱。

道,座有郭莲峰、隋曜西。饭后曜西来,谈至十一时去,乃就寝。

〔付早点二〇〇元,午饭一一〇〇元。〕

六日 在重庆

七时起。天气凉爽,酷暑就微矣。十时诣孟真,值骝先先生派车来接,遂同往。既晤,劈头一语,即问“何时启程”。实则名单中是否有余,余尚不知,且孟真、兼士亦不知也。余答以俟交通工具而定。骝先先生云,此事由行政院统筹,可速往求。孟邻先生继又谈及联大米代金事,亦知领米之困难,允告师俊设法。余复晤师俊,允提前汇九月贷金。又云八月以前及特别生活补助费均汇清,不知何时能到也。离教育部,在小铺食面一盂、粥一盂,价廉甚。还馆小睡。四时再诣孟真,谈北行事,又同诣沈兼士先生。六时半余又荪来约,以北大同学会开会,闻余莅渝,特派其来约。同往晚饭。据云久寻始得余所在。兼士先生别有约,余与孟真同往,晤狄君武、易克嶷、黄德禄、李世璋,馔饮丰美,不安之至。饭后复至孟真处,孟真以致北大同人函相示。九时谒孟邻师,值有他客,余乃还。叶审之、吴正良送来人事处公文一件,内附平津区教育复员辅导委员会名单,主任委员沈兼士,委员张怀、董洗凡、郝任夫、王任远、徐侍峰、余及邓以蛰、英千里八人。前传张子高竟无之,此其兼士先生所云名单任意改动者欤?余所识仅张、董、邓、英。十一时与慰堂谈甚久。明日可飞南京矣。十二时就寝。

〔付早点二二〇元,茶叶一两一〇〇元,午饭四〇〇元,邮票一〇〇元。〕

七日 晴 在重庆

七时起。高廷梓来。慰堂约食早点。归途遇二十六年北大史学毕业同学林君,谈甚快,坚约午饭,允之。还图书馆。心恒来。作书致昆明诸友,告接洽米贴状及复员计划。午林君来,同至其寓午饭。林在美军总部,其夫人在美新闻处;有三孩,均有奶妈,此吾辈所不能及也。还图书馆小睡。出发信,费二十分钟乃出,昨日亦然。凡事不亲历不能知其难,此一事也。理发。六时诣蒋宅,晤蒋太太,谓孟邻师仍盼余能至行政院相助,恐余不愿,不敢言,嘱探余意,余以既奉命北上,自当前往一行,如明年暑假后,必须余入院时,当再来。余乃以矛尘今后处境较难为言,请先为设法。蒋太太言,蒋先生恐其愿教书,误其前途。谈至此,蒋师还,复言之。师谓石珍将离去,但尚有半年或五个月,继复纵谈当世。十时乃还。慰堂今夜十二时赴白市驿登机,六小时后可达上海,送之行。就寝在蒋师处。晤周象贤,亦今日赴沪转杭州,回市长任。蒋师出任行政院秘书长,人多不谅。余初亦以为个人牺牲太大而未必有补于国,在昆明,在重庆,数与师谈,知余所虑,盖实相反。今日行政院之权殊大,而所以挽救于未然者殊多,内求府院之通、院部之通,外求京省内外之通,其效甚著。师司其任,实惟一之选。两次相招,余两辞之,心甚愧且歉。

〔付理发三〇〇元。〕

八日　阴历八月初三日　阴　雨　在重庆

七时起。在馆前晤周简文。洪思齐来。沈兼士先生来,谈颇久,并同至楼上晤尹石公。十二时简文来,约出午饭,两人凡食四千元,此数不下于昆明也。饭后还馆小睡。心恒来。曜西来,约往其家食韭菜饼[①]。先诣孟真,小坐,然后同往。十时还图书馆。天雨。心恒留馆中。十一时就寝。孟真言已为北大请得千五百万,命携千万往平,以百万备昆明最艰窘同人借用,意甚善。原请三千万,先得此数。晨兼士先生言,不愿由南京转平,欲搭直达飞机,嘱

①韭　原作“菲”。

往商孟邻师[①]。晟儿生日。

〔付早点二〇〇元。〕

九日 阴 在重庆

七时起。姚廷芬来。偕心恒出外食面,并至小茶馆饮茶。十二时至黄家垭口爵禄酒家午饭。毕,还图书馆。黄一鸣来。杨西昆来。三时半杨警吾来,谈北平情形甚详。九年不见矣。偕入城,至广州酒家晚饭,并在大小梁子一带闲步。九时还。今日上午,日本在南京签投降书。晚草学校米贴公文。十一时就寝。

〔付早点九五〇元,擦鞋五〇元,茶一〇〇元,报八〇元,午饭二三〇〇元,茶叶四〇〇元,车一五〇元,本日用四〇三〇元。〕

十日 雨 在重庆

七时起。抄公文。十时至教育部,晤贺师俊,谓联大三千万垫款前日决定后已汇出。北大垫款一千五百万,杭立武次长意先拨五百万,馀俟需要时再拨,遂以五百万交余。支票用孟真之名,遂送交之。在孟真处得锡予书,仍以不宜北上为言。读报,南京宣传部接收前尚铺陈华丽,次日接收已馀空屋一座,不知何人于晨三时用汽车八两装去,此必汉奸之所为。若学校如此,则接收后无法上课矣。孟真将商之骝先先生,电令责成现管人员负责。十二时在大街食面后还图书馆小睡。劳贞一来。作书致矛尘、勉仲、光旦,报告接洽情形。五时出外发信,遇晓宇于门首,同投信后回馆畅谈。晓宇仍愿还校,负出版责任。六时许月涵先生来。七时同出晚饭,仍在爵禄,凡月涵、心恒、晓宇四人,共八千五百元。九时还,与月涵先生谈。十一时就寝。雪屏来函,谓昆明谣传余北上为代

①邻 原脱。

孟邻师处理房产[1]，此真谣言也。余凡遇谣言，必穷究到底，究至底则情伪毕露。初得书，怒甚，亦欲究之，恐于雪屏不便。余此行本为整理财产，但所整理者为中华民国之财产，为北京大学之财产，非个人之财产也。

〔付午饭五一〇元，晚饭八五〇〇元，车六〇〇元，付雨伞一二〇〇元。〕

十一日　阴历八月初六日　星期二　雨

七时半起。李子信来，愿回母校服务。十一时偕月涵先生诣中央研究院，晤余又荪、萨本栋、梁思成。本栋以上星期二回国，已辞厦门大学校长，任研究院总干事。留午饭，并晤其夫人，孙承谔夫人之姊也。三时诣朱经农，不值；同诣孟真，又不值。遂同入部，值开教育复员会议，约入参加，到骝先、经农、立武、荫庭、太侔、黄如今[2]、曹刍、叔永、臧启芳[3]、曜西诸人。六时散会，晚饭。同诣孟邻先生，候至九时半未还，乃归。十一时就寝。昨今两日，均着夹衣。在蒋师处晤石珍，言北行一时尚不易。

〔付邮票二〇〇元，早点三〇〇元。〕

十二日　阴历八月初七日　星期三　雨　阴　在重庆

七时起。天雨。在楼上看书。午至大街潇湘食，两人凡二千五百元，二菜一汤，可足三人之食，昆明所不可得也。食毕，还图书馆小睡。心恒、晓宇先后来。七时同出晚饭，食于福州大同楼，遇吴昆吾。饭后心恒还寄庐，余与晓宇诣孟真、吉忱，谈至十时半还。十二时就寝。今日上午有延珍卿来，北大二十一年经济系毕业，山东广饶人。晚有汪书有来，三十一年联大历史系毕业，湖北云梦

①邻　原脱。

②如　原作“而”，据一九四六年六月二十九日日记改。

③启　原作“其”，据一九四六年六月十八日日记改。

人，愿到北大服务。

〔付早点四〇〇元，午饭二五〇〇元，电池二五〇元。〕

十三日　阴历八月初八日　星期四　阴　在重庆

七时起。陈东原来，托带八万元交汪原放[①]。梁思成来。十一时同月涵先生诣孟真，留午饭。三时出，再同诣沈兼士先生。谈毕，看尹默先生写字，并各得一缣。余所得一条，写近作之《西江月》词，曰："豪兴差同海岳，写成十万麻笺。寸缣尺素尽论钱，却对端明颜汗。　老去几茎白发，换来诗句千篇。者般活计半忙闲，十二时中流转。"词虽如是云，然余之此帧，不惟未用钱，且缣素亦出之主人也。六时余还图书馆小憩。八时出食面。十二时就寝。北上飞机仍无消息，明日有船赴沪，部中来询有无人往，辞之。

〔付早点三六〇元，晚饭四四〇元。〕

十四日　阴历八月初九日　星期五　晴　在重庆

七时起。客来甚多。十一时偕月涵先生至教育部，晤经农、太侔、师俊。太侔询及莘田薪俸事，此在昆明雪屏所商、由从吾作函骝先先生者也。十二时半在大同食面。还图书馆看书。六时心恒来，同出晚饭。饭后独至第一泉洗澡。谒孟邻师，自八时谈至十时半乃还。师劝余不必更兼行政职务，专心学问。余以出国之愿陈之，师言机会正多，但求之未必有。十二时就寝。今日师颇以此次同人对于校长问题，只知挽师之不辞，而不知釜底抽薪。问孟真，言之为惜。

〔付午饭一一〇〇元，晚饭二〇〇〇元，鞋油一五〇元，洗澡一二〇〇元。〕

---

①原　原作"元"，据王子野《回忆亚东图书馆序》（刊《读书》一九八三年第十一期）改。

十五日　阴历八月初十日　星期六　晴　在重庆

七时起。熊迪之自昆明来。十二时卓敏来接,偕月涵、心恒往廷黻家午饭。谈及各地救济分署署长人选,上海定刘鸿生,浙江拟请枚荪,并以福建、平津为询,向未注意,竟无以荐。二时至卓敏处,小坐。余与心恒回图书馆小睡。又同至大街而还。十二时就寝。作书致昆明。心恒将以明晨飞昆。

〔付早点四〇〇元,洗衣八〇〇元。〕

十六日　阴历八月十一日　星期日　晴　在重庆

七时起。警吾来,知兼士先生于今日飞京,贺师俊偕行。迪之来。赵丹若来。十二时至孟邻师家午饭,晤沧波、肃文。饭后往美工堂参加联大同学会,月涵及余各有演说。四时半,余往吉忱家茶会,有孟真夫妇及王芸生。谈及建都事,皆主北平。且闻中央意见亦然,并经内定矣。又谈及北平现尚不易往,与午间蒋师所言同。七时还图书馆。十一时就寝。

〔付早点四〇〇元,车六〇〇元。〕

十七日　阴历八月十二日　星期一　晴　在重庆

七时起。十一时偕月涵先生至第一泉洗澡。在大街食面。回馆小睡。作书致昆明。七时至街中进膳。回馆。正之来。子坚自昆明来。十二时就寝。

〔付早点四〇〇元,洗澡二六〇〇元,午饭六〇〇元,晚饭六〇〇元。〕

十八日　阴历八月十三日　星期二　晴　在重庆

七时起。九时朱经农来。十时雪屏自昆明飞至,为携来清华福利金十万元,尚馀一万九千元留昆明,为壮行色不少。十二时请雪屏午饭于大上海。还图书馆小睡。三时偕雪屏诣孟真,不值;乃往中央党部参加北大同学会。五时散会。至吉忱处,小坐。偕诣伯苓，同出晚饭。饭后同诣孟邻师，谈至九时还。十一时半就寝。

〔付早点四〇〇元，付午饭三五〇〇元。〕

十九日　阴历八月十四日　星期三　晴

七时半起。客来甚多。十二时半往大街食饺子，与月涵先生偕食毕，余还馆中，月涵先生往经农许。三时偕雪屏、子坚同往第一泉洗澡，洗毕同至三六九食面。更同诣孟真，孟真以明日大会中通电嘱雪屏。遂同还馆中起草，余分慰劳后方学校教职员一电。赵夐来。黎东方来。二时就寝。印刷工人赶明日印件，欲通宵工作。

〔付早点六〇〇元，晚饭二〇〇〇元，午饭七〇〇元。〕

二十日　阴历八月十五日　星期四　晴　在重庆

八时起。未出。九时教育善后复员会议开会，晤文藻、叔平、季洪、伯苓、志希诸人。三时后与文藻久谈。六时偕雪屏、子坚，同至国民外交协会餐室食鱼过节，三菜一汤竟达一万一千五百元，此在昆明亦未尝遇也。饭毕，至蒋家，坐屋顶凉台望月。外有广播音乐，仿佛香港。九时后文藻、逖生、毓琭继至，十时主人始还，谈至十一时半还馆中。一时就寝。

〔付早点四〇〇元，晚饭三九〇〇元。〕

二十一日　阴历八月十六日　星期五　晴　在重庆

八时起。午出食面，馀均在馆中阅书。八时再出食，并与雪屏诣孟真，商北上事。十时半归。十一时半就寝。闲拟联大复员预算，不觉大惊！

学生及工友二五〇〇人，每人路费三〇〇〇〇元，共七五〇〇〇〇〇〇元舟车仍由国家供给，不计入；教职员及眷属二〇〇〇人五〇〇家，每人路费五〇〇〇〇元，共一〇〇〇〇〇〇〇〇元同上注；校具五〇〇吨，每吨运输脚力一〇〇〇〇〇元，共五〇〇〇〇〇〇〇元同上注；全校学系及研究所二五系，每系增加设备费美金五〇〇〇〇元包括家具,每美元以国币八〇〇元计,共一〇〇〇〇〇〇〇〇〇〇元。总计国币一二二五〇〇〇〇〇〇〇元。

关于校舍之修葺建筑尚难估计,以最低需要原则计。每系每所,平均一〇建筑方(一〇尺宽一〇尺长一方);每学生,二人一方;每教职员一家,平均四方。以联大现有各系所学生教职员人数计之,约需三七五〇方,每方以国币五万元修理计(战前二五元之二〇〇〇倍),已需一八七五〇〇〇〇〇〇元。

连前数合计,共一四一二五〇〇〇〇〇〇元。更加30%预备费四二三七五〇〇〇〇元,共一八三六二五〇〇〇〇元。

北大人数较少(一〇〇人),系仅十三。教职员一〇〇人,每人五〇〇〇〇元,共二〇〇〇〇〇〇〇〇元;校具一〇吨,吨一〇〇〇〇〇元,共一〇〇〇〇〇〇〇元;系一三,系五〇〇〇〇美元,共国币五二〇〇〇〇〇〇〇〇元(13×50000×800)。共五四一〇〇〇〇〇〇〇元。

学系及研究所各一三,各一〇方,共二六〇方;员一〇〇家,共四〇〇方;生以二〇〇〇人计,共一〇〇〇方。共一六六〇方,每方以五〇〇〇〇元修理计,共八三〇〇〇〇〇〇〇元。

两项共六二四〇〇〇〇〇〇〇元,加30%一八七二〇〇〇〇〇元,共八一一二〇〇〇〇〇元。

〔付早点四〇〇元,午面一三〇元,晚面六八〇元。〕

二十二日　阴历八月十七日　星期六　晴　在重庆

八时起。十二时出午饭,即还。六时偕雪屏出晚饭,晤曹美英、严灵,坚欲作东道主。饭后谒孟邻师,值其宴客。遂诣伯苍,小坐而还图书馆中。汪一鹤来。十二时就寝。

〔付午饭二八〇元,茶叶四〇〇元。〕

二十三日　阴历八月十八日　星期日　晴　阴　在重庆

八时起。十时偕雪屏诣尹默先生,又为作字一帧,写八月十日闻敌人请降二律，谈至十二时半。至附近小店食面，警吾作东道，在尹默先生所遇之者也。与雪屏至第一泉洗澡。毕，还图书馆。八时出晚饭，食饼半斤。谒孟邻师，不值，还。十二时就寝。

〔付早点四○○元，洗澡三○○○元，晚饭四○○元，车三○○元，洗衣一五○元。〕

二十四日　阴历八月十九日　星期一　晴　阵云　在重庆

八时起。午出食，即还。六时偕雪屏出，晚饭后诣蒋先生，值他出，与蒋太太谈。十时还。十二时就寝。

〔付早点三○○元，午饭四○○元。〕

二十五日　阴历八月二十日　星期二　晴　阵云　在重庆

八时起。晓宇来。午出食。还图书馆小睡。马琰来。雪屏往晤一鹤，言二十八九有飞机可往南京，决先往京转北平。连日天气甚热，今日尤甚，室内静坐，汗流不止。四时云渐合，有雨意，携伞至教育部。忽飞雨，街中有伞者不过三人。与翟毅夫洽飞京事毕，出已止。晚出食面，即归。雷电交作，迄十一时大雨。然热未稍杀。十二时就寝。

〔付早点三○○元，午饭六○○元，晚饭四○○元，付茶叶四○○元。〕

二十六日　阴历八月二十一日　阴　夜雨　在重庆

八时起。十一时至教育部，即还。下午李润章、隋曜西先后来，长谈。七时半至街头食木须肉一盘，油饼半斤，稀饭一碗，价八百十元。此店即初到渝日所食之店，名豫兴和。前次低廉可惊，今奇昂亦可惊也。食毕，诣吉忱，久谈。十时许孟真还，又谈半小时，乃还。月涵先生于雪屏屋内候久矣，余锁门而出，忘未留鍉，致有此失。十二时就寝。

〔付早点三二○元，晚饭八三○元，水果四○○元。〕

二十七日　晴　阴　雨　在重庆

八时起。十二时偕雪屏诣一鹤,知后日可行,先往南京,更转北平。谈毕,在广东小店午膳,二人共千二百元。理发。还图书馆。七时出食饺子。谒孟邻师,不值,还。十二时就寝。

〔付早点四○○元,午饭一二○○元,晚饭四○○元。〕

二十八日　晴　阴　在重庆

八时起。十一时谒蒋师,不值,晤蒋太太。十二时至卢吉忱午宴,晤君武、希圣、孟真诸公。吉忱交来《清史探微》版税预支五万元。饭后还图书馆。六时至训练委员会,应段书贻、何子星之宴。七时又至邮政储汇局。应汪一鹤之宴,晤周季梅。九时半还。十二时就寝。飞机改后日行。

〔入稿费五○○○○元。付[①]。〕

二十九日　晴　雨　在重庆

七时起。李仲三来。七时半同至大梁子天主堂访英千里,以其前晚自北平来,欲一探真实情形也。比至,已迁胜利大厦,随往胜利大厦晤之。据云北平市面尚好,平静如常。九时半出,诣孟真,商明年北大预算。十一时半谒蒋师,不值。回图书馆。一时再偕月涵同往蒋师处午饭,饭毕还。萧叔玉自赣到渝,来谈。七时至光迥家便饭[②],光旦之弟也。天忽大雨,雷电交作。九时还图书馆,知明晨六时须至飞机场。雷电甚殷,馆中熄灯以避,乃然烛收检行李,一时乃毕。上床小睡。

三十日　大雨　在重庆

四时即起。雨甚大,雷电不停。五时冒雨乘花杆至珊瑚坝飞机场。花杆甚破,不能蔽雨,衣履尽湿。中途,在前舆夫力不能胜,

---

①原稿未列支付明细。

②迥　原作“絅”,据《潘光旦先生百年纪念文集》改。

盖临时替代者。不得已,乃下舆步行。雪屏一舆,相去远矣。抵江边候半小时始有渡船,第四次始渡,余抵场已七时半。乘客纷纷攘攘,秩序甚乱。公司之人,一一呼名过磅,尤拥挤。既而查知单内无余辈之名,询之,则以本有两机开行,今只得一,故须迟至明日矣。九时半,余等知无望,乃还,而子坚终未至。渡江,遇汪一鹤来送,即乘其车至图书馆,换衣假寐。十时子坚来,以今日之事告之,快极!林伯遵来,约往江北,辞之。午偕子坚、雪屏出食,即还。小睡。七时再出晚饭,饭后还。余此次携公款五百万,又亲友托带逾三百万。箱内全满,且逾法定重量,乃别购一箱盛之。捡拾毕,已十二时,即寝。

〔付赏二〇〇〇元,付赏又二〇〇〇元,洗衣四〇〇元,花杆(二人)三〇〇〇元,午饭(三人)五九〇〇元,又赏工友一〇〇〇元,晚饭(三人)二三〇〇元,皮箱七〇〇〇元,锁五〇〇元,绳子二〇〇元。〕

十月

一日　阴历八月二十六日　星期一　雨　自渝至京

自今日起停止夏令时间,较昨日迟一小时。五时起。六时半冒雨使图书馆工友押挑夫挑行李至珊瑚坝飞机场,余与子坚、雪屏步随之渡江。至飞机场依次称行李,并检验余等携钞券一箱,重十八公斤。九时手续毕,准行者十八人。忽由公司人宣称,每人应交票价八万四千元。余款皆入箱中,由子坚代付。又公物每公斤收费八千四百元,余行李十四斤,公物十八斤,应再缴十七公斤,计十四万二千八百元,由雪屏代付。全体缴价讫,始验证明书,登机已十时五分矣。如早通知,使有备,交支票或本票,可免双方点数之劳,不致如此也。十时十分飞机开行,甚平稳。初时甚高,惟见云海,三小时后渐低,可见长江及山峰。三时半抵南京光华门外飞机场,临降落,动荡甚,为之大呕。下机,天大雨,避于机翼之下。有人召来卡车一辆,载至安乐酒店。车无篷,风大不能张伞,着以绸雨衣,不足以当之。下卡车,随雇人力车一架载行李。余辈既不识道路,意又不决。余欲先往教育部,或主找旅馆。车夫复狡黠,安乐酒店距夫子庙为近,其地多旅馆,余等不知,车夫乃背道而驰,久而不见一旅馆,询之警察,以珠江路为对,寻三家均无馀室。天已薄暮,余恐有失,决定先往教育部。比将至,见有皖江旅社。子坚入询之,余与雪屏入部,晤彭百川,据云有床而无被。值子坚来,谓皖江旅社有空房,乃以钞券箱交百川,余等寄宿皖江旅社。各得一室,虽陋小,亦安之矣。盥洗毕,已七时。由店家介绍至美龙镇便饭。凡唤炒虾腰八十元,红烧划水七十元,烧菜心三十元,炒肉丝五十元,干贝炒蛋七十元,什景豆腐汤四十元,花雕半斤七十五元,饭三客三十元,此与昆明、重庆不可相衡也。食毕,入部一视。还旅社洗足,两履湿透于内,裤湿其半,上衣湿入于长衫、夹袍之内。以干布擦之,乃寝。仅八时。

〔付行李费三〇〇元,又二〇〇元,点心一〇〇〇元,飞机票八四〇〇〇元,行李过重一四二八〇〇元,汽车五〇〇元,晚饭一八〇元,洋车一八〇元。〕

二日　阴历八月二十七日　星期二　阴　风　晴　在南京

七时起。天阴而风稍冷。八时半偕雪屏、子坚至黄埔路中央军官学校陆军总司令部访鲍静安,托其代办赴北平飞机。据言五日之内必无飞机。乃出,同乘马车至夫子庙购物。在老正兴进午餐,子坚、雪屏作东道,以前日若不被遗下,子坚不能偕行,雪屏则昨日相约走成请客也。凡食炒虾仁一百七十元,炒蟹粉三百元,鱼头豆腐二百五十元,酒半斤三十五元,茶三客十元,饭三客三十二元。在市场见物价皆较内地为廉，呢帽千元至三千八百元，皮鞋千六百元至三千二百五十元，钻石牌靴油百二十元，棕榄皂百二十元，巴黎皂七十元，黑人牙膏二十元，三花牌雪花千五百元，购呢帽、皮包大公事包、雪花、牙膏大、牙刷、手巾、袋、信封等数事。在三新池洗澡，每人三十四元，擦背每人七元。晚小巴黎晚饭后坐车还旅社。日内既无飞机，决于明日往上海一视。入部，彭百川来。九时就寝。南京时间依学理应较重庆早一小时，但此间自胜利后概用重庆时，号曰标准时。

〔付早点四六元，晚饭三四〇元，帽子三八〇〇元，皮包四〇〇〇元，雪花一五〇〇元，牙刷一五元，洗澡二〇〇元，洗巾袋一八〇元，牙膏一〇〇元，信封信纸八〇元，报二〇元，车钱二〇〇元，本日共一〇四八一元。〕

三日　阴历八月二十八日　星期三　晴　自京至沪

六时起。乘马车至下关车站，三人共八百元，车行甚速，至挹江门，下车步行而过，此敌伪之旧也。传伪内政部长陈群之妻经此未下车，探刺甫投，即被敌兵披面一掌。至车站，候登者甚众，分两行而立，久之，铁门未开，行列乱，兵士以竹篾乱抽，始定。忽而门开，又大乱，争先竞进。军士以竹大挥大打，群众纷退。一小儿挤倒于地，幸无践踏之者，军士扶之起。乃以队尾作队首，成四行，以惩争先之人，而竞进如故。复改四行为一行，使鱼贯而入。改行列时及进门时，抽打未尝稍止，余等始终未离原地，睹之甚忿，乃共寻一军官告之。军官表示抱歉，握手不已。导余等入，遂未依行列，心甚愧之。入铁门仍依行列。分等购票，余等所购为二等，秩序尚好，三等不堪矣。皮带乱抽，不复以人相视。设能在购票之处依到站先后排列，以木栅为界，一一购票，按号登车，则事省而便捷矣。车站之人亦宜早来，以免以众人候一人。售票之人不妨多人，多而分，自可井然。民众更应指导，不应鞭责。社会部与其多设不相干之门面机关，何妨多派人来此种地耶？登车得三座，八时车开。沿途几于每站必有日本兵，自奔牛以下仍全副武装，与昨前在南京所见徒手之兵士不同。五时车抵上海。乘电车至旧英租界与法租界相接处，与雪屏同乘三轮车至卫乐园，子坚别投旅社。相约以六日还京。三轮车以人力车前加一轮，以足踏之，行甚速，战后所兴者也。至卫乐园，雪屏投二十八号沈昆三，余则投七号张宅。晤大嫂、三姊及惠、丽两侄。余在渝有信，昨日得达，相盼一日矣。谈至十一时，知七年来艰窘情形。幸赖北平房子出售后在沪购此七号宅，住居尚无问题。又赖三姊经营与陈志远表甥、郭午峤表甥婿协助[①]，而诸侄又均毕业，得免饥寒，不禁感叹随之。

〔付车费二二八〇元，马车至下关二七〇元，车上用三〇〇元，付上海人力车二〇〇元，本日共用三〇五〇元。〕

四日　阴历八月二十九日　星期四　晴　在上海

七时起。早膳时谈及家事。三姊屡支吾其词，最后直告以三弟噩耗，惊骇泪下！八年来以儿辈累弟。吾负弟矣！吾负弟矣！竟日未出，晚映自摄家庭电影，见亡弟亡室之像，尤悲！九时就寝。

五日　阴历八月三十日　星期五　晴　在上海

七时起。八时雪屏来，同诣沈昆三，又至市党部，均不值。至四川路中国旅行社购车票，已逾时，须待明日矣。在万利酒家午膳，后至卡德池洗澡小息。再至青年团上海支团部，托之代购明日回京车票，允为设法，但无确实把握。自团部出，至教育局，一樵不在，晤振吾。时已四时，乃急还张宅。五姊、海宁陈二表姊及其子志远已到。少顷，郭午峤伉俪亦至，谈甚久。十时散，余为惠侄作

①午峤　原作“五桥”，本月五日同，据一九三八年十月二十日日记改。

书致一樵求为位置[1],又致书龚仲钧为宁珠侄询留美学费。十二时就寝。子坚为购车票一张,交雪屏于晚间送来。明日可免拥挤矣。赠惠、丽二侄各国币一万元。

〔付午饭六〇〇元,车三〇〇元,票子三〇〇元,本日共一二〇〇元。〕

六日　阴历九月初一日　星期六　晴　自沪至京

六时半至沈家晤雪屏,同乘汽车至闸北车站,因有票,入站甚易,登车已无馀座。八时车开。十时抵苏州,始得一座。三时抵南京下关。乘马车入城,经挹江门,仍下车,步行而入,并检查行李,较之前日又进一步矣,大可不必也。入城仍止于皖江旅社,前日往沪未退房。盥洗毕,至教育部,晤彭百川、刘英士。英士约至南城小巴黎晚饭,先至童冠贤旧居,完整如故,并加增木器甚多,亦幸甚。其他诸友旧居有全毁者。英士谈及接收情形,多趣事。又知教育部决在京设临时中学三所。八时还,随就寝。

〔付车票二二八〇元,车上用二〇〇元,马车二七〇元,本日用二七五〇元。〕

七日　阴历九月初二日　星期日　晴　在南京

七时起。九时在大中华食包面而还。三时再偕子坚、雪屏上街购物,在建康商场为晏儿购织锦衣料一件,价千七百五十元。此两月前昆明阴丹士林布六寸之价也。最贵时每尺三千。六时在一品轩晚饭,三人共用五百五十元。饭后无聊,至茶馆听清唱,寂无一人。候至八时始开场,皆贫苦幼女,其声惨淡。九时归旅社。十时就寝。晚间忽觉伤风流清涕,或连日旅途劳顿而一日下飞机冒雨之故。

〔付早点一〇〇元,晚饭一八五元,听唱二〇〇元,小刀一把三

---

[1] 樵　原作“桥”,据上文改。

六〇元,衣料一七五〇元,臭虫药一〇〇元,书报一〇〇元,洗衣七〇元,本日用二八六五元。〕

八日　阴历九月初三日　星期一　晴　在南京

八时起。九时半步至总司令部,偕雪屏、子坚共诣萧毅肃参谋长,值其开会。候至十一时半,乃得晤谈,甚快,并留午饭。得晤冷欣副参谋长、蔡文治副参谋长暨杨继曾,石先之介弟也。萧于吾辈飞机事甚关心,亲为致电话于航空司令,据答中航公司往北平班机尚未正式开行,仅有美国联络机。萧嘱为预留三位,然何时有机则不能知也。二时至继曾处,小坐。又访韦卓民、鲍静安,不值。还旅舍小睡。五时至夫子庙,步行而往,经商务印书馆,见《鞑靼千年史》新价四三二元,以三折得之。又至商场购物,大瓶 Colgate 牙膏,价五百元。六时半在小店食蟹包、蟹面,腻甚,食后还旅社。九时就寝。今日萧谈中国原与美军约先通广州湾,然后进攻广州,美军在其左右登陆。又言日本如无原子弹,亦将投降,但原子弹借口更佳耳。

〔付车钱七五元,墨一定二〇元,茶叶八〇元,手绢二方一〇〇元,短裤二条六〇〇元,牙膏五〇〇元,书一三〇元,晚饭二三〇元,车七五元,报一五元,本日共一八二五元。〕

九日　阴历九月初四日　星期二　晴　在南京

八时起。十时偕子坚、雪屏上街食面一碗。步至新街口,又回至大行宫,乘马车至夫子庙。在上海加非室食西餐。二时至三新池,欲洗澡,以无房间,乃乘人力车还。车行至大行宫北,忽有汽车自后至,以手相招,视之,陈福田也。下车立谈,据言远望一头极似余,逼视果然。福田以上月十日来,候机已久。今日闻有飞机在机场,候至此时,始知改期,方欲归去也。遂同至余辈旅社,然后偕至其所居,原为“满洲国大使馆”,今美军麦克鲁居之。晤缪云台。六时偕诣马晋三。晚饭后送余等还。晋三谈最近昆明变故,谓蒋主席原未令杜光庭入城，亦未令开枪，杜稍操切，于未送达命令前先占四个城门，于占大东门时发生冲突，枪声大作。龙闻枪声时方六时许，遂趋车至五华山省政府。时各处电话均不通，杜派人送命令至龙宅，门闭无人受，乃自门隙投入。其后电话通龙家人，以命令读告龙，龙乃还家，已下午矣。龙意甚不满，以为本人无叛意，一纸命令已足，何必出此，且言如相逼，惟有死龙云耳。而中央得报有开枪抗拒者，复下令限龙于五日到重庆，否则以叛逆论。相持甚僵。值何敬之、宋子文至，弥缝解释，始于六日同往重庆，而事寝。何敬之以下午抵京，以告晋三，故得其详。伤风较重，九时就寝。今日复以飞机事托之晋三。

〔付早点四〇元，午晚二九〇元，车七五元，付砚二〇元，邮票二三〇元，本日共六五五元。〕

【剪报】中央社重庆九日电：蒋主席为卅四年国庆日，于九日下午七时向全国同胞发表广播演讲。（文略）

十日　阴历九月初五日　星期三　晴　在南京

七时起。伤风重，流涕不已，有咳嗽之兆。九时偕子坚、雪屏上街食豆浆。后往新街口观国庆景象，国旗飘扬，悬灯结彩，万人空巷，旁街而立，马路上由兵士站岗，只许横穿，不准沿之而行，或以为主席将至，实则非也。至新街口，人多不能通过，折而回。至龙门酒家食点心，三人共用五百六十元。食毕，还旅舍小睡。六时再至新街口散步，并就食于上海酒家，辣椒炒肉丝百元，红烧肚当百八十元①，开阳烧菠菜九十元，虾仁豆腐汤六十五元②，板鸭百元，白干酒二两二十元，茶三碗十五元，饭三客六十元。食毕，还旅社，余以伤风恐嗽，乃至中国药店询药。店人以藿香正气丸为言，

①当（當）　原作“膛”，据钱泳《履园丛话》改。按枫隐《饕餮家言》（载《红杂志》一九二三年第二卷第四期）作“裆”。

②腐　原作“付”。

购三钱归。食其半,子坚又赠以阿斯匹灵一片,亦食之。八时就寝,伤风流涕,无烧,余意但疏解清降已足,惟恐嗽耳。

〔付早点一五元,午饭一九〇元,晚饭二五〇元,梨三六〇元,药一五元,本日共八三〇元。〕

十一日　阴历九月初六日　星期四　晴　在南京

六时起。昨夜有汗,小咳。晨大便燥,涕仍多。雪屏、子坚至总部探机座,余留旅社。十一时余以室内阴寒,乃出散步,以接阳光,并至温泉浴室洗澡,大汗淋漓。更嘱侍役出购 Vicks,此间无之,得韦廉士吸入止咳片一种,八十五元。十二时还旅社小睡。六时偕雪屏、子坚上街,致电孟邻师暨一鹤,请为设法谋机位。在胜利酒家食粤菜。食前,别入一小店,以为甚洁,乃仅有稀饭,各食一碗而出,复入胜利酒家。近日颇以出入酒食店为奢,故力寻小而洁者,遂有此笑话。在西药房购加斯加拉十粒,凡五十元。十时就寝,食其二粒。余所居旅社二十九号房,在楼下旁院,终日不能日光。下午五时移至楼上十五号,虽小而有西向一窗,下午阳光多。于十五号壁间见旧报,知汪兆铭伪组织于三十二年三月五日公布"同光勋章"颁给条例,并于四月二十六日派褚民谊为特使[①],率"公使"张超、"亚洲司长"薛逢元、"外交部秘书"徐义宗赴日,由"驻日大使"徐良导引,赠日皇以"同光大勋章",以报日皇前赠汪逆之大勋位菊花大绶章,可谓无耻之极!

〔付洗澡一三五元,药八五元,又五〇元,报一五元,电报三一五〇元,晚饭一七五元,本日共三六一〇元。〕

十二日　阴历九月初七日　星期五　晴　在南京

五时起。大便仍不畅,嗽止,吐厚痰甚多,涕亦浓,似渐愈矣。

---

①民　原作"明",据《中华民国史·大事记》一九四三年四月二十六日条改。

写日记。十时谭镇黄、张廷幹来谈，并约午饭，少顷去。十二时再来，偕至夫子庙太平洋酒店午饭，饭后还旅社。今日天街中仍有岗，禁止行人及人力车于道中通行，惟准于道边行走，不解其故。下午小睡半小时。六时偕雪屏、子坚至胜利食粤菜，食毕还。药店介绍更衣丸以通大便，购而未食。舌苔色黑。十时就寝。

〔付车七五元，晚饭一七〇元，茶叶四〇元，药八〇元，洗衣六〇元，本日共四二五元。〕

十三日　阴历九月初八日　星期六　晴

六时起。食烧饼、油条各二。公推雪屏至总部探询机位。张廷幹、谭镇黄来。十一时偕子坚至温泉洗澡，并食面。二时还旅社，雪屏已还，知沪平飞机过京小停，可留六位，每星期一、三各开一次。依序，余辈下下星期三可行，但交通部人员或将乘火车，随修随进，余辈可望提前。五时方崇智来，约往胜利酒家食饭。八时还旅社。九时半就寝。

〔付早点一〇元，洗澡一五〇元，面四〇元，梨三六〇元，本日共用五六〇元。〕

十四日　阴历九月初九日　星期日　晴　在南京

六时起。八时偕子坚、雪屏至鸡鸣寺，似年来新加修葺。有三十二年绸业工会碑，或其时也。在豁蒙楼饮茶，旧日匾额楹联，均已不存。询之寺僧，二十六年曾有驻兵，兵去，匾联亦去。未必可信，疑为日人攫去。忆旧悬张文襄一额最佳。出寺，至胭脂井，亦新修，有欧阳竟无匾[1]，亭内设座，以洋灰作成，俗劣不堪，井面及阶面栏杆亦皆洋灰，栏间横布铝管，尤恶。登台城，堡垒星列，下有防空壕，皆敌人所遗。下台城，至中央研究院小坐。乘车至夫子

①竟　原作“竸”，据吕澂《亲教师欧阳先生事略》改。

庙,就食于老正兴东记,炒蟹粉三百元、鱼头豆腐四百五十元、炒菜心八十元、黄酒半斤三十五元、茶十元、饭三十二元、彩九十三元,较日前稍贵矣。饭后至安乐酒店访宋仲方,不值,归。五时朱君楫来约,出晚饭。午间道中遇之,知其先德亦归道山矣。九时半就寝。

〔付早点一〇元,车一〇〇元,茶二〇〇元,午饭三四〇元,手卷二二〇元,药三五元,零用一〇〇元,本日共一〇〇五元。〕

十五日　阴历九月初十日　星期一　晴　在南京

六时起。十时偕子坚、雪屏至中国航空公司探飞机,知昨日有八人行,吾辈须下星期三也。在新街口北方饭馆午膳,三人凡四百元。饭后发电报致沈兼士先生,告以候机北上。还旅社小睡。读小说。晚至浮桥聚宝小馆进膳,三人凡二百四十元。出门已久,不能不力求俭省。在大街散步而还。九时半就寝。昨日舌苔尚黑,今日已脱。昨晚食更衣丸十馀粒,今日大便二次,觉甚畅。鼻涕仍浊,但已较少,嗽亦停,口仍腻。

〔付早点一〇元,午饭一四〇元,晚饭八〇元,茶叶四〇元,报一五元,本日共二八五元,电报四五〇元。〕

十六日　阴历九月十一日　星期二　晴　在南京

先妣陆太夫人忌日。六时起。十二时在聚宝饭馆进膳。此君楫所介绍认为最廉者,昨试之,果有家常风味,故今午更往。饭后回旅社小睡。阅周作人《书房一角》,皆附逆前后所作,有癸未新序,前年所作也。序引语云"人非圣人,孰能无过",又云"过则勿惮改"之语,岂有所悔悟,求谅于后人耶?书中又有孟心史一条,知孟先生殁于二十七年一月十四日,年七十二。三月十三日开追悼会于法源寺,到者可二十人,只默默行礼而已,周有一联挽之,文曰:"野记偏多言外意,遗诗应有井中函。"撰而未送,自言因字数太少不好写。三时朱君楫来谈，五时去。知亡室母家已败落，房产已买[1]，内兄仅冠一稍能自存[2]，内弟硕士[3]，最为稚眉夫人所厚，已因染毒嗜故矣。闻之黯然，夫人若在，更不知若何哀痛也。七时饭于梁园豫菜馆，饭后还旅社[4]。十时就寝。

〔付早点四〇元，午饭一一五元，晚饭二七〇元，报四五元，洗衣一五元，梨四〇〇元，本日共用八八五元。〕

十七日　阴历九月十二日　星期三　晴　在南京

六时起。九时偕雪屏、子坚至中国航空公司探飞机消息，知办法又变。前此雪屏往询，据云每周两班，每班在南京可登六人，余等已排在第四班之首，即下星期三，如其间有退票或多加乘客，可望提前，今日则云次序先后已改，由军事委员会航空检查处排列，前公司所定者均作废矣。为之废然，更至检查处，主者未在，其办事人员纯是官话，谓登记虽有先后，而工作则有缓急，不能预知何时可走。来此已将两旬，成行无期，而北平已在接收，徒呼奈何而已。不知何时一切行政可上轨道。呜呼！在文园午饭后还旅社。作书致萧毅肃参谋长，请设法代催。又致书胡秘书。读《续孽海花》，题燕谷老人撰。燕谷姓张氏，名鸿，字隐南，海虞人。与曾孟朴同时，相友善。其书于记忆外，更取证于笔记，不如曾氏之纯由亲见亲闻也。五时朱君楫来约，往其家食蟹。九时还。十时就寝。

〔付早点一〇元，午饭一五〇元，零用五〇元，付茶叶二两四〇元，笔九〇元，信纸六〇元，书六〇元，今日共用四六〇元。〕

十八日　阴历九月十三日　星期四　晴　雨　在南京

先君忌辰。六时起。阅《续孽海花》。午在聚宝便饭。还旅舍

---

①买　疑当作“卖”。

②③内　原作“外”，据一九三八年五月二十八日日记改。

④饭　原作“馆”。

小睡。五时步入城南,与子坚、雪屏同串书铺。在一品轩晚饭。菜价已涨,卤肫肝一百四十元,炒蟹粉二百元,溜桂鱼三百二十元,炖菜心二百二十元,酒半斤二十元,茶十元,饭三客四十元。或云重庆来人太多之故,或云外报造谣改定汇率之故(美国记者电国外,谓美金官价改为二千比一,原为二十比一,凡加百倍,谣言也)。余谓两说均有其故,通货膨胀亦一因也。饭后在茶社听歌。八时还。十时就寝。

〔付早点四〇元,午饭一一〇元,车八〇元,晚饭四〇〇元,袜二二〇元,付茶七〇元,本日共用九二〇元。〕

十九日　阴历九月十四日　星期五　晴　在南京

六时起。上午雪屏至航空检查处晤其处长,谓三人不能同机行,自下星期起分三班。子坚急须赴天津教育局任,雪屏亦须先回,余愿居后,大约在下下星期一矣。午在聚宝便饭。还旅社小睡。四时偕雪屏上街,道遇君楫,同至夫子庙串古玩店,无所得。六时在聚宝食蟹。归旅社。蒋慰堂来,雪屏任北平大学补习班主任。十时就寝。

〔付早点三〇元,午饭一二〇元,晚饭二七〇元,车一〇〇元,梨五七〇元。〕

二十日　阴历九月十五日　星期六　晴　在南京

六时起。与子坚闲谈,知其舅卢弼字慎之,半生治《三国志》,有《补注》,已印行。十一时偕子坚、雪屏步至中国航空公司,知子坚二十二日可望成行。十二时至龙门酒家,陈剑如约饮馔。二时还旅社小睡。六时慰堂来约,往聚宝便饭。饭后至其中央图书馆续谈。晤徐森玉先生,精神如前,可喜之至。九时还。十时就寝。

〔付早点二〇元,剪刀一〇〇元。〕

二十一日　阴历九月十六日　星期日　晴　在南京

七时起。在旅馆读《续孽海花》。十二时偕子坚至聚宝午饭。

还小睡。子坚得中国航空公司通知,明日无飞机,改星期三行,余行期又延后矣。读《民国十五年以前之蒋介石先生》书凡二十厚册,有二十五年十月毛思诚跋,谓:"已乃先生以缄縢数具,亲付收藏,检其中所储者,手卷也,日记也,公牍也,其馀杂存也。反覆披览,悉外间所不克见而历来珍秘之故楮,惊喜如获至宝。于是什袭以庋之[1],次比以钞之,益以公署档册[2]、清阁书报,而稚龄故事则多得于里社传诵,时日致勤,缀成此编。"又谓:"思诚生同乡邑,夙叨不弃,近且追随逾十年[3]……因窃裒集斯编,成为实录。"其翔实足信可知。五时偕子坚至温泉洗澡,并在聚宝晚饭而归。十时就寝。购白松糖浆小瓶。

〔付午饭二二〇元,洗澡二〇〇元,晚饭一二〇元,药四〇元,袜子三双六七五元,手卷一轴七五元,本日共用一三三〇元。〕

二十二日　阴历九月十七日　星期一　晴　在南京

六时起。读《蒋公年录》。午在聚宝便饭,与雪屏偕。五时偕雪屏[4]、子坚至中央商场食西餐,为子坚祖饯[5],饭后还。仍读《蒋录》,弥增钦佩,竟十一册。十一时就寝。蒋公得力于曾文正之处甚多,其修德励行实受理学家言之影响,前此未之知;又其文字极畅达,无枝蔓,时人无及之者。

〔付早点四〇元,午饭一二〇元,晚饭六五〇元,洗衣三五元,赏教部工役八〇〇元,又五〇〇元,邮票三〇〇元,本日共用二四四五元。〕

---

①庋　原作"藏",据一九三七年三月印本改。

②原于"益"下衍一"之"字,据同上书删。

③逾　原脱,据同上书补。

④原于"时"下衍一"至"字。

⑤饯　原作"践"。

二十三日　阴历九月十八日　星期二　晴　有云　在南京

七时起。读《蒋录》。诣慰堂。午独至聚宝便饭。还旅社小睡。下午方崇智来。读《蒋录》。偕子坚在聚宝晚饭,即归。十时就寝。

〔付早点三〇元,午饭一四五元,晚饭一三五元,橘子五〇元,茶叶五〇元。〕

二十四日　阴历九月十九日　星期三　晴　有云　在南京

五时起。送子坚离旅社。读《民国十五年以前之蒋介石先生》,十时读竟。此书按年编录,故昨前日记均称之为《蒋录》。其取材大抵全依日记及公牍,故于当时各方面之情势未能作一般的统述与分析,使读者有时不易明了,惟于函牍及讲演中略现一鳞半爪,实不足显出当时应付之困难,判断之果决,功绩之伟大,此作史者尚待补苴者也。目前报载蒋主席于二十日悄度其五十九岁生日,依年日计之,盖用阴历九月十五日为定,并依中国习惯,生年即作一岁也。午至聚宝午饭。回旅社小睡。四时至街为雪屏买药。自到京,余先伤风;子坚迟三四日亦伤风,而加剧;又七八日雪屏咳嗽,昨日身酸有烧,今日忽泻,疑将转痢,为购"药特灵",每粒亦六十元也。过书铺得《英文会话》一册而还。慰堂来约雪屏及余往食稀饭,复谈至八时半乃归。十时就寝。作书致矛尘、月涵并雯儿。慰堂本为教育部京沪区特派员,先至沪,未到京。贺师俊至京,以特派员自命,甚至向总司令部接洽亦自称特派,故外人只知贺,不知慰堂。慰堂既到京,贺发一消息登之报间,谓工作完成即还渝,以特派员交之慰堂云。近日京中奉命设临时中学,本交特派员筹备,慰堂适又赴沪,甘家馨复夺之,并设委员会,以英士为主任委员,屏慰堂于会外。慰堂颇牢骚,二十日自教育部移出,迁至中央图书馆。今日见其悬"京沪区教育辅导委员会长"牌于门外,与对面教育部门前之"特派员办公处"相映成趣,实则教育部本无特派员之称，法律上原名“各区辅导委员会主任委员”，既而各部均称“特派员”，教育部亦随之补“特派员”矣。慰堂复用法律上之名称，可谓聪明之至。

〔付午饭一〇五元，糖一〇〇元，书二〇〇元。〕

二十五日　阴历九月二十日　星期四　阴　在南京

六时起。慰堂来，谈得梁廷煜、盛铎、唐景和、俞崇智来信，报告北大近状。作书致孟真昆明，告以在京久候原因，并以慰堂所言沈兼士先生在东厂胡同设办公处及梁廷煜来函所言中央警官学校借用北大第三院两事告之，此为京函第一号。午偕雪屏至聚宝便饭。还旅社午睡。石璋如来①。偕雪屏至航空公司，知星期六无飞机，仍在下星期一。至中央商场购物，在新都食面。归旅社。与雪屏谈补习班事。十时就寝。

〔付早点二〇元，午饭一〇〇元，茶叶六〇元，晚饭一二〇元，肉松一二〇元，胶水四〇元，浆糊六〇元，报四五元，本日共用五六五元。〕

二十六日　阴历九月二十一日　星期五　晴　在南京

六时起。与雪屏再谈补习班事，雪屏劝余任历史课，并选国文课本。十一时偕雪屏至航空公司，仍无确息。在菜根香午饭后还旅社小睡。五时再偕雪屏往公司，依然无信。在大陆西餐馆晚饭，并饮啤酒，两人用千四百七十元，此入京第一贵餐也。连日物价高涨，雪屏五日前来此西餐，每客尚三百元，今日已四百元；又如西洋卷烟，如骆驼牌、红吉士牌等，初来时每包仅二百五十元，今已涨至四百五十元；聚宝之客饭每客初来时闻人言不过四十元，今已七十元，二十五日以来，盖高百分之八九十矣。八时诣

①璋　原作“彰”，据一九四〇年十二月十五日日记改。

慰堂,不值,归。与雪屏久谈。十时半就寝。今日购雪茄一盒,欲以赠雪斋。

〔付早点一〇元,午饭一三五元,晚饭七三五元,雪茄烟九八〇元,车一〇〇元,本日用一九六〇元。〕

二十七日　阴历九月二十二日　星期六　晴　在南京

七时起。十一时偕雪屏至航空公司,谓批准名单尚未到,须在下午方可知也。在雅叙园午饭,食红烧头尾一,沙锅豆腐一,价四百元,贵而味恶,岂亦物价高涨之故欤?还旅社小睡。作书上孟邻师,致锡予,致矛尘。五时再至中国航空公司,批准星期一飞行名单已到,不惟无余,并雪屏亦无之。雪屏甚愤,偕至检查所晤其所长罗某理论,以今日所见名单中有《大公报》记者、天津市政府秘书,及银行行员,其职务紧急性及优先权皆后于我辈,且与前此所允每班一人不符也。罗允将余二人列入星期三一班。至菜根香食饼,来京所食面食品以此家为最且廉。食后在大街购物而还。十时就寝。上午高振西来,谈津浦路破坏甚烈,不惟路轨移藏不知下落,枕木已烧,石子已埋,路基亦改为田亩矣。宿县以北毁百二十里,徐州以北、济南以南亦有毁处①,现浦口售票仅至宿县。下午雪屏请在大明湖洗澡。

〔付早点一〇元,午饭二〇〇元,付晚饭一八〇元,小说一六〇元,鞋刷五元,报四五元,茶叶六十元,本日共六六〇元。〕

二十八日　阴历九月二十三日　星期日　阴　在南京

六时起。八时偕雪屏至太平路太平园食蟹包、肴肉、干丝以当早餐。自到京,相约每餐每人不逾二百元,早点半之,房金预计二百元,车钱零用三百元,日以千元为度。自前日大陆一餐逾限,今日又逾限,故不再午餐。在商务印书馆得《华学澜辛丑日记》一册,

①以南　原作“以北”。

战前定价二元，今标价九百六十元，三折实二百八十八元，较战前高约一百五十倍；雪屏以世界书局寸半本英文字典为赠，三十年定价一元八角，今售百五十元，则四年来高八十倍强。在上海加非室饮加非而还。见皮鞋标价约为三千二百元至四千二百元。小睡。读《辛丑日记》。五时慰堂来，谈甚久，知骝先先生明日来京，正之、叔傥诸公偕来。七时与雪屏公宴慰堂于大陆西餐馆。食后还旅社。阅《东方副刊》，皆英国留学生撰稿，殊精，想为王云五访英时所约，刊中多未完之稿，似非所宜。十时半就寝。

〔付早饭二三〇元，书二八八元，橘子一斤三二〇元，车一〇〇元，报纸四五元，洗衣四十元，付擦鞋三〇元，请慰堂七五〇元，本日用一八〇三元。〕

二十九日　阴历九月二十四日　星期一　沉阴　雾　晴　在南京

六时起。阅刊物《永生旬刊》，今年国庆在南京创刊，不知何人所编，已出两期，首篇均署吴佩，或其人也。一期有《九一八秘话》，署名醒厂，自言曾任中东铁路督办署秘书，谓二十年阴历七月中旬日本关东军司令官本庄繁有秘疏上日皇，主侵东北取之。其疏为关东军华文秘书所窃，以告奉天省长臧式毅，遂传于我。醒厂自云曾录一通，毁于长沙之火，而编者注云奏疏(原文作疎)已收集到，下期刊登。然检二期史料内果有本庄繁致陆军大臣密函，谓系二十年八月三日致南次郎者，并注云转载《东北现状》，核其内容，两者颇有异同：醒厂云，疏中历论当时将领如阎锡山、李宗仁、何应钦、张学良并及蒋委员长，而函中均无之。二者必有一误。若谓二者原非一事，则编者不应于一期中预加其注。大抵史料发现首须探其来源，定其真伪，核其事实，而引用之者尤应加意。醒厂文中称沈阳张学良所居亦曰顺承王府，尤怪。阅《辛丑日记》，可与《严范孙日记》合观，研讨中国旧日驿站情形及考试制度。十一时慰堂来，约午饭，并同往机场迓骝先先生。随偕雪屏往进膳，后乘车穿明故宫,出光华门,至机场。光华门,故洪武门也。宫门临郊,甚怪,容考之。一时半机至,同来者骝先、正之、师俊、均时等六人,叔傥、恪士诸人未至。送下机诸人至龙门酒家午饭,余等至中央研究院,小坐而还。阅《东方副刊》。在聚宝晚饭。九时半就寝。

〔付早餐四五元,晚饭一六〇元。〕

三十日　阴历九月二十五日　星期二　晴　在南京

六时起。十时往航空公司询,知名单未至,更往航空检查所,则云已送出,嘱查余及雪屏名字,则无之,其所长罗君不在,久谈不得要领,乃还旅社。适雪屏随骝先先生谒陵还,具告之,雪屏复往交涉,亦未遇而还。检查所批准次序,既无标准,更无原则,且无信用,如此耽延,误毁大事不知若干,未审国家何贵有此机关也。偕雪屏在聚宝午饭。下午小睡。二时至教育部谒骝先先生,谓北平大学医学院决定划入北京大学,工、农两院尚未定。日前部中会议,司中主张以工、农划入清华大学,因本有工学院及农业研究所也,朱公以他语乱之,令改日再谈。同时,清华大学有一计划书上部,所请亦同,而孟真亦有一函致朱公实公函非私函,述北京大学今后设置院系情形,主张工、农不与清华重复。立武于孟真函上批"交司参考",骝先先生见之,乘机点破,另加长批,将医划入北大,北大工院既主应用,可先设理工学院,置应用化学各系。于农未批,只书"清华无农学院,何以有农学研究所"数语。朱公自言其批甚长,其主任秘书谓翟毅夫出身清华,见之亦以为甚公道也。又言清华他们甚利害。语至此,贺师俊入言有美人 Paxton 来谒,余乃辞。朱公仍留,谓 Paxton 可同谈也。余恐不便,仍辞出,先生相送拊背曰:"此事暂勿泄,一切俟到平后再详商。"往部时,出旅社遇王三权于门首,略谈,约再来,遂候之。雪屏往检查所交涉,大吵,最后以中央委员资格始得一席,而原列名单中复去其一,设不往吵,又不得行矣。五时三权来，谈久之，并约往小巴黎便酌。八时还旅社。正与雪屏谈，朱公派人来约雪屏往，小去即还。盖上海主任委员吴绍澍为朱公所推，二陈则欲以畀吴开先，遂相攻。近吴绍澍在沪，复与金融界及戴雨农等不谐，被控有强占房屋、吞没金条现钞、部下携枪活动诸款，朱公托雪屏便中为之一言也，雪屏允于报告京沪团务时为之稍加洗刷。与雪屏谈，至十一时乃寝。

〔付早点六〇元，午饭一四〇元，车二〇〇元，报纸四五元，茶叶三〇元。〕

三十一日　阴历九月二十六日　星期三　晴　阴　在南京

四时半醒，天雨。五时起，转晴矣。六时送雪屏出旅社往航空公司。作书致张宜兴，书告雯儿。独守旅社。读英文。十二时甘家馨、刘英士、蒋慰堂召饮于龙门酒家，凡三桌，多党部、团部及市政府人员，不尽相识，一一请教，亦不复能忆。晤骝先先生，殷殷以行期为问，不敢确答，先生明日赴沪，由沪赴平，或过京小住，甘家馨言亦同往。又晤萧毅肃参谋长，请其再向检查所一言，承其即席书片致罗所长，可感之至。二时半席散，立往检查所，罗未在，晤所员胡家瑜，以片交之，并留一条致罗，请其务于下一班列入名单内。还旅舍。杂阅刊物。心念北平校产不能接收，而下星期一飞机又不知能加入否，殊愁闷无俚，益觉焦灼。作书致从吾。六时往聚宝食面。毕，诣慰堂。近有人谮慰堂于朱公，谓其只知争书籍房舍，不顾其他，故朱公对之有人重于书之诫，谓失学青年甄审事也。慰堂为之意兴阑珊，有尽一个月结束表示。盖甄审事、临时中学事、大学补习班事皆慰堂创议，声准后，适其在沪，他人攘之，今反以罪之，不能无所介于衷也。攘办中学事，前曾闻张廷幹、谭镇黄言之，当时本已使慰堂难堪，今复谮之，宜其如此牢骚。更谈及旧事，知其叔祖廷黻与先君庚寅会榜同年，盖世谊焉。八时还旅社。九时就寝。午晤正之,谓北平大学农学院决由北大、清华合办,由俞大绂任院长云。此事昨未闻朱公言之。大绂任院长事,在重庆时,孟真原有此意,不知是否混而为一。

〔付早点六〇元,领带四五〇元,晚饭八〇元,邮票二〇〇元,报三〇元。〕

十一月

一日 阴历九月二十七日 星期四 晴 在南京

南京以今日起不用重庆时间,两地东西相距甚远,以学理南京应较重庆早一小时[①],收复后遵用重庆时间,以致天已大明尚未及五时,日沉已久始鸣号降旗,乖违误事不一而足,今日改定,亦盛事也。今日所记时间皆较昨日早一小时。

七时起。读《辛丑日记》。午陈剑如、卓衡之、金嘉斐约在龙门酒家饮馔,谢之,以卓、金两公均未识,知其宴朱公陪客已足也。在聚宝便饭。四时往航空检查所,罗仍不在,留一信,晤所中马健行,据云三、四、五日或有加班,当为设法,不知其言信否。自检查所出,往上海路访三权,并晤劲闻之如夫人。与三权至新街口便饭,三权介绍同庆楼,谓物美价廉,在新街口为第一,不幸昨夜遭回禄,同灾者,尚有菜根香、新都等,只得在文园食粤菜。八时还旅社。九时半就寝。

〔付午饭一二五元,晚饭四四〇元,报一五元,茶叶四〇元,车一〇〇元,本日共用七二〇元。〕

二日 阴历九月二十八日 星期五 晴 在南京

七时起。阅《辛丑日记》,陶孟和先生《序》引《天津县新志》及

---

①以 原作“似”。

周支山作《传》,其中多有误处。如华瑞安以辛丑典试贵州为光绪二十七年,《志》言二十八年。瑞安为丙戌翰林(十二年),典试时散馆已久,而周《传》云典试后逾年,家眷迁京,越二年擢编修,岂有以庶常典试者哉?此虽小事,然后人必将以此多沿误,烦考证矣。我国记事文往往多凭记忆追录,盖此类也。后人若以华、周总角中表,据之以考制度,不将偾哉?又前日雪屏购得黄仲则诗选本,有引某明府者,注以为翁覃溪,亦不经心,不知名称制度之故。彭绪芳来,盖于报纸见之,询于英士而得吾住处。谈顷,知马幼渔先生已于五月间归道山,孟真于余来时尚不知,曾嘱余赠以十万元,其女公子亦不知也。以下还平后补记。八日晨。十时半,往中国航空公司,询知明日确有加班机,而名单未至,复往晤航空检查所马健行,嘱余往航空公司,告以自公司来,名单尚未到,马云下午二时即送往矣,而未言是否有余在内,其意似不敢明言者,余乃归。途中思先进饭,继决先访慰堂取箱子,慰堂坚留饭,饭后携箱只还旅舍。收拾后,二时只身往公司,名单果有名,复返旅舍取行李,往公司过磅,殊草草。箱重三十一磅,所逾较少,而手提包则颇重,亦任之。余以公物钞券箱告之,彼云自携之可也,令其称量亦云不必,乃复携归旅舍。五时召张廷幹、谭镇黄来,以雪屏及余之书籍托其代存。六时至福建菜社,绪芳请客,有王姨太及三权。饭后还旅舍,知慰堂来过,往晤之,已睡,留片归。镇黄、廷幹来,作书致石珍为二人绍介。作书致张三姊、雯儿、廉澄告行期。十时就寝。

〔付早点心三五元,车钱二二〇元,报纸三〇元,付橘子一斤二四〇元,饼干五〇元,飞机票七二〇〇〇元,本日共七二五七五元。〕

三日　阴历九月二十九日　星期六　晴　自南京至北平

五时起。结束店帐。廷幹、镇黄来,谓七时半慰堂派车来送。

绪芳来,托带信款交彭二姊。七时半慰堂、镇黄、廷幹相偕,往洪武门外飞机场,场列一〇三号、九八号运输机两架。旅客来者已多,询知今日两机均北飞,且系直航。

一九四六年

年四十八岁依阳历新年增一岁计。居北平西四牌楼北前毛家湾一号东门，三子仲女侍，长女居昆明。任教育部北平临时大学补习班第二分班主任兼代总务长，教育部平津区教育复员辅导委员会委员；本任国立北京大学教授兼秘书长、文科研究所副主任，国立西南联合大学教授兼总务长。

一月

一日　阴历乙酉十一月二十八日　星期二　阴　雪

七时半起。昨日补习班通知今晨九时北平行营在怀仁堂举行中央各机关团拜，各校校长、院长可参加，并送来红绫名条，余非政府命官，辞不往。十时雪屏来，谓此间党部人员以雪屏此次接收补习班声誉著，又畏孟真严，有推其久任意，雪屏谢之。十二时诣雪屏，小坐。往东厂胡同教育部特派员办公处，应沈兼士先生午饭之约，略谈，未入席，出。赴黄公渚、君坦之约于东四牌楼二条胡同，并拜见姻年伯母支太夫人，亡室周稚眉夫人之姨母也。饭罢，得补习班电话，第二分班同乐会必欲余往训话，急赴之，已将二时矣。话毕，听《乌盆记》一出而还。今日始行车马依右前进之制，千百年旧习，一旦改易，居然井井不紊，殊深叹异，既于此见国人进步之速，复可知凡有规律者，一人导之，众人随之，非难事也。四时李从伊先生来，送还石璋如款万元，盖日前托余划拨者，今已不需，特来退。谈顷，知在第八分班任文书职，现已留任。月前正当分班裁员，凡两晤面，并无一语道及，今事定得留，始言之，可佩可敬。元旦喜见君子，特记之。今日消寒甲会第二集，集余家，到王翼如、汪受益、李友樵、杨君武[①]、黄公渚、君坦兄弟、陆蔚霞表弟、海平六哥，十时散。余先与诸公成消寒会，继又与雪斋等成消寒会，故名此会为甲会，雪斋诸公一会为乙会。十时后雪。十一时就寝。余自十一月三日抵北平，日无暇晷，日记久缺，今日重起之。

二日　阴历十一月二十九日　星期三　晴　风

八时起。十时至补习班总办公处治事。一时还家午饭，假寐。四时偕雪屏至琉璃厂，于永誉斋得金面世宝斋墨二丸：一丸面题"青麟髓"楷书，刻四龙，背题"世宝斋"三篆字，双龙夹之；一丸题"青麟髓"三隶字，背题"康熙丁未世宝斋主人詹方寰墨"，无花纹。其顶均有"广立氏"三字，共装小锦匣，价二千元。于英古斋得金面曹素功墨二丸：一丸面题"青麟髓"，背题"九如颂"阴文填蓝，"如山、如阜、如冈、如陵、如川、如日、如月、如南山、如松柏"阳文，其下画如文；一丸面题"青麟髓"，背题"苍松万古有"，长松画甚精。顶上均有"曹素功尧千造"六字三行，亦装一锦匣，价三千元。又得铜鼓书堂藏墨正面一丸，背题"篆仙氏法制"，左题"乾隆乙卯仲春"，右题"海阳吴太占造"，价一千元。于荣宝斋得吴天章按易水法制背面宝墨斋篆字填金，正面墨一丸，价三千元。六时还。晚饭后携墨诣雪屏共赏，雪屏所得尤多而精。九时还。与儿辈闲话。十二时

---

①君　原作"公"，据本年一月八日、十日、二十八日日记改。按杨秀先，字君武，号蓼庵，四川成都人。郭则沄弟子。与张伯驹、黄公渚、黄君坦等为北京蛰园律社、延秋词社成员。

就寝。

三日　阴历十二月初一日　星期四　阴

八时起。九时余让之、周燕孙来，商第二班各系助教、助理暨文科研究所人员事，冗员太多，不裁减无以对国家，裁之又念诸人生活无着，斟酌再四，决使一家哭，不使学校费，仅留研究所六人，各学系四人。据上月底统计补习班八班共有学生、教职员、工友人数如下：

学　生	大学	四〇六八人		
	中学	一四二〇人		
	小学	一九四三人		
			共　七四三一人	
教职员	大学	一三五三人		
	中学	二〇四人		
			共　一五五七人	与学生比五：一
工　友	大学	一〇四二人		
	中小学[①]			

此任何学校之所无也，不惟可惊，抑且可痛，吾不敢以私而废公，然今日竟以此裁人事，竟日为不欢。下午三时入校，开史地教学委员会，至七时乃散，归。十二时就寝。

四日　阴历十二月初二日　星期五　阴

八时起。九时半入校治事。一时还。三时至本巷五号雪屏寓所开《建国周刊》编辑委员会，凡雪屏、赵奉生光贤、齐思和、张佛泉、董洗凡及余六人，又有袁君未至，决推雪屏任主编，奉生任经理，二月三日出版。饭后还。十一时就寝。

---

①以下人数原阙。

五日　阴历十二月初三日　星期六　晴

八时起。九时谒陈援庵先生于兴化寺街五号寓庐,请为第二班史学系学生讲述中国史学功课,每周一二小时,先生未允,亦未拒,拟请余让之再敦劝。入校治事。十二时半还家午饭。三时至东厂胡同,开复员辅导委员会。会散,与兼士诸公闲话,六时还。携儿辈至华宾园洗澡,晏儿在女子部,先还。十二时就寝。

六日　阴历十二月初四日　星期日　晴

八时起。会客。读《十六家墨说》。二时雪屏车来,同往沙滩红楼参加第三分班同乐会,听二胡一奏。出,诣吴宪,谈今后医学院进行事,孟真将请之长将来北大之医学院也。四时偕雪屏再诣溥雪斋,遇松窗在坐,四人同往厂甸永誉斋、英古斋、荣宝斋,得道光墨一丸、嘉庆墨一丸,价二千二百元,中上品也。六时会雪屏许,消寒乙会第二集,到余季豫携自书隶字条幅一帧、银币一元,沈兼士携玻璃版印王羲之帖一卷,溥雪斋携自画墨笔山水一幅,溥松窗携自画墨马一帧、小册页十开,张柱中携胡开文墨四丸,启元伯携自画墨笔斗方一幅、石印汲古阁图二纸、大笔一支,董洗凡携桃源石笔山一座,张北灵携磁瓶一,雪屏出墨一丸、册页一册,余出道光墨一丸。饭后阄分,余得雪斋画,雪屏得余墨。又作神仙对,雪屏出"金第六出风一一二夕五到三辽七西四",余对为"时雨数春滋孟夏",勉成文理,首唱为柱中之"新月半窗移枕外"。十时散,归。十二时就寝。

七日　阴历十二月初五日　星期一　晴

七时半起。客来。八时入校治事。史学系二、三、四年级学生代表十二人来见,请去赵奉生。此事发生在上上星期五,余已面加训诫一次,余让之劝导三次,均未稍改,以奉生谓彼等受奴化教育也,然奉生自言未有此语,学生则愿质对。今日之来,意复加强,必欲余即允其请,仍劝之无效,深责之亦无效,盖感情已伤也。一时归家。饭后小睡。自还北平,以事忙,客来又无时,午睡之习久废,近日深感夜眠过少,气燥易怒,决意复作昼寝,凡睡二十馀分钟。三时半携晏、晟、易三儿至护国寺庙会[①],其地为北平名庙会之一,逢七、逢八集市,今已破坏不堪,生意尤见萧条。五时归。即诣雪屏处,开补习班班务会议。八时散,归。与儿辈闲话。十二时就寝。

八日　阴历十二月初六日　星期二　晴　大风

八时起。白雄远来。汪受益来。十时入校治事。史学系学生代表又来,与雪屏商决将奉生之课暂停,学生纪律事由训导处诰诫。余让之来,告陈援庵先生已允来班授课,为之狂喜。此次第二班哲学系请得林宰平先生、严群先生,国文系请得余季豫先生、孙蜀丞、孙子书、俞平伯、顾羡季、陈君哲诸先生,外国语系请得陈福田、蒯淑平诸先生,史学系请得萧一山、董绍良、孔云卿以病未上课、齐思和、赵斐云诸先生,今又蒙陈先生惠然肯来,此真平生第一快事,而让之、燕孙、王森、韩镜清相助为理,尤可喜。一时还家午饭。睡十五分钟。五时杨君武来。晚饭后余让之来,谓平伯自炫于外,言初得讲师聘书,辞不就,遂议兼任教授,又不就,复改名誉教授,闻之者若孙蜀丞等大不满,以为如此云云,直使人难堪,有辞意。此次请平伯,本出余顾念其八年不出之节。始议之际,兼士先生即以其曾在殷同家教书及与知堂老人太密为病,而班务会议时,余推之主持一年级国文,邓叔存先生即不谓然,余持之乃定,何必自炫如此,殊不可解。十二时就寝。

九日　阴历十二月初七日　星期三　晴

八时起。九时半张富岁来[②],同往芦沟桥视查伪北大农学院第二农场。场在五里甸,东距广安门二十里,西距芦沟桥五里,有地

---

①会　原脱,据下一句补。

②富　原作"福",据同日日记改。

一千三百亩,为一正方形,南北稍长。凡分十六区,大小相若。其中间以车马行道,平坦方整,在罗道庄农场之上,惜其原为河滩,土松多石。东北六区较腴,西南六区极瘠。中间一区建办公室、试验室、仓库,均砖墙、灰顶、洋灰地,合旧屋计之,共一百零三间。种有果树一千五百馀株,以苹果、桃树为多,小麦等多亩,收成当罗道庄三之一。场东为郭庄,甚富。北为小屯。西为大窑村,村有三官庙,设简易小学一,为农场所立,教员由农学院约请负担,故与农民感情甚佳。视察毕,在场食馅饼。二时入城,沿途行人车马不绝,并见运物卡车五次,人言其地治安不佳,殊不可信。富岁云昨晚尚有人阻其行,今晨携来手枪四只以自卫,不意平安至此,大抵凡事不亲见不能得其真也。车抵广安门外,南行至南河泡二十七号,访德人洪涛生,北大老教授也,置有房舍、水田,并设有印刷厂。近日市党部以其为德人,欲没收其产,洪大惧,富岁劝之以赠北大求保护,洪以为然,故约往一谈,并参观一周。其地出产尚足自给,若就建教职员郊外俱乐部甚佳,印刷场规模太小,不足存也。四时入城,还家。雪屏来。与儿辈谈,柴志澄表甥、董行佺表侄暨维勤均寄居余家,极热闹。十一时就寝。

十日　阴历十二月初八日　星期四　晴

八时起。九时半入校,在沙滩大楼治事。孙云生因公事来谈,十二时偕还。午饭后小睡。四时至东厂胡同教育部特派员办事处,诣徐祖正。六时消寒甲会集于北长街教育会夹道杨君武家,到惠孝同、何益三暨翼如、受益、公渚、君坦、蔚霞、海平,是为第三集。十时散,归。十二时就寝。

十一日　阴历十二月初九日　星期五　晴

八时起。九时入校治事。十二时半还家午饭,饭后小睡。三时王翼如来谈,迄晚九时乃去,十年来未与之长谈矣。十二时就寝。

十二日　阴历十二月初十日　星期六　晴

八时起。十时入校治事。一时还。三时至教育部特派员办事处开例会。五时会散。诣雪斋，小坐。雪屏继至，同往墨蝶林聚餐，并约恩稚云、赵□□携石章旧墨共赏①。饭毕，复还雪斋所，谈至十一时乃还，即寝。往东厂胡同路遇赵廉澄，今晨自重庆飞来，匆匆未长谈。

十三日　阴历十二月十一日　星期日　晴　风

九时乃起。客来甚多。十一时往雪屏处午饭。饭毕，至华乐园参加补习班同学会，观表演数节。二时至琉璃厂，在英古斋、永誉斋小坐。永誉有白寿山石章二方，一方、一扁圆，极洁润匀泽，稀见之品也，方者索价五万，扁圆者三万，嫌其太贵。雪屏得一乾隆养性殿大墨，完整可喜。在来薰阁晤其经理陈杭，知振铎侄近年尚有印书之兴，又知魏建功已到沪，即往上海来薰阁。五时再往永誉斋晤溥雪斋，已定妥方白寿山，并劝予购扁圆者，遂携以归。六时半至灯草胡同，应萧正谊之约，凡两桌，九时散。再偕张子高、邓叔存、陈雪屏诣溥雪斋，闲话，并出赵孟頫书《出师表》、沈石田山水共赏，皆精品，《出师表》尤美，凡四十行，字大四五分，无破损，运笔遒劲，与世传之柔媚者大异。十一时还，随就寝。

十四日　阴历十二月十二日　星期一　晴

八时起。九时半诣赵廉澄于小院胡同，谈至十二时乃还。据谈昆明、重庆同人对补习班与党团太密为虑，尤以请叶青到班讲演多次一事最为不满，以其学术地位较差，长此下去，不惟党团侵入校内，且将学术标准降低，深恐影响于将来之北大也。又对余与雪屏参加此间校友会为怪，此则误也。余辈绝未参加斯会，但因有两

①原于此处空阙二字。

处发起，促之合为一耳。又以会员资格问题未能解决，劝之必以二十六年以前毕业者为限，在未解决前两次开会均托故不出席，南中不知何以误传。又南中同人所注意者三事：一、校产，二、请教员，三、补习班与北大不相连续，皆要图也。而余于此外以为仍有四事须注意：一、增加之院系速定，二、产权速定，三、北迁之路径速定，四、北迁沿途程站速派人。还家午饭后小睡。四时至雪屏家开补习班班务会议。十时散，归。十二时就寝。

十五日　阴历十二月十三日　星期二　大风

八时起。十时入校治事。十二时偕雪屏至后门古玩店闲看，无所得。还家已二时半。四时再偕雪屏诣雪斋，同至琉璃厂，在永誉斋小坐，得墨二丸，价千元，以充消寒赠品。六时齐集致美斋，雪斋出字一，兼士得之；兼士出《广韵》一，元伯得之；元伯出墨床一、石章一，余得之；余所携，季豫得之；季豫出心畬画一、扇骨一，百陵得之；百陵出乾隆纸四、墨二，稚云得之；稚云出画一，雪斋得之；雪屏出墨四，柱中得之；柱中出画四，洗凡得之；洗凡出壶一，雪屏得之。其后雪屏以壶赠余，余以所得石章报之，更以壶赠雪斋，雪斋以所得画酬余。九时散，归寓。十二时就寝。

十六日　阴历十二月十四日　星期三　晴

昨夜忽伤风，鼻塞而已。八时起。九时客来。避风，不复入校。午饭后睡两小时。四时至雪屏寓，开班务会议，审查一、二、三、四、八各班教员资格及薪额。他班较余所定稍宽，意甚踌躕。然余决抱不为学术界滋讪笑、不为继我者增纠纷之旨，不复更张。惟勉从诸公之意，改副教授二为教授。十时还。十二时就寝。

十七日　阴历十二月十五日　星期四　晴

六时半醒，七时半起。涕内有血丝，我国俗所谓火也，在西医不知作何解释。余意近日之伤风，职是故上午未出门。三时至板厂胡同七号中德文化协会，应张富岁茶会之约，有德人洪涛生、卫德明，市党部徐秘书，教育部特派员办公处郝少臣，中德文化协会□君[①]、□君[②]，余代表北京大学，共谈南河沿洪涛生地产事。洪氏当场声明以其房产地产捐赠北京大学，以其印刷机件捐赠中德文化协会，并言此意蓄之已久，并非因市党部此次动念，始作此抵制之策。洪氏声明，由卫氏传译。谈毕，进茶点，并参观协会之图书室，会中住有德人吴某Wolters，专研究明代磁器，所藏甚富，多大件器皿。六时至萃华楼，应马文昭之约。九时散，归。同坐皆旧协和医院大夫，今在第六分班者。十二时就寝。

十八日　阴历十二月十六日　星期五　晴

八时起。十时入校治事。一时还寓。四时往五号开班务会议，讨论五、六、七各班教授资格，未竟。十时半散，归。十二时就寝。

十九日　阴历十二月十七日　星期六　晴

八时起。伤风未愈。十时入校治事。一时还家，午饭后小睡。二时往第五分班讲演。五时诣蔚霞表弟，消寒甲会第四集。十二时还家，随就寝。天暖如春，不似四九天气，北京向以三、四九为最寒，今年独否，明春初禾、疾疫均堪虑。

二十日　阴历十二月十八日　星期日　晴

九时乃起。客来甚多。十二时至五号雪屏寓，《建国周刊》社招待北平各专家，请撰稿。宴毕，开编译委员会，决定二月十日初刊。四时散。归家。雪屏随至，同往琉璃厂及东安市场，于市场小摊得石一方，极润，色微白，有细纹，刻八字曰："天理出言，要顺人情。"不甚可解，字

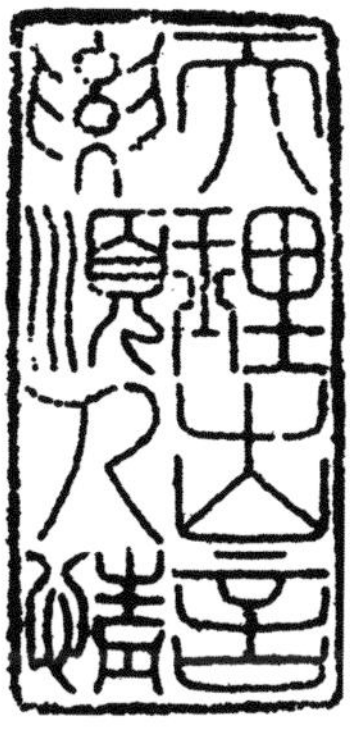

①②原于此处各空阙一字。

亦不佳。如上角所印，刻文甚浅，当为石质过坚之故。余不辨何石，疑为玉，托雪屏以质雪斋。余先归家。九时许，得雪屏电话，谓雪斋言非玉，似白寿山，又似天白，如不误，其价当在百万以上，余乃以千五百元得之。商人虽愚昧，不致此也，或仍是玉。让之来，谈甚久。雪屏十时半复来，谈时许。十二时就寝。

二十一日　阴历十二月十九日　星期一　晴

八时起。以昨得石章与玉相较，形色质均不相似，以刀试之，亦能受，但费力耳，应非玉也，顾仍不辨其石。十时入校治事。一时还。二时偕雪屏至琉璃厂。据永誉主人言，昨日之石乃河南所产，似玉而柔。在韵珍斋看墨，有乾隆御制墨二丸，各索八千元，价未协，归检《涉园墨萃》，知为汪近圣所制乾隆咏墨诗墨也。四时归五号雪屏寓，开班务会议，审查七班教员资格。九时还。读《墨萃》。十二时就寝。

汪近圣——子尔臧——孙炳宇——曾孙天凤
惟高　君蔚
穗岐
乾隆初　乾隆三十年顷
尔臧氏有乾隆末款

二十二日　阴历十二月二十日　星期二　晴

八时起。十时入校治事。十二时半归。得彭二姐电话，谓梦莲表姊丈病危，嘱往日升木厂代看寿材。比至，知已不起，寿枋为汪受益所存，欲得法币五万二千元，而彭府欲稍减，两方均在日升厂相候，余为中保，先运材，明日定价。此事本由蔚霞表弟接洽，遂往访之，不值。在李福寿买笔、荣宝斋买纸而还。入和平门，诣力舒东，小坐。五时出，还家。晚饭后携儿辈至德义声洗澡，九时还。十二时就寝。

二十三日　阴历十二月二十一日　星期三　晴　风

七时起。九时赵廉澄来谈，十一时去。余入校治事。一时半归。饭后小睡。得彭府电话，今日不接三，改明日设奠，后日暂厝贵州义园。又知蔚霞表弟欲来谈，遂候之，五时来谈，至六时去。作书致孟真。十二时就寝。

二十四日　阴历十二月二十二日　星期四　阴

八时起。十时入校治事。十二时半还。饭后诣雪屏。黄子坚自天津来，据言二月后即辞天津教育局长返昆明。以天津一地而言，指导青年之机构已有党部、团部、教育部特派员、教育复员辅导委员会、教育督导员办事处、战地青年招致训练委员会、市社会局、市教育局、市政府九处，教育直无从办也。三时诣溥雪斋，小坐。雪斋以近日所得白寿山引首为赠，明代物也。至大雅宝胡同彭梦莲故居吊唁，并为之书主、点主。五时再诣雪斋，同往琉璃厂，并约雪屏。在永誉斋见叶玄卿大墨，长方形，有天启元年款，索价十五万法币，望洋兴叹而已。又乾隆御制螭虎墨一丸，漆皮，极精，索一万四千元，嫌其非希见之品，未议价。六时半至南池子冰窖胡同张企权寓，消寒乙会第四集。主人出家刻集，余季豫得之；季豫出故宫明信片，张百陵得之；百陵出日本仿唐代笔，启元伯得之；元伯出家制款墨，溥雪斋得之；雪斋出雪山小幅并悟斋退斋合制墨一丸，余得之；余出画笔四支、光绪戊子墨一笏，主人得之；雪屏出陶斋拓片、团扇及墨，松窗出小幅画，稚云出旧墨，洗凡出磁印合，均复掣还。沈兼士、张柱中以事未至。九时散，还。雪屏约往商补习班发薪事。十二时归寝。

二十五日　阴历十二月二十三日　星期五　阴

八时起。汪受益来。十时入校治事。一时还。午饭后小睡。六时在雪屏寓宴廉澄、子坚、子高、福田、岱孙诸联大同人，叔伟未至，佛泉、雪屏同作主人。十一时散，还。随就寝。

二十六日　阴历十二月二十四日　星期六　阴

八时起。十时入校治事。十二时半还家。二时半至辅导委员会开会，即教育部特派员办事处例会也。三时后子坚亦至，报告天津教育情形。报告毕，与之偕往琉璃厂，在永誉斋晤雪屏。余得曹素功艺粟斋南极老人圆墨一丸，颇大，金色，亦佳。再至来薰阁，其经理陈济川外出，检架上有铅印《洪承畴奏对日记》，题程道一编录，不知其所出，亦不辨其真伪，惟首谓书为世祖以授多尔衮者，则大误矣。店中以余好之，举以为赠。更见金九经《重订满洲祭神祭天典礼》一书，以五百元得之。七时同在西单牌楼晚饭，遇天津市政府张君，据言尝得田黄笔架[①]，重三十两，为中国第一，已出售于人。余以所得南极老人墨示之，谓墨质较新，不够乾隆也，艺粟斋当乾隆时，岂用旧模者耶？九时归。十二时就寝。黄子坚以胡钧编《张文襄公年谱》为赠，盖就许溯伊所作改编者也。墨价五千元。

二十七日　阴历十二月二十五日　星期日　阴

七时起。八时至雪屏处开班务会议，十一时散会。至北平市党部参加文化运动委员会成立会，被推为史地委员会常务委员，一时散会。聚餐。二时还家。三时半携晟、昜两儿至护国寺，一视而还。十一时就寝。

二十八日　阴历十二月二十六日　星期一　阴

八时起。十时入校治事。十二时半还。诣雪屏午饭。伯苍于二十五日自南京飞来，雪屏为之接风也，畅谈至三时。三人同诣傅佩青，不值。再诣寿石工，观其藏墨。胡星聚三丸一匣，绝精。吴

①田　原作“填”。

天章一匣五丸,原装匣,墨亦完美。又明墨多方,极于无一不佳。语其得时之价,皆甚廉,盖积十馀年之力,日日不离琉璃厂,非他人所能比也。余以前得之似玉方石视之,据言非玉也,乃芙蓉坑耳。坑在福州寿山坑之侧,所出较少,此亦坑中佳者,以今日市价度之,当值法币万元,与日前永誉斋所言联钞六万者不相远。三时半入校,与曾昭抡、梁光甫、阎醉石、盛伯宣[①]、周禹川、金某及旧印刷所工人二查视北大旧存印刷机器。据工人云,旧有十六开机三架,脚蹬机四架,皆经拆卸。昭抡言非装好不能查视,又以从前接收封存之。阎醉石言原封确未动,故仅各加封条一个,未开门查点。五时诣陆蔚霞[②],消寒甲会第五集,到黄公渚、君坦昆仲、汪受益[③]、杨君武、惠孝同、何肄山、王翼如及海平六哥。十一时散。十二时就寝。六哥今日见余前得石章,亦言似玉芙蓉,与寿石工同,则或言之河南石、潮州石以及秀园石者,均非也。

二十九日　阴历十二月二十七日　星期二　阴

八时起。十时至第二班治事。胡伯翰来谈。十二时赵廉澄来,同诣沈兼士先生。一时还家午饭。三时偕雪屏诣邓叔存,观其藏画,张佛泉亦至,有黄大痴《富春大岭》巨幅,沈石田墨笔山水巨幅,王石谷金面山水立轴,四王吴恽扇面七叶南田两叶,均极精,不易多得者也。又有恽南田四尺墨笔山水,亦佳,但雪屏以为疑。此外复出多帧,不备记。五时辞出,入校。六时半至墨蝶林应沈尹默先生晚饭之约。饭毕,偕雪屏诣雪斋,十时还。十二时就寝。昨日

①伯　原作“博”,本年六月二十日同,据一九四五年八月十四日日记改。

②蔚　原作“霨”,本年五月九日、六月三十日同,据本年一月一日日记改。

③受　原作“寿”,本年二月三日、十四日、四月二十一日、二十八日、七月一日同,据一九三九年五月十日、十月十二日暨本年一月八日、二十二日、二十五日等日记改。按汪受益,一八九九年生,北京中国大学毕业,江苏人。敌占期间,与黄君坦、李友樵等曾任伪华北政务委员会实业总署职。

寿石工言汪节庵墨始于嘉庆元年,终于道光三十年,以洪、杨起也。汪春山墨时代相若。复出汪节庵墨一匣相让,凡八笏,一面“肄书斋藏墨”,一面“安定子远甫造”,均楷字涂金,侧面“汪节庵选烟”,两笏装一纸,匣外加漆盒,金书“肄书斋藏烟”五隶字,代价七千元。余今日分赠雪斋四笏,雪屏二笏。

三十日　阴历十二月二十八日　星期三　阴

八时起。十时入校治事。廉澄未到,余初意今日以总务长职务还之也。一时还家午饭。四时至雪屏处开班务会议,十时还。各班多怕得罪人,不肯裁减人员,为之奈何?今日有送钱惟城、董邦达臣字款大画两幅,各索三十万,佛泉携之归,欲细看。十二时就寝。

三十一日　阴历十二月二十九日　星期四　阴　风　晴

八时起。十时至第二班治事。一时半还家午饭。雪斋约往琉璃厂,以欲洗澡未往,然风大又不敢出门洗澡,遂在家与儿辈闲话半日。七时风少止,出理发,理毕还。十二时就寝。

二月

一日　阴历乙酉除夕　星期五　晴　风

八时起。未入校治事。午饭后小睡。三时偕雪屏访雪斋,同游琉璃厂,于荣宝斋得霞青兽钮扁圆引首一,价两千五百元。扁圆图章,余向不喜,自前得白寿山螭钮引首,爱其净润无瑕,又为周彬制钮,珍藏之。而雪斋复以所得龙钮白寿山引首为赠,乃成双璧。今见此石旧且廉,收之,于是近于专存扁圆矣,是或亦一格欤?于韵珍斋得乾隆御制咏墨诗墨“磨尽思王才八斗”一笏,价四千元,前次索八千改六千,予以四千,未售。雪斋言战前亦须五十元,以今值计当在伪币七八十万,合法币须十四五万也,石章亦可值六七千元,在英古、永誉或尚不只此。韵珍斋主人崇姓,自言其祖在骡马市大街设澄秋阁,其叔在海王村公园设韵珍斋,渠始迁至琉璃厂东首。澄秋阁,余儿时尚见之也。六时回家上供,与六嫂,董行佺表侄,柴志澄表甥,养富、维勤[①]、绍文三侄,晏、昌、晟、昜四儿共饭。饭后儿辈跳舞,并作游戏,掷色子,推牌九,极热闹有趣,至二时余就寝,儿辈仍有馀欢佳兴也。不知旻儿一人在昆如何过年。

二日　阴历丙戌元旦　星期六　晴

七时半起。家人仍在高卧。欣赏近日所得石章旧墨,录其目于别纸。十一时至陈援庵先生、余季豫先生暨罗太太处贺年,惟季豫先生未晤,并留一刺致让之。昔人敬掾佐以宾师之礼,今人乃视为僚属,非礼也。午敬祖后睡三小时。五时诣雪屏,饭后作牌戏。十时还。十二时就寝。

清懿堂石章目[②]

螭钮白寿山扁圆引首锦匣,绝精,周彬刻钮,三万元得之。

兽钮白寿山扁方引首锦匣,绝旧,二千元得之。

兽钮霞青扁圆引首锦匣,旧坑,二千五百元得之。

兽钮白寿山扁方引首布匣,三千元得之。

龙钮白寿山扁圆引首锦匣,明坑,雪斋赠,原价五千元。

玉芙蓉长方章锦匣,精润巨材,少见,千五百元得之,制匣千元。

霞青方章成对布匣,沙临川赠。

田白小方章一方锦匣,以千元得之。

春风得意钮洞石方章锦匣,莹澈洁润,绝精,以万元得之。

---

①维　原作“惟”,据本年一月九日日记改。

②原目一纸,钉于该册日记卷首。兹移至此处。

三日　阴历正月初二日　星期日　阴　微雪

八时起。十时与雪屏同往伯苍、廉澄、石工家贺年，余并至海平六哥处，在寿石工家又得见旧墨多丸。午归。敬祖上供。饭后小睡。四时诣汪受益，祝寿并贺年。六时至雪屏处，消寒乙会第五集。雪斋出书画直幅，书临米，画在金面作墨笔山水，绝精，张子高得之；子高出旧墨一丸，启元伯得之；元伯出怀素草书印本、石章一方，雪斋得之；沈兼士先生出章草拓本，余季豫先生出书一部，交互得之；松窗出墨一丸、石章一方，雪屏出墨一丸、纸烟十匣，余出“朱子家训”墨一丸、雪茄十二支，均掣还。饭后作诗条之戏，雪斋、雪屏、季豫、元伯各有所作。十时半散，归。十二时就寝。

四日　阴历正月初三日　星期一　阴　立春

八时起。上午未出门。下午携晟、昜两儿至厂甸，仅得桐华馆刊袖珍本《九经三传沿革例》一册，三十二叶，价法币四十元。《知不足斋丛书》本《南湖集》四册，价一百六十元。《南湖集》有朱文“淮海世家”、白文“高邮王氏藏书印”两印，其文简旧物欤？又为儿辈买《唐诗三百首》一部，价三百元。至翼如、蔚霞处贺年而归。十时半就寝。

五日　阴历正月初四日　星期二　晴

八时起。上午未出门。午饭后小睡。四时携昜儿再至厂甸。六时至北半截胡同江苏馆，应郭君晚饭之约，经余诞生旧宅，未能入视。八时还。十二时就寝。

六日　阴历正月初五日　星期三　晴

八时起。上午出拜年，凡至海秋、季让、兼士、公渚、君坦数处。午归饭。小睡。下午再出拜年，凡至雪斋、柱中、千里、洗凡数处。六时至惠孝同处，消寒甲会第六集，到公渚、君坦、蔚霞、翼如、受益、君武暨海平六哥。九时散，归。十二时就寝。

七日　阴历正月初六日　星期四　晴

八时起。竟日未出。下午客来甚多。四时杨今甫、郑华炽自重庆来,晚饭后送之至五号下榻。七时至邓叔存处,华炽其女婿也。复同还雪屏许,雪斋亦在,叔存携麓台、石谷金笺画两帧展玩。十一时还,随寝。

八日　阴历正月初七日　星期五　晴

亡室周稚眉夫人逝世九周年忌日。八时起。上午未出。下午偕叔存、今甫、雪屏至厂甸火神庙,在永誉斋见白寿山扁方一,甚旧,索十万,予以七万,未协。晚叔存设宴于同和居,为今甫、华炽接风。叔存不知余久丧耦,请柬竟有太太,今日尤增惆怅。饮多还家,即就寝。

九日　阴历正月初八日　星期六　晴

八时起。今甫来谈,昆明同人竟以为余与雪屏诸公在此别支俸给,闻之殊深不快。又余致孟真诸函,昆明均未见,以为余在此专为补习班帮忙,不问北大事,尤可怪。又孟真来函,劝余辞补习班事,余既不能置雪屏交谊于不顾,今甫亦不主余辞,且今后来者愈多,人人口衔天宪,余将何所秉承。又余得锡予函,谓昆明对三校派来人员原注岱孙、叔伟、今甫、华炽,余亦在内与补习班人员原注雪屏、廉澄看法不同,待遇亦将有别,此议即将实现云云。余为补习班人员之一,而不列于补习班人员之内,亦无以对雪屏、廉澄,故决定辞去北大秘书长及联大总务长兼职,并以昆明不公道之处向今甫言之,今甫以余为神经过敏,并言昆明对余无微词,劝余不必生气,然余辞意终不移也。午睡一刻。三时至东厂胡同开会,会毕至清华大学办事处晤岱孙。至翼如处,贺其太夫人寿。九时半还。十一时就寝。

十日　阴历正月初九日　星期日　晴

八时起。竟日未出门。晚至余季豫先生处,消寒乙会第六集。

季豫出赵山木楹联，余得之；余出竹板形墨，雪屏得之；雪屏出石章一对，柱中得之；柱中出诗笺，元伯得之；元伯出旧墨，雪斋得之；雪斋出旧墨，季豫得之。饭后作诗条之戏。十时半还，随就寝。

十一日　阴历正月初十日　星期一　晴

八时起。杨今甫来。十时入校治事。一时至东来顺午饭。还后小睡。四时至五号与今甫谈。开班务会议，未终，出吊冯子衡先生之丧。子衡先生名承钧，战前中风，以故不能南下，赖中华文化基金董事会接济，从事译述。自珍珠港袭击，美对日宣战，接济中断，又一年始入伪北大任教，入伪北大前尝为敌人宪兵痛殴，并亲见敌人以角牴方式摔其子先恕致毙[①]，惨痛无比，然以入伪北大之故，不与忠贞之列，政府馈遗皆不及，贫病交迫。余承乏第二班事，请其继续任教，已不能到校上课，学生皆就其居听讲。月前闻其病不能讲述，又以贫不能请医，由校借以两万元，久而不愈。阴历年后，又闻其病重，复往视，借予五万元，为函介于附属医院，住院三日，竟无回天之术，移归一夜，于前日不起，棺殓悉由校中借款二十万予之。呜呼！可痛也已！冯家送三后至灯市口朝阳胡同二号牟寓，应曾昭抡、孟用潜晚饭之约，孟君在今日始相识。凡两桌，甚丰腆，到有张东荪、叶剑英、罗瑞卿、饶漱石[②]新四军政治委员、陈士榘[③]新四军参谋长、童冠贤、何海秋、徐盈、陈岱孙、张子高，暨俄、美两外宾，共二十七八人。饭后张东荪报告政治协商会议经过，叶剑英报告军事调处进行情形[④]。十时散，归。前日晤昭抡，谓今日无多客，

---

①先恕　原作“恕先”，据《民国人物传记辞典》第五分册改。

②饶漱石　“饶”原作“姚”，并下阙二字，据一九四六年一月七日《中共中央、中央军委关于新四军与山东军区合并及分工问题的通报》校补。

③陈士榘　三字原阙，据同上《通报》补。

④处　原作“楚”，据《中华民国史·大事记》一九四六年一月十三日条、二月十一日条改。

不知是否临时变更也。十二时就寝。

十二日　阴历正月十一日　星期二　晴

八时起。上午未出。午饭后小睡。四时诣蔚霞。六时至全聚德,应福田、子高、岱孙、叔存、正宣之约,食烧鸭,有今甫、华炽、雪屏、廉澄、昭抡。八时散,归。十二时就寝。

十三日　阴历正月十二日　星期三　晴

八时起。十时入校治事。十二时归。三时至彭家吊唁,并为赞中祖母何太夫人点主。送库后还,至五号开校产保管委员会。十一时散,归,随就寝。

十四日　阴历正月十三日　星期四　晴

八时起。十时至校。十二时归。蔚霞来午饭,翼如、公渚、君坦、六哥继至,谈甚畅。五时同诣受益,消寒甲会第七集。十时半步月还。十二时就寝。照相数帧。

十五日　阴历正月十四日　星期五　晴

八时起。十时入校治事。一时还。饭后小睡。六时诣今甫,小坐。至西黔阳应董绍良晚饭之约,未入坐,出。赴东厂胡同沈兼士先生处消寒乙会第七集,到九人。兼士先生出《近代秘密社会史料》一部,余得之;余画笔二、墨一笏,季豫先生得之;季豫出卷烟两包,洗凡得之;洗凡出铅笔,松窗得之;松窗出折扇,于思泊得之①;思泊出扇面,雪屏得之;雪屏出旧墨,柱中得之;柱中出诗笺,雪斋得之;雪斋出墨一笏,兼士先生得之。饭后戏猜诗条。十二时还,随就寝。

十六日　阴历正月十五日　星期六　晴

八时起。上午写信。十二时至冯宅,为子衡先生襄题,由余季

---

①思　原作"士",下一句同,据本月二十三日日记改。

豫点主。午饭后小睡。四时至厂甸,购清代绿头牌二,一刑科掌印给事中王绰,一刑科给事中桂斌,背面均有满文,价四十元。归家。晚饭后诣今甫,小坐,还。携儿辈至皇城根厂桥城隍行宫看火判泥塑,判官象中空,燃煤,眼、耳、口、鼻均有孔,火焰自孔四出,忽申忽缩,若画图所绘火判喷火状,据云清代旧俗也,向日闻而未见。步月还。十二时就寝。

十七日　阴历正月十六日　星期日　晴

八时起。得校中电话,入校监考英文。十时半送冯子衡先生殡至帝王庙而还。未出。六时在五号雪屏处公宴福田、叔存、子高、岱孙,由北大昭抡、今甫、华炽、廉澄、佛泉同作主人,十时散,归。十二时就寝。

十八日　阴历正月十七日　星期一　晴

八时起。十时入校治事。一时还。饭后小睡。与昌儿至护国寺庙会,购日本笔二只,价百元。归。诣今甫,以一只为赠。七时偕雪屏、廉澄至北京饭店,应叶剑英、罗瑞卿酒会之约,环立而食。食毕,归雪屏许谈,至十一时还。十二时就寝。

十九日　阴历正月十八日　星期二　晴　雨水

八时起。十时入校治事。一时还家午饭。饭后小睡。六时诣五号,今甫约晚饭,并观余所藏图章旧墨。十一时还,就寝。今甫欲以国立北京大学名义对外,余劝之用北平办事处,以昆明、重庆均用办事处之称也。

二十日　阴历正月十九日　星期三　晴

八时起。十时入校治事。一时还家午饭。小睡。理发。四时至五号开班务会议,十时半散,归。十二时就寝。

二十一日　阴历正月二十日　星期四　晴

八时起。九时半入校治事,并至松公府新设之北大校产保管委员会。一时还。下午睡甚久。五时至五号开《建国评论》编辑委员会,十时散。又与今甫、佛泉久谈,归。一时始就寝。

二十二日　阴历正月二十一日　星期五　晴

六时半醒,不能复睡,即起。九时入校。余在补习班虽已辞去兼代总务长,而廉澄坚欲余相助顾问,不忍固拒,因复间日或每日一至。今日在总务处,不觉又至一时始归家午饭。饭毕,汪受益来,久谈。下午未出门,欲往晤雪屏,以其有客不往。连日气燥,前日为劝今甫不用北大名义,今日又为劝今甫、华炽不必坐汽车,竟至力争,事后甚悔之。十二时就寝。报载沈阳西四十五里,中共军队与国军已有三处冲突,深忧之,望其不确。晚听重庆广播,亦未重言,或果误传也。

二十三日　阴历正月二十一日　星期六　晴

八时起。即入校治事。十二时还,赴今甫同和居午饭之约。三时至第八分班讲演中国民族之拓展,凡一小时。至东厂胡同平津区教育复员辅导委员会开会,会已散,与左宗纶、张百陵谈。复诣张苑峰,小坐。六时随沈兼士先生诣于思泊,消寒乙会第八集,到十一人。余以未备他物,出纸烟两包,雪斋得之;雪斋出自画扇面,王世襄得之;世襄出葫芦一,季豫得之;季豫出扇面周寿昌书,思泊得之;思泊出寿山石章一对,百陵得之;百陵出时人画一帧,柱中得之;柱中出笔九支,兼士得之;兼士出书一部,雪屏得之;雪屏出旧墨,洗凡得之;洗凡出驼鸟卵,元伯得之;元伯出竹节图章一、玛瑙图章二,余得之。十一时散,归。翻阅自苑峰处借来日人所作中国史,一时乃寝。

二十四日　阴历正月二十三日　星期日　风　晴

上午未出。午约苑峰、让之、燕孙来便饭,谈至四时乃散。余诣溥雪斋,观其藏砚。六时至公渚、君坦处,消寒甲会第八集。十时还。十二时就寝。今日学生为东北事游行。

二十五日　阴历正月二十四日　星期一　阴

七时起。九时入校治事。十二时半还。饭后小睡。四时至五号雪屏寓开班务会议。会议毕,留富岁、廉澄共谈。雪屏欲余代理班主任,余推廉澄。十一时归寝。

二十六日　阴历正月二十五日　星期二　阴　冷

七时起。九时入校。今日全市学生游行,在第二班集合,恐发生事端,至十一时大队出,幸无事。一时半还家午饭。小睡。四时至金城银行,为补习班借款发薪。洽妥,至白塔寺庙会看骨董摊,无所见。六时至五号开北大校产保管委员会。九时会散,与雪屏谈,复劝余代之维持班务,允从旁帮忙,名义仍由廉澄任之。十一时还家,就寝。

二十七日　阴历正月二十六日　星期三　阴

七时起。十时入校治事。十二时半归家。饭后小睡。下午未出门。十二时就寝。

二十八日　阴历正月二十七日　星期四　雪　晴

七时起。天飞雪,已铺地无痕,少顷止。十时入校治事。一时还家。下午放晴,与昜儿至护国寺庙会,购临帖竹架一,日本笔四,共价五百元。还家晚饭后携三儿至华宾园洗澡。十时半还,随就寝。闻蔚霞被捕,有人控之也,星期日消寒未至或以此。

三月

一日　阴历正月二十八日　星期五　阴　晴

七时半起。十时诣何海秋,知刘抱愿于昨日下午被捕,其家欲为之送衣被,海秋嘱为打听。抱愿绩学之士,家贫甚,以故二十六年不克与校中同人相偕南下，又与董绶金关系太密，遂失身于伪组织，可惜之至。入校告之佛泉，以其为第三分班教授也，亦无办法，复托熊正文打听。下午萧一山来电话，谓苏联宣言学生游行有背景，盖反对民主者所策动云，一山以雪屏往重庆，故以相告。

二日　阴历正月二十九日　星期六　阴　冷　夜雪

七时半起。十时入校治事。十二时昌儿至第二分班相寻，携之还，原意同在校旁进膳后往东单牌楼购物，以天冷作罢。归家。午饭后小睡。三时至东厂胡同开会，张百陵告知消寒乙会今日末次集，余前闻定在九日，不知改期，竟未备抽签物，急往东安市场购一粗章。六时往芳嘉园王世襄寓，柱中已先至，兼士、百陵、季豫、雪斋继至。柱中得兼士自书篆联，兼士得百陵所携画，百陵得雪斋自画扇面，雪斋得柱中所携汪近圣墨，季豫得世襄所备图章，世襄得季豫所携前贤文稿，余抽得自备之物。消寒乙会每九一集，今日完满，九集未缺者惟雪斋、季豫及余三人而已，馀子或以事，或以病，或以限于携品，有半途而退者，有中间加入者，有时缺时到者，天下事之难，于此可见。十一时归，随就寝。

三日　阴历正月三十日　星期日　阴　雪　晴

八时起。知昨夜大雪，已放晴，雪坚不易扫，或先雨而后雪，验之可寸馀，此在今冬为最大矣。上午客来甚多，未出门。午饭后小睡。翼如来。三时今甫、华炽同叔存父女至第八班参观，学生成绩颇佳，参观毕，同诣王泊生，再至恩成居便饭而归。十一时半就寝。

四日　阴历丙戌二月初一日　星期一　晴

八时起。十时入校治事。十二时半归。饭后小睡。四时至五号开班务会议，八时散。更与今甫谈至十一时，乃还家就寝。

五日　阴历二月初二日　星期二　晴　风

八时起。十时入校治事。十二时还。午饭后睡甚久。五时至东四牌楼三条胡同一号见孟心史夫人,知其近年甚窘。房产凡两处,一处已卖,其一即现所居者,又为敌人强据,每月给租金二百元,胜利前半年不收租金,催其移居,然至今仍未迁,两公子均在南中,亦无馀力相助也。日人均已集中,不知何以此数人独迟迟,俟其迁出,房租或足自赡。孟先生遗著尚多,稿存于家,惟《明元清系通纪》失其中间两册,不知能复得否,余允复校后为之整理出版。自孟宅出,诣公渚昆季,时六时四十分,忽见天空有微月,光甚曜。今日阴历为初二日,尚不易见月,惟高地或见之,余蓄疑久,在昆明时时留意,仍未得确证,今于北平复见之,岂旧闻不尽确耶?抑推算有误耶?往时尝以初二日见月之故询之习地理者,未得解,仅告以回教徒以见初二月为吉庆,则非难事也。何以我国载籍又深异之耶?朱竹垞谓惟大同能初二见月,有诗,容查出。今日消寒甲会第九集,到翼如、受益、孝同、海平六哥,共八人,十二时半始归。天寒路暗,行人甚稀,非复当年太平景象,或云在敌伪时,街上人更少于此。自公渚处借来《花随人圣庵摭忆》。随就寝。

六日 阴历二月初三日 星期三 阴

八时起。陆七表嫂、十表娣来告蔚霞十弟被逮经过,及昨晚查封住屋情形,嘱为探听,由七表嫂问得梁漱溟表嫂住绒线胡同二百十三号,前托许揆若探而未详者也[①]。客去即往访,知漱兄现往昆明,暂时不来平。梁表嫂在桂林结婚,向未见过,言欲在北平教书以赡家。诣中央银行,晤萧钟美,小谈而归。饭后午睡。读《花随人圣庵摭忆》,黄濬撰,濬字秋岳,吾乡人,光绪末肄业译学馆,与莲蕃、海平诸兄同学,其弟济与余同学于京师闽学堂,其尊人为先公翰林同馆。秋岳译学馆毕业,奖举人,以小京官分邮传部,才华甚

①揆 原作“癸”,据一九四九年五月十二日俞平伯与柳亚子函内所列“杭县许氏昆季名字”改(参《俞平伯致柳亚子书札十通考释》,刊《文献》二〇一四年第五期)。

茂，尤长于诗，为陈石遗所赏，与梁鸿志并称。民国初年，以哲维之名署其诗，登之报端，见者不知其为三十以下人所作也。然荒侈不知养廉。汪兆铭为行政院院长，召之参机要。七七事起，我决以废舰锁江，阴阻敌舰东归，尽歼之。议期既定，而敌舰先夜悉遁去，当轴震怒，密侦之，盖濬所泄，鞫实，枪决于市，市人大忿，争鞭之，未刑已垂毙矣。据知之者言，濬有三室，分居苏、沪，所入不足以赡家，日本人阴资之，不责偿，偶扣以国家大事，濬亦以不重要之消息告之，积久遂为所胁持，有问不能不答矣。其传递之法，濬退值必食于某名饮食店，店极小而烹调绝美，顾客杂坐，互不相识，黄预以所答书于纸，置马褂袋中，入座后去褂，张之壁间。而收消息之人亦着同式同质料之马褂入座，亦去褂，张之壁间，与黄褂相近，两人若不相识，而偶尔同置一处者。黄食毕，取此褂着之去，而留己褂使收消息者着之，两褂相同，且客多，无人注意其已互换也。日日如此，而国家大政遂于不知不觉之间泄漏于外，计亦狡矣，然终于破获。此书为濬初至南京时所撰，分载于《时事周报》，死后瞿兑之为之汇集成编，都三十馀万言五百十二页，页十七行，行五十二字，去标点空格。虽以抄撮为多，然每条必有案断，必有诠解，亦异夫抄胥。五六年间成此巨制，亦可见其才华之敏。书前有民国三十二年瞿兑之序，于濬之死，有冤惜之意。濬纵不死于法，亦必加入汪兆铭伪政权，可断言也。旁晚携晟、昜两儿至西四牌楼，购物即归。十二时就寝。

七日　阴历二月初四日　星期四　阴　冷

八时起。九时半得漱溟表兄电话，谓昨日下午来平，在校相候，急入校晤之，知其将于十日往延安晤毛泽东。盖近年专为和平统一努力，于现代之民主初无信念，政治协商会议闭会后，即宣言不再与闻政治，而民主同盟诸友不以其中途放手为然，欲再与毛一谈而后定也。十二时半还家。饭后小睡。王世仪、赵廉澄先后来,共谈补习班中训导人员之不称职,只知自己享受,不顾班中困难,事事自己,均有优越感,不胜忧。此次训导人员大半由中央团部调来,年少新进,不意如此不知振作,将来北大务宜谨慎,最好不使杂入。六时至五号班中宴北平银行界。九时散。与今甫谈至十一时半,归寝。

八日　阴历二月初五日　星期五　雪

大雪竟日未息。八时起。十二时在五号宴漱兄、莘平、一山、捷三、今甫、岱孙、廉澄、佛泉、海秋、叔伟、华炽诸公,原约有胡政之、顾颉刚,以有约未至。二时散。莘平、佛泉、廉澄、今甫、华炽又谈至四时,乃至松公府开北大校产保管委员会,并勘查东斋。今后非有宿舍,不易请到教授,此理不容或疑,惟东斋作教职员眷属宿舍尚宜考虑。一、东斋本为学生宿舍,今学生过多,似以尽先作学生宿舍为宜;二、东斋自日人改造军人家眷宿舍,每两间小屋改为一家,厨房、厕所同在屋内,且非新式设备,绝非我辈所习惯,一至夏令,热臭交逼,尤难忍受;三、日人去后,国军驻之,破坏已多,修复所费匪鲜;四、学校对东斋另有久远之计划,若作眷属宿舍,恐非短期所能腾让,且人类不齐,万一有三五家不迁,即足以影响整个计划;五、聚多姓于一户,易生口舌,非学校之福;六、眷属合住,管理甚难。故余主多觅单门独院之房舍以居教员,在复原之始,暂以第三院作临时眷属宿舍,以免久占,复东斋为学生宿舍,以居学生。此事余言之四次,继之以争论,终未动人,众意既决定作眷属宿舍,余自当服从。惟室内厕所,万不可留,以免居者指摘,遂改设公共厕所矣。六时偕今甫至东安市场,并至厚德福应何海秋之约。八时还。读《花随人圣庵摭忆》。十二时半就寝。

九日　阴历二月初六日　星期六　晴

八时起。十时入校治事。十二时还。三时至东厂胡同开平津区教育辅导委员会。五时诣雪斋。六时半还。十二时就寝。

十日　阴历二月初七日　星期日　阴

八时起。汪受益来,久谈。漱溟兄来谈,改明日飞延安。午饭后小睡。读《花随人圣庵摭忆》竟。十一时就寝。竟日未出门。

十一日　阴历二月初八日　星期一　阴　晴　阴　雪

八时起。十时入校治事。十二时归。饭后小睡。王光炜来。余纪忠来,谈《中苏日报》专论事,欲后日同约执笔教授一谈,允之。六时至五号开班务会议。十时还。十一时后天忽飞雪,入冬苦旱,近数日始有雪,惜其太迟,如雪后不寒,尚不至伤禾。祷之!祷之!苟农谷不登,斯民不得活矣。十二时就寝。

十二日　阴历二月初九日　星期二　阴

今日为总理逝世纪念,学校放假,竟日未出门。午睡甚久。检书。十二时就寝。

十三日　阴历二月初十日　星期三　阴　冷

八时起。十时入校治事。十二时半还。午饭后小睡。三时半复入校,颉刚来讲演。讲毕,与丙辰诸公长谈,余陪之。六时散。赶至德国饭店,今日余纪忠邀余与之共同请客,约集北平名教授,请为《中苏日报》撰文,余迟一刻钟,诸公多先至,深歉然。席间由余介绍,纪忠宣布《日报》旨趣,王光炜、盛成、王洁秋各有意见,乃尽欢而散。散后复与纪忠、奉生定专论、专刊人选次序。纪忠与诸公不相识,前托葛佩琦来约人,雪屏为开一长单,即今日所约者也,雪屏在渝,故纪忠以嘱余。十时半还家。十二时就寝。

十四日　阴历二月十一日　星期四　阴

八时起。十时入校治事。十二时半还家。小睡未熟。作书致孟真。口干喉燥,头隐作微痛,服玉和堂清热降火丸二十粒。十二时而寝。

十五日　阴历二月十二日　星期五　阴　雪

六时半起。以昨晚痰多,睡不实也。痰不在喉而在鼻,咯出似甚舒服,乃咯之不已,痰厚且实,所谓火也。九时入校治事。天寒甚,室内无炉,似不胜耐。十时半至北大校产保管委员会,与今甫、华炽谈今后进行事,以今甫明日飞重庆故也。室内又升火炉,复觉其燥。十二时半返马神庙第二院,进炸酱面二碗,自校外唤来已不甚热,食一碗觉其不宜,第二碗更以开水沃之。二时至第一院游艺室参加英语讲说竞赛会,余主席,报告后听演讲者两人,觉身寒甚,似作烧者,乃退出,其馀八人演讲不及听矣。步行至景山后始得车,归即铺被卧,小睡而醒。初意一睡可立愈,既醒仍身寒皮涨,苦无体温计可量。少顷头痛鼻塞,知必感冒无疑,晏儿以阿司匹灵进,适今甫来告改明日行,亦劝食之,余进一片。七时后复睡,今甫送来体温计,试之,三十八度三。夜醒,昌儿侍疾,复为试之,三十八度四,昌儿甚惊,余以周身有汗意,鼻益塞,知非大病,复进阿司匹灵一片而睡。侵晨,昌儿再为试体温,凡三十七度三,不知究出汗与否,但头已不痛,鼻亦不塞矣。

十六日　阴历二月十三日　星期六　大雪

昨夜十一时后,先雨后雪,今日益大,竟日未止。晟、昜两儿测之逾尺矣,近八年所无也。然春行冬令,非宜也。十时醒,晏儿为试温度,三十七度,烧退矣。十二时更试,亦然,乃起食稀饭,不再卧。四时今甫、华炽来,以雪大飞机不能行,今甫到机场复还。晚食面。十时就寝。下午三时试体温,三十六度八。

十七日　阴历二月十四日　星期日　阴　夜微晴

七时醒,自感一切如常,遂起床试体温,仍三十六度八。上午未出。午饭后小睡。翼如来,谈甚久,同携晟、昜两儿步往北海公园。积雪叠晶,上下一色,楼阁隐秀,松柏凝葱,其美难状。归来尚未一至,七七前曾否来游,亦不复忆,但记往时尝偕稚眉夫人时至状元府,忽忽十年矣,思之怃然。自北海后门入园,循池北至五龙亭,更折还,经水闸,穿蚕坛,沿湖而南,出前门而归,翼如行至西四牌楼别去。还家。晚饭后与儿辈闲谈。十时就寝。

十八日　阴历二月十五日　星期一　晴

八时起。十时入校治事。十二时还家午饭。小睡。五时至五号开班务会议,十时散,归。十二时就寝。

十九日　阴历二月十六日　星期二　晴

八时起。十时入校治事。与学生谈甚久,口燥唇焦。一时还家,觉喉痛,似伤风之馀波。五时理发。六时诣陈克生晚饭之约。九时还。十时就寝。

二十日　阴历二月十七日　星期三　晴

八时起。喉喑不能成声。金绍彭来,谓系风火,劝饮彭大海、麦冬、银花煮水。十二时至撷英番菜馆,应夏敬民之约。二时至金城银行,请其代取昆明汇款,凡四百万同人拨款也,随归。翼如、友樵、公渚、君坦、海平先后来,作牌戏。雪斋来,托其代购端砚,学校欲以赠英国李约瑟也。九时客去。十时就寝。饮彭大海水,喑未差,六哥以为彭大海太凉,公渚谓不凉,但银花凉,友樵劝含藏青果,喉仍肿。得悉葛利普教授以今日下午五时三刻逝世。

二十一日　阴历二月十八日　星期四　晴　春分

七时起。喉喑稍好。含藏青果。十时入校治事,声喑加甚。十二时归家,较昨日尤重矣,仍饮彭大海水。饭后大睡。梁光甫送来铁笛丸三粒,亦治喉者,其药噙而不吞,与西药之治嗽者相类,前所不知也。先后含之,竟喑似少差,惟喉仍小肿。十一时就寝。托张柱中转求金禹民刻砚铭以赠李约瑟。报载朱骝先请辞教育部长。

二十二日　阴历二月十九日　星期五　晴

八时起。声喑少好，仍未复元。十时入校治事。十二时还。三时携昌、易两儿至东单牌楼地摊购物，以二百元得大水盂一，以四百元得小册页十六开，以二千元得四层磁罐一，均日本货也。六时还。作书致锡予、孟真。十一时就寝。葛利普教授前日病故丰盛胡同三号地质调查所，遗言欲葬于北大地质馆前院石碑之下旁。前日高振西来电，昨日何作霖来谈，均请余即日决定。余以此事重大，必须教授会或校务会议决定，劝其暂厝庙中一月，以待昆明回信。昨日急电昆明暨孟真，今日更各发一信，请速开会，并请政府褒扬，予以丧葬费。今年二月一日葛利普教授尚以像片亲签相赠，为新年贺礼，余未往候，心甚歉然，今无及矣。

二十三日　阴历二月二十日　星期六　阴

八时起。声咽就愈。十时入校治事。十二时半还家午饭。饭后至地质调查所送葛利普教授遗榇往东郊火化。至金城银行。诣溥雪斋，小坐。三时半至平津区特派员办事处开会，五时半还。王永兴来。余让之来。十二时就寝。

二十四日　阴历二月二十一日　星期日　阴

八时起。高振西来。竟日未出门。得傅孟真电，对葛利普教授葬地质馆表示同意。十二时就寝。

二十五日　阴历二月二十二日　星期一　阴

七时起。九时至中央医院视戴应观疾，谈久之，并视杜聿明疾。十时至校产保管委员会，又至补习班治事。十二时还家。饭后小睡。五时至五号开班务会议。星期六第二分班四年级学生补习中国史考试，教员王永兴用隔位坐法以防学生有剿袭情事，学生不遵，多数退出考场，并阻挠其馀同学考试，有一考试男生并被殴。今日提出班务会议，决议分别轻重开除学籍或记过。十时归。十二时就寝。

二十六日　阴历二月二十三日　星期二　小雨

八时起。九时诣岱孙、子高、正宣,谈久之。十时半入校治事。十二时半还家午饭。小睡。至西四牌楼理发毕,在西安门复兴号小古董店略观,无所得,磁器颇佳,惜余不识且不嗜也。归。作书致矛尘。十二时就寝。

二十七日　阴历二月二十四日　星期三　雨

七时半起。九时先后至补习班、总办公处、第二班、北大校产保管委员会治事。十二时还家午饭。小睡。写信。十一时就寝。

二十八日　阴历二月二十五日　星期四　阴　晴

七时半起。在家想讲稿。十一时入校治事。十二时半在校前小馆便饭,本约俞益之同饭,益之以语王世仪、熊正文、李夏云,遂共作东道以飨[①],余甚不安。饭毕,一时半,至二分班游艺室参加庆祝青年节大会,余以“养志求友”为题,大要如下:

养志　一、树立:志愿要远大,要雄伟,要崇高;二、培植:要有深厚之学识,要有严格之训练要奋斗,要肯牺牲,要负责任,要不避艰苦;三、养成:要知道时代潮流要跟上时代,求进步,要保持不懈要有好体格,要有修养,要有生活。

求友　一、以古人为友;二、以国际为友知世界大势;三、要有群的生活。

余讲后,盛成、曾昭抡、杨丙辰续讲至四时而散。与廉澄至行营访王捷三,不值;至其家,亦不值,乃归。学生食米无着,欲请其设法也。十二时就寝。

---

①飨　原作“鄉”。

二十九日　阴历二月二十六日　星期五　晴

今日班中以黄花冈纪念放假，今改称青年节者也。九时携昌、晟、易三儿至中山公园，一如昔日，惟稍残破而已，社稷坛内新加音乐台一处，已就圮。十二时半还家。饭后小睡。三时翼如偕六哥来，谈至九时去。十时就寝。

三十日　阴历二月二十七日　星期六　晴

七时半起。九时入校治事。十一时半得雪斋电话，谓班中不能发薪，请别为设法。即往晤之，假以五万元。至高等法院北平分庭，应夏敬民午饭之约。晤王捷三，以学生食粮事重托之，允为设法。自法院出，至金城银行。再至绒线胡同晤梁表嫂，告以其工作事已向英千里言之。更至东厂胡同开会。五时散会。至东安市场逛书摊，《四部备要》《四部丛刊》及扫叶山房石印书较精者每本法币二百至二百五十元，《故宫博物院周刊》全套二十一本七万元，均不甚贵。惟《英汉双解辞汇》报纸本一本原价二元五角者，索至一万四千元，太不成话矣。六时半在森隆聚餐，到雪斋、季豫、蔚如、伯驹、柱中、元伯、松窗、洗凡、龠中父子龠中名溥仲，其父载润。二十年前，润以贝勒之尊，送子至银行为练习生，月得十元，人甚怪之，今日多服其远见矣、世襄。九时散，诸公尚有诗谜之会，余先归。十一时就寝。

三十一日　阴历二月二十八日　星期日　晴

七时半起。客来不绝。孙子书来，谈较久。陆凤初表侄，饭后去。二时半往东单三条协和礼堂参加葛利普教授逝世宗教仪式，极肃穆，顷刻而毕。四时半抵家，儿辈均外出，寂寞之至。补日记。检书。六时受益来谈。十一时就寝。

四月

一日　阴历二月二十九日　星期一　晴

七时半起。九时入校治事。学生食粮原由行营发给，顷已停止，自本月起由委员长另令饬拨。行营以未奉明令，已电重庆请示，而学生势将断炊。今日连电行营王捷三处长商洽，允通融办理。电重庆，说话未通。十二时半还家午饭。小睡。三时半再入校。两次长途电话致重庆教育部贺师俊，请速汇经费，说话不甚清晰，似闻上月二十八日已汇来一万三千万元。六时半至毛家湾五号开班务会议，报告长途电话催款情形，而同人已决定将部中不汇款情形登之报端，而胡壮猷尤主张要闹，谓不闹则无钱，张佛泉亦主之，余力阻，乃改以今日电话情形宣布，使全体安心，不涉讥弹。十时散，归。十二时半就寝。自回北平，以事忙，又家事由晏儿管理，遂不记帐，收支竟无可稽。今昨购买大批粮食以备半年之用，其款全由借贷而来，不能不记矣。余在昆明，出入皆步行，回平遂以车。今日下午再入校，以车夫假出，雇车而往，归来步行其半，仍应多多步行也。

〔付大米四百斤一一四四〇〇元，大米二百斤五〇〇〇〇元，小米五百斤六六〇〇〇元，玉米五百斤三六〇〇〇元，白面一袋一一〇〇〇元，家用二〇〇〇〇元，车三〇〇元，送粮脚力一六〇〇元。〕

二日　阴历三月初一日　星期二　晴

七时半起。读英文。十时入校治事。一时还。午睡甚久。晚读英文。十一时半就寝。得独立出版社通知，余之《清史探微》已出版，截止三月二十一日共得版税二万一千五百〇四元，余前预借五万五千元，尚欠三万三千四百九十六元，此书约定照售价百分之十五，不知定价若干、售出若干与何时出版也。

三日　阴历三月初二日　星期三　晴

七时起。十时入校治事。黄澄相告，昨深夜第五分班有军警到校检查，捕去学生一名，余电王聘三未通，不久学生亦保释。诣李圣章，不值。十二时半还家。小睡。六时孟心史夫人约往晚饭，有商鸿逵，商整理孟先生遗稿及付印事。八时半还。得张富岁电话，约明日往卢沟桥。十二时就寝。

四日　阴历三月初三日　星期四　晴

六时半起。八时永誉斋送图章来，无佳者。九时赵奉生以车来接，至景山东街会同人。九时一刻取道新城门，经新市区往卢沟桥农场。新城门在报子街西口外，当西便门与阜城门之间，陷敌时所开，未命名，俗称之为新城门，盖为新市区而设也。新市区距城三数里，均日寇所居，房屋尚佳，过时下车略看。日前今甫、华炽见之，欲以为北京大学宿舍，意甚善，惜其稍远耳。十时一刻抵农场，遣车还接后来者。余辈巡视场内一周，山桃方著花，苹果、桃树初见蕾。场后方窖白菽，行年五十始见之，余真城市之人也，可耻孰甚！十二时续至者仅三五人。实验小学庆祝儿童节大会，不及久待，乃开会，余代张富岁简述数语，语毕而富岁、廉澄诸君至。十二时半偕往卢沟桥，或以车，或以步，余随马文昭、张富岁、王世仪、熊正文、李夏云、俞益之步行，约一小时而抵桥畔。有康熙八年碑、乾隆"卢沟晓月"碑。桥凡十孔，制以石桥栏，石柱雕以狮。俗传狮状无一相似，细视之，相邻者果为状不一，是否全桥无一同者，不敢必也。桥之西复有小桥，今已改铁桥，其下设闸，水流甚激，可用作水力。有军士守桥，与之谈，谓新来未久，日日数桥栏，桥北一百四十一柱，桥南一百四十柱，柱有一狮或二三狮，总数不可知也。余与世仪共数南栏，果一百四十柱，意其言确。数毕，在桥畔野茶馆进携来点心、水果及红酒。车少人多，一时半有人先回，余等候至三时半而车不还，乃穿城迎之。城在清代为河道驻所，有游击同驻，西门曰威严，东门曰顺治，两门相距，一望而尽，南北尤狭。北平改市后，移宛平县治于其地，七七事变肇始其间，胜利后县治改长辛店，以其城太小也。余等行至铁道线而车不至，遂席地而憩。余见道外有广场，场尽有培塿，众人方兴役，乃与正文、夏云、益之往观之。工人八九，方仆一碑，盖日人所立"一文字山"纪功碑也。二十六年七月二十八日野口部队于此与我战，其队长毙，次年牟田口为之立碑，名其地曰一文字山。以七七变所起，年年七七，日人皆徒步来会于广场，以资纪念焉。下山，车仍未至，复与同人步行迎之至农场外，始相值。从彰义门入城，已五时，车至西单牌楼，余别雇人力车至六哥处聚餐。到公渚、君坦、君武、孝同、翼如、友樵、受益。十一时还家。十二时就寝。雪屏还平。

〔付图章一对八〇〇〇元，墨四丸一二〇〇〇元，车一〇〇元，公份一〇〇〇元，赏四〇〇元。〕

五日　阴历三月初四日　星期五　晴　风　清明

今日清明，又为亡弟少丹周年忌。七时起。诣雪屏，小坐。雪屏知余将上坟，嘱车相送。还候久之，至十一时车乃来，携晏、晟、易三儿暨六嫂先往南下洼观音院亡室周夫人灵前暨三弟灵前展奠，饮泪吞声，畏儿辈之伤心，更畏儿辈知我伤心。祭毕，再出右安门，往草桥玉泉营。行未半，车以路坏不能进，下车步行至两亲墓地拜奠。墓侧松圈高已逾丈，甚茂，惜有砍伐遗失，墓前四槐仅馀其二，墓后蟠松更无一存。八年抗战，敌踞旧京，离城一步，即成荆棘，亡弟忧之。中间墓地更被邻右盗卖，去年始得复还，晏儿、维勤侄、行佺表侄费事不少。二时还家进膳。小睡。五时雪屏约补习班同人晚饭，报告在渝、在昆接洽班务情形。十时还。十二时就寝。雪屏携来《清史探微》一册，凡一三四页，页十八行，行四十二字，所谓新四号铅字所印，尚佳，定价白报纸三元六角，浏阳纸三元二角，不知在重庆售价实加若干倍也[1]，或云一百六十倍，或云二百五十倍。

〔付上坟赏四〇〇元，庙赏五〇〇元，车赏一〇〇〇元，鸡蛋一〇〇〇元。〕

六日　阴历三月初五日　星期六　阴

六时半起。十时入校治事。十二时还家。三时至教育部特派员办公处开会。会毕，诣溥雪斋，小坐，雪屏继至。七时同往王世襄处聚餐。十时半归，即寝。

〔付聚餐二〇〇〇元。〕

七日　阴历三月初六日　星期日　晴

六时半起。艺花芟枯。九时半诣王翼如珠巢街，汪受益继至，谈甚畅，留饭。三时诣蔚霞，晤其夫人及七嫂与公大表侄，知诉事尚在侦查，或可无事。诣申又枨夫人，不值。归家与晟、昜两儿灌花木。夜读英文，并阅《清史探微》，校其误字。十二时就寝。

〔付家用二〇〇〇〇元，晏衣一〇〇〇〇元。〕

八日　阴历三月初七日　星期一　阴

七时起。雪屏来电话，谓发烧，遂往谈。十一时还。午饭后小睡。五时至雪屏处开班务会议。七时用饭毕，忽传戒严，匆匆散会。叔存来，小坐候车，车至而去。日前盛传本月六日中共军队将在北平有所行动，遂尔加紧检查，而人心益慌。昨日自南城还家，车至西四丁字街，值警察检查行人，余下车，未查而去。有一老妇抱儿携筐，翻检不已，又一少妇手一皮夹，长不盈握，亦开视之，真

---

[1]庆　原脱。

不知所查何物也。为政之道,得其法则安民,不得其法则扰民,此之谓也。今日午过有枪声十数响,人尤不安,戒严岂以此乎?然无线电中尚播送戏剧不已,何哉?十一时就寝。

〔付晏二〇〇〇元,昌二〇〇〇元,晟一〇〇〇元,昜一〇〇〇元。〕

九日　阴历三月初八日　星期二　阴　大风

六时半起。九时入校治事。十二时半还家。饭后小睡。四时闻今甫自渝还,往晤之。六时即在雪屏处晚饭,有刘瑞恒、马文昭、关颂韬[①]、李涛、钟惠澜、王锡炽、刘思职诸公。九时散,归。十二时就寝。

〔付布半匹一八九〇〇元,胰子二块一六〇元。〕

十日　阴历三月初九日　星期三　晴

六时半起。读英文。十时入校治事。柱中来。十二时半还。饭后午睡。家距校车行须半小时,抵家往往在一时后,饭毕且二时,余之昼寝多在二时后,以言午睡,似不当也。五时携诸儿理发。十二时就寝。

〔付理发一六〇〇元。〕

十一日　阴历三月初十日　星期四　晴

六时半起。九时半至金城银行。十时半入校。十二时还家午饭。二时俞大绂自重庆到,招待盥洗、午饭后,偕今甫、华炽送至松公府宿舍,随即开保管委员会。六时还家。晚携诸儿洗澡。十时还。十一时就寝。

〔付洗澡六〇〇元。〕

十二日　阴历三月十一日　星期五　晴

六时半起。十时入校治事。十二时还。饭后大睡。五时半至

---

①韬　原作"弢",据《协和医脉·霍尔斯特德的传人》及《中华医学杂志》第二十六卷第九期改。

东城惠而康[①]，应李辰冬晚饭之约，与雪斋、伯驹约早到早退，余三人先主人而至，候至七时，客尚未齐，主客吴铸人未至，余等以别有约，先辞出。今日伯驹等设诗条会于所寓似园，余以尚有顾公敏之约，过其门未入。顾处席散迟，又不及往，甚歉。伯驹相约三次，均以事未赴，尤为不安。十时还。十二时就寝。

〔付家用三〇〇〇〇元。〕

十三日　阴历三月十二日　星期六　晴　风

六时半起。十时入校治事。十二时半还家。二时半至东厂胡同开会。五时会散，诣雪斋，小坐。六时半同和居聚餐，到柱中、稚云、兼士、百陵五人，到者渐稀，有改弦更张之必要矣。八时还家。读英文。十二时就寝。

〔付公份三〇〇〇元，昌衣六〇〇〇元。〕

十四日　阴历三月十三日　星期日　晴

七时起。读《洪承畴奏对笔记》。据《故宫述闻》卷五，故宫藏有孙家鼐、翁同龢钩圈本，并有翁氏小楷跋尾，不知与此相同否？然余终疑之，当别考。九时裴文中、高振西来，谈葛利普教授葬事。王永兴来谈，以西晋何以国祚甚短为疑，余以为或由于开国时无通盘策划，事事苟且，无开国规模与长治久安之经制也。永兴亦以为然，容详绎之。又言丁则良谓阀阅始自东汉，其说亦是，盖门阀之成，一在族大，一在通显久，一在婚媾多，东汉窦、马其例也。午饭后小睡。前日保管委员会开会，廉澄述富岁之言，谓旧北平大学法商学院战后伪立新民学院，嗣改华北行政学院，前为教育部特派员接收，借予东北行营，现东北行营将移至关外，本校可请其拨给本校，议决请今甫与兼士商洽，今甫未及往。昨在教育部特派员办事

①原于“至”下衍一“至”字。

处开会[1]，适提出此房争者甚多，最好由有关系之机关接用，将来一切好办。余即以北大之意报告沈兼士先生，立允，并催即日往其处悬挂牌子，并迁入居之。余遂电话告之今甫，请转告富岁，余并电告光甫预备牌子。昨夜还，得今甫电话，未能与富岁联络，余电富岁亦未通，今晨使维勤送信告之，午间始得富岁回电，谓即往接洽。下午二时闻富岁往商洽，值光甫来，命其亦往会洽，两人在行营未晤，光甫电告与其间略谈，可无问题，但行营迁移尚有待。三时余偕雪屏诣伯驹，七时还。富岁来告手续上尚有问题，学生不能即刻迁入也。今晚北大同人公宴清华同人，十时散，归。十二时就寝。

〔付请客一〇〇〇〇元。〕

十五日　阴历三月十四日[2]　星期一　晴

六时半起。九时至第六分班。十时入校治事。让之言晨晤沈兼士，仍以即日迁入东北行营为言，似谓昨日交涉太软也。十二时至松公府与清华同人商迁移事，到今甫、大绂、昭抡、廉澄、华炽北大，岱孙、子高、明之、正宣清华。昨日报载，西南联大决定展期四个月迁移，本学期结束后再上课十四星期，作为下学年第一学期，九月后开始迁移到平，后继续上第二学期。余前得雯儿来信，所言亦同，此事影响于此间者较昆明为大，故咸主下学年三校继续合作接办补习班，将此间需要之人员开单请昆明派来，人选则由昆明同人自定。至三校新聘之教授及休假回国之教授，则请其径来北平，不必往昆。三时会散，推今甫作书。散后与昭抡偕出，昭抡言今日之决议虽佳，但合作尽管合作，财产不能不分，否则北大太吃亏，因今日之财产全属北大所有，药品用一些少一些，仪器用一次坏一次，

[1]会　原脱。

[2]十四　原作“十五”。

自己管理尚可通盘筹画、设法撙节，别人主持未必珍惜。谓不如由北大单独办理，而使应入清华、南开之学生到北大借读。盖三校合作则系主任不能不由三校分配，是别人分别代我主持，由北大单独办理，则系主任、院长全属自己人，一切好办。学生借读，则主客自分。其言颇有理。至第二院，廉澄亦以合作为疑。五时半至雪屏寓开补习班务会议，雪屏言今午讨论接办补习班以后诸事，恐昆明又生误会，故托事不往。又言北平市教育局长英千里必须更动，骝先愿雪屏出任，近又嘱伯苍来劝，余亦劝其就。特派员办事处两次来电话，谓东北行营房屋交涉妥协，务必速将学生迁入。十二时就寝。上午王明之、顾公敏至第六分班勘查工程，又往北大第一院查勘，均余导之，在第一院自地窖上达屋顶均经详视，据云无危险。前数日，佛泉以傅山题画墨迹相示，叔存以为真且好，公渚以为真，惟雪斋以为原件为画卷，原画已失，此观画题跋，所谓失群之物不足贵，劝余勿留。余以允留在先，未便反，许今日以三万二千元交去。

〔付昌儿一〇〇〇元，买字幅三二〇〇〇元。〕

十六日　阴历三月十五日　星期二　雨

六时半起。十时入校治事。十二时还。饭后小睡。为《中苏日报》写"星期论文"。晚大雨。无灯，十时就寝。

十七日　阴历三月十六日　星期三　晴

六时半起。院内丁香、海棠甚盛，督晟、易两儿灌溉并剪藤萝枯枝。十时入校治事。十二时半还。小睡。三时得富岁电话，今日第四班学生二十馀人乘车往东北行营房址，被拒，不容迁入。初借口无公文，为之电知特派员，转电十一战区吕文贞，请其电话通知东北行营，吕即电知盛某，盛以告行营某科长，终不允入内，借口于未经结束。交涉至六时不得要领，学生复退出矣。下午与昌、晟、易三儿忙心花事。夜写论文。十二时就寝。

十八日　阴历三月十七日　星期四　晴

六时半起。昨夜饮茶多,就枕不能入梦,三时后始睡去。今日须交稿,而电话来不绝,李圣章、沈兼士又约谈。十一时匆匆结束《中苏日报》"星期论文"《教育复员声中一个建议》,命昌儿、晏儿钞之①。乃入校晤圣章,复至东厂胡同晤兼士。在校门遇葛君催稿,请其下午至家中索取。一时还家。饭后小睡。翼如来,谈至十时乃去。上月三日翼如借去二十万元,后为余买白布一匹备家人之用,价六万元,馀十四万元,又为购物售出,今日送来十八万元,谓四万为盈利也。余甚感之而心不安。客去就寝。

〔入售物四〇〇〇〇元。〕

十九日　阴历三月十八日　星期五　晴

六时半起。仍为花事忙。十时入校治事。十二时半还。饭后小睡。三时六哥来,同往中山公园看花,并约翼如,门票五十元,较战前高五百倍。茶水每人一百元,另加茶叶一百四十元,较战前高一千四百倍矣②。战前门票一角,茶每人一角,不另收茶叶钱。七时同往西单餐室食西餐,每客一千元,一汤二菜一冷食一点心一加非,以今日论之不为昂,但加捐二成、加彩一成,此外并须再给小帐一成,未免贵矣。到家已十时,晏、昌外出,晟、昜尚未睡,灯前笑话。十一时就寝。

〔付车四〇〇元,公园用六〇〇元,晚饭四三〇〇元。〕

二十日　阴历三月十九日　星期六　晴

六时半起。十时至金城银行。十时半至清华保管委员会。十一时至北大保管会。十二时半还。饭后小睡。三时至东厂胡同开会。四时半与田伯苍至东单牌楼逛小摊,余得紫玉光两笏,价一千

---

①儿　原脱。

②较　原作"转"。

元,较之古玩铺相差一倍以上。七时还。连日得锡予、矛尘来信,联大继续上课之议已打销,公路局救济总署允照义民例各予四万元,用车送至梧州或长沙,抵达以后之交通工具须自行筹备。十二时就寝。上午在前门见一出殡者,吹鼓手、杠夫衣着等均与世俗相同,孝子亦白衣披麻,惟左手不执幡而持一白纸,所糊十字架,似是天主教徒,岂利玛窦融合中西所定之丧仪耶?当以询英千里。

〔入辅导会四月出差费五一〇〇〇元,付墨一〇〇〇元,冰激淋六〇〇元,车四〇〇元,家用照片四〇〇〇元,家用一〇〇〇〇元。〕

二十一日　阴历三月二十日　星期日　晴　风　谷雨

六时半起。汪受益来。张丙午来。欲携儿辈往公园看花,以风阻。午后小睡。近顷以还,夜眠不足七小时,非午睡不能以济困乏,然一遇有事则不得休息矣。三时吴文辉来。诣雪屏,以寿山石章为赠。四时偕雪屏、今甫诣雪斋,闲话,观其所临韩幹马及近作扇面二十八叶。六时同至玉华台聚餐,并约叔存。晚饭后再至雪斋,观所藏松雪墨迹《出师表》,第二次展阅矣。虽再看、五看,仍乐之也。九时与雪屏诣王文伯于灯市口交通部招待所,谈甚久。文伯言孟邻师近来殊苦,最上策设法劝之离行政院,如不能则惟有大家去帮忙,其意甚善,而余则尤愧也。余非忘师之劳,亦非高以自视,实以近来深感作官非我所宜也。在雪斋处,雪屏得电话,知今日中山公园开会发生斗殴,陈克生受伤。昨日在教育部特派员办公处,兼士先生出示反对国民大会代表选举宣言,列名者四十一团体,有北大文学院校友会及壁报社等,最质实者为第七分班附属女子中学学生自治会,馀皆托名,谓将组织选举协进会,定今日开大会。事为当道所知,昨夜共商对付之策,决定军事委员会统计调查局、中央统计调查局共出三百人,北平市党部出三百人,北平青年团支团部出三百人,今日参加此会。雪屏不以为然,发言无效,党部主任委员吴铸人谓负全责向行营主任说明,惟警备司令部副司令胡伯翰以为疑,谓军警绝不使参加,否则今日事态必扩大也。雪屏云。十一时还家,随就寝。

〔付聚餐三〇〇〇元。〕

二十二日　阴历三月二十一日　星期一　晴

六时半起。永誉斋夥友来送旧墨八笏,一面隶书"藉景亭品林泉墨"七字两行,背面楷字"乾隆癸亥冬月石道人珍藏"十一字,下有"石舟"二篆字,不知谁氏所制,尚佳,但索价七万未免太昂。其人并谈及昨日中央公园开会情形,询以何以得知。据云保甲长通知每店必须一人前往。少顷维勤来①,谓昨日陈克生讲演受伤流血。十时往慰之,仅鼻梁小破,无碍也。随入校治事。十二时还家午饭。饭后小睡。五时至雪屏寓开班务会议。九时还家。坐未定,复得雪屏电话,嘱即往谈,以为有要事相商,比至,始知王世仪自津携来明墨多丸,叶玄卿、吴叔大、吴天章、潘嘉客等二十馀品,皆其祖可庄殿撰所遗。同光间玉堂人物皆重墨,而盛伯熙、王可庄称最,今日可称眼福。又有罗小华墨一丸,亦王氏藏。日前雪屏至津,以赠雪屏者。余辨其背有泥金书"郁华阁藏"四字,已模糊,其旁更有小字各一行,似有"景剑"二字,则是盛伯熙物也。小华道人墨传世甚稀,真瑰宝也。十一时还。十二时就寝。

〔付学生捐款一二〇〇〇元,昌衣二〇〇〇元,白布一匹二六〇〇〇元。〕

二十三日　阴历三月二十二日　星期二　晴

六时半起。十时至保管委员会治事。十二时还。饭后小睡。

---

①维　原作"惟",据本年一月九日日记改。

四时诣田伯苍，小坐，后日将还开封矣。诣六哥，不值。诣伯驹，诗条会聚餐，到雪斋、雪屏、君武、世襄、柱中、载润。十二时还家，随寝。

〔付聚餐三〇〇〇元。〕

二十四日　阴历三月二十三日　星期三　阴

六时半起。作书致锡予、矛尘、亚权、张三姊。午饭后小睡。邱大年来，前日自沪乘轮船抵津，谈沿途及美国情形甚详。六时同至五号雪屏寓，今日与叔存、今甫、雪屏共约文伯、雪斋、岱孙、华炽便饭看字画，因约大年同往。雪斋携赵松雪《出师表》、张灵前后《赤壁画卷》两卷，叔存携陈老莲《临松雪十八罗汉》卷、顾正谊《溪山》长卷、明无名临宋人《西湖春趣》长卷、□□□六尺墨笔山水长卷[①]。十一时散，归。一时半就寝。

〔付煤三千斤四〇〇〇〇元，易儿车袋三〇〇〇〇元，请客七〇〇〇元。〕

二十五日　阴历三月二十四日　星期四　晴

八时半起。十时入校治事，总办公处、第二分班、校产保管委员会三处均到。一时还家。三时步往雪斋寓，行至西安门，遇雪屏车，相偕往，到者文伯、叔存、今甫、华炽、雪屏及余。观其所藏张得天、郭兰石、成亲王行楷册叶，并唐伯虎山水立轴。立轴绝精，雪斋向不示人，相交十馀年，今始得见。六时还。陆徵惠表侄来。十一时就寝。

〔付蜜糕二〇〇〇元。〕

二十六日　阴历三月二十五日　星期五　阴

七时半起。九时半诣何海秋，据谈十一战区长官部已另拨房屋予武勇办内分泌研究所，将来隶属于第三医院，雪屏已允将原来

---

①原于此处空阙三字。

仪器借之。第三医院拨房事,前日在伯苍处晤尹文堂,略闻之,而未道出借仪器事,雪屏亦未相告。自海秋家出,至保管委员会与今甫、华炽商,不主内分泌研究外移。托华炽再至生物系查看地方,设所于系,如确无馀空较大房宇,则请十一战区拨一在马神庙附近之敌伪产业,最好指拨三眼井之大房,现时彼等拟议中之南小街太远,不合用。十二时还家。午饭后小睡。四时梁光甫来。晚饭后诣邱大年,畅谈。十时半还。十一时就寝。十时灯忽灭。

〔付家用一〇〇〇〇元。〕

二十七日　阴历三月二十六日　星期六　晴

七时起。作书致莘田,日前来函以闻伪文学院教员徐祖正、容庚、郑骞留用,责雪屏及余过于宽大,诮让甚厉,遂以来时无人相助,不能不参用旧人,徐因赵光贤言其在班上攻击日本,郑则因余让之言其学识尚好,故均留用之,故告之。方写两叶,雪屏来。谈顷,以为不必再解释,并谓此次在昆明闻之锡予,言校中对莘田、膺中皆不拟续聘,锡予再言之始留云云,闻之百感丛集。学校选聘教授不依学问为标准,前途必无进步,若杂以感情,尤非学校之福也。相偕入校。十时保管委员会开标。十二时开会决定以标价最低者得标。会散,在保管会小坐。得廉澄电话,必欲余往总办公处一谈,遂往晤。廉澄于总务长事不愿再担任,以有许多事渠已驳,而送至雪屏处又改准,使之信用全失,有若赘瘤,主张总务长事由雪屏自理,廉澄专计划结束移交之事。劝之下星期一与雪屏详商。谈话过久,离校,至东厂胡同开会已三时半矣。五时散会。归。得电话,雪屏嘱往谈。比至,出图章六方,一象钮白寿山,最精;一仿汉瓦当平钮,翡翠青田;一田黄皮,甚大,浮雕甚细;一浴日钮,洞石,日作红色,惜不圆。六时还。晚饭后携儿辈至四牌楼散步,一绕而还，过牛酪店各食一盂。十一时就寝。得孟真书，将以五月二日来北平。

〔付酪六〇〇元，花生四〇〇元，茶叶四两一二〇〇元，墨水三〇〇元。〕

二十八日　阴历三月二十七日　星期日　阴　飞雨

六时半起。九时诣五号，晤今甫。李晓惠来。诣翼如，小坐。午至大陆银行应谈季桢午饭之约[①]，未入坐，改至汪受益处午饭。四时至六国饭店贺籍孝存结婚[②]，新娘陈秀为献汀之女，姻戚也。六时至松公府，补习班宴银行界，八时散。与雪屏、廉澄、世仪、光甫谈校工欲罢工求加薪事，决先各借以二千元。九时至雪屏处，观吾乡刘氏所藏图章，凡八十方，以钮胜，有心人也。刘氏中落，欲以此易十万元。廉哉！十二时归寝。

〔昌、晟、易作衣手工七〇〇〇元，贺礼四〇〇〇元。〕

二十九日　阴历三月二十八日　星期一　阴

七时起。十时入校治事。十二时还。饭后小睡。五时至五号开班务会议，八时散。在今甫处看画，佛泉携来宋石门《五峰踏雪》立轴，余甚喜之，今年正月以六万元得之者也。十一时还。雨不止。十二时半就寝。昌儿午间自学校归，觉体寒，神倦头痛，试之有烧，投以阿司匹灵一片，服后睡三小时，体温仍三十八度四。去年尝患疟疾，疑其复发，不敢决，请谢霁光大夫来诊，谓重感冒，予以泄剂及退烧药。比夜，有汗，大便一次，体温仍三十八度四，如明晨不退，决送入附属医院，今日开会时已与马大夫说妥。

〔付家用三〇〇〇〇元。〕

---

①季桢　二字原阙，据梅贻琦先生本年九月十二日日记补。

②籍　原作“藉”，五月十七日同，据常堉璋《籍亮侪先生行状》改。

三十日　阴历三月二十九日　星期二　雨　阴

七时起。昌儿头痛已止,六时半体温三十八度,七时半体温三十七度八,其后降至三十七度五,似无他疾,惟感冒耳。十时入校治事。十一时半诣王捷三。十二时还。饭后久睡。三时半至金城银行。下午昌儿体温三十七度三,已起坐。晚饭后与雪屏访金禹民,看石章,金谓余前得之芙蓉坑实乃潮州青田冻,又谓余在永誉所得之腰圆螭虎钮白寿山引首乃其所雕,周彬款伪造者也。又谓余最近所得之白果青田乃保定附近之曲阳石,坊间往往以充青田,为之爽然若失。又除夕在永誉所见之白寿山双龙钮长方引首亦其所雕,伪充康熙钮,并出玉印一方相示,即双龙钮所从来也。除夕余予以六万不售,人日复增索十万,今甫劝余不必留,遂罢此印,后以八万元售之张企权,迄今不忘于怀,今日闻之又自幸也。九时半归。十二时就寝。

五月

一日　阴历丙戌四月初一日　星期三　阴

七时起。九时半至金城银行、中央银行接洽校款,晤张企权、萧钟美。出已十二时,遂诣清华大学保管委员会,参加两校同人会谈。午饭。三时还。得孟真电报,四日来平。诣雪屏,小坐,还。十一时就寝。今日与金城商借透支四百万元。

〔付印花八〇〇〇元。〕

二日　阴历四月初二日　星期四　晴

六时半起。十时入校治事。十二时还。饭后小睡。翼如来,久谈,十时去。十二时就寝。

〔付家用三〇〇〇〇元,晏三五〇〇元,昌三五〇〇元,晟二

〇〇〇元，易二〇〇〇元。〕

三日　阴历四月初三日　星期五　晴

七时起。十时入校治事。十二时还。饭后入校参加第二分班毕业同学茶会。五时散，归。预备明日讲演。十二时半就寝。

四日　阴历四月初四日　星期六　阴　晴

七时起。邱大年来。八时半入校参加“五四”纪念，余讲“五四”历史。在保管委员会午饭后至西郊飞机场迎傅孟真，全家三口均至，往迎者兼士、今甫、大绂、华炽、让之、雪屏，入城居于前毛家湾五号。五时半至松公府北大新宴会厅参加北大同学会纪念聚餐会，余主席。七时半散。诣溥雪斋，小坐，还。十二时半就寝。

〔付湘灾捐一〇〇〇元。〕

五日　阴历四月初五日　星期日　晴

七时半起。汪受益来。孙子书来。诣孟真。十二时至萃华楼应沈兼士先生午饭之约。饭毕，至松公府，更至萨本铁寓。四时还家。再诣孟真，同出，晚饭于全聚德，孟真作东道。饭后还五号，谈至十二时还，随就寝。

六日　阴历四月初六日　星期一　阴　雨　立夏

七时起。廉澄来。诣孟真。九时入校治事。十二时还家午饭。二时至中山公园参加张文达公百年祭，于董事会行礼而退。至中山堂参观美术会画展。出园，至第八分班参观学生成绩展览。五时至五号开班务会议。会毕，至市政府西花厅应张伯谨晚饭之约。十时还。孟真来谈。十一时就寝。

七日　阴历四月初七日　星期二　晴

七时起。九时入校治事。北大校产保管委员会开会，至二时乃散，决定设临时委员会三，以今甫主校舍，叔伟主招待，廉澄主采买。会散，至东厂胡同出席教育部平津区教育复员辅导委员会例会，斯会已奉命结束，今日当为最后一会矣。五时会散。理发。六时诣岱孙、子高、叔存、正宣晚饭之约，席设于陈弢老令嗣新宅，主炊者弢老旧仆黄嫂也，绝精。十时散。诣孟真。十二时还，即睡。

〔付理发五〇〇元。〕

八日　阴历四月初八日　星期三　阴

七时起。九时入校。佛泉来谈，欲推雪屏长中国大学，以代何其巩，以其方有风潮也。十二时与雪屏偕还，以语之，雪屏雅不愿，且言吴铸人亦有此说。午饭后小睡甚久，不昼寝已数日矣。晚至《世界日报》应成舍我晚饭之约。九时还。与孟真谈。十一时还。十二时就寝。

九日　阴历四月初九日　星期四　阴

七时半起。九时诣孟真，小坐。诣李方玉于东单大街三四五号，谈收用敌产事。入校。在第二分班治事。观学生课外书画展览。在保管委员会治事。十二时与今甫、雪屏公宴孟真、润章、大猷、华炽、叔存夫妇，只到润章、大猷、叔存暨华炽夫人，三时散。四时诣六哥，值翼如在，谈久之。同诣蔚霞。前晚判决不起诉，释出，此次盖为梁凯铭之如夫人暨本家挟嫌诬控，以蔚霞为凯铭处理遗产也。七时还。吴文辉来，北大欲请其主持事务组，允为考虑。在雪屏处晚饭，看墨，有曹素功四匣十二丸，绝精，的是康熙时物。十时还。十二时半就寝。

〔付请客一四五〇〇元，昌等理发一二〇〇元。〕

十日　阴历四月初十日　星期五　阴

七时起。九时半诣孟真，略谈，然而入校[1]。十二时半还。饭

①而　疑当作“后”。

后小睡。四时偕孟真至第六分班(医学院)附属医院参观,并至李阁老胡同二十号查看房子,教育部以其地拨给北大也。五时半还。晚再诣孟真。十一时归。十二时就寝。

十一日　阴历四月十一日　星期六　阴

八时起。九时半诣孟真,同往旧众议院看房子,教育部已有令到,以其地拨给北京大学,房舍甚多,且经修缮,清末财政学堂所建校舍以外,北平大学法商学院承管时又增加新楼两座,收容一年级学生一千人绝无问题,并可有教员宿舍也。至松公府保管委员会治事。午饭后还。翼如、君坦同来,谈甚久。五时半至琉璃厂。六时半诣萧一山晚饭之约,有李德邻、傅孟真、陈雪屏夫妇。十时还。十二时半就寝。

〔付饼干一五〇〇元,家用四〇〇〇〇元。〕

十二日　阴历四月十二日　星期日　阴　雨

八时起。客来甚多。光甫、丙午、让之来商公事。携儿辈至菜市。季节已在立夏后六日,仍着衬绒袍,大似昆明。往时北平立夏后虽夹衣,亦觉热不可耐,不知今日何以着此,岂原子弹之故欤?午饭后小睡。三时诣孟真,谈东厂胡同房子事。教育部已将其地拨给中央研究院,而沈兼士先生以华北文教协会名义占用一百八十间。孟真意将以畀之北大,但嘱余自向兼士言之。五时半至王世襄处,雪斋、雪屏在其处作诗条会,余未入坐。诣今甫,同往十一战区长官部应孙仿鲁晚饭之约①。九时还。十一时半就寝。雯儿来信,七日随陈传方车便自昆明往上海,计程今日或抵长沙矣。雯儿并汇来昆明薪水四十万元。

〔付添菜三〇〇〇元,入薪四〇〇〇〇〇元。〕

---

①仿　原作“法”,据本年六月九日日记改。

十三日　阴历四月十三日　星期一　阴　风　晴

七时起。九时至清华大学保管委员会，托陈福田设法带五十万元至上海张三姊处，备雯儿旅费之用，有馀则请陈志远表甥代存沪。自来北平，为儿辈添衣买车，并购煤米，除薪俸外已欠债七十馀万矣。入校治事。在校午饭毕，与傅孟真、杨今甫至中老胡同三十三号看房子。又偕孟真、大绂至罗道庄、新市区、芦沟桥看房子。五时还。至五号开班务会议，会散与孟真谈。九时半还家。十二时就寝。吉忱托人带来《清史探微》六册，别开帐单，知印二千册，已售四百册。定价三元二角，加一百六十倍，打七折出售。每本合实售三百五十八元四角，抽版税百分十五，合五十三元七角六分，非售出一千〇三十册不足以偿宿逋也。

〔付菜一〇〇〇元，捐二〇〇〇元。〕

十四日　阴历四月十四日　星期二　晴

七时半起。九时半诣孟真，同入校。在保管委员会治事。午在校便饭。下午二时修理灰楼土木工程开标，以大工营造厂价最低得标。五时步行归家，凡行一小时许。即偕雪屏往全聚德，公宴汪缉斋、傅孟真，主人五人，客五人，凡用四万四千元，未免太贵。席间忽忆今日为先妣陆太夫人诞日，竟未回家上供，真不孝之至。九时半还家。十二时就寝。

〔付请客八八〇〇元。〕

十五日　阴历四月十五日　星期三　晴

七时半起。北平以今日起用夏季时间，今日七时半昨日之六时半也。九时入校。在保管委员会治事，并开教授谈话会，会后聚餐。二时还家小息。三时半再入校。五时诣孙承谔，小坐，昨日全家飞此，暂住松公府后院。诣郁泰然，不值，亦昨日飞来，动身时已卧病，今日入法国医院矣。诣陈援庵，小坐，谈清初史料。还家。

八时熊正文来。十时孟真电约往谈。一时始归,即寝。

〔付家用购衫袜等四○○○○元,杂件三○○○元。〕

十六日　阴历四月十六日　星期四　晴

七时半起。九时入校治事。一时还。午饭后小睡。五时王光炜来。梁光甫来。晚诣雪屏。十一时还。一时半始寝。得曹素功六世孙引泉金面墨二丸,尺木堂金面墨二丸。

〔付家用一○○○○元,墨四丸一三○○○元。〕

十七日　阴历四月十七日　星期五　晴

八时半起。甫起,雪屏来,同诣寿石工,不值。入校治事。午在校进膳。三时开购置委员会。五时散。诣雪斋。雪斋与潘素联合展览画扇,定其一。七时张企权、籍孝存约晚饭于企权寓,有兼士、季豫、洗凡、廉澄诸公,十时散,归。一时半就寝。洗凡将任同济大学校长。

〔付扇面三○○○○元。〕

十八日　阴历四月十八日　星期六　晴

八时起。九时入校治事。十二时半赴王捷三、唐嗣尧午饭之约。三时还家小憩。六时至雪斋寓诗条会。十二时还,即寝。

〔付公份三○○○元,儿辈用二○○○元,家用一○○○○元。〕

十九日　阴历四月十九日　星期日　风　晴

九时始起。陈君哲来。孙子书来。诣邱大年,不值。逛菜市。午饭后大睡。五时邱大年来。七时刘思职约晚饭,有倪文亚、傅孟真、吴宪及医务界诸公。文亚、思职均余在厦门大学所教之学生,距今二十五年矣。十时还。与孟真谈。十二时半就寝。得信,雯儿于十日抵贵阳。

〔付菜二○○○元。〕

二十日　阴历四月二十日　星期一　晴

九时始起。雪屏来,同入校。在保管委员会与邱大年晤,同送之至第二班办公。近日北大复校事太忙,余绝无馀晷至第二班,遇事由余让之、俞琳来商,不便殊甚。故请大年任第二班主任,大年必欲为余代理,不得已从之。今日与雪屏送之就职,并布告学生。余不兼顾此职,颇对不住雪屏,因只有四个星期即结束矣。但孟真、今甫以及华炽再四言之,且事实上亦难兼顾也。午在校进膳。四时还家。五时后五号开班务会,三次来约出席,谢未往。八时半诣五号,与孟真谈至十二时半始归。一时半就寝。

二十一日　阴历四月二十一日　星期二　晴

九时起。雪屏来同入校。十时开北大教授会谈话会,一时散。三时诣李方玉、顾一泉,均不值。至法国医院视郁泰然疾,已移至家中颐养矣。翼如来,久谈,十时去。十二时半就寝。

〔付家用一〇〇〇〇元。〕

二十二日　阴历四月二十二日　星期三　阴　微雨　风　小满

八时起。九时入校治事。十二时乔鹏书来晤。十二时半诣雪屏午饭,邀陪寿石工、金禹民,谈甚久,均涉旧墨图章。日前厂贾乔姓送来原装曹素功千秋光八笏,晨间有厂贾李姓见之,谓公侯伯子男不全。余以询石工,据言应为公圭二、侯圭二、伯圭二,子、男璧各一,合八笏。今只公圭、伯圭各四,确不全也。二时半散。四时诣李方玉,又不值。诣雪斋,小坐。谈顷,知藏有原装曹素功千秋光,索视之,果与石工言合。七时还,在东安市场雇车。有车夫相识,乘之归。途中相告本北大校警,后改门房,抗战中仍在伪北大为工友,司文学院吹号打扫等事,近以所入不敷食用,于月初辞工改业云。呜呼!一夫失所,余之责也!予以千元。十二时半就寝。日前田伯苍来信约杨伯屏往河南大学,嘱为敦促。今晨晤伯屏,意不欲往。作书复伯苍,并告以此间友好推雪屏出长中国大学事,请其共同推动。

〔付车钱一〇〇〇元,理发四〇〇元。〕

二十三日　阴历四月二十三日　星期四　阴

八时起。九时入校治事。十二时半在校午饭。五时还。晚检书。十一时就寝。

二十四日　阴历四月二十四日　星期五　晴

七时半起。作书上蒋孟邻师、朱骝先师,为北平中国大学声誉渐落、经费困难,请更动人事,并荐雪屏。九时半入校治事。在校午饭。四时开聘任委员会。六时半散。余季豫先生约晚饭,坐有援庵、兼士、孟真、恭三、苑峰、立庵、燕孙。十时还。十二时就寝。

二十五日　阴历四月二十五日　星期六　晴

八时起。九时半入校治事。十二时与今甫、华炽同请子水、省身、缉斋在润明楼便饭,此最廉之饭馆也。战前二角钱可果腹,五角钱可饱餐,今日六人竟费两万三千元。饭后与今甫逛市场之古董铺,无所得。再入校治事。五时还家。六时诣伯驹诗条会。十一时半还。十二时就寝。

〔付请客七七〇〇元,聚餐三〇〇〇元。〕

二十六日　阴历四月二十六日　星期日　晴

八时起。客来不胜记。白昼未出。晚饭后诣力舒东送书款。前以《东冶人文》《东冶明文》稿本十七册托售,讫未得主,前言之孟真,由历史语言研究所留之,出价二十万。昨日苑峰交来支票,往晤之。舒东劝余再为文化界多努力,并劝续弦,谓身体如感需要时,切不可再延忽,此内分泌作用,忽之将如橘柚之腐,视之虽小,将蔓全身。九时还。十一时半就寝。

二十七日　阴历四月二十七日　星期一　晴

七时起。九时入校治事。十二时与孟真诣方玉,同至五号便饭。二时归。四时入校。六时诣雪斋,小谈。后往郁泰然寓,比至,始悉其于下午五时四十五分去世,不胜悲痛。其人甚热心而戆直,余三十一年冬在昆明卧病,泰然几于间日必来视。余来平以后,所有衣物均托其代管,泰然视为己事,处处想到。此次扶病而回,余三往视均未面,不意去年送我至航空公司之生龙活虎,从此竟成永诀。伤哉!与郁太太、刘半农太太、刘太太令侄及梁光甫谈其身后办法甚久。前由校借以四十万医疗,兹更借以四十万,并以孟真嘱交之医药费五万元交郁太太。访马巽伯,不值。回家晚饭。十二时就寝。为北大事今日又与孟真争。

〔付家用一〇〇〇〇元。〕

二十八日　阴历四月二十八日　星期二　晴

七时半起。九时入校治事。十二时在校午饭。四时开教授谈话会,为补习班第二班外国语文系日文组学生学籍事,谈甚久。孟真意本年三年级学生发给专修科毕业证书,令其离校。余意令其改系,孟真不可,又致争辨。孟真以余为畏事,为袒护补习班学生,而谓学生习日文为别具肺肝。余则以为中途勒令离校非情理所许,诸生习日文盖以学校有此组系之故,今学校取消此组,仍以令改系为宜。现无专修科之设,以专修科名义使之毕业,非驴非马,非学校所宜作。孟真主观甚强,而诸人讷讷,终无结果。七时散,归。十二时就寝。

〔付家用二〇〇〇〇元。〕

二十九日　阴历四月二十九日　星期三　晴

八时起。九时入校治事。十二时与今甫深谈。余以连日数与孟真争非可久之道,决不更任秘书长,但仍负责,迄有人来代为止。午归饭。饭后小睡。四时复入校。五时半至东斋宿舍访住宿诸同人,计孙承谔、赵广增、申又枨、闻家驷、俞大绂五家。七时至庆林春应俞静安晚饭之约,有孟真、今甫、楚僧及马子久。八时半散,归。十二时就寝。

三十日　阴历四月三十日　星期四　晴

八时起。永誉斋李夥送来原装曹素功千秋光一匣，凡八笏，公侯伯子男俱全。惟金色稍差，较前得稍大。索二十六万，留观之。诣孟真，请其留意秘书长人选，又辨论一阵，不允。九时入校治事。十二时余光宗约余等在萃华楼午饭，有孟真、今甫、子水、雪屏、斐云诸公。饭后与孟真、今甫至商店买草帽，取其最廉者，亦三千元。孟真一顶九千元，尚非佳者。归家小憩。五时再入校。诣雪斋，遇伯驹、世襄，同出晚饭，再还雪斋处。十一时半还。十二时半就寝。主席莅平。雪斋以扇骨一、扇面四为赠。

〔付草帽三〇〇〇元，郁泰然赙金四〇〇〇〇元。〕

三十一日　阴历丙戌五月初一日　星期五　阴　风　微雨

七时半起。八时至郁宅，泰然今日出殡，移葬公墓。比至，灵柩已先半小时移出矣，为之怅然。入校。十二时在校午饭。四时开聘任委员会，七时散，归。晚饭后，雪斋①、伯驹偕来，雪屏继至，谈甚久。雪屏十时去。雪斋、伯驹十一时去。十二时就寝。雪屏约明晨往晤郑彦棻，彦棻素不识，惟数月前《建国评论》请客时一面之。郑前奉主席手谕，命物色有为有守之士，五人一组，互相鼓励，互相督勉。郑以告雪屏及石志仁、刘耀扬，雪屏曾以相告而未相邀。日前始邀余共成此事，谓人选因严而难，欲求二十五人，而物色结果仅得十五人，余其一也，于义于谊均不容辞，愿其为一砥砺学行之友好改善社会之中心，不作系组活动也。

〔付家用二〇〇〇〇元。〕

---

①斋　原作“屏”，据后文改。

六月

一日　阴历丙戌五月初二日　星期六　晴　凉

七时起。七时半雪屏来，同诣董洗凡，偕至北京饭店，晤郑彦棻，分别而谈。彦棻言主席希望有为之士以廉洁自律，更以励人，以期挽回颓风，更新社会。如有所见，可径条陈。九时入校治事。十时农学院院舍修建开标，监察使署派王主任监标，孟真、明之、今甫、华炽、霖之、承谔、大绂均到，以敬胜、石泰兴两家价最低。午饭后决定。五时还。让之来。受益来。七时孟真约往谈，谓下午四时晋见主席于北大，所请拨给新市区及请拨参谋本部事均允准，交主管机关办理。昆明教职员北来旅费不敷，并允别加补助。孟真并陈办学方针，凡学校应办者均先办，不待学生请求。学生无理请求绝不允许。主席深以为然。孟真复以保存文文山祠为请，主席允交市政府办理，并约孟真同往观之，孟真导之往。八时还。十时雪屏来，谓十一时晋见主席，询及北平教育界情形，主张宽大，但对第五班学生反对工学院由北大、清华合办不谓然。主席并告以大家多见面，有事可径陈。十一时半去。十二时半就寝。雪屏谈教育部来令，对工学院请独立，师范学院学生第七班请五年毕业，本年应毕业学生实习一年，均驳斥不许。已再电，请加考虑。又言最近张富岁因青年团选举被部下所弄，以致落选，大忿致疾，请辞训导长。其人戆实人也，北大已聘为教授，以在团中派系不同竟遭愚弄，相与共叹近年主党团组织者之贻害无穷。让之谈二分班学生会对考试及毕业证书两事不满校中规定，欲以罢考相威胁，张贴布告。今日已有两起反对之，或不致生大问题。

〔付晏三五〇〇元，昌二五〇〇元，晟二〇〇〇元，昜二〇〇〇

元，家用二〇〇〇〇元，米二六〇斤一二四八〇〇元。〕

二日 阴历五月初三日 星期日 晴

七时半起。永誉斋李夥来，前送原装曹素功千秋光，非二十六万不可，令之持去。无此兴，亦无此力也。马联第来。十时北平行营扩大纪念周，余以已辞二班主任，未往。陆蔚霞来。午饭后自二时睡至四时半，倦解心舒。晚饭后雪屏约往谈，与孟真共商补习班学生毕业证书事，今晨纪念周，主席有毕业生参加某大学毕业试及格，即发某大学证书之表示故也。十一时还。十二时就寝。

〔付家用三〇〇〇〇元，晏过节三五〇〇元，昌三五〇〇元，晟二〇〇〇元，昜二〇〇〇元，家用三〇〇〇〇元，小匕一〇〇〇元。〕

三日 阴历五月初四日 星期一 晴

七时起。兴宝夥友李某来送图章旧墨，留一黄寿山，前日二雪所交誉者也，价三万二千元。九时入校治事。十二时还家午饭。饭后睡未成。四时入校。六时还家。翼如、君坦、受益来，留饭，谈至十时去。十一时半就寝。

〔入教育部补发四月份差费九九〇〇〇元，付家用三〇〇〇〇元，石章三二〇〇〇元，校中赏三〇〇〇元。〕

四日 阴历端午 星期二 晴

七时起。八时半诣孟真，随入校。十二时半还。上供后往雪屏处午饭。本与雪屏同约孟真、今甫、子水、缉斋便饭过节，而结果余亦改为客人。三时还。小睡。晚与儿辈食饺子，方半，雪屏复约往晚饭。饭后与孟真、雪屏商第五班工学院学生反对由两校合办，及前日主席于纪念周中宣布补习班学生愿得各国立大学毕业证书者得参加各校之毕业考试之办法，决定秘陈教育部以第五班并入北洋大学，清华、北大皆不管，至参加毕业考试办法可由各校自定科目三至五科加以考试，及格后再随班选修一年，由孟真函达骝先先生。孟真谓我处处帮雪屏,处处帮补习班,而不帮北大,又太和平。岂其然乎?岂其然乎?十一时归。十二时就寝。昨日得蒋孟邻先生、朱骝先先生复书,朱函有“甚为赞同”一语。

五日　阴历五月初六日　星期三　晴

七时起。雪屏来。九时入校治事。十一时访李方玉于其办公处,不值。更至其家,以牙疾不能外出也。其家在大甜水井九号,旧宅甚大,往时罗莘田家眷在平所赖李家房租拨划,即此。当时仅租二百元,今日非二十万不可。十二时还保管委员会聚餐,与清华同人商谈联合考试诸事。四时开校舍设计委员会。六时散。参加补习班教员会公宴。晚至五号与孟真、雪屏谈。孟真于昨日毕业考试办法颇有增益。十一时半还。十二时就寝。五班学生明日罢课。

〔付家用三〇〇〇〇元。〕

六日　阴历五月初七日　星期四　晴　芒种

七时起。九时入校治事。十二时还家午饭。小睡。三时复入校。四时开谈话会,到教授甚多。七时孟真宴全体教授暨陈援庵、沈兼士、余季豫三先生。九时散,归。十一时就寝。

七日　阴历五月初八日　星期五　阴　夜大雨

七时起。九时入校治事。张苑峰为中央研究院历史语言研究所得关外汉文老档一册,散叶裱本十三开抄本四册,皆关朝鲜事。老档原签题“朝鲜国王来书簿”,散叶裱本有孔有德等上书,借观之。十二时还家。午饭后小睡。四时诣中央信托局,晤邓健飞,谈学校收购房子事。据言已宣布标卖之房子均须用投标手续,但房价由基泰公司估定,同时开标,如在估价之下,亦不出售。邓又言学校请求房子最好径呈行政院,免周折。自中央信托局出,访李方玉,不值。入校治事。六时半至来今雨轩,应何海秋、韩云峰、景凌灞之约。天忽大雨。昨今两日,郁燠特甚,宜有此雨也。九时半还家。六哥来,以雨大不能归,留榻斋中。十一时半就寝。

八日　阴历五月初九日　星期六　晴

七时起。九时入校治事。十二时还。饭后小睡。检旧箱,出藏扇、藏墨、藏石观之。墨与图章罕有佳者,眼力胜于昔乎?抑今日所赏胜于昔乎?然昔日费一二元已可得一品,不过占每月所入三百分之一耳,今日所入三百分之一不过五百元,更何物足得耶?今日一方一丸,动辄逾万,占收入十五分之一,此余之所以不敢更有所求也。晚饭顷,为仆人误事,又盛怒,但未面责之。十一时就寝。

九日　阴历五月初十日　星期日　晴

七时起。读汉文老档,散叶十三开如次:

第一叶　金国汗致书朝鲜国王求济粮米,缺年正月二十三日,半开。黄纸。锡良跋语,半开,跋称:"国初旧档一册……此册自盛京大内流出,已入外人之手,金锡侯以重价索还,颇费心意,愿永宝守之。"则此为金氏旧藏。

第二叶　朝鲜王致书金国汗赎还逃人,缺年三月二十二日,一通。朝鲜国王奉答金国汗,缺年七月二十一日,一通。朝鲜国王致书金国汗,七月二十一日,一通。黄纸。

第三叶　朝鲜国王谢遣世子归省,进皇太子谢笺暨礼单,崇德五年五月二十二日。白高丽笺。

第四叶　客国臣刘兴治等禀金国汗驾前暨礼单,缺年十月二十三日。黄纸。

第五叶　孔有德、耿仲明为直陈衷曲以图大业事[①],手本,

---

①事　原脱,据《天聪七年元帅孔有德总兵耿仲明遣官乞降疏》补。按《乞降疏》原为满文,图片曾刊于一九三五年《国立北平故宫博物院十周年纪念文献特刊》;汉文译本见一九二三年萧一山《清代通史》卷上。

天聪七年四月十一日，山东投。黄纸。

第六叶　原任副将今管元帅标下参赞军机都督总兵官王子登为乘机遘会共图大业禀，缺年月日。黄纸。

第七叶　宁完我、范文程奏国中子弟读书事，缺年正月二十四日。白高丽笺抄，字甚精。

第八叶　参将宁完我议官宅品制区别，缺年月，一通，半开。白高丽笺抄。附粘天聪四年七月十一日金国汗与海岛刘兴治誓词，半开。

第九叶、第十叶　新服生员孙应时谨陈时事四款，缺年月。白高丽笺。

第十叶　天聪六年六月十一日钦差大同副总府娄、参府李、杀胡堡都司李书拜金国汗帐下，一通；又十二日一通。黄纸抄。

第十一叶　□□新条陈，半开，缺年月，不全。白高丽纸。缺年四月二十三日与朝鲜会宁府知，半开。黄纸。

录竟始知其为十一叶，卷内有旧写"汉文老档残叶十四开"一行，嗣又改"四"字为"三"字，岂题识后又有缺失耶？上午客来甚多。午后稍作昼寝。六时入校。晤华君。七时孟真宴孙仿鲁诸人。九时还。十二时就寝。

十日　阴历五月十一日　星期一　晴

七时起。八时半偕孟真访马文昭，候刘思职同往南城西经路，参观脏器制药所及医学院药学系学生宿舍，并与学生谈话。一时同往丰泽园便饭。饭后视察运粮门学生宿舍。回家小睡。五时诣孟真，商起草房子计划。十时还。王世仪、李夏云、余让之先后来，一时去。就寝。

〔付家用一〇〇〇〇元。〕

十一日　阴历五月十二日　星期二　晴

七时起。写房子计划。十时半入校治事。十二时还。二时再入校。六时半还。写《国立北京大学需要增加校舍情形》,于夜二时半成,始就寝。

十二日　阴历五月十三日　星期三　晴　热

八时半始起。九时半入校治事。十时半偕今甫、华炽至象房桥众议院视察房舍。十二时半还家。三时复入校。七时至同和居,应蔡增棠之约,晤李飞生。知中国大学明日将罢教罢课,意在胁何其巩。此大无谓,且使雪屏多一麻烦。九时还。十二时就寝。连日忙甚。

〔付家用一〇〇〇〇元。〕

十三日　阴历五月十四日　星期四　晴　热

七时半起。九时入校治事。十时开招待委员会。十二时还家。午饭后诣孟真,复同入校。四时往敌伪产业处理局晤赵英达组长①,谈北大收购房产事,交以《欲购房舍地址间数表》一纸,凡十七所,约二千间,允为调查后保留。回校。与孟真谈。后再偕今甫往东厂胡同,与沈兼士先生商移让其房于北大事。今甫只往勘察,余专交涉,今甫笑谓不愿作帝国主义之使节。兼士允将现作住宅用房子退让一半。六时半诣雪屏,与廉澄、正文、世仪诸君商北平临时大学补习班交代事,决定分三步:第一步各系实验室移交,第二步事务方面移交,第三步学生分发。并定留用人员,双方协商。九时偕雪屏访溥雪斋,值张伯驹先在。谈顷,知涛七爷有房欲出售,约明日往观之。十二时还,随就寝。

十四日　阴历五月十五日　星期五　阴

七时起。八时往西四牌楼礼路胡同十九号看房子,现为经济

①长　原脱。按赵英达时任敌伪产业处理局第三组组长。据补。

部招待所,敌伪时开发公司副董事长金井仍居之。晤所中主事李平,据言房为军人阮玄武所有,战后潘毓桂占之,售于日本人。胜利后,十一战区长官部某参议兼管敌产处理,以一千二百万自购之。屋凡五进,六七十间,不免有自私之嫌,为人攻讦甚力,现原业主已到,将来麻烦不少。辞出后,再至学院胡同枣林街十二号看房子,现为北平托儿所。晤其所长王韵华,谓迁来不久,已费修理费数百万,此房如为别人购得,必须偿其资,且不能逼之迁移。并导视房屋一周,破毁甚多,太不值得,遂辞出。至孟真处,告之。随入校治事。十一时偕孟真、雪屏诣山老胡同,晤载涛,清室贝勒,雪斋之叔也。出示产权契纸,并言在西安门尚有宗人府官产一所,亦愿出售。谈后,导至铁狮子胡同看房子,旁门在麒麟碑,后门在府学胡同,原有房三百六十馀间,现为日人拆改,仅馀其半矣。看后还家午饭。小睡后入校治事。六时还。七时至达子营,陈继承约晚饭。九时散。理发。十二时就寝。

〔付理发八〇〇元。〕

十五日　阴历五月十六日　星期六　阴

八时起。九时半入校治事。十二时还。午后小睡。六时诣张伯驹。十二时还寝。

十六日　阴历五月十七日　星期日　晴

八时起。读汉文老档。熊正文、王世仪来,谈留用人员事。张佛泉、陈雪屏来,谈中国大学事。一时半午饭后小睡。诣黄公渚、君坦兄弟,不值。诣罗莘田太太,商坤仪出阁事。诣惠孝同处晚饭。十一时还。孟真约往谈追加预算事。一时半还,寝。

十七日　阴历五月十八日　星期一　晴

九时始起。急入校。十一时至东厂胡同,为孟真察看住处。随还校。在文学院与大年小谈。再至保管委员会治事。十二时半还家。饭后草学校《复员追加概算表》成，携之入校，再加说明，缮印七份，明晨由孟真带往南京。四时开聘任委员会，余五时始出席。为薪级事，今甫与孟真相争甚力，余建议改期再谈，文、法学院教授聘任亦同。但孟真以明日将行，希望此间决议后与之先看，然后发表，谓有许多人胡先生可聘，而渠不可聘也。其言亦是。开会顷，闻月涵先生来，蒋太太亦来。会散，连电六国饭店，未通。七时乃至清华办事处，谓月涵住中央饭店。至中央饭店，谓在全聚德晚饭，依言往询，果在焉，蒋太太亦在。余亦留食烤鸭，毕，偕月涵访孟真。月涵醉椅上，迄十二时，为余辈叫醒，又谈，一时馀乃归。月涵定本月二十日仍还南京，盖以中央对清华大学三五教授如潘光旦、闻一多不放心，故召月涵入都商议。在京十馀日，尚未见主席，今日乘英人便机来平一视，仍须还京候召见。吾侪之意，如有解聘之举，将益使多一宣传资料为学校增纷扰也。二时半就寝。

十八日　阴历五月十九日　星期二　晴　有云

八时起。九时偕雪屏夫妇访蒋太太于六国饭店。十时往涛贝勒处，与涛、润两公商房子事。溥仪出宫前由内务府拨西安门房产一区，交宗人府办第一工厂，以赡宗族，由涛、润及雪斋之父瀛三贝勒主之。溥仪既出宫，经费无着，工厂停，租其房于育华小学。近年有凌子平办育华中学于小学内，既欠租不付，复以冒公产为私产，诉之市政府，欲久占其地。涛、润大忿，思售之北大，以出一口气，今日约谈专在此。余与雪屏劝其具呈市政府说明原委。入校治事。十二时还家。饭后小睡。五时诣雪屏，九时还。在雪屏许晤臧启芳、吴仲贤、金静庵、于思泊，思泊、仲贤、静庵向仅一面，于余《清史探微》颇赞许。一时半就寝。雯儿到上海，来信。

十九日　阴历五月二十日　星期三　晴

七时半起。十时入校治事。十二时半还家午饭。小睡。五时访蒋太太于六国饭店，不值。诣中央饭店，晤岱孙、月涵、福田，谈至七时，同到雪屏处晚饭，有今甫、华炽同为东道。蒋太太饭后始来，谈至十时半乃散。毛家湾五号蒋先生房拟租之战地服务团，雪屏须移让。十二时半就寝。

二十日　阴历五月二十一日　星期四　晴

八时起。九时至中央公园参加欢迎张道藩大会，略坐，辞出，以校中今日开标也。修理中老胡同工程，以利达价最低，但均疑其不实，定后日开修缮委员会决之。十二时半还。饭后午睡。四时再入校。与今甫久谈，七时乃归。杨向奎、张苑峰来。九时晚饭毕，雪屏来，谈至十一时半乃去。十二时半就寝。今日二分班教员鲍文蔚向俞琳主任室助教探寻职员姓名，后又向各部分游说，劝各职员与教员会合作组织教职员会，并联络学生以备拒绝北大接收补习班。盛博宣、梁光甫、余让之先后来告，嘱其静以待之。文蔚为北大毕业生，与雪屏同乡同学，关系最密，如此作为，甚对不起雪屏也。今略以告雪屏，亦不解其意。此次二、三班教员因北大不肯留用其人，遂有联合不送考试分数之决议，发言者李戏鱼、杨丙辰、杨堃，而主之者则鲍文蔚、温寿链①，或谓欲挟众以自谋连任，或谓仅欲得三个月遣散费，然如此作法，徒失去同情，终无济也。

上星期有人作好，请保周作人，呈文分头送请签名。已签者沈兼士、董洗凡、张怀，后由鲍文蔚送请雪屏签，俞平伯送请佛泉签，文蔚复送交余签，余以呈文措词未尽善，婉辞之。周于伪职任内，对于北大、清华图书仪器，确有保全之功，余亦愿保，但其他方面不必强为之说。闻陈援庵亦未签。连日北平《益世报》数登其事，昨日竟有

①链　原作“琏”，据本年七月五日日记改。

社论攻击，专涉雪屏。此报为公教所办，社长原为英千里，现主编马氏为辅仁学生，与沈、董、张关系甚密，不知何以独攻雪屏，岂为沈氏诸公讳耶？然此事沈氏签名在前，雪屏实追随者也。雪屏甚愤慨。

二十一日　阴历五月二十二日　星期五　晴

八时起。九时入校治事。十二时半还。在校与今甫、华炽商，如补习班教员抗拒北大接收，决用严厉办法处置，今甫并主照肃清汉奸馀孽，请政府加以逮捕，并嘱告雪屏警告各教员，否则事出，雪屏亦不利。今甫语中有“身败名裂”之词，盖深愤懑也。下午未入校。五时诣雪斋，小坐，还。读汉文老档。十二时就寝。

二十二日　阴历五月二十三日　星期六　阴　雨　夏至

七时起。汪受益来。九时入校治事。十二时雪屏来保管委员会，与今甫、华炽共谈。原意请北大提前接收，比与第一分班负责人谈，主稍缓，遂决定二十八日文、理、法三院同时接收。与雪屏偕还。饭后小睡。读汉文老档。七时往雪屏寓诗条会。十二时还。与昌儿谈久之。一时就寝。上午开校舍修缮委员会，讨论中老胡同宿舍修缮工程开标事。前日投标最低者利达公司有漏估数项，工程师云与原定计划不合，必须增加，欲求校中加以八百万元，然后肯作。第二、第三两标不合规定，第四标为大工营造厂，较利达贵二千四百馀万。王明之顾问主张准利达加价八百万，使之承做，或使大工减八百馀万承做。华炽、大绂主张径交大工营造厂承做。今甫初同明之意见，继改从华炽之意。余颇以不用利达低价在法律上有无问题为疑，廉澄与吾意同，且谓本校此次委托设计工程师张叔农与大工营造厂有密切关系，尤应注意慎重。张为大工董事长。争论久之，卒决定由利达承做，但不得加价，如其不肯做时，则交大工承做。如此，则利达终不能作矣。

二十三日　阴历五月二十四日　星期日　阴

八时起。读汉文老档。十时至中央公园董事会,贺吴遵明结婚,稍坐而归。客来。午饭后小睡。四时翼如、君坦、六哥来,谈至十时半去。上午自公园出,至中央医院视张富岁疾,晤其夫人。近日读汉文老档,颇有所获,其残叶第一叶金国汗致朝鲜王书,事在天聪五年,《朝鲜国王来书》内五年三月有朝鲜国王奉答金国汗一书,即其覆函也。此外颇思作两文,一述朝鲜与建州之关系,包括:一、朝鲜之竭诚事大;二、朝鲜之阴济岛兵以牵掣建州;三、后金不能不先攻朝鲜之原因;四、朝鲜后金之交涉:甲、借粮,乙、互市,丙、责贡弓面、白蜡、黄金,丁、刷逃,戊、礼仪致书、奉书、贵国、尔国、敝国、我国。另一文则述明末之岛事,包括:一、岛兵之来源;二、岛兵对于建州之影响;三、建州对岛兵之政策:甲、毛文龙,乙、陈继盛,丙、刘氏兄弟,丁、孔耿。姑定如此,仍待详细增损。一时就寝。

二十四日　阴历五月二十五日　星期一　阴　雨　晴

未起,雪屏来,谓张富岁于今晨七时去世,盖昨夜十二时复动手术,割去病肠尺馀,割后迄未清醒,遂以永逝,不胜悼惜!九时往中央医院,已移至安息间,有多人相守,莫不惨痛。十时入校治事。十二时半还家午饭。饭后小睡。五时大年来。偕雪屏至中央医院送张富岁入殓,闻第六班附属医院院长王锡炽下午故于燕京大学。七时还。受益来。往雪屏家晚饭,谈至十一时还。与雪屏谈及富岁此次致病之由,全起党派之争。富岁原为三民主义青年团中央团部组长,此次来平视察团务,雪屏初识之,遂留之为训导长,其在团内属于复兴社系统之桂永清派。其后雪屏复请中央党部派员主持补习班训导事务,遂又来十人,均属于团内复兴社系统之康泽派,其中三人在团内阶级与富岁相等,来此并居其下,颇不怿。桂永清与康泽皆尝为复兴社书记,其后各树羽翼,不相下。诸人既不与富岁同系派,遇事多不能合作。中有彭家瑞为训导处指导科科长,尤与富岁不相能。两月前,中央命补习班青年团推举第二次全国代表大会代表三人,雪屏属意张富岁、王秀水、彭家瑞三人,而选举结果富岁落选,当选者即其科长。同时团中选负责人,本意以监察畀富岁,而结果亦落选。详探之,盖彭等于学生前丑诋富岁。富岁大愤,因而致疾。病初起,自言是肝气,是生气所得,遂致大意贻误。可叹之至!可伤之至!雪屏又言彭等不仅如此,对富岁且复捏词控之于中央,由第二班训导处长袁世德出名,控以渎贪、侵占等三款,并当其病中命此间团部逼之移居富岁寄居团中,张夫人尚未以告之,否则病当更速也。十二时就寝。

二十五日　阴历五月二十六日　星期二　阴

八时起。九时半入校治事。偕今甫、华炽至麒麟碑看房子。十二时还家午饭。饭后小睡。晚饭后至东厂胡同看傅太太。诣雪斋。十一时还,就寝。

二十六日　阴历五月二十七日　星期三　阴　雨

六时半起。七时至中央医院今更名中和医院送张富岁出殡。先举行公祭,到百馀人,哭声震耳,足见其对学生感情之佳,更可知其七个月来之负责与辛瘁感人,余尤伤之。殡由礼路胡同转北沟沿,南行至马市大街东,转至西四牌楼,而北经新街口,出西直门,至福田公墓。余与雪屏送之至新街口,乃乘车入校。十二时还。午饭后小睡。四时再入校。六时还。十二时就寝。

二十七日　阴历五月二十八日　星期四　阴

连日阴,欲雨未成,或云此飑风之馀威也。“飑风”读作“台风”向时多书作“颶风”,读为“具风”。古书多作“颶风”,字从“貝”不从“具”,其读不详,似应由岭南方言中求之。尝谓古已有之词不必更造新字,此其一也。上下午均入校治事。午间还家进膳,并小睡。夜一时就寝。

二十八日　阴历五月二十九日　星期五　阴　晴

七时起。八时半入校治事。应观来参观,由廉澄导之,余亦随之,看二、三、四、八各班。午在墨蝶林用膳。三时还家。下午未出。在四班见新建课室及气象设备,此与朝阳学院无关,应北大收回。在八班见其结业成绩展览,较前大有进步。十二时就寝。

二十九日　阴历六月初一日　星期六　晴

七时起。八时至附属医院参加王锡炽院长追悼会。会后诣戴应观,小谈,应观仍居医院养息,并烤电。十时半入校治事。十二时半还家午饭。小睡。五时至五号参加补习班班务会议,商移交北大事。七时聚餐,有戴应观、黄如今。如今谈在新疆为盛世才刑逼之事,真不料世间有如此残酷之刑,如此狠毒之人。十一时还。十二时就寝。

三十日　阴历六月初二日　星期日　阴　热　微雨

七时起。十时至地质调查所参加葛利普教授追悼会,及纪念碑揭幕礼。十二时还。上供,今日为前妣吴太夫人忌辰,亦为昌儿生日。赴王竹泉、裴文中、高振西同和居午饭之约。二时还。小睡。六时约翼如、受益、公渚、君坦、君武、孝同、仲辂、蔚霞、六哥来舍便饭。十一时散。

七月

一日　阴历丙戌六月初三日　星期一　阴

六时半起。八时入校治事。九时偕理学院诸公至第二院今补习班第一班接收,申又枨接数学系,郑华炽接物理系,孙承谔接化学系,俞大绂接生物系,王霖之接地质系,毛子水接图书馆。余送之到而退。与廉澄谈北大近日事，伤心之至，随还保管委员会。承谔来，谈下午停止办公事。此事日前今甫已言之，余以今日接收各系均在工作，似不相宜，止之。今承谔复言，遂商今甫，自今日始，下午不办公。事定，已通知各部分，大绂言农院绝不停，华炽言物理系有事仍作，可佩之至。十二时半还。饭后小睡。四时至补习班第八班参观结业展览。前日所见而外，张伯驹、邓叔存、秦仲文、溥雪斋各携书画珍秘与会，以宋元为限，明以下不取。伯驹所藏钱舜举《山居图》，叔存所藏钱舜举《桃源图》，仲文所藏元人画竹，雪斋所藏松雪《出师表》①，均与焉。此在今日实为盛会，惜未暇一一记其题识。六时至雪斋处，见王世襄钩填竹谱，甚细。七时至中山公园上林春应潘□□晚饭之约②，汪受益友也。九时再至北海公园揽翠轩，会雪斋、雪屏、叔存、今甫诸公，纳凉。十一时还。一时就寝。上午王霖之、孙承谔相告，东斋宿舍加装纱窗四十八架，用学校木料，开价八十馀万，经赵广增与木匠细算，每架四千元已足，开价超出数倍，显有隙漏。前日下午承谔向今甫言之，召木厂时泰兴老板质之，亦承认广增所算不差，而不认有弊。此事由今甫命光甫招商承做，余前不知，霖之请余严究，廉澄亦以为言，余谓如有舞弊情形，必严惩。华炽恐事态扩大，约今甫向承谔解释。今甫语承谔，学校上木厂之当，木厂上工人之当，实均无弊，拟再作一架，详核其工价再定，暂时扣其价不发。承谔谈后又来告，不以无弊为然，嘱余切勿付款。

二日　阴历六月初四日　星期二　阴

八时起。九时入校治事。十时诣吕文贞、刘诚之，谈房子事，均不值。在清华同学会晤陈岱孙，谈救济总署以工代振事，欲援例

---

①出师表　原作“出表师”。

②原于此处空阙二字。

请助北大修缮工人工价,岱孙言困难甚多。回校治事。十二时半还家。饭后小睡。晚出理发,携晟儿同往。十二时半就寝。

三日　阴历六月初五日　星期三　晴

八时起。九时入校治事。十二时至清华大学聚餐,谈联合招生事,决定组织小组,由子高、华炽及余三人任之。三时入校。四时还家,未再出门。十二时就寝。今日为前妣吴太夫人诞辰,上供。

四日　阴历六月初六日　星期四　大风　雷　雨　晴

七时起。九时偕俞大绂至第四分班接收补习班,由雪屏、廉澄率分班同人接待。与大绂等同巡视一周,余先退。入校治事。十二时半还家。午饭后阴。三时大风,自西而东,雷雨交作。四时风过雨散,晴日复出。五时诣雪斋,贺其夫人五十寿。路经金鳌玉蝀桥,见北海、中海各有大树吹折。六时还家。十二时就寝。

五日　阴历六月初七日　星期五　阴　晴

七时起。九时入校治事。十时半至第四分班参加张富岁追悼会,随还校。一时还家。午饭后小睡。四时至卫生器材清查委员会,晤沈八谐德,谈北大请求仪器药品事,并及河南大学以田伯苍来信,亦以此事委之于余也。归家会客甚多。晚饭后佛泉、大年偕来,佛泉谈中国大学事,嘱余以两事陈朱骝先:一、中国大学问题宜速解决;二、如改国立,可能最好由教育部发动作主,如由他处发动,将来益难指挥矣。其说是也,拟即为作书。大年来,谈温寿链事,温在敌伪时曾在新民学院任课,并代表大学教授往日本,往时余等均不知,近日为甄审委员会查出,欲将其清除于教育界,故托大年来商,但余不在委员会,且在会亦难为力,婉辞之。作书致伯苍,告以接洽药品仪器事,并以今日佛泉所言告之,托其转陈朱公。一时就寝。

六日　阴历六月初八日　星期六　晴　雨

七时起。九时入校治事。一时还。昱[①]、晏两儿生日,上供。昱在沪未及还,殊念之。饭后小睡。下午客来。未出门。八时闻傅太太被狗咬,往视之,即还。十二时半就寝。

七日　阴历六月初九日　星期日　晴　雨　晴

七时半起。上午欲访翼如,客来不绝,将午稍暇,遂亦不往。饭后小睡。四时知谢冰心来平,与雪屏夫妇往晤之,谈至六时。与雪屏诣雪斋,七时同出晚饭,饭后再返雪斋,谈至十一时还。二十六年今日,倭虏启衅,其年冬,余将北平北大诸事结束,并协助教授同人南下,资遣职员同人及工友毕,余遂只身南下,留儿辈于北平,含辛茹苦者九年,而气未尝稍馁,固知必有今日。九年中所怀念,惟儿辈耳。余诗所谓"万里孤征心许国,频年多梦意怜儿",即当时之心境。"海天急鼓收京近,为结西山红叶期",即当时之信念也。一时就寝。

八日　阴历六月初十日　星期一　晴　小暑

七时起。九时入校治事。十一时至东厂胡同为胡先生看房子,并向沈兼士先生预祝明日六十寿,以其今日下午即往天津避寿也。一时还家。客来[②]。七时与雪屏、今甫共请冰心晚饭,约廉澄夫妇作陪。十一时还。一时就寝。

九日　阴历六月十一日　星期二　晴　雨　晴

七时起。九时入校治事。一时还。饭后小睡。六时雪斋夫妇来,同诣张伯驹晚饭约。十时还。十二时就寝。

十日　阴历六月十二日　星期三　晴

七时起。九时入校治事。忙甚。招考表格、试题迄未见昆明

---

①昱　雯之原名。参见一九四三年八月十四日日记。

②客　原作"家"。

寄来,尤焦灼。一时还家。二时饭毕。二时半午睡。四时雪屏来,谓教育部派余监视第七分班与师范学院交接,其事甚怪,此次北大、北洋交接,均未派监交,何以师院独异？晋秀、永誉店夥送来石章旧墨甚多,并出所藏,一一把玩,既以消暑,更以解忙烦,古人所谓“偷得浮生半日闲”是也。余所藏墨有年款者,康熙、乾隆、嘉庆、道光、咸丰、同治、光绪皆全,惟缺顺治、雍正、宣统矣。此三者,宣统年数太少,顺治当开国,雍正不尚虚文,均极鲜作墨之人,故传世甚稀。日前闻顺治墨一笏索价百万,可谓荒唐之至。咸丰时,徽州当久战之冲,墨亦少,余幸得一笏。十二时半就寝。

十一日　阴历六月十三日　星期四　晴　热

七时起。八时入校治事。九时半偕霖之、华炽诣经济部特派员王翼臣,不值。十时偕今甫至医学院,再同院中同人往参谋本部勘查房子,诸公极满意。现军官大队驻之,其队长蒋正光,浙江人,与余谈,颇不愿让。十一时半还校。一时由校还家。饭后小睡。四时雪屏来,纵谈甚久。晚饭后李夏云、熊正文来。欲访翼如,不果。一时就寝。

十二日　阴历六月十四日　星期五　晴　热

七时起。九时入校治事。一时还家午饭。饭后二时作午睡一小时。四时诣翼如,七时还。十二时就寝。

十三日　阴历六月十五日　星期六　雨　热

七时起。九时入校治事。十时至清华大学,商招生事,随即还校治事。一时归家午饭。饭后陈芑民来。客去,小睡。五时雪屏来,同诣雪斋诗条会。十二时还,即寝。昨夜大雨,今日尤蒸热。

十四日　阴历六月十六日　星期日　晴　热　雨

七时醒,以星期无事,复睡两小时乃起。未盥漱,晏儿得友人李君电话,谓报载前日中央航空公司飞机自沪飞平,在济南失事,名单中有雯儿之名。初不敢信，以前得来函，须十四日以后动身也。姑打一电报，询张三姐雯儿是否北上。少顷，买报读之，仍疑信参半，而友好来电话询问者不绝。十一时许，雪屏夫妇、杨周翰夫妇及王逊同来相慰。余详度之，若非实确，必不能列其姓名，更念雯儿向极活泼高兴，而今春来信时，有衰索意，于是为彷徨不宁，然仍不能无万一之望。下午欲睡不能，两次登榻，三次倚枕，一瞬即醒。王世仪来，以其家刻书籍为赠，强阅之。比晚再取报纸读之，玩其语意，绝难幸免，悲伤之馀，弥增悔痛。余若不为接收先回，绝不致置其一人留滇。孟真以五月四日来平，余若早以回平飞机事询明告之，绝不致使其搭车赴沪，儿以六月十□日到沪①，余若早日写信安其心，绝不致急急搭中央机北来。天乎！命乎！至于二十六年冬，余照料北大同人南下，一一叩门送钱，告以天津接头地址，而此次雯儿在昆，无人照料，余固不敢以怨也。九时余让之衔父命来相慰。上午六哥来，下午君坦、公渚来，久谈，均不知此事。十二时大风雷雨，灯灭就寝。

①原于此处空阙一字。

人名索引

说　明

一、《郑天挺西南联大日记》(以下简称《日记》)所涉及人物(不含一九四一年末附罗常培《蜀道难》内人物),大致可分为两类:一是与著者有直接关系者,如校内同事、行政官员、亲戚朋友以及各类办事人员(如银行、基建、医院、邮局、军队)等;一是与著者无直接关系者,如同时人物、历史人物、国外人物以及书本记载人物等,非常丰富。凡属人名或指代为人名者(纯英文名字不收),本索引尽量收入。

一、本索引以姓名为检索条目,凡以字行者,如陈雪屏(陈铸)、陈岱孙(陈总)、伍叔傥(伍俶)、姚从吾(姚士鳌)、徐绍穀(徐元堃)、陶孟和(陶履恭)、缪云台(缪嘉铭)、沈仲章(沈锡馨)、张佛泉(张葆桓)等,不以名作索引字头。

一、本索引所列检索条目特殊者如下:①历代帝王以庙号为条目,如汉光武帝、汉宣帝、唐太宗、唐高宗、元顺帝、清圣祖、清世宗等,而如建文帝、弘光、监国鲁王等,径列条目;②凡出现之称谓暂未考知其名者,如阮医生、卢女士、吕君、罗所长、刘太太、子修等,径列为条目;③著者部分长辈,没有完整姓名,如绣佛老人(先祖妣)、甘太夫人(先祖妣)等,亦径列为条目。④作家以笔名著称者,如茅盾、冰心、老舍、废名等,亦以笔名列为条目。

一、凡《日记》正文记作某某夫人(或太太)者,若知其本名,则以本名为检索条目,并括注某某夫人(或太太)、如钱晋华(袁家骅夫人)、蒋圭贞(江泽涵夫人)、韩咏华(梅太太)、杨慧芳(孙太太)、朱蕙英(刘半农太太)等;然记作某某夫妇者,则夫人之名不另列目,如家骅夫妇,则仅出袁家骅,钱晋华则不再单出条目。

一、凡称某君者,虽非一人,亦皆合并。

一、凡所附文章内之人名条目,列在所附日之后;月末附文,则列入该月最后一日。

一、本索引以人名姓氏拼音排序,同姓氏者按其第二字、第三字的拼音顺序排列。

一、索引后所列之数字为该人物出现之年、月、日,如:

钱　穆　1938:2.19,5.2,5.4,5.22,5.25,6.30,7.18,8.14;1939:6.8,7.7,9.6,9.11;1940:12.20,12.22;1943:6.25;1945:8.31

说明钱穆出现在《日记》一九三八年二月十九日、五月二日、五月四日、五月二十二日、五月二十五日、六月三十日、七月十八日、八月十四日,一九三九年六月八日、七月七日、九月六日、九月十一日,一九四〇年十二月二十日、十二月二十二日,一九四三年六月二十五日以及一九四五年八月三十一日。又如:

张伯苓　1938:3.10,3.15;1939:3.29;1940:卷首,5.12,5.16;1944:2.16,4.5,12.8;1945:1.1,5.22

说明张伯苓出现在《日记》一九三八年三月十日、三月十五日,一九三九年三月二十九日,一九四〇年卷首、五月十二日、五月十六日,一九四四年二月十六日、四月五日、十二月八日以及一九四五年一月一日、五月二十二日。

一、由于《日记》中所记人物繁复，且称呼多以字、号及别称，不详其字号者以名，亦多名、字混用者。本索引以姓名为条目，故另制《人名字号别称对照表》，包括字、号、别称、昵称、官称、简称、亲属关系及其他代表人物之称谓等与姓名之对照。

一、本索引中，名与字、号、别称归并并不完整，或有姓名、字、号互易，甚或一人分作二条目暨二人并作一条目等情况，尚祈读者批评指正。

A

B

C

D

E

F

G

H

J

K

L

M

N

Q

R

S

W

X

Y

人名字号别称对照表

说　明

一、《郑天挺西南联大日记》所记人多以字、号及别称，不详其字号者以名，亦多名、字混用者。为使读者方便使用，特制《人名字号别称对照表》，包括字、号、别称、昵称、官称、亲属关系及其他代表人物之称谓等与姓名之对照。

一、本《对照表》以《日记》内出现的称呼能确定对照姓名者为条目，如唐兰，有立厂、立庵、唐立厂、唐立庵四个，则此四个皆出条目；又如王某、夏君、路小姐等，经与上下文或相关史料考订，确定为王家祥、夏鼐、路嘉祉等，亦分别列目。

一、《日记》内人物有此人之字即为他人之名者，如徐嘉瑞字梦麟，蒋梦麟字孟邻；又如李辑祥字筱韩，又作小韩，而徐晓寒又称徐小韩，《日记》内单作小韩时，需与上下文联系确定。

一、本《对照表》以首字拼音排序，首字同者按其第二字、第三字的拼音顺序排列。

A

B

C

柴东生　柴春霖
柴家五表姊　张曼华
昌　郑克昌
昌儿　郑克昌
昌黎　韩　愈
昌期　杨昌期
昌裔　董昌裔
长恭　庄长恭
常开平　常遇春
常氏　常遇春
超　孙　超
辰伯　吴　晗
陈辞修　陈　诚
陈济川　陈　杭
陈句山　陈兆仑
陈克生　陈瑾昆
陈老莲　陈洪绶
陈女士　陈慧君
陈石遗　陈　衍
陈弢庵　陈宝琛
陈弢老　陈宝琛
陈卧子　陈子龙
陈席山　陈　桢
陈勋仲　陈复光
陈寅老　陈寅恪
陈援庵　陈　垣
陈忠寰　陈　康
陈仲甫　陈独秀
陈仲鱼　陈　鳣
陈仲瑜　陈　政
成　尹　成
诚意伯　刘　基
承谔　孙承谔
承植　冯承植
崇鋐　刘崇鋐
崇熙　高崇熙
崇祯　明思宗
楚僧　许德珩
楚王　朱　桢
楚元王　刘　交
褚稼先　褚德勤
闯贼　李自成
春晗　吴　晗
春声　杨绍霆
春藻　胡庶华
纯和　杨纯和
纯珍　杨纯珍
纯智　杨纯智
莼客　李慈铭
次烈　姜绍谟
从文　沈从文
从吾　姚从吾

D

杜衡	苏杜衡
杜君卿	杜佑
杜总司令	杜聿明
端升	钱端升
端叔	谭端叔
端重亲王	博洛
段保公	张忠
段某	段维新

E

恩稚云	恩棣

F

法臣	张效曾
法老	张效曾
法五	马法五
樊川	杜牧
樊逵羽	樊际昌
范臣	张慕曾
范老	张慕曾
芳若	马芳若
放翁	陆游
斐云	赵万里
芾卿	王颂蔚
冯君培	冯承植
冯柳漪	冯文潜
冯院长	冯友兰
冯芝生	冯友兰
冯子衡	冯承钧
凤喈	赵鸣岐
凤龙佑那	佑那
奉化	蒋介石
奉生	赵光贤
佛同	姚佛同
佛泉	张佛泉
弗堂	姚华
伏侯	伏无忌
伏园	孙伏园
茀九公	郑宏泳
茀斋	沈履
福田	陈福田
阜西	查阜西
傅孟真	傅斯年
傅子嘉	傅懋勣
富岁	张富岁

G

赣愚	王赣愚
刚	董刚
刚如	沈刚如
高贵乡公	曹髦
高季迪	高启

H

J

介父	诸祖耿
介泉	潘家洵
介石	蒋介石
今甫	杨振声
金甫	杨振声
金恒乎	金人杰
金静庵	金毓黻
金君	金振声
金龙荪	金岳霖
金锡侯	金　梁
锦熊	高锦熊
进求	张乐进求
晋年	刘晋年
晋三	马崇六
晋王	朱济熿
经农	朱经农
荆王	刘　贾
景初	张景初
景钺	张景钺
警吾	杨警吾
静娴	罗静娴
镜涵	杨镜涵
镜华	许镜华
觉民	鲍觉民
觉民	方觉民
觉明	向　达
觉因	张觉人
珏	游　珏
均时	周均时
君浩	陶君浩
君楫	朱君楫
君亮	戴修瓒
君培	冯承植
君恕	徐君恕
君坦	黄孝平
君武	狄　膺
君武	杨秀先
钧任	罗文幹
筠帆	戴炯孙
俊昌	李俊昌
俊升	吴俊升
骏斋	许维遹

K

凯铭	梁凯铭
康甫	刘本钊
康熙	清圣祖
康兆民	康　泽
柯燕舲	柯昌泗
可庄	王仁堪
克生	陈瑾昆
恪士	许本震

孔繁霱　孔云卿
孔夫人　宋霭龄
孔明　诸葛亮
孔圣　孔　子
孔庸之　孔祥熙
宽熙　张辉曾
逵羽　樊际昌
坤　罗坤仪
坤奇　杨纯珍
坤仪　罗坤仪

L

来秋　沈觐宜
劳君　劳　榦
劳贞一　劳　榦
老亮　左宗棠
乐淑　傅乐淑
雷伯伦　雷海宗
雷人百　雷国能
梨洲　黄宗羲
犁眉公　刘　基
黎君　黎东方
李北海　李　邕
李苾园　李端棻
李莼客　李慈铭
李次青　李元度
李德邻　李宗仁
李方叔　李　廌
李济之　李　济
李梅盦　李瑞清
李麐寿　李祖荫
李润章　李书华
李田意夫人　栗独华
李文饶　李德裕
李文蔚　李砚香
李县长　李宝珍
李小韩　李辑祥
李晓宇　李续祖
李义山　李商隐
李印老　李根源
李中溪　李元阳
立庵　唐　兰
立厂　唐　兰
立夫　陈立夫
立武　杭立武
丽　张丽珠
荔生　沈　昌
莲蕃　郑莲蕃
莲峰　郭莲峰
莲胜公　段莲胜
联芳　苏联芳
廉澄　赵廼抟

良	马相伯
梁表嫂	陈树棻
梁光甫	梁廷煜
梁巨川	梁　济
梁任公	梁启超
梁漱溟表嫂	陈树棻
梁贞端公	梁　济
亮丞	杨文昭
亮夫	姜亮夫
辽王	朱　植
林公	林　森
林故主席	林　森
林朗溪	林灏深
林文忠公	林则徐
林贻书	林开謩
林宰平	林志钧
霖之	王　烈
刘半农太太	朱蕙英
刘抱愿	刘志敭
刘伯蕃	刘晋年
刘会计	刘镇时
刘季	汉高祖
刘康甫	刘本钊
刘前任	刘镇时
刘绍周	刘泽荣
刘申叔	刘师培
刘寿民	刘崇鋐
刘叔雅	刘文典
刘主任	刘镇时
刘子玄	刘知几
骝公	朱家骅
骝先	朱家骅
榴	谭　榴
柳诚悬	柳公权
柳侯	柳宗元
柳漪	冯文潜
柳翼谋	柳诒徵
柳州	柳宗元
柳子厚	柳宗元
六哥	郑海平
龙池	杨绍霆
龙夫人	顾映秋
龙荪	金岳霖
龙溪	苏龙溪
龙志舟	龙　云
龙主席	龙　云
卢抱经	卢文弨
卢吉忱	卢逮曾
卢晋侯	卢锡荣
卢绍弓	卢文弨
鲁王	朱　檀
陆放翁	陆　游

M

梅月涵	梅贻琦
美总统	罗斯福
蒙老	胡兆焕
蒙子	胡兆焕
孟德	曹　操
孟和	陶孟和
孟邻	蒋梦麟
孟朴	曾孟朴
孟心史	孟　森
孟馀	顾孟馀
孟真	傅斯年
梦鳌	尹梦鳌
梦家	陈梦家
梦莲	彭梦莲
梦麟	蒋梦麟
梦麟	徐嘉瑞
勉仲	查良钊
旻	郑　雯
旻儿	郑　雯
旻女	郑　雯
名臣	张名臣
名兴	蒋名兴
明廷	杨克举
明之	王明之
鸣岐	赵凤喈
莫太太	余敏卿
沐勋	龙榆生
牧斋	钱谦益
慕曾	张慕曾

N

耐三	李耐三
南皮	张之洞
南岳长老	郭嵩焘
内人	周　俶
年芳	王年芳
尼德汉	李约瑟
聂生	聂英明
宁珠	张宁珠
努生	罗隆基

O

欧公	欧阳修

P

潘伯寅	潘祖荫
潘介泉	潘家洵
泮芹	莫泮芹
裴庆	王裴庆
沛公	汉高祖
佩铭	刘佩铭
佩弦	朱自清

彭芸楣	彭元瑞
鹏毓	何鹏毓
聘臣	席聘莘
平凡	郭为障
浦逖生	浦薛凤
普荷	担　当
溥雪斋	溥　伒

Q

齐悼惠王	刘　肥
齐王	朱　榑
祁忠敏	祁彪佳
祁忠敏公	祁彪佳
其仁	张其仁
屺思	尹梦鳌
企孙	叶企孙
启明	周作人
启元	伍启元
启元伯	启　功
千里	英千里
谦	杨　谦
钱宾四	钱　穆
钱牧斋	钱谦益
钱南园	钱　沣
钱舜举	钱　选
钱太太	陈公蕙
钱献之	钱　坫
钱晓徵	钱大昕
钱竹汀	钱大昕
乾	马建忠
乾就	吴乾就
乾隆	清高宗
潜夫	刘克庄
秦王	朱　樉
秦缜略	秦　瓒
清常	张清常
清道人	李瑞清
清徽	张　敬
邱大年	邱　椿
邱毅吾	邱昌渭
秋岳	黄　濬
瞿兑之	瞿宣颖
曲园	俞　樾
全绍衣	全祖望
铨	张　铨
阙	贝　琼

R

髯	孙　髯
髯翁	孙　髯
让之	余　逊
饶树人	饶毓泰

仁甫	李元阳
仁果	张仁果
仁原	董仁原
任叔永	任鸿隽
任又之	任继愈
日本天皇	裕仁天皇
日皇	裕仁天皇
容希白	容 庚
容元胎	容肇祖
镕	张耀曾
镕哥	张耀曾
镕西	张耀曾
镕兄	张耀曾
如晦	杜如晦
汝弼	董汝弼
汝康	田汝康
阮夫子	阮 元
阮太傅	阮 元
阮相国	阮 元
芮吉士	芮 沐
锐	赵 锐
瑞安	华瑞安
瑞五	杨家凤
润	载 润
润章	李书华

S

三表姊	张佩芬
三弟	郑庆珏
三姐	张佩芬
三权	王三权
三姊	张佩芬
散原老人	陈三立
桑原	桑原骘藏
僧工	僧格林沁
山公	山 涛
笞誃	江 标
善	杨 善
商锡永	商承祚
上林公	谭上林
芍农	李文田
少丹	郑少丹
少榆	黄国聪
邵心恒	邵循正
绍诚	严文郁
绍縠	徐绍縠
绍普	赵绍普
绍霆	杨绍霆
绍文	郑绍文
摄政王	多尔衮
申随叔	申涵盼

叔雅	刘文典
叔永	任鸿隽
叔玉	萧　蘧
舒东	力舒东
蜀王	朱　椿
树青	李树青
树人	饶毓泰
恕谷	李　塨
漱	梁漱溟
漱溟	梁漱溟
漱兄	梁漱溟
顺治	清世祖
硕士	周硕士
司马公	司马光
思泊	于省吾
思成	梁思成
思职	刘思职
斯庵	沈光文
斯盛	马建忠
斯臧	马相伯
松窗	溥　佺
松雪	赵孟頫
松岩公	马松岩
宋景濂	宋　濂
宋石门	宋　旭
宋学士	宋　濂
宋子靖	宋渊源
苏甘	徐世度
苏演存	苏甲荣
肃文	沈肃文
愫斐	傅愫斐
遂初	俞启葆
孙仿鲁	孙连仲
孙髯翁	孙　髯
孙蜀丞	孙人和
孙太太	杨慧芳
孙铁仙	孙云铸
孙铁州	孙　铸
孙渊如	孙星衍
孙哲生	孙　科
孙子书	孙楷第

T

太夫子	蒋履斋
太侔	赵太侔
太岳	张居正
谭组庵	谭延闿
汤太太	张敬平
汤锡老	汤用彤
汤锡予	汤用彤
汤先生	汤用彤
唐伯虎	唐　寅

唐立庵	唐　兰
唐立厂	唐　兰
唐泰	担　当
唐子实	唐启华
涛贝勒	载　涛
涛七爷	载　涛
陶文毅	陶　澍
陶云逵夫人	林亭玉
陶重华	陶　光
滕若渠	滕　固
藤田	藤田丰八
逖生	浦薛凤
天皇	裕仁天皇
天况	瞿同祖
天翁	吴　伟
田伯苍	田培林
恬厂	罗常培
铁仙	孙云铸
铁仙夫人	杨慧芳
铁崖	杨维桢
廷琛	宋廷琛
廷臣	贝　琼
廷黻	蒋廷黻
廷幹	张廷幹
廷琚	贝　琼
廷训	孔廷训

廷梓	高廷梓
通夫	陈　达
同济	林同济
桐荪	郑之蕃
童蔚孙	童第周
图南	楚图南
屠敬山	屠　寄
兔床	吴　骞

W

万季野	万斯同
万钧	郑万钧
万源	杨万源
汪缉斋	汪敬熙
汪节庵	汪宣礼
汪逆	汪精卫
汪述彭	汪　篯
汪兆铭	汪精卫
亡室	周　俶
王半山	王安石
王伯厚	王应麟
王伯举	王元翰
王贡予	王赣愚
王怀祖	王念孙
王洁秋	王恒昇
王荆公	王安石

X

别称	本名
先恕	冯先恕
闲若	许宝騄
显考府君	郑允迪
县长	李宝珍
岘侪	张景钺
宪钧	王宪钧
宪之	李宪之
相伯	马相伯
相泽	蒋相泽
湘王	朱　柏
祥瑞	龚祥瑞
向耕	袁向耕
向觉民	向　达
向觉明	向　达
项城	袁世凯
项藉	项　羽
项子京	项元汴
萧龙友	萧方骏
萧叔玉	萧　蘧
小韩	李辑祥
小韩	徐晓寒
小萁	唐小萁
小燕	陶燕锦
苏梅	周　俽
晓梦	孙国华
筱韩	李辑祥
孝钦	慈禧太后
孝通	费孝通
孝同	惠孝同
啸咸	彭啸咸
协之	杨协之
解文毅公	解　缙
谢冰心	谢婉莹
谢季骅	谢家荣
燮南	杨燮南
燮友	杨克举
心恒	邵循正
心史	孟　森
心尧	尹心尧
心畬	溥　儒
新亮	郭意诚
莘	罗常培
莘田	罗常培
信忠	王信忠
邢庆兰	邢公畹
行敏	徐行敏
行佺	董行佺
醒如	尹梦鳌
省身	陈省身
省吾	于省吾
熊秉三	熊希龄
熊迪之	熊庆来

Y

燕孙	周祖谟	业治	杨业治
燕王	刘　泽	叶东卿	叶志铣
燕斋	蒋泽春	叶楷之夫人	姜淑雁
燕召亭	燕树棠	叶誉虎	叶恭绰
杨伯屏	杨宗翰	一多	闻一多
杨范修	杨　模	一鹤	汪一鹤
杨耿光	杨　杰	一介	汤一介
杨宏山	杨士云	一樵	顾毓琇
杨见山	杨　岘	一山	萧一山
杨今甫	杨振声	仪	罗坤仪
杨君武	杨秀先	夷初	马叙伦
杨慎斋	杨绂章	怡荪	张　煦
杨升庵	杨　慎	宜兴	张宜兴
杨氏	杨玉科	以何	萧以何
杨叔玉	杨　琼	义山	李商隐
杨武愍	杨玉科	易畴	程瑶田
杨武愍公	杨玉科	易寅村	易培基
杨友应	杨　运	益之	俞崇智
昜	郑克扬	毅吾	邱昌渭
昜儿	郑克扬	翼如	王翼如
养春	蒋志澄	懿文太子	朱　标
养富	郑养富	荫庭	黄曾樾
尧千	曹尧千	寅恪	陈寅恪
姚茫父	姚　华	寅老	陈寅恪
药师	杨　正	尹默	沈尹默
曜西	隋曜西	尹聘三	尹莘举

Z

赵奉生	赵光贤
赵恭王	刘　恢
赵冠三	赵甲南
赵厚生	赵正平
赵继曾	赵绍普
赵觐侯	赵增印
赵廉澄	赵廼抟
赵鸣岐	赵凤喈
赵山木	赵世骏
赵松雪	赵孟頫
赵埒	赵兰亭
赵隐王	刘如意
赵幽王	刘　友
赵雨秋	赵　淞
哲维	黄　濬
贞端公	梁　济
浈阳	许浈阳
祯	杨　祯
缜略	秦　瓒
振铎	郑振铎
振裘	董振裘
镇黄	谭镇黄
正	杨　正
正芳	苏正芳
正官	董正官
正文	熊正文
正宣	毕正宣
正之	吴有训
郑秉璧	郑　昕
郑海藏	郑孝胥
郑梨村	郑伟业
郑苏戡	郑孝胥
郑桐荪	郑之蕃
郑校医	郑大夫
郑延平	郑成功
之椿	吴之椿
之的	萧之的
之恭	任之恭
之琳	卞之琳
之棠	林之棠
芝生	冯友兰
知堂老人	周作人
徵镒	吴徵镒
志青	吴志青
志希	罗家伦
志远	陈志远
质夫	马质夫
质如	韩裕文
智者大师	智　顗
稚眉	周　傚
稚云	恩　棣
中方	倪中方

中溪　李元阳
忠寰　陈　康
忠敏公　祁彪佳
忠文公　王　祎
钟某　钟大鑫
钟芸　冯钟芸
仲方　宋仲方
仲钧　龚自知
仲夔　朱甲昌
仲文　秦仲文
仲贤　吴仲贤
仲瑜　陈　政
重衡　霍秉权
周伯翔　周一鹤
周夫人　周　俶
周枚荪　周炳琳
周枚荪夫人　魏　璧
周梅荪　周炳琳
周培源夫人　王蒂澂
周启明　周作人
周叔怀　周　份
周王　朱　橚
周燕孙　周祖谟
周荚生　周　复
周稚眉　周　俶
周濯生　周作仁

朱公　朱家骅
朱汇臣　朱　洪
朱季武　朱　倞
朱骝先　朱家骅
朱佩弦　朱自清
朱逷先　朱希祖
朱蔚之　朱荫章
朱锡鬯　朱彝尊
朱仲夔　朱甲昌
朱竹垞　朱彝尊
朱子　朱　熹
朱子　朱用纯
朱子元　朱　森
诸葛武侯　诸葛亮
诸介父　诸祖耿
诸佐耕　诸祖耿
竹亭　张于恭
主席　蒋介石
柱中　张柱中
庄念桥　庄绍祖
壮飞　杨　健
卓民　韦卓民
濯生　周作仁
子安　宋子安
子高　张　准
子衡　冯承钧

子嘉	傅懋勣	子珠	谭子珠
子坚	黄钰生	自昭	贺　麟
子敬	王献之	宗岳	邱宗岳
子良	宋子良	总裁	蒋介石
子龙	邓子龙	邹大表姊	邹德惠
子水	毛　准	组庵	谭延闿
子文	宋子文	组公	谭延闿
子祥	何　容	祖焘	路祖焘
子孝	赵儒林	最高	蒋介石
子毅	张子毅	左恪靖	左宗棠
子缨	张子缨	左文襄	左宗棠
子真	熊十力	佐兴	严寿芬

出版后记

《郑天挺西南联大日记》是郑先生留下来的日记中最为齐全、也最为珍贵的一部分,记录了郑先生“七七事变”后苦撑北大危局,带领留京教授南下长沙临时大学,西迁昆明并筹建蒙自分校,以北大秘书长身份承担行政工作,负责恢复北大文科研究所,一九四〇年初受梅贻琦校长之邀,出任西南联大总务长,在形势复杂多变、敌机随时轰炸、资源极端匮乏、物价不断飞涨、经费异常困难的情况下,坚持团结敬业之精神,践行刚毅坚卓之品格,为国家培养人材等的一段重要经历。

《日记》不仅是郑先生个人,同时也是西南联大师生在这一时期教学、研究、工作、学习、生活的重要记录,是抗战时期那些满怀爱国热忱的中国知识分子保存文化火种、投身教育救亡的真实见证。

《日记》的整理与出版,得到郑先生家属郑晏女士、郑克昌先生、郑克晟先生、郑克扬先生的授权与委托;整理过程中,得到孙卫国先生、杜泽逊先生、孟琢先生的大力支持与协助。北京师范大学章黄读书会的同学承担了文字录入工作;山东大学尼山学堂与校经处的同学承担了一校二校,中华书局编辑部与编校部安排了三校四校;山东大学尼山学堂与校经处的同学又承担了日记中人名、字号、别称的摘录工作,以为索引之基础。特此致谢!

《日记》据手稿整理，关涉人物众多，事件错综复杂，兼以若干记录本系追述，始末参差在所难免；整理者限于能力与水平，工作中必然存在识读、标点等方面之讹误，敬希读者批评指正。

中华书局编辑部

二〇一七年九月十二日